品读汉史经典 汲取无究智慧

汉书·后汉书

(东汉)班固 著 　　(南朝·宋)范晔 著

第一卷

辽海出版社

图书在版编目(CIP)数据

《汉书·后汉书》精编/(东汉)班固著.—沈阳:辽海出版社,2014.12

ISBN 978-7-5451-3373-8

Ⅰ.①汉… Ⅱ.①班… Ⅲ.①中国历史-西汉时代-纪传体②中国
历史-东汉时代-纪传体

Ⅳ.①K234.104.2②K234.204.2

中国版本图书馆 CIP 数据核字(2014)第 306275 号

责任编辑：柳海松
责任校对：顾　季
装帧设计：马寄萍

出版者：辽海出版社
　　地　　址：沈阳市和平区十一纬路 29 号
　　邮政编码：110003
　　电　　话：024-23284473
　　E-mail：dyh550912@163.com
印刷者：北京富达印务有限公司
发行者：辽海出版社

幅面尺寸：175mm×250mm
印　　张：80
字　　数：1250 千字

出版时间：2015 年 2 月第 1 版
印刷时间：2015 年 2 月第 1 次印刷
定　　价：696 元

目　录

汉　书

汉书·后汉书

目录

二

后 汉 书

汉书·后汉书

目录

四

汉书·后汉书

目

录

汉　书

《汉书》是我国历史上继纪传体通史《史记》后的第一部纪传体断代史，在我国古代学术发展史上占有重要地位。《汉书》作者班固，字孟坚，东汉史学家。其父班彪是当时有名的儒家学者，平生好著述，专攻史籍，继《史记》作《后传》六十五篇，书未竟而亡。班固回家居丧时对《后传》进行了整理，在此基础上，着手撰写《汉书》以完成父业。经二十多年的努力，基本完成了其主体部分。后来其妹班昭补写《八表》，马续补写了《天文志》，全书方告完成。

《汉书》所记历史上起汉高祖刘邦，下迄汉平帝、王莽之篡，包括西汉一代二百三十余年的史事，共一百篇，八十余万字。后人将部分较长的篇分为上、下二卷，或上、中、下三卷，形成一百二十卷。全书分十二纪、八表、十志、七十传。其体例基本上沿袭《史记》，但略有变动，改"本纪"为"纪"，改"书"为志，取消"世家"并入"传"，开创了以纪传断代为史的先例。在《汉书》的影响下，后世正史基本上都是采用纪传体的断代史。全书以汉武帝为中界，汉武帝之前基本采用《史记》的内容，汉武帝之后才采用本书特有的方法体例。在"纪"部分，记述了西汉十二个皇帝，依次为高祖刘邦、惠帝刘盈、高后吕雉、文帝刘恒、景帝刘启、武帝刘彻、昭帝刘弗陵、宣帝刘询、元帝刘奭、成帝刘骜、哀帝刘欣、平帝刘衍。项羽、王莽被归入列传，体现了《汉书》以儒家正统思想处理历史人物的特点。八表之中，前六表根据《史记》的有关各表制成，记载功臣、诸侯、外戚的爵位及世系，可与传相呼应。而《古今人表》和《百官公卿表》则是《汉书》新增的。《古今人表》依儒家标准将古代名人分为九等，《百官公卿表》分上下二卷，记载了秦汉职官制度的渊源及演变，上卷记述各种官职的权力、属官、变更及秩次等，下卷记载了西汉百官公卿的升迁任免，为后世《百官志》、《宰辅表》开启了先河。"志"基本上沿用《史记》体例，但更为系统，其中六志取材下于《史记》，沿用《史记》的八书。《律历志》合《史记》的《律书》与《历书》；《礼乐志》合《史记》的《礼书》和《乐书》；《食货志》为上下二卷，上卷言食，下卷言货，因袭《史记》的《平准书》；《郊祀志》因袭《史记》的《封禅书》；《天文志》因袭《史记》的《天官书》；《沟洫志》因袭《史记》的《河渠书》。另外四篇为新创：《刑法志》首次系统地记载了殷周以来至西汉末年法律制度的沿革及汉代律令；《五行志》是诸志中最长的一篇，记载了当时日蚀、月蚀、星座等天文现象和各种自然灾害，同时汇集了董仲舒、刘向等人的天人感应、谶纬学说；《地理志》记载自远古至汉代的行政区划、地理沿革等内容；《艺文志》记录了汉代官府藏书的情况，是我国现存最早的图书目录，收书"六略三十八种，五百九十六家，万三千二百六十九卷"，按刘歆的《七略》，取其中的六艺、诸子、诗赋、兵书、术数、方技六略整理而成。"传"的部分一律以姓名题篇，排列顺序是先专传，次类传，后四夷和域外传，最后是外戚和王莽传，较《史记》整齐划一。其中《外戚传》系新设，专记后妃系统的外戚人物及其事迹。后面特立《元后传》，记载孝元皇后及外戚的活动情况，反映出外戚势力的增长。

　　《汉书》多用古字古训，文字艰深难懂，到唐颜师古为《汉书》作注后，《汉书》的文字音义问题才基本上得到解决。《汉书》效仿《史记》纪传体风格，首开断代史先河，为后来每朝撰写前朝历史确立了规范。刘知几说："如《汉书》者，究西都之首末，穷刘氏之废兴，包举一代，撰成一书。言皆精炼，事甚该密。故学者寻讨，易为其功。自尔迄今，无改斯道。"（《史通·六家》）同时，《汉书》第一次确立了封建正统的观点，以儒家观点品评人物，排列纪传，并发挥了董仲舒的"五德终始说"和"天命论"，大量收载了有关阴阳五行和天人感应的著作。而且在编纂方法上，《汉书》也远较《史记》整齐、严密，也更丰富完备，"文赡而事详"，叙事语调平允，客观性较强。

汉

书

平帝本纪

——《汉书》卷一二

【说明】汉平帝（前8——5），原名刘箕子，是汉元帝的庶孙，中山孝王刘兴的儿子。母亲卫氏。三岁时，继承王位，为中山王。元寿二年（前1），汉哀帝去世，太皇太后临朝，大司马王莽掌权，派使臣迎接平帝回京即皇帝位，时年九岁。

平帝九岁即位，十四岁去世，短短的帝王生涯，充满哀怨凄苦。国家军政大权全由王莽执掌，平帝不过是傀儡而已。就是个人生活，平帝也全是任人摆布。十一岁时，根据王莽的意志改名，十二岁时，不情愿地讨王莽的女儿做皇后，而母亲却因为牵连到谋反案件被杀。从此，平帝郁郁不乐，诚如他死后诏书所说，"每疾一发，气辄上逆"，以至于说不出话来。王莽见平帝不可靠，在他十四岁那年，用药酒毒死了他。在末代帝王中，平帝是一位最可怜的政治牺牲品。

孝平皇帝是汉元帝庶出的孙子，是中山孝王的儿子。母亲是卫姬。三岁的时候，继承父亲的爵位称王。元寿二年六月，哀帝去世，太皇太后下诏书说："大司马董贤年轻，不合大臣们的心意，交回印章，免去官职。"董贤当天自杀。任命新都侯王莽为大司马，兼管尚书台的工作。秋七月，派遣车骑将军王舜、大鸿胪左咸作使臣，持符节迎接中山王到京师。辛卯日，把皇太后赵氏贬为孝成皇后，退住北宫，哀帝皇后傅氏退住桂宫。孔乡侯傅晏，少府董恭等都被罢免官职，流放到合浦去。九月辛酉日，中山王就皇帝位，到高祖庙朝拜，大赦天下。

平帝才九岁，太皇太后上朝听政，大司马王莽掌权，百官都听从王莽的指挥。诏书说："赦令，是想要和天下臣民从新开始，确实是想让百姓洗心革面，保全性命。从前有关部门常上奏赦令下达以前的事，致使犯罪增加，无辜的人遭杀害，完全失去了重视信义、谨慎用刑、让民众洗心革面的旨意。至于选举，那些担任官职有工作能力的有名人士，却因曾有罪而难以保举，以至于废而不用，大大违背了赦免小过，选举贤才的原则。对那些有经济错误及有罪恶念头而未犯法的人，推举上来就不要追究了。让士人振奋精神努力向上，不因为小毛病而妨碍选用大才。从此以后，有关官府不要再上奏赦令下达以前的事。有不符合诏书旨意、伤害国事的，以大逆不道论处。把此事定为法令，告知天下，让大家都清楚地知道。"

元始元年春正月，越裳氏经过重重翻译献上一只白鸡、两只黑鸡，下诏书命三公用作时新食物，到宗庙祭祀祖先。

群臣上奏说大司马王莽功劳如同周公，于是赐王莽安汉公称号，对太师孔光等人也都增加封地、爵位。天下民众赐一级爵，二百石以上的在职官员，不管具体情况如何，统统免除试用期，为真职。

立原东平王云的太子开明为王，立原桃乡顷侯的儿子成都为中山王。封汉宣帝耳孙刘信等三十六人做列侯。太仆王恽等二十五人，在前些时候商议定陶傅太后尊号的时候，恪守经典、法令，不阿谀奉承，不曲从奸邪，右将军孙建是近卫大臣，大鸿胪左咸先是坚持正义不献媚讨好，后又持符节出使迎接中山王，还有宗正刘不恶、执金吾任岑、中郎将孔永、尚书令姚恂、沛郡太守石诩，都因为前些时候参与拥立大计，东去迎接中山王即位，事奉君王周到勤劳，赐关内侯爵位，按不同等级赏给封地。平帝被征召即帝位时所经过的县乡官员，从二千石以下到佐史，均按不同等级赏赐爵位。又下令，诸侯王、公、列侯、关内侯没有儿子但有孙子、或者过继侄儿为儿子的，都可以继承爵位。公、列侯的继承人犯罪，处耐罪以上的，要先报请朝廷批准。皇族有亲属但因犯罪而断绝的，应赦免其亲属，皇族作吏因推举为廉吏而升为佐史的，俸禄补为四百石。全国官吏俸禄在二千石以上的，年老退休后，给予原俸禄的三分之一，一直到死。派遣谏大夫巡行三辅地区，登记在元寿二年哀帝去世时被多收了赋税的官吏百姓，一律偿还其价值。义陵百姓坟墓，只要不妨碍陵墓内正殿的，一律不要发掘。全国官吏百姓都不许置办储存生活用具。

二月，设置羲和官，官秩为二千石；外史、闾师，官秩六百石。颁布教化，禁止不合礼制的祭祀，斥逐淫乱的乐曲。乙未日，义陵正殿里原放在柜子中的神衣，丙申日清晨跑到外面床上，殿令以非常变故报告上来。用太牢祭祀。

夏五月丁巳日初一，发生日食。大赦天下。公卿、将军、中二千石各推举一名忠厚诚恳能够直言劝谏的人。

六月，派少傅左将军甄丰向平帝母亲中山孝王姬颁赐玺书，拜她为中山孝王后。赐封平帝舅父卫宝及其弟弟卫玄为关内侯。平帝姊妹四人都赐称号为"君"，各自食二千户的租税。

封周公后裔公孙相如为褒鲁侯，孔子后裔孔均为褒成侯，掌管周公及孔子的祭祀。追赐孔子谥号为褒成宣尼公。废除明光宫和三辅地区的驰道。全国已判罪的女犯人，都放回家去，反而，让他们每月出钱三百，雇人服役。免除贞妇的赋税徭役，每乡一人。设置少府海丞、果丞各一人；大司农部丞十三人，每人负责一州，鼓励务农，植桑。

太皇太后减省自己的封邑十个县，划归大司农，单独核算它们的租税，用来救济穷人。秋九月，赦免全国刑徒。把中山苦陉县划为中山孝王后的封邑。

元始二年春，黄支国献犀牛。诏书说："皇帝的名字是两个字的，而且和器物同名，现在改名，以便符合古代制度。让太师孔光用太牢到高帝庙祭告祖先。"

夏四月，把代孝王玄孙的儿子如意立为广宗王，把江都易王的孙子盱台侯宫立为广川王，把广川惠王的曾孙伦立为广德王。原大司马博陆侯霍光的叔伯兄弟的曾孙霍阳，宣平侯张敖的玄孙张庆忌，绛侯周勃的玄孙周共，舞阳侯樊哙的玄孙的儿子樊章，都被封为列侯，恢复其爵位。原曲周侯郦商等人后裔玄孙郦朋友等一百一十三人，赐封为关内侯，按不同等级赏赐封邑。

郡、诸侯国大旱，又发生蝗灾，青州特别厉害，百姓流亡。安汉公、四辅、三公、卿大夫、官吏、平民，因为百姓穷困捐献田地、住宅者，共二百三十人，把这些财物按人头赐给贫民。派遣使者捕捉蝗虫。民众捕到蝗虫交给官吏，用石、斗量好，根据数量多少付钱。全国百姓，家中财产不满两万的，受灾的郡家财不满十万的、免除租税。百姓得传染病，住到空着的王侯府中，给他医治，给他药品。死去的人给丧葬钱，一家死去六口以上的给五千，四口以上的给三千，二口以上的给二千。废安定呼池苑，改造为安定县，兴建官府，市里，召募贫民迁去，沿路公家供给食宿。到达迁徙地后，赏赐田地、住宅、生活用具，借给犁、牛、种子、粮食。又在长安城中兴建五个里，造二百所住宅，让贫民居住。

秋天，每郡推举一名勇敢、有气节、懂兵法的人，到公车府。九月戊申日，发生日食，赦免天下刑徒。派谒者大司马掾四十四人，持符节到边境去带兵。

派遣执金吾侯陈茂带着钲鼓，召募汝南、南阳勇敢士兵、官吏三百人，去劝降江湖盗贼成重等二百余人，盗贼都自动出降，送到家乡所在地服役。成重迁徙到云阳，公家赏赐田地住宅。冬天，让中二千石官推举判案公正的人，每年推举一人。

元始三年春天，命令有关部门替皇帝向安汉公王莽的女儿纳采，此事记载在《王莽传》。又命令光禄大夫刘歆等共同议定婚礼。四辅，公卿、大夫、博士、郎、吏家属都根据礼节娶妻，迎亲的时候站在辂车上，拉车的马并驾齐驱。

夏天，安汉公上奏车服制度以及官吏平民养生、送死、嫁娶和占有奴婢、田地、住宅、器具的等级。建立官稷和学宫。郡和诸侯国称学，县、道、邑、侯国称校。校和学设一名经师。乡称庠，聚称序。序和庠设一名《孝经》师。

阳陵任横等自称将军，盗取武库的兵器进攻官府，放出囚徒。大司徒掾追捕，他们都服罪了。安汉公的长子王宇和平帝外戚家卫氏密谋叛乱。王宇关进监狱，死去。杀死卫氏。

元始四年春正月，郊祀时用高祖配享天，宗祀时用孝文帝配享上帝。把殷绍嘉公改称为宋公，周承休公改称为郑公。诏书说："夫妇正就能使父子亲，人伦就确定了。前次诏命有关官府免除贞妇的赋役，放女犯人回家，确是想用来防止奸邪，保全贞洁。至于对八十以上的老人、七岁以下的孩子不施刑罚，乃是圣王的规定。但酷暴的官吏大

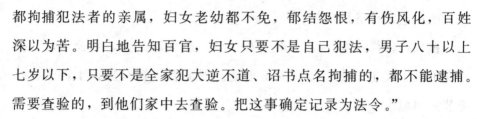

都拘捕犯法者的亲属，妇女老幼都不免，郁结怨恨，有伤风化，百姓深以为苦。明白地告知百官，妇女只要不是自己犯法，男子八十以上七岁以下，只要不是全家犯大逆不道、诏书点名拘捕的，都不能逮捕。需要查验的，到他们家中去查验。把这事确定记录为法令。"

二月丁末日，立王氏为皇后，大赦天下。派遣太仆王恽等八人，配备副使，持旄节，分别巡行天下，观看风俗。九卿以下至六百石官员以及登记在册的皇族，按不同等级赏赐五大夫以上的爵位。天下平民均赏赐一级爵位，鳏寡孤独及老人赏赐布帛。

夏天，皇后到高帝庙拜见。给安汉公加以"宰衡"的称号。赏赐安汉公太夫人"功显君"称号。安汉公的儿子王安、王临都封为列侯。安汉公奏请设立明堂、辟雍。把孝宣庙尊称为中宗，孝元庙尊称为高宗，天子代代祭祀。设置西海郡，把天下违犯禁令的人都迁徙到那里去。梁王立犯罪，自杀。

分割京师，设置前辉光、后丞烈两郡。改公卿、大夫、八十一元士的官名和位次，改十二州的名称。把各郡、诸侯国所属地界重新划分，有的废除，有的改变。天下事情多变，官吏不胜记载。冬天，大风把长安城东门的屋瓦几乎全部吹走了。

元始五年春正月，在明堂进行祫祭。征召二十八名诸侯王、一百二十名列侯、九百名皇族子弟助祭。祭礼完毕后，都增加封邑户数，赏赐爵位及钱财布帛，按不同等级增加俸禄，补升官职。

太皇太后下诏书说："听说帝王首先用德行安抚民众，其次则亲近亲族以及于百姓。从前尧和睦九族，舜也厚待他们。我因为皇帝年幼，暂且执掌国家政权，只是皇室子弟都是太祖高皇帝的子孙，以及兄弟吴顷王、楚元王的后裔，从汉初至今，已达十余万人，虽然有王侯之辈，但不能互相察禁，有的犯法论罪，这都是教育不到的过错。《传》不是说过吗：'君子对亲族诚恳，那么人民就实行仁义。'对皇族自太上皇以来的亲属，都以其家世确定姓氏，郡、诸侯国设置宗师来纠察他们，对他们进行教育。二千石官员要选出有道德修养的人作宗师。考察出不听从教令以及失职害人者，宗师可以用邮传上书告知宗伯。宗伯奏报皇上。平时每年正月赏赐宗师每人十匹布帛。"

派羲和刘歆等四人为使者，掌管明堂、辟雍，让汉代和周文王筑灵台、周公作洛邑相符合。派太仆王恽等八人为使者，巡行观察风俗，宣扬德行、教化，使万国同一。八人都封为列侯。

征召天下通晓逸经、古记、天文、历算、音乐、文字、史书、方术、本草以及能教授《五经》、《论语》、《孝经》、《尔雅》的人，所在地区替他们备一辆轺车，封好书信，送往京师。到达的人有数千人。

闰月，把梁孝王玄孙的耳孙刘音立为王。冬十二月丙午日，平帝在未央宫去世。大赦天下。有关官府议论说："据礼制，臣子不能称君王为殇。皇帝已十四岁，应该按照礼仪安葬，戴皇冠。"上奏获得批准。平帝安葬在康陵。诏书说："皇帝仁爱慈惠，对谁都很同情哀怜，每次发病，气总是向上顶，说不出话来，所以来不及留下遗嘱。他的陪送妃妾，都放出宫回家，可以改嫁，就象孝文帝当年那样。"

（孙言诚　译）

【原文】

孝平皇帝，元帝庶孙，中山孝王子也。母曰卫姬。年三岁嗣立为王。元寿二年六月，哀帝崩，太皇太后诏曰："大司马贤年少，不合众心。其上印绶，罢。"贤即日自杀。新都侯王莽为大司马，领尚书事。秋七月，遣车骑将军王舜、大鸿胪左咸使持节迎中山王。辛卯，贬皇太后赵氏为孝成皇后，退居北宫，哀帝皇后傅氏退居桂宫。孔乡侯傅晏、少府董恭等皆免官爵，徙合浦。九月辛酉，中山王即皇帝位，谒高庙，大赦天下。

帝年九岁，太皇太后临朝，大司马莽秉政，百官总己以听于莽。诏曰："夫赦令者，将与天下更始，诚欲令百姓改行絜己，全其性命也。往者有司多举奏赦前事，累增罪过，诛陷亡辜，殆非重信慎刑，洒心自新之意也。及选举者，其历职更事有名之士，则以为难保，废而弗举，甚谬于赦小过举贤材之义。对诸有臧及内恶未发而荐举者，皆勿案验。令士厉精乡进，不以小疵妨大材。自今以来，有司无得陈赦前事置奏上。有不如诏书为亏恩，以不道论。定著令，布告天下，使明知之。"

元始元年春正月，越裳氏重译献白雉一，黑雉二，诏使三公以荐宗庙。

群臣奏言大司马莽功德比周公，赐号安汉公，及太师孔光等皆益封。语在《莽传》。赐天下民爵一级，吏在位二百石以上，一切满秩如真。

立故东平王云太子开明为王，故桃乡顷侯子成都为中山王。封宣帝耳孙信等三十六人皆为列侯。太仆王恽等二十五人前议定陶傅太后尊号，守经法，不阿指从邪，右将军孙建爪牙大臣，大鸿胪咸前正议不阿，后奉节使迎中山王，及宗正刘不恶、执金吾任岑、中郎将孔永、尚书令姚恂、沛郡太守石诩，皆以前与建策，东迎即位，奉事周密勤劳，赐爵关内侯，食邑各有差。赐帝征即位前所过县邑吏二千石以下至佐史爵，各有差。又令诸侯王、公、列侯、关内侯亡子而有孙若子同产子者，皆得以为嗣。公、列侯嗣子有罪，耐以上先请。宗室属未尽而以罪绝者，复其属，其为吏举廉佐史，补四百石。天下吏比二千石以上年老致仕者，参分故禄，以一与之，终其身。遣谏大夫行三辅，举籍吏民，以元寿二年仓卒时横赋敛者，偿其直。义陵民家不妨殿中者勿发。天下吏民亡得置什器储侍。

二月，置羲和官，秩二千石；外史、闾师，秩六百石。班教化，禁淫祀，放郑声。乙未，义陵寝神衣在柙中，丙申旦，衣在外床上，寝令以急变闻。用太牢祠。

夏五月丁巳朔，日有蚀之。大赦天下。公卿、将军，中二千石举敦厚能直言者各一人。

六月，使少傅左将军丰，赐帝母中山孝王姬玺书，拜为中山孝王后。赐帝舅卫宝、宝弟玄爵关内侯。赐帝女弟四人号皆曰君，食邑各二千户。

封周公后公孙相如为褒鲁侯，孔子后孔均为褒成侯，奉其祀。追谥孔子曰褒成宣尼公。罢明光宫及三辅驰道。天下女徒已论，归家，顾山钱月三百。复贞妇，乡一人。置少府海丞、果丞各一人；大司农部丞十三人，人部一州，劝农桑。

太皇太后省所食汤沐邑十县，属大司农，常别计其租入，以赡贫民。秋九月，赦天下徒。以中山苦陉县为中山孝王后汤沐邑。

二年春，黄支国献犀牛。诏曰："皇帝二名，通于器物，今更名，合于古制。使太师光奉太牢告祠高庙。"

夏四月，立代孝王玄孙之子如意为广宗王，江都易王孙盱台侯宫为广川王，广川惠王曾孙伦为广德王。封故大司马博陆侯霍光从父昆弟曾孙阳、宣平侯张敖玄孙庆忌、绛侯周勃玄孙共、舞阳侯樊哙玄孙之子章皆为列侯，复爵。赐故曲周侯郦商等后玄孙郦明友等百一十三人爵关内侯，食邑各有差。

郡国大旱，蝗，青州尤甚，民流亡。安汉公、四辅、三公、卿大夫、吏民为百姓困乏献其田宅者二百三十人，以口赋贫民。遣使者捕蝗，民捕蝗诣吏，以石斗受钱。天下民赀不满二万，及被灾之郡不满十万，勿租税。民疾疫者，舍空邸第，为置医药。赐死者一家六尸以上葬钱五千，四尸以上三千，二尸以上二千。罢安定呼池苑，以为安民县，起官寺市里，募徙贫民，县次给食。至徙所，赐田宅什器，假与犁、牛、种、食。又起五里于长安城中，宅二百区，以居贫民。

秋，举勇武有节明兵法，郡一人，诣公车。九月戊申晦，日有蚀之。赦天下徒。使谒者大司马掾四十四人持节行边兵。

遣执金吾候陈茂假以钲鼓，募汝南、南阳勇敢吏士三百人，谕说江湖贼成重等二百余人皆自出，送家在所收事。重徙云阳，赐公田宅。冬，中二千石举治狱平，岁一人。

三年春，诏有司为皇帝纳采安汉公莽女。又诏光禄大夫刘歆等杂定婚礼。四辅、公卿、大夫、博士、郎、吏家属皆以礼娶，亲迎立轺并马。

夏，安汉公奏车服制度，吏民养生、送终、嫁娶、奴婢、田宅、器械之品。立官稷及学官。郡国曰学，县、道、邑、侯国曰校。校、学置经师一人。乡曰庠，聚曰序。序、庠置《孝经》师一人。

阳陵任横等自称将军，盗库兵，攻官寺，出囚徒。大司徒掾督逐，皆伏辜。安汉公世子宇与帝外家卫氏有谋。宇下狱死，诛卫氏。

四年春正月，郊祀高祖以配天，宗祀孝文以配上帝。改殷绍嘉公曰宋公，周承休公曰郑公。

诏曰："盖夫妇正则父子亲，人伦定矣。前诏有司复贞妇，归女徒，诚欲以防邪辟，全贞信。及眊悼之人，刑罚所不加，圣王之所制也。惟苛暴吏多拘系犯法者亲属，妇女老弱，构怨伤化，百姓苦之。其明敕百寮，妇女非身犯法，及男子年八十以上七岁以下，家非坐不道，诏所名捕，它皆无得系。其当验者，即验问，定著令。"

二月丁未，立皇后王氏，大赦天下。遣太仆王恽等八人置副，假节，分行天下，览观风俗。赐九卿已下至六百石、宗室有属籍者爵，自五大夫以上各有差。赐天下民爵一级，鳏寡孤独高年帛。

夏，皇后见于高庙。加安汉公号曰"宰衡"。赐公太夫人号曰功显君。封公子安、临皆为列侯。安汉公奏立明堂、辟雍。尊孝宣庙为中宗，孝元庙为高宗，天子世世献祭。置西海郡，徙天下犯禁者处之。梁王立有罪，自杀。

分京师置前辉光、后丞烈二郡。更公卿、大夫、八十一元士官名位次及十二州名。分界郡国所属，罢置改易，天下多事，吏不能纪。冬，大风吹长安城东门，屋瓦且尽。

五年春正月，袷祭明堂。诸侯王二十八人、列侯百二十人、宗室子九百余人征助祭。礼毕，皆益户，赐爵及金帛，增秩补吏，各有差。

诏曰："盖闻帝王以德抚民，其次亲亲以相及也。昔尧睦九族，舜惇叙之。朕以皇帝幼年，且统国政，惟宗室子皆太祖高皇帝子孙及兄弟吴顷、楚元之后，汉元至今，十有余万人，虽有王侯之属，莫能相纠，或陷入刑罪，教训不至之咎也。传不云乎？'君子笃于亲，则民兴于仁。'其为宗室自太上皇以来族亲，各以世氏，郡国置宗师以纠之，致教训焉。二千石选有德义者以为宗师。考察不从教令有冤失职者，宗师得因邮亭书言宗伯，请以闻。常以岁正月赐宗师帛各十匹。"

羲和刘歆等四人使治明堂、辟雍，令汉与文王灵台、周公作洛同符。太仆王恽等八人使行风俗，宣明德化，万国齐同。皆封为列侯。

征天下通知逸经、古记、天文、历算、钟律、小学、《史篇》、方术、《本草》及以《五经》、《论语》、《孝经》、《尔雅》教授者，在所为驾一封轺传，遣诣京师。至者数千人。

闰月，立梁孝王玄孙之耳孙音为王。冬十二月丙午，帝崩于未央宫。大赦天下。有司议曰："礼，臣不殇君。皇帝年十有四岁，宜以礼敛，加元服。"奏可。葬康陵。诏曰："皇帝仁惠，无不顾哀，每疾一发，气辄上逆，害于言语，故不及有遗诏。其出媵妾，皆归家得嫁，如孝文时故事。"

赞曰：孝平之世，政自莽出，褒善显功，以自尊盛。观其文辞，方外百蛮，亡思不服；休征嘉应，颂声并作。至乎变异见于上，民怨于下，莽亦不能文也。

项籍传

——《汉书》卷三一

【说明】项籍（前232～前202年），字羽，下相（今江苏宿迁西南）人，秦末农民起义军领袖，楚汉相争中楚国的统帅。项氏世代为楚将，因封在项（今河南项城东北），故以项为姓氏。有叔父项梁，项梁的父亲就是楚国的大将项燕。项梁因故杀人，带项籍逃到江南。项籍气力过人，从小喜学兵法，但不求甚解。

秦二世元年（前209），陈胜、吴广反秦起义、项梁、项籍杀会稽郡守殷通响应。次年率八千子弟兵渡长江向中原进军。陈胜死后，项梁立楚怀王孙心为楚王，自称武信君，多次击败秦将章邯，后因骄傲轻敌，被章邯军袭杀。章邯北上击赵，围赵军于钜鹿（今河北平乡西南）。楚怀王派宋义、项籍率兵北上救赵。项籍在途中杀了按兵不动的宋义，渡漳河后"破釜沉舟"，奋力死战，大破秦军，章邯投降，秦军主力被摧毁。

项籍进军到函谷关（今河南陕县西），刘邦已占领咸阳。楚怀王原先约定："先入定关者为王。"项籍不服，破关而入。在鸿门设宴招待刘邦，想乘机暗杀，未成，然后兵进咸阳，杀已经投降的秦王子婴，火烧阿房宫。项籍分封了十八个王。封刘邦为汉王，管辖汉中。又三分关中，以秦降将章邯、董翳、司马欣为王，自称西楚霸王，都彭城

（今江苏徐洲）。

项籍分封，引起诸侯割据，混战不止。刘邦乘机还定三秦，率军攻占楚都彭城。项籍挥师奇袭，刘邦几乎全军覆灭。以后楚汉战争相持在成皋一带，历时三年。项籍虽然几次击败刘邦，但刘邦有巩固的后方关中，屡败屡战。项籍又不善于用人，缺乏战略筹谋，兵势由强转弱，结果被刘邦、韩信、彭越、英布等军围困于垓下（今安徽灵璧东南）。四面楚歌，霸王别姬，穷途末路。项籍几经突围，最后在乌江（今安徽和县东北）自杀，时年三十一岁。著有《项子兵法》，已亡佚。

项籍字羽，下相人。反秦起事时，年仅二十四岁。他的叔父项梁，项梁的父亲就是楚国名将项燕。因世代为楚将，受封于项，故姓项氏。

项籍年轻时，学习识字写字，没有学成，放弃了；改学击剑，又没有学成，放弃了。项梁对他很生气。项籍说："学习写字只能记姓名而已。学习击剑只能对付一个敌人，不足以去学，要学就学对付千万敌人的本领。"项梁听了感到奇怪，于是教他学兵法。项籍非常高兴，但略知兵法的大意，就不肯深学下去了。项梁曾因罪案牵连逮入栎阳狱中，后来蕲县狱吏曹咎写书信向栎阳狱史司马欣求情，案情才得以了结。项梁曾杀人，于是与项籍为了躲避仇家来到了吴中。吴中贤士大夫的才能都比不上项梁。每有大规模徭役征发和丧事，常由项梁主办，项梁暗中用兵法部署调度宾客子弟，了解他们的才能。秦始皇东游会稽，渡浙江，项梁与项籍同去观看。项籍说："那个皇帝，我可取而代之。"项梁捂住他的嘴，说："不要胡言乱语，这是要灭族的！"项梁因此认为项籍非同一般。项籍身长八尺二寸，力能扛鼎，才气胜过别人。吴中子弟都敬畏他。

　　秦二世元年，陈胜起事。九月，会稽代理太守殷通一向知道项梁贤能，于是召项梁来一同商议大事。项梁说："方今江西都起来反秦，这也是上天要灭亡秦朝的时候。我们要先发制人，后发则为人所制。"殷通叹息说："听说您是楚将世家，起来反秦只有你足下了！"项梁说："吴中有奇士桓楚，逃亡在湖泽之中，大家都不知道他的居处，只有项籍知道。"项梁出来告诉项籍，叫他拿着宝剑在外面等候。项梁又进去与殷通说："请把项籍召来，叫他受命去召回桓楚。"项籍进来后，项梁以目示意对项籍说："可以行动了！"项籍就拔出宝剑斩杀了郡守殷通。项梁手中拿着殷通的脑袋，腰中佩着郡守的官印。郡守手下的侍从惊恐万状，被项籍杀死了数十百人。官府中的人都恐惧地趴在地上，不敢再起来反抗。项梁就召集过去所熟悉的豪吏，告诉他们要起兵反秦。于是在吴中举兵，派人到县里去征集，征得精兵八千，安排吴中豪杰为校、尉、候、司马等官职。有一人没有得到官职，就自己去向项梁请求。项梁对他说："在某一天，有某一丧事，我叫你主办某一件事，结果你不能办成，因此之故不任用你。"大家听了都心悦诚服。于是项梁为会稽将，项籍为副将，统辖下属县邑。

　　秦二世二年，广陵人召平为陈胜攻略广陵，未能攻下。后来听说陈胜败走，秦将章邯又将要到达，召平就渡江假托陈胜王的命令，拜项梁为楚上柱国，说："江东已经平定，迅速引兵西向击秦。"项梁就以八千人渡江向西进发。他听到陈婴已攻下东阳，就派遣使者，相约与陈婴联合，一同西进。陈婴此人，本来是东阳令史，在县中素来讲求信义，被人们称为长者。东阳少年杀死了他们的县令，聚集了数千人，想立一个首领，没有一个合适的，就请陈婴担任。陈婴谢绝说不能胜任，大家就强行推立他为首领。县中跟从起事的有二万人，他们

想推立陈婴为王，头上裹以青巾，以有别于其他军队。陈婴的母亲对陈婴说："自从我嫁到陈家，从未听说陈家的祖先曾有过显贵的时候，现在突然得到很大的名声，不是个好兆头。不如把军队归属于别人，事成可以封侯，事败也容易逃脱，因为不是世上有名的人。"陈婴听了就不敢为王，并对他的军吏说："项氏世代为将，有名于楚，今要干大事，非项氏其人为将不可。我依附名门大族，一定能灭亡秦朝的。"于是大家都听从陈婴的话，把军队归属于项梁。项梁渡过淮河，英布、蒲将军也率军归附。共有军六、七万人，驻扎在下邳。

这时，秦嘉已立景驹为楚王，驻军彭城东，要想与项梁对抗。项梁对军吏说："陈胜王首先起事，作战不利，不知下落。今秦嘉违背陈胜王而立景驹，大逆不道。"于是引兵进击秦嘉。秦嘉军败走，项梁军追到胡陵。秦嘉回军作战了一天，秦嘉战死，军队投降。景驹逃走，死于梁地。项梁吞并了秦嘉军，驻军胡陵，正要引军西进，章邯的军队到达了栗县。项梁派别将朱鸡石、余樊君与章邯交战，余樊君战死，朱鸡石兵败，就向胡陵逃跑。项梁便引兵进入薛县，诛杀了朱鸡石。在此之前，项梁派项籍另率一军攻打襄城，襄城坚守不降。攻克以后，项籍把守城军全部坑杀，回来报告项梁。项梁听到陈王确实死亡的消息，召集各路将领在薛县共同商议大事。当是沛公刘邦也从沛县前往薛县。

居鄛人范增年已七十，善于出谋划策。他前去游说项梁说："陈胜失败是应该的。秦灭六国，楚最无罪。自从楚怀王入秦不返，楚人至今思念。故而楚南公说：'楚虽三户，亡秦必楚。'今陈胜首先起事，不立楚王的后裔，他的势力就长久不了。现在您起兵江东，楚国起来造反的将领都争先恐后地归附于您，是由于您是世代楚将，能够再立楚王后裔。"于是项梁找到了在民间为人牧羊的楚怀王的孙子心,立他为楚怀王,以顺从民心。陈婴为楚上柱国,封五个县,与怀王一起镇守国都盱台。项梁自称武信君,引兵攻打亢父。

起初,章邯在临菑杀了齐王田儋,田假又自立为齐王。田儋的弟弟田荣逃到了东阿,章邯追到东阿,把东阿围困起来。项梁带兵救援东阿,大破秦军。田荣带兵回到了旧地,驱逐了田假。田假逃到了楚国,田假的相国田角逃到了赵国。田角的弟弟田间,原是齐国将领,也居住在赵国,不敢回去。田荣立田儋的儿子田市为齐王。项梁攻破了东阿秦军以后,就乘胜追击。几次派遣使者催齐国出兵一同西进。田荣说:"楚国杀田假,赵国杀田角、田间,我才能发兵。"项梁说:"田假是楚国相邻之邦的国王,穷途来归,我不能忍心杀他。"赵国也不肯把杀田角、田间作为与田荣出兵的交换条件。齐国就不肯发兵帮助楚国。项梁派项羽与沛公刘邦另率一支军队攻打城阳,攻下后屠城杀戮。接着又西破濮阳东面的秦军,秦军收兵退入濮阳。沛公、项羽就攻打定陶。没有攻下定陶,率军离去,向西略地直到雍丘,大败秦军,杀秦将李由。然后挥师回军进攻外黄,外黄没有攻下。

项梁从东阿出发,一路西进,等到到了定陶,又一次打败了秦军,而项羽等又斩杀了秦将李由,就日益轻视秦军,面露骄色。宋义见了向前劝谏说:"打了胜仗而将领骄傲、士卒懈怠的就要失败。现在士卒稍有懈怠,秦军日益增多,我为您担心。"项梁不听,就派宋义出使于齐。宋义在路上遇见齐国使者高陵君显,问他说:"您将要去见武信君吗?"回答说:"是。"宋义说:"我断定武信君的军队必败。您慢慢地前去则可以免祸,快去就会遭殃。"秦国果然动员全部兵力增援章邯,秦军士卒在夜里口衔木箸,不声不响地突然袭击楚军,大破楚军于定

陶，项梁战死。沛公与项羽撤军外黄，改攻陈留，但陈留也久攻不下。沛公与项羽互相商议说："现在项梁军败，军心不稳。"就与吕臣合兵一同引兵东还。吕臣驻军彭城东，项羽驻军彭城西，沛公驻军于砀。

章邯打败了项梁军后，以为楚地的敌兵已不用担心了，就渡过黄河北攻赵国，大破赵军。当此之时，赵歇为赵王，陈余为将军，张耳为丞相，都跑进了钜鹿城。秦将王离、涉间围困钜鹿，章邯屯军在其南，筑甬道输送粮食。陈余率军数万人驻扎在钜鹿北面，这就是所谓河北之军。

宋义在路上遇到的齐国使者高陵君显到盱台见到楚怀王说："宋义断定武信君必败，数日后果然此如。军队未开战之前而能够见到失败的征兆，这可以说是深知兵法的了。"楚怀王召见宋义，和他商议事情，大为高兴，因而封他为上将军；项羽为鲁公，为次将，范增为末将。各路别将都统属于宋义，宋义号称卿子冠军。宋义北上救赵，到安阳就停留不进。秦二世三年，项羽对宋义讲："现在秦军围困钜鹿，应迅速引兵渡河，楚军攻击秦军于外，赵军响应在内，必能攻破秦军。"宋义说："不对。用手搏击，可以杀死牛身上的牛虻，而不能伤害虮子。现今秦军攻赵，如果战胜了，则秦军兵疲力尽，我们乘秦军疲惫发动进攻；如果秦军不胜，我们就引兵鸣鼓而西，必能打垮秦军。所以不如让秦、赵先斗战。率精兵作战，我不如您；策划运筹，您不如我。"因此下令对军中说："凶猛如虎，狠戾如羊，贪婪如狼，倔彊不听命令的，一律斩首。"宋义又派他儿子宋襄去辅助齐国，亲自送到无盐，设酒席大会宾客。时值天寒大雨，士卒冻冷饥饿。项羽说："本来想并力攻秦，现在却久留不行。现在年荒民贫，士卒只能吃半升豆子，军无存粮，宋义却设酒大会宾客，不引兵渡河就地取用赵国的粮食，与赵国合力抗秦，而说什么'等待秦军疲惫'。以秦之强大，攻新建立的赵国，赵国势必被攻垮。赵国被攻破，秦军更强大，还有什么疲惫的机会可乘！况且楚军最近被打败，楚怀王坐卧不安，倾全国之兵归属于将军宋义，国家安危，在此一举。如今宋义不体恤士卒而徇私设宴，不是为国之臣。"项羽早晨参见上将军宋义，就在军帐中斩了宋义的脑袋，出来向军中发令说："宋义与齐阴谋反楚，楚王秘密命令我杀他。"诸将都恐惧屈服，不敢吱唔啃声，都说："首先建立楚国的，是将军项氏一家。今将军应该处死叛乱之人。"将领们互相商量，共立项羽为假上将军，派人去追宋义的儿子，赶到了齐地，就把他杀了。以后，项羽派遣桓楚到盱台向楚怀王报告，楚怀王便派遣使者封项羽为上将军。

项羽杀了卿子冠军，威震楚国，名闻诸侯。他就派遣当阳君、蒲将军率军二万渡河救钜鹿。战事只是稍有胜利，陈余又向项羽请兵求援。项羽就率全部人马渡河北上。渡过了河，就凿沉渡船，砸破炊具，烧毁营舍，带三天口粮，以此表示士卒拼死而不打算生还的决心。军队一到钜鹿就把王离秦军围了起来，与秦军遭遇，打了九仗，切断了秦军运粮的甬道，大破秦军，杀秦将苏角，活捉了王离。涉间不肯投降，自焚而死。当时，楚军勇冠诸侯。诸侯军救援钜鹿的有十多个营垒，都不敢纵兵出战。到楚军攻击秦军时，诸侯都在营垒上观战。楚军战士无不以一当十，喊杀声震天动地。诸侯军人人都心惊胆颤。楚军大破秦军以后，项羽召见诸侯将领，进入辕门，他们跪膝而行，不敢抬头仰视。项羽从此成为诸侯军的上将军，军队都归属于他。

章邯驻军于棘原，项羽驻军于漳南，两军相持未战。由于秦军屡次退却，秦二世就派人责斥章邯。章邯恐惧，派长史司马欣去请示。

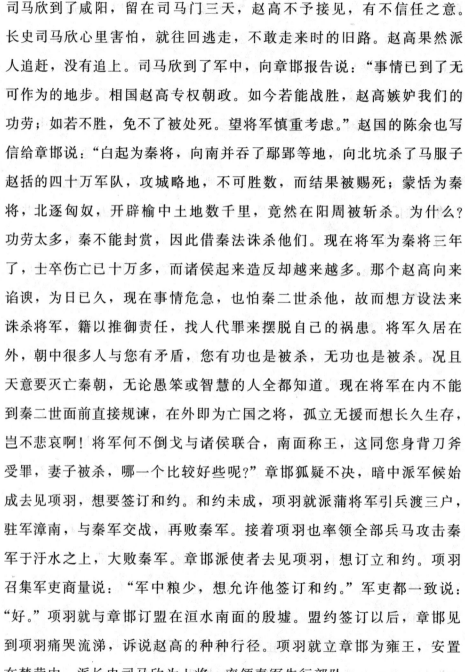

司马欣到了咸阳，留在司马门三天，赵高不予接见，有不信任之意。长史司马欣心里害怕，就往回逃走，不敢走来时的旧路。赵高果然派人追赶，没有追上。司马欣到了军中，向章邯报告说："事情已到了无可作为的地步。相国赵高专权朝政。如今若能战胜，赵高嫉妒我们的功劳；如若不胜，免不了被处死。望将军慎重考虑。"赵国的陈余也写信给章邯说："白起为秦将，向南并吞了鄢郢等地，向北坑杀了马服子赵括的四十万军队，攻城略地，不可胜数，而结果被赐死；蒙恬为秦将，北逐匈奴，开辟榆中土地数千里，竟然在阳周被斩杀。为什么？功劳太多，秦不能封赏，因此借秦法诛杀他们。现在将军为秦将三年了，士卒伤亡已十万多，而诸侯起来造反却越来越多。那个赵高向来谄谀，为日已久，现在事情危急，也怕秦二世杀他，故而想方设法来诛杀将军，籍以推卸责任，找人代罪来摆脱自己的祸患。将军久居在外，朝中很多人与您有矛盾，您有功也是被杀，无功也是被杀。况且天意要灭亡秦朝，无论愚笨或智慧的人全都知道。现在将军在内不能到秦二世面前直接规谏，在外即为亡国之将，孤立无援而想长久生存，岂不悲哀啊！将军何不倒戈与诸侯联合，南面称王，这同您身背刀斧受罪，妻子被杀，哪一个比较好些呢？"章邯狐疑不决，暗中派军候始成去见项羽，想要签订和约。和约未成，项羽就派蒲将军引兵渡三户，驻军漳南，与秦军交战，再败秦军。接着项羽也率领全部兵马攻击秦军于汙水之上，大败秦军。章邯派使者去见项羽，想订立和约。项羽召集军吏商量说："军中粮少，想允许他签订和约。"军吏都一致说："好。"项羽就与章邯订盟在洹水南面的殷墟。盟约签订以后，章邯见到项羽痛哭流涕，诉说赵高的种种行径。项羽就立章邯为雍王，安置在楚营中。派长史司马欣为上将，率领秦军先行部队。

汉高祖元年，项羽率诸侯军三十多万，一路上攻城略地到了河南，然而西向到新安。从前诸侯吏卒为秦朝服徭役屯戍到秦中，秦中官兵对他们多有侮辱，等到秦军投降诸侯后，诸侯吏卒就乘胜把他们当作奴隶使唤，随便欺凌秦军吏卒。秦军吏卒多在私下议论："章将军等欺骗我们投降诸侯，今能入关破秦，这当然很好；若不能，诸侯军俘虏我们东去，而秦国势必把我们的父母妻子全部杀死。"诸侯将领暗中听到他们的计议，报告了项羽。项羽就召集英布、蒲将军商议说："秦军吏卒很多，他们心中不服，如果到了关中不听指挥，事情就必然很危险，不如杀掉他们，只与章邯、长史司马欣、都尉董翳一同入关。"于是在夜里把秦军二十余万人全部坑杀。

项羽军至函谷关，有兵把守，不能进入。当听到沛公刘邦已攻下咸阳，项羽大怒，派当阳君攻关。项羽进关，到达戏水西面的鸿门，听到沛公想称王关中，独自占有秦国府库珍宝。亚父范增也大怒，劝项羽击杀沛公。于是犒劳士军，准备明天早上会合诸侯军出战。项羽的叔父项伯，向来与张良很好。当时张良跟从沛公，项伯连夜把军情告诉了张良。张良与他一同去见沛公，沛公托项伯在项羽面前为自己多作解释。第二天，沛公带了一百多个骑兵到鸿门向项羽谢罪，自己陈说："封闭秦国府库，回军霸上等待大王，关闭函谷关是为了防备盗贼，不敢违背大王的恩德。"项羽听了，对刘邦的意见也就没有了。范增想害沛公，幸亏有张良、樊哙相助而避免了祸灾。

过了几天，项羽进城屠毁咸阳，杀秦国降王子婴，焚烧秦朝宫室，大火连烧三个月不灭；搜罗秦朝的珍宝财货，抢略妇女东去。秦民见此大失所望。有一韩生向项羽游说说："关中阻山带河，四面关塞，土地肥饶，可在此建都称霸。"项羽见秦朝宫室都已烧残，又怀念故乡，

心欲东归，于是对韩生说："富贵了不回故乡，犹如穿了锦绣的衣服在夜里行走。"韩生说："人家都说楚人是猴子洗了头戴帽子，果然如此。"项羽听了，杀死了韩生。

起初，楚怀王与诸将约定，先入关的人在关中称王。项羽既然要违背约定，就派人向楚怀王请命。楚怀王说："应照约定的办。"项羽就说："楚怀王此人，是我家武信君所立，没有战功，凭什么来作主定约？天下最初发难的时候，假装立诸侯的后裔为王以便讨伐秦国。然而身披坚甲，手执戈矛，率先起事，风餐露宿，经历三年，消灭暴秦，平定天下的，都是各位将相与我项籍之力。怀王无功，本来就应当瓜分他的土地封大家为王。"诸将听了都说："好。"项羽在表面上尊楚怀王为义帝，对他说："古代为王的，地方只有千里，必须住在上游。"于是把楚怀王迁徙长沙，以郴作为国都，接着项羽就分割天下，封诸侯为王。

项羽与范增怀疑沛公有野心，现在虽然业已和解，但又怕违背原来约定，恐诸侯反叛，他们暗中谋划说："巴、蜀道路险恶，秦朝把罪犯迁移到那里居住。"于是就说："巴、蜀也是关中地。"故立沛公为汉王，称王于巴、蜀、汉中。而三分关中，封秦降将为王以堵塞汉王东还的出路。立章邯为雍王，称王咸阳以西。长史司马欣，本是栎阳狱吏，曾有恩于项梁；都尉董翳，曾劝章邯向项羽投降。因此之故，立司马欣为塞王，称王咸阳以东到黄河一带；立董翳为翟王，称王上郡。徙魏王豹为西魏王，称王河东。瑕丘公申阳，是张耳的宠臣，先攻下河南，迎楚军于黄河岸上，立申阳为河南王。赵将司马卬平定河内，屡立战功，因此立卬为殷王，称王河内。徙赵王歇为代王。赵相张耳向来贤能，又跟从项羽入关，立为常山王，称王赵地。当阳君英布为楚将，常常勇冠全军，立英布为九江王。番君吴芮，统帅百粤之兵协助诸侯军，又随从入关，立芮为衡山王。义帝柱国共敖，率兵击南郡，功多，因立为临江王。徙燕王韩广为辽东王。燕将臧荼曾随楚救赵，又跟从入关，立臧荼为燕王。徙齐王田市为胶东王。齐将田都曾随项羽共同救赵，又同入关，立田都为齐王。原先为秦所灭齐王建的孙子田安，项羽正渡河救赵时，田安攻下济北数城，然后带兵投降项羽，立田安为济北王。田荣违背项梁的命令，不肯助楚击秦，因此没有封王。陈余丢弃将印离去，不愿跟从入关，但素来听说他贤能，有功于赵，听说他在南皮，因此把环绕南皮的三个县封给他。番君将领梅鋗，功多，故封十万户侯。项羽自立为西楚霸王，称王梁、楚等地九郡，建都彭城。

诸侯各自回到自己的封国。田荣听说项羽把齐王田市徙移到胶东，而立田都为齐王，心中大怒，不肯让田市去胶东，就举齐反叛，派兵迎击田都。田都逃到楚。田市害怕项羽，就自己跑到胶东去就国。田荣知道后非常生气，派兵追到即墨，杀死了田市，自立为齐王。田荣又把将军印授给彭越，叫他在梁地反楚。彭越就击杀济北王田安。田荣就兼并了三齐之地。当时汉王刘邦东向平定了三秦。项羽听到汉王兼并了关中，向东进军，而齐、梁又反叛了他，大怒，就封从前为吴县令的郑昌为韩王，率兵阻击汉军，命令萧公角等率兵攻击彭越。彭越打败了萧公角等。当时，张良受汉王之命在韩地巡行招抚，写信给项羽说："汉王失去应得的关中王之职，因此要取得关中，实现了原来的约定就到此为止，不敢再东进。"张良又把齐、梁的反叛文书送给项羽，项羽因此就无意西进攻打汉王，而北上击齐。项羽向九江王英布征兵。英布称病不去，派将领率兵数千人前去。汉高祖二年，项羽暗中派九江王英布杀义帝。陈余派张同、夏说二人去游说齐王田荣说："项王为天下主宰，但不公平。如今把原来的诸侯王都封在差的地方，而他的群臣诸将都封在好的地方，赶走原来的主人赵王，把他徙迁到北方代地居住，我以为这样是不可以的。听说大王已经起兵，凡是不道义的事可不听，希望大王资助我一些兵马，由我去攻打常山王张耳，恢复赵王的地位，愿把赵国作为齐国的藩屏。"齐王田荣就答应了陈余的要求，派兵前往增援。陈余动员三县的全部兵力，与齐军合力攻击常山王，打败了常山王的军队。常山王张耳就投归了汉王。陈余就迎接原先的赵王歇返回赵地。赵王就立陈余为代王。项羽军到城阳，田荣也率兵到城阳与项羽会战。田荣兵败，逃到平原，被平原百姓杀死。项羽就向北进军，烧毁齐国的城廓房屋，把齐国的降卒全部坑杀，俘掠老弱妇女。在齐国攻城略地，一直打到北海，所过之处一片破残绝灭。齐国人就聚集起来反叛抵抗。于是田荣的弟弟田横收得齐国逃亡的士卒数万人，反于城阳。项羽因此而留了下来，连续攻打几次都未能攻下城阳。

汉王统辖五路诸侯的军队，共五十六万人，东进伐楚。项羽听到后，立即命令诸将去攻打齐国，而自己领精兵三万人南下，从鲁出胡陵。当是汉王已攻破彭城，收掠财物美女，天天设宴会饮。项羽在早晨从萧县进击汉军，然后东进，到彭城，时值中午，大破汉军。汉军溃退，被迫逃入谷水、泗水。汉军又都往南向山里逃，楚军又追击到灵辟以东的睢水上。汉军退却时被楚军所挤迫，多被杀伤。汉军十余万人落入睢水，睢水为之不流。汉王仅与数十个骑兵得以逃遁。太公、吕后到处找寻汉王，反而遇上了楚军。楚军把他们带了回去，项羽常把他们放在军营之中。

汉王逃回后稍稍地收集逃散的士卒，萧何也征发关中的士卒，全部来到了荥阳，与楚军交战于京、索之间，打败了楚军。楚军因此不能越过荥阳向西进攻。汉王驻军荥阳，修筑甬道，运取敖仓的粮食。汉高祖三年，项羽几次袭击汉军的甬道，汉王粮食缺乏，请求讲和，割荥阳以西的地方归汉。项羽想要允许。历阳侯范增说："汉军容易对付，如今不消灭他们，以后一定要后悔。"项羽就加紧围攻荥阳。汉王深为忧虑，就给陈平黄金四万斤，叫他去离间楚国君臣。项羽因此而怀疑范增，稍稍地夺了他的军权。范增非常生气地说："天下之事大体已定，君王你好自为之！希望你赐我这个老骨头回老家。"范增还未走到彭城，就在背上生毒疮而死。于是汉将纪信假装成汉王出来投降，以此欺骗楚军，汉王得以与数十个骑兵从西门突围而出。汉王派周苛、枞公、魏豹守荥阳。汉王西入关中招集兵马，然而到宛、叶之间，与九江王黥布一起招集兵马。项羽听到汉王在宛、叶就立即引兵向南。汉王坚守壁垒，不出来作战。

这时，彭越渡过睢水，与楚军项声、薛公战于下邳，杀死了薛公。项羽就引兵东向攻击彭越。汉王也乘机引兵北上驻军成皋。项羽赶走了彭越，引兵向西攻下了荥阳城，烹死了守将周苛，杀死枞公，活捉了韩王信，接着进围成皋。汉王轻身外逃，只身与滕公二人逃了出来，北上渡河，到了修武，找张耳，韩信。楚军攻下了成皋。汉王夺得了韩信的军队，就留了下来，派卢绾、刘贾率兵渡白马津进入楚地，协助彭越一同击败楚军于燕县城廓的西面，焚烧楚军的粮库，攻下梁地十余城。项羽听说后，就对海春侯大司马曹咎说："您谨慎地守住成皋。即使汉军要来挑战，你不要出战，不要让汉军东进就可以了。我十五天内必能平定梁地，然后再回来见将军。"于是项羽引兵东去。

汉高祖四年，项羽进攻陈留、外黄百姓，外黄没有攻下。几天后，外黄守军投降，项羽下令凡十五岁以上的男子全部集合到城东，准备坑杀他们。外黄县令门客的儿子才十三岁，前去劝说项羽说："彭越用武力强迫外黄百姓，外黄百姓害怕，故而暂且投降，等待大王到来。大王到了，又都坑杀他们，百姓岂有归顺之心！从外黄以东，梁地的十多个城邑都心存恐惧，不肯投降了。"项羽听从了他的话，赦免了外黄本要坑杀的男子。从外黄往东直到睢阳，听到这一消息，都争先恐后地向项羽投降。

在成皋的汉军果然几次向楚军挑战，楚军不出。汉军派人在阵前辱骂，骂了五六日，大司马曹咎十分气愤，就率兵渡汜水。士卒渡到一半，汉军出击，大破楚军，缴获了楚国的金玉财物。大司马曹咎，长史司马欣都自刎在汜水上。曹咎是从前的蕲狱掾，司马欣是后来的塞王，项羽都很信任他们。项羽到睢阳，听到曹咎兵败，于是又引兵回来。当时汉军正围锺离眛于荥阳东，项羽军赶到，汉军害怕楚军，全部撤走到险阻地区。项羽也在广武驻军防守。项羽做了一个高大的砧板，把太公放在上面，告诉汉王说："今天不快快投降，我就烹杀太公。"汉王说："我与您都北面受命于怀王，约为兄弟，我的老子就是您的老子，如果一定要烹杀您的老子，请分我一杯肉羹。"项羽非常生气，要杀太公。项伯说："天下的事很难预料。况且为争天下的人不顾家眷，虽然杀了太公也没有什么好处，只能增加怨仇。"项羽听从项伯的意见。于是派使者对汉王说："天下匈匈不安，只是由于你我两个人的缘故，愿与汉王挑战，一决雌雄，不要使天下父子徒受连累。"汉王笑着谢绝说："我宁愿斗智，不愿斗力。"项羽命令壮士出来挑战。汉军中有个善于骑射人的叫楼烦，楚军派壮士挑战三次，楼烦都把他们射死了。项羽大怒，亲自披甲持戟挑战。楼烦正要射箭，项羽怒目呵叱，楼烦目不敢正视，手不能发箭，跑回营垒，再也不敢出来。汉王派人暗中打听，才知是项羽，汉王大惊。于是项羽与汉王隔着广武涧对话，汉王历数项羽十大罪状。项羽听了十分气愤，埋伏弓弩手射伤汉王。汉王进入成皋。

这时彭越几次在梁地反击，切断楚军的粮食供应；而韩信又大破齐军，准备击楚。项羽就派堂兄的儿子项它为大将，龙且为副将，率兵救齐。韩信攻杀龙且，率军追到成阳，俘虏了齐王广。韩信就自立为齐王。项羽听到这一消息，大为恐慌，派武涉去游说韩信。

项羽在垓下作垒壁防守，军少食尽。汉王统帅诸侯兵在垓下层层围困。项羽在夜里听到汉军在四面唱楚歌，就惊奇地说："难道汉军都已夺取了楚地？为何楚人如此之多啊？"于是起来在军帐中饮酒。有一个美人姓虞，深得项羽宠爱，常跟随项羽身边；有一匹骏马叫骓，项羽经常骑它。于是项羽慷慨悲歌，自作歌诗唱道："力可拔山啊壮气盖世，时运不利啊骓马不肯离去。骓马不离去啊无可奈何！虞啊虞啊你怎么办？"接连唱了几遍，美人也与他一起唱和。项羽泪下数行，左右侍从也都悲泣，不能抬头仰视。

于是项羽骑上马，旗麾下有八百多个骑兵跟从，当夜突破包围向南疾驰而去。天亮，汉军才发觉，命令骑兵将领灌婴率五千骑兵追击项羽。项羽渡淮水，能够跟从的骑兵只剩一百多人了。项羽跑到阴陵，迷失了道路，向一田父询问，田父骗他说："往左。"项羽往左而去，结果陷进了一片沼泽之中，这样就被汉军追到。项羽又引兵而东，到东城，只剩下二十八个骑兵。汉军追兵有数千，项羽自己估计不能脱身，就对骑兵说："我起兵到现在已有八年了，身经七十余战，谁要阻挡我的，无不败破，我所要攻击的，无不降服，未曾打过败仗，因此才霸有天下。然而现在终于被围困在此，这是天要亡我，不是我作战无能的过错。今天固然要决一死战，我愿为大家速战，必能战胜三次，斩杀汉军将领，砍倒汉军旗帜，然后再死，好使大家知道不是我用兵作战的过错，是上天要灭亡我。"于是带领骑兵分为四队下山，组成圆阵而面朝外。汉军骑兵把他们围了好几层。项羽对骑兵说："我为你们斩取一将领。"令四队骑兵从四面冲下，约定山的东面为另外三队的会集地点。于是项羽大声呼喊着冲下，汉军都败退溃散。项羽就杀了一个汉军将领。这时，杨喜为郎骑，追赶项羽，项羽回首大吼一声，杨喜人马都大吃一惊，倒退了好几里。项羽就带着骑兵到山的东面与另外三队会合。汉军不知项羽在哪一队里，于是又分出三支军马，又重新把他围了起来。项羽骑马冲驰，又斩杀汉军一都尉，杀死数十百人。项羽再把骑兵集合起来，只死了两个骑兵。项羽就对骑兵说："怎么样？"骑兵都佩服地说："正如大王所说的那样。"

于是项羽就引兵向东，想渡乌江。乌江亭长把船靠岸等待着项羽，对项羽说："江东地方虽小，但方圆也有千里，民众数十万，也足可称王。愿大王赶快渡江。现在只有我有船，汉军到来，也无法渡江。"项羽笑着说："这是天要亡我，我渡江有什么用！况且我项籍与江东子弟八千人一同渡江西进，现在没有一人回归，纵然江东父兄怜悯我而让我称王，我有什么脸面去见他们？即使他们不说什么，我项籍岂不于心有愧啊！"接着他又对亭长说："我知道您是为人忠厚的长者。我骑这匹马已有五年，所向无敌，曾一日千里，我不忍心杀了它，就把它送给您吧。"并叫骑兵都把马放了，步行手持短兵器接战。项羽一人杀死汉军数百人，自己也受伤十多处。他回头见到汉军骑司马吕马童说：

"你不是我从前的故友吗?"吕马童面对项羽,指给王翳说:"这就是项王。"项羽说:"我听说汉王用一千斤黄金、一万户封邑来购买我的头,我就让你去得吧。"说罢就自刎而死。

汉王就以鲁公的称号葬项羽于谷城。项氏各支宗族都不诛杀。封项伯等四人为列侯,赐姓刘氏。

(李祖德 译)

【原文】

项籍字羽,下相人也。初起,年二十四。其季父梁,梁父即楚名将项燕者也。家世楚将,封于项,故姓项氏。

籍少时,学书不成,去;学剑又不成,去。梁怒之。籍曰:"书足记姓名而已。剑一人敌,不足学,学万人敌耳。"于是梁奇其意,乃教以兵法。籍大喜,略知其意,又不肯竟。梁尝有栎阳逮,请蕲狱掾曹咎书抵栎阳狱史司马欣,以故事皆已。梁尝杀人,与籍避仇吴中。吴中贤士大夫皆出梁下。每有大徭役及丧,梁常主办,阴以兵法部勒宾客子弟,以知其能。秦始皇帝东游会稽,渡浙江,梁与籍观。籍曰:"彼可取而代也。"梁掩其口,曰:"无妄言,族矣!"梁以此奇籍。籍长八尺二寸,力扛鼎,才气过人。吴中子弟皆惮籍。

秦二世元年,陈胜起。九月,会稽假守通素贤梁,乃召与计事。梁曰:"方今江西皆反秦,此亦天亡秦时也。先发制人,后发制于人。"守叹曰:"闻夫子楚将世家,唯足下耳!"梁曰:"吴有奇士桓楚,亡在泽中,人莫知其处,独籍知之。"梁乃戒籍持剑居外待。梁复入,与守语曰:"请召籍,使受令召桓楚。"籍入,梁眴籍曰:"可行矣!"籍遂拔剑击斩守。梁持守头,佩其印绶。门下惊扰,籍所击杀数十百人。府中皆詟伏,莫敢复起。梁乃召故人所知豪吏,谕以所为。遂举吴中

兵，使人收下县，得精兵八千人，部署豪桀为校尉、候、司马。有一人不得官，自言。梁曰："某时某丧，使公主某事，不能办，以故不任公。"众乃皆服。梁为会稽将，籍为裨将，徇下县。

秦二年，广陵人召平为陈胜徇广陵，未下。闻陈胜败走，秦将章邯且至，乃渡江矫陈王令，拜梁为楚上柱国，曰："江东已定，急引兵西击秦。"梁乃以八千人渡江而西。闻陈婴已下东阳，使使欲与连和俱西。陈婴者，故东阳令史，居县素信为长者。东阳少年杀其令，相聚数千人，欲立长，无适用，乃请陈婴，婴谢不能，遂强立之。县中从之者得二万人，欲立婴为王，异军苍头特起。婴母谓婴曰："自吾为乃家妇，闻先故未曾贵，今暴得大名，不详，不如有所属，事成犹得封侯，事败易以亡，非世所指名也。"婴乃不敢为王，谓其军吏曰："项氏世世将家，有名于楚，今欲举大事，将非其人不可。我倚名族，亡秦必矣。"其众从之，乃以其兵属梁。梁渡淮，英布、蒲将军亦以其兵属焉。凡六七万人，军下邳。

是时，秦嘉已立景驹为楚王，军彭城东，欲以距梁。梁谓军吏曰："陈王首事，战不利，未闻所在。今秦嘉背陈王立景驹，大逆亡道。"乃引兵击秦嘉。嘉军败走，追至胡陵。嘉还战一日，嘉死，军降。景驹走死梁地。梁已并秦嘉军，军胡陵，将引而西，章邯至栗。梁使别将朱鸡石、余樊君与战。余樊君死。朱鸡石败，亡走胡陵。梁乃引兵入薛，诛朱鸡石。梁前使羽别攻襄城，襄城坚守不下。已拔，皆坑之，还报梁。闻陈王定死，召诸别将会薛计事。时沛公亦从沛往。

居�人范增年七十，素好奇计。往说梁曰："陈胜败固当。夫秦灭六国，楚最亡罪，自怀王入秦不反，楚人怜之至今，故南公称曰'楚虽三户，亡秦必楚'。今陈胜首事，不立楚后，其势不长。今君起江东，楚蜂起之将皆争附君者，以君世世楚将，为能复立楚之后也。"于是梁乃求楚怀王孙心，在民间为人牧羊，立以为楚怀王，从民望也。陈婴为上柱国，封五县，与怀王都盱台。梁自号武信君，引兵攻亢父。

初，章邯既杀齐王田儋于临菑，田假复自立为齐王。儋弟荣走保东阿，章邯追围之。梁引兵救东阿，大破秦军东阿。田荣即引兵归，逐王假。假亡走楚，相田角亡走赵。角弟闲，故将，居赵不敢归。田荣立儋子市为齐王。梁已破东阿下军，遂追秦军。数使使趣齐兵俱西。荣曰："楚杀田假，赵杀田角、田闲，乃发兵。"梁曰："田假与国之王，穷来归我，不忍杀。"赵亦不杀角、闲以市于齐。齐遂不肯发兵助楚。梁使羽与沛公别攻城阳，屠之。西破秦军濮阳东，秦兵收入濮阳。沛公、羽攻定陶。定陶未下，去，西略地至雍丘，大破秦军，斩李由。还攻外黄，外黄未下。

梁起东阿，比至定陶，再破秦军，羽等又斩李由，益轻秦，有骄色。宋义谏曰："战胜而将骄卒惰者败。今少惰矣，秦兵日益，臣为君畏之。"梁不听，乃使宋义于齐。道遇齐使者高陵君显，曰："公将见武信君乎？"曰："然。"义曰："臣论武信君军必败。公徐行则免，疾行则及祸。"秦果悉起兵益章邯，夜衔枚击楚，大破之定陶，梁死。沛公与羽去外黄，攻陈留，陈留坚守不下。沛公、羽相与谋曰："今梁军败，士卒恐。"乃与吕臣俱引兵而东。吕臣军彭城东，羽军彭城西，沛公军砀。

章邯已破梁军，则以为楚地兵不足忧，乃渡河北击赵，大破之。当此之时，赵歇为王，陈余为将，张耳为相，走入巨鹿城。秦将王离、涉闲围巨鹿，章邯军其南，筑甬道而输之粟。陈余将卒数万人军巨鹿北，所谓河北军也。

宋义所遇齐使者高陵君显见楚怀王曰："宋义论武信君必败，数日果败。军未战先见败征，可谓知兵矣。"王召宋义与计事而说之，因以为上将军；羽为鲁公，为次将，范增为末将。诸别将皆属，号卿子冠军。北救赵，至安阳，留不进。秦三年，羽谓宋义曰："今秦军围巨鹿，疾引兵渡河，楚击其外，赵应其内，破秦军必矣。"宋义曰："不然。夫搏牛之虻不可以破虮。今秦攻赵，战胜则兵罢，我承其敝；不胜，则我引兵鼓行而西，必举秦矣。故不如先斗秦、赵。夫击轻锐，我不如公；坐运筹策，公不如我。"因下令军中曰："猛如虎，很如羊，贪如狼，强不可令者，皆斩。"遣其子襄相齐，身送之无盐，饮酒高会。天寒大雨，士卒冻饥。羽曰："将戮力而攻秦，久留不行。今岁饥民贫，卒食半菽，军无见粮，乃饮酒高会，不引兵渡河因赵食，与并力击秦，乃曰'承其敝'。夫以秦之强，攻新造之赵，其势必举赵。赵举秦强，何敝之承！且国兵新破，王坐不安席，扫境内而属将军，国家安危，在此一举。今不卹士卒而徇私，非社稷之臣也。"羽晨朝上将军宋义，即其帐中斩义头，出令军中曰："宋义与齐谋反楚，楚王阴令籍诛之。"诸将詟服，莫敢枝梧。皆曰："首立楚者，将军家也。今将军诛乱。"乃相与共立羽为假上将军。使人追宋义子，及之齐，杀之。使桓楚报命于王。王因使使立羽为上将军。

羽已杀卿子冠军，威震楚国，名闻诸侯。乃遣当阳君、蒲将军将卒二万人渡河救巨鹿。战少利，陈馀复请兵。羽乃悉引兵渡河。已渡，皆湛舡，破釜甑，烧庐舍，持三日粮，视士必死，无还心。于是至则围王离，与秦军遇，九战，绝甬道，大破之，杀苏角，虏王离。涉闲不降，自烧杀。当是时，楚兵冠诸侯。诸侯军救巨鹿者十余壁，莫敢纵兵。及楚击秦，诸侯皆从壁上观。楚战士无不一当十，呼声动天地。

诸侯军人人惴恐。于是楚已破秦军，羽见诸侯将，入辕门，膝行而前，莫敢仰视。羽繇是始为诸侯上将军，兵皆属焉。

章邯军棘原，羽军漳南，相持未战。秦军数却，二世使人让章邯。章邯恐，使长史欣请事。至咸阳，留司马门三日，赵高不见，有不信之心。长史欣恐，还走，不敢出故道。赵高果使人追之，不及。欣至军，报曰："事亡可为者。相国赵高颛国主断。今战而胜，高嫉吾功；不胜，不免于死。愿将军熟计之。"陈余亦遗章邯书曰："白起为秦将，南并鄢郢，北坑马服，攻城略地，不可胜计，而卒赐死；蒙恬为秦将，北逐戎人，开榆中地数千里，竟斩阳周。何者？功多，秦不能封，因以法诛之。今将军为秦将三岁矣，所亡失已十万数，而诸侯并起兹益多。彼赵高素谀日久，今事急，亦恐二世诛之，故欲以法诛将军以塞责，使人更代以脱其祸。将军居外久，多内隙，有功亦诛，亡功亦诛。且天之亡秦，无愚智皆知之。今将军内不能直谏，外为亡国将，孤立而欲长存，岂不哀哉！将军何不还兵与诸侯为从，南面称孤，孰与身伏斧质，妻子为戮乎？"章邯狐疑，阴使候始成使羽，欲约。约未成，羽使蒲将军引兵渡三户，军漳南，与秦战，再破之。羽悉引兵击秦军汙水上，大破之。邯使使见羽，欲约。羽召军吏谋曰："粮少，欲听其约。"军吏皆曰："善。"羽乃与盟洹水南殷虚上。已盟，章邯见羽流涕，为言赵高。羽乃立章邯为雍王，置军中。使长史欣为上将，将秦军行前。

汉元年，羽将诸侯兵三十余万，行略地至河南，遂西到新安。异时诸侯吏卒徭役屯戍过秦中，秦中遇之多亡状，及秦军降诸侯，诸侯吏卒乘胜奴虏使之，轻折辱秦吏卒。吏卒多窃言曰："章将军等诈吾属降诸侯，今能入关破秦，大善；即不能，诸将虏吾属而东，秦又尽诛吾父母妻子。"诸侯微闻其计，以告羽。羽乃召英布、蒲将军计曰："秦吏卒尚众，其心不服，至关不听，事必危，不如击之，独与章邯、长史欣、都尉翳入秦。"于是夜击坑秦军二十余万人。

至函谷关，有兵守，不得入。闻沛公已屠咸阳，羽大怒，使当阳君击关。羽遂入，至戏西鸿门，闻沛公欲王关中，独有秦府库珍宝。亚父范增亦大怒，劝羽击沛公。飨士，旦日合战。羽季父项伯素善张良。良时从沛公，项伯夜以语良。良与俱见沛公，因伯自解于羽。明日，沛公从百余骑至鸿门谢羽，自陈："封秦府库，还军霸上以待大王，闭关以备他盗，不敢背德。"羽意既解。范增欲害沛公，赖张良、樊哙得免。

后数日，羽乃屠咸阳，杀秦降王子婴，烧其宫室，火三月不灭；收其宝货，略妇女而东。秦民失望。于是韩生说羽曰："关中阻山带河，四塞之地，肥饶，可都以伯。"羽见秦宫室皆已烧残，又怀思东归，曰："富贵不归故乡，如衣锦夜行。"韩生曰："人谓楚人沐猴而冠，果然。"羽闻之，斩韩生。

初，怀王与诸将约，先入关者王其地。羽既背约，使人致命于怀王。怀王曰："如约。"羽乃曰："怀王者，吾家武信君所立耳，非有功伐，何以得颛主约？天下初发难，假立诸侯后以伐秦。然身被坚执锐首事，暴露于野三年，灭秦定天下者，皆将相诸君与籍力也。怀王亡功，固当分其地王之。"诸将皆曰："善。"羽乃阳尊怀王为义帝，曰："古之王者，地方千里，必居上游。"徙之长沙，都郴。乃分天下以王诸侯。

羽与范增疑沛公，业已讲解，又恶背约，恐诸侯叛之，阴谋曰："巴、蜀道险，秦之迁民皆居之。"乃曰："巴、蜀亦关中地。"故立沛公为汉王，王巴、蜀、汉中。而参分关中，王秦降将以距塞汉道。乃立章邯为雍王，王咸阳以西。长史司马欣，故栎阳狱吏，尝有德于梁；都尉董翳，本劝章邯降。故立欣为塞王，王咸阳以东至河；立翳为翟王，王上郡。徙魏王豹为西魏王，王河东。瑕丘公申阳者，张耳嬖臣也，先下河南，迎楚河上，立阳为河南王。赵将司马卬定河内，数有功，立卬为殷王，王河内。徙赵王歇王代。赵相张耳素贤，又从入关，立为常山王，王赵地。当阳君英布为楚将，常冠军，立布为九江王。番君吴芮帅百粤佐诸侯从入关，立芮为衡山王。义帝柱国共敖将兵击南郡，功多，因立为临江王。徙燕王韩广为辽东王。燕将臧荼从楚救赵，因从入关，立荼为燕王。徙齐王田市为胶东王。齐将田都从共救赵，入关，立都为齐王。故秦所灭齐王建孙田安，羽方渡河救赵，安下济北数城，引兵降羽，立安为济北王。田荣者，背梁不肯助楚击秦，以故不得封。陈余弃将印去，不从入关，然素闻其贤，有功于赵，闻其在南皮，故因环封之三县。番君将梅鋗功多，故封十万户侯。羽自立为西楚伯王，王梁楚地九郡，都彭城。

诸侯各就国。田荣闻羽徙齐王市胶东，而立田都为齐王，大怒，不肯遣市之胶东。因以齐反，迎击都。都走楚。市畏羽，乃亡之胶东就国。荣怒，追杀之即墨，自立为齐王。予彭越将军印，令反梁地。越乃击杀济北王田安。田荣遂并王三齐之地。时汉王还定三秦。羽闻汉并关中，且东，齐、梁畔之，大怒，乃以故吴令郑昌为韩王以距汉，令萧公角等击彭越。越败萧公角等。时，张良徇韩，遗项王书曰："汉王失职，欲得关中，如约即止，不敢东。"又以齐、梁反书遗羽，羽以此故无西意，而北击齐。征兵九江王布。布称疾不行，使将将数千人往。二年，羽阴使九江王布杀义帝。陈余使张同、夏说说齐王荣，曰：

"项王为天下宰，不平。今尽王故王于丑地，而王群臣诸将善地，逐其故主赵王，乃北居代，余以为不可。闻大王起兵，且不听不义，愿大王资余兵，使击常山，以复赵王，请以国为扞蔽。"齐王许之，因遣兵往。陈余悉三县兵，与齐并力击常山，大破之。张耳走归汉。陈余迎故赵王歇反之赵。赵王因立余为代王。羽至城阳，田荣亦将兵会战。荣不胜，走至平原，平原民杀之。羽遂北烧夷齐城郭室屋，皆坑降卒，系房老弱妇女。徇齐至北海，所过残灭。齐人相聚而畔之。于是田荣弟横收得亡卒数万人，反城阳。羽因留，连战未能下。

汉王劫五诸侯兵，凡五十六万人，东伐楚。羽闻之，即令诸将击齐，而自以精兵三万人南从鲁出胡陵。汉王皆已破彭城，收其货赂美人，日置酒高会。羽乃从萧晨击汉军而东，至彭城，日中，大破汉军。汉军皆走，迫之谷、泗水。汉军皆南走山，楚又追击至灵辟东睢水上。汉军却，为楚所挤，多杀。汉卒十余万皆入睢水，睢水为不流。汉王乃与数十骑遁去。太公，吕后间求汉王，反遇楚军。楚军与归，羽常置军中。

汉王稍收散卒，萧何亦发关中卒悉诣荥阳，战京、索间、败楚。楚以故不能过荥阳而西。汉军荥阳，筑甬道，取敖仓食。三年，羽数击绝汉甬道，汉王食乏，请和，割荥阳以西为汉。羽欲听之。历阳侯范增曰："汉易与耳，今不取，后必悔之。"羽乃急围荥阳。汉王患之，乃与陈平金四万斤以间楚君臣。项羽以故疑范增，稍夺之权。范增怒曰："天下事大定矣，君王自为之！愿赐骸骨归。"行未至彭城，疽发背死。于是汉将纪信诈为汉王出降，以诳楚军，故汉王得与数十骑从西门出。令周苛、枞公、魏豹守荥阳。汉王西入关收兵，还以宛、叶间，与九江王黥布行收兵。羽闻之，即引兵南。汉王坚壁不与战。

是时，彭越渡睢，与项声、薛公战下邳，杀薛公。羽乃东击彭越。汉王亦引兵北军成皋。羽已破走彭越，引兵西下荥阳城，亨周苛，杀枞公，虏韩王信，进围成皋。汉王跳，独与滕公得出，北渡河，至修武，从张耳、韩信。楚遂拔成皋。汉王得韩信军，留止，使卢绾、刘贾渡白马津入楚地，佐彭越共击破楚军燕郭西，烧其积聚，攻下梁地十余城。羽闻之，谓海春侯大司马曹咎曰："谨守成皋。即汉欲挑战，慎毋与战，勿令得东而已。我十五日必定梁地，复从将军。"于是引兵东。

四年，羽击陈留、外黄，外黄不下。数日降，羽悉令男子年十五以上诣城东，欲坑之。外黄令舍人儿年十三，往说羽曰："彭越强劫外黄，外黄恐，故且降，待大王。大王至，又皆坑之，百姓岂有所归心哉！从此以东，梁地十余城皆恐，莫肯下矣。"羽然其言，乃赦外黄当坑者。而东至睢阳，闻之皆争下。

汉果数挑楚军战，楚军不出。使人辱之，五六日，大司马怒，渡兵汜水。卒半渡，汉击，大破之，尽得楚国金玉货赂。大司马咎、长史欣皆自刭汜水上。咎故蕲狱掾，欣故塞王，羽信任之。羽至睢阳，闻咎等破，则引兵还。汉军方围钟离眛于荥阳东，羽军至，汉军畏楚，尽走险阻。羽亦军广武相守。乃为高俎，置太公其上，告汉王曰："今不急下，吾烹太公。"汉王曰："吾与若俱北面受命怀王，约为兄弟，吾翁即汝翁。必欲烹乃翁，幸分我一杯羹。"羽怒，欲杀之。项伯曰："天下事未可知。且为天下者不顾家，虽杀之无益，但益怨耳！"羽从之。乃使人谓汉王曰："天下匈匈，徒以吾两人愿与王挑战，决雌雄，毋徒罢天下父子为也。"汉王笑谢曰："吾宁斗智，不能斗力。"羽令壮士出挑战。汉有善骑射曰楼烦，楚挑战三合，楼烦辄射杀之。羽大怒，自被甲持戟挑战。楼烦欲射，羽瞋目叱之。楼烦目不能视，手不能发，走还入壁，不敢复出。汉王使间问之，乃羽也。汉王大惊。于是羽与汉王相与临广武间而语。汉王数羽十罪。羽怒，伏弩射伤汉王。汉王入成皋。

时彭越数反梁地，绝楚粮食；又韩信破齐，且欲击楚。羽使从兄子项它为大将，龙且为禆将，救齐。韩信破杀龙且，追至成阳，虏齐王广。信遂自立为齐王。羽闻之，恐，使武涉往说信。

羽壁垓下，军少食尽。汉帅诸侯兵围之数重。羽夜闻汉军四面皆楚歌，乃惊曰："汉皆已得楚乎？是何楚人多也！"起饮帐中。有美人姓虞氏，常幸从；骏马名骓，常骑。乃悲歌慷慨，自为歌诗曰："力拔山兮气盖世，时不利兮骓不逝。骓不逝兮可奈何！虞兮虞兮奈若何？"歌数曲，美人和之。羽泣下数行，左右皆泣，莫能仰视。

于是羽遂上马，戏下骑从者八百余人，夜直溃围南出驰。平明，汉军乃觉之，令骑将灌婴以五千骑追羽。羽渡淮，骑能属者百余人。羽至阴陵，迷失道，问一田父，田父绐曰："左"。左，乃陷大泽中，以故汉追及之。羽复引而东，至东城，乃有二十八骑。追者数千，羽自度不得脱，谓其骑曰："吾起兵至今八岁矣，身七十余战，所当者破，所击者服，未尝败北，遂伯有天下。然今卒困于此，此天亡我，非战之罪也。今日固决死，愿为诸军快战，必三胜，斩将，艾旗，乃后死，使诸君知我非用兵罪，天亡我也。"于是引其骑因四隤山而为圜陈外向。汉骑围之数重。羽谓其骑曰："吾为公取彼一将。"令四面骑驰下，期山东为三处。于是羽大呼驰下，汉军皆披靡。遂杀汉一将。是时，杨喜为郎骑，追羽，羽还叱之，喜人马俱惊，辟易数里。与其骑会三处。汉军不知羽所居，分军为三，复围之。羽乃驰，复斩汉一都尉，杀数十百人。复聚其骑，亡两骑。乃谓骑曰："何如？"骑皆服曰："如大王言。"

于是羽遂引东，欲渡乌江。乌江亭长枻船待，谓羽曰："江东虽小，地方千里，众数十万，亦足王也。愿大王急渡。今独臣有船，汉军至，亡以渡。"羽笑曰："乃天亡我，何渡为！且籍与江东子弟八千人渡而西，今亡一人还，纵江东父兄怜而王我，我何面目见之哉？纵彼不言，籍独不愧于心乎！"谓亭长曰："吾知公长者也。吾骑此马五岁，所当亡敌，尝一日千里，吾不忍杀，以赐公。"乃令骑皆去马，步持短兵接战。羽独所杀汉军数百人。羽亦被十余创。顾见汉骑司马吕马童曰："若非吾故人乎？"马童面之，指王翳曰："此项王也。"羽乃曰："吾闻汉购我头千金，邑万户，吾为公得。"乃自刭。

汉王乃以鲁公号葬羽于谷城。诸项支属皆不诛。封项伯等四人为列侯，赐姓刘氏。

韩信传

——《汉书》卷三四

【说明】韩信（？～前196），汉初著名将领。淮阴（今江苏淮阴西南）人。早年家贫，以寄食度日。陈胜、吴广起义时，韩信投奔项梁，项梁战死后归属项羽。由于没有得到重用，离楚归汉。经萧何推荐，汉王刘邦拜韩信为大将。韩信明修栈道，暗渡陈仓，引兵东向，平定三秦。在楚汉战争相持阶段，韩信率兵袭击项羽后路。他亲自指挥了三次著名的战役。在破魏之战中，他佯作正面渡河，暗从侧后偷渡，采取声东击西战术，活捉魏王豹。在井陉之战中，他采取背水列阵，置死地而后生的战术，大破赵军。在潍水之战中，采取拦阴河水，半渡击敌的战术，将楚、齐联军各个击破。韩信一连攻灭魏、赵、齐军以后，汉王刘邦被迫封他为齐王。不久，韩信与汉军合围，垓下（今安徽灵璧南）决战，击灭项羽楚军。后遭刘邦疑忌，夺其兵权，徙为楚王，继又贬为淮阴侯。公元前197年，陈豨反汉，刘邦亲征。韩信托病不出，以作内应，准备袭击吕后、太子。因被人告发，泄漏机密，吕后命萧何骗韩信入宫，被吕后捕杀。韩信著有兵法三篇，今已亡佚。

　　韩信是淮阴人，家里贫穷而又无德行，未能被推选为地方官吏，又不能经商谋生，经常依靠别人糊口度日。韩信的母亲死了无钱埋葬，就找了一块干燥的高地安葬了，准备将来在他母亲的墓旁安葬万家。韩信依靠下乡南昌亭长糊口度日，这就苦了亭长的妻子。亭长的妻子就清早起来做饭，在床上把饭吃了。到吃饭的时候，韩信去了，就不为他准备饭食。韩信也知道他们的用意，就自己断绝了关系而离去。韩信至城下钓鱼，有一人漂洗棉絮的漂母见他可怜，就给他饭吃，这样竟漂洗了数十天。韩信对漂母说："我以后一定重重报答您。"漂母生气地说："大丈夫不能自食其力，我只是可怜您才给饭吃，岂能希望您图报啊！"淮阴少年又欺侮韩信说："你身材虽然高大，喜欢随身佩带刀剑，这是怯懦的表现。"并当众侮辱韩信说："你不怕死，就用剑刺我；如果你不刺，就从我胯下出来。"于是韩信凝视了他很久，慢慢低下身来从胯下爬了出去。街市上的人都嘲笑韩信，以为他是个怯懦之人。

当项梁渡过淮水的时候，韩信就带着剑投奔了项梁，居于麾下，没有什么名气。项梁败死后，又归属项羽，为郎中。韩信几次向项羽献策，项羽不予采用。汉王入蜀，韩信离楚归汉，仍不得扬名，只做了个管理粮仓的小吏。他后来犯法当处斩刑，与他一伙作案的十三个人都已斩首，轮到韩信，韩信就抬头仰视，正好看见了滕公，韩信说："汉王不想要天下了？而竟斩杀壮士！"滕公听到他的话很惊奇，又见相貌不凡，就释放了他。与他交谈了一番，非常欣赏他，并进言于汉王。汉王任命他为治粟都尉，但没有发现他有什么特别的才能。

韩信几次与萧何交谈，萧何很赏识他。到了南郑，将领中有数十人逃亡。韩信估计萧何等人在刘邦面前几次推荐过自己，既然不用，也就逃走了。萧何听说韩信逃走，来不及向刘邦报告，就亲自去追韩信。有人向刘邦说："丞相萧何逃走了。"刘邦听了很生气，如同失去左右手一样。过了一、二天，萧何来拜见。刘邦又生气又高兴，骂萧何说："你也逃走了，为什么？"萧何说："臣下不敢逃走，是追逃走的人。"刘邦说："所追的是谁？"萧何说："是韩信。"刘邦听了又骂道："将领中逃跑的已有数十人，你都不追；说追韩信，这是骗人。"萧何说："那些将领容易求得，至于像韩信那样，却是国中没有第二个人。大王如果打算在汉中长期称王，那就可以不任用韩信；如果决心想争夺天下，除了韩信就没有人能与您共商大事的了。这要看大王的决策了。"汉王说："我也想向东进军，怎能忧忧郁郁地在此久居？"萧何说："大王决计东进，那么能用韩信，韩信就会留下；如果不能用韩信，韩信终久是要逃走的。"汉王说："我为了您封他为将领。"萧何说："虽然你任命他为将领，韩信还是不会留下的。"汉王说："那就任命他为大将。"萧何说："太好了。"于是汉王要召见韩信拜他为大将。萧何说："大王素来对人轻慢无礼，现在任命大将好像叫小孩似的，这就是韩信所以要离去的缘故。大王如果决心想任命，就要选个日子，沐浴斋戒，设广场高台举行仪式才行。"汉王同意了萧何的建议。众将领非常高兴，人人各自都以为要有一个大将军了。等到任命大将军时，原来是韩信，全军都感到惊讶。

韩信拜将以后，就坐了下来。汉王说："丞相在我面前几次提到将军，将军有什么计策来教我呢？"韩信推谢了一会，就问汉王说："现在东进争权天下，主要敌手岂非项王一人吗？"汉王说："是这样。"韩信说："大王自己估量在勇敢、凶悍、仁爱、强壮方面与项王相比如何？"汉王沉默了好久才说："不如项王。"韩信再次拜谢表示庆贺说："我韩信也以为大王不如项王。然而臣下也曾事奉过项王，请让我谈谈项王的为人。项王厉声怒喝时，千百人的话都作废不听，然而就不能任用有才能的将领，这只是匹夫之勇。项王见人恭敬谨慎，讲起话来细声细气，人患了疾病，他就得流下泪来，把自己的饮食分给病人吃，但到了别人有功应当封爵时，他就把手中的官印磨得没有了棱角，仍舍不得给人，这叫做妇人之仁。项王虽然称霸天下而臣有诸侯，但他不居守关中却建都于彭城；又违背义帝的约定，而把自己亲信的人封为王，诸侯纷纷不平。诸侯见项王驱逐义帝于江南，也都回去驱逐他们原来的君主，占有好的地方自立为王。项王所经过的地方，无不遭受破灭，积怨于百姓，百姓不愿归附，只不过迫于淫威，勉强服从罢了。名义上虽称为霸王，实际上失去了天下的民心，因此说他的强大容易变为衰弱。现今大王如果能反其道而行之，任用天下勇武之人，何愁敌人不被诛灭！以天下的城邑封给有功的大臣，何愁大臣不服！率领顺从思乡东归的义军，何愁敌军不被打败！况且三秦的封王都原本是秦朝的将领，率领秦国子弟已有数年，所杀士卒不可胜计，又欺骗他们投降了诸侯，到了新安，项王用诈骗的手段坑杀秦国降卒二十多万，唯独章邯、司马欣、董翳三人没有被杀，秦父兄们都怨恨这三个人，恨之入骨。现在楚霸王项羽以武力强封这三人为王，秦国的百姓是不会拥护的。而大王入武关时，秋毫无犯，废除秦朝的苛酷刑法，与百姓约法三章，秦国百姓没有一个不希望大王在秦地称王。根据当初诸侯的约定，大王应当在关中称王，关中的百姓家喻户晓。可是大王失掉应有的职位而称王蜀地，秦国百姓无不怨恨。今天大王举兵东进，三秦地区只要发一道檄文就可平定。"于是汉王听了非常高兴，自己也以为得到韩信晚了。汉王就听从了韩信的计划，部署诸将积极备战。

汉王举兵从陈仓东出，平定三秦。汉高祖二年，出函谷关，收服了魏王豹、河南王申阳，韩王郑昌、殷王司马卬也都投降。汉王又命令齐国与赵国共同出兵攻击楚国的彭城，汉军兵败而回。后来韩信发兵与汉王会师在荥阳，又击破楚军于京、索之间，因此楚军再也不能西进。

汉王在彭城被打败以后，塞王司马欣、翟王董翳就叛汉降楚，齐、赵、魏三国也都反汉，与楚和好。汉王派郦生去游说魏王豹，魏王豹不听，于是汉王封韩信为左丞相率军攻击魏国。韩信问郦生说："魏王不会用周叔为大将吧？"郦生答道："用栢直为大将。"韩信说："栢直是个无能小子。"就进兵击魏。魏国在蒲坂设重兵，封锁了临晋。韩信就多设疑兵，摆开船只装作要渡临晋的样子，而伏兵却从夏阳用木制作了小口大腹罂缶酒器渡河，袭击魏都安邑。魏王豹大为震惊，引兵迎击韩信。韩信俘虏了魏王豹，平定了河东，派人请求汉王说："望增兵三万，由臣下北平燕、赵，东击齐，南绝楚国的粮道，西与大王会师于荥阳。"汉王就给韩信增兵三万，又派张耳与韩信一同东进，攻击赵、代。攻破了代地，在阏与活捉了代相夏说。韩信攻下了魏、代以后，汉王派人收回了他的精兵，到荥阳抵御楚军。

韩信、张耳率兵数万，准备东下井陉击赵。赵王与成安君陈余听到汉军来袭，就聚兵进陉口，号称二十万。广武君李左车游说成安君说："听说汉将韩信渡西河，俘魏王，擒夏说，血洗阏与，现在又得到张耳的辅助，企图攻下赵国，这是乘胜出国远征，其势锐不可挡。我听说：'千里运粮，士卒就有挨饿的危险；到吃饭时才去打柴做饭，军队就不会餐餐吃饱。'现在井陉的道路，车不得并行，骑兵不能成队列，行军数百里，其粮食势必落在后面。希望您借给我臣下三万奇兵，从小道切断汉军粮食武器供应，您在这里挖深沟筑高垒，不与汉军作战，使汉军前不得战，退不得回，我以奇兵断绝汉军后路，使他们在野外抢不到任何吃的东西，不出十天，韩信和张耳二将的脑袋就能献到您的麾下。希望您能重视臣下的计谋，否则必定被这二个小子所擒获。"成安君是个信奉儒学的人，经常声称正义之师不用奇诈计谋，因而说："我听兵法说，'十倍于敌人的兵力就包围它，一倍于敌人的兵力就与它交战。'现在韩信的兵力号称数万，其实不可能有那么多，千里迢迢来奔袭我们，也就精疲力尽了。象现在如此的兵力我们也要避而不击，以后如有更大的敌人，我们将有什么办法去对付他们呢？诸侯们都会说我们胆怯，今后会轻易地来攻打我们。"于是就不听广武君的计策。

　　韩信暗中派间谍打听到广武君的计策未被采纳，间谍回报后就非常高兴，于是才敢率兵进攻井陉狭道。在距离井陉口三十里的地方，就停了下来。到半夜时就传发军令，挑选二千轻骑兵，每人手中拿一面红旗，从小道前去隐蔽在山里，窥视赵军，并告戒他们说："赵军见到我军逃跑，必会倾巢出动来追赶我们，你们就快速冲进赵营，拔掉赵军旗帜，竖立汉军红旗。"同时又叫裨将下令准备伙食，说："今日打败赵军后会餐。"各位将领听了都不知所以，就假装答应说："遵命。"韩信又对军官们说："赵军已先占据有利地势，在他们没有见到汉军大将旗鼓之前，是不肯轻易出击我们的先头部队的，怕我们遇到了阻险而退兵。"于是韩信派了一万人作为先头部队，出了井径口，就背靠着河水摆开了阵势。赵军看到以后，都大笑不止。天刚亮的时候，韩信竖起了大将的旗帜，击鼓而行出了井径口，赵军开营出击汉军，激战了很久。于是韩信、张耳就假装丢弃了旗鼓，向河边的汉军方向败走，到了河边阵地，又回头再战。赵军果然倾巢而出，都来争夺汉

军的旗鼓，追击韩信、张耳。韩信、张耳回到河边的汉军阵地，全军都拼死作战，赵军无法打败。这时韩信所派出的二千骑兵，等到赵军倾巢出来争夺汉军战利品时，就立即冲入赵军营地，拔掉了赵军的全部旗帜，竖起了二千面汉军的红旗。赵军见到不能俘获韩信、张耳等将领，就想收兵回营，但赵营中都已竖起了汉军红旗，大惊失色，以为汉军已经全部俘获赵军将领，于是队伍大乱，四散奔逃。赵军将领虽然斩杀了很多逃兵，但仍阻禁不住。于是汉军两面夹击，大破赵军，在泜水上斩杀了成安君，擒获了赵王歇。

韩信下令军中不得杀死广武君，如以活捉广武君者，重赏千金。不久，有人捆缚广武君到韩信帅营，韩信解开了捆绑，请广武君面东而坐，自己却面西相对，用老师一样的礼节来对待他。

诸将领向韩信呈献赵军的首级和俘虏之后，都向韩信表示祝贺，有人趁机问韩信："兵法上说，布阵应该是'右背山陵，左对水泽，'如今将军反而命令我们背水列阵，还说破赵军后会餐，当时我们都不服。然而竟取得了胜利，这是什么战术呢？"韩信说："这在兵法上也是有的，只是诸位没有察觉罢了。兵法不下是说：'陷之死地而后生，置之亡地而后存'吗？我韩信没有能够得到训练有素而能服从调动的将士，这就象兵法所说的'驱赶着街市的百姓去作战'一样，在这种形势下只有把他们置于死地，使他们每人都为求生而奋勇作战；如果今天把他们置于生地，那他们都会逃走，我还能用他们去作战吗？"诸将听了都佩服地说："我们都没有想到。"

于是韩信问广武君说："我准备北攻燕，东伐齐，怎样才能成功？"广武君推辞说："我听说'亡国之臣没有资格来谈论国家兴存，败军之将没有资格来谈论勇敢作战'。象我这样，怎么能出来权衡国家大事啊！"韩信说："我听说，百里奚在虞国而虞国灭亡，到了秦国则秦国称霸，这并不是他在虞国时愚蠢，而在秦国时聪敏，而在于国君用不用他的才能，听不听他的计策。如果成安君当初听了你的计策，我早已成了俘虏。我诚心向你求计，希望你不要推辞。"广武君说："我听说：'智者千虑，必有一失；愚者千虑，也有一得'故而说'狂人之言，圣人也可选择采纳'。只恐怕我的计策未必能用，但愿只效愚忠而已。成安君本来有百战百胜之计，但一旦失策，就兵败鄗下，自己也死于泜水之上。现今将军俘虏了魏王，生擒了夏说，不到一个上午就击破赵军二十万，杀死了成安君。名闻海内，威震诸侯，大众百姓都不得不停止劳作，拿出轻衣美食，侧耳等待你的命令。然而民众劳苦，士卒疲乏，实在是难以用兵。现在将军用疲惫不堪之兵，劳顿在燕国坚固的城池之下，显然让人看出力量已经不足，要想攻战，又攻不下来，旷日持久，粮食耗尽。如果不能攻破燕国，齐国也必定会拒守边境，以图自强。与燕、齐二国相持不下，那么刘邦与项羽的胜负也就不能分明了。我的愚见，也可能是错误的"。韩信说："按照你的意见，该怎么办呢？"广武君答道："当今之计，不如按兵不动，百里之内的百姓就会每天拿出牛肉美酒来犒劳将士。将军在北边去燕国的路上布置军队，然后派遣一名使者，拿着不满一尺的书信，去游说燕国，燕国必定不敢不听。接着从燕国向东到齐国，虽然有智谋的人，也不能为齐国想出更好的计策。如是这样，天下的大事就可以图谋了。兵书上有先虚而后实，就是这个道理。"韩信说："好，敬奉你的指教。"于是采用了广武君的计策，派使者到燕国，燕国闻风而降。接着就派使者报告汉王，请求立张耳为赵王来镇抚赵地。汉王允许了这一请求。

楚军曾多次派奇兵渡过黄河来攻击赵国，赵王张耳、韩信往来救

赵，一路上平定了赵国城邑，并发兵支援汉王。当时楚国正急于围攻汉王于荥阳，汉王从荥阳逃出，到了南面的宛、叶两地，收得了九江王英布，进入了成皋，楚国又很快地围困了成皋。汉高祖四年，汉王从成皋逃出，渡过黄河，独自与滕公投奔在修武的张耳军营。到了以后，住宿在传舍中。第二天清晨，汉王自称是汉王使者，骑马驰入军营。张耳、韩信还未起床，汉王来到了卧室，夺走了他们的印信兵符，召集诸将，调换了他们的职务。韩信、张耳起床后，才知道汉王独自来到，大吃一惊。汉王夺取了张耳、韩信的军权，就当即命令张耳备守赵地，又拜韩信为相国，征发未去荥阳而留下来的赵军，去攻打齐国。

韩信率兵东向攻齐，还没有渡过平原津，就听到汉王派出的使者郦食其已说降了齐王田广。韩信准备停止进军，蒯通就游说韩信，劝他攻打齐。韩信听从了蒯通的意见，就渡过了黄河，袭击驻在历下的齐军，一直打到了临菑。齐王逃到了高密，派使者向楚国求救。韩信攻占了临菑以后，向东追击齐王到高密的西边。楚王派大将龙且，率军号称二十万，前来救齐。

齐王、龙且两军联合起来与韩信作战，还未交锋。有人对龙且说："汉兵远征，拼死作战，其锋锐不可挡。齐、楚两国在自己的国土上作战，士兵容易溃散。不如深沟高垒，叫齐王派亲信大臣去招抚攻失的城邑。城邑中的百姓听到齐王还活着，楚国又派兵来求援，就一定会反叛汉军。汉军从二千里外客居齐地，而齐国城邑的百姓都起来反叛，势必得不到粮食供给，就可使汉军不战而降。"龙且说："我平生深知韩信的为人，容易对付。他曾向漂母求食，没有养活自己的办法；又受人侮辱而从别人的胯下爬了出去，没有一般人所具有的勇气，因而是不足以畏惧的。况且我来救齐，不战而使汉军投降，那我还有什么功劳呢？现在如果我战而胜之，又可以得到齐国的一半土地，为什么要停止进攻呢？"于是决定交战，与韩信汉军隔着潍水摆开了阵势。韩信就连夜派人做了一万多个袋子，装满了沙泥，堵住了潍水上游的河水，率领一半的人马渡过潍水袭击龙且。韩信假装作战不胜，往回败走。龙且果然高兴地说："我本来就知道韩信胆怯。"于是领兵渡潍水追击韩信。韩信派人挖开堵水的沙袋，大水一涌而至。龙且的军队一大半留在岸上无法渡过河水，韩信立即迅速攻击渡河楚军，斩杀了龙且。在潍水东岸的龙且军队四散溃走，齐王田广也逃跑了。韩信追击齐兵直到城阳，俘获了田广。楚军纷纷投降，终于平定了齐国。

韩信派人向汉王说："齐国狡诈多变，是个反复无常的国家，南面又与楚国邻近，如果不设一个代理的齐王来镇抚它，局势就不会安定。现在齐地没有国王，权力太轻，不足以镇抚安定，我请求自立为代理齐王。"当时，楚国正急于围攻汉王于荥阳，韩信的使者到了以后，递上书信，汉王看了大怒，骂道："我被围困在这里，日夜盼望他来帮助我，而他却想自立为王！"张良、陈平躲在后面踩汉王的脚，凑近汉王耳边低声说："汉军正处境不利，怎么能禁止韩信自立为王呢？不如就此而立他为王，好好地对待他，使他自守一方。不然的话，就会发生变乱。"汉王立即明白过来，因而又骂道："大丈夫平定诸侯，就应当立为真王，为什么要作代理国王呢？"于是派张良前往立韩信为齐王，征调韩信的军队攻打楚国。

楚国失去了龙且，项王有些恐慌，派盱台人武涉前去游说韩信说："将军为何不反汉与楚联合？楚王与将军有旧交。况且汉王不一定可信，他几次身价性命掌握在项王手中，然而一旦脱险就立即背弃盟约，又攻击项王，不可亲信到如此地步。现在将军自以为与汉王的交情象金石那样坚固，然而终究要被他抓起来的。您之所以留得性命到今天，是由于项王还在的缘故。如果项王一死，接下来就会取您的性命。您为何不与楚讲和，三分天下而称王齐地？现在您若放弃了这一时机，而一定要帮助汉王一同攻打楚王，作为有才智的人能这样做吗？"韩信谢绝说："我侍奉项王数年，官不过是个郎中，位不过是个持戟卫士，我讲的话不听，计谋不用，故而我离楚归汉。汉王授我上将军印，率数万之众，脱下他的衣服给我穿，拿他的饭食给我吃，言听计从，我才能得以有此地位。人家如此对我十分亲近和信任，我背叛他是不会有好结果的。请为我韩信辞谢项王。"武涉走后，蒯通知道决定天下局势的关键在于韩信。就向项王分析三分天下，鼎足称王的形势。韩信不忍心背叛汉王，又自以为功劳大，汉王不会来夺取自己的齐国，于是就不听蒯通的计谋。

汉王在固陵兵败之时，采用了张良的计谋，征召韩信率兵在陔下与汉王会师。项羽一死，汉高祖刘邦就乘人不备夺取了韩信的军权，改封韩信为楚王，定都下邳。

韩信到了楚国，召见当年给他饭吃的漂母，赏赐她千金。轮到了下乡亭长，只赏给他一百钱，说："你是个小人，做好事有始无终。"又召见曾经侮辱过自己，让他从胯下爬过去的少年，封他为中尉，并告诉他的将相说："此人是位壮士。当初他侮辱我时，我宁可不去杀他；杀了他也不能扬名，故而就忍让了下来，至今我才有这样的成就。"

项王的逃亡将领钟离昧家住在伊庐，素来与韩信关系很好。项王兵败，钟离昧投奔了韩信。汉王怨恨钟离昧，听说他在楚国，就下令让楚王捕捉钟离眛。韩信刚到楚国时，巡行各地县邑，带着兵出入。有人告韩信想谋反，举报的奏书到了汉王的手里，汉王认为韩信是个隐患。于是采用陈平的计谋，假装巡游到云梦地方，实际上想要袭击韩信，韩信还不知道。高祖将要到达楚国时，韩信打算起兵造反，但又想到自己是无罪的；想去进见汉王，又恐怕当场被抓起来。有人劝韩信说："杀了钟离眛去谒见汉王，汉王必定会很高兴，也就没有祸患了"。韩信把此事与钟离眛商量，钟离眛说："汉王之所以不攻取楚国，是由于我钟离眛还在您这里，如果您把我抓起来去献媚汉王，我今天一死，您也随即灭亡了。"并大骂韩信道："你不是个忠厚长者！"结果就自杀而死。韩信拿着钟离眛的首级到陈地去朝见汉王。高祖命令武士把韩信捆缚起来，放在后面的车子上。韩信说："果然像有人所说的，'狡黠的兔子死了，出色的猎狗也就该烹杀了'。"汉王说："有人告您谋反。"于是又给韩信戴上械具。回到了洛阳，赦免了韩信，改封为淮阴侯。

韩信知道汉王嫉妒他的才能，就称病不去朝见或跟从出行。韩信由此日益怨恨，在家中闷闷不乐，对与绛侯周勃、灌婴处于同等地位感到羞耻。韩信曾路过将军樊哙家门，樊哙行跪拜礼迎送，并自称为臣下，说："不知大王竟肯光临臣下的家门"。韩信出门后对部下笑着说："想不到我这一辈子竟要与樊哙为伍！"

汉王高兴时与韩信谈论诸将的才能高下。汉王问韩信说："如果是我，能率领多少兵？"韩信说："陛下最多也不能超过十万"。汉王说："如果是您，能率兵多少？"韩信说："如果是我，则多多益善。"汉王笑道："您既然多多益善，为什么被我抓住呢？"韩信说："陛下不能领兵，而善于驾驭将领，这就是我韩信被陛下抓住的缘故。况且陛下的权力是上天授予的，不是人力所能做到的。"

后来陈豨为代地相国去监察边郡，临行向韩信告辞。韩信拉着他的手，在庭院里散步来回数次，仰天长叹地说："您可有话与我讲吗？我可有话想与您讲。"陈豨接着说："一切听从将军的命令。"韩信说："您所管辖的地方，是天下精兵聚集之处，而你又是陛下亲信得宠的大臣。如果有人说您谋反，陛下必定不会相信；如果再有人告您谋反，陛下就会产生怀疑；如果第三次有人告发，陛下一守会大怒而亲自率军来征讨您。我为您在此作内应，就可以图谋天下了。"陈豨一向知道韩信的才能，也就相信他的话说："一守听从您的指教。"

汉高祖十年，陈豨果然起兵造反，汉高帝亲自率军前往征讨，韩信称病不去。韩信一方面暗中派人到陈豨处联络，一方面又与家臣谋划，准备在黑夜假传诏书赦免在官府服役的罪犯与奴隶，然后发兵袭击吕后与太子。部署已定，正等待陈豨的消息。韩信的门客得罪了韩信，韩信把他囚禁了起来，准备杀他。那个门客的弟弟就上书向吕后告发韩信谋反的状况。吕后打算把韩信召来，又恐怕韩信的党羽不肯就范，于是与相国萧何合谋，假装说有人从皇帝那里回来，说称陈豨已被杀死，群臣都进宫朝贺。相国萧何就欺骗韩信说："虽然您有病，但还是要勉强去朝贺一下。"韩信进了宫中，吕后就命令武士把韩信捆缚起来，在长乐宫中的钟室里把他杀了。韩信临斩时说："我当初没有采用蒯通的计策，如今反而被妇人小子所欺骗，这岂不是天意吗！"于是吕后诛灭了韩信的三族。

汉高祖平定了陈豨叛乱后回到了京城，听到韩信已死的消息，又是欢喜又是悲哀，询问说："韩信死时说了些什么？"吕后就把韩信死时说的话告诉了高祖。高祖说："蒯通此人是齐国的辩士。"于是下诏捉拿蒯通，准备烹杀他。蒯通被抓后就为自己辩解，高祖就释放蒯通而没有杀他。

（李祖德译）

【原文】

韩信，淮阴人也。家贫无行，不得推择为吏，又不能治生为商贾，常从人寄食，其母死无以葬，乃行营高燥地，令傍可置万家者。信从下乡南昌亭长食，亭长妻苦之，乃晨炊蓐食。食时信往，不为具食。信亦知其意，自绝去。至城下钓，有一漂母哀之，饭信，竟漂数十日。信谓漂母曰："吾必重报母。"母怒曰："大丈夫不能自食，吾哀王孙而进食，岂望报乎！"淮阴少年又侮信曰："虽长大，好带刀剑，怯耳。"众辱信曰："能死，刺我；不能，出胯下。"于是信孰视，俯出胯下。一市皆笑信，以为怯。

及项梁度淮，信乃杖剑从之，居戏下，无所知名。梁败，又属项羽，为郎中。信数以策干项羽，羽弗用。汉王之入蜀，信亡楚归汉，未得知名，为连敖。坐法当斩，其畴十三人皆已斩，至信，信乃仰视，适见滕公，曰："上不欲就天下乎？而斩壮士！"滕公奇其言，壮其貌，释弗斩。与语，大说之，言于汉王。汉王以为治粟都尉，上未奇之也。

数与萧何语，何奇之。至南郑，诸将道亡者数十人。信度何等已数言上，不我用，即亡。何闻信亡，不及以闻，自追之。人有言上曰："丞相何亡。"上怒，如失左右手。居一二日，何来谒。上且怒且喜，骂何曰："若亡，何也？"何曰："臣非敢亡，追亡者耳。"上曰："所追者谁也？"曰："韩信。"上复骂曰："诸将亡者已数十，公无所追，追信，诈也。"何曰："诸将易得，至如信，国士无双。王必欲长王汉中，无所事信；必欲争天下，非信无可与计事者。顾王策安决。"王曰：

"吾亦欲东耳，安能郁郁久居此乎？"何曰："王计必东，能用信，信即留；不能用信，信终亡耳。"王曰："吾为公以为将。"何曰："虽为将，信不留。"王曰："以为大将。"何曰："幸甚。"于是王欲召信拜之。何曰："王素嫚无礼，今拜大将如召小儿，此乃信所以去也。王必欲拜之，择日斋戒，设坛场具礼，乃可。"王许之。诸将皆喜，人人各自以为得大将。至拜，乃韩信也，一军皆惊。

信已拜，上坐。王曰："丞相数言将军，将军何以教寡人计策？"信谢，因问王曰："今东乡争权天下，岂非项王邪？"上曰："然。"信曰："大王自料勇悍仁强孰与项王？"汉王默然良久曰："弗如也。"信再拜贺曰："唯信亦以为大王弗如也。然臣尝事项王，请言项王为人也。项王意乌猝嗟，千人皆废，然不能任属贤将，此特匹夫之勇也。项王见人恭谨，言语姁姁，人有病疾，涕泣分食饮，至使人有功，当封爵，刻印刓，忍不能予，此所谓妇人之仁也。项王虽霸天下而臣诸侯，不居关中而都彭城；又背义帝约，而以亲爱王，诸侯不平。诸侯之见项王逐义帝江南，亦皆归逐其主，自王善地。项王所过亡不残灭，多怨百姓，百姓不附，特劫于威，强服耳。名虽为霸，实失天下心，故曰其强易弱。今大王诚能反其道，任天下武勇，何不诛！以天下城邑封功臣，何不服！以义兵从思东归之士，何不散！且三秦王为秦将，将秦子弟数岁，而所杀亡不可胜计，又欺其众降诸侯。至新安，项王诈坑秦降卒二十余万人，唯独邯、欣、翳脱。秦父兄怨此三人，痛于骨髓。今楚强以威王此三人，秦民莫爱也。大王之入武关，秋豪亡所害，除秦苛法，与民约，法三章耳，秦民亡不欲得大王王秦者。于诸侯之约，大王当王关中，关中民户知之。王失职之蜀，民亡不恨者。今王举而东，三秦可传檄而定也。"于是汉王大喜，自以为得信晚。遂听信计，部署诸将所击。

汉王举兵东出陈仓，定三秦。二年，出关，收魏、河南，韩、殷王皆降。令齐、赵共击楚彭城，汉兵败散而还，信复发兵与汉王会荥阳，复击破楚京、索间，以故楚兵不能西。

汉之败却彭城，塞王欣、翟王翳亡汉降楚，齐、赵、魏亦皆反，与楚和。汉王使郦生往说魏王豹，豹不听，乃以信为左丞相击魏。信问郦生："魏得毋用周叔为大将乎？"曰："柏直也。"信曰："竖子耳。"遂进兵击魏。魏盛兵蒲坂，塞临晋。信乃益为疑兵，陈船欲度临晋，而伏兵从夏阳以木罂缶度军，袭安邑。魏王豹惊，引兵迎信。信遂虏豹，定河东，使人请汉王："愿益兵三万人，臣请以北举燕、赵，东击齐，南绝楚之粮道，西与大王会于荥阳。"汉王与兵三万人，遣张耳与俱，进击赵、代。破代，禽夏说阏与。信之下魏、代，汉辄使人收其精兵，诣荥阳以距楚。

信、耳以兵数万，欲东下井陉击赵。赵王、成安君陈余闻汉且袭之。聚兵井陉口，号称二十万。广武君李左车说成安君曰："闻汉将韩信涉西河，虏魏王，禽夏说，新喋血阏与。今乃辅以张耳，议欲以下赵，此乘胜而去国远斗，其锋不可当。臣闻'千里馈粮，士有饥色；樵苏后爨，师不宿饱。'今井陉之道，车不得方轨，骑不得成列，行数百里，其势粮食必在后。愿足下假臣奇兵三万人，从间路绝其辎重；足下深沟高垒勿与战。彼前不得斗，退不得还，吾奇兵绝其后，野无所掠卤，不至十日，两将之头可致戏下。愿君留意臣之计，必不为二子所禽矣。"成安君，儒者，常称义兵不用诈谋奇计，谓曰："吾闻兵法'什则围之，倍则战。'今韩信兵号数万，其实不能，千里袭我，亦以罢矣。今如此避弗击，后有大者，何以距之？诸侯谓吾怯，而轻来伐我。"不听广武君策。

信使间人窥知其不用，还报，则大喜，乃敢引兵遂下。未至井陉口三十里，止舍。夜半传发，选轻骑二千人，人持一赤帜，从间道草山而望赵军，戒曰："赵见我走，必空壁逐我，若疾入，拔赵帜，立汉帜。"令其禆将传餐，曰："今日破赵会食。"诸将皆呒然，阳应曰："诺。"信谓军吏曰："赵已先据便地壁，且彼未见大将旗鼓，未肯击前行，恐吾阻险而还。"乃使万人先行，出，背水陈。赵兵望见大笑。平旦，信建大将旗鼓，鼓行出井陉口。赵开壁击之，大战良久。于是信、张耳弃鼓旗，走水上军，复疾战，赵空壁争汉鼓旗，逐信、耳。信、耳已入水上军，军皆殊死战，不可败。信所出奇兵二千骑者，候赵空壁逐利，即驰入赵壁，皆拔赵旗帜，立汉赤帜二千。赵军已不能得信、耳等，欲还归壁，壁皆汉赤帜，大惊，以汉为皆已破赵王将矣，遂乱，遁走。赵将虽斩之，弗能禁。于是汉兵夹击，破虏赵军，斩成安君泜水上，禽赵王歇。

信乃令军毋斩广武君，有生得之者，购千金。顷之。有缚而至戏下者，信解其缚，东乡坐，西乡对，而师事之。

诸校效首虏休，皆贺，因问信曰："兵法有'右背山陵，前左水泽'，今者将军令臣等反背水陈，曰破赵会食，臣等不服。然竟以胜，此何术也？"信曰："此在兵法，顾诸君弗察耳。兵法不曰'陷之死地而后生，投之亡地而后存'乎？且信非得素拊循士大夫，经所谓'驱市人而战之'也，其势非置死地，人人自为战；今即予生地，皆走，宁尚得而用之乎？"诸将皆服曰："非所及也。"

于是问广武君曰："仆欲北攻燕，东伐齐，何若有功？"广武君辞曰："臣闻'亡国之大夫不可以图存，败军之将不可以语勇。'若臣者，何足以权大事乎！"信曰："仆闻之，百里奚居虞而虞亡，之秦而秦伯，非愚于虞而智于秦也，用与不用，听与不听耳。向使成安君听子计，仆亦禽矣。仆委心归计，愿子勿辞。"广武君曰："臣闻'智者千虑，必有一失；愚者千虑，亦有一得。'故曰'狂夫之言，圣人择焉'。故恐臣计未足用，愿效愚忠。故成安君有百战百胜之计，一旦而失之，军败鄗下，身死泜水上。今足下虏魏王，禽夏说，不旬朝破赵二十万众，诛成安君。名闻海内，威震诸侯，众庶莫不辍作怠惰，靡衣媮食，倾耳以待命者。然而众劳卒罢，其实难用也，今足下举倦敝之兵，顿之燕坚城之下，情见力屈，欲战不拔，旷日持久，粮食单竭。若燕不破，齐必距境而以自强。二国相持，则刘项之权未有所分也。臣愚，窃以为亦过矣。"信曰："然则何由？"广武君对曰："当今之计，不如按甲休兵，百里之内，牛酒日至，以飨士大夫。北首燕路，然后发一乘之使，奉咫尺之书，以使燕，燕必不敢不听。从燕而东临齐，虽有智者，亦不教。知为齐计矣。如是则天下事可图也。兵故有无声而厉实者，此之谓也。"信曰："敬奉。"于是用广武君策，发使燕，燕从风而靡。乃遣使报汉，因请立张耳王赵以抚其国。汉王许之。

楚数使奇兵度河击赵，王耳、信往来救赵，因行定赵城邑，发卒佐汉。楚方急围汉王荥阳，汉王出，南之宛、叶，得九江王布，入成皋，楚复急围之。四年，汉王出成皋，度河，独与滕公从张耳军修武。至，宿传舍。晨自称汉使，驰入壁。张耳、韩信未起，即其卧，夺其印符，麾召诸将易置之。信、耳起，乃知独汉王来，大惊。汉王夺两人军，即令张耳备守赵地，拜信为相国，发赵兵未发者击齐。

信引兵东，未度平原，闻汉王使郦食其已说下齐。信欲止，蒯通说信令击齐。信然其计，遂渡河，袭历下军，至临菑。齐王走高密，使使于楚请救，信已定临菑，东追至高密西。楚使龙且将，号称二十万，救齐。

齐王、龙且并军与信战，未合。或说龙且曰："汉兵远斗，穷寇久战，锋不可当也。齐、楚自居其地战，兵易败散。不如深壁，令齐王使其信臣招所亡城，城闻王在，楚来救，必反汉。汉二千里客居齐，齐城皆反之，其势无所得食，可毋战而降也。"龙且曰："吾平生知韩信为人，易与耳。寄食于漂母，无资身之策；受辱于跨下，无兼人之勇，不足畏也。且救齐而降之。吾何功？今战而胜之，齐半可得，何为而止？"遂战，与信夹潍水陈。信乃夜令人为万余囊，盛沙以壅水上流，引兵半度，击龙且。阳不胜，还走。龙且果喜曰："固知信怯。"遂追度水。信使人决壅囊，水大至。龙且军太半不得度，即急击，杀龙且。龙且水东军散走，齐王广亡去。信追北至城阳，虏广。楚卒皆降，遂平齐。

使人言汉王曰："齐夸诈多变，反复之国，南边楚，不为假王以填之，其势不定。今权轻，不足以安之，臣请自立为假王。"当是时，楚方急围汉王于荥阳，使者至，发书，汉王大怒，骂曰："吾困于此，旦暮望而来佐我，乃欲自立为王！"张良、陈平伏后蹑汉王足，因附耳语曰："汉方不利，宁能禁信之自王乎？不如因立，善遇之，使自为守。不然，变生。"汉王亦寤，因复骂曰："大丈夫定诸侯，即为真王耳，何以假为？"遣张良立信为齐王，征其兵使击楚。

楚以亡龙且，项王恐，使盱台人武涉往说信曰："足下何不反汉与楚？楚王与足下有旧故。且汉王不可必，身居项王掌握中数矣，然得脱，背约，复击项王，其不可亲信如此。今足下虽自以为与汉王为金石交，然终为汉王所禽矣。足下所以得须臾至今者，以项王在。项王即亡，次取足下。何不与楚连和，三分天下而王齐？今释此时，自必于汉王以击楚，且为智者固若此邪！"信谢曰："臣得事项王数年，官不过郎中，位不过执戟，言不听，画策不用，故背楚归汉。汉王授我上将军印，数万之众，解衣衣我，推食食我，言听计用，吾得至于此。夫人深亲信我，背之不祥。幸为信谢项王。"武涉已去，蒯通知天下权在于信，深说以三分天下，鼎足而王。信不忍背汉，又自以功大，汉王不夺我齐，遂不听。

汉王之败固陵，用张良计，征信将兵会陔下。项羽死，高祖袭夺信军，徙信为楚王，都下邳。

信至国，召所从食漂母，赐千金。及下乡亭长，钱百，曰："公，小人，为德不竟。"召辱己少年令出胯下者，以为中尉，告诸将相曰："此壮士也。方辱我时，宁不能死；死之无名，故忍而就此。"

项王亡将钟离眛家在伊庐，素与信善。项王败，眛亡归信。汉怨眛，闻在楚，诏楚捕之。信初之国，行县邑，陈兵出入。有变告信欲反，书闻，上患之。用陈平谋，伪游于云梦者，实欲袭信，信弗知。高祖且至楚，信欲发兵，自度无罪；欲谒上，恐见禽。人或说信曰："斩眛谒上，上必喜，亡患。"信见眛计事，眛曰："汉所以不击取楚，以眛在。公若欲捕我自媚汉，吾今死，公随手亡矣。"乃骂信曰："公非长者！"卒自到。信持其首谒于陈。高祖令武士缚信，载后车。信曰："果若人言，'狡兔死，良狗亨。'"上曰："人告公反。"遂械信。至洛阳，赦以为淮阴侯。

信知汉王畏恶其能，称疾不朝从。由此日怨望，居常鞅鞅，羞与绛、灌等列。尝过樊将军哙，哙趋拜送迎，言称臣，曰："大王乃肯临臣。"信出门，笑曰："生乃与哙等为伍！"

上尝从容与信言诸将能各有差。上问曰："如我，能将几何？"信曰："陛下不过能将十万。"上曰："如公何如？"曰："如臣，多多益办耳。"上笑曰："多多益办，何为为我禽？"信曰："陛下不能将兵，而善将将，此乃信之为陛下禽也。且陛下所谓天授，非人力也。"

后陈豨为代相监边，辞信。信挈其手，与步于庭数匝，仰天而叹曰："子可与言乎？吾欲与子有言。"豨因曰："唯将军命。"信曰："公之所居，天下精兵处也，而公，陛下之信幸臣也。人言公反，陛下必不信；再至陛下乃疑；三至，必怒而自将。吾为公从中起，天下可图也。"陈豨素知其能，信之，曰："谨奉教！"

汉十年，豨果反，高帝自将而往，信称病不从。阴使人之豨所，而与家臣谋，夜诈赦诸官徒奴，欲发兵袭吕后、太子，部署已定，待豨报。其舍人得罪信，信囚，欲杀之。舍人弟上书变告信欲反状于吕后。吕后欲召，恐其党不就，乃与萧相国谋，诈令人从帝所来，称豨已死，群臣皆贺。相国绐信曰："虽病，强入贺。"信入，吕后使武士缚信，斩之长乐钟室。信方斩，曰："吾不用蒯通计，反为女子所诈，岂非天哉！"遂夷信三族。

高祖已破豨归，至，闻信死，且喜且哀之，问曰："信死亦何言？"吕后道其语。高祖曰："此齐辩士蒯通也。"召欲亨之。通至自说，释弗诛。

周勃、周亚夫列传

—— 《汉书》卷四〇

【说明】周勃（？～前169），秦末汉初名将。沛县（今江苏沛县）人。少时家贫，以织蚕茧吹箫为生。秦二世元年（前209），随刘邦起义，屡建战功，封为威武侯。在楚汉战争中，周勃击败章平，围困章邯，东守峣关重镇。项羽兵败身亡后，周勃东定楚地泗水、东海二郡。以后又随汉高祖击败燕王臧荼，受封为绛侯。继因平定韩王信叛乱有功，升为太尉。后又率军跟随汉高祖平定陈豨、卢绾之乱。汉高祖临死前曾说："安刘氏天下者一定是周勃。"汉高祖死后，吕后专权，大封吕氏为王。吕后死后，周勃与陈平等智诛吕氏诸王，拥立文帝，官至右丞相。后被人诬告他谋反下狱，虽经赦免，但不久病死。

周亚夫（？～前143）是周勃的儿子。汉文帝后元六年（前158），匈奴侵犯上郡。周亚夫驻军细柳（今陕西咸阳西南）。他治军严整，被汉文帝赞为"真将军"，并告诫太子，以后国家遇有危急之事，可由周亚夫统兵。汉景帝时，刘氏同姓王刘濞、刘戊等起兵叛乱，史称"吴楚七国之乱"。汉景帝封周亚夫为太尉，命他平定叛乱。当时吴楚叛军势盛，围攻景帝子刘武为王的梁国，梁国都城睢阳（今河南商丘南）告急。周亚夫没有率军救梁之围，而是直抵战略要地昌邑（今山东区野南），深沟高垒，以逸待劳。又派轻骑迂回吴楚叛军侧后，断其粮道。吴楚叛军攻梁不下，转攻周亚夫汉军主力。周亚夫仍坚壁不出。吴楚叛军久战粮绝，被迫撤退。周亚夫乘机追击，大破吴楚叛军，不久就平定了吴楚七国之乱。周亚夫坚守昌邑，断叛军粮道的战略方针，充分显示了他杰出的军事才能。但由于他不肯出兵救梁，得罪了梁孝王。后因其子犯法受株连，在狱中绝食五日，气愤而死。

周勃与周亚夫父子，历时汉高祖、吕后、文帝、景帝四个朝代。《周勃列传》不但记录了周勃父子的赫赫战功，同时也是了解汉初这四个朝代的历史篇章。

周勃，沛县人。其祖先是卷县人，后来迁移到沛县。周勃以织蚕茧为生，常给办丧事的吹箫，后来当了弓弩材官。

汉高祖为沛公的起义之初，周勃以中涓之职跟从刘邦攻打胡陵，占领方与。秦军反攻方与，周勃与秦军交战，打退了敌军的进攻。然后攻打丰县。接着又在砀郡的东面攻击秦军，回师留县、萧县，再次攻打砀郡，砀郡被攻下。在攻打下邑的战斗中，周勃捷足先登城楼，被赐五大夫之军功爵。后来周勃又攻打蒙、虞，夺取了这些地方。攻击章邯车骑的殿后部队，略定了魏地。攻打辕戚、东缗，一直到栗县，夺取了这些地方。攻爰戚，周勃又勇敢地捷足先登城楼。击秦军于阿下，大破秦军，追击秦军到濮阳，攻下了蕲城。攻打都关、定陶，袭取宛朐，活捉单父的县令。夜袭夺取了临济，攻下了寿张，一直打到了卷县，破李由秦军于雍丘下。攻开封时，周勃率先攻到城下，战功最多。后章邯袭破项梁军，沛公与项羽就引兵东向回到了砀郡。周勃跟从沛公自沛县起事到回还砀郡，历时一年二个月。楚怀王封沛公号武安侯，为砀郡长。沛公拜周勃为襄贲令。跟从沛公平定魏地，在成武攻打东郡的郡尉，大破秦军。攻长社，奋勇先登城楼。攻颍阳、缑氏，切断黄河渡津。在尸乡的北面攻击赵贲的军队。南攻南阳郡守吕齮，攻破了武关、峣关。又在蓝田攻击秦军。到了咸阳，灭亡了秦朝。

项羽到咸阳，封沛公为汉王。汉王赐周勃为威武侯之爵。周勃跟从汉王入汉中，拜为将军。汉王还定三秦，赐怀德为周勃的封邑。在攻打槐里、好畤的战斗中，周勃功劳最大。在北击赵贲、内史保于咸阳的战斗中，周勃功劳最大。以后又北救漆县，攻击章平、姚的军队。向西平定了汧县。回师攻下了频阳。在废丘围困了章邯，攻破了章邯军。然而向西击益已的军队，破之。攻打上邽，东守峣关。攻击项羽。在攻打曲遇战斗中功劳最大。接着又还守敖仓，追击项羽。项羽已死，周勃向东平定楚地泗水、东海郡，共得二十二县。还师守洛阳、栎阳，汉王赐钟离之地作为周勃与颍阴侯共同的食邑。以将军的身份跟从高祖攻击燕王臧荼，在易下破臧荼军，周勃所率领的士卒冲在驰道前的最多。周勃被赐爵列侯，给予可以代代相传的世袭符证。在绛县食邑八千二百八十户。

周勃以将军的身份跟从高帝在代郡攻击韩王信，霍人县投降。又率军最先到达武泉，攻击匈奴骑兵，破匈奴骑兵于武泉北。又转攻韩信军于铜鞮，大破韩信军。回师时降服了太原六城。在晋阳城下向韩信、匈奴骑兵进攻，破之，攻下了晋阳。后又在硰石向韩信军进攻，破之，向北追击八十里。回师进攻楼烦三城，在平城袭击匈奴骑兵，周勃所率士卒冲在驰道前的最多。周勃升迁为太尉。

周勃进击陈豨，屠毁马邑县城。他所率的将士斩杀陈豨的将军乘马降。接着转击韩信、陈豨、赵利的军队于楼烦，大破敌军，活捉陈豨的将领宋最、雁门郡守蚩。随而转攻云中，活捉郡守蚩、丞相箕肆、将军博。平定雁门郡十七个县，云中郡十二个县。随而又在灵丘攻击陈豨，大败陈豨军，斩陈豨的丞相程纵、将军陈武、都尉高肆。平定代郡九个县。

燕王卢绾反汉，周勃以相国的身份代樊哙为将，攻下了蓟城，生擒卢绾的大将抵、丞相偃、郡守陉、太尉弱、御史大夫施屠浑都。破卢绾军于上兰，以后又击卢绾军于沮阳。周勃率军一直追击到长城，平定了上谷十二个县，右北平十六个县，辽东二十九县，渔阳二十二县。周勃随从高帝征战共得相国一人，丞相二人，将军与二千石官员各三人；另外又破敌军二支，攻下三个城池，平定五个郡、七十九县，俘获丞相、大将各一人。

周勃为人质朴敦厚，高帝认为可将大事委托给他。周勃不喜欢文辞，每次召集诸生说士，就不以宾主之礼朝东而坐，斥责他们："快为我直言。"其朴纯无华就是如此。

周勃平定燕国回到京都时，高帝已驾崩死了，他以列侯的职位侍奉惠帝。惠帝六年，设置了太尉的官职，以周勃为太尉。惠帝十年，高后去世。赵王吕禄为汉上将军，吕王吕产为相国，执掌政权，想篡夺刘氏王朝。周勃与丞相陈平、朱虚侯刘章共同起来诛灭诸吕。

周勃与陈平等人暗中谋划，认为"少帝以及济川、淮阳、恒山王都不是惠帝的儿子。吕太后用计诈骗别人之子，杀死其母，养在后宫，叫惠帝把他们作为自己的儿子，立为后嗣，以此来加强吕氏的势力。现在虽已消灭了诸吕，但少帝长大管理国家大事后，我们就会被诛杀无遗，因此不如找诸侯中贤能的人来当皇帝。"于是就迎立了代王，即为孝文皇帝。

　　东牟侯兴居，是朱虚侯刘章的弟弟，他说："诛灭诸吕，我没有什么功劳，请让我去清除皇宫。"就与太仆汝阴侯滕公进入了宫中。滕公上前对少帝说："你不是刘氏的后裔，不应该当皇帝。"就回头命令少帝左右执戟的卫士都放下武器离开。有几个人不肯离开，宦官首领张释向他们说明情说，他们也就离去。滕公叫来舆车，载着少帝出宫。少帝说："你们想把我安置在哪里？"滕公说："在少府住宿。"接着又使用天子的御驾，到代王宫邸迎接皇帝，并报告说："皇宫已清除好了。"皇帝进入未央宫，有十名谒者持戟守卫宫殿的正门，说："天子在这里，你要干什么？"不得进入。太尉周勃上前说明，这些谒者就引兵离去，皇帝才进入宫中。当夜，官吏分头把济川、淮阳、常山王以及少帝杀死在宫邸。

　　文帝即位后，任命周勃为右丞相，赏赐黄金五千斤，食邑一万户。过了十多个月，有人对周勃说："您既已诛灭了诸吕，拥立代王为皇帝，威震天下，而您又受到丰厚的赏赐，处于尊贵的地位，时间久了，定会大祸临头。"周勃听了十分恐惧，也感到自己处境危险，于是就向皇帝请求归还相印。皇上答应了他的请求。过了一年多，丞相陈平去世，皇上又用周勃为丞相。十多个月以后，皇上说："前些日子我下诏叫列侯回到自己的封国去，有不少人没有走，丞相您是我所器重的，应该率先回到自己的封国去。"于是周勃就免除了丞相之职，回到自己的封国。

　　过了一年多，每当河东郡守与郡尉巡行下属县城而到绛县时，绛侯周勃害怕自己恐被诛杀，经常身披盔甲，命令家人手持兵器去见郡守、郡尉。后来有人上书告发周勃想谋反，告发信下达到廷尉，廷尉下令逮了周勃，进行审理。周勃非常害怕，不知如何对答。狱吏就渐渐地侮辱他。周勃拿出一千斤黄金送给狱吏，狱吏就在公文简牍的背面写字向他示意，上面写："以公主为证。"公主是孝文帝的女儿，周勃的长子周胜之娶她为妻，因此狱吏教周勃以公主为证。当初，周勃所得的封赏，都全部给了公主薄昭。到了狱事危急的时候，薄昭就向薄太后进言求情，薄太后也认为周勃没有反叛的事情。文帝来朝见她时，薄太后就拿头上头巾掷向文帝，说："绛侯曾掌管皇帝的玉玺，在北军统率军队，他不在此时造反，而今居住在一个小县，反而却要造反吗？"文帝已经看了周勃在狱中的供词，就向太后谢罪说："狱吏刚查清，准备放他出狱。"于是派使者拿着符节去赦免周勃，恢复了他的爵位和封邑。周勃出狱后，说："我曾率军百万，然而哪里知道狱吏之尊贵啊！"

周勃又回到了自己的封国。孝文帝十一年周勃去世，文帝赐他谥号为武侯。周勃的儿子胜之嗣立为侯，娶公主为妻感情不和睦，又犯了杀人罪，胜之死，被废除了封国。一年以后，文帝就选择周勃儿子中贤能的河内太守周亚夫为列侯。

周亚夫为河内太守时，许负给他相面说："您三年后封侯，封侯八年为将相，执掌国家大权，地位之贵重，在大臣中独一无二。再过九年后就饥饿而死。"周亚夫笑着说："我的兄长已经承袭了父亲的爵位为侯，如果他死去的话，也当由他的儿子代他为侯，我封侯从何说起呢？既然我已尊贵得像你许负所说的那样，又怎么说我会饿死呢？请明确指示我。"许负指着周亚夫的口说："脸上有一条竖直的纹理进入口中，这是饿死的相法。"过了三年，他的哥哥绛侯周胜之有罪，文帝选择周勃儿子中的贤能者，大家都推存周亚夫，于是封周亚夫为条侯。

文帝后元六年，匈奴大举入侵边境。文帝任命宗正刘礼为将军，驻军霸上；任命祝兹侯徐厉为将军，驻军棘门；任命河内郡守周亚夫为将军，驻军细柳，来防御匈奴。皇上亲自去慰劳军队，到了霸上与棘门的军营，一直驰入军中，将军下马出入迎送。不久皇帝到了细柳军营，军官吏都身披盔甲，拿着锋利的兵器，张着弓箭，把箭弦拉得紧满的。皇帝的先驱部队到了，细柳军营的军士不让进。先驱部队的官吏说："天子就要到了。"军门都尉说："军中只听从将军的命令，不听从天子的诏令。"过了不久，皇上来到军门，又不让进入。于是皇上派使者手持符节去诏令将军说："我想进军营慰劳军队。"周亚夫才传令打开营门。营门的军士对皇帝的车骑说："将军有规定，军中不得奔驰车骑。"于是天子下马拉着缰绳慢慢地步行。到了中营，将军周亚夫只是作揖说："穿着甲胄的将士不能下拜，请以军礼相见。"天子为之感动，扶着车前的横木俯下身子作为答礼。派人称谢说："皇帝恭敬地慰劳将军。"礼毕而去。出了军门，群臣都感到惊奇。文帝说："啊，这才是真正的将军！刚才霸上、棘门的军营如同儿戏，其将领可能被偷袭而成为俘虏。至于周亚夫，可以如此去侵犯吗？"文帝赞不绝口地说了好久。一个多月以后，三支军队都撤了回来。文帝就拜周亚夫为中尉。

文帝临死之时，告诫太子说："如果有了危急的事情，周亚夫是真正可以统率军队的人。"文帝死后，周亚夫任为车骑将军。

孝景帝三年，吴国、楚国反叛。周亚夫以中尉升为太尉，领兵东进攻击吴楚。因此亲自向皇上请示说："楚兵剽悍轻捷，难以争锋相对。希望把梁国委弃给他们，我们断绝他们的粮道，这样就可制服他们。"皇上答应了他的请求。

周亚夫立即率军出发，行至霸上，赵涉拦住去路对周亚夫说："将军东击吴楚，胜则国家安定，不胜则天下危险，能否听听我的计策吗?"周亚夫立即下车，很有礼貌地问他。赵涉说："吴王刘濞一向就很富有，长期豢养一批亡命之士。他得知将军此行东征，必定会布置这些人埋伏在到殽之间狭隘的山路边。况且兵事以神密为上策，将军何不从这里向右进军，经过蓝田，出武关，直抵洛阳，这虽不过相差一二天的时间，但可以直入武库，击鼓而鸣。诸侯听到这一消息，以为将军从天而降。"周亚夫听从了赵涉的计策。到了洛阳，派人搜索殽之间的山路，果然发现有吴国的伏兵。于是周亚夫提升赵涉为护军。

周亚夫在荥阳会集各路兵马以后，吴国军队正在攻打梁国，梁国危急，请求救援。周亚夫率兵向东北抵昌邑，深沟壁垒而守。梁王派使者向周亚夫求援，周亚夫认为坚守昌邑有利，不肯前去求援。梁王上书景帝，景帝下诏令周亚夫救援梁国。周亚夫不接受诏令，坚守不出，而派轻骑兵弓高侯等去断绝吴楚军队后方的粮道。吴楚军队缺乏粮食，士兵饥饿，想要退却，几次前来挑战，周亚夫始终不出。有一天夜里，军中惊乱，内部互相攻击，一直乱到周亚夫的帐下。周亚夫镇定不慌，始终卧床不起。过了一会儿，军队终于安定了下来。吴国的军队假装奔袭汉军营垒的东南角，周亚夫却派人去防守西北角。过了不久吴国的精兵果然奔袭西北角，结果不能攻入。吴楚的军队饥饿无食，就引兵撤退离去。周亚夫派出精兵追击，大败吴王刘濞。吴王丢弃了他的军队，带着壮士数千人逃亡，到了江南丹徒坚守自保。汉兵乘胜追击，俘虏了全部叛军，降服了许多县邑，并悬赏千金来购买吴王的脑袋。过了一月多，越人割了吴王的脑袋前来报告。这次战争共打了三个月，而吴楚的叛乱就被平息，于是将领们认为太尉的计谋是对的，但也由此梁孝王与周亚夫之间产生了裂痕。

周亚夫回来以后，朝廷又恢复设置了太尉的官职。过了五年，周亚夫升为丞相，深得景帝的器重。景帝废除栗太子时，周亚夫曾极力反对，但没有成功。景帝也由此而疏远了他。而梁孝王每次上朝，常常在太后面前说周亚夫的坏话。

窦太后说："皇后的哥哥王信可以封侯。"景帝推辞说："当初南皮和章武侯在先帝时都没有封侯，等到我即了皇帝位后，才封他们为侯，因此王信现在也不得封侯。"窦太后说："人君各自根据当时的情况办事。窦长君在世时，竟然不能封侯，他死了以后，他的儿子彭祖却反而封了侯，为此我非常悔恨。皇帝您快封王信为侯吧！"景帝说："请允许我与丞相商议一下。"周亚夫说："高皇帝曾有约定：'非刘氏不得为王，非有功不得封侯。如有不遵守约定的人，天下人一起讨伐他。'现在王信虽然是皇后的哥哥，但没有什么功劳，如果封他为侯，是不遵守约定。"景帝默默不语而作罢。

后来的匈奴王徐卢等五人投降了汉朝，景帝准备封他们为侯以劝励后来的人。周亚夫说："他们背叛了他们的主人来投降陛下，陛下如果封他们为侯，那么如何来遣责不守节操的大臣呢？"景帝说："丞相的建议不可采用。"于是全部封徐卢等为列侯。周亚夫因此而称病免去了丞相的官职。

过了不久，景帝在宫禁中召见周亚夫，赐给他食物。在桌上只放了一盘大肉，没有刀可以切肉，也不放筷子。周亚夫心中愤愤不平，回头叫主管酒席的人去取筷子。景帝看了笑着说："这难道你还不满足吗？"周亚夫脱去官帽向景帝谢罪。景帝说："你起来。"周亚夫就很快地走了出去。景帝目送他出去，说："此人心中悻悻不平，不是太子的臣子啊！"

过了不久，周亚夫的儿子为他父亲向工官尚方令买了五百具铠甲盾牌作为随葬品。雇佣了一些人搬运，很辛苦，但又不给工钱。雇工知道这是盗买皇帝的专用器物，便怨恨地上书告发了他的儿子，事情牵连到周亚夫。景帝看了上书，就交给下面的官吏去处理。官吏拿着记录的簿子责问周亚夫，周亚夫不回答。景帝骂他说："我不用你了，"下诏叫他到廷尉处接受审理。廷尉责问他说："你要想造反吗？"周亚夫说："我所买的器物，都是随葬器具，怎么能说造反呢？"官吏说："你纵然不在地上造反，也是想在地下造反。"官吏追逼越来越急迫。当初，官吏在逮捕周亚夫时，周亚夫就想自杀，他的夫人劝阻了他，因此没有死，后来到了廷尉那里，就此绝食五天，吐血而死。封国也被废除。

过了一年，皇上就改封绛侯周勃的另一个儿子周坚为平曲侯，作为绛侯的继承人袭爵。平曲侯周坚死后，爵位就传给了儿子周建德，为太子大傅，后犯了酎金不符合规定的罪而免官。后来又犯罪，被废除了封国。

周亚夫果然饿死了。他死后，皇帝就封王信为盖侯。到了平帝元始二年，为了继承断绝了的世袭官爵，又封周勃的玄孙之子周恭为绛侯，食邑千户。

（李祖德　译）

【原文】

周勃，沛人。其先卷人也，徙沛。勃以织薄曲为生，常以吹箫给丧事，材官引强。

高祖为沛公初起，勃以中涓从攻胡陵，下方与。方与反，与战，却敌。攻丰。击秦军砀东。还军留及萧。复攻砀，破之。下下邑，先登。赐爵五大夫。攻蒙、虞，取之。击章邯车骑殿。略定魏地。攻辕戚、东缗，以往至栗，取之。攻爰戚桑，先登。击秦军阿下，破之。追至濮阳，下蕲城。攻都关、定陶，袭取宛朐，得单父令。夜袭取临济，攻寿张，以前至卷，破李由雍丘下。攻开封，先至城下为多。后章邯破项梁，沛公与项羽引兵东如砀。自初起沛还至砀，一岁二月。楚怀王封沛公号武安侯，为砀郡长。沛公拜勃为襄贲令。从沛公定魏地，攻东郡尉于成武，破之。攻长社，先登。攻颍阳、缑氏，绝河津。击赵贲军尸北。南攻南阳守齮，破武关、峣关。攻秦军于蓝田，至咸阳，灭秦。

项羽至，以沛公为汉王。汉王赐勃爵为威武侯。从入汉中，拜为将军。还定三秦，赐食邑怀德。攻槐里、好畤，最。北击赵贲、内史保于咸阳，最。北救漆。击章平、姚卬军。西定汧。还频阳。围章邯废丘，破之。西击益巳军，破之。攻上邽，东守峣关。击项籍。攻曲遇，最。还守敖仓，追籍。籍已死，因东定楚地泗水、东海郡，凡得二十二县。还守雒阳、栎阳，赐与颍阴侯共食钟离。以将军从高祖击燕王臧荼，破之易下。所将卒当驰道为多。赐爵列侯，剖符世世不绝。食绛八千二百八十户。

以将军从高帝击韩王信于代，降下霍人。以前至武泉，击胡骑，破之武泉北。转攻韩信军铜鞮，破之。还，降太原六城。击韩信胡骑晋阳下，破之，下晋阳。后击韩信军于硰石，破之，追北八十里。还攻楼烦三城，因击胡骑平城下，所将卒当驰道为多。勃迁为太尉。

击陈豨，屠马邑。所将卒斩豨将军乘马降。转击韩信、陈豨、赵利军于楼烦，破之。得豨将宋最、雁门守圂。因转攻得云中守圂、丞相箕肆、将军博。定雁门郡十七县，云中郡十二县。因复击豨灵丘，破之，斩豨丞相程纵、将军陈武、都尉高肆。定代郡九县。

燕王卢绾反，勃以相国代樊哙将，击下蓟，得绾大将抵、丞相偃、守陉、太尉弱、御史大夫施屠浑都。破绾军上兰，后击绾军沮阳。追至长城，定上谷十二县，右北平十六县，辽东二十九县，渔阳二十二县。最从高帝得相国一人，丞相二人，将军、二千石各三人；别破军二，下城三，定郡五、县七十九，得丞相、大将各一人。

勃为人木强敦厚，高帝以为可属大事。勃不好文学，每召诸生说士，东乡坐责之："趣为我语。"其椎少文如此。

勃既定燕而归，高帝已崩矣，以列侯事惠帝。惠帝六年，置太尉官，以勃为太尉。十年，高后崩。吕禄以赵王为汉上将，吕产以吕王为相国，秉权，欲危刘氏。勃与丞相平、朱虚侯章共诛诸吕。

于是阴谋以为"少帝及济川、淮阳、恒山王皆非惠帝子。吕太后以计诈名它人子，杀其母，养之后宫，令孝惠子之，立以为后，用强吕氏。今已灭诸吕，少帝即长用事，吾属类无矣，不如视诸侯贤者立之。"遂迎立代王，是为孝文皇帝。

东牟侯兴居，朱虚侯章弟也，曰："诛诸吕，臣无功，请得除宫。"乃与太仆汝阴滕公入宫。滕公前谓少帝曰："足下非刘氏，不当立。"乃顾麾左右执戟，皆仆兵罢。有数人不肯去，宦者令张释谕告，亦去。滕公召乘舆车载少帝出。少帝曰："欲持我安之乎？"滕公曰："就舍少府。"乃奉天子法驾，迎皇帝代邸，报曰："宫谨除。"皇帝入未央宫，有谒者十人持戟卫端门，曰："天子在也，足下何为者？"不得入。太尉往喻，乃引兵去，皇帝遂入。是夜，有司分部诛济川、淮阳、常山王及少帝于邸。

文帝即位，以勃为右丞相，赐金五千斤，邑万户。居十余月，人或说勃曰："君既诛诸吕，立代王，威震天下，而君受厚赏处尊位以厌之，则祸及身矣。"勃惧，亦自危，乃谢请归相印。上许之。岁余，陈丞相平卒，上复用勃为相。十余月，上曰："前日吾诏列侯就国，或颇未能行，丞相朕所重，其为朕率列侯之国。"乃免相就国。

岁余，每河东守尉行县至绛，绛侯勃自畏恐诛，常被甲，令家人持兵以见。其后人有上书告勃欲反，下廷尉，逮捕勃治之。勃恐，不知置辞。吏稍侵辱之。勃以千金与狱吏，狱吏乃书牍背示之，曰"以公主为证。"公主者，孝文帝女也，勃太子胜之尚之，故狱吏教引为证。初，勃之益封，尽以予薄昭。及系急，薄昭为言薄太后，太后亦以为无反事。文帝朝，太后以冒絮提文帝，曰："绛侯绾皇帝玺，将兵于北军，不以此时反，今居一小县，顾欲反邪？"文帝既见勃狱辞，乃谢曰："吏方验而出之。"于是使使持节赦勃，复爵邑。勃既出，曰："吾尝将百万军，安知狱吏之贵也！"

勃复就国，孝文十一年薨，谥曰武侯。子胜之嗣，尚公主不相中，坐杀人，死，国绝。一年，文帝乃择勃子贤者河内太守亚夫复为侯。

亚夫为河内守时，许负相之："君后三岁，而侯。侯八岁为将相，持国秉，贵重矣，于人臣无二。后九年而饿死。"亚夫笑曰："臣之兄以代父侯矣，有如卒，子当代，我何说侯乎？然既已贵如负言，又何说饿死？指视我。"负指其口曰："从理入口，此饿死法也。"居三岁，兄绛侯胜之有罪，文帝择勃子贤者，皆推亚夫，乃封为条侯。

文帝后六年，匈奴大入边。以宗正刘礼为将军军霸上，祝兹侯徐厉为将军军棘门，以河内守亚夫为将军军细柳，以备胡。上自劳军，至霸上及棘门军，直驰入，将以下骑出入送迎。已而之细柳军，军士吏被甲，锐兵刃，彀弓弩，持满。天子先驱至，不得入。先驱曰："天子且至！"军门都尉曰："军中闻将军之令，不闻天子之诏。"有顷，上至，又不得入。于是上使使持节诏将军曰："吾欲劳军。"亚夫乃传言开壁门。壁门士请车骑曰："将军约，军中不得驱驰。"于是天子乃按辔徐行。至中营，将军亚夫揖，曰："介胄之士不拜，请以军礼见。"天子为动，改容式车。使人称谢："皇帝敬劳将军。"成礼而去。既出军门，群臣皆惊。文帝曰："嗟乎，此真将军矣！乡者霸上、棘门如儿戏耳，其将固可袭而虏也。至于亚夫，可得而犯邪！"称善者久之。月余，三军皆罢。乃拜亚夫为中尉。

文帝且崩时，戒太子曰："即有缓急，周亚夫真可任将兵。"文帝崩，亚夫为车骑将军。

孝景帝三年，吴楚反。亚夫以中尉为太尉，东击吴楚。因自请上曰："楚兵剽轻，难与争锋。愿以梁委之，绝其食道，乃可制也。"上许之。

亚夫既发，至霸上，赵涉遮说亚夫曰："将军东诛吴楚，胜则宗庙安，不胜则天下危，能用臣之言乎？"亚夫下车，礼而问之。涉曰："吴王素富，怀辑死士久矣。此知将军且行，必置间人于殽黾厄狭之间。且兵事上神密，将军何不从此右去，走蓝田，出武关，抵雒阳，间不过差一二日，直入武库，击鸣鼓。诸侯闻之，以为将军从天而下也。"太尉如其计。至雒阳，使吏搜殽黾间，果得吴伏兵。乃请涉为护军。

亚夫至，会兵荥阳。吴方攻梁，梁急，请救。亚夫引兵东北走昌邑，深壁而守。梁王使使请亚夫，亚夫守便宜，不往。梁上书言景帝，景帝诏使救梁。亚夫不奉诏，坚壁不出，而使轻骑兵弓高侯等绝吴楚兵后食道。吴楚兵乏粮，饥，欲退，数挑战，终不出。夜，军中惊，

内相攻击扰乱，至于帐下。亚夫坚卧不起。顷之，复定。吴奔壁东南
陬，亚夫使备西北。已而其精兵果奔西北，不得入。吴楚既饿，乃引
而去。亚夫出精兵追击，大破吴王濞。吴王濞弃其军，与壮士数千人
亡走，保于江南丹徒。汉兵因乘胜，遂尽虏之，降其县，购吴王千金。
月余，越人斩吴王头以告。凡相守攻三月，而吴楚破平，于是诸将乃
以太尉计谋为是。由此梁孝王与亚夫有隙。

归，复置太尉官。五岁，迁为丞相，景帝甚重之。上废栗太子，
亚夫固争之，不得。上由此疏之。而梁孝王每朝，常与太后言亚夫
之短。

窦太后曰："皇后兄王信可侯也。"上让曰："始南皮及章武先帝不
侯，及臣即位，乃侯之，信未得封也。"窦太后曰："人生各以时行耳。
窦长君在时，竟不得封侯，死后，乃其子彭祖顾得侯。吾甚恨之。帝
趣侯信也！"上曰："请得与丞相计之。"亚夫曰："高帝约'非刘氏不
得王，非有功不得侯。不如约，天下共击之'。今信虽皇后兄，无功，
侯之，非约也。"上默然而沮。

其后匈奴王徐卢等五人降汉，上欲侯之以劝后。亚夫曰："彼背其
主降陛下，陛下侯之，即何以责人臣不守节者乎？"上曰："丞相议不
可用。"乃悉封徐卢等为列侯。亚夫因谢病免相。

顷之，上居禁中，召亚夫赐食。独置大胾，无切肉，又不置箸。
亚夫心不平，顾谓尚席取箸。上视而笑曰："此非不足君所乎？"亚夫
免冠谢上。上曰："起。"亚夫因趋出。上目送之，曰："此鞅鞅，非少
主臣也！"

居无何，亚夫子为父买工官尚方甲楯五百被可以葬者。取庸苦之，
不与钱。庸知其盗买县官器，怨而上变告子，事连汙亚夫。书既闻，

上下吏。吏簿责亚夫，亚夫不对。上骂之曰："吾不用也。"召诣廷尉。廷尉责问曰："君侯欲反何?"亚夫曰："臣所买器，乃葬器也，何谓反乎?"吏曰：'君纵不欲反地上，即欲反地下耳。"吏侵之益急。初，吏捕亚夫，亚夫欲自杀，其夫人止之，以故不得死，遂入廷尉，因不食五日，欧血而死。国绝。

一岁，上乃更封绛侯勃它子坚为平曲侯，续绛侯后。传子建德，为太子太傅，坐酎金免官。后有罪，国除。

亚夫果饿死。死后，上乃封王信为盖侯。至平帝元始二年，继绝世，复封勃玄孙之子恭为绛侯，千户。

刘长传

——《汉书》卷四四

【说明】刘长，汉淮南厉王，汉高祖之子，他有着离奇而曲折的经历。母亲死前未得高祖承认。他为报母仇椎杀辟阳侯，为此威名大震。并因此恣行天下，思谋叛乱，事情败露，本应处置，后遭贬蜀郡，死于遣送途中。

淮南厉王刘长，高祖皇帝的小儿子，他的母亲是原来赵王张敖的美人。高祖皇帝刘邦八年从东垣经过赵国，赵王贡献美人给他，就是淮南厉王的母亲，被幸而怀上身孕。赵王张敖不敢安排内宫之事，给她建造了外宫作为居处。到贯高等人阴谋反叛的事情暴露，并逮捕了赵王张敖，赵王张敖的母亲和全部兄弟、美人，关押在河内。厉王的母亲也被关押，她告诉官员们说："往日得幸皇上，有了儿子。"官员将这件事报告了高帝刘邦，高帝刘邦刚愤恨赵王，没来得及问询厉王的母亲。厉王母亲的弟弟赵兼借用辟阴侯的关系将事告诉了吕后，吕后嫉妒，不愿意表明态度，辟阳侯没有强词争取。厉王的母亲已经生下厉王后，怨恨在心，便自杀。官僚们抱着厉王报告刘邦，刘邦后悔，让吕后做名义上的母亲，并葬厉王的母亲于真定。真定，是厉王母亲家乡所在的县。

十一年，淮南王吕布反叛朝廷，高祖皇帝刘邦统兵消灭了吕布，寻即册立他的儿子刘长为淮南王。淮南王早年死了母亲，经常依附吕后，因为孝惠、吕后常有得幸机会的缘故，还不至于产生矛盾。但是经常内心中怨恨辟阳侯，没敢发作。到孝文帝登皇位时，自己认为自己是高祖皇帝最亲近的人，骄横跋扈，多次不守法度，都是文帝宽待了他。三年，入朝的时候，极为骄横。跟随文帝刘恒到猎场去打猎，与文帝刘恒一辆车，经常称文帝为"大哥"。厉王有材具力量，他的力量能扛起鼎。他于是去邀约辟阳侯。辟阳侯出门来见他，他便从袖子中取金椎击杀了辟阳侯，命令跟随他来的人以刑法对待辟阳侯的尸首。急奔到台阙前，袒胸示罪并告谢文帝说："我的母亲不应该牵连到赵王张敖反叛朝廷的事件中去，依辟阳侯审食其的能力能说服吕后获得谅解，他没有争取，这是他的第一条罪状；赵王如意儿子和母亲没有罪过，吕后杀了她，辟阳侯没有争取避免，这是他的第二条罪状；吕后以吕氏家庭中的人为王，想要危害刘氏朝廷，辟阳侯不加以阻止，这是他的第三条罪状。我谨慎从事，替国家消灭了敌人，报复了母亲死于非命的仇恨，来低头在文帝的门下请求治罪。"文帝有感于淮南厉王是立志为母亲和刘氏家庭报仇雪恨，因此不论他的罪过，赦免了他。

就在这个时候，从薄太后、太子到各位大臣都害怕厉王。厉王因为大家都怕他，乱逆的行为更加恣意妄行，不遵守汉朝法度，出入行警跸的礼仪，自成制度，自己制订法规，多次上书文帝不按常规进行。文帝亲自严厉地责难厉王。这时，文帝刘恒的舅舅薄昭任将军，威重有尊严。文帝派薄昭给厉王书信劝诫，指出厉王的过失。说：

"我私下听说大王刚直而且勇敢，慈惠而且仁厚、正直、守信、善于明断是非，这是上天用圣明之人的资质赋予了大王。但是在极富盛名的情况下，不能够不深入地调查一下。现在大王的所作所为，不符合上天赋予你的权利。皇帝刚登位时，变更侯王在淮南的封地，另封其他地方作封地，大王你不愿意。皇帝终于改变初衷，让大王你得到了三个县的实际封地，待你仍为宽厚。大王因为不曾与皇帝相见，要求入朝见皇帝，还没来得及尽叙兄弟的情谊，你就杀死了列侯审食其，用以去正定自己的名份。皇帝不让官方依法干预处理这件事，赦免了大王，待你极为宽厚。按照汉朝法律，二千石的官吏缺员，就早请朝廷给补员。大王放逐了汉朝派来的官吏，并且要求自己安排丞相，定二千石爵秩。皇帝委曲求全，不顾国家正常的法律规定，由大王自己安排了二千石官员，皇帝待你不薄。大王想要委弃国家的朝政而作普通百姓，去真定看守母亲的坟墓。皇帝没有准许，使大王不至于丢掉南面称孤的尊严，皇帝待你极为厚道。大王应该日夜奉守汉朝法律制度，谨守所负的职责，用以当得起文帝对你的厚德。现在你不慎语言，放任行为，因为不仁不义而遭到了全国人民的非难，实在不是件好事。"

"大王你用千里大的邦国作为你的居所，任以一国的人民作你的臣妾，这是高祖皇帝深厚的德仁荫蔽你的缘故。高祖皇帝自己却是蒙受了披霜粘露的艰难，遭受了餐风宿雨的辛苦，不避战斗中乱飞的箭与弹石，夺地攻城，身受创伤，目的是要替子孙们造就万世不废的基业。艰难、危险、困苦难于言表。大王不记得高祖皇帝的艰苦，日夜警惕，加强自身的修养，端正自己的行为，好好的饲养祭祀用牲口，丰富与洗净祭祀用的祭品，恭敬地祭祀宗庙，用以表明自己没有忘记高祖皇帝的功劳与恩德，而想抛开国政去作普通百姓，实在是大错而特错。而且那种为了有一个谦让了国土的名誉，轻而易举地丢掉先帝的基业的行为，算不得是孝顺。父亲创立的基业，儿子不能保全它，不能算是贤德有才能。不要求看守长陵，而要求去守真定，把母亲放在第一位，把父亲放在第二位，不合乎事理。多次违背天子的旨意，不是安分之举。这标榜自己的名节，要求看守母亲的坟墓，并以此抬高于已经继位为天子兄长，不合礼制。亲近的大臣有了罪恶，大一点就当即腰斩，小一点的也处以肉刑，这是不仁。看重平常百姓一时一事的小责任，轻视王侯的重要职位，叫做不明智。不喜欢学习和研究治国的大道理，任意自己的情绪而作不合道的事情，叫做不好。这八个方面，是危害国家，自取灭亡的道路，而大王正在走它。丢掉南面称孤为王的地位，追求专诸、孟贲那样的勇敢行为，经常出入在危险灭亡的道路上，依我看来，高祖皇帝的神灵一定不愿在宗庙中从大王你的手上接受你的祭祀，这是再清楚不过的。"

"从前，周公诛杀管叔，放逐蔡叔，用以安定周朝；齐桓公杀他的弟弟，用以恢复他的国家；秦始皇杀了他的两个弟弟，把母亲迁居到咸阳官，用以维护秦朝的朝政；项王在匈奴侵扰时逃离他的封邑代国，高祖皇帝剥夺他的封国，用以正定国家的法度；济北王起兵反叛，皇帝杀了他，用以安定汉室。因此，周公、齐桓公制定法度于古代，秦始皇、高祖皇帝将周公、齐桓公的制度使用到现在。大王不研究古代和现代用来安定国家和匡扶朝政的道理，而企图用儿女私情来要挟天子，这是不可取的。离开侯王之位的人也好，游宦寻常百姓也好，乃至遁世隐居的人也好，按照道理这些都是有法度可以去规范的。他们在君王的荫蔽下，各事其主，一旦有事则遭连坐。现在诸侯的儿子在朝廷为官任职的，都以御史大夫作为他们的主管；在军中任职的，以中尉作为他们的主管；客出入殿门，以卫尉作为他们的大总管；那些蛮夷之地来归顺朝廷和因为没有名而有数的人，以内史、县令作为他们的主管。主管一旦有事，想要委过于下边的僚属，自己不担罪，那是不可取的。淮南王要是不改过自新，汉皇帝来攻大王府邸，凡是宰相以下，对此怎么办呢？毁掉父亲创立的国家大业，反而为贫贱的百姓所哀伤。亲近的大臣都伏法被杀，被天下所耻笑，因此而辱灭先帝的德仁，实在是大王不该采取的。"

"应该迅速改变现在的操守和行为，向皇帝致书谢罪。说：'我不幸在幼年死了父皇，年少孤弱，在吕氏当政的时候不曾忘记恐惧死亡。陛下登位，我依仗皇帝的恩德骄纵无比，行为多有不守规矩。回想我以往的过错，恐惧害怕，跪伏在地上等待受刑不敢起来。'皇帝知道了一定大为欢喜。大王兄弟高高兴兴地在朝廷上治理国政，臣民们都能够享受天年在下面，上下相得甚欢，国内就会长治久安。希望你想好了就立即实行。实行中要是有所闪失，灾祸就会象射箭一样迅速降临到你身上，后悔莫及。"

淮南王得到薄昭的书信后不高兴。六年，派男子刘但等七十人与棘蒲侯柴武太子刘奇计划，组织辇车四十辆从长安以北的谷口县开始反叛，派人到闽越、匈奴进行联络。事情败露后，他们遭到了惩治，文帝又派遣使者召唤淮南王。淮南王抵达长安，丞相张苍、典客冯敬行使御史大夫的职事，与宗正、廷尉纷纷奏请说："刘长败坏先帝的法令，不服从天子的诏书，居所处置不依法度，屋盖使用黄色比同天子，擅自制定法令，不使用汉朝法律。及致自命官职，任命他的郎中春为丞相，网罗集结汉朝各诸侯的人和有罪逃亡的人，将他们隐藏起来并安排居处，帮他们建造住宅房屋，颁赐给他们财物、爵位、俸禄和田地、住宅。所给爵位有的相当于关内侯，大夫但、士伍开章等七十多人和棘蒲侯太子刘奇共谋反叛，想要危害国家朝政，阴谋联络闽越和匈奴反兵侵扰汉朝。事情败露后，长安尉奇等人前往逮捕开章。刘长将开章藏起来不给抓走，并与原中尉简忌计议，将开章杀了以灭口，安排棺椁衣衾，将他葬在肥陵。诳骗长安尉等人说：'不知道在哪里。'另一方面又立起了土层，立墓柱在上面说：'开章死，葬此下。'至于刘长自己，他亲自杀害了无辜的人一名；指使他的僚属假借罪名杀害没有罪过的人六名；帮助有罪被判死刑的人骗过追捕，使他们逍遥于法外；擅自治罪，不经请示，弹劾处治城旦以上的人十四名；赦免犯有死罪的罪人十八名，城旦春以下的人五十八名；颁赐爵位在关内侯以下的人九十四名。早些时候刘长生病，皇帝心里怀念他，派遣使者赐给他枣脯，刘长不愿意会见使者，拜受枣脯。南海人在庐江界中造反，淮南官兵平定了叛乱。文帝派遣使者准备布帛五十匹，用以去犒劳劳苦的官兵。刘长不想接受赏赐，轻谩地说'没有劳若的人'。南海王刘织致书朝廷，要献丝织的壁画给皇帝，他的原中尉简忌擅自烧了奏章，不使上达。有官员要求召唤并处理简忌，刘长不派遣，欺骗说'简忌生病了'。刘长所犯不轨行为，足以够得上斩首示众，我们请求依法论处。"

文帝下诏说："我不忍心依法处理淮南王，他的事情交给列侯吏爵秩有二千石的人去议决。"列侯吏爵秩为二千石的大臣灌婴等四十三人进行了议论，都说："应当依法论处。"文帝下诏说："不得已就赦免刘长的死罪，废除他的王位不再封王。"有司上奏说："请求将刘长安排到蜀、郡严道邛那里去，他的儿子、儿子的母亲随去同居，县里给他们建造房屋，都是一天准吃三餐饭，发给柴禾、蔬菜、盐、炊具、餐具、被子和褥子。"文帝下诏说："给刘长吃饭时，要给他肉，每天五斤，给酒二斗。让以前的美人、材人已经得刘长幸会的十人同往居住。"于是，全部杀了其余那些参与谋反的人。遣送刘长时，将他的衣物装在车上，命令沿途各县依次传送他到蜀郡。

爰盎进谏说："皇帝历来骄纵淮南王，不给他派遣严厉的丞相作他的师傅，因为这一缘故而落得现在这种结果。而且淮南王为人刚直，现在突如其来地遭到严厉打击，我恐怕他遭到雨露后会得病而死，陛下落个杀死弟弟的名声，该怎么办呢？"文帝说："我只是暂时困苦他一下，让他悔过自新，然后再恢复他的封赏。"淮南王对他的侍从说："有谁说你的主人勇敢呢？我因为骄纵而不知道自己有罪过，因此有了现在这样的结果。"于是就绝食而死。沿途县派去押送刘长的人，没人敢开启槛车的封条。到达扶风雍县，雍县长官命令打开封条，才把死讯上告。文帝悲哀痛哭，对爰盎说："我没有听你的话，终于杀死了淮南王。"爰盎说："那样对待淮南王，也是没有办法的事，希望自己保重宽心。"文帝说："如此，怎么来收拾这局面呢?"爰盎说："只有杀了丞相、御史大夫才能向全国人民谢罪。"文帝立即派丞相、御史追捕有关各县押送淮南王不启开封条、服侍饮食的人，都处斩示众。用安葬列侯的礼仪将淮南王葬在扶风雍县，安排三十户看守他的坟墓。

孝文帝八年，怀念淮南王。淮南王有儿子四人，年龄都是七、八岁。于是封他的儿子刘安为阜陵侯、儿子刘勃为安阳侯，儿子刘赐为阳周侯，儿子刘良为东城侯。前元十二年，人民中有人编歌谣传诵淮南王说："一尺大小的布，还可以缝制衣物共同享用；一斗粟，还可以

舂米来共同食用。兄弟两个人，却是不能互相容忍。"皇帝听到这一歌谣说："古时尧和舜驱逐了与他们同姓的鲧和共工，周公杀了管叔和蔡叔，全国人民都称尧、舜、周公是圣人，不因为私情而危害国家朝政。现在难道大家都认为我是贪图淮南王刘长的封地不成？"于是，改封城阳王刘喜为淮南王，领淮南王原来的封地，并且追封淮南王为厉王，设置陵园比同诸侯的制度。十六年，文帝怀念淮南王不守法度，行为不轨，自己导致丢了封国和过早地死于非命，于是又改封淮南王刘喜为城阳王，回到了他原来的封地城阳。并且册立厉王刘长的三个儿子称王在淮南王刘长原来的封地。三王分别是：阜陵侯刘安称淮南王，安阳侯刘勃称衡山王，阳周侯刘赐称庐江王。东城侯刘良在这以前逝世，没有后代。　　　　　　　　　　　　　　　　　（米祯祥译）

【原文】

　　淮南厉王长，高帝少子也，其母故赵王张敖美人。高帝八年，从东垣过赵，赵王献美人，厉王母也。幸，有身。赵王不敢内宫，为筑外舍之。及贯高等谋反事觉，并逮治王，尽捕王母兄弟美人，系之河内。厉王母弟赵兼因辟阳侯言吕后，吕后妒，不肯白，辟阳侯不强争。厉王母已生厉王，恚，自杀。吏奉厉王诣上，上悔，令吕后母之，而葬其母真定。真定，厉王母家县也。

　　十一年，淮南王布反，上自将击灭布，即立子长为淮南王。王早失母，常附吕后，孝惠、吕后时以故得幸无患，然常心怨辟阳侯，不敢发。及孝文初即位，自以为最亲，骄蹇，数不奉法。上宽赦之。三年，入朝，甚横。从上入苑猎，与上同辇，常谓上"大兄"。厉王有材力，力扛鼎，乃往请辟阳侯。辟阳侯出见之，即自袖金椎椎之，命从者刑之。驰诣阙下，肉袒而谢曰："臣母不当坐赵时事，辟扬侯力能得之吕后，不争，罪一也。赵王如意子母无罪，吕后杀之，辟扬侯不争，罪二也。吕后王诸吕，欲以危刘氏，辟扬侯不争，罪三也。臣谨为天下诛贼，报母之仇，伏阙下请罪。"文帝伤其志为亲，故不治，赦之。当是时，自薄太后及太子诸大臣皆惮厉王。厉王以此归国益恣，不用汉法，出入警跸，称制，自作法令，数上书不逊顺。文帝重自切责之。时帝舅薄昭为将军，尊重，上令昭予厉王书谏数之，曰：

"窃闻大王刚直而勇，慈惠而厚，贞信多断，是天以圣人之资奉大王也甚盛，不可不察。今大王所行，不称天资。皇帝初即位，易侯邑在淮南者，大王不肯。皇帝卒易之，使大王得三县之实，甚厚。大王以未尝与皇帝相见，求入朝见，未毕昆弟之欢，而杀列侯以自为名。皇帝不使吏与其间，赦大王，甚厚。汉法，二千石缺，辄言汉补，大王逐汉所置，而请自置相、二千石。皇帝觥天下正法而许大王，甚厚。大王欲属国为布衣，守冢真定。皇帝不许，使大王毋失南面之尊，甚厚。大王宜日夜奉法度，修贡职，以称皇帝之厚德，今乃轻言恣行，以负谤于天下，甚非计也。

"夫大王以千里为宅居，以万民为臣妾，此高皇帝之厚德也。高帝蒙霜露，沐风雨，赴矢石，野战攻城，身被创痍，以为子孙成万世之业，艰难危苦甚矣。大王不思先帝之艰苦，日夜怵惕，修身正行，养牺牲，丰洁粢盛，奉祭祀，以无忘先帝之功德，而欲属国为布衣，甚过。且夫贪让国土之名，轻废行帝之业，不可以言孝。父为之基，而不能守，不贤。不求守长陵，而求之真定，先母后父，不谊。数逆天子之令，不顺。言节行以高兄，无礼。幸臣有罪，大者立断，小者肉刑，不仁。贵布衣一剑之任，贱王侯之位，不知。不好学问大道，触情妄行，不祥。此八者，危亡之路也，而大王行之。弃南面之位，奋诸、贲之勇，常出入危亡之路，臣之所见，高皇帝之神必庙食于大王之手，明白。

"昔者，周公诛管叔，放蔡叔以安周；齐桓杀其弟，以反国；秦始皇杀两弟，迁其母，以安秦；顷王亡代，高帝夺之国，以便事；济北举兵，皇帝诛之，以安汉。故周、齐行之于古，秦汉用之于今，大王不察古今之所以安国便事，而欲以亲戚之意望于太上，不可得也。亡之诸侯，游宦事人，及舍匿者，论皆有法。其在王所，吏主者坐。今诸侯子为吏者，御史主；为军吏者，中尉主；客出入殿门者，卫尉大行主；诸从蛮夷来归谊及以亡名数自占者，内史县令主。相欲委下吏，无与其祸，不可得也。大若不改，汉击大王邸，论相以下，为之奈何？夫堕父大业，退为布衣所哀，幸臣皆伏法而诛，为天下笑，以羞行帝之德，甚为大王不取也。

"宜急改操易行，上书谢罪，曰：'臣不幸早失先帝，少孤，吕氏之世，未尝忘死。陛下即位，臣怙恩德骄盈，行多不轨。追念罪过，恐惧，伏地待诛不敢起。'皇帝闻之心喜。大臣昆弟欢欣于上，群臣皆得延寿于下；上下得宜，海内常安。愿执计而疾行之。行之有疑，祸如发矢，不可追已。"

王得书不说。六年，令男子但等七十人与棘蒲侯柴武太子奇谋，以辇车四十乘反谷口，令人使闽越、匈奴。事觉，治之，乃使使召淮南王。

王至长安，丞相长苍，典客冯敬行御史大夫事，与宗正、廷尉杂奏："长废先帝法，不听天子诏，居处无度，为黄屋盖拟天子，擅为法

令，不用汉法。及所置吏，以其郎中春为丞相，收聚汉诸侯人及有罪亡者，匿与居，为治家室，赐与财物爵禄田宅，爵或至关内侯，奉以二千石所当得。大夫但、士伍开章等七十人与棘蒲侯太子奇谋反，欲以危宗庙社稷，谋使闽越及匈奴发其兵。事觉，长安尉奇等往捕开章，长匿不予，与故中尉简忌谋，杀以闭口，为棺椁衣衾，葬之肥陵，谩吏曰'不知安在。'又阳聚土，树表其上曰：'开章死，葬此下。'及长身自贼杀无罪者一人；令吏论杀无者六人；为亡命弃市诈捕命者以除罪；擅罪人，无告劾系治城旦以上十四人；赦免罪人死罪十八人，城旦舂以上五十八人；赐人爵关内侯以下九十四人。前日长病，陛下心忧之，使使者赐枣脯，长不肯见拜使者。南海民处庐江界中者反，淮南吏卒击之。陛下遣使者赍帛五十匹，以赐使卒劳苦者。长不欲受赐，谩曰'无劳苦者'。南海王织上书献璧帛皇帝，忌擅燔其书，不以闻。吏请召治忌，长不遣，谩曰'忌病'。长所犯不轨，当弃市，臣请论如法。"

制曰："朕不忍置法于王，其与列侯吏二千石议。"列侯吏二千石臣婴等四十三人议，皆曰："宜论如法。"制曰："其赦长死罪、废勿王。"有司奏："请处蜀严道邮，遣其子、子母从居，县为筑盖家室，皆日三食，给薪菜盐炊食器席蓐。"制曰："食长，给肉日五斤，酒二斗。令故美人材人得幸者十人从居。"于是尽诛所与谋者。乃遣长，载以辎车，令县次传。

爰盎谏曰："上素骄淮南王，不为置严相傅，以故至此。且淮南王为人刚，今暴摧折之，臣恐其逢雾露病死，陛有杀弟之名，奈何！"上曰："吾特苦之耳，令复之。"淮南王谓侍者曰："谁谓乃公勇者？吾以骄不闻过，故至此。"乃不食而死。县传者不敢发车封。至雍，雍令发之。以死闻。上悲哭，谓爰盎曰："吾不从公言，卒亡淮南王。"盎曰："淮南王不可奈何，愿陛下自宽。"上曰："为之奈何？"曰："独斩丞相、御史以谢天下乃可。"上即令丞相、御史逮诸县传淮南王不发封饭侍者，皆弃市。乃以列侯葬淮南王于雍；置守冢三十家。

孝文八年，怜淮南王，王有子四人，年皆七、八岁，乃封子安为阜陵侯，子勃为安阳侯，子赐为阳周侯，子良为东城侯。十二年，民有作歌歌淮南王曰："一尺布，尚可缝；一斗粟，尚可舂。兄弟二人，不相容！"上闻之曰："昔尧、舜放逐骨肉，周公杀管、蔡，天下称圣，不以私害公。天下岂以为我贪淮南地邪？"乃徙城阳王王淮南故地，而追尊谥淮南王为厉王，置园如诸侯仪。十六年，上怜淮南王废法不轨，自使失国早天，乃徙淮南王喜复王故城阳，而立厉王三子王淮南故地，三分之；阜陵侯安为淮南王，安阳侯勃为衡山王，阳周侯赐为庐江王。东城侯良前薨，无后。

江充传

——《汉书》卷四五

【说明】江充,汉武帝时人。他以告讦诬陷起,从亡命街徒爬到了九卿,就是因为他遇上了一个以整人为"忠直"的汉武帝。有人曾想替江充翻案,说他是汉武帝改革政策的支持者。他们忽略了一个事实:江充"打击豪强"的目的是逢迎主子的意旨,最终实现自己的权力欲。他是历史上的极"左"派,打着忠于皇上的旗号,大兴冤狱,冤杀数万人,搅得举国惶惶,最后竟逼得皇太子走上绝路。他身死族灭的下场,实在是千古小人之鉴。

江充,字次倩,赵国邯郸人。江充本名江齐,有个妹妹善于鼓琴和歌舞,嫁给赵国的太子刘丹。江齐有宠于赵敬肃王刘彭祖,为王宫的上客。

过了很久,太子怀疑江齐把自己的阴私告诉了赵王,便与江齐翻了脸,派官吏追捕江齐,没有捕获,就逮捕江齐的父兄下狱,经过审讯,都处斩于市。江齐于是逃亡远方,西行入函谷关,改名为江充。他直奔朝廷,告发赵太子与同父姐姐和赵王的后宫奸淫乱伦,勾结各郡国的豪强不法者,劫掠为奸,官吏不能管禁。书奏上,天子大怒,派遣使者以诏命调发将士包围了赵国王宫,收捕太子刘丹,移解关押在魏郡的诏狱中，由魏郡的官员和朝廷委派的廷尉联合审讯，依法应处死刑。

赵王刘彭祖，是汉武帝的异母兄长，上书诉讼太子的罪，道："江充是逃亡的小臣，苟且而行奸造谣，激怒圣上，企图借助于万乘之尊而报复私仇，即使将来受到烹醢的惩罚，他也不打算后悔。臣愿意选取携带赵国的勇敢之士，从大军征讨匈奴，极尽死力，以赎刘丹之罪。"武帝不答应，竟废黜了赵太子。

最初江充被武帝召见于犬台宫，自己要求愿以平时常穿戴的冠服见天子。武帝答应了。江充穿着带皱的轻纱制成的禅衣，衣裾长垂，交结于身后，头戴轻纱制成的冠，上有鸟羽做的帽缨，行步则摇。江充又生得身体魁梧，容貌壮伟。武帝远远望见便觉得不凡，对左右说："燕赵之地果然多有奇士！"既至面前，武帝问起当世的政事，很是欣赏他。

江充于是自己请求，愿意出使匈奴。武帝诏问他的具体打算，江充答道："根据情况的变化而制定相应的对策，以敌为师，事情不可能预先策划好。"武帝便任命江充为谒者，出使匈奴。回来之后，又任命为直指绣衣使者，督察三辅地区的盗贼，查禁超越界线的奢侈行为。当时勋贵外戚及近幸之臣很多奢侈越度，江充全部都举报弹劾，奏请没收他们的车马，让他们亲自待命于禁卫军，准备讨击匈奴。奏章被批准。江充便移送公文与光禄勋中黄门，捉拿应当去禁卫军报到的有名的近臣、侍中，又命令门卫，禁止他们不许随便出入宫殿。于是贵戚子弟们惶恐不安，都见皇帝叩头哀求，愿意交纳金钱赎罪。武帝同意了，命令他们各按官秩等级交纳金钱给禁卫军，总数达数千万。武帝认为江充忠诚刚直，奉法不阿，所出的主意很投合自己的心意。

江充外出，遇见武帝的姑姑馆陶长公主行于皇帝专用的驰道。江充斥问，公主说："有太后诏命批准。"江充道："那么只有公主可以走，车骑都不行。"便把车骑全部没收归公。

后来江充随从武帝前往甘泉宫，遇见太子派来向武帝请安的使者乘车马行于驰道中，江充把他送交官府处理。太子听说了，派人向江充道歉说："不是我爱惜车马，确实是不想让皇上知道这事，认为我平素不管教下属。希望江君宽恕！"江充不听从，便把此事当面奏闻。武帝说："为人臣子，就应该这样。"于是他大受信用，威震京师。

他被提升为水衡都尉，宗族和朋友多有仗恃他的势力的。过了些时候，他因为犯法而免职。

恰逢阳陵人朱安世告发丞相公孙贺的儿子太仆公孙敬声从事巫蛊诅咒，牵连到阳石公主和诸邑公主，公孙贺父子都因罪被诛。后来武帝临幸甘泉宫，患了疾病。江充见武帝年已老迈，恐怕去世之后自己被太子所诛杀，便借机捣鬼，奏言武帝的疾病是因为有人搞巫蛊。于是武帝任命江充为使者调查巫蛊的事。江充带着西域巫师，掘地寻求巫蛊诅咒用的木偶人，逮捕行蛊及夜间祠祭鬼神的人；他让巫师装做能看见鬼，故意把酒洒到某处地上，说是有人在此搞巫蛊，然后就逮捕审讯，用烧红的铁钳烙人，强迫人诬服。百姓们以巫蛊互相诬告，官吏就动辄加以大逆无道之罪。因所谓巫蛊之罪而死的前后有数万人。

当时武帝的年纪已高，怀疑左右的都搞巫蛊诅咒他；被怀疑的人不论有无此事，没有敢替他们讼冤的。江充既已明白武帝的心思，便上言宫中有蛊气，先调查后宫中不受宠幸的诸夫人，按次序轮到失宠的皇后，接着便到太子宫中掘蛊，居然发掘出一个桐木雕的偶人。太子吓坏了，无法表白自己，便逮捕江充，亲自处死他，骂道："赵国的奴才，陷害了你的国王父子还不满足吗，竟又祸害起我们父子了！"太子竟因此而败亡。后来武帝知道是江充捣鬼，便灭了他的三族。

（栾保群　译）

【原文】

江充，字次倩，赵国邯郸人也。充本名齐，有女弟善鼓琴歌舞，嫁之赵太子丹。齐得幸於敬肃王，为上客。

久之，太子疑齐以己阴私告王，与齐忤，使吏逐捕齐，不得，收系其父兄，按验，皆弃市。齐遂绝迹亡，西入关，更名充。诣阙告太子丹与同产姊及王后宫奸乱，交通郡国豪猾攻剽为奸，吏不能禁。书奏，天子怒，遣使者诏郡发吏卒围赵王宫，收捕太子丹，移系魏诏狱，与廷尉杂治，法至死。

赵王彭祖，帝异母兄也，上书讼太子，言"充逋逃小臣，苟为奸讹，激怒圣朝，欲取必於万乘以复私怨，后虽烹醢，计犹不悔。臣愿选从徒赵国勇敢士，从军击匈奴，极尽死力，以赎丹罪。"上不许，竟败赵太子。

初，充召见犬台宫，自请愿以所常被服冠见上。上许之。充衣纱縠禅衣，曲裾后垂交输，冠禅纚步摇冠，飞翮之缨。充为人魁岸，容貌甚壮。帝望见而异之，谓左右曰："燕赵固多奇士！"既至前，问以当世政事，上说之。

充因自请，愿使匈奴。诏问其状，充对曰："因变制宜，以敌为师，事不可豫图。"上以充为谒者，使匈奴。还，拜为直指绣衣使者，督三辅盗贼，禁察逾侈。贵戚近臣多奢僭，充皆举劾，奏请没入车马，令身待北军击匈奴。奏可。充即移书光禄勋中黄门，逮名近臣侍中诸当诣北军者，移劾门卫，禁止无令得出入宫殿。於是贵戚子弟惶恐，皆见上叩头求哀，愿得入钱赎罪。上许之，令各以秩次输钱北军，凡数千万。上以充忠直，奏法不阿，所言中意。

充出，逢馆陶长公主行驰道中。充呵问之，公主曰："有太后诏。"充曰："独公主得行，车骑皆不得。"尽劾没入官。

后充从上甘泉，逢太子家使乘车马行驰道中，充以属吏。太子闻之，使人谢充曰："非爱车马，诚不欲令上闻之，以教敕亡素者。唯江君宽之！"充不听，遂白奏。上曰："人臣当如是矣。"大见信用，威震京师。

为水衡都尉，宗族知友多得其力者。久之。坐法免。

会阳陵朱安世告丞相公孙贺子太仆敬声为巫事，连及阳石、诸邑公主，贺父子皆坐诛。后上幸甘泉，疾病。充见上年老，恐晏驾后为太子所诛，因是为奸，奏言上疾崇在巫蛊。于是上以充为使者治巫蛊。充将胡巫掘地求偶人，捕蛊及夜祠、视鬼，染汙令有处，辄收捕验治，烧铁钳灼，强服之。民转相诬以巫蛊，吏辄劾以大逆亡道。坐而死者前后数万人。

是时，上春秋高，疑左右皆为蛊祝诅，有与亡，莫敢讼其冤者。充既知上意，因言宫中有蛊气，先治后宫希幸夫人，以次及皇后，遂掘蛊於太子宫，得桐木人。太子惧，不能自明，收充，自临斩之。骂曰："赵虏！乱乃国王父子不足邪，乃复乱吾父子也！"太子繇是遂败。后武帝知充有诈，夷充三族。

刘武传

——《汉书》卷四七

【说明】刘武，始封代王后改淮阳，再改梁孝王，汉景帝之弟，因与景帝关系密切，又与太子亲近，颇受皇恩，尤为太后钟爱。在汉永清王中，只有梁孝王与皇室上下关系亲近，有血肉之情。

梁孝王刘武在孝文皇帝二年与太原王刘参、梁怀王刘揖在同一天册立。刘武为代王，四年改封为淮阳王。十二年又改封为梁孝王。从开始封王总共经历了十一年。

梁孝王十四岁入皇宫拜见文帝。十七岁、十八岁连续上朝，并留在京师。第二年，才到他受封的国家去。二十一年，又入朝。二十二年，孝文皇帝刘恒去世。二十四年，再入朝。二十五年，又入皇宫拜见景帝。这时，景帝还没有册立太子。景帝与梁孝王宴会饮酒，从容不迫地对梁孝王说："千秋万岁以后，我将皇帝位传给梁孝王。"梁孝王辞谢不受。虽然知道不是景帝真心话，但是心里暗自高兴。太后也很高兴。

那年春天，吴国、楚国、齐国、赵国等七个封国反叛朝廷，首先攻打梁棘壁，杀梁国几万人。梁孝王据睢阳城自守，并派遣韩安国、张羽等人作将军统兵抵抗吴国、楚国的进攻。吴国、楚国认为梁国不是主要的战争目的，不敢过份恋战而没有攻下就朝西面征伐去了。和太尉周亚夫等人，相抗了三个月时间。吴国、楚国叛军被打败后，梁国所占吴、楚的胜利果实与汉朝相同。

第二年，西汉景帝册立了刘荣太子。梁孝王与太子最为亲近，又有功劳，又是大国，统治了国内富饶的地方，北到泰山，西到高阳，共四十多城，多数是大县。梁孝王是太后的小儿子，太后非常疼爱他，给他的封赏赐予多得没法计算。因为这样，梁孝王建造了东苑，其大小方围三百多里，比睢阳城还大七十里。扩大规模设置了宫室，筑了双线的道路，从宫室连垣到平台有三十多里。得以受赐使用天子的旗帜，跟随的随从多达上千乘万骑，出宫实行戒严制度，入宫则有人请道，礼仪都比同天子一样。招募延留各方面有才能异行的人，远至山东的游人高士没有谁不投奔而来。齐国的羊胜、公孙诡、邹阳都成了他的僚属。公孙诡有很多的奇谋邪计。初见他那天，赐给他千金，封官为尉，号称公孙将军。梁都王刘武所备办的兵器弩、弓多达数十万件，而且官府库存的金银数以百万计，珠宝玉器比京师还多。

二十九年的十月，孝王入朝，景帝派使者用驷马车，迎接孝王到关下。朝见完了，上书请求留在京师，因此而允许留下。因为太后疼爱孝王刘武的缘故，进宫则陪伴景帝同乘一辆车，出宫则同景帝乘一辆车游猎上林苑中。梁孝王的侍中、郎、谒者著录在出入皇宫的名册上照例出入于皇宫殿门，与西汉朝廷宫中的宦官没有两样。十一月，景帝废太子。太后心理想让梁孝王为继承人。大臣及爰盎等人有所察觉，告诉了景帝刘启。太后的意见被制止了，梁孝王不敢再向太后说继承皇帝位的事。事情进行得秘密，世上没有谁知道，梁孝王就辞别皇宫回他的封国去了。

这年夏天，景帝册立胶东王为太子。梁孝王怨恨爰盎和其他参与议事的大臣。于是与羊胜、公孙诡等人计划，暗中派人去刺杀爰盎和其他参与议事的大臣十多人。去暗杀的人没有获得成功。对于这件事，景帝猜疑是梁孝王所为。追问暗杀的人，果然是梁孝王派遣他们来的。景帝派遣使者前往梁国，冠盖相望道路上，声势很大，去复查梁孝王派人进行暗杀的事。去抓公孙诡、羊胜时，他们都藏在梁孝王的后宫而没法抓到。景帝派去的人对梁孝王后下中二千石的官吏责问得紧急。丞相轩丘豹和内史韩安国都流泪进谏于梁孝王，梁孝王才叫公孙诡、羊胜自杀，把他们交给了来案察的官吏。景帝从此开始怨恨和责怪梁孝王。梁孝王害怕，就派韩安国到京师去利用长公主的关系向太后谢罪，如此才了结了这一件事情。

景帝的怒气有所缓解，梁孝王就此上书请求朝见。已经到了皇宫大门口，茅兰对梁孝王说，宜换乘布车表示降服，跟两匹马入宫，藏在长公主的园里。汉景帝派人迎接梁孝王，梁孝王已经进入宫内，车辆马匹都留在外面。询问外面的人，不知道梁孝王在哪里。太后哭着说："景帝杀了我的儿子！"景帝惊慌害怕。就在这时候，梁孝王自已背着斧头，到殿门下向皇帝谢罪。随后，太后，景帝都非常高兴，相抱痛哭，恢复了以前的亲密关系。全部召唤随梁孝王进京的官员进了皇宫的大门。然而，景帝比以前更加疏远了梁孝王，不再同他乘一辆车了。三十五年冬天，又进京朝见。上书请求，留京师，景帝没有准许。回到封国，神情恍忽，抑郁不乐。到北面行猎于梁山，有人贡献了一条牛，脚生长在背上，梁孝王忌恶它。六月中，患了热病，六日逝世。

孝王慈祥孝顺。每次听说太后生病，则不思饮食，经常想留在长安侍俸太后。太后也非常疼爱他。等到听说梁孝王死了，窦太后哭泣，非常悲哀，不吃饭，说："景帝到底是杀害了我的儿子！"景帝哀伤害怕，不知道怎么办。与长公主计划如何处置，将梁国分为五个封国，全部册立梁孝王的五个男孩为王，五个女孩都让领食汤沐邑。将这种打算奏报太后，太后才高兴，与景帝刘启同吃了一餐饭。

梁孝王没死的时候，拥有的财产数以百万计，不可胜数。死的时候，藏在府库中剩余的黄金还有四十多万斤，其他财物的数量也是这样富足。梁孝王的五个男孩册封为王。王太子刘买封为梁共王，次子刘明封为济川王，刘彭离封为济东王，刘定封为山阴王，刘不识封为济阴王，都是在孝景皇帝六年时同一天册立的。 （米祯祥　译）

【原文】

梁孝王武以孝文二年与太原王参、梁王揖同日立。武为代王，四年徙为淮阳王，十二年徙梁，自初王通历已十一年矣。

孝王十四年，入朝。十七年、十八年，比年入朝，留。其明年，乃之国。二十一年，入朝。二十二年，文帝崩。二十四年，入朝。二十五年，复入朝。是时，上未置太子，与孝王宴饮，从容言曰："千秋万岁后传于王。"王辞谢。虽知非至言，然心内喜。太后亦然。

其春，吴、楚、齐、赵七国反，先击梁棘壁，杀数万人。梁王城守睢阳，而使韩安国、张羽等为将军以距吴、楚。吴、楚以梁为限，不敢过而西，与太尉亚夫等相距三月。吴、楚破，而梁所杀虏略与汉中分。

明年，汉立太子。梁最亲，有功，又为大国，居天下膏腴地，北界泰山，西至高阳，四十余城，多大县。孝王，太后少子，爱之，赏赐不可胜道。于是孝王筑东苑，方三百余里，广睢阳城七十里，大治宫室，为复道，自宫连属于平台三十余里。得赐天子旌旗，从千乘万骑，出称警，入言跸，拟于天子。招延四方豪杰，自山东游士莫不至：

齐人羊胜、公孙诡、邹阳之属。公孙诡多奇邪计，初见日，王赐千金，官至中尉，号曰公孙将军。多作兵弩弓数十万，而府库金钱且百钜万，珠玉宝器多于京师。

二十九年十月，孝王入朝。景帝使使持乘舆驷，迎梁王于关下。既朝，上疏，因留。以太后故，入则侍帝同辇，出则同车游猎上林中。梁丘侍中、郎、谒者著引籍出入天子殿门，与汉宦官亡异。

十一月，上废栗太子，太后心欲以梁王为嗣。大臣及爰盎等有所关说于帝，太后议格，孝王不敢复言太后以嗣事。事秘，世莫知，乃辞归国。

其夏，上立胶东王为太子。梁王怨爰盎及议臣，乃与羊胜、公孙诡之属谋，阴使人刺杀爰盎及他议臣十余人。贼未得也。于是天子意梁，逐贼，果梁使之。遣使冠盖相望于道，覆案梁事。捕公孙诡、羊胜，皆匿王后宫。使者责二千石急，梁相轩丘豹及内史安国皆泣谏王，王乃令胜、诡皆自杀，出之。上由此怨望于梁王。梁王恐，乃使韩安国因长公主谢罪太后，然后得释。

上怒稍解，因上书请朝。既至关，茅兰说王，使乘布车，从两骑入，匿于长公主园。汉使迎王，王已入关，车骑尽居外，外不知王处。太后泣曰："帝杀吾子！"帝忧恐。于是梁王伏斧质，之阙下谢罪。然后太后，帝皆大喜，相与泣，复如故。悉召王从官入关。然帝益疏王，不与同车辇矣。

三十五年冬，后入朝。上疏欲留，上弗许。归国，意勿勿不乐。北猎梁山，有献牛，足上出背上，孝王恶之。六月中，病热，六日薨。

孝王慈孝，每闻太后病，口不能食，常欲留长安侍太后。太后亦爱之。及闻孝王死，窦太后泣极哀，不食，曰："帝果杀吾子！"帝哀惧，不知所为。与长公主计之，乃分梁为五国，尽立孝王男五人为王，女五人皆令食汤沐邑。奏之太后，太后乃说，为帝一餐。

孝王未死时，财以钜万计，不可胜数。及死藏府余黄金尚四十余万斤，他财物称是。

梁孝王子五人为王。太子贾为梁共王，次子明为济川王，彭离为济东王，定为山阳王，不识为济阴王，皆以孝景中六年同日立。

贾谊传

——《汉书》卷四八

【说明】贾谊（公元前200—前168年），西汉洛阳（今河南洛阳东）人，杰出的政治家、文学家。十八岁时，因文才出众，倍受郡人称赞。汉文帝即位，召为博士，不久官至太中大夫，并提议用他任公卿要职，因周勃、灌婴等反对，被贬为长沙王太傅，因心中感到压抑，在湘水写赋凭吊屈原。为长沙王太傅三年，作《鵩鸟赋》以自我宽慰。后为梁怀王太傅，因梁王胜坠马死，他悲伤过度，不久便逝世，年三十三岁。本传中记载了他"众建诸侯而少其力"，以削弱诸侯王势力，确立封建等级制度，强调礼义治国，以加强中央集权及抗击匈奴掠夺等政治主张。著书五十八篇，有所佚失。今本《贾子新书》亦五十八篇，其中《过秦论》等为有口皆碑的传世佳作。

贾谊，是洛阳人，十八岁时，因能诵读诗书，撰写文章，在郡中受到称赞。河南太守吴公听说他才能优秀，召他作为弟子，十分宠爱。汉文帝初立，听说河南太守吴公政绩为天下第一，原本与李斯同邑，而且曾师事李斯，跟李斯学习，便征调他做了廷尉。廷尉于是推荐贾谊，说他年纪虽小，却十分精通各家的著作。文帝召见贾谊，让他做了博士。

这时，贾谊二十多岁，在博士中年龄是最小的。每次诏书下达，让发表意见，各位老先生未及开口，贾谊便面面俱到地作了回答，人人感觉到好像出自自己的心中。众儒生于是公认他很有本事。文帝十分高兴，破格提拔，年内官至太中大夫。

贾谊认为汉代兴盛二十多年，天下和睦融洽，应当颁布新历法，变换礼仪制度中崇尚的颜色，制定官名，提倡礼乐。于是起草一套他主张的礼仪规定，颜色尚黄，数目用五，所有官名全部更换，以此上奏。文帝表示谦让，认为来不及实施。但各种法令的变更，及列侯到封地就任，都是贾谊最早倡议的。因此天子提议用贾谊担任公卿的职务。绛侯、灌婴、东阳侯、冯敬等人都十分妒忌，便攻击贾谊说："洛阳人年幼初学，自作主张，专擅权力，扰乱众事。"因此天子后来也疏远他，不采纳他的建议，让贾谊做了长沙王太傅。

贾谊既然已遭贬谪，离开都城，心中感到压抑，在渡湘水时，便写赋凭吊屈原。屈原是楚国的贤臣，遭诬陷被放逐，写下了《离骚赋》，赋的末尾说："算了吧，我的国家没有人了解我啊！"便自己投江自尽。贾谊追悼他，借以自喻。悼辞说：

> 恭接诏命啊，待罪长沙。谨闻屈原啊，自沉汨罗。来托湘流啊，敬吊先生。遭世无道啊，乃灭此身。呜呼哀哉啊，逢时不祥。鸾凤隐逃啊，鸱枭翱翔。庸才尊显啊，谗言得志。贤圣困穷啊，正直倒悬。谓卞随、伯夷贪心啊，说盗跖、庄𫏋清廉。莫邪变钝啊，铅刀变利。可叹啊，先生逝世，如此寂寞！抛弃周鼎，珍藏瓦盆。疲牛驾辕驰骋，跛驴两旁帮衬。骐骥牵拉两耳，俯身拖拉盐车。帽子当作草鞋，其诈何能久长。可叹啊，先生倍受折磨，独遭如此祸殃！

汉书·后汉书

汉

书

劝告说：算了吧！国内无人知我啊，您独自忧伤向谁说？凤凰轻举高飞啊，它原本自动远灾祸。深渊里的神龙啊，潜藏为的是自珍。避蝼獭而隐居啊，岂随虾蛭与蚯蚓！慕圣人的美德啊，远浊世而自重。若麒麟可以拘系啊，怎能说与犬羊不同？乱纷纷而遭此祸啊，也与您同一缘故。走遍天下辅君王啊，何必念此国都！凤凰翔于千仞啊，览大德之光才下集。见细德之险兆啊，老远便奋击而离去。那寻常的污渎啊，岂容吞舟之鱼！

贾谊做长沙王太傅的第三年，有鹏鸟飞进贾谊的屋内，停在座位的旁边。鹏鸟类似鸮，是不吉利的鸟。贾谊既已贬居长沙，长沙地势低而潮湿，贾谊独自悲伤，以为寿命不会长，便作赋以自我宽心。赋的原文说：

文帝七年，四月初夏，庚子日暮，鹏落我家，停在座旁，貌甚闲暇。怪物来降，暗奇其故，翻书卜占，预言前途，说"野鸟入室，主人将去"。请问鹏兄："我去何地？吉则告我，凶言灾异，寿夭之数，语我限期。"

鹏鸟叹息，举首奋翼，口不能言，聊表心意。万物变化，本无休息。旋转迁徙，暗推而返。形气转换，变化万千。微妙无隙，哪能胜言！祸啊福所倚，福啊祸所伏。忧喜相聚，吉凶同途。吴国强大，夫差取败。越困会稽，句践霸世。李斯游说成功，终于遭受五刑。傅说先为刑徒，结果身相武丁。祸福相依，无异拧绳。命不可说，谁知底蕴？水激流速，矢激射远。万物互迫，激烈转变。云蒸雨降，交错纷纭。造化荡物，无际无垠。天不可与虑，道不可与谋。迟速有命，怎知其时？

况且天地是炉，造化是工，阴阳是炭，万物是铜，聚散生灭，安有常则？千变万化，何尝有极！偶然为人，何足喜欢？死后为物，又何足患？小智自私，贱彼贵我，通人达观，物无不可。贪夫殉财，烈士殉名，显贵死权，百姓念生。逐利之人，奔赴西东，大人不屈，万变齐同。愚士累俗，困若拘囚，至人无物，与道为友。众人糊涂，好恶填胸，真人恬淡，与道共荣。弃智忘形，超然自失，寥廓恍惚，与道为一。顺流则逝，遇险便止，托身委命，不为己私。视生若漂游，视死若长眠，淡泊如深渊般寂静，浮荡如未拴的小船。不因生过分自重，养真性听凭自然。德人无累，知命不忧，琐碎小事，何足犯愁！

又过了一年多，文帝思念贾谊，征召他。到都城，进见，皇上正在享用祭肉，坐在宣室。皇上根据人和鬼神相感通这件事，询问鬼神的本质。贾谊全面回答了有关的原理。至半夜，文帝已逐渐向前坐到了贾谊面前。论说已经结束，文帝说："我许久没有见到贾生，自以为超过他，现在看来还是不如他。"于是拜贾谊为梁怀王太傅。怀王，是皇上的小儿子，十分受宠，喜好读书，所以让贾谊做他的老师，经常向贾谊询问政事的得失。

这时，匈奴强大，侵犯边境。国家刚刚安定下来，制度很不完善。诸侯王超越本分，封地超过古代的有关规定，淮南王、济北王都因为谋反而被诛杀。贾谊屡次上书陈述政事，想纠正和创建的地方很多，大概意思是说：

　　我私下考虑政治形势，令人痛哭的有一个方面，令人流涕的有两个方面，令人长叹息的有六个方面。像其他那些背理伤道的地方，就很难用上书的形式全面罗列了。进言的人都说"天下已经安定，已经治理好了"，我独以为不然。说已经安定而且已经治理好了的人，不是愚蠢便是献媚，都是些事实上不懂得治乱根本的人。把火放在柴堆下面而在上面睡觉，火还没有燃烧起来，便说这样很安全，当今的形势和这种现象有什么不同！本末倒置，首尾脱节，国家制度混乱，不全面进行整顿，怎能说天下太平！您何不干脆让我有机会在您面前彻底讲清楚，根据我陈述的使国家安定的谋略，试着仔细地抉择呢！

射猎的快乐和关系国家安危的关键那一个更为重要呢？倘若进行治理要耗费精神，劳苦身体，缺乏钟鼓的欢乐，那么不去进行还能说得过去。欢乐与现在相同，再加上诸侯遵守法度，军队不必调动，人民生命安全，匈奴臣服，四境感化，百姓纯朴，狱讼减少甚至没有。基本的得以实现，那么天下大治，海内气氛，清明和平，生为贤圣的君主，死为英明的神灵，美好的名声，永垂不朽。按《礼》的规定，祖宗有功有德，将您的顾成庙称为太宗，上配太祖，同汉朝一起永远流传下去。奠定久安的形势，成就长治的业绩，以承祀祖庙，以奉养六亲，是最完美的孝行；以亲临天下，以养育众生，是最伟大的仁德；确定纲常法度，大小事情都能有所遵循，今后可以作为万世法典，即使出现平庸幼小品行不好的继承人，也能安守基业，是最了不起的明智。凭您的明达，依靠稍微懂得治国要点的人在下面辅佐，做到这些并不困难。有关的具体措施现在便可在您面前陈述，希望不被忽略。我稽考天地，验证往古，结合当今的实际需要，日夜思考这些问题已十分成熟，即使夏禹、虞舜复生，替您进行谋划，也无法改变这些主张。

建立诸侯国原本必定出现相互猜疑的局面，下面多次因此遭到灾祸，上面多次因此忧心忡忡，的确不是安上全下的办法。如今亲弟弟图谋称东帝，亲哥哥的儿子向西出击，现在吴王又被上告了。天子年富力强，操行道义均无过失，并施行仁爱恩惠，尚且如此，何况更大的诸侯，权力将超过他们十倍的呢！

但天下还算安定，为什么呢？大国的国王幼弱未壮，汉朝廷安置的傅相正掌握他们的政事。几年以后，诸侯的国王大抵都成年，血气方刚，汉朝廷安置的傅相称病而准以罢免，他从丞尉以上普遍安置亲信，像这样，能做出与淮南王、济北王不同的事来吗？到这个时候而想使国家长治久安，即使尧舜也办不到。

黄帝说："太阳当空必须赶快晾晒，刀在手中必须马上切割。"如今使这个道理得以实施便上下安宁，是十分容易的，不肯及早动手，结果伤害骨肉同胞而将头砍下来，难道与秦朝末年有什么不同呢！凭天子的地位，趁现在的时机，靠上天的帮助，尚且惧怕把危险视作安全，将乱世当作太平，假如您处在齐桓公的境地，难道会不聚合诸侯而匡正天下吗？我又因此知道您肯定不会这样的。假如天下像过去那样，淮阴侯还在楚为王，黥布在淮南为王，彭越在梁为王，韩信在韩为王，张敖在赵为王，贯高为相，卢绾在燕为王，陈豨盘踞代地，如果这六七人都健在，在这个时候您当上天子，能自安吗？我又因此知道您不能自安。天下混乱，汉高祖与诸公一同起兵，没有丝毫的权势作为本钱。诸公中侥幸一些的才当上侍从官，其他的仅为舍人，是由于才能差得太远的缘故。汉高祖因圣明威武当上天子，将肥沃的土地分给诸公为王，多的百多座城池，少的有三四十县，恩惠特别深厚，但其后十年之间，反叛的就有九起。您与诸公的关系，不是亲身较量才能而

使他们称臣的，也不是亲身封他们为王的，从汉高祖不能因此得到一年的安宁看，所以我知道您不可能安宁。但还可以有借口，说诸公都不是亲属，那就让我说一说其中的亲属吧。如果让悼惠王在齐为王，元王在楚为王，中子在赵为王，幽王在淮阳为王，共王在梁为王，灵王在燕为王，厉王在淮南为王，这六七位贵人都健在，在这个时候您当上天子，能使天下太平吗？我又知道您办不到啊。像这些侯王，显然名义上是臣，实际上都存在普通兄弟之间可以平起平坐的想法，没有不考虑建立帝制而自认为是天子的。擅自给人封爵，赦免死罪，更有甚者还享用与天子相同的车盖，汉朝廷的法令是行不通的。就连行为不轨像厉王那样的，命令他不肯服从，召见他怎么能来呢！幸而到来，刑法哪里能够得到施行！动一个亲戚，天下便瞠目而起，您手下即使有强悍像冯敬那样的大臣，才开口说说，匕首已刺进他的胸膛了。您虽然十分贤能，又同谁一起来治理这样的事情呢？所以非亲属肯定危险，亲属必定叛乱，是已经发生的事实。那些自以为强大而造反的异性诸侯，汉朝廷已侥幸将他们打败，可是还没有铲除产生这种事情的根源。同姓诸侯沿着这样的路子而行动，已经有征兆了，其局势尽然又回复到老样子。祸殃已经发生，还不知如何转移，圣明的皇帝处在这样的环境中尚且不得安宁，后世将怎么办呢！

　　以杀牛为业的坦，一上午宰割十二头牛，而刀的锋刃丝毫不钝，其原因在于斫开分割的地方都是关节的结合部，到了髋髀等部位，便使用斧头。仁义厚恩，是君主的锋刃；权势法制，是君主的斧头。如今的诸侯王都是众多的髋髀，放弃斧头不用，却想用锋刃绕着弯地切割，我认为锋刃不缺口就折断。为什么不向淮南王、济北王施以仁义厚恩？形势不允许这样啊！

　　我私下考察过去的事件，大抵强者首先谋反。淮阴在楚为王最强，就最先谋反。韩信依附匈奴，就又谋反。贯高凭借赵王为资本，就又谋反。陈豨军队精锐，就又谋反。彭越专擅梁地，就又谋反。黥布专擅淮南，就又谋反。卢绾最弱，最后谋反。长沙王才据有二万五千户，功劳很少却最完好无损，关系疏远却最为忠诚，不只是性情与他人不同，也是形势必然如此啊。昔日如果樊、郦、绛、灌占据数十城而为王，今天虽然已经灭亡也是应该的。如果信、越之辈封在彻侯的位置上，虽然至今仍旧生存也是应该的。如此说来那么天下的大计也就可以一清二楚了。想各诸侯王都忠心归附，就不如让他们和长沙王一样；欲臣子都不被杀戮，就不如让他们和樊、郦等人一样；想天下能够太平无事，不如多封诸侯而让他们的权力很小。权力小就能根据礼义使唤，国家小就不会产生邪念。让海内的局面就像身体支使手臂，手臂支使手指，没有不听从的，诸侯王不敢有二心，一齐前来归命天子，即使是小民，尚且知道安稳，因此天下都知道您的英明。分割土地，确定制度，让齐、赵、楚各为若干国；让悼惠王、幽王、元王的子孙全都依次各自接受前辈的分地，直到土地分完为止；直至燕、梁等其他王国都照此办理。那些分得的土地多而子孙少的，同样作为王国分别建立，摆个空架子放在那里，等他们的子孙出世，便全都让他们为王。诸侯的土地被剥夺而有许多归入汉朝廷的，是因为迁徙他们的侯国及封他们的子孙，所以按数偿还的缘故。一寸地，一个人，天子都没有得到，一心是为了奠定太平而已，因此天下都知道您的廉洁。土地制度一经确定，宗室子孙无

人担心当不上王，在下没有背叛之心，在上没有诛伐之志，因此天下都知道您的仁德。法制确定而无人冒犯，命令推行而无人违反，贯高、利几的阴谋不产生，柴奇、开章的计策不出现，小民向善，大臣归顺，因此天下都知道您的道义。将婴儿躺在天子的位置上而平安无事，立遗腹子，坐朝时衣裳委于地上，而天下不乱，当时大治，后世称圣。一动而英明、廉洁、仁德、道义、贤圣五个方面都具备，您害怕谁而长时间不做这件事呢？

天下的局势正像害了肿脚病。一条小腿几乎像腰那么粗，一个指头几乎像胳膊那么大，平时无法屈伸，一两个指头抽搐，躯干便忧虑没有办法。放过今天不进行治理，必定变成痼疾，以后即使有扁鹊，也不能治了。病还不只是脚肿，又被脚掌上翻所苦。元王的儿子，是您的从弟；今天为王的，是从弟的儿子。惠王，是亲兄的儿子；今天为王的，是兄子的儿子。亲者有的无一分地以安定天下，疏者有的控制大权以威逼天子，我因此说不只是患脚肿病，又被脚掌上翻所苦。令人痛哭的，正是这个病。

天下形势就像人正被倒挂着。大凡做为天子的，是天下的头，为什么呢？处在上位。做为蛮夷的，是天下的足，为什么呢？处在下位。如今匈奴侮慢侵掠，不敬到了极点，祸害天下，毫无休止，而汉朝廷每年收集金帛采缯奉献他。对夷狄征召号令，这是天子掌握的权力；向天子恭敬地贡献，这是臣下应有的礼节。足反而位居在上，头反而位居在下，像这样被倒挂着，没有人能解救，还能说国家有人吗？非只倒挂而已，又好像腿瘸，而且害了四肢无法动弹的风病。腿瘸是一个部位生病，四肢无法动弹的风病，是一种大面积的病。如今西边北边的郡，即使有很高的爵位也不能轻易免除赋税劳役，五尺孩童以上不能轻易得到休息，放哨观望烽火的人不能安卧，将士披着铠甲睡觉，我所以说是得了一种大面积的病。医生能治愈这种病，而天子不使用他，令人流涕的正是这一点。

您为何忍心以皇帝的名义去当戎人的诸侯，地位既卑贱又受欺侮，而且祸患不息，长此以往那里有个头！进献谋略的人都认为这样是对的，本来无法解救，真是没有才能到了极点！我私下算计匈奴之众，不超过汉的一个大县，以天下之大，被一县之众所困，实在替执政的人感到羞辱。您何不试着让我做主管属国的官来掌管匈奴？实行我的计策，保证一定捺住单于的脖子而控制他的命运，制伏投靠匈奴的中行说并鞭笞他的脊背，奉上匈奴之众唯天子之命是从。如今不猎获凶猛的敌人却猎获田中的小猪，不捆绑反叛的强盗却捆绑饲养的小兔，沉湎微不足道的娱乐而不想法根除天大的祸患，不是求得天下太平的办法。恩德可以远施，刑威可以远加，而仅仅数百里外便法令不伸，令人流涕的正是这一点。

如今百姓出卖奴婢的，替他们穿上绣衣丝鞋还镶有花边，关在栅栏里，这是古代后妃的服装，只在进入宗庙时服用，平时是不穿的，而普通百姓能够把它穿在婢妾的身上。素纱做面，薄绢做里，缝上花边，漂亮的绣上彩图，这是古代天子的服装，如今富人大商宴请宾客时用来装饰墙壁。古时候用来供奉一帝一后而符合礼节，今天普通百姓家中的墙壁上能装饰帝王的服饰，倡优下贱的人能服用后妃的服饰，如此而天下财源不枯竭的，从来没有过。况且帝王亲身穿黑色粗丝的衣服，而富人的墙壁装饰彩绣；

天子的后妃用来镶衣领，普通百姓的贱妾用来镶鞋边，这就是我所说的荒谬绝伦。一百人劳作不能供一人穿，想天下不受冻，怎么可能呢？一人耕耘，十人一起食用，想天下不挨饿，不可能啊。饥寒迫近老百姓的肌肤，想他们不为非作歹，不可能啊。国家已穷途末路了，盗贼正待时而起，然而献计策的人却说不动便能解决问题，纯粹是说大话。世俗对天子大不恭敬到了极点，无尊卑长幼到了极点，犯上作乱到了极点，进献计策的人还主张清静无为，令人叹息不止的正是这一点。

商鞅扔掉礼义，放弃仁恩，齐心进取，推行两年，秦国风俗一天天败坏。因此秦人家庭富裕儿子长大就分家，家庭贫苦儿子长大就出赘。将农具借给父亲，脸上就露出施恩的神色；母亲用一下簸箕扫帚，马上就责骂没完。儿媳抱着孩子喂奶，与公公并排蹲坐一起；婆媳间不高兴，就反唇相讥。他们慈爱孩子，贪图钱财，和禽兽不同的地方实在太少了！但齐心争抢时机，还是挫败了六国，兼并了天下。已经取得成功，达到目的，最终不懂得恢复廉洁和知耻的操守，仁德和道义的淳厚。迷信兼并的方法，醉心于进取的事业，使天下极度败坏；以众暴寡，以智欺愚，以勇胜怯，以强凌弱，混乱到了极点。因此大贤兴起，威震海内，施行仁德，天下归顺。昔日是秦的，如今转而归汉了。但秦的遗风馀俗，很多还未改变。现在社会上互相攀比侈靡，而上无制度，放弃礼义，不讲廉耻，日甚一日，可以称得上是月异而岁不同了。只知唯利是图，不管行为善恶，而今更有甚者，至于谋杀父兄了。盗贼割取陵寝的门帘，拿走高祖、惠帝两庙的祭器，大白天在都市中劫持小吏而夺走他们的钱财。奸猾诈伪的人，骗取数十万石粮食，六百多万钱税收，乘坐四匹马拉的公车，来往于郡县和诸侯国，这是些最不讲品行道义到了极点的人。而大臣只把官府文书不在指定期限内上报作为重大事故，至于风俗变坏，世道衰败，却泰然处之而毫不警觉，一点忧虑的表情都没有，认为这是理所当然的事情。移风易俗，使天下人回心向道，这些不是俗吏所能办得到的。俗吏的职责，在于增删和收藏文书档案，都不懂得治国的要领。陛下自己又不知道忧虑，我暗自替陛下惋惜。

确立君臣关系，上下区分等级，使父子有礼，六亲有伦，这不是天的安排，是人的创建。人的创建，不为不立，不扶就倒，不修就坏。《管子》说："礼义廉耻，这叫四大纲领，四大纲领不提倡，国家就灭亡。"如果管子是蠢人也就罢了，如果管子多少懂得治理国家的要领，那么这难道能不令人感到寒心吗！秦朝毁灭礼义廉耻而不加以提倡，所以君臣乖乱，六亲殃戮，奸人并起，万民叛离，才十三年，社稷就变为废墟。如今礼义廉耻还未齐备，因此奸人能够侥幸，而众心疑惑。不如现在定立制度，让君是君，臣是臣，上下有区别，父子六亲各得其宜，奸人无所侥幸，而群臣共守忠信，君主不起疑心！此事一经确立，世代不变，然后就有所遵循了。如果制度不定，这好比渡江河没有缆绳和船桨，到中流而遇风波，船定翻无疑。令人叹息不止的正是这一点。

夏朝统治天下，共十几代，而被殷朝接替。殷朝统治天下，共二十几代，而被周朝接替。周朝统治天下，共三十几代，而被秦朝接替。秦朝统治天下，二代便灭亡。人的本性相差并不太远，为何夏商周三代的君主有道并享国长久，而秦朝无道并突然灭亡呢？其中的道理可想而知。古代的君主，太子刚生下来，一定按礼进行养育，让士背着他，主管官吏进行斋戒，整齐朝服，带他出现在南郊，为的是拜见上天。经过君主居住的地方就将他放到地上，经过宗庙就快步走过去，是为了培养做孝子的道德。可见从婴儿时开始就已经进行教育了。从前成王幼小，还在襁褓之中，召公是太保，周公是太傅，太公是太师。所谓保，是保护太子的身体；所谓傅，是用道德培养他；所谓师，是通过教育训导来启迪他，这是做三公的职责。因此又为他设置三少，都由上大夫担任，指少保、少傅、少师，他们是与太子朝夕相处的。所以在幼儿刚刚具有认识能力时，三公、三少已经明确地用孝仁礼义引导和训练他。赶走坏人，不让他见到不良行为。因此普遍选择天下正直之士，用那些品行孝悌、知识广博、具有治国本领的在他周围帮助他，让这些人与太子同居处共出入。所以太子才生下来便见正事，闻正言，行正道，左右前后都是正派人物。刚开始学习就与正派人物相处在一起，不可能不走正道，就像生长在齐国不能不说齐国话一样；刚开始学习就与不正派的人相处在一起，不可能不走邪道，就像生长在楚国土地上不能不说楚国话一样。所以对他的嗜好加以选择，必须预先接受教育，才能去尝试；对他的兴趣加以选择，必须预先进行学习，才能去实践。孔子说："小时候造就的品德就像与生俱来的一样，长期养成的行为就像自然具备的一样。"等太子稍微长大，懂得女色，就进入学校。学校是进行学习的场所。《学礼》说："君主入东学，尊崇亲人而重视仁德，那么就亲疏有序而恩德相加了。君主入南学，尊崇老人而重视信用，那么就长幼有别而民不相欺了。君主入西学，尊崇贤人而重视道德，那么就圣人智者在位而功绩不被泯灭了。君子入北学，尊崇高位而重视爵禄，那么就贵贱有等而下不僭上了。君主入太学，向老师求教治国之道，回去复习并请太傅考核，太傅指出他的不对而补救他的不足，那么就提高了道德，增长了智慧，而且掌握了治国之道了。这五个方面的学问在上位的君主已经全面具备，那么在下位的黎民百姓也就被感化而驯服了。"等太子已经长大成人，免去太保太傅的严格训导，就设置记录过失的史官、敢于撤去膳食的宰夫、进善言用的旌旗、书写坏事的木板、敢谏者击打的鼓。瞽史咏谏诗，乐工诵箴言，大夫提意见，士转达人民的议论。智慧随实践增长，所以多方磨砺而不愧怍；思想随教化成熟，所以契合正道就像与生俱来的一样。夏商周三代的礼制：春分祭日，秋分祭月，在于表明心存虔诚；春秋两季到学校，让告老退职的卿大夫坐上座，亲自端酱劝食，在于表明有孝行；按车铃的节拍行车，慢步符合《采齐》的节奏，快走符合《肆夏》的节奏，在于表明有法度；对待禽兽，它活着的时候见过，它死了就不吃，听见它的叫声就不吃它的肉，因此远离厨房，在于培养爱心，而且表明有仁德。

三代之所以能够长久，是因为辅助太子有这些措施。到秦朝就不是这样了。秦的习俗本来不讲究辞让，尊崇的是告密；本来不讲究礼义，尊崇的是刑罚。让赵高做胡亥的老师而教他办案，学习的不是杀人割鼻子，就是夷人三族。因此胡亥今天即位而明天就用箭射人，忠心进谏被说成是诽谤，从长计议被说成是妖言，他把杀人看作和割茅草一样。岂只是胡亥禀性很坏呢，是赵高教导胡亥的不是正道的缘故啊！

俗谚说："不学为吏，参照往事。"又说："前车之覆，后车之鉴。"三代之所以长久，从他们做过的事情便可知晓，然而不能继承他们，这是因为不效法圣人智者的缘故。秦朝之所以短命，从他的车轮印痕便可看出，然而不知回避，这是后车又将覆灭的缘故。存和亡的交替，治和乱的关键，其要点全在这里了。天下的命运系于太子，太子的美德在于提前教育和选择身边的人。趁心还未野便先进行教育，那么教化就容易取得成功。揭开道德学术智慧礼义的宗旨，那是教育的力量，至于反复练习积久成习，就全靠身边的人了。胡和粤地的人，生下来发声相同，嗜好没有差别，等他们长大而养成习俗，虽多方转译也不能相互沟通，他们的所作所为即便到死也不能相互替代，那是教育学习造成这样的缘故。所以我说最急迫的是选择身边的人和提前进行教育。教育得法而身边的人物正派，那么太子也就正派了。太子正派，那么天下就太平了。《尚书》说："天子品行好，万民有依靠。"这是当今最要紧的事。

大凡人的智慧，能看清已经出现的事，不能看清将要发生的事。礼是在事情将要发生之前加以禁止，法是在事情已经出现之后加以禁止，因此法的作用容易看清，而礼的作用很难知晓。至于用奖赏鼓励为善，用刑罚惩治罪恶，前代君主掌握这方面的政事，就像金石一样坚强；施行这方面的命令，就像四季一样守信；坚持这方面的公心，就像天地一样无私，怎能反而不用呢！这样看来，孔子感叹"礼啊礼啊"，是强调在未出现苗头时就将坏事杜绝，而在细微的地方就抓紧教育，使人民每天都在提高道德远离罪过而不自知。孔子说："审理诉讼，我和别人差不多，应努力做到使诉讼无从发生！"替君主着想，不如首先慎重对待取舍，取舍的标准在内心决定，而安危的苗头便在外部表现出来了。安不是一朝一夕便安，危不是一朝一夕便危，都是经过逐渐积累才这样的，不能不察。君主积累的，在于他的取舍。用礼义治理天下的，积累礼义；用刑罚治理天下的，积累刑罚。刑罚积累的结果是人民怨恨背离，礼义积累的结果是人民和睦相亲。所以君主想让人民具有美德的愿望是相同的，但是用来让人民具有美德的办法就有不同。有的用德教来引导他们，有的用法令来驱赶他们。用德教来引导他们的，德教使人感到亲切，那么民间风气就充满欢乐；用法令来驱赶他们的，那么民间风气就一片哀伤。哀乐的表现，正是祸福的征兆。秦始皇想宗庙尊显而子孙安泰，和汤、武相同，然而汤、武光大他们的德行，商朝、周朝六七百年没有丧失天下；秦始皇治理天下，十多年就完全崩溃。这里没有别的原因，是由于汤、武决定取舍慎重而秦始皇决定取舍不慎重造成的。天下是大用具。如今人们放置用具，放置在安全的地方就安全，放置在危险的地方就危险。天下的情形和用具没有两样，在天子怎样放置它。汤、武将天下放置在仁义礼乐之上，因而恩德厚渥，禽兽草木普遍深受滋养，恩德覆盖蛮貊四夷，经历子孙几十代，这是天下都听说的。秦始皇将天下放置在法令刑罚之上，恩德一点没有，因而怨恨祸患充满天下，在下面的人憎恶他就像对待仇敌，自身差点儿遇害，子孙被诛杀灭绝，这是天下都见到的。这难道不是最明显不过的证明吗？人们常说："听话的办法，必须用有关的事例来加以考查，那么说话的人就不敢胡说八道。"如今有人说礼义不如法令，教化不如刑罚，您何不引用殷、周、秦的事例来进行考查呢？

君主的尊贵好比殿堂，群臣就像台阶，百姓就像平地。所以台阶九级之上，殿堂地基的边沿远离地面，那么殿堂就高；一级台阶都没有，殿堂地基的边沿接近地面，那么殿堂就矮。高的难于登，矮的容易上，情势如此。所以古代圣王制定等级，内有公卿大夫士，外有公侯伯子男，然后分长官小吏，直到普通百姓，等级分明，而天子高居其上，因此他的尊贵是不可比拟的。俗谚说："欲投鼠而忌器。"这是最好不过的比喻。老鼠靠近器物，尚且有所顾忌，而不投东西打它，恐怕损坏旁边的器物，何况对于贵臣靠近君主这样的现状呢！用廉耻礼节来治理君子，所以有赐死而没有杀戮与侮辱。因此黥劓的刑罚不及大夫，是因为他们离君主不远的缘故。按礼的规定，不敢打听君主的辂马的岁数，践踏辂马草料的要处罚；看见君主的几杖就站起来，遇到君主乘坐的车辆就下到地上，进入正门就快步走；君主的宠臣即使有时出现过错，不对他们施加刑罚，是因为尊重君主的缘故。这是为了预先让不恭敬的行为远离君主，为了给大臣体面而激励他们的节操。现在从王侯三公开始，都是天子为之改变态度而加以礼遇的，是古代天子称为伯父、伯舅的，如果让他们与普通百姓一样受黥劓髡刖笞骂弃市的刑罚，那么殿堂不就没有台阶了吗？被杀戮侮辱的不就骄纵威逼天子了吗？不讲廉耻，大臣岂不掌握大权、大官不就有奴仆罪犯才具有的无耻之心了吗？阎乐在望夷宫杀死秦二世这件事，二世被处以重刑，就是由投鼠而不忌器的习俗酿成的恶果。

　　我听说，鞋虽然新不放在枕上，帽虽然破不垫在鞋里。已经处在尊贵宠信的地位，天子改变态度而给他们体面了，小吏百姓已经俯伏表示尊敬畏惧他们了，如今有过错，君主下令废除他们就行了，贬退他们就行了，赐死他们就行了，族灭他们就行了。如果捆绑他们，拘禁他们，将他们押解到司寇那里，安排在管理刑徒的官员手下，司寇小吏詈骂而且鞭笞他们，大概不应当让普通百姓见到这样的事吧。卑贱者熟知尊贵的人有一天我也可以施加侮辱，这是不应该让天下的人学习的，不是尊敬尊者重视贵人的教化。曾经被天子尊敬，被普通百姓宠信，死就死罢，贱人怎么能如此伤害侮辱他们呢！

　　豫让侍奉中行氏的君主，智伯讨伐并灭掉中行氏，便转过来侍奉智伯。等赵国灭掉智伯，豫让熏面吞炭改变相貌和声音，决心报复赵襄子，五次而没有成功。有人问豫让，豫让回答说："中行氏把我当普通人养活，所以我用普通人的身分侍奉他；智伯把我当国士看待，所以我用国士的身分回报他。"因此这同一个豫让，背叛君主，侍奉仇敌，行若猪狗，不久却持节尽忠，所作所为胜过烈士，这是君主使他判若两人的。所以君主对待他的大臣像对待犬马，他们会按犬马来要求自己；如果像对待官府刑徒，他们会按官府刑徒来要求自己。愚顽无耻，丧志辱节，廉耻不立，且不自重，苟且偷生，因此见利益就争，见便宜就占。君主失利，就趁机抢夺；君主有难，我就只求苟免，袖手旁观；对自身有好处的，就欺骗而谋利。在这种情况下，君主会有什么好处呢？群臣甚众，而君主最少，财产器物职务全都托付给群臣。群臣俱无耻，俱苟且不法，那么君主最难办。因此古时候礼不下庶人，刑不上大夫，为的是勉励宠臣的节操。古时候有的大臣犯了不廉洁的罪行而被罢免，不说他不廉洁，只说他对饮食不检点；犯了污

秽淫乱、男女无别的罪行，不说他污秽，只说他对内室的门帘不加修饰；犯了软弱渎职的罪行，不说他软弱，只说他的下属不称职。所以对重臣定罪已有具体内容，还不直接了当指出来，尚且婉转地替他们隐讳。因此那些处于被大声谴责、大声呵斥范围内的人，听到谴责呵斥就穿上丧服，在盘中盛满水并放上剑，到接受请罪的地方去请罪，君主不施捆绑拖拽他们就动身了。那些犯中等罪行的，听到命令便自毁而死，君主用不着让人扭转他们的脖子而施加刀斧；那些犯大罪的，听到命令便面北再拜，跪着自裁，君主用不着让人抓住他们的头发按倒在地而行刑，说："您作为大夫是自己有过失啊，我对待您已尽到礼了。"对待他们尽礼，所以群臣知道自爱；要求做到廉洁知耻，所以人人崇尚节操。君主设礼义廉耻以对待他的臣属，而臣属不以节操回报他们的君主的，就不是人了。因此教化成功，风俗淳厚，那么作为人臣便主而忘身，国而忘家，公而忘私，利不苟趋，害不苟去，唯义所在。君主崇尚教化，因此父兄之臣一片忠心为宗庙而死，法度之臣一片忠心为社稷而死，辅翼之臣一片忠心为君主而死，守御抗敌之臣一片忠心为城池领土而死。所以说圣人有攻不破的防线，是因为人人都抱有这样的志向。他们将为我而死，因此我才能同他们一起活着；他们将为我而亡，因此我才能同他们一起存在；他们将为我奔赴危难，因此我才能同他们一起都平平安安。重德而忘利，守节而仗义，因此可以托付至高无尚的权力，可以寄托未成年的君主。这是勉励廉耻遵循礼义的的结果，君主有什么可以丧失的呢！这样的事情不做，却看着其他的事情长期泛滥，所以说令人叹息不止的正是这一点。

这时丞相绛侯周勃被免职回到封国，有人告周勃谋反，被逮捕拘禁在长安监狱治罪，结果无事，恢复爵位和封地，因此贾谊借这件事讽喻君主。君主诚恳的接纳他的主张，教养臣下讲究礼节。从此以后，大臣有罪都自杀，不受刑。到武帝时，逐渐恢复入狱，从宁成开始。

当初，文帝作为代王进入都城继承帝位，后来将代分为两国，立皇子武为代王，参为太原王，小儿子胜则为梁王。后来又迁代王武为淮阳王，太原王参为代王，全部获得原来的封地。过了数年，梁王胜逝世，无子。贾谊又上疏说：

　　陛下不立即定立制度，像今天这样的形势，不过传一世二世，诸侯还将人人恣肆而不能控制，豪族耸立而更加强大，汉朝王法便行不通了。陛下赖以为屏障及皇太子得以依靠的，只有淮阳和代两国罢了。代国北边是匈奴，与强敌为邻，能自我保全就不错了。而淮阳与大诸侯相比，仅像黑痣长在面庞上，正好给大国吞食，不足以有所捍卫。当今在陛下统治之下，统治国家而让儿子正好被当作食物，怎能称得上高明呢！君主的作为与百姓不一样，百姓修饰小节，争取得到廉洁的小名声，使自己在乡里有所依托，君主只考虑天下是否太平，国家是否稳固。高祖瓜分天下用来封功臣为王，反叛的如同猬毛立起，认为不行，所以将不义诸侯铲除，让他们的封国空在那里。选择吉日，封众子于洛阳上东门外，全都为王，从而天下安宁。所以大人物不被小节所拘，以成大功。

　　如今淮南地方远的有数千里，跨越两个诸侯国，而作为县属于汉。那里的小吏百姓服徭役往来于长安的，竭尽自家钱财而缝补衣物，半道衣物破损，各种钱财的征收情况与此相同，他们苦于归属汉朝廷而非常迫切希望得到君主，因而逃亡归附诸侯的已经不少了。这种形势是不能长久的。我有一个不太高明的想法。希望将淮南地方用来扩充淮阳，并替梁王确定继承人，割淮阳北边二三个县和东郡一起用来扩充梁；不行的话，可迁代王建都睢阳。梁从新郪起往北直抵黄河，淮阳囊括陈往南径接长江，那么大诸侯有异心的，撑破胆也不敢谋反。梁足以抵御齐、赵，淮阳足以扼住吴、楚，陛下高枕而卧，永远不必为山东地区担忧。这关系两代人的利益啊！当今安然无恙，是恰好赶上诸侯都年少，几年以后，陛下就会见到是什么样子了。秦朝日夜苦心经营以清除六国的祸患，今天陛下凭借权力统治天下，颐指气使都能如愿以偿，但安坐以成六国之祸，很难说就是明智。即使自身无事，蓄积祸乱，熟视无睹而不加平定，去世以后，传位老母弱子，将使他们不得安宁，不可称为仁。我听说圣主发表意见先要征询他的臣下，而不自己生事，所以让臣下有机会竭尽他们的愚忠。愿陛下裁择，幸甚！

文帝因此听从贾谊的计谋，便迁淮阳王武为梁王，北到泰山，西至高阳，得大县四十馀城；迁城阳王喜为淮南王，安抚那里的百姓。

当时又封淮南厉王的四个儿子都为列侯。贾谊知道皇上必将再封他们为王，上疏规谏说："我担心陛下接着封淮南众子为王，却不同像我这样的从长计议。淮南王悖逆无道，天下谁不知他的罪恶？幸好陛下宽恕他，将他贬谪外地，自己得病死亡，天下谁说他死得不应该？如今尊宠罪人的儿子，适足以遭到天下的非议。这些人稍稍长大，难道能忘记他们的父亲吗？白公胜替父亲报仇的对象，是他的祖父和伯父、叔父。白公作乱，并不是要夺取楚国争当君主，而是泄愤快意，举手冲着敌人的胸膛，决心同归于尽罢了。淮南虽小，黥布已曾利用过它。汉朝得以存在实在太侥幸了。让仇人据有足以危害汉朝的资本，实属下策。即使将淮南分而为四，厉王的四个儿子也是一条心。给他们民众，替他们积累财富，这样没有子胥、白公复仇于大庭广众之中，也会有刿诸、荆轲行刺于宫殿之上，这正是常言所说的授贼以兵、为虎添翼啊！愿陛下多加小心！"

梁王胜坠马死，贾谊自己因作为太傅没有尽到职责而悲伤，时常哭泣，过一年多也死了。贾谊死的时候，已三十三岁了。

过了四年，齐文王逝世，无子。文帝思念贾谊的话，于是分齐为六国，将悼惠王六个儿子全都立为王；又迁淮南王喜到城阳，分淮南为三国，将厉王三个儿子全都立为王。过了十年，文帝逝世。景帝即位，三年，吴、楚、赵与四位齐王联合起兵，往西向京师进发。梁王进行抵御，终于将七国灭掉。至武帝时，淮南厉王儿子做王的两国也因谋反被诛灭。

武帝刚即位，提拔贾谊的两个孙子官至郡守。贾嘉最好学，继承贾氏家业。

赞说：刘向称道"贾谊阐述夏商周三代和秦朝天下治乱的原因，他的议论十分完美，通达国家的根本制度，即使古代的伊尹、管仲也不能超过他。如果当时被采纳，功业教化必定很可观。被庸臣所害，实在令人痛心。"纵观文帝缄默躬行以移风易俗，贾谊的主张已稍加施行了。至于想改定制度，认为汉是土德，颜色尚黄，数目用五，以及想考较属国，用满足眼口耳腹心五方面的物质享受的手段，表现出仁义信三种美德，以达到拴住单于的目的，这些办法实在太迂阔了。贾谊寿命不长，虽没有当上公卿，不能说没有受到君主的赏识。著书共五十八篇，选取其中切合于世事的著录在他的传记中。　　　　　（梁运华　译）

【原文】

贾谊，雒阳人也，年十八，以能诵诗书属文称于郡中。河南守吴公闻其秀材，召置门下，甚幸爱。文帝初立，闻河南守吴公治平为天下第一，故与李斯同邑，而尝学事焉，征以为廷尉。廷尉乃言谊年少，颇通诸家之书。文帝召以为博士。

是时，谊年二十余岁，最为少。每诏令议下，诸老先生未能言，谊尽为之对，人人各如其意所出。诸生于是以为能。文帝说之。超迁，岁中至太中大夫。

谊以为汉兴二十余年，天下和洽，宜当改正朔，易服色制度，定官名，兴礼乐。乃草具其仪法，色上黄，数用五，为官名悉更，奏之。文帝谦让未皇也。然诸法令所更定，及列侯就国，其说皆谊发之。于是天子议以谊任公卿之位。绛、灌、东阳侯、冯敬之属尽害之，乃毁谊曰："雒阳之人年少初学，专欲擅权，纷乱诸事。"于是天子后亦疏之，不用其议，以谊为长沙王太傅。

谊既以适去，意不自得，及度湘水，为赋以吊屈原。屈原，楚贤臣也，被谗放逐，作《离骚赋》，其终篇曰："已矣！国亡人，莫我知也。"遂自投江而死。谊追伤之，因以自谕。其辞曰：

恭承嘉惠兮，俟罪长沙。仄闻屈原兮，自湛汨罗。造讬湘流兮，敬吊先生。遭世罔极兮，乃殒厥身。乌乎哀哉兮，逢时不祥！鸾凤伏窜兮，鸱枭翱翔。阘茸尊显兮，谗谀得志；贤圣逆曳兮，方正倒植。谓随、夷溷兮，谓跖、蹻廉；莫邪为钝兮，铅刀为铦。于嗟默默，生之亡故兮！斡弃周鼎，宝康瓠兮。腾驾罢牛，骖蹇驴兮；骥垂两耳，服盐车兮。章父荐屦渐不可久兮；嗟若先生，独离此咎兮！

讯曰："已矣！国其莫吾知兮，子独壹郁其谁语？凤缥缥其高逝兮，夫固自引而远去。袭九渊之神龙兮，沕渊潜以自珍；偭蟂獭以隐处兮，夫岂从虾与蛭蟥？所贵圣之神德兮，远浊世而自臧。使麒麟可系而羁兮，岂云异夫犬羊？般纷纷其离此邮兮，亦夫子之故也！历九州而相其君兮，何必怀此都也？凤皇翔于千仞兮，览德辉而下之；见细德之险徵兮，遥增击而去之。彼寻常之汙渎兮，岂容吞舟之鱼！横江湖之鳣鲸兮，固将制于蝼蚁。

谊为长沙傅三年，有服飞入谊舍，止于坐隅。服似鸮，不祥鸟也。谊既以适居长沙，长沙卑湿，谊自伤悼，以为寿不得长，乃为赋以自广，其辞曰：

单阏之岁，四月孟夏，庚子日斜，服集余舍，止于坐隅，貌甚闲暇。异物来崒，私怪其故，发书占之，谶言其度。曰"野鸟入室，主人将去。"问于子服："：余去何之？吉乎告我，凶言其宛。淹速之度，语余其期。"

服乃太息，举首奋翼，口不能言，请对以意。万物变化，固亡休息。斡流而迁，或推而还。形气转续，变化而嬗。沕穆亡间，胡可胜言！祸兮福所倚，福兮祸所伏；忧喜聚门，吉凶同域。彼吴强大，夫差以败。粤栖会稽，句践伯世。斯游遂成，卒被五刑；傅说胥靡，乃相武丁。夫祸之与福，何异纠纆命不可说，孰知其极？水激则旱，矢激则远。万物回薄，震荡相转。云丞雨降，纠错相纷。大钧播物，块圮无垠。天不可与虑，道不可与谋。迟速有命，乌识其时？

且夫天地为铲，造化为工；阴阳为炭，万物为铜，合散消息，安有常则？千变万化，未始有极。忽然为人，何足控揣；化为异物，又何足患！小智自私，贱彼贵我；达人大观，物亡不可。贪夫徇财，列士徇名；夸者死权，品庶每生。怵迫之徒，或趋西东；大人不曲，意变齐同。愚士击俗，窘若囚拘；至人遗物，独与道俱。众人惑惑，好恶积意；真人恬漠，独与道息。释智遗形，超然自丧；寥廓忽荒，与道翱翔。乘流则逝，得坎则止；纵躯委命，不私与己。其生兮若浮，其

死兮若休。澹乎若深渊之靓，氾乎若不击之舟。不以生故自保，养空而浮。德人无累，知命不忧。细故带芥，何足以疑！

后岁余，文帝思谊，徵之。至，入见，上方受厘，坐宣室。上因感鬼神事，而问鬼神之本。谊具道所以然之故。至夜半，文帝前席。既罢，曰："吾久不见贾生，自以为过之，今不及也。"乃拜谊为梁怀王太传。怀王，上少子，爱，而好书，故令谊传之，数问以得失。

是时，匈奴强，侵边。天下初定，制度疏阔。诸侯王僭儗，地过古制，淮南、济北王皆为逆诛。谊数上疏陈政事，多所欲匡建，其大略曰：

臣窃怀事势，可为痛哭者一，可为流涕者二，可为长太息者六，若其它背亘而伤道者，难偏以疏举。进言者皆曰天下已安已治矣，臣独以为未也。曰安且治者，非愚则谀，皆非事实知治乱之体者也。夫抱火厝之积薪之下而漫其上，火未及燃，因谓之安，方今之势，何以异此！本末舛逆，首尾衡决，国制抢攘，非甚有纪，胡可谓治！陛下何不壹令臣得孰数之于前，因陈治安之策，试详择焉！

夫射猎之娱，与安危之机孰急？使为治劳智虑，苦身体，乏钟鼓之乐，勿为可也。乐与今同，而加之诸侯轨道，兵革不动，民保道领，匈奴宾服，四荒乡风，百姓素朴，狱讼衰息。大数既得，则天下顺治，海内之气，清和咸理，生为明帝，没为明神，名誉之美，垂于为穷。礼祖有功而宗有德，使雇成之庙称为太宗，上配太祖，与汉亡极。建久安之势，成长治之业，以承祖庙，以奉六亲，至孝也；以幸天下，以育群生，至仁也；立经陈纪，轻重同得，后可以为万世法程，虽有愚幼不肖之嗣，犹得蒙业而安，至明也。以陛下之明运，因使少知治体者得佐下风，致此非难也。其具可素陈于前，愿幸无忽。臣谨稽之天地，，验之往古，按之当今之务，日夜念此至孰也，虽使禹舜复生，为陛下下计，亡以易此。

夫树国固必相疑之势，下数被其殃，上数爽其忧，甚非所以安上而全下也。今或亲弟谋为东帝，亲兄之子西乡而击，今吴又见告矣。天子春秋鼎盛，行义未过，德泽有加焉，犹尚如是，况莫大诸侯，权力且十此者乎！

然而天下少安，何也？大国之王幼弱未壮，汉之所置傅相方握其事。数年之后，诸侯之王大抵皆冠，血气方刚，汉之傅相称病而赐罢，彼自丞尉以上偏置私人，如此，有异淮南、济北之为邪！此时而欲为治安，虽尧舜不治。

黄帝曰："日中必篲，操刀必割。今令此道顺而全安，甚易，不肯早为，已乃堕骨肉之属而抗剄之，岂有异秦之季世乎！夫以天子之位，乘今之时，因天之助，尚惮以危为安，以乱为治，假设陛下居齐桓之处，将不合诸侯而匡天下乎？臣又以知陛下有所必不能矣。假设天下如曩时，淮阴侯尚王楚，黥布王淮南，彭越王梁，韩信王韩，张敖王赵，贯高为相，卢绾王燕，陈豨在代，令此六七公者皆亡恙，当是时而陛下即天子位，能自安乎？臣有以知陛下之不能也。天下淆乱，高皇帝与诸公并起，非有仄室之势以豫席之也。诸公幸者，乃为中涓，其次厪得舍人，材之不逮至远也。高皇帝以明圣威武即天子位，割膏腴之地以王诸公，多者百余城，少者乃三四十县，德至渥也，然其后十年之间，反者九起。陛下之与诸公，非亲角材而臣之也，又非身封王之也，自高皇帝不能以是一岁为安，故臣知陛下之不能也。然尚有可诿者，曰疏，臣请试言其亲者。假令悼惠王王齐，元王王楚，中子王赵，幽王王淮阳，共王王梁，灵王王燕，厉王王淮南，六七贵人皆亡恙，当是时陛下即位，能为治乎？臣又知陛下之不能也。若此诸王，虽名为臣，实皆有布衣昆弟之心，虑亡不帝制而天子自为者。擅爵人，赦死罪，甚者或戴黄屋，汉法令非行也。虽行不轨如厉王者，令之不肯听，召之安可致乎！幸而来至，法安可得加！动一亲戚，天下圜视而起，陛下之臣虽有悍如冯敬者，适启其口，匕首已陷其匈矣。陛下虽贤，谁与领此？故疏者必危，亲者必乱，已然之效也。其异姓负强而动者，汉已幸胜之矣，又不易其所以然。同姓袭是迹而动，既有徵矣，其势尽又复然。殃祸之变，未知所移，明帝处之尚不能以安，后世将如之何！

屠牛坦一朝解十二牛，而芒刃不顿者，所排击剥割，皆众理解也。至于髋髀之所，非斤则斧。夫仁义恩厚，人主之芒刃也；权势法制，人主之斤斧也。今诸侯王皆众髋髀也，释斤斧之用，而欲婴以芒刃，臣以为不缺则折。胡不用之淮南、济北？势不可也。

臣窃迹前事，大抵强者先反。淮阴王楚最强，则最先反，韩信倚胡，则又反；贯高因赵资，则又反；陈豨兵精，则又反；彭越用梁，则又反；黥布用淮南，则又反；卢绾最弱，最后反。长沙乃在二万五千户耳，功少而最完，势疏而最忠，非独性异人也，亦形势然也。曩令樊、郦、绛、灌据数十城而王，今虽以残亡可也；令信、越之伦列为彻侯而居，虽至今存可也。然则天下之大计可知已。欲诸王之皆忠附，则莫若令如长沙王；欲臣子之勿菹醢，则莫若令如樊、郦等；欲天下之治安，莫若众建诸侯而少其力。力少则易使以义，国小则亡邪心。令海内之势如身使臂，臂之使指，莫不制从，诸侯之君不敢有异心，辐凑并进而归命天子，虽在细民，且知其安，故天下咸知陛下之明。割地定制，令齐、赵、楚各为若干国，使悼惠王、幽王、元王之子孙毕以次各受祖之分地，地尽而止，及燕、梁它国皆然。其分地众而子孙少者，建以为国，空而置之，须其子孙生者，举使君之。诸侯之地其削颇入汉者，为徙其侯国及封其子孙也，所以数偿之，一寸之地，一人之众，天子亡所利焉，诚以定治而已，故天下咸知陛下之廉。地制壹定，宗室子孙莫虑不王，下无倍畔之心，上无诛伐之志，故天下咸知陛下之仁。法立而不犯，令行而不逆，贯高、利几之谋不生，柴奇、开章之计不萌，细民乡善，大臣致顺，故天下咸知陛下之义。卧赤子天下之上而安，植遗腹，朝委裘，而天下不乱，当时大治，后世诵圣。壹动而五业附，陛下谁惮而久不为此？

天下之势方病大肿。一胫之大几如要，一指之大几如股，平居不可屈信，一二指搐，身虑亡聊。失今不治，必为锢疾，后虽有扁鹊，不能为已。病非徒肿也，又苦跖盭。元王之子，帝之从弟也；今之王者，从弟之子也。惠王，亲兄子也；今之王者，兄子之子也。亲者或亡分地以安天下，疏者或制大权以逼天子，臣故曰非徒病肿也，又苦跖盭。可痛哭者，此病是也。

天下之势方倒县。凡天子者，天下之首，何也？上也。蛮夷者，天下之足，何也？下也。今匈奴嫚娒侵掠，至不敬也，为天下患，至亡已也，而汉岁致金絮采缯以奉之。夷狄微令，是主上之操也；天子共贡，是臣下之礼也。足反居上，首顾居下，倒县如此，莫之能解，犹为国有人乎？非直倒县而已，又类辟，且病痱。夫辟者一面病，痱者一方痛。今西边北边之郡，虽有长爵不轻得复，五尺以上不轻得息，斥候望烽燧不得卧，将吏被介胄而睡，臣故曰一方病矣。医能治之，而上不使，可为流涕者此也。

陛下何忍以帝皇之号为戎人诸侯，势既卑辱，而祸不息，长此安穷！进谋者率为是，固不可解也，亡具甚矣。臣窃料匈奴之众不过汉一大县，以天下之大困于一县之众，甚为执事者羞之，陛下何不试以臣为属国之官以主匈奴？行臣之计，请必系单于之颈而制其命，伏中行说而笞其背，举匈奴之众唯上之令。今不猎猛敌而猎田彘，不搏反寇而搏畜菟，玩细娱而不图大患，非所以为安也。德可远施，威可远加，而直数百里外威令不信，可为流涕者此也。

今民卖僮者，为之绣衣丝履偏诸缘，内之闲中，是古天子后服，所以庙而不宴者也，而庶人得以衣婢妾。白谷之表，薄纨之里，緁以偏诸，美者黼绣，是古天子之服，今富人大贾嘉会召客者以被墙。古者以奉一帝一后而节适，今庶人屋壁得为帝服，倡优下贱得为后饰，然而天下不屈者，殆未有也。且帝之身自衣皂绨，而富民墙屋被文，天子之后以缘其领，庶人孽妾缘其履，此臣所谓舛也。夫百人作之不能衣一人，欲天下亡寒，胡可得也？一人耕之，十人聚而食之，欲天下亡饥，不可得也。饥寒切于民之肌肤，欲其亡为奸邪，不可得也。国已屈矣，盗贼直须时耳，然而献计者曰“毋动”，为大耳。夫俗至大不敬也，至亡等也，至冒上也，进计者犹曰“毋为”，可为长太息者此也。

商君遗礼义，弃仁恩，并心于进取，行之二岁，秦俗日败。故秦人家富子壮则出分，家贫子壮则出赘。借父耰钼，虑有德色；母取箕帚，立而谇语。抱哺其子，与公并倨；妇姑不相说，则反唇而相稽。其慈子耆利，不同禽兽者亡几耳。然并心而赴时，犹曰蹶六国，兼天下。功成求得矣，终不知反廉愧之节，仁义之厚。信并兼之法，遂进取之业，天下大败；众掩寡，智欺愚，勇威怯，壮陵衰，其乱至矣。是以大贤起之，威震海内，德从天下。曩之为秦者，今转而为汉矣。然其遗风余俗，犹尚未改。今世以侈靡相竞，而上亡制度，弃礼谊，捐廉耻，日甚，可谓月异而岁不同矣。逐利不耳，虑非顾行也，今其甚者杀父兄矣。溢者掇寝户之帘，搴两庙之器，白昼大都之中剽吏而夺之金。矫伪者出几十万石粟，赋六百余万钱，乘传而行郡国，此其亡行义之尤至者也。而大臣特以簿书不报，期会之间，以为大故。至于俗流失，世坏败，因恬而不知怪，虑不动于耳目，以为是适然耳。夫移风易俗，使天下回心而乡道，类非俗吏之所能为也。俗吏之所务，在于刀笔筐箧，而不知大礼。陛下又不自忧，穷为陛下惜之。

夫立君臣，等上下，使父子有礼，六亲有纪，此非天之所为，人之所设也。夫人之所设，不为不立，不植则僵，不修则坏。《管子》曰："礼义廉耻，是谓四维；四维不张，国乃灭亡。"使管子愚人也则可，管子而少知治体，则是岂可不为寒心哉！秦灭四维而不张，故君臣乖乱，六亲殃戮，奸人并起，万民离叛，凡十三岁，而社稷为虚。今四维犹未备也，故奸人几幸，而众心疑惑。岂如今定经制，令君君臣臣，上上有差，父子六亲各得其宜，奸人亡所几幸，而群臣众信，上不疑惑！此业壹定，世世常安，而后有所持循矣。若夫经制不定，是犹度江河亡维楫，中流而遇风波，舡必覆矣。可为长太息者此也。

夏为天子，十有余世，而殷受之。殷为天子，二十余世，而周受之。周为天子，三十余世，而秦受之。秦为天子，二世而亡。人性不甚相远也，何三代之君有道之长，而秦无道之暴也？其故可知也。古之王者，太子乃生，固举以礼，使士负之，有司齐肃端冕，见之南郊，见于天也。过阙则下，过庙则趋，孝子之道也。故自为赤子而教固已行矣。昔者成王幼在襁抱之中，召公为太保，周公为太傅，太公为大师。保，保其身体；傅，傅之德义；师，道之教训：此三公之职也。于是为置三少，皆上大夫也，曰少保、少傅、少师，是与太子宴者也。故乃孩提有识，三公、三少固明孝仁礼义以道习之，逐去邪人，不使

见恶行。于是皆选天下之端士孝悌博闻有道术者以卫翼之，使与太子居处出入。故太子乃生而见正事，闻正言，行正道，左右前后皆正人也。夫习与正人居之，不能毋正，犹生长于齐不能不齐言也；习与不正人居之，不能毋不正，犹生长于楚之地不能不楚言也。故择其所耆，必先受业，乃得尝之；择其所乐，必先有习，乃得为之。孔子曰："少成若天性，习贯如自然。"及太子少长，知妃色，则入于学。学者，所学之官也。《学礼》曰："帝入东学，上亲而贵仁，则亲疏有序而恩相及矣；帝入南学，上齿而贵信，则长幼有差而民不诬矣；帝入西学，上贤而贵德，则圣智在位而功不遗矣；帝入北学，上贵而尊爵，则贵贱有等而不下逾矣。帝入太学，承师问道，退习而考于太傅，太傅罚其不则而匡其不及，则德智长而治道得矣。此五学者既成于上，则百姓黎民化辑于下矣。"及太子既冠成人，免于保傅之严，则有记过之史，彻膳之宰，进善之旌，诽谤之木，敢谏之鼓。瞽史诵诗，工诵箴谏，大夫进谋，士传民语。习与智长，故切而不愧；化与心成，故中道若性。三代之礼：春朝朝日，秋暮夕月，所以明有敬也；春秋入学，坐国老，执酱而亲馈之，所以明有孝也；行以鸾和，步中《采齐》，趣中《肆夏》，所以明有度也；其于禽兽，见其生不食其死，闻其声不食其肉，故远庖厨，所以长恩，且明有仁也。

夫三代之所以长久者，以其辅翼太子有此具也。及秦而不然。其俗固非贵辞让也，所上者告讦也；固非贵礼义也，所上者刑罚也。使赵高傅胡亥而教之狱，所习者非斩劓人，则夷人之三族也。故胡亥今日即位而明日射人，忠谏者谓之诽谤，深计者谓之妖言，其视杀人若艾草菅然。岂惟胡亥之性恶哉。彼其所以道之者非其理故也。

鄙谚曰："不习为吏，视已成事。"又曰："前车覆，后车诫。"夫三代之所以长久者，其已事可知也；然而不能从者，是不法圣智也。秦世之所以亟绝者，其辙迹可见也；然而不避，是后车又将覆也。夫存亡之变，治乱之机，其要在是矣。天下之命，县于太子；太子之善，在于早谕教与选左右。夫心未滥而先谕教，则化易成也；开于道术智谊之指，则教之力也。若其服习积贯，则左右而已。夫胡、粤之人，生而同声，耆欲不异，及其长而成俗，累数译而不能相通，行者有虽死而不相为者，则教习自然也。臣故曰选左右早谕教最急。夫教得而左右正，则太子正矣，太子正而天下定矣。《书》曰："一人有庆，兆民赖之。"此时务也。

凡人之智，能见已然，不能见将然。夫礼者禁于将然之前，而法者禁于已然之后，是故法之所用易见，而礼之所为生难知也。若夫庆赏以劝善，刑罚以惩恶，先王执此之政，坚如金石，行此之令，信如四时，据此之公，无私如天地耳，岂顾不用哉？然而曰礼云礼云者，贵绝恶于未萌，而起教于微眇，使民日迁善远罪而不自知也。孔子曰："听讼，吾犹人也，必也使毋讼乎！"为人主计者，莫如先审取舍；取舍之极定于内，而安危之萌应于外矣。安者非一日而安也，危者非一日而危也，皆以积渐然，不可不察也。人主之所积，在其取舍。以礼义治之者，积礼义；以刑罚治之者，积刑罚。刑罚积而民怨背，礼义积而民和亲。故世主欲民之善同，而所以使民善者或异。或道之以德教，或殴之以法令。道之以德教者，德教洽而民气乐；殴之以法令者，法令极而民风哀。哀乐之感，祸福之应也。秦王之欲尊宗庙而安子孙，与汤武同，然而汤武广大其德行，六七百岁而弗失，秦王治天下，十余岁则大败。此亡它故矣，汤武之定取舍审而秦王之定取舍不审矣。夫天下，大器也。今人之置器，置诸安处则安，置诸危处则危。天下之情与器亡以异，在天子之所置之。汤武置天下于仁义礼乐，而德泽洽，禽兽草木广裕，德被蛮貊四夷，累子孙数十世，此天下所共闻也。秦王置天下于法令刑罚，德泽亡一有，而怨毒盈于世，下憎恶之如仇雠，祸几及身，子孙诛绝，此天下之所共见也。是非其明效大验邪！人之言曰："听言之道，必以其事观之，则言者莫敢妄言。"今或言礼谊之不如法令，教化之不如刑罚，人主胡不引殷、周、秦事以观之也？

人主之尊譬如堂，群臣如陛，众庶如地。故陛九级上，廉远地，则堂高；陛亡级，廉近地，则堂卑。高者难攀，卑者易陵，理势然也。故古者圣王制为等列，内有公卿大夫士，外有公侯伯子男，然后有官师小吏，延及庶人，等级分明，而天子加焉，故其尊不可及也。里谚曰："欲投鼠而忌器。"此善谕也。鼠近于器，尚惮不投，恐伤其器，况于贵臣之近主乎！廉耻节礼以治君子，故有赐死而亡戮辱。是以黥劓之罪不及大夫，以其离主上不远也。礼不敢齿君之路马，蹴其刍者有罚；见君之几杖则起，遭君之乘车则下，入正门则趋；君之宠臣虽或有过，刑戮之罪不加其身者，尊君之故也。此所以为主上豫远不敬也。所以体貌大臣而厉其节也。今自王侯三公之贵，皆天子之所改容而礼之也，古天子之所谓伯父、伯舅也，而令与众庶同黥劓髡刖笞伝弃市之法，然则堂不亡陛乎？被戮辱者不泰迫乎？廉耻不行，大臣无乃握重权、大官而有徒隶亡耻之心乎？夫望夷之事，二世见当以重法者，投鼠而不忌器之习也。

臣闻之，履虽鲜不加于枕，冠虽敝不以苴履。夫尝已在贵宠之位，天子改容而体貌之矣，吏民尝俯伏以敬畏之矣，今蝦有过，帝令废之可也，退之可也，赐之死可也，灭之可也；若夫束缚之，系缧之，输之司寇，编之徒官，司寇小吏詈骂而榜笞之，殆非所以令众庶见也。

夫卑贱者习知尊贵者之一旦吾亦乃可以加此也，非所以习天下也，非尊尊贵贵之化也。夫天子之所尝敬，众庶之所尝宠，死而死耳，贱人安宜得如此而顿辱之哉！

豫让事中行之君，智伯伐而灭之，移事智伯。及赵灭智伯，豫让衅面吞炭，必报襄子，五起而不中。人问豫子，豫子曰："中行众人畜我，我故众人事之；智伯国士遇我，我故国士报之。"故此一豫让也，反君事雠，行若狗彘，已而抗节致忠，行出乎列士，人主使然也。故主上遇其大臣如遇犬马，彼将犬马自为也；如遇官徒，彼将官徒自为也。顽顿亡耻，污诟亡节，廉耻不立，且不自好，苟若而可，故见利则逝，见便则夺。主上有败，则因而挺之矣；主上有患，则吾苟免而已，立而观之耳；有便吾身者，则欺卖而利之耳。人主将何便于此？群下至众，而主上至少也，所托财器职业者粹于群下也。俱亡耻，俱苟妄，则主上最病。故古者礼不及庶人，刑不至大夫，所以厉宠臣之节也。古者大臣有坐不廉而废者，不谓不廉，曰"簠簋不饰"；坐汙秽淫乱男女亡别者，不曰汙秽，曰："帷薄不修"；坐罢软不胜任者，不谓罢软，曰"下官不职"。故贵大臣定有其罪矣，犹未斥然正以呼之也，尚迁就而为之讳也。故其在大谴大何之域者，闻谴何则白冠牦缨，盘水加剑，造请室而请罪耳，上不执缚系引而行也。其有中罪者，闻命而自弛，上不使人颈而加也。其有大罪者，闻命则北面再拜，跪而自裁，上不使捽抑而刑之也，曰："子大夫自有过耳！吾遇子有礼矣。"遇之有礼，故群臣自吉总；婴以廉耻，故人矜节行。上设廉耻礼义以遇其臣，而臣不以节行报其上者，则非人类也。故化成俗定，则为人臣者主耳忘身，国耳忘家，公耳忘私，利不苟就，害不苟去，唯义所在。上之化也，故父兄之臣诚死宗庙，法度之臣诚死社稷，辅翼之臣诚死君上，守圉扞敌之臣诚死城郭封疆。故曰圣人有金城者，比物此志也。彼且为我死，故吾得与之俱生；彼且为我亡，故吾得与之俱存；夫将为我危，故吾得与之皆安。顾行而忘利，守节而仗义，故可以讬不御之权，可以寄六尺之孤。此厉廉耻行礼谊之所致也，主上何丧焉！此之不为，而顾彼之久行，故曰可为长太息者此也。

是时丞相绛侯周勃免就国，人有告勃谋反，逮击长安狱治，卒亡事，复爵邑，故贾谊以此讥上。上深纳其言，养臣下有节。是后大臣有罪，皆自杀，不受刑。至武帝时，稍复入狱，自宁成始。

初，文帝以代王入即位，后分代为两国，立皇子武为代王，参为太原王，小子胜则梁王矣。后又徙代王武为淮阳王，而太原王参为代王，尽得故地。居数年，梁王胜死，亡子。谊复上疏曰：

陛下即不定制，如今之势，不过一传再传，诸侯犹且人恣而不制，豪植而大强，汉法不得行矣。陛下所以为蕃扞及皇太子之所恃者，唯淮阳、代二国耳。代北边匈奴，与强敌为邻，能自完则足矣。而淮阳之比大诸侯，廑如黑子之著面，适足以饵大国耳，不足以有所禁御。方今制在陛下，制国而令子适足以为饵，岂可谓工哉！人主之行异布衣。布衣者，饰小行，竞小廉，以自讬于乡党，人主唯天下安社稷固不耳。高皇帝瓜分天下以王功臣，反者如蝟毛而起，以为不可，故靳去不义诸侯而虚其国。择良日，立诸子雒阳上东门之外，毕以为王，而天下安。故大人者，不牵小行，以成大功。

今淮南地远者或数千里，越两诸侯，而县属于汉。其吏民繇役往来长安者，自悉而补，中道衣敝，钱用诸费称此，其苦属汉而欲得王至甚，逋逃而归诸侯者已不少矣。其势不可久。臣之愚计，愿举淮南地以益淮阳，而为梁王立后，割淮阳北边二三列城与东郡以益梁；不可者，可徙代王而都睢阳。梁起于新郪以北著之河，淮阳包陈以南捷之江，则大诸侯之有异心者，破胆而不敢谋。梁足以扞齐、赵，淮阳足以禁吴、楚，陛下高枕，终亡山东之忧矣，此二世之利也。当今恬然，适遇诸侯之皆少，数岁之后，陛下且见之矣。夫秦日夜苦心劳力以除六国之祸，今陛下力制天下，颐指如意，高拱以成六国之祸，难以言智，苟身亡事，畜乱宿祸，执视而不定，万年之后，传之老母弱子，将使不宁，不可谓仁。臣闻圣主言问其臣而不自造事，故使人臣得毕其愚忠。唯陛下财幸！

文帝于是从谊计，乃徙淮阳王武为梁王，北界泰山，西至高阳，得大县四十余城；徙城阳王喜为淮南王，抚其民。

时又封淮南厉王四子皆为列侯。谊知上必将复王之也，上疏谏曰："窃恐陛下接王淮南诸子，曾不与如臣者孰计之也。淮南王之悖逆亡道，天下孰不知其罪？陛下幸而赦迁之，自疾而死，天下孰以王死之不当？今奉尊罪人之子，适足以负谤于天下耳。此人少壮，岂能忘其父哉？白公胜所为父报仇者，大父与伯父、叔父也。白公为乱，非欲取国代主也，发愤快志，剚手以冲仇人之匈，固为俱靡而已。淮南虽小，黥布尝用之矣，汉存特幸耳。夫擅仇人足以危汉之资，于策不便。虽割而为四，四子一心也。予之众，积之财，此非有子胥、白公报于广都之中，即疑有剚诸、荆轲起于两柱之间，所谓假贼兵为虎翼者也。愿陛下少留计！"

梁王胜坠马死，谊自伤为傅无状，常哭泣，后岁余，亦死。贾生之死。年三十三矣。

后四岁，齐文王死，亡子。文帝思贾生之言，乃分齐为六国，尽立悼惠王子六人为王；又迁淮南王喜于城阳，而分淮南为三国，尽立

厉王三子以王之。后十年，文帝崩，景帝立，三年而吴、楚、赵与四齐王合从举兵，西乡京师，梁王扞之，卒破七国。至武帝时，淮南厉王子为王者两国亦反诛。

孝武初立，举贾生之孙二人至郡守。贾嘉最好学，世其家。

赞曰：刘向称"贾谊言三代与秦治乱之意，其论甚美，通达国体，虽古之伊、管未能远过也。使时见用，功化必盛。为庸臣所害，甚可悼痛。"追观孝文玄默躬行以移风俗，谊之所陈略施行矣。及欲改定制度，以汉为土德，色上黄，数用五，及欲试属国，施五饵三表以系单于，其术固以疏矣。谊亦天年早终，虽不至公卿，未为不遇也。凡所著述五十八篇，掇其切于世事者著于传云。

刘胜传

—— 《汉书》卷五三

【说明】刘胜，汉中山靖王，武帝诸子之一，在清王中，他既无贤行，也无功业，唯以妻妾喝酒取东为务。是一位"平淡"之王。

中山靖王刘胜，在孝景皇帝三年受封册立为王。汉武皇帝开始登位为皇帝时，朝廷大臣们以平定吴、楚军七国反叛的事为话题。参与议论的人多数都认为冤枉杀害晁错，没有坚持他的计划，都认为诸侯封邑连城数十座，过于强盛，想要略微地裁削他们的封地，多次奏疏武帝，阐明诸侯封邑太大的不利因素。认为诸侯王是皇帝的骨肉亲戚，所以以前的皇帝才多封国邑给他，及至连城数十座，封他互相交错杂处，用以巩固坚如磐石的宗族关系。现在有的人没有罪过，因为属于下臣而被侵扰污辱，司法机关吹毛求疵，鞭打使用这些下臣服从，用以证明他们的忠君。这样一来，互相侵扰蒙冤的事就多起来了。

建元三年，代王刘登、长沙王刘发、中山王刘胜、济南王刘明进就朝见武帝，武帝备酒，刘胜听到音乐声而流泪。武帝问他哭的原因，刘胜回答说："我听到声乐的悲哀的原因是声乐中不可以重复地出现歃歃的声音，听到歃歃的声音我的悲哀更加历害。以前高渐离在易水奏乐作别，荆轲为此低头不能再饮食；雍门子鼓琴微吟在孟尝君面前，孟尝君喟然叹息不能言语。现在我的内心郁抑已经很久，每当听到精妙的音乐，就

会情不自禁地要涕泪横流。和煦的风吹得多了，可以移走一座山；把蚊子的声音集中起来，可以合成雷一样的声响；朋党多了，自然成人能捕猛虎一般的威势；十个人的合力，可以弯曲粗大的木桩。因此，可以文王关在牖里，孔夫子家困在陈国和蔡国。这就是说众人可以成就一种风气，再往上增多集积就要产生危害。我远离京师和武帝，朋党甚少，没有人能提前邀誉。众口铄金、积毁销骨，积载轻物，物多了也可以使车轴折断。鸟禽之所有能够翱翔飞扬，因为有能当大任的羽翮扇扬。我多受乱，每遇法网，不由自主地要流落出眼泪。"

"我听说过，白天太阳发光的时候，阴暗隐避的地方都能照亮；明白的月亮悬在夜空，蚊蝇也能在夜色中被发现。然而，云雾蒸腾布满空中，白天也会阴黑昏暗；尘埃飞散覆盖大地，导致黑暗而会看不见泰山那样的大目标。为什么会这样呢？因为有东西遮掩了它们。现在我被阻止而不能上达真实的情况，诽谤我的话题纷纷出现。道路茫茫，经途遥远，未尝有人为我传达于武帝，我只有暗自悲伤。"

"我听说社不会为小鼠而灌，屋宇不会因大老鼠而熏。为什么呢？它们所依附的东西使事情能这样。我虽然贱薄，但是得以蒙受皇恩而成为皇帝的至交；地位虽然卑微，但是拥有了东藩的属国，而且戚属上与皇帝是兄弟。现在朝廷的大臣们与皇帝没有丝毫的亲属关系，没有鸿毛那样轻的重量，他们集结在一起以帮派议论是非，以朋党相互帮衬，而使皇族中的宗室人员互相排斥，骨肉亲情之间如冰消瓦解。这就象西周伯奇因为遭遇到类似的情况而亡走山林，比干进谏纣王而被剜心一样。《诗经》上说：'我内心忧伤，犹如被捣筑；借假寝睡来长叹，以忧愁相伴到老；内心的忧伤啊，犹如病痛发生在头上。'这就是说的我这种情况。"

详细地讲了官吏扰乱了朝廷视听。因此，武帝重视对待诸侯的礼仪,撤销了有关有司奏报诸侯的案件,加意密切了皇亲国戚之间关系。自此以后,进一步采纳主父偃的计策,让诸侯按照自己的意愿自行将他的封地分配给他的儿子和兄弟,而朝廷确定加封给他们的封号,也可以任意加委汉朝其他郡国。汉朝就此获得了有厚恩于诸侯的名份,而诸侯的封地也由此而自行稍微地得到了分割和缩减。

刘胜的性格是爱好饮酒,喜欢于妻妾的生活,有子女一百二十多人。曾与赵王彭祖相争辩说:"兄长被封为王,专一于代替官吏料理政事。受封为王的人,应当是每天听音乐,沉浸在声色之中。"赵王也说:"中山王只顾奢侈淫佚,不去辅佐天子安抚领导人民,凭什么称作朝廷的藩属臣子!"

四十三年,中山王刘胜逝世。他的儿子哀王刘昌继承王位,一年以后去世。儿子康王刘昆侈继承王位,二十一年去世。儿子顷王刘辅继承王位,四年以后去世。儿子宪王刘福继承王位,十七年去世。儿子怀王刘循继承王位,十五年去世。他没有儿子,王位继承间断了四十五年,成帝鸿嘉二年,又册立宪王刘福弟弟的孙子利乡侯的儿子云客,封号叫做广德夷王。受王位三年去世,没有儿子,间断王位继承十四年。哀帝又册立云客弟弟广汉为广平王,他死后没有后代。平帝元始二年,又册立广川惠王的曾孙刘伦为广德王,奉祀为靖王的后代。王莽当政时没有再传王位下去。

(米祯祥译)

【原文】

中山靖王胜以孝景前三年立。武帝初即位,大臣征吴、楚七国行事,议者多冤晁错之策,皆以诸侯连城数十,泰强,欲稍侵削,数奏暴其过恶。诸侯王自以骨肉至亲,先帝所以广封连城,犬牙相错者,为盘石宗也。今或无罪,为臣下所侵辱,有司吹毛求疵,笞服其臣,使证其君，多自以侵冤。

建元三年，代王登、长沙王发、中山王胜、济川王明来朝，天子置酒胜闻乐声而泣。问其故，胜对曰：

"臣闻悲者不可为累欷，思者不可为叹息。故高渐离击筑易水之上，荆轲为之低而不食；雍门子壹微吟，孟尝君为之于邑。今臣心结日久，每闻幼眇之声，不知涕泣之横集也。

"夫众煦漂山，聚蚊成雷，朋党执虎，十夫桡椎。是以文王拘于牖里，孔子阨于陈、蔡。此乃丞庶之成风，增积之生害也。臣身远与寡，莫为之先，众口铄金，积毁销骨，丛轻折轴，羽翮飞肉，纷惊逢罗，潸然出涕。"

"臣闻白日晒光，幽隐皆照；明月曜夜，蚊蝱宵见。然云蒸列布，杳冥昼昏；尘埃拚覆，昧见泰山。何则？物有蔽之也。今臣雍阏于不得闻，谗言之徒逢生。道辽路远，曾莫为臣闻，臣窃自悲也。"

"臣闻社鼷不灌，屋鼠不熏。何则？所托者然也。臣虽薄也，得蒙肺附；位虽卑也，得为东藩，属又称兄。今群臣非有葭莩之亲，鸿毛之重，君君党议，朋友相为，使夫宗室槟却，骨肉冰释。斯伯奇所以流离，比干所以横分也。《诗》云：'我心忧伤，怒焉如捣，假寐永叹，唯忧用老；心之忧矣，首，臣之谓也。"

具以吏所侵闻，于是上乃厚诸侯之礼，省有司所奏诸侯事，加亲亲之恩焉。其后更用主父偃谋，令诸侯以私恩自裂地分其子弟，而汉为定制封号，辄别属汉郡。汉有厚恩，而诸侯地稍自分析弱小云。

胜为人乐酒好内，有子百二十余人。常与赵王彭祖相非曰："兄为王，专代吏治事。王者当日听音乐，御声色。"赵王亦曰："中山王但奢淫，不佐天子拊循百姓，何以称为藩臣！"

四十三年薨。子哀王昌嗣，一年薨。子康王昆侈嗣，二十一年薨。子顷王辅嗣，四年薨。子宪王福嗣，十七年薨。子怀王循嗣，十五年薨，无子，绝四十五岁。成帝鸿嘉二年复立宪王弟孙利乡侯子云客，是为广德夷王。三年薨，无子，绝十四岁。哀帝复立云客弟广汉为广平王。薨，无后。平帝元始二年复立广川惠王曾孙伦为广德王，奉靖王后。王莽时绝。

李广传

——《汉书》卷五四

【说明】李广（？～前119）西汉名将。陇西成纪（今甘肃静宁南）人。其祖先是秦朝大将李信，世传善于射箭。汉文帝十四年（前116）从军击匈奴，因功为郎中。景帝时，先后任上谷、上郡、陇西、北地、雁门、云中太守。武帝时，为未央宫卫尉。元光六年（前129）李广率军出雁门击匈奴，因寡不敌众负伤被俘。李广假装已死，途中夺马逃回。后任右北平郡守，由于李广箭法高超，匈奴称他为"飞将军"，数年不敢进犯。元朔三年（前126），李广率四千骑兵出右北平，匈奴左贤王率四万骑兵围困汉军。汉军伤亡过半，箭矢将尽，李广毫无惧色，亲自用箭射杀匈奴将领数人，等待援兵，迫使匈奴退兵。元狩四年（前119），大将军卫青出塞，李广仍年老请战，任前将军。受命迁回匈奴侧翼，因道路迷失，未能参战，卫青问罪，李广愤愧自杀。

李广历任七郡太守，前后与匈奴作战四十多年。家无余财，与士卒同甘苦。《汉书·艺文志》载有他著作的《李将军射法三篇》，今佚。

李广，陇西成纪人。他的祖先名叫李信，在秦朝时为大将，曾俘获过燕太子丹。李广接受世代授传弓法，射得一手好箭。孝文帝十四年，匈奴大举入侵萧关，李广以良家子弟的身份从军进击匈奴，因善于用箭，杀死和俘虏很多敌人，升为郎中，以骑士侍卫皇帝。几次随从皇帝射猎，格杀猛兽，文帝因而说："可惜李广生不逢时，如果赶上高祖打天下的时代，封万户侯是不用说的！"

景帝即位，李广为骑郎将。吴楚七国造反时，李广任骁骑将军，跟从太尉周亚夫作战于昌邑城下，因功由此扬名。但李广接受了梁王给他的将军印，故而班师回京后，没有得到封赏。后调任上谷太守，几次与匈奴交战。典属国公孙昆邪上书皇帝哭诉说："李广的才气，天下无双，但他自恃有才能，经常与我争胜负，我恐怕活不长了。"于是景帝把李广调迁为上郡太守。

匈奴入侵上郡，皇帝派宫中贵人跟从李广统率和操习军队以抗击匈奴。宫中贵人带了数十个骑兵出去游猎，路上遇见匈奴三人，就与他们交战起来。匈奴三人射伤了宫中贵人，几乎杀尽了宫中贵人同去的骑兵。宫中贵人跑到李广处告诉这一情况，李广说："这一定是匈奴的射雕手。"李广就带领一百个骑兵去追赶这三个匈奴。这三人没有骑马，徒步而行，已走出数十里。李广命令骑兵张开左右两翼，由他亲自来射这三个匈奴，射死二人，活捉一人，一问果然是匈奴的射雕手。他们捆缚了匈奴往山上走，望见有数千个匈奴骑兵；匈奴骑兵也看见了李广，以为是引诱他们的骑兵，大为吃惊，便上山摆开了阵势。李广的一百名骑兵都非常害怕，想快马往回跑。李广说："我们离开大军数十里，如果现在这样逃跑，匈奴一定会来追射，我们就会立即死尽。如果现在我们留下，匈奴一定会以为我们是大军的诱敌，不敢来攻击我们。"于是李广命令骑兵说："前进！"离匈奴阵地不到二里的地方，就停止了下来，又命令骑兵说："都下马解开马鞍！"他的骑兵说："匈奴军队那么多，我们解下马鞍，如果情况紧急，我们怎么办？"李广说："那些匈奴以为我们会逃跑，现在我们解下马鞍表示不走，用这个办法来坚定他们把我们看作诱敌的意志。"匈奴中有一个白马将领出来监视他的士兵，李广立即上马，带了十多个骑兵奔驰过去，射杀了匈奴的白马将领，然而又回到了百骑的队伍之中，解下马鞍，把马放开，躺下休息。当时恰好天色已暮，匈奴兵始终感到奇怪，不敢进击。到了半夜，匈奴兵以为汉军在附近有伏兵，要乘夜袭击他们，便引兵离去。第二天早晨，李广才回到大军之中。李广后来又迁任为陇西、北地、雁门、云中太守。

武帝即位以后，武帝周围的人进言，说李广是名将，于是李广入京城为未央宫卫尉，而程不识当时为长乐宫卫尉。程不识在以前与李广都是边郡太守统领军屯。到出兵攻打匈奴时，李广行军不讲究部曲编制与队阵，挑有好的水源草地就安顿住宿下来，人人都很方便，夜里不敲刁斗巡逻自卫，军中幕府的文书也一概简省，然而却在很远的地方布置了哨探，因此从未遇到过敌人的袭击。程不识严格要求部曲编制和队列行阵，晚上敲刁斗巡逻，军吏整理文书簿籍，常通宵达旦，军队不得自由活动。因此程不识说："李将军治军极为简易，然而敌人想突然侵犯他，却无法突破；而他的士兵因此也闲逸快乐，愿为他拼死。我的军队虽然烦扰多事，但敌人也不敢侵犯我们。"当时汉边郡李广、程不识都是有名的将领，然而匈奴畏惧李广，士卒也多乐于跟从李广，而苦于跟随程不识。程不识在景帝时，因为数次直言劝谏而当上了太中大夫，为人廉洁，谨守法令。

后来汉廷以马邑城来引诱匈奴单于，派大军埋伏在马邑附近，而李广当时是骁骑将军，受护军将军韩安国节制。由于单于发觉了这一情况，率军离去，致使汉军无功而还。后来过了四年，李广以卫尉的身份为将军，出雁门郡抗击匈奴。匈奴兵多，打败了李广的军队，生擒了李广。匈奴单于一向听说李广贤能，下令说："捉得李广必须要活的送来。"匈奴骑兵捉得了李广，李广当时受伤，他们便把李广放置在两匹马之间，结成网络让李广躺着。走了十多里路，李广装死，从眼缝中看见他身旁有一小儿骑着一匹好马，便突然纵身一跃，骑上胡儿的马，趁势抱住胡儿扬鞭打马向南奔驰了数十里，收拾了自己的残余部队。数百名匈奴的骑兵追赶他，李广一边跑一边拿胡儿的弓箭射杀追他的匈奴骑兵，因此得以脱身。于是李广回到了汉廷，汉朝廷把李广交给执法官吏审讯。官吏认为李广损失兵马太多，又为敌人活捉，理当斩首，但允许他以钱赎罪，作为平民。

过了数年，李广与隐居在蓝田县的前颍阴侯灌婴之孙灌强到南山打猎。曾经在夜里带一名骑兵外出，和别人在乡间饮酒。回到了霸陵亭，霸陵亭尉酒醉了，呵斥着李广不让通行，李广的骑兵说："这是前任李将军"。亭尉说："现任将军尚且不能夜间通行，何况是前任呢?"就让李广留宿在霸陵亭下。过了不久，匈奴入侵辽西郡，杀死了太守，击败了韩将军安国。韩安国后来调迁到右北平，不久死去。于是皇帝就拜李广为右北平太守。李广请求派霸陵亭尉一同去，到了军中就把他杀了，然后就向皇帝上书主动谢罪。皇帝回报他说："将军者，是国家的爪牙。司马法说：'登车不抚车前横木以礼敬人，遇到丧事不根据亲疏关系穿规定的丧服，振兵兴师，去征伐这些不顺服的人；出征时，要统率三军之心，协同战士之力，这样才能做到一怒则千里惊惧，威振则万物归顺，是以名声显露于夷貉，神威使邻国畏惧'。报仇除害，除暴去杀，这是我企望于将军的；您如果要脱帽赤脚，叩头请罪，这岂是我所指望的! 将军率师在东辕门，暂时留住白檀，到盛秋马肥，敌寇入侵时就临阵右北平。"李广在右北平郡，匈奴号称他为"汉飞将军"，都畏而避之，几年不敢入界侵犯。

有一次李广外出打猎，见到草中石头，以为是老虎而用箭猛射，箭头射进了石头，走近一看，才知是石头。以后再射，却始终不能再射进石头里去了。李广一听说郡里出现老虎，他就常常要亲自去射。到他居守右北平时，有一次射虎，老虎跳腾起来，扑伤了李广，李广带伤最后终于射杀了老虎。

郎中令石建去世，皇帝就把李广召京接替郎中令的职位。元朔六年，李广又为将军，跟从大将军卫青出军定襄。在许多将领中，由于斩杀和虏获敌军的数量符合规定要求，都论功封侯，而李广的部队却未能立功。过了三年，李广以郎中令的身份率四千骑兵出右北平，博望侯张骞率领一万骑兵与李广一同往击匈奴，分两路走。走了数百里，匈奴左贤王率领四万骑兵来围攻李广，李广的军吏都很恐慌，李广就派他的儿子李敢快马冲击敌人。李敢带了数十骑兵直穿匈奴骑兵阵地，出入左右两翼而回，向李广报告说："匈奴敌容易对付。"李广的军士听了才安定了下来。李广布成圆形阵势，骑士都面朝外，匈奴猛攻他们，箭如雨下。汉兵死亡过了一半，箭也快用尽了。李广下令拉满弓而不发箭，并亲自用大黄弩弓专射匈奴副将，射杀了数人，匈奴敌军的攻势才慢慢缓解下来。恰巧此时天色已暮，汉军吏士都吓得面无人色，而李广的神气却很自然，精神百倍地指挥军队，军中士卒无不钦服他的勇气。第二天，又继续奋力作战，而博望侯张骞的军队也赶到了，匈奴军队才解围离去。汉军由于疲劳，未能去追击。这时李广的军队几乎全军覆没，也只好收兵而归。按照汉朝军法，博望侯张骞耽误了日期，当处死刑，出钱买赎为平民。李广的军功与罪责相当，没有得到封赏。

当初，李广与堂弟李蔡一同为郎中，侍奉文帝。景帝时，李蔡积累功劳得到二千石的官职。武帝元朔年间，李蔡为轻车将军，跟从大将军出击匈奴右贤王，有功达到规定的标准，封为乐安侯。元狩二年，李蔡代公孙弘为丞相。李蔡的人品才能在下等之中，名声也在李广之下很远，然而李广却未得爵邑，官职也没有超过九卿。李广部下的许多军官及士卒，有的也取得了封侯。李广与望气算命的王朔交谈说："自从汉朝出击匈奴，我李广没有一次不在其中，而各部队校尉以下，才能不及中等，以军功取得侯爵的已有数十人。我李广不为人后，然而始终没有尺寸之功而不得封爵，不知何故？难道我的面相就不该当侯吗？"王朔说："请将军自己想想，是否做过有悔恨的事情？"李广说："我为陇西太守时，羌族曾经造反，我引诱他们八百多人投降，后来就在当天用诈骗的手段把他们杀了，至今独为此事而悔恨不已。"王朔说："罪过没有比杀已经投降的人更大的了，这就是将军之所以不得封侯的原因。"

李广先后历任七个郡的太守，前后与匈奴作战达四十多年，所得的赏赐，都分给部下，与士卒共饮食。家里没有多余的财产，也始终不谈论置办家产的事情。李广身材高大，两臂像猿一样灵活，他擅长射箭也是天赋的，虽然他的子孙与其他人向他学习，也都不能赶得上他。李广口才笨拙，很少说话，与别人住在一起，就在地上画军队布阵，或与人射大小阔狭的目标进行比赛，输了罚饮酒，专门把射箭当儿戏。他率领的士兵，每当粮少水绝时发现了水源，士卒不全部喝到，他不走近水边；士卒不全部吃到，他不尝一口饭食。对士卒宽容不苛刻，因而士卒都乐于为他所用。他射的箭，非在数十步之内才射，如果估计因距离远而射不到，就不射，因此凡箭一发，敌人必应声而倒。由于他用这一方法，所以有好多次被敌军追上而围困受辱，射猛兽也由于距离太近而几次受伤。

元狩四年，大将军卫青与骠骑将军霍去病率领军队向匈奴大举进攻，李广多次要求参加，皇帝认为他老了，没有答应；过了好久才答应他的请求，任他为前将军。

大将军卫青出边塞后，从俘虏那里知道匈奴单于居住的地方，便亲自带精兵去突击，命令李广与右将军的军队合并，出东路进击匈奴。东路稍迂回绕远，大军经过的地方，水草稀少，地势不利于驻屯与行军。李广就推辞说："我是部队的前将军，现在大将军却改派我从东路出兵。况且我从年轻时就与匈奴作战，今天才有这一机会与匈奴单于对阵，我愿担任前锋，先斩杀单于。"大将军卫青曾私下受到皇帝的指教，以为李广多次为匈奴所败，不要让他与单于正面对阵，以免失望。这时，公孙敖刚失去侯爵，为中将军，大将军卫青也想让公孙敖和自己一同与单于对阵，故而把李广调开。李广知道了这一情况，仍坚持拒绝调动。大将军卫青不听，命令长史写文书给李广的军部，说："立即到所在的部队去，照文书上的办。"李广不向大将军告谢辞行就走了，满脸怒色的回到所在部队，引兵与右将军赵食其合军出东路。军队迷失了道路，落在大将军后面。大将军与单于接战，单于逃跑了，没有捉得单于而回。大军渡过南边的沙漠，才遇见了前、右两将军。李广会见了大将军后，回到了自己的军部。大将军派长史拿着饭食美酒送给李广，顺便问起李广与赵食其迷失道路的情况，说："大将军想要向皇帝上书报告这次失军的曲折情形。"李广不予回答。大将军所派的长史又急忙责令李广军部的人员前去听候审问。李广说："众校尉无罪，是我自己迷失了道路。现在我亲自去听候审问。”

李广到军部，对他部下说：“我李广从年轻时起就与匈奴经历了大小七十余次战斗，这次有幸跟从大将军迎战单于的部队，而大将军却又派我的部队走迂回绕远的路，又偏偏迷失了路向，难道不是天意！况且我李广年已六十多岁，终不能再受刀笔吏办案的侮辱！”说罢便拔刀自杀。百姓听到这件事，不论是认识还是不认识的，老人和壮士都为他流泪。而右将军赵食其被单独下官府审问，罪当死刑，出钱买赎为平民。

（李祖德 译）

【原文】

李广，陇西成纪人也。其先曰李信，秦时为将，逐得燕太子丹者也。广世世受射。孝文十四年，匈奴大入萧关，而广以良家子从军击胡，用善射，杀首虏多，为郎，骑常侍，数从射猎，格杀猛兽，文帝曰：“惜广不逢时，令当高祖世，万户侯岂足道哉！”

景帝即位，为骑郎将。吴楚反时，为骁骑都尉，从太尉亚夫战昌邑下，显名。以梁王授广将军印，故还，赏不行。为上谷太守，数与匈奴战。典属国公孙昆邪为上泣曰：“李广材气，天下亡双，自负其能，数与虏确，恐亡之。”上乃徙广为上郡太守。

匈奴侵上郡，上使中贵人从广，勒习兵击匈奴。中贵人者将数十骑从，见匈奴三人，与战，射伤中贵人，杀其骑且尽。中贵人走广，广曰：“是必射雕者也。”广乃从百骑往驰三人。三人亡马步行，行数十里。广令其骑张左右翼，而广身自射彼三人者，杀其二人，生得一人，果匈奴射雕者也。已缚之上山，望匈奴数千骑；见广，以为诱骑，惊，上山陈。广之百骑皆大恐，欲驰还走。广曰：“我去大军数十里，今如此走，匈奴追射，我立尽。今我留，匈奴必以我为大军之诱，不我击。"广令曰:"前!"未到匈奴陈二里所,止,令曰:"皆下马解鞍!"骑曰:"虏多如是,解鞍,即急,奈何?"广曰:"彼虏以我为走,今解鞍以示不去,用坚其意。"有白马将出护兵。广上马,与十余骑奔射杀白马将,而复还至其百骑中,解鞍,纵马卧。时会暮,胡兵终怪之,弗敢击。夜半,胡兵以为汉有伏军于傍欲夜取之,即引去。平旦,广乃归其大军。后徙为陇西、北地、雁门、云中太守。

武帝即位,左右言广名将也,由是入为未央卫尉,而程不识时亦为长乐卫尉。程不识故与广俱以边太守将屯。及出击胡,而广行无部曲行陈,就善水草顿舍,人人自便,不击刁斗自卫,莫府省文书,然亦远斥候,未尝遇害。程不识正部曲行伍营陈,击刁斗,吏治军簿至明,军不得自便。不识曰:"李将军极简易,然虏卒犯之,无以禁;而其士亦佚乐,为之死。我军虽烦扰,虏亦不得犯我。"是时汉边郡李广、程不识为名将,然匈奴畏广,士卒多乐从,而苦程不识。不识孝景时以数直谏为太中大夫,为人廉,谨于文法。

后汉诱单于以马邑城,使大军伏马邑傍,而广为骁骑将军,属护军将军。单于觉之,去,汉军皆无功。后四岁,广以卫尉为将军,出雁门击匈奴。匈奴兵多,破广军,生得广。单于素闻广贤,令曰:"得李广必生致之。"胡骑得广,广时伤,置两马间,络而盛卧。行十余里,广阳死,睨其傍有一儿骑善马,暂腾而上胡儿马,因抱儿鞭马南驰数十里,得其余军。匈奴骑数百追之,广行取儿弓射杀追骑,以故得脱。于是至汉,汉下广吏。吏当广亡失多,为虏所生得,当斩,赎为庶人。

数岁,与故颍阴侯屏居蓝田南山中射猎。尝夜从一骑出,从人田间饮。还至亭,霸陵尉醉,呵止广,广骑曰:"故李将军。"尉曰:"今将军尚不得夜行，何故也！"宿广亭下。居无何，匈奴入辽西，杀太守，败韩将军。韩将军后徙居右北平，死。于是上乃召拜广为右北平太守。广请霸陵尉与俱，至军而斩之，上书自陈谢罪。上报曰："将军者，国之爪牙也。《司马法》曰：'登车不式，遭丧不服，振旅抚师，以征不服；率三军之心，同战士之力，故怒形则千里竦，威振则万物伏；是以名声暴于夷貉，威棱憺乎邻国。'夫报忿除害，捐残去杀，朕之所图于将军也；若乃免冠徒跣，稽颡请罪，岂朕之指哉！将军其率师东辕，弥节白檀，以临右北平盛秋。"广在郡，匈奴号曰"汉飞将军"，避之。数岁不入界。

广出猎，见草中石，以为虎而射之，中石没矢，视之，石也。他日射之，终不能入矣。广所居郡闻有虎，常自射之。及居右北平射虎，虎腾伤广，广亦射杀之。

石建卒，上召广代为郎中令。元朔六年，广复为将军，从大将军出定襄。诸将多中首虏率为侯者，而广军无功。后三岁，广以郎中令将四千骑出右北平，博望侯张骞将万骑与广俱，异道。行数百里，匈奴左贤王将四万骑围广，广军士皆恐，广乃使其子敢往驰之。敢从数十骑直贯胡骑，出其左右而还，报广曰："胡虏易与耳。"军士乃安。为圜陈外乡，胡急击，矢下如雨。汉兵死者过半，汉矢且尽。广乃令持满毋发，而广身自以大黄射其裨将，杀数人，胡虏益解。会暮，吏士无人色，而广意气自如，益治军。军中服其勇也。明日，复力战，而博望侯军亦至，匈奴乃解去。汉军罢，弗能追。是时广军几没，罢归。汉法，博望侯后期，当死，赎为庶人。广军自当，亡赏。

初，广与从弟李蔡俱为郎，事文帝。景帝时，蔡积功至二千石。武帝元朔中，为轻车将军，从大将军击右贤王，有功中率，封为乐安侯。元狩二年，代公孙弘为丞相。蔡为人在下中，名声出广下远甚，然广不得爵邑，官不过九卿。广之军吏及士卒或取封侯。广与望气王朔语去："自汉击匈奴，广未尝不在其中，而诸妄校尉已下，材能不及中，以军功取侯者数十人。广不为后人，然终无尺寸功以得封邑者，何也？岂吾相不当侯邪？"朔曰："将军自念，岂尝有恨者乎？"广曰："吾为陇西守，羌尝反，吾诱降者八百余人，诈而同日杀之，至今恨独此耳。"朔曰："祸莫大于杀已降，此乃将军所以不得侯者也。"

广历七郡太守，前后四十余年，得赏赐，辄分其戏下，饮食与士卒共之。家无余财，终不言生产事。为人长，爱臂，其善射亦天性，虽子孙他人学者莫能及。广呐口少言，与人居，则画地为军阵，射阔狭以饮，专以射为戏。将兵乏绝处见水，士卒不尽饮，不近水；不尽餐，不尝食。宽缓不苛，士以此爱乐为用。其射，见敌，非在数十步之内，度不中不发，发即应弦而倒。用此，其将数困辱，及射猛兽，亦数为所伤云。

元狩四年，大将军票骑将军大击匈奴，广数自请行。上以为老，不许；良久乃许之，以为前将军。

大将军青出塞，捕虏知单于所居，乃自以精兵走之，而令广并于右将军军，出东道。东道少回远，大军行，水草少，其势不屯行。广辞曰："臣部为前将军，今大将军乃徙臣出东道。且臣结发而与匈奴战，乃今一得当单于，臣愿居前，先死单于。"大将军阴受上指，以为李广数奇，毋令当单于，恐不得所欲。是时公孙敖新失侯，为中将军，大将军亦欲使敖与俱当单于，故徙广。广知之，固辞。大将军弗听，令长史封书与广之莫府，曰："急诣部，如书。"广不谢大将军而起行，意象愠怒而就部，引兵与右将军食其合军出东道。惑失道，后大将军。

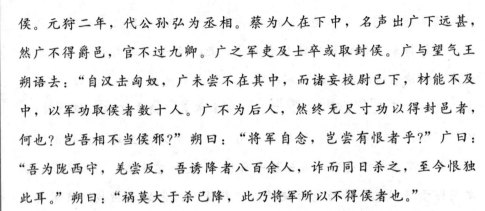

大将军与单于接战，单于遁走，弗能得而还。南绝幕，乃遇两将军。广已见大将军，还入军。大将军使长史持糒醪遗广，因问广、食其失道状，曰："青欲上书报天子失军曲折。"广未对。大将军长史急责广之莫府上薄。广曰："诸校尉亡罪，乃我自失道。吾今自上薄。"

至莫府，谓其麾下曰："广结发与匈奴大小七十余战，今幸从大将军出接单于兵，而大将军徙广部行回远，又迷失道，岂非天哉！且广年六十余，终不能复对刀笔之吏矣！"遂引刀自刭。百姓闻之，知与不知，老壮皆为垂泣。而右将军独下吏，当死，赎为庶人。

卫青、霍去病列传

——《汉书》卷五五

【说明】卫青（？～前106），西汉武帝时期抗击匈奴的名将。字仲卿，河东平阳（今山西临汾西南）人。他是平阳侯曹寿家奴婢卫媪与小吏郑季的私生子。因其姊卫夫子入选宫中受武帝宠幸，卫青先后任建章宫监、侍中、太中大夫之职。汉与匈奴大规模战争爆发后，卫青任车骑将军。元朔二年（前127），卫青采用迂回包围的战法，击败匈奴楼烦王、白羊王，完全控制了河套一带地区，解除了对京都长安的威胁，受封长平侯。接着又两次率军出击漠南（今蒙古高原大沙漠以南）单于本部，迫使匈奴远徙漠北，卫青升任为大将军。为了全面解除匈奴的侵犯，卫青集中兵力，深入漠北，采取正面钳制，两翼包围的战法，歼灭匈奴主力，追至寘颜山赵信城（今蒙古国杭爱山南）而还。后升任大司马，掌管全国军事。元封五年（前106）卫青去世。

霍去病（前140～前117）是卫青的外甥。其母卫少儿与霍仲孺私通，生下了霍去病。其姨母卫子夫当皇后时，霍去病就被汉武帝任为票姚校尉，时年仅十八岁。他跟随卫青出征漠南，以八百骑兵奔袭数百里，歼敌二千多，受冠军侯。元狩二年（前121）任票骑将军，两次出击河西的匈奴部队，歼敌四万多人。元狩四年，与卫青各率五万骑兵出征漠北，深入匈奴腹地，出塞二千多里，重创匈奴主力，基本上解除了匈奴对汉朝的威胁。汉武帝赏赐他一府第，霍去病谢绝说："匈奴未灭，无以家为"，这是他战斗一生的写照。霍去病后来升任大司马，与卫青同掌军政大权。元狩六年病卒，年仅二十四岁。

卫青字仲卿。他的父亲名叫郑季，是河东平阳人，以县中小吏的身份给列侯家当差。平阳侯曹寿娶汉武帝的姊姊阳信长公主为妻。郑季与主人平阳侯的家僮卫媪私通，生下了卫青。卫青有同母异父的兄长叫卫长君以及姊姊卫子夫，卫子夫在平阳公主的家中受到了汉武帝的宠幸，因此卫青就冒充卫姓。卫媪长女名叫君孺，次女叫少儿，三女则是卫子夫。卫子夫的弟弟步广，都冒称卫姓。

卫青是平阳侯的家人，年少时归他父亲抚养，他父亲就让他牧羊。郑季正妻所生的儿子都象奴仆那样对待卫青，不把他当作兄弟。卫青曾经跟从别人到甘泉宫囚禁刑徒的居室，有一个受过钳刑的刑徒给他相面说："你是个贵人，官职可以封侯。"卫青听了笑着说："我是奴婢所生的儿子，能不挨打受骂就心满意足了，哪里有封侯的事呢！"

卫青长大成年，当上了平阳侯家的骑士，跟从平阳公主。建元二年春天，卫青的姊姊卫子夫入宫得到了汉武帝的宠幸。当时的皇后，是汉武帝姑母大长公主的女儿，没有生儿子，嫉妒别人。大长公主听到卫子夫得到武帝宠幸，有了身孕，就嫉妒她，便派人逮捕了卫青。卫青当时在建章宫当差，还未出名。大长公主把卫青囚禁起来，想杀掉他。卫青的朋友骑郎公孙敖和其他壮士前去把他劫夺了出来，因此才得不死。武帝听到这件事，就召见卫青，封为建章宫监，并加衔侍

中。后来他的同母兄弟也显贵了，几天之内赏赐的黄金多达千斤。卫君孺作了太仆公孙贺的妻子。卫少儿原来与陈掌私通，武帝召见陈掌封官。公孙敖也由此更加显贵。卫子夫作了皇帝的夫人。卫青当上了太中大夫。

元光六年，卫青拜为车骑将军，攻打匈奴，从上谷郡出征；公孙贺为轻车将军，从云中郡出兵；太中大夫公孙敖担当骑将军，从代郡出兵；卫尉李广为骁骑将军，从雁门出兵。每路军队各有一万骑兵。卫青进军到笼城，斩杀敌军数百人。骑将军公孙敖损失七千骑兵，卫尉李广为敌军所俘，后逃脱回来，这二人按军法都要斩首，用钱赎罪降为平民。公孙贺也没有战功。唯独卫青赐爵关内侯。后来匈奴仍不断侵犯边境。详细记载在《匈奴列传》中。

元朔元年春天，卫子夫生了个儿子，立为皇后。这年秋天，卫青又率三万骑兵出雁门郡，李息出兵代郡。卫青斩敌首数千。明年，卫青又出兵云中郡，向西到达高阙，进而到达陇西，俘虏敌军数千人，牲畜一百多万，赶跑了匈奴白羊王、楼烦王。汉朝把这次夺取的河南地区立为朔方郡。以三千八百户封卫青为长平侯。卫青的部下校尉苏建为平陵侯，张次公为岸头侯。派苏建去筑造朔方城。皇帝下诏说："匈奴违背天理，乱人伦，虐待老人，以盗窃为职业，欺诈行骗于各部蛮夷，制造阴谋，征集兵员，屡次侵犯边境。因此朝廷兴兵遣将，征讨他的罪恶。《诗经》里不是说过吗？'伐薄狁，到达太原'；'军车彭彭，筑城朔方'。现在车骑将军卫青渡过西河到达高阙，斩敌首二千三百颗，车粮畜产都为我所获，已受封为列侯，又西进平定河南地区，巡行榆谿旧塞，横越梓领，架桥北河，讨平蒲泥，攻破符离，斩杀精锐轻骑兵，捕获侦察兵三千零十七人。讯问俘虏，俘获大批敌军，赶

回马牛羊一百多万，全师而还，增封卫青三千八百户食邑。"后来匈奴每年入侵代郡、雁门、定襄、上郡、朔方，杀掠很多。

元朔五年春天，汉朝命令卫青率三万骑兵出高阙，卫尉苏建为游击将军，左内史李沮为强弩将军，太仆公孙贺为骑将军，代国丞相李蔡为轻车将军，都归车骑将军卫青节制，出兵朔方郡。大行令李息、岸头侯张次公为将军，都出兵右北平。匈奴右贤王率军抵挡卫青等部的进攻，以为汉军不能到达此地，喝醉了酒。汉军夜间赶到，包围了右贤王。右贤王大惊，连夜逃跑，独与他爱妾一个、骑士数百，突围北去。汉朝轻骑校尉郭成等追击数百里，没有捉得右贤王，但俘获右贤王属下小王十多人，男女人众一万五千多人，牲口数十百万，于是引兵还。军到边塞，天子派使者捧着大将军印，当即在军中拜卫青为大将军，众将各部都归属他统率，建立了官号返回。皇帝说："大将军卫青亲率征战将士，出师大捷，俘获匈奴王十多人，增封卫青八千七百户食邑。"又封卫青的儿子卫伉为宜春侯，另一个儿子卫不疑为阴安侯，再一个儿子卫登为发干侯。卫青坚持谢绝说："我有幸能待罪参加这次出击，仰赖陛下神灵，出军大捷，都是众多校尉奋力作战的功劳。陛下已经垂幸增封了臣下卫青，而我卫青的儿子尚在襁褓之中，没有功劳，皇上却垂幸裂地封他们三人为侯，这不是我待罪参加这次出击和用以劝励将士奋力作战的本意。卫伉等三个怎么敢领受封爵！"皇上说："我不是忘记了众多将校的战功，今天本来就要办这件事的。"于是就下诏御史说："护军都尉公孙敖三次跟随大将军出击匈奴，经常总护诸军，调节部校，俘获匈奴王，封公孙敖为合骑侯。都尉韩说跟从大军出击窳浑，直到匈奴右贤王的王庭，在敌人的帅旗下搏战拼杀，俘获了匈奴王，封韩说为龙颔侯。骑将军公孙贺跟从大将军俘获匈奴王，封公孙贺为南窌侯。轻车将军李蔡二次跟从大将军俘获匈奴王，封李蔡为乐安侯。校尉李朔、赵不虞、公孙戎奴各自三次跟从大将军俘获匈奴王，封李朔为陟轵侯，赵不虞为随成侯，公孙戎奴为从平侯。将军李沮、李息及校尉豆如意、中郎将绾都有战功，赐爵关内侯。李沮、李息、豆如意，食邑各三百户。"这一年的秋天，匈奴入侵代郡，杀死了汉军都尉。

明年的春天，大将军卫青兵出定襄，合骑侯公孙敖为中将军，太仆公孙贺为左将军，翕侯赵信为前将军，卫尉苏建为右将军，郎中令李广为后将军，左内史李沮为强弩将军，都归属大将军统率，斩敌首级数千而回。后一个多月，又全部从定襄出兵，斩杀敌军一万多人。苏建、赵信合军三千多骑兵，恰遇到了匈奴单于的大军，交战了一天多，汉军伤亡将尽。赵信本来就是匈奴人，投降汉朝后封为翕侯，他见到情况危急，匈奴又来引诱他，于是率领残余骑兵八百人投奔了单于。苏建全军覆灭，只身逃脱，回来向卫青自首。卫青问军正官闳、长史安、议郎周霸等说："苏建当如何处置？"周霸说："自从大将军出兵至今，还没有杀过副将，现在苏建弃军而逃，可以斩首，以显示将军的威严。"闳、安二个说："不对，兵法说'坚强的小部队，也会被强大的部队所擒获'。现在苏建以几千汉军去抵挡单于几万的兵力，奋力作战一天多，将士都不敢有二心。如果回来自首而杀了他，等于告示后人不要回来。因此苏建不应该斩杀。"卫青说："我有幸以皇上的亲戚待罪参加这次战斗，不怕没有威信，而周霸劝说我杀苏建来显示威严，不符合我的本意。即使我有职权可以斩杀将领，也不应以地位的尊宠就敢擅自专杀将领于境外。把苏建送回天子处，让天子亲自决裁，以表明做臣子的不敢专权，不也是很好吗？"军官们都说："好。"

于是就把苏建囚禁起来，送到皇帝那里。

这一年，霍去病开始封侯。

霍去病是大将军卫青姊姊少儿的儿子。他父亲霍仲孺早先与少儿私通，生下了霍去病。后来到卫皇后尊贵之时，少儿就改为詹事陈掌的妻子。霍去病以皇后姊姊的儿子身份，十八岁就当了侍中。他善于骑马射箭，两次跟从大将军出征，大将军根据皇上的诏令，派给他壮士，让他担任票姚校尉。他带领八百轻骑勇士，离开大军部队，到数百里外去寻找立功的机会，斩杀和俘获敌人很多，而汉军损失很少。于是皇上说："票姚校尉霍去病斩杀俘获敌人二千零二十八人，活捉敌人相国、当户，又杀死单于祖父一辈的籍若侯产，生俘单于叔父罗姑比，功劳两次冠于全军，因此以二千五百户封霍去病为冠军侯。上谷太守郝贤四次跟从大将军，俘敌一千三百人，封郝贤为终利侯。骑士孟己有功，赐爵关内侯，食邑二百户。"

这一年，汉朝损失了苏建、赵信两个将军的部队，翕侯赵信逃归匈奴，军功不多，因此卫青没有增封。苏建被押送到京，皇上也没有杀他，用钱赎为平民。赐卫青千金。这时，王夫人正受到武帝宠幸，宁乘劝卫青说："将军之所以立功不多，而享受万户的食邑，三个儿子都封为侯，这是皇后的缘故。现在王夫人得宠而她的宗族尚未富贵，希望将军将把皇上所赐的千金作为王夫人母亲的寿礼。"卫青便以五百金为王夫人母亲祝寿。皇上听到这件事后，就问卫青，卫青就照实作了回答。皇上就拜宁乘为东海都尉。

校尉张骞跟从大将军，因为他曾出使大夏，在匈奴留住很久，所以让他作为大军的向导。他知道好的水草在何处，因此汉军没有受到饥渴，又因为他出使远方异国的功劳，皇上封张骞为博望侯。

　　霍去病封侯后三年，元狩二年的春天，皇帝任命他为票骑将军，率领一万骑兵出陇西郡，攻打匈奴有功。皇上说："票骑将军率领将士，翻过乌盭山，讨伐匈奴的修濮部落，渡过狐奴水，经历过五个王国，不掠取降服者的物资人口，差一点俘获了单于的王子，转战六天，越过焉支山一千多里，与敌军短兵相接，鏖战皋兰山下，将折兰王，斩卢侯王，凶悍反抗者一律诛杀，俘获全军，活捉浑邪王的儿子以及相国、都尉，斩杀敌军八千九百六十人，缴收休屠王祭天的金人佛像，匈奴之师损失十分之七，因此增封霍去病二千二百户食邑。"

　　这一年的夏天，霍去病与合骑侯公孙敖一同从北地郡出兵，兵分二路。博望侯张骞、郎中令李广一同从右北平郡出兵，兵分二路。李广率领的四千骑兵先到，张骞率领的一万骑兵后到。匈奴左贤王率领数万骑兵围困了李广军，李广与匈奴奋战了二天，死亡已过大半，杀死敌军更多。张骞赶到，匈奴引兵离去。张骞因犯行动滞留罪，按军法应当斩首，用钱赎为平民。而霍去病出兵北地郡，进军深入，但由于合骑侯迷失了道路，不得相遇。霍去病到祁连山，俘获敌军很多。皇上说："票骑将军涉水钧耆，舟渡居延，经过小月氏，攻打祁连山，扬威于鳃得，俘获单于单桓、酋涂王，以及相国、都尉和下属部众二千五百人，可以说已做到降服者舍弃不管，功业已成就到此为止。斩杀敌军三万零二百人，俘获了五个王和他们的王母、单于阏氏、王子五十九人，相国、将军、当户、都尉六十三人，匈奴军队大约损失十分之三，因此增封霍去病五千四百户食邑。赐予跟从票骑将军到达小月氏的校尉以左庶长的爵位。鹰击司马赵破奴二次跟从票骑将军斩杀邀濮王，捕获稽且王；其部下右千骑将俘获匈奴王、王母各一人，王子以下四十一人，捕获敌军三千三百三十人；前锋部队俘获一千四百人，因此封赵破奴为从票侯。校尉高不识跟从票骑将军捕获呼于耆王王子以下十一人，俘敌一千七百六十八人，封高不识为宜冠侯。校尉仆多立有军功，封为煇渠侯。"合骑侯公孙敖犯行动迟留没有与票骑将军会合的罪，按军法应当斩首，用钱赎罪为平民。各位老将所率领的士兵马匹也不如票骑将军霍去病，霍去病所统率的将士经常经过挑选，也敢于深入敌军，常常与精壮骑士冲在大军前面，军队也有老天保佑，因此从未受到困绝的危险。而各位老将常常行动迟缓而失去战机。因此霍去病日益受到皇帝的亲信而显贵，地位与大将军不相上下。

后来，匈奴单于恼怒浑邪王在西方常被汉军打败，死亡数万人，尤其被霍去病之兵击败，因此单于想把浑邪王叫来杀掉。浑邪王与休屠王商量，想投降汉朝，派人到汉军边界联系。当时大行令李息正在黄河边上筑城，得到浑邪王派来使者所说的情况，就立即报告了朝廷。皇上恐怕匈奴诈降来袭击边境，就命令霍去病率领军队去对付他们。霍去病渡过了黄河，与浑邪王率领的军队相对而望。浑邪王的副王将领见到汉军，很多人就不想投降，纷纷逃走。霍去病就立即驰入匈奴军中，与浑邪王相见，下令斩杀想逃亡的匈奴兵八千人，让浑邪王独自先乘驿站的传车到京师，然后将浑邪王的全部人马渡过黄河，投降的有数万人，号称十万。到了长安，天子赏赐匈奴降者钱数十万。封浑邪王万户食邑，为漯阴侯。封他的副王呼毒尼为下摩侯，雁疵为煇渠侯，禽黎为河綦侯，大当户调虽为常乐侯。皇上奖嘉霍去病的功劳说："票骑将军率军征伐匈奴，西域的浑邪王以及众多的部属都来投奔我们，我们以军粮供给他们饮食，控制匈奴弓箭手一万多人，诛杀凶悍不肯顺服的，斩首八千多人，降服异国之王三十二人。汉朝的战士

没有遭到伤亡，而匈奴十万之众都乖乖地臣服。这次兴师之劳，关系到黄河边塞，几乎没有边患。因此增封票骑将军一千七百户食邑。减免陇西、北地、上郡的一半戍卒，以减少天下百姓的徭役负担。"把投降的匈奴人分别安置在边境五郡的故塞外，都在黄河以南，保留他们原有的风俗习惯，为汉朝的属国。到了明年，匈奴入侵右北平、定襄郡，杀掠汉军一千多人。

　　第二年，皇上与诸将商议说："翕侯赵信为匈奴单于出谋划策，常以为汉兵不能渡过大漠轻易久留，现在发大军进击漠北，定能达到目的。"这是元狩四年。元狩四年春，皇上命令大将军卫青、票骑将军霍去病各自领五万骑兵，数十万步兵运输物资跟随其后，而敢于奋力深入作战的将士都归属霍去病统领。霍去病开始准备从定襄出兵，去攻打单于。后来抓到匈奴的俘虏说单于在东边，于是就改令霍去病从代郡出兵，命令卫青出兵定襄。郎中令李广为前将军，太仆公孙贺为左将军，主爵赵食其为右将军，平阳侯曹襄为后将军，都归属大将军卫青统领。赵信向单于献计说："汉兵即使能渡过大漠，也人马疲劳，匈奴可以获胜。"于是将军用物资都远远地运到北方，把精锐部队都留在漠北等待汉军的到来。而恰好卫青的军队出塞一千多里，见单于兵马严阵而待，卫青便命令用武刚车围绕四周作为营寨，自己带领五千骑兵前往，与匈奴交战。匈奴也放出一万骑兵。这时太阳进入云中，大风骤起，沙砾扑面，两军不能相见，汉军又增派骑兵从左右两翼绕到单于的两侧进行攻击。单于见汉兵众多，而且兵马尚强，怕打下去对匈奴不利，到了天色快黑时，单于乘坐六匹骡子拉着的车子，带着精壮骑兵数百人，直冲汉军包围圈向西北方向逃去。这时天色已黑，汉军与匈奴在黑暗中乱相搏杀，杀伤大致相当。汉军左校尉捕捉了匈奴俘虏，俘虏说单于在天未黑之前逃走，汉军就派轻装骑兵连夜追击，卫青大军紧随其后。匈奴兵也四散奔走。到了天亮，汉军追击二百多里，没有捉到单于，俘获斩杀敌军一万多人，直到窴颜山赵信城，获得匈奴储积的粮食，供给部队食用。汉军留在赵信城一天，全部烧毁了城中的余粮而回。

卫青与单于会战的时候，前将军李广、右将军赵食其另从东路进击，但迷失了道路。大将军卫青引兵回来，在渡过漠南之时才两军相遇。卫青准备派使者向皇上报告，叫长史根据军簿文书去责问李广，李广自杀了。赵食其赎为平民。卫青的军队进入了边塞，总计俘杀敌军一万九千人。

当时，匈奴部队失去单于十多天，右谷蠡王就自立为单于。单于后来找到了自己的匈奴部队，右谷蠡王才去掉了单于的称号。

霍去病的骑兵、军需物资与大将军卫青的军队相等，但没有副将。霍去病都用大校尉李敢等人充当副将，出代郡、右北平二千多里，攻击匈奴左方的军队，杀俘敌军的攻劳已大大超过卫青。军队回来后，皇上说："票骑将军霍去病亲自率领汉军以及投诚的匈奴勇士，携带少量的粮食，横越大沙漠，涉水抓获单于之近臣章渠，诛杀北车耆，转战左大将双，缴获了大量的旗鼓，又历险越过难侯山，渡过弓卢水，抓获屯头王、韩王等三人，将军、相国、当户、都尉八十三人，在狼居胥山祭天，于姑衍祭地，登上临海的山峰眺望翰海，俘获斩杀匈奴七万零四百四十三人，匈奴军队损人十分之二，从敌人那里夺取粮食，远距离行军而军粮不绝。因此，增封票骑将军五千八百户食邑。右北平太守路博德部属票骑将军，会师兴城，不误军期，跟从票骑将军到梼余山，斩俘敌军二千八百人，封路博德为邳离侯。北地都尉卫山跟从

票骑将军抓获匈奴王，封卫山为义阳侯。以前归降汉朝的归义侯因淳王复陆支、楼剸王伊即軒都跟从票骑将军立了战功，封复陆支为杜侯，伊即軒为众利侯。从票侯赵破奴、昌武侯安稽跟从票骑将军立有战功，各自增封三百户食邑。渔阳太守解、校尉李敢都缴获大量军旗战鼓，赐爵关内侯，赐解食邑三百户，李敢食邑二百户。校尉徐自为赐爵左庶长。"其他军吏士卒封官，赏赐很多。而卫青没有得到增封，军吏士卒也没有受封。只有西河太守常惠、云中太守遂成受到赏赐，遂成的官俸秩禄与诸侯相同，赐食邑二百户，黄金一百斤，常惠封爵关内侯。

卫青与霍去病两军出塞时，边塞官吏查阅他们的官马和私马共计十四万匹，而后来回归时入塞的马不满三万匹。汉朝廷于此时设置了大司马的官位，大将军、票骑将军都为大司马。制定法令，让票骑将军的秩禄与大将军相等。从此以后，卫青的权势日益衰减，而霍去病则日益显贵。卫青过去的门客大多转到霍去病那里做事，唯独任安不肯离去。

霍去病为人少言寡语，有气魄敢做敢为。皇上曾想教他学习吴起、孙吴兵法，霍去病对皇上说："作战要看方略如何，不必学习古代兵法。"皇上为他建造府第，叫他去看看，霍去病对皇上说："匈奴不灭，我不能有家。"由此皇上更加器重宠爱他。然而他少年入宫侍奉皇帝，自以为高贵而不关心士卒。皇上派遣太官送去数十辆食物给他，等到回来时，多余的好米肥肉由于车重而都扔弃，而士卒却有挨饿受饥的。他在塞外时，士卒缺粮，有的人饿得不能动弹，而霍去病却画地作球场踢球为乐。诸如此类的事情很多。卫青为人仁爱，喜爱士卒，谦和退让，以和柔取得皇帝喜欢，然而天下没有人称颂他。

霍去病自从元狩四年出兵后的第三年，即元狩六年去世了。皇上为了哀悼他，调发边郡匈奴属国的武士，身穿黑色的衣甲，排成长队，从长安到茂陵为霍去病送葬，其坟墓象祁连山的形状。赐给他的谥号，合并勇猛武威与辟土开疆的意思，称为景桓侯。还让他的儿子霍嬗继承他的爵位。霍嬗字子侯，皇上很喜欢他，期望他长大以后任命他为将。让他担任奉车都尉，跟从皇帝在泰山祭天时去世。由于霍嬗没有儿子，封国也就被废除了。

自从霍去病死后，卫青的长子宜春侯卫伉因犯法失去了侯爵。过了五年，卫伉的二个弟弟，阴安侯卫不疑、发干侯卫登，都因献给皇帝助祭的黄金成色不足也失去侯爵。过了二年，冠军侯霍嬗身死，封国被废除。又过了四年，即元封五年，卫青去世，谥号为烈侯。其子卫伉继承了侯爵位，元封六年因犯法免除了爵位。

自从卫青围攻单于之战以后，过了十四年就去世了，在此期间始终没有出击匈奴，这是因为汉军马少，同时又正值向南攻诛两越，向东征伐朝鲜，以及攻打羌、西南夷，所以很长时间没有征伐匈奴。

当初，卫青既已日益尊贵，而平阳侯曹寿身患恶疾回到了封国。长公主问左右随从说："列侯中谁最贤能？"左右随从都称大将军卫青。长公主听了笑着说："卫青出自我家，是经常跟从我出游的家骑，我如何能下嫁于他？"左右随从说："卫青现在已尊贵无比。"于是长公主便把改嫁卫青的意向告诉了皇后，皇后又向皇帝进言，皇帝便又诏令卫青娶平阳公主为妻，卫青死后与公主合葬，所建的坟墓象庐山的形状。

（李祖德　译）

【原文】

卫青字仲卿。其父郑季，河东平阳人也，以县吏给事侯家。平阳侯曹寿尚武帝姊阳信长公主。季与主家僮卫媪通，生青。青有同母兄卫长君及姊子夫，子夫自平阳公主家得幸武帝，故青冒姓为卫氏。卫媪长女君孺，次女少儿，次女则子夫。子夫男弟步广，皆冒卫氏。

青为侯家人，少时归其父，父使牧羊。民母之子皆奴畜之，不以为兄弟数。青尝从人至甘泉居室，有一钳徒相青曰："贵人也，官至封侯。"青笑曰："人奴之生，得无笞骂即足矣，安得封侯事乎？"

青壮，为侯家骑，从平阳主。建元二年春，青姐子夫得入宫幸上。皇后，大长公主女也，无子，妒。大长公主闻卫子夫幸，有身，妒之，乃使人捕青。青时给事建章，未知名。大长公主执囚青，欲杀之。其友骑郎公孙敖与壮士往篡之，故得不死。上闻，乃召青为建章监，侍中。及母昆弟贵，赏赐数日间累千金。君孺为太仆公孙贺妻。少儿故与陈掌通，上召贵掌。公孙敖由此益显。子夫为夫人。青为太中大夫。

元光六年，拜为车骑将军，击匈奴，出上谷；公孙贺为轻车将军，出云中；太中大夫公孙敖为骑将军，出代郡；卫尉李广为骁骑将军，出雁门：军各万骑。青至笼城，斩首虏数百。骑将军敖亡七千骑，卫尉广为虏所得，得脱归，皆当斩，赎为庶人。贺亦无功。唯青赐爵关内侯。是后匈奴仍侵犯边。

元朔元年春，卫夫人有男，立为皇后。其秋，青复将三万骑出雁门，李息出代郡。青斩首虏数千。明年，青复出云中，西至高阙，遂至于陇西，捕首虏数千，畜百余万，走白羊、楼烦王。遂取河南地为朔方郡。以三千八百户封青为长平侯。青校尉苏建为平陵侯，张次公为岸头侯。使建筑朔方城。上曰："匈奴逆天理，乱人伦，暴长虐老，以盗窃为务，行诈诸蛮夷，造谋籍兵，数为边害。故兴师遣将，以征厥罪。诗不云乎？"薄伐猃允，至于太原"；"出车彭彭，城彼朔方"。

今车骑将青度西河至高阙，获首二千三百级，车辎畜产毕收为卤，已封为列侯，遂西定河南地，案榆旧塞，绝梓领，梁北河，讨蒲泥，破符离，斩轻锐之卒，捕伏听者三千一十七级。执讯获丑，驱马牛羊百有余万，全甲兵而还，益封青三千八百户。"其后匈奴比岁入代郡、雁门、定襄、上郡、朔方，所杀略甚众。语在《匈奴传》。

元朔五年春，令青将三万骑出高阙，卫尉苏建为游击将军，左内史李沮为强弩将军，太仆公孙贺为骑将军，代相李蔡为轻车将军，皆领属车骑将军，俱出朔方。大行李息、岸头侯张次公为将军，俱出右北平。匈奴右贤王当青等兵，以为汉兵不能至此，饮醉。汉兵夜至，围右贤王。右贤王惊，夜逃，独与其爱妾一个骑数百驰，溃围北去。汉轻骑校尉郭成等追数百里，弗得，得右贤裨王十余人，众男女万五千余人，畜数十百万，于是引兵而还。至塞，天子使使者持大将军印，即军中拜青为大将军，诸将皆以兵属，立号而归。上曰："大将军青躬率戎士，师大捷，获匈奴王十有余人，益封青八千七百户。而封青子伉为宜春侯，子不疑为阴安侯，子登为发干侯。青固谢曰："臣幸得待罪行间，赖陛下神灵，军大捷，皆诸校力战之功也。陛下幸已益封臣青，臣青子在襁褓中，未有勤劳，上幸裂地封为三侯，非臣待罪行间所以劝士力战之意也。伉等三人何敢受封！"上曰："我非忘诸校功也，今固且图之。"乃诏御史曰："护军都尉公孙敖三从大将军击匈奴，常护军傅校获王，封敖为合骑侯。都尉韩说从大军出窴浑，至匈奴右贤王庭，为戏下搏战获王，封说为龙额侯。骑将军贺从大将军获王，封贺为南窌侯。轻车将军李蔡再从大将军获王，封蔡为乐安侯。校尉李朔、赵不虞、公孙戎奴各三从大将军获王，封朔为陟轵侯，不虞为随成侯，戎奴为从平侯。将军李沮、李息及校尉豆如意、中郎将绾皆有

功，赐爵关内侯。沮、息、如意食邑各三百户。”其秋，匈奴入代，杀都尉。

明年春，大将军青出定襄，合骑侯敖为中将军，太仆贺为左将军，翕侯赵信为前将军，卫尉苏建为右将军，郎中令李广为后将军，左内史李沮为强弩将军，咸属大将军，斩首数千级而还。月余，悉复出定襄，斩首虏万余人。苏建、赵信并军三千余骑，独逢单于兵，与战一日余，汉兵且尽。信故胡人，降为翕侯，见急，匈奴诱之，遂将其余骑可八百奔降单于。苏建尽亡其军，独以身得亡去，自归青。青问其罪正闳、长史安、议郎周霸等：“建当云何？”霸曰：“自大将军出，未尝斩裨将，今建弃军，可斩，以明将军之威。”安曰：“不然。兵法‘小敌之坚，大敌之禽也。’今建以数千当单于数万，力战一日余，士皆不敢有二心。自归而斩之，是示后无反意也。不当斩。”青曰：“青幸得以肺附待罪行间，不患无威，而霸说我以明威，甚失臣意。且使臣职虽当斩将，以臣之尊宠而不敢自擅专诛于境外。其归天子，天子自裁之。”於以风为人臣不敢专权，不亦可乎？”军吏皆曰：“善”。遂囚建行在所。

是岁也，霍去病始侯。

霍去病，大将军青姊少儿子也。其父霍仲孺先与少儿通，生去病。及卫皇后尊，少儿更为詹事陈掌妻。去病以皇后姊子，年十八为侍中。善骑射，再从大将军。大将军受诏，予壮士，为票姚校尉，与轻勇骑八百直弃大（将）军数百里赴利，斩捕首虏过当。於是上曰：“票姚校尉去病斩首捕虏二千二十八级，得相国、当户，斩单于大父行藉若侯产，捕季父罗姑比，再冠军，以二千五百户封去病为冠军侯。上谷太守郝贤四从大将军，捕首虏千三百级，封贤为终利侯。骑士孟已有功，赐爵关内侯，邑二百户。"

是岁失两将军，亡翕侯，功不多，故青不益封。苏建至，上弗诛，赎为庶人。青赐千金。是时王夫人方幸于上，宁乘说青曰："将军所以功未甚多，身食万户，三子皆为侯者，以皇后故也。今王夫人幸而宗族未富贵，愿将军奉所赐千金为王夫人亲寿。"青以五百金为王夫人亲寿。上闻，问青，青以实对。上乃拜宁乘为东海都尉。

校尉张骞从大将军，以尝使大夏，留匈奴中久，道军，知善水草处，军得以无饥渴，因前使绝国功，封骞为博望侯。

去病侯三岁，元狩二年春为骠骑将军，将万骑出陇西，有功。上曰："骠骑将军率戎士隃乌盩，讨遫濮，涉狐奴，历五王国，辎重人众摄慑者弗取，几获单于子，转战六日，过焉支山千有余里，合短兵，鏖皋兰下，杀折兰王，斩卢侯王，锐悍者诛，全甲获丑，执浑邪王子，及相国、都尉，捷首虏八千九百六十级，收休屠祭天金人，师率减什七，益封去病二千二百户。"

其夏，去病与合骑侯敖俱出北地，异道。博望侯张骞、郎中令李广俱出右北平，异道。广将四千骑先至，骞将万骑后。匈奴左贤王将数万骑围广，广与战二日，死者过半，所杀亦过当。骞至，匈奴引兵去。骞坐行留，当斩，赎为庶人。而去病出北地，遂深入，合骑侯失道，不相得。去病至祁连山，捕首虏甚多。上曰："票骑将军涉钧耆，济居延，遂臻小月氏，攻祁连山，扬武乎鲜得，得单于单桓、酋涂王，及相国、都尉以众降下者二千五百人，可谓能舍服知成而止矣。捷首虏三万二百，获五王，王母、单于阏氏、王子五十九人，相国、将军、当户、都尉六十三人，师大率减什三，益封去病五千四百户。赐校尉从至小月氏者爵左庶长。鹰击司马破奴再从票骑将军斩遫濮王，捕稽且王；右千骑将得王、王母各一个，王子以下四十一人，捕虏三千三百三十人，前行捕虏千四百人，封破奴为从票侯。校尉高不识从票骑将军捕呼于耆王王子以下十一人，捕虏千七百六十八人，封不识为宜冠侯。校尉仆多有功，封为辉渠侯。"合骑侯敖坐行留不与票骑将军会，当斩，赎为庶人。诸宿将所将士马兵亦不如去病，去病所将常选，然亦敢深入，常与壮骑先其大军，军亦有天幸，未尝困绝也。然而诸宿将常留落不耦。由此去病日以亲贵，比大将军。

其后，单于怒浑邪王居西方数为汉所破，亡数万人，以票骑之兵也，欲召诛浑邪王。浑邪王与休屠王等谋欲降汉，使人先要道边。是时大行李息将城河上，得浑邪王使，即驰传以闻。上恐其以诈降而袭边，乃令去病将兵往迎之。去病既度河，与浑邪众相望。浑邪裨王将见汉军而多欲不降者，颇遁去。去病乃驰入，得与浑邪王相见，斩其欲亡者八千人，遂独遣浑邪王乘传先诣行在所，尽将其众度河，降者数万人，号称十万。既至长安，天子所以赏赐数十巨万。封浑邪王万户，为漯阴侯。封其裨王呼毒尼为下摩侯，雁疵为辉渠侯，禽黎为河綦侯，大当户调虽为常乐侯。于是上嘉去病之功曰："票骑将军去病率师征匈奴，西域王浑邪王及厥众萌咸奔于率，以军粮接食，并将控弦万有余人，诛逖悍，捷首虏八千余级，降异国之王三十二。战士不离伤，十万之众毕怀集服。仍兴之劳，爰及河塞，庶几亡患。以千七百户益封票骑将军。减陇西、北地，上郡戍卒之半，以宽天下徭役。"乃分处降者于边五郡故塞外，而皆在河南，因其故俗为属国。其明年，匈奴入右北平、定襄，杀略汉千余人。

其明年，上与诸将议曰："翕侯赵信为单于画计，常以为汉兵不能度幕轻留，今大发卒，其势必得所欲。"是岁元狩四年也。春，上令大将军青、票骑将军去病各五万骑，步兵转者踵军数十万，而敢力战深入之士属属去病。去病始为出定襄，当单于。捕虏，虏言单于东，乃更令去病出代郡，令青出定襄。郎中令李广为前将军，太仆公孙贺为左将军，主爵赵食其为右将军，平阳侯襄为后将军，皆属大将军。赵信为单于谋曰："汉兵即度幕，人马罢，匈奴可坐收虏耳。"乃悉远北其辎重，皆以精兵待幕北。而适值青军出塞千余里，见单于兵陈而待，于是青令武刚车自环为营，而纵五千骑往当匈奴。匈奴亦纵万骑。会日且入，而大风起，沙砾击面，两军不相见，汉益纵左右翼绕单于。单于视汉兵多，而士马尚强，战而匈奴不利，薄莫，单于遂乘六骡，壮骑可数百，直冒汉围西北驰去。昏，汉匈奴相纷挐，杀伤大当。汉军左校捕虏，言单于未昏而去，汉军因发轻骑夜追之，青因随其后。匈奴兵亦散走，会明，行二百余里，不得单于，颇捕斩首虏万余级，遂至寘颜山赵信城，得匈奴积粟食军。军留一日而还，悉烧其城余粟以归。

青之与单于会也，而前将军广、右将军食其军别从东道，或失道。大将军引还，过幕南，乃相逢。青欲使使归报，令长史簿责广，广自杀。食其赎为庶人。青军入塞，凡斩首虏万九千级。

是时匈奴众失单于十余日，右谷蠡王自立为单于。单于后得其众，右王乃去单于之号。

去病骑兵车重与大将军军等，而亡裨将。悉以李敢等为大校，当裨将，出代、右北平二千余里，直左方兵，所斩捕功已多于青。既皆还，上曰："骠骑将军去病率师躬将所获荤允之士，约轻赍，绝大幕，涉获单于章渠，以诛北车耆，转击左大将双，获旗鼓，历度难侯，济弓卢，获屯头王、韩王等三人，将军、相国、当户、都尉八十三人，封狼居胥山，禅于姑衍，登临翰海，执讯获丑七万有四百四十三级，师率减什二，取食于敌，卓行殊远而粮不绝，以五千八百户益封骠骑将军。右北平太守路博德属骠骑将军，会兴城，不失期，从至梼余山，斩首捕虏二千八百级，封博德为邳离侯。北地都尉卫山从骠骑将军获王，封山为义阳侯。故归义侯因淳王复陆支、楼剸王伊即靬皆从票骑将军有功，封复陆支为杜侯，伊即靬为众利侯。从票侯破奴、昌武侯安稽从票骑有功，益封各三百户。渔阳太守解、校尉敢皆获鼓旗，赐爵关内侯，解食邑三百户，敢二百户。校尉自为爵左庶长。"军吏卒为官，赏赐甚多。而青不得益封，吏卒无封者。唯西河太守常惠、云中太守遂成受赏，遂成秩诸侯相，赐食邑二百户，黄金百斤，惠爵关内侯。

两军之出塞，塞阅官及私马凡十四万匹，而后入塞者不满三万匹。乃置大司马位，大将军、票骑将军皆为大司马。定令，令票骑将军秩禄与大将军等。自是后，青日衰而去病日益贵。青故人门下多去事去病，辄得官爵，唯独任安不肯去。

去病为人少言不泄，有气敢往。上尝欲教之吴孙兵法，对曰："顾方略何如耳，不至学古兵法。"上为治第，令视之，对曰："匈奴不灭，无以家为也。"由此上益重爱之。然少而侍中，贵不省士。其从军，上为遣太官赉数十乘，既还，重车余弃粱肉，而士有饥者。其在塞外，卒乏粮，或不能自振，而去病尚穿域蹹鞠也。事多类此。青仁，喜士退让，以和柔自媚于上，然于天下未有称也。

去病自四年军后三岁，元狩六年薨。上悼之，发属国玄甲，军陈自长安至茂陵，为冢像祁连山。谥之并武与广地曰景桓侯。子嬗嗣。嬗字子侯，上爱之，幸其壮而将之。为奉车都尉，从封泰山而薨。无子，国除。

自去病死后，青长子宜春侯伉坐法失侯。后五岁，伉弟二人，阴安侯不疑、发干侯登，皆坐酎金失侯。后二岁，冠军侯国绝。后四年，元封五年，青薨，谥曰烈侯。子伉嗣，六年坐法免。

自青围单于后十四岁而卒，竟不复击匈奴者，以汉马少，又方南诛两越，东伐朝鲜，击羌、西南夷，以故久不伐胡。

初，青既尊贵，而平阳侯曹寿有恶疾就国。长公主问："列侯谁贤者？"左右皆言大将军。主笑曰："此出吾家，常骑从我，奈何？"左右曰："于今尊贵无比。"于是长公主风白皇后，皇后言之，上乃诏青尚平阳主，与主合葬，起冢象庐山云。

王莽传

——《汉书》卷九九

【说明】王莽（前45～23），字巨君，西汉元帝外戚，后为新朝皇帝。父亲王曼，是元帝皇后王政君的庶弟，早年去世。王莽的叔父伯父都被封侯，而王莽却孤独贫寒。他勤奋节俭，谦虚好学，孝敬母亲、嫂嫂，抚养侄儿，名声大振。伯父大将军王凤生病，王莽尽力服侍，甚得其欢心。由于王凤死前的推荐，王莽得拜黄门郎，迁射声校尉，后封新都侯，迁骑都尉、光禄大夫、侍中。王莽仗义疏财，招纳名士，名声超过了父辈。绥和元年（前8），王莽代替王根任大司马。哀帝即位，王莽一度被罢官家居。平帝即位后，王政君以太皇太后身份临朝称制，王莽官复原职执掌朝政。元始元年（公元1），王莽进升太傅，号安汉公，后加称宰衡，女儿也作了平帝的皇后。他诛杀异己，安插亲信，广结党羽，笼络人心，权倾朝野。元始五年（5），王莽加九锡。平帝死后，他拥立两岁的孺子刘婴，自己则居位摄政，称摄皇帝。初始八年（8），王莽自立为帝，改国号为"新"。

王莽称帝后，为缓和日益加剧的社会矛盾，附会《周礼》托古改制。始建国元年（9）下令实行井田制，不准买卖土地、奴婢，此后又实行五均赊贷和六管。他还多次变更币制，造成社会经济混乱，不仅没解决原有的社会危机，反而使各种矛盾更加激化，终于暴发了赤眉绿林等农民起义，新朝崩溃，王莽也在地皇四年（23）被杀。

王莽字巨君，是孝元皇后的侄子。元后的父亲和兄弟都在元帝、成帝时代被封侯，担任官职，辅佐皇帝。王家共有九位列侯、五位大司马。只有王莽的父亲王曼因去世较早，没有封侯。王莽的叔伯兄弟都是将军及平阿、成都、红阳、曲阳、高平五侯的儿子，凭借权势奢侈腐化，竟相炫耀车马衣饰、姬妾歌舞、田猎游乐。只有王莽孤独贫穷，因此谦逊俭仆，恭敬待人。他拜沛郡人陈参当老师，接受《仪礼》、《周礼》的传授，勤奋博学，衣着铺盖象普通书生一样。他侍奉母亲和守寡的嫂嫂，抚养失去了父亲的侄子，行为十分检点。另外，他在社会上交结豪杰，在家族中侍奉伯父、叔父，都委婉有礼。阳朔年间，他的伯父大将军王凤病了，王莽侍奉病人，亲自尝药，蓬头垢面，一连几个月昼夜不脱衣服。王凤临死，把他托付给王太后和汉成帝，他被任命为黄门郎，又提拔成射声校尉。

过了很久，他的叔父成都侯王商上书，愿意分出封给自己的民户来赐封王莽。还有长乐宫少府戴崇、侍中金涉、胡骑校尉箕闳、上谷郡都尉阳并和中郎陈汤等当时很有名望的人，都替王莽说话，皇上因此认为王莽是贤人。永始元年，成帝封王莽为新都侯，封邑是南阳郡新野县的都乡，有一千五百户。后来王莽被提拔成骑都尉兼光禄大夫侍中，事奉皇帝谨慎周到，官职越尊贵，态度越谦恭。他把车马和衣服，分给宾客，家里没有多余的。他接纳供养知名人士，广泛交结将军、丞相、卿大夫。因此在位的人争相推荐，社会上的人也替他鼓吹，虚名传遍朝野，胜过他的伯父、叔父。他敢于弄虚作假，做起来毫不惭愧。

王莽的哥哥王永担任过诸曹，早年去世，有个儿子叫王光。王莽让王光跟博士学习。休假时，王莽整顿车马，携带酒肉，去慰劳王光的老师，并馈赠礼物给全部同学。儒生们纵情观看，老人们赞叹不已。王光比王莽的儿子王宇小，王莽让他俩同一天成亲。成亲那天，宾客满堂，过了一会，有人来说王莽的母亲有病，需要吃某种药，王莽起身去探视。到宾客散去时，他先后探视了几次。王莽曾秘密地买了个丫头，叔伯兄弟们有所耳闻，王莽就说："后将军朱子元没有儿子，我听说这个女孩会生孩子，所以给他买下了。"当天他就把丫头送给了朱子元。他隐瞒真情、追求名声到了这种地步。

那时，太后的外甥淳于长因有才能官居九卿，地位在王莽之上。王莽暗地里搜集他的罪过，经大司马曲阳侯王根禀告成帝。淳于长被依法处死，王莽获得忠诚正直的名声，此事记载于《淳于长传》。王根因而请求退休，推荐王莽代替自己，皇上于是提拔王莽任大司马。这一年是绥和元年，王莽三十八岁。王莽既从同辈中脱颖而出，就跟在四位伯父、叔父之后辅佐皇帝。他想让自己的名声超过前人，就严以律己，聘请贤良做掾史，得到的赏赐和封邑的收入全部用来招待士人，自己愈加节俭。母亲生病，公卿列侯派夫人来探视，王莽的妻子迎接，衣服够不到地，麻布围裙不过膝盖，看见的人都以为她是奴仆下人，询问之后知道是夫人，都很吃惊。

王莽辅佐皇帝一年多，成帝去世，哀帝即位，尊皇太后为太皇太后。太后命令王莽回家，把权让给哀帝的外戚。王莽上奏章请求退休，哀帝派尚书令对王莽说："先帝把政权交给您而不幸去世，我得以继位，十分希望能和您同心同德。如今您上书称病要求退休，显得我不能尊奉先帝旨意，我很伤心。我已经命令尚书等待您奏事了。"又派遣丞相孔光、大司空何武、左将军师丹、卫尉傅喜禀告太后说："皇帝听到太后的命令，十分悲伤。大司马如果不出来任职，皇帝就不敢听政。"太后又命令王莽任职。

那时哀帝的祖母定陶傅太后、母亲丁姬都在世，高昌侯董宏上书说："据《春秋》大义，母亲因为儿子的地位而尊贵，应该给丁姬加上尊贵称号。"王莽和师丹一起弹劾董宏贻误朝政，违犯纲纪。后来，未央宫举行宴会，内者令给傅太后设置帷幕，坐在太皇太后座旁。王莽巡视，责备内者令："定陶太后是诸侯王的太后，怎么能和最尊贵的太皇太后并列！"于是撤去帷幕，另外设立座位。傅太后听说后，大怒，不肯参加宴会，十分恼恨王莽。王莽再次请求退休，哀帝赏赐给王莽黄金五百斤，安车一辆，马四匹，让他免职回家。很多公卿大夫都称赞王莽，皇帝就特别宠爱和优待王莽，在他家设置专使，派宫内太监每十天赏赐他一次饮食。下诏书说："新都侯王莽为国辛劳，坚持原则，我很希望和他一起治理国家。太皇太后命令王莽回家，我非常惋惜。请把黄邮聚三百五十户加封给王莽，赐给特进职位，加以给事中官衔，初一、十五朝会，参见皇帝的礼仪和三公一样，皇上出行，可乘绿车随从。"两年后，傅太后、丁姬都有了尊贵称号，丞相朱博上奏说："王莽前些时候不尊敬尊长，压抑贬低太后，亏损了孝道，应当明正典刑。幸而遇到赦免命令，（未遭杀戮），但也不应拥有爵位、封土，请罢免他为庶民。"皇上说："因为王莽和太皇太后有亲戚关系，不要免除其爵位和封土，命令他回到自己封地去吧！"

王莽（在封地）闭门谢客，安分守己。他的第二个儿子王获杀死奴婢，王莽痛加叱责，命令他自杀。王莽在封地三年，数以百计的官吏上书替王莽申冤。元寿元年，出现日食，贤良周护、宋崇等在对答皇帝的策问时深切地歌颂王莽的功德，皇帝因此征召王莽回京。

当初王莽到封地去时，南阳太守因王莽地位高贵显要，选调属官门下掾宛县人孔休代理新都国相。孔休进见王莽，王莽礼节周全地结交孔休。孔休也早闻王莽大名，就和王莽酬答。后来王莽生病，孔休问候探视。王莽为报答恩情赠送玉饰宝剑，想结为友好。孔休不肯接受，王莽就说："我确实是看到您脸上有瘢痕，想到美玉可以灭瘢，所以才献上这美玉剑鼻。"于是解下剑鼻。孔休再次推辞，王莽说："您是嫌它价值太贵重吧！"就把剑鼻砸碎，亲自包好送给孔休，孔休这才接受了。到王莽被征召回京时，想见见孔休，孔休推说有病不肯相见。

王莽回到京城一年多，哀帝去世，没有儿子，而傅太后、丁太后都早已去世了。太皇太后当天乘车到未央宫收取玉玺，派使者飞驰前往召见王莽。又下诏命令尚书，所有调兵的符节、文武百官的奏章、宫廷太监和近卫亲兵都归王莽统辖。王莽说："大司马高安侯董贤，年轻，不合大家心意，请收回官印。"董贤当天自杀。太后命公卿大臣推举大司马人选，大司徒孔光、大司空彭宣推举王莽，前将军何武、后将军公孙禄互相推举。太后拜王莽为大司马，和他商议皇位继承人。安阳侯王舜是王莽的堂弟，为人谨慎，素受太后信赖、宠爱。王莽禀告让王舜任车骑将军，派他去迎接中山王来以成帝后代的身份继承王位，这就是孝平皇帝。平帝年刚九岁，太后临朝听政，政事完全托付王莽。王莽说赵氏以前害死皇子，傅氏骄横僭越，于是废掉孝成赵皇后和孝哀傅皇后，命令她们都自杀。

王莽因为大司徒孔光是著名儒师，辅佐过三位皇帝，受太后尊敬，天下人都信任他，于是十分尊崇孔光，提拔孔光的女婿甄邯为侍中奉车都尉。对平素所不喜欢的哀帝外戚及大臣。王莽都罗织罪名，写成奏章，命甄邯带给孔光。孔光一向恐惧、谨慎，不敢不呈上奏章。王莽再禀告太后，全部批准这些奏章。于是前将军何武、后将军公孙禄因为互相推举而被罢免，丁、傅及董贤的亲属都免去官职、爵位，流放到远方。红阳侯王立是太后的亲弟弟，虽然已不在位，王莽由于他是叔父而内心敬畏他，又怕他乘机向太后进言，使自己不能为所欲为，就再让孔光上奏王立原先的罪恶："王立先前知道定陵侯淳于长犯大逆不道罪，却仍然接受他大量的贿赂，替他说话，迷误朝廷。后来又说官奴婢杨寄的私生子是皇子，众人说是吕后、少帝复活，凡此种种都造成天下人的疑惑，难以昭示后代，完成维护幼主的功业。请命令王立到封地去。"太后不听从。王莽说："于今汉室衰微，接连几代没有继承人，太后独自代替幼主执政，实在令人担心。即使努力用公正的态度为天下表率，仍恐不肯服从，于今这样因私人恩情违背大臣的议论，群臣就会倾向奸邪，祸乱将由此而起。应该暂且命令他到封地去，待国家安定之后再把他征召回来。"太后迫不得已只好命令王立到封地去。王莽就是这样胁持上下。

那时，依附顺从王莽的都得到提拔，触怒怨恨王莽的都遭到杀戮。王舜、王邑为心腹，甄丰、甄邯掌管纠察、弹劾，平晏统领机密大事，刘歆主管文书，孙建做走卒。甄丰之子甄寻，刘歆之子刘棻，涿郡崔发、南阳陈崇，都因为有才能而受到王莽的宠爱。王莽表情严肃而言辞方正，想做什么事，总是略微示意，其党羽便秉承旨意而明显地启奏，王莽则叩头哭泣，坚决推辞，对上迷惑太后，对下取信民众。

当初，王莽暗示益州郡命塞外的少数民族进献白鸡。元始元年正月，王莽禀告太后下诏，用白鸡进献宗庙。群臣因而向太后启奏："太后委任大司马王莽决策拥立皇帝，安定了国家。从前大司马霍光有安定国家之功，加封了三万户，并规定子孙可继承爵位、封邑，和萧相国一样。王莽也应该象霍光那样。"太后问公卿大臣："你们真的是因为大司马有大功而认为应当嘉奖，还是因为他是我的至亲而想使他与众不同呢？"于是群臣就热烈地陈述："王莽的功德招致了周成王那样的白鸡祥瑞，相隔千年，符命相同。根据圣王的法令，臣子有大功生前就应赐予美好的称号，所以周公在世时就能用周朝的国号作为称号。王莽有安定国家、安定汉室的大功，应赐号安汉公，加封民户，规定其子孙可继承爵位、封邑。向上顺应古代的制度，向下比照近代的行事，以求顺从上天的旨意。"太后命令尚书把这些事全部记录下来。

王莽上书说："我与孔光、王舜、甄丰、甄邯共定国策，于今希望只列出孔光等人的功劳，加以奖赏，撇开我，不要让我和他们并列。"甄邯禀告太后下诏说："'不偏私、不结党，王道正直坦荡'。对于亲属，于理不得偏私。你有安邦定国之功，不能因为是亲戚就埋没功绩。你不要推辞。"王莽再次上书推让。太后命令谒者引导王莽在正殿东厢房待命，王莽推托有病不肯进殿。太后让尚书令姚恂告知他："你因为要受奖赏而托病推辞，你责任重大，不能不来，应该及时上朝。"王莽坚决推辞。太后再派太仆王宏奉皇帝命征召王莽。王莽坚持推托有病。左右大臣告知太后，应该不强迫改变王莽的意见，只列举孔光等人的功劳，王莽才会上朝。太后下诏书说："太傅博山侯孔光侍奉四代皇帝，历任太傅、丞相，忠孝双全，仁义笃厚，行为合乎道义；名闻遐迩，又建议决策拥立皇帝，加封一万户，任命为太师，参与四辅的执政。车骑将军安阳侯王舜长期仁义孝敬，奉命迎接中山王为帝，万里旅途艰难曲折，功德显著，加封一万户，任命为太保。左将军光禄勋甄丰侍奉三代皇帝，忠诚可靠，仁义笃厚，奉命迎接中山王为帝，辅佐奉养，安定国家，封甄丰为广阳侯，食取五千户的租税，任命为少傅。(以上三人)都授予四辅职位，子孙可继承其爵位、封邑，每人赏赐一区住宅。侍中奉车都尉甄邯侍奉皇帝辛勤劳苦，又建议决策拥立皇帝，封甄邯为承阳侯，食取二千四百户的租税。"四人受到封赏后，王莽仍未上朝，群臣再次上书说："王莽虽然克制、谦让，朝廷还是应该表彰，及时增加赏赐，以明确表示重视拥立的首功，不要使文武百官和民众失望。"太后就下诏书说："大司马新都侯王莽历任三代皇帝的三公，担任周公的职责，制定了万世长治久安的政策，功劳德行为忠臣敬仰，影响遍及海内，远方异域的人也敬慕他的道义，越裳氏语言不通，经过几道翻译来进献白鸡。请把召陵、新息二县二万八千户加封给王莽，免除他后代子孙的赋役，其子孙可继承爵位、封邑。奖赏王莽之功仿照萧何相国的成例。任命王莽为太傅，主持四辅的工作，称号为安汉公。把从前萧相国的豪华住宅作为安汉公府，明确规定在法令上，世世代代传下去。"

于是王莽诚惶诚恐，不得已才上朝接受策命。策命说："汉室危急，皇位无人继承，而您安定了；四辅的职责，三公的工作，您承担了；百官众僚，而您主管；功德显著，国家赖您得以安宁。您招致的白鸡祥瑞，象征周公辅佐成王。因此赐您称号为安汉公，辅佐皇帝，希望能天下太平。不要违背了我的意愿。"王莽接受了太傅和安汉公称号，辞让了加封和子孙可继承的爵位、封邑，说希望等到百姓家给户丰之后，再加赏赐。群臣又力争，太后下诏书说："安汉公自己希望等到百姓家给户丰，因此可以听从。应让他的俸禄、府中吏员、赏赐都比原先增加一倍。等到百姓家给户丰后，大司徒、大司空把情况报告上来。"王莽再次辞让不受，而且建议应该先封诸侯王的后代及高祖以来的功臣子孙，大者封侯，小者赐爵关内侯食取封邑租税，然后再封赏在位的人，各有一定的顺序。对上尊敬祖宗，增加祭祀的礼乐；对下施恩惠给士人百姓、鳏寡孤独，一切加惠于民的政策无不施行。

王莽已经取悦了民众，又想专权独断，知道太后厌倦了政事，就暗示公卿大臣上奏章说："以前，官吏积累功绩升到二千石，以及州部所举荐的秀才、杰出人物等，大多不称职，应当都让他们参见安汉公。此外，太后不适宜亲自过问琐事。"让太后下诏书说："因为皇帝年幼，我暂且执政，一直到皇帝成年。于今政事烦琐，我年事已高，精力不支，继续理事不是保养身体和培育皇帝的办法。因此选择忠臣贤良，设立四辅官职，让百官勤于职守，永保国家康宁。孔子说：'伟大啊！舜禹治理天下，全是委任贤臣，而不亲自过问，'从今以后，只有封爵的事才报告给我。其他政事，由安汉公、四辅裁决。州郡太守、二千石官及茂才吏初次拜官奏事的，都引进宫殿附近的官署参见安汉公，让安汉公考查其原来的工作，询问新任的职务，以便了解是否称职。"于是王莽一一接见询问，详尽地表示给予的恩惠，并赠送厚礼；不合意的人，则明白地奏请罢免，其权力和皇帝相等。

王莽打算用空名取悦太后，建议说："我们承接以前哀帝丁、傅皇后奢侈浪费之后，百姓多不富裕，太后应暂且穿素色绸衣，稍微减少菜肴，以便为天下作出表率。"王莽因而上书，表示愿出一百万钱，献上三十顷地，交给大司农救济贫民。于是公卿大臣都仰慕效法。王莽率领群臣上奏说："太后陛下年高位尊，长期穿素色绸衣、减少菜肴，委实不是保养身体、培育皇帝、安定国家的办法。臣王莽多次到宫中叩头问候，力争不要如此，未蒙允准，如今幸亏陛下恩德普及，近来风调雨顺，甘露降下，灵芝生长、朱草、嘉禾各种吉祥征兆一齐来到。

臣王莽等怀有表达不尽的愿望，愿陛下爱惜精力，休养心神，开阔心胸，穿上帝王常规服装，恢复太官规定的帝王饮食，使臣子们能充分表示对您的热爱，完善对您的供养。希望太后体谅！"王莽又让太后下诏书说："据说皇太后的准则是思想不超出宫门。上天不保佑我们国家，皇帝尚在襁褓之中，不能亲自执政，我战战兢兢，害怕国家不得安宁。国家的大纲，没有我谁能统领？因此，孔子晋见南子，周公摄政，原是根据时势而行的权宜之计。我辛勤工作，绞尽脑汁，忧患劳苦不得安宁，所以当社会风气奢侈时，就用俭朴的作风来影响全国，矫枉必须过正。如果我不以身作则，天下臣民会怎样呢？我朝夕都在梦想着五谷丰登、百姓富有，等皇帝成年加冠，把政权交给他。现在我确实无暇享用轻软的衣服和美味的食品，希望和百官一起有所成就，大家勉励吧！"每逢遭遇水灾旱灾，王莽总是只吃素食，左右臣子把情况报告上去，太后就派使者命令王莽说："听说您只吃素菜，忧国忧民确实深切。今秋庄稼幸而丰收，您工作勤劳，应当按时吃肉，为国家爱惜身体。"

王莽认为中国已经太平，只有四周少数民族尚没有明显变化，就派使者携带黄金、财帛，送给匈奴单于厚礼，让他上书说："听说中国谴责双名，我原名囊知牙斯，现在改名知，以表示顺从圣朝的制度。"又派王昭君的女儿须卜居次到汉朝侍奉太后。王莽欺骗、迷惑太后，以至欺骗太后的随从、侍女，方法真是千变万化。

王莽已经位尊权重，又想把女儿许配给平帝做皇后，以便巩固自己的权利。他上奏说："皇帝即位三年了，皇后没有聘娶，妃子也没纳足。前段时间，国家发生危难，根源就在于皇帝没有继承人，嫁娶不正规。请考查议论《五经》的记载，制定嫁娶礼仪，端正十二女的原则，以便生育更多的继承人。可广泛采取商周王族的后代和周公、孔子以及世代列侯在长安的嫡亲女儿。"事情下交主管部门，报上众多女子的名单，王氏家族的女儿很多都在预选名单中。王莽害怕他们和自己的女儿竞争，就上书说："我没有德行，孩子才貌也低下，不适合跟众女子一起入选。"太后以为他出自至诚，就下诏书说："王氏家族的女儿是我的娘家人，不要选取了。"平民、儒生以及郎官以上的官员守候在宫门前上书的每天都有千余人，公卿大夫有的到朝廷上，有的跪伏在官衙门下，都说："诏书中所表现的太后德行是那样崇高，而安汉公的伟大功勋又是这样光辉，现在要立皇后，为什么要单独排除安汉公的女儿？天下臣民往哪里寄托自己的命运！希望能让安汉公的女儿做国母。"王莽派长史以下的属官分批劝阻公卿和儒生，而上书的人却越来越多。太后迫不得已，只好任凭公卿选取王莽的女儿。王莽又自己申明："应当广泛地选取众女子。"公卿们争辩说："不应选取众女子，以致使皇后的地位不能确定。皇后的位子是属于安汉公女儿的。"王莽说："希望相看一下我的女儿。"太后派长东少府、宗正、尚书令去送彩礼并相看王莽女儿。回来后上奏说："安汉公女儿长期受良好的道德教养，有美丽的容貌，适合延续帝王世系，奉承祭祀大事。"又下诏派大司徒、大司空到宗庙中用策书祷告，同时并用龟卜和占筮，结果都说："卜兆呈金水相生之相，占卦遇泰卦，乾下坤上，父母得位，这是大吉大利的征兆。"信乡侯刘佟上书说："《春秋》记载，周天子要从纪国娶王后，就把纪子升为侯，安汉公的封邑和古代的制度不相称。"事情下交主管部门，都说："古代天子封王后之父纵横百里的土地，尊敬他，不把他视为臣子，以表示重视宗庙，这是孝道的最高表现。刘佟的言论符合礼，可以允准。请把新野县二万五千六百顷土地加封给王莽，以达到纵横百里。"王莽辞谢说："臣王莽的女儿实在配不上最尊贵的皇帝，现在又听从大家的意见，加封土地给我。我想，我已经得到太后、皇帝的信任，获得爵位和土地，假使女儿真能配上皇帝，我的封邑足够供给朝见君王的贡品，不需要再给予增加封地的恩宠。希望归还增加的封地。"太后答应了他。主管部门上奏："按照惯例，聘皇后须二万斤黄金，二亿钱。"王莽坚决辞让，接受了四千万钱，而又把其中的三千三百万给了十一户陪送女儿出嫁的人家。群臣又说："如今皇后接受的聘礼，比妃妾多不了多少。"有诏书，再增加二千三百万，合计为三千万钱。王莽又把其中的一千万分给九族中的贫苦人家。

陈崇当时任大司徒司直，和张敞的孙子张竦友好。张竦博学多才，就替陈崇起草了一个奏章，歌颂王莽的功德。陈崇呈上奏章，奏章说：

敞人看到安汉公开始做官时，正值社会风气崇尚奢侈，他受到太后和成帝优厚至亲的宠爱，又加上伯父叔父们显赫的荣光，有钱有势，无人敢惹，然而他却能谦虚克制，仁爱待人，约束私心，遵行礼仪，一反世俗所为，坚定地超然世上。他穿的是粗布衣服，吃的是低劣饭食，车子破旧，马匹愚钝，妻妾没有第二个，在家中孝敬父母、友爱兄弟，无人不知。清静恬淡，安贫乐道，温和善良，礼贤下士。对旧友常施恩惠，对师、友非常忠厚。孔子说："不如贫穷而快乐，富有而喜欢礼节。"说的就是安汉公这种人。

到了他做侍中，原定陵侯淳于长犯了大逆不道罪，安汉公不敢徇私情，首先上书检举，给予惩罚。周公诛管叔、蔡叔，季子鸩杀叔牙，就是安汉公这样的作为。

因此孝成皇帝任命安汉公为大司马，把国家政权委托给他。孝哀帝即位，高昌侯董宏逢迎拍马，追求名位，（想立丁姬为皇太后）制造两个帝统，安汉公亲自弹劾，稳定了大局。他首先提出定陶太后不应在太后帷幕中设座，申明国家体制。《诗》说："软的不吞，硬的不吐，不欺侮鳏寡，不畏惧强暴。"说的就是安汉公这样的人。

安汉公坚持谦虚退让，诚心诚意地让出大司马职位。定陶太后想建立超越名分的称号，害怕安汉公当面指责她不该在太后帷幕中设座的大义凛然，而谄媚欺诈的奸雄朱博之流，又对安汉公亲自弹劾淳于长、董宏恐惧不安，于是上下一心，进谗言、耍诡计，纷至沓来，破坏制度，终于窃取了名号，排斥驱逐仁人贤士，诛杀伤害宗室外戚，安汉公蒙受了伍子胥、屈原所受的冤害，远离京师去到封地。这时朝廷政治混乱，法制松弛，国家犹如千钧一发。《诗》说："贤人逃亡，邦国危急。"说的就是安汉公这样的人。

此时，宫中没有皇位继承人，董贤窃取大权，加上傅家有皇后女儿的支持，他们都自知得罪了天下臣民，和中山王结下仇恨，所以必然共分忧患，同心协助，如果假托遗诏，频繁进行赏赐诛杀，先铲除他们害怕的人，迅速提拔依附他们的人，诬陷往日的冤敌，再征立皇室中的远亲，不难做到，大事成功势焰熏天。幸亏安汉公立即入朝，及时罢免董贤及其亲信党羽。当时，安汉公运用远见卓识，振奋空前的雄威，怒目圆睁，疾言厉色，趁他们根基不牢，阴谋尚未发动就压了下去。震雷响起，弩机扳动，敌人应声被摧毁，即使有孟贲、夏育也来不及持枪刺杀，即使有樗里子也来不及用计，即使有鬼谷子也来不及施展，因此董贤丧魂落魄，终至绞死。人还没有转身，日影还没有移动，贼人豁然肃清，朝廷变得安宁。没有陛下，谁也不能任用安汉公，没有安汉公，谁也不能战胜此灾祸。《诗》说："师尚父（吕望）啊！神采飞扬，协助那武王。"孔子说："处事敏捷方能成功。"说的就是安汉公这样的人。

于是安汉公就建议接纳原泗水国相甄丰、鬏县令甄邯和大司徒孔光、车骑将军王舜，安定国家，捧着朝廷符节前往东方迎接君王，他们都因为有功而接受封爵、增加封地，成了国家的名臣。《尚书》说："识别人才就是智者。"说的就是安汉公这样的人。

公卿都赞叹安汉公的道德，一起推崇安汉公的功勋，把他比为周公，认为应赐给安汉公的称号，加封两县的土地，安汉公都不肯接受。古书说申包胥不受保存楚国的报答，晏婴不受辅佐齐国的封赐，孔子说：'能用礼让治国，那还有什么办不到的?'说的就是安汉公这样的人。

将要给皇帝聘娶后妃，主管部门报上名单，安汉公的女儿列居首位，安汉公坚决推辞，迫不得已然后才接受诏命。父亲和子女的亲爱是天性，父亲想让子女荣华富贵比为自己还厉害，皇后的尊贵和天子相等，当时的机会千载难逢，然而安汉公考虑皇帝世系，辞让大福大恩，事事谦虚退让，动辄坚决推辞。《书》说："舜自认为德行浅薄，不足以继承尧的帝位"，说的就是安汉公这种人。

自从安汉公接受策命以来，直到今天，他勤勤恳恳，德行功业日益增进，检点平素的为人处事，教化王侯封国，崇尚俭仆，矫正社会不良习俗。施舍钱财，减少家产，以为群臣作出表率；严以律己，执法公正，以使公卿效法；教育儿子，重视学习，以振兴国家的文教。童仆奴婢穿布衣，马匹不喂谷物，饮食的费用不超过普通百姓。《诗》说："温和恭谨的人，就象鸟儿栖息在树上。"孔子说："吃饭不求满足，居住不求安逸。"说的就是安汉公这种人。

安汉公克制欲望，约束自己，购买粮食仅够食用，日用物品都到市场采购，当日用完，家无储蓄。又上书归还哀帝所加封给他的土地，交出钱币，捐献田地，把旧有的产业消耗殆尽，为大家做出榜样。于是各阶层都群起响应，纷纷效法，宫外的王公列侯，宫内的禁卫侍从，同时行动，各尽所有，有的交纳金钱，有的捐献田地，用来赈济贫穷，收容供养缺衣少食的人。从前楚国令尹子文（毁家抒难），吃了早饭无晚饭，鲁国相公仪休不吃园里的葵菜（不夺园夫收入），就是安汉公这种人。

安汉公敞开大门招揽文士，所聘请的直到住茅屋的平民，不断查看朝廷政治，总管各部行政，亲自接见州牧太守以下官员，考核其日常工作，明察是非优劣。《诗》说："整天自强不息，夜晚仍然戒惧、惕励。"说的就是安汉公这样的人。

接连在三位皇帝时代官居三公，两次安葬去世的皇帝，担任大司马职务，安定国家，天下归心，各得其所。《书》说："安排在执政要位上，狂风骤雨不迷航。"说的就是安汉公这种人。

以上所述都是前代罕见，夏禹、后稷也难能的，而安汉公自始至终一以贯之，可以说是完美无缺了！因此三年之中，教化流行犹如神助，吉兆多次显现，难道不是陛下知人善任的功效、得到贤能的结果吗？所以，不仅君王承受天命是真，即使臣子们生逢圣世也不假。因此，夏禹受赐玄圭，周公配享郊祀，是为了表明天降贤才，君王通达天意加以使用，而不敢贪天之功以为己有。度量安汉公的德行，堪为天下楷模，观察安汉公的功勋，可奠定万世的基业。完成基业而不给予相应的赏赐，树立楷模而不给予相称的表彰，实在不是增强国家、顺应天意啊！

高皇帝表彰奖赏首功，萧何相国封邑的民户已增加一倍，又受到特殊的礼遇，奏事可以不称呼名，上殿可以不用快步走，封赐他十余名亲属。喜欢为善，从不满足，颁发赏赐，从不吝啬。只要献上一条计策，就一定赐给爵位，因此公孙戎位居郎官，由警卫骑士入选，一次申明樊哙不反，赐封二千户。孝文皇帝奖赏绛侯周勃，加封一万户，赐黄金五千斤。孝武皇帝抚恤军功，封卫青三万户，卫青三个儿子，有的还在襁褓中，都封为通侯。孝宣皇帝显耀霍光，增加封户，命子孙继承，受封的有三人，扩大到侄孙。绛侯依靠汉诸侯国的坚固，凭仗朱虚侯刘章的鲠直，借着诸将的协助，依据互相扶持的形势，所以诸吕阴谋虽然丑恶凶狠，势难得逞。霍光长期官居要位，趁政治上大获胜利的威力，从未遭遇不顺，也没有被陷害而离开朝廷，朝廷上的官员，无不是他同党，长期执政，几代不曾中断，虽说是有功，得来也较容易。即使如此，也还有谋划不周，错误迎立昌邑王的过失。至于卫青、公孙戎，不过是刀枪之功，一句话之劳，但都受到了巨大的奖赏。安汉公和绛侯、霍光比较，一是创建，一是因袭，和卫青、公孙戎比较，更是天地之差。而安汉公又有主持政务的实效，应当与夏禹周公享受同样尊崇，获得和他们一样的奖赏。上面所说的那些人哪能跟安汉公同日而语？然而，安汉公还没有得到卫青等人的厚赏，我的确迷惑不解。

我听说对首创始建的功勋，赏赐不受限制，对最高的德行，表彰不受约束。因此成王对周公，超过了纵横百里的限制，逾越了九锡的约束，开拓了七百里的疆界，同时统治商、奄两国民众，把殷遗民六族赏为附庸，赐给大车和大旗、封父的大弓、夏后的玉璜，设置太祝、太宗、太卜、太史等官，器物完备，典策俱全，设立百官，赏给祭器，允许用白色雄牲祭祀，可以举行郊祀、望祭。周成王说："叔父，让你的长子封土建国。"周公父子就一前一后地跪拜接受。这可以说是对首创的功勋赏赐不受限制。不仅如此，而且六个儿子都给封赐。《诗》说："善言没有不采用的。恩德没有不报答的。"报答应该和恩德相称，不相称不如不报答。观察近代的行事，高祖约定非刘氏不王，然而鄱君吴芮却被封为长沙王，皇帝并下诏书称他是忠臣，明确地规定在法令上，显然只要有大诚大信，可以不受制度约束。春秋时晋悼公用魏绛的计策，华夏诸国都服从晋。郑伯献乐队，晋悼公拿出一半赏赐魏绛，魏绛坚决推辞，晋悼公说："没有您，我过不了黄河。赏赐是国家的制度，不可废弃。请您接受吧！"魏绛从此有了钟、磬之类的乐器。《春秋》表扬了此事，认为臣子尽忠而又辞赏，君王了解臣子而又坚持赏赐，都很可取。如今陛下既然了解安汉公有周公的功德，却不进行成王的奖赏，只是听从安汉公的坚决推辞，不顾《春秋》的大义，那么臣民将如何议论，后代将如何记载？这实在不是治国之道。我愚笨，认为应扩大安汉公的封地，让他象周公一样，封赐安汉公的长子，让他象伯禽一样。赏赐的物品，也都象周公一样。其他儿子的封赏也象周公的六个儿子一样。那么，群臣都会欣然尽忠，百姓们也会感恩戴德，臣果然尽忠，民果然戴德，国事还有什么做不好？希望陛下深切考虑祖宗的重托，恭敬地畏惧上天的告诫，效法虞舜和周代的盛世，命令给予伯禽那样的赏赐，不要吝惜象对周公一样的报偿，设立圣明的制度，让后代可以遵循，那么天下就太幸运了！

太后把奏章拿给大臣们看，大臣正议论此事，恰逢吕宽的事发生了。

当初，王莽想专权，对太后说："从前哀帝登基，背叛恩情道义，自己使外戚丁、傅两家尊贵，扰乱国家，几乎亡国。现在皇帝年幼，又继承了嫡系长支，成了成帝的后嗣，应该明确正统原则，以前事为鉴戒，为后代立法规。"于是派甄丰捧着玺印，就地赐封平帝的母亲为中山孝王后，赐封平帝舅父卫宝、卫宝的弟弟卫玄为关内侯，都留在中山国，不能到京城来。王莽的儿子王宇，不赞成王莽隔离卫家，恐怕平帝长大之后会怨恨，就暗中派人送信给卫宝等人，让他们告诉平帝的母亲上书请求来京城。王莽不同意平帝母亲的要求。王宇和师傅吴章及内兄吕宽商议对策，吴章认为王莽不能劝谏，但迷信鬼神，可以制造怪变灾异惊吓他，吴章再乘机推演灾变，劝说王莽把政权交给卫家。王宇就派吕宽夜晚拿血酒到王莽府上，不料被守门官吏发现。王莽把王宇送进监狱，用药毒死。王宇的妻子吕焉怀有身孕，关在牢中，等生下孩子后，也杀死。王莽上奏说："王宇被吕宽等人连累，散布流言，迷惑民众，与管叔、蔡叔罪恶相同，我不敢不诛杀。"甄邯等人禀告太后，下诏说："唐尧有儿子丹朱，周文王有儿子管叔、蔡叔，这都是圣人，对愚蠢的儿子也无可奈何，因为他们的本性是无法改变

的。您居于周公的地位，辅佐象成王一样的幼主，而实行对管叔、蔡叔一样的诛罚，不因为爱亲人而妨害尊崇君主，我很赞赏。从前，周公诛灭四国以后，深广的教化才完成，以至于刑罚被搁置不用。请您一心一意辅佐国家，务期使天下太平。"王莽由此诛灭了卫家，彻底追查吕宽一案，把平时非议自己的郡县、封国豪杰统统牵连在内，宫内涉及到敬武公主、梁王刘立、红阳侯王立、平阿侯王仁，派使者看守逼迫，都自杀了。死的人数以百计，天下震动。大司马护军褒上奏说："安汉公遭遇不幸，儿子犯下管叔、蔡叔之罪，父爱子至为深切，但为了皇室他不敢徇私。王宇犯罪，他感触极深，发愤著书八篇，用来告诫子孙。应当把此书分发各郡、封国，命令学官用来教授学生。"事情交给公卿群臣议论，他们请求命令全国官吏凡能背诵安汉公书的人都记载在官府簿录上（作为考选的依据），把安汉公的书视同《孝经》。

元始四年春天，在郊外祭祀天地，让高祖配享天；在宗庙中祭礼祖宗，让孝文皇帝配享上帝。四月丁未日，立王莽的女儿为皇后，宣布全国大赦。派大司徒司直陈崇等八人分别巡行全国，考察风俗。

太保王舜等人上奏说："《春秋》阐述功业、德行的原则，最高的是树立德行，其次是建立功业，再次是著书立说。只是最有道德、最贤能的人，才能做到这些。如果是臣子做到了，生前就会得到大的赏赐，死后会成为受人敬仰的大臣，商朝的伊尹、周朝的周公就是。"至于百姓上书的，有八千余人，都说："伊尹做阿衡，周公做太宰，周公享受七个儿子受封的待遇，得到超过上公的赏赐。应当按照陈崇说的去做。"奏章下交有关部门，有关部门请求："把以前加封而安汉公推辞掉的两县及黄邮聚、新野县的田地归还给他，采取伊尹、周公的称号，加称安汉公为宰衡地位和上公相同。其属下掾史，官秩为六百石。

三公上书安汉公要称'敢言之'，群臣不得与安汉公同名。安汉公出行，随从期门士二十人、羽林士三十人，前后大车各十辆。赐封安汉公母亲称号为'功显君'，封地民户二千，佩戴的黄金印章配红丝纽带。赐封安汉公二子，王安为褒新侯，王临为赏都侯。增加皇后聘礼二千七百万钱，合计为一万万，用以显示礼仪隆重。"太后到前殿亲自赐封。安汉公在前，二子在后，跪拜，按周公惯列。王莽叩头辞让，出宫之后呈上密封奏章，表示愿意只接受母亲的封号，退还王安、王临的印章及自己的称号、爵位、封邑。事情下交太师孔光等人，都说："赏赐还不足和功劳相当，谦虚退让是安汉公一贯作风，终归不可听从。"王莽求见太后，坚决推辞。太后下诏说："安汉公每次进见都叩头流泪，坚决推辞。现在又上书称病，是暂且听从他的推让，让他上朝管事呢？还是坚持进行赏赐，送他回府养病呢？"孔光等人说："王安、王临亲自接受了印章，策封的爵位及称号已通告上天，大义昭然（不宜变更）。黄邮、召陵、新野的田地收入很多，都只和安汉公有关，他想减少自己收入以促进国家教化，可以同意。治国平天下的教化应在一代中完成，宰衡的官不能代代都有。增加聘礼钱，是为了尊敬皇后，不是为了安汉公。功显君的食邑民户，止于太夫人一身，不能相传。褒新、赏都两封邑，合计三千户，太少了。忠臣的节操，也应该委屈自己以伸张君主的赏罚大义。应当派大司徒、大司空持节奉命，命令安汉公立即上朝管理政事。命令尚书不再接受他的推让奏章。"奏章得到认可。

王莽于是上朝管理政事，上书说："我于元寿二年六月戊午日突发事件的夜晚，以新都侯身分被引进未央宫，庚申日任命为大司马，忝居三公之位；元始元年正月丙辰日拜为太傅，赐给安汉公称号，列为

四辅官位；今年四月甲子日又拜为宰衡，位居上公。臣王莽自思，爵位是新都侯，称号是安汉公，官为宰衡、太傅、大司马，爵位高贵，称号尊崇，官职重要，一身蒙受五项重大荣誉，实在不是鄙臣所能承当的。据元始三年考查，全国收成已恢复正常，减省的官职应都重新设置。《谷梁传》说：'天子的大臣，权力通达四海。'臣愚笨，认为宰衡的职责是矫正百官治理天下，然而却没有印章，名不副实。臣王莽没有兼任数职的才能，而今圣上既然已经错误地任用了我，我请求御史刻宰衡印章，印文是'宰衡太傅大司马印'。刻成后授给臣王莽，我上交太傅与大司马印章。"太后下诏说："可以。印章丝纽和相国印同，我亲自上朝授印。"王莽又把增加的聘礼钱拿出一千万，送给长乐宫侍奉太后饮食起居的侍从。太保王舜上奏说："天下臣民听说安汉公不接受出一千辆战车的封地，推辞一万斤黄金的聘礼，散财施舍数以千万计，没有人不被感化。蜀郡男子路建等人中止诉讼，惭愧地离开官衙，即使是文王感化虞国、芮国二君，也不过如此！应该把此事向全国宣布。"奏章被认可。宰衡出行，随从者前后各十辆大车，还有值班的尚书郎、侍御史、谒者、中黄门、期门士、羽林士。宰衡经常持节，停留时谒者代为持节。宰衡的掾史官秩为六百石，三公向宰衡上书称"敢言之"。

这年，王莽上奏兴建明堂、辟雍、灵台，给学习的儒生兴建一万间宿舍，修建市场、常满仓，规模宏大。把《乐经》立于学官，增加博士名额，每一经各有五人。征召全国通一经的教授，计十一人以上，至于藏有散佚的《礼》、古文《尚书》、《毛诗》、《周官》、《尔雅》、天文、图谶、音律、历法、兵法、《史籀篇》等书籍，通晓它们意义的人，都召至公车府。网罗天下有才能的人，应召前来的先后以千计，都叫他们在朝廷中记录下自己的见解，准备用来订正讹误，统一不同学说。群臣上奏说："从前周公奉事继位的君主，据有上公的尊位，还经过七年才确定了制度。明堂、辟雍，堕毁、废弃已达千年，没人能够兴建，而今安汉公出身书香门第，辅佐陛下，到现在才四个年头，功劳德行已灿烂辉煌。安汉公于八月初庚子日接受使命，携簿书征集民侠营造，次日辛丑这一天，儒生、百姓大聚会，集合十万余人，干了二十天，大功告成。即使是唐尧虞舜兴建工程，周公建造成周，成就也不会更大。宰衡的地位应在诸侯王之上，赏赐他一束丝加一块玉璧，大国国王乘车及安车各一辆，并驾的马八匹。"诏书说："可以。请议论一下加九锡的法规。"

冬天，大风吹过长安城东门，屋瓦几乎全都毁坏。

元始五年正月，在明堂合祭远近祖先，二十八位诸侯王，一百二十位列侯，九百余宗室子弟，被征召来协助祭祀。祭礼结束，赐封孝宣皇帝曾孙刘信等三十六人为列侯，其他的人都增加封地民户或赐予爵位，按不同数量赏给黄金布帛。这时，官吏百姓因为王莽不接受新野田土先后上书的达四十八万七千五百七十二人，至于诸侯王、公、列侯、宗室，凡被召见，都叩头说应该赶快增加赏赐给安汉公。于是王莽上书说："臣以外戚身分，破格提升，忝居高位，没能称职。考虑到圣上德行纯朴盛大，秉承天意符合古道，制定礼仪治理人民，创作乐律改变风俗，天下臣民飞奔前来，四周蛮夷也都来朝贺，离开的时候，无不流泪。如果不是真诚，岂能用空话把他们招来？从诸侯王以下直到官吏、百姓，都知道臣王莽上与陛下有亲，又掌要职，每次为您歌功颂德，总要顺便带上臣几句。臣看见诸侯在您面前讲话，未曾不流汗而惭愧。我虽然生性愚笨，但诚心实意地了解自己，德行薄官位高，能力小责任大，从早到晚如履薄冰，常怕玷污了朝廷。而今天下太平，风俗化一，百蛮归服，都是因为陛下德行圣明，亲身治理，太师孔光、太保王舜等辅佐施政，众公卿大夫无不忠良，所以能在五年之中达到这种境界。臣王莽实在没有什么奇异的计策，秉承太后的圣明诏书，向下宣布，尚不能领会其十分之一；接受众贤臣的筹划向上报告，尚不能归纳其十分之五；本应承担办事无效的罪责，之所以敢暂时保全首级，实在是上靠陛下庇护，下赖群臣支持。陛下受不了大家的建议，总是把奏章交臣下议论，臣王莽以前想立即上书制止，又怕他们不肯停止。如今大礼已经举行过，协助祭祀的人都已告辞回去，我最大的希望，就是让交付臣下议论的奏章都停止不再上报，使我能尽力完成制礼作乐的工作。事成之后，广泛传播于天下，让全国臣民共同评论。如有所非议，那么臣王莽理应承当牵累圣上贻误朝廷的罪名。如果无可指责，那我可保全性命退休回家，给贤人让路。这是我个人的愿望，请陛下同情怜悯才好。"鄣邯等人禀告太后，下诏书说："可以。只是安汉公功德光照天下，所以诸侯王、公、列侯、皇族、儒生、官吏、平民众口一辞，连续守侯在宫前，这才交下他们的奏章。诸侯王、皇族离开京城那天，再次求见，重述建议，虽然明白地告知让他们回去，仍然不肯走。后来告诉他们初夏时将进行这项赏赐，无不欢欣，高呼万岁退去。如今安汉公每次进见，总是流泪叩头表示不愿受赏，如果进行赏赐，就不敢担任现行职务。当前制礼作乐任务尚未完成，事情要等安汉公决定，所以暂且听从他的意见。等制礼作乐完毕，众公卿报告上来，再深入讨论以前的建议，请赶快把九锡礼仪报告上来。"

于是公卿大夫、博士、议郎、列侯张纯等九百零二人都说："圣帝明君招徕贤人、奖励能人，德行盛大的人官职高，功劳显赫的人赏赐多。所以德高望重的大臣可拥有九等中最高的上公尊位，可获得不寻常的九锡宠荣。现在皇亲九族和睦，百官公卿清明，天下万国团结，黎民百姓安宁，神圣的祥瑞征兆全部降临，太平景象已遍及天下。帝王的伟业没有比唐尧、虞舜更兴盛的，而陛下可与相比；忠臣的丰功，没有比伊尹、周公更显著的，而宰衡可与相当。这就是所谓在不同的时代里兴起的同等事业，就象两半符节相合一样。谨以《六经》的原则来衡量，经文中所记载的以及《周官》、《三礼》中适应于今天的办法，就是九命的赏赐。臣等请求实行这种赏赐。"奏章得到认可。策书说：

元始元年五月庚寅日，太皇太后亲临前殿，请安汉公上殿，亲自下诏说：'您过来，虚心听取我的话。从前您侍卫孝成皇帝十六年，献计尽忠，建议诛杀原定陵侯淳于长，制止祸乱，揭露奸邪，升为大司马，位居宰辅。孝哀皇帝即位，骄横的妃妾想窃取尊号，奸佞的贼臣阴谋作乱，您亲自弹劾高昌侯董宏，改正原定陶恭王母亲超越名分的座位。从此以后，朝廷大臣商讨国事无不引经据典。您因病辞去官职，回到府中，被奸臣陷害。回到封地以后，孝哀皇帝觉悟了，又把您召回长安，到他病情加重时，仍念念不忘您，又恢复您特进职位。当晚哀帝去世，国家没有继承人，奸臣充斥朝廷，形势十分危险。我考虑安邦定国大计没有比起用您更合适的，所以把您引入朝中，当天就罢免了高安侯董贤，转眼之间忠于国家的计策就制定好，政纲、法纪都健全起来。绥和、元寿年间，两次遭遇皇帝驾崩，但各项工作都照常进行，祸乱没有发生。您辅佐我五年，人伦的根本得以端正，天地的位置得以确定。恭敬地奉祀神灵，按照四时顺序进行政事、农事活动，恢复了千年废弃的事业，矫正了百年以来的过失。天下和谐，民众团结。《诗》中记载的文王建灵台，《书》中记载的周公作洛邑，镐京的规模，商城的范围，如今都复兴起来。显扬了先帝的大功，宣传了祖宗的德行，推广发扬了祖宗配享上天的原则，建立了郊祀、禘祀、宗祀的祭礼，以光大孝道。因此，四海欢欣，万国向往，不同风俗的异族，不用召见就自行前来，渐渐受到教化，改变服饰，进献珍宝以助祭祀。寻求古代的根本治道，尊循儒术，重视古代传统，工作有成效，办事得体，具备了最高的德行和最重要的治道，就能上通神灵，并得到祖宗的赞许。光辉照耀，上天的符命不断降临，天下大同。麒麟、凤凰、龟、龙，众多吉祥征兆出现七百多次。于是制定礼仪，创作乐律，有安邦定国的大功。普天之下都依赖您，官居宰衡之职，位居上公。现在加给最高的九种赏赐，用来协助祭祀；供给文武官职，以至光宗耀祖。呜呼！多么美好！

于是，王莽叩头再拜，接受了绿色的围裙，冠帽、礼服和衣裳，玉饰佩刀，方靴、带鸾铃的路车和四匹马，悬九条绦子的龙旗，皮冠素袍，戎车和四匹马，红弓箭，黑弓箭，左边立着红色斧钺，右边立着金色斧钺，铠甲、头盔各一具，香酒二卣，玉石酒器两只，高级信物青玉珪两枚，家中可以安装红漆大门、修造台阶。官府可以设宗官、祝官、卜官、史官，卫士三百，家令、家丞各一人。宗官、祝官、卜官、史官都设置啬夫，辅佐安汉公。官府、私宅有卫士警卫，可以出入的人都登记在簿册上。从四辅、三公起，有事进入官府、私宅，都要持有符传。把楚王的官邸作为安汉公府，大加修缮，周围全设警卫。祖宗的祭庙和寝庙都安装红漆大门、建造台阶。陈崇又上奏说："安汉公祭祀祖先，出城门时，城门校尉应该带领骑士随从。入府有门卫，出外有骑士，这是为了尊重国体。"奏章得到认可。

那年秋天，王莽因为皇后有生育的吉兆，所以开通子午道。子午道从杜陵直穿南山，通到汉中郡。

八名考察风俗的使者回朝，说天下风俗划一，假造了各郡、封国所写的歌谣三万多句，歌功颂德。王莽上奏，明确记载在文献上。又上奏说，市场上言无二价，官衙中没有诉讼案件，城中没有盗贼，乡村没有饥民，路不拾遗，男女不同道，犯法的人只作象征的处罚。于是刘歆、陈崇等十二人都因为修建明堂、宣扬教化被封为列侯。

王莽已经实现太平，向北感化了匈奴，向东势力到达海外，向南安抚了黄支，只有西方尚未有什么作为。于是派中郎将平宪等人携带大量金钱去引诱塞外的羌人，让他们献出土地，表示愿归属汉朝。平宪等人上奏说："羌族首领良愿等部落，人口约一万二千，愿意作汉朝臣民，献给我鲜水海和允谷盐池，水草肥美的平地都给汉朝人民，他们居住险峻地区作我国的屏障。我们询问良愿为什么归降，回答说：'太皇太后圣明，安汉公仁爱，天下太平，五谷丰登，有的禾苗长到一丈多，有的一支谷结三个穗，有的地方不用播种就长出粮食，有的蚕不吐丝就结成茧。甘露从天降下，甜水从地下冒出，凤凰飞来，神雀翔集。四年以来，羌人无灾无难，所以乐意归属汉朝。'应该及时安排他们的居住地和生产，设置属国机构统领他们。"事情交给王莽处理，王莽又上奏说："太后执政数年，恩惠普及，祥和之气充塞宇内，极远的地方，不同风俗的民族，无不向往。越裳氏经过几道翻译进献白鸡，黄支从三万里外贡献活犀牛，东夷王渡海奉送国宝，匈奴单于服从我国制度去掉双名，而今西方良愿等人又献出土地作我国的奴仆，从前

汉书·后汉书

汉

书

唐尧威望普及四方，也不过如此。现在，据查已经有了东海、南海、北海郡，还没有西海郡，请接受良愿等所献的土地作西海郡。我又听说，圣王排列天文，制定地理，根据山川地形和民间风俗来划定州界。汉朝土地比尧舜二帝及夏、商、周三王还广大，共十二州，州名和州界多不合于经书记载。《尧典》有十二州，后来划定为九州。汉朝开拓土地极其遥远，州牧巡行辖区，远的地方到了三万余里，不能只分为九州。谨据经书，订正十二州的州名和州界，以和'正始'名称相应。"奏章被认可。又增加五十条法令，犯法者流放西海郡。遭流放的人，数以千万计，民众开始怨恨了。

泉陵侯刘庆上书说："周成王年幼，称孺子，周公摄政。如今皇帝年轻，应该让安汉公代行天子职务，象周公一样。"群臣都说："应该象刘庆说的那样。"

冬天，火星经过月亮背后。

平帝病重，王莽制作策书，到泰畤为平帝请命，佩戴玉璧，手执玉圭，愿用自己生命代平帝去死。策书藏在金柜里，金柜放在前殿，告诉众公卿不准说出去。十二月，平帝驾崩，大赦天下。王莽征召通晓礼仪的宗伯凤等人，一起议定，全国六百石以上官员一律服丧三年。奏报太后，尊称成帝庙为统宗，平帝庙为元宗。此时元帝后裔已断绝，而宣帝的曾孙活在世上的，有五位为王，广戚侯刘显等四十八位为列侯，王莽讨厌他们太大，说："兄弟不能相继承。"就选择宣帝玄孙中年龄最小的广戚侯的儿子刘婴继承皇位。刘婴年仅二岁，王莽借口占卜、看相结果最吉利，所以立他。

这一月，前辉光谢嚣上奏说："武功县长掘井得到一白石，上圆下方，上边写有朱红文字：告安汉公莽为皇帝。"符命预言之类的东西，从此开始兴起了。王莽让群臣公卿告诉太后，太后说："这是欺骗天下，不能实行。"太保王舜对太后说："事已至此，无可奈何了，要阻止，我们没有力量。而且，王莽没有别的奢望，不过是想代行皇帝职责，加重其权力以镇服天下罢了。"太后听从了。王舜等人就一起让太后下诏书说："听说上天生下民众，不能互相治理，就给他们设置君主以便统治管理。君主年纪幼小，一定要委托人去代居君位摄政，然后才能承受上天的恩施而完成大地的哺育，广大民众才能茁壮成长。《书》不是说过吗？'上天的工作，人应该取代。'我在孝平皇帝幼年时，暂且统理国政，希望等他长大成人，把政权交给他。如今夭折去世，呜呼哀哉！已经派有关部门征召宣帝玄孙二十三人，选择合适的人继承孝平皇帝。玄孙幼小，尚在襁褓，没有品德高尚的君子，谁能安定天下？安汉公辅佐朝政已历三代，多次遇到施展才能的机会，安定汉朝政局，划一天下风俗，制礼作乐，和周公在不同的时代作出相同的贡献。而今前辉光谢嚣、武功县长孟通上奏说，有红字白石的符命，我深切体会其含义，说'为皇帝'，乃是代行皇帝职权。有法令，事情就容易成功，而没有圣人就没有法令。请让安汉公代行皇帝职权，登上皇位，就象当年周公一样，把武功县作为安汉公的封地，名叫'汉光邑'。请有关部门奏上典礼仪式。"

于是群臣上奏说："太后圣明，德行昭著，深刻领会天意，命令安汉公摄政。我们听说，周成王年幼，周朝治道未成，成王不能恭敬地祭祀天地，继承文王、武王的事业，周公行权宜之计代为摄政，周朝治道得以完成，周王室得以安定。没有周公摄政，周朝恐怕要灭亡。《书》说：'我继承事业的子孙，太不能够恭敬地侍奉天地，就会断送和失去前人的光辉事业，养在家中不知天命受之不易。上天只辅佐有诚信的人，所以就会失去天命。'解说经义的文字说：周公戴着天子的礼帽，面朝南接见群臣，发号施令，常把自己的指示称作王命。召公是贤人，不知道圣人的意图，所以不高兴。《礼记·明堂记》说：'周公在明堂朝见诸侯。天子背靠着画有斧钺图案的屏风向南站立。'又说：'周公登上天子地位，六年后朝见诸侯，制礼作乐，而天下大服。'召公不高兴。那时武王去世，丧服还未除去，由此推论，周公开始摄政就登上天子地位，并不是六年以后才登位的。《书》亡佚的《嘉禾篇》说：'周公捧香酒站在堂前台阶上，迎接群臣上殿，赞辞说：代理君王执政，尽力使天下和谐。'这是周公摄政时司仪说的。成王成年，周公交还政权。《书》说：'我把明君的权力还给您。'周公常把自己的话称作王命，独断专行而不请示，所以才说我把明君的权力还给您。我们请求让安汉公登上皇位摄政，穿上天子的衣冠，背靠设在门窗之间的画有斧钺图案的屏风，面向南朝见群臣，处理政事。他乘车马出入时要警戒清道，臣民对他要称'臣妾'，一切按照天子的礼仪行事。在郊外祭祀天地，在明堂祭祀祖宗，在宗庙祭祀祖宗，祭祀群神，司仪称'假皇帝'，臣民称'摄皇帝'，安汉公自称'予'。裁决朝廷政事，通常用皇帝诏书的形式，称'制'，以便秉承和顺从上天的意志，辅佐汉朝皇室，保护孝平皇帝的幼小后代，完成托孤的大义，发扬治国平天下的教化。他朝见太皇太后和孝平皇后时，仍用臣子礼节。在他的官署、私宅、封地、采邑中，可以独立施行政治教化，按照诸侯王礼仪的惯例处理。我们冒死请求。"太后下诏说："可以。"第二年，改年号为"居摄"。

居摄元年正月，王莽在南郊祭祀上帝，在东郊迎接春天来临，在明堂举行大射礼，招待三老、五更，礼仪结束就回去了。设置柱下史五人，官秩和御史相同，处理政事时，他们侍奉在旁边，记录言语行动。

三月己丑日，立宣帝玄孙刘婴为皇太子，号称为"孺子"。任命王舜为太傅左辅，甄丰为太阿右拂，甄邯为太保后承。又设置四少职位，官秩都是二千石。

四月，安众侯刘崇和封国丞相张绍密谋说："安汉公王莽专制朝廷，一定会危害刘家。天下反对他的人，没人敢先起事，这是刘氏宗族的耻辱。我率领族人带头起义，全国一定会响应。"张绍等一百余人都跟随他，进攻宛城。没有攻进城就失败了。张绍是张竦的堂兄。张竦和刘崇的远房叔父刘嘉前往皇宫自首，王莽赦免他们，没有加罪。张竦于是替刘嘉写一奏章道：

建平、元寿年间，帝王世系几乎中断，皇族几乎遭到废弃，幸亏陛下德行圣明，扶持救助，捍卫抵挡，国家得以保存，皇族看到了希望。陛下上朝执政，发号施令，行动总从皇族开始，道德进用皇室九族。旁支亲属也得到封赐，建立王国、列侯，数以百计的人，面向南方称王称侯。恢复断绝了后代的侯国，保存已经灭亡了的侯国，延续已经废除了的侯国，由此而和达贵人并列朝堂重新做人的人，纷纷排列，用他们屏卫汉朝，辅佐汉室。修建辟雍，设立明堂，颁布法令，宣扬教化，朝见众王侯，显明礼乐道德，皇族诸侯全都增加封地。天下人民众口一辞，伸长脖颈赞叹不已。歌颂陛下的声音洋洋洒洒，充满耳朵。国家所以能获此美誉，得此名声，享此厚福，受此荣光，难道不是太皇太后日夜操劳，陛下早晚思虑的结果吗？为什么这样说？遇到混乱就整理好，遇到危险就使它平安，遇到祸就把它转化为福，皇位断绝就拥立新皇帝以继承世系，皇帝年幼就代理执政，从早到晚忙忙碌碌，从冬到夏勤勤恳恳，没有时间休息，孜孜不倦地工作，全是为了天下臣民，为了巩固刘汉王室。臣子不分愚蠢和聪明，百姓不分男女，全都明白您深切的心意。

然而安崇侯刘崇却单单怀着乖谬的想法，从事背叛的阴谋，兴师动众，想危害国家，其丑恶使人耳不忍闻，其罪行即使处死也不能抵偿，他确实是臣子的仇人，皇族的敌人，国家的蟊贼，天下的祸害。因此，亲属震惊起而揭发其罪行，民众溃散背叛，抛弃兵器，他前进不过半步，便败退下来，伏罪遭殃。百岁的母亲，怀抱的婴儿，同时杀头，头颅悬挂在竹竿顶上，珠玉耳环还挂在耳朵上，首饰还在，策划这种事，难道不荒谬吗？

我听说古代对叛逆的国家，诛杀征讨之后，就把他们的官廷掘为污水池，蓄积污水泥垢，起名叫'凶宅'，即使长出蔬菜，人们也不吃。把它祭土神的地方'社'，四周砌筑墙壁，上面覆盖起来，下面用竹席垫塞起来，表示阴阳之气隔塞不通。然后把如此处置的社在各诸侯国都造一模型，让诸侯出门就能看到，触目惊心，引以为戒。而今天下人听说刘崇谋反，都想撩起衣襟、手执利剑去叱责他。先到的人，砍断他的脖颈，刺穿他的胸膛，杀死他的躯体，切割他的肌肉；后到的人，想砸碎他的门，推倒他的墙，铲平他的屋，烧毁他的器皿，其家宅应声夷为平地，登时遍体鳞伤。而皇族尤其痛恨，每次谈起他必定咬牙切齿。为什么？因为他忘恩负义，不知道深厚的德行是从哪里来的。皇族的府宅有的很远，而我有幸得以先听到此事，我不胜愤慨，愿意作为皇族的先导，父子兄弟背着箩筐，找着铁锹，奔赴南阳，把刘崇的官室掘为污池，象古代那样处罚。把刘崇的社也象亡国的亳社那样处置，分别赐给各诸侯国，永远作为鉴戒。希望把我的建议交给四辅、公卿大夫议论，以表明好恶，昭示四方。

此时王莽十分高兴。公卿说："都应按照刘嘉说的处置。"王莽禀告太后下诏说："刘嘉父子兄弟虽然和刘崇有亲戚关系，但是不敢偏护徇私，看见叛逆的萌芽，就相继告发，到叛乱形成，则同仇敌忾，符合古代制度，忠孝的道德十分鲜明，请把杜衍县的一千户封给刘嘉，封他为帅礼侯，刘嘉的十个儿子都赐封为关内侯。"后来又封张竦为淑德侯。长安人针对此事说："想要赐封，找张伯松（张竦字伯松）。拼力战斗，不如巧妙上奏。"王莽又赐封一百多南阳有功的官吏、平民，把刘崇的住宅掘为污池。以后谋反的人，住宅都掘为污池。

群臣又说："刘崇等人所以敢于谋反，是因为王莽权力太轻。应该提高加重王莽的权力，以便镇服全国。"五月甲辰日，太后下诏说，王莽朝见太后时称"假皇帝"。

冬天，十月丙辰朔日，发生了日食。

十二月，群臣上奏请求："增加安汉公的宫室及府中吏员，设置率更令，庙、厩、厨的长和丞，中庶子，以及虎贲勇士以下一百余人，又设置卫士三百人。安汉公的值班卧室称为'摄省'，官府称为'摄殿'，府第称为'摄宫'。"奏章被认可。

王莽禀告太后下诏说："原太师孔光虽然早已去世，功勋已经建立。太保王舜、大司空甄丰、轻车将军甄邯、步兵将军孙建都为诱招匈奴单于出谋画策，又主持修建灵台、明堂、辟雍、四郊祭坛，定立制度，开通子午道，和宰衡同心同德，合力齐心，功德卓著。封王舜的儿子王匡为同心侯，王林为悦德侯，孔光的孙子孔寿为合意侯，甄丰的孙子甄匡为并力侯，甄邯、孙建的封邑各增加三千户。"

　　这一年，西羌庞恬、傅幡等人怨恨王莽夺取他们的土地划为西海郡，谋反攻击西海太守程永，程永逃跑。王莽杀死程永，派护羌校尉窦况进击羌人。

　　居摄二年春天，窦况等击败西羌。

　　五月，铸造新货币。计有：错刀，一枚值五千钱；契刀，一枚值五百钱；大钱，一枚值五十钱；与五铢钱同时发行。民间偷铸货币的很多。禁止列侯以下的人挟带黄金，有黄金都要送到御府换成钱，但始终没付钱给交黄金的人。

　　九月，东郡太守翟义趁测试军士之机，部署车士、骑士，调发奔命军，拥立严乡侯刘信为天子，传送檄文到各郡、封国，说王莽"毒死平帝，代理天子职位，想断绝汉朝天下。现在我恭敬地执行上天的处罚，诛杀王莽。"郡和封国都疑惑、动摇，翟义聚众十余万。王莽恐慌得吃不下饭，昼夜抱着孺子到郊庙祈祷，模仿《大诰》制作策书，派谏大夫桓谭等人颁布全国，告知天下臣民自己是代理皇帝，将来要把政权归还孺子。又派王邑、孙建等八将军攻击翟义，分别驻扎各关口，防守要塞。槐里男子赵明、霍鸿等人起兵响应翟义，互相密谋说："众将军率精兵东征，京城空虚，可以进攻长安。"他们聚集的人渐渐增多，达到了十万人。王莽恐惧，派将军王奇、王级率兵抵抗。任命太保甄邯为大将军，在高帝庙接受斧钺，统领全国军队，左边持节杖，右边握斧钺，驻扎城外。王舜、甄丰昼夜在宫殿中巡行。

　　十二月，王邑等人在圉县打败翟义。司威陈崇作为使臣被派去监督军队，此时上书说："陛下秉承上天大法，心意与灵龟相合，接受上天大命，预知事情成败，所预测的事情全部实现，这就叫做和上天相配。配天的君主，思想能改变人的意志，说话能使万物变动，行动就能形成理想社会。臣陈崇俯伏拜读诏书下达的日期，私下计算，陛下思想刚一发生，反贼便被击破；诏书刚开始书写，反贼便大败；诏书刚刚下达，反贼便全部斩首。众将来不及齐展雄风，臣陈崇来不及贡献愚计，而事情已经全部结束了。"王莽非常高兴。

居摄二年春天，地震，全国实行大赦。

王邑等人回到京城，向西与王级等人合兵进攻赵明、霍鸿等，打败并消灭了他们。王莽在未央宫白虎殿大摆酒宴，慰劳赏赐将领。命令陈崇审理军功，区别等级。王莽便上奏说："圣明的时世，国家贤良多，所以唐尧虞舜时代，可以挨家挨户封侯，遇到功绩完成、事情结束，就增加赏赐。到夏禹时，在涂山大会诸侯，手执玉帛的有一万国，诸侯执玉，附庸执帛。周武王在孟津大会诸侯，还有八百诸侯参加。周公摄政，祭祀天地让后稷配享天帝，在明堂祭祀祖宗让文王配享上帝，因此四海之内各各携带贡物前来祭祀，大概有一千八百诸侯。《礼记·王制》记载有一千七百余国，因此孔子著《孝经》说：'连小国之臣也不敢遗漏，何况对于公侯伯子男？所以能获得万国的欢心，用来祭祀先王。'这是天子的孝顺。秦朝暴虐无道，消灭诸侯，建立郡县，想垄断天下的利益，所以传了两代就灭亡了。高祖承受天命，消灭残贼，论功行赏，建立了几百个封国，后来渐渐衰落，剩下寥寥无几。太皇太后亲自执政，广泛地赐封有功勋德行的人，以便鼓励人们行善，复兴已经灭亡了的国家，恢复已经断绝了后代的封君，使他们子子孙孙永远相传，因此教化流传，理想社会就要实现。适逢羌寇侵害西海郡，反贼在东郡散布流言蜚语，叛乱分子在西部妖言惑众，忠臣孝子无不愤怒，大军征伐，所向灭绝，全部伏罪，天下安宁。如今制礼作乐，考察确实，周代爵分五等，地分四等，有明文记载；商代爵分三等，有此说法而无明文。孔子说：'周借鉴夏、商两代，典章多么丰富！我随从周代。'我请求让应当获得爵位、封邑的众将领，爵分五等，地分四等。"奏章被认可。于是获封的人，高的为侯、伯，其次为子、男，应当赐封关内侯的，改名为"附城"，共数百人。攻打西海郡的以"羌"为封号，攻打槐里的以"武"为封号，攻打翟义的以"虏"为封号。

群臣又上奏说："太后记录有功有德的人，远的追溯千载，近的就在当代，有的因为文治受封，有的因为武功赐爵，德深德浅、功大功小，无不受封赏。如今摄皇帝背负斧钺登上皇位，应该和担任宰衡的时候有所不同，制礼作乐虽未完成，也应进升其两个儿子为公。《春秋》说：'善待好人，并波及他的子孙'，'贤人的后代应有土地。'成王广泛地赐封周公的六个庶子，使他们都有封地。到汉朝，名相大将如萧何、霍光等人，封赏都到了旁支亲属，摄皇帝兄长之子王光，可先封为列侯；众孙子，待制礼作乐完成之后，由大司徒、大司空报上名单，照以前的诏书办理。"太后下诏说："进升摄皇帝儿子褒新侯王安为新举公，赏都侯王临为褒新公，封王光为衍功侯。"那时王莽归还了新都国，群臣又说用它来封王莽的孙子王宗为新都侯。王莽既消灭了翟义，自以为道德威望日益隆盛，获得了上天和人民的帮助，于是就计划做真皇帝了。

九月，王莽的母亲功显君去世，王莽的心思不在于表示哀伤，却让太后下诏议论丧服问题。少阿、羲和刘歆和博士、儒生七十八人都说："摄政的意义是统帅臣民完成上天的使命，光大帝王的治道，建立法令制度，安抚全国。从前商朝成汤去世后，太子早年夭折，其子太甲幼小不懂事，伊尹把他流放到桐宫而自己摄政，振兴了商朝。周武王去世后，周朝治道未成，成王幼小，周公屏退成王而自己摄政，完成了周朝的治理。因此，商代有井然有序的教化，周代有不用刑罚的功绩。如今太皇太后家室屡遭不幸，委任安汉公主管百官，治理天下。逢孺子幼小，不能恭奉天地，上天降不祥瑞，出现了丹书白石的符命，因此太皇太后根据上天的旨意，命令安汉公登皇帝位摄政，准备让他完成汉朝的神圣事业，和唐虞尧、舜三代媲美。摄皇帝于是开放秘府，集合儒生，制礼作乐，设定百官，很好地完成了上天的使命。他思虑周密，见解卓越，发掘周代礼制，明确借鉴的蓝本，以天为法，查考古制而加以增删，犹如孔子听到《韶乐》，好比日月之崇高而不可逾越，不是至圣先哲，谁能如此！政纲法令全部具备，都是一点一滴积累而成，这就是用来保佑神圣汉朝、安定百姓的功效。现在功显君去世，《礼》说：'庶子继位，为他的生母守缌麻服。'《传》说：'和尊贵的人相继承而为一体，就不敢为生母守服了。'摄皇帝用圣明的德行承受天命，接受太后诏书登皇帝位摄政，继承汉朝世系，对上肩负着祭祀天地、治理国家的重任，对下还要为百姓操劳，日理万机，不能顾及生母。因此，太皇太后封他的长孙为新都侯，作为哀侯的后代。明确表示摄皇帝已和尊贵的帝王相承而为一体，承担宗庙的祭祀，事奉供养太皇太后，不得为生母守丧服了。《周礼》说：'帝王为诸侯守缌麻服'，'冠上加环状孝带'，同姓诸侯用麻，异姓诸侯用葛。摄皇帝应当为功显君守缌麻服，冠上加环状麻带，就象天子吊唁诸侯的丧服，以便符合圣人制定的礼制。"王莽就如法实行，共吊唁一次、会见两次，而让新都侯王宗作丧葬主人，服丧三年。

司威陈崇上奏，衍功侯王光私下告诉执金吾窦况，让他杀人。窦况替王光逮捕了那人，判处死刑。王莽大怒，严厉叱责王光。王光的

母亲对王光说:"你自己看看,能不能比得上王宇、王获?"于是,母子二人自杀,连窦况也死了。起初,王莽用事奉母亲、供养嫂嫂、抚育侄儿获得好名声,到后来荒谬暴虐,又用杀亲戚来显示自己大公无私。王莽让王光的儿子王嘉继承爵位,为衍功侯。

王莽下书说:"停止奏乐的规定,到冬季末尾就结束了。正月郊祀天地,当奏各种乐器。王公卿士,音乐共分几等?五声八音,各有什么规定?请与所属儒生殚精竭虑,全部陈述清楚。"

这一年,广饶侯刘京、车骑将军千人扈云和太保属官臧鸿奏报符命。刘京说齐郡的新井,扈云说巴郡的石牛,臧鸿说扶风雍县的石头,王莽把他们迎接来京城,表示接受。十一月甲子日,王莽上奏太后说:"陛下极为圣明,家室遭逢不幸,遇到汉朝相传十二代三七二百一十年的灾难,秉承上天威严的命令,下诏让我王莽摄政,接受孺子的委托,肩负全国的希望。臣王莽兢兢业业,惟恐不能称职。皇亲刘京上书说:'七月中旬,齐郡临淄县昌兴亭亭长辛当一夜之间连做数梦,梦中有人对他说:'我是天公派来的使臣,天公要我告诉亭长,摄皇帝应当成为真皇帝。如果你不相信,此亭中应出现一口新井。'亭长早晨到亭中去看,果然有一口新井,深入地下将近一百尺。十一月,壬子日,正值冬至,巴郡石牛运到,戊午,雍县有文字的石头运到,都放在未央宫前殿。我和太保安阳侯王舜等去看,大风突起,尘土飞扬,风定后,石头前出现了铜符和帛画,上面的文字是:"上天告知皇帝符命,献上的人应封侯。秉承天命,执行神令。'骑都尉崔发等人观察了文字,并加以解释。以前孝哀皇帝建平二年六月甲子日下诏书,改元为太初元将元年,查考其事情的来历,有甘忠可、夏贺良的谶书收藏在兰台。我认为,元将元年,就是大将居摄改元的意思,现在证实了。《尚书·

康诰》：'王这样说：尊贵的侯，我的弟弟，年轻的封'，这就是周公摄政称王的记载。《春秋》叙述隐公不说即位，因为他是摄政。这两部经书，是周公、孔子所编定的，是后代的法典。孔子说：'畏惧天命'畏惧大人，畏惧圣人的言语。'臣王莽不敢不秉承实践！我请求在恭敬的地祭祀神灵、祖先，以及向太皇太后、孝平皇后奏事时，都自称'假皇帝'。向天下发布号令，以及天下臣民奏事时，都不要讲'摄'。把居摄三年改为初始元年，漏壶刻度改为一百二十度，用来顺应天命。我王莽日夜培育造就孺子，让他具有周成王的德行，宣扬太皇太后的威望德行，使万国皆知，希望他们富足而有教养。孺子成年之后，把政权交还给他，就象周公过去做的那样。"奏章被认可。广大民众知道他已接受符命。他又暗示群臣，广泛议论，分别上奏太皇太后，以显示由摄皇帝到真皇帝的逐步过渡。

期门郎张充等六人阴谋共同劫持王莽，拥立楚王做皇帝。事情被发觉，全部处死。

梓潼人哀章在长安求学，一向品行恶劣，喜欢说大话。他见王莽摄政，就制作了一个铜柜，写了两道题签，一道写："天帝行玺金匮图"，一道写："赤帝行玺某传予黄帝金策书"。所谓某，是高祖刘邦的名字。文书说，王莽做真天子，太皇太后服从天命。图和书都写着王莽的大臣八人，又取了吉利的名字王兴、王盛，哀章把自己的名字也放进去，共为十一人，都写好官职、爵位，作为辅佐大臣。哀章听说齐井、石牛事情交下议论，当天黄昏穿黄衣持铜柜到高帝庙，交给仆射。仆射上报。戊辰日，王莽到高帝庙拜受铜柜，接受天神命令汉家禅位的符命。他头戴王冠，进见太后，回来后坐在未央宫前殿，下达文书说："我德行浅薄，有幸受托为皇初祖考黄帝的后代和皇始祖考虞帝的嫡系后裔，而且是太皇太后的微末亲属。皇天上帝大加保佑，天命让我继承大统，符命、契书、图画、文字，铜柜中的策书，都显示神明指示，把天下亿万百姓托付给我，赤帝汉高祖的神灵，秉承天命，赐我传国的金匮策书，我十分敬畏，怎敢不恭敬地接受！定于戊辰日，戴王冠，即真天子位，改定国号叫"新"。应改定历法，改变服饰颜色，改变祭祀用的牲畜，改变旗帜、标志，改变器物形制，把十二月初一癸酉日，作为始建国元年正月初一，以鸡鸣时为一天的开始。服饰的颜色崇尚黄色，以配土德；祭礼的牲畜用白色的，符合正月建丑；使者节杖上的旄饰都用纯黄色的，上书'新使五威节'，以显示皇天上帝的威严命令。"

始建国元年正月初一日，王莽率领公侯卿士捧着皇太后的玉玺，呈给太皇太后，顺从上天的符命，去掉汉朝的名号。

当初，王莽娶宜春侯王咸的女儿为妻，现在立为皇后。本来生了四个儿子：王宇、王获、王安、王临。王宇、王获早些时候被处死，王安神智不清，就立王临为皇太子，封王安为新嘉辟。封王宇的六个儿子：王千为功隆公，王寿为功明公，王吉为功成公，王宗为功崇公，王世为功昭公，王利为功著公。天下大赦。

王莽给孺子下达策书，说："唉，你刘婴，从前皇天保佑你的太祖，历经十二代，享有国家二百一十年，而今天命归于我本人。《诗》不是说过吗？'商代后裔臣服周朝，天命是不固定的。'封你为安定公，永远做新朝的宾客。呜呼！要感谢上天的美意，去登上你的公爵位，不要违背我的命令。"又说："把平原、安德、渭阴、鬲、重丘五县，共一万户，土地纵横一百里，作为安定公国。国中立汉朝历代祖先的祭庙，就象周朝的后裔一样，准许使用汉朝的历法、服饰颜色，代代祭祀祖宗，永远以高尚的道德和卓越的功勋享受历代的祭祀。封孝平皇后为安定太后"。策书读完后，王莽亲自拉着孺子的手，流泪叹息，说："从前周公摄政，终于能把政权归还成王，现在我被皇天威严的命令逼迫，不能实现自己的心愿。"哀叹了很长时间，中傅带领孺子走下宫殿，面向北面而自称臣子。文武百官陪侍一旁，无不深受感动。

王莽又按照铜柜中图书的指示，封爵拜官。任命太傅、左辅、骠骑将军安阳侯王舜为太师，封安新公；任命大司徒就德侯平晏为太傅，封就新公；任命少阿、羲和京兆尹红休侯刘歆为国师，封嘉新公；任命广汉梓潼哀章为国将，封美新公；以上为四辅，位在三公之上。任命太保、后承承阳侯甄邯为大司马，封承新公；任命还进侯王寻为大司徒，封章新公；任命步兵将军成都侯王邑大司空，封隆新公；以上为三公。任命太阿、右拂、大司空、卫将军广阳侯甄丰为更始将军，封广新公；任命京兆人王兴为卫将军，封奉新公；任命轻车将军成武侯孙建为立国将军，封成新公；任命京兆人王盛为前将军，封崇新公；以上为四将。合计封十一公。王兴是原城门令史，王盛原是卖饼的。王莽按照符命寻得同姓名的十余人，此二人相貌符合占卜要求，平步青云，以显示为神意。其余那些同名的都拜为郎。这天任命卿大夫、侍中、尚书官职共数百人。刘姓皇族做郡太守的，都调任谏大夫。

把明光宫改为安定馆，让安定太后住在里面；把原大鸿胪府改为安定公府；都设置门卫、使者，负责监视管理。命令乳娘不准和安定公说话，安定公长期软禁在家中，到长大成人，还叫不出六畜的名字。后来，王莽把孙女、王宇的女儿，嫁给了安定公。

王莽向各部门颁布策书说："木星主庄重，东岳太师掌管雨水适时，青色光辉升腾均平，用日规考察日影。火星主明哲，南岳太傅掌

管温暖适度，红色光辉宽容均平，用律管考察声音。金星主安定，西岳国师掌管干燥适度，白色光辉成形均平，用权衡来考核重量。水星主计谋，北岳国将掌管寒冷适度，黑色的光辉温和均平，用漏刻考察星斗。月亮主威严，似帝王左股，司马掌管武力，用矩尺考察形体方正，主管天文，恭敬地服从上天，教导下民不误农时，努力务农，获得丰收。太阳主德行，似帝王右臂，司徒掌管文教，用规尺考察形体圆合，主管人类社会，辅助五教，率人民服从君王，宣扬教化，改良风俗，体现五常。北斗主持平，似帝王内心，司空掌管四方贡物，用准绳考察曲直，主管地理，整治水利土地，管理名山大川，繁殖鸟兽，使草木茂盛。"对各部门的职务都进行了策命，就象典诰中所说。

设置大司马司允，大司徒司直，大司空司若，职位都和孤卿相同。大司农改名为羲和，后来又改为纳言，大理改名为作士，太常改名为秩宗，大鸿胪改名为典乐，少府改名为共工，水衡都尉改名为予虞，和三公的司卿合计为九卿，分别隶属三公。每一卿设置三名大夫，每一大夫设置三名元士，合计二十七名大夫，八十一名元士，分别主管京城各官府。光禄勋改名为司中，太仆改名为太御，卫尉改名为太卫，执金吾改名为奋武，中尉改名为军正，又设置大赘官，主管皇帝的车马、服饰、用具，后来又主管军需物资，职位都和上卿相同，号称六监。郡太守改名为大尹，都尉改名为太尉，县令长改名为宰，御史改名为执法，公车司马改名为王路四门，长乐宫改名为常乐室，未央宫改名为寿成室，前殿改名为王路堂，长安改名为常安。官秩百石改名叫庶士，三百石叫下士，四百石叫中士，五百石叫命士，六百石叫元士，千石叫下大夫，比二千石叫中大夫，二千石叫上大夫，中二千石叫卿。车马、服饰、冠帽各有等级差别。又设置司恭、司徒、司明、司聪、司中大夫以及诵诗工、彻膳宰，用来主管督察过失。策书说："我听说圣人想显明德行，无不谨慎地修养自身，用来安抚远方，因此设置你们这些官职掌管貌、言、视、听、思五事。不要隐瞒过失，不要助长虚美，好恶不谬误，掌管中庸之道。呜呼，努力吧!"命令在君王走的路上设置进善言的旌旗，提批评的木牌，进行申辩的鼓。四位谏大夫常年坐在王路门旁接待向君王诉说事情的人。

大封王氏宗族，同一祖父的封为侯，同一曾祖父的封为伯，同一高祖父的封为子，同一玄祖父的封为男。他们的女儿，都封为任。男的用"睦"为号，女的用"隆"为号，都发给印信。命令诸侯都立太夫人、夫人和世子，也发给印信。

又说："天上没有两个太阳，地上没有两个君王，这是百代不变的道理。汉朝诸侯有的称王，以至于连四方蛮夷也称王，违背了古代典章，不符合一统的大义。现在确定诸侯王一律改称公，四方蛮夷超越名分称王的，一律改为侯。"

又说："帝王的道统，应当继承而贯通；德行隆盛的世系，应百代享受祭祀。我考虑黄帝、少昊、颛顼、帝喾、尧、舜、禹、皋陶、伊尹都有崇高的德行，上通皇天，功业伟大，光辉延续久远。我很赞赏他们，寻求他们的后裔，继续世代祭祀。"他认为王氏是虞舜的后代，出自帝喾；刘氏是尧的后代，出自颛顼。于是封姚恂为初睦侯，做黄帝的后代；封梁护为修远伯，做少昊的后代；皇孙功隆公王千，做帝喾的后代；封刘歆为祁烈伯，做颛顼的后代；封国师刘歆的儿子刘叠为伊休侯，做尧的后代；封妫昌为始睦侯，做舜的后代；封山遵为褒谋子，做皋陶的后代；封伊玄为褒衡子，做伊尹的后代。汉朝后裔安定公刘婴，地位是宾。周朝后裔卫公姬党，改封为章平公，地位也是宾。商朝后裔宋公孔弘，时运转变，序次变迁，改封为章昭侯，地位是恪。夏朝后裔辽西姒丰，封为章功侯，地位也是恪。四个朝代的始祖，在明堂共同祭祀，配祭皇始祖虞舜。周公的后裔褒鲁子姬就，宣尼公孔子的后裔褒成子孔钧，此前已经确定了。

王莽又说："以前我在摄政时，建立郊宫，确定远祖祭庙，设立土神谷神祭坛，神灵报应赏赐，有光从上面覆盖下来，流变为乌鸦。有黄气蒸腾，光辉鲜明，以显扬黄帝、虞舜的功业。从黄帝到济南伯王（王莽高祖），祖先的姓氏有五个。黄帝有二十五个儿子，赐给十二个姓氏。虞帝的祖先接受姓氏为姚，陶唐时是妫氏，周代时是陈氏，在齐国是田氏，在济南是王氏。我考虑皇初祖先黄帝，皇始祖先虞舜，在明堂一起祭祀，应当列入祖宗的亲庙。建立五座祖庙，四座亲庙，王后、夫人都陪同供奉。郊祀时用黄帝配享上天，黄后配享大地。把新都侯的东宅作为大庙，每年按时祭祀。天下百姓家所崇尚的祖先，也应世世祭祀。姚、妫、陈、田、王氏五姓，都是黄帝、虞舜的后裔，是我的同族。《书》不是说过吗？'要宽厚地对待九族亲属'。命令天下把这五姓人的名册上报朝廷，都作为宗室，世世代代免除赋税、徭役，无须缴税服役。元城的王氏，不能和姚、妫、陈、田四姓通婚，以区别宗族、分出亲疏。"封陈崇为统睦侯，做胡王的后代；封田丰为世睦侯，做为敬王的后代。

全国的州牧、郡守都因为以前有翟义、赵明等人的叛变而统领州郡，心怀忠孝，封州牧为男，封郡守为附城。又封旧时恩人戴崇、金涉、箕闳、杨并等人的儿子为男。

派骑都尉器等人分别在上都桥畤整治黄帝陵园，在零陵九疑山整治虞帝陵园，在淮阳陈县整治胡王陵园，在齐临淄整治敬王陵园，在城阳莒县整治憨王陵园，在济南东平陵整治伯王陵园，在魏郡元城整治孺王陵园，派使者一年四时祭祀。尚未建好祭庙的，因为天下刚刚安定，权且在明堂大庙合祭。

把汉高祖庙当作文祖庙。王莽说："我的皇始祖父虞舜接受唐尧的禅让，汉朝的初祖是尧，世代都有禅让的风格，我又亲身在汉高皇帝灵前接受了金策，一心想表彰厚待前代君主，哪里敢忘记？汉代祖宗有七位，按照礼法在安定国中建立宗庙。他们在京城的园陵寝庙，不要废除，依旧祭祀。我在秋天九月时亲自进入汉朝高祖、元帝、成帝、平帝的庙中祭祀。各刘姓皇族，名籍改归京兆大尹管理，不要取消他们免除赋役徭役的特权，让他们终身享有，州牧要常去抚恤慰问，不要让他们受侵害、有冤屈。"

又说："我以前任大司马、宰衡以致当摄政皇帝，深思汉代传世二百一十年遭到的危难，感到汉代气数已尽，想方设法辅佐刘氏延长政权寿命，无所不用其极。因此铸造金刀货币，希望能用来救助汉朝。但是从孔子作《春秋》为后代君王立法，到鲁哀公十四年一个朝代宣告结束，和今天正好一样，汉哀帝即位至今也十四年了。汉代气数已尽，终于不能勉强救助，天威显明，黄德王朝当兴，清楚地显示出天命，把天下托付给我。如今百姓都说，上天革除汉朝而建立新朝，废除刘氏而振兴王氏。刘的字形结构是卯、金、刀，因此，正月卯日制造的玉佩以及金刀等货币，都不得再用。广泛地征求公卿士大夫的意见，都说天人感应，显著分明。除去刚卯玉佩，废除金刀货币，顺应天意，大快民心。"于是改铸小钱，直径六分，重一铢，上铸文字"小钱直一"，和以前所铸"大铸五十"文字的作为两种货币，共同流通。想防止民间偷铸货币，就禁止私藏铜和炭。

这年四月，徐乡侯刘快结党数千人在他的封国起兵，他哥哥刘殷是原汉朝胶东王，此时改封为扶崇公。刘快发兵攻打即墨，刘殷关闭城门，自己把自己关进监狱。城中官吏民众抵抗刘快，刘快败逃，到长广时死去。王莽说："从前我的祖先济南愍王被燕兵围困，从齐临淄出走，占据莒县自保。族人田单出奇制胜，俘虏斩杀燕国将领，重新安定了齐国。如今即墨的士大夫又同心协力歼灭反贼，我十分赞赏那些忠臣，怜悯那些无辜的人。赦免刘殷等人，除刘快的妻子儿子，其它亲属应当连坐的，都不要判罪。吊唁死者，慰问伤者，赐给死难者丧葬费每人五万钱。刘殷知天命，对刘快深恶痛绝，因此，罪犯立即受到惩罚。让刘殷的封国满一万户，土地方圆一百里。"又封符命上所记载的臣子十余人。

王莽说："古时候，每八户设一庐井，共耕井田。一夫一妻分一百亩地，交纳十分之一的税，国家充足，民众富裕，颂扬的声音兴起。这是唐尧虞舜的治国之道，夏、商、周三代遵循施行。秦暴虐无道，加重赋税以供奉自己，让民力疲惫以满足穷奢极欲，破坏圣王制度，废除井田，因此产生土地兼并，出现了贪婪卑鄙的行为，豪强占田数以千亩计，贫人没有立锥子的地方。又设奴婢市场，和牛马关在一起，臣民掌握奴隶，专断他们的命运，奸诈残暴的人乘机牟利，以至于掠夺贩卖人家的妻室儿女，违背天意，惑乱人伦，背离天地间生命人最宝贵的原则。《书》说：'我就要把你当做奴隶'，只有那些不听话的人，才会受此罪罚。汉代减轻田租，收三十分之一，但常有代役税，残疾人都要出，而豪强欺凌平民，出租田地，勒索田租，名义上是三十分之一，实际上是十分之五。父子夫妻终年耕耘，收获的粮食还不够吃。所以富人有狗马有富余的豆谷，骄奢淫逸而邪恶不轨，穷人连糟糠也吃不饱，穷困潦倒而被迫为奸恶。富人、穷人都犯罪，刑罚自然不能不用。我以前任大司马、宰衡时，开始下令把天下土地作为公田按人口分成井田，当时就出现了嘉禾的祥瑞，因遭叛乱而祥瑞暂停。现在把天下田地改名为'王田'，奴婢改名为'私属'，一律不准买卖。一户男子不超过八人而土地超过一井的，把多余土地分给九族亲属或邻里乡亲。原先没有土地现在应当分给土地的人，按制度分。有敢反对井田圣制、无视国法妖言惑众的，流放到四周边远地区。以此制服坏人，就象皇始祖虞舜所做的那样。"

那时百姓习惯使用汉代的五铢钱，因为王莽铸的钱币有大小两种同时流行，难以换算，又多次改变币制失去信用，所以都私下用五铢钱进行买卖。谣传大钱要废除，大家都不肯收。王莽很伤脑筋，又下书说："所有私藏五铢钱，说大钱要废除的人，和反对井田制一样，流放到边地。"于是农夫、商人失业，农、商都衰败，民众甚至在市场、道路上哭泣。因为买卖土地、住宅、奴婢及私自铸钱而犯罪的，上自诸侯、卿大夫、下至庶民，数不胜数。

秋天，派五威将王奇等十二人向天下颁布四十二篇《符命》。计有：德祥类五篇，符命二十五篇，福应十二篇，共四十二篇。其中德祥篇是讲汉文帝、宣帝时代成纪、新都出现黄龙、王莽高祖王伯墓门的梓木柱上生出枝叶一类的事。符命篇是讲井石、铜柜一类的事。福应篇是讲母鸡变公鸡一类的事。文章典雅类似经文，都有解说，总的意思是说王莽应当代替汉朝拥有天下。总括起来说道："帝王接受天命，一定有象征德行、吉祥的符瑞，合成五命（即肇命、受瑞、开王、定命、成命），加上因福气而获得的报应，然后才能建功立业，传给子孙，世世代代享受无穷。所以新朝兴起，德祥的符瑞出现在汉代九世

二百一十年之后，从封新都侯开始受天命，从黄支国献犀牛接受祥瑞，从武功县井石开创帝王基业，从子同（梓潼）县铜柜确定天命，从巴郡宕渠县完成受命，加上十二次福气的报应，上天保佑新朝深沉而又牢固！武功的丹石出现于汉平帝末年，汉朝火德销尽，新朝土德代替，皇天爱护，除去汉朝，兴立新朝用丹石开始授天命给皇帝。皇帝谦让，摄政代居帝位，没能符合天意，所以那年秋天七月，上天又加上三台星和文马。皇帝又谦让，没就位，所以上天第三次用铁契，第四次用石龟，第五次用虞符，第六次用文圭，第七次用玄印，第八次用茂陵石书，第九次用玄龙石，第十次用神井，第十一次用大神石，第十二次用铜符帛图，显示天命。申明天命的符瑞，越来越明显，一直达到十二次，明白地告诉新皇帝。皇帝深思上天的威严不能不畏惧，所以才去掉摄皇帝的称号，但还是称假皇帝，改年号为初始，想以此承塞天命，满足上帝心意。然而这仍然不是皇天郑重降下符命的本意，所以这一天上天又降下金匮策书。另外，侍郎王盱见一人穿白布单衣，红色五彩衣领，戴着小帽子，站在王路殿前。他对王盱说：'今天五方天神共同谋划，把天下百姓托付给皇帝'。王盱很奇怪，走了十余步，那人忽然不见了。到丙寅日傍晚，汉代高祖庙有金匮图策，说：'高皇帝秉承天命，把国家传给新朝皇帝'。第二天早晨，宗伯忠孝侯刘宏报告此事，于是召集公卿商议，未做出决定，而大神石发出人声：'催促新皇帝到高帝庙去接受天命，不要耽搁。'于是新皇帝立刻登车，到汉代高帝庙去接受天命。受命那天是丁卯日。丁是火，汉代为火德；卯，是刘字的组成部分；明显表示汉刘火德已尽，而传国给新朝。皇帝谦让，征兆已经很全了，仍然坚决推辞，但十二次符应逼迫，天命不可推辞，皇帝惊惧敬畏，怜惜汉朝终于不能救助，努力辅佐汉室却不能如意，为此三夜不能入睡，三天吃不下饭。召见、询问公侯卿大夫，都说：'应该遵奉上天威严的命令。'于是才改年号、定国名，天下更新。新朝一经建立，神灵欢喜，又降福应，吉祥的符瑞频频出现。《诗》说：'安抚民众，善用贤人，得受上天的福禄；天命保佑，反复赐福。'说的就是这种情况。"五威将军捧着符命、带着印信，自王侯以下到官吏更改名称的，对外至于匈奴、西域、塞外蛮夷，都就地授给新朝的印信，趁便收回原先汉朝的印信。赐爵位，官吏每人两级，百姓每人一级，女子以百户为单位赐给羊和酒，蛮夷赐给财帛，各有等差。天下大赦。

五威将乘着画有天文图象的车，驾着六匹牝马，背着雄美鸡的羽毛，服饰十分壮观。每一将都设置前后左右中五帅。衣冠、车饰、驾车马匹，都按照其方位确定颜色和数目。将持符节，称为太乙的使者；帅持用羽毛装饰的旗帜，称为五帝的使者。王莽颁发策书说："普天之下，一直到四方边界，没有不去的地方。"出使东方的，到了玄菟、乐浪、高句骊、夫余；出使南方的，越过边塞，经益州，把句町王贬降为侯；出使西方的，到达西域，把所有的王都改为侯；出使北方的，到匈奴单于庭，授给单于印，把汉印的印文改了，去了"玺"字，改为"章"。单于想索回原先的印，陈饶用槌子砸碎，单于大怒，而句町、西域各国后来终于为此而反叛。陈饶回来后，被任命为大将军，封为威德子。

冬天，天空响雷，桐树开花。

设置五威司命、中城四关将军。司命主管上公以下各级官吏，中城主管十二城门。向统睦侯陈崇颁发策书说；"呵，你陈崇，不遵守命令是祸乱的根源；狡猾大奸，是强盗的根本；私铸假钱，妨碍货币流通；骄奢淫佚超过限度，是凶暴祸害的开端；泄露宫庭及尚书机密，'机密不能保守就会害事'；朝廷拜爵而到私人家里去谢恩，官职任命权离开朝廷，政权就会丧失；以上六条是国家的根本法纪。为此任命你为五威司命，你要'软的不吃，硬的不吐，不欺侮鳏寡，不畏惧强暴'，皇帝的命令你要照办，统领百官，和睦朝廷。"对说符侯崔发颁布命令说："夜晚关闭重重门户，敲梆子巡夜，以此防备盗贼。任命你作五威中城将军，中城教化成功，天下就会喜欢符命。"对明威侯王级颁布命令说："绕溜地势险阻，南面正对着荆楚故地，你作五威前关将军，振奋威武保卫，在前面显示威力。"对尉睦侯王嘉颁布命令说："羊头山的险要，北面正对着燕赵故地，你作五威后关将军，在壶口据守险关，在后面安抚平定。"对掌威侯王奇颁布命令说："肴山、渑池的险要，东面正对着郑、卫故地，你作五威左关将军，扼守函谷关御敌，在左边执掌威权。"对怀羌子王福颁布命令说："陇的险阻，西面正对着戎狄，你作五威右关将军据守成固，在右边安抚西羌。"

又派五十名谏大夫分别在各郡国铸钱。

这一年长安有个疯女人，名叫碧，在路上呼喊："高皇帝大怒，说赶快把国家还给我，不然，九月一定杀死你。"王莽逮捕并杀死了她。主管官吏掌寇大夫陈成自动要求免去官职。真定刘都等人计议起兵，被发觉，全部处死。真定、常山降大雨和冰雹。

始建国二年二月，天下大赦。

五威将帅七十二人回京城奏报，原汉朝诸侯王改封为公的，全部交上玺印，降为平民，无一违抗命令。封五威将为子，五威帅为男。

开始设立六管。命令政府专卖酒、盐和铁器，垄断铸钱，所有开采获取名山大川各种资源的，一律征税。又命令市官收购价格低的物品，抛售价格高的物品，向民众发放贷款，每月收百分之三的利息。羲和下设酒士，每郡一人，乘坐驿车督察卖酒的利润，禁止民间私藏弓弩铠甲，违犯者流放到西海郡。

匈奴单于索求原来的印玺，王莽不给，于是匈奴侵犯边郡，屠杀掠夺官吏、平民。

十一月，立国将军孙建奏报："西域将领但钦上书说，九月辛巳日戊己校尉史陈良、终带一起杀害戊己校尉刁护，劫持官兵，自称是已被废除了的汉朝的大将军，逃亡到匈奴去。又本月癸酉日，不知哪里来的一名男子拦在我的车前，自称：'是汉代刘子舆，成帝小妻的儿子。刘氏应当复国，赶快腾出皇宫。'逮捕那男子，乃是常安人，姓武，字仲。这都是违抗天命，大逆无道，请求论处武仲和陈良等应当连坐的亲属。"奏章得到认可。又说："汉高祖屡次告诫说，撤掉守护汉室宗庙的官兵，愿在王氏宗庙中做寄食的宾客，确实是想顺承天意，保全子孙。刘氏宗庙不应留在常安城中，刘氏皇族作诸侯的应当和汉王朝一起废掉，陛下极为仁慈，长时间没作出决定。以前，原安众侯刘崇、徐乡侯刘快、陵乡侯刘曾、扶恩侯刘贵等相继聚众谋反。如今狂妄狡诈的家伙有的妄称是亡汉的将军，有的说是成帝之子子舆，以至于犯下杀身灭族的大罪，此起彼伏连绵不断，这都是因为圣上恩德慈惠不及早根绝其萌芽的缘故。臣下愚昧，认为汉高祖是新朝的宾客，在明堂享受祭祀。成帝是您的姑表兄弟，平帝是您的女婿，都不应该再进入宗庙。元帝和皇太后夫妇一体，是陛下恩德所推崇的，按照礼仪也应该如此。臣下请求废除设在京城中的汉朝宗庙。作诸侯的各刘姓皇族，根据户数多少分别为公侯伯子男五个等级；凡刘姓皇族担任官职的全部罢免，在家里等待任命。对上顺应天意，合高皇帝神灵的

心愿，杜绝狂妄狡诈之徒的反叛萌芽。"王莽说："可以。嘉新公国师因为符命指示担任我的四辅，明德侯刘龚、率礼侯刘嘉等共三十二人都知道天命，有的进献天符，有的贡献良策，有的拘捕、告发叛乱者，功绩显赫。刘姓中和这三十二人同宗共祖的，不罢免，赐给他们王姓。"只有国师因为把女儿许配给王莽的儿子，所以不赐给王姓。把定安太后的称号改为黄皇室主，割断她和汉朝的联系。

冬天，十二月，打雷。

把匈奴单于改名为降奴服于。王莽说："降奴服于知侮辱危害新朝德政，背叛四条协议，侵犯西域，扩延至边界，成为广大人民的祸害，罪当杀身灭族。派立国将军孙建等十二名将领分十路同时出击，施行上天的威力，惩罚知本人。只是知先祖原呼韩邪单于稽侯狦几代忠孝，保塞守关，不忍心因为一个知的罪行，灭绝稽侯狦的后代。现在把匈奴的土地、人民分为十五，立稽侯的十五个子孙为单于。派中郎将蔺苞、戴级飞奔边塞，召聚赐封应拜为单于的人。匈奴人中应当和知连坐判罪的，一律赦免。"派五威将军苗䜣、虎贲将军王况从五原出发，厌难将军陈钦、震狄将军王巡从云中出发，振武将军王嘉、平狄将军王萌从代郡出发，相威将军李䜣、镇远将军李翁从西河出发，诛貉将军阳俊、讨秽将军严尤从渔阳出发、奋武将军王骏、定胡将军王晏从张掖出发，连同一百八十余名偏将、裨将以下军官。招募天下囚徒、壮丁、兵士三十万人，各郡辗转输送五大夫将的军服皮衣、武器、粮食，由高级官员护送从东南沿海到北方边郡，使者乘驿车往来督促，一切按照战时军法处理，天下动荡。先到达的驻扎在边郡，等全部到齐以后才同时出动。

王莽因为新货币始终不能通行，又下诏书说："百姓把粮食看成生命，把货币看成资本，因此八政把粮食放在首位。货币如果都是大面额的，小的交易就无法使用，都是小面额的，携带运载就很繁重，大小轻重如果分开不同等级，则使用方便而百姓安乐。"于是铸造五种货币。百姓不听从，只流通小钱和大钱两种。私自偷铸钱的无法禁止，于是加重刑罚，一家偷铸钱，相邻五家连坐，所有家里的人统统没收做奴婢。官吏、百姓进出关，必须携带布钱作为过关符传的副件，不携带布钱的，饭馆旅舍不准接待，关卡渡口不许通过。公卿进出宫门也都要携带布钱，以此表示重视布钱，以便使其流通。

当时，人们争着编造符命以求得封侯，不这样做的人互相开玩笑说："难道就你没有天帝的任命书吗？"司命陈崇对王莽说："这是为奸臣开辟作威作福的路而扰乱天命，应该断绝它的根源。"王莽也厌倦了这件事，就让尚书大夫赵并审问处治，凡不是五威将帅所颁布的符命，传播的人一律逮捕入狱。

当初，甄丰、刘歆、王舜是王莽的心腹，倡导王莽重新出任高官，颂扬王莽的功德，赐给"安汉公""宰衡"的称号以及封王莽的母亲、两个儿子、侄子，都是甄丰等人共同策划的。而甄丰、王舜、刘歆也受到赏赐，都富贵起来了，不再想让王莽摄政。摄政想法的萌生，出自泉陵侯刘庆、前辉光谢嚣、长安令田终术。王莽羽毛丰满，就想摄政。甄丰等顺承他的心意，王莽就再封王舜、刘歆的两个儿子以及甄丰的孙子。甄丰等人爵位已达鼎盛，心满意足，又确实畏惧汉朝皇族及天下豪杰。但那些关系疏远而想往上爬的人都制作符命，王莽就根据这些符命登上皇帝宝座，王舜、刘歆只能把恐惧放在心中。甄丰一向刚强，王莽察觉出他不高兴，所以假托符命言辞把大阿、右拂、大司空甄丰调任为更始将军，和卖饼的王盛并列。甄丰父子默默不语。

那时，甄丰的儿子甄寻担任侍中、京兆大尹，封茂德侯，就制作符命，说新朝应当象周、召二公那样，以陕县为界分为东西两个地方行政区，设立二伯，任甄丰为右伯，太傅平晏为左伯，王莽听从了，任命甄丰为右伯。甄丰准备到西方去上任，还没动身，甄寻又制作符命，说原汉平帝皇后黄皇室主是甄寻的妻子。王莽靠诈骗立为皇帝，心中怀疑大臣们怨恨诽谤自己，想施威风以便让臣下畏惧，于是发怒说："黄皇室主是天下的母亲，这是什么话？"下令逮捕甄寻。甄寻逃走，甄丰自杀。甄寻跟随方士逃入华山，一年多以后捕获。审问供词中牵连到国师公刘歆的儿子侍中东通灵将、五司大夫隆威侯刘棻，刘棻的弟弟右曹长水校尉伐房侯刘泳，大司空王邑的弟弟左关将军掌威侯王奇，以及刘歆的弟子侍中骑都尉丁隆等。受牵连而死的，自公卿、亲族、列侯以下，达数百人。甄寻手上的纹有"天子"字样，王莽割下他的手臂拿进宫中察看，说："这是'大子'，有人说是，'六子'，六是戮，表明甄寻父子应遭杀戮。"于是把刘棻流放到幽州，把甄寻流放到三危，把丁隆在羽山处死，全是用驿车装载他们的尸体，一站一站送到流放地。

王莽大嘴、短下巴，双眼突出，眼睛通红，说话声音大而嘶哑。他身高七尺五寸，喜欢穿厚底鞋、戴高帽子，用硬毛装进衣服夹层，使衣服膨胀起来，反身仰视，或远望左右。那时有个在黄门等候召见起用的方士，有人向他请教王莽的相貌，他说："王莽是人们所说的鹰眼、虎嘴、豺狼声，所以能吃人，也该被人吃。"那人告发了此事，王莽杀死那方士，而封告发者为侯。后来王莽经常用云母盖扇挡住面孔，不是亲近的人没人能见他。

那一年，任命初睦侯姚恂为宁始将军。

始建国三年，王莽说："百官更改名称，职务也分化变动了，法令礼仪没来得及全部制定，暂时沿袭汉代法令礼仪行事。命令公卿大夫诸侯二千石官员从官民中各推荐一名有德行、通晓政事、擅长辞令、精通经书的人，前往王路四门。"

派尚书大夫赵并到北方边郡慰问，回来说五原郡北假地区土地肥美，适宜谷物生长，从前常常设置田官。王莽就任命赵并为田禾将军，征发戍卒到北假地区屯田，资助军粮。

此时众将领在边境驻扎，等待大军齐集，官兵放纵，肆意骚扰，而内地各郡苦于征发军队、物资，民众背井离乡四处流亡，沦为盗贼，并州、平州尤为厉害。王莽命令七公、六卿都兼称将军，派著武将军逯并等镇守著名都城，派中郎将、绣衣执法各五十五人，分别镇守边境各大郡，督察擅弄兵权的大奸大猾。不料这些人都乘机在外边作坏事，扰乱州郡，公开索取贿赂，鱼肉百姓。王莽下诏书说："贼寇知罪大恶极应该杀身灭族，所以派遣猛将分十二路，准备同时出击，一举歼灭。军内设置司命军正，军外设置十二名军监，确实想让他们监察不服从命令的人，使军人都行为端正。现在却不然，各自依靠权势恐吓良民，随便锁住人们的脖子，逼为奴婢，勒索到钱才放走。形形色色的毒虫一起残害，农民流离失所。司命、军监到此地步，能说是称职吗？从此以后，胆敢犯此罪行的，一律逮捕监禁，上报名字。"然而他们还是照旧放肆。

蔺苞、戴级到边塞城下，招诱匈奴单于的弟弟咸、咸的儿子登进入边塞，强迫拜咸为孝单于，赏赐千斤黄金，很多锦绣织品，打发回去。把登带至长安，拜为顺单于，留在外宾馆舍。

太师王舜从王莽篡位以后得了心脏病，日益加重，终于死去。王

莽说："从前齐太公因德行善良，传袭几代，当了周朝太师，这是我的借鉴。让王舜的儿子王延继承父亲爵位，做安新公，王延的弟弟襃新侯王匡为太师将军，永远做新朝的辅佐。"

替太子设置师、友各四人，官秩和大夫等同。任命原大司徒马宫做师疑，原少府宗伯凤做傅丞，博士袁圣做阿辅，京兆尹王嘉为保拂，以上是四师；任命原尚书令唐林做胥附，博士李充为奔走，谏大夫赵襄为先后，中郎将廉丹为御侮，以上是四友。又设置师友祭酒及侍中、谏议、六经祭酒各一人，一共是九名祭酒，官秩和上卿等同。琅琊郡左咸为讲《春秋》祭酒，颍川满昌为讲《诗》祭酒，长安国由为讲《易》祭酒，平阳唐昌为讲《书》祭酒，沛郡陈咸为讲《礼》祭酒，崔发为讲《乐》祭酒。派谒者驾安车持印信，到楚国龚胜家中拜他为太子师友祭酒，龚胜不肯应征，绝食而死。

宁始将军姚恂免职，任命侍中崇禄侯孔永为宁始将军。

这一年，池阳县出现小人影，高一尺多，有的乘车马，有的步行，手持各种器物，车马器物的大小和人影比例相称。三天后，这现象才消失。

沿黄河各郡发生蝗灾。

黄河在魏郡决口，河水泛滥到清河以东数郡。开始，王莽怕黄河决口淹了他家在元城的祖坟。等到河水向东泛滥，元城不必担心水灾，就不再筑堤防水。

始建国四年二月，大赦天下。

夏天，火红的云气从东南方升起，布满天空。

厌难将军陈钦说，捉到俘虏，得知匈奴侵犯边境都是孝单于咸的儿子角干的。王莽大怒，在长安斩杀孝单于的儿子登，让各蛮夷看。

大司马甄邯去世，宁始将军孔永做大司马，侍中大赘侯辅做宁始将军。王莽每次出行，总要先在城中搜索，称为"横搜"。这一月，横搜了五天。

王莽来到明堂，授予诸侯茅草泥土。下诏书说："我没有德行，承袭神圣的祖先，成为万国的主宰。考虑到安定百姓在于封建诸侯、划定州国确定疆界、美化风俗。借鉴古代，遵循其法令制度。在《尧典》中，全国有十二州，帝王领地以外分为五服。在《诗》中，有十五国，遍布九州。《殷颂》有'包括九州'的话。《禹贡》的九州没有并州、幽州，《周礼·司马》则没有徐州、梁州。帝王前后更改，各有其道理和作用。有的要显示功业，有的要扩大根基，道理很明显，其目的是一致的。从前周代文、武二帝承受天命，所以有东都、西都两个居处。我受天命，也和他们一样。把洛阳做新朝东都，常安做新朝西都。都城和周围地区连成一体，各自包含有食邑的男女封爵的封土。州的划分据《禹贡》分为九个，爵的分封据周制分为五等。诸侯的各额为一千八百，附城的数目也一样，等待有功的人接受分封。分爵的封地叫'一同'，民众一万户，土地方圆一百里。侯爵、伯爵的封地叫'一国'，民众五千户，土地方圆七十里。子爵、男爵的封地叫'一则'，民众二千五百户，土地方圆五十里。附城大的封地九成，民众九百户，土地方圆三十里。九成以下，每等降两成，减到一成为止。五个等级的附城封地加在一起，等于'一则'。现在已经授予茅土的，有公爵十四人，侯爵九十三人，伯爵二十一人，子爵一百七十一人，男爵四百九十七人，合计七百九十六人。附城一千五百一十一人。九族的女子食邑为任的，八十三人。汉朝女孙中山孝王的女儿承礼君、遵德君、修义君都改封为任。还有十一公，九卿，十二大夫，二十四元士。为确定诸侯国食邑封地的区划，派侍中讲礼大夫孔秉等和各州郡通晓地理、地图、户籍的人一起，在寿成朱鸟堂核对、制定。我多次和众公、祭酒、上卿亲自去视察，都已经谋划圆通了。奖赏功德，是为了显示仁爱、贤能、和睦九族，是为了表彰热爱亲属。我永不懈怠，想着考查前人的做法，公开进行赏罚，以显明善恶，安抚百姓。"因为地图簿籍还未定好，所以封爵并没授予土地，权且让他们在京城领取俸禄，每月数千钱，诸侯们都生活困难，甚至有作佣工的。

中郎区博劝王莽说："井田制虽然是圣王的法制，但废除已经很久了。周朝已经衰败，百姓不愿服从。秦朝懂得顺应民心可以获大利，所以废除井田而设置阡陌，于是为华夏帝王，至今海内民众没有厌弃它的作法。现在想违背民心，恢复绝迹千年的制度，即使尧、舜再生，没有百年的渐进过程，也不能推行。天下刚刚平定，万民新近归附，确实不能实行。"王莽知道百姓怨恨，下诏书说："所有私人占有汉朝赏赐的王田，都可以出售，不要用法律限制。犯了私自买卖平民罪的，暂且都不要处治。"

当初，五威将帅出巡，把句町王改为句町侯，句町王邯怨恨愤慨，不肯归附。王莽暗示牂柯郡大尹周歆用诈骗的手段杀死邯。邯的弟弟承起兵攻击，杀死周歆。以前，王莽曾征调高句骊的军队去攻打匈奴，高句骊人不愿去，郡里强迫他们前往，他们都逃出边塞，由此犯法为盗匪。辽西郡大尹田谭率兵出击，被他们杀死。州郡官吏归罪于高句骊侯驺。严尤上奏说："貉人犯法，不是从驺开始的，如果他们有叛逆之心，也应该让州郡权且安抚。而今加给他们许多重大罪名，恐怕他们随即背叛，夫余之类部族一定会有响应的。匈奴尚未平定，夫余、秽貉再兴兵作乱，这是很大的忧患。"王莽不肯安抚，秽貉于是反叛。

王莽下诏书命严尤攻打。严尤诱骗高句骊侯驺前来，杀死了他，把首级传送到长安。王莽十分高兴，下诏书说："前些时候，派遣猛将恭敬地替天惩罚，灭亡贼寇知，大军分为十二部，有的断敌人右臂，有的斩敌人左肩，有的毁敌人的胸腹，有的抽敌人的两肋。今年刑罚杀戮出现在东方，征杀貉人的部队首先开拔。捕杀贼寇驺，平定东部地区，贼寇知的灭亡，也就在旦夕之间。这是天地、众神、社稷、祖宗保佑辅助的福分，是公卿大夫、军士、百姓同心协力英勇奋战的威力，我十分赞赏。把高句骊改名为下句骊，向天下公布，让大家都知道。"于是貉人侵犯边境更加厉害，东北和西南夷都发生叛乱。

王莽踌躇满志，认为四周蛮夷不用多费力气即可吞并灭亡，就集中精力考虑复古的事，又下诏书说："考虑到我的皇始祖虞舜帝在文祖庙接受禅让，观测天文，以北斗七星各主不同政事来划一政治，于是对上帝进行襫祭，对六位神进行禋祭，对山川进行望祭，遍祭各种神灵，巡视五岳，会见四方诸侯，让他们用言辞奏报，公开考核他们的功绩。我承受天命正式登位到始建国五年，已经五个年头了，阳九的灾难已经渡过，百六的厄运也已经解除。木星在寿星宫，土星在明堂座，仓龙在癸酉，癸德在中宫。观、晋二卦主太岁当值，卜辞指导人们行动，这年二月初春到东部地区巡视，请把礼仪程序全部安排好。"众公卿上奏要求征集官吏、民众，人员马匹，布帛丝绵。又要求内地十二个郡国购买马匹，调集四十五万匹布帛输送长安，各自输送，不必等待一齐交。送来超过一半时，王莽下诏书说："文母太后身体欠安，请暂且停止调集，以后看情况再说。"

这一年，改十一公的称号，把"新"改为"心"，后又把"心"改为"信"。

始建国五年二月，文母皇太后去世，安葬在渭陵，和汉元帝合葬，但中间用沟隔开。在长安建祠庙，规定新朝世世代代祭祀。汉元帝配享祭祀，灵位放在皇太后灵位的龛架下。王莽为太后服丧三年。

大司马孔永请求免职，王莽赏赐他一辆安车四匹套马，以特进身份朝见。任命同风侯逯并为大司马。

此时长安民众听说王莽准备在洛阳建都，不肯再修理整治长安的住宅，有的还拆了一些房屋。王莽说："玄龙石上的文字说：'稳定帝王基业，在洛阳建国都'。符命显著，怎敢不钦敬奉行！到始建国八年，木星运行到星纪宫，在洛阳都城的上空。谨慎地修治长安都城，不要让它毁坏。有违犯此令的，把名字呈报上来，治他的罪。"

这一年，乌孙国大小昆弥都派使者到中国朝贡。大昆弥是中国的外孙，他的胡人妻子生的儿子是小昆弥，乌孙人都归附小昆弥。王莽看到匈奴等各地边境都入侵扰乱，想博得乌孙的欢心，就派使者引导小昆弥使者坐在大昆弥使者的上位。保成师友祭酒满昌上奏章弹劾使者说："夷狄因为中国讲究礼仪，所以才屈服中国。大昆弥是国君，如今让臣的使者坐在国君使者的上位，这不是使夷狄服从的办法。奉命招待的使臣犯下大不敬罪。"王莽大怒，罢免了满昌。

西域各国因为王莽长期失去恩德和信用，焉耆率先背叛，杀死西域都护但钦。

十一月，彗星出现，经过二十多天，才消失。

这一年，因为触犯私藏铜炭禁令的很多，废除了这项法令。

下一年改年号为"天凤"。

天凤元年正月，天下大赦。

王莽说："我将在二月初春时赴各地巡视。太官携带干粮、干肉，内者准备帷帐席被。所到之处，不要让地方政府供应物品。我巡视东方，一定亲自携带来耜，每到一县都进行耕作，用来劝勉东方的春耕。我巡视南方，一定亲自携带耨，每到一县都进行锄草，用来劝勉南方的收成。我巡视西方，一定亲自携带铚，每到一县都进行收割，用来劝勉西方的秋收。我巡视北方，一定亲自携带连枷，每到一县都进行打场，用来劝勉粮食收藏。完成北方的巡视后，就在国土的中心定都洛阳。敢有奔跑喧哗触犯法令的，就按军法论处。"众公卿上奏说："皇帝极为孝顺，往年文母圣体不安，皇帝亲自侍奉供养，衣帽都很少脱下。文母去世，群臣悲哀，皇帝容颜尚未恢复，饮食减少。现在一年之中要巡视四方，万里路程，年事已高，不是光准备些干粮、干肉就能承受得了的。暂且不要巡视，等到国丧期满以后再说，以便使圣体安康。我们尽力抚育管教万民，奉行您的英明诏令，不失职"。王莽说；"各位公、各州牧、各司、诸侯、庶尹愿尽力统领抚育管教万民，力图符合我的心意，因此我接受意见，大家勉励吧！请不要违背自己的诺言，改在天凤七年，木星在大梁宫，仓龙的庚辰，再行巡视之礼。再过一年，木星在实沉宫，仓龙在辛巳，就在国土中心定都洛阳。"于是派太傅平晏、大司空王邑到洛阳，选择基址，绘制蓝图，营造宗庙、土谷神社、祭祀天地的神坛。

三月壬申，晦日，出现日食，大赦天下。给大司马逮并下文书说："出现日食，太阳无光，战乱不止，请上交大司马印信，以侯的身份参加朝会。太傅平晏不再兼任尚书职务，减少侍中诸曹兼职的人。任命利苗男爵诉为大司马。"

王莽正式即皇帝位后，特别防备大臣，抑制、夺取他们的权力，朝臣中有指斥大臣的过失的，都加以提拔。孔仁、赵博、费兴等因为

敢抨击大臣，所以得到信任，让他们担任重要官职。公卿进宫，其随从吏员有定额，太傅平晏的随从吏员超过定额，掖门仆射查问平晏，言语不敬。太傅府戊曹士逮捕了仆射。王莽大怒，派执法官调发数百名车士、骑士包围太傅府，逮捕戊曹士，当即处死。大司空士夜里经过奉常亭，亭长斥问，他通报了官名，亭长喝醉了酒，说："有符传吗?"大司空士用马鞭抽打亭长，亭长杀死了士，逃跑了。郡县追捕亭长，亭长家里人上书申诉，王莽说："亭长奉公守法，不要追捕了。"太司空王邑驱逐了那个士，用以谢罪。国将哀章颇有些贪污行为，王莽为他选择设置了和叔宫，告诫说："你不但要确保公府里的国将本人，还要确保国将在家乡西州的亲属。"众公都被人瞧不起，而哀章尤其如此。

四月，下霜，草木都被冻死，沿海一带特别厉害。六月，满天黄雾。七月，大风把树拔起来，刮飞了长安直城门上的瓦。雨夹着冰雹降下，杀死牛羊。

王莽根据《周官》、《王制》的规定，设置卒正、连率、大尹，职务和太守相同；设置属令、属长，职务和都尉相同。设置州牧、部监二十五名，朝见礼仪如同三公。部监职位同上大夫，每人主管五郡。公作州牧，侯作卒正，伯作连率，子作属令，男作属长，都是世袭官职。没有爵位的作尹。把长安城郊分为六个乡，每乡设置一名帅。把三辅划分成六个尉郡，又以河东、河内、弘农、河南、颍川、南阳为六队郡，都设置大夫，职务和太守相同；又设置属正，职务和都尉相同。把河南郡大尹改名为保忠信卿。把河南郡的属县增加到三十个。设置六郊州长各一人，每人主管五县。其他官名也全部改掉。大郡多的分成五郡。郡和县用"亭"作名字的有三百六十个，以应验符命的言辞。沿边又设置竟尉，用男爵充任。诸侯国中的闲田，作为赏赐用田，有功则增，有过则减。王莽下诏书说："常安西都叫做六乡，各县叫做六尉。义阳东都叫做六州，各县叫做六队。四、五百里以内叫内郡，以外叫近郡。有鄣塞的叫边郡。合计一百二十五郡。全国范围内共二千二百零三个县。公作为甸服，是城池。在侯服的人，是依靠；在采服、在男服的人，是支柱；在宾服的人，是屏障；在文化部门、武装守卫部门的人，是墙垣；在九州之外的，是藩篱。各自依照他们的方位确定称号，总起来就是万国。"此后，每年又有变动，一个郡更改名称多至五次，最后又返回到原来的名字上。官民记不清，每次下诏书，一定要附记原来的名字，说："诏命陈留郡大尹、太尉，把益岁县以南地区划给新平。新平，是原淮阳郡。把雍丘县以东地区划给陈定。陈定，是原梁郡。把封丘县以东地区划给治亭。治亭，是原东郡。把陈留以西划给祈隧。祈隧，是原荥阳郡。陈留已不再有郡的名称，大尹、太尉都到京城来。"他改变名称的号令，诸如此类。

命令天下小学，用戊子日代替甲子日为六十天的开端。行冠礼把戊子日当作吉日，行婚礼把从戊寅日之后的十天作忌日。百姓多不听从。

匈奴单于知去世，他的弟弟咸立为单于，要求与新朝和亲。王莽派使者赠送给他很多财物，欺骗说准许送还匈奴的质子登，乘机要求用财物换回陈良、终带等人。单于拘捕陈良等人交付使者，用囚车送往长安。王莽在城北烧死陈良等人，命令官吏、百姓围聚观看。

沿边一带发生严重的饥荒，人吃人，谏大夫如普视察边境驻军，回来说："士兵长期驻屯边塞，生活艰苦，边郡无力供给物资，单于新近求和，应该借此机会撤去驻军。"校尉韩威献策说："凭着新朝的威力，吞灭胡虏无异于吞下口中的跳蚤、虱子。我愿率领五千名勇士，不带一斗粮食，饿了吃胡虏的肉，渴了喝胡虏的血，可以在胡人境内横行无忌。"王莽认为他出语豪迈，任命他为将军。但也采纳如普的建议，调回驻屯边境的众将领。罢免陈钦等十八人的官职，撤掉各四关镇都尉的驻军。适逢匈奴使者返回，单于知道质子登前些时候已被杀死，就出兵侵犯边境，王莽又派军队去驻守。于是边郡百姓流亡到内郡，给人家做奴婢。王莽下令："官吏、百姓有敢收留边郡人的处死刑。"

益州郡蛮夷杀死大尹程隆，周边少数民族全部反叛，派平蛮将军冯茂率兵进击。

罢免宁始将军侯辅，任命讲解《易》经的祭酒戴参为宁始将军。

天凤二年二月，在王路堂摆酒宴，公卿大夫都行酒助兴。大赦天下。

这时，中午天空出现星星。

大司马苗䜣降职为司命，用延德侯陈茂为大司马。

谣传有黄龙摔死在黄山宫中，上万的百姓奔走相告前往观看。王莽厌恶此事，逮捕了一些人，追查谣言的出处，没有结果。

匈奴单于咸既然与新朝和亲，就索要他的儿子登的尸体，王莽想派使者送去，又恐怕咸因怨恨而伤害使者，于是逮捕了以前说应该诛杀质子的原将军陈钦，用别的罪名关押了他。陈钦说："这是想用我承担罪责以便向匈奴解说。"于是自杀了。王莽选能言善辩的儒生济南人王咸做大使，选五威将伏黯等为将帅，派他们送还登的尸体。命令匈奴掘开单于知的坟墓，用荆条鞭打尸体。又命令匈奴撤离边塞到大漠以北，向单于索要一万匹马、三万头牛、十万头羊，并要求送还历次掳去的还活着的边民、俘虏。王莽就是这样喜欢说大话。王咸到达单于庭，陈述王莽的声威德行，谴责单于的背叛罪行，纵横恣肆，从容应敌，单于无法折服他，于是王登完成使命而返回。进入边塞，王咸病死，王莽封他的儿子为伯，伏黯等人都被封为子。

王莽认为制度一定天下自会太平，于是集中精力研究地理、制定礼仪、创作乐律、讲述六经的旨意。公卿早晨入宫，晚上出殿，连年累月地议论，做不出决断，没有时间处理百姓亟待解决的诉讼、冤屈。县长出缺，代理者兼职好几年，各种贪赃枉法现象，一天比一天厉害。中郎将和绣衣执法使者，在各郡和诸侯国凭借权势横行，让人们互相检举揭发。十一位公士分往各地劝导农民耕田植桑，颁布季节政令，车马相接，在道路上往来不断，召集官民，逮捕证人，郡县横征暴敛，层层贿赂，黑白不分，至朝廷申诉冤曲的人很多。王莽鉴于自己靠专权而取得汉朝政权，所以竭力独揽一切，有关部门只是接受现成的命令，但求无过。各宝物、库藏、钱粮官都由宦官管理；官吏、百姓呈上的密封奏章，由王莽身边的宦官拆视，尚书不知内情。他就这样畏惧、防备臣下。又喜欢改变制度，政令繁多，应该交付执行的命令，却要反复审议然后再交下去，前面的问题没解决，后面的又堆下来，问题成堆且昏乱不堪。王莽常挑灯批阅文书，直至天明，仍然不能处理完。尚书乘机舞弊弄奸，大事化小小事化了，上书等待批复的人连等几年，不能回去，逮捕关禁在郡县监狱里的人遇到大赦才能出狱，卫士三年没人来换防。谷物常常价格昂贵，二十多万边防军吃穿都依赖政府，政府忧愁困苦。五原郡、代郡受到的危害尤其厉害，百姓起而为盗贼，数千人一伙，辗转攻入邻近各郡。王莽派捕盗将军孔仁率兵和郡县部队联合进攻，一年多时间才平定下来，边郡人民几乎逃光了。

邯郸以北地区降下大雨、大雾，河水泛滥，深的地方达数丈，淹死数千人。

立国将军孙建去世，任命司命赵闳为立国将军。宁始将军戴参恢复原来官职，任命南城将军廉丹为宁始将军。

天凤三年二月乙酉日，发生地震，降下大雨加雪，函谷关以东尤其厉害，深的地方达一丈，竹子、柏树有的都枯死了。大司空王邑上书说："任职八年没有政绩，司空的职务尤其荒废，以至发生了地震，我请求辞职。"王莽说："地有地动有地震，地震会造成灾害，地动不会造成灾害。《春秋》记载地震，《易·系辞》讲，坤（地）动，动的时候张开，静的时候闭合，万物就生长发育了。灾异变化，各有其作用。天地震动以显示威力，是用来警戒我的，您有什么罪过呢，而竟请求辞职，这不是帮助我的态度。派诸吏散骑司禄大卫修宁男遵传达我的旨意。"

五月，王莽颁布官吏俸禄制度，说："我遭遇阳九的灾难、百六的祸害，国家财政开支不足，民众骚动不安，从公卿以下，月俸不过两匹十布，或者一匹帛。每想到此事，我都感到忧伤。如今灾难已经渡过，国库钱财虽然还不丰富，但已较为宽裕，从六月朔日庚寅开始，官吏的俸禄都按制度规定数发给。"从四辅、公卿、大夫、士直至舆僚，共分十五等。僚的俸禄一年是六十六斛，以此递增，上至四辅年俸禄为一万斛。王莽又说：'普天之下，无处不是国王的土地；四海之内，无人不是周王的臣民。'这是用天下的财物供养你们。《周礼》记载美味食物有一百二十种，现在诸侯靠同、国、则的供给，辟、任、附城靠封邑供给，公、卿、大夫、元士靠采地供给。供给多少，都有明文规定。年岁丰收就增加，有灾害就减少，与百姓同甘共苦。用年终上报统计计算，天下幸而无灾害时，太官的美食品种齐全；如有灾害，按照比例多少而减少供给。东岳太师、立国将军确保东方三州一部二十五郡；南岳太傅前将军确保南方二州一部二十五郡；西岳国师宁始将军确保西方一州二部二十五郡；北岳国将卫将军确保北方一州一部二十五郡；大司马确保纳卿、言卿、仕卿、作卿、京尉、扶尉、兆队、右队、中部左部及前部七部；大司徒确保乐卿、典卿、宗卿、秩卿、翼尉、光尉、左队、前队、中部、右部，共五郡；大司空确保予卿、虞卿、共卿、工卿、师尉、列尉、祈队、后队、中部及后部，十郡；至于六卿，都随着所隶属的公确保有关部门地区，如有灾害，也按比例减少俸禄。直接从中央政府领俸禄的郎、从官、中都官吏，根据太官供给美食的完备与减少增减俸禄。诸侯、辟、任附城，官吏们各确保其所管地区。希望上下同心协力，促进农业生产，安定百姓。"王莽的制度就是这样烦琐，因为年终上报的数字无法理清，所以官吏始终得不到俸禄，于是各自利用职权干坏事，收受贿赂以便供自己使用。

这月戊辰日，长平馆西岸倒塌，堵塞了泾河，河水不流通，冲决堤岸向北流去。派大司空王邑去巡察，回来后上奏章报告了情况。群臣为王莽祝寿，说这是《河图》所说的"用土镇水"，是匈奴灭亡的吉兆。于是派并州牧宋弘、游击都尉任萌等人率军进攻匈奴，到边境驻屯。

七月辛酉日，霸城门遭火灾，霸城门就是民间所说的青门。

戊子晦日，出现日食。大赦天下。又命令公卿、大夫、诸侯、二千石官推举德行、政事、言语、文学四科人才各一名。大司马陈茂因为日食被免职，任命武建伯严尤为大司马。

十月戊辰日，王路朱鸟门鸣叫，昼夜不停。崔发等人说："舜开辟四门，听到四面八方的声音。朱鸟门叫，表明应当研习古代圣王的礼制，招纳四方的人才。"于是命令群臣都来祝贺，所推举的四科人才由朱鸟门进入宫殿回答皇帝的询问。

平蛮将军冯茂攻打句町，士兵染上瘟疫，死去十分之六七。横征暴敛，民众的钱财被收去一半，益州郡消耗殆尽而句町仍未攻克。王莽召回冯茂，关进监狱死去。又派宁始将军廉丹和庸部牧史熊攻打句町，杀死不少敌人，取得一些胜利。王莽征召廉丹、史熊，廉丹、史熊都要求增派部队，务必攻克句町再回去。又大肆征收赋税，就都郡大尹冯英不肯供给，上书说："自从越嶲郡遂久县的仇牛、同亭县的邪豆等族反叛以来，累计将近十年，郡县部队抗击从未停止。接着起用冯茂，施行只顾眼前的政策。僰道以南，山高地险，冯茂驱赶大量民众到远方居住，化费数以亿计的钱财。官兵遭遇毒气而死的占十分之七。现在廉丹、史熊怕自己不能在预定期限完成使命，所以征调各郡的军队、粮草，又搜括民财，十分取四分，白白地毁坏了梁州，最终也不能成功。应该撤军实行屯田，明令悬赏征求蛮夷头领。"王莽大怒，罢免了冯英。后来，王莽醒悟过来，说："冯英也无可厚非。"又任命冯英为长沙连率。

翟义的党徒王孙庆被捕，王莽让太医、药剂师和灵巧的屠夫一起剥皮解剖他，测量五脏的位置，用竹枝穿通血管，了解血脉始终，据说可以治病。

这一年，派大臣五威将王骏、西城都护李崇率戊己校尉到西域去，各国都迎至城外，贡献礼物。各国以前杀死西域都护但钦，王骏想袭击他们，命令佐帅何封、戊己校尉郭钦另外统领兵马在后。焉耆国假意投降，埋伏军队攻击王骏等人，把他们全部杀死。郭钦、何封稍后到达，袭击老弱残兵，从车师国取路进入边塞。王莽任命郭钦为镇外将军，封为剿胡子，封何封为集胡男。西域从此断绝和新朝的关系。

天凤四年五月，王莽说："保成师友祭酒唐林、原谏议祭酒琅邪纪逡，孝敬父母、尊重兄长，待人忠厚，敬奉上司爱护下级，见闻广博，德行醇美，直至老年也没有过失。封唐林为建德侯，纪逡为封德侯，都给予特进地位，用三公的礼仪朝见。赏赐一所住宅，三百万钱，授予几杖。"

六月，又在明堂授给诸侯茅草和泥土，说："我规划土地，建立五等封爵，考查经书，符合传、注的解释，义理也贯通。经过再三地议论和思考，从始建国元年至今已达九年，终于确定下来。我亲自设置华丽几案，陈列菁茅和四色泥土，向泰山、皇家宗庙、大地神坛及先祖父、祖母祈祷，颁布授予。你们各自回到自己的封国，抚育教养百姓，建立功业。在沿边地区的，比如江南，不是诏令征召而派遣质子到京城侍奉的，由纳言掌货大夫暂调京城原有存钱发给俸禄，公爵年俸八十万，侯伯年俸四十万，子男年俸二十万。"但实际上还不能全部获得。王莽好说大话，仰慕古代制度，分封的人很多，其实他生性悭吝，以土地尚未规划定为托辞暂时先授予茅草、泥土，用来安慰那些喜欢封爵的人。

这一年，重申六管（六项专卖制度）命令。每一管命令下达，都设立禁令条款，犯禁者罪大至死，官吏、百姓犯罪而被惩罚的日益增多。又对上公以下占有奴婢的人全部征税，一个奴婢出三千六百钱，天下愁苦，盗贼风起云涌。纳言冯常就六管制度进行谏诤，王莽大怒，

罢了冯常的官。设置执法左刺奸、执法右刺奸。选用能干吏员侯霸等人分别监督六尉、六队，象汉朝的刺史一样，和每郡一位三公士一起处理政事。

临淮郡瓜田仪等人作盗贼，盘踞会稽郡长州，琅邪郡吕母也起兵。当初，吕母的儿子做县吏，被县令冤枉杀死，吕母尽出家财，酤酒买兵器弓弩，秘密结交穷苦少年，结集了一百余人，于是攻击海曲县，杀死县令，在儿子的墓前祭奠。然后带兵到海上，队伍逐渐扩大，后来达到上万人。王莽派使者就地赦免盗贼的罪。使者回来说："盗贼解散后，接着又结集起来。问他们原因，都说苦于法律禁令繁杂苛刻，动辄得咎。辛苦劳作，收获不够缴纳租税。闭门家中坐，又因为邻里同伍人私铸钱或收藏铜犯法连坐，奸吏乘机逼迫，民众愁苦不堪。百姓穷困，全部起来做盗贼。"王莽大怒，罢免了使者的官职。有的使者见风使舵，说："百姓狡猾蛮横，应当诛杀"，又说："这是时运造成的，盗贼不久就会消灭"，王莽听了很高兴，下令给他们升官。

这年八月，王莽亲自到京城南郊，铸造威斗。威斗是用五色药石和铜铸造的，样子象北斗星，长二尺五寸，想用它镇邪，压伏盗贼。铸成之后，命令司命背着它，王莽出行时让它在前面，回宫后放在御座旁。铸威斗那天，天气寒冷，百官人马有被冻死的。

天凤五年正月朔日，北军的南营门发生火灾，任命大司马司允费兴做荆州牧。召见时，询问到任后的施政方针，费兴回答说："荆州，扬州的百姓大都盘踞山林湖泊，以捕鱼采集为生。前些日子，国家推行六管征收山林湖泊税，妨害、夺取了百姓的利益，加上连年久旱不雨，百姓饥寒穷困，所以起为盗贼。我到任后，想明令告知盗贼，让他们返回田里，借给他们农具耕牛、种子、粮食，减免租税，也许可以使盗贼解散，百姓安顿。"王莽大怒，罢免了费兴的官职。

天下官吏因为得不到俸禄，都起来非法牟取暴利，郡太守、县令家中积累起千斤黄金。王莽下诏说："详细考查从始建国二年匈奴侵犯中国以来，各军官吏及沿边官吏大夫以上非法牟利增加财富的，没收其家全部财产的五分之四，用来应付边境的急需。"公府士乘驿车布告天下，考查审核贪赃者。军吏告发将帅，奴婢告发主人，原想禁止奸恶，奸恶却愈演愈烈。

王莽的孙子功崇公王宗自己画了一幅象，穿戴皇帝衣冠，又刻了三枚印章：第一枚是"维祉冠，存己夏，处南山，臧薄冰"；第二枚是"肃圣宝继"；第三枚是"德封昌图"。王宗的舅舅吕宽先前合家迁往合浦，私下和王宗往来，被发现，审查属实，王宗自杀。王莽说："王宗身为皇孙，爵位至上公，明知吕宽等人是叛逆党徒，竟然和他们往来，刻三枚铜印，印文极其有害，贪心不足，想入非非。《春秋》大义：'对君王和父母连邪恶的念头都不能有，有邪念就要诛杀。'王宗迷乱无道，自取其罪，呜呼哀哉！王宗本名王会宗，因为制度规定取消了双名，现在恢复其双名会宗，贬低他的爵位，改变他的封号，赐谥号为功崇缪伯，用伯爵的礼仪安葬在原封地谷城郡。"王宗的姐姐王妨是卫将军王兴的夫人，在祈祷中诅咒她的婆母，杀死奴婢以灭。案发以后，王莽派中常侍萯恽责问五妨，同时也责问王兴。二人双双自杀。案子牵连到司命孔仁的妻子，孔妻也自杀。孔仁求见王莽，脱帽谢罪。王莽派尚书弹劾孔仁："让你乘坐乾车，驾着牝马，左边是苍龙，右边是白虎，前边是朱雀，后边是龟蛇，右手持威节，左肩扛威斗，号称赤星，并不是让你骄傲，而是用来尊崇新朝的威严。你擅自脱下天文冠帽，是对皇帝大不尊敬！"下诏书说不要弹劾孔仁，更换新的帽子。

王莽就是这样喜好怪异。

任命直道侯王涉为卫将军。王涉是曲阳侯王根的儿子。王根在汉成帝时是大司马，曾推荐王莽代替自己，王莽对他感恩不尽，认为曲阳不是好名称，就追赐王根谥号为直道让公，王涉继承父亲的爵位。

这一年，赤眉军力子都、樊崇等因饥荒而聚集起来，在琅邪郡起兵，辗转抄掠，部众都到了一万多人，王莽派使者调发郡国地方兵攻击，不能取胜。

天凤六年春天，王莽见盗贼增多，就命令太史推算三万六千年的历法，每六年改一次年号，布告天下。下文书说："《紫阁图》说：'太一、黄帝都已成仙升天，在昆化山脉虞山顶上演奏仙乐。后代获得祥瑞的圣王，应当在秦地终南山上演奏仙乐。'我不聪明，没有明确地奉行，今天才明白。再把宁始将军称为更始将军，以便顺应符命。《易》不是说过吗？'日日更新是盛大的德，不断生长就是变化'，我希望享用它！"想用这种办法欺骗百姓，瓦解盗贼。大家都讥笑他。

初次向明堂、太庙进献《新乐》，群臣开始戴鹿皮帽子。有人听到乐曲的声音说："凄清而哀婉，不是振兴国家的声音。"

这时，关东地区连年大旱，力子都等党徒越来越多。更始将军廉丹攻打益州郡，攻不下，征调回京。又派复位后大司马护军郭兴、庸部牧李晔攻打蛮夷若豆等部，太傅牺叔士孙喜肃清江湖上的盗贼。而匈奴骚扰边境很厉害。王莽就大量招募天下男丁和死囚、官民的奴隶，称为"猪突豨勇"，作为精锐部队。向天下所有的官民征税，按家产计算，缴纳三十分之一的税，折为绸绢，都输送到长安。命令公卿以下直到郡县佩黄色印绶的官员都要负责保养军马，根据官员的俸禄确定保养马匹的数量。又广泛招募有奇技可以攻打匈奴的人，将破格提拔升官。来献计献策的人成千上万，有的说能不用舟船渡河，战马连接可渡过百万雄师；有的说作战不用携带军粮，服食药物可使三军不饿；有的说能飞，一天飞一千里，可以侦探匈奴敌情。王莽都当场试验。那人用大鸟的羽毛做成两个翅膀，头和身上都沾满羽毛，翅膀用环带牵引，飞行几百步就坠落地上。王莽知道他们不中用，但想假借其名声威吓，所以都任命为理军，赏赐他们车马，整装待发。

当初，匈奴右骨都侯须卜当，娶王昭君的女儿为妻，曾经要归附中国。王莽派昭君的侄子和亲侯王歙引诱须卜当到边塞下，胁迫他到了长安，强迫立为须卜善于后安公。开始打算引诱须卜当时，大司马严尤劝说道："须卜当在匈奴右部地区，军队不侵扰边境，单于的一举一动他都报告给中国，这是对中国的一大帮助。如今接须卜当来安置在长安稿街，不过是一名胡人罢了，不如让他呆在匈奴更有利。"王莽不听。得到须卜当后，想派严尤和廉丹攻击匈奴，都赐姓征氏，号二征将军，要他们诛杀单于舆而立须卜当代替。车骑准备从长安城西郊横厩出发，还没起程。严尤一向有智谋，反对王莽征伐西方，屡次劝谏，王莽不听。他撰写了三篇文章，论述古代名将乐毅、白起不受重用以及边防事宜，上奏王莽，暗藏劝谏。等到朝廷议论时，严尤坚持说打匈奴可暂时往后放，先考虑如何对付山东盗贼。王莽大怒，下文书对严尤说："任职四年，不能阻止蛮夷侵犯中国，不能歼灭盗贼奸邪，不畏惧上天的威严，不服从皇帝的命令，相貌凶狠，固执己见，心怀叛逆，阻挠军计。我不忍心把你交给法庭，把大司马武建伯印绶上交，回到原籍去。"任命降符伯董忠做大司马。

翼平郡连率田况上奏说，郡县计算百姓财产不实，王莽重申三十税一。因为田况忧国忧民，言语忠诚，晋升为伯爵，赏二百万钱。民

众都咒骂田况。青徐二州百姓背井离乡逃亡，老小死在路上，壮年都加入盗贼队伍。

夙夜郡连率韩博上书说："有一位奇士，身长一丈，体格有十围粗，到我府中来，说想参与攻击匈奴。他自称名叫巨毋霸，生于蓬莱东南、五城西北的昭如海边，辒车装不下他，三匹马拉不动他。当天就用大车套上四匹马，车前树立猛虎旗帜，载巨毋霸到京城。巨毋霸睡的时候枕着大鼓，吃饭用铁筷子，这真是皇天让他来辅佐新朝。希望陛下制造大型盔甲、高大战车，制作古代猛士孟贲、夏育穿的衣服，派一员大将和百名武士在道旁迎接他。京城的门户如果容不下，可以开得更高大些，以便向外族蛮夷显示，镇抚天下。"韩博想以此暗示王莽毋得称霸。王莽听说之后十分厌恶，让巨毋霸留在已到达的新丰，把他的姓改为巨母氏，说是因文母太后降生此人，是让王莽称霸的符命。征召韩博到京城，关进监狱，因他说了不该说的话，判处死刑。

第二年改年号为地皇，这是根据三万六千年历法的规定。

地皇元年正月乙未日，大赦天下。下诏书说："正当大军出动的时刻，敢有奔跑、喧哗触犯法律的，统统即时斩首，不用等到秋后处决，此令到今年年底为止。"于是春、夏也在街市处决犯人，百姓惊恐，走在路上互相用目光示意。

二月壬申日，太阳在中午时刻变暗。王莽厌恶此事，下诏书说："前些日子，太阳在中午变暗，阴气逼迫阳气，黑气成灾，百姓无不惊怪。兆域大将军王匡派官吏追查，是上奏谋反事的人想蒙蔽君王，所以上天发出遣责，让他受到惩治，以杜绝大的灾异。"

王莽看到四方盗贼很多，想镇伏他们，又下诏书说："我的皇室祖先黄帝平定天下，统帅军队任上将军，建立华丽的车盖，树立北斗形制礼器，朝廷内设大将，朝廷外设五名大司马，二十五名大将军，一百二十五名偏将军，一千二百五十名裨将军，一万二千五百名校尉，三万七千五百名司马，十一万二千五百名候，一百二十二万五千名当百，四十五万名士吏，一千三百五十万名士，应合《易》所说：'弓箭锋利，以威慑天下'。我接受符命，考察古人，将逐项设置完备。"于是设置前、后、左、右、中五位大司马，赐各州牧以大将军称号，任命各郡卒正、连帅、大尹为偏将军，属令长为裨将军，县宰为校尉。乘坐驿车的使者驰骋各郡、封国，每天将近十批，仓库里没有可以供应的存粮，驿车马匹不够，就征用路上的车马，一切供应均取自民间。

七月，大风毁坏王路堂。王莽又下诏书说："七月壬午日申时，大风雷雨摧毁房屋、折断树木，我非常惊惧，非常颤抖，非常恐慌，我沉思了十多天，迷惑才解开。从前符命说，立王安为新仙王，王临的封国在洛阳，封为统义阳王。那时我正摄政为代皇帝，谦让不敢承当，而封他们为公爵。后来金匮文书到，议论的人都说：'王临的封国在洛阳，称号为统，是说他占据国土中心新朝王室皇统，应该做皇太子。此后，王临长期生病，虽然痊愈，仍未完全恢复，朝见时要坐在褥垫上，由人抬着去。在王路堂朝见时，要在西厢房和后阁更衣中室设帐休息。又因皇后生病，王临暂时离开住宅到此地安歇，他的妃妾住在东永巷。壬午那天，狂风摧毁王路堂西厢房和后阁更衣中室。昭宁堂池东南十人合抱的大榆树向东倒下，撞在东阁上。东阁就是东永巷的西墙。结果墙破瓦碎，房屋损坏，树木拔起，我非常震惊。又有侯官报告月亮侵犯心宿前星，会有应验，我很耽心。想到《紫阁图》上的文辞，太一、黄帝都获得祥瑞而成仙，后代圣王应当上终南山。所谓新仙王，就是太一新仙的后代。统义阳王就是用五伦凭借礼义而登上

皇位成为上仙的后代。王临有兄长而称太子，名不正。孔子说：'名不正则言不顺，以至于刑法不当，民众无所措手足。'我即位以来，阴阳失调，风雨不合时，屡次遭遇大旱、蝗虫、螟虫灾害，谷物收成少，百姓饥饿，蛮夷侵犯中原，盗贼为非作歹，人民惶恐不安，无所措手足。深思此事，错误就在于名不正。立王安为新仙王，王临为统义阳王，希望能以此保全二子，子孙兴旺，对外攘除四方夷族，对内安定中原国家。"

这一月，杜陵便殿中箱子内废置不用的皇帝用的虎文衣自行跑出来，挂在外堂上，过了很久，才缩落在地上。看见此事的官兵报告上来，王莽厌恶，下诏书说："黄色贵重，红色是仆役穿的颜色，命令郎、从官都穿深红色衣服。"

很多会望云气懂术数的人说，出现了可以大兴土木的征兆，王莽又看到四方盗贼很多，想让人看到他情绪稳定，是位能建立万世基业的人，就下诏书说："我承受天命后遭遇阳九大灾，百六大难，国库空虚，百姓穷困，宗庙未修建，暂时在明堂太庙进行袷祭，日思夜想，不敢偷安。深感吉祥昌盛没有比今年更好的了，我于是选择了波水的北边，郎池的南边，卜兆显示此为风水宝地。我又选择了金水的南边，明堂的西边，卜兆也显示它是风水宝地。我将亲自兴建。"于是在长安城南营造，共占地一百顷。九月甲申日，王莽站在车上巡视，并下车亲自举起杵捣了三下。司徒王寻、大司空王邑持符节，连同侍中常侍执法杜林等数十人一起指挥营建。崔发、张邯对王莽说："道德高尚的人礼仪繁杂，应该让工程规模宏大，展示海内，而且让万世以后也无以复加。"王莽于是广泛征集天下工匠绘制蓝图，用勾股定理测算。义捐钱谷帮助建造的官民，往来道路络绎不绝。拆毁长安城西上林苑中的建章宫、承光宫、包阳宫、大台宫、储元宫和平乐馆、当路馆、阳禄馆，区十余处宫馆，取用其木材砖瓦，用以兴建九座宗庙。这一月，大雨连下了六十多天。命令百姓缴纳粟米，缴六百斛可以为郎，原来是郎的增高官秩、赏赐爵位到附城。九座宗庙是：一黄帝太初祖庙，二帝虞始祖昭庙，三陈胡王统祖穆庙，四齐敬王世祖昭庙，五济北愍王王祖穆庙，以上共五座宗庙，永不废毁；六济南伯王尊称昭庙，七元城孺王尊称穆庙，八阳平顷王戚祢昭庙，九新都显王戚祢穆庙。宫殿都是楼房。太初祖庙东西南北各长四十丈，高十七丈，其余宗庙则减半。斗拱镶铜，用雕花金银装饰，工匠技巧极端精致。因地基高，周围都用土加高，费用高达数百万，参加建筑的役卒、刑徒死了上万人。

钜鹿郡男子马适求等谋划发动燕赵地区军队诛杀王莽，大司空士王丹发觉后上告。王莽派三公大夫逮捕处置其党徒，郡、国的豪杰受牵连的达数千人，全都处死。封王丹为辅国侯。

从王莽倒行逆施以来，百姓怨恨，王莽却仍然自认为安定，又下诏书说："从制定完备的法令以来，常安作为六乡大都的中心城市，报警的鼓怕难得响，盗贼减少了，百姓安居，岁岁丰收，这是立法的成效。现在匈奴没灭，蛮夷未绝，江海湖泊沸腾喧嚣，像一团乱麻，盗贼没有完全歼除，又兴建宗庙社稷的大工程，民心动摇。如今重申行此完备之法令，到地皇二年年底为止，以保全百姓，挽救愚昧的奸民。"

这一年，废除大钱、小钱，改用货布。货布长二寸五分，宽一寸，价值相当二十五枚货钱。货钱直径一寸，重五铢，每枚价值为一钱。两种货币同时流通。胆敢私自铸钱及只使用布货的，连知情不报的同伍人一起，都没收充当官府奴婢。

太傅平晏去世，任命予虞唐尊为太傅。唐尊说："国家虚弱，人民贫穷，过失在于奢侈过度。"于是穿小袖短衣，乘母马拉的柴车，铺干草，用瓦器。又用瓦器盛食物送给公卿。外出时看到不分道行走的男女，唐尊便下车，用红土汁浸渍的布污染其衣服，表示象征性的用刑（刑徒都穿赭衣）。王莽听说后很高兴，下诏命令公卿大夫学习唐尊。封唐尊为平化侯。

这时，南郡张霸、江夏羊牧、王匡等在云杜县绿林山起义，号称下江兵，部众有一万多人。武功县中水乡民三座民宅塌陷成为池沼。

地皇二年正月，让州牧位居三公，刺察检举办事不力的官员，又设置州牧监副，官秩相当于元士，戴法冠，像汉朝刺史一样执行公务。

这月，王莽妻子去世，谥号为孝睦皇后，安葬在渭陵长寿园西边，让她永远侍奉文母太后，给她的陵墓起名为亿年。当初，王莽的妻子因为王莽屡次杀死她儿子，哭瞎了眼睛，王莽命太子王临住在宫中奉养她。王莽妻子身边有个侍儿叫原碧，被王莽奸淫了。后来王临也和她私通，恐怕事情泄露，阴谋一起杀死王莽。王临的妻子刘愔，是国师公的女儿，能观察天象，告诉王临说，宫中将有白衣会。王临很高兴，以为阴谋将会成功。后来王临被贬为统义阳王，离开皇宫，住在外宅，心中愈加恐慌。适逢王莽妻子病重，王临写信给她说："皇上对子孙非常严厉，先前长孙、仲孙都是三十岁都死了，现在我又恰值三十岁，只怕皇后一旦有意外，我就不知死在何处。"王莽照顾妻子的病，看到了这封信，大怒，怀疑王临有恶意，不让他参加皇后的葬礼。安葬之后，逮捕原碧等人审问，全部招供了通奸、谋杀的情节。王莽想隐瞒此事，派人杀死办案的使者及司命从事，埋葬狱中，连他们家里的人都不知下落。赐给王临毒药，王临不肯喝，自刎而死。派侍中骠骑将军同悦侯王林赏赐魂衣、玺印，策书说："符命说立王临为统义阳王，这是说新朝皇帝即位三万六千年以后，王临的后人才会像飞龙一样腾空而起。前些时候我错误地听信别人的议论，以王临为太子，结果发生狂风变故，于是顺应符命立王临为统义阳王。但王临在此之前和之后，都不顺从符命，所以受不到上天的保佑，夭折丧命，呜呼哀哉！根据他的行为赏赐谥号，谥为缪王。"又下诏给国师公说："王临本不懂星象，事情是由刘愔发起的。"刘愔也自杀了。

这月，新仙王王安病死。当初王莽为侯回到封地时，奸淫了侍者增秩、怀能、开明。怀能生下儿子王兴，增秩生下儿子王匡、女儿王晔，开明生下女儿王捷，都留在新都国，因为他们究竟是否王莽的骨肉，尚不分明。等到王安病重，王莽耽心没有儿子，就替王安写奏章，呈上来说："王兴等人虽然母亲身份低贱，但仍属皇子，不能丢弃。"王莽把奏章交大臣传阅，都说："王安友爱兄弟，应趁春夏两季给王兴等人封爵。"于是派使者用王车迎接王兴等人来京城，封王兴为功建公、王晔为睦修任、王婕为睦逮任。王莽的孙子公明公王寿病死，一月之内连丧四人。王莽毁坏了汉武帝、昭帝的庙，把子孙分别葬在里面。

魏成郡大尹李焉和卜者王况谋划。王况对李焉说："新朝皇帝即位以来，土地奴婢不准买卖，屡次变更货币，频繁征调财物，军队骚乱，四方蛮夷一齐入侵，百姓怨恨，盗贼蜂起，汉王朝应当复兴。您姓李，李读音为徵，徵是火，应当成为汉朝的辅佐。"于是替李焉作谶书，说："汉文帝发怒，在黄泉督促发兵，北方通知匈奴，南方通知越人。江中刘信，与王莽为敌，誓报怨仇，恢复和继承祖宗事业，四年当发兵。江湖上有大盗，自称为樊王，姓刘，队伍上万。不接受赦免令，想动摇长安、洛阳，十一年当攻击。太白星发出光芒，木星进入东井，它们的号令当推行。"又预言王莽大臣的吉凶祸福，各有日期。总共有十余万言。李焉命郡吏写成书册，郡吏逃走并告发此事。王莽派使者就地逮捕李焉，交法庭审问，全部处死。

三辅地区盗贼蜂起，于是设置捕盗都尉官，命执法谒者在长安城中追击盗贼，建立鸣鼓攻贼的旗帜，使者跟随其后。派太师牺仲景尚、更始将军护军王党率兵攻打青、徐二州，国师和仲曹放协助郭兴攻打句町。把天下的谷物、钱财转运到西河、五原、朔方、渔阳，每郡输送数都以百万计，想用来攻打匈奴。

秋天，严霜杀死豆苗，函谷关以东地区发生饥荒，又出现蝗灾。

百姓犯私铸钱罪同伍的五家连坐，全部没收做官府奴婢。男子装入囚车，女人、孩子步行相随，用铁链锁着脖子，一站一站押到铸钱的官府，数目达到十万人。到达后，乱点鸳鸯，夫妻改变，忧愁困苦而死去的人占到十分之六七。孙喜、景尚、曹牧等攻击盗贼不能取胜，军队放纵作恶，百姓愈加困苦。

王莽因王况谶书上说荆楚地区当起事，李姓人辅佐，就想镇伏，于是拜侍中掌牧大夫李棻为大将军、扬州牧，赐名李圣，派他带兵进击。

上谷郡储夏自己要求去劝说瓜田仪投降，王莽拜他为中郎，让他去劝瓜田仪出降。瓜田仪呈上降书，人未出降就去世了。王莽取来他的尸体安葬，替他建造坟墓、祠庙，赐谥号为瓜宁殇男，希望以此招降其部众，然而没有人肯降。

闰月丙辰日，天下大赦。诏书下达前的国丧大服及民间丧事私服，

一并解除。郎官阳成修献符命，说应该再立皇后，又说："黄帝因为有一百二十位嫔妃，才得以成仙。"王莽于是派中散大夫、谒者各四十五人分别到全国各地，广泛选取乡里中有美貌名声的淑女，报上名字。

王莽梦见长乐宫五个铜人站立起来，很厌恶，考虑铜人身上铭文有"皇帝初兼天下"，就派尚方工匠凿去梦见的铜人胸前的铭文。又感到汉高皇帝庙的神灵威胁，派虎贲武士进入高庙，拔剑四面砍杀，用斧头砍坏门窗，用赭（红色）鞭蘸桃木汤遍洒房屋及墙壁，命轻车校尉住在庙中，又命中军北垒住在高帝寝庙中。

有人说黄帝时建造华丽车盖因而升仙，王莽就建造九层华盖，高八丈一尺，用黄金装饰车盖弓头，用羽毛装饰车盖，用装有机械的四轮车套上六匹马拉，三百名裹着黄头巾的力士护卫，车上的人击鼓，拉车的人都高呼"登仙"。王莽出行，就让此华盖在前。百官私下说："这像是丧车，不是神仙用的东西。"

这一年，南郡秦丰部众将近一万人。平原郡女子迟昭平能解说《博经》，用八支箭投掷取胜，也在黄河险阻地带聚集数千人。王莽召集群臣询问擒贼计谋，都说："这是些上天的囚徒，行尸走肉，命在旦夕。"原左将军公孙禄应征参与计议，他说："太史令宗宣主管天文，推测气运变化，他把凶兆当成吉兆，淆乱天文，贻误朝廷。太傅平化侯用虚伪的言辞粉饰自己，窃取名誉和地位，真是'贼害人家的子弟'。用师嘉信公、颠倒五经，毁坏师承，让学者疑惑。明学男张邯、地理侯孙阳，制定井田制度，使百姓丧失土地。牺和鲁匡设立六管制度，使工商业者破产。说符侯崔发，阿谀逢迎，阻塞下情上达。应该诛杀这几个人，以慰安天下。"又说："匈奴不可攻击，应当和亲，我怕新朝的忧患不在匈奴，而在国家内部。"王莽大怒，命虎贲武士搀扶

公孙禄出殿。但还是采纳了他的一些意见，把鲁匡降为五原郡卒正，因为百姓都怨恨他。其实，六管并非鲁匡一人独创，王莽不过是为了让民众满意才把他贬黜出京。

当初，四方民众都因为饥寒穷困起而为盗贼，渐渐地人越聚越多，仍常盼着年成好转能回归故里。人数虽然上了万，头目只是称巨人、从事、三老、祭酒，不敢攻占城市，辗转掠取食物，天天也就是够吃便罢了。一些长吏、州牧、郡守都是在混战中受伤而死，盗贼并不敢想杀他们，而王莽却不了解此情。这一年，大司马士到豫州办案，被盗贼抓获，盗贼把他送交县府。大司马士回京城后，上书详细报告了事情经过。王莽大怒，认为他是欺骗，交付审讯。于是下书责备七公说："吏就是要治理。宣扬德行恩惠，教养百姓，是仁道。抑治豪强，督察奸邪，捕杀盗贼，是义节。现在却不然，盗贼起事不马上捕获，以至于成群结党，拦劫乘坐驿车的官员。官员脱身以后，又胡说：'我责问盗贼：为什么这样做？盗贼说是因为贫穷，盗贼护送着放出了我。'如今俗人议论大都如此。因为贫困饥寒违法犯罪，大的成群抢劫，小的穿墙偷窃，不外这两种情况。现在却阴谋结党数以千百计，明显是谋反作乱的大逆不道，怎能说是因为饥寒？七公要严厉命令卿大夫、卒正、连率、庶尹，小心教养善良的百姓，迅速逮捕歼灭盗贼。有不同心协力、嫉恶如仇铲除盗贼，而胡说什么饥寒造成的，一律逮捕关进监狱，问罪。"于是群臣更加恐慌，没人敢再说盗贼实情，也不敢擅自出兵，盗贼因此更无法控制。

只有翼平郡连率田况一向果敢，征召十八岁以上壮丁四万余人，颁发武库中的兵器，和他们刻石盟誓。赤眉军听说后，不敢进翼平郡界。田况上奏章弹劾自己，王莽责备田况："没有赐给虎符而擅自发兵，这是弄兵犯法，其罪与乏军兴相同。因为田况声称一定能擒灭盗贼，所以暂不治罪。"后来田况自动请求越过郡界攻击盗贼，所向披靡。王莽颁发加盖玺印的文书，命田况兼理青、徐二州州牧。田况上书说："盗贼初起时，势力很弱，但也不是基层官吏或者同伍人所能捕获的。过失就在于郡县长吏不放在心上，县欺骗郡，郡欺骗朝廷，实际上有一百人说有十人，实际上是一千人说是百人。朝廷忽视他们，不及时督促平息，以至于漫延到几个州郡，这才派遣将帅，多发使者，辗转监督。郡县尽力服侍上级官员，应答盘问，供给酒食，奉送资财，以拯救自己免于被斩，无暇考虑扑灭盗贼的事。将帅又不能身先士卒，交战就被盗贼打败，士气渐伤，白白地耗费百姓财力。前段时间，幸而朝廷下达赦免令，盗贼想要解散，有人反而拦击，致使盗贼恐惧逃入山谷，辗转相告，因此郡县投降的盗贼都更加惊慌，怕被欺骗消灭，借着饥荒人心浮动之机，十天之内又聚集起十余万人，这就是盗贼众多的原因。现在洛阳以东米价每石二千钱。我看到诏书，准备派遣太师和更始将军前来，二人是亲近皇帝的国家重臣，随从人马多，沿途民力财力就会用得枯竭，随从人马少又不能向远方显示威力。应当迅速选择州牧、大尹以下官员，明确对他们的赏罚，合并、收拢离城较远的乡村。没有城垣的小封国，要把老弱妇孺迁徙安置到大城市中，储存粮食，合力坚守。盗贼来攻城，攻不下，沿途路过的地方又没有粮食，势必不能集结。这样一来，招抚他们，他们一定投降；攻击他们，他们一定被灭。如今一味地多派将帅，郡县不胜骚扰之苦，比盗贼还要厉害。应该全部召回乘驿车到各地去的使者，以便让郡县得到休息，委派我负责对付青徐二州盗贼，一定能平定他们。"王莽对田况又害怕、又厌恶，私下里想让人取代他，派使者赐给田况加盖玺印的

书。使者到达，会见田况，趁机命人接管他的军队。田况随使者西行，到京城，被任命为师尉大夫。田况离开以后，齐地政府军就连吃败仗。

地皇三年正月，九座宗庙落成，安放上神主牌位。王莽前往参拜谒见，车驾套六匹马，马身上披着五彩羽毛织成的龙纹衣，龙头上有角，衣长三尺，华盖车和十辆大战车走在前面，赏赐建庙的司徒、大司空各一千万钱，侍中、中常侍以下都有封赏。封都匠仇延为邯淡里附城。

二月，霸桥发生火灾，数千人用水浇救，火不灭。王莽十分厌恶，下诏书说："三皇象春，五帝象夏，三王象秋，五霸象冬。皇、王，是靠德行使天下运转；霸，是承继空缺而获得天命的，因此治国之道驳杂。常安城中皇帝行走的道路大多据临近地方取名。二月癸巳日深夜，甲午清晨，火烧霸桥，从东烧到西，到甲午日黄昏，桥烧光了火才熄灭。大司空巡视察问，有的说是贫民住在桥下，可能是烧火引起火灾。第二天就是乙未日，是立春的日子。我因是神明圣祖黄帝、虞帝的后裔接受天命，到地皇四年是十五年。正好在地皇三年冬季尽头灭绝了象征驳杂霸道的霸桥，想以此完成新朝统一长存的王道。又以此警告，要断绝东方的道路。如今东方灾荒，人民饥饿，道路不通，东岳太师立即制定条款，打开东方各粮仓，赈济穷苦百姓，施行仁道。霸馆改名为长存馆，霸桥改名为长存桥。"

这月，赤眉军杀死太师牺促景尚。函谷关以东人吃人。

四月，派太师王匡、更始将军廉丹东进，在京城门外大上钱行。天降大雨，衣服都淋湿了才停止。老年人叹息说："这就是哭军队！"王莽说："阳九之灾，与有害的气会合，到去年为止。旱炎、霜灾、蝗灾接连不断，饥荒频频来临，百姓穷困，流落道旁，春天尤其厉害，我很悲伤。现派东岳太师特进褒新侯打开东方各地粮仓，赈济穷人。太师公不经过的地方，分别派大夫、谒者一齐打开各粮仓，以保全百姓生命。太师公和大使五威司命、位右大司马、更始将军平均侯廉丹前往兖州，安抚官民。至于青徐二州原不法盗贼尚未解散以及解散后又重新结集起来的，一并消灭干净，务期安定万民。"太师、更始共同率领十余万精锐部队，所到之处，放纵士兵胡为。东方人对此说道："宁肯遇到赤眉，不要遇上太师！太师还算可以，更始将军杀我！"终于应验了田况的预言。

王莽又大量派遣大夫、谒者分别到各地教民众用草木煮草酪吃。草酪不能吃，却更加重了百姓的负担。王莽下诏书说："民众贫穷。虽然广开诸仓赈济，仍然恐怕不够吃。暂时解除天下山川禁令，凡能顺应季节采取山川物产的，听任采取，不用交税。至地皇三十年再恢复禁令，那是王光上戊六年。如果让豪强官吏奸猾百姓垄断利益，百姓得不到好处，那就不符合我的本意了。《易》不是说过了吗，'减少上层利益，增加下层利益，百姓欢乐无边。'《书》说：'说了话人家不听从，那就不以治理国家。'唉，诸位公卿，能不耽忧吗？"

这时下江兵强大，新市朱鲔、平林陈牧等都重新集结部众，攻击乡村集镇。王莽派司命大将军孔仁管理豫州，纳言大将军严尤其、秩宗大将军陈茂进击荆州，分别带百余名官兵，从渭水乘船进入黄河，到华阴县上岸改乘驿车，到达辖区后招募士兵。严尤对陈茂说："派遣将领却不给发兵的虎符，遇事要先请示然后才能行动，这好比拴住名犬韩卢却要求它捕获猎物。"

夏天，蝗虫从东方飞来，遮满天空，到达长安，进入未央宫，绕着殿堂楼阁飞。王莽发动官民悬赏捕捉击杀。

王莽因为天下谷价高，想镇伏此事，建造一座大粮仓，设置卫士交叉着戟把守，名字叫"政始掖门"。

数十万流民进入函谷关，于是设立赡养官府施舍饭食。使者监督管理，而竟和小官吏一道盗窃粮食，流民饿死的有十分之七八。先前王莽派中黄门王业主管长安市场的交易，王业低价购进百姓的货物，百姓非常愁苦。王业因为节省国家费用有功，被封为附城。王莽听说城中闹饥荒，就询问王业。王业说："饥饿的都是流民。"于是买进市场上的精米饭、肉羹，拿进宫中给王莽看，说："城内居民吃的都是这个。"王莽相信了。

冬天，无盐县索卢恢等人起兵，占据县城。廉丹、王匡进击，攻陷县城，斩杀一万多人。王莽派中郎将捧着加盖玺印的文书慰劳谦丹、王匡，升二人爵位为公，封有功的官吏十余人。

赤眉军别校董宪在梁郡聚集了几万部众，王匡想要进击，廉丹认为刚刚攻陷城池，军队疲劳，应当休养，以便养精蓄锐。王匡不听，单独领兵进击。廉丹只好随后跟进。在成昌会战，战败，王匡逃跑。廉丹派官吏携带自己的印信符节交给王匡说："小儿可以逃跑，我不能。"于是留下来，战死。校尉汝云、王隆等二十余人在别处厮杀，听到此事，都说："廉公已死，我们还为谁活着？"飞马冲向敌人，全部战死。王莽哀伤廉丹，下诏书说："只有您拥有众多精锐士兵，各郡良马、仓库的粮食、内府的钱财都能调用，可是却疏忽了诏书策命，离开了自己的权威符节，骑马呼叫冲击，被乱刀杀害，呜呼哀哉！赐谥号为果公。"

国将哀章对王莽说："在皇祖黄帝时代，中黄直做将，击败并杀死蚩尤。现在我占据中黄直的位置，愿率军平定山东。"王莽派哀章飞驰东方，和太师王匡合力进剿。又派大将军阳浚据守敖仓，司徒王寻率十余万部队驻屯洛阳，镇守南宫，大司马董忠在中军北垒休养士兵，练习骑射，大司空王邑兼任三公职务。司徒王寻开始由长安出发，夜宿霸昌厩，丢失了他的黄色斧钺。王寻士房扬一向狂放直爽，于是哭着说："这就是《易》经上所谓'丧其齐斧'呵！"于是自我弹劾，离职而去。王莽杀死了房扬。

四方的盗贼常常几万人攻打城乡，杀死二千石以下官员。太师王匡等数次作战不利。王莽知道天下已崩溃，众叛亲离，形势紧迫，走投无路，于是商议派风俗大夫司国宪等分别到全国各地巡视，废除井田制、不准买卖奴婢、山林河海税收以及六管等禁令，凡即位以来颁布的不利于民的诏令全部收回。司国宪等正等待接见尚未出发，世祖（刘秀）和兄长齐武王刘伯升、宛人李通等率领舂陵县数千子弟兵，招徕了新市平林的朱鲔、陈牧等，联合攻下棘阳。这时，严尤、陈茂打败了下江兵，成丹、王常等数千人向别处逃跑，进入南阳县界。

十一月，张宿出现慧星，向东南方向流动，五天后消失。王莽屡次召见太史令宗宣询问，各位术数家都胡乱应答，说天文星象平安吉祥，群贼马上就被消灭。王莽稍微安心。

地皇四年正月，汉军得到了下江王常等人协助，攻打前队大夫甄阜、属正梁丘赐，把他们都杀掉，歼灭其部众数万。当初，京城听说青、徐地区盗贼有数十万，始终没有文书、号令、旗帜、标志，都感到奇怪。好事的人私下说："这难道是象古代三皇没有文书号令吗？"王莽心里也奇怪，询问群臣，群臣没人能回答。只有严尤说："这不足为奇。自黄帝、汤、武以来，行军用兵，必须有部队编制、旗帜号令，现在这些人没有，不过是一些饥饿寒冷的盗贼象羊狗一样聚在一起，不知道要文书号令罢了。"王莽大喜，群臣也全都佩服。等到汉军刘伯升起事，都称将军，攻打城池，占领地盘，杀死甄阜后，发布文书，宣传政见，王莽听说后十分恐惧。

汉军乘胜包围宛城。当初，世祖同族兄长刘圣公（刘玄）先加入平林兵。三月辛巳朔日，平林、新市、下江兵将领王常、朱鲔等共同拥立刘圣公做皇帝，改年号为更始元年，设置官府并任命百官。王莽听到愈加恐慌，他想向外界显示自己心情稳定，就染了胡须、头发，把从全国征召来的淑女杜陵史氏升为皇后，聘礼是三万斤黄金，另外有数以万万计的车马、奴婢、绸缎、珠宝。王莽亲自在前殿两边台阶间迎接，在上西堂举行新婚夫妇同食的仪式。配备和嫔、美御、和人三人、给以三公待遇；嫔人九名，给以卿的待遇；以上共一百二十人，都佩带印绶，手执弓袋。封皇后父亲史湛为和平侯，任命为宁始将军，史湛的两个儿子都任侍中。这天，大风毁坏房屋折断树木。群臣祝贺说："庚子日雨水洒道路，辛丑日清净无尘，黄昏谷风迅猛，从东北方向来，辛丑是《巽》卦主宰的日子，《巽》象征风、象征顺，表明皇后深明大义，具备做母亲的道德，受过温和慈惠的教化。《易》说：'赐给这洪福，给君王的母亲。'《礼》说：'承受天的吉庆，万福无疆。'那些想依靠被废除的汉朝，以火德称王的刘氏势力，都被冲洗干净，歼灭无余了。五谷丰登，作物繁殖，百姓欢欣，万民托福，天下万幸。"王莽天天和方士涿郡人昭君等在后宫研究、实验房中术，纵情淫乐。天下大赦，但还说："原汉宗室春陵侯的堂侄刘伯升和他的同族、亲戚、党羽、妖言惑众，背叛天命，以至于亲手杀害更始将军廉丹、前队大夫甄阜、属正梁丘赐；还有北狄胡人叛逆舆以及南夷蛮夷若豆、孟迁，都不适用大赦文书。有能捕获这些人的，都封为上公，食一万户的租税，赐给五千万钱。"

又下诏书说："太师王匡、国将哀章、司命孔仁、兖州牧寿良、卒正王闳、扬州李圣急速率所部州郡兵共三十万进击，逼迫青徐二州盗贼。纳言将军严尤、秩宗将军陈茂、车骑将军王巡、左队大夫王吴急速率所部州郡兵共十万进击，逼迫前队敌虏。明确宣告：投降的人给予活路，仍然执迷不悟不肯解散的，都合力围剿，彻底消灭。大司空隆新公是皇室亲戚，以前曾任虎牙将军，向东进击则反贼溃败，向西进击则逆贼灭亡，这是新朝有威望的宝贵重臣。如果奸贼不解散，将派大司空率百万大军前往讨伐，务期歼灭！"派七公干士隗嚣等七十二人分别下达赦令，遍告各地。隗嚣等人出京城后，趁机逃跑了。

四月，世祖和王常等人分兵进攻颍川郡，攻克昆阳、郾、定陵。王莽听说后愈加恐慌，派大司空王邑乘驿车急奔洛阳，和司徒王寻征发百万郡兵。号称"虎牙五威兵"，平定崤山以东地区。他们可以自行封爵，政事全由王邑决定，任用征选来的精通六十三家兵法的军事人才，各自携带图书，领受武器，配备军吏。把府库中的所有物资都拿出来交给王邑，携带大量珍宝、猛兽，想炫耀富饶，震慑崤山以东。王邑抵达洛阳，州郡各选拔精兵，由州牧郡守率领。约期会合，人数达四十二万，其余的还在赶来，路上连绵不断。战车、兵士、马匹、器械的强盛，自古以来出兵作战未曾有过。

六月，王邑和大司徒王寻从洛阳出发，打算到宛县，取道颍川，路过昆阳。当时昆阳已经投降汉军，由汉军把守。严尤、陈茂和王邑、王寻二公会合。二公挥军包围了昆阳。严尤说："自称皇帝的人在宛城，应急速进军。攻下宛城，众城自会平定。"王邑说："百万大军，所过之处都应平定。现在攻陷此城，杀光盗贼，踏血前进，前队唱歌

后队跳舞，岂不痛快！"于是包围昆阳城数十重。城中守军请求投降，王邑不许。严尤说："'撤退的军队不要拦截，包围城池要留出缺口。'可象兵法说的那样去做，让守军逃出，以震慑宛城。"王邑又不听。正逢世祖征集郾、定陵全部兵士数千人来救昆阳，王寻、王邑瞧不起他们，亲自率一万余人巡视阵地，命令各营约束部众，不得擅自行动，自己单独迎敌。王邑、王寻与汉军交战，不利，大军不敢擅自救助，汉军乘胜杀死王寻。昆阳城中守军出城共同作战，王邑逃跑，军队大乱。这时大风掀掉屋瓦，大雨倾盆，王邑大军崩溃，士兵号呼求救，虎豹闻声也会颤栗。士卒奔逃，各自回归原郡。王邑单独和他所率领的长安勇士数千人回到洛阳。关中地区闻讯震惊恐怖，盗贼纷纷揭竿而起。

又听汉军说，王莽毒死了汉平帝。王莽于是在王路堂集合公卿以下官员，打开收藏当年他写的为平帝请命策书的匣子，流着眼泪把策书拿给群臣看，命令明学男张邯称颂他的德行，并解说符命事由，然后说："《易》说：'伏戎于莽，升其高陵，三岁不兴。'莽，是皇帝的名，升就是刘伯升。高陵，是高陵侯的儿子翟义。这段话是说，刘伯升、翟义在新朝皇帝时代建立地下武装，终归要被消灭，不能成功。"群臣都高呼万岁。又命令东方用囚车一站一站地押送数人进京，扬言"这是刘伯升等人，都要处死"，但百姓都知道是假的。

原先，卫将军王涉一向供养道士西门君惠。君惠喜好星象迷信，对王涉说："有彗星扫过皇宫，刘氏当重新兴起，国师公的姓名就是。"王涉相信他的话。告诉了大司马董忠，两人多次到国师在宫中的休息室讲说彗星事，国师不回答。后来王涉一人前往，流着泪对刘歆说："实在是想和您共同安定宗族，为什么不相信我呢？"刘歆趁机对他讲述天文、时事，说明东方的人一定会成功。王涉说："新都哀侯从小生病，功显君一向嗜酒，我怀疑皇帝本不是我们王家的子孙。董公掌握中军精兵，我掌管宫中卫士，伊沐侯负责殿中守卫。如果同心合力，一起劫持皇帝，东去投降南阳的天子，可以保全宗族。不然全都会被杀身灭族。"伊沐侯是刘歆的长子，任侍中五官中郎将，王莽一向喜爱他。刘歆怨恨王莽杀死他三个儿子，又害怕大祸临头，就和王涉、董忠合谋，想发动政变。刘歆说："应等太白星出现，方可动手。"董忠因为司中大赞起武侯孙伋也掌握军权，又和孙伋商议。孙伋回家后，脸色变了，吃不下饭。妻子很奇怪，问他，孙伋据实相告。妻子告诉给她弟弟云阳人陈邯，陈邯想告发。

七月，孙伋和陈邯一起告发。王莽派使者分头召见董忠等人。此时董忠正在训练士兵，演习武事，护军王威对董忠说："密谋很长时间不行动，恐怕会走漏风声，不如就杀死使者，带兵进宫"。董忠不听，和刘歆、王涉在殿下相会。王莽命亹恽审问他们，全都招认了。中黄门各自拔出刀剑把董忠等押进休息室中。董忠拔剑想自杀，侍中王望传话说大司马谋反，黄门一起持剑杀死了董忠。宫中惊相传告，正在受训练的士兵跑到郎官衙门，一个个剑拔弩张。更始将军史湛巡行各衙门，对郎官们说："大司马有疯症，病情发作，已被诛杀。"命令全部放下武器。王莽想镇伏凶灾，让虎贲武士用斩马剑把董忠剁碎，用竹器盛着，传告说："反贼出去了。"下诏书赦免大司马部下官吏受董忠蒙蔽、参与谋反而没被发现的人。逮捕董忠宗族，用浓醋、毒药、一尺长刀子及荆棘一起埋入坑中。刘歆、王涉都自杀了。王莽因为二人是至亲和老部下，厌恶别人说是内哄，所以隐瞒了对他俩的诛杀。伊沐侯刘叠一向谨慎，刘歆始终没告诉他谋反的事，所以只免去他侍中中郎将职务，改任中散大夫。后来，殿中钩盾山上铜铸的仙人手掌旁出现穿青衣的白发老翁，看见的郎官都私下说是国师公。衍功侯王喜一向善长占卦，王莽让他用蓍草占了一卦。他说："有兵火之灾。"王莽说："小孩子哪里弄来的旁门左道！这乃是我的皇祖叔父王子侨来接我。"

王莽军队在外面吃败仗，大臣在里面叛变，身边没有可信赖的人，顾不上再考虑远处郡国的事，想叫王邑回来商议。崔发说："王邑一向小心，现在损失了大军而征召他回京，恐怕他坚持气节而自杀，应该给予大的安慰。"于是王莽派崔发乘驿车飞速告知王邑："我年老没有嫡子，想把天下传给你。命你不要拒绝，见面后不必再提此事。"王邑到达，任命为大司马。任命大长秋张邯为大司徒，崔发为大司空，司中寿容苗䜣为国师，同悦侯王林为卫将军。王莽忧愁烦懑吃不下饭，只喝酒，吃鳆鱼。读兵书读倦了，就靠着几案睡，不再躺着了。王莽生性喜好占卜日子的小方术，等到事情紧急，一味搞迷信来镇伏。派使者毁掉渭陵、延陵园门的罘罳（门外的网状屏障），说："不要让人民'复思'（再思念汉朝）了。"又用墨涂黑陵园的围墙。将军称为"岁宿"，申水称"助将军"，又有右庚刻木校尉、前丙耀金都尉。还说："手执大斧，砍伐枯树；流出大水，灭掉燃烧的火。"诸如此类的迷信活动，不可胜记。

秋天，太白星流进太微垣，如月光般照耀大地。

成纪县隗崔兄弟共同劫持大尹李育，让侄儿隗嚣做大将军，攻击并杀死雍州牧陈庆、安定卒正王旬，兼并了他们的部众，向各郡县发布文书，历数王莽的罪恶，比桀、纣还多一万倍。

当初，申屠建曾经跟随崔发学习《诗》，申屠建到长安，崔发投降了他。后来崔发又说王莽接受符命，申屠建命丞相刘赐杀死崔发示众。

史湛、王延、王林、王吴、赵闳也投降了，又被杀死。当初各地假借皇帝号令攻打长安的军队头领，个个希望封侯。申屠建杀死王宪，又扬言三辅地区民情奸诈，一起杀死他们的头领。官民恐慌，各县屯兵割据，申屠建等不能攻下，飞马报告更始帝。

更始二年二月，更始帝刘玄到达长安，下诏令大赦天下，除王莽的儿子，其他人全部免罪，因此王氏宗族得以保全。三辅地区全部平定，更始帝建都长安，住在长乐宫。府库珍藏都完好无缺，只有未央宫为攻打王莽火烧三天，王莽死后，一切又恢复正常。更始到长安，一年多政令教化推行不开。第二年夏天，赤眉军樊崇等数十万军队进关，拥立刘盆子为帝，攻打更始帝，更始投降。赤眉于是焚烧长安城的宫殿、房屋、街道、市区，害死更始。百姓饥饿以至于人吃人，死者数十万，长安城空了，看不到行人。宗庙、园陵全都被挖掘开，只有霸陵、杜陵还完整。六月，世祖刘秀即皇帝位，随后宗庙、社稷重新建立，天下安定。

（孙言诚　译）

【原文】

王莽字巨君，孝元皇后之弟子也。元后父及兄弟皆以元、成世封侯，居位辅政，家凡九侯、五大司马，唯莽父曼蚤死，不侯。莽群兄弟皆将军五侯子，乘时侈靡，以舆马声色佚游相高，莽独孤贫，因折节为恭俭。受《礼经》，师事沛郡陈参，勤身博学，被服如儒生。事母及寡嫂，养孤兄子，行甚敕备。又外交英俊，内事诸父，曲有礼意。阳朔中，世父大将军凤病，莽侍疾，亲尝药，乱首垢面，不解衣带连月。凤且死，以托太后及帝，拜为黄门郎，迁射声校尉。

久之，叔父成都侯商上书，愿分户邑以封莽，及长乐少府戴崇、侍中金涉、胡骑校尉箕闳、上谷都尉阳并、中郎陈汤，皆当世名士，咸为莽言，上由是贤莽。永始元年，封莽为新都侯，国南阳新野之都乡，千五百户。迁骑都尉光禄大夫侍中，宿卫谨敕，爵位益尊，节操愈谦。散舆马衣裘，振施宾客，家无所余。收赡名士，交结将相卿大夫甚众。故在位更推荐之，游者为之谈说，虚誉隆洽，倾其诸父矣。敢为激发之行，处之不惭恧。

莽兄永为诸曹，蚤死，有子光，莽使学博士门下。莽休沐出，振车骑，奉羊酒，劳遗其师，恩施下竟同学。诸生纵观，长老叹息。光年小于莽子宇，莽使同日内妇，宾客满堂。须臾，一人言太夫人苦某痛，当饮某药，比客罢者数起焉。尝私买侍婢，昆弟或颇闻知，莽因曰："后将军朱子元无子，莽闻此儿种宜子，为买之。"即日以婢奉子元。其匿情求名如此。

是时，太后姊子淳于长以材能为九卿，先进在莽右。莽阴求其罪过，因大司马曲阳侯根白之，长伏诛，莽以获忠直。根因乞骸骨，荐莽自代，上遂擢为大司马。是岁，绥和元年也，年三十八矣。莽既拔出同列，继四父而辅政，欲令名誉过前人，遂克己不倦，聘诸贤良以为掾史，赏赐邑钱悉以享士，愈为俭约。母病，公卿列侯遣夫人问疾，莽妻迎之，衣不曳地，布蔽膝。见之者以为僮使，问知其夫人，皆惊。

辅政岁余，成帝崩，哀帝即位，尊皇太后为太皇太后。太后诏莽就第，避帝外家。莽上疏乞骸骨，哀帝遣尚书令诏莽曰："先帝委政于君而弃群臣，朕得奉宗庙，诚嘉与君同心合意。今君移病求退，以著朕之不能奉顺先帝之意，朕甚悲伤焉。已诏尚书待君奏事。"又遣丞相孔光、大司空何武、左将军师丹、卫尉傅喜白太后曰："皇帝闻太后诏，甚悲。大司马即不起，皇帝即不敢听政。"太后复令莽视事。

时哀帝祖母定陶傅太后、母丁姬在，高昌侯董宏上书言："《春秋》

之义，母以子贵，丁姬宜上尊号。"莽与师丹共劾宏误朝不道。后日，未央宫置酒，内者令为傅太后张幄，坐于太皇太后坐旁。莽案行，责内者令曰："定陶太后藩妾，何以得与至尊并！"彻去，更设坐。傅太后闻之，大怒，不肯会，重怨恚莽。莽复乞骸骨，哀帝赐莽黄金五百斤，安车驷马，罢就第。公卿大夫多称之者，上乃加恩宠，置使家，中黄门十日一赐餐。下诏曰："新都侯莽忧劳国家，执义坚固，朕庶几与为治。太皇太后诏莽就第，联甚闵焉。其以黄邮聚户三百五十益封莽，位特进，给事中，朝朔望见礼如三公，车驾乘绿车从。"后二岁，傅太后、丁姬皆称尊号，丞相朱博奏："莽前不广尊尊之义，抑贬尊号，亏损孝道，当伏显戮，幸蒙赦令，不宜有爵土，请免为庶人。"上曰："以莽与太皇太后有属，勿免，遣就国。"

莽杜门自守，其中子获杀奴，莽切责获，令自杀。在国三岁，吏上书冤讼莽者以百数。元寿元年，日食，贤良周护、宋崇等对策深颂莽功德，上于是征莽。

始莽就国，南阳太守以莽贵重，选门下掾宛孔休守新都相。休谒见莽，莽尽礼自纳，休亦闻其名，与相答。后莽疾，休候之，莽缘恩意，进其玉具宝剑，欲以为好。休不肯受，莽因曰："诚见君面有瘢，美玉可以灭瘢，欲献其琢耳。"即解其琢，休复辞让。莽曰："君嫌其贾邪？"遂椎碎之，自裹以进休，休乃受。及莽征去，欲见休，休称疾不见。

莽还京师岁余，哀帝崩，无子，而傅太后、丁太后皆先薨，太皇太后即日驾之未央宫收取玺绶，遣使者驰召莽。诏尚书，诸发兵符节，百官奏事，中黄门、期门兵皆属莽。莽白："大司马高安侯董贤年少，不合众心，收印绶。"贤即日自杀。太后诏公卿举可大司马者，大司徒孔光、大司空彭宣举莽，前将军何武、后将军公孙禄互相举。太后拜莽为大司马，与议立嗣。安阳侯王舜莽之从弟，其人修饬，太后所信爱也，莽白以舜为车骑将军，使迎中山王奉成帝后，是为孝平皇帝。帝年九岁，太后临朝称制，委政于莽。莽白赵氏前害皇子，傅氏骄僭，遂废孝成赵皇后、孝哀傅皇后，皆令自杀。

莽以大司徒孔光名儒，相三主，太后所敬，天下信之，于是盛尊事光，引光女婿甄邯为侍中奉车都尉。诸哀帝外戚及大臣居位素所不说者，莽皆傅致其罪，为请奏，令邯持与光。光素畏慎，不敢不上之，莽白太后，辄可其奏。于是前将军何武、后将军公孙禄坐互相举免，丁、傅及董贤亲属皆免官爵，徙远方。红阳侯立太后亲弟，虽不居位，莽以诸父内敬惮之，畏立从容言太后，令己不得肆意，乃复令光奏立旧恶："前知定陵侯淳于长犯大逆罪，多受其赂，为言误朝；后白以官婢杨寄私子为皇子，众言曰吕氏、少帝复出，纷纷为天下所疑，难以示来世，成褓褓之功。请遣立就国。"太后不听。莽曰："今汉家衰，比世无嗣，太后独代幼主统政，诚可畏惧，力用公正先天下，尚恐不从，今以私恩逆大臣议如此，群下倾邪，乱从此起！宜可且遣就国，安后复征召之。"太后不得已，遣立就国。莽之所以胁持上下，皆此类也。

于是附顺者拔擢，忤恨者诛灭。王舜、王邑为腹心，甄丰、甄邯主击断，平晏领机事，刘歆典文章，孙建为爪牙。丰子寻、歆子棻、涿郡崔发、南阳陈崇皆以材能幸于莽。莽色厉而言方，欲有所为，微见风采，党与承其指意而显奏之，莽稽首涕泣，固推让焉，上以惑太后，下用示信于众庶。

始，风益州令塞外蛮夷献白雉，元始元年正月，莽白太后下诏，以白雉荐宗庙。群臣因奏言太后"委任大司马莽定策安宗庙。故大司马霍光有安宗庙之功，益封三万户，畴其爵邑，比萧相国。莽宜如光故事。"太后问公卿曰："诚以大司马有大功当著之邪？将以骨肉故欲异之也？"于是群臣乃盛陈"莽功德致周成白雉之瑞，千载同符。圣王之法，臣有大功则生有美号，故周公及身在而托号于周。莽有定国安汉家之大功，宜赐号曰安汉公，益户，畴爵邑，上应古制，下准行事，以顺天心。"太后诏尚书具其事。

　　莽上书言："臣与孔光、王舜、甄丰、甄邯共定策，今愿独条光等功赏，寝置臣莽，勿随辈列。"甄邯白太后下诏曰："'无偏无党，王道荡荡。'属有亲者，义不得阿。君有安宗庙之功，不可以骨肉故蔽隐不扬。君其勿辞。"莽复上书让。太后诏谒者引莽待殿东箱，莽称疾不肯入。太后使尚书令恂诏之曰："君以选故而辞以疾，君任重，不可阙，以时亟起。"莽遂固辞。太后复使长信太仆闳承制召莽，莽固称疾。左右白太后，宜勿夺莽意，但条孔光等，莽乃肯起。太后下诏曰："太傅博山侯光宿卫四世，世为傅相，忠孝仁笃，行义显著，建议定策，益封万户，以光为太师，与四辅之政。车骑将军安阳侯舜积累仁孝，使迎中山王，折冲万里，功德茂著，益封万户，以舜为太保。左将军光禄勋丰宿卫三世，忠信仁笃，使迎中山王，辅导共养，以安宗庙，封丰为广阳侯，食邑五千户，以丰为少傅。皆授四辅之职，畴其爵邑，各赐第一区。侍中奉车都尉邯宿卫勤劳，建议定策，封邯为承阳侯，食邑二千四百户。"四人既受赏，莽尚未起，群臣复上言："莽虽克让，朝所宜章，以时加赏，明重元功，无使百僚元元失望。"太后乃下诏曰："大司马新都侯莽三世为三公，典周公之职，建万世策，功德为忠臣宗，化流海内，远人慕义，越裳氏重译献白雉。其以召陵、新息二县户二万八千益封莽，复其后嗣，畴其爵邑，封功如萧相国。以莽为太傅，干四辅之事，号曰安汉公。以故萧相国甲第为安汉公第，定著于令，传之无穷。"

于是莽为惶恐，不得已而起受策。策曰："汉危无嗣，而公定之；四辅之职，三公之任，而公干之；群僚众位，而公宰之：功德茂著，宗庙以安，盖白雉之瑞，周成象焉。故赐嘉号曰安汉公，辅翼于帝，期于致平，毋违朕意。"莽受太傅安汉公号，让还益封畴爵邑事，云愿须百姓家给，然后加赏。群公复争，太后诏曰："公自期百姓家给，是以听之。其令公奉、舍人、赏赐皆倍故。百姓家给人足，大司徒、大司空以闻。"莽复让不受，而建言宜立诸侯王后及高祖以来功臣子孙，大者封侯，或赐爵关内侯食邑，然后及诸在位，各有第序。上尊宗庙，增加礼乐；下惠士民鳏寡，恩泽之政无所不施。

莽既说众庶，又欲专断，知太后厌政，乃风公卿奏言："往者，吏以功次迁至二千石，及州部所举茂材异等吏，率多不称，宜皆见安汉公。又太后不宜亲省小事。"今太后下诏曰："皇帝幼年，朕且统政，比加元服。今众事烦碎，朕春秋高，精气不堪，殆非所以安躬体而育养皇帝者也。故选忠贤，立四辅，群下劝职，永以康宁。孔子曰：'巍巍乎，舜禹之有天下而不与焉！'自今以来，惟封爵乃以闻。他事，安汉公、四辅平决。州牧、二千石及茂材吏初除奏事者，辄引入至近署对安汉公，考故官，问新职，以知其称否。"于是莽人人延问，致密恩意，厚加赠送，其不合指，显奏免之，权与人主侔矣。

莽欲以虚名说太后，白言"亲承前孝哀丁、傅奢侈之后，百姓未赡者多，太后宜且衣缯练，颇损膳，以视天下。"莽因上书，愿出钱百万，献田三十顷，付大司农助给贫民。于是公卿皆慕效焉。莽帅群臣奏言："陛下春秋尊，久衣重练，减御膳，诚非所以辅精气，育皇帝，安宗庙也。臣莽数叩头省户下，白争未见许。今幸赖陛下德泽，间者风雨时，甘露降，神芝生，蕈莢、朱草、嘉禾，休征同时并至。臣莽等不胜大愿，愿陛下爱精休神，阔略思虑，遵帝王之常服，复太官之法膳，使臣子各得尽欢心，备共养。惟哀省察！"莽又令太后下诏曰："盖闻母后之义，思不出乎门阃。国不蒙佑，皇帝年在襁褓，未任亲政，战战兢兢，惧于宗庙之不安。国家之大纲，微朕孰当统之？是以孔子见南子，周公居摄，盖权时也。勤身极思，忧劳未绥，故国奢则视之以俭，矫枉者过其正，而朕不身帅，将谓天下何！夙夜梦想，五谷丰孰，百姓家给，比皇帝加元服，委政而授焉。今诚未皇于轻靡而备味，庶几与百僚有成，其勖之哉！"每有水旱，莽辄素食，左右以白。太后遣使者诏莽曰："闻公菜食，忧民深矣。今秋幸孰，公勤于职，以时食肉，爱身为国。"

莽念中国已平，唯四夷未有异，乃遣使者赍黄金币帛，重赂匈奴单于，使上书言："闻中国讥二名，故名囊知牙斯今更名知，慕从圣制。"又遣王昭君女须卜居次入侍。所以诳耀媚事太后，下至旁侧长御，方故万端。

莽既尊重，欲以女配帝为皇后，以固其权，奏言："皇帝即位三年，长秋宫未建，掖廷媵未充。乃者，国家之难，本从亡嗣，配取不正。请考论《五经》，定取礼，正十二女之义，以广继嗣。博采二王后及周公孔子世列侯在长安者适子女。"事下有司，上众女名，王氏女多在选中者。莽恐其与己女争，即上言："身亡德，子材下，不宜与众女并采。"太后以为至诚，乃下诏曰："王氏女，朕之外家，其勿采。"庶民、诸生、郎吏以上守阙上书者日千余人，公卿大夫或诣廷中，或伏省户下，咸言：“明诏圣德巍巍如彼，安汉公盛勋堂堂若此，今当立后，独奈何废公女？天下安所归命！愿得公女为天下母。”莽遣长史以下分部晓止公卿及诸生，而上书者愈甚。太后不得已，听公卿采莽女。莽复自白：“宜博选众女。”公卿争曰：“不宜采诸女以贰正统。”莽白：“愿见女。”太后遣长乐少府、宗正、尚书令纳采见女，还奏言：“公女渐渍德化，有窈窕之容，宜承天序，奉祭祀。”有诏遣大司徒、大司空策告宗庙，杂加卜筮，皆曰：“兆遇金水王相，卦遇父母得位，所谓‘康强’之占，‘逢吉’之符也。”信乡侯佟上言：“《春秋》，天子将娶于纪，则褒纪子称侯，安汉公国未称古制。”事下有司，皆曰：“古者天子封后父百里，尊而不臣，以重宗庙，孝之至也。佟言应礼，可许。请以新野田二万五千六百顷益封莽，满百里。”莽谢曰：“臣莽子女诚不足以配至尊，复听众议，益封臣莽。伏自惟今，得托肺腑，获爵土，如使子女诚能奉称圣德，臣莽国邑足以共朝贡，不须复加益地之宠。愿归所益。”太后许之。有司奏“故事，聘皇后黄金二万斤，为钱二万万。”莽深辞让，受四千万，而以其三千三百万予十一媵家。群臣复言：“今皇后受聘，逾群妾亡几。”有诏，复益二千三百万，合为三千万。莽复以其千万分予九族贫者。

陈崇时为大司徒司直，与张敞孙竦相善。竦者博通士，为崇草奏，称莽功德，崇奏之，曰：

窃见安汉公自初束修，值世俗隆奢丽之时，蒙两宫厚骨肉之宠，被诸父赫赫之光，财饶势足，亡所忤意，然而折节行仁，克心履礼，拂世矫俗，确然特立；恶衣恶食，陋车驽马，妃匹无二，闺门之内，孝友之德，众莫不闻；清静乐道，温良下士，惠于故旧，笃于师友。孔子曰“未若贫而乐，富而好礼”，公之谓矣。

及为侍中，故定陵侯淳于长有大逆罪，公不敢私，建白诛讨。周公诛管蔡，季子鸩叔牙，公之谓矣。

是以孝成皇帝命公大司马，委以国统。孝哀即位，高昌侯董宏希指求美，造作二统，公手劾之，以定大纲。建白定陶太后不宜在乘舆幄坐，以明国体。《诗》曰"柔亦不茹，刚亦不吐，不侮鳏寡，不畏强圉"，公之谓矣。

深执谦退，推诚让位。定陶太后欲立僭号，惮彼面刺幄坐之义，佞惑之雄，朱博之畴，惩此长、宏手劾之事，上下壹心，逸贼交乱，诡辟制度，遂成篡号，斥逐仁贤，诛残戚属，而公被胥、原之诉，远去就国，朝政崩坏，纲纪废弛，危亡之祸，不隧如发。《诗》云"人之云亡，邦国殄顇"，公之谓矣。

当此之时，宫亡储主，董贤据重，加以傅氏有女之援，皆自知得罪天下，结仇中山，则必同忧，断金相翼，藉假遗诏，频用赏诛，先除所惮，急引所附，遂诬往冤，更征远属，事势张见，其不难矣！赖公立入，即时退贤，及其党亲。当此之时，公运独见之明，奋亡前之威，盱衡厉色，振扬武怒，乘其未坚，厌其未发，震起机动，敌人摧折，虽有贲育不及持刺，虽有樗里不及回知，虽有鬼谷不及造次，是故董贤丧其魂魄，遂自绞杀。人不还踵，日不移晷，霍然四除，更为宁朝。非陛下莫引立公，非公莫克此祸。《诗》云"惟师尚父，时惟鹰扬，亮彼武王"，孔子曰："敏则有功"，公之谓矣。

于是公乃白内故泗水相丰、蓼令邯，与大司徒光、车骑将军舜建定社稷，奉节东迎，皆以功德受封益土，为国名臣。《书》曰"知人则哲"，公之谓也。

公卿咸叹公德，同盛公勋，皆以周公为比，宜赐号安汉公，益封二县，公皆不受。传曰申包胥不受存楚之报，晏平仲不受辅齐之封，孔子曰"能以礼让为国乎何有"，公之谓也。

将为皇帝定立妃后，有司上名，公女为首，公深辞让，迫不得已然后受诏。父子之亲天性自然，欲其荣贵甚于为身，皇后之尊侔于天子，当时之会千载希有，然而公惟国家之统，揖大福之恩，事事谦退，动而固辞。《书》曰"舜让于德不嗣"，公之谓矣。

自公受策，以至于今，亹亹翼翼，日新其德，增修雅素以命下国，后俭隆约以矫世俗，割财损家以帅群下，弥躬执平以逮公卿，教子尊学以隆国化。僮奴衣布，马不秣谷，食饮之用，不过凡庶。《诗》云"温温恭人，如集于木"，孔子曰"食无求饱，居无求安"，公之谓矣。

克身自约，籴食逮给，物物印市，日阅亡储，又上书归孝哀皇帝所益封邑，入钱献田，殚尽旧业，为众倡始。于是小大乡和，承风从化，外则王公列侯，内则帷幄侍御，翕然同时，各竭所有，或入金钱，或献田亩，以振贫穷，收赡不足者。昔令尹子文朝不及夕，鲁公仪子不茹园葵，公之谓矣。

开门延士，下及白屋，娄省朝政，综管众治，亲见牧守以下，考迹雅素，审知白黑。《诗》云"夙夜匪解，以事一人"，《易》曰"终日乾乾，夕惕若厉"，公之谓矣。

比三世为三公，再奉送大行，秉冢宰职，填安国家，四海辐凑，靡不得所。《书》曰"纳于大麓，列风雷雨不迷"，公之谓矣。

此皆上世之所鲜，禹稷之所难，而公包其终始，一以贯之，可谓备矣！是以三年之间，化行如神，嘉瑞叠累，岂非陛下知人之效，得贤之致哉！故非独君之受命也，臣之生亦不虚矣。是以伯禹锡玄圭，周公受郊祀，盖以达天之使，不敢擅天之功也。揆公德行，为天下纪；观公功勋，为万世基。基成而赏不配，纪立而褒不副，诚非所以厚国家，顺天心也。

高皇帝褒赏元功，相国萧何邑户既倍，又蒙殊礼，奏事不名，入殿不趋，封其亲属十有余人。乐善无厌，班赏亡遴，苟有一策，即必爵之，是故公孙戎位在充郎，选颣旄头，壹明樊哙，封二千户。孝文皇帝褒赏绛侯，益封万户，赐黄金五千斤。孝武皇帝恤录军功，裂三万以封卫青，青子三人，或在襁褓，皆为通侯。孝宣皇帝显著霍光，增户命畴，封者三人，延及兄孙。夫绛侯即因汉藩之固，杖朱虚之鲠，依诸将之递，据相扶之势，其事虽丑，要不能遂。霍光即席常任之重，乘大胜之威，未尝遭时不行，陷假离朝，朝之执事，亡非同类，割断历久，统政旷世，虽曰有功，所因亦易，然犹有计策不审过征之累。及至青、戎，标末之功，一言之劳，然犹皆蒙丘山之赏。课功绛、霍，造之与因也；比于青、戎，地之与天也。而公又有宰治之效，乃当上与伯禹、周公等盛齐隆，兼其褒赏，岂特与若云者同日而论哉？然曾不得蒙青等之厚，臣诚惑之！

臣闻功亡原者赏不限，德亡首者褒不检。是故成王之于周公也，度百里之限，越九锡之检，开七百里之宇，兼商、奄之民，赐以附庸殷民六族，大路大旗，封父之繁弱，夏后之璜，祝宗卜史，备物典策，官司彝器，白牡之牲，郊望之礼。王曰："叔父，建尔元子。"子父俱延拜而受之。可谓不检亡原者矣。非特止此，六子皆封。《诗》曰："亡言不仇，亡德不报。"报当如之，不如非报也。近观行事，高祖之约非刘氏不王，然而番君得王长沙，下诏称忠，定著于令，明有大信不拘于制也。春秋晋悼公用魏绛之策，诸夏服从。郑伯献乐，悼公于是以半赐之。绛深辞让，晋侯曰："微子，寡人不能济河。夫赏，国之典，不可废也。子其受之。"魏绛于是有金石之乐，《春秋》善之，取其臣竭忠以辞功，君知臣以遂赏也。今陛下既知公有周公功德，不行成王之褒赏，遂听公之固辞，不顾《春秋》之明义，则民臣何称，万世何述？诚非所以为国也。臣愚以为宜恢公国，令如周公，建立公子，令如伯禽。所赐之品，亦皆如之。诸子之封，皆如六子。即群下较然输忠，黎庶昭然感德。臣诚输忠，民诚感德，则于王事何有？唯陛下深惟祖宗之重，敬畏上天之戒，仪形虞、周之盛，敕尽伯禽之赐，无遴周公之报，令天法有设，后世有祖，天下幸甚！

太后以视群公，群公方议其事，会吕宽事起。

初，莽欲擅权，白太后："前哀帝立，背恩义，自贵外家丁、傅，挠乱国家，几危社稷。今帝以幼年复奉大宗，为成帝后，宜明一统之义，以戒前事，为后代法。"于是遣甄丰奉玺绶，即拜帝母卫姬为中山孝王后，赐帝舅卫宝、宝弟玄爵关内侯，皆留中山，不得至京师。莽子宇，非莽隔绝卫氏，恐帝长大后见怨。宇即私遣人与宝等通书，教令帝母上书求入。莽不听。宇与师吴章及妇兄吕宽议其故，章以为莽不可谏，而好鬼神，可为变怪以惊惧之，章因推类说令归政于卫氏。宇即使宽夜持血洒莽第，门吏发觉之，莽执宇送狱，饮药死。宇妻焉怀子，系狱，须产子已，杀之。莽奏言："宇为吕宽等所诖误，流言惑众，与管蔡同罪，臣不敢隐其诛。"甄邯等白太后下诏曰："夫唐尧有丹朱，周文王有管蔡，此皆上圣亡奈下愚子何，以其性不可移也。公居周公之位，辅成王之主，而行管蔡之诛，不以亲亲害尊尊，朕甚嘉之。昔周公诛四国之后，大化乃成，至于刑错。公其专意翼国，期于致平。"莽因是诛灭卫氏，穷治吕宽之狱，连引郡国豪桀素非议己者，内及敬武公主、梁王立、红阳侯立、平阿侯仁，使者迫守，皆自杀。死者以百数，海内震焉。大司马护军褒奏言："安汉公遭子宇陷于管蔡之辜，子爱至深，为帝室故不敢顾私。惟宇遭罪，喟然愤发作书八篇，以戒子孙。宜班郡国，令学官以教授。"事下群公，请令天下吏能诵公戒者，以著官簿，比《孝经》。

四年春，郊祀高祖以配天，宗祀孝文皇帝以配上帝。四月丁未，莽女立为皇后，大赦天下。遣大司徒司直陈崇等八人分行天下，览观风俗。

太保舜等奏言："《春秋》列功德之义，太上有立德，其次有立功，其次有立言，唯至德大贤然后能之。其在人臣，则生有大赏，终为宗臣，殷之伊尹，周之周公是也。"及民上书者八千余人，咸曰："伊尹为阿衡，周公为太宰，周公享七子之封，有过上公之赏。宜如陈崇言。"章下有司，有司请"还前所益二县及黄邮聚、新野田，采伊尹、周公称号，加公为宰衡，位上公。掾史秩六百石。三公言事，称'敢言之'。群吏毋得与公同名。出从期门二十人，羽林三十人，前后大车十乘。赐公太夫人号曰功显君，食邑二千户，黄金印赤韨。封公子男二人，安为褒新侯，临为赏都侯。加后聘三千七百万，合为一万万，以明大礼。"太后临前殿，亲封拜。安汉公拜前，二子拜后，如周公故事。莽稽首辞让，出奏封事，愿独受母号，还安、临印韨及号位户邑。事下太师光等，皆曰："赏未足以直功，谦约退让，公之常节，终不可听。"莽求见固让。太后下诏曰："公每见，叩头流涕固辞，今移病，固当听其让，令视事邪？将当遂行其赏，遣归就第也？"光等曰："安、临亲受印韨，策号通天，其义昭昭。黄邮、召陵、新野之田为入尤多，皆止于公，公欲自损以成国化，宜可听许。治平之化当以时成，宰衡之官不可世及。纳征钱，乃以尊皇后，非为公也。功显君户，止身不传。褒新、赏都两国合三千户，甚少矣。忠臣之节，亦宜自屈，而信主上之义。宜遣大司徒、大司空持节承制，诏公函入视事。诏尚书勿复受公之让奏。"奏可。

莽乃起视事，上书言："臣以元寿二年六月戊午仓卒之夜，以新都侯引入未央宫；庚申拜为大司马，充三公位；元始元年正月丙辰拜为太傅，赐号安汉公，备四辅官；今年四月甲子复拜为宰衡，位上公。臣莽伏自惟，爵为新都侯，号为安汉公，官为宰衡、太傅、大司马，爵贵号尊官重，一身蒙大宠者五，诚非鄙臣所能堪。据元始三年，天下岁已复，官属宜皆置。《谷梁传》曰：'天子之宰，通于四海。'臣愚以为，宰衡官以正百僚平海内为职，而无印信，名实不副。臣莽无兼官之材，今圣朝既过误而用之，臣请御史刻宰衡印章曰'宰衡太傅大司马印'，成，授臣莽，上太傅与大司马之印。"太后诏曰："可。莽韨如相国，朕亲临授焉。"莽乃复以所益纳征钱千万，遗与长乐长御奉共养者。太保舜奏言："天下闻公不受千乘之土，辞万金之币，散财施予千万数，莫不乡化。蜀郡男子路建等辍讼惭怍而退，虽文王却虞芮何以加！宜报告天下。"奏可。宰衡出，从大车前后各十乘，直事尚书郎、侍御史、谒者、中黄门、期门羽林。宰衡常持节，所止，谒者代持之。宰衡掾史秩六百石，三公称"敢言之"。

是岁，莽奏起明堂、辟雍、灵台，为学者筑舍万区，作市、常满仓，制度甚盛。立《乐经》，益博士员，经各五人。征天下通一艺教授十一人以上，及有逸《礼》、古《书》、《毛诗》、《周官》、《尔雅》、天文、图谶、钟律、月令、兵法、《史篇》文字，通知其意者，皆诣公车。网罗天下异能之士，至者前后千数，皆令记说廷中，将令正乖缪，壹异说云。群臣奏言："昔周公奉继体之嗣，据上公之尊，然犹七年制度乃定。夫明堂、辟雍，堕废千载莫能兴，今安汉公起于第家，辅翼陛下，四年于兹，功德烂然。公以八月载生魄庚子奉使朝，用书临赋营筑，越若翊辛丑，诸生、庶民大和会，十万众并集，平作二旬，大功毕成。唐虞发举，成周造业，诚亡以加。宰衡位宜在诸侯王上，赐以束帛加璧，大国乘车、安车各一，骊马二驷。"诏曰："可。其议九锡之法。"

冬，大风吹长安城东门屋瓦且尽。

五年正月，袷祭明堂，诸侯王二十八人，列侯百二十人，宗室子九百余人，征助祭。礼毕，封孝宣曾孙信等三十六人为列侯，余皆益户赐爵，金帛之赏各有数。是时，吏民以莽不受新野田而上书者前后四十八万七千五百七十二人，及诸侯王、公、列侯、宗室见者皆叩头言，宜亟加赏于安汉公。于是莽上书曰："臣以外属，越次备位，未能奉称。伏念圣德纯茂，承天当古，制礼以治民，作乐以移风，四海奔走，百蛮并辏，辞去之日，莫不陨涕。非有款诚，岂可虚致？自诸侯王已下至于吏民，咸知臣莽上与陛下有葭莩之故，又得典职，每归功列德者，辄以臣莽为余言。臣见诸侯面言事于前者，未尝不流汗而惭愧也。虽性愚鄙，至诚自知，德薄位尊，力少任大，夙夜悼栗，常恐污辱圣朝。今天下治平，风俗齐同，百蛮率服，皆陛下圣德所自躬亲，太师光、太保舜等辅政佐治，群卿大夫莫不忠良，故能以五年之间至致此焉。臣莽实无奇策异谋。奉承太后圣诏，宣之于下，不能得什一；

受群贤之筹画，而上以闻，不能得什伍。当被无益之辜，所以敢且保首领须史者，诚上休陛下余光，而下依群公之故也。陛下不忍众言，辄下其章于议者。臣莽前欲立奏止，恐其遂不肯止。今大礼已行，助祭者毕辞，不胜至愿，愿诸章下议者皆寝勿上，使臣莽得尽力毕制礼作乐事。事成，以传示天下，与海内平之。即有所间非，则臣莽当被诖上误朝之罪；如无他谴，得全命赐骸骨归家，避贤者路，是臣之私愿也。惟陛下哀怜财幸！"甄邯等白太后，诏曰："可。唯公功德光于天下，是以诸侯王、公、列侯、宗室、诸生、吏民翕然同辞，连守阙庭，故下其章。诸侯、宗室辞去之日，复见前重陈，虽晓喻罢遣，犹不肯去。告以孟夏将行厥赏，莫不欢悦，称万岁而退。今公每见，辄流涕叩头言愿不受赏，赏即加不敢当位。方制作未定，事须公而决，故且听公。制作毕成，群公以闻。究于前议，其九锡礼仪亟奏。"

于是公卿大夫、博士、议郎、列侯张纯等九百二人皆曰："圣帝明王招贤功能，德盛者位高，功大者赏厚。故宗臣有九命上公之尊，则有九锡登等之宠。今九族亲睦，百姓既章，万国和协，黎民时雍，圣瑞毕溱，太平已洽。帝者之盛莫隆于唐虞，而陛下任之；忠臣茂功莫著于伊周，而宰衡配之。所谓异时而兴，如合符者也。谨以《六艺》通义，经文所见，《周官》、《礼记》宜于今者，为九命之锡。臣请命锡。"奏可。策曰：

惟元始五年五月庚寅，太皇太后临于前殿，延登，亲诏之曰：公进，虚听朕言。前公宿卫孝成皇帝十有六年，纳策尽忠，白诛故定陵侯淳于长，以弥乱发奸，登大司马，职在内辅。孝哀皇帝即位，骄妾窥欲，奸臣萌乱，公手劾高昌侯董宏，改正故定陶共王母之僭坐。自是之后，朝臣论议，靡不据经。以病辞位，归于第家，为贼臣所陷。就国之后，孝哀皇帝觉寤，复还公长安，临病加剧，犹不忘公，复特进位。是夜仓卒，国无储主，奸臣充朝，危殆甚矣。朕惟定国之计莫宜于公，引纳于朝，即日罢退高安侯董贤，转漏之间，忠策辄建，纲纪咸张。绥和、元寿，再遭大行，万事毕举，祸乱不作。辅朕五年，人伦之本正，天地之位定。钦承神祇，经纬四时，复千载之废，矫百世之失，天下和会，大众方辑。《诗》之灵台，《书》之作雒，镐京之制，商邑之度，于今复兴。昭章先帝之元功，明著祖宗之令德，推显严父配天之义，修立郊禘宗祀之礼，以光大孝。是以四海雍雍，万国慕义，蛮夷殊俗，不召自至，渐化端冕，奉珍助祭。寻旧本道，遵术重古，动而有成，事得厥中。至德要道，通于神明，祖考嘉享。光耀显章，天符仍臻，元气大同。麟凤龟龙，众祥之瑞，七百有余。遂制礼作乐，有绥靖宗庙社稷之大勋。普天之下，惟公是赖，官在宰衡，位为上公。今加九命之锡，其以助祭，共文武之职，乃遂及厥祖。於戏，岂不休哉！

于是莽稽首再拜，受绿韨衮冕衣裳，玚琫玚珌，句履，鸾路乘马，龙旗九旒，皮弁素积，戎路乘马，彤弓矢，卢弓矢，左建朱钺，右建金戚，甲胄一具，秬鬯二卣，圭瓒二，九命青玉珪二，朱户纳陛。署宗官、祝官、卜官、史官，虎贲三百人，家令丞各一人，宗、祝、卜、史官皆置啬夫，佐安汉公。在中府外第，虎贲为门卫，当出入者傅籍。自四辅、三公有事府第，皆用传。以楚王邸为安汉公第，大缮治，通周卫。祖祢庙及寝皆为朱户纳陛。陈崇又奏："安汉公祠祖祢，出城门，城门校尉宜将骑士从。入有门卫，出有骑士，所以重国也。"奏可。

其秋，莽以皇后有子孙瑞，通子午道。子午道从杜陵直绝南山，径汉中。

风俗使者八人还，言天下风俗齐同，诈为郡国造歌谣，颂功德，凡三万言。莽奏定著令。又奏为市无二贾，官无狱讼，邑无盗贼，野无饥民，道不拾遗，男女异路之制，犯者象刑。刘歆、陈崇等十二人皆以治明堂，宣教化，封为列侯。

莽既致太平，北化匈奴，东致海外，南怀黄支，唯西方未有加。乃遣中郎将平宪等多持金币诱塞外羌，使献地，愿内属。宪等奏言："羌豪良愿等种，人口可万二千人，愿为内臣，献鲜水海、允谷盐池，平地美草皆予汉民，自居险阻处为藩蔽。问良愿降意，对曰：'太皇太后圣明，安汉公至仁，天下太平，五谷成孰，或禾长丈余，或一粟三米，或不种自生，或茧不蚕自成，甘露从天下，醴泉自地出，凤皇来仪，神爵降集。从四岁以来，羌人无所疾苦，故思乐内属。'宜以时处业，置属国领护。"事下莽，莽复奏曰："太后秉统数年，恩泽洋溢，和气四塞，绝域殊俗，靡不慕义。越裳氏重译献白雉，黄支自三万里贡生犀，东夷王度大海奉国珍，匈奴单于顺制作，去二名，今西域良愿等复举地为臣妾，昔唐尧横被四表，亦亡以加之。今谨案已有东海、南海、北海郡，未有西海郡，请受良愿等所献地为西海郡。臣又闻圣王序天广，定地理，因山川民俗以制州界。汉家地广二帝三王，凡十二州，州名及界多不应经。《尧典》十有二州，后定为九州。汉家廓地辽远，州牧行部，远者三万余里，不可为九。谨以经义正十二州名分界，以应正始。"奏可。又增法五十条，犯者徙之西海。徙者以千万数，民始怨矣。

泉陵侯刘庆上书言："周成王幼少，称孺子，周公居摄。今帝富于

春秋，宜令安汉公行天子事，如周公。"群臣皆曰："宜如庆言。"

冬，荧惑入月中。

平帝疾，莽作策，请命于泰畤，戴璧秉圭，愿以身代。藏策金縢，置于前殿，敕诸公勿敢言。十二月平帝崩，大赦天下。莽征明礼者宗伯凤等与定天下吏六百石以上皆服丧三年。奏尊孝成庙曰统宗，孝平庙曰元宗。时元帝世绝，而宣帝曾孙有见王五人，列侯广戚侯显等四十八人，莽恶其长大，曰："兄弟不得相为后。"乃选玄孙中最幼广戚侯子婴，年二岁，托以为卜相最吉。

是月，前辉光谢嚣奏武功长孟通浚井得白石，上圆下方，有丹书著石，文曰"告安汉公莽为皇帝"。符命之起，自此始矣。莽使群公以白太后，太后曰："此诬罔天下，不可施行！"太保舜谓太后："事已如此，无可奈何，沮之力不能止。又莽非敢有它，但欲称摄以重其权，填服天下耳。"太后听许。舜等即共令太后下诏曰："盖闻天生众民，不能相治，为之立君以统理之。君年幼稚，必有寄托而居摄焉，然后能奉天施而成地化，群生茂育。《书》不云乎？'天工，人其代之。'朕以孝平皇帝幼年，且统国政，几加元服，委政而属之。今短命而崩，呜呼哀哉！已使有司征孝宣皇帝玄孙二十三人，差度宜者，以嗣孝平皇帝之后。玄孙年在襁褓，不得至德君子，孰能安之？安汉公莽辅政三世，比遭际会，安光汉室，遂同殊风，至于制作，与周公异世同符。今前辉光嚣、武功长通上言丹石之符，朕深思厥意，云'为皇帝'者，乃摄行皇帝之事也。夫有法成易，非圣人者亡法。其令安汉公居摄践祚，如周公故事，以武功县为安汉公采地，名曰汉光邑。具礼仪奏。"

于是群臣奏言："太后圣德昭然，深见天意，诏令安汉公居摄。臣闻周成王幼少，周道未成，成王不能共事天地，修文武之烈。周公权

而居摄，则周道成，王室安；不居摄，则恐周队失天命。《书》曰：'我嗣事子孙，大不克共上下，遏失前人光，在家不知命不易。天应棐谌，乃亡队命。'说曰：周公服天子之冕，南面而朝群臣，发号施令，常称王命。召公贤人，不知圣人之意，故不说也。《礼·明堂记》曰：'周公朝诸侯于明堂，天子负斧依南面而立。'谓'周公践天子位，六年朝诸侯，制礼作乐，而天下大服'也。召公不说。时武王崩，缞粗未除。由是言之，周公始摄则居天子之位，非乃六年而践阼也。《书》逸《嘉禾篇》曰：'周公奉鬯立于阼阶，延登，赞曰："假王莅政，勤和天下。"'此周公摄政，赞者所称。成王加元服，周公则致政。《书》曰'朕复子明辟'，周公常称王命，专行不报，故言我复子明君也。臣请安汉公居摄践阼，服天子韨冕，背斧依于户牖之间，南面朝群臣，听政事。车服出入警跸，民臣称臣妾，皆如天子之制。郊祀天地，宗祀明堂，共祀宗庙，享祭群神，赞曰'假皇帝'，民臣谓之'摄皇帝'，自称曰'予'。平决朝事，常以皇帝之诏称'制'，以奉顺皇天之心，辅翼汉室，保安孝平皇帝之幼嗣，遂寄托之义，隆治平之化。其朝见太皇太后、帝皇后，皆复臣节。自施政教于其宫家国采，如诸侯礼仪故事。臣昧死请。"太后诏曰："可。"明年，改元曰居摄。

居摄元年正月，莽祀上帝于南郊，迎春于东郊，行大射礼于明堂，养三老五更，成礼而去。置柱下五史，秩如御史，听政事，侍旁记疏言行。

三月己丑，立宣帝玄孙婴为皇太子，号曰孺子。以王舜为太傅左辅，甄丰为太阿右拂，甄邯为太保后承。又置四少，秩皆二千石。

四月，安众侯刘崇与相张绍谋曰："安汉公莽专制朝政，必危刘氏。天下非之者，乃莫敢先举，此宗室耻也。吾帅宗族为先，海内必和。”绍等从者百余人，遂进攻宛，不得入而败。绍者，张竦之从兄也。竦与崇族父刘嘉诣阙自归，莽赦弗罪。竦因为嘉作奏曰：

建平、元寿之间，大统几绝，宗室几弃。赖蒙陛下圣德，扶服振救，遮扞匡卫，国命复延，宗室明目。临朝统政，发号施令，动以宗室为始，登用九族为先。并录支亲，建立王侯，南面之孤，计以百数。收复绝属，存亡续废，得比肩首，复为人者，嫔然成行，所以藩汉国，辅汉宗也。建辟雍，立明堂，班天法，流圣化，朝群后，昭文德，宗室诸侯，咸益土地。天下喁喁，引领而叹，颂声洋洋，满耳而入。国家所以服此美，膺此名，飨此福，受此荣者，岂非太皇太后日昃之思，陛下夕惕之念哉！何谓？乱则统其理，危则致其安，祸则引其福，绝则继其统，幼则代其任，晨夜屑屑，寒暑勤勤，无时休息，孳孳不已者，凡以为天下，厚刘氏也。臣无愚智，民无男女，皆谕至意。

而安众侯崇乃独怀悖惑之心，操畔逆之虑，兴兵动众，欲危宗庙，恶不忍闻，罪不容诛，诚臣子之仇，宗室之仇，国家之贼，天下之害也。是故亲属震落而告其罪，民人溃畔而弃其兵，进不跬步，退伏其殃。百岁之母，孩提之子，同时断斩，悬头竿杪，珠珥在耳，首饰犹存，为计若此，岂不悖哉！

臣闻古者畔逆之国，既以诛讨，则猪其宫室以为污池，纳垢浊焉，名曰凶虚，虽生菜茹，而人不食。四墙其社，覆上栈下，示不得通。辨社诸侯，出门见之，著以为戒。方今天下闻崇之反也，咸欲骞衣手剑而叱之。其先至者，则拂其颈，冲其匈，刃其躯，切其肌；后至者，欲拨其门，仆其墙，夷其屋，焚其器，应声涤地，则时成创。而宗室尤甚，言必切齿焉。何则？以其背畔恩义，而不知重德之所在也。宗室所居或远，嘉幸得先闻，不胜愤愤之愿，愿为宗室倡始，父子兄弟负笼荷锸，驰之南阳，猪崇宫室，令如古制。及崇社宜如亳社，以赐诸侯，用永监戒。愿下四辅公卿大夫议，以明好恶，视四方。

于是莽大悦。公卿曰："皆宜如嘉言。"莽白太后下诏曰："惟嘉父子兄弟，虽与崇有属，不敢阿私，或见萌牙，相率告之，及其祸成，同共仇之，应合古制，忠孝著焉。其以杜衍户千封嘉为帅礼侯，嘉子七人皆赐爵关内侯。"后又封竦为淑德侯。长安为之语曰："欲求封，过张伯松；力战斗，不如巧为奏。"莽又封南阳吏民有功者百余人，污池刘崇室宅。后谋反者，皆污池云。

群臣复白："刘崇等谋逆者，以莽权轻也。宜尊重以填海内。"五月甲辰，太后诏莽朝见太后称"假皇帝"。

冬十月丙辰朔，日有食之。

十二月，群臣奏请："益安汉公宫及家吏，置率更令，庙、厩、厨长丞，中庶子，虎贲以下百余人，又置卫士三百人。安汉公庐为摄省，府为摄殿，第为摄宫。"奏可。

莽白太后下诏曰："故太师光虽前薨，功效已列。太保舜、大司空丰、轻车将军邯、步兵将军建皆为诱进单于筹策，又典灵台、明堂、辟雍、四郊，定制度，开子午道，与宰衡同心说德，合意并力，功德茂著。封舜子匡为同心侯，林为说德侯，光孙寿为合意侯，丰孙匡为并力侯。益邯、建各三千户。"

是岁，西羌庞恬、傅幡等怨莽夺其地作西海郡，反攻西海太守程永，永奔走。莽诛永，遣护羌校尉窦况击之。

二年春，窦况等击破西羌。

五月，更造货：错刀，一直五千；契刀，一直五百；大钱，一直五十，与五铢钱并行。民多盗铸者。禁列侯以下不得挟黄金，输御府受直，然卒不与直。

九月，东郡太守翟义都试，勒车骑，因发奔命，立严乡侯刘信为天子，移檄郡国，言莽"毒杀平帝，摄天子位，欲绝汉室，今共行天罚诛莽。"郡国疑惑，众十余万。莽惶惧不能食，昼夜抱孺子告祷郊庙，放《大诰》作策，遣谏大夫桓谭等班于天下，谕以摄位当反政孺子之意。遣王邑、孙建等八将军击义，分屯诸关，守厄塞。槐里男子赵明、霍鸿等起兵，以和翟义，相与谋曰："诸将精兵悉东，京师空，可攻长安。"众稍多，至且十万人，莽恐，遣将军王奇、王级将兵拒之。以太保甄邯为大将军，受钺高庙，领天下兵，左杖节，右把钺，屯城外。王舜、甄丰昼夜循行殿中。

十二月，王邑等破翟义于圉。司威陈崇使监军上书言："陛下奉天洪范，心合宝龟，膺受元命，豫知成败，咸应兆占，是谓配天。配天之主，虑则移气，言则动物，施则成化。臣崇伏读诏书下日，窃计其时，圣思始发，而反虏仍破；诏文始书，反虏大败；制书始下，反虏毕斩。众将未及齐其锋芒，臣崇未及尽其愚虑，而事已决矣。"莽大说。

三年春，地震。大赦天下。

王邑等还京师，西与王级等合击明、鸿，皆破灭。莽大置酒未央宫白虎殿，劳赐将帅。诏陈崇治校军功，第其高下。莽乃上奏曰："明圣之世，国多贤人，故唐虞之时，可比屋而封，至功成事就，则加赏焉。至于夏后涂山之会，执玉帛者万国，诸侯执玉，附庸执帛。周武王孟津之上，尚有八百诸侯。周公居摄，郊祀后稷以配天，宗祀文王于明堂以配上帝，是以四海之内各以其职来祭，盖诸侯千八百矣。《礼记·王制》千七百余国，是以孔子著《孝经》曰：'不敢遗小国之臣，而况于公侯伯子男乎？故得万国之欢心以事其先王。'此天子之孝也。秦为亡道，残灭诸侯以为郡县，欲擅天下之利，故二世而亡。高皇帝受命除残，考功施赏，建国数百，后稍衰微，其余仅存。太皇太后躬统大纲，广封功德以劝善，兴灭继绝以永世，是以大化流通，旦暮且成。遭羌寇害西海郡，反虏流言东郡，逆贼惑众西土，忠臣孝子莫不奋怒，所征殄灭，尽备厥辜，天下咸宁。今制礼作乐，实考周爵五等，地四等，有明文；殷爵三等，有其说，无其文。孔子曰：'周监于二代，郁郁乎文哉！吾从周。'臣请诸将帅当受爵邑者爵五等，地四等。"奏可。于是封者高为侯伯，次为子男，当赐爵关内侯者更名曰附城，凡数百人。击西海者以"羌"为号，槐里以"武"为号，翟义以"虏"为号。

群臣复奏言："太后修功录德，远者千载，近者当世，或以文封，或以武爵，深浅大小，靡不毕举。今摄皇帝背依践祚，宜异于宰国之时，制作虽未毕已，宜进二子爵皆为公。《春秋》'善善及子孙'，'贤者之后，宜有土地'。成王广封周公庶子六人，皆有茅土。及汉家名相大将萧、霍之属，咸及支庶。兄子光，可先封列侯；诸孙，制度毕已，大司徒、大司空上名，如前诏书。"太后诏曰："进摄皇帝子褒新侯安为新举公，赏都侯临为褒新公，封光为衍功侯。"是时，莽还归新都国，群臣复白以封莽孙宗为新都侯。莽既灭翟义，自谓威德日盛，获天人助，遂谋即真之事矣。

九月，莽母功显君死，意不在哀，令太后诏议其服。少阿、羲和刘歆与博士诸儒七十八人皆曰："居摄之义，所以统立天功，兴崇帝道，成就法度，安辑海内也。昔殷成汤既没，而太子蚤夭，其子太甲幼少不明，伊尹放诸桐宫而居摄，以兴殷道。周武王既没，周道未成，成王幼少，周公屏成王而居摄，以成周道。是以殷有翼翼之化，周有刑错之功。今太皇太后比遭家之不造，委任安汉公宰尹群僚，衡平天下。遭孺子幼少，未能共上下，皇天降瑞，出丹石之符，是以太皇太后则天明命，诏安汉公居摄践祚，将以成圣汉之业，与唐虞三代比隆也。摄皇帝遂开秘府，会群儒，制礼作乐，卒定庶宫，茂成天功。圣心周悉，卓尔独见，发得周礼，以明因监，则天稽古，而损益焉，犹仲尼之闻《韶》，日月之不可阶，非圣哲之至，孰能若兹！纳纪咸张，成在一匮，此其所以保佐圣汉，安靖元元之效也。今功显君薨，《礼》'庶子为后，为其母缌。'传曰'与尊者为体，不敢服其私亲也。'摄皇帝以圣德承皇天之命，受太后之诏居摄践祚，奉汉大宗之后，上有天地社稷之重，下有元元万机之忧，不得顾其私亲。故太皇太后建厥元孙，俾侯新都，为哀侯后。明摄皇帝与尊者为体，承宗庙之祭，奉共养太皇太后，不得服其私亲也。《周礼》曰'王为诸侯缌缞，'弁而加环绖'，同姓则麻，异姓则葛。摄皇帝当为功显君缌缞，弁而加麻环绖，如天子吊诸侯服，以应圣制。"莽遂行焉，凡壹吊再会，而令新都侯宗为主，服丧三年云。

司威陈崇奏，衍功侯光私报执金吾窦况，令杀人，况为收系，致其法。莽大怒，切责光。光母曰："女自视孰与长孙、中孙？"遂母子自杀，及况皆死。初，莽以事母、养嫂、抚兄子为名，及后悖虐，复以示公义焉。令光子嘉嗣爵为侯。

莽下书曰："盖密之义，讫于季冬，正月郊祀，八音当奏。王公卿士，乐凡几等？五声八音，条各云何？其与所部儒生各尽精思，悉陈其义。”

是岁广饶侯刘京、车骑将军千人扈云、大保属臧鸿奏符命。京言齐郡新井，云言巴郡石牛，鸿言扶风雍石，莽皆迎受。十一月甲子，莽上奏太后曰：“陛下至圣，遭家不造，遇汉十二世三七之厄，承天威命，诏臣莽居摄，受孺子之托，任天下之寄。臣莽兢兢业业，惧于不称。宗室广饶侯刘京上书言：‘七月中，齐郡临淄县昌兴亭长辛当一暮数梦，曰：“吾，天公使也。天公使我告亭长曰：‘摄皇帝当为真。’即不信我，此亭中当有新井。”亭长晨起视亭中，诚有新井，入地且百尺。’十一月壬子，直建冬至，巴郡石牛，戊午，雍石文，皆到于未央宫之前殿。臣与太保安阳侯舜等视，天风起，尘冥，风止，得铜符帛图于石前，文曰：‘天告帝符，献者封侯。承天命，用神令。’骑都尉崔发等视说。及前孝哀皇帝建平二年六月甲子下诏书，更为太初元将元年，案其本事，甘忠可、夏贺良谶书臧兰台。臣莽以为元将元年者，大将居摄改元之文也，于今信矣。《尚书·康诰》‘王若曰：“孟侯，朕其弟，小子封。”’此周公居摄称王之文也。《春秋》隐公不言即位，摄也。此二经周公、孔子所定，盖为后法。孔子曰：‘畏天命，畏大人，畏圣人之言。’臣莽敢不承用！臣请共事神祇宗庙，奏言太皇太后、孝平皇后，皆称假皇帝。其号令天下，天下奏言事，毋言‘摄’。以居摄三年为初始元年，漏刻以百二十为度，用应天命。臣莽夙夜养育隆就孺子，令与周之成王比德，宣明太皇太后威德于万方，期于富而教之。孺子加元服，复子明辟，如周公故事。”奏可。众庶知其奉符命，指意群臣博议别奏，以视即真之渐矣。

期门郎张充等六人谋共劫莽，立楚王。发觉，诛死。

梓潼人哀章学问长安，素无行，好为大言。见莽居摄，即作铜匮，为两检，署其一曰"天帝行玺金匮图"。其一署曰"赤帝行玺某传予黄帝金策书"。某者，高皇帝名也。书言王莽为真天子，皇太后如天命。图书皆书莽大臣八人，又取令名王兴、王盛，章因自窜姓名，凡为十一人，皆署官爵，为辅佐。章闻齐井、石牛事下，即日昏时，衣黄衣，持匮至高庙，以付仆射。仆射以闻。戊辰，莽至高庙拜受金匮神嬗。御王冠，谒太后，还坐未央宫前殿，下书曰："予以不德，托于皇初祖考黄帝之后，皇始祖考虞帝之苗裔，而太皇太后之末属。皇天上帝隆显大佑，成命统序，符契图文，金匮策书，神明诏告，属予以天下兆民。赤帝汉氏高皇帝之灵，承天命，传国金策之书，予甚祗畏，敢不钦受！以戊辰直定，御王冠，即真天子位，定有天下之号曰新。其改正朔，易服色，变牺牲，殊徽帜，异器制。以十二月朔癸酉为建国元年正月之朔，以鸡鸣为时。服色配德上黄，牺牲应正用白，使节之旄幡皆纯黄，其署曰'新使五威节'，以承皇天上帝威命也。"

始建国元年正月朔，莽帅公侯卿士奉皇太后玺韨，上太皇太后，顺符命，去汉号焉。

初，莽妻宜春侯王氏女，立为皇后。本生四男：宇、获、安、临。二子前诛死，安颇荒忽，乃以临为皇太子，安为新嘉辟。封宇子六人：千为功隆公，寿为功明公，吉为功成公，宗为功崇公，世为功昭公，利为功著公。大赦天下。

莽乃策命孺子曰："咨尔婴，昔皇天右乃太祖，历世十二，享国二百一十载，历数在于予躬。《诗》不云乎？'侯服于周，天命靡常。'封尔为定安公，永为新室宾。於戏！敬天之休，往践乃位，毋废予命。"又曰："其以平原、安德、漯阴、鬲、重丘，凡户万，地方百里，为定安公国。立汉祖宗之庙于其国，与周后并，行其正朔、服色。世世以事其祖宗，永以命德茂功，享历代之祀焉。以孝平皇后为定安太后。"读策毕，莽亲执孺子手，流涕歔欷，曰："昔周公摄位，终得复子明辟，今予独迫皇天威命，不得如意！"哀叹良久。中傅将孺子下殿，北面而称臣。百僚陪位，莫不感动。

又按金匮，辅臣皆封拜。以太傅、左辅、骠骑将军安阳侯王舜为太师，封安新公；大司徒就德侯平晏为太傅，就新公；少阿、羲和、京兆尹红休侯刘歆为国师，嘉新公；广汉梓潼哀章为国将，美新公：是为四辅，位上公。太保、后承承阳侯甄邯为大司马，承新公；丕进侯王寻为大司徒，章新公；步兵将军成都侯王邑为大司空，隆新公：是为三公。大阿、右拂、大司空、卫将军广阳侯甄丰为更始将军，广新公；京兆王兴为卫将军，奉新公；轻车将军成武侯孙建为立国将军，成新公；京兆王盛为前将军，崇新公：是为四将。凡十一公。王兴者，故城门令史。王盛者，卖饼。莽按符命求得此姓名十余人，两人容貌应卜相，径从布衣登用，以视神焉。余皆拜为郎。是日，封拜卿大夫、侍中、尚书官凡数百人。诸刘为郡守，皆徙为谏大夫。

改明光宫为定安馆，定安太后居之。以故大鸿胪府为定安公第，皆置门卫使者监领。敕阿乳母不得与语，常在四壁中，至于长大，不能名六畜。后莽以女孙宇子妻之。

莽策群司曰："岁星司肃，东岳太师典致时雨，青炜登平，考景以晷。荧惑司恣，南岳太傅典致时奥，赤炜颂平，考声以律。太白司艾，西岳国师典致时阳，白炜象平，考量以铨。辰星司谋，北岳国将典致时寒，玄炜和平，考星以漏。月刑元股左，司马典致武应，考方法矩，主司天文，钦若昊天，敬授民时，力来农事，以丰年谷。日德元肱右，司徒典致文瑞，考圜合规，主司人道，五教是辅，帅民承上，宣美风俗，五品乃训。斗平元心中，司空典致物图，考度以绳，主司地里，平治水土，掌名山川，众殖鸟兽，蕃茂草木。"各策命以其职，如典诰之文。

置大司马司允，大司徒司直，大司空司若，位皆孤卿。更名大司农曰羲和，后更为纳言，大理曰作士，太常曰秩宗，大鸿胪曰典乐，少府曰共工，水衡都尉曰予虞，与三公司卿凡九卿，分属三公。每一卿置大夫三人，一大夫置元士三人，凡二十七大夫，八十一元士，分主中都官诸职。更名光禄勋曰司中，太仆曰太御，卫尉曰太卫，执金吾曰奋武，中尉曰军正，又置大赘官，主乘舆服御物，后又典兵秩，位皆上卿，号曰六监。改郡太守曰大尹，都尉曰太尉，县令长曰宰，御史曰执法，公车司马曰王路四门，长乐宫曰长乐室，未央宫曰寿成室，前殿曰王路堂，长安曰常安。更名秩百石曰庶士，三百石曰下士，四百石曰中士，五百石曰命士，六百石曰元士，千石曰下大夫，比二千石曰中大夫，二千石曰上大夫夫，中二千石曰卿。车服黻冕，各有差品。又置司恭、司徒、司明、司聪、司中大夫及诵诗工、彻膳宰，以司过。策曰："予闻上圣欲昭厥德，罔不慎修厥身，用绥于远，是用建尔司于五事。母隐尤，毋将虚，好恶不愆，立于厥中。於戏，勖哉！"令王路设进善之旌，非谤之木，敢谏之鼓。谏大夫四人常坐王路门受言事者。

封王氏齐缞之属为侯，大功为伯，小功为子，缌麻为男，其女皆为任。男以"睦"、女以"隆"为号焉，皆授印韨。令诸侯立太夫人、夫人、世子，亦受印韨。

又曰："天无二日，土无二王，百王不易之道也。汉氏诸侯或称王，至于四夷亦如之，违于古典，缪于一统。其定诸侯王之号皆称公，及四夷僭号称王者皆更为侯。"

又曰:"帝王之道,相因而通;盛德之祚,百世享祀。予惟黄帝、帝少昊、帝颛顼、帝喾、帝尧、帝舜、帝夏禹、皋陶、伊尹咸有圣德,假于皇天,功烈巍巍,光施于远。予甚嘉之,营求其后,将祚厥祀。"惟王氏,虞帝之后也,出自帝喾;刘氏,尧之后也,出自颛顼。于是封姚恂为初睦侯,奉黄帝后;梁护为修远伯,奉少昊后;皇孙功隆公千,奉帝喾后;刘歆为祁烈伯,奉颛顼后;国师刘歆子叠为伊休侯,奉尧后;妫昌为始睦侯,奉虞帝后;山遵为褒谋子,奉皋陶后;伊玄为褒衡子,奉伊尹后。汉后定安公刘婴,位为宾。周后卫公姬党,更封为章平公,亦为宾。殷后宋公孔弘,运转次移,更封为章昭侯,位为恪。夏后辽西姒丰,封为章公侯,亦为恪。四代古宗,宗祀于明堂,以配皇始祖考虞帝。周公后褒鲁子姬就,宣尼公后褒成子孔钧,已前定焉。

莽又曰:"予前在摄时,建郊宫,定祧庙,立社稷,神祇报况,或光自上复于下,流为乌,或黄气熏蒸,昭耀章明,以著黄、虞之烈焉。自黄帝至于济南伯王,而祖世氏姓有五矣。黄帝二十五子,分赐厥姓十有二氏。虞帝之先,受姓曰姚,其在陶唐曰妫,在周曰陈,在齐曰田,在济南曰王。予伏念皇初祖考黄帝,皇始祖考虞帝,以宗祀于明堂,宜序于祖宗之亲庙。其立祖庙五,亲庙四,后夫人皆配食。郊祀黄帝以配天,黄后以配地。以新都侯东弟为大禖,岁时以祀。家之所尚,种祀天下。姚、妫、陈、田、王氏凡五姓者,皆黄、虞苗裔,予之同族也。《书》不云乎?'惇序九族。'其令天下上此五姓名籍于秩宗,皆以为宗室。世世复,无有所与。其元城王氏,勿令相嫁娶,以别族理亲焉。"封陈崇为统睦侯,奉胡王后;田丰为世睦侯,奉敬王后。

天下牧守皆以前有翟义、赵明等领州郡，怀忠孝，封牧为男，守为附城。又封旧恩戴崇、金涉、箕闳、杨并等子皆为男。

遣骑都尉嚣等分治黄帝园位于上都桥畤，虞帝于零陵九疑，胡王于淮阳陈，敬王于齐临淄，愍王于城阳莒，伯王于济南东平陵，孺王于魏郡元城，使者四时致祠。其庙当作者，以天下初定，且袷祭于明堂太庙。

以汉高庙为文祖庙。莽曰："予之皇始祖考虞帝受禅于唐，汉氏初祖唐帝，世有传国之象，予复亲受金策于汉高皇帝之灵。惟思褒厚前代，何有忘时？汉氏祖宗有七，以礼立庙于定安国。其园寝庙在京师者，勿罢，祠荐如故。予以秋九月亲入汉氏高、元、成、平之庙。诸刘更属籍京兆大尹，勿解其复，各终厥身，州牧数存问，勿令有侵冤。"

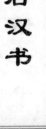

又曰："予前在大麓，至于摄假，深惟汉氏三七之厄，赤德气尽，思索广求，所以辅刘延期之术，靡所不用。以故作金刀之利，几以济之。然自孔子作《春秋》以为后王法，至于哀之十四而一代毕，协之于今，亦哀之十四也。赤世计尽，终不可强济。皇天明威，黄德当兴，隆显大命，属予以天下。今百姓咸言皇天革汉而立新，废刘而兴王。夫'刘'之为字'卯、金、刀'也，正月刚卯，金刀之利，皆不得行。博谋卿士，佥曰天人同应，昭然著明。其去刚卯莫以为佩，除刀钱勿以为利，承顺天心，快百姓意。"乃更作小钱，径六分，重一铢，文曰"小钱直一"，与前"大钱五十"者为二品，并行。欲防民盗铸，乃禁不得挟铜炭。

四月，徐乡侯刘快结党数千人起兵于其国。快兄殷，故汉胶东王，时政为扶崇公。快举兵攻即墨,殷闭城门,自系狱。吏民距快,快败走,至长广死。莽曰:"昔予之祖济南愍王困于燕寇,自齐临淄出保于莒。宗人田单广设奇谋,获杀燕将,复定齐国。今即墨士大夫复同心殄灭反虏,予甚嘉其忠者,怜其无辜。其赦殷等,非快之妻子它亲属当坐者皆勿治。吊问死伤,赐亡者葬钱,人五万。殷知大命,深疾恶快,以故辄伏厥辜。其满殷国户万,地方百里。"又封符命臣十余人。

莽曰:"古者,设庐井八家,一夫一妇田百亩,什一而税,则国给民富而颂声作。此唐虞之道,三代所遵行也。秦为无道,厚赋税以自供奉,罢民力以极欲,坏圣制,废井田,是以兼并起,贪鄙生,强者规田以千数,弱者曾无立锥之居。又置奴婢之市,与牛马同兰,制于民臣,专断其命。奸虐之人因缘为利,至略卖人妻子,逆天心,悖人伦,缪于'天地之性人为贵'之义。《书》曰'予则奴戮女',唯不用命者,然后被此辜矣。汉氏减轻田租,三十而税一,常有更赋,罢癃咸出,而豪民侵陵,分田劫假。厥名三十税一,实什税五也。父子夫妇终年耕芸,所得不足以自存。故富者犬马余菽粟,骄而为邪;贫者不厌糟糠,穷而为奸。俱陷于辜,刑用不错。予前在大麓,始令天下公田口井,时则有嘉禾之祥,遭反虏逆贼且止。今更名天下田曰'王田',奴婢曰'私属',皆不得卖买。其男口不盈八,而田过一井者,分余田予九族邻里乡党。故无田,今当受田者,如制度。敢有非井田圣制,无法惑众者,投诸四裔,以御魑魅,如皇始祖考虞帝故事。"

是时百姓便安汉五铢钱,以莽钱大小两行难知,又数变改不信,皆私以五铢钱市买。讹言大钱当罢,莫肯挟。莽患之,复下书:"诸挟五铢钱,言大钱当罢者,比非井田制,投四裔。"于是农商失业,食货俱废,民人至涕泣于市道。及坐卖买田宅奴婢,铸钱,自诸侯卿大夫至于庶民，抵罪者不可胜数。

秋，遣五威将王奇等十二人班《符命》四十二篇于天下。德祥五事，符命二十五，福应十二，凡四十二篇。其德祥言文、宣之世黄龙见于成纪、新都，高祖考王伯墓门梓柱生枝叶之属。符命言井石、金匮之属。福应言雌鸡化为雄之属。其文尔雅依托，皆为作说，大归言莽当代汉有天下云。总而说之曰："帝王受命，必有德祥之符瑞，协成五命，申以福应，然后能立巍巍之功，传于子孙，永享无穷之祚。故新室之兴也，德祥发于汉三七九世之后。肇命于新都，受瑞于黄支，开王于武功，定命于子同，成命于巴宕，申福于十二应，天所以保佑新室者深矣，固矣！武功丹石出于汉氏平帝末年，火德销尽，土德当代，皇天眷然，去汉与新，以丹石始命于皇帝。皇帝谦让，以摄居之，未当天意，故其秋七月，天重以三能文马。皇帝复谦让，未即位，故三以铁契，四以石龟，五以虞符，六以文圭，七以玄印，八以茂陵石书，九以玄龙石，十以神井，十一以大神石，十二以铜符帛图。申命之瑞，寖以显著，至于十二，以昭告新皇帝。皇帝深惟上天之威不可不畏，故去摄号，犹尚称假，改元为初始，欲以承塞天命，克厌上帝之心。然非皇天所以郑重降符命之意，故是日天复决以勉书。又侍郎王盱见人衣白布单衣，赤绩方领，冠小冠，立于王路殿前，谓盱曰：'今日天同色，以天下人民属皇帝。'盱怪之，行十余步，人忽不见。至丙寅暮，汉氏高庙有金匮图策：'高帝承天命，以国传新皇帝。'明旦，宗伯忠孝侯刘宏以闻，乃召公卿议，未决，而大神石人谈曰：'趣新皇帝之高庙受命，毋留！'于是新皇帝立登车，之汉氏高庙受命。受命之日，丁卯也。丁、火，汉氏之德也。卯，刘姓所以为字也。明汉刘火德尽，而传于新室也。皇帝谦谦，既备固让，十二符应迫著，命

不可辞，惧然祗畏，苹然闵汉氏之终不可济，亹亹谯在左右之不得从意，为之三夜不御寝，三日不御食。延问公侯卿大夫，佥曰：'宜奉如上天威命。'于是乃改元定号，海内更始。新室既定，神祇欢喜，申以福应，吉瑞累仍。《诗》曰：'宜民宜人，受禄于天；保右命之，自天申之。'此之谓也。"五威将奉《符命》，赍印绶，王侯以下及吏官名更者，外及匈奴、西域，徼外蛮夷，皆即授新室印绶，因收故汉印绶。赐吏爵人二级，民爵人一级，女子百户羊酒，蛮夷币帛各有差。大赦天下。

五威将乘《乾》文车，驾《坤》六马，背负鸟之毛，服饰甚伟。每一将各置左右前后中帅，凡五帅。衣冠车服驾马，各如其方面色数。将持节，称太一之使；帅持幢，称五帝之使。莽策命曰："普天之下，迄于四表，靡所不至。"其东出者，至玄菟、乐浪、高句骊、夫馀；南出者，隃徼外，历益州，贬句町王为侯；西出者，至西域，尽改其王为侯；北出者，至匈奴庭，授单于印，改汉印文，去"玺"曰"章"。单于欲求故印，陈饶椎破之，语在《匈奴传》。单于大怒，而句町、西域后卒以此皆畔。饶还，拜为大将军，封威德子。

冬，雷，桐华。

置五威司命，中城四关将军。司命司上公以下，中城主十二城门。策命统睦侯陈崇曰："咨尔崇。夫不用命者，乱之原也；大奸猾者，贼之本也；铸伪金钱者，妨宝货之道也；骄奢逾制者，凶害之端也；漏泄省中及尚书事者，'机事不密则害成'也；拜爵王庭，谢恩私门者，禄去公室，政从亡矣：凡此六条，国之纲纪。是用建尔作司命，'柔亦不茹，刚亦不吐，不侮鳏寡，不畏强圉'，帝命帅繇，统睦于朝。"命说符侯崔发曰："'重门击柝，以待暴客。'女作五威中城将军，中德既成，天下说符。"命明威侯王级曰："绕溜之固，南当荆楚。女作五威前关将军，振武奋卫，明威于前。"命尉睦侯王嘉曰："羊头之厄，北当燕赵。女作五威后关将军，壶口捶厄，尉睦于后。"命掌威侯王奇曰："肴黾之险，东当郑卫。女作五威左关将军，函谷批难，掌威于左。"命怀羌子王福曰："湃陇之阻，西当戎狄。女作五威右关将军，成固据守，怀羌于右。"

又遣谏大夫五十人分铸钱于郡国。

是岁长安狂女子碧呼道中曰："高皇帝大怒，趣归我国。不者，九月必杀汝！"莽收捕杀之。治者掌寇大夫陈成自免去官。真定刘都等谋举兵，发觉，皆诛。真定、常山大雨雹。

二年二月，赦天下。

五威将帅七十二人还奏事，汉诸侯王为公者，悉上玺绶为民，无违命者。封将为子，帅为男。

初设六管之令。命县官酤酒，卖盐铁器，铸钱，诸采取名山大泽众物者税之。又令市官收贱卖贵，赊贷予民，收息百月三。牺和置酒士，郡一人，乘传督酒利。禁民不得挟弩铠，徙西海。

匈奴单于求故玺，莽不与，遂寇边郡，杀略吏民。

十一月，立国将军建奏："西域将钦上言，九月辛巳，戊己校尉史陈良、终带共贼杀校尉刁护，劫略吏士，自称废汉大将军，亡入匈奴。又今月癸酉，不知何一男子遮臣建车前，自称'汉氏刘子舆，成帝下妻子也。刘氏当复，趣空宫。'收系男子，即常安姓武字仲。皆逆天违命，大逆无道。请论仲及陈良等亲属当坐者。奏可。汉氏高皇帝比著戒云，罢吏卒，为宾食，诚欲承天心，全子孙也。其宗庙不当在常安城中，及诸刘为诸侯者当与汉俱废。陛下至仁，久未定。前故安众侯

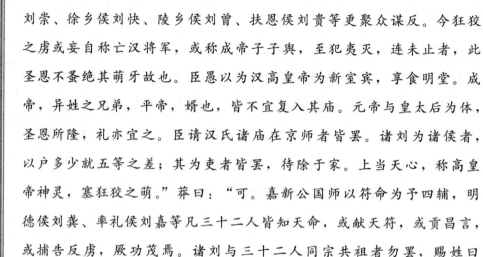

刘崇、徐乡侯刘快、陵乡侯刘曾、扶恩侯刘贵等更聚众谋反。今狂狡之虏或妄自称亡汉将军，或称成帝子子舆，至犯夷灭，连未止者，此圣恩不蚤绝其萌牙故也。臣愚以为汉高皇帝为新室宾，享食明堂。成帝，异姓之兄弟，平帝，婿也，皆不宜复入其庙。元帝与皇太后为体，圣恩所隆，礼亦宜之。臣请汉氏诸庙在京师者皆罢。诸刘为诸侯者，以户多少就五等之差；其为吏者皆罢，待除于家。上当天心，称高皇帝神灵，塞狂狡之萌。"莽曰："可。嘉新公国师以符命为予四辅，明德侯刘龚、率礼侯刘嘉等凡三十二人皆知天命，或献天符，或贡昌言，或捕告反虏，厥功茂焉。诸刘与三十二人同宗共祖者勿罢，赐姓曰王。"唯国师以女配莽子，故不赐姓。改定安太后号曰黄皇室主，绝之于汉也。

冬十二月，雷。

更名匈奴单于曰降奴服于。莽曰："降奴服于知威侮五行，背畔四条，侵犯西域，延及边垂，为元元害，罪当夷灭。命遣立国将军孙建等凡十二将，十道并出，共行皇天之威，罚于知之身。惟知先祖故呼韩邪单于稽侯狦累世忠孝，保塞守徼，不忍以一知之罪，灭稽侯狦之世。今分匈奴国土人民以为十五，立稽侯狦子孙十五人为单于。遣中郎将蔺苞、戴级驰之塞下，召拜当为单于者。诸匈奴人当坐虏知之法者，皆赦除之。"遣五威将军苗䜣、虎贲将军王况出五原，厌难将军陈钦、震狄将军王巡出云中，振武将军王嘉、平狄将军王萌出代郡，相威将军李棻、镇远将军李翁出西河，诛貉将军阳俊、讨秽将军严尤出渔阳，奋武将军王骏、定胡将军王晏出张掖，及偏裨以下百八十人。募天下囚徒、丁男、甲卒三十万人，转众郡委输五大夫衣裘、兵器、粮食，长吏送自负海江淮至北边，使者驰传督趣，以军兴法从事，天下骚动。

先至者屯边郡，须毕具乃同时出。

莽以钱币讫不行，复下书曰：“民以食为命，以货为资，是以八政以食为首。宝货皆重则小用不给，皆轻则僦载烦费，轻重大小各有差品，则用便而民乐。”于是造宝货五品。百姓不从，但行小大钱二品而已。盗铸钱者不可禁，乃重其法，一家铸钱，五家坐之，没入为奴婢。吏民出入，持布钱以副符传，不持者，厨传勿舍，关津苛留。公卿皆持以入宫殿门，欲以重而行之。

是时争为符命封侯，其不为者相戏曰：“独无天帝除书乎？”司命陈崇白莽曰：“此开奸臣作福之路而乱天命，宜绝其原。”莽亦厌之，遂使尚书大夫赵并验治，非五威将率所班，皆下狱。

初，甄丰、刘歆、王舜为莽腹心，倡导在位，褒扬功德；“安汉”、“宰衡”之号及封莽母、两子、兄子，皆丰等所共谋，而丰、舜、歆亦受其赐，并富贵矣，非复欲令莽居摄也。居摄之萌，出于泉陵侯刘庆、前辉光谢嚣、长安令田终术。莽羽翼已成，意欲称摄。丰等承顺其意，莽辄复封舜、歆两子及丰孙。丰等爵位已盛，心意既满，又实畏汉宗室、天下豪杰。而疏远欲进者，并作符命，莽遂据以即真，舜、歆内惧而已。丰素刚强，莽觉其不说，故徙大阿、右拂、大司空丰，托符命文，为更始将军，与卖饼儿王盛同列。丰父子默默。时子寻为侍中京兆大尹茂德侯，即作符命，言新室当分陕，立二伯，以丰为右伯，太傅平晏为左伯，如周召故事。莽即从之，拜丰为右伯。当述职西出，未行，寻复作符命，言故汉氏平帝后黄皇室主为寻之妻。莽以诈立，心疑大臣怨谤，欲震威以惧下，因是发怒曰：“黄皇室主天下母，此何谓也！”收捕寻。寻亡，丰自杀。寻随方士入华山，岁余捕得，辞连国师公歆子侍中东通灵将、五司大夫隆威侯棻，棻弟右曹长水校尉伐虏侯泳，大司空邑弟左关将军掌威侯奇，及歆门人侍中骑都尉丁隆等，牵引公卿党亲列侯以下，死者数百人。寻手理有"天子"字，莽解其臂入视之，曰："此一大子也，或曰一六子也。六者，戮也。明寻父子当戮死也。"乃流棻于幽州，放寻于三危，殛隆于羽山，皆驿车载其尸传致云。

莽为人侈口蹷顄，露眼赤精，大声而嘶。长七尺五寸，好厚履高冠，以氂装衣，反膺高视，瞰临左右。是时有用方技待诏黄门者，或问以莽形貌，待诏曰："莽所谓鸱目虎吻豺狼之声者也，故能食人，亦当为人所食。"问者告之，莽诛灭待诏，而封告者。后常翳云母屏面，非亲近莫得见也。

是岁，以初睦侯姚恂为宁始将军。

三年，莽曰："百官改更，职事分移，律令仪法，未及悉定，且因汉律令仪法以从事。令公卿大夫诸侯二千石举吏民有德行通政事能言语明文学者各一人，诣王路四门。"

遣尚书大夫赵并使劳北边，还言五原北假膏壤殖谷，异时常置田官。乃以并为田禾将军，发戍卒屯田北假，以助军粮。

是时诸将在边，须大众集，吏士放纵，而内郡愁于征发，民弃城郭流亡为盗贼，并州、平州尤甚。莽令七公六卿号皆兼称将军，遣著武将军逯并等填名都，中郎将、绣衣执法各五十五人，分填缘边大郡，督大奸猾擅弄兵者，皆便为奸于外，挠乱州郡，货赂为市，侵渔百姓。莽下书曰："虏知罪当夷灭，故遣猛将分十二部，将同时出，一举而决绝之矣。内置司命军正，外设军监十有二人，诚欲以司不奉命，令军人咸正也。今则不然，各为权势，恐猲良民，妄封人颈，得钱者去。毒蠚并作，农民离散。司监若此，可谓称不？自今以来，敢犯此者，辄捕系，以名闻。”然犹放纵自若。

而蔺苞、戴级到塞下，招诱单于弟咸、咸子登入塞，胁拜咸为孝单于，赐黄金千斤，锦绣甚多，遣去；将登至长安，拜为顺单于，留邸。

太师王舜自莽篡位后病悸，浸剧，死。莽曰：“昔齐太公以淑德累世，为周氏太师，盖予之所监也。其以舜子延袭父爵，为安新公，延弟褒新侯匡为太师将军，永为新室辅。”

为太子置师友各四人，秩以大夫。以故大司徒马宫为师疑，故少府宗伯凤为傅丞，博士袁圣为阿辅，京兆尹王嘉为保拂，是为四师；故尚书令唐林为胥附，博士李充为奔走，谏大夫赵襄为先后，中郎将廉丹为御侮，是为四友。又置师友祭酒及侍中、谏议、《六经》祭酒各一人，凡九祭酒，秩上卿。琅邪左咸为讲《春秋》、颍川满昌为讲《诗》、长安国由为讲《易》、平阳唐昌为讲《书》、沛郡陈咸为讲《礼》、崔发为讲《乐》祭酒。遣谒者持安车印绶，即拜楚国龚胜为太子师友祭酒，胜不应征，不食而死。

宁始将军姚恂免，侍中崇禄侯孔永为宁始将军。

是岁，池阳县有小人景，长尺余，或乘车马，或步行，操持万物，小大各相称，三日止。

灅河郡蝗生。河决魏郡，泛清河以东数郡。先是，莽恐河决为元城冢墓害。及决东去，元城不忧水，故遂不堤塞。

四年二月，赦天下。

夏，赤气出东南，竟天。

厌难将军陈钦言捕虏生口，虏犯边者皆孝单于咸子角所为。莽怒，斩其子登于长安，以视诸蛮夷。

大司马甄邯死，宁始将军孔永为大司马，侍中大赞侯辅为宁始将军。

莽每当出，辄先搜索城中，名曰"横搜"。是月，横搜五日。

莽至明堂，授诸侯茅土。下书曰："予以不德，袭于圣祖，为万国主。思安黎元，在于建侯，分州正域，以美风俗。追监前代，爰纲爰纪。惟在《尧典》，十有二州，卫有五服。《诗》国十五，祢遍九州。《殷颂》有'奄有九有'之言。《禹贡》之九州无并、幽，《周礼·司马》则无徐、梁。帝王相改，各有云为。或昭其事，或大其本，厥义著明，其务一矣。昔周二后受命，故有东都、西都之居。予之受命，盖亦如之。其以洛阳为新室东都，常安为新室西都。邦畿连体，各有采任。州从《禹贡》为九，爵从周氏有五。诸侯之员千有八百，附城之数亦如之，以俟有功。诸公一同，有众万户，土方百里。侯伯一国，众户五千，土方七十里。子男一则，众户二千有五百，土方五十里。附城大者食邑九成，众户九百，土方三十里。自九以下，降杀以两，至于一成。五差备具，合当一则。今已受茅土者，公十四人，侯九十三人，伯二十一人，子百七十一人，男四百九十七人，凡七百九十六人。附城千五百一十一人。九族之女为任者，八十三人。及汉氏女孙中山承礼君、遵德君、修义君更以为任。十有一公，九卿，十二大夫，二十四元士。定诸国邑采之处，使侍中讲礼大夫孔秉等与州部众郡晓知地理图籍者，共校治于寿成朱鸟堂。予数与群公祭酒上卿亲听视，咸已通矣。夫褒德赏功，所以显仁贤也；九族和睦，所以褒亲亲也。予永惟匪解，思稽前人，将章黜陟，以明好恶，安元元焉。"以图簿未定，未授国邑，且令受奉都内，月钱数千。诸侯皆困乏，至有庸作者。

中郎区博谏莽曰："井田虽圣王法，其废久矣。周道既衰，而民不从。秦知顺民之心。可以获大利也，故灭庐井而置阡陌，遂王诸夏，讫今海内未厌其敝。今欲违民心，追复千载绝迹，虽尧舜复起，而无百年之渐，弗能行也。天下初定，万民新附，诚未可施行。"莽知民怨，乃下书曰："诸名食王田，皆得卖之，勿拘以法。犯私买卖庶人者，且一切勿治。"

初，五威将帅出，改句町王以为侯，王邯怨怒不附。莽讽牂柯大尹周歆诈杀邯。邯弟承起兵攻杀歆。先是，莽发高句骊兵，当伐胡，不欲行，郡强迫之，皆亡出塞，因犯法为冠。辽西大尹田谭追击之，为所杀。州郡归咎于高句骊侯驺。严尤奏言："貉人犯法，不从驺起，正有它心，宜令州郡且尉安之。今猥被以大罪，恐其遂畔，夫余之属必有和者。匈奴未克，夫余、秽貉复起，此大忧也。"莽不尉安，秽貉遂反，诏尤击之。尤诱高句骊侯驺至而斩焉，传首长安。莽大说，下书曰："乃者，命遣猛将，共行天罚，诛灭虏知，分为十二部，或断其右臂，或斩其左腋，或溃其胸腹，或纽其两胁。今年刑在东方，诛貉之部先纵焉。捕斩虏驺，平定东域，虏知殄灭，在于漏刻。此乃天地群神社稷宗庙佑助之福，公卿大夫士民同心将率虓虎之力也。予甚嘉之。其更名高句骊为下句骊，布告天下，令咸知焉。"于是貉人愈犯边，东北与西南夷皆乱云。

莽志方盛，以为四夷不足吞灭，专念稽古之事，复下书曰："伏念予之皇始祖考虞帝，受终文祖，在璇玑玉衡以齐七政，遂类于上帝，禋于六宗，望秩于山川，遍于群神，巡狩五岳，群后四朝，敷奏以言，明试以功。予之受命即真，到于建国五年，已五载矣。阳九之厄既度，百六之会已过。岁在寿星，填在明堂，仓龙癸酉，德在中宫。观晋掌岁，龟策告从，其以此年二月建寅之节东巡狩，具礼仪调度。"群公奏请募吏民人马布帛绵，又请内郡国十二买马，发帛四十五万匹，输常安，前后毋相须。至者过半，莽下书曰："文母太后体不安，其且止待后。"

是岁，改十一公号，以"新"为"心"，后又改"心"为"信"。

五年二月，文母皇太后崩，葬渭陵，与元帝合而沟绝之。立庙于长安，新室世世献祭。元帝配食，坐于床下。莽为太后服丧三年。

大司马孔永乞骸骨，赐安车驷马，以特进就朝位。同风侯逯并为大司马。

是时，长安民闻莽欲都雒阳，不肯缮治室宅，或颇彻之。莽曰："玄龙石文曰'定帝德，国雒阳'。符命著明，敢不钦奉！以始建国八年，岁缠星纪，在雒阳之都。其谨缮修常安之都，勿令坏败。敢有犯者，辄以名闻，请其罪。"

是岁，乌孙大小昆弥遣使贡献。大昆弥者，中国外孙也。其胡妇子为小昆弥，而乌孙归附之。莽见匈奴诸边并侵，意欲得乌孙心，乃遣使者引小昆弥使置大昆弥使上。保成师友祭酒满昌劾奏使者曰："夷狄以中国有礼谊，故诎而服从。大昆弥，君也，今序臣使于君使之上，非所以有夷狄也。奉使大不敬！"莽怒，免昌官。

西域诸国以莽积失恩信，焉耆先畔，杀都护但钦。

十一月，彗星出，二十余日，不见。

是岁，以犯挟铜炭者多，除其法。

明年改元曰天凤。

天凤元年正月，赦天下。

莽曰："予以二月建寅之节行巡狩之礼，太官赍糒干肉，内者行张坐卧，所过毋得有所给。予之东巡，必躬载耒耜，每县则耕，以劝东作。予之南巡，必躬戴穮，每县则薅，以劝南伪。予之西巡，必躬载铚，每县则获，以劝西成。予之北巡，必躬载拂，每县则粟，以劝盖藏。毕北巡狩之礼，即于土中居雒阳之都焉。敢有趋讙犯法，辄以军法从事。"群公奏言："皇帝至孝，往年文母圣体不豫，躬亲供养，衣冠稀解。因遭弃群臣悲哀，颜色未复，饮食损少。今一岁四巡，道路万里，春秋尊，非精干肉之所能堪。且无巡狩，须阕大服，以安圣体。臣等尽力养牧兆民，奉称明诏。"莽曰："群公、群牧、群司、诸侯、庶尹愿尽力相帅养牧兆民，欲以称予，繇此敬德，其勖之哉！毋食言焉。更以天凤七年，岁在大梁，仓龙庚辰，行巡狩之礼。厥明年，岁在实沈，仓龙辛巳，即土之中雒阳之都。"乃遣太傅平晏、大司空王邑之雒阳，营相宅兆，图起宗庙、社稷、郊兆云。

三月壬申晦，日有食之。大赦天下。策大司马逯并曰："日食无光，士戈不戢，其上大司马印韨，就侯氏朝位。太傅平晏勿领尚书事，省侍中诸曹兼官者。以利苗男䜣为大司马。"

莽即真，尤备大臣，抑夺下权，朝臣有言其过失者，辄拔擢。孔仁、赵博、费兴等以敢击大臣，故见信任，择名官而居之。公卿入宫，吏有常数，太傅平晏从吏过例，掖门仆射苛问不逊，戊曹士收系仆射。莽大怒，使执法发车骑数百围太傅府，捕士，即时死。大司空士夜过奉常亭，亭长苛之，告以官名，亭长醉曰："宁有符传邪？"士以马箠击亭长，亭长斩士，亡，郡县逐之。家上书，莽曰："亭长奉公，勿逐。"大司空邑斥士以谢。国将哀章颇不清，莽为选置和叔，敕曰："非但保国将闺门，当保亲属在西州者。"诸公皆轻贱，而章尤甚。

四月，陨霜，杀草木，海濒尤甚。六月，黄雾四塞。七月，大风拔树，飞北阙直城门屋瓦。雨雹，杀牛羊。

莽以《周官》、《王制》之文，置卒正、连率、大尹，职如太守；属令、属长，职如都尉。置州牧、部监二十五人，见礼如三公。监位上大夫，各主五郡。公氏作牧，侯氏卒正，伯氏连率，子氏属令，男氏属长，皆世其官。其无爵者为尹。分长安城旁六乡，置帅各一人。分三辅为六尉郡，河东、河内、弘农、河南、颍川、南阳为六队郡，置大夫，职如太守；属正，职如都尉。更名河南大尹曰保忠信卿。益河南属县满三十。置六郊州长各一人，人主五县。及它官名悉改。大郡至分为五。郡县以亭为名者三百六十，以应符命文也。缘边又置竟尉，以男为之。诸侯国闲田，为黜陟增减云。莽下书曰"常安西都曰六乡，众县曰六尉。义阳东都曰六州，众县曰六队。粟米之内曰内郡，其外曰近郡。有鄣徼者曰边郡。合百二十有五郡。九州之内，县二千二百有三。公作甸服，是为惟城；诸在侯服，是为惟宁；在采、任诸侯，是为惟翰；在宾服，是为惟屏；在揆文教，奋武卫，是为惟垣；在九州之外，是为惟藩；各以其方为称，总为万国焉。"其后，岁复变更，一郡至五易名，而还复其故。吏民不能纪，每下诏书，辄系其故名，曰："制诏陈留大尹、太尉：其以益岁以南付新平。新平，故淮阳。以雍丘以东付陈定。陈定，故梁郡。以封丘以东付治亭。治亭，故东郡。以陈留以西付祈隧。祈隧，故荥阳。陈留已无复有郡矣。大尹、太尉，皆诣行在所。"其号令变易，皆此类也。

　　令天下小学，戊子代甲子为六旬首。冠以戊子为元日，昏以戊寅之旬为忌日。百姓多不从者。

　　匈奴单于知死，弟咸立为单于，求和亲。莽遣使者厚赂之，诈许还其侍子登，因购求陈良、终带等。单于即执良等付使者，槛车诣长安。莽燔烧良等于城北，令吏民会观之。

品读汉史经典　汲取无究智慧

汉书·后汉书

(东汉)班固　著　　(南朝·宋)范晔　著

第二卷

辽海出版社

缘边大饥，人相食。谏大夫如普行边兵，还言"军士久屯塞苦，边郡无以相赡。今单于新和，宜因是罢兵。"校尉韩威进曰："以新室之威而吞胡虏，无异口中蚤虱。臣愿得勇敢之士五千人，不赍斗粮，饥食虏肉，渴饮其血，可以横行。"莽壮其言，以威为将军。然采普言，征还诸将在边者。免陈钦等十八人，又罢四关填都尉诸屯兵。会匈奴使还，单于知侍子登前诛死，发兵寇边，莽复发军屯。于是边民流入内郡，为人奴婢，乃禁吏民敢挟边民者弃市。

益州蛮夷杀大尹程隆，三边尽反。遣平蛮将军冯茂将兵击之。

宁始将军侯辅免，讲《易》祭酒戴参为宁始将军。

二年二月，置酒王路堂，公卿大夫皆佐酒。大赦天下。

是时，日中见星。

大司马苗䜣左迁司命，以延德侯陈茂为大司马。

讹言黄龙堕死黄山宫中，百姓奔走往观者有万数。莽恶之，捕系问语所从起，不能得。

单于咸既和亲，求其子登尸，莽欲遣使送致，恐咸怨恨害使者，乃收前言当诛侍子者故将军陈钦，以他罪系狱。钦曰："是欲以我为说于匈奴也。"遂自杀。莽选儒生能颛对者济南王咸为大使，五威将琅邪伏黯等为帅，使送登尸。敕令掘单于知墓，棘鞭其尸。又令匈奴却塞于漠北，责单于马万匹，牛三万头，羊十万头，及稍所略边民生口在者皆还之。莽好为大言如此。咸到单于庭，陈莽威德，责单于背畔之罪，应敌从横，单于不能诎，遂致命而还之。入塞，咸病死，封其子为伯，伏黯等皆为子。

莽意以为制定则天下自平，故锐思于地里，制礼作乐，讲合《六经》之说。公卿旦入暮出，议论连年不决，不暇省狱讼冤结民之急务。县宰缺者，数年守兼，一切贪残日甚。中郎将、绣衣执法在郡国者，並乘权势，传相举奏。又十一公士分布劝农桑，班时令，案诸章，冠盖相望，交错道路，召会吏民，逮捕证左，郡县赋敛，递相赇赂，白黑纷然，守阙告诉者多。莽自见前专权以得汉政，故务自揽众事，有司受成苟免。诸宝物名、帑藏、钱谷官，皆宦者领之；吏民上封事书，宦官左右开发，尚书不得知。其畏备臣下如此。又好变改制度，政令烦多，当奉行者，辄质问乃以从事，前后相乘，愦眊不渫。莽常御灯火至明，犹不能胜。尚书因是为奸寝事，上书待报者连年不得去，拘系郡县者逢赦而后出，卫卒不交代三岁矣。谷常贵，边兵二十余万人仰衣食，县官悉苦。五原、代郡尤被其毒，起为盗贼，数千人为辈，转入旁郡。莽遣捕盗将军孔仁将兵与郡县合击，岁余乃定，边郡亦略将尽。

邯郸以北大雨雾，水出，深者数丈，流杀数千人。

立国将军孙建死，司命赵闳为立国将军。宁始将军戴参归故官，南城将军廉丹为宁始将军。

三年二月乙酉，地震，大雨雪，关东尤甚，深者一丈，竹柏或枯。大司空王邑上书言："视事八年，功业不效，司空之职尤独废顿，至乃有地震之变。愿乞骸骨。"莽曰："夫地有动有震，震者有害，动者不害。《春秋》记地震，《易系坤》动，动静辟胁，万物生焉。灾异之变，各有云为。天地动威，以戒予躬，公何辜焉，而乞骸骨，非所以助予者也。使诸吏散骑司禄大卫修宁男遵谕予意焉。"

五月，莽下吏禄制度，曰："予遭阳九之厄，百六之会，国用不足，民人骚动，自公卿以下，一月之禄十布二匹，或帛一匹。予每念之，未尝不戚焉。今厄会已度，府帑虽未能充，略颇稍给，其以六月朔庚寅始，赋吏禄皆如制度。"四辅公卿大夫士，下至舆僚，凡十五等。僚禄一岁六十六斛，稍以差增，上至四辅而为万斛云。莽又曰：

"'普天之下，莫非王土；率土之宾，莫非王臣。'盖以天下养焉。《周礼》膳羞百有二十品，今诸侯各食其同、国、则；辟、任、附城食其邑；公、卿、大夫、元士食其采。多少之差，咸有条品。岁丰穰则充其礼，有灾害则有所损，与百姓同忧喜也。其用上计时通计，天下幸无灾害者，太官膳羞备其品矣；即有灾害，以什率多少而损膳焉。东岳太师立国将军保东方三州一部二十五郡；南岳太傅前将军保南方二州一部二十五郡；西岳国师宁始将军保西方一州二部二十五郡；北岳国将卫将军保北方二州一部二十五郡；大司马保纳卿、言卿、仕卿、作卿、京尉、扶尉、兆队、右队，中部左洎前七部；大司徒保乐卿、典卿、宗卿、秩卿、翼尉、光尉、左队、前队、中部、右部，有五郡；大司空保予卿、虞卿、共卿、工卿、师尉、列尉、祈队、后队、中部洎后十郡；及六司，六卿，皆随所属之公保其灾害，亦以十率多少而损其禄。郎、从官、中都官吏食禄都内之委者，以太官膳羞备损而为节。诸侯、辟、任、附城、群吏亦各保其灾害。几上下同心，劝进农业，安元元焉。"莽之制度烦碎如此，课计不可理，吏终不得禄，各因官职为奸，受取赇赂以自共给。

是月戊辰，长平馆西岸崩，邕泾水不流，毁而北行。遣大司空王邑行视，还奏状，群臣上寿，以为《河图》所谓"以土填水"，匈奴灭亡之祥也。乃遣并州牧宋弘、游击都尉任萌等将兵击匈奴，至边止屯。

七月辛酉，霸城门灾，民间所谓青门也。

戊子晦，日有食之。大赦天下。复令公卿大夫诸侯二千石举四行各一人。大司马陈茂以日食免，武建伯严尤为大司马。

十月戊辰，王路朱鸟门鸣，昼夜不绝，崔发等曰："虞帝辟四门，通四聪。门鸣者，明当修先圣之礼，招四方之士也。"于是令群臣皆贺，所举四行从朱鸟门入而对策焉。

平蛮将军冯茂击句町，士卒疾疫，死者什六七，赋敛民财什取五，益州虚耗而不克，征还下狱死。更遣宁始将军廉丹与庸部牧史熊击句町，颇斩首，有胜。莽征丹、熊，丹、熊愿益调度，必克乃还。复大赋敛，就都大尹冯英不肯给，上言"自越巂遂久仇牛、同亭邪豆之属反畔以来，积且十年，郡县距击不已。续用冯茂，苟施一切之政。僰道以南，山险高深，茂多驱众远居，费以亿计，吏士离毒气死者什七。今丹、熊惧于自诡期会，调发诸郡兵谷，复訾民取其十四，空破梁州，功终不遂。宜罢兵屯田，明设购赏。"莽怒，免英官。后颇觉寤，曰："英亦未可厚非。"复以英为长沙连率。

翟义党王孙庆捕得，莽使太医、尚方与巧屠共刳剥之，量度五藏，以竹筵导其脉，知所终始，云可以治病。

是岁，遣大使五威将王骏、西域都护李崇将戊己校尉出西域，诸国皆郊迎贡献焉。诸国前杀都护但钦，骏欲袭之，命左帅何封、戊己校尉郭钦别将。焉耆诈降，伏兵击骏等，皆死。钦、封后到，袭击老弱，从车师还入塞。莽拜钦为填外将军，封剿胡子，何封为集胡男。西域自此绝。

四年五月，莽曰："保成师友祭酒唐林、故谏议祭酒琅邪纪逡，孝弟忠恕，敬上爱下，博通旧闻，德行醇备，至于黄发，靡有愆失。其封林为建德侯，逡为封德侯，位皆特进，见礼如三公。赐弟一区，钱三百万，授几杖焉。"

六月，更授诸侯茅土于明堂，曰："予制作地理，建封五等，考之经艺，合之传记，通于义理，论之思之，至于再三，自始建国之元以来九年于兹，乃今定矣。予亲设文石之平，陈菁茅四色之土，钦告于岱宗泰社后土、先祖先妣，以班授之。各就厥国，养牧民人，用成功业。其在缘边，若江南，非诏所召，遣侍于帝城者，纳言掌货大夫且调都内故钱，予其禄，公岁八十万，侯伯四十万，子男二十万。"然复不能尽得。莽好空言，慕古法，多封爵人，性实吝啬，托以地理未定，故且先赋茅土，用慰喜封者。

是岁，复明六管之令。每一管下，为设科条防禁，犯者罪至死，吏民抵罪者浸众。又一切调上公以下诸有奴婢者，率一口出钱三千六百，天下愈愁，盗贼起。纳言冯常以六管谏，莽大怒，免常官。置执法左右刺奸。选用能吏侯霸等分督六尉、六队，如汉刺史，与三公士郡一人从事。

临淮瓜田仪等为盗贼，依阻会稽长州，琅邪女子吕母亦起。初，吕母子为县吏，为宰所冤杀。母散家财，以酤酒买兵弩，阴厚贫穷少年，得百余人，遂攻海曲县，杀其宰以祭子墓。引兵入海，其众浸多，后皆万数。莽遣使者即赦盗贼，还言"盗贼解，辄复合。问其故，皆曰愁法禁烦苛，不得举手。力作所得，不足以给贡税。闭门自守，又坐邻伍铸钱挟铜，奸吏因以愁民。民穷，悉起为盗贼。"莽大怒，免之。其或顺指，言"民骄黠当诛"，及言"时运适然，且灭不久"，莽说，辄迁之。

是岁八月，莽亲之南郊，铸作威斗。威斗者，以五石铜为之，若北斗，长二尺五寸，欲以厌胜众兵。既成，令司命负之，莽出在前，入在御旁。铸斗日，大寒，百官人马有冻死者。

五年正月朔，北军南门灾。

以大司马司允费兴为荆州牧，见，问到部方略，兴对曰："荆、扬之民率依阻山泽，以渔采为业。间者，国张六管，税山泽，妨夺民之利，连年久旱，百姓饥穷，故为盗贼。兴到部，欲令明晓告盗贼归田里，假贷犁牛种食，阔其租赋，几可以解释安集。"莽怒，免兴官。

天下吏以不得奉禄，并为奸利，郡尹县宰家累千金。莽下诏曰：

"详考始建国二年胡虏犗夏以来，诸军吏及缘边吏大夫以上为奸利增产致富者，收其家所有财产五分之四，以助边急。"公府士驰传天下，考覆贪饕，开吏告其将，奴婢告其主，几以禁奸，奸愈甚。

皇孙功崇公宗坐自画容貌，被服天子衣冠，刻印三：一曰"维祉冠存己夏处南山臧薄冰"，二曰"肃圣宝继"，三曰"德封昌图"。又宗舅吕宽家前徙合浦，私与宗通，发觉按验，宗自杀。莽曰："宗属为皇孙，爵为上公，知宽等叛逆族类，而与交通；刻铜印三，文意甚害，不知厌足，窥欲非望。《春秋》之义，'君亲毋将，将而诛焉。'迷惑失道，自取此辜，乌呼哀哉！宗本名会宗，以制作去二名，今复名会宗。贬厥爵，改厥号，赐谥为功崇缪伯，以诸伯之礼葬于故同谷城郡。"宗姊妨为卫将军王兴夫人，祝诅姑，杀婢以绝口。事发觉，莽使中常侍𫍙恽责问妨，并以责兴，皆自杀。事连及司命孔仁妻，亦自杀。仁见莽免冠谢，莽使尚书劾仁："乘《乾》车，驾《坤》马，左苍龙，右白虎，前朱雀，后玄武，右杖威节，左负威斗，号曰赤星，非以骄仁，乃以尊新室之威命也。仁擅免天文冠，大不敬。"有诏勿劾，更易新冠。其好怪如此。

以直道侯王涉为卫将军。涉者，曲阳侯根子也。根，成帝世为大司马，荐莽自代，莽恩之，以为曲阳非令称，乃追谥根曰直道让公，涉嗣其爵。

是岁，赤眉力子都、樊崇等以饥馑相聚，起于琅邪，转钞掠，众皆万数。遣使者发郡国兵击之，不能克。

六年春，莽见盗贼多，乃令太史推三万六千岁历纪，六岁一改元，布天下。下书曰："《紫阁图》曰'太一、黄帝皆仙上天，张乐昆仑虔山之上。后世圣主得瑞者，当张乐秦终南山之上。'予之不敏，奉行未明，乃今谕矣。复以宁始将军为更始将军，以顺符命。《易》不云乎？

'日新之谓盛德，生生之谓易。'予其缮哉！"欲以诳耀百姓，销解盗贼。众皆笑之。

初献《新乐》于明堂、太庙。群臣始冠麟韦之弁。或闻其乐声，曰："清厉而哀，非兴国之声也。"

是时，关东饥旱数年，力子都等党众浸多。更始将军廉丹击益州不能克，征还。更遣复位后大司马护军郭兴、庸部牧李晔击蛮夷若豆等，太傅牺叔士孙喜清洁江湖之盗贼。而匈奴寇边甚。莽乃大募天下丁男及死罪囚、吏民奴，名曰猪突豨勇，以为锐卒。一切税天下吏民，訾三十取一，缣帛皆输长安。令公卿以下至郡县黄绶皆保养军马，多少各以秩为差。又博募有奇技术可以攻匈奴者，将待以不次之位。言便宜者以万数：或言能度水不用舟楫，连马接骑，济百万师；或言不持斗粮，服食药物，三军不饥；或言能飞，一日千里，可窥匈奴。莽辄试之，取大鸟翮为两翼，头与身皆着毛，通引环纽，飞数百步堕。莽知其不可用，苟欲获其名，皆拜为理军，赐以车马，待发。

初，匈奴右骨都侯须卜当，其妻王昭君女也，尝内附。莽遣昭君兄子和亲侯王歙诱呼当至塞下，胁将诣长安，强立以为须卜善于后安公。始欲诱迎当，大司马严尤谏曰："当在匈奴右部，兵不侵边，单于动静，辄语中国，此方面之大助也。于今迎当置长安槀街，一胡人耳，不如在匈奴有益。"莽不听。既得当，欲遣尤与廉丹击匈奴，皆赐姓征氏，号二征将军，当诛单于舆而立当代之。出车城西横厩，未发。尤素有智略，非莽攻伐西夷，数谏不从，著古名将乐毅、白起不用之意及言边事凡三篇，奏以风谏莽。及当出廷议，尤固言匈奴可且以为后，先忧山东盗贼。莽大怒，乃策尤曰："视事四年，蛮夷猾夏不能遏绝，寇贼奸宄不能殄灭，不畏天威，不用诏命，貌佷自臧，持必不移，怀执异心，非沮军议。未忍致于理，其上大司马武建伯印韨，归故郡。"以降符伯董忠为大司马。

翼平连率田况奏郡县訾民不实，莽复三十税一。以况忠言忧国，进爵为伯，赐钱二百万。众庶皆詈之。青、徐民多弃乡里流亡，老弱死道路，壮者入贼中。

凤夜连率韩博上言："有奇士，长丈，大十围，来至臣府，曰欲奋击胡虏。自谓巨毋霸，出于蓬莱东南，五城西北昭如海濒，軺车不能载，三马不能胜。即日以大车四马，建虎旗，载霸诣阙。霸卧则枕鼓，以铁箸食，此皇天所以辅新室也。愿陛下作大甲高车，贲育之衣，遣大将一人与虎贲百人迎之于道。京师门户不容者，开高大之，以视百蛮，镇安天下。"博意欲以风莽。莽闻恶之，留霸在所新丰，更其姓曰巨毋氏，谓因文母太后而霸王符也。征博下狱，以非所宜言，弃市。

明年改元曰地皇，从三万六千岁历号也。

地皇元年正月乙未，赦天下。下书曰："方出军行师，敢有趋讙犯法者，辄论斩，毋须时，尽岁止。"于是春夏斩人都市，百姓震惧，道路以目。

二月壬申，日正黑。莽恶之，下书曰："乃者日中见昧，阴薄阳，黑气为变，百姓莫不惊怪。兆域大将军王匡遣吏考问上变事者，欲蔽上之明，是以适见于天，以正于理，塞大异焉。"

莽见四方盗贼多，复欲厌之，又下书曰："予之皇初祖考黄帝定天下，将兵为上将军，建华盖，立斗献，内设大将，外置大司马五人，大将军二十五人，偏将军百二十五人，裨将军千二百五十人，校尉万二千五百人，司马三万七千五百人，候十一万二千五百人，当百二十二万五千人，士吏四十五万人，士千三百五十万人，应协于《易》'弧矢之利，以威天下'。予受符命之文，稽前人，将条备焉。"于是置前后左右中大司马之位，赐诸州牧号为大将军，郡卒正、连帅、大尹为偏将军，属令长裨将军，县宰为校尉。乘传使者经历郡国，日且十辈，仓无见谷以给，传车马不能足，赋取道中车马，取办于民。

七月，大风毁王路堂。复下书曰："乃壬午餔时，有列风雷雨发屋折木之变，予甚弁焉，予甚栗焉，予甚恐焉。伏念一旬，迷乃解矣。昔符命文立安为新迁王，临国雒阳，为统义阳王。是时予在摄假，谦不敢当，而以为公。其后金匮文至，议者皆曰：'临国雒阳为统，谓据土中为新室统也，宜为皇太子。'自此后，临久病，虽瘳不平，朝见挈茵舆行。见王路堂者，张于西厢及后阁更衣中，又以皇后被疾，临且去本就舍，妃妾在东永巷。壬午，列风毁王路西厢及后阁更衣中室。昭宁堂池东南榆树大十围，东僵，击东阁，阁即东永巷之西垣也。皆破折瓦坏，发屋拔木，予甚惊焉。又候官奏月犯心前星，厥有占，予甚忧之。伏念《紫阁图》文，太一、黄帝皆得瑞以仙，后世褒主当登终南山。所谓新迁王者，乃太一新迁之后也。统义阳王乃用五统以礼义登阳上迁之后也。临有兄而称太子，名不正。宣尼公曰：'名不正，则言不顺，至于刑罚不中，民无错手足。'惟即位以来，阴阳未和，风雨不时，数遇枯旱蝗螟为灾，谷稼鲜耗，百姓苦饥，蛮夷猾夏，寇贼奸宄，人民正营，无所错手足。深惟厥咎，在名不正焉。其立安为新迁王，临为统义阳王，几以保全二子，子孙千亿，外攘四夷，内安中国焉。"

是月，杜陵便殿乘舆虎文衣废臧在室匣中者出，自树立外堂上，良久乃委地。吏卒见者以闻，莽恶之，下书曰："宝黄厥赤，其令郎从官皆衣绛。"

望气为数者多言有土功象，莽又见四方盗贼多，欲视为自安能建万世之基者，乃下书曰："予受命遭阳九之厄，百六之会，府帑空虚，百姓匮之，宗庙未修，且袷祭于明堂太庙，夙夜永念，非敢宁息。深惟吉昌莫良于今年，予乃卜波水之北，郎池之南，惟玉食。予又卜金水之南，明堂之西，亦惟玉食。予将亲筑焉。"于是遂营长安城南，提封百顷。九月甲申，莽立载行视，亲举筑三下。司徒王寻、大司空王邑持节，及侍中常侍执法杜林等数十人将作。崔发、张邯说莽曰："德盛者文缛，宜崇其制度，宣视海内，且令万世之后无以复加也。"莽乃博征天下工匠诸图画，以望法度算，及吏民以义入钱谷助作者，骆驿道路。坏彻城西苑中建章、承光、包阳、大台、储元宫及平乐、当路、阳禄馆，凡十余所，取其材瓦，以起九庙。是月，大雨六十余日。令民入米六百斛为郎，其郎吏增秩赐爵至附城。九庙：一曰黄帝太初祖庙，二曰帝虞始祖昭庙，三曰陈胡王统祖穆庙，四曰齐敬王世祖昭庙，五曰济北愍王王祖穆庙，凡五庙不堕云；六曰济南伯王尊祢昭庙，七曰元城孺王尊弥穆庙，八曰阳平顷王戚祢昭庙，九曰新都显王戚祢穆庙。殿皆重屋。太初祖庙东西南北各四十丈，高十七丈，余庙半之。为铜薄栌，饰以金银琱文，穷极百工之巧。带高增下，功费数百巨万，卒徒死者万数。

巨鹿男子马适求等谋举燕赵兵以诛莽，大司空士王丹发觉以闻。莽遣三公大夫逮治党与，连及郡国豪杰数千人，皆诛死。封丹为辅国侯。

自莽为不顺时令，百姓怨恨，莽犹安之，又下书曰："惟设此一切之法以来，常安六乡巨邑之都，枹鼓稀鸣，盗贼衰少，百姓安土，岁以有年，此乃立权之力也。今胡虏未灭诛，蛮僰未绝焚，江湖海泽麻沸，盗贼未尽破殄，又兴奉宗庙社稷之大作，民众动摇。今复一切行此令，尽二年止之，以全元元，救愚奸。"

是岁，罢大小钱，更行货布，长二寸五分，广一寸，直货钱二十五。货钱径一寸，重五铢，枚直一。两品并行。敢盗铸钱及偏行布货，伍人知不发举，皆没入为官奴婢。

太傅平晏死，以予虞唐尊为太傅。尊曰："国虚民贫，咎在奢泰。"乃身短衣小袖，乘牝马柴车，藉槁，瓦器，又以历遗公卿。出见男女不异路者，尊自下车，以象刑赭幡污染其衣。莽闻而说之，下诏申敕公卿与厥齐。封尊为平化侯。

是时，南郡张霸、江夏羊牧、王匡等起云杜绿林，号曰下江兵，众皆万余人。武功中水乡民三舍垫为池。

二年正月，以州牧位三公，刺举怠解，更置牧监副，秩元士，冠法冠，行事如汉刺史。

是月，莽妻死，谥曰孝睦皇后，葬渭陵长寿园西，令永侍文母，名陵曰亿年。初莽妻以莽数杀其子，涕泣失明，莽令太子临居中养焉。莽妻旁侍者原碧，莽幸之。后临亦通焉，恐事泄，谋共杀莽。临妻愔，国师公女，能为星，语临宫中且有白衣会。临喜，以为所谋且成。后贬为统义阳王，出在外第，愈忧恐。会莽妻病困，临予书曰："上于子孙至严，前长孙、中孙年俱三十而死。今臣临复适三十，诚恐一旦不保中室，则不知死命所在！"莽候妻疾，见其书，大怒，疑临有恶意，不令得会丧。既葬，收原碧等考问，具服奸、谋杀状。莽欲秘之，使杀案事使者司命从事，埋狱中，家不知所在。赐临药，临不肯饮，自刺死。使侍中骑都将军同说候林赐魂衣玺韨，策书曰："符命文立临为统义阳王，此言新室即位三万六千岁后，为临之后者乃当龙阳而起。前过听议者，以临为太子，有烈风之变，辄顺符命，立为统义阳王。在此之前，自此之后，不作信顺，弗蒙厥佑，天年陨命，呜呼哀哉！迹行赐谥，谥曰缪王。"又诏国师公："临本不知星，事从愔起。"愔亦自杀。

是月，新迁王安病死。初，莽为侯就国时，幸侍者增秩、怀能、开明。怀能生男兴，增秩生男匡、女晔，开明生女捷，皆留新都国，以其不明故也。及安疾甚，莽自病无子，为安作奏，使上言："兴等母虽微贱，属犹皇子，不可以弃。"章视群公，皆曰："安友于兄弟，宜及春夏加封爵。"于是以王车遣使者迎兴等，封兴为功修公，匡为功建公，晔为睦修任，捷为睦逮任。孙公明公寿病死，旬月四丧焉。莽坏汉孝武、孝昭庙，分葬子孙其中。

魏成大尹李焉与卜者王况谋，况谓焉曰："新室即位以来，民田奴婢不得卖买，数改钱货，征发烦数，军旅骚动，四夷并侵，百姓怨恨，盗贼并起，汉家当复兴。君姓李，李音征，征火也，当为汉辅。"因为焉作谶书，言"文帝发忿，居地下趣军，北告匈奴，南告越人。江中刘信，执敌报怨，复续古先，四年当发军。江湖有盗，自称樊王，姓为刘氏，万人成行，不受赦令，欲动秦、雒阳。十一年当相攻，太白扬光，岁星入东井，其号当行。"又言莽大臣吉凶，各有日期。会合十余万言。焉令吏写其书，吏亡告之。莽遣使者即捕焉，狱治皆死。

三辅盗贼麻起，乃置捕盗都尉官，令执法谒者追击长安中，建鸣鼓攻贼幡，而使者随其后。遣太师牺仲景尚、更始将军护军王党将兵击青、徐，国师和仲曹放助郭兴击句町。转天下谷币诣西河、五原、朔方、渔阳，每一郡以百万数，欲以击匈奴。

秋，陨霜杀菽，关东大饥，蝗。

民犯铸钱，伍人相坐，没入为官奴婢。其男子槛车，儿女子步，以铁锁琅当其颈，传诣钟官，以十万数。到者易其夫妇，愁苦死者什六七。孙喜、景尚、曹放等击贼不能克，军师放纵，百姓重困。

莽以王况谶言荆楚当兴，李氏为辅，欲厌之，乃拜侍中掌牧大夫李棽为大将军、扬州牧，赐名圣，使将兵奋击。

上谷储夏自请愿说瓜田仪，莽以为中郎，使出仪。仪文降，未出而死。莽求其尸葬之，为起冢、祠室，谥曰瓜宁殇男，几以招来其余，然无肯降者。

闰月丙辰，大赦天下，天下大服民私服在诏书前亦释除。

郎阳成修献符命，言继立民母，又曰："黄帝以百二十女致神仙。"莽于是遣中散大夫、谒者各四十五人分行天下，博采乡里所高有淑女者上名。

莽梦长乐宫铜人五枚起立，莽恶之，念铜人铭有"皇帝初兼天下"之文，即使尚方工镌灭所梦铜人膺文。又感汉高庙神灵，遣虎贲武士入高庙，拔剑四面提击，斧坏户牖，桃汤赭鞭鞭洒屋壁，令轻车校尉居其中，又令中军北垒居高寝。

或言黄帝时建华盖以登仙，莽乃造华盖九重，高八丈一尺，金瑵羽葆，载以秘机四轮车，驾六马，力士三百人黄衣帻，车上人击鼓，挽者皆呼"登仙"。莽出，令在前。百官窃言"此似軘车，非仙物也。"

是岁，南郡秦丰众且万人。平原女子迟昭平能说博经以八投，亦聚数千人在河阻中。莽召问群臣禽贼方略，皆曰："此天囚行尸，命在漏刻。"故左将军公孙禄征来与议，禄曰："太史令宗宣典星历，候气变，以凶为吉，乱天文，误朝廷。太傅平化侯饰虚伪以偷名位，'贼夫人之子'。国师嘉信公颠倒《五经》，毁师法，令学士疑惑。明学男张邯、地理侯孙阳造井田，使民弃土业。牺和鲁匡设六管，以穷工商。说符侯崔发阿谀取容，令下情不上通。宜诛此数子以慰天下！"又言："匈奴不可攻，当与和亲。臣恐新室忧不在匈奴，而在封域之中也。"莽怒，使虎贲扶禄出。然颇采其言，左迁鲁匡为五原卒正，以百姓怨非故。六管非匡所独造，莽厌众意而出之。

初，四方皆以饥寒穷愁起为盗贼，稍稍群聚，常思岁熟得归乡里。众虽万数，辄称巨人、从事、三老、祭酒，不敢略有城邑，转掠求食，日阕而已。诸长吏牧守皆自乱斗中兵而死,贼非敢欲杀之也,而莽终不谕其故。是岁,大司马士按章豫州,为贼所获,贼送付县。士还,上书具言状。莽大怒,下狱以为诬罔。因下书责七公曰:"夫吏者,理也。宣德明恩,以牧养民,仁之道也。抑强督奸,捕诛盗贼,义之节也。今则不然。盗发不辄得,至成群党,庶略乘传宰士。士得脱者,又妄自言'我责数贼"何故为是?"贼曰"以贫穷故耳"。贼护出我。'今俗人议者率多若此。惟贫困饥寒,犯法为非,大者群盗,小者偷穴,不过二科,今乃结谋连党以千百数,是逆乱之大者,岂饥寒之谓邪?七公其严敕卿大夫、卒正、连率、庶尹,谨牧养善民,急捕珍盗贼。有不同心并力,疾恶黜贼,而妄曰饥寒所为,辄捕系,请其罪。"于是群下愈恐,莫敢言贼情者,亦不得擅发兵,贼由是遂不制。

唯翼平连率田况素果敢,发民年十八以上四万余人,授以库兵,与刻石为约。赤糜闻之,不敢入界。况自劾奏,莽让况:"未赐虎符而擅发兵,此弄兵也,厥罪乏兴。以况自诡必禽灭贼,故且勿治。"后况自请出界击贼,所向皆破。莽以玺书令况领青、徐二州牧事。况上言:"盗贼始发,其原甚微,非部吏、伍人所能禽也。咎在长吏不为意,县欺其郡,郡欺朝廷,实百言十,实千言百。朝廷忽略,不辄督责,遂至延曼连州,乃遣将率,多发使者,传相监趣。郡县力事上官,应塞诘对,共酒食,具资用,以救断斩,不给复忧盗贼治官事。将率又不能躬率吏士,战则为贼所破,吏气浸伤,徒费百姓。前幸蒙赦令,贼欲解散,或反遮击,恐入山谷,转相告语,故郡县降贼,皆更惊骇,恐见诈灭,因饥馑易动,旬日之间更十余万人,此盗贼所以多之故也。今雒阳以东,米石二千。窃见诏书,欲遣太师、更始将军,二人爪牙重臣,多从人众,道上空竭,少则亡以威视远方。宜急选牧、尹以下,明其赏罚,收合离乡。小国无城郭者,徙其老弱置大城中,积藏谷食,并力固守。贼来攻城，则不能下，所过无食，势不得群聚。如此，招之必降，击之则灭。今空复多出将率，郡县苦之，反甚于贼。宜尽征还乘传诸使者，以休息郡县。委任臣况以二州盗贼，必平定之。"莽畏恶况，阴为发代，遣使者赐况玺书。使者至，见况，因令代监其兵。况随使者西，到，拜为师尉大夫。况去，齐地遂败。

三年正月，九庙盖构成，纳神主。莽谒见，大驾乘六马，以五采毛为龙文衣，著角，长三尺。华盖车，元戎十乘在前。因赐治庙者司徒、大司空钱各千万，侍中、中常侍以下皆封。封都匠仇延为邯淡里附城。

二月，霸桥灾，数千人以水沃救，不灭。莽恶之，下书曰："夫三皇象春，五帝象夏，三王象秋，五伯象冬。皇王，德运也；伯者，继空续乏以成历数，故其道驳。惟常安御道多以所近为名。乃二月癸巳之夜，甲午之辰，火烧霸桥，从东方西行，至甲午夕，桥尽火灭。大司空行视考问，或云寒民舍居桥下，疑以火自燎，为此灾也。其明旦即乙未，立春之日也。予以神明圣祖黄虞遗统受命，至于地皇四年为十五年。正以三年终冬绝灭霸驳之桥，欲以兴成新室统一长存之道也。又戒此桥空东方之道。今东方岁荒民饥，道路不通，东岳太师亟科条，开东方诸仓，赈贷穷乏，以施仁道。其更各霸馆为长存馆，霸桥为长存桥。"

是月，赤眉杀太师牺仲景尚。关东人相食。

四月，遣太师王匡、更始将军廉丹东，祖都门外，天大雨，沾衣止。长老叹曰："是为泣军！"莽曰："惟阳九之厄，与害气会，究于去年。枯旱霜蝗，饥馑荐臻，百姓困乏，流离道路，于春尤甚，予甚悼之。今使东岳太师特进褒新侯开东方诸仓，赈贷穷乏。太师公所不过道，分遣大夫谒者并开诸仓，以全元元。太师公因与廉丹大使五威司命位右大司马更始将军平均侯之兖州，填扶所掌，及青、徐故不轨盗贼未尽解散，后复屯聚者，皆清洁之，期于安兆黎矣。"太师、更始合将锐士十余万人，所过放纵。东方为之语曰："宁逢赤眉，不逢太师！太师尚可，更始杀我！"卒如田况之言。

莽又多遣大夫谒者分教民煮草木为酪，酪不可食，重为烦费。莽下书曰："惟民困乏，虽薄开诸仓以赈赡之，犹恐未足。其且开天下山泽之防，诸能采取山泽之物而顺月令者，其恣听之，勿令出税。至地皇三十年如故，是王光上戊之六年也。如令豪吏猾民辜而攉之，小民弗蒙，非予意也。《易》不云乎？'损上益下，民说无疆。'《书》云：'言之不从，是谓不艾。'咨呼群公，可不忧哉！"

是时下江兵盛，新市朱鲔、平林陈牧等皆复聚众，攻击乡聚。莽遣司命大将军孔仁部豫州，纳言大将军严尤、秩宗大将军陈茂击荆州，各从吏士百余人，乘船从渭入河，至华阴乃出乘传，到部募士。尤谓茂曰："遣将不与兵符，必先请而后动，是犹绁韩卢而责之获也。"

夏，蝗从东方来，飞蔽天，至长安，入未央宫，缘殿阁。莽发吏民设购赏捕击。

莽以天下谷贵，欲厌之，为大仓，置卫交戟，名曰"政始掖门"。

流民入关者数十万人，乃置养赡官禀食之。使者监领，与小吏共盗其禀，饥死者十七八。先是，莽使中黄门王业领长安市买，贱取于民，民甚患之。业以省费为功，赐爵附城。莽闻城中饥馑，以问业。业曰："皆流民也。"乃市所卖梁饭肉羹，持入视莽，曰："居民食咸如此。"莽信之。

冬，无盐索卢恢等举兵反城。廉丹、王匡攻拔之，斩首万余级。莽遣中郎将奉玺书劳丹、匡，进爵为公，封吏士有功者十余人。

赤眉别校董宪等众数万人在梁郡，王匡欲进击之，廉丹以为新拔城罢劳,当且休士养威。匡不听,引兵独进,丹随之。合战成昌,兵败,匡走。丹使吏持其印韨符节付匡曰:"小儿可走,吾不可!"遂止,战死。校尉汝云、王隆等二十余人别斗,闻之,皆曰:"廉公已死,吾谁为生?"驰奔贼,皆战死。莽伤之,下书曰:"惟公多拥选士精兵,众郡骏马仓谷帑藏皆得自调,忽于诏策,离其威节,骑马呵澡,为狂刃所害,乌呼哀哉!赐谥曰果公。"

国将哀章谓莽曰:"皇祖考黄帝之时,中黄直为将,破杀蚩尤。今臣居中黄直之位,愿平山东。"莽遣章驰东,与太师匡并力。又遣大将军阳浚守敖仓,司徒王寻将十余万屯雒阳填南宫,大司马董忠养士习射中军北垒,大司空王邑兼三公之职。司徒寻初发长安,宿霸昌厩,亡其黄钺。寻士房扬素狂直,乃哭曰:"此经所谓'丧其齐斧'者也!"自劾去。莽击杀扬。

四方盗贼往往数万人攻城邑,杀二千石以下。太师王匡等战数不利。莽知天下溃畔,事穷计迫,乃议遣风俗大夫司国宪等分行天下,除井田奴婢山泽六管之禁,即位以来诏令不便于民者皆收还之。待见未发,会世祖与兄齐武王伯升、宛人李通等帅舂陵子弟数千人,招致新市平林朱鲔、陈牧等合攻拔棘阳。是时严尤、陈茂破下江兵,成丹、王常等数千人别走,入南阳界。

十一月,有星孛于张,东南进,五日不见。莽数召问太史令宗宣,诸术数家皆缪对,言天文安善,群贼且灭。莽差以自安。

四年正月,汉兵得下江王常等以为助兵,击前队大夫甄阜、属正梁丘赐,皆斩之,杀其众数万人。初,京师闻青、徐贼众数十万人,讫无文号旌旗表识,咸怪异之。好事者窃言:"此岂如古三皇无文书号谥邪?"莽亦心怪,以问群臣,群臣莫对。唯严尤曰:"此不足怪也。自黄帝、汤、武行师,必待部曲旌旗号令,今此无有者,直饥寒群盗,犬羊相聚，不知为之耳。"莽大说，群臣尽服。及后汉兵刘伯升起，皆称将军，攻城略地，既杀甄阜，移书称说。莽闻之忧惧。

汉兵乘胜遂围宛城。初，世祖族兄圣公先在平林兵中。三月辛巳朔，平林、新市、下江兵将王常、朱鲔等共立圣公为帝，改年为更始元年，拜置百官。莽闻之愈恐。欲外视自安，乃染其须发，进所征天下淑女杜陵史氏女为皇后，聘黄金三万斤，车马奴婢杂帛珍宝以巨万计。莽亲迎于前殿两阶间，成同牢之礼于上西堂。备和嫔、美御、和人三，位视公；嫔人九，视卿；美人二十七，视大夫；御人八十一，视元士：凡百二十人，皆佩印韨，执弓韣。封皇后父谌为和平侯，拜为宁始将军，谌子二人皆侍中。是日，大风发屋折木。群臣上寿曰："乃庚子雨水洒道，辛丑清靓无尘，其夕谷风迅疾，从东北来。辛丑，《巽》之宫日也。《巽》为风为顺，后谊明，母道得，温和慈惠之化也。《易》曰：'受兹介福，于其王母。'《礼》曰：'承天之庆，万福无疆。'诸欲依废汉火刘，皆沃灌雪除，殄灭无余杂矣。百谷丰茂，庶草蕃殖，元元欢喜，兆民赖福，天下幸甚！"莽日与方士涿郡昭君等于后宫考验方术，纵淫乐焉。大赦天下，然犹曰："故汉氏春陵侯群子刘伯升与其族人婚姻党与，妄流言惑众，悖畔天命，及手害更始将军廉丹、前队大夫甄阜、属正梁丘赐，及北狄胡虏逆舆泲南燯虏若豆、孟迁，不用此书。有能捕得此人者，皆封为上公，食邑万户，赐宝货五千万。"

又诏："太师王匡、国将哀章、司命孔仁、兖州牧寿良、卒正王闳、扬州牧李圣亟进所部州郡兵凡三十万众，迫措青、徐盗贼。纳言将军严尤、秩宗将军陈茂、车骑将军王巡、左队大夫王吴亟进所部州郡兵凡十万众，迫措前队丑虏。明告以生活丹青之信，复迷惑不解散，皆并力合击，殄灭之矣！大司空隆新公，宗室咸属，前以虎牙将军东指则反虏破坏，西击则逆贼靡碎，此乃新室威宝之臣也。如黠贼不解散，将遣大司空将百万之师征伐剿绝之矣！"遣七公干士隗嚣等七十二人分下赦令晓谕云。嚣等既出，因逃亡矣。

四月，世祖与王常等别攻颍川，下昆阳、郾、定陵。莽闻之愈恐，遣大司空王邑驰传之雒阳，与司徒王寻发众郡兵百万，号曰"虎牙五威兵"，平定山东。得颛封爵，政决于邑，除用征诸明兵法六十三家术者，各持图书，受器械，备军吏。倾府库以遣邑，多赍珍宝猛兽，欲视饶富，用怖山东。邑至雒阳，州郡各选精兵，牧守自将，定会者四十二万人，余在道不绝，车甲士马之盛，自古出师未尝有也。

六月，邑与司徒寻发雒阳，欲至宛，道出颍川，过昆阳。昆阳时已降汉，汉兵守之。严尤、陈茂与二公会，二公纵兵围昆阳。严尤曰："称尊号者在宛下，宜亟进。彼破，诸城自定矣。"邑曰："百万之师，所过当灭，今屠此城，喋血而进，前歌后舞，顾不快邪！"遂围城数十重，城中请降，不许。严尤又曰：'归师勿遏，围城为之阙'，可如兵法，使得逸出，以怖宛下。"邑又不听。会世祖悉发郾、定陵兵数千人来救昆阳，寻、邑易之，自将万余人行陈，敕诸营皆按部毋得动，独迎，与汉兵战，不利。大军不敢擅相救，汉兵乘胜杀寻。昆阳中兵出并战，邑走，军乱。大风飞瓦，雨如注水，大众崩坏号呼，虎豹股栗，士卒奔走，各还归其郡。邑独与所将长安勇敢数千人还雒阳。关中闻之震恐，盗贼并起。

又闻汉兵言，莽鸩杀孝平帝。莽乃会公卿以下于王路堂，开所为平帝请命金縢之策，泣以视群臣。命明学男张邯称说其德及符命事，因曰："《易》言：'伏戎于莽，升其高陵，三岁不兴。''莽'，皇帝之名。'升'谓刘伯升。'高陵'谓高陵侯子翟义也。言刘升、翟义为伏戎之兵于新皇帝世，犹殄灭不兴也。"群臣皆称万岁。又令东方槛车传送数人，言"刘伯升等皆行大戮"。民知其诈也。

先是，卫将军王涉素养道士西门君惠。君惠好天文谶记，为涉言："星孛扫宫室，刘氏当复兴，国师公姓名是也。"涉信其言，以语大司马董忠，数俱至国师殿中庐道语星宿，国师不应。后涉特往，对歆涕泣言："诚欲与公共安宗族，奈何不信涉也！"歆因为言天文人事，东方必成。涉曰："新都哀侯小被病，功显君素耆酒，疑帝本非我家子也。董公主中军精兵，涉领宫卫，伊休侯主殿中，如同心合谋，共劫持帝，东降南阳天子，可以全宗族；不者，俱夷灭矣！"伊休侯者，歆长子也，为侍中五官中郎将，莽素爱之。歆怨莽杀其三子，又畏大祸至，遂与涉、忠谋，欲发。歆曰："当待太白星出，乃可。"忠以司中大赘起武侯孙伋亦主兵，复与伋谋。伋归家，颜色变，不能食。妻怪问之，语其状。妻以告弟云阳陈邯，邯欲告之。七月，伋与邯俱告，莽遣使者分召忠等。时忠方讲兵都肆，护军王咸谓忠谋久不发，恐漏泄，不如遂斩使者，勒兵入。忠不听，遂与歆、涉会省户下。莽令䇂悝责问，皆服。中黄门各拔刃将忠等送庐，忠拔剑欲自刭，侍中王望传言大司马反，黄门持剑共格杀之。省中相惊传，勒兵至郎署，皆拔刃张弩。更始将军史谌行诸署，告郎吏曰："大司马有狂病，发，已诛。"皆令弛兵。莽欲以厌凶，使虎贲以斩马剑挫忠，盛以竹器，传曰"反虏出"。下书赦大司马官属吏士为忠所诖误，谋反未发觉者。收忠宗族，以醇醯毒药、尺白刃丛棘并一坎而埋之。刘歆、王涉皆自杀。莽以二人骨肉旧臣，恶其内溃，故隐其诛。伊休侯叠又以素谨，歆讬不告，但免侍中中郎将，更为中散大夫。后日殿中钩盾土山仙人掌旁有白头公青衣，郎吏见者私谓之国师公。衍功侯喜素善卦，莽使筮之，曰："忧兵火。"莽曰："小儿安得此左道？是乃予之皇祖叔父子侨欲来迎我也。"

莽军师外破，大臣内畔，左右亡所信，不能复远念郡国，欲呼邑与计议。崔发曰:"邑素小心,今失大众而征,恐其执节引决,宜有以大慰其意。"于是莽遣发驰传谕邑:"我年老毋适子,欲传邑以天下。敕亡得谢,见勿复道。"邑到,以为大司马。大长秋张邯为大司徒,崔发为大司空,司中寿容苗䜣为国师,同说侯林为卫将军。莽忧懑不能食,亶饮酒,啖鳆鱼。读军书倦,因冯几寐,不复就枕矣。性好时日小数,及事迫急,亶为厌胜。遣使坏渭陵、延陵园门罘罳,曰:"毋使民复思也。"又以墨洿色其周垣。号将至曰"岁宿",申水为"助将军",右庚"刻木校尉",前丙"耀金都尉",又曰:"执大斧,伐枯木;流大水,灭发火。"如此属不可胜记。

秋,太白星流入太微,烛地如月光。

成纪隗崔兄弟共劫大尹李育,以兄子隗嚣为大将军,攻杀雍州牧陈庆、安定卒正王旬,并其众,移书郡县,数莽罪恶万于桀纣。

是月,析人邓晔、于匡起兵南乡百余人。时析宰将兵数千屯鄡亭,备武关。晔、匡谓宰曰:"刘帝已立,君何不知命也!"宰请降,尽得其众。晔自称辅汉左将军,匡右将军,拔析、丹水,攻武关,都尉朱萌降。进攻右队大夫宋纲,杀之,西拔湖。莽愈忧,不知所出。崔发言:"《周礼》及《春秋左氏》,国有大灾,则哭以厌之。故《易》称'先号咷而后笑'。宜呼嗟告天以求救。"莽自知败,乃率群臣至南郊,陈其符命本末,仰天曰:"皇天既命授臣莽,何不殄灭众贼?即令臣莽非是,愿下雷霆诛臣莽!"因搏心大哭,气尽,伏而叩头。又作告天策,自陈功劳千余言。诸生小民会旦夕哭,为设飧粥,甚悲哀及能诵策文者除以为郎,至五千余人。矤恽将领之。

莽拜将军九人,皆以虎为号,号曰"九虎",将北军精兵数万人东,内其妻子宫中以为质。时省中黄金万斤者为一匮,尚有六十匮,黄门、钩盾、臧府、中尚方处处各有数匮。长乐御府、中御府及都内、平准帑藏钱帛珠玉财物甚众，莽愈爱之，赐九虎士人四千钱。众重怨，无斗意。九虎至华阴回谿，距隘，北从河南至山。于匡持数千弩，乘堆挑战。邓晔将二万余人从阌乡南出枣街、作姑，破其一部，北出九虎后击之。六虎败走。史熊、王况诣阙归死，莽使使责死者安在，皆自杀；其四虎亡。三虎郭钦、陈翬、成重收散卒，保京师仓。

邓晔开武关迎汉，丞相司直李松将二千余人至湖，与晔等共攻京师仓，未下。晔以弘农掾王宪为校尉，将数百人北度渭，入左冯翊界，降城略地。李松遣偏将军韩臣等径西至新丰，与莽波水将军战，波水走。韩臣等追奔，遂至长门宫。王宪北至频阳，所过迎降。大姓栎阳申砀、下邽王大皆率众随宪。属县盩厔严春、茂陵董喜、蓝田王孟、槐里汝臣、盩屋王扶、阳陵严本、杜陵屠门少之属，众皆数千人，假号称汉将。

时李松、邓晔以为京师小小仓尚未可下，何况长安城，当须更始帝大兵到。即引军至华阴，治攻具。而长安旁兵四会城下，闻天水隗氏兵方到，皆争欲先入城，贪立大功卤掠之利。

莽遣使者分赦城中诸狱囚徒，皆授兵，杀豨饮其血，与誓曰："有不为新室者，社鬼记之！"更始将军史谌将度渭桥，皆散走。谌空还。众兵发掘莽妻子父祖冢，烧其棺椁及九庙、明堂、辟雍，火照城中。或谓莽曰："城门卒，东方人，不可信。"莽更发越骑士为卫，门置六百人，各一校尉。

十月戊申朔，兵从宣平城门入，民间所谓都门也。张邯行城门，逢兵见杀。王邑、王林、王巡、䢼恽等分将兵距击北阙下。汉兵贪莽封力战者七百余人。会日暮，官府邸第尽奔亡。二日己酉，城中少年朱弟、张鱼等恐见卤掠，趋讙并和，烧作室门，斧敬法闼，呼曰："反虏王莽，何不出降？"火及掖廷承明，黄皇室主所居也。莽避火宣室前殿，火辄随之。宫人妇女啼呼曰："当奈何！"时莽绀袀服，带玺韨，持虞帝匕首。天文郎桉栻于前，日时加某，莽旋席随斗柄而坐，曰："天生德于予，汉兵其如予何！"莽时不食，少气困矣。

三日庚戌，晨旦明，群臣扶挟莽，自前殿南下椒除，西出白虎门，和新公王揖奉车待门外。莽就车，之渐台，欲阻池水，犹抱持符命、威斗，公卿大夫、侍中、黄门郎从官尚千余人随之。王邑昼夜战，罢极，士死伤略尽，驰入宫，间关至渐台，见其子侍中睦解衣冠欲逃，邑叱之令还，父子共守莽。军人入殿中，呼曰："反虏王莽安在？"有美人出房曰："在渐台。"众兵追之，围数百重。台上亦弓弩与相射，稍稍落去。矢尽，无以复射，短兵接。王邑父子、瞪恽、王巡战死，莽入室。下餔时，众兵上台，王揖、赵博、苗䜣、唐尊、王盛、中常侍王参等皆死台上。商人杜吴杀莽，取其绶。校尉东海公宾就，故大行治礼，见吴问绶主所在。曰："室中西北陬间。"就识，斩莽首。军人分裂莽身，支节肌骨脔分，争相杀者数十人。公宾就持莽首诣王宪。宪自称汉大将军，城中兵数十万皆属焉，舍东宫，妻莽后宫，乘其车服。

六日癸丑，李松、邓晔入长安，将军赵萌、申屠建亦至，以王宪得玺绶不辄上，多挟宫女，建天子鼓旗，收斩之。传莽首诣更始，县宛市，百姓共提击之，或切食其舌。

莽扬州牧李圣、司命孔仁兵败山东，圣格死，仁将其众降，已而叹曰："吾闻食人食者死其事。"拔剑自刺死。及曹部监杜普、陈定大尹沈意、九江连率贾萌皆守郡不降，为汉兵所诛。赏都大尹王钦及郭钦守京师仓，闻莽死，乃降。更始义之，皆封为侯。太师王匡、国将哀章降雒阳，传诣宛斩之。严尤、陈茂败昆阳下，走至沛郡谯，自称汉将，召会吏民。尤为称说王莽篡位天时所亡圣汉复兴状，茂伏而涕泣。闻故汉钟武侯刘圣聚众汝南称尊号，尤、茂降之。以尤为大司马，茂为丞相。十余日败，尤、茂并死。郡县皆举城降，天下悉归汉。

初，申屠建尝事崔发为《诗》，建至，发降之。后复称说，建令丞相刘赐斩发以徇。史谌、王延、王林、王吴、赵闳亦降，复见杀。初，诸假号兵人人望封侯。申屠建既斩王宪，又扬言三辅黠共杀其主。吏民惶恐，属县屯聚，建等不能下，驰白更始。

二年二月，更始到长安，下诏大赦，非王莽子，他皆除其罪，故王氏宗族得全。三辅悉平，更始都长安，居长乐宫。府藏完具，独未央宫烧攻莽三日，死则案堵复故。更始至，岁余政教不行。明年夏，赤眉樊崇等众数十万人入关，立刘盆子，称尊号，攻更始，更始降之。赤眉遂烧长安宫室市里，害更始。民饥饿相食，死者数十万，长安为虚，城中无人行。宗庙园陵皆发掘，唯霸陵、杜陵完。六月，世祖即位，然后宗庙社稷复立，天下艾安。

董仲舒传

——《汉书》卷五六

【说明】董仲舒（公元前 179－前 104 年），西汉广川（今河北枣强东）人，景帝时为博士，武帝时为江都相和胶西王相。为人廉洁正直，勤于治学著书，专心致志到"三年不窥园"，后世传为佳话。他是西汉时著名的思想家，是中国两千多年封建社会以儒学为正统思想的奠基人。他的天人感应、君权神授、思想大一统、仁义治国、崇尚教化、"天不变道亦不变"等主张在本传中都有系统的论述，阅读本传便可以大致把握他的思想概貌。

董仲舒是广川人，从小研究《春秋》，汉景帝时为博士。他放下帘幕讲习诵读，学生按资历深浅转相传授学业，有的没有见过他的面。他多年不窥视园圃，专心致志到这种程度。进退容止，非礼不行，学者士人都把他当老师加以尊敬。

武帝即位，存举为贤良文学的士人前后一百多，唯有董仲舒以贤良的身分对策。

诏令说：

> 我得以继承最尊贵的地位和最美好的品德，要将地位传至无穷而将美德延至无极，责任重大而职守艰巨，因此昼夜不得安宁，深思万事的来龙去脉，惟恐有不周到的地方。所以广泛招致四方

的杰出人才，郡国列侯公选贤良正直博学的士人，想听听治国之道的要领，最为正确的主张。如今大夫您在荐举的贤良中俨然是最杰出的，我非常赞赏您。大夫您精心思考，我专心听取并向您询问。

听说五帝三王的作法，是改革制度，大兴礼乐，从而天下融洽和睦，历代帝王都是如此。舜时的音乐没有比《韶》更完美的，在周代没有比《勺》更完美的。圣王已故，钟鼓管弦之声并未衰竭，而治国之道已逐渐残缺。衰败至于桀、纣的所作所为，王道便大坏了。五百年之间，遵守法度的君主，掌握大权的士人，想效法先王的办法来拯救社会的很多，但还是没有能够扭转，一天天走向灭亡，直到后代君主出来而后停止。难道是他们的操守有悖谬的地方而丧失天下呢？还是原来天命便不可挽回，必定使他们发展到特别衰败而后止息呢？呜呼！凡是苦心经营，夙兴夜寐，努力效法上古的，也都无补于事吗？夏、商、周三代禀承天命，他们的符瑞应在哪里？灾异这种不祥之物，由什么原因引起？性和命的真实情况，有的夭折，有的长寿，有的仁爱，有的粗野，经常听到这些名目，并不清楚其中的道理。想教化流行而号令畅通，刑罚减轻而奸邪归正，百姓和睦，政事开明，如何修养，如何整饬，才能甘露普降，百谷丰登，德润四海，恩及草木，三光普照，寒暑平和，受上天之福，享鬼神之佑，恩德洋溢，施于境外，延及众生？

大夫您通晓先圣的业绩，熟知世俗教化的演变，了解从始至终的顺序，研讨高深理论的日子已经很久了，请明确地将这些告诉我。要条理分明，不要堆砌材料，不要眉目不清。选择要得法，表达要慎重。对那些不公正、无原则、不忠诚、违正道、卖权渎职的，将他们写出来不要漏掉，进献给我，不用惧怕以后会遭到迫害。大夫您应当尽心，不要有任何隐瞒，我将亲自过目。

董仲舒对策说：

陛下发出善言，下达英明指示，询问天命与情性，都不是愚臣能回答的。臣谨慎地根据《春秋》中的记载，考察前代的既成事实，以观看天和人之间的相互作用，实在太可怕了。国家将发生因违背道德而引起的坏事，那么天便预先现出灾害对君主进行谴责告戒，如果自己不知醒悟，又现出怪异的事情对君主进行警告恐吓，如果还不知改变，那么损伤毁坏就会到来。从这里可以看出上天仁爱君主想帮助他阻止祸乱的发生。只要不是十分无道的时代，上天总是尽力帮助而保全他，事情在于努力勉励自己去做就是了。努力勉励自己从事学问，那么见闻就广博而智慧就光大；努力勉励自己走正道，那么道德就一天天完善而成就便十分显著，这都是可以立竿见影而行之有效的。《诗经》上说"昼夜不懈"，《尚书》上说"努力呀，努力呀"，都是说的要努力勉励自己啊！

所谓道，就是达到治理好国家必须遵行的路啊。仁义礼乐都是治理好国家的工具，所以圣王已没，而子孙长久安宁几百年，这都是礼乐教化的功劳啊。王者还没有创作音乐的时候，便采用适合于当代的先王的音乐，用它来深入教化百姓。教化的真实效果没有得到，雅颂的乐章就创作不成，所以王者功成然后作乐，用来歌颂自己的功德。音乐这个东西，是用来改变民风、转化民俗的。它改变民风十分容易，它转化民俗成绩显著。因此声音从和谐中产生而来源于真情实意，接触肌肤，深入骨髓。所以王道虽然逐渐损坏，而管弦的声音未尝衰微。虞舜不当政已经很久远

了，然而赞颂的乐章遗音犹存，所以孔子在齐国能听到《韶》乐。君主没有不希望国家太平而厌恶危亡的，然而政治混乱、国家岌岌可危的很多，因为任用的人不恰当，而遵循的不是正道，所以政权一天天走向灭亡。周朝一直遵循的道，在幽王、厉王时衰微了，不是道本身没有了，而是幽王、厉王不遵循它啊。到宣王时，想念昔日先王的德行，振兴停滞，弥补弊端，光大文王、武王的功业，周道粲然复兴。诗人写诗赞美他，认为上天保佑他，替他降生了贤能的助手。后世称诵，至今不绝。这是白天黑夜努力行善的结果。孔子说"人能使道光大，不是道使人光大"，因此国家的治乱兴废决定于自己，不是上天降命不能挽回，是自己的所作所为十分荒谬，丧失了先王的传统。

臣听说上天特别推举让他做王的，肯定有不是人力能够招致而是自然而然到来的东西，这就是禀承天命做王的符瑞。天下的人都同心归顺他，像归顺父母一样，所以上天的符瑞被诚心感应而到来。《尚书》说"白鱼跃进了武王乘坐的船；有火覆盖在武王的屋顶，变成了赤鸟"，这便是禀承天命的符瑞。周公说"善报啊善报啊"，孔子说"有德的人不孤立，肯定有辅佐的人"，都是积善积德的效应啊！等到后世，肆意享乐，道德衰败，不能统治万民，诸侯背叛，为争土地而残害良民，废弃德教而任用刑罚。刑罚失当，就产生邪气，邪气沉积于下，怨恶聚集于上，上下不和，那么阴阳错乱而妖孽便产生了。这是灾异发生的原因。

臣听说命就是上天的命令，性就是天生的本质，情就是人的欲望。有的短命，有的长寿；有的仁爱，有的粗野，烧陶冶金而成器，不能都精美，人生经历有治有乱的社会，因此各自的命、性、情不一样。孔子说："君子的德行像风，小人的德行像草，草被风吹一定倒下。"因此尧、舜施行德政那么老百姓就仁爱、长寿，桀、纣施行暴政那么老百姓就粗野、短命。统治者教化民众，民众顺从统治者，好比泥在陶钧上，任凭制陶的工匠加工；好比金在熔炉里，任凭冶炼的工匠铸造。"安抚百姓，他们就忠心归顺；鼓励百姓，他们就齐心协力"，指的就是这个意思。

臣细心考察《春秋》的文字"春王正月"，寻求王道的开端，在"正"字上得到了答案。"正"在"王"的下边，"王"在"春"的下边。"春"是天的所为，"正"是"王"的所为。这句话的意思是说，君主向上禀承天的所为，而在下用来端正自己的所为，这正是王道的开端啊。那么君主想有所为，就应当在天那里寻求王道的开端。天道最核心的东西是阴阳，阳为德，阴为刑，阴主杀而阳主生，因此阳始终处于盛夏，把生长养育作为应做的事情；阴始终处于严冬，聚积在空虚无用的地方。从这里可以看出，天是任用德教而不任用刑罚的。天使阳出现在上面布施而主管着一年的时序变化，使阴潜藏在下面而时常出来辅佐阳，阳得不到阴的帮助，也不能独自成就一年。阳从始生至终了称为一年，这是天意。君主禀承天意行事，因此任用德教而不任用刑罚。刑罚不能任用来治理社会，就好像阴不可任用来成就一年一样。处理政事而任用刑罚，是不顺从于天，所以先王没有一人肯这样做。如今废弃先王管理德教的官吏，而专用执法的官吏来治理百姓，岂不是任用刑罚的意思吗？孔子说："不进行教育便诛杀这叫做暴虐。"对下面施行暴虐，却想德教能遍及四海，所以难于达到目的。

臣细心考察《春秋》讲"一元"的意义，"一"是万物的起点，"元"是言语中表示大的意思。将"一"说成是"元"，是表

明一种大的开始而想端正根本啊。《春秋》深入探寻这个根本，于是返回到从尊贵的人开始。所以作为君主的，只有端正自己的心才能端正朝廷，端正朝廷才能端正百官，端正百官才能端正万民，端正万民才能端正四方。四方都走正道，那么无论远近便没有人敢于不统一到正道上来，也就没有歪风邪气在中间作祟了。因此阴阳调和而风雨及时，众生融洽而万民繁衍，五谷丰登而草木茂盛，天地之间受到滋润显得极其丰美，四海之内听到盛德都来称臣，各种象征福的事物，可以招致的祥瑞，无不到来，这就是王道的最高境界了。

孔子说："凤凰不到来，河图不出现，我恐怕没有希望了。"自己为能招致凤凰、河图却因地位卑贱不能招致感到悲伤。如今陛下贵为天子，富有四海，处在能招致的地位，据有能招致的形势，又有能招致的条件，操行高尚而恩德深厚，头脑清醒而心地善良，爱护民众而尊重士人，可称得上是富于道义的君主了。然而天地没有感应而祥瑞没有到来，原因何在呢？大概是由于教化没有施行而万民没有走上正道吧。万民追逐利益，好比水往低处流，不用教化作为堤防来限制他们，是禁止不住的。因此教化得到施行而奸邪都被禁止，这是由于作为堤防的教化十分完备。教化遭废弃而奸邪同时出现，用刑罚不能取胜，其原因是作为堤防的教化被破坏了。古代的帝王懂得这个道理，因此居尊位而治天下，没有一个不把教化作为大事来抓的。在国都设立大学进行教化，在县邑设立县学、乡学进行教化，用仁来感化民众，用义来勉励民众，用礼来节制民众，所以刑罚轻而禁令无人违犯，根本原因在于教化得到施行而习俗十分淳美。

圣王继承乱世，扫除乱世的痕迹而全部将它抛弃，重新恢复教化而对它格外推崇。教化已经突出，习俗已经养成，子孙后代遵循它，经过五六百年仍然不至衰败。至周朝末年，十分无道，因而丧失天下。秦朝继周之后，不仅不能变革，反而更加无道，严禁文献经典，不准携带诗书，捐弃礼义而厌恶听到它。他的本意是想将先王之道全部消灭，专门从事独断专行、滥用权力、不讲仁义的治理，所以从做天子算起才十四年便国破家亡了。自古以来，还没有以乱治乱、极度伤害天下民众像秦这样的啊。他的遗毒和余威至今未灭，使习俗浅薄险恶，人民凶狠野蛮，抵触冒犯无所不为，有谁糜烂到如此严重的地步呢！孔子说："腐朽的木头无法雕琢，糟烂的墙壁无法粉刷。"如今汉紧跟在秦的后面，已经像朽木糟墙了，虽然想好好治理，却无可奈何。法律一公布而奸邪便产生，命令一下达而诈伪便出现，好比扬汤止沸，抱薪救火，更加毫无益处。我将这比作琴瑟声音不协调，严重的必须将弦卸下重新安装，才能演奏；管理政事而不见成效，严重的必须变革更新，然后方可治理。应将弦重新安装而不重新安装，即使有高明的琴师也不能将琴瑟的声音调整好；应将政治更新而不更新，即使有出色的贤人也不能将国家治理好。所以汉得天下以来，常想将国家治理好而至今未能治理好，毛病就出在应更新政治而没有更新。古人说过："临渊羡鱼，不如归而结网。"如今当政而希望得到治理已七十多年了，不如从头更新政治；政治更新就可将国家治理好，国家治理好了，那么灾害便一天天离去，福禄便一天天到来。《诗经》说："符合人民利益，上天赐予福禄。"管理政事而使人民获得好处，自然应当得到上天赐予的福禄。

仁、义、礼、智、信五种永恒的道德，这是做君主的必须认真修养的。这五方面修养好了，因此能受上天的保佑，获鬼神的帮助，恩德施于境外，延及众生。

天子阅读董仲舒的书面意见，认为他非同一般，于是又写出问题问他。

诏令说：

听说虞舜的时候，在廊檐下散步，垂衣拱手无所事事而天下太平。周文王直到太阳偏西还顾不上吃饭，而天下同样得到治理。帝王治国之道，难道没有相同的原则共同遵循吗？为何劳逸如此悬殊呢？

俭仆的君主连黑色、黄色的旌旗都不制作。到了周代，在宫门外建两座高台，乘坐豪华的车子，大红的盾牌，玉制的大斧，六十四人的舞蹈队在庭院中表演，颂声大作。帝王治国之道难道旨趣不同吗？有人说美玉不用雕刻，又说没有文彩无法辅助德行，两种说法完全不同。

殷朝人掌握五种刑罚用来督察奸邪，用毁伤肉体的办法来惩治坏人。周成王、康王不用刑罚，四十多年，天下无人犯法，监狱空虚。秦国使用刑罚，死的人很多，受刑的人四处可见，太黑暗了，可悲呀！

唉！我夙兴夜寐，考虑前代帝王的法典，深思能够维护尊贵的地位，光大宏伟的事业的，全在于发展农业，任用贤人。现在我亲自率领耕种藉田，为农民做个榜样；勉励孝顺父母，尊敬兄长；崇尚有德的人；派出的使臣一个接一个，慰问劳苦大众，抚恤鳏寡孤独，费尽心思，仍旧谈不上获得丰功，成就美德。如今阴阳错乱，灾气充塞，众生极少存活，百姓未能拯救，廉洁和无耻颠倒，贤人和恶人混淆，没有分清真实情况，所以遍请杰出的士人，大概可以解决问题了吧！如今您们大夫等候诏令的有一百

多人，有的人议论时务但无济于事，考察他们的主张，既与上古不合，又难在今天实施，难道是受法律条文的约束而不能充分发挥吗？还是遵循的学术不同，听来的办法各异呢？各自尽情回答，写成文章，不必畏惧主管官吏。将自己的思想和办法表达清楚，认真琢磨探讨，以满足我的心愿。

董仲舒对策说：

臣听说尧接受天命，以天下治乱为忧，而不以居王位为乐，所以诛杀驱逐乱臣，努力寻求圣人贤人，因此得到舜、禹、后稷、契、咎繇。众多圣人辅助完善道德，贤能的人协助办理公务，教化普遍施行，天下和睦融洽，万民都安仁乐义，各得其所，行动符合礼制，在正确的道路上从容迈进。所以孔子说"若有帝王兴起，一定要三十年然后才能实现仁政"，正是指这种情况说的。尧在位七十年，便将帝位让给虞舜。尧死后，天下人不归顺尧的儿子丹朱而归顺舜。舜知道无法回避，便坐了天子的宝座，用禹做宰相，仍旧任用尧的助手，继承尧的传统和事业，因此垂衣拱手无所事事而天下太平。孔子说"《韶》乐已经十分完美了，又十分完善了"，正是指这种情况说的。到了殷纣，违背天意，暴殄天物，杀戮贤人智者，残害百姓。伯夷、太公都是当代的贤人，隐居而不称臣。在位的人都奔走逃亡，跑到河边海边。天下黑暗纷乱，万民不安，所以天下人背离殷而顺从周。周文王顺天意治理万物，尊敬任用贤人圣人，因此闳夭、大颠、散宜生等都在朝廷里聚集。仁爱加于万民，天下人都归顺他，所以太公从海边来便做了三公。这个时候，纣王还在上面，尊卑一片混乱，百姓流离失所，所以文王十分痛心，想让人民得到安宁，因此太阳偏西还顾不上吃饭。孔子作《春秋》，先摆正王的位置，然后分头记述万

事，显示了无冕之王的文德。由此看来，帝王遵循的原则是相同的，然而劳逸悬殊，是因为遇到的时代不同啊。孔子说"《武》乐十分完美了，还不算十分完善"，正是指这种情况说的。

臣听说规定文采用黑色黄色来装饰，为的是分尊卑，别贵贱，勉励具备良好的品德。所以《春秋》禀承天命首先制定的，是更改历法，变换所用车马、祭牲和服饰的颜色，为的是顺应天命。那么宫室旌旗的制度，是有所效法才这样的，所以孔子说："奢侈就显得傲慢，俭省就显得寒酸。"俭省不是圣人主张的恰如其分的制度。我听说美玉不用雕刻，是因为它的质地本身就润泽美好，没有必要加以雕刻，这和达巷党人没有经过学习便天生能认识事物一样。可是普通的玉不加以雕刻，就不具备美丽的文采；君子不学习，就不具备美好的品德。

臣听说圣王治理天下，对年幼的就反复教他们学习，对年长的就量才录用，用爵位和俸禄培养他们的品德，用刑罚禁止他们作恶，所以人民懂得礼义而以冒犯长上为羞耻。周武王坚持正义，平定凶恶的贼人，周公制礼作乐进行文饰，直到成王、康王时的太平盛世，监狱空虚达四十多年。这也是教化的浸染和仁义的影响，不仅是伤害人的肌体的刑罚的功效啊。到秦朝就不是这样，效法申不害、商鞅的办法，推行韩非的主张，憎恶帝王的治国之道。贪婪成性，根本没有用礼乐道德来教化天下。只求名而不察实，为善的不一定能免罪，犯罪的未必便受刑，因此百官都说假话而不顾事实，表面上有侍奉君主的礼貌，骨子里却存背叛君主之心，制造假象来掩饰欺诈，追求私利而不知羞耻。又爱使用残酷的官吏，赋敛无度，竭尽民间财力，百姓离散逃亡，不能从事耕种纺织的本业，强盗蜂起，因此受刑的很多，死的人接连不断，然而作奸犯科的事却从未停止过，这是由风俗教化造成的。所以孔子说"用政令来引导他们，用刑罚来整治他们，人民苟免于罪却无廉耻之心"，正是指这种情况说的

如今陛下统一了天下，四海之内没有人不顺从，博览兼听，充分吸收了所有人的智慧，全面具备了天下的优点，崇高的品德多么显著，一直影响到国外，连夜郎、康居远隔万里，都崇尚道德，归服正义，这是太平景象的顶点啊。然而功绩没有体现在百姓身上，大概是因为您的心思未放在这方面吧。曾子说："重视自己听到的，就高明了。实践自己知道的，就光大了。高明光大不在别的地方，在于集中注意力罢了。"希望陛下采用听到的道理，在内心确立诚意而付诸实践，那么与三王又有什么区别呢！

陛下亲自率领耕种藉田，为农民做出榜样，夙兴夜寐，替万民忧心操劳，向往古代而努力寻求贤人，这也是尧、舜的用心了，然而仍旧谈上不收获，是因为平时没有勉励士人的缘故。平时不教养士人却又想得到贤人，好比对玉不雕琢而想得到文采一样。所以教养士人最重要的事情，没有什么能超过太学。太学是贤士的必由之路，是进行教化的根本所在。如今以一郡一国之众，却没有能对诏书作出满意回答的，这是因为王道经常遭到断绝的缘故。臣希望陛下兴办太学，安排高明的老师来教养天下的士人，时常进行考问，以便充分发挥他们的才能，那么出类拔萃的人才就毫无疑问地得到了。

现在的郡守、县令，是人民的老师和领导，是用来继承传统和宣布教化的，所以老师和领导不贤，那么君主的品德便得不到宣扬，恩惠便不可能流布。如今官吏既不对下进行教育，又不实行君主的法令，欺压虐待百姓，与坏人狼狈为奸，使贫穷孤弱的

人含冤受苦、流离失所，实在不能满足陛上的心愿。因此阴阳错乱，灾气充塞，众生极少存活，百姓未能拯救，都因为地方长官不贤明，才造成这样的局面。地方长官多数来源于郎中、中郎，大官年俸二千石的子弟选为郎官，又凭借富裕的资财，未必有良好的品德和才能。况且古代所说的功劳，是根据做官称职来排列等第的，不是指做官的时间积累得多。所以小材积累时日，不能从小官的职位上调离；贤材虽然时间不久，不影响成为辅佐之臣。因此官吏们竭尽能力和智慧，努力做好本职工作以建立功勋。今天就不是这样，积累时日是为了取得富贵，长期积累是为了能够做官，因此廉洁与无耻相乱，贤和不肖混淆，没有能够掌握其中的真实情况。臣的愚见认为，应让各位列侯、郡守、年俸二千石的大官分别选择他们管辖的官吏和人民中的贤人，每年各自贡献二人作为官中的值勤人员，并以此观察大臣的能力，贡献的是贤人就给赏赐，贡献的是不肖的人就给处罚。像这样，诸侯、年俸二千石的大官都尽心寻求贤人，天下的士人就可以招致并被官府使用了。天下的贤人全都被招来了，那么三王的盛世就容易实现，尧、舜的名声便可赶上。不把日月作为功绩，把实践证明是贤能的人放在首位，量材授官，按德定位，那么廉洁和无耻就不同路，贤和不肖就不混在一起了。陛下施恩，宽恕臣的罪过，让臣不要被法律条文约束，使臣能够认真琢磨探讨，臣怎敢不尽情倾吐愚见！

因此天子再次向他提出策问，诏令说：

听说"擅长谈论天的一定在人事方面得到印证，擅长谈论古的一定在现实中得到效验"，所以我在天人感应方面加以询问，往上赞美唐尧、虞舜，往下痛悼夏桀、商纣，目的在于借鉴他们逐渐走向衰微灭亡、逐渐走向兴旺昌盛的道理，虚心改正不对的地方。如今大夫您深知阴阳创造化育万物的原因，熟习前代圣王的治道和事业，然而没有在文章中充分发挥出来，难道是因为对当代的事务心存疑虑吗？没有将道理有条不紊地全部表达出来，层次分明地彻底剖析清楚，是因为我的不明智呢？还是因为听取意见心神不定呢？三代的教化来源不同，但都有缺陷，有人说经久而不改变的是道，细想起来难道其中有不同的地方吗？如今大夫您既已阐明了大道的根本，陈述了治乱的端绪，请说得更全面些，更彻底些，更深刻些，更周到些。《诗经》上不是说过吗，"告戒诸位君子，不要总是偷懒，神灵听着你们，帮你得到洪福"。我将亲自阅览，大夫您努力将这些道理讲清楚。

董仲舒又对策说：

臣听《论语》说："有始有终的，大概只有圣人吧！"如今幸蒙陛下施恩，注意听取仍在学习的臣下的意见，再次下达高明的策问，以满足自己的心意，但要将圣人的美德研究透彻，不是愚臣能办得到的。日前呈上的对策，没有将道理有条不紊地全部表达出来，层次分明地彻底剖析清楚，辞语不清，意旨不明，这都是臣才疏学浅的罪过啊。

策问说："擅长谈论天的一定在人事方面得到印证，擅长谈论古的一定在现实中得到效验。"我听说天是万物之祖，所以普遍覆盖包容而没有任何偏废，造就日月风雨来调和万物，治理阴阳寒暑来成就万物，所以圣人效法天而确立道，也博爱而无私，布施仁德以厚待人民，设立礼义以引导人民。春是天用来滋生万物的，仁是君主用来爱护人民的；夏是天用来成长万物的，德是君主用来养育人民的；霜是天用来杀伤万物的，刑是君主用来惩罚人民的。从这些地方说，天人之间的征验，正是从古至今不变的原则。孔子著《春秋》，上揆度天道，下质询人情，借鉴往古，考察当今，所以《春秋》讥刺的对象，正是灾害所施加的对象，《春秋》憎恶的对象，正是怪异所施加的对象。记载国家的过失，同时描述灾害怪异的突然变化，从这里看出人的所作所为，其中的好坏到了极点，就与天地流通而交相感应，这也正是谈论天的一个方面。古时候设立教育训导的官员，目的在于用道德和善行教化人民，人民已经普遍感化之后，天下便常常没有一个人进监狱了。现代废弃而不设立，无法教化人民，人民因此放弃追求正义而冒死贪图财利，因此犯法犯罪的人很多，一年之内进监狱的成千上万。从这里看出古代的法度不可不采用，所以《春秋》对变更古制的就加以讥刺。天的命令叫做命，命离开圣人就不能善始善终；淳朴的本质叫做性，性离开教化就不能完满形成；人的欲望叫做情，情离开法度就不能规范节制。因此君王向上谨慎地奉承天意，使命能善始善终；向下努力突出教育感化人民，使性能完满形成；努力确定适宜的法度，区分上下的等第，使情欲受到规范节制。做好这三个方面，那么国家的根本就奠定了。人受命于天，本来远远不同于众生，在家有父子兄弟之爱，在外有君臣上下之节，聚会相遇就有老少长幼之别。有鲜明的礼仪相互交往，有融洽的恩情交相亲爱，这正是人高贵的地方。天生五谷给人吃，长桑麻给人穿，产六畜供人享用，服牛乘马，圈豹槛虎，这是由于人得到天的灵气比万物更高贵的缘故。所以孔子说："天地之间的本性，人是最高贵的。"对天性有明确认识，才懂得自己比万物高贵；懂得自己比万物高贵，然后懂得仁义；懂得仁义，然后重视礼节；重视礼节，然后安心处于善道；安心处于善道，然后乐于遵循真理；乐于遵循真理，然后称他为君子。所以孔子说"不知命，无法成为君子"，正是指这种情况说的。

策问说："往上赞美唐尧、虞舜，往下痛悼夏桀、商纣，目的在于借鉴他们逐渐走向衰微灭亡、逐渐走上兴旺昌盛的道理，虚心改正不对的地方。"我听说积少成多，积小成大，所以圣人没有一个不是从昏暗中通过积累达到光明，从卑贱里通过积累达到显贵。因此尧从诸侯的地位兴起，舜从深山中兴起，不是一朝一夕便显贵起来，原来是通过逐渐积累才达到的。言语从自己嘴里吐出，是堵塞不了的；行为由自己身上做出，是掩盖不了的。言语和行为，在治理国家方面是最重要的，君子感动天地的地方正在这里。所以从小处着眼的能够变得伟大，在细微地方谨慎从事的能够变得名声显赫。《诗经》上说："惟有这位文王，能够小心翼翼。"所以尧每天兢兢业业地奉行他的治国之道，而舜每天兢兢业业地尽他的孝心，善积得多则名声就显赫，道德高尚则自身就尊贵，这就是他们逐渐走上兴旺昌盛的道理。善在自己身上积累，就像身体日渐成长而人并不知道一样；恶在自己身上积累，就像灯火消耗油而人不易察觉一样，不是明察情性和世俗的人，谁能知道这个道理呢？这正是唐尧、虞舜之所以获得美名，而夏桀、商纣能使人伤心惧怕的原因。善和恶的以类相从，好比影子跟随形体，回响应和声音，所以夏桀、商纣暴虐侮慢，奸邪险恶的人一起得到任用，贤人智士隐退躲藏，罪恶一天天明显，国家一天天混乱，却泰然自以为如日在天，最终衰落以致于灭亡。暴逆不仁的君主，不是一下子就灭亡的，也是逐渐造成的，所以夏桀、商纣虽然无道，但仍旧享国十多年，这就是他们逐渐走向衰微灭亡的道理。

策问说："三代的教化来源不同，但都有缺陷，有人说经久而不改变的是道，细想起来难道其中有不同的地方吗？"臣听说乐而不至于乱、反复实行而不至于厌倦的称做道，道是万世没有弊病的，弊病的产生是由于违背了道。先王的治国之道一定有偏差和不实用的地方，所以政治出现昏暗和行不通的事情，举出他发生偏差的地方和弥补他的不足就行了。三王的治国之道来源不同，并不是他们相互反对，而是为了拯救过失、扶持衰朽，因为遇到的变故正是这个样子，所以孔子说："无所作为而国家得到治理的，只有舜啊！"更改历法，变换所用车马、祭牲和服饰的颜色，为的是顺应天命而已，其余的完全遵循尧的治国之道，哪里还做别的事呢？所以君王只改变制度的名称，没有改变道的实质。然而夏代崇尚忠，殷代崇尚敬，周代崇尚文，是因为要拯救前代遗留下来的偏差，必须这样做啊！孔子说："殷代承袭夏代的礼制，减损增益的地方是可以知道的；周代承袭殷代的礼制，减损增益的地方是可以知道的；其他继承周代的，即使经历百代也是可以知道的。"这是说百代君王采用的，就是遵循忠、敬、文三者了。夏代承袭虞舜，唯独不说减损增益，是因为他们的治国之道完全一样而崇尚的全部相同啊。道的根本是从天产生出来的，天不变，道亦不变，因此夏禹继承虞舜，虞舜继承唐尧，三位圣人相互传授而坚守同一个道，没有拯救弊病的政治，所以不说他们有什么减损增益。由此看来，继承太平盛世的他们的治国之道完全相同，继承乱世的他们的治国之道就要加以改变。如今汉朝继大乱之后，应当稍微减损周代的过分的文，采用夏代的忠。

陛下有圣明的德和美好的道，怜悯世俗的衰败轻薄，痛心王道的不明，所以选举贤良方正的士人，进行议论考问，打算发扬仁义的美德，光大帝王的法制，建立起实现天下太平的治国之道。臣愚昧不肖，阐述听来的，背诵学到的，说出老师的教导，仅能做到不遗漏罢了。至于议论政事的得失，考察天下的兴衰，这是辅弼大臣的职责，三公九卿的任务，不是臣董仲舒能做到的。但是臣私下也有感到奇怪的地方。古时的天下也是今日的天下，今日的天下也是古时的天下，同是一个天下，古时天下太平，上下和睦，习俗美好，不令而行，不禁而止，吏无奸邪，民无盗贼，监牢空虚，德润草木，泽被四海，凤凰飞来栖息，麒麟前来游逛。用古时衡量今日，为何竟相差那么远呢！什么地方出现差错而衰败成这样？或许是有违背古道的地方吗？有违背天理的地方吗？试着考察古代，回归天理，大概可以看出一些问题吧！

　　天的赐予也是有所分别的，赐给牙齿的就取消角，加上翅膀的就只有两支脚，这就是接受大的便不能占有小的。古时得到俸禄的，便不靠体力吃饭，不从事商业活动，这也是接受大的便不能占有小的，与天遵循着同样的道理。已接受大的，又占有小的，天都不能满足，何况人呢！这正是人民纷纷为不足而愁苦的原因。身受恩宠而居高位，家庭温饱而食厚禄，凭借富贵的资产权力，在下面与人民争利，人民哪里是他的对手呢！因此增加他们的奴婢，增多他们的牛羊，扩大他们的田宅，扩充他们的产业，积聚他们的家私，追求这些东西而没有止境，因而压榨人民，人民一天天被剥削，逐渐陷入困境。富人奢侈浪费，穷人穷急愁苦；穷人穷急愁苦而在上位的人不加拯救，那么人民就不乐意活下去；人民不乐意活下去，因而死尚且不怕，怎能怕犯罪！这就是刑罚增加而奸邪不能禁止的原因啊。所以领取俸禄的人家，吃俸禄就行了，不与人民争生计，然后利益可以平均分配，而人民便可以家用充足。这就是上天之理，也就是远古之道，是天子理应效法以订立制度的，是大夫应当遵循以指导行动的。所以公仪子在鲁国做相时，到自己家中看见织帛，便愤怒地将自己的妻子赶出家门，在家中进食而吃到葵菜，便生气地将自家的葵菜拔掉，说："我已经享受俸禄，还要剥夺园工织女的利益么！"古代居官位的贤人君子都是这样，因此百姓都推崇他们的行为而听从他们的教诲，人民被他们的廉洁所感化而不贪婪无耻。到周代衰落的时候，卿大夫不讲义而急于追逐利，丧失了谦让的作风而产生了争夺田产的诉讼，所以诗人憎恨而讽刺他们说："那高耸的南山，山石多么峻峭，那显赫的师尹，人人把您瞻望。"你好义，那么人民就向仁而风俗淳美；你好利，那么人民就奸邪而风俗败坏。由此看来，作为天子大夫的，是下民注视而效法，远方从四面向里瞻望的啊！近处的注视而效法，远处的瞻望而效法，怎能身居贤人的位置而表现出普通人的行为来呢！为求财利奔忙而常恐匮乏，这是普通人的思想；为求仁义奔忙而常恐不能感化人民，这是大夫的思想。《周易》上说："背着东西又乘车，便将强盗招惹来。"乘车是君子的待遇，负荷是小人的事情，这是说处在君子的地位而做小人的事情，祸患必然到来。如果处在君子的地位，做与君子相称的事情，那么除了像公仪休在鲁国为相那样，就没有别的事可做了。

《春秋》主张的大一统，是天地的永恒的原则，古今的共通的道理。如今老师的主张不同，人民的议论各异，各种流派趋向不一，思想分歧，因此在上位的无法掌握一个统一的标准；法制多次更改，在下面的不知应遵循什么。臣愚以为，凡是不在六艺的科目之内、不属孔子的学术范围的，对他们的主张全部加以禁绝，不让他们齐头并进。邪僻的学说被消灭，然后学术体系可以统一，法度可以显明，人民就知道应当遵循什么了。

对策已经结束，天子进用董仲舒为江都相，侍奉易王。易王是皇帝的哥哥，素来骄横好勇。董仲舒用礼义进行匡正，易王十分敬重他。过了很长一段时间，易王问仲舒："越王勾践与大夫泄庸、大夫文种、范蠡谋划讨伐吴国，结果灭掉吴国。孔子称赞殷有三位仁人，我也认为越有三位仁人。桓公请管仲解决疑难，我请你解决疑难。"仲舒回答说："臣愚不足以回答大问题。听说过去鲁君问柳下惠：'我想讨伐齐国，怎么样？'柳下惠答道：'不行。'回去后面有忧色，说：'我听说讨伐他国不问仁人，这种讨伐他国的话为何问到我头上呢！'只是被问一声，尚且还感到羞辱，何况设计谋去讨伐吴国呢？由此说来，越国原本连一位仁人都没有。作为仁人，应当正其义不谋其利，明其道不计其功，因此仲尼的门下，五尺童子都羞提五伯，因为他们注重诈力而轻视仁义。只不过进行欺诈罢了，所以在孔子的门下值不得一提。五伯和其他诸侯相比还算贤人，他们与三王相比，就像石头与美玉一样了。"易王说："太好了。"

仲舒治理国家，据《春秋》所论灾害怪异的变化推论阴阳错行的原因，所以举行求雨的仪式，就禁闭各种象征阳的事物，放开各种象征阴的事物。他举行止雨的仪式便与此相反。这种办法在一个国家推行，没有达不到目的的。中途被废为中大夫。在这以前，辽东高庙、长陵高园宫殿失火，仲舒在家中推论其中的道理，草稿还未奏上，主父偃等候仲舒，私自看见，十分嫉妒他，窃取他的书稿便上奏皇帝。皇帝召诸儒观看。仲舒的弟子吕步舒不知道是他老师的书稿，认为太愚蠢了。因此将仲舒交法官审讯，被判处死罪，皇帝下诏书赦免了他。仲舒于是不敢再议论灾害怪异。

仲舒为人廉洁正直。这时正好向外抵御四夷，公孙弘研究《春秋》

不如仲舒，但公孙弘办事能迎合世俗，位至公卿。仲舒把公孙弘看作是阿谀奉承，公孙弘十分嫉妒他。胶西王也是皇帝的哥哥，尤其放纵恣睢，多次迫害俸禄二千石的官吏。公孙弘于是对皇帝说："只有董仲舒可以派去做胶西王的相。"胶西王听说仲舒是大儒，对待他特别好。仲舒惟恐时间长了获罪，称病辞官。一共在两国为相，尽侍奉骄横的诸侯王，端正自身以率领属下，屡次上疏谏争，号令国中，所在之处都得到治理。辞官家居以后，始终不过问家中的产业，一心从事治学著书。

仲舒在家中，朝廷里如有重大争议，便派使臣和廷尉张汤到他家问他，在他的对答中都有明确的主张。从武帝开始即位，魏其、武安侯为相便推崇儒学。到董仲舒对策，突出孔子，罢黜百家，确立掌管学校的官员，州郡推荐秀才孝廉，都是由董仲舒提出来的。年纪老了，在家中寿终正寝。全家搬到茂陵，儿子和孙子都通过学习做了大官。

赞说：刘向称赞"董种舒具有帝王辅佐的才干，即使是伊尹、吕望也不能超过他，管仲、晏婴之辈，是诸侯首领的辅佐，根本赶不上他"。刘向的儿子刘歆认为："伊尹、吕望是圣人一类的人物，帝王得不到他们就兴盛不起来。所以颜渊死，孔子说'唉！老天抛弃我'。只有这一个人能与伊尹、吕望相比，从宰我、子贡、子游、子夏以下都不够格。仲舒处在汉代继秦朝毁灭学术之后，《六经》支离破碎，他放下帘幕发愤钻研，专心于伟大的学业，让后来的学者有一个统一的标准，成为群儒的首领。但考察他的师友渊源的受益情况，还赶不上子游、子夏，却说管仲、晏婴赶不上他，伊尹、吕望不能超过他，太不对了。"到刘向的曾孙刘龚，是一位评论精当的君子，认为刘歆的话是对的。

（梁运华　译）

【原文】

董仲舒，广川人也。少治《春秋》，孝景时为博士。下帷讲诵，弟子传以久次相授业，或莫见其面。盖三年不窥园，其精如此。进退容止，非礼不行，学士皆师尊之。

武帝即位，举贤良文学之士前后百数，而仲舒以贤良对策焉。

制曰：朕获承至尊休德，传之亡穷，而施之罔极，任大而守重，是以夙夜不皇康宁，永惟万事之统，犹惧有缺。故广延四方之豪儁，郡国诸侯公选贤良修絜博习之士，欲闻大道之要，至论之极。今子大夫褎然为举首，朕甚嘉之。子大夫其精心致思，朕垂听而问焉。

盖闻五帝三王之道，改制作乐而天下洽和，百王同之。当虞氏之乐莫盛于《韶》，于周莫盛于《勺》。圣王已没，钟鼓管弦之声未衰，而大道微缺，陵夷至乎桀纣之行，王道大坏矣。夫五百年之间，守文之君，当途之士，欲则先王之法以戴翼其世者甚众，然犹不能反，日以仆灭，至后王而后止，岂其所持操或悖缪而失其统与？固天降命不可复反，必推之于大衰而后息与？乌乎！凡所为屑屑，夙兴夜寐，务法上古者，又将无补与？三代受命，其符安在？灾异之变，何缘而起？性命之情，或夭或寿，或仁或鄙，习闻其号，未烛厥理。伊欲风流而令行，刑轻而奸改，百姓和乐，政事宣昭，何修何饬而膏露降，百谷登，德润四海，泽臻山木，三光全，寒暑平，受天之祜，享鬼神之灵，德泽洋溢，施乎方外，延及群生？

子大夫明先圣之业，习俗化之变，终始之序，讲闻高谊之日久矣，其明以谕朕。科别其条，勿猥勿并，取之于术，慎其所出。乃其不正不直，不忠不极，枉于执事，书之不泄，与于朕躬，毋悼后害。子大夫其尽心，靡有所隐，朕将亲览焉。

仲舒对曰：

陛下发德音，下明诏，求天命与情性，皆非愚臣之所能及也。臣谨案《春秋》之中，视前世已行之事，以观天人相与之际，甚可畏也。国家将有失道之败，而天乃先出灾害以谴告之，不知自省，又出怪异以警惧之，尚不知变，而伤败乃至。以此见天心之仁爱人君而欲止其乱也。自非大亡道之世者，天尽欲扶持而全安之，事在强勉而已矣。强勉学问，则闻见博而知益明；强勉行道，则德日起而大有功：此皆可使还至而有效者也。《诗》曰"夙夜匪解"，《书》云"茂哉茂哉！"皆强勉之谓也。

道者，所繇适于治之路也，仁义礼乐皆其具也。故圣王已没，而子孙长久安宁数百岁，此皆礼乐教化之功也。王者未作乐之时，乃用先王之乐宜于世者，而以深入教化于民。教化之情不得，雅颂之乐不成，故王者功成作乐，乐其德也。乐者，所以变民风，化民俗也；其变民也易，其化人也著。故声发于和而本于情，接于肌肤，藏于骨髓。故王道虽微缺，而管弦之声未衰也。夫虞氏之不为政久矣，然而乐颂遗风犹有存者，是以孔子在齐而闻《韶》也。夫人君莫不欲安存而恶危亡，然而政乱国危者甚众，所任者非其人，而所繇者非其道，是以政日以仆灭也。夫周道衰于幽厉，非道亡也，幽厉不繇也。至于宣王，思昔先王之德，兴滞补弊，明文武之功业，周道粲然复兴，诗人美之而作，上天祐之，为生贤佐，后世称诵，至今不绝。此夙夜不解行善之所致也。孔子曰"人能弘道，非道弘人"也。故治乱废兴在于己，非天降命不可得反，其所操持悖谬失其统也。

臣闻天之所大奉使之王者，必有非人力所能致而自至者，此受命之符也。天下之人同心归之，若归父母，故天瑞应诚而至。《书》曰"白鱼入于王舟，有火复于王屋，流为乌"，此盖受命之符也。周公曰"复哉复哉"，孔子曰"德不孤，必有邻"，皆积善累德之效也。及至后世，淫佚衰微，不能统理群生，诸侯背畔，残贼良民以争壤土，废德教而任刑罚。刑罚不中，则生邪气；邪气积于下，怨恶畜于上。上下不和，则阴阳缪盭而妖孽生矣。此灾异所缘而起也。

臣闻命者天之令也，性者生之质也，情者人之欲也。或夭或寿，或仁或鄙，陶冶而成之，不能粹美，有治乱之所生，故不齐也。孔子曰："君子之德风，小人之德草，草上之风必偃。"故尧舜行德则民仁寿，桀纣行暴则民鄙夭。夫上之化下，下之从上，犹泥之在钧，唯甄者之所为；犹金之在熔，唯冶者之所铸。"绥之斯俫，动之斯和"，此之谓也。

臣谨案《春秋》之文，求王道之端，得之于正。正次王，王次春。春者，天之所为也；正者，王之所为也。其意曰，上承天之所为，而下以正其所为，正王道之端云尔。然则王者欲有所为，宜求其端于天。天道之大者在阴阳。阳为德，阴为刑；刑主杀而德主生。是故阳常居大夏，而以生育养长为事；阴常居大冬，而积于空虚不用之处。以此见天之任德不任刑也。天使阳出布施于上而主岁功，使阴入伏于下而时出佐阳；阳不得阴之助，亦不能独成岁。终阳以成岁为名，此天意也。王者承天意以从事，故任教德而不任刑。刑者不可任以治世，犹阴之不可任以成岁也。为政而任刑，不顺于天，故先王莫之肯为也。今废先生德教之官，而独任执法之吏治民，毋乃任刑之意与！孔子曰："不教而诛谓之虐。"虐政用于下，而欲德教之被四海，故难成也。

臣谨案《春秋》谓一元之意，一者万物之所从始也，元者辞之所谓大也。谓一为元者，视大始而欲正本也。《春秋》深探其本，而反自贵者始。故为人君者，正心以正朝廷，正朝廷以正百官，正百官以正万民，正万民以正四方。四方正，远近莫敢不壹于正，而亡有邪气奸其间者。是以阴阳调而风雨时，群生和而万民殖，五谷孰而草木茂，天地之间被润泽而大丰美，四海之内闻盛德而皆徕臣，诸福之物，可

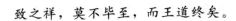

致之祥，莫不毕至，而王道终矣。

孔子曰："凤鸟不至，河不出图，吾已矣夫！"自悲可致此物，而身卑贱不得致也。今陛下贵为天子，富有四海，居得致之位，操可致之势，又有能致之资，行高而恩厚，知明而意美，爱民而好士，可谓谊主矣。然而天地未应而美祥莫至者，何也？凡以教化不立而万民不正也。夫万民之从利也，如水之走下，不以教化堤防之，不能止也。是故教化立而奸邪皆止者，其堤防完也；教化废而奸邪并出，刑罚不能胜者，其堤防坏也。古之王者明于此，是故南面而治天下，莫不以教化为大务。立大学以教于国，设庠序以化于邑，渐民以仁，摩民以谊，节民以礼，故其刑罚甚轻而禁不犯者，教化行而习俗美也。

圣王之继乱世也，扫除其迹而悉去之，复修教化而崇起之。教化已明，习俗已成，子孙循之，行五六百岁尚未败也。至周之末世，大为亡道，以失天下。秦继其后，独不能改，又益甚之，重禁文学，不得挟书，弃捐礼谊而恶闻之，其心欲尽灭先王之道，而颛为自恣苟简之治，故立为天子十四岁而国破亡矣。自古以来，未尝有以乱济乱，大败天下之民如秦者也。其遗毒余烈，至今未灭，使习俗薄恶，人民蛮顽，抵冒殊扞，孰烂如此之甚者也。孔子曰："腐朽之木不可雕也，粪土之墙不可圬也。"今汉继秦之后，如朽木粪墙矣，虽欲善治之，亡可奈何。法出而奸生，令下而诈起，如以汤止沸，抱薪救火，愈甚亡益也。窃譬之琴瑟不调，甚者必解而更张之，乃可鼓也；为政而不行，甚者必变而更化之，乃可理也。当更张而不更张，虽有良工不能善调也；当更化而不更化，虽有大贤不能善治也。故汉得天下以来，常欲善治而至今不可善治者，失之于当更化而不更化也。古人有言曰："临渊羡鱼，不如退而结网。"今临政而愿治七十余岁矣，不如退而更化；更化则可善治，善治则灾害日去，福禄日来。《诗》云："宜民宜人，

汉书·后汉书

汉书

三六〇

受禄于天。"为政而宜于民者,固当受禄于天。夫仁谊礼知信五常之道,王者所当修饬也;五者修饬,故受天之祐,而享鬼神之灵,德施于方外,延及群生也。

天子览其对而异焉,乃复册之曰:

制曰"盖闻虞舜之时,游于岩廊之上,垂拱无为,而天下太平。周文王至于日昃不暇食,而宇内亦治。夫帝王之道,岂不同条共贯与?何逸劳之殊也?

盖俭者不造玄黄旌旗之饰。及至周室,设两观,乘大路,朱干玉戚,八佾陈于庭而颂声兴。夫帝王之道岂异指哉?或曰良玉不琢,又曰非文无以辅德,二端异焉。

殷人执五刑以督奸,伤肌肤以惩恶。成康不式,四十余年天下不犯,囹圄空虚。秦国用之,死者甚众,刑者相望,耗矣哀哉!

乌乎!朕夙寤晨兴,惟前帝王之宪,永思所以奉至尊,章洪业,皆在力本任贤。今朕亲耕藉田以为农先,劝孝弟,崇有德,使者冠盖相望,问勤劳,恤孤独,尽思极神,功烈休德未始云获也。今阴阳错缪,氛气充塞,群生寡遂,黎民未济,廉耻贸乱,贤不肖浑淆,未得其真,故详延特起之士,庶几乎!今子大夫待诏百有余人,或道世务而未济,稽诸上古之不同,考之于今而难行,毋乃牵于文系而不得骋与?将所繇异术,所闻殊方与?各悉对,著于篇,毋讳有司。明其指略,切磋究之,以称朕意。

仲舒对曰:

臣闻尧受命,以天下为忧,而未以位为乐也,故诛逐乱臣,务求贤圣,是以得舜、禹、稷、咎繇。众圣辅德,贤能佐职,教化大行,天下和洽,万民皆安仁乐谊,各得其宜,动作应礼,从容中道。故孔子曰"如有王者,必世而后仁",此之谓也。尧在位七十载,乃逊于位以禅虞舜。尧崩，天下不归尧子丹朱而归舜。舜知不可辟，乃即天子之位，以禹为相，因尧之辅佐，继其统业，是以垂拱无为而天下治。孔子曰"《韶》尽美矣，又尽善矣，此之谓也。至于殷纣，逆天暴物，杀戮贤知，残贼百姓。伯夷、太公皆当世贤者，隐处而不为臣。守职之人皆奔走逃亡，入于河海。天下耗乱，万民不安，故天下去殷而从周。文王顺天理物，师用贤圣，是以闳夭、大颠、散宜生等亦聚于朝廷。爱施兆民，天下归之，故太公起海滨而即三公也。当此之时，纣尚在上，尊卑昏乱，百姓散亡，故文王悼痛而欲安之，是以日昃而不暇食也。孔子作《春秋》，先正王而系万事，见素王之文焉。繇此观之，帝王之条贯同，然而劳逸异者，所遇之时异也。孔子曰"《武》尽美矣，未尽善也"此之谓也。

臣闻制度文采玄黄之饰，所以明尊卑，异贵贱，而劝有德也。故《春秋》受命所先制者，改正朔，易服色，所以应天也。然则宫室旌旗之制，有法而然者也。故孔子曰："奢则不逊，俭则固。"俭非圣人之中制也。臣闻良玉不琢，资质润美，不待刻琢，此亡异于达巷党人不学而自知也，然则常玉不琢，不成文章；君子不学，不成其德。

臣闻圣王之治天下也，少则习之学，长则材诸位，爵禄以养其德，刑罚以威其恶，故民晓于礼谊而耻犯其上。武王行大谊，平残贼，周公作礼乐以文之，至于成康之隆，囹圄空虚四十余年。此亦教化之渐而仁谊之流，非独伤肌肤之效也。至秦则不然。师申商之法，行韩非之说，憎帝王之道，以贪狼为俗，非有文德以教训于下也。诛名而不察实，为善者不必免，而犯恶者未必刑也。是以百官皆饰虚辞而不顾实，外有事君之礼，内有背上之心，造伪饰诈，趣利无耻；又好用惨酷之吏，赋敛亡度，竭民财力，百姓散亡，不得从耕织之业，群盗并起。是以刑者甚众，死者相望，而奸不息，俗化使然也。故孔子曰

"导之以政，齐之以刑，民免而无耻"，此之谓也。

今陛下并有天下，海内莫不率服，广览兼听，极群下之知，尽天下之美，至德昭然，施于方外。夜郎、康居，殊方万里，说德归谊，此太平之致也。然而功不加于百姓者，殆王心未加焉。曾子曰："尊其所闻，则高明矣；行其所知，则光大矣。高明光大，不在于它，在乎加之意而已。"愿陛下因用所闻，设诚于内而致行之，则三王何异哉！

陛下亲耕藉田以为农先，夙寤晨兴，忧劳万民，思惟往古，而务以求贤，此亦尧舜之用心也，然而未云获者，士素不厉也。夫不素养士而欲求贤，譬犹不琢玉而求文采也。故养士之大者，莫大乎太学；太学者，贤士之所关也，教化之本原也。今以一郡一国之众，对亡应书者，是王道往往而绝也。臣愿陛下兴太学，置明师，以养天下之士，数考问以尽其材，则英俊宜可得矣。今之郡守、县令，民之师帅，所使承流而宣化也；故师帅不贤，则主德不宣，恩泽不流。今吏既亡教训于下，或不承用主上之法，暴虐百姓，与奸为市，贫穷孤弱，冤苦失职，甚不称陛下之意。是以阴阳错缪，氛气充塞，群生寡遂，黎民未济，皆长吏不明，使至于此也。

夫长吏多出于郎中、中郎，吏二千石子弟选郎吏，又以富訾，未必贤也。且古所谓功者，以任官称职为差，非谓积日累久也。故小材虽累日，不离于小官；贤材虽未久，不害为辅佐。是以有司竭力尽知，务治其业而以赴功。今则不然。累日以取贵，积久以致官，是以廉耻贸乱，贤不肖浑淆，未得其真。臣愚以为使诸列侯、郡守、二千石各择其吏民之贤者，岁贡各二人以给宿卫，且以观大臣之能；所贡贤者有赏，所贡不肖者有罚。夫如是，诸侯、吏二千石皆尽心于求贤，天下之士可得而官使也。徧得天下之贤人，则三王之盛易为，而尧舜之名可及也。毋以日月为功，实试贤能为上，量材而授官，录德而定位，则廉耻殊路,贤不肖异处矣。陛下加惠,宽臣之罪,令勿牵制于文,使得切磋究之,臣敢不尽愚!

于是天子复册之。

制曰:盖闻"善言天者必有徵于人,善言古者必有验于今。"故朕垂问乎天人之应,上嘉唐虞,下悼桀纣,寖微寖灭寖明寖昌之道,虚心以改。今子大夫明于阴阳所以造化,习于先圣之道业,然而文采未极,岂惑乎当世之务哉?条贯靡竟,统纪未终,意朕之不明与?听若眩与?夫三王之教所祖不同,而皆有失,或谓久而不易者道也,意岂异哉?今子大夫既已著大道之极,陈治乱之端矣,其悉之究之,孰之复之。《诗》不云乎?"嗟尔君子,毋常安息,神之听之,介尔景福。"朕将亲览焉,子大夫其茂明之。

仲舒复对曰:

臣闻《论语》曰:"有始有卒者,其唯圣人乎!"今陛下幸加惠,留听于承学之臣,复下明册,以切其意,而究尽圣德,非愚臣之所能具也。前所上对,条贯靡竟,统纪不终,辞不别白,指不分明,此臣浅陋之罪也。

册曰:"善言天者必有徵于人,善言古者必有验于今。"臣闻天者群物之祖也,故徧覆包函而无所殊,建日月风雨以和之,经阴阳寒暑以成之。故圣人法天而立道,亦溥爱而亡私,布德施仁以厚之,设谊立礼以导之。春者天之所以生也,仁者君之所以爱也;夏者天之所以长也,德者君之所以养也;霜者天之所以杀也,刑者君之所以罚也。繇此言之,天人之徵,古今之道也。孔子作《春秋》,上揆之天道,下质诸人情,参之于古,考之于今。故《春秋》之所讥,灾害之所加也;《春秋》之所恶,怪异之所施也。书邦家之过,兼灾异之变,以此见人之所为,其美恶之极,乃与天地流通而往来相应,此亦言天之一端也。

古者修教训之官，务以德善化民，民已大化之后，天下常亡一人之狱矣。今世废而不修，亡以化民，民以故弃行谊而死财利，是以犯法而罪多，一岁之狱以万千数。以此见古之不可不用也，故《春秋》变古则讥之。天令之谓命，命非圣人不行；质朴之谓性，性非教化不成；人欲之谓情，情非度制不节。是故王者上谨于承天意，以顺命也；下务明教化民，以成性也；正法度之宜，别上下之序，以防欲也：修此三者，而大本举矣。人受命于天，固超然异于群生，入有父子兄弟之亲，出有君臣上下之谊，会聚相遇，则有耆老长幼之施；粲然有文以相接，欢然有恩以相爱，此人之所以贵也。生五谷以食之，桑麻以衣之，六畜以养之，服牛乘马，圈豹槛虎，是其得天之灵，贵于物也。故孔子曰："天地之性人为贵。"明于天性，知自贵于物；知自贵于物，然后知仁谊；知仁谊，然后重礼节；重礼节，然后安处善；安处善乎然后乐循理；乐循理，然后谓之君子。故孔子曰"不知命，亡以为君子"，此之谓也。

册曰："上嘉唐虞，下悼桀纣，寖寖微寖灭寖明寖昌之道，虚心以改。"臣闻众少成多，积小致钜，故圣人莫不以晻致明，以微致显。是以尧发于诸侯，舜兴乎深山，非一日而显也，盖有渐以致之矣。言出于己，不可塞也；行发于身，不可掩也。言行，治之大者，君子之所以动天地也。故尽小者大，慎微者著。《诗》云："惟此文王，小心翼翼。"故尧兢兢日行其道，而舜业业日致其孝，善积而名显，德章而身尊，此其寖明寖昌之道也。积善在身，犹长日加益，而人不知也；积恶在身，犹火之销膏，而人不见也。非明乎情性察乎流俗者，孰能知之？此唐虞之所以得令名，而桀纣之可为悼惧者也。夫善恶之相从，如景乡之应形声也。故桀纣暴谩，谗贼并进，贤知隐伏，恶日显，国日乱，晏然自以如日在天，终陵夷而大坏。夫暴逆不仁者，非一日而亡也，亦以渐至，故桀、纣虽亡道，然犹享国十余年，此其寖微寖灭之道也。

册曰："三王之教所祖不同，而皆有失，或谓久而不易者道也，意岂异哉？"臣闻夫乐而不乱复而不厌者谓之道；道者万世亡弊，弊者道之失也。先王之道必有偏而不起之处，故政有眊而不行，举其偏者以补其弊而已矣。三王之道所祖不同，非其相反，将以捄溢扶衰，所遭之变然也。故孔子曰："亡为而治者，其舜乎！"改正朔，易服色，以顺天命而已；其余尽循尧道，何更为哉！故王者有改制之名，亡变道之实。然夏上忠，殷上敬，周上文者，所继之捄，当用此也。孔子曰"殷因于夏礼，所损益可知也；周因于殷礼，所损益可知也；其或继周者，虽百世可知也。"此言百王之用，以此三者矣。夏因于虞，而独不言所损益者，其道如一而所上同也。道之大原出于天，天不变，道亦不变，是以禹继舜，舜继尧，三圣相受而守一道，亡救弊之政也，故不言其所损益也。繇是观之，继治世者其道同，继乱世者其道变。今汉继大乱之后，若宜少损周之文致，用夏之忠者。

陛下有明德嘉道，愍世俗之靡薄，悼王道之不昭，故举贤良方正之士，论议考问，将欲兴仁谊之休德，明帝王之法制，建太平之道也。臣愚不肖，述所闻，诵所学，道师之言，厪能勿失尔。若乃论政事之得失，察天下之息耗，此大臣辅佐之职，三公九卿之任，非臣仲舒所能及也。然而臣窃有怪者。夫古之天下亦今之天下，今之天下亦古之天下，共是天下，古以大治，上下和睦，习俗美盛，不令而行，不禁而止，吏亡奸邪，民亡盗贼，囹圄空虚，德润草木，泽被四海，凤凰来集，麒麟来游，以古准今，壹何不相逮之远也！安所缪戾而陵夷若是？意者有所失于古之道与？有所诡于天之理与？试迹之古，返之于天，党可得见乎？

夫天亦有所分予，予之齿者去其角，傅其翼者两其足，是所受大者不得取小也。古之所予禄者，不食于力，不动于末，是亦受大者不得取小，与天同意者也。夫已受大，又取小，天不能足，而况人乎！此民之所以嚣嚣苦不足也。身宠而载高位，家温而食厚禄，因乘富贵之资力，以与民争利于下，民安能如之哉！是故众其奴婢，多其牛羊，广其田宅，博其产业，畜其积委，务此而亡已，以迫蹴民，民日削月朘，寖以大穷。富者奢侈羡溢，贫者穷急愁苦；穷急愁苦而上不救，则民不乐生；民不乐生，尚不避死，安能避罪！此刑罚之所蕃而奸邪不可胜者也。故受禄之家，食禄而已，不与民争业，然后利可均布，而民可家足。此上天之理，而亦太古之道，天子之所宜法为制，大夫之所当循以为行也。故公仪子相鲁，之其家见织帛，怒而出其妻，食于舍而茹葵，愠而拔其葵，曰："吾已食禄，又夺园夫红女利乎！"古之贤人君子之在列位者皆如是，是故下高其行而从其教，民化其廉而不贪鄙。及至周室之衰，其卿大夫缓于谊而急于利，亡推让之风而有争田之讼。故诗人疾而刺之，曰："节彼南山，惟石岩岩，赫赫师尹，民具尔瞻。"尔好谊，则民乡仁而俗善；尔好利，则民好邪而俗败。由是观之，天子大夫者，下民之所视效，远方之所四面而内望也。近者视而放之，远者望而效之，岂可以居贤人之位而为庶人行哉！夫皇皇求财利常恐乏匮者，庶人之意也；皇皇求仁义常恐不能化民者，大夫之意也。易曰："负且乘，致寇至。"乘车者君子之位也，负担者小人之事也，此言居君子之位而为庶人之行者，其患祸必至也。若居君子之位，当君子之行，则舍公仪休之相鲁，亡可为者矣。

《春秋》大一统者，天地之常经，古今之通谊也。今师异道，人异论，百家殊方，指意不同，是以上亡以持一统；法制数变，下不知所守。臣愚以为诸不在六艺之科孔子之术者，皆绝其道，勿使并进。邪辟之说灭息，然后统纪可一而法度可明，民知所从矣。

对既毕，天子以仲舒为江都相，事易王。易王，帝兄，素骄，好勇。仲舒以礼谊匡正，王敬重焉。久之，王问仲舒曰："粤王句践与大夫泄庸、种、蠡谋伐吴，遂灭之。孔子称殷有三仁，寡人亦以为粤有三仁。桓公决疑于管仲，寡人决疑于君。"仲舒对曰："臣愚不足以奉大对。闻昔者鲁君问柳下惠：吾欲伐齐，何如？柳下惠曰："不可。"归而有忧色，曰："吾闻伐国不问仁人，此言何为至于我哉！"徒见问耳，且犹羞之，况设诈以伐吴乎？繇此言之，粤本无一仁。夫仁人者，正其谊不谋其利，明其道不计其功，是以仲尼之门，五尺之童羞称五伯，为其先诈力而后仁谊也。苟为诈而已，故不足称于大君子之门也。五伯比于他诸侯为贤，其比三王，犹武夫之与美玉也。"王曰："善。"

仲舒治国，以《春秋》灾异之变推阴阳所以错行，故求雨，闭诸阳，纵诸阴，其止雨反是；行之一国，未尝不得所欲。中废为中大夫。先是辽东高庙、长陵高园殿灾，仲舒居家推说其意，山稿未上，主父偃候仲舒，私见，嫉之，窃其书而奏焉。上召视诸儒，仲舒弟子吕步舒不知其师书，以为大愚。于是下仲舒吏，当死，诏赦之。仲舒遂不敢复言灾异。

仲舒为人廉直。是时方外攘四夷，公孙弘治《春秋》不如仲舒，而弘希世用事，位至公卿。仲舒以弘为从谀，弘嫉之。胶西王亦上兄也，尤纵恣，数害吏二千石。弘乃言于上曰："独董仲舒可使相胶西王。"胶西王闻仲舒大儒，善待之，仲舒恐久获罪，病免。凡相两国，辄事骄王，正身以率下，数上疏谏争，教令国中，所居而治。及去位归居，终不问家产业，以修学著书为事。

仲舒在家，朝廷如有大议，使使者及廷尉张汤就其家而问之，其对皆有明法。自武帝初立，魏其、武安侯为相而隆儒矣。及仲舒对册，推明孔氏，抑黜百家。立学校之官，州郡举茂材孝廉，皆自仲舒发之。年老，以寿终于家。家徙茂陵，子及孙皆以学至大官。

赞曰：刘向称"董仲舒有王佐之材，虽伊吕亡以加，管晏之属，伯者之佐，殆不及也。"至向子歆以为"伊吕乃圣人之耦，王者不得则不兴。故颜渊死，孔子曰'噫！天丧余。'唯此一人为能当之，自宰我、子赣、子游、子夏不与焉。仲舒遭汉承秦灭学之后，《六经》离析，下帷发愤，潜心大业，令后学者有所统壹，为群儒首。然考其师友渊源所渐，犹未及乎游夏，而曰管晏弗及，伊吕不加，过矣。"至向曾孙龚，笃论君子也，以歆之言为然。

卜式传

——《汉书》卷五八

【说明】卜式，汉武帝时人，生卒年不详。以善于养羊出名。他曾将自己的养羊经验概括为十二个字，即"以时起居，恶者辄去，毋令败群。"相传卜式著有《养羊法》一书，但早已亡佚。真正使卜式名垂青史的是卜式的爱国精神，当时汉正与匈奴交战，卜式致富不忘国家，多次将自己养羊所积累起来的财富捐献给国家，用以支援反击匈奴的战争，并一度受到朝廷的赏识，从缑氏令一直官至御史大夫。

卜式，河南（即黄河以南）人。从事农牧生产。家有小弟，小弟长大后，卜式从家里分了出来，一人只分得羊一百多头，其它田地、住宅、财物全部给了弟弟。卜式进山放牧，十多年后，羊发展到一千多头，并买了土地和房子。但他的弟弟却已彻底破产，卜式便将自己的财产几次重新分给了弟弟。

当时，汉正在与匈奴打仗。卜式上书，表示愿意将自己家财产的一半拿出来，支援边疆。皇帝派了使者来询问卜式："你想做官吗？"卜式说："我从小牧羊，不习惯做官，也不愿做官。"使者又问："难道是你家有什么冤屈，打算上告吗？"卜式回答说："我平生与人相处没有什么争执，本地有贫穷的人，我借给他钱，有品行不端的人，我教育他，和我居住在一处的人都顺从我，我有什么原因会蒙受冤屈呢？"使者说："这样的话，你想要什么呢？"卜式说："皇帝在消灭匈奴，我认为贤能之人应该为了民族气节而英勇就义，有财物的人应该捐献出来，只有这样匈奴才可以消灭。"使者将所听之言向上做了报告。皇帝又将此转告丞相桑弘羊。桑弘羊说："这不是人的真情。不法分子不可因为教化而扰乱法制。希望陛下您不要答应。"皇帝没有答复，几年以后卜式这件事就做罢了。卜式回乡后，重新又经营起了畜牧业。

一年多以后，正好赶上匈奴浑邪等投降，地方政府财政支出大，库存的残粮也已耗尽一空，贫苦老百姓大迁移，都依赖地方政府提供给养，但不能得到满足供应。卜式又拿出钱二十万给河南太守。用以分给移民。河南将帮助穷人的富人向上做了汇报，皇帝认出了卜式的姓名。说："这就是以前想捐献一半家财支援边疆的人。"便赐给卜式每年十二万钱，用以免除四百人的戍边，卜式又将其全部交给了政府。当时，富豪们都抢着藏匿自己的财产，只有卜式还愿意捐献出家财。皇帝这才认为卜式是个始终如一的人，便召见卜式，任命他为中郎，赐给他左庶长的爵位和十顷田地，通报全国，以他为榜样，号召老百姓向他学习。

起初，卜式不愿担任中郎，皇帝说："我有羊在上林苑中，想命令你去放牧。"尽管卜式已经当上了中郎，却仍然穿着布衣草鞋去放羊。一年多后，羊又肥又壮且繁殖很快。（有一次）皇帝经过他放羊的地方，对他给予了表扬和夸奖，卜式说："不仅是放羊，治理老百姓也是如此。按时作息，不好的就去除，不要使它败了一个群体。"皇帝对他的话很感惊奇，想试试让他去治理百姓。任命卜式为缑氏（今河南偃师县）令，缑氏的老百姓都很顺从他；后卜式又任成皋县令，并兼管漕运，考核结果得了最佳。皇帝因卜式朴实忠厚，拜他为齐王的老师，转而又做了丞相。

正好又赶上吕嘉谋反，卜式上书说："我听说君主有愧，臣子该死。群臣应该不惜牺牲自己以尽到保全君主的责任，才能使低下的人应该献出自己的财产以支援军队，只有这样才是使国家强大，敌人不敢进犯的办法。我愿意和我的儿子，以及临淄懂得射箭、博昌知道驾船的人一道，请求执行任务，并愿意为此而牺牲，以尽到臣子的责任。"皇帝把他当做贤者，并下诏书说："我听说以德报德，以正直报怨屈。现在全国不幸，正处于战乱之中，各郡县的诸侯没有一个挺身而出以直报怨的人。齐相卜式平素躬耕田亩，不求名利。畜牧繁殖增多便分给自己的弟弟，而自己又重新进行繁殖。从不为物质利益所迷惑。以前北方边境有军事行动，他上书支援政府。前些年，西河一带年成不好，他又带领齐地的人民捐献粮食。今天他头一个自告奋勇，请求参战，虽然仗还没有打起来，可以说他的节义已在其中表现出来了。特赐给卜式关内侯的爵位，四十斤黄金和十顷田，通告全国，使大家都清楚知道此事。"

汉武帝元鼎（公元前116－111年）中，征召卜式取代石庆的御史大夫。卜式上任以后，说郡国不经营盐铁，而船又有税，（这种做法）可以废除。皇帝从此就不喜欢卜式了。第二年又赶上封禅大典，卜式又不懂文辞，被贬为太子太傅，而由儿宽代替他。卜式在享尽天年之后而死。

（曾雄生译）

【原文】

卜式，河南人也。以田畜为事。有少弟，弟壮，式脱身出，独取畜羊百余，田宅财物尽与弟。式入山牧，十余年，羊致千余头，买田宅。而弟尽破其产，式辄复分与弟者数矣。

时汉方事匈奴，式上书，愿输家财半助边。上使使问式："欲为官乎?"式曰："自小牧羊，不习仕宦，不愿也。"使者曰："家岂有冤，欲言事乎?"式曰："臣生与人亡所争，邑人贫者贷之，不善者教之，所居，人皆从式，式何故见冤!"使者曰："苟，子何欲?"式曰："天子诛匈奴，愚以为贤者宜死节，有财者宜输之，如此而匈奴可灭也。"使者以闻。上以语丞相弘。弘曰："此非人情，不轨之臣，不可以为化而乱法，愿陛下勿许。"上不报，数岁乃罢。式归，复田牧。

岁余，会浑邪等降。县官费众，仓府空，贫民大徙，皆仰给县官，无以尽赡，式复持钱二十万与河南太守，以给徙民。河南上富人助贫民者，上识式姓名，曰："是固前欲输其家半财助边。"乃赐式外繇四百人，式又尽复与官。是时，富豪皆争匿财，唯式尤欲助费。上于是以式终长者，乃召拜式为中郎，赐爵左庶长，田十顷，布告天下，尊显以风百姓。

初，式不愿为郎，上曰："吾有羊在上林中，欲令子牧之。"式既为郎，布衣草蹻而牧羊。岁余，羊肥息。上过其羊所，善之，式曰："非独羊也，治民亦犹是矣，以时起居，恶者辄去，毋令败群。"上奇其言，欲试使治民。拜式缑氏令，缑氏便之；迁成皋令，将漕最。上以式朴忠，拜为齐王太傅，转为相。

会吕嘉反，式上书曰："臣闻主愧臣死。群臣宜尽死节，其驽下者宜出财以佐军，如是则强国不犯之道也。臣愿与子男及临菑习弩、博昌习船者，请行死之。以尽臣节。"上贤之，下诏曰："朕闻报德以德，报怨以直。今天下不幸有事，郡县诸侯未有奋繇直道者也。齐相雅行躬耕，随牧蓄番，辄分昆弟，更造，不为利惑。日者北边有兴，上书助官。往年西河岁恶，率齐人入粟。今又首奋，虽未战，可谓义形于

内矣。其赐式爵关内侯，黄金四十斤，田十顷，布告天下，使明知之。"

元鼎中，徵式代石庆为御史大夫。式既在位，言郡国不便盐钱而船有算，可罢。上由是不说式。明年当封禅，式又不习文章，贬秩为太子太傅，以儿宽代之。式以寿终。

张骞传

——《汉书》卷六一

【说明】张骞（？—公元前114年），西汉时汉中成固（今陕西城固）人。官至大行，封博望侯。张骞曾二次通西域，对当时和后世都产生较大影响。"西域"一词，开始出现于西汉。所指地区范围很广泛，包括我国新疆、中亚细亚、印度、伊朗高原、阿拉伯和小亚细亚等地。

张骞第一次通西域，在西汉建元三年（公元前138年）。汉武帝为了实现"断匈奴右臂"的战略，就派张骞去西域，联络大月氏，夹击匈奴。张骞出陇西（郡治今甘肃临兆），途径河西走廊，被匈奴人擒获，羁留在匈奴十余年才找到机会逃脱，继续西行，到了大宛（在今费尔干纳盆地）。然后经康居（在锡尔河流域）、大月、大夏（在阿姆河以南兴都库什山以北）。最后取道昆仑山北麓东返，又为匈奴所擒获。后来，匈奴发生内乱，找得机会逃回长安。张骞这次通西域，前后时间达十三年之久，历尽千辛万苦，得到了有关西域的丰富地理知识。除他亲身经历的地方外，还间接了解到乌孙（在伊犁河、楚河、巴尔喀什湖、伊塞克湖一带）、奄蔡（在咸海、里海北面）、安息（在伊朗高原）、条支（在两河流域）等国的情况。元狩四年（公元前121年），张骞第二次通西域，任务是联络乌孙夹攻匈奴。他到乌孙后，分别遣副使数十人，分赴大宛、康居、大月氏、大夏、安息、身毒（今印度)、于阗(今和田)、扜深(即扜弥,在今于田克里雅城)等地。元鼎二年(公元前115年),张骞返回长安。过了一年多就去世。他遣派的副使都圆满地完成任务。自此,汉朝通往西域的道路完全打开,使者和商人往来络绎不绝。张骞通西域,在历史上意义重大,不仅促进了我国和西域的经济、文化交流,对人类文明的发展产生深远的影响;而且丰富了中国人的地理知识,扩大了中国人的地理视野。

张骞,是汉中地方的人,建元期间(公元前140—前135年)任郎官。当时,有匈奴投降汉朝的人说:匈奴攻破了月氏王,把他的头当作饮器用。月氏人逃亡到他地,很怨恨匈奴,只恨没有其他国家能和他共同攻击匈奴。汉朝廷正考虑出兵灭胡的事,听到这样的话,就想与月氏通使,而道途必须经过匈奴,于是召募能够出使的人。张骞以郎官的身份应召,出使月氏,与堂邑氏部落的奴隶甘父一起道出陇西。路经匈奴,被匈奴人擒获,送去见单于(匈奴的王称"单于")。单于说:"月氏在我国北面,汉朝怎么能够得以与他通使?我想要派人去越国,汉朝肯听从我的意思吗?"单于把张骞羁留在匈奴十余年,给他娶了妻,并生了儿子。然而张骞始终手持着汉朝出使的符节而不丢失。

因居住地方在匈奴西边,张骞就和一起出使的下属逃往月氏,向西走了几十天,到达大宛。大宛听说汉朝物资富饶,早想与汉交通而苦无门路可得,见到张骞很高兴,问张骞要到什么地方去。张骞说:"我是为汉朝出使月氏而被匈奴阻挡住道路的,现在好容易才逃出来,只有请你派人路上护送我了。如果能够返回汉,汉朝廷一定会赠送给你大量财物。"大宛认为他的话有道理,就遣送张骞,为他派了翻译响导,抵达康居。康居又传送到大月氏。大月氏王已被胡人所杀,他的夫人被立为王。既而大月氏使大夏臣服于他并统治了其地区。这里土

地肥饶，少敌国侵略，大月氏一心只想安享太平，又以为离汉朝很远，所以没有一点向胡人报复的意思。张骞从大月氏到大夏，自始至终没有能弄清楚月氏的主要意图。

在大夏逗留了一年多，要回汉朝。沿着南山，从羌中回汉朝途中，又一次被匈奴擒获。拘留了一年多，匈奴单于去世，国内发生纷乱，张骞带着胡妻和堂邑父一起逃离回到了汉朝。汉武帝拜封张骞做太中大夫，堂邑父为奉使君。

张骞平时做人，坚忍有毅力，待人厚道宽大，蛮夷人都敬爱他。堂邑父是胡人，善长射箭，在穷急的时候就射禽猎兽以供食用。张骞初去西域时，有百余人随从，去西域十三年后，只有二人得以返回汉朝。

张骞亲自经历的国家有大宛、大月氏、大夏、康居，而间接听人传说的周围五、六个大国家的地形、出产等情况，也都向武帝一一作了汇报。

张骞说："我在大夏时，见到了邛竹杖、蜀布，问当地人是怎么得到这些的？大夏国的人说'我们的商人到身毒国去贩运来的。身毒国在大夏东南大约数千里，那里的习惯是世代定居在一个地方，和大夏相同，但比较卑湿暑热。那里的人骑象作战。其国土面临大水'。因而我估计，大夏距离汉朝一万二千里，位处西南。现在身毒又位于大夏东南数千里。而有蜀地出产的物品，那它距离蜀不会太远的。现在出使大夏，要从羌中经过，路途险恶，羌人又讨厌不欢迎；少许北上，则是匈奴占领地区；从蜀中去，路径合适，又没有盗贼。"武帝听说大宛和大夏、安息等国都是大国，多奇物异产，人们世代定居，与中国风俗很多相同，而且这些国家军事力量不强，看重汉朝的财物；他们的北面则是大月氏、康居等国，军事力量较强，可送给财物施之以利，诱使他们入朝。如果真能不出兵马而使他们归属汉朝，则可以扩大疆土万里，重视殊方远国，招致不同习俗的人，使威德遍布四海。武帝喜乐自得地认为张骞说的很对。就下令负有伺隙行事使命的使者们，从蜀犍为出发，四路并出：出駹，出莋，出徙、邛。四路都各走出了一、二千里。北方受阻截于氐、莋，南方受阻于嶲、昆明。昆明等部族，没有君主长上，擅长攻击抢掠，常常杀掠汉朝使者，最终没得以开通。但是听说昆明之西大约千余里，有骑乘象的国家，叫滇越，蜀的商人间或有出卖滇越物产或去过那个国家的，于是汉朝因寻找通大夏的道路而始得以通滇国。起初，汉朝想要沟通西南夷，因花费太多而停止。到张骞说可以通大夏，于是沟通西南夷的事又提了出来。

张骞以校尉身份随从大将军霍去病攻打匈奴，知道何处有水草，军队因而得以不受困乏，朝廷于是封张骞为博望侯。这一年是元朔六年（公元前123）。二年后，张骞任卫尉，和李广同出右北平攻打匈奴。匈奴包围住李广，军队死伤较多，而张骞也因援救迟到，罪当斩，终以功折赎罚被贬为平民。这一年，骠骑将军霍去病攻破匈奴西边，斩杀数万人，军抵祁连山。这年秋天，浑邪王率部众向汉朝投降，由是金城、河西以西，并南山到盐泽，都空无匈奴人了。匈奴虽时有巡逻侦察的人来，但很少了。后二年，汉朝把匈奴单于赶到大漠以北的地方去了。

武帝几次向张骞询问大夏等国的情况。这时张骞已失去爵位，因而说："我居住匈奴时，听说乌孙王叫昆莫。昆莫的父亲难兜靡本来和大月氏都居住在祁连、敦煌之间，是小国家。大月氏攻杀了难兜靡，侵夺其地盘，老百姓逃亡到匈奴。他的儿子昆莫刚生下来不久。昆莫的傅父乌孙大将军（布就翎侯）抱着他逃了出来，把他藏匿在草丛中，出去找寻食物回来，看见狼在喂昆莫奶汁，又有乌鸦衔着肉在他身旁飞翔，以为是天神降生，就带着昆莫归顺匈奴，单于喜欢而留养了他。到昆莫成年，单于把他父亲原有的部民交还给他，让他率领兵将，屡次建立战功。这时，月氏被匈奴打败，就向西攻打塞王，塞王向南方远徙，月氏就留居那里。昆莫已刚强有力，请求单于让自己去报父仇，因而向西攻破大月氏。大月氏再次西迁，迁移到大夏地方。昆莫治理安揖当地民众，就留住下来，兵力稍强大，适逢匈奴单于去世，不再愿意臣服于匈奴。匈奴派兵攻打，没有取胜，更认为他有神帮助，因而远远离开了。现在单于刚被汉所困，而昆莫控制的地方也空无人。蛮夷依恋故地，又贪爱汉朝物品，如趁这时机送给乌孙厚礼，提出让他东移到故地居住，汉朝再下嫁公主为单于的夫人，结拜成为兄弟之国，事事就会听从于汉朝。如此则断了匈奴的右臂。既与乌孙连结和好了，自乌孙以西的大夏等国都可招来为国外之臣。武帝认为张骞所言极是。就拜张骞为中郎将，带领三百人，每人配备骑乘的马二匹，牛羊以万计，携带的金银丝绸价值数千万，张骞的副使也多持有出使符节，以便沿途可派遣去其他国家。张骞到了乌孙，把汉皇帝的示指告知了乌孙王，没有得到决定性的答覆。所说话语记载在《西域传》中。张骞派遣副使出使大宛、康居、月氏、大夏等国。乌孙发派翻译响导送张骞，有乌孙使者数十人，马数十匹相随张骞来汉，报谢汉皇帝，并趁此了解汉朝情况，知道汉朝国土广大。

张骞返回汉以后，封为大行。过了一年多，张骞去世。又过一年多，他派遣去交通大夏等国的副使，大多与那些国家的使者一起来汉，于是西北的国家开始与汉朝相往来。自张骞开始通西域，以后出使的使者都称博望侯，以便取信于外国，外国因此相信汉朝。以后，乌孙终于与汉朝结为婚姻之国。

（范楚玉译）

【原文】

张骞，汉中人也，建元中为郎。时匈奴降者言匈奴破月氏王，以其头为饮器，月氏遁而怨匈奴，无与共击之。汉方欲事灭胡，闻此言，欲通使，道必更匈奴中，乃募能使者。骞以郎应募，使月氏，与堂邑氏奴甘父俱出陇西，径匈奴，匈奴得之，传诣单于。单于曰："月氏在吾北，汉何以得往使？吾欲使越，汉肯听我乎？"留骞十余岁，予妻，有子，然骞持汉节不失。

居匈奴西，骞因与其属亡向月氏，西走数十日，至大宛。大宛闻汉之饶财，欲通不得，见骞，喜，问欲何之。骞曰："为汉使月氏而为匈奴所闭道，今亡，唯王使人道送我。诚得至，反汉，汉之赂遗王财物不可胜言。"大宛以为然，遣骞，为发译道，抵康居。康居传致大月氏。大月氏王已为胡所杀，立其夫人为王。既臣大夏而君之，地肥饶，少寇，志安乐，又自以远远汉，殊无报胡之心。骞从月氏至大夏，竟不能得月氏要领。

留岁余，还，并南山，欲从羌中归，复为匈奴所得。留岁余，单于死，国内乱，骞与胡妻及堂邑父俱亡归汉。拜骞太中大夫，堂邑父为奉使君。

骞为人疆力，宽大信人，蛮夷爱之。堂邑父胡人，善射，穷急射禽兽给食。初，骞行时百余人，去十三岁，唯二人得还。

骞身所至者，大宛、大月氏、大夏、康居，而传闻其旁大国五六，具为天子言其地形，所有。

骞曰："臣在大夏时，见邛竹杖、蜀布，问安得此，大夏国人曰：'吾贾人往市之身毒国。身毒国在大夏东南可数千里。其俗土著，与大夏同，而卑湿暑热。其民乘象以战。其国临大水焉。'以骞度之，大夏去汉万二千里，居西南。今身毒又居大夏东南数千里，有蜀物，此其去蜀不远矣。今使大夏，从羌中，险，羌人恶之；少北，则为所得；从蜀，宜径，又无寇。"天子既闻大宛及大夏、安息之属皆大国，多奇物，土著，颇与中国同俗，而兵弱，贵汉财物；其北则大月氏、康居之属，兵疆，可以赂遗设利朝也。诚得而以义属之，则广地万里，重九译，致殊俗，威德遍于四海。天子欣欣以骞言为然。乃令蜀犍为发间使，四道并出：出駹，出莋，出徙，邛，皆各行一二千里。其北方闭氐、莋，南方闭巂、昆明。昆明之属无君长，善寇盗，辄杀略汉使，终莫得通。然闻其西可千余里，有乘象国，名滇越，而蜀贾间出物者或至焉，于是汉以求大夏道始通滇国。初，汉欲通西南夷，费多，罢之。及骞言可以通大夏，乃复事西南夷。

骞以校尉从大将军击匈奴，知水草处，军得以不乏，乃封骞为博望侯。是岁元朔六年也。后二年，骞为卫尉，与李广俱出右北平击匈奴。匈奴围李将军，军失亡多，而骞后期当斩，赎为庶人。是岁骠骑将军破匈奴西边，杀数万人，至祁连山。其秋，浑邪王率众降汉，而金城、河西西并南山至盐泽，空无匈奴。匈奴时有候者到，而希矣。后二年，汉击走单于于漠北。

天子数问骞大夏之属。骞既失侯，因曰："臣在匈奴中，闻乌孙王号昆莫。昆莫父难兜靡本与大月氏俱在祁连、敦煌间，小国也。大月氏攻杀难兜靡，夺其地，人民亡走匈奴。子昆莫新生，傅父布就翎侯亡置草中，为求食，还，见狼乳之，又乌衔肉翔其旁，以为神，遂归匈奴，单于爱养之，及壮，以其父民众与昆莫，使将兵，数有功。时，月氏已为匈奴所破，西击塞王。塞王南走远徙，月氏居其地。昆莫既健，自请单于报父怨，遂西攻破大月氏。大月氏复西走，徙大夏地。昆莫略其众，因留居，兵稍疆，会单于死，不肯复朝事匈奴。匈奴遣兵击之，不胜，益以为神而远之。今单于新困于汉，而昆莫地空。蛮

夷恋故地，又贪汉物，诚以此时厚赂乌孙，招以东居故地，汉遣公主为夫人，结昆弟，其势宜听，则是断匈奴右臂也。既连乌孙，自其西大夏之属皆可招来而为外臣。"天子以为然，拜骞为中郎将，将三百人，马各二匹，牛羊以万数，赍金币帛直数千钜万，多持节副使，道可便遣之旁国。骞既至乌孙，致赐谕指，未能得其决。语在《西域传》。骞即分遣副使使大宛、康居、月氏、大夏。乌孙发译道送骞，与乌孙使数十人，马数十匹，报谢，因令窥汉，知其广大。

骞还，拜为大行。岁余，骞卒。后岁余，其所遣副使通大夏之属者皆颇与其人俱来，于是西北国始通于汉矣。然骞凿空，诸后使往者皆称博望侯，以为质于外国，外国由是信之。其后，乌孙竟与汉结婚。

司马迁传

——《汉书》卷六二

【说明】司马迁（前145－?），字子长，汉左冯翊夏阳（今陕西韩城）人，是伟大的史学家、思想家、文学家。其父司马谈是汉代第一任太史令。在家庭的影响和自己的努力下，司马迁自幼受到古代文化的陶冶，为继任史官打下了坚实基础。父亲去世之后，司马迁决心继承他的遗愿，写完父亲已经动笔了的史书。在写作的过程中，发生了司马迁为李陵辩护的事件；为了自己的事业，他隐忍苟活，接受了官刑。这不能忍受又必须忍受的残酷打击，使他的思想发生了深刻的转变，极大的影响了他的写作。司马迁最终完成的史书当时称为《太史公书》，后人称为《史记》。它是一部百科全书似的通史。《史记》采用的体裁后人称为纪传体，包括本纪、表、书、世家、列传五大部份。本纪主要是选择能左右天下大局的代表人物为主体，与政治上的大事，连续而集中地展示三代至汉武时期的兴衰更迭。表是用谱牒的形式，条理历史大事。本纪和表都是以时间为顺序，起提纲挈领的作用。书是以事为类，主要记录各项典章制度的发展过程，具有专史的性质。世家是记载诸侯、勋贵和对社会起过比较突出作用的人物及大事，兼用编年和列传的写法。列传主要是人物传记。这五种体裁各自为用，又交织配合，相辅相成，构成了一个完整的记述人类社会史的体系。这是《史记》的首创。此后我国所有"正史"，虽各有变通，但其基本表达形式都采用了这种纪传体。《史记》贯穿着"实录"精神，努力从客观的历史过程中去把握历史的实际联系。因此，就整个《史记》说，表现出了一种进步的历史观，至今闪烁着耀眼的光辉。《史记》又是一部优秀的文学作品，它把历史再现为一幅幅色彩斑斓、威武雄壮的活生生的图画，洋溢着感人肺腑的巨大艺术力量。司马迁是"历史学之父"，在世界史学史上也占有十分显要的地位。

　　在遥远的颛顼时代，任命南正重主管有关天的事务，任命火正黎主管有关地的事务。陶唐氏与有虞氏相交的时候，让重、黎的后人继承重、黎的事业，重新掌管与天、地有关的事务，一直到夏朝和商朝都是这样，所以重、黎氏世世代代管理天、地的事情。重、黎氏在周朝，程伯休父是他们的后人。当周宣王的时候，重、黎氏失去了管理天、地事务的职掌而成为了司马氏。司马氏世代掌管周朝的史事。周惠王与周襄王承继之间，司马氏迁到了晋国。晋中军将会逃奔魏地，司马氏因而进入了少梁。

　　从司马氏离开周室迁到晋国，（其宗族）就分散开了，有的在卫，有的在赵地，有的在秦地。在卫地的，当了中山国的相。在赵地的，以传授剑术的理论而出名，司马蒯聩是他们的后人。在秦国的是司马错，他与张仪争论，于是秦惠王派他率兵伐蜀，灭了蜀国，因而就地戍守。司马错的孙子司马靳，在武安君白起手下做事。这时候少梁更名叫夏阳。司马靳与武安君白起坑杀了赵国兵败长平的军队，回去以后二人都在杜邮这个地方被赐死，葬在华池。司马靳的孙子司马昌，担任了秦王的铁官。当秦始皇的时候，司马蒯聩的玄孙司马卬为武信君的将军而去攻取朝歌。诸侯们相继为王，司马卬被（项羽）封为殷王。汉朝讨伐楚霸王时，司马卬归降了汉朝，汉朝以他原先的封地建立了河内郡。司马昌生了司马毋泽，司马毋泽为汉（长安四市）的一个市长。司马毋泽生了司马喜，司马喜爵为五大夫，去世后安葬在高门。司马喜生了司马谈，司马谈担任了太史公。

太史公司马谈在唐都那里学习天文，在杨何那里接受《易》（的教育），在黄生那里学习道家理论。太史公是在建元、元封年之间的时候担任这个职务的，他责备学者们不彻底理解各家的思想而被各派师法所困惑，就论述六家的要旨说：

《易大传》说："为使天下达到同一目标而有一百种设想，相同的归宿但道路不同。阴阳、儒、墨、名、法、道德诸家，这些都是努力于治理社会的，只是他们学说的思路不一样，有的能省察有的不能省察罢了。我曾私下观察阴阳家的学术，众人忌讳重大的吉凶预兆，使人拘束而多有畏惧，但是它管理的四季的顺序变化，是不可错过的。儒学学者博学但不得要领，劳而少功，所以他们所主张的事情难以完全遵从，但是他们讲叙的群臣父子之间的礼仪，罗列的夫妇长幼之间界线，是不可变改的。墨学学者的节俭难以遵从，所以他们所主张的事情不可尽用，但是他们所说的强本节用的道理，是不可废弃的。法家严格而缺少恩情，但是他们理顺君臣上下的名分，是不可更改的。名家让人简朴而容易失去真实，但它强调名称与实在的区别和联系，是不可不省察的。道家使人精神专一，展开和闭合都没有形状，哺养万物，它的学术构成，遵循阴阳家对四季顺序变化的主张，采纳了儒家和墨家的长处，吸收了名家和法家的要点，随着时代的发展而发展，针对不同的事物而变化，建树习俗办理事务，没有不恰当的，它的宗旨简约而容易实施，办事少而见效多。儒学学者则不然，认为皇上是天下的仪表，君主倡导臣下就要拥护，君主在先臣下应

该随后。这样一来，君主烦劳而臣下则轻松了。至于对重大问题的主张，则远离贤人，废黜智慧，放弃这些而仅用自己的学术。我们知道，精神耗费多了就会枯竭，形体太劳累了就会凋散；精神和形体很早就衰颓了，想要与天地一样长在久存，这种事情还没听说过。

阴阳家主张，四季、八卦位、黄道的十二度、二十四节令各有处理的原则，而说（对这些原则）顺之者昌、逆之者亡则未必然，所以（我）说他们"使人拘束而多有畏惧"。春天播种夏天成长，秋天收获冬天收藏，这是天体运行的规则，不顺应就无法制订天下纪纲，所以（我）说"四季的顺序变化，是不可错过的"。

儒学学者，以（《礼》、《乐》、《尚书》、《诗经》、《易》、《春秋》）六艺为原则，阐释它们的疏传成千上万，一辈子也不能把它们弄懂，一年内连对其礼法也不能全搞清楚，所以（我）说他们"博学而不得要领，劳而少功"。如果说他们罗列的君臣父子之间的礼仪，讲述的夫妇长幼之间的界线，虽然让一百个学派（来论辩）也是不能变改的。

墨家学者也崇尚尧、舜，他们阐述自己的德行说："堂屋（屋基）只要三尺高，土阶只要三级，盖房子的茅草不要剪整齐，木椽子不要修整；用土锅烧饭，用土碗盛羹，吃粗米，喝菜汤；夏天穿葛藤制的衣服，冬天穿鹿皮衣。"他们为人送终，只用三寸厚的桐木棺材，哭丧不能完全表达自己的悲哀。他们教授丧礼，固执地要用这一套作为万民的表率。所以天下如果都这样，那么尊卑就没有区别了。社会不同时代发展了，做的事情就不必相同，所以说"（他们的）节俭难以遵从"。总的说来他们主张的强本节用，是人给家足的原则。这是墨子学说的长处，虽然让一百个学派（来论辩）也不能废弃的。

法家不区别亲疏关系，不划分贵贱，只依据法令来决断，就使得亲近亲人、尊重尊贵的恩情断绝了，这可以为一时之计，而不能长久作用，所以（我）说它"严格而缺少恩情"。若论主尊臣卑，明分职守不相逾越，即使让一百个学派（来辩论）也不能废弃。

名家要求苛刻，使人不能违反它的意旨，一切以名为准则，有失人情，所以说："使人简约但容易失去真实。"假若说到他们主张的引名责失，处理错综复杂的事情不犯错误，这些都是不可不省察的。

道家主张无为，又叫无所不为，它的具体主张容易实行，它的言辞难以理解。它的学术以虚无为根本，以因循自然为功用，没有既成的形势，没有固定的方式，所以能够彻底推求万事万物情况。它不先于物也不后于物，所以能够成为万物的主宰。有一定的法则又没有凝固的法则，只因时事的变化推行自己的事业；有一定的界线又没有凝固的界线，只因事物的情况决定兴起或废弃，所以说"圣人没有机巧，只是遵守顺应时变罢了"。虚是道的常理，顺应它是君主的纲领。群臣一起到来，让他们各自阐明（自己的主张），其中确实名实相符的叫做端（正），确实虚有其名的叫做款。不听叫做款的这种人所说的话，奸就不会产生，贤德和不肖之人就自然分开了，白色还是黑色就显现出来。（剩下的事）就在你想怎么使用了，有什么事办不成呢？于是遵循最基本的法则，混混冥冥（任其自然）；照耀天下，返复往还不计较名称。大凡人有生命是因为有精神存在，所依附的则是形体。精神使用过度就会衰竭，形体过度劳累了就会凋散，形体和精神分离

开就会死亡。死去了的不能再恢复生命，离分了的不可能再结合，所以圣人看重（神与形）。由此看来，精神是生命的根本，形体是生命的躯壳。不先确定精神与形体（的关系和地位），就说"我有（理论）去治理天下"，请问根据什么呢？

太史公司马谈已掌管了天文事务，就不负责民众的事。他有个儿子名叫迁。

司马迁出生在龙门，在龙门山之南黄河的北岸以耕牧为业，十岁时就开始诵读古文。他二十岁的时候就南游江淮，上会稽山，探寻禹穴，远望九疑山，泛舟沅水和湘水；又北涉汶水和泗水，在齐、鲁的都市讨论学业，观察孔子的遗风，在邹县和峄山参加乡射之礼；到蕃县、薛城和彭城时司马迁旅费缺乏，就取道梁、楚返回了。这时候司马迁当了郎中，奉皇上之命出使巴、蜀以南，巡视了邛、筰、昆明等地，回到长安复命。

这一年，天子汉武帝举行了汉朝的第一次封禅大典，但太史公司马谈留滞在洛阳，没有能跟随武帝去执行封禅的职事，在悲愤中去世。（司马谈弥留之际）司马迁则好从西南回来，在黄河与洛阳之间见到了父亲。太史公司马谈拉着司马迁的手哭泣着说："我的先祖，是周朝的太史。从远古开始，就曾经在有虞氏和夏朝的时候立功扬名，职掌天文的事务。到后代就衰落了，难道要从我这里断绝么？你继任太史，就是延续我们先祖的事业了。现在天子承接千年的统绪，封禅泰山，而我不得随行，是我的命（不好）呵！命（不好）呵！我死去之后，你必定要当太史；当了太史之后，不要忘了我想写的著作呵。孝道，是从服事亲人开始，经过为皇上做事，最终达到卓然自立；扬名于后世，使父母显荣，这是最大的孝。天下赞扬周公，说他能宣扬歌颂周文王、周武王的德行，讲解《周南》、《召南》等《诗经》中的国风，表达太王、王季的思虑，一直追溯到公刘，以尊崇（周的始祖）后稷。周幽王、厉王之后，王道残缺，礼乐制度衰落了，孔子修旧起废，论述《诗经》、《尚书》，作《春秋》，学者们至今都把他当作典范。自从获麟年以来四百多年，诸侯相互兼并，史书就绝灭了。现今汉朝兴起，海内一统，明主贤君，忠臣义士（不少），我身为太史而不记载评论这些，废弃了事关天下的文字，我太害怕（承担这个重大责任）了，你一定要时刻想着这事呵！"司马迁低着头泪流满面地说："儿子虽然不敏捷，还是要请求父亲允许我将父亲已经整理好的史事加以裁断，不敢有所缺漏。"司马谈去世后三年，司马迁当了太史令，便在朝廷的石室金匮藏书中搜集材料。司马迁任太史令后五年是太初元年，这年的十一月甲子日是朔日，早上冬至，改（原用的颛顼历而）行太初历，在明堂中颁布新历，祭祀诸神。

太史公司马迁说："我的父亲说过：'自周公去世后五百年而出了孔子，从孔子至现在已经五百年了，一定有继承发扬孔子事业的人（出来），以《易传》为本，继承《春秋》，以《诗经》、《尚书》、《礼》和《乐》为基础。'这话的意思不正在这里么！这话的意思不正在这里么！作为儿子我怎么敢推让呢！"

上大夫壶遂问："过去孔子为什么要作《春秋》呢？"司马迁说："我听董仲舒先生说：'周朝的制度被破坏了，孔子担任鲁国的司寇，诸侯加害于他，大夫干扰他。孔子知道当时社会不重用他，自己的理论得不到实行，于是就评论春秋时期二百四十二年的是非曲直，作为天下法式，贬损诸侯，批评大夫，以阐明君王应该做的事情罢了。'他老人家说：'我与其写抽象的理论，还不如（把自己的思想）表现在能充分显现（我的思想的）事实之中。'《春秋》上阐明了三王的法则，下理清了人事的纲纪，阐明疑惑难明的事理，明白是非，确定犹豫，赞美善行憎恶丑恶，推崇贤人轻视不肖之人，保存已经灭亡了的国家，延续已经断绝的世系，修补弊端兴起被废弃（了的制度），这是君王最重大的法则。《易》叙述的是天地阴阳四时五行，所以它的长处在变化之道；《礼》为人确定规则，所以它的长处在可以施行；《尚书》记载了先王的事情，所以它的长处在政治方面；《诗经》记载了山川、溪谷、禽兽、草木、牝牡、雌雄等，所以它的长处在讽谏；《乐》是快乐所得以产生的根据，所以它的长处在协和；《春秋》分辨是非，所以它的长处在对人进行管理。所以说《礼》是节制人的，《乐》是启发协和的，《尚书》是记事的，《诗经》是表达意愿的，《易》是阐述变化的，《春秋》是讲义理的。拨乱反正，没有比《春秋》更有用了。《春秋》文字数万，旨意有数千，万物的聚散之理都在《春秋》（中说明了）。《春秋》之中，弑君有三十六次，亡国有五十二个，诸侯奔走还是不能保住社稷的不可胜数。考察其中的原因，都是丧失了根本。所以《易》中说'差之毫厘，谬以千里'，因此'臣弑君，子弑父，不是一朝一夕的原故，是由来已久的'。拥有国家的人不可以不知道《春秋》，（不然）在自己的面前有言就听不见，自己背后有贼人就不能觉察。为臣的人不可以不知道《春秋》，（不然）坚持大政方针而不知道它（如何）恰当，遇到事情变化了而不知道对它（如何）权衡。做君主和父亲的如果不通晓《春秋》的义理，一定会承担首恶的罪名。做臣下和儿子的如果不通晓《春秋》的义理，一定会陷入篡位、弑杀君父的死罪。事实上他们都自以为是在做好事，但是不知道义理，一旦把道理讲出来他们就不敢推卸罪责了。不通礼的意义的大旨，就会（坏）到君主不像君主，臣下不像臣下，父亲不像父亲，儿子不像儿子的程度。君主不像君主就会被臣下冒犯，臣下不像臣下就会被诛杀，父亲不像父亲就没有原则，儿子不像儿子就会不孝。这四种行为，是天下最大的过错。用天下最大的过错来责备他们，他们是只好接受而不敢反驳的。所以说《春秋》是礼的意义的本原。礼在事情发生之前起阻止作用，法在事情发生之后才施行，所以法的功用显而易见，而礼所起的阻止作用就连那些禁止（败坏行为）的人也难以明白。"

壶遂说："在孔子那时候，上没有明君，下面的人得不到任用，所以他作《春秋》，把平铺直述的文章用礼义作为标准加以批评取舍以垂示后代，当作一统之王的法则。现在先生您上遇圣明的天子，下得以各守其职，万事具备，都各自遵循与自己身份相称的原则行动，先生所要论述的，想要说明什么呢？"太史公司马迁说："先生说得对，也说得不对，道理不能这样说。我听我的父亲说过：'虑戏非常纯厚，作了《易》的八卦。尧舜时代的繁盛，《尚书》里有记载，礼、乐创造出来了。商汤和周武王的兴隆，诗人们吟咏歌唱。《春秋》采录善行贬斥恶行，推崇三代的德行，褒扬周室，不仅仅只有讥刺而已。'汉朝兴起以来，直到如今圣明的天子，获得了符瑞，进行了封禅，改了历法，变了服装的颜色，受天命而政清人和，恩泽无边，海外不同风俗、相隔数国的国家都派人来叩击塞门，请求进献珍宝晋见皇上的，不可胜言。臣下百官努力歌颂皇上的德行，还不能完全表达自己的心意。而况贤能的士人，倘若得不到任用，是有国家的人的耻辱；皇上圣明，德行得不到传扬，是官吏们的过错。并且我职掌史官，倘若废毁了皇上的圣明盛德不记载下来，灭没功臣、贤大夫的建树不加以叙述，毁弃了我父亲的话，就没有比这再大的罪过了。我所做的只不过是叙述以往的事情，整理与它们有关的传世材料，并非是创作，而先生把我写的东西比作《春秋》，那就错了。"

于是，司马迁开始写作。十年之后他因为为李陵投降匈奴的事辩护而遭到灾祸，被囚禁起来，就喟然叹息说："这是我的罪过呵！我的

身体短少了已经是无用之人了！"他退一步深思说："《诗经》和《尚书》透露出来的忧愁屈怨，是为实现自己理想的思绪呵。"于是，他叙述从陶唐氏以来、到汉武帝获麟那年为止的历史；他把黄帝作为历史的开端。（全书目录）本纪为《五帝本纪》第一，《夏本纪》第二，《殷本纪》第三，《周本纪》第四，《秦本纪》第五，《始皇本纪》第六，《项羽本纪》第七，《高祖本纪》第八，《吕后本纪》第九，《孝文本纪》第十，《孝景本纪》第十一，《今上本纪》第十二；表的次序是，《三代世表》第一，《十二诸侯年表》第二，《六国年表》第三，《秦楚之际月表》第四，《汉诸侯年表》第五，《高祖功臣年表》第六，《惠景间功臣年表》第七，《建元以来侯者年表》第八，《王子侯者年表》第九，《汉兴以来将相名臣年表》第十。书的次序是：《礼书》第一，《乐书》第二，《律书》第三，《历书》第四，《天官书》第五，《封禅书》第六，《河渠书》第七，《平准书》第八。世家的次序是，《吴太伯世家》第一，《齐太公世家》第二，《鲁周公世家》第三，《燕召公世家》第四，《管蔡世家》第五，《陈杞世家》第六，《卫康叔世家》第七，《宋微子世家》第八，《晋世家》第九，《楚世家》第十，《越世家》第十一，《郑世家》第十二，《赵世家》第十三，《魏世家》第十四，《韩世家》第十五，《田完世家》第十六，《孔子世家》第十七，《陈涉世家》第十八，《外戚世家》第十七，《楚元王世家》第二十，《荆燕王世家》第二十一，《齐悼惠王世家》第二十二，《萧相国世家》第二十三，《曹相国世家》第二十四，《留侯世家》第二十五，《陈丞相世家》第二十六，《绛侯世家》第二十七，《梁孝王世家》第二十八，《五宗世家》第二十九，《三王世家》第三十。列传的次序为，《伯夷列传》第一，《管晏列传》第二，《老子韩非列传》第三，《司马穰苴列传》第四，《孙子吴起列传》第五，《伍子胥列传》第六，《仲尼弟子列传》第七，《商君列传》第八，《苏秦列传》第九，《张仪列传》第十，《樗里甘茂列传》第十一，《穰侯列传》第十二，《白起王翦列传》第十三，《孟子荀卿列传》第十四，《平原虞卿列传》第十五，《孟尝君列传》第十六，《魏公子列传》第十七，《春申君列传》第十八，《范睢蔡泽列传》第十九，《乐毅列传》第二十，《廉颇蔺相如列传》第二十一，《田单列传》第二十二，《鲁仲连列传》第二十三，《屈原贾生列传》第二十四，《吕不韦列传》第二十五，《刺客列传》第二十六，《李斯列传》第二十七，《蒙恬列传》第二十八，《张耳陈余列传》第二十九，《魏豹彭越列传》第三十，《黥布列传》第三十一，《淮阴侯韩信列传》第三十二，《韩王信卢绾列传》第三十三，《田儋列传》第三十四，《樊郦滕灌列传》第三十五，《张丞相仓列传》第三十六，《郦生陆贾列传》第三十七，《傅靳蒯成侯列传》第三十八，《刘敬叔孙通列传》第三十九，《季布栾布列传》第四十，《爰盎朝错列传》第四十一，《张释之冯唐列传》第四十二，《万石张叔列传》第四十三，《田叔列传》第四十四，《扁鹊仓公列传》第四十五，《吴王濞列传》第四十六，《魏其武安列传》第四十七，《韩长孺列传》第四十八，《李将军列传》第四十九，《卫将军骠骑列传》第五十，《平津主父列传》第五十一，《匈奴列传》第五十二，《南越列传》第五十三，《闽越列传》第五十四，《朝鲜列传》第五十五，《西南夷列传》第五十六，《司马相如列传》第五十七，《淮南衡山列传》第五十八，《循吏列传》第五十九，《汲郑列传》第六十，《儒林列传》第六十一，《酷吏列传》第六十二，《大宛列传》第六十三，《游侠列传》第六十四，《佞幸列传》第六十五，《滑稽列传》第六十六，《日者列传》第六十七，《龟策列传》第六十八，《货殖列传》第六十九。

汉朝继承了五帝的余脉，承继了被断绝了的三代的事业。周朝的学说衰落了，秦朝抛弃了古文，焚灭了《诗》、《书》，所以明堂、石

室、金匮的玉版、图书散乱。汉朝兴起之后，萧何整理律令，韩信申明军法，张苍建立章程，叔孙通拟定礼仪，文章学术就文质兼备有所进步，散佚了的《诗》、《书》常常相继出世。自从曹参推荐盖公讲黄老之学，而贾谊、朝错阐明申不害、韩非的理论，公孙弘以崇尚儒学而显贵，百年之间，天下的遗文古事没有不集中在一起的。太史公是父子相袭掌理编纂史书的职务，司马谈曾说"呵哟！我的先人曾职掌这事，在唐、虞之世就有名气。到了周朝，又重新典理此事。所以司马氏一族世代以来都主管天官，到了我这一辈，要恭敬地记住这事呵！"（于是司马迁）网落天下散佚了的旧事，考察帝王事业兴起的线索，推究它的发端观察它的结果，审视它的兴盛追究它的衰落，议论和考证事迹，略述三代，记录秦、汉，上从轩辕黄帝起，下到当代为止，著作了十二本纪，写出了历史的主要线索。有同时的，有异世的，年代有差别不易辨明，就作了十表。礼、乐制度历代有增有减，律、历有改变，兵书、山川、鬼神，天与人之间的关系，为了表明其承敝通变的情况，就作了八书。二十八宿环绕北极星，三十辐条共同装在一根轴上，运行无穷，辅弼股肱之臣配合（着帝王），忠诚、信义、推行天道以事奉主上，所以作三十世家。申张正义卓绝不凡、不让自己失去了时机，立功名于天下（的人很多），所以作了七十列传。总共一百三十篇，五十二万六千五百字，名为《太史公书》。其序文大体说，这部书是为了网落遗失补充六艺的；它构成了一家之言，协调了对六经不同的解说，整齐了百家杂乱的意见；这部书的原本藏名山，副本在京都，以等待后来的圣人和君子们（观览）。这些都是书中的列传第七十，司马迁的《自叙》所说的。（现在，《太史公书》）有十篇缺佚了，只剩下目录而没有正文。

司马迁受腐刑之后，担任了中书令，这是个受人尊敬很受皇上宠信的职位。他的朋友益州刺史任安给他写信，用古代贤臣的标准责备他。司马迁回信说：

少卿先生：以前有辱您写信给我，教导我努力慎重地处理各种关系，推贤进士，意义殷勤诚恳，仿佛是怨我不按照老师的教导去做，而让俗人的言语左右了我的志向。我是不敢如此去做的。我虽极其愚钝，也曾经从侧面听说过长者遗风。只是我身残处秽受着感情的折磨，动辄得咎，想加倍地检点自己，所以精神抑郁而跟谁也不说什么。谚语说：可为作之，令谁听之?"钟子期死后，伯牙终身不再鼓琴，这是为什么？这是因为士为知己者死，女为悦己者容。像我这样一个本质上已有亏缺的人，虽怀着随侯珠、和氏璧一样美好的才能，德行跟许由、伯夷一样，最终也不能得到荣光，只不过足以使人发笑而自己使自己遭受到玷污而已。

本来很早就应回您的信，不巧遇到我随皇上从东方归来，又被不足道的事情所纠缠，与您相见的时间很短，匆匆忙忙没有一点机会得以完全说明我的意见。现在少卿先生遭受到预想不到的罪罚，过一个月，已经是接近季冬，我又要跟从皇上到雍地去，恐怕先生您猝然之间不能与我见面了。如若是这样，我就终究不得把我的忧愤烦闷向接近我的人抒发，而与我永别者的魂魄将怀着无穷无尽的私恨。请求您允许我陈述我浅陋的看法。我很久没回信给您请您不要埋怨我。

我听说，修身的人是智慧的聚集之所，喜欢施舍的人是仁的开端，收受与给予（恰当）的人是义的标准，（懂得）耻辱的人是勇敢的基础，立名的人是人的作为的最高追求。士人具备了以上五种德行，然后就可以依于社会，被列入君子之列了。所以就灾祸说没有比追求功利更使人痛心的人，就悲伤说没有比伤了心更使人痛苦了，就行为说没有比侮辱先人更丑恶的人，而就耻辱说没有比受宫刑更大的耻辱了。受了宫刑的人，没有什么可相比的，不是一个时代是这样，已经是由来已久的了。昔日卫灵公与雍渠同车，孔子去到了陈国；商鞅依靠景监面见（了秦孝公），赵良就感到寒心；赵谈做了参乘，爰丝满脸不高兴，自古以来都以这样的事为耻辱。有中等才能的人，有事与宦相关，就莫不伤心气恼，更何况慷慨之士呢！现在朝廷虽然缺乏人才，怎么可以让刀锯之余（的我）去推荐天下的豪雄俊杰呢！我依赖承继先人的事业，得以待罪于皇上的辇毂之下，到现在已经二十多年了。所以我自思：对上说来，我不能怀忠效信，得到献奇策、出大力的赞誉，与皇上搞好关系；其次，我又不能拾遗补阙，招贤进能，使岩穴之士等以显露；就朝廷之外说，我不能作为军队的一员，去攻城野战，建立斩将搴旗的功劳；就最低要求说，我也不能累日积劳，取得尊官厚禄，为宗族结交达官贵人。以上四方面，我没有一样事是做得到的；我苟合取容，对各方面都无所贡献，从这里可以看出来。过去，我也曾经侧身于下大夫之列，陪着外廷议论些细枝末节的事。不在那时候引进维纲护纪之人，竭尽我的思虑，现在我已亏损了形体为打扫清洁的奴仆，在猥贱的人当中，想昂首扬眉，来论列是非，不是太轻视朝廷，羞辱当今的士人了吗！呵哟！呵哟！像我这样的人，还有什么话可说啊！还有什么话可说啊！

　　而且事情的本末是很难辩明的。我少年时自负于不羁之才，长大了后没有得到家乡人的称赞，皇上因为我先人的原因照顾我，使我得以凭浅薄的才学，出入于防卫周密的宫廷之中。我认为头上戴着盆是怎么也看不见天的，（不可有更大的奢望）所以我断绝了和宾客之间的往来，忘却了家室的生计事业，日日夜夜想竭尽我不成器的才力，一心一意致力于我的职守，以讨得皇上的欢心。但事情完全违背主观愿望。我与李陵都在朝廷供职，素来不是朋友，兴趣爱好各不相同，从未有过举杯戏酒殷勤款待的欢聚。但是我观察他的为人，认为他是无可争议的奇士，他事奉长辈遵循孝道，与士人相交以信为本，面对财物表现廉洁，取得与给予都以义为标准，对身份职别表现出谦让，对下人很客气，常常想奋不顾身以赴国家的急难。这些高贵的品德都是他平素间所积累起来的，我认为他有国士之风。为臣的人出生入死不顾自己一生的长远之计，赴公家之难，这已经奇特了。而今一件事情办得不妥当，那些苟且偷生护妻保子的臣子们紧跟着就牵连生事造谣中伤，我实在是心痛极了！而且李陵率领的步兵不到五千人，深入敌人后方，足迹经过了匈奴的王庭，垂饵虎口，往西向强大的胡人挑战，昂对匈奴的亿万之师，与单于连续作战了十多天，（就李陵军队的人数而言）杀掉的敌人之多已超过了自己的能力。匈奴连救死扶伤都来不及，穿制衣服的君长们都震恐了，就全部征集左右贤王属部，征发凡是能骑马射箭的百姓，倾一国之力共同围攻李陵。李陵转战千里，矢尽道绝，救兵又没有到，士卒伤者相堆积。但是李陵只要一呼唤已疲劳的军队，战士们没有不奋起的，他们弯着身子流着眼泪，抚着流血的伤暗自饮泣，拉开没有上箭的弓，顶着雪亮的刀刃，面对北方与敌人死战。李陵还没去世之前，有使者回来报告，汉朝的公卿王侯都捧酒祝贺皇上。几天后，李陵战败的事被奏闻于朝廷，皇上为之食不甘味，听政时很不高兴。大臣们忧愁恐慌，不知计从何出。我不自量个人卑贱的地位，见

皇上惨淡悲恸，真心想用我忠实诚恳的愚陋报效皇上。我认为李陵平素间与士大夫相处就同甘共苦，所以能让人为其拼死，虽然是古代的名将也超不过他。他虽然陷于失败，但看他的意图，是想得到机会而报效汉朝。事情已到了无可奈何的地步，但他所摧毁战败的战绩，功劳也足以显露于天下了。我心里怀着这个意见想上陈皇上，但没有门路。恰好遇到皇上召问，就根据这个思路推崇李陵的功劳，想以此开扩皇上的思路，堵塞小怨小忿引起的不实之辞。我还没完全说明，皇上没很好考虑，就认为我是在攻击两师将军而为李陵游说，于是就把我下发到司法官审问。我的拳拳忠心，终究不能自陈。因为认定我诬上之罪，最后就让狱吏们去议论量刑。我家贫穷，所有的财产不足以自赎其身，朋友们没有来救援的，左左右右亲近的人都不为我说一句话。身体不是木石，我独自与法吏为伍，深深地囚禁在监牢之中，向谁去诉说我满腹的心酸呵！这些事都是您少卿先生亲自见到的，我的行为难道有什么不对吗？李陵既然投降，败坏了他家的名声，而我又被推进了蚕食，再次被天下人笑话。太可悲了！太可悲了！

　　事情不容易给俗人说明白。我的先人没有享受剖符丹书的功，做掌管文史星历的史官，地位与卜人巫祝相近，只是供主上所戏弄，当着优伶一样养蓄着罢了，为社会所轻视。如果我伏法受诛，若九牛失去一毛，与蝼蚁有什么区别？而且社会上又不把我的死与为气节而死等量齐观，不过认为是我智穷罪极，不能自免，只好就死罢了。这是为什么？这是平日里自己立志造成的。人固有一死，死有重于泰山，或轻于鸿毛，不同的选择有不同的结果。最好是不辱没先人，其次不辱没自己的身份，其次不辱没义理名份，其次不辱没辞令，其次是屈体受辱，其次换了服装受辱，其次是带枷绳被杖击受辱，其次是剃去毛发打上金印受辱，其次是毁坏肌肤折断肢体受辱，最下等的侮辱是腐刑，这就到了极点了！《传》上说："刑不上大夫。"这话是说士人的气节不可不磨砺，猛虎在深山，百兽震恐，到落入陷井之中，就只能摇尾乞食，它的威风被欺诈制约了。所以士人们知道，即便是画地为牢也不能入，即使是木头做的狱吏也不能跟他对话，做出这种决定是因为道理太明显了。现在我手足交叉，被绳索，暴露肌肤，受击，被禁锢在环墙之中，这时候，看见狱吏就低头撞地，徒隶出现我就心中恐惧，这是为什么？威风被权势所制约了。到了这个时候，说没有受辱的人，就是所谓的勉强装样子罢了，有什么值得尊敬的呢？而且，西伯，是伯，被拘于牖里；李斯，是相，被施了五刑；淮阴侯韩信，是王，在陈地被桎梏；彭越、张敖南面称孤，或系于狱或治大罪；绛侯诛杀了吕后一党，权倾五霸，结果被囚在关押有罪官吏的牢狱中；魏其，是大将，穿上了赭色的衣服，颈、手、足三处都上了枷锁；季布（这样一个有作为的人）成了朱家的钳奴；灌夫受辱之后只好居住在家里。这些都是身居王侯将相，名声远扬邻国的人，到了犯罪受到法律制裁的时候，不能自杀对自己进行裁决。在茫茫尘世之中，古今都是一样的，怎么能不受侮辱呢！这样看来，勇敢和怯弱，是人所处环境和地位决定的；强与弱，是形势所使然。道理确实是这样的，有什么奇怪的呢！而且人不能及早规范自己的行为，已经落到置身于鞭棰之间时，才想引荐有节操的人，这不是太离谱了吗？古人所以难以对大夫施用刑法，大概就是这个原因吧。就人情说没有不贪生怕死、思念亲戚、眷念妻子儿女的，而被义理所激发的人却不然，他们有不得已的时候。我是不幸的，太早地失去了双亲，没有兄弟间的亲

爱，独身孤立，少卿先生把我当作您最亲近的人怎么样呢？而且勇敢的人未必都是为殉节而死，怯懦的人钦慕义，就没有什么地方不以义理激励自己！我虽然怯弱想苟且偷生，也很知道去就的界线，为什么会陷入牢狱囚禁的耻辱之中不能自拔呢？而且即使奴婢侍妾也能引咎自裁，何况像我处于这种不得已境地的人呢！我所以隐忍苟活，被淹埋在粪土之中而不辞，是因为怀恨自己的心愿有没有实现的，鄙视被世事所淹没而我的文采不能遗留给后人。

古代富贵的人而名字被磨灭了的，不可胜记，只有倜傥非常之人得以显身扬名。大概说来，西伯被拘之后而演绎了《周易》；仲尼受厄而作《春秋》；屈原被放逐，就赋了《离骚》；左丘失明，就写了《国语》；孙子的脚受了膑刑，就写了《兵法》；吕不韦被放逐到蜀，世间就流传了《吕览》；韩非被秦国所囚，就作了《说难》、《孤愤》。《诗经》的三百篇，大约都是贤圣的发愤之作。以上这些人都是因为思想有郁结之处，弄不通其中的道理，所以叙述往事，思考未来。像左丘明眼睛看不见，孙子被断了脚，终究得不到任用，只好引退写文作书以舒发自己的悲愤，想留下文章以自表其志。我私下里很不恭敬，近来以没有才气的文辞自托，网罗天下的佚闻旧事，考证事实，探寻成败兴坏的道理，总共一百三十篇，也想以此研究天人之间的关系，通晓古今的变化，形成自己的一家之言。草创未就，恰好遭遇了这场灾祸，可惜它还没有完成，所以我毫无愠色地接受了极刑。我将此书写完之后，要把它藏之名山，留传给能在通邑大都扬播的人，那么我就补偿了受辱所遭到的责难，虽被戮杀一万次，难道还会后悔吗？但是这些话只可以跟有理智的人道，难以给俗人言。

况且背负侮辱的人不容易安居，地位低微的人遭到的诽谤最多。我因为说话不慎而遭遇到宫刑之祸，再一次受到乡党的讥笑和指责，辱了先人，还有什么脸面再到父母的坟墓上去呢？虽然是百代以后，我所造成的坊垢只会越积越厚的！所以，我肠一日而九回，在家里坐着就感到飘飘浮浮若有所失，出门则不知道自己到什么地方去。一想到自己的这一耻辱，汗就没有不从背上往外冒浸湿衣服的。身虽为皇上内廷之臣，还不如自己引退深藏到山岩洞穴当中去呵！所以姑且随俗浮沉，与时俯仰，以此来疏通我的大惑不解。现有少卿先生教导我要推贤进士，不是和我个人的愿望相违么？现在我虽然想雕琢自饰，用美妙的言辞自我解嘲，也是没有益处的，社会上不会相信我的辩解，只不过取得羞辱罢了。总之到我死那天，是非才能明确。书不尽意，所以只是大略地陈述我浅陋的看法。

司马迁死后，他写的《太史公书》才有一些部份流传出来。汉宣帝时，司马迁的外孙平通侯杨恽师法、陈述《太史公书》，于是此书才全部公布于世。到王莽的时候，访求司马迁的后人，封他为"史通子"。

评论说：自从古代文字发展之后就有史官，他们所写的书太多了。到孔子对这些书加以整理，就上从唐尧时开始，下到秦穆公时截止。唐尧虞舜以前虽然有遗留下来的记载，它们所说的却不符合经典，所以说黄帝、颛顼的事是弄不明白的。到孔子根据鲁国的史记而作《春秋》，而左丘明又根据《春秋》所涉及的事情为《春秋》作了传，又把各种不同的记载纂集编成了一部《国语》。又有一本叫《世本》的书，记录了自黄帝以来直到春秋时的帝王、公侯、卿大夫的谱系。春秋之后，七国并争，秦国兼并诸侯，有《战国策》一书。汉朝兴起讨伐秦国安定了天下，有《楚汉春秋》一书。所以司马迁根据《左氏》、《国语》，采录《世本》、《战国策》，转述《楚汉春秋》，并接着《楚汉春秋》记述后来的事情，到大汉朝结束。《太史公书》记述秦、汉的事情，非常详细。至于它选择经和传，把各个国家的事分散开来叙述，疏略之处就太多了，有的还相互矛盾。司马迁涉猎广博，贯通经、传，驰骋古今，耕耘于上下数千载间，这是很勤奋的。但他的是是非非与圣人很不相同，论术基本理论推崇黄老而压抑六经，评论游侠则贬退有才德却隐居不仕的士人而拔高奸雄的地位，叙述货殖则崇尚势利而以贫贱为羞，这些都是司马迁的片面之处。然而即使是博览群书的刘向、扬雄，也都称赞司马迁有良史之材，佩服他善于安排史事的轻重缓急，辩论而不显得浮华，质朴而不显得鄙俗，他的文章直书其事，记载的事情坚实可靠，不虚饰其美，不隐讳恶行，故称他的书为实录。啊！凭司马迁的多闻博识，但不能用自己的智慧保全自己；已经受了极刑之后，就潜思发愤，他写给任安的信所说的一切，都是靠得住的。寻思他所以自己伤悼的线索，跟《小雅》中巷伯作诗的情况属于一类。要做到《大雅》所说的"既明且哲，能保其身"，是很难很难的呵！

（赖长扬　译）

【原文】

　　昔在颛顼，命南正重司天，火正黎司地。唐虞之际，绍重黎之后，使复典之，至于夏商，故重黎氏世序天地。其在周，程伯林甫其后也。当宣王时，官失其守而为司马氏。司马氏世典周史。惠襄之间，司马氏适晋。晋中军随会奔魏，而司马氏入少梁。

自司马氏去周适晋，分散，或在卫，或在赵，或在秦。其在卫者，相中山。在赵者，以传剑论显，蒯聩其后也。在秦者名错，与张仪争论，于是惠王使错将兵伐蜀，遂拔，因而守之。错孙靳，事武安君白起。而少梁更名夏阳。靳与武安君阬赵长平军，还而与之俱赐死杜邮，葬于华池。靳孙昌，昌为秦主铁官。当始皇之时，蒯聩玄孙卬为武信君将而狗朝歌。诸侯之相王，王卬于殷。汉之伐楚，卬归汉，以其地为河内郡。昌生毋怿，毋怿为汉市长。毋泽生喜，喜为五大夫，卒，皆葬高门。喜生谈，谈为太史公。

太史公学天官于唐都，受《易》于杨何，习道论于黄子。太史公仕于建元、元封之间，愍学者不达其意而师悖，乃论六家之要指曰：

《易大传》曰："天下一致而百虑，同归而殊途"。夫阴阳、儒、墨、名、法、道德，此务为治者也，直所从言之异路，有省不省耳。尝窃观阴阳之术，大详而众忌讳，使人拘而多畏，然其序四时之大顺，不可失也。儒者博而寡要，劳而少功，是以其事难尽从；然其叙君臣父子之礼，列夫妇长幼之别，不可易也。墨者俭而难遵，是以其事不可遍循，然其强本节用，不可废也。法家严而少恩，然其正君臣上下之分，不可改也。名家使人俭而善失真，然其正名实，不可不察也。道家使人精神专一，动合无形，澹足万物，其为术也，因阴阳之大顺，采儒墨之善，撮名法之要，与时迁徙，应物变化，立俗施事，无所不宜，指约而易操，事少而功多。儒者则不然，以为人主天下之仪表也，主倡而臣和，主先臣随。如此，则主劳而臣佚。至于大道之要，去健羡，黜聪明，释此而任术。夫神大用则竭，形大劳则敝；神形蚤衰，欲与天地长久，非所闻也。

夫阴阳、四时、八位、十二度、二十四节各有教令，顺之者昌，逆之者不死则亡，未必然也，故曰"使人拘而多畏"。夫春生夏长，秋收冬藏，此天道之大经也，弗顺则无以为天下纲纪，故曰"四时之大顺，不可失也"。

夫儒者，以《六艺》为法，《六艺》经传以千万数，累世不能通其学，当年不能究其礼，故曰"博而寡要，劳而少功"。若夫列君臣父子之礼，序夫妇长幼之别，虽百家弗能易也。

墨者亦尚尧舜，言其德行曰："堂高三尺，土阶三等，茅茨不翦，采椽不斫；饭土簋，啜土刑，粝粱之食，藜藿之羹；夏日葛衣，冬日鹿裘。"其送死，桐棺三寸，举音不尽其哀。教丧礼，必以此为万民之率。故天下共若此，则尊卑无别也。夫世异时移，事业不必同，故曰"俭而难遵"也。要曰强本节用，则人给家足之道也。此墨子之所长，虽百家不能废也。

法家不别亲疏，不殊贵贱，壹断于法，亲亲尊尊之恩绝矣，可以成一时之计，而不可长用也，故曰"严而少恩"。若尊主卑臣，明分职不得相逾越，虽百家不能改也。

名家苛察缴绕，使人不得反其意，专决于名，时失人情，故曰"使人俭而善失真"。若夫控名责实，参伍不失，此不可不察也。

道家无为，又曰无不为，其实易行，其辞难知。其术以虚无为本，以因循为用。无成势，无常形，故能究万物之情。不为物先，不为物后，故能为万物主。有法无法，因时为业；有度无度，因物兴舍，故曰"圣人不巧，时变是守。"虚者道之常也，因者君之纲也。群臣并至，使各自明也。其实中其声者谓之端，实不中其声者谓之款。款言不听，奸乃不生，贤不肖自分，白黑乃形。在所欲用耳，何事不成！乃合大道，混混冥冥。光耀天下，复反无名。凡人所生者神也，所托者形也。神大用则竭，形大劳则敝，形神离则死。死者不可复生，离者

不可复合，故圣人重之。由此观之，神者生之本，形者生之具。不先定其神形，而曰"我有以治天下"，何由哉？

太史公既掌天官，不治民。有子曰迁。

迁生龙门，耕牧河山之阳。年十岁则诵古文。二十而南游江淮，上会稽，探禹穴，窥九疑，浮沅湘。北涉汶泗，讲业齐鲁之都，观夫子遗风，乡射邹峄；扼困蕃、薛、彭城，过梁楚以归。于是迁仕为郎中，奉使西征巴蜀以南，略邛、筰、昆明，还报命。

是岁，天子始建汉家之封，而太史公留滞周南，不得与从事，发愤且卒。而子迁适反，见父于河雒之间。太史公执迁手而泣曰："予先，周室之太史也。自上世尝显功名虞夏，典天官事。后世中衰，绝于予乎？汝复为太史，则续吾祖矣。今天子接千岁之统，封泰山，而予不得从行，是命也夫！命也夫！予死，尔必为太史；为太史，毋忘吾所欲论著矣。且夫孝，始于事亲，中于事君，终于立身；扬名于后世，以显父母，此孝之大也。夫天下称周公，言其能论歌文武之德，宣周召之风，达大王王季思虑，爰及公刘，以尊后稷也。幽厉之后，王道缺，礼乐衰，孔子修旧起废，论《诗》、《书》，作《春秋》，则学者至今则之。自获麟以来四百有余岁，而诸侯相兼，史记放绝。今汉兴，海内壹统，明主贤君，忠臣义士，予为太史而不论载，废天下之文，予甚惧焉，尔其念哉！"迁俯首流涕曰："小子不敏，请悉论先人所次旧闻，不敢阙。"卒三岁，而迁为太史令，绅史记石室金匮之书。五年而当太初元年，十一月甲子朔，旦冬至，天历始改，建于明堂，诸神受记。

太史公曰："先人有言：'自周公卒五百岁而有孔子，孔子至于今五百岁，有能绍而明之，正《易传》，继《春秋》，本《诗》、《书》、《礼》、《乐》之际。'意在斯乎！意在斯乎！小子何敢攘焉！"

　　上大夫壶遂曰："昔孔子为何作《春秋》哉？"太史公曰："余闻之董生：'周道废，孔子为鲁司寇，诸侯害之，大夫壅之。孔子知时之不用，道之不行也，是非二百四十二年之中，以为天下仪表，贬诸侯，讨大夫，以达王事而已矣。'子曰：'我欲载之空言，不如见之于行事深切著明也。'春秋上明三王之道，下辨人事之经纪，别嫌疑，明是非，定犹与，善善恶恶，贤贤贱不肖，存亡国，继绝世，补弊起废，王道之大者也。《易》著天地阴阳四时五行，故长于变；《礼》纲纪人伦，故长于行，《书》记先王之事，故长于政；《诗》记山川溪谷禽兽草木牝牡雌雄，故长于风；《乐》乐所以立，故长于和；春秋辨是非，故长于治人。是故《礼》以节人，《乐》以发和，《书》以道事，《诗》以达意，《易》以道化，《春秋》以道义。拨乱世反之正，莫近于《春秋》。《春秋》文成数万，其指数千。万物之散聚皆在《春秋》。《春秋》之中。弑君三十六，亡国五十二，诸侯奔走不得保社稷者不可胜数。察其所以，皆失其本已。故《易》曰'差以毫牦，谬以千里'。故'臣弑君，子弑父，非一朝一夕之故，其渐久矣'。有国者不可以不知《春秋》，前有谗而不见，后有贼而不知。为人臣者不可以不知《春秋》，守经事而不知其宜，遭变事而不知其权。为人君父者而不通于《春秋》之义者，必蒙首恶之名。为人臣子不通于《春秋》之义者，必陷篡弑诛死之罪。其实皆以善为之，而不知其义，被之空言不敢辞。夫不通礼义之指，至于君不君，臣不臣，父不父，子不子。夫君不君则犯，臣不臣则诛，父不父则无道，子不子则不孝。此四行者，天下之大过也。以天下大过予之，受而不敢辞。故《春秋》者，礼义之大宗也。夫礼禁未然之前，法施已然之后，法之所为用者易见，而礼之所为禁者难知。"

　　壶遂曰："孔子之时，上无明君，下不得任用，故作《春秋》，垂空文以断礼义，当一王之法。今夫子上遇明天子，下得守职，万事既具，成各序其宜，夫子所论，欲以何明？"太史公曰："唯唯，否否，不然。余闻之先人曰：'虙戏至纯厚，作《易》八卦。尧舜之盛，《尚书》载之，礼乐作焉。汤武之隆，诗人歌之。《春秋》采善贬恶，推三代之德，褒周室，非独刺讥而已也。'汉兴已来，至明天子，获符瑞，封禅，改正朔，易服色，受命于穆清，泽流罔极，海外殊俗重译款塞，请来献见者，不可胜道。臣下百官力诵圣德，犹不能宣尽其意。且士贤能矣，而不用，有国者耻也；主上明圣，德不布闻，有司之过也。且余掌其官，废明圣盛德不载，灭功臣贤大夫之业不述，坠先人所言，罪莫大焉。余所谓述故事，整齐其世传，非所谓作也，而君比之《春秋》，谬矣。"

于是论次其文。十年而遭李陵之祸，幽于累绁。乃喟然而叹曰："是余之罪夫！身亏不用矣。"退而深惟曰："夫《诗》、《书》隐约者，欲遂其志之思也。"卒述陶唐以来，至于麟止，自黄帝始。《五帝本纪》第一，《夏本纪》第二，《殷本纪》第三，《周本纪》第四，《秦本纪》第五，《始皇本纪》第六，《项羽本纪》第七，《高祖本纪》第八，《吕后本纪》第九，《孝文本纪》第十，《孝景本纪》第十一，《今上本纪》第十二。《三代世表》第一，《十二诸侯年表》第二，《六国年表》第三，《秦楚之际月表》第四，《汉诸侯年表》第五，《高祖功臣年表》第六，《惠景间功臣年表》第七，《建元以来侯者年表》第八，《王子侯者年表》第九，《汉兴以来将相名臣年表》第十。《礼书》第一，《乐书》第二，《律书》第三，《历书》第四，《天官书》第五，《封禅书》第六，《河渠书》第七，《平准书》第八。《吴太伯世家》第一，《齐太公世家》第二，《鲁周公世家》第三，《燕召公世家》第四，《管蔡世家》第五，《陈杞世家》第六，《卫康叔世家》第七，《宋微子世家》第八，《晋世

家》第九，《楚世家》第十，《越世家》第十一，《郑世家》第十二，《赵世家》第十三，《魏世家》第十四，《韩世家》第十五，《田完世家》第十六，《孔子世家》第十七，《陈涉世家》第十八，《外戚世家》第十九，《楚元王世家》第二十，《荆燕王世家》第二十一，《齐悼惠王世家》第二十二，《萧相国世家》第二十三，《曹相国世家》第二十四，《留侯世家》第二十五，《陈丞相世家》第二十六，《绛侯世家》第二十七，《梁孝王世家》第二十八，《五宗世家》第二十九，《三王世家》第三十。《伯夷列传》第一，《管晏列传》第二，《老子韩非列传》第三，《司马穰苴列传》第四，《孙子吴起列传》第五，《伍子胥列传》第六，《仲尼弟子列传》第七，《商君列传》第八，《苏秦列传》第九，《张仪列传》第十，《樗里甘茂列传》第十一，《穰侯列传》第十二，《白起王翦列传》第十三，《孟子荀卿列传》第十四，《平原虞卿列传》第十五，《孟尝君列传》第十六，《魏公子列传》第十七，《春申君列传》第十八，《范雎蔡泽列传》第十九，《乐毅列传》第二十，《廉颇蔺相如列传》第二十一，《田单列传》第二十二，《鲁仲连列传》第二十三，《屈原贾生列传》第二十四，《吕不韦列传》第二十五，《刺客列传》第二十六，《李斯列传》第二十七，《蒙恬列传》第二十八，《张耳陈余列传》第二十九，《魏豹彭越列传》第三十，《黥布列传》第三十一，《淮阴侯韩信列传》第三十二，《韩王信卢绾列传》第三十三，《田儋列传》第三十四，《樊郦滕灌列传》第三十五，《张丞相仓列传》第三十六，《郦生陆贾列传》第三十七，《傅靳蒯成侯列传》第三十八，《刘敬叔孙通列传》第三十九，《季布栾布列传》第四十，《爰盎朝错列传》第四十一，《张释之冯唐列传》第四十二，《万石张叔列传》第四十三，《田叔列传》第四十四，《扁鹊仓公列传》第四十五，《吴王濞列传》第四十六，《魏其武安列传》第四十七，《韩长孺列传》第四十八，《李将军列传》第四十九，《卫将军骠骑列传》第五十，《平津主父列传》第五十一，《匈奴列传》第五十二，《南越列传》第五十三，《闽越列传》第五十四，《朝鲜列传》第五十五，《西南夷列传》第五十六，《司马相如列传》第五十七，《淮南衡山列传》第五十八，《循吏列传》第五十九，《汲郑列传》第六十，《儒林列传》第六十一，《酷吏列传》第六十二，《大宛列传》第六十三，《游侠列传》第六十四，《佞幸列传》第六十五，《滑稽列传》第六十六，《日者列传》第六十七，《龟策列传》第六十八，《货殖列传》第六十九。

惟汉继五帝末流，接三代绝业。周道既废秦拨去古文，焚灭《诗》、《书》，故明堂石室金匮玉版图籍散乱。汉兴，萧何次律令，韩信申军法，张苍为章程，叔孙通定礼仪，则文学彬彬稍进，《诗》、《书》往往间出。自曹参荐盖公言黄老，而贾谊、朝错明申韩，公孙弘以儒显，百年之间，天下遗文古事靡不毕集。太史公仍父子相继纂其职，曰："于戏！余维先人尝掌斯事，显于唐虞。至于周，复典之。故司马氏世主天官，至于余乎，钦念哉！"罔罗天下放失旧闻，王迹所兴，原始察终，见盛观衰，论考之行事，略三代，录秦汉，上记轩辕，下至于兹，著十二本纪，既科条之矣。并时异世，年差不明，作十表。礼乐损益，律历改易，兵权山川鬼神，天人之际，承敝通变，作八书。二十八宿环北辰，三十幅共一，运行无穷。辅弼股肱之臣配焉，忠信行道以奉主上，作三十世家。扶义俶傥，不令己失时，立功名于天下，作七十列传。凡百三十篇，五十二万六千五百字，为太史公书。序略，以拾遗补艺，成一家言，协六经异传，齐百家杂语，藏之名山，副在京师，以竢后圣君子。第七十，迁之自叙云尔。而十篇缺，有录无书。

迁既被刑之后，为中书令，尊宠任职。故人益州刺吏任安予迁书，责以古贤臣之义。迁报之曰：

少卿足下：曩者辱赐书，教以慎于接物，推贤进士为务，意气勤勤恳恳，若望仆不相师用，而流俗人之言。仆非敢如是也。虽罢驽，亦尝侧闻长者遗风矣。顾自以为身残处秽，动而见尤，欲益反损，是以抑郁而无谁语。谚曰"谁为为之？孰令听之？"钟子期死，伯牙终身不复鼓琴。何则？士为知己用，女为说己容。若仆大质已亏缺，虽材怀随、和，行若由、夷，终不可以为荣，适足以发笑而自点耳。

书辞宜答，会东从上来，又迫贱事，相见日浅，卒卒无须臾之间得竭指意。令少卿抱不测之罪，涉旬月，迫季冬，仆又薄从上上雍，恐卒然不可讳。是仆终已不得舒愤懑以晓左右，则长逝者魂魄私恨无穷。请略陈固陋。阙然不报，幸勿过。

仆闻之，修身者智之府也，爱施者仁之端也，取予者义之符也，耻辱者勇之决也，立名者行之极也。士有此五者，然后可以讬于世，列于君子之林矣。故祸莫惨于欲利，悲莫痛于伤心，行莫丑于辱先，而诟莫大于宫刑。刑余之人，无所比数，非一世也，所以来远矣。昔卫灵公与雍渠载，孔子适陈；商鞅因景监见，赵良寒心；同子参乘，爰丝变色：自古而耻之。夫中材之人，事关于宦竖，莫不伤气，况慷慨之士乎！如今朝虽乏人，奈何令刀锯之余荐天下豪隽哉！仆赖先人绪业，得待罪辇毂下，二十余年矣。所以自惟：上之，不能纳忠效信，有奇策材力之誉，自结明主；次之，又不能拾遗补阙，招贤进能，显岩穴之士；外之，不能备行伍，攻城野战，有斩将搴旗之功，下之，不能累日积劳，取尊官厚禄，以为宗族交游光宠。四者无一遂，苟合取容，无所短长之效，可见于此矣。乡者，仆亦尝厕下大夫之列，陪外廷末议。不以此时引维纲，尽思虑，今已亏形为埽除之隶，在阘茸之中，乃欲卬首信眉，论列是非，不亦轻朝廷，羞当世之士邪！嗟乎！嗟乎！如仆，尚何言哉！尚何言哉。

　　且事本末未易明也。仆少负不羁之才，长无乡曲之誉，主上幸以先人之故，使得奉薄技，出入周卫之中。仆以为戴盆何以望天，故绝宾客之知，忘室家之业，日夜思竭其不肖之材力，务壹心营职，以求亲媚于主上。而事乃有大谬不然者。夫仆与李陵俱居门下，素非相善也，趣舍异路，未尝衔杯酒接殷勤之欢。然仆观其为人自奇士，事亲孝，与士信，临财廉，取予义，分别有让，恭俭下人，常思奋不顾身以徇国家之急。其素所畜积也，仆以为有国士之风。夫人臣出万死不顾一生之计，赴公家之难，斯已奇矣。今举事壹不当，而全躯保妻子之臣随而媒孽其短，仆诚私心痛之。且李陵提步卒不满五千，深践戎马之地，足历王庭，垂饵虎口，横挑强胡，卬亿万之师，与单于连战十余日，所杀过当。虏救死扶伤不给，旃裘之君长咸震怖，乃悉征左右贤王，举引弓之民，一国共攻而围之。转斗千里，矢尽道穷，救兵不至，士卒死伤如积。然李陵一呼劳军，士无不起，躬流涕，沬血饮泣，张空拳，冒白刃，北首争死敌。陵未没时，使有来报，汉公卿王侯皆奉觞上寿。后数日，陵败书闻，主上为之食不甘味，听朝不怡。大臣忧惧，不知所出。仆窃不自料其卑贱，见主上惨悽怛悼，诚欲效其款款之愚。以为李陵素与士大夫绝甘分少，能得人之死力，虽古名将不过也。身虽陷败，彼观其意，且欲得其当而报汉。事已无可奈何，其所摧败，功亦足以暴于天下。仆怀欲陈之，而未有路。适会召问，即以此指推言陵功，欲以广主上之意，塞睚眦之辞。未能尽明，明主不深晓，以为仆沮贰师，而为李陵游说，遂下于理。拳拳之忠，终不能自列。因为诬上，卒以吏议。家贫，财赂不足以自赎，交游莫救，左右亲近不为壹言。身非木石，独与法吏为伍，深幽囹圄之中，谁可告诉者！此正少卿所亲见，仆行事岂不然邪？

李陵既生降，隤其家声，而仆又茸以蚕室，重为天下观笑。悲夫！悲夫！

事未易一二为俗人言也。仆之先人非有剖符丹书之功，文史星历近乎卜祝之间，固主上所戏弄，倡优畜之，流俗之所轻也。假令仆伏法受诛，若九牛亡一毛，与蝼蚁何异？而世又不与能死节者比，特以为智穷罪极，不能自免，卒就死耳。何也？素所自树立使然。人固有一死，死有重于泰山，或轻于鸿毛，用之所趋异也。太上不辱先，其次不辱身，其次不辱理色，其次不辱辞令，其次诎体受辱，其次易服受辱，其次关木索被棰楚受辱，其次剔毛发婴金铁受辱，其次毁肌肤断支体受辱，最下腐刑，极矣。传曰："刑不上大夫"，此言士节不可不厉也。猛虎处深山，百兽震恐，及其在阱槛之中，摇尾而求食，积威约之渐也。故士有画地为牢势不入，削木为吏议不对，定计于鲜也。今交手足，受木索，暴肌肤，受榜棰，幽于环墙之中，当此之时，见狱吏则头抢地，视徒隶则心惕息。何者？积威约之势也。及已至此，言不辱者，所谓强颜耳，曷足贵乎！且西伯，伯也，拘牖里；李斯，相也，具五刑；淮阴，王也，受械于陈；彭越、张敖南乡称孤，系狱具罪；绛侯诛诸吕，权倾五伯，囚于请室；魏其，大将也，衣赭关三木；季布为朱家钳奴；灌夫受辱居室。此人皆身至王侯将相，声闻邻国，及罪至罔加，不能引决自财。在尘埃之中，古今一体，安在其不辱也！由此言之，勇怯，势也；强弱，形也。审矣，曷足怪乎！且人不能蚤自财绳墨之外，已稍陵夷至于鞭棰之间，乃欲引节，斯不亦远乎！古人所以重施刑于大夫者，殆为此也。夫人情莫不贪生恶死，念亲戚，顾妻子，至激于义理者不然，乃有不得已也。今仆不幸，蚤失二亲，无兄弟之亲，独身孤立，少卿视仆于妻子何如哉？且勇者不必死节，怯夫慕义，何处不勉焉！仆虽怯软欲苟活，亦颇识去就之分矣，何至自湛溺累绁之辱哉！且夫臧获婢妾犹能引决，况若仆之不得已乎！所以隐忍苟活，函粪土之中而不辞者，恨私心有所不尽，鄙没世而文采不表于后也。

　　古者富贵而名摩灭，不可胜记，唯傲傥非常之人称焉。西伯拘而演周易；仲尼扼而作《春秋》；屈原放逐，乃赋《离骚》；左丘失明，厥有《国语》；孙子髌脚，兵法修列；不韦迁蜀，世传《吕览》；韩非囚秦，《说难》、《孤愤》。《诗》三百篇，大氐贤圣发愤之所为作也。此人皆意有郁结，不得通其道，故述往事，思来者。及如左丘明无目，孙子断足，终不可用，退论书策以舒其愤，思垂空文以自见。仆窃不逊，近自托于无能之辞，网罗天下放失旧闻，考之行事，稽其成败兴坏之理，凡百三十篇，亦欲以究天人之际，通古今之变，成一家之言。草创未就，适会此祸，惜其不成，是以就极刑而无愠色。仆诚已著此书，藏之名山，传之其人通邑大都，则仆偿前辱之责，虽万被戮，岂有悔哉！然此可为智者道，难为俗人言也。

　　且负下未易居，下流多谤议。仆以口语遇遭此祸，重为乡党戮笑，污辱先人，亦何面目复上父母之丘墓乎？虽累百世，垢弥甚耳！是以肠一日而九回，居则忽忽若有所亡，出则不知所如往。每念斯耻，汗未尝不发背沾衣也。身直为闺阁之臣，宁得自引深臧于岩穴邪！故且从俗浮湛，与时俯仰，以通其狂惑。今少卿乃教以推贤进士，无乃与仆之私指谬乎。今虽欲自雕琢，曼辞以自解，无益，于俗不信祇取辱耳。要之死日，然后是非乃定。书不能尽意，故略陈固陋。

迁既死后，其书稍出。宣帝时，迁外孙平通侯杨恽祖述其书，遂宣布焉。至王莽时，求封迁后，为史通子。

赞曰：自古书契之作而有史官，其载籍博矣。至孔氏纂之，上断唐尧，下讫秦缪。唐虞以前虽有遗文，其语不经，故言黄帝、颛顼之事未可明也。及孔子因鲁史记而作《春秋》，而左丘明论辑其本事以为之传，又纂异同为国语。又有《世本》，录黄帝以来至春秋时帝王公侯卿大夫祖世所出。春秋之后，七国并争，秦兼诸侯，有《战国策》。汉兴伐秦定天下，有《楚汉春秋》。故司马迁据《左氏》、《国语》，采《世本》、《战国策》，述《楚汉春秋》，接其后事，讫于大汉。其言秦汉，详矣。至于采经摭传，分散数家之事，甚多疏略，或有抵牾。亦其涉猎者广博，贯穿经传，驰骋古今，上下数千载间，斯以勤矣。又其是非颇缪于圣人，论大道则先黄老而后六经，序游侠则退处士而进奸雄，述货殖则崇势利而羞贱贫，此其所蔽也。然自刘向、杨雄博极群书，皆称迁有良史之材，服其善序事理，辨而不华，质而不俚，其文直，其事核，不虚美，不隐恶，故谓之实录。乌呼！以迁之博物洽闻，而不能以知自全，既陷极刑，幽而发愤，书亦信矣。迹其以自伤悼，《小雅》巷伯之伦。夫唯《大雅》"既明且哲，能保其身"，难矣哉！

刘旦传

——《汉书》六三

【说明】 刘旦，汉武帝之子，封燕刺王，管辖北方匈奴。从小为人好学，因自认为应继承皇帝而不恭从王命，并且在孝昭立帝以后联合诸王进行谋反，因事泄而被逮捕，但未治罪。但仍不思改，暗中与公主及上官桀联络，以图再起，因上官桀被霍光所杀而被赐死，封国削除。

燕刺王刘旦封为王。接武帝在赐策上说："呜呼！小子刘旦，受这一重任，建立你的封国，受封在北方的土地，世世代代作汉朝的藩属和辅助。呜呼！匈奴族重积少壮人员，轻贱耆老之民，贪暴无仁义犹如有野兽心肠，用奸巧引诱边疆的庶民。我任命将帅前往惩治罪恶。抓获了万夫之长，千夫之长和三十二帅，昆邪王偃旗息鼓来投降我的军队。匈奴迁移到了东方，北州已经安定。你要悉心治国，不要作恶而构怨于国民，不要作不仁不义没有德性的事，不要忘记防御边疆。勤修武备，不是受过教育的饱学之士就不要出征任用。请燕刺王刘旦以此为诫！"

刘旦长大后就到他的封国去，为人辩别是非，出谋划策。广泛地学习经书杂说，喜欢星相历数的学问，提倡奖掖进行骑射打猎方面的事，招来了游方异士。及至卫太子的事情出现，齐怀王又死了，刘旦自认为按照顺序应册立为太子，他上奏武帝，请求进皇室为武帝充当卫士，保卫武帝的寝宫。武帝发怒，逮捕了他派来的的使者并把他投进了监狱。随后坐藏匿不奉诏命的罪过，削减了良乡、安次、文王三个县的封地。武帝从此以后不喜欢刘旦，后来就立小儿子刘弗陵为太子。

武帝去世，太子被立为皇帝，称孝昭皇帝，颁赐给诸侯王玺书。刘旦得到玺书，不肯哭告，说："玺书文少而封装小，京师中可能有变化。"派遣亲近的臣僚寿西长、孙纵之、王孺等人去长安，借询问礼仪的名称去探听京师的变化。王孺拜见了执金吾广意，询问武帝死于什么病，被立的昭帝刘弗陵是谁的儿子，年龄多大。广意说他曾等待下诏在五莋宫，宫里面相告武帝死了，将军们共同立太子刘弗陵为皇帝，年龄八、九岁，安葬武帝时没有亲自送荆。使者回来报告燕刺王刘旦。燕刺王说："在朝廷没有亲近的大臣，没有地方可以打听消息，大概主上又没有办法见到事情，非常蹊跷怪异。"又派中大夫到京师去上奏书说："我私自看到孝武皇帝躬亲谨守圣贤之道，孝顺祖先，慈爱同胞骨肉，调和与团结人民。他的德仁广大足以比同天地，他的光明足以与太阳和月亮相齐。威风凛凛，武备很强，所以远方的藩属之国都带着宝藏来朝拜汉朝；扩大疆土，增加了郡国数十个，开拓疆土增加国土一倍，祭封泰山，禅祀梁父，巡视国内，远方藩属国家的奇珍异宝摆到了祖先的祭坛上，德高美妙非常，请求立孝武皇帝庙在各郡国。"奏章上报给了昭帝。这时，大将军霍光掌理朝政，褒奖燕王刘旦，赐钱三千万，增加封邑到一万三千户。刘旦愤怒地说："我应该作皇帝，赐金钱有什么用！"于是就与中山哀王的儿子刘长、齐孝王刘泽等人联合计议，假托说武帝刘彻在世时有诏书授给他们，允许他们能够治民与职事，修练武备，用以防备非常事件。

刘长于是为刘旦召集了臣僚。刘旦说："我依靠先皇帝的美德，受封邑在北方，亲自接受了武帝给予我的明确的诏书，行使治理百姓的职责，料理有关治民的事物，统领军队，整饬武装，任务重大，职责很多，日夜兢兢业业于王政，你们这些大夫将怎样规范辅佐我呢？燕国虽然小，但是历史悠久，在周的时候就建立了国家。上起自召公，下到昭王、襄王，到现在有了千余年的历史，难道能够说燕国没有贤能之士吗？我受武帝封为王，出入朝廷三十多年，不曾有所闻达。这其中的原因，难道是我不如人家吗？抑或是尊敬的大夫们的考虑有所不周到吗？其中的原因到底在哪里？当现在这个时候，我想矫枉过正，拨转是非，开诚布公，以求国家和平，安抚人民，移风易俗，请问道路如何选择？尊敬的大夫们，请将你们的想法无保留的告诉我，我将细心地考虑选择。"

臣僚们都脱帽向刘旦表示感谢。郎中成轸向刘旦说："大王丢掉了皇帝位，只有起兵争取才有可能得到，不可能坐等人家奉送。大王一旦起兵，全国的人民即使是女人也都会奋起追随大王效命沙场。"刘旦说："以前在高后当政的时候，假托立他的儿子弘为皇帝，诸侯拱手称臣，以臣事皇帝延续了八年，吕太后去世后，大臣联合杀了吕氏家族，迎立文帝刘恒，全国才知道少帝弘不是孝惠帝刘盈的儿子。我是父亲武帝刘彻的长子，反而没有立为皇帝，上书请示为武帝立庙于诸侯，又不被采纳。现在被立为皇帝的人，我猜疑不是刘氏家族中的人。"

当即与刘泽计划草拟联合诸侯反对朝廷的檄书。说小皇帝不是武帝的儿子，由大臣们联合拥立，全国应当起来讨伐他们。派人将宣言传送到各郡国去，用以蛊惑人民。刘泽与刘旦谋划完了，回到临淄发兵，与燕王刘旦同时起兵。刘旦抬来各郡国领头反抗的人，征集铜铁，修炼兵器。多次检阅车兵、骑兵、材官兵士，建造了旌旗、战鼓和战车。以旄饰头中侍从以翠羽饰冠，金蝉附冠前，都号称为侍中。追随刘旦的丞相、中尉以下官吏，组织车马，调集民众汇合围猎，大练兵马于文安县，用以训练士卒和军马，繁忙终日。郎中韩义等人多次谏阻刘旦，刘旦杀韩义等十五人。碰巧缾侯刘成知道刘泽等人谋反，将事情告诉了青州刺史隽不疑，不疑抓获刘泽并报告了朝廷。昭帝派大鸿胪丞处理这件事，牵连挟持了燕王。昭帝下诏不要治刘旦的罪。但是刘泽等人都受到了诛杀。追封了缾侯。

事隔很久以后，刘旦姊鄂邑盖长公主、左将军上官桀父子与大将军霍光因为争权有了矛盾，他们都知道刘旦怨恨霍光，于是暗里与燕刺王刘旦勾通。刘旦派遣孙之等人前后十多批，多备金钱、财宝和好马，贿赂盖主。上官桀和御史大夫桑弘羊等人都有了联络。多次记录霍光的过失材料给刘旦，让他得到机会上书昭帝弹劾霍光。上官桀想从中参奏霍光。刘旦知道后，非常高兴。疏奏昭帝刘弗陵说："以前秦始皇登上南面称孤的皇帝位，统治了一个朝代，他的威武震服了四方的少数民族国家，轻视和践弱同族，显赫和看重异姓大臣，废弃先贤以仁治国的道理，滥用刑法，没有布恩于同姓宗族。他这样做以后使尉佗投奔了南夷，陈涉起兵叛乱于楚泽，非常亲近的大臣犯上作乱，朝廷内外的矛盾都一齐暴发，赵氏秦朝的统治被推翻了。高祖皇帝刘邦追踪先代的历史遗迹，鉴别其中的得与失，看到了秦始皇治斩方法是本末倒置，因此改变秦朝的办法，将国土统一规见划，建立郡县。广泛地册封给子孙，赐予王位，以此使汉朝的宗族统治兴旺发达，枝繁叶茂，异姓大臣无法从中插足离间，现在孝昭皇帝承圣明之后，继已成之业，委派任用的公卿、臣僚互相结党营私，非难毁辱刘氏家族。他们一旦有所任用，就终日骄纵于朝廷。邪恶的官僚废除法度，自成威风，致使昭帝的恩惠不能够贯彻到下面去。我听说武帝刘彻派中郎将苏武出使匈奴，被羁留在匈奴二十年而没有投降，回到汉朝只授予他典属国的官职。现在大将军长史杨敞没有功劳于汉朝，却授给他搜粟都尉的高官。又擅自增调将军府的校尉，霍光专权，想怎样就怎样，恐怕有些不正常。我刘旦希望交还符玺，进朝为皇帝宿卫，以便观察奸臣为乱的举动。"

　　这时候，昭帝刘弗陵年龄十四岁，觉得奏书有欺诈不实的嫌疑。于是亲近信赖霍光，并且劾疏了上官桀等人。上官桀等人因此图谋杀霍光，废昭帝刘弗陵，迎立燕刺王刘旦为天子。刘旦编发快传书信，在相关诸侯中往来传报，许诺事成之后册立上官桀为王，在外面联合了各郡国的豪强俊杰之士上千人。刘旦将事情与丞相平商量。丞相平说："燕刺王刘旦前次与刘泽结盟谋反，事情没有成功而被发觉的原因，在于刘泽平常浮夸没有城府，喜欢侵扰欺凌他人，我听说左将军平常轻薄不谨慎，车骑将军年少而且骄傲自大，我害怕这次又和刘泽那次一样事情不能成功，又害怕事情成功以后，他们反过来背叛燕刺王。"刘旦说："前天有一个男子到宫门中，自己称是以前的太子，长安中的百姓都奔跑去看他，正喧哗没法制止的时候，大将军害怕，只好出动军队，列阵来保卫自己。我是武帝刘彻的长子，全国都相信这是真实有信的，还忧愁被反对吗？"随后对臣僚们说："盖主报告说，只害怕大将军霍光和右将军王莽。现在右将军王莽死了，丞相生病了，有幸事情一定会成功，为时不会太久。"命令臣僚们都着戎装。

　　这时天下雨，彩虹下注到了宫里，饮于井水中，井水枯竭。圈中所养的猪成群地向外跑，拱坏了大官灶。乌鸦与喜鹊相争斗而死。老鼠在殿端门中乱窜，殿的上窗自己关闭了，无法再打开。自燃火烧了城门，大风吹坏了宫殿的楼宇，折断和拔倒了树木。流星从天下落。

后与姬以下的人都惊恐。燕刺王刘旦受惊得病，派人行祭祀于水、台水。燕刺王刘旦的宾客吕广等人知道星相灾异的学术。对燕刺王刘旦说："你当心有大兵围城，时间在九月、十月，汉朝相应有大臣被处死。"这些话载在《五行志》上。

燕刺王刘旦更加忧愁恐惧，对吕广等人说："谋反的事情还没有成，妖怪灾异的征兆已多方面出现，大兵将要压境，怎么办？"碰巧盖主的舍人中有一个人的父亲叫燕仓知道这次谋反的事，告发了燕刺王刘旦，于是被朝廷发觉。丞相受赐御诏，部署中二千石追捕孙之和左将军上官桀等人，他们都受惩被杀。刘旦听到消息，召见丞相平说："事情暴露了，马上发兵吗？"丞相平说："左将军上官桀已经死了。百姓都知道他死的原因，不能再发兵。"燕刺王刘旦忧伤愤懑，备酒宴万载宫，集合他的宾客、臣僚、妃妾陪坐饮酒。燕刺王刘旦独自歌唱说："人将去了，留下一座空城狗不会再叫，鸡也不会再鸣。道路纵横旷荡，才知道国中已经没有人烟！"华容夫人起舞歌唱说："头脑落地，发丝纷飞填满了沟渠；尸横遍野，无处不有白骨成堆。作母亲的只求为孩子而死，当妻子的但求为丈夫而殉。我徘徊于沟渠之间，是君子还怎么能够活在世上。"陪坐的人都落下了眼泪。

有昭帝刘弗陵的赦令下达。燕刺王刘旦读了赦令，说："可叹啊！单单都赦免了官吏和百姓的过失，没有赦免我。"因此，与后姬及所有夫人到明光殿，燕刺王刘旦说："我这老奴辈所做的事情罪当灭九族！"想自杀。燕刺王刘旦的左右侍臣说："只当能削除封国，有幸可以不死。"后姬与夫人都啼哭着阻止燕刺王刘旦自杀。恰好皇帝派人赐给燕刺王刘旦诏书。诏书上说："以前高祖皇帝刘彻封王统治天下，建立子弟的封国用以藩属朝廷，维护国家政权。先前吕氏家族阴谋大逆不道，刘氏朝廷得以不绝于后而得到继续发展，依靠的是绛侯等人诛杀讨灭了乱贼，尊立了孝文皇帝，刘恒，用以安定了宗庙，难道不是刘氏家族内外有人匡抚朝政，朝廷内外都互相配合而获得成功的吗？樊哙、郦商、曹参、灌婴、携剑推锋，追随高祖皇帝刘邦削灾除害，耕耘四海之内。那时候，他们的头长久不理，发如乱草蓬生，勤劳辛苦到了极点。然而对他们的赏赐只不过是封了侯爵。现在刘氏宗族的子弟，不曾有过脱衣摘帽的举手之劳，朝廷给他们划封国土，授赐王位，分配财物并赏赐给他们。而且这些俸禄，父亲死了，可以由儿子继承，兄长没了，可以由弟弟继承。现在燕刺王刘旦是我的骨肉至亲，犹如我的手足，却与刘氏以外的他姓异族人谋害国家政权，亲近朝廷疏远的人，疏远朝廷亲近的人，存有上逆先祖，背叛当今朝廷的坏心，没有忠君爱民之仁义。如此，倘若先祖有灵，还有什么面目行祭祀于高祖皇帝呢？"

刘旦得到诏书，将符玺委托给了医工长，辞谢丞相二千石说："奉事为王，不谨慎，死了。"就用绶带自缢而死。随后，夫人中随刘旦自杀的有二十多人。昭帝刘弗陵加倍恩宠，赦死罪使燕刺王太子刘建为平民，赐刘旦谥号为刺王。刘旦被册立为王三十八年而受死，其封国削除。

此后六年，宣帝刘询登皇位，册封刘旦的两个儿子为侯，其中刘庆为新昌侯，刘贤为安定侯。又册立以前的五太子刘建为广阳顷王，十九年去世。其子穆王刘舜继承王位，二十一年去世。其子思王刘璜继位，二十年逝世。其子刘嘉继位。王莽当政时，全部废免汉朝的蕃王为家人。唯独刘嘉因为贡献了符命而被封为扶美侯，受王莽赐姓，改姓王。

（米祯祥译）

【原文】

燕刺王旦赐策曰;"呜呼!小子旦,受兹玄社,建尔国家,封于北土,世为汉藩辅。呜呼!薰粥氏虐老兽心,以奸巧边。朕命将率,徂征厥罪。万夫长,千夫长,三十有二帅,降旗奔师。薰粥徙域,北州以妥。悉尔心,毋作怨,毋作棐德,毋乃废备,非教士不得从征。王其戒之!"

旦壮大就国,为人辨略,博学经书杂说,好星历数术倡射猎之事,招致游士。及卫太子败。齐怀王又薨,旦自以次第当立,上书求入宿卫。上怒,下其使狱。后坐臧匿邝命,削良乡、安次、文安三县。武帝由是恶旦,后遂立少子为太子。帝崩,太子立,是为孝昭帝,赐诸侯王玺书。旦得书,不肯哭,曰;"玺书封小,京师疑有变。"遣幸臣寿西长、孙之,王孺等之长安,以问礼仪为名。王孺见执金吾广意,问帝崩所,病立者谁子,年几岁。广意言待诏五宫,宫中让言帝崩,诸将军共立太子为帝,年八九岁,葬时不出临。归以报王。王曰;"上弃群臣,无语言,盖主又不得见,甚可怪也。"复遣中大夫至京师上书言:"窃见孝武皇帝躬圣道,孝宗庙,慈爱骨肉,和集兆民,德配天地,明并日月,威武洋溢,远方执宝而朝,增郡数十,斥地且倍,封泰,山禅梁父,巡狩天下,远方珍物陈于太庙,德甚休盛,请立庙郡国。"奏报闻。时大将军霍光秉政,褒赐燕王钱三千万,益封万三千户。旦怒曰:"我当为帝何赐也!"遂与宗室中山哀王子刘长、齐孝王刘泽等结谋,诈言以武帝时受诏,得职吏事,修武备,备非常。

长于是为旦命令群臣曰:"寡人赖先帝休德,获奉北藩,亲受明诏,职吏事,领库兵,饬武备,任重职大,夙夜兢克,子大夫将何以规佐寡人?且燕国虽小,成周之建国也,上自召公,下及昭、襄,于今千载，岂可谓无贤哉？寡人束带听朝三十余年，曾无闻焉。其者寡人之不及与？意变子大夫之思有所不至利？其咎安在？方今寡人欲挢邪防非，章闻扬和，抚慰百姓，移风易俗，厥路何由？子大夫其各悉心以对，寡人将察焉。

群臣皆免冠谢。郎中成轸谓旦曰："大王失职，独可起而索，不可坐而得也。大王一起，国中虽女子皆奋臂随大王。"旦曰；"前高后时，伪立子弘为皇帝，诸侯交手事之八年，吕太后崩，大臣诛诸吕，迎立文帝，天下乃知非孝惠子也。我亲武帝长子，反不得立，上书请立庙，又不听。立者疑非刘氏。"

即与刘泽谋为奸书，言少帝非武帝子，大臣所共立，天下宜共伐之。使人传行郡国，以摇动百姓。泽谋归发兵临淄，与燕王俱起。旦遂招来郡国奸人，赋敛铜铁作甲兵，数阅其车骑材官卒，建旌旗鼓车，旄头先，郎中侍从者著貂羽，黄多附蝉，皆号侍中，旦从相、中尉以下，勒四骑，发民会围，大猎文安县，以讲士马，须期日。郎中韩义等数谏旦，旦杀义等凡十五人。会侯刘成知泽等谋，告之青州刺史不疑，不疑收捕泽以闻。天子遣大鸿胪丞治，连引燕王。有诏弗治，而刘泽等皆伏诛。益封侯。

久之，旦姊鄂邑盖长公主，左将军上官桀父子与霍光争权有隙皆知旦怨光，即私与燕交通。旦遣孙纵之等前后十余辈，多金宝走马，赂遗盖主。上官桀及御史大夫桑弘举等皆与交通，数记疏光过失与旦，令上书告之。桀欲从中下其章。旦闻之，喜，上疏曰："昔秦据南面之位，制一世之命，威服四夷，轻弱骨肉，显重异族，废道任刑，无恩宗室。其后尉佗入南夷，陈涉呼楚泽，近狎作乱，内外俱发，赵氏无炊火焉。高皇帝览踪迹，观得失，见秦建本非是，故改其路，规土连城，布王子孙，是以支叶扶疏，异姓不得闻也。今陛下承明继成，委任公卿，君臣连与成朋，非毁宗室，受之，日骑于廷，恶吏废法立威，主恩不及下究。臣闻武帝使中郎将苏武使匈奴，见留二十年不降，还为典属国。今大将军长史敞无劳，为搜粟都尉。又将军都郎羽林，道上移晔，太官先置。臣旦愿归符玺，入宿卫，察奸臣之变。"

是时昭帝年十四，觉其有许，遂亲信霍光，而疏上官桀等。桀等因谋共杀光，废帝，迎立燕王为天子。旦置驿书，往来相报，许立桀为王，外连郡国豪桀以千数。旦以语相平，平曰："大王前与刘泽结谋，事未成而发觉者，以刘泽素夸，好侵陵也。平闻左将军素轻易，车骑将军少而骄，臣恐其如刘泽时不能成，又恐既成，反大王也。"旦曰："前日一男子诣阙，自谓故太子，长安中民趋向之，正灌不可止，大将军恐，出兵陈之，以自备耳。我帝长子，天下所信，何忧见反？"后谓群臣："盖主报言，独患大将军与右将军莽。今右将军物故，丞相病，幸事必成，征不久。"令群臣皆装。

是时天雨，虹下属宫中，饮井水，井水竭。厕中豕群出，坏大官，乌鹊斗死。鼠舞殿端门中，殿上户自闭，不可开。天火烧城门。大风坏宫城楼，折拔树木。流星下堕。后姬以下皆恐。王病。使人祠水、台水。王客吕广等知星，为王言当有兵围城，期在九月十月，汉当有大臣戮死者。"语具在《五行志》。

王愈忧恐，谓广等曰："谋事不成，妖祥数见，兵气且去，奈何？"会盖主金人父燕仓知其谋，告之，由是发觉。丞相赐玺书，部中二千犬逐捕孙纵之及左将军桀等，皆伏朱。旦闻之。召相平曰："事败，遂发兵乎？"平曰："左将军已死，百姓皆知之，不可发也。"王忧懑，置酒成载宫，会宾客群臣妃妾坐饮。王自歌曰："归空城兮，狗不吠，鸡不鸣，横术何广广兮，固知国中之无人！"华容夫人起舞曰："发纷纷兮渠，骨籍籍兮亡居。毋求死子兮，妻求死夫。裴回两渠间兮，君子独安居!”坐者皆泣。

有赦令到，王读之，曰；“嗟乎！独赦吏民，不赦我。”因迎后姬诸夫人之明光殿，王曰；“老曹为事当族！”欲自杀。左右曰：“党得削国，幸不死！”后姬共啼泣止王。会天子使使者赐燕王玺书曰；“昔高皇帝王天下，建立子弟以藩屏社稷。先日诸吕阴谋大逆，刘氏不绝苦发，赖绛侯等诛讨贼乱，尊立孝文，以安宗庙，非以中外有人，表里相应故邪？樊、郦、曹、灌，携剑推锋，从高皇帝垦除害，耘海内，当此之时头如蓬葆，勤苦至矣，然其赏不过诸封侯。今宗室子孙曾无暴衣露冠之劳。裂地而王之，分财而赐之，父死子继，兄终弟及。今王骨肉至亲，吾一体，乃与他姓异族谋害社稷，亲其所疏，疏其所亲，有逆悖之心，无忠爱之义。如使古人有知，当何面目复奉齐酎见高祖之庙乎！”

旦得书，以符玺属医工长，谢相二千石；“奉事不谨，死矣。”郎从绶自绞。后夫人随旦自杀者二十余人。天子加恩，赦王太子建为庶人，赐旦谥曰刺王。旦立三十八所而诛，国除。

后六年，宣帝即位，封旦两子，庆为新昌侯，贤为安定侯，又立故太子建，是为广阳顷王，二十九年死。子穆王舜嗣，二十一年死。子思王璜嗣，二十年死。子嘉嗣。王莽时，皆废汉藩王为家人，嘉独以献符命封扶美侯，赐姓王氏。

刘据传

——《汉书》卷六三

【说明】 刘据，汉武帝之子，历史上有名"戾太子事件"主角，作为皇位的当然继承人，他因江充等事而遭陷害，最终丧了命。

戾太子刘据，元狩元年册立为皇太子，年龄到了七岁。开初，孝皇武帝刘彻因为到二十九岁才生太子，所以十分喜欢。曾为了有太子可立，祈祷于求子之神媒，让东方朔、枚皋写作求子的祝辞。等到太子渐渐长大，皇帝下诏，教授他《公羊春秋》。又另外跟随瑕丘江公学习《谷梁》。到弱冠进宫的时候，武帝为他建造个博望苑，让他与宾客沟通。宾客们投戾太子的爱好，因此向他进贡了许多奇怪少见的东西。元鼎四年，娶了史良娣，生下儿子刘进，号称史皇孙。

孝武皇帝刘彻晚年，刘据的母亲卫皇后受宠的程度渐渐不如从前，江充掌管宫廷中大事。江充与戾太子及卫氏有矛盾，害怕武帝刘彻死后被太子杀害，恰巧碰上巫蛊事件发生，江充趁机为奸犯科。这时候，武帝刘彻年岁大，情绪恶劣，认为大家都为着治理邪道祈祝，过份地看待了这一件事。丞相公孙贺父子，阳石、诸邑公主和皇后弟弟的儿子长平侯卫伉都受牵连被杀。

江充主掌管惩处巫蛊事件，他清楚皇帝的意思，告诉武帝在宫廷中有蛊气，进入皇宫直到省中，破坏武帝御坐，挖开了地表。武帝派按道侯韩说、御史章赣、黄门苏文等人协助江充。江充直接到太子宫中挖掘蛊，得到一尊桐木雕刻的人像。这时武帝刘彻生病，避暑在甘泉宫，只有皇太后、太子在京师。太子召来少傅石德问话，石德害怕作师傅的一起被杀，因此对太子说："前丞相公孙贺父子、两位公主和卫皇后的侄子都因巫蛊事件受牵连被诛杀，现在巫士和皇帝派去办事的官吏挖地得到了证据，不知道巫士采用什么邪法作了这一处置，但是事实存在，没有好办法来说清楚与自己相关的这件事，可以假托诏命持节逮捕江充等人关在狱中，尽力惩处他的奸诈。而且武帝生病在甘泉宫，皇后及皇后、太子宫中官吏的奏请和问询都不报知他。武帝的生死让人不得而知。之所以要这样，完全是那些奸臣造成的。太子难道不想想秦朝扶苏被杀的历史教训？"太子慌急没有主张，听从了石德的建议。

征和二年七月壬午这天，刘据派遣宾客作为使者逮捕了江充等人。按道侯韩说疑心派来的使者有诈，不愿意接受诏书，太子刘据派去的宾客与韩说格斗并杀了韩说。御史章赣被惊动突然逃跑了，独自投奔甘泉宫。太子刘据派家吏无且，持汉节连夜进来央宫长秋门，通过长御倚华，将事情都报告了皇后，调发皇后宫中车库里的车，用以装载射手，动用武库中的兵器，调动长乐宫的卫士，告诉朝中百官说江充谋反。于是斩了江充巡行，在上林中用火刑拷问胡巫交出了作蛊状的实情。立即任用太子宾客为将帅，与丞相刘屈氂等人战斗。长安宫中纷扰动乱，传言太子反，因此大家都不愿依附太子。太子的兵被击败，逃亡，追捕他没有结果。

武帝非常愤怒，群臣们忧愁害怕，不知道如何是好。壶关县三老令狐茂向武帝致书说："我听说作父亲的好比上天一样，作母亲的好比大地一样，中间的子女就好比万事万物了。因此，天下太平，地上安定，阴与阳和谐不矛盾，万事万物得以茂盛地生长；父亲仁慈，母亲富有爱心，在家庭里边，子女们才会对他们孝顺。阴与阳不和谐而互相矛盾，那么万事万物就会夭折不能够善始善终；父亲与子女们不能和睦相处，那么家庭就会分崩离析。因此，作父亲的不象作父亲的样子，那么作子女的就不象子女；在上面作君王的不象君王，那么在下面作臣僚的也就不象臣僚。君、臣、父、子间的关系没有确立，那么国家就会危亡，仓中虽然有很多粮食，人又怎么能吃到它们呢？古时候的虞舜，孝顺到了极点，尚且不满他父亲瞽叟的意。孝已遭到了诽谤和诬陷，伯奇落得被驱逐流亡。放着骨肉同胞至亲的关系，父与子之间互相猜疑。为什么呢？遭受伤害多次，就产生了这样的结果。由此看来，子女们是没有不孝顺父母的，只是父母们没有察觉到而已。现在皇太子是汉朝要继承皇位的人，要继承万代不衰的国家大业，要延续先祖先宗的厚德，有着非常亲近的关系而且是武帝册立的太子。江充，只不过是寻常百姓，街里小巷中成长的卑贱下臣而已。武帝让他显赫并重用他，拿着武帝最高无上的诏令，用以去胁迫皇太子。故意拨弄是非，作奸欺骗，有许多不正当的行为和错误。因为这样，造成了你们父子间的亲属关系被断绝不通。太子想要进一步入朝见武帝，却得不到武帝的召见，不得已退一步闲居不上朝，又受困在专事扰乱朝政的坏臣中间。只得蒙受冤屈，结怨在心而无处诉说。等到忍无可忍，怒从心中发出，进而杀了江充，害怕治罪而逃跑。儿子不经准许动用父亲的军队以解救危难，这事实存在自不用再说，我私下认为这样做并没有什么坏心。《诗经·小雅·青蝇》说：'飞来飞去的青蝇，落在藩篱之上，乐于变化的正人君子，千万不要听信谗言。谗言构毁没有了头，四国交乱就要到来。'以往江充献进谗言于武帝，杀了赵太子，全国人民没有谁不知道，将他治罪自然已经很恰当。武帝现在不深加调查，过份地以为太子有罪还责难他。大发怒气，派大军去抓捕他。从朝廷中的三公到各领兵将领，他们中聪明的人不敢站出来说公道话，专事谏争的人也不敢为他辩明清白。我心里非常痛恨这件事。我听说伍子胥为了尽忠义之责而被杀戮，披上恶名，丢了他的好名份；比干为了尽仁德之心于王而被剖心，捐出了他的身体。忠于朝廷的臣子会竭尽诚心全力办事，不会顾忌自己的被杀受刑。他们用这种办法来表达他们的诚意，立志在乎匡正君王的过失，安定国家的朝政。《诗经·小雅·巷伯》说：'将那献进谗言的人，投给豺狼虎豹去受用。'请武帝放宽心怀，消除烦恼，稍稍注意一下你与太子所处的至亲关系，不要记恨于太子的过错。迅速调回已经出发的军队，不要让太子长期在外面逃亡。我不胜忐忑不安，献出我朝夕不保的性命，等待降罪在建章宫召下。"书奏报武帝，武帝有感而醒悟。

太子的逃亡，东到湖县，隐藏在泉鸠里。收留他的人家贫，经常靠卖草鞋来保证太子的供给。太子有原来的好友在湖县，听说他非常富有，派人去告诉他太子的情况却暴露了行踪。官吏包围了太子，逮捕他，太子自己揣度不能够逃脱，于是进入屋里，倒扣门窗，上吊自缢而死。山阳的张富昌在军中服役当战士，用脚踢开门户，新安县公李寿跑去抱住并解下了上吊的太子。原来留住太子刘据的主人在格斗中死了，皇孙二人也都一起遇害而死。武帝伤怀太子，于是下诏说："凡是在是非不清时有所行动的都给赏赐，以此来表彰人们的忠诚。"根据这一诏书，册封李寿为邘侯，张富昌为题侯。

很久以后，巫蛊的事件清楚了很不真实。武帝知道太子是由于害怕没有主意，并没有其他反叛朝廷的意思。而车千秋又为太子申冤，武帝擢升车千秋为丞相，并且灭了江充的家族，将苏文烧死在横桥上。至于泉鸠里兴师动众围捕太子的人，开始作了北地太守，后来灭了家族。武帝可怜太子无辜受死，于是建造了思子宫，造归来望思之台于湖县，全国的百姓听说这件事，都感到哀伤。

开始，太子有三个儿子、一个女儿。女儿由平舆侯继嗣的儿子迎娶。在太子遭到不测时，都同时被害。卫皇后、史良娣葬在长安城的南面。史皇孙、皇孙妃子王夫人和皇孙女葬在广明苑。跟随太子的皇孙二人，与太子一道葬在湖县。

太子刘据有遗留下来的孙子一人，是史皇孙的儿子，王夫人的男孩，十八岁登上皇位，就是孝宣帝刘询。孝宣帝刘询刚登皇帝位，下诏说："先前的皇太子刘据葬在湖县，没有谥号，年祭时的祭祀不好施行，因此议论封他一个谥号，建造墓地和园陵。"有司上奏请示说："《礼》上说，作人的后嗣，首先就是作人家的儿子。"因此，没有祭祀他父母的祭祀就不应该有，这是尊敬祖先的意思。宣帝刘询是继承孝昭帝的皇位，继承祖宗创立的基业。确定礼制不能够超越限度，谨言慎行，要看孝昭皇帝刘弗陵的作为。先前的皇太子建造坟墓在湖县，史良娣坟墓在博望苑的北面，你父亲史皇孙的坟墓在广明苑的北面。谥法中说：'谥，就是追述被谥者的行踪。'我根据这点认为，你们父亲的谥号适合称悼皇，你母亲的谥号称悼后，墓园比同诸侯王的墓园，封置奉邑户三百家。已故皇太子的谥号叫称戾，封置奉邑户二百家。史良娣叫戾夫人，封置守坟墓的丁户三十家。墓园管理设丞为长官，四周的侍卫按制度安置。"在湖县闻乡邪里聚那里建造戾太子的墓园，在长安白亭东建戾后墓园，在广明苑成乡建悼皇墓园，都进行了改葬。

在这以后八年，有司又上奏说："《礼》上载录，'父亲为士大夫，儿子作天子，对父亲的祭祀当视同天子，'悼园适合称尊号叫皇考，建造庙宇，将就在陵园建造寝宫，便于随时祭祀。增加管理陵园的民户满一千六百户，以此建立奉明县。尊称戾夫人为戾后，安排陵园的奉邑户口，及增加戾园的奉邑户口各满三百家。

（米祯祥译）

【原文】

戾太子据，元狩元年立为皇太子，年七岁矣。初，上年二十九乃得太子，甚喜，为立禖，使东方朔、枚皋作禖祝。少壮，诏受《公羊春秋》，又从瑕丘江公受《谷梁》。及冠就宫，上为立博望苑，使通宾客，从其所好，故多以异端进者。元鼎四年，纳史良娣，产子男进，号曰史皇孙。

武帝末，卫后宠衰，江充用事。充与太子及卫氏有隙，恐上晏驾后为太子所诛，会巫蛊事起，充因此为奸。是时，上春秋高，意多所恶，以为左右皆为蛊道祝诅，穷治其事。丞相公孙贺父子，阳石、诸邑公主、及皇后弟子长平侯卫伉皆坐诛。

充典治巫蛊，既知上意，白言宫中有蛊气，入宫至省中，坏御座掘地。上使按道侯韩说、御史章赣、黄门苏文等助充。充遂至太子宫掘蛊，得桐木人。时上疾，辟暑甘泉宫，独皇后、太子在。太子召问傅石德，德惧为师傅并诛，因谓太子曰："前丞相父子、两公主及卫氏皆坐此，今巫与使者掘地得征验，不知巫置之邪，将实有也，无以自明，可矫以节收捕充等系狱，穷治其奸诈。且上疾在甘泉，皇后及家吏请问皆不报，上存亡未可知，而奸臣如此，太子将不念秦扶苏事耶？"太子急，然德言。

征和二年七月壬年，乃使客为使者收捕充等。按道侯说疑使者有诈，不肯受诏，客格杀说。御史章赣被创突亡，自归甘泉。太子使舍人无且，持节夜入未央宫殿长秋门，因长御倚华具白皇后，发中厩车载射士，出武库兵，发长乐宫卫，告命百官曰江充反。乃斩充以徇，炙胡巫上林中。遂部宾客为将率，与丞相刘屈等战。长安中扰乱，言

太子反，以故众不肯附。太子兵败，亡，不得。

上怒甚，群下忧惧，不知所出。壶关三老茂上书曰："臣闻父者犹天，母者犹地，子犹万物也。故天平地安，阴阳和调，物乃茂成；父慈母爱，室家之中，子乃孝顺。阴阳不和则万物夭伤，父子不和则室家丧亡。故父不父则子不子，君不君则臣不臣，虽有粟，吾岂得而食诸！昔者虞舜，孝之至也，而不中于瞽叟；孝己被谤，伯奇放流，骨肉至亲，父子相疑。何者？积毁之所生了。由是观之，子无不孝，而父有不察。今皇太子为汉适嗣，承万世之业，体祖宗之重，亲则皇帝之宗子也。江充，布衣之人，闾阎之隶臣耳，陛下显而用之，衔至尊之命以迫就蹴皇太子，造饰奸诈，群邪错谬，是以亲戚之路塞而不通。太子进则不得上见，退则困于乱臣，独冤结而亡告，不忍忿忿之心，起而杀充，恐惧逋逃，子盗父兵以救难自免耳，臣窃以为无邪心。《诗》云：'营营青蝇，止于藩；恺悌君子，无信谗言；谗言罔极，交乱四国。'往者江充谗杀赵太子，天下莫不闻，其罪固宜。陛下不省察，深过太子，发盛怒，举大兵而求之，三公自将，智者不敢言，辩士不敢说，臣窃痛之。臣闻子胥尽忠而忘其号，比干尽仁而遗其身，忠臣竭诚不顾铁钺之诛以陈其愚，志在匡君安社稷也。《诗》云：'取比谮人，投畀豺虎。'唯陛下宽心慰意，少察所亲，毋患太子之非，亟罢甲兵，无令太子久亡。臣不胜惓，出一旦之命，待罪建章阙下。"书奏，天子感悟。

太子之亡也，东至湖，臧匿泉鸠里，主人家贫，常卖履以给太子。太子有故人在湖，闻其富赡，使人呼之而发觉。吏围捕太子，太子自度不得脱，即入室距户自经。山阳男子张富昌为座，足蹴开户，新安令史李寿趋抱解太子，主人公遂格斗死，皇孙二人皆并遇害。上既伤太子，乃下诏曰："盖行疑赏，所以申信也。其封李寿为邗侯，张富昌为题侯。"

久之，巫蛊事多不信。上知太子惶恐无他意，而车千秋复讼太子冤，上遂擢千秋为丞相，而族灭江充家，焚苏文于横桥上。及泉鸠里加兵刃于太子者，初为北地太守，后族。上怜太子无辜，乃作思子宫，为归来望思之台于湖。天下闻而悲之。

初，太子有三男一女，女者平舆侯嗣子尚焉。及太子败，皆同时遇害。卫后、史良娣葬长安城南。史皇孙、皇孙妃王夫人及皇女孙葬广明。皇孙二人随太子者，与太子并葬湖。

太子有遗孙一人，史皇孙子，王夫人男，年十八岁即尊位，是为孝宣帝。帝初即位，下诏曰："故皇太子在湖，未有号谥，岁时祠，其议谥，置园邑。"有司奏请："《礼》'为人后者，为之子也'，故降其父母不得祭，尊祖之义也。陛下为孝昭帝后，承祖宗之祀，制礼不俞闲。谨行视孝昭帝所为故皇太子起位在湖，史良娣家在博望苑北，亲史皇孙位在广明郭北。谥法曰'谥者，行之迹也'，愚以为亲谥宜曰悼，母曰悼后，比诸侯王园，置奉邑三百家。故皇太子谥曰戾，置奉邑二百家。史良娣曰戾夫人，置守家三十家。园置长丞，周卫奉守如法。"以湖阌乡邪里聚为戾园，长安白亭东为戾后园，广明成乡为悼园。皆改葬焉。

后八岁，有司复言："《礼》'父为士，子为天子，祭以天子'。悼园宜称尊号曰皇考，立庙，因园为寝，以时荐享焉。益奉园民满千六百家，以为奉明县。尊戾夫人曰戾后，置园奉邑。及益戾园各满三百家。"

朱云传

——《汉书》卷六七

【说明】朱云，西汉时有名的直臣。他少年任侠好勇，中年改节读书，由豪侠而为名儒，夺席谈经，名震儒林。汉成帝时，他斥皇帝的师傅张禹为佞臣，请斩佞臣之头以励臣节，成帝命御史赶他下殿，他攀住门槛硬不肯走，于是"朱云折槛"成了流芳千古的佳话。

朱云，字游，鲁人，迁居平陵。年轻时结交游侠，借助宾客为自己报仇。身高八尺有余，仪容伟岸，以勇力闻名。到四十岁时，他竟改节跟从博士白子友学《易》，又师从前将军萧望之学习《论语》，都能传习师业。性倜傥有大节，世人因此很尊重他。

汉元帝时，琅邪人贡禹为御史大夫，而华阴守丞名嘉者上封事，说"治理之道在于得贤，御史大夫这官职，是宰相的副手，位在九卿之上，不可不慎重选择。平陵人朱云，材兼文武，忠正而有智谋，可让他以六百石的官秩试任御史大夫，以尽其能。"元帝便把这建议交付公卿研究，太子太傅匡衡答复，说"大臣者，是国家的股肱，为万姓所瞻仰，为明主所慎重选择。古书中说：下等人轻视其尊上的官爵，卑贱的人图谋有权柄的职位，则国家动摇而百姓不安宁。如今嘉从守丞而图谋大臣之位，想用匹夫徒步之人而超越九卿之上，这可不是尊重国家社稷的举动。古代的帝尧任用大舜，周文王的任用姜太公，尚且试用之后才授于官爵，又何况朱云之流呢？朱云一向好勇力，屡次犯法亡命，他学习《易》倒是颇有师传，但他的作为并没有出奇之处。今御史大夫贡禹洁白廉正，通明经术，有伯夷、史鱼的风范，海内无不闻知，而嘉竟妄乱称赞朱云，想让他为御史大夫，妄相推举，我怀疑他有奸邪之心，此渐不可长，应该交付有司查验以辨明他是什么人。"嘉竟为此坐罪。

这时，少府五鹿充宗很得元帝宠幸，他治学《梁丘易》。从汉宣帝时喜好梁丘氏的《易》说，元帝很喜好，相考辩梁丘氏与其他诸家的异同，就命令五鹿充宗与《易》学各家辩论。五鹿充宗凭仗着贵宠和利口，诸儒不能与之相抗衡，都借口有病不敢与会。有人推荐朱云，就把他召入。朱云撩衣登堂，昂首而请，音声震动左右。开始辩论以后，他接连驳倒五鹿充宗。所以诸儒为他编了一句词儿："五鹿岳岳，朱云折其角。"由此他担任了博士。

朱云迁为杜陵县令，坐实故意纵放亡命之罪，赶上赦令被释免。举方正，为槐里县令。当时中书令石显掌握朝政，与五鹿充宗为一党，百官都畏惧他们。只有御史中丞陈咸年少坚持节操，不依附石显之流，而与朱云结好。朱云屡次上疏，说丞相韦玄成贪生保位，无能往来，而陈咸则屡次指责石显。过了一些时候，有司调查朱云，怀疑他示意属吏杀人。群臣朝见时，元帝向丞相询问朱云为治的情况。丞相韦玄成说朱云暴虐无状。当时陈咸在面前，听见了这话，就告诉了朱云。朱云上书自辩，陈咸为他改订奏章，让他要求交付御史中丞处理（陈咸为御史中丞）。结果这事交给了丞相处理，丞相属吏调查朱云杀人之罪成立。朱云私自逃入长安，再和孙咸商议。丞相把这事也都揭发出来，奏道："陈咸为宿卫执法之臣，有幸得以进见，他泄漏所闻，私自透露给朱云，为他改订奏章，想让他要求由自己来，后来陈咸知道朱云是亡命罪人，却仍然和他勾通，使得至今逮捕不到朱云。"元帝于是把陈咸、朱云交付狱吏，免死为城旦。陈咸、朱云便被废锢，终元帝之世不被起用。

到成帝时，丞相、故安昌侯张禹以皇帝师傅的资格位至特进，极为尊贵。朱云上书求见成帝，当时公卿大臣都在皇帝面前。朱云说："如今朝廷大臣上不能匡扶皇上，下不能有益于百姓，都是尸位素餐，如孔子所说的'鄙夫不可与事君'，'苟患失之，亡所不至'一流人物。臣要求陛下赐以尚方斩马剑，斩一个佞臣以儆戒其余。"成帝问："你要斩的是谁呀？"朱云答道："安昌侯张禹。"成帝大怒，道："你一个小官居于下位而讪谤长上，在朝廷上侮辱我的师傅，罪死不赦！"御史拉朱云下殿，朱云攀住殿上的门槛，门槛被他拉断。朱云大呼道："臣得以相从关龙逢（夏桀时忠臣，因谏被杀）、比干（商纣时忠臣，因谏被杀）于地下，也就满足了，只是知圣朝将要怎样？"御史便把朱云拉了下去。于是左将军辛庆忌免冠去印绶，叩头于殿下，说："这个臣子一向以狂直之名著称于世。假如他说的有理，就不可诛杀；他说的不对，也应该宽容。臣敢以死相争。"辛庆忌叩头流血。成帝的怒气消解，然后才饶了朱云。后来要修治门槛，成帝说："不要换了！就把旧门槛修修，以旌表直臣。"

朱云此后就不再仕宦，常居住在户县的颍村中，有时乘牛车出来与诸生相游，所至之处都对他很敬重。薛宣为丞相，朱云前往拜见。薛宣备宾主之礼，于是留朱云住宿，从容对朱云说："您在田野间也没有事，且留在我的东阁中，可以看看天下的奇士。"朱云说："小生想把我当成你的属吏么？"薛宣就不敢再提这事。

他教授经学，先选择诸 生，然后才召为弟子。九江人严望，严望兄长的儿子严元，字仲，能传习朱云之学，都做了博士。严望官至泰山太守。

朱云七十多岁的时候，去世于家中。他病重时不请医不喝药。遗嘱用身上的衣服入殓，棺木只须容身，墓穴只须容棺，只造个一丈五尺的小坟，埋葬在平陵东郭之外。

（栾保群　译）

【原文】

朱云字游，鲁人也，徙平陵。少时通轻侠，借客报仇。长八尺馀，容貌甚壮，以勇力闻。年四十，乃变节博士白子友受《易》，又事前将军萧望之受《论语》，皆能傅其业。好倜傥大节，当世以是高之。

元帝时，琅邪贡禹为御史大夫，而华阴丞嘉上封事，言'治道在于得贤，御史之官，宰相之副，九卿之右，不可不选。平陵朱云，兼资文武，忠正有智略，可使以六百石秩试守御史大夫，以尽其能。'上乃下其事问公卿。太子少傅匡衡对，以为'大臣者，国家之股肱，万姓所瞻仰，明王所慎择也。傅曰下轻其上爵，贱人图柄臣，则国家摇动而民不静矣。今嘉从守而图大臣之位，欲以匹夫徒步之人而超九卿之右，非所以重国家而尊社稷也。自尧之用舜，文王于太公，犹试然后爵之，又况朱云者乎？云素好勇，数犯法亡命，受《易》颇有师道，其行义未有以异。今御史大夫禹洁白廉正，经术通明，有伯夷、史鱼之风，海内莫不闻知，而嘉猥称云，欲令为御史大夫，妄相称举，疑有奸心，渐不可长，宜下有司案验以明好恶。'嘉竟坐之。

是时，少府五鹿充宗贵幸，为《梁丘易》。自宣帝时善梁丘氏说，元帝好之，欲考其异同，令充宗与诸易家论。充宗乘贵辩口，诸儒莫能与抗，皆称疾不敢会。有荐云者，召入。摄登堂，抗首而请，音动右左。既论难，连拄五鹿君，故诸儒为之语曰："五鹿岳岳，朱云折其角。"因是为博士。

迁杜陵令，坐故纵亡命，会赦，举方正，为槐里令。时中书令石显用事，与充宗为党，百僚畏之。唯御史中丞陈咸年少抗节，不附显等，而与云相结。云数上疏，言丞相韦玄成容身保位，亡能往来，而咸数毁石显。久之，有司考云，疑风吏杀人。群臣朝见，上问丞相以云治行。丞相玄成言云暴虐亡状。时陈咸在前，闻之，以语云。云上书自讼，咸为定奏章，求下御史中丞。事下丞相，丞相部吏考立其杀人罪。云亡入长安，复与咸计议。丞相具发其事，奏'咸宿卫执法之臣，幸得进见，漏泄所闻，以私语云，为定奏章，欲令自下治，后知云亡命罪人，而与交通，云以故不得。'上于是下咸、云狱，减死为城旦。咸、云遂废锢，终元帝世。

至成帝时，丞相故安昌侯张禹以帝师位特进，甚尊重。云上书求见，公卿在前。云曰："今朝廷大臣上不能匡主，下亡以益民，皆尸位素餐，孔子所谓，'鄙夫不可与事君'，'苟患失之，亡所不至'者也。臣愿赐尚方斩马，断佞臣一人以厉其馀。"上问："谁也？"对曰"安昌侯张禹。"上大怒，曰："小臣居下讪上，迁辱师傅，罪死不赦。"御史将云下，云攀殿槛，槛折。云呼曰："臣得下从龙逄、比干游于地下，足矣！未知圣朝何如耳？"御史遂将云去。于是左将军辛庆忌免冠解印绶，叩头殿下曰："此臣素著狂直于世，使其言是，不可诛；其言非，固当容之。臣敢以死争。"庆忌叩头流血。上意解然后得巳。及后当治槛，上曰："勿易！因而辑之，以旌直臣。"

云自是之后不复仕，常居鄠田，时出乘牛车从诸生，所过皆敬事焉。薛宣为丞相，云往见之。宣备宾主礼，因留云宿，从容谓云曰："在田野亡事，且留我东阁，可以观四方奇士。"云曰："小生乃欲相吏邪？"宣不敢复言。

其教授，择诸生，然后为弟子。九江严望及望兄子元，字仲，能传云学，皆为博士。望至泰山太守。

云年七十余，终于家。病不呼医饮药。遗言以身服敛，棺周于身，土周于椁，为丈五坟，葬平陵东郭外。

霍光传

——《汉书》卷六八

【说明】霍光（？——前68），西汉河东郡平阳县（今山西临汾西）人，字子孟，是名将霍去病的异母兄弟。十多岁，即因霍去病关系被任为郎，逐渐升到诸曹侍中。霍去病死后，霍光为奉车都尉光禄大夫。在汉武帝身边二十多年，小心谨慎，忠勤职守，深得汉武帝的亲近信任。汉武帝临终前任命霍光为大司马大将军，要他像周公辅佐成王一样辅佐自己的小儿子弗陵做皇帝。弗陵即位，就是汉昭帝，当时八岁，一切政事都由霍光决定。霍光被汉武帝遗诏封为博陆侯。汉武帝统治晚期，内外交困，社会矛盾激化，汉朝统治濒于崩溃。霍光执政后，深知国家当务之急，减轻农民租赋徭役负担，减少边境民族冲突，缓和社会矛盾。经过十几年，人民财富增加，四边民族关系谐调，社会矛盾缓解。昭帝去世，没有儿子，霍光迎立昌邑王刘贺为帝。不料刘贺淫乱荒唐，于是废黜刘贺，改立汉武帝曾孙病已为帝，这就是汉宣帝。宣帝即位，霍光仍然实际掌握国家最高权力，直到他六年后去世。霍光前后掌握国家最高权力二十年，主持了三个皇帝的立、废，两次从困境中拯救了汉朝皇室，使汉朝摆脱了武帝晚年形成的危机，在一定程度上减少了百姓痛苦。他为西汉的中兴奠定了基础。他是当时最大的政治家。霍光晚年，谨慎态度有所减弱，导致宣帝对他的严重畏惧。加以霍光治家无方，他的妻女子侄骄奢越度，终于在霍光去世三年后，引发宣帝与霍家的激烈冲突。宣帝杀尽霍光全家。不过，宣帝并没有因此抹杀霍光功勋。宣帝晚年在麒麟阁设置功臣画象，霍光仍被列为第一功臣。霍光事迹，主要见于《汉书·霍光传》和《汉书·昭帝纪》，此外在《汉书·宣帝纪》、《汉书·苏武传》等史籍史也有一些记载。

霍光，字子孟，是骠骑将军霍去病的弟弟。父亲霍中孺，是河东郡平阳县人，以县吏身分在平阳侯家办理事务，和平阳侯侍女卫少儿私通而生霍去病。霍中孺在平阳侯家的吏事完毕，回家娶妻生了霍光，于是和卫少儿断绝关系不通消息。过了很长时间以后，卫少儿的妹妹卫子夫得到武帝的宠幸，被立为皇后。霍去病因为是皇后姐姐的儿子，身分高贵起来并且得到武帝的宠幸。年龄大些以后，才知道自己父亲是霍中孺，还没来得及去找寻问候，正巧被任命为骠骑将军去攻打匈奴。路过河东郡，河东太守到郊外迎接，身背弓箭在前带路。霍去病到平阳驿的馆舍，派官吏去迎霍中孺。霍中孺进屋小步快走，向前拜见将军。将军迎上前拜中孺并下跪说："去病没能早早知道是您的儿子啊。"中孺匍匐在地叩头说："老臣能把命运寄托到将军身上，这是老天的力量啊。"霍去病为霍中孺买了很多田宅奴婢以后才离去。出征回返途中，又去看望霍中孺。并带着霍光西去长安。当时霍光是十多岁。霍去病保举霍光为郎，逐渐升到诸曹侍中。霍去病死后，霍光任奉东都尉，光禄大夫。皇帝出行，就随侍车驾，皇帝在宫内，就侍候在身边。出入宫禁二十多年，小心谨慎，没曾犯有过错。很受武帝亲近信任。

征和二年，卫太子被江充陷害，而燕王刘旦，广陵王刘胥都有很多过失。当时武帝年老，宠姬钩弋赵倢伃有男孩，武帝心里打算以他为太子，委任大臣辅佐他。汉武帝考察群臣，只有霍光能担当大事重任，可以把社稷委托给他。武帝于是指派宫内画工画一幅周公抱着成王使成王面向前方接受诸侯朝拜的图画赐给霍光。后元二年春，武帝游五柞宫，病重了。霍光流着眼泪问道："如有不可避忌的事发生，谁可以嗣立为皇帝呢？"武帝说："您没理解以前赐给您的那副画的含义吗？立小儿子为皇帝，您按周公的故事办。"霍光叩头辞让说："臣不如金日磾。"金日磾也说："臣是外国人，不如霍光。"武帝以霍光为大司马大将军，金日磾为车骑将军，太仆上官桀为左将军，搜粟都尉桑弘羊为御史大夫。都在武帝卧室里正式接受任命，接遗诏辅佐少主。第二天，武帝去世，太子继承皇帝尊号，这就是孝昭皇帝。昭帝年龄是八岁。政事全部由霍光决定。

在这以前，后元元年时，侍中仆射莽何罗和弟弟重合侯莽合起来谋反，当时霍光和金日磾、上官桀等共同杀了他们。功劳还没有著录封赏，武帝病时，封存一份加盖印玺的诏书说："皇帝去世后，拆开玺书按玺书所说办事。"这份遗诏，命令封金日磾为秺侯，上官桀为安阳侯，霍光为博陆侯。都是根据以前捕杀造反者功劳封的。当时卫尉王莽儿子王忽在宫中侍奉皇帝，扬言说："皇帝病时，我常在他身边，哪里有遗诏封他们三个的事！这些家伙们自己互相抬高罢了。"霍光听说这件事后，严厉责问王莽，王莽用毒酒毒死了王忽。

霍光为人沉着稳重，说话不多，从容安详，思虑周密，行动谨慎。身高才七尺三寸，脸面白皙，两眉疏淡，双眼明亮，胡须很美。每次出入皇宫下殿出门，站立和行进，都有固定位置，守卫宫殿的郎仆射暗暗地记住他的位置，加以比较查看，每次都不差毫厘，他天生的性格端正到如此地步。刚辅佐幼主，政务都由自己决定，天下人都想了解他的作风和办法。殿中曾闹怪，整夜群臣互相惊扰，霍光召见掌管符玺的符玺郎，让他交出符玺，郎不肯把符玺交给霍光。霍光想夺，郎抓住剑把说："臣头可以拿去，玺不能给您！"霍光非常尊重他能坚守原则，第二天，下诏书把这个郎的俸禄增加两个等级。大家没有不赞扬霍光的。

　　霍光和左将军上官桀结成儿女亲家，两人互相亲近。霍光大女儿是上官桀儿子上官安的妻子。她有个女儿年龄和昭帝相当，上官桀通过昭帝姐姐鄂邑盖主把上官安女儿收入后宫封为倢伃，几个月以后，立为皇后。皇后父亲上官安被任命为骠骑将军，封桑乐侯。霍光出宫休假期间，上官桀就入宫代替霍光决定政事。上官桀父子位高权增之后，感激长公主的恩德。公主私生活不严肃，与河间的丁外人私通。上官桀、上官安想为丁外人求封爵，希望依照国家关于列侯娶公主的成例把丁外人封为列侯。霍光不同意。又为丁外人求光禄大夫官职，想让丁外人有被召见的机会，霍光又不同意。长公主因此对霍光大不满意。而上官桀、上官安屡次为丁外人求官爵求不到，也很羞惭。心里想，从先帝时开始，自己上官桀已经是九卿，官位在霍光之上，等到父子都成了将军，又有和皇后的重要关系，皇后是上官安亲生女儿，霍光只不过是外祖父，他霍光反而专制朝廷政事！从此和霍光争权。燕王刘旦因自己是昭帝哥哥却没能得立为帝，常怀怨恨。御史大夫桑弘羊创始酒、盐、铁专卖官营制度为国家兴利，居功自傲，想为子弟求官，也怨恨霍光。于是盖主，上官桀、上官安及桑弘羊都和燕王刘旦合谋。他们让一个冒充是燕王使者的人向朝廷上书，说霍光"去主持郎官和羽林军的大规模军事演习时，路途中实行像皇帝出行时那样的戒严，

吃饭时让皇帝御厨房为他提前准备饮食。"又说"苏武以前出使匈奴，被拘留二十年不投降，回朝以后，只委托为典属国，而大将军长史杨敞没有功劳，却当上了搜粟都尉。又专断地调动、增加大将军府的校尉。霍光专权、放纵，我怀疑他别有企图，臣旦愿意交出燕王封爵，入宫值宿护卫，监察奸臣的叛变阴谋。"等候霍光出宫休假时，上奏给皇帝。上官桀打算，从宫里把这件事下交给主管官吏查办，桑弘羊负责和各大臣共同胁迫霍光退职。所谓的燕王书信上奏以后，昭帝不肯向下转发查处。

第二天早上，霍光知道了上书这件事，留在殿前西阁的画室中不肯进殿。昭帝问："大将军在哪儿？"左将军上官桀说："因为燕王告发他的罪行，所以不敢进来。"昭帝下诏叫大将军进殿。霍光进殿，取下头上的冠，叩头谢罪。昭帝说："将军戴上冠。朕知道信是假的。将军没有罪。"霍光说："陛下怎么知道的？"昭帝说："将军去广明检阅郎，是近日的事。调校尉以来还不到十天。燕王远在外地，怎么来得及知道？况且将军造反，不必要用一个校尉啊。"这时昭帝是十四岁，尚书和身边的人听了感到惊奇。而上书的人果然逃跑了。追捕很急。上官桀等人害怕，对昭帝说："小事不值得穷追。"昭帝不同意。

后来上官桀党羽中只要有诬陷霍光的，昭帝就发怒说："大将军是忠臣，先帝委托来辅佐朕的，敢有诽谤他的，要办罪！"从此以后，上官桀等人不敢再说。于是密谋叫长公主设酒席请霍光，埋伏兵士，杀掉霍光，乘势废黜昭帝，迎立燕王为天子。这个密谋败露了，霍光把上官桀、上官安、桑弘羊、丁外人连同他们的家族都杀了。燕王、盖主都自杀而死。霍光威镇全国。昭帝举行冠礼以后，继续委任霍光主持国政，昭帝时，霍光主政，有十三年之久。百姓富足，四夷归顺。

元平元年，昭帝去世。没有儿子。武帝六个儿子。独有广陵王刘胥在世，群臣讨论该立谁为皇帝，都主张立广陵王。广陵王本来是由于行为放纵，不合正道，武帝才不选用的，所以霍光听了大家议论内心不安。有一个郎上书说："周太王废黜太伯而立王季，周文王舍弃伯邑考立武王，都是只看适宜就立。即使是废黜长子而立少子也是可以的。广陵王不能继承帝位。"他的话符合霍光心意，霍光把他的上书拿给丞相杨敞等人看，把这个郎提拔为九江太守。当天就奉皇太后诏令，派遣行大鸿胪事的少府乐成、宗正德，光禄大夫吉，中郎将利汉去迎接昌邑王贺。

刘贺，是武帝孙子，昌邑哀王的儿子。到长安后，即位为皇帝，行为淫乱。霍光忧愁愤懑，单独询问他所亲近的原来的属吏现任大司农的田延年，这事该怎么办。田延年说："将军是国家的柱石，既然确实知道这个人不行，为什么不向太后说明，另选贤明的拥立？"霍光说："现在想这么办，在古代有先例吗？"田延年说："伊尹做殷朝的相，废黜太甲来安定宗庙社稷，后世称颂他的忠诚。将军如果能办这件事，也就是汉朝的伊尹啊。"霍光于是在本官大司农之外，又给田延年一个"给事中"加官身分，让他可以进宫议事。又暗地和车骑将军张安世谋划。接着召集丞相、御史、将军、列侯、中二千石、大夫、博士在未央宫共同议事。霍光说："昌邑王行为昏庸淫乱，恐怕会给国家带来危险，怎么办？"群臣全都大惊失色，谁也不敢发言，只是随声应付不置可否而已。田延年离开坐席走上前摸着剑说："先帝把幼年太子托付给将军，把天下托付给将军，是因为将军忠诚、贤明，能保刘氏子孙的平安啊，现在臣民扰乱不安，国家行将崩溃。而且汉朝历代相传，谥号里都有孝字，意思就是要长保天下，让祖先能享受子孙的祭祀啊。如果让汉家断绝了祭祀，等将军死了，拿什么脸面到地下去见先帝呢！今日的讨论，不能有一会儿的耽搁。群臣里有谁赞成得晚一些，我就请求让我杀了他！"霍光谢罪说："九卿对我的责备是正确的。天下人心浮动，议论纷纷，我应当受到责备。"于是参加会议的都叩头说："百姓的命运都在将军一个人了，我们都只听将军的安排。"霍光就和群臣一起去谒见太后，并向太后详细禀告，叙说了昌邑王不能继承帝位的情况。皇太后于是乘车驾到了未央宫承明殿。并下令未央宫各处守门官兵不许放昌邑王手下的群臣进未央宫。昌邑王到太后处朝见回来，乘上车辇准备回温室殿。中黄门的宦官各把住一扇门，昌邑王进去，门就随即关闭，昌邑王国群臣不能进门。昌邑王说："这是怎么回事？"大将军跪下说："有皇太后命令，不让昌邑群臣进门。"昌邑王说："慢一点吆，为什么这么大惊小怪。"霍光派人把昌邑王群臣驱赶到金马门外，车骑将军张安世带领羽林骑兵逮捕捆绑了二百多人，都送到廷尉和诏狱去看管。派从前昭帝时的侍中中臣侍卫看守昌邑王，霍光告诫他们要小心看守，"万一仓猝间昌邑王死掉或自杀，就让我对不起天下人，有杀君的罪名了。"昌邑王还不知道就要被废黜了。对身边的人说："我原有的群臣从官怎么得的罪，而大将军把他们都抓起来？"过了一会儿，有太后命令，召昌邑王。昌邑王听说召见他，心里有点怕，就说："我得了什么罪而要召我呢？"太后披着用珍珠缀成的短袄，穿着庄严的礼服坐在武帐里，两边几百个侍从的人，都手持兵器。皇宫武装警卫期门勇士都拿着戟排列在殿陛之下。群臣按次序上殿。召昌邑王伏在太后面前聆听诏书。霍光和群臣联名上奏，弹劾昌邑王。尚书令宣读奏章说：

丞相臣敞，大司马大将军臣光，车骑将军臣安世，度辽将军臣明友，前将军臣增，后将军臣充国、御史大夫臣谊、宜春侯臣谭，当涂侯臣圣，随桃侯臣昌乐、杜侯臣屠耆堂、太仆臣延年、太常臣昌、大司农臣延年、宗正臣德、少府臣乐成，廷尉臣光、执金吾臣延寿、大鸿胪臣贤、左冯翊臣广明、左扶风臣德、长信少府臣嘉、典属国臣武、京辅都尉臣广汉、司隶校尉臣辟兵、诸吏文学光禄大夫臣迁、臣畸、臣吉、臣赐、臣管、臣胜、臣梁、臣长幸、臣夏侯胜、太中大夫臣德、臣卬冒着死罪向皇太后陛下禀告，臣敞等顿首死罪。天子所以能永保宗庙统率全国，是因为他以讲求慈孝礼义谨慎使用赏罚作为自己言行的根本原则。孝昭皇帝过早地逝世，没有儿子，臣敞等讨论：《礼》说："做人家的后嗣，就是做人家的儿子。"昌邑王可以给昭帝做后嗣，就派宗正、大鸿胪、光禄大夫奉太后所给的旄节去召昌邑王来主持丧事。但昌邑王穿上最重的斩衰孝服，却没有悲哀心情，他废弃礼义，在路途中，食用平日的饭菜，派随从去虏掠女子载入有帷幕的衣车内，带进所住的传舍里去。刚到长安，谒见太后，被立为皇太子，就常私下买鸡、猪吃。在昭帝灵柩前接受了皇帝信玺、行玺，回到自己位置时，把信玺、行玺从匣中取出而不封藏好。命从官轮换着持符节把从昌邑王带进京的从官、驺宰、官奴二百多人接进宫里，经常在一起游戏。自己亲身往保藏符玺的官署索取符节十六枚，早上晚上两次在昭帝灵柩前哭奠时，让从官轮换着持节跟随。曾写信说："皇帝问候侍中君卿。我派中御府令高昌奉上黄金一千斤赐予君卿，让君卿娶十个妻子。"昭帝灵柩还停放在前殿，就取出乐府的乐器，招引昌邑王府的乐人，击鼓、唱歌、吹奏乐器、演戏。送昭帝下葬回来，上前殿时，击钟磬。把祭祀太一神和祭祀宗庙时奏乐的乐工召进后宫，经由皇帝车驾所行的辇道到上林苑的牟首池去，吹打乐器唱歌跳舞，表演各种节目。从长安厨取出三份太牢祭品在阁室中设祭，祭祀结束，就和从官一起吃喝。驾驶着只有在祭天和郊祀社稷时才能用的法驾，用皮轩、鸾旗先行引导，在北宫、桂宫里驱驰，逗弄野猪，斗老虎玩。取来皇太后乘坐的小马车，让官奴骑乘着在宫廷里玩耍。和孝昭皇帝从前宫中的侍女名叫蒙的等人淫乱，还命令掖廷令说：谁敢泄漏出去，就要腰斩。

太后说："停下！做他人的臣下儿子，能够这样胡作非为吗！"昌邑王离开原来席位爬在地上听。尚书令继续宣读奏章：

拿诸侯王、列侯、二千石的印绶和级别低些的秩比六百石以上官员的墨绶、比二百石以上的黄绶来给昌邑王府的郎官和被赦免的奴隶佩带。把节上的黄旄换成赤旄。拿出御府里的金钱、刀、剑、玉器和花绸缎，赏赐给陪自己游戏的人。和从官、官奴夜里喝酒，嗜酒无度。命令太官"进献皇帝饮食，和往常一样。"监管皇帝饮食的食监奏报："守孝期间，不能享用和往常一样的饮食。"他仍催太官赶快进献，叫不要通过食监。太官不敢进献。就派从官出宫买鸡猪，命令殿门卫士放他们进来，成为常事。独自在夜里于温室使用接待贵宾的"九宾"之礼，接见姐夫昌邑王国的关内侯。祭祀祖宗庙的礼节还没举行，就颁下玺书派使者持节，以三份太牢祭祀他生父昌邑哀王园庙，自称"嗣子皇帝"。接受符玺以来，二十七天，使者四出，持节命令各官署，征调物品共一千一百二十七次。文学光禄大夫夏侯胜等及侍中傅嘉多次对他所犯过失提出劝谏，他却派人拿着文书斥责夏侯胜，捆起傅嘉投进监狱。他荒淫迷惑丢失了帝王礼仪，搞乱了汉家制度。臣敞等多次进谏，不改正，却越来越糟。怕要危害国家，天下都在担心。臣敞等谨慎地和博士臣霸、臣隽佁、臣虞舍、臣射、臣仓商议，都说：高皇帝建立功业，成为汉朝太祖，孝文皇帝慈仁节俭，成为太宗。现在陛下做孝昭皇帝后嗣，行为淫乱邪恶，不守法度，《诗》说：'即使说无知，也已经抱孩子了。'五刑之类，最主要的用于处罚不孝。周襄王不能侍奉母亲，《春秋》说：'天王出去居住在郑国。'因为他不孝，所以用'出'字贬他，这是要在天下人面前弃绝他。宗庙比君主尊贵重要。陛下没有受命于高庙，不能让他继承天命，奉祭祖宗庙，以百姓为子民。应当废黜。"请求派主管部门御史大夫臣谊、宗正臣德、太常臣昌，与太祝用一份太牢祭品，把这事祭告高庙。臣敞等冒死报告。

皇太后说："可以。"霍光命令昌邑王起来拜受皇太后诏令。昌邑王说："听说天子有诤谏臣七人，即使无道胡为，也不丢天下。"霍光说："皇太后已下令废黜，哪里来的天子！"于是走过去抓住他的手，解脱他的玺绶，奉交给皇太后，扶昌邑王下殿，出了金马门，群臣随后相送。昌邑王面向西拜首说："我愚蠢，担任不了汉朝的大事。"站起身登上乘舆副车。大将军霍光送他到昌邑王在京师的官邸，霍光道歉说："王的行为自绝于上天，臣等无能，不能以死报效王的恩德。臣宁愿对不起王，不敢对不起国家。愿王自爱，臣永远不能和您再见面了。"霍光流着眼泪离去了。

群臣上奏说："古代被废黜的人，要被弃置到远方去，不让他再参与政事。请把王贺迁徙到汉中房陵县去。"太后下诏，让贺回到昌邑去，赐予汤沐邑二千户。昌邑群臣因为犯了放弃辅导职守、引诱王干出坏事的罪，霍光把他们二百多人全部杀掉。押赴街市处刑时，他们大声呼喊："该下决断时不下决断，反而受了灾祸。"

霍光坐在掖庭中，会集丞相以下官员讨论确定拥立的人选。广陵王已经在以前决定不用了，燕刺王由于谋反而被杀，他的儿子不在考虑范围之内，近亲唯有卫太子的孙子被称为皇曾孙的，在民间，民间都称赞他好。霍光于是再和丞相敞等上奏皇太后说："《礼》说：'为人之道要亲爱自己的父母，所以推溯上去要尊崇始祖，尊崇始祖，所以要敬重大宗。'大宗没有后代，要选择旁支子孙中贤能的作为后代。孝武皇帝曾孙病已，武帝在世时有诏，让掖庭负责抚养，到现在十八岁，跟随老师学习了《诗》、《论语》、《孝经》。为人节俭，慈仁爱人。可以做孝昭皇帝的后代，继承祭祀祖宗庙的大任，做百姓的君父。臣昧死报告。"皇太后下诏令说："可以。"

霍光派宗正刘德到皇曾孙的家尚冠里去，让他洗头洗身，赐予他皇宫库里的衣服。太仆驾着轻便的轺猎车来迎曾孙，到宗正府举行斋戒，进未央宫谒见皇太后，被封为阳武侯。过了不久，霍光捧呈皇帝玺绶，他拜谒高祖庙。这就是孝宣皇帝。

第二年，宣帝颁布诏书说："褒奖有德的人赏赐立头功的人，这是古今通行的道理。大司马大将军光，宿卫孝武皇帝忠诚正直，宣扬表彰皇帝的恩德，坚守节操主持正义，使宗庙平安。现命令把河北东武阳一万七千户加封给光，连同以前已享有的，共为二万户。"前后赏赐黄金千斤，钱六千万，杂色绸缎三万匹，奴婢一百七十人，马两千匹，最好的住宅一所。

从昭帝时开始，霍光儿子霍禹及哥哥的孙子霍云，都是中郎将，霍云的弟弟霍山为奉车都尉侍中，统率外族归附的军队。霍光两个女婿为东西宫的卫尉。霍家各个女婿、外孙享受在朝廷有事时参加朝会的优待，担任诸曹大夫，骑都尉，给事中等职务。亲族党羽联成一体，在朝廷中像树根一样牢牢盘据着。霍光从武帝后元时，掌握国家大权，到宣帝即位，霍光才归还大权，宣帝谦让不接受，各种事都先报告霍光，然后呈报天子。霍光每次朝见，宣帝都虚心相待，态度严肃庄重，以礼接待他，谦虚得都有些过分。霍光掌握国家大权，前后共二十年。

地节二年春，霍光病重，宣帝亲自去慰问霍光的病。宣帝为他流了泪。霍光上书谢恩说："希望在我封邑中分出三千户，请皇帝拿去封我哥哥的孙子奉车都尉山为列侯，奉行哥哥骠骑将军去病的祭祀。"宣帝把这份申请交给丞相、御史去办，当天任命霍光儿子霍禹为右将军。

霍光去世，宣帝和皇太后亲去霍光灵柩前吊祭。太中大夫任宣和侍御史五个人持符节主持丧事，中二千石在坟上设立临时办事机构。赐予金钱、绸缎丝絮，一百条绣被，五十箱衣服，璧、珠玑、玉衣、梓木棺材、木椁，黄肠题凑各一件，枞木外臧椁十五件，东园制作的温明器，完全用皇帝丧葬制度的规格。用辒辌车载送霍光灵柩、用皇帝乘舆专用的黄屋左纛。调材官、轻车、北军五校的士兵充任仪仗队，一直排到茂陵，为霍光送葬。赐予霍光以宣成侯的谥号。调发河东郡、河内郡、河南郡服劳役的隶卒为霍光挖掘墓穴，葬后填土，封堆坟丘，建造祠堂，安置三百家组成一个园邑，专门负责为霍光看陵园，长、丞按以往的惯例护守。

霍光葬礼完成以后，宣帝封霍山为乐平侯，以奉车都尉领尚书事。天子思念霍光功德，颁下诏书说："故大司马大将军博陆侯在宫禁护卫孝武皇帝三十多年，辅佐孝昭皇帝十多年，遭遇重大灾难，挺身坚持大义，率三公九卿大夫，确定造福万世的大计划，安定了国家。天下万民，都因此而得到安宁。功德盛大，朕很钦佩。免除他后代的赋役，保持他的爵邑，世世不作变动，享受功赏不绝如同萧相国。"第二年夏天，封太子外祖父许广汉为平恩侯。又颁下诏书说："宣成侯霍光，护卫皇帝忠诚正直，为国家立了大功劳。褒扬善人应当顾念到他的后代，现决定封霍光的哥哥的孙子中郎将霍云为冠阳侯。"

霍禹继承博陆侯封爵后，太夫人显改建霍光在世时自造的墓地，扩大了规模。建造三出阙，筑神道，北边到达昭灵馆，南面到承恩馆，高规格装修祠堂，修筑辇道通连永巷，并禁闭一些平民奴婢在里面守护。扩建住宅，制作乘舆辇，缊冯上都加上绘制或绣制的图画。用黄金镀饰车身，用熟牛皮包住车轮，里面真充丝絮，减少颠震，让侍从的婢女用五采丝绳拉辇，载着显在府中游玩。当初，霍光喜爱为他管家的奴隶冯子都，常和他一起研究事情。显寡居之后，和冯子都私通。同时霍禹、霍山也都整修住宅，在平乐馆赛马取乐。霍云在应该朝见皇帝的日子，多次托病不去，私下带着很多宾客到黄山苑去张网打猎，而派奴仆代表自己去朝见，没有谁敢指责他这种行为。显和她的诸位女儿，不分昼夜随意进出太后住的长信宫殿，没有时间的约束。

宣帝做平民时就听说霍家地位高贵势力强大时间很久了，心里不认为是好事。霍光去世，宣帝才开始亲自处理朝政，御史大夫魏相获得给事中这个加官身分，在宫中随时等侯回答皇帝的咨询。显对霍禹、霍云、霍山说："你们不努力去继承大将军遗留下来的事业，现在御史大夫做给事中了，别人一在皇帝前离间我们，你们还能自救吗？"后来魏、霍两家奴仆在路上争道抢先，霍家奴仆闯进御史府，想蹋御史大夫门，御史对他们叩头赔罪，才离去。有人把这事告诉了霍家，显等才感到忧虑。紧跟着魏大夫升为丞相，多次在非正式场合朝见宣帝谈论事情。平恩侯和侍中金安上等直接进出宫禁。当时霍山像以前一样领尚书事，但宣帝宣布官民可以直接上书，不需经过尚书，群臣进见皇帝，可以一个人单独进见。对这些事，霍家非常厌恶。

宣帝刚即位时，册立做平民时娶的妻子许妃为皇后。显喜爱小女儿成君想让她有尊贵的身分，于是私自指使妇科医生淳于衍用毒药毒死许后。乘机劝霍光把成君送进宫，代替许后立为皇后。当初许后突然死亡，官吏逮捕了各有关医生，控告淳于衍治病时无礼，犯了"不道"罪，关进监狱。狱吏审讯很急，显怕事情暴露，就详细地把实情告诉了霍光。霍光非常吃惊，想自己去检举，又不忍心，犹豫不决。正好狱吏的奏章送上来了，他就在奏章后写上"淳于衍不要定罪"的批语。霍光死后，显与淳于衍合谋的话渐渐泄露出来，于是宣帝开始知道这件事，但还一时不知真假。于是把霍光女婿度辽将军未央卫尉平陵侯范明友调为光禄勋，二女婿诸吏中郎将羽林监任胜调出京城去做安定太守。几个月后，又把霍光姐夫给事中光禄大夫张朔调为蜀郡太守，调霍光孙女婿中郎将王汉为武威太守。不久，又调霍光大女婿长乐卫邓文汉为少府。又以霍禹为大司马，但只许戴小冠，没有印绶，撤销他的右将军该统领的营兵和下属办事机构，只是让霍禹官名和霍光一样，都是大司马罢了。又收回范明友的度辽将军印绶，只任光禄勋。还有霍光中间女儿的丈夫赵平任散骑骑都尉光禄大夫率领驻军，就又收回赵平的骑都尉印绶。率领外族归附军队、羽林军和两宫卫军的各个带兵将领，全都换上了宣帝亲信的许家、史家子弟。

霍禹当了大司马，声称有病不到任。霍禹原来的长史任宣看望他。霍禹说："我是什么病？皇帝不是我家将军到不了这个地位，现在将军坟土没干，就把我家人都疏远调开，反而信任许家、史家人，夺去我的实权，真让人糊涂死，也不知道这是怎么回事。"任宣见霍禹怨恨情绪很大，就对他说："大将军时代怎么还能回来呢！掌握国家大权，生杀由自己决定。廷尉李种、王平、左冯翊贾胜胡和车丞相女婿少府徐仁，都是因为触犯了将军的意向而被投进监狱处死。使乐成是平民子弟，因为得到将军赏识就升到九卿，封了侯。百官以下只顾着巴结讨好冯子都、王子方等人，把丞相都不放在眼里。各家都有他的时运，现在许、史本来就是天子骨肉至亲，得到高官重位正是当然的事啊。大司马要是因为这个有不满情绪，我认为不恰当。"霍禹不说话。过了几天，就去上任办公了。

显和霍禹、霍山、霍云自从发现权力被一天天削去，多次相对哭泣，自相埋怨。霍山说："现在丞相主事，天子信任他，把大将军的法令都改了。把公田、赋税借予或赐予贫民。宣扬大将军的过失。另外，儒生们大多是贫穷人的子弟，远道来京客居，缺吃少穿，喜欢胡乱说大话，不避忌讳，大将军一直仇视他们，现在陛下喜欢和这批儒生们谈话，人人都让他们上书向皇帝谈问题，其中很多都是议论我们家的。曾经有人上书说大将军时主弱臣强，办事专制，独揽大权，现在他的子孙主事，兄弟们比以前更加骄横，怕要危害宗庙。现在灾异一再出现，都是由于这种情况引起的。那封奏章说得极其痛切，我把它搁在一边没转奏上去。后来上书的人更加狡猾，都使用密封奏章，每次都是由中书令出宫亲自取走，不经过尚书。更加不信任人了。"显说："丞相多次说我们家不好，他就没罪吗？"霍山说："丞相清廉公正，怎么能有罪？我们兄弟和女婿们对自己要求大多不严格。还听民间纷纷传说霍家毒死了许皇后，难道有这样事吗？"显怕事情进一步紧急，就详细地把事实告诉了霍山、霍云、霍禹。霍山、霍云、霍禹吃惊地说：

"像这样的事，为什么不早点告诉我们！天子拆散赶走女婿们，就是由于这个原因啊。这是大事，惩罚不会小，怎么办？"于是开始有邪恶考虑。

当初，赵平的宾客石夏通晓天文，对赵平说："荧惑守御星。御星，是太仆奉车都尉啊。据这星相看，太仆奉车都尉不被贬黜就要被处死。"赵平暗中为霍山等担忧。霍云舅舅李竟的好朋友张赦见霍云一家惶惶不安，对李竟说："现在丞相及平恩侯主事，可以叫太夫人对太后说，先把这两个人杀了。处置陛下，就在太后一个决定了。"长安平民张章告发张赦，事情交给廷尉查处。执金吾逮捕张赦、石夏等人。后来有诏令，叫停止追究不要逮捕。霍山等更加恐慌，共同分析说："这是天子碍着太后的关系，所以不继续追究啊。但是坏倾向已经露头，又有弑许后的事，陛下即使宽厚仁慈，怕左右的人也不肯让放过，时间长了，还是要揭穿。事情揭穿了，就要被灭族了。不如早下手啊。"于是让霍家女儿们各自回去向自己的丈夫说明事情真象，都回答说："让我们往哪儿逃避呢？"

恰逢李竟犯了和诸侯王相互勾结的罪，供词中涉及到霍家，于是有诏令下来，说霍云、霍山不宜在宫中护卫皇帝，应免职回家。霍光女儿们对太后无礼，冯子都多次犯法，宣帝把这些事一起拿来责问，霍山、霍禹等很恐惧。显梦见住宅中井水外溢，流到院子里。炉灶挂到树上去了。又梦见大将军对显说："你知道逮捕儿子了吗？很快就要下来逮捕他了。"住宅中老鼠突然多了起来，还和人相撞，用尾巴画地。鸱鸮多次在屋前树上鸣叫。住宅的门自己塌倒了。霍云尚冠里住宅的中门也塌坏了。胡同口人都见到有人在霍云屋顶上揭瓦向地下摔，到近前一看，什么也没有，都很奇怪。霍禹梦见车马声混杂，来逮捕霍禹。全家忧愁。霍山说："丞相自作主张减少了祭祀宗庙的羔、蛙，可以用这件事控告他犯罪。"当下共同谋划，叫太后为宣帝外祖母博平君摆酒席，召丞相、平恩侯以下大臣赴宴，让范明友、邓广汉秉承太后的命令把他们杀掉，乘机废黜宣帝。而拥立霍禹为帝。商量好了还没动手执行，霍云被任命为玄菟太守，太中大夫任宣为代郡太守。霍山又犯了泄露朝廷秘密文书的罪，显为他上书，愿献城西住宅，一千匹马，为霍山赎罪。宣帝不予批准。这时，前面的密谋被发觉了，霍云、霍山、范明友自杀，显、霍禹、邓广汉被捕。霍禹被腰斩，显及各个女儿、兄弟都被在街市上斩首示众。唯独霍皇后只被废黜，居住昭台宫。和霍家有关系而被杀的有数千家。

宣帝于是颁下诏书说："以前东织室令史张赦让魏郡豪强李竟劝冠阳侯霍云谋反，朕考虑到大将军关系，压住了没让张扬，希望他们能改过自新。现在大司马博陆侯禹和母亲宣成侯夫人显及侄子冠阳侯云、乐平侯山，各个姐夫妹夫阴谋造反，想要牵累百姓。仰赖宗庙神灵，得以事先察觉，逮捕归案，都伏了罪。朕很伤感。一切受霍氏牵累而犯罪，事在丙申前发生，还没有被记录立案的，全都赦免不究。平民张章先发觉他们的阴谋，报告期门董忠，董忠告诉左曹杨恽，杨恽告诉侍中金安上。杨恽被召见当面陈述情况，后来张章又上书报告。侍中史高和金安上建议揭发此事，并提议不要让霍家人进入宫禁，霍氏阴谋终于没能得逞。这几个人功劳相等。封张章为博成侯，董忠为高昌侯，杨恽为平通侯，金安上为都成侯，史高为乐陵侯。"

当初，霍氏奢侈，茂陵徐先生说："霍氏一定要灭亡。只要奢侈，就不会顺从，不顺从，必定会轻视怠慢皇帝，轻视怠慢皇帝，那是通向谋反的道路啊！在人之上，大家一定妒忌他。霍氏掌权时间长了，妒忌他们的多了。天下人都妒忌他,而又往谋叛的路上走去,不灭亡还等什么!"于是上疏说:"霍氏太强盛了,陛下如果爱护帮助他们,应当及时对他们加以抑制,不要让他们走到败亡的地步去。"奏章呈上了多次,宣帝都不采纳。以后霍氏被杀了,而告发霍氏的都得到了封赏。有人为徐先生上书说:"臣听说有一个客人来看望主人,发现主人的灶上安设了一个直的烟道,旁边就有柴草。客对主人说:'改设一个弯烟道,把柴草搬到远一点地方去,否则将有火灾。'主人不回话。不久家里果然失火,邻居一起来救,幸而灭掉了火。于是杀牛摆酒,感谢邻里,救火时烧伤的被请到上座。其余的人按出力大小排座次。但没请建议改设弯烟道的人。有人对主人说:'当初如果听了客人的话,不用花费牛酒,根本就不会有火灾。现在论功请人赴宴,建议改设弯烟道搬离柴草的得不到感谢,焦头烂额的坐上席啦?'主人这才明白过来,补请来建议改烟道的客人。现在茂陵徐福多次上书谈霍氏即将谋反,应该防止阻绝他们的阴谋。当初如果他的建议得到采纳实施,则国家没有割裂疆土赐出爵赏的耗费,臣下也没有谋反和被杀的惨败了。过去的事已经过去,而福独得不到封赏,希望陛下考察一下这件事,重视搬柴草改设弯烟道的建议,让他功劳排在焦头烂额救火的那些人之上。"宣帝于是赏赐徐福十匹帛,后来用他为郎。

宣帝刚即位时,去谒见高庙,大将军霍光陪从在身边做骖乘,宣帝内心很害怕他,好像有芒草刀剑扎在背上一样惊惶不安。以后车骑将军张安世代替霍光做骖乘,天子就精神放松身体舒展,感到安宁和妥贴。一等霍光死去,宗族终于被杀。所以社会上流传:"威势震慑君主的,是不会被君主所容的。霍氏的灾祸,从骖乘时就开始了。"

到成帝时,为霍光设置守冢人一百家,官吏士卒负责祭祀。元始二年，封霍光堂兄弟的曾孙霍阳为博陆侯，一千户。

　　赞：霍光从童年开始入宫侍奉皇帝，开始是守门护阶的郎官，但意志刚强，坚守大义，得到了武帝重视。接受辅佐幼主的委托，负起了扶保汉室的重任。他担当朝政，拥护幼主，摧毁燕王对帝位的觊觎，挫败了上官桀父子的夺权阴谋，随机应变，制服政敌，以完成他对汉室的忠诚。处在废立皇帝的关键时刻，面对大是大非毫不动摇，终于扶正了国家，安定了社稷。拥护昭帝选立宣帝，霍光尽到了太师太保的职责。即使是周公、伊尹，又有什么比霍光更大的功德呢！不过霍光不能学习古代圣王政绩，所以所作所为不能符合理想的道术。不明白圣贤大道理，掩饰妻子的邪恶阴谋，立女儿为皇后，沉溺进非分的欲望，因而增大了覆灭的灾祸。死了才三年，家族就被杀光，可悲啊！以前霍叔被封在晋，晋就是现在的河东，霍光难道是他的后代吗？

（葛亮　译）

【原文】

　　霍光，字子孟，骠骑将军去病弟也。父中孺，河东平阳人也，以县吏给事平阳侯家，与侍者卫少儿私通而生去病。中孺吏毕归家，娶妇生光，因绝不相闻。久之，少儿女弟子夫得幸于武帝，立为皇后，去病以皇后姊子贵幸。既壮大，乃自知父为霍中孺，未及求问，会为骠骑将军击匈奴。道出河东，河东太守郊迎，负弩矢先驱，至平阳传舍，遣吏迎霍中孺。中孺趋入拜谒，将军迎拜，因跪曰："去病不早自知为大人遗体也。"中孺扶服叩头，曰："老臣得托命将军，此天力也。"去病大为中孺买田宅奴婢而去。还,复过焉,乃将光西至长安,时年十余岁,任光为郎,稍迁诸曹侍中。去病死后,光为奉车都尉光禄大夫,出则奉车,入侍左右,出入禁闼二十余年,小心谨慎,未尝有过,甚见亲信。

征和二年,卫太子为江充所败,而燕王旦、广陵王胥皆多过失。是时上年老,宠姬钩弋赵倢伃有男,上心欲以为嗣,命大臣辅之。察群臣唯光任大重,可属社稷。上乃使黄门画者画周公负成王朝诸侯以赐光。后元二年春,上游五柞宫,病笃,光涕泣问曰:"如有不讳,谁当嗣者?"上曰:"君未喻前画意邪?立少子,君行周公之事。"光顿首让曰:"臣不如金日磾。"日磾亦曰:"臣外国人,不如光。"上以光为大司马大将军,日磾为车骑将军,及太仆上官桀为左将军,搜粟都尉桑弘羊为御史大夫,皆拜卧内床下,受遗诏辅少主。明日,武帝崩,太子袭尊号,是为孝昭皇帝。帝年八岁,政事壹决于光。

先是,后元年,侍中仆射莽何罗与弟重合侯通谋为逆,时光与金日磾,上官桀等共诛之,功未录。武帝病,封玺书曰:"帝崩发书以从事。"遗诏封金日磾为秺侯,上官桀为安阳侯,光为博陆侯,皆以前捕反者功封。时卫尉王莽子男忽侍中,扬语曰:"帝崩,忽常在左右,安得遗诏封三子事!群儿自相贵耳。"光闻之,切让王莽,莽鸩杀忽。

光为人沈静详审,长财七尺三寸,白皙,疏眉目,美须髯,每出入下殿门,止进有常处,郎仆射窃识视之,不失尺寸,其资性端正如此。初辅幼主,政自己出,天下想闻其风采。殿中尝有怪,一夜群臣相惊,光召尚符玺郎,郎不肯授光。光欲夺之,郎按剑曰:"臣头可得,玺不可得也!"光甚谊之。明日,诏增此郎秩二等。众庶莫不多光。

光与左将军桀结婚相亲，光长女为桀子安妻。有女年与帝相配，桀因帝姊鄂邑盖主纳安女后宫为倢伃，数月立为皇后。父安为骠骑将军，封桑乐侯。光时休沐出，桀辄入代光决事。桀父子既尊盛，而德长公主。公主内行不修，近幸河间丁外人。桀、安欲为外人求封，幸依国家故事以列侯尚公主者，光不许。又为外人求光禄大夫，欲令得召见，又不许。长主大以是怨光。而桀、安数为外人求官爵弗能得，亦惭。自先帝时，桀已为九卿，位在光右，及父子并为将军，有椒房中宫之重，皇后亲安女，光乃其外祖，而顾专制朝事，由是与光争权。燕王旦自以昭帝兄，常怀怨望。及御史大夫桑弘羊建造酒榷盐铁，为国兴利，伐其功，欲为子弟得官，亦怨恨光。于是盖主、上官桀、安及弘羊皆与燕王旦通谋，诈令人为燕王上书，言"光出都肄郎羽林，道上称跸，太官先置。"又引"苏武前使匈奴，拘留二十年不降，还乃为典属国，而大将军长史敞亡功为搜粟都尉。又擅调益莫府校尉。光专权自恣，疑有非常。臣旦愿归符玺，入宿卫，察奸臣变。"候司光出沐日奏之。桀欲从中下其事，桑弘羊当与诸大臣共执退光。书奏，帝不肯下。

明旦，光闻之，止画室中不入。上问："大将军安在？"左将军桀对曰："以燕王告其罪，故不敢入。"有诏召大将军。光入，免冠顿首谢。上曰："将军冠。朕知是书诈也，将军亡罪。"光曰："陛下何以知之？"上曰："将军之广明，都郎属耳。调校尉以来未能十日，燕王何以得知之？且将军为非，不须校尉。"是时帝年十四，尚书左右皆惊。而上书者果亡，捕之甚急。桀等惧，白上"小事不足遂"，上不听。

后桀党与有谮光者，上辄怒曰："大将军忠臣，先帝所属以辅朕身，敢有毁者坐之。"自是桀等不敢复言。乃谋令长公主置酒请光，伏兵格杀之，因废帝，迎立燕王为天子。事发觉，光尽诛桀、安、弘羊、外人宗族。燕王、盖主皆自杀。光威震海内。昭帝既冠，遂委任光，讫十三年，百姓充实，四夷宾服。

元平元年，昭帝崩，亡嗣。武帝六男独有广陵王胥在，群臣议所立，咸持广陵王。王本以行失道，先帝所不用。光内不自安。郎有上书言"周太王废太伯立王季，文王舍伯邑考立武王，唯在所宜，虽废长立少可也。广陵王不可以承宗庙。"言合光意。光以其书视丞相敞等，擢郎为九江太守，即日承皇太后诏，遣行大鸿胪事少府乐成、宗正德、光禄大夫吉、中郎将利汉迎昌邑王贺。

贺者，武帝孙，昌邑哀王子也。既至，即位，行淫乱。光忧懑，独以问所亲故吏大司农田延年。延年曰："将军为国柱石，审此人不可，何不建白太后，更选贤而立之？"光曰："今欲如是，于古尝有此否？"延年曰："伊尹相殷，废太甲以安宗庙，后世称其忠。将军若能行此，亦汉之伊尹也。"光乃引延年给事中，阴与车骑将军张安世图计，遂召丞相、御史、将军、列侯、中二千石、大夫、博士会议未央宫。光曰："昌邑王行昏乱，恐危社稷，如何？"群臣皆惊鄂失色，莫敢发言，但唯唯而已。田延年前，离席按剑，曰："先帝属将军以幼孤，寄将军以天下，以将军忠贤能安刘氏也。今群下鼎沸，社稷将倾。且汉之传谥常为孝者，以长有天下，令宗庙血食也。如令汉家绝祀，将军虽死，何面目见先帝于地下乎？今日之议，不得旋踵。群臣后应者，臣请剑斩之。"光谢曰："九卿责光是也。天下匈匈不安，光当受难。"于是议者皆叩头曰："万姓之命在于将军，唯大将军令。"光即与群臣俱见白太后，具陈昌邑王不可以承宗庙状。皇太后乃车驾幸未央承明殿，诏诸禁门毋内昌邑群臣。王入朝太后还，乘辇欲归温室，中黄门宦者各持门扇，王入，门闭，昌邑群臣不得入。王曰："何为？"大将军跪曰："有皇太后诏，毋内昌邑群臣。"王曰："徐之，何乃惊人如是！"光使尽驱出昌邑群臣，置金马门外。车骑将军安世将羽林骑收缚二百余人，皆送廷尉诏狱。令故昭帝侍中中臣侍守王。光敕左右："谨宿卫，卒有物故自裁，令我负天下，有杀主名。"王尚未自知当废，谓左右："我故群臣从官安得罪，而大将军尽系之乎。"顷之，有太后诏召王。王闻召，意恐，乃曰："我安得罪而召我哉！"太后被珠襦，盛服坐武帐中；侍御数百人皆持兵，期门武士陛戟，陈列殿下。群臣以次上殿，召昌邑王伏前听诏。光与群臣联名奏王，尚书令读奏曰：

丞相臣敞、大司马大将军臣光、车骑将军臣安世、度辽将军臣明友、前将军臣增、后将军臣充国、御史大夫臣谊、宜春侯臣谭、当涂侯臣圣、随桃侯臣昌乐、杜侯臣屠耆堂、太仆臣延年、太常臣昌、大司农臣延年、宗正臣德、少府臣乐成、廷尉臣光、执金吾臣延寿、大鸿胪臣贤、左冯翊臣广明、右扶风臣德、长信少府臣嘉、典属国臣武、京辅都尉臣广汉、司隶校尉臣辟兵、诸吏文学光禄大夫臣迁、臣畸、臣吉、臣赐、臣管、臣胜、臣梁、臣长幸、臣夏侯胜、太中大夫臣德、臣卬昧死言皇太后陛下：臣敞等顿首死罪。天子所以永保宗庙总壹海内者，以慈孝礼谊赏罚为本。孝昭皇帝早弃天下，亡嗣，臣敞等议，礼曰"为人后者为之子也"，昌邑王宜嗣后，遣宗正、大鸿胪、光禄大夫奉节使征昌邑王典丧。服斩衰，亡悲哀之心，废礼谊，居道上不素食，使从官略女子载衣车，内所居传舍。始至谒见，立为皇太子，常私买鸡豚以食。受皇帝信玺、行玺大行前，就次发玺不封。从官更持节，引内昌邑从官驺宰官奴二百余人，常与居禁闼内敖戏。自之符玺取节十六，朝暮临，令从官更持节从。为书曰："皇帝问侍中君卿：使中御府令高昌奉黄金千斤，赐君卿取十妻。"大行在前殿，发乐府乐器，引内昌邑乐人，击鼓歌吹作俳倡。会下还，上前殿，击钟磬，召内泰壹宗庙乐人辇道牟首，鼓吹歌舞，悉奏众乐。发长安厨三太牢具祠阁室中，祀已，与从官饮啖。驾法驾，皮轩鸾旗，驱驰北宫、桂宫，弄彘斗虎，召皇太后御小马车，使官奴骑乘，游戏掖庭中。与孝昭皇帝宫人蒙等淫乱，诏掖庭令敢泄言要斩。

太后曰："止！为人臣子当悖乱如是邪！"王离席伏。尚书令复读曰：

取诸侯王、列侯、二千石绶及墨绶、黄绶以并佩昌邑郎官者免奴。变易节上黄旄以赤。发御府金钱刀剑玉器采缯，赏赐所与游戏者。与从官官奴夜饮，湛沔于酒。诏太官上乘舆食如故。食监奏未释服未可御故食，复诏太官趣具，无关食监。太官不敢具，即使从官出买鸡豚，诏殿门内，以为常。独夜设九宾温室，延见姊夫昌邑关内侯。祖宗庙祠未举，为玺书使使者持节，以三太牢祠昌邑哀王园庙，称嗣子皇帝。受玺以来二十七日，使者旁午，持节诏诸官署征发，凡千一百二十七事。文学光禄大夫夏侯胜等及侍中傅嘉数进谏以过失，使人簿责胜，缚嘉系狱。荒淫迷惑，失帝王礼谊，乱汉制度。臣敞等数进谏，不变更。日以益甚，恐危社稷，天下不安。

臣敞等谨与博士臣霸、臣隽舍、臣德、臣虞舍、臣射、臣仓议，皆曰："高皇帝建功业为汉太祖，孝文皇帝慈仁节俭为太宗，今陛下嗣孝昭皇帝后，行淫辟不轨。《诗》云：'籍曰未知，亦既抱子。'五辟之属，莫大不孝。周襄王不能事母，《春秋》曰'天王出居于郑'，由不孝出之，绝之于天下也。宗庙重于君，陛下未见命高庙，不可以承天序，奉祖宗庙，子万姓，当废。"臣请有司御史大夫臣谊、宗正臣德、太常臣昌与太祝以一太牢具，告祠高庙。臣敞等昧死以闻。

皇太后诏曰："可。"光令王起拜受诏，王曰："闻天子有争臣七人，虽无道，不失天下。"光曰："皇太后诏废，安得天子。"乃即持其手，解脱其玺组，奉上太后，扶王下殿，出金马门，群臣随送。王西面拜，曰："愚戆不任汉事。"起就乘舆副车。大将军光送至昌邑邸，光谢曰："王行自绝于天，臣等驽怯，不能杀身报德。臣宁负王，不敢负社稷。愿王自爱，臣长不复见左右。"光涕泣而去。

群臣奏言："古者废放之人屏于远方，不及以政，请徙王贺汉中房陵县。"太后诏归贺昌邑，赐汤沐邑二千户。昌邑群臣坐亡辅导之谊，陷王于恶，光悉诛杀二百余人。出死，号呼市中曰："当断不断，反受其乱。"

光坐庭中，会丞相以下议定所立。广陵王已前不用，及燕刺王反诛，其子不在议中。近亲唯有卫太子孙号皇曾孙在民间，咸称述焉。光遂复与丞相敞等上奏曰："《礼》曰'人道亲亲故尊祖，尊祖故敬宗。'太宗无嗣，择支子孙贤者为嗣。孝武皇帝曾孙病已，武帝时有诏披庭养视，至今年十八，师受《诗》、《论语》、《孝经》，躬行节俭，慈仁爱人，可以嗣孝昭皇帝后，奉承祖宗庙，子万姓。臣昧死以闻。"皇太后诏曰："可。"

光遣宗正刘德至曾孙家尚冠里，洗沐赐御衣，太仆以轹猎车迎曾孙就斋宗正府，入未央宫见皇太后，封为阳武侯。已而光奉上皇帝玺绶，谒于高庙，是为孝宣皇帝。明年，下诏曰："夫褒有德，赏元功，古今通谊也。大司马大将军光，宿卫忠正，宣德明恩，守节秉谊，以安宗庙。其以河北、东武阳益封光万七千户。"与故所食凡二万户。赏赐前后黄金七千斤，钱六千万，杂缯三万匹，奴婢百七十人，马二千匹，甲第一区。

自昭帝时，光子禹及兄孙云皆中郎将，云弟山奉车都尉侍中，领胡越兵。光两女婿为东西宫卫尉，昆弟诸婿外孙皆奉朝请，为诸曹大夫，骑都尉，给事中。党亲连体，根据于朝廷。光自后元秉持万机，及上即位，乃归政。上谦让不受，诸事皆先关白光，然后奏御天子。光每朝见，上虚己敛容，礼下之已甚。

光秉政前后二十年。地节二年春，病笃，车驾自临问光病，上为之涕泣。光上书谢恩曰："愿分国邑三千户以封兄孙奉车都尉山为列侯，奉兄骠骑将军去病祀。"事下丞相御史，即日拜光子禹为右将军。

光薨，上及皇太后亲临光丧。太中大夫任宣与侍御史五人持节护丧事。中二千石治莫府冢上。赐金钱、缯絮，绣被百领，衣五十箧，璧、珠玑、玉衣，梓宫、便房、黄肠题凑各一具，枞木外臧椁十五具。东园温明，皆如乘舆制度。载光尸柩以辒辌车，黄屋左纛，发材官轻车北军五校士军陈至茂陵，以送其葬。谥曰宣成侯。发三河卒穿复土，起冢祠堂，置园邑三百家，长丞奉守如旧法。

既葬，封山为乐平侯，以奉车都尉领尚书事。天子思光功德，下诏曰："故大司马大将军博陆侯，宿卫孝武皇帝三十有余年，辅孝昭皇帝十有余年，遭大难，躬秉谊，率三公九卿大夫定万世册以安社稷，天下蒸庶咸以康宁。功德茂盛，朕甚嘉之。复其后世，畴其爵邑，世世无有所与，功如萧相国。"明年夏，封太子外祖父许广汉为平恩侯。复下诏曰："宣成侯光宿卫忠正，勤劳国家。善善及后世，其封光兄孙中郎将云为冠阳侯。"

禹既嗣为博陆侯，太夫人显改光时所自造茔制而侈大之。起三出阙，筑神道，北临昭灵，南出承恩，盛饰祠室，辇阁通属永巷，而幽良人婢妾守之。广治第室，作乘舆辇，加画绣絪冯，黄金涂，韦絮荐轮，侍婢以五采丝挽显，游戏第中。初，光爱幸监奴冯子都，常与计事，及显寡居，与子都乱。而禹、山亦并缮治第宅，走马驰逐平乐馆。云当朝请，数称病私出，多从宾客，张围猎黄山苑中，使苍头奴上朝谒，莫敢谴者。而显及诸女，昼夜出入长信宫殿中，亡期度。

宣帝自在民间闻知霍氏尊盛日久，内不能善。光薨，上始躬亲朝政，御史大夫魏相给事中。显谓禹、云、山："女曹不务奉大将军余业，今大夫给事中，他人壹间，女能复自救邪？"后两家奴争道，霍氏奴入御史府，欲蹋大夫门，御史为叩头谢，乃去。人以谓霍氏，显等始知忧。会魏大夫为丞相，数燕见言事。平恩侯与侍中金安上等径出入省中。时霍山自若领尚书，上令吏民得奏封事，不关尚书，群臣进见独往来，于是霍氏甚恶之。

宣帝始立，立微时许妃为皇后。显爱小女成君，欲贵之，私使乳医淳于衍行毒药杀许后，因劝光内成君，代立为后。始许后暴崩，吏捕诸医，劾衍侍疾无状不道，下狱。吏簿问急，显恐事败，即具以实语光。光大惊，欲自发举，不忍，犹与。会奏上，因署衍勿论。光薨后，语稍泄。于是上始闻之，而未察，乃徙光女婿度辽将军未央卫尉平陵侯范明友为光禄勋，次婿诸吏中郎将羽林监任胜出为安定太守。数月，复出光姊婿给事中光禄大夫张朔为蜀郡太守，群孙婿中郎将王汉为武威太守。顷之，复徙光长女婿长乐卫尉邓广汉为少府。更以禹为大司马，冠小冠，无印绶，罢其右将军屯兵官属，特使禹官名与光俱大司马者。又收范明友度辽将军印绶，但为光禄勋。及光中女婿赵平为散骑骑都尉光禄大夫将屯兵，又收平骑都尉印绶。诸领胡越骑、羽林及两宫卫将屯兵，悉易以所亲信许、史子弟代之。

禹为大司马，称病。禹故长史任宣候问，禹曰："我何病？县官非我家将军不得至是，今将军坟墓未干，尽外我家，反任许、史，夺我印绶，令人不省死。"宣见禹恨望深，乃谓曰："大将军时何可复行！持国权柄，杀生在手中。廷尉李种、王平、左冯翊贾胜胡及车丞相女婿少府徐仁皆坐逆将军意下狱死。使乐成小家子得幸将军，至九卿封侯。百官以下但事冯子都、王子方等，视丞相无如也。各自有时，今许、史自天子骨肉，贵正宜耳。大司马欲用是怨恨，愚以为不可。"禹默然。数日，起视事。

显及禹、山、云自见日侵削，数相对啼泣，自怨。山曰："今丞相用事，县官信之，尽变易大将军时法令，以公田赋与贫民，发扬大将军过失。又诸儒生多窭人子，远客饥寒，喜妄说狂言，不避忌讳，大将军常仇之，今陛下好与诸儒生语，人人自使书封事，多言我家者。尝有上书言大将军时主弱臣强，专制擅权，今其子孙用事，昆弟益骄恣，恐危宗庙，灾异数见，尽为是也。其言绝痛，山屏不奏其书。后上书者益黠，尽奏封事，辄下中书令出取之，不关尚书，益不信人。"

显曰："丞相数言我家，独无罪乎？"山曰："丞相廉正，安得罪？我家昆弟诸婿多不谨。又闻民间宣言霍氏毒杀许皇后，宁有是邪？"显恐急，即具以实告山、云、禹。山、云、禹惊曰："如是，何不早告禹等！县官离散斥逐诸婿，用是故也。此大事，诛罚不小，奈何？"于是始有邪谋矣。

初，赵平客石夏善为天官，语平曰："荧惑守御星。御星，太仆奉车都尉也，不黜则死。"平内忧山等。云舅李竟所善张赦见云家卒卒，谓竟曰："今丞相与平恩侯用事，可令太夫人言太后，先诛此两人。移徙陛下，在太后耳。"长安男子张章告之，事下廷尉。执金吾捕张赦、石夏等，后有诏止勿捕。山等愈恐，相谓曰："此县官重太后，故不竟也。然恶端已见，又有弑许后事，陛下虽宽仁，恐左右不听，久之犹发，发即族矣，不如先也。"遂令诸女各归报其夫，皆曰："安所相避？"

会李竟坐与诸侯王交通，辞语及霍氏，有诏云、山不宜宿卫，免就第。光诸女遇太后无礼，冯子都数犯法，上并以为让，山、禹等甚恐。显梦第中井水溢流庭下，灶居树上。又梦大将军谓显曰："知捕儿不？亟下捕之。"第中鼠暴多，与人相触，以尾画地。鸱鸮数鸣殿前树上。第门自坏。云尚冠里宅中门亦坏。巷端人共见有人居云屋上，彻瓦投地，就视，亡有，大怪之。禹梦车骑声正欢来捕禹，举家忧愁。山曰："丞相擅减宗庙羔、菟、蛙，可以此罪也。"谋令太后为博平君置酒，召丞相、平恩侯以下，使范明友、邓广汉承太后制引斩之，因废天子而立禹。约定未发，云拜为玄菟太守，太中大夫任宣为代郡太守。山又坐写秘书，显为上书献城西第，入马千四，以赎山罪。书报闻。会事发觉，云、山、明友自杀，显、禹、广汉等捕得。禹腰斩，显及诸女昆弟皆弃市。

唯独霍后废处昭台宫。与霍氏相连坐诛灭者数千家。

上乃下诏曰："乃者东织室令史张赦使魏郡豪李竟报冠阳侯云谋为大逆，朕以大将军故，抑而不扬，冀其自新。今大司马博陆侯禹与母宣成侯夫人显及从昆弟子冠阳侯云、乐平侯山诸姊妹婿谋为大逆，欲诖误百姓。赖宗庙神灵，先发得，咸伏其辜，朕甚悼之。诸为霍氏所诖误，事在丙申前，未发觉在吏者，皆赦除之。男子张章先发觉，以语期门董忠，忠告左曹杨恽，恽告侍中金安上。恽召见对状，后章上书以闻。侍中史高与金安上建发其事，言无入霍氏禁闼，卒不得遂其谋，皆雠有功。封章为博成侯，忠高昌侯，恽平通侯，安上都成侯，高乐陵侯。"

初，霍氏奢侈，茂陵徐生曰："霍氏必亡。夫奢则不逊，不逊必侮上。侮上者，逆道也。在人之右，众必害之。霍氏秉权日久，害之者多矣。天下害之，而又行以逆道，不亡何待！"乃上疏曰："霍氏泰盛，陛下即爱厚之，宜以时抑制，无使至亡。"书三上，辄报闻。其后霍氏诛灭，而告霍氏者皆封。人为徐生上书曰："臣闻客有过主人者，见其灶直突，傍有积薪，客谓主人，更为曲突，远徙其薪，不者且有火患。主人嘿然不应。俄而家果失火，邻里共救之，幸而得息。于是杀牛置酒，谢其邻人，灼烂者在于上行，余各以功次坐，而不录言曲突者。人谓主人曰：'乡使听客之言，不费牛酒，终无火患。今论功而请宾，曲突徙薪亡恩泽，焦头烂额为上客邪？'主人乃悟而请之。今茂陵徐福数上书言霍氏且有变，宜防绝之。乡使福说得行，则国无裂土出爵之费，臣无逆乱诛灭之败。往事既已，而福独不蒙其功，唯陛下察之，贵徙薪曲突之策，使居焦发灼烂之右。"上乃赐福帛十匹，后以为郎。

宣帝始立，谒见高庙，大将军光从骖乘，上内严惮之，若有芒刺在背。后车骑将军张安世代光骖乘，天子从容肆体，甚安近焉。及光身死而宗族竟诛，故俗传之曰："威震主者不畜，霍氏之祸萌于骖乘。"

至成帝时，为光置守冢百家，吏卒奉祠焉。元始二年，封光从父昆弟曾孙阳为博陆侯，千户。

赞曰：霍光以结发内侍，起于阶闼之间，确然秉志，谊形于主。受襁褓之托，任汉室之寄，当庙堂，拥幼君，摧燕王，仆上官，因权制敌，以成其忠。处废置之际，临大节而不可夺，遂匡国家，安社稷。拥昭立宣，光为师保，虽周公、阿衡，何以加此！然光不学无术，暗于大理，阴妻邪谋，立女为后，湛溺盈溢之欲，以增颠覆之祸，死财三年，宗族诛夷，哀哉！昔霍叔封于晋，晋即河东，光岂其苗裔乎？

赵充国传

——《汉书》卷六九

【说明】赵充国（前137——前52），字翁孙，陇西上邽（今甘肃天水西南）人，后迁居令居城（今甘肃永登西北）。汉武帝时，跟随贰师将军李广利出击匈奴，被匈奴主力军围困，赵充国率领一百多精骑带大部队冲出重围，身受创伤二十多处，受到汉武帝召见，任为车骑将军长史。汉昭帝时，赵充国征氏族与匈奴有功，先后任中郎将、水衡尉、后将军。汉宣帝时，因与霍光册立宣帝即位，封为营平侯。汉宣帝神爵元年（前61），居住在青海湖一带的西羌先零部起兵反汉，年已七十六岁的赵充国自请为将，带兵出征。酒泉太守辛武贤上书宣帝建议合击罕羌、开羌，赵充国经过调查，了解情况，多次上书宣帝，建议采取打击先零羌，招抚罕羌、开羌的战略方针。破先零羌后，其余部避于山林险阻，赵充国上书宣帝，建议撤走骑兵，留步兵九校沿湟水屯田。结果先零余部离散，西羌诸部归汉。赵充国用兵注重调查研究。他说的"百闻不如一见"，至今仍是至理名言。他坚持真理，不怕冒犯上的罪名，几次上书陈述自己的观点。他上书的"屯田十二便"，具体详细，分析透彻，具有很大的说服力。朝中大臣最初同意他意见的只占十分之三，以后占十分之五，最后占十分之八，也充分说明了这一点。赵充国历任汉武帝、汉昭帝、汉宣帝三朝，战功显赫，

是西汉著名的军事家。

赵充国字翁孙，陇西郡上邽县人，后来迁居到金城郡令居县。开始当骑兵，后来以边郡六个郡的良家子弟，又善于骑马射箭被补选为羽林卫士。他为人沉着勇敢而又有雄材大略，从小仰慕将帅的气节，因而学习兵法，通晓四方蛮夷的事情。

汉武帝时，他以代理司马的身份跟从贰师将军李广利出击匈奴，为敌军重重包围。汉军有好几天缺少粮食，死伤很多。赵充国与壮士一百多人突破包围，攻陷敌阵，贰师将军引兵跟随其后，才得以解脱重围。赵充国身受二十多处创伤，贰师将军向朝廷奏明情况，汉武帝下诏征召赵充国到他所在的地方。汉武帝亲自视看他的创伤，嗟吁赞叹，拜为中郎，提升为车骑将军长史。

汉昭帝时，武都郡的氏族人造反，赵充国以大将军护军都尉的身份领兵出击平定叛乱，升任中郎将，驻军上谷郡，回京后任为水衡都尉。后来又出击匈奴，俘获西祁王，升任为后将军，兼任水衡都尉照旧。

赵充国与大将军霍光决定册立汉宣帝即位，被封为营平侯。本始年间，任蒲类将军征伐匈奴，斩敌数百人，回京后任后将军、少府。匈奴大举征发十多万骑兵，南下逼进汉朝边塞，到达符奚庐山，想侵入虏掠。从匈奴逃出来的题除渠堂向汉朝投降并报告了这一情况，汉宣帝派赵充国率领四万骑兵，驻守边疆九郡。匈奴单于听到汉军有备，就引兵离去。

当时，光禄大夫义渠安国出使诸羌部落，先零羌豪酋说希望到时节渡过湟水到北岸，在汉族民众不耕种的土地上放牧。义渠安国立即

上报皇帝。赵充国弹劾义渠安国奉命出使不负责任。后来，羌族人根据先前的话，突破边界强渡湟水放牧，当地郡县无法禁止。元康三年，先零羌的首领与羌族各个部族的首领二百多人，解除仇约，交换人质、订立盟誓。宣帝听到这一情况，向赵充国询问。赵充国回答说："羌族人之所以容易控制，是因为羌族各部落都有自己的首领，经常互相攻击，形不成统一的势力。三十多年前，西羌反叛时，也是先解除怨仇，订立盟约，进攻令居，与汉朝相对抗，经过五、六年才平定下来。到汉武帝征和五年，先零羌首领封煎等与匈奴互通使节，匈奴派人到小月氏，传告诸羌说：'汉贰师将军部众十多万人降服匈奴。羌族人被汉朝役使受苦。张掖、酒泉本来就是我们的地方，土地肥美，我们可以共同出兵进击占据这些地方。'以此看来，匈奴想与羌族联合，并非是这一世的事情。不久前，匈奴在西方受困，听说乌桓前来保卫汉朝的边塞，害怕战争又要从东面发生，几次派使者到尉黎、危须各国，献上美女裘皮，想破坏离间我们的关系。但匈奴的计谋没有成功。我怀疑匈奴改派使者到羌族部落中，从沙阴取道，出盐泽，过长阬，入穷水塞，南面到达汉朝的属国，与先零羌直接联系。臣下恐怕羌族人的变化还不是到此为止，况且又联结其他部落，应在事情未发生之前有所准备。"此后一个多月，羌侯狼何果然派遣使者到匈奴借兵，准备进攻鄯善、敦煌，以绝断汉朝通西域的道路。赵充国认为："狼何，是小月氏种族，在阳关的西南，势必不可能独自作出这个计谋，我怀疑匈奴的使者已到达羌族之中，于是先零、开诸羌就解除仇怨订立盟约。到秋天马肥之时，变乱就必定会发生。应该派遣使者巡行边防军队，预先作好准备，敕令他们注视诸羌部落，不让诸羌部落互相解除仇怨，以此来揭发他们的阴谋。"于是丞相、御史大夫两府又建议派遣义渠安国巡视诸羌部落，区分好坏。义渠安国到达以后，召集先零羌各部落首领三十多人，以为他们特别凶悍狡猾，都全部斩杀了。又派兵出击那些部落的百姓，斩杀一千多人。于是各归降的诸羌部落以及归义羌侯杨玉等都恐惧恼怒，怪汉朝不守信用，便劫持弱小部落背叛汉朝，侵犯边塞，进攻城邑，杀死地方官吏。义渠安国以骑都尉率领三千骑兵驻守防备羌人，到了浩盛县，受羌人攻击，损失很多车辆辎重兵器。义渠安国引兵退回，到达令居县，把情况上报汉廷。这一年，已是汉宣帝神爵元年的春天了。

当时赵充国年已七十多岁，皇上认为他已老了，派御史大夫丙吉去询问谁可为将，赵充国回答说："没有人能超过老臣的了。"皇上又派人去问他说："将军估计羌敌兵力如何，我们应当使用多少军队？"赵充国说："听了上百个报告，不如亲自去一见。兵家之事很难料测，臣下愿意到金城郡去看看，然后呈上作战方略。然而羌戎只是个小小的夷族，他们违逆天理背叛汉朝，不久就会灭亡，希望陛下把此事交给我老臣去处理，不必为此事多担忧。"皇上笑着说："好。"

赵充国到达金城郡，等到兵员已满一万骑兵的时候，就准备渡过黄河，但又恐怕被敌军中途拦截，当夜派了三校人马不声不响地先渡黄河，渡河后就在岸上安营列阵，到了天亮，一切都准备完毕，于是按次序全部渡过了黄河。敌军有数十百骑兵，在汉军旁出出进进。赵充国说："我士卒马匹刚渡河疲劳，不可驰马追逐。这些羌人骑兵都骁勇很难制服，又恐怕这是诱兵之计。攻击敌人以全歼为目标，这些小利不值得贪图。"命令军队不许出击。赵充国派出骑兵到四望峡中去侦察，没有发现敌人。夜里就引兵上落都山，召集诸校司马，对他们说："我知道羌敌不会用兵。如果羌人派数千人守驻四望峡中，我们的军队岂能进入啊!"赵充国经常把侦察兵远远地派出去,行动时必定作好作战的准备,停下来必定坚固营垒,特别能够保持稳重,爱抚士卒,先谋划而后作战。于是西行到西部都尉府,每日犒劳军士,军士都愿为他所用。敌军几次挑战,赵充国坚守不出。后来捕捉到一个活口,说羌人首领几次互相责难道:"早告诉你不要造反,现在天子派遣赵将军前来,年已八、九十岁,善于用兵。如今想与他决一死战,有可能吗!"

赵充国的儿子是右曹中郎将赵卬,率领期门飞,羽林孤儿、胡越骑兵组成一支军队,到达令居城。敌军也同时出击断绝汉军粮道,赵卬把情况上报。皇帝下诏令他率领八校尉与骁骑都尉、金城太守合力搜捕山间敌人,打通粮道渡津。

当初,罕羌、开羌的首领靡当儿派他的弟弟雕库前来向都尉告密,说先零羌想造反,过了几天,先零羌果然反了。雕库同部落的人有不少在先零羌中,都尉就把雕库扣留作为人质。赵充国认为雕库无罪,便放他回去向其他羌人首领说:"汉朝大军只诛杀有罪的羌人,你们要明白自己区别,不要自取灭亡。汉朝天子告示诸羌部落,犯了法的只要能捕斩其他罪犯,可以除罪。斩杀有罪大首领一人,赏钱四十万,中首领十五万,下首领二万,成年男子三千,妇女以及老小羌人赏一千钱,同时又将所捕获罪犯的妻子财物全部归他所有。"赵充国的计谋是想用军威去招降佽、开羌以及被先零羌劫持的部落,瓦解粉碎敌人的预谋,等到他们精疲力倦之时再出兵攻击。

当时汉宣帝已经征发三辅、太常的刑徒,三河、颍川、沛郡、淮阳、汝南的步兵,金城、陇西、天水、安定、北地、上郡的骑兵、羌人骑兵,与武威、张掖、酒泉太守各自驻屯的军队,合计六万人。酒泉太守辛武贤上奏说："边郡的军队都驻屯防备在祁连山的南面，北面空虚，势必不能持久。有人说到秋冬时再进兵，这是敌人在境外的策略。现今敌人每天都在入侵，而边郡土地寒冷贫瘠，汉军马匹不能过冬，驻屯在武威、张掖、酒泉的马匹有一万以上，都很瘦弱。建议增加马匹的食料，在七月上旬携带三十天的粮食，从张掖、酒泉分兵出击罕、开羌在鲜水一带。羌敌以牲畜为命根子，现在都全部离散，我军立即分兵出击，虽不能全部消灭，但只要夺取他们的的牲口，俘虏他们的妻子儿女，再退兵回来，到冬天再发起攻击，大部队一出，敌军必然震溃。

天子把奏书下达给赵充国，命令他与校尉以下通晓羌人情况的士吏广泛讨论。赵充国以及长史董通年以为："辛武贤想轻易地率领一万骑出，分两路从张掖出发，迂回千里之远。按一匹马驮负三十天粮食，即为二斛四斗，麦子八斛，再加上衣装兵器，就难以追击敌军。等到辛劳地到达，敌军必然会计算汉军的进退速度，汉军到来之前便引兵离去，进水草之地，入山林之中。如果跟随敌军深入，敌军就据险挡于前，要塞守于后，以断绝汉军的粮道，这样必定有伤亡倾危的忧患，被夷狄耻笑，永远也不能挽回。而辛武贤以为可能夺取羌敌的牲畜，俘虏羌敌的妻子儿女，这也就成了空话，并非是至善的妙计。同时武威县，张掖的日勒县，都地处北部要塞，有通达山谷的水草之地。臣下恐怕匈奴与羌人合谋，准备大举入侵，幸亏有张掖、酒泉能够作为要塞，杜绝通往西域的道路，因此这两郡的军队尤其不可征发。先零羌是这次叛乱的首恶，劫持其他部落一同造反。所以按臣下的愚计，准备捐弃罕、开羌昏庸愚昧的过错，隐忍下来不要张扬，先诛灭先零羌使他们震动，要他们悔过从善，然而赦免他们的罪过，再挑选熟悉羌人习俗的优秀官吏去安抚团结他们，这是保全全军稳操胜券安定边疆的计策。"天子把赵充国的奏书发了下去。公卿大臣讨论都认为先零羌兵力强盛，又恃仗罕、开羌的帮助，如果不先破罕、开羌，那么先零羌也不好对付。

皇上于是就任命侍中乐成侯许延寿为强弩将军，又立即任命酒泉太守辛武贤为破羌将军，赏赐盖有皇帝玺印的诏书嘉许采纳他的计策。天子诏书责备赵充国说：

皇帝问侯后将军，在边疆日晒露宿守卫极为辛苦。将军计划准备到正月才攻击罕羌，这时羌人都已收获了麦子，已可远离妻子儿女，集精兵万人来入寇酒泉、敦煌了。我们边兵少，百姓守边保家不能到田里耕作。现今张掖以东，粟一石一百多钱，干草秸杆一捆要贵几十钱。各地转运粮草，百姓烦扰。将军率一万多部众，不及早在秋天共享水草丰美之利，争夺牲畜的饲食，却要等到冬天，那时敌人都已准备好牲口的饲食，多藏匿在山中险阻的地方，而将军的士卒受寒受冷，手脚冻裂，难道还有利吗？将军不考虑国家的耗费，想用几年的时间而来战胜小小的羌敌，凡是领兵的将军谁愿意这样做呢！

如今我诏令破羌将军辛武贤率军六千一百人，敦煌太守快率军二千人，长水校尉富昌、酒泉侯奉世率领婼羌、月氏兵四千人，共计大约一万二千人。携带三十天口粮，在七月二十二日出击罕羌，进入鲜水北岸的拐弯处，离酒泉八百里，离将军大约一千二百里。将军就领兵从便道向西同时并进，虽不能会合，但能使敌人听到东方、北方的军队齐头并进，分散羌敌的注意力，使其党羽离心，虽然不能全部歼灭，也可以瓦解敌军。我已下诏令中郎将赵卬率领胡越骑兵、伙飞射士步兵二校人马,增加将军的兵力。

如今金、木、水、火、土五星同时在东方出现,预兆中国大胜,蛮夷大败。太白金星出现在高处,象征用兵深入敢于决战的吉利,不敢决战的凶险。将军应赶快准备行装,凭借天时,诛杀不义之羌,必定会万全成功,切勿再有疑迟。

赵充国得到责备的诏书以后,认为将军领兵在外,应该根据情况的利弊坚守自己的主张,以便保卫国家。于是就上书谢罪,借此陈述军事计划的利害得失,说:

臣下看到陛下惠赐骑都尉义渠安国的诏书,选择羌人中可以出使罕羌的使者,谕告他们汉朝大军到来之时,不诛杀罕羌部落,以此瓦解先零羌的阴谋。皇上对罕羌的恩泽极为深厚,不是臣下所能及得上的。臣下独自私下赞美陛下的盛德,其计划已无可伦比,因而派遣开羌首领雕库回去宣扬天子的美德,罕羌、开羌各部落都听到你英明的诏令。如今先零羌杨玉率领骑兵四千以及煎巩羌骑兵五千,阻守山石林木之中,等候有利时机入寇侵略,罕羌则没有这样。现在放下先零羌,却先攻击罕羌,这样使有罪的得到开释,无辜的遭到诛灭,解决一个患难,形成两个祸害,实在不合陛下的本意。

臣下听说兵法有"进攻的力量虽然不足,但防守却绰绰有余,"又说:"善于作战的能控制敌人,而不被敌人所控制。"如今罕羌准备入寇敦煌、酒泉郡,我们整治武器兵马,训练战士,等待他们的到来,坐得制敌的战术,以逸击劳,这是取胜的办法。如今只恐怕敦煌、酒泉二郡的兵力太少,不足以防守,如果征发他们去进攻,这是放弃了制敌的战术而让敌人所制,臣下愚以为不妥当。先零羌敌寇为了背叛汉朝，故而与罕羌、开羌解除怨仇订结盟约，然而他的内心不能不害怕汉军到达时后罕羌、开羌背叛他。臣下愚以为先零羌的策略总是想先让罕羌、开羌处于急难的地位，以此来加强他们的盟约。如果我们先攻击罕羌，先零羌必定出来援助。现在敌人马匹肥壮，粮食正丰饶，我们出击罕羌恐怕不能有所伤害，反而使先零羌布施恩德给罕羌，坚固其盟约，联合其党羽。敌人盟约坚固，党羽联合，有精兵二万多人，胁迫其他弱小部落，依附他们的逐渐众多，像莫须羌之类的小部落也不会轻易离开他们。如果是这样的话，敌人的兵力越来越多，征伐他们要用几倍的兵力，臣下恐怕国家的忧患累赘要用十年来计算，不仅仅只是二、三年的事了。

臣下得蒙天子的恩德深厚，父子都显为要职。臣下官位至上卿，爵位为列侯，犬马之齿已七十六岁，能为皇上英明的诏令抛尸沟壑，死骨不朽，已无所顾虑，唯独把用兵的利害得失思考得更为具体成熟而已。根据臣下的计策，先诛灭先零羌完毕，罕羌、开羌之类则不用出兵就可降服。如果先零羌已被诛灭而罕羌、开羌仍不归服，一到正月就攻打他们，既得用兵的道理，又合用兵的时机。如果现在进兵，实在看不到有利的地方，唯请陛下裁决明察。

六月戊申上奏书，七月甲寅便有盖着皇帝玺印的文书回报同意赵充国的计策。

赵充国领兵到达先零羌的地方。敌人长久屯聚，懈怠松驰，望见汉朝大军，就抛弃车辆辎重，想渡过湟水，但由于道路狭窄，赵充国就慢慢地行军驱赶。有人对赵充国说，追逐战利，行动太迟缓。赵充国说:"这是穷途末路的敌寇,不可逼迫太紧。缓慢行进他就只顾逃走而不顾其他,急速追赶则回过头来作拼死搏斗。"众位将校听了都说:"对。"敌人落水淹死数百人,投降以及斩首的五百多人,俘获马牛羊十万多头,车四千多辆。汉军到达罕羌的地方,赵充国命令军队不许焚烧村落和在田里打草放牧。罕羌听到这一消息,就高兴地说:"汉军果然不攻击我们!"罕羌首领靡忘派人来说:"希望回到原来的地方。"赵充国将情况上报,没有得到回报。靡忘亲自前来归顺,赵充国赐给他酒食,遣送他回去谕告同部落的人。护军以下的将吏都出来与赵充国争论,说:"这是造反的敌寇,不能擅自遣送回去。"赵充国说:"诸位只想在写文书时方便而为自己打算,不是为国家忠心着想。"话还未讲完,皇上盖有玺印的回报到达,命令将靡忘以赎罪论处。后来罕羌竟然不用兵力而被征服。

这一年的秋天,赵充国病重,皇上赐给他诏书说:"制诏后将军:听说你腿脚不便,风寒下泄,将军年老多病,一旦有变不可讳言,朕极为忧虑。现在诏令破羌将军到你驻屯的地方,作为将军的副手,赶快乘天时对我们大为有利,将吏士气高昂,在十二月出击先零羌。如果你疾病加重,就留在屯所不必出行,只派破羌将军、强弩将军前去即可。"当时羌人投降汉朝的已达一万多人。赵充国估计羌人必败,准备撤回骑兵进行屯田,以此等待敌人疲竭。奏报还未上达,正好接到进兵的诏书,中郎将赵卬害怕赵充国不肯进兵,便派遣门客去劝谏赵充国说:"命令出兵,如果确实会破军杀将而招致国家倾危的话,那么将军坚持防守是可以的。如果只是考虑攻守孰利孰弊,那又有什么可以争论的呢?一旦你的意见不合皇上的意旨,皇上派绣衣御史前来责罪将军,将军自身都不能自保,还有什么国家的安全呢?"赵充国听了叹息说:"这是何等不忠的言论啊!如果早先听用我的主张,羌敌怎么会是今天的情况呢?往日推举可能巡行羌族的人,我推举了辛武贤,丞相御史却又禀报派遣了义渠安国,结果败坏了对羌族的计谋。金城、湟中一带,当时一斛谷只有八钱,我对司农中丞耿寿昌说,只要买进二百万斛谷,羌人就不敢妄动了。耿中丞报请皇上只买一百万斛谷,实际上只买得四十万斛。义渠安国两次出使,购买粮食只有所需的一半,由于这二个的失策,所以羌人才敢于叛逆。失之毫厘,差以千里,这是既成事实了。如今军队旷日持久不能决胜,四方夷狄人心动摇,互相乘机而起,虽有智谋的人也不能善理后事,难道仅仅是羌族值得担忧的么!我愿意拼死坚守我的主张,贤明的君主是可以听从忠言的。"于是呈上关于屯田的奏书说:

　　臣下听说用兵是为了宣扬美德清除祸害,因此在外举兵得当,则在国内会产生福祥,所以不可不慎重从事。臣下所领的将吏士卒以及马牛的粮食,每月用粮谷十九万九千六百三十斛,盐一千六百九十三斛,干草秸秆二十五万二百八十六石。战争灭难长久不能解决,各种徭役不会止息。又恐怕其他夷狄突然有意想不到的变乱,互相乘机而起,成为贤明君主的忧患,实在不是庙堂商议的胜敌之策。况且羌敌容易以计谋来攻破,难以用武力去粉碎,所以臣下认为不便于出击。

　　估计从临羌县往东到浩亹,羌敌原来的土地和朝廷的公田,百姓都未开垦,大约在二千顷以上,其间邮站驿亭也大多毁坏。臣下以前部署士卒入山,砍伐木材大小六万多枚,都放在水边。希望能撤回骑兵,留下减刑犯人、应募士兵,以及淮阳、汝南步兵与将吏的私人随从,合计共一万零二百八十一人,每月用谷二万七千三百六十三斛，盐三百零八斛，分别驻屯在交通要道处。等到河冰解冻运下木材，修缮乡里亭隧，疏通沟渠，整治湟峡以西的道路桥梁七十处，使通道到达鲜水附近。春天田耕开始，每人授田二十亩，到四月青草生长，调发强健的郡国骑兵以及属国的胡骑各一千，副马二百匹，到那里去放牧吃草，作为保卫耕田人的流动部队。把收获来的粮食，充实进金城郡，增加粮食积蓄，节省庞大开支。再加上现在大司农已经运到的粮谷，足以支持一万人一年的伙食。现谨呈上屯田地点以及所需器物用品的帐簿，唯请陛下裁决准许。

皇上回报说："皇帝问侯后将军，你说准备撤回骑兵，留下一万人屯田，若按将军之计，羌敌何时才能诛灭，战事何时才能解决？究竟怎么办更好，请再奏报。"赵充国呈上奏书说：

臣下听说帝王的军队，是以保全自己而取得胜利，因此重计谋而轻力战。力战胜了一百次，也不是好中最好的。所以只有作好不可战胜的准备，那么敌人才能被战胜。蛮夷的风俗习惯虽然不同于我们的礼义之国，但是他们想避害趋利，爱护亲戚，害怕死亡，却都是一样的。现今羌敌失去了美地肥草，苦于寄居他乡，骨肉同胞离心离德，因而人人都抱有反叛之心，而贤明君主如能回师撤兵，留下万人屯田，上顺天时，下因地利，来等待可能被战胜的敌人，虽然敌人没有立即受到惩罚，但解决战争的时间已即可在望。目前羌敌已开始瓦解，前后投降的有一万零七百多人，还有接受我劝说而回去互相告示的共七十批，这些都是坐待支解羌敌的办法。

臣下谨逐条陈述不出兵而留下屯田的十二条好处：步兵九校，

有将士兵卒一万人，留下驻屯作为武装防备，利用田地收获粮食，武威与恩德同时并行，这是第一。又因为排挤羌敌，使他们不能回到肥沃富饶之地，让其部众贫困破产，以造成羌敌之间互相背叛逐渐加剧，这是第二。当地居民能共同耕作田地，不失务农本业，这是第三。军马一月的食料，估计可以开支士卒一年的粮食，撤回骑兵可以节省大量费用，这是第四。到了春天检阅士卒，沿着黄河、湟水运送粮食到临羌，向羌敌显示我兵精粮足，宣扬威武，是可以传世的克敌制胜的办法，这是第五。用空闲的时间运下过去所伐的木材，修缮邮站驿亭，充实金城郡，这是第六。军队出击，乘敌之危去侥幸取胜；不出击，也可使反叛之敌奔窜于凄风寒冷之地，遭受霜雪雨露疾病瘟疫冻疮断指的祸患，而我们则坐得必胜之道，这是第七。我们没有经历险阻长途追赶造成死伤的危害，这是第八。内部不损减军队威武的实力，外部不使敌人有可乘之机，这是第九。同时又不去惊动在黄河以南的大开、小开羌，没有使他们产生变乱的忧患，这是第十。整治湟峡一带的道路桥梁，使通道直至鲜水，以此控制西域，扬威千里，犹如从枕席上通过军队那样安全方便，这是第十一。大量的费用节省下来，百姓的徭役也同时止息，这样可以戒备其他的意外事变，这是第十二。留下屯田可以得到十二项好处，出兵就失去了这十二项好处。我赵充国才能低下，年老体衰，不知长远之计，只是希望诏令朝廷公卿议臣广泛详细讨论，作出选择。

皇上又赐诏回复说："皇帝问候将军，所说的十二条好处，我已知道。你说敌人虽然没有立即受到惩罚，但解决战争的时间已即可在望，所谓即可在望，指的是今年冬天呢，还是指什么时间？将军难道没有考虑，敌人听到我军大量撤兵，将会聚集壮丁，进攻骚扰屯田者以及道路上的驻军，又将杀掠人民，我们将怎么制止？又大开、小开羌从前说过：'我们向汉朝军队密告先零羌驻军的地方，但汉军不前去进攻，这次长期留屯，会不会像元康五年一样，不分区别而一同打击我们？'他们心中常怀恐惧。如今军队不出，会不会发生变乱，与先零羌结为一体？将军仔细计议再奏报给我。"赵充国上奏说：

臣下听说用兵以计谋为根本，因此计算多的胜计算少的。先零羌的精锐部队现在剩余的不超过七、八千人，失去了原来的土地，客居远方，分崩散离，受饥挨冻。罕羌、开羌、莫须羌又时常侵犯掠夺先零羌的老小妇女和牲畜财产，反叛先零羌归来的络绎不绝，这是全都听到天子关于奖赏自相捕杀罪犯的英明诏令。臣下愚以为敌人败坏已指日可待，最远也在来年春天，因此我说解决战争的时间已即可在望。我见到北部边疆自敦煌至辽东长达一万一千五百多里，沿着要塞设置亭隧只有吏卒几千人，敌人几次大部队进攻不能造成祸害。现在我们留步兵一万人屯田，地势平坦，又多高山远望方便，部队之间相互保卫，深挖壕沟，高筑木楼，九校联系络绎不绝，备好武器弓弩，整治作战器具，烽火相通，形成一股合力，以逸待劳，这是用兵的有利方面。臣下以为屯田对内有不费财力的好处，对外有守御敌人的准备。我们的骑兵虽然撤离了，但敌人看到我们留下万人屯田成为他们必然被擒的下场，他们土崩瓦解、归降投诚的日子也就不会太久了。从现在开始的三个月中，敌人马匹瘦弱，必定不敢将妻子儿女放在其他部落，然而自己却老远地跋山涉水来侵犯我们。又看到屯田之士是精兵万人，最终也不敢再将他们的老少妻儿带回故土。这是臣下的愚计，估计敌人必定在当地逐渐瓦解，这是不交战而敌人自败的计策。至于敌人小股入侵，不时杀害人民，这原本就未可禁绝。臣下听说出战不能必胜，就不要随便交锋；进攻不能必取，就不要随便劳师动众。如果命令军队出击，虽然不能歼灭先零羌，但是只要能使敌人再也不能作小股入侵，那么出兵也是可以的。现今同样不能禁绝敌人小股入侵，而放弃坐待取胜的办法，采取冒险的行动，用兵前去出击终究也见不到好处，使内部空虚而自找疲惫，削减实力而自作损耗，这不是对付蛮夷的办法。又大军一出，回来后就不能再留下来屯田，湟中地区也不能空空无物，如果是这样，又得再发徭役。况且匈奴也不可不戒备，乌桓也不可不忧虑。如今长时期地转运耗费烦多，把预防意外的费用全部供给在一个地方，臣下愚以为不合适。校尉临众有幸承皇上的威德，带着丰厚的币财，按抚各个羌人部落，宣示英明的诏令，想必都会闻风归降。虽然他们以前曾经说过"会不会像元康五年那样"，但现在已不会再有疑心，因此不足以由此出兵。臣下暗中思忖，奉诏出塞，领兵远征，用尽天子的精兵，如果把车甲抛散在荒山野田之中，虽然没有一尺一寸的功劳，但只要能苟且偷安，逃避违抗圣意的嫌疑，因而也就没有事后的过失与罪责，这是对人臣不忠有利，不是贤明君主和国家的好事。臣下有幸能够激奋精兵，征讨不义，但不能及早歼灭敌人，罪该万死。承蒙陛下宽宏仁慈，不忍心加罪，使臣下多次得到仔细考虑的机会。臣下深思熟虑以后，不敢逃避斧钺之诛，冒死陈述愚见，唯请陛下明察。

赵充国每次上奏，皇帝就交给公卿议臣讨论。最初同意赵充国计策的占十分之三，以后占十分之五，最后占十分之八。诏令诘问以前说赵充国之计不好的，都低头认错。丞相魏相说："臣下愚昧不熟悉军事上的利害得失，后将军几次筹划军策，他的话常常是对的，臣下担保他的计策必能可用。"皇上于是回报赵充国说："皇帝问候后将军，上书陈言可胜羌敌的办法，今听从将军的意见，将军的计策很好。请报上留下屯田以及应当撤回的人马数目。将军应多进饮食，谨慎用兵，多多自爱！"皇上又以破羌将军、强弩将军多次进言出击，而赵充国屯田的地方大多分散，担心敌人侵犯，于是也同意破羌将军与强弩将军的意见，诏令两将军与中郎将赵卬出击。强弩将军出击，降服四千多人，破羌将军斩敌首二千级，中郎将赵卬也斩杀与降服二千人，而赵充国所降服的又得五千多人。宣帝下诏撤兵，只有赵充国留下屯田。

第二年的五月，赵充国上奏书："羌人本有军队五万人，被斩杀的共有七千六百人，投降的有三万一千二百人，在黄河、湟水溺水和饥饿而死的有五、六千人，估计遗漏逃脱与煎巩羌、黄羝羌一同逃亡的不超过四千人，羌人首领靡忘等自称必能把他们捉回。因此，请求撤回屯田部队。"上报的奏书得到了批准，赵充国就班师回朝。

好友浩星赐迎接赵充国说："大家都以为破羌将军、强弩将军出兵击败羌敌，斩杀俘获很多，敌人由此败坏。然而有识之士以为敌人处境穷困，虽不出兵，也必定能够降服。将军如见皇上，最好把功劳归于两将军出击，不是愚臣所能及得上的。如果这样说，将军就不会失策。"赵充国说："我年纪已老了，爵位也到了最高，岂能在这件事上怕嫌来欺骗贤明的君主！研究军事形势，是国家的大事，应当成为后世效法的榜样。老臣不以有生之年专门为陛下讲明军事上的利害得失，如果我突然死去，还有谁再来说呢？"结果还是按自己的本意对皇帝说了。皇上肯定了他的计策，罢免辛武贤的破羌将军职位，仍让他回去做酒泉太守的官职，赵充国仍为后将军兼卫尉之职。

这一年的秋天，羌人若零、离留、且种、儿库共同斩得先零羌大首领犹非、杨玉的脑袋，和其他的首领弟泽、阳雕、良儿、靡忘一起率领煎巩羌、黄羝羌之类的部落四千多人投降汉朝。皇上封若零、弟泽二人为帅众王，离留、且种二人为侯，儿库为君，阳雕为言兵侯，良儿为君，靡忘为献牛君。开始设置金城属国来安置投降的羌人。

宣帝诏令推举护羌校尉的人选，当时赵充国有病，丞相、御史大夫、车骑将军、前将军四府推举辛武贤的小弟弟辛汤。赵充国立即起来上奏说："辛汤酗酒使性，不可掌管蛮夷，不如辛汤的哥哥辛临众合适。"当时辛汤已接受任命符节，于是又有诏令更用辛临众。后来辛临众病重免职，五府又推举了辛汤。辛汤当了护羌校尉后多次酗酒谩骂羌人，羌人由此反叛，终于应验了赵充国的话。

当初，破羌将军辛武贤在军中时与中郎将赵卬吃酒闲聊，赵卬说："车骑将军张安世开始时曾使皇上不愉快，皇上想杀他，我家将军以为张安世拿着书袋，插笔在头，为孝武帝备从顾问几十年，可以说是忠心谨慎，应该保全他。张安世因此得以免死。"等到赵充国回京后向宣帝谈论征服羌人的军事，辛武贤因此就罢免了破羌将军，命他回去仍任酒泉太守的旧职，辛武贤对赵充国深怀痛恨，于是就上书告发赵卬泄漏宫中机密。赵卬因犯了禁止进入赵充国幕府营军司马的禁令，扰乱驻军法令，下吏部治罪，自杀而死。

赵充国请求告老回乡，皇上赐他用四匹马拉的安车、黄金六十斤，免职回乡。朝廷每有关于四方夷狄的重大商议，经常请他参与军事谋划，询问计策。享年八十六岁，在甘露二年去世，谥号称为壮侯。他死后的爵位从儿子传到孙子赵钦，赵钦娶敬武公主为妻。敬武公主没有儿子，公主指使赵钦的良人习氏假称怀有身孕，以别人之子冒名顶替。赵钦死后，儿子赵岑继承侯爵，习氏为太夫人。赵岑的亲生父母索取钱财没有得到满足，气愤之下向上告发。赵岑因不是赵钦之子而免除了爵位，废除了封邑。元始年间，重修功臣后代，再封赵充国曾孙赵伋为营平侯。

当初，赵充国因为功劳德行与霍光相等，将他的画像放进未央宫中。汉成帝时，西羌又传来警报，成帝思念过去平定羌乱的将帅大臣，追悼赞美赵充国，于是就召来黄门郎杨雄，在赵充国的画像旁题写颂文，颂文写道：

英明圣灵汉宣帝时，有戎狄先零羌。先零羌非常猖狂，侵犯汉朝的西部边疆。汉朝任命虎将，这是后将军赵充国。赵充国统率六师大军，出兵讨伐威震西羌。赵充国到了西羌，晓谕武威与恩德。有酒泉太守辛贤贪图功劳，说赵充国不能克敌制胜，请求皇上奋兵出击，先攻打罕羌。天子下令，命赵充国跟从辛武贤出兵，讨伐罕羌于鲜水之上。营平侯赵充国坚持自己的主张，屡次报上奏章，料敌制胜，智勇相当。平定了西羌，班师还朝，四方蛮夷顺服，没有不来朝见汉朝的。昔日西周宣王中兴，有功臣方叔、邵虎，诗人对他们歌功颂德，列入诗经的《大雅》、《小雅》之中。现在汉朝中兴，赵充国建立武功，雄赳赳气昂昂，方叔、邵虎后继有人。

（李祖德　译）

【原文】

赵充国字翁孙，陇西上邽人也，后徙金城令居。始为骑士，以六郡良家子善骑射补羽林。为人沈勇有大略，少好将帅之节，而学兵法，通知四夷事。

武帝时，以假司马从贰师将军击匈奴，大为虏所围。汉军乏食数

日，死伤者多。充国乃与壮士百余人溃围陷陈，贰师引兵随之，遂得解。身被二十余创，贰师奏状，诏征充国诣行在所，武帝亲视其创，嗟叹之，拜为中郎，迁车骑将军长史。

昭帝时，武都氐人反，充国以大将军护军都尉将兵击定之，迁中郎将，将屯上谷，还为水衡都尉。击匈奴，获西祁王，擢为后将军，兼水衡如故。

与大将军霍光定册尊立宣帝，封营平侯。本始中，为蒲类将军征匈奴，斩虏数百级，还为后将军、少府。匈奴大发十余万骑，南旁塞，至府奚庐山，欲入为寇。亡者题除渠堂降汉言之，遣充国将四万骑屯缘边九郡。单于闻之，引去。

是时，光禄大夫义渠安国使行诸羌，先零豪言愿时渡湟水北，遂民所不田处畜牧。安国以闻。充国劾安国奉使不敬。是后，羌人旁缘前言，抵冒渡湟水，郡县不能禁。元康三年，先零遂与诸羌种豪二百余人解仇交质盟诅。上闻之，以问充国。对曰："羌人所以易制者，以其种自有豪，数相攻击，势不壹也。往三十余岁，西羌反时，亦先解仇合约攻令居，与汉相距，五六年乃定。至征和五年，先零豪封煎等通使匈奴，匈奴使人至小月氏，传告诸羌曰："汉贰师将军众十余万人降匈奴。羌人为汉事苦。张掖、酒泉本我地，地肥美，可共击居之。"以此观匈奴欲与羌合，非一世也。间者匈奴困于西方，闻乌桓来保塞，恐兵复从东方起，数使使尉黎、危须诸国，设以子女貂裘，欲沮解之。其计不合。疑匈奴更遣使至羌中，道从沙阴地，出盐泽，过长坑，入穷水塞，南抵属国，与先零相直。臣恐羌变未止此，且复结联他种，宜及未然为之备。"后月余，羌侯狼何果遣使至匈奴藉兵，欲击鄯善、敦煌以绝汉道。充国以为"狼何，小月氏种，在阳关西南，势不能独

造此计，疑匈奴使已至羌中，先零、开乃解仇作约。到秋马肥，变必起矣。宜遣使者行边兵豫为备，敕视诸羌，毋令解仇，以发觉其谋。"于是两府复白遣义渠安国行视诸羌，分别善恶。安国至，召先零诸豪三十余人，以尤桀黠，皆斩之。纵兵击其种人。斩首千余级。于是诸降羌及归义羌侯杨玉等恐怒，亡所信乡，遂劫略小种，背畔犯塞，攻城邑，杀长吏。安国以骑都尉将骑三千屯备羌，至浩，为虏所击，失亡车重兵器甚众。安国引还，至令居，以闻。是岁，神爵元年春也。

时充国年七十余，上老之，使御史大夫丙吉问谁可将者，充国对曰："亡逾于老臣者矣。"上遣问焉，曰："将军度羌虏何如，当用几人？"充国曰："百闻不如一见。兵难隃度，臣愿驰至金城，图上方略。然羌戎小夷，逆天背畔，灭亡不久，愿陛下以属老臣，勿以为忧。"上笑曰："诺。"

充国至金城，须兵满万骑，欲渡河，恐为虏所遮，即夜遣三校衔枚先渡，渡辄营陈，会明，毕，遂以次尽渡。虏数十百骑来，出入军傍。充国曰："吾士马新倦，不可驰逐。此皆骁骑难制，又恐其为诱兵也。击虏以殄灭为期，小利不足贪。"令军勿击。遣骑候四望狭中，亡虏。夜引兵上至落都，召诸校司马，谓曰："吾知羌虏不能为兵矣。使虏发数千人守杜四望狭中，兵岂得入哉！"充国常以远斥候为务，行必为战备，止必坚营壁，尤能持重，爱士卒，先计而后战。遂西至西部都尉府，日飨军士，士皆欲为用。虏数挑战，充国坚守。捕得生口，言羌豪相数责曰："语汝亡反，今天子遣赵将军来，年八九十矣，善为兵。今请欲一斗而死，可得邪！"

充国子右曹中郎将卬，将期门佽飞、羽林孤儿、胡越骑为支兵，至令居。虏并出绝转道，卬以闻。有诏将八校尉与骁骑都尉、金城太守合疏捕山间虏，通转道津渡。

初，开豪靡当儿使弟雕库来告都尉曰先零欲反，后数日果反。雕库种人颇在先零中，都尉即留雕库为质。充国以为亡罪，乃遣归告种豪："大兵诛有罪者，明白自别，毋取并灭。天子告诸羌人，犯法者能相捕斩，除罪。斩大豪有罪者一人，赐钱四十万，中豪十五万，下豪二万，大男三千，女子及老小千钱，又以其所捕妻子财物尽与之。"充国计欲以威信招降罕开及劫略者，解散虏谋，徼极乃击之。

时上已发三辅、太常徒驰刑，三河、颍川、沛郡、淮阳、汝南材官，金城、陇西、天水、安定、北地、上郡骑士、羌骑，与武威、张掖、酒泉太守各屯其郡者，合六万人矣。酒泉太守辛武贤奏言："郡兵皆屯备南山，北边空虚，势不可久。或曰至秋冬乃进兵，此虏在竟外之册。今虏朝夕为寇，土地寒苦，汉马不能冬，屯兵在武威、张掖、酒泉万骑以上，皆多羸瘦。可益马食，以七月上旬赍三十日粮，分兵并出张掖、酒泉合击罕、开在鲜水上者。虏以畜产为命，今皆离散，兵即分出，虽不能尽诛，亶夺其畜产，虏其妻子，复引兵还，冬复击之，大兵仍出，虏必震坏。"

天子下其书充国，令与校尉以下吏士知羌事者博议。充国及长史董通年以为"武贤欲轻引万骑，分为两道出张掖，回远千里。以一马自佗负三十日食，为米二斛四斗，麦八斛，又有衣装兵器，难以追逐。勤劳而至，虏必商军进退，稍引去，逐水草，入山林。随而深入，虏即据前险，守后厄，以绝粮道，必有伤危之忧，为夷狄笑，千载不可复。而武贤以为可夺其畜产，虏其妻子，此殆空言，非至计也。又武威县、张掖日勒皆当北塞，有通谷水草。臣恐匈奴与羌有谋，且欲大入，幸能要杜张掖、酒泉以绝西域，其郡兵尤不可发。先零首为畔逆，它种劫略。故臣愚册，欲捐罕、开昧之过，隐而勿章，先行先零之诛以震动之，宜悔过反善，因赦其罪，选择良吏知其俗者摒循和辑，此全师保胜安边之册。"天子下其书。公卿议者咸以为先零兵盛，而负罕、开之助，不先破罕、开，则先零未可图也。

上乃拜侍中乐成侯许延寿为强弩将军，即拜酒泉太守武贤为破羌将军，赐玺书嘉纳其册。以书敕让充国曰：

皇帝问后将军，甚苦暴露。将军计欲至正月乃击罕羌，羌人当获麦，已远其妻子，精兵万人欲为酒泉、敦煌寇。边兵少，民守保不得田作。今张掖以东粟石百余，刍稾束数十。转输并起，百姓烦扰。将军将万余之众，不早及秋共水草之利争其畜食欲至冬，虏皆当畜食，多藏匿山中依险阻，将军士寒，手足皲瘃，宁有利哉？将军不念中国之费，欲以岁数而胜微，将军谁不乐此者！

今诏破羌将军武贤将兵六千一百人，敦煌太守快将二千人，长水校尉富昌、酒泉候奉世将婼、月氏兵四千人，亡虑万二千人。赍三十日食，以七月二十二日击罕羌，入鲜水北句廉上，去酒泉八百里，去将军可千二百里。将军其引兵便道西并进，虽不相及，使虏闻东方、北方兵并来，分散其心意，离其党与，虽不能殄灭，当有瓦解者。已诏中郎将卬将胡越伇飞射士步兵二校，益将军兵。

今五星出东方，中国大利，蛮夷大败。太白出高，用兵深入敢战者吉，弗敢战者凶。将军急装，因天时，诛不义，万下必全，勿复有疑。

充国既得让，以为将任兵在外，便宜有守，以安国家。乃上书谢罪。因陈兵利害，曰：

臣窃见骑都尉安国前幸赐书，择羌人可使使罕，谕告以大军当至，汉不诛罕，以解其谋。恩泽甚厚，非臣下所能及。臣独私美陛下盛德至计亡已，故遣开豪雕库宣天子至德，罕、开之属皆闻知明诏。今先零羌杨玉此羌之首帅名王将骑四千及煎巩骑五千，阻石山木，候便为寇，罕羌未有所犯。今置先零，先击罕，释有罪，诛亡辜，起壹难，就两害，诚非陛下本计也。

臣闻兵法"攻不足者守有余"，又曰"善战者致人，不致于人。"今罕羌欲为敦煌、酒泉寇，饬兵马，练战士，以须其至，坐得致敌之术，以逸击劳，取胜之道也。今恐二郡兵少不足以守，而发之行攻，释致虏之术而从为虏所之致之道，臣愚以为不便。先零羌虏欲为背畔，故与罕、开解仇结约，然其私心不能亡恐汉兵至而罕、开背之也。臣愚以为其计常欲先赴罕、开之急，以坚其约。先击罕羌，先零必助之。今虏马肥，粮食方饶，击之恐不能伤害，适使先零得施德于罕羌，坚其约，合其党。虏交坚党合，精兵二万余人，迫胁诸小种，附著者稍众，莫须之属不轻得离也。如是，虏兵浸多，诛之用力数倍，臣恐国家忧累徭十年数，不二三岁而已。

臣得蒙天子厚恩，父子俱为显列。臣位至上卿，爵为列侯，犬马之齿七十六，为明诏填沟壑，死骨不朽，亡所顾念，独思惟兵利害至孰悉也。于臣之计，先诛先零已，则罕、开之属不烦兵而服矣。先零已诛而罕、开不服，涉正月击之，得计之理，又其时也。以今进兵，诚不见其利，唯陛下裁察。

六月戊申奏，七月甲寅玺书报从充国计焉。

充国引兵至先零在所。虏久屯聚，解驰，望见大军，弃车重，欲渡湟水，道厄狭，充国徐行驱之。或曰逐利行迟，充国曰："此穷寇不

可迫也。缓之则走不顾，急之则还致死。"诸校皆曰："善。"虏赴水溺死者数百，降及斩首五百余人，卤马牛羊十万余头，车四千余辆。兵至罕地，令军毋燔聚落刍牧田中。罕羌闻之。喜曰："汉果不击我矣！"豪靡忘使人来言："愿得还复故地。"充国以闻，未报。靡忘来自归，充国赐饮食，遣还谕种人。护军以下皆争之，曰："此反虏，不可擅遣。"充国曰："诸君但欲便文自营，非为公家忠计也。"语未卒，玺书报，令靡忘以赎论。后罕竟不烦兵而下。

其秋，充国病，上赐书曰："制诏后将军：闻苦脚胫、寒泄，将军年老加疾，一朝之变不可讳，朕甚忧之。今诏破羌将军诣屯所，为将军副，急因天时大利，吏士锐气，以十二月击先零羌。即疾剧，留屯毋行，独遣破羌、强弩将军。"时羌降者万余人矣。充国度其必坏，欲罢骑兵屯田，以待其敝。作奏未上，会得进兵玺书，中郎将卬惧，使客谏充国曰："诚令兵出，破军杀将以倾国家，将军守之可也。即利与病，又何足争？一旦不合上意，遣绣衣来责将军，将军之身不能自保，何国家之安？"充国叹曰："是何言之不忠也！本用吾言，羌虏得至是邪？往者举可先行羌者，吾举辛武贤，丞相御史复白遣义渠安国，竟沮败羌。金城、湟中谷斛八钱，吾谓耿中丞，籴二百万斛谷，羌人不敢动矣。耿中丞请籴百万斛，乃得四十万斛耳。义渠再使，且费其半，失此二册，羌人故敢为逆。失之毫厘，差以千里，是既然矣。今兵久不决，四夷卒有动摇，相因而起，虽有知者不能善其后，羌独足忧邪！吾固以死守之，明主可为忠言。"遂上屯田奏曰：

臣闻兵者，所以明德除害也，故举得于外，则福生于内，不可不慎。臣所将吏士马牛食，月用粮谷十九万九千六百三十斛，盐千六百九十三斛，茭藁二十五万二百八十六石。难久不解，徭役不息。又恐它夷卒有不虞之变，相因并起，为明主忧，诚非素定庙胜之册。且羌虏易以计破，难用兵碎也，故臣愚以为击之不便。

计度临羌东至浩亹，羌虏故田及公田，民所未垦，可二千顷以上，其间邮亭多坏败者。臣前部士入山，伐材木大小六万余枚，皆在水次。愿罢骑兵，留驰刑应募，及淮阳、汝南步兵与吏士私从者，合凡万二百八十一人，用谷月二万七千三百六十三斛，盐三百八斛，分屯要害处。冰解漕下，缮乡亭，浚沟渠，治湟狭以西道桥七十所，令可至鲜水左右。田事出，赋人二十亩。至四月草生，发郡骑及属国胡骑伉健各千，倅马什二，就草，为田者游兵。以充入金城郡，益积畜，省大费。今大司农所转谷至者，足支万人一岁食。谨上田处及器用薄，唯陛下裁许。

上报曰："皇帝问后将军，言欲罢骑兵万人留田，即如将军之计，虏当何时伏诛，兵当何时得决？孰计其便，复奏。"充国上状曰：

臣闻帝王之兵，以全取胜，是以贵谋而贱战。战而百胜，非善之善者也，故先为不可胜以待敌之可胜。蛮夷习俗虽殊于礼仪之国，然其欲避害就利，爱亲戚，畏死亡，一也。今虏亡其美地荐草，愁于寄托远遁，骨肉离心，人有叛志，而明主般师罢兵，万人留田，顺天时，因地利，以待可胜之虏，虽未即伏辜，兵决可期月而望。羌虏瓦解，前后降者万七百余人，及受言去者凡七十辈，此坐支解羌虏之具也。

臣谨条不出兵留田便宜十二事。步兵九校，吏士万人，留屯以为武备，因田致谷，威德并行，一也。又因排折羌虏，令不得归肥饶之地，贫破其众，以成羌虏相畔之渐，二也。居民得并田作，不失农业，三也。军马一月之食，度支田士一岁，罢骑兵以省大费，四也。至春省甲士卒，循河湟漕谷至临羌，以视羌虏，扬武威，传世折冲之具，五也。以闲暇时下所伐材，缮治邮亭，充入金城，六也。兵出，乘危徼幸；不出，令反畔之虏窜于风寒之地，离霜露疾疫瘃堕之患，坐得必胜之道，七也。亡经阻远追死伤之害，八也。内不损威武之重，外不令虏得乘间之势，九也。又亡惊动河南大开、小开，使生它变之忧，十也。治湟狭中道桥，令可至鲜水，以制西域，信威千里，从枕席上过师，十一也。大费既省，徭役豫息，以戒不虞，十二也。留屯田得十二便，出兵失十二利。臣充国材下，犬马齿衰，不识长册，唯明诏博详公卿议臣采择。

上复赐报曰："皇帝问后将军，言十二便，闻之。虏虽未伏诛，兵决可期月而望，期月而望者，谓今冬邪？谓何时也？将军独不计虏闻兵颇罢，且丁壮相聚，攻扰田者及道上屯兵，复杀略人民，将何以止之？又大开、小开前言曰：'我告汉军先零所在，兵不往击，久留，得亡效五年时不分别人而并击我？'其意常恐。今兵不出，得亡变生，与先零为一？将军孰计复奏。"充国奏曰：

臣闻兵以计为本，故多算胜少算。先零羌精兵今余不过七八千人，失地远客，分散饥冻。开、莫须又颇暴略其羸弱畜产，畔还者不绝，皆闻天子明令相捕斩之赏。臣愚以为虏破坏可日月冀，远在来春，故曰兵决可期月而望。窃见北边自敦煌至辽东万一千五百余里，乘塞列隧有吏卒数千人，虏数大众攻之而不能害。今留步士万人屯田，地势平易，多高山远望之便，部曲相保，为堑垒木樵，校联不绝，便兵弩，饬斗具，烽火幸通，势及并力，以逸待劳，兵之利者也。臣愚以为屯田内有亡费之利，外有守御之备。骑兵虽罢，虏见万人留田为必禽之具，其土崩归德，宜不久矣。从今尽三月，虏马羸瘦，必不敢捐其妻子于他种中，远涉河山而来为寇。又见屯田之士精兵万人，终不敢复将其累重还归故地。是臣之愚计，所以度虏且必瓦解其处，不战而自破之册也。至于虏小寇盗，时杀人民，其原未可卒禁。臣闻战不必胜，不苟接刃；攻不必取，不苟劳众。诚令兵出，虽不能灭先零，亶能令虏绝不为小寇，则出兵可也。即今同是而释坐胜之道，从乘危之势，往终不见利，空内自罢敝，贬重而自损，非所以视蛮夷也。又大兵一出，还不可复留，湟中亦未可空，如是，徭役复发也。且匈奴不可不备，乌桓不可不忧。今久转运烦费，倾我不虞之用以澹一隅，臣愚以为不便。校尉临众幸得承威德，奉厚币，拊循众羌，谕以明诏，宜皆乡风。虽其前辞尝曰"得亡效五年"，宜亡它心，不足以故出兵。臣窃自惟念，奉诏出塞，引军远击，穷天子之精兵，散车甲于山野，虽无尺寸之功，偷得避嫌之便，而亡后咎余责，此人臣不忠之利，非明主社稷之福也。臣幸得奋精兵，讨不义，久留天诛，罪当万死。陛下宽仁，未忍加诛，令臣数得孰计。愚臣伏计孰甚，不敢避斧钺之诛，昧死陈愚，唯陛下省察。

充国奏每上，辄下公卿议臣。初是充国计者什三，中什五，最后什八。有诏诘前言不便者，皆顿首服。丞相魏相曰："臣愚不习兵事利害，后将军数画军册，其言常是，臣任其计可必用也。"上于是报充国曰："皇帝问后将军，上书言羌虏可胜之道，今听将军，将军计善。其上留屯田及当罢者人马数。将军强食，慎兵事，自爱！"上以破羌、强弩将军数言当击，又用充国屯田处离散，恐虏犯之，于是两从其计，诏两将军与中郎将卬出击。强弩出，降四千余人，破羌斩首二千级，中郎将卬斩首降者亦二千余级，而充国所降复得五千余人。诏罢兵，独充国留屯田。

明年五月，充国奏言："羌本可五万人军，凡斩首七千六百级，降者三万一千二百人，溺河湟饥饿死者五六千人，定计遗脱与煎巩、黄羝俱亡者不过四千人，羌靡忘等自诡必得。请罢屯兵。"奏可，充国振旅而还。

所善浩星赐迎说充国，曰："众人皆以破羌、强弩出击，多斩首获降，虏以破坏。然有识者以为虏势穷困，兵虽不出，必自服矣。将军即见，宜归功于二将军出击，非愚臣所及。如此，将军计未失也。"充国曰："吾年老矣，爵位已极，岂嫌伐一时事以欺明主哉！兵势，国之大事，当为后法。老臣不以余命壹为陛下明言兵之利害，卒死，谁当复言之者？"卒以其意对。上然其计，罢遣辛武贤归酒泉太守官，充国复为后将军卫尉。

其秋，羌若零、离留、且种、儿库共斩先零大豪犹非、杨玉首，及诸豪弟泽、阳雕、良儿、靡忘皆帅煎巩、黄羝之属四千余人降汉。封若零、弟泽二人为帅众王，离留、且种二人为侯，儿库为君，阳雕为言兵侯，良儿为君，靡忘为献牛君。初置金城属国以处降羌。

诏举可获羌校尉者，时充国病，四府举辛武贤小弟汤。充国遽起奏："汤使酒，不可典蛮夷。不如汤兄临众。"时汤已拜受节，有诏更用临众。后临众病免，五府复举汤。汤数醉酗羌人，羌人反叛，卒如充国之言。

初，破羌将军武贤在军中时与中郎将卬宴语，卬道："车骑将军张安世始尝不快上，上欲诛之，卬家将军以为安世本持橐簪笔事孝武帝数十年，见谓忠谨，宜全度之。安世用是得免。"及充国还言兵事，武贤罢归故官，深恨，上书告印泄省中语。印坐禁止而入至充国莫府司马中乱屯兵下吏，自杀。

充国乞骸骨，赐安车驷马、黄金六十斤，罢就第。朝廷每有四夷大议，常与参兵谋，问筹策焉。年八十六，甘露二年薨，谥曰壮侯。传子至孙钦，钦尚敬武公主。主亡子，主教钦良人习诈有身，名它人子。钦薨，子岑嗣侯。习为太夫人。岑父母求钱财亡已，忿恨相告。岑坐非子免，国除。元始中，修功臣后，复封充国曾孙伋为营平侯。

初，充国以功德与霍光等列，画未央宫。成帝时西羌尝有警，上思将帅之臣，追美充国，乃召黄门郎杨雄即充国图画而颂之，曰：

明灵惟宣，戎有先零。先零昌狂，侵汉西疆。汉命虎臣，惟后将军，整我六师，是讨是震。既临其域，谕以威德。有守矜功，谓之弗克，请奋其旅，于罕之羌。天子命我，从之鲜阳。营平守节，屡奏封章，料敌制胜，威谋靡亢。遂克西戎，还师于京，鬼方宾服，罔有不庭。昔周之宣，有方有虎，诗人歌功，乃列于《雅》。在汉中兴，充国作武，赳赳桓桓，亦绍厥后。

尹翁归传

——《汉书》卷七六

【说明】尹翁归（？—前62），字子兄，西汉河东平阳（今山西临汾西南）人，后迁至杜陵（今陕西西安市东南）。习文法，先后任缑氏令、都内令、弘农都尉、东海太守，后以高第守右扶风。任郡守时，以惩治黠吏豪滑为己任，所到豪民不敢犯禁，皆大治。尹翁归为政任刑，从不以能力骄人，为官公正廉洁，清正自守，在公卿之间语不及私。死后家无余财。

尹翁归，字子兄，是河东平阳人，后迁居至杜陵。尹翁归少年时便成为孤儿，与叔父一起生活。早年在牢狱中任小吏，熟悉法令文书。喜欢击剑，无人是他的对手。当时大将军霍光执掌朝政，霍家子弟都在平阳，他们的奴仆、家客手执兵器在街市横行霸道，官吏不敢管。及至尹翁归担任管理街市的官吏，没有人敢在街上横行不法。他公正廉明，不受贿赂，商人们都很敬畏他。

后来，他辞去官职，在家闲居。正巧田延年为河东太守，巡视各县，抵达平阳，把过去的吏员五六十人召集起来，田延年亲自接见，令习文的人站在东面，习武的人站在西面。几十人都按照命令站好，到尹翁归时，却伏地不起，他对田延年说："翁归文武兼备，任凭您吩咐。"功曹认为这个官吏倨傲不逊，田延年说："这有何妨。"于是把尹翁归召上前来问话，对他的见解非常惊奇，因此补任他为卒史，并带回自己的官府。他处理案件，揭发奸邪，都能够一查到底，弄清原委。田延年极看重他，自认为才能不及尹翁归。迁升他为督邮。河东郡共管辖二十八个县，分为两部，闳儒负责汾河以北，尹翁归负责汾河以南。他揭发检举官员，都依法行事，被检举的人也是罪有应得，属县的长官虽然受到惩处，却没有人怨恨。因为清廉被举荐为猴氏县尉，后又在郡中任官，所到之处，都得到治理，迁升补任为都内令，通过举廉升任弘农都尉。

受征召拜为东海太守，赴任时向廷尉于定国辞行。于定国家在东海郡，欲托他照顾两个同乡的孩子，便让这两个孩子呆在后堂等待引见。于定国与尹翁归谈了一天，也未敢把这两个人引见给尹翁归。尹翁归离开之后，于定国对这两个人说："他是个贤良的官员，你们没有什么本事，我又不能靠私交求他照顾。"

尹翁归治理东海郡，明于观察，郡中的官吏百姓，是贤良还是不肖，以及奸邪犯法者的名字，他都知道得一清二楚。每个县都登记名籍，他自己亲自处理，案子太急时则稍缓一些；官吏小民稍有松懈，便把他们的罪行披露出来。每个县都要收捕狡猾的官吏和土豪劣绅，审讯他们的罪行，有的人甚至被处以死罪。收捕人一定要在秋冬季节考核官吏政绩大会的时候。他出巡各县，也不在没有事情之时，出去便要有所收捕惩处，以一儆百，官员百姓都愿服从，恐惧他的威严而改过自新。东海大土豪郯县的许仲孙奸邪狡猾，破坏吏治，郡中深受其害。每次二千石官员要逮捕他，他都依靠势力，使用奸诈伎俩自我解脱，始终没有受到制裁。尹翁归到后，将许仲孙在街市上斩首，全郡的人都震惊慑服,没有人再敢触犯法令,东海郡大治。

因政绩优异升任为守右扶风,满一年后正式任命。他选拔廉洁公正、疾恶如仇的官吏担任高官,以礼相待,并与他们同好恶。背叛尹翁归的人,一定会受到惩罚。他治理右扶风,仍采用东海郡的办法,奸邪者的名字,每个县都有记录。在伍保中发现盗贼,尹翁归便召见县里的长官,告诉他奸恶之徒的主犯名字,教他们根据踪迹类推的办法,寻找这些盗贼的藏身之处,事情常同尹翁归推说的一样,从无遗漏。追查贫弱百姓的时候都较宽松,对豪强,则查得很严。豪强被治罪,送到掌畜官那里,让犯人铡草抵罪,要按时到达,不得由他人代替;不合要求的,都要受到鞭笞惩处,有的人痛得无法忍受,甚至以铡刀自杀而死。京城的人畏惧他的威严,右扶风大治,惩治盗贼的政绩常常在京师三辅中数第一。

尹翁归施政虽然以刑罚为主,然而他在公卿中清廉自守,言谈不涉及私事,并且温雅谦虚,不因为自己有能力而看不起别人,在朝廷的名声非常好。任官数年之后,于元康四年病逝。死后家中没有剩余的财产,天子称道他的贤良,给御史发布诏书:"我早起晚睡,志在求贤,不分亲疏远近,关键在于能够安民。右扶风尹翁归清廉公正,治理百姓的政绩突出,不幸英年早逝,未得长寿,无法完成其功业,我非常怜悯惋惜。现赐给尹翁归之子黄金一百斤,以便祭祀其父。"

尹翁归的三个儿子皆曾任郡守。小儿子尹岑曾历九卿之位,官至后将军。与尹翁归同任河东督邮的闳儒曾任广陵国相,也因政绩而闻名。因此,世人都称道田延年会识别人才。 (刘洪波 译)

【原文】

尹翁归,字子兄,河东平阳人也,徙杜陵。翁归少孤,与季父居。

为狱小吏，晓习文法。喜击剑，人莫能当。是时大将军霍光秉政，诸霍在平阳，奴客持刀兵入市斗变，吏不能禁，及翁归为市吏，莫敢犯者。公廉不受馈，百贾畏之。

后去居家，会田延年为河东太守，行县至平阳，悉召故吏五六十人，延年亲临见，令有文者东，有武者西。阅数十人，次到翁归，独伏不肯起，对曰："翁归文武兼备，唯有所施设。"功曹以为此吏倨教不逊。延年曰："何伤?"遂召上辞问，甚奇其对，除补卒史，便从归府。案事发奸，穷竟事情，延年大重之，自以能不及翁归，徙署督邮。河东二十八县，分为两部，闳孺部汾北，翁归部汾南。所举应法，得其罪辜，属县长吏虽中伤，莫有怨者。举廉为缑氏尉，历守郡中。所居治理。迁补都内令，举廉为弘农都尉。

征拜东海太守，过辞廷尉于定国。定国家在东海，欲属讬邑子两人，令坐后堂待见。定国与翁归语终日，不敢见其邑子。既去，定国乃谓邑子曰："此贤将，汝不任事也，又不可干以私"。

翁归治东海明察，郡中吏民贤不肖，及奸邪罪名，尽知之。县县各有记籍，自听其政，有急名则少缓之；吏民小解，辄披籍，县县收取黠吏豪民，案致其罪，高至于死。收取人必于秋冬课吏大会中。及出行县，不以无事时，其有所取也，以一警百，吏民皆服，恐惧改行自新。东海大豪郯许仲孙为奸猾，乱吏治，郡中苦之。二千石欲捕者，辄以力势变诈自解，终莫能制。翁归至，论弃种孙市，一郡怖栗，莫敢犯禁，东海大治。

以高第入守右扶风，满岁为真。选用廉平疾奸吏以为右职，接待以礼，好恶与同之。其负翁归，罚亦必行。治如在东海故迹，奸邪罪名亦县县有名籍。盗贼发其比伍中，翁归辄召其县长吏，晓告以奸黠主名，教使用类推迹盗贼所过抵，类常如翁归言，无有遗脱。缓于小弱，急于豪强。豪强有论罪，输掌畜官，使斫莝，责以员程，不得取代。不中程，辄笞督，极者至以铁自刭而死。京师畏其威严，扶风大治，盗贼课常为三辅最。

翁归为政虽任刑，其在公卿之间清洁自守，语不及私，然温良谦退，不以行能骄人，甚得名誉于朝廷。视事数岁，元康四年病卒，家无余财。天子贤之，制诏御史："朕夙兴夜寐，以求贤为右，不异亲疏近远，务在安民而已。扶风翁归廉平乡正，治民异等，早夭不遂，不得终其功业，朕甚怜之。其赐翁归子黄金百斤，以奉其祭祠。"

翁归三子皆为郡守。少子岑历位九卿，至后将军。而阎孺亦至广陵相，有治名。由是世称田延年为知人。

郑子真、严君平传

—— 《汉书》卷七二

【说明】郑子真、严君平是汉代两个极为著名的隐逸之士。尤其是蜀人严君平以算卜为生，不仕当朝，其风节长久以来为后人所仰慕，唐宋许多大诗人都写诗歌咏过他。可以见出古代的名隐对后世士大夫有多么深远的影响。

商山四皓之后，谷口有郑子真，蜀国有严君平，这两人都修身养性，自保平安，不是他们应该穿的衣服他们不穿，不属于他们的食物他们不吃。成帝时，子真的大舅大将军王凤以礼节聘任子真，子真最终也没有应聘。严君平在成都给人算卦，认为"算卦人从事的职业低微，然而可以给老百姓以好处。有人来问什么是是非曲直，则依据占卜的结果跟他说清利害关系，对人的儿子说要尽孝道，对人的弟弟说要尊重哥哥，对王官大臣、各级官吏说要忠于皇帝天子，依据各人的情况因势利导，教导他们从善向上，听我话的人已经有一半多了。"一天只算几个人，得一百钱养活自己，就关了店门放下门帘来教授《老子》。博览群书，无所不能。发挥老子、庄子的思想，著书十万多字。杨雄年轻时跟着他游历、学习，后来到应城做官，名场显赫，多次向朝廷中的达官贵人称赞严君平。杜陵人李强和杨雄关系一向很好，后来当了益州的州官，很高兴地对杨雄说："这下我真正能得到严君平了。"杨雄说："您准备好礼物等待他。那个人只能见见而不能使他屈服。"李强心里不以为然。到了蜀地后，向他问侯并和他相见，最终也没有敢说要他在自己手下做事。于是叹息道："杨雄确实是了解他！"严君平享年九十多岁，从事这种平凡的职业直到去世，蜀地的人很敬爱他，至今还在赞扬他。后来杨雄著书评论当时社会上的各届人士，还称赞郑子真、严君平二人。他的评论是："有人问：君子憎恨死了后名声不得显扬，为什么不借助大官的势力求得自己的势力名声呢？我认为是这样的：对于名声的传扬，君子 寄希望于德行的修养，道德水平的提高。梁、齐、楚、赵的诸侯王，这些当时社会的名流，没有不富贵并且尊贵的，但他们谁也没有出名。谷口人郑子真不违背自己的志向，在山坡岩石上种田，他的名声却震动了京城，岂止他一个人，岂止他一个人。楚国的龚舍和龚胜也是非常清廉的。蜀国的严君平深沉且甘于默默无闻，不趋炎附势地随便发表自己的见解，不随便从事自己不欣赏的职业，长久地默默无闻也不改变自己的德行，就是和随侯、卞和相比，也没有什么逊色的地方。推举这样的人，任用这样的人，这样的人不正是国家的宝物吗？"　　　　　　　　　　（刘翠　译）

【原文】

其后谷口有郑子真，蜀有严君平，皆修身自保，非其服弗服，非其食弗食。成帝时元舅大将军王凤以礼聘子真，子真遂不诎而终。君平卜筮于成都市，以为"卜筮者贱业，而可以惠众人。有邪恶非正之问，则依著龟为言利害。与人子言依于孝，与人弟言依于顺，与人臣言依于忠，各因势导之以善，从吾言者，已过半矣。"裁日阅数人，得百钱足自养，则闭肆下帘而授《老子》。博览亡不通，依老子、严周之指著书十余万言。杨雄少时从游学，以而仕京师显名，数为朝廷在位贤者稍君平德。杜陵李强素善雄，久之为益州牧，喜谓雄曰："吾真得严君平矣。"雄曰："君备礼以待之，彼人可见而不可得诎也。"强心以为不然。及至蜀，致礼与相见，卒不敢言以为从事，乃叹曰："杨子云诚知人！"君平年九十余，遂以其业终，蜀人爱敬，至今称焉。及雄著书言当世士，称此二人。其论曰："或问：君子疾没世而名不称，盍势诸？名，卿可几？曰：君子德名为几。梁、齐、楚、赵之君非不富且贵也，恶呼成其名！谷口郑子真不诎其志，耕于岩石之下，名震于京师，岂其卿？岂其卿？楚两龚之洁，其清矣乎，蜀严湛冥，不作苟见，不治苟得，久幽而不改其操，虽随、和何以加诸？举兹以旃，不亦宝乎！

薛方传

——《汉书》卷七二

【说明】王莽篡汉，名声不佳。但从《薛方传》可以看到，他尊崇隐士的意愿，不以己意强迫他人为己出力，很是可取。

薛方曾当过郡的佐助祭酒一官，曾被皇帝征召而没有应诏，当王莽用可以坐乘的车子迎接薛方时，他通过使者推辞道："尧、舜高高在上，前面还有巢父、许由，现今贤明的君主才降下陶唐、虞舜般的恩泽，小臣还想学许由隐居在箕山一样，保持清高的节操呢！"使者把这些话告诉王莽，王莽高兴他所说的话，不强迫他出山，薛方在家里传授经典，喜欢作文，著有诗词歌赋几十篇。 （刘翠译）

【原文】

薛方尝为郡掾祭酒，尝征不至，及莽以安车迎方，方因使者辞谢曰："尧舜在上，下有巢由，今明主方隆唐虞之德，小臣欲守箕山之节也。"使者以闻，莽说其言，不强致。方居家以经教授，喜属文，著诗赋数十篇。

刘钦传

——《汉书》卷八〇

【说明】刘钦，汉淮阳宪王，宣帝之子。刘钦聪明好学，深受宣帝喜欢，朝廷上下也交相称誉。但是宣帝一死是非便多起来，他的命运也就曲折了。他因听从下属而思造反，最终也是被废而终，倒是没有丧命罢了。

淮阳宪王刘钦，元康三年册立。母亲张婕伃受到宣帝刘询宠爱，霍皇后废免后，孝宣皇帝册立张婕伃为皇后。相去一段时间后，惩处霍氏谋太子时，才改变宣帝立张婕伃为皇后的想法，选取后宫中没有儿子并且行事谨慎的人立为皇后。按照这一要求，册立了长陵王婕伃为皇后，让她以母亲的身份照养皇太子。后来没有得宠，很少被宣帝召见，唯独张婕伃最受宣帝宠幸。而淮阳宪王刘钦长大成年后，喜欢经书法律学问，聪明贤达有才学，宣帝非常喜欢他。太子宽厚仁慈，喜欢儒家学说，宣帝多次感叹淮阳宪王刘钦，说："真是我的儿子！"曾有意想立张婕伃为皇后和刘钦为皇太子。然而因为太子出身贫寒，宣帝只得稍微偏向许氏，等到登位为皇帝，并且许皇后因为自杀身死，太子过早死了母亲，因此不再忍心改立太子。一段时间以后，宣帝因为已故丞相韦贤的儿子韦玄成刚正敢责难侯兄，对于经书颇为通达，行为高尚，名誉在朝廷上交相称好，于是诏拜韦玄成为淮阳中尉，想用他去感化教谕宪王刘钦，作为推让之臣辅佐宪王刘钦，由此，太子才得到安定。孝宣皇帝死后，太子登皇帝位，于是派淮阳宪王到他的封国去。

这时，张婕伃已经死了。淮阳宪王的外祖母随刘钦居淮阳，舅舅张博兄弟三人每年到淮阳探望母亲，动辄接受淮阳宪王的赐予。后来，淮阳宪王刘钦请求孝元皇帝，迁移外祖母儿子张博兄弟至淮阳国。张博上书：要求在原地留守坟墓，只身不迁移到淮阳国去。淮阳宪王恨他。后来张博到淮阳，宪王赐给他的财物少。张博说："我负债几百万，希望宪王能代为偿还。"宪王没有答应。张博辞别宪王而去，让他的弟弟张光去要挟宪王，说宪王只有请母亲出面才能调解，张博想上书元帝，请求让他母亲随去。宪王只得派人带五十斤黄金送给张博。张博高兴，报书感谢，因谄媚的语文极力称赞淮阳宪王。说："当今这个时候，朝廷没有贤臣，灾患变幻多次出现，足以让人寒心。全国的老百姓都寄希望于宪王，宪王怎么能够安然不动，不去上朝拜见元帝，辅佐元帝的朝政呢？"派遣弟弟张光多次游说宪王应当听从张博的计策，让张博在京师游说沟通掌权的达官贵人替宪王向元帝请求朝见。宪王不听他的意见。

后来，张光要到长安去，辞别宪王，又说："愿意尽力量与张博共同替宪王达成朝见元帝的事。宪王即日到长安，可以借助阳侯的作用，拜见元帝。"张光得到了宪王表示想要拜见元帝的话，迅速派人将宪王刘钦的话告诉了张博。张博知道宪王动心，又送书信给宪王说："张博有幸作宪王的心腹亲戚，多次向你讲述我的愚蠢想法，不曾见你有所注意。游历了北方的燕国和赵国，想依次再到各郡国去寻找幽居深藏不露的贤能义士。听说齐国有驷先生这个人，善于演习《司马兵法》，是可作大将的材料。张博得以拜见他，趁机进一步向他探询了五帝三王治政的要害所在，确实高深得非一般世人所能理解。现在边境不安宁，天下动乱不安，没有他这个人主事就没有谁能安定天下。又听说北海之滨有贤能人士在那里，多少朝代也找不出那样有才智的人，然而难以召唤使他来效命。能够得到这两个人，并把他们推荐给朝廷，功劳也不算小了。张博愿意到西去，继续搜寻贤能之士以解汉朝用人的当务之争，没有钱财能使我到那里去。赵王派遣谒者携带牛肉和酒、黄金三十斤犒劳我，我没有接受；又派人告诉我，他希望我能娶他的女儿，我没有答应。碰巧收到张光的书信说，宪王已经派张光西去，与我同心协力替宪王去求朝见元帝。我原想捐弃不再追求，不料宪王已经回心转意，把我当作知己，我甚至愿为你取杀身之祸而报答你的德仁。朝见之事何足挂齿！宪王实在能赐予一点唾沫，我等会尽去赴死，汤、禹那样的事业也就成功了。驷先生钻研道术，书籍无所不能，希望能知道你的爱好。请求得以马上献出"。宪王收到张博的书，非常高兴，还报张博书说："子高实在是不计冤枉，顾念朝政，体恤国民，启发恻隐之心同情我，向我讲述了至诚的道理，共商了国家大事。我虽然缺乏敏悟，但是岂敢不明白你的用意！现在即派有司代替你偿债二百万。"

这时，张博的女婿京房因为通晓易、阴阳而得到元帝的宠幸，多次被召见议论国家大事。自称被石显、五鹿充宗所排挤，谋略不被采纳，多次与张博说这件事。张博曾经想要以京房夸耀于淮南王。于是全部记下了京房有关灾异事件的解说和元帝召见他所说的密语，捧送给淮南王作为真实可信的凭据。诈称"已经看到中书令石君代求朝见

汉书·后汉书

汉

书

五
二
一

元帝，曾许黄金五百斤给他作为答谢。贤人圣哲创立事业，志在成功，不惜财费。上古大禹治理洪水，百姓为之疲劳，但是一旦成功，世代都依靠他建立的功业。现在听说元帝年龄不到四十岁，头发、牙齿脱落，太子幼小羸弱，奸臣掌权，阴阳失调，老百姓因为疾病瘟疫和饥饿而死达到半数，洪水造成的灾害也不至如此。宪王想要济世救民，其功德将与古代帝王相比，怎么能够忽视呢？我已经与大儒中明白道术的人，替宪王起草了奏章，陈述了安危，指出了灾异。宪王朝见元帝，先陈述有关安危、灾异的意思，再奏述自己的建议，元帝听了一定高兴。事情完成了，功劳也就有了，宪王由此会有周公、邵公那样的名誉。邪臣因此而离散逃亡，公卿因此改变他们的操守，功德无比。而梁国、赵国因此而受到宠幸，一定归功于宪王；外祖母家也将随之富贵，哪里还用得着希罕宪王的金钱呢？"宪王喜悦，回报张博书说："如此这样，一旦诏书下达，当诸侯一起朝见时，我痛心不知计策从何而出。子高本来具有颜渊、冉伯牛一样的才能，有臧武仲一样的智慧，有子贡那样的辩才，卞庄子那样的勇猛，一人兼有这四种才能，世间少有。既然已经有了开头，希望最后得到成功。请求朝见，只是为了议论国家大事，拿金钱有什么用！"张博回报书说："已经许诺石君黄金五百斤，等待用它来成事。"淮阳宪王将五百斤黄金给了张博。

恰在这时，京房出京师去作郡守，辞离左右。石显全部掌握京房图谋不轨的情况，并且告发了他。京房泄漏了元帝召见时说的话，张博兄弟诓骗诸侯王，诽谤朝廷政治，狡猾不守道义，都被逮捕下了监狱。有司奏请逮捕淮阳王，元帝不忍对他绳之以法，派谏议大夫王骏赏赐皇帝御书说："皇帝慰问淮阳王，主事者上奏宪王，淮阳王的舅舅张博多次致书给淮阳王，非议毁损朝廷政治，诽谤讪辱天子，褒扬淮阳王，称颂比同周、汤，极力谄媚，用以蛊惑你。他所说的话极为险恶，背叛朝廷，偏离正道，不合法度。淮南王不将他举报朝廷，反而多给他金钱，好言回报。罪大恶极到了不可赦免的程度，我痛心这些事及至不忍心听闻，替淮阳王忧伤。追根究底，行为不善的根源在于张博。淮阳王的内心，不同于元凶张博。已经下诏有司不治淮阳王的罪，派谏大夫王骏向你申明晓谕我的意思。《诗经·大雅·小明》不是说过吗，'安份而恭敬地谨守你的职位，与正直无私相伴而行。'请淮阳王勉力这样做吧！"

王骏将天子的意思告诉淮阳王说："礼为诸侯确定了相与朝聘皇帝的意义，都是为了让诸侯凡事按礼进行，不能对皇帝有所二心，尊重天子，为天子治理朝政。难道淮阳王不学习这些吗？《诗经·鲁颂》说："使你作诸侯在鲁国，藩属辅佐的名份要在周朝。'现在淮阳王的舅舅张博多次送淮阳王书信，说的都是背叛朝廷，与法度不相容的事。淮阳王有幸得到宣帝的诏书册封为王，受诫不可以为非作歹，明白经术中不可以在国内勾结作奸的律典，清楚作诸侯的名份是不能够超出你所有的范围。元帝在朝廷上站得高，看得远，德仁宽厚，满朝都受到他的恩泽，听到了张博的胡言乱语，泰然处之而不动怒。淮阳王收到张博的书信，却给了他很多金钱，让他去穿梭往来在诸侯中，为非作歹，不忠于朝廷是没有比这罪恶更大的了。已有的制度是，诸侯王有罪于朝廷，不论罪恶的大小，纵使不伏罪被杀，也一定会受到迁徙、削除封赐和贬谪、罢黜官职等惩处，没有不受处罚而不了了之的。当今皇帝赦免淮阳王的罪过不受处罚，又可怜淮阳王不谨慎丢了治国为政的策略，忘记了刘氏家族世代为皇的根本，这些都是因为被张博蛊惑造成的，所以又进一步赐御诏给淮阳王，派谏大夫向你申明、表示元帝的好意和善心。元帝殷勤对待淮阳王的恩惠，难道还有限量吗！张博等人所犯下的罪恶至大至极，即使天子不诛杀他，臣僚们也会群起而攻之，现在处决了他，是因为王法不容许赦免他。从今以后，淮阳王不要再将张博的事放在心上，一定要同臣僚们一起忘掉他。《春秋》上讲，'过而能改，善莫大焉'，知错就改，没有能比这更好的。《易·大过》上说：'取用洁白不污的茅祭祀诸神，谨慎极至，就不会酿成过错。'这里说的都是为臣僚作儿子的道理。痛改前非，重新作人，纯洁自己，敬奉在上的人，然后才能避免受到追究。请淮阳王谨慎、刻意约束自己。只有考虑如何悔过自新，改变以往的作法，补救过失，用以感谢浩荡皇恩，才是唯一的出路。能够做到这样，那么会长久地富贵，国家与宗室也就安然了。"

从此淮阳王刘钦摘帽叩头感谢说："我奉赐为王，藩辅天子没有做出好样子，过错与罪恶昭彰明显而且太多，元帝不忍心依照法律惩治我，还进一步增加给我的恩泽，派遣使者向我宣讲了经术中有关谨守藩属名份的道理。我也实在感觉到张博罪大恶极，应该绳之以重刑而受诛杀。我愿意全心全意改过自新，恭敬地接受元帝的诏书用以策励自己。叩拜感谢免除了死罪。"

京房与张博兄弟三人都受到了斩首示众的极刑，他们的妻子和儿女被遣送到了边疆。

到成帝登位为皇帝，因为淮阳王是他的叔父，所在敬重宠爱他，不同于其他受封的王。淮阳王上书成帝，自己陈述了舅舅张博生前所犯的事，是因为每每受到石显等人的侵害造成的。因此替张博家中被遣送到边疆的妻子儿女请求返回内地。丞相、御史又揭发刘钦："以前与张博互相传送私人书信，他们的作法不是诸侯王所应该有的。受皇恩没有治他的罪，事情已经在先赦免。刘钦不悔改以前的过错，而又重提旧事，自己认为有道理。有失藩属臣子的事体，有不敬于成帝。"成帝加恩，准许淮阳王的请求，迁还原来迁徙到边疆去的张博家属。

淮阳王受封为王三十六年后去世。他的儿子文王刘玄继承王位，祭王位二十六年去世。他的儿子刘继嗣王位，在王莽当政后没有再传王位。

（米祯祥　译）

【原文】

淮阳宪王钦，元康三年立，母张倢伃有宠于宣帝。霍皇后废后，上俗立张倢伃为后。久之，惩艾霍氏欲害皇太子，乃更选后宫无子而谨慎者，乃立长陵王倢伃为后，令母养太子。后无宠，希御见，唯张倢伃最幸。而宪王壮大，好经书法律，聪达有材，帝甚爱之。太子宽仁，喜儒术。上数嗟叹宪王，曰："真我子也!"常有意欲立张倢伃与宪王，然用太子起于微细，上稍依倚许氏，及即位而许后以杀死，太子蚤失母，故弗忍也。久之，上以故丞相韦贤子玄成阳狂让侯兄，经明行高，称于朝廷，乃召拜玄成为淮阴中尉，欲感谕宪王，辅以推让之臣，由是太子遂安。宣帝崩，元帝即位，乃遣宪王之国。

时张倢伃已卒，宪王有外祖母，舅张博兄弟三岁至淮阳见亲，辄受赐。后王上书：请徙外家张氏于国。博上书：愿留守坟墓，独不徙。王恨之。后博至淮阳，王赐之少。博言："负责数百万，愿王为偿。王不许，博辞去，令弟光恐王云，王遇大人益解，博欲上书为大人乞骸骨去。王乃遣人持黄金五十斤送博。博喜，还书谢，为诡语盛称誉王。因言："当今朝廷无贤臣，灾变数见，足为寒心。万姓咸归望于大王，大王奈何恬然不求朝见，辅助主上乎?"使弟光数说王宜听博计，令于京师说用事贵人为王求朝。王不纳其言。

后光欲至长安，辞王，复言"愿尽力与博共为王求朝。王即日至长安。可因平阳侯。"光得王欲求朝语，驰使人语博。博知王意动，复遗王书曰："博幸得肺腑，数进愚策，未见省察。北游燕赵，欲循行郡国求幽隐之士。闻齐有驷先生者，善为《司马兵法》，大将之材也。博得谒见，承间进问五帝三王究竟要道，卓尔非世俗之所知。今边境不安，天下骚动，微此人其莫能安也。闻北海之濒有贤人焉，累世不可逮，然难致也。得此二人而荐之。功亦不细矣。博愿驰西以此赴助汉急，无财币以通显之。赵王使谒者持牛酒，黄金三十斤劳博，博不受；复使人愿尚女，聘金二百斤，博未许。会得光书云大王已遣光西，与博并力示朝。博自以弃捐，不意大王还意反义，结以朱颜，愿杀身报德。朝事何足言！大王诚赐咳唾，使得尽死，汤、禹所以成大功也。驷先生蓄积道术，书尽不有，愿知大王所好，请得辄上。"王得书喜悦，报博书曰："子高乃幸左顾存恤，发心恻隐，显至诚，纳以嘉谋，语以至事，虽亦不敏，敢不谕意！今遣有司为子高偿责二百万。"

　　是时，博女婿京房以明易·阴阳得幸于上，数召见言事。自谓为石显、五鹿充宗所排，谋不得用，数为博道之。博常欲诳耀淮阳王，即具记房诸所说灾异及召见密语，持予淮阳王以为信念，诈言"已见中书令石君求朝，许以金五百斤。贤圣制事，盖虑功而不计费。昔禹治鸿水，百姓罢劳，成功既立，万世赖之。今闻陛下春秋未满四十，发齿堕落，太子幼弱，佞人用事，阴阳不调，百姓疾疫饥饿死者且半，鸿水之害殆不过此。大王绪欲救世，将比功德，何可以忽？博已与大儒知道者为大王为便宜奏，陈安危，指灾异，大王朝见，先口陈其意而后奏之，上必大说。事成功立，大五即有周、邵之名，邪臣散亡，公卿变节，功德无比，而梁、赵之宠必归大王，外家亦将富贵何复望大王之金钱？"王喜悦，报博书曰："乃者诏下，止诸侯朝者，寡人惨然不知所。子高素有颜、冉之资，臧武之智，子贡之辩，卞庄之勇，兼此四者，世之所鲜。既开端绪，愿卒成之。求朝，义事也，奈何行金钱乎！"博报曰："已许石君，须以成事。"王以金五百斤予博。

会房出为郡守，离左右，显具得此事告之。房泄漏省中语，博兄弟诖误诸侯王，诽谤政治，狡猾不道，皆下狱。有司奏请逮捕钦，上不忍致法，遣谏大夫王骏赐钦玺书曰："皇帝问淮阳王。有司奏王，王舅张博遗王书，非毁政治，谤讪天子，褒举诸侯，称引周、汤，以调惑王，所见尤恶，悖逆无道。王不举奏而多与金钱，报以好言，自幸至不赦，朕恻焉不忍闻，为王伤之。推原厥本，不祥自博，惟王之心，匪同于凶。已诏有司勿治王事，遣谏大夫骏申谕朕意。《诗》不云乎：'靖恭尔位，正直是与。'王其勉之。"

骏喻指曰："礼为诸侯制相朝聘之义，盖以考礼壹德，尊事天子也。且王不学《诗》乎？《诗》云：'俾侯于鲁，为周室辅。'今王舅博数遗王书，所言悖逆。王幸受诏策，通经术，知诸侯名誉不当出竟。天子普覆，德布于朝，而恬有博言，多予金钱，与相报应，不忠莫大焉。故事，诸侯王获罪京师，罪恶轻重，纵不伏诛，必蒙迁削贬黜之罪，未有但已者也。今圣主赦王之罪，又怜王失计忘本，为博所惑，加赐玺书，使谏大夫申谕至意，殷勤之恩，岂有量哉！博等所犯罪恶大，群下之所共攻，王法之所不赦也。自今以来，王毋复以博等累心，务与众弃之。《春秋》之义，大能变改。《易》曰：'籍用白茅，无咎'，言臣子之道，改过自新，洁己以承上，然后免于咎也。王其留意慎戒，惟思所以悔过易行，塞重责，称厚恩者。如此，则长有富贵，社稷安矣。"

于是淮阳王钦免冠稽首谢曰："奉藩无状，过恶暴列，陛下不忍心致法，加大恩，遣使者申谕道术守藩之义。伏今博罪恶尤深，当伏重诛。臣钦愿悉心自新，奉承诏策。顿首死罪。"

京房及博兄弟三人皆弃市，妻子徙边。

至成帝即位，以淮阳王属为叔父，敬宠之，异于他国。王上书自陈舅张博时事，颇为石显等所侵，因为博家属徙者求还。丞相御史复劾钦："前与博相遗私书，指意非诸侯王所宜，蒙恩勿治，事在赦前。不悔过而复称引，自以为直，失藩臣体，不敬。"上加恩，许王还徙者。

三十六年薨。子文王玄嗣，二十六年薨。子嗣，王莽时绝。

盖宽饶传

——《汉书》卷七七

【说明】盖宽饶，是西汉有名的刚直之臣，他品行高洁，一心奉公，身为司隶校尉，检举贵戚无所回避，使豪门丧胆，京师清净。他对上亢直，遇下有恩，甘贫如素，教子有方。但他的刚直有些不通"世故"，皇上的丈人庆祝新居落成，他弹劾座中大臣嬉闹不敬，弄得主人很扫兴。而这不通世故发展到劝皇上逊位让贤，就难免要有杀身之祸了。

盖宽饶，字次公，魏郡人。因明经为郡中文学，又以孝廉为郎。举方正，对策为高第，迁为谏大夫，行使郎中户将事。他劾奏卫将军张安世的儿子侍中、阳都侯张彭祖至殿门不下车，并连带劾奏张安世占据高位无补于朝政。张彭祖当时其实在殿门下车了，于是盖宽饶犯举奏大臣不属实之罪，降职为卫司马。

在此以前，卫司马在本部内，见了卫尉要行拜谒之礼，常被卫官役使去买卖东西。盖宽饶任职以后，按照旧时规定，对卫尉及属官只行揖礼。卫尉因私事派盖宽饶外出，盖宽饶就拿着法令到官府门上要辞职。尚书责问卫尉，从此卫官不再以私事役使卫候、司马。卫候、司马见了卫尉再下拜，天子外出，设置护卫先行，辄上奏辞行，从此规矩矫正过来了。

盖宽饶开始被任命为司马，还没有走出殿门，就割断了自己的禅衣，让它短得离开地面，戴上大冠，佩上长剑，亲自巡行卫士的值勤屋舍，视察他们的饮食居处，有得病的亲自抚恤慰问，请医生送药品，对待他们很是关怀。等到年终交接的时候，皇上亲临宴飨卫士，数千名卫士都磕头请求，愿意再留下服役一年，以报答盖宽饶的厚恩。汉宣帝表示嘉许，任命盖宽饶为太中大夫，派他巡视各地风俗，他多有举荐贬黜，他的使命完成得很令宣帝满意。擢升为司隶校尉，追查检举无所回避，无论大小都举报，所劾奏的案件很多，廷尉处之以法，有一半采用也有一半不采用的，公卿贵戚以及国官吏、差使来到长安，都恐惧不敢违犯禁令，京师为之清静。

平恩侯许伯搬入新居，丞相、御史大夫、将军、中二千石都来祝贺，盖宽饶不去。许伯请他，他才前往，从西阶上，面东而坐。许伯亲自为他斟酒，说："盖君来得迟了。"盖宽饶说："不要多给我斟酒，我是酒狂。"丞相魏侯笑道："次公醒时就狂，何必等喝酒呢？"在座者都对他注目，深自敛抑。酒酣乐奏，长信宫少府檀长卿起舞，学猕猴与狗争斗，座上都大笑。盖宽饶很不高兴，仰视着屋子叹道："真漂亮呀！可是富贵无常，忽然间就换了主人，这房子就好象旅舍一样，所住人可多了。只有谨慎才能得以久长，君侯能不警戒么！"于是起身趋出，劾奏长信宫少府以列卿而学猕猴舞，失礼不敬。宣帝想治罪少府，许伯替他谢罪，很久，宣帝才作罢。

盖宽饶为人刚直高节，一心奉公。家中贫穷，俸禄钱每月数千，一半用来支付吏民作耳目报告事情的报酬。他身为司隶校尉，儿子经常步行到北方戍守边塞，他就是如此廉洁奉公。但他执法苛刻，好陷害人，在位的大臣以及贵戚，都和他有怨恨。他又喜欢上奏时语带讥刺，触犯皇上的意旨。宣帝看他是儒者，对他优礼宽容，但他也升不成官。他的同列后进有的升至九卿，盖宽饶自以为品行清，才能高，有益于国家，而被凡庸之辈所超越，更加失意不快，屡次上疏谏净。太子庶子王生敬佩盖宽饶的节操，但反对他这样做，写信给他说："明主知道您廉洁公正，不畏强暴，所以交付给您职司察举之任，直奉饮使之权，尊官厚禄已经给予您了。您理应朝夕思考当世的政务，奉行法律，宣扬教化，为天下忧虑劳苦，虽然是日日有益，月月有功，仍不足以称职而报答皇恩。自五帝以来的政治，三王的政术各有不同的制度。如今您不谨守职责还算罢了，竟然想以太古久远的事情来指导天子，屡次呈进不实用而难于接受的言辞以切摩于皇上左右，这不是可以传扬美名、保全寿命的行为呀。如今用事的人都明习法律，他们的巧言足以掩饰您对他们的指责，而他们的深文足以铸成您的罪过。您不学习蘧伯玉的避世全身的高行，却仰慕伍子胥直言取祸的末行，以千金之躯，临不测之险，我暗自为您痛惜。君子正直而不挺翘，柔曲而不改志，《大雅》说：'既明且哲，以保其身。'狂夫之言，圣人还可选择而听。希望您能一读此信。"盖宽饶没有接受王生的劝告。

当时宣帝正崇尚刑法，信任中尚书的宦官，盖宽饶奏上封事说："如今圣人之道渐渐废弃，儒术不再行用，以刑馀之人为周公、召公，以法律为《诗》、《书》。"他又引用《韩氏易传》说："五帝官天下，三王家天下，家天下是把天下传给子孙，而官天下则把天下传给贤人，好象四季的递运，功成者离去，不得其人就不居其位。"书奏上，宣帝认为盖宽饶始终不改怨谤，把他的书奏交付中二千石议罪。当时执金吾评议，以为盖宽饶的意图是想让皇上禅位给他，大逆不道。谏大夫郑昌同情盖宽饶直忠忧国，只因言事不合皇上的心而被刑名之吏所诋毁，便上书赞扬盖宽饶说："臣听说山中有猛兽，藜藿就没有人去采；国家有忠臣，奸邪就不敢作恶。司隶校尉盖宽饶居处不求安乐，饮食不求饱腹，进有忧国之心，退有死节之义，上无许、史一样的关系，下无金、张一样的托靠（许、史，是宣帝的外戚，金张是宣帝的幸臣），其职限在于纠察，秉公行事，仇人多而相与少，上书陈述国事，有司劾奏以大辟之刑。臣有幸位列于大夫之后，官职以进谏为名，不敢不言。"宣帝不听从，于是把盖宽饶交付狱吏，盖宽饶抽佩刀自刭于北阙之下，众人无不表示怜悯。

（栾保群　译）

【原文】

盖宽饶字次公，魏郡人也。明经为郡文学，以孝廉为郎。举方正，对策高第，迁谏大夫，行郎中户将事。劾奏卫将军张安世子侍中阳都侯彭祖不下殿门，并连及安世居位无补。彭祖时实下门宽饶坐举奏大臣非是，左迁为卫司马。

先是时，卫司马在部，见卫尉拜谒，当为卫官由使市买。宽饶视事，案旧令，遂揖官以下行卫者。卫尉私使宽饶出，宽饶以令诣官府门上谒辞。尚书责问卫尉，由是卫官不再私使侯、司马。候、司马不拜，出先置卫，辄上奏辞，自此正焉。

宽饶初拜为司马，未出殿门，断其禅衣，令短离地，冠大冠，带长剑，躬案行士卒庐室，视其饮食居处，有疾病者身自抚循临问，加致医药，遇之甚有恩。及岁尽交代，上临餐罢卫卒，卫卒数千人皆叩头自请，愿复留共更一年，以报宽饶厚德。宣帝嘉之，以宽饶为太中大夫，使行风俗，多所称举贬黜，奉使称意。擢为司隶校尉，刺举无所回避，小大辄举，所劾奏众多，廷尉处其法，半用半不用，公卿贵戚及郡国吏辖差使至长安，皆恐惧莫敢犯禁，京师为清。

平恩侯许伯入第，丞相、御史、将军、中二千石皆贺，宽饶不行。许伯请之，乃往，从西阶上，东乡特坐。许伯自酌曰："盖君后至"。宽饶曰："无多酌我，我乃酒狂"。丞相魏侯笑曰："次公醒而狂，何必酒也？"坐者皆属目卑下之。酒酣乐作，长信少府檀长卿起舞，为沐猴与狗斗，坐皆大笑。宽饶不悦，昂视屋而叹曰："美哉！"然富贵无常，忽则为人，此如传舍，所阅多矣。唯谨慎为得久，君侯可不戒哉！因起趋出，劾奏长信少府以列卿而沐猴舞，失礼不敬。上欲罪不府，许伯为谢，良久，上乃解。

宽饶为人刚直高节，志在奉公。家贫，奉钱月数千，半以给吏民为耳目言事者。身为司隶，子常步行自戍北边，公廉如此。然深刻喜陷害人，在位及贵戚人与为怨又好言事刺讥，奸犯上意。上以其儒者，优容之，然亦不得迁。同列后进或至九卿，宽饶自以行清能高，有益于国，而为凡庸所越，愈失意不快，数上疏谏争。太子庶子王生高宽饶节，而非其如此，予书曰："明主知君洁白公正，不畏疆御，故命君以司察之位，擅君以奉使之权，尊官厚禄已施于君矣。君宜夙夜惟思当世之务，奉法宣化，忧劳成天下，虽日有益，月有功，犹未足以称职而报恩也。自古之治，三王之术各有制度。今君不务循职而已，乃欲以太古久远之事匡拂天子，数进不用难听之语以摩切左右，非所以扬令名全寿命者也。方今用事之人皆明习法令，言足以饰君之辞，文足以成君之过。君不惟遽氏之高踪，而慕子胥之末行，用不訾之躯，临不测之险，窃为君痛之。夫君子直而不挺，曲而不诎。大雅云：既明且哲，以保其身。狂夫之言，圣人择焉。唯裁省览。宽饶不纳其言。

是时上方用刑法，信任中尚书宦官，宽饶奏封事曰：方今圣道寝废，儒术不行，以刑馀为周召，以法律为诗书。又引韩氏易传言：五帝官天下，三王家天下，家以传子，官以传贤，若四时之运，功成者去，不得其人则不居其位。"书奏，上以宽饶怨谤终不改，下其书中二千石。时执金吾议，以为宽饶指意欲求，大逆不道。谏大夫郑昌愍伤宽饶忠直忧国，以言事不当意而为文吏所抵挫，上书颂宽饶曰："臣闻山有猛兽、藜藿为之不采；国有忠臣，奸邪为之不起。司隶校尉宽饶居不求安，食不求饱，进有忧国之心，退有死节之义，上无许、史之属，下无金、张之托，职在司察，直道而行，多仇少与，上书陈国事，有司劾以大辟。臣幸得从大夫之后，官以谏为名，不敢不言。"上不听，遂下宽饶吏。宽饶引佩刀自刭北阙下，众莫不怜之。

扬雄传

——《汉书》卷八七

【说明】杨雄（公元前53—公元后18年），一作杨雄，字子云，西汉蜀郡成都（今属四川）人。幼而好学，博览群书。口吃不善谈吐，喜沉默，好深思。安贫乐道，不汲汲于富贵。四十多岁到京师，王音荐为待诏，后拜给事黄门郎。王莽时为大夫，校书天禄阁。一生贫穷，交游甚少，以文章名世。成帝时曾著《甘泉赋》、《河东赋》、《校猎赋》、《长杨赋》进行讽谏，后来领悟到这种做法适得其反，便仿《易》作《太玄》，仿《论语》作《法言》。他的著作倍受桓谭、王充、张衡的推崇。他还编有字书《训纂篇》和《方言》。

扬雄字子云，蜀郡成都人。他的先祖出自周代的伯侨，以旁支庶族食采邑于晋国的扬地，便以扬为姓，不知伯侨是周的那一个宗族。扬地在黄河与汾水之间，周王朝衰落，扬氏有人称侯，号为扬侯。时值晋国六卿争权，韩、魏、赵兴盛而范、中行、知伯破败。在这个时侯，威逼扬侯，扬侯逃到楚国巫山，便在那里落户。楚、汉起兵反秦，扬氏溯江而上，在巴郡江州居住。后来扬季官至庐江太守。汉武帝元鼎年间，因躲避仇敌又溯江而上，在岷山北名叫郫的地方居住，有田一百亩，有住宅一套，世代以务农养桑为业。从扬季到扬雄，五代单传，所以扬雄在蜀郡没有其他姓扬的亲属。

扬雄幼而好学，不研究章句，以读懂文义为原则，博览群书，没有他不看的。为人简朴随便，口吃不善谈吐，保持沉默而好深思，清静无为，很少嗜好，对富贵不汲汲追求，对贫贱不愁眉苦脸，不循规蹈矩以邀名当世。家产不够买一匹马，匮乏到无一石一斗的积蓄，仍旧泰然自如。气度不凡，不是圣贤的书不读；不符合自己的心意，虽富贵不为。但擅长辞赋。

在此以前，蜀郡有司马相如，作赋十分宏丽温雅，扬雄心中特别推崇他，每次作赋，都以他为样板进行模仿。又埋怨屈原的文采超过相如，却不被社会所容，作《离骚》，自己投江而死，怜悯他的文采，每次阅读没有不落泪的。认为君子逢时便进取，不逢时便隐退，遇和不遇是命里注定的，何必投水呢！于是写书，往往取《离骚》之文而加以反对，从岷山投于江流中以凭吊屈原，名为《反离骚》。又依照《离骚》增写一篇，名叫《广骚》。又依照《惜诵》以下至《怀沙》作一卷，名叫《畔牢愁》。《畔牢愁》、《广骚》篇幅太大不加载录，只载录《反离骚》，其文说：（以下《反离骚》全文不译。）

汉成帝时，有客人推荐扬雄的文章类似相如，皇上正好要郊祭甘泉泰畤、汾阴后土，以求子嗣，召扬雄在承明殿待诏。正月，随皇上至甘泉，回来后上奏《甘泉赋》进行讽谏。其文说：（以下《甘泉赋》全文不译。）

甘泉宫原本承袭秦朝的离宫，已十分奢泰，而汉武帝又增建通天、高光、迎风等建筑。宫外近则有洪崖、旁皇、储胥、弩陆，远则有石关、封峦、枝鹊、露寒、棠梨、师得，这些供游览观光的场所千姿百态，瑰玮壮观，不是只削光木头不加雕饰，抹好墙壁不进行绘画，像

周宣王建造的、殷盘庚迁居的、夏代低矮的宫室、唐尧虞舜的柞木橡子土阶三级的规定那样。因为它为时已久，不是成帝建造的，想进谏但时间不对头，想沉默又办不到，所以便进一步对它加以美化，才上比于天帝居住的紫宫，好像说这不是人力建造的，大概只有鬼神才可以办到啊。又此时赵昭仪正大受宠幸，每次上甘泉，都依法跟随，在属车里最后一辆系豹尾的车中。所以扬雄姑且极言车骑甚多，驾车的马甚众，不像是要感动天地、迎福于三神的样子。又说"让玉女隐藏，使虑妃退避"，在于含蓄告戒上甘泉是一件专一虔诚的事情。《甘泉赋》写成上奏，天子十分诧异。

同年三月，将祭后土，皇上于是率领群臣横渡黄河，奔赴汾阴。祭祀结束，行游介山，绕过安邑，观龙门，览盐池，登历观，陟西岳以遥望八方，追寻殷、周的遗迹，遥想唐、虞的风采。扬雄认为临川羡鱼不如归而结网，回去以后，上奏《河东赋》进行规劝。

同年十二月，士卒背负羽箭随皇上狩猎，扬雄跟随。他认为过去在尧、舜、夏、殷、周的时候，宫馆台榭沼池苑囿林麓薮泽的财富足以供奉天地宗庙的祭祀，招待宾客，满足庖厨的需要就行了，不侵占百姓肥沃的种粮养桑的土地。女的有剩余的布，男的有剩余的粟，国家殷实，上下都十分富裕，所以甘露降落庭院，醴泉流经庙前，凤凰在树上结巢，黄龙在沼池游戏，麒麟来到苑囿，神雀栖息林中。从前禹任用益为主管山泽的官员而山川平地风调雨顺，草木茂盛；成汤喜好打猎而天下费用充足；文王园囿百里，人民认为太小；齐宣王园囿四十里，人民以为太大，区别在于是富民还是夺民。汉武帝扩建上林苑，南至宜春、鼎湖、御宿、昆吾，傍南山向西，至长杨、五柞，向北绕过黄山，濒临渭水向东，周长数百里。凿昆明池像滇池，营造建章、凤阙、神明、驱娑，渐台、泰液像海水周流方丈、瀛洲、蓬莱。供游玩观赏的宫殿奢侈浪费，穷尽美妙华丽。虽然从三面分割出不少地方供给平民百姓，但是打猎用的车辆马匹器械储备和守卫的设置，还是太奢华过分，与尧、舜、成汤、文王只为满足祭祀、待客、食用的目的完全不同。又担心后世再追求从前的这种嗜好，不吸取鲁国非礼筑泉台而后又毁坏的教训，所以姑且借《校猎赋》进行讽谏。

第二年，皇上将以禽兽众多向胡人夸海口，秋天，命右扶风征调人民进南山，西自褒斜，东至弘农，向南直奔汉中，张开捕捉鸟兽的罗网，抓获熊罴豪猪虎豹狖玃狐兔麋鹿，用槛车装载，运到长杨射熊馆。用罗网遮盖场地，将禽兽释放在里面，让胡人动手捕捉它们，猎物归己，皇上亲临观看。这时，不准农民收获。扬雄随从到射熊馆，归来后，奏上《长杨赋》，因为笔墨能写成文章，所以姑且借用翰林作为文中的主人，子墨作为文中的客卿进行讽谏。其文说：（以下《长杨赋》全文不译。）

汉哀帝时，丁太后、傅太后、董贤执掌朝政，许多攀附他们的人，有的起家做了二千石的大官。当时扬雄正起草《太玄》，得以自持，恬淡自如。有人讥讽扬雄是因为《太玄》没有写成的缘故，扬雄对此进行解释，称为《解嘲》。其文说：

客人嘲讽扬子说："我听说前代的士人是众人的榜样，不生则已，生就能上使君主尊宠，下使父母显荣，能得到君主颁给的珪玉，获得君主赐给的爵位，怀揣君主分给的符节，享受君主供给的俸禄，佩戴显贵的印绶，乘坐染红的车子。如今你有幸赶上开明盛世，处在无所顾忌的朝堂，与群贤同列，历金门上玉堂已指日可待了，却未能制订一个出色的谋略，献上一条高明的计策，向上劝说君主，向下议论公卿。您目如明星，舌似闪电，纵横捭阖，论者莫当，反而作《太玄》五千言，枝叶扶疏，独自论说十多万言，深者入黄泉，高者出苍天，大者含元气，细者入无伦，可是官位不过侍郎，经提拔才到给事黄门。想来是《太玄》还未写成的缘故吧？为何官运如此不佳呢？"

扬子笑着回答说："您只想染红我的车子，不知道一旦失足将血染我的家族啊！过去周王朝瓦解，诸侯争雄，天下分为十二国，兼并后还有六、七国，四分五裂，成为战国。士人没有固定的君主，国家没有固定的臣属，得到士人的就富强，失去士人的就贫弱，展翅奋翼，恣意存留，所以士人有的藏身避祸以干进，有的凿壁辞官以逃遁。因此骋衍以迂阔而获取世间资财，孟轲虽遭遇艰难，尚且成为帝王的老师。

"如今大汉朝东至东海，西至渠搜，南至番禺，北至陶涂。东南设一都尉，西北建一关侯。用绳索捆绑，用刀斧制裁，用礼乐约束，用《诗》、《书》教化，旷日持久，结庐居丧方能仕进。天下的士人，如雷动云合，如鱼鳞杂袭，都在八方经营，家家自认为是后稷和契，人人自认为是皋陶，成年男子一开口都把自己比作伊尹，五尺童子也羞与晏婴、管仲相提并论。当权的青云直上，落拓的委弃沟渠。早上掌权就成为卿相，晚上失势就变为匹夫。好比江湖上的雀，勃解中的鸟，四只大雁降落不算多，两只野鸭起飞不为少。从前三位仁人离去殷朝就成为废墟，两位老人归来周朝就兴旺发达，伍子胥一死吴国就灭亡，文种、范蠡存在越国就称霸诸侯，百里奚到来秦国就高兴，乐毅出走燕国就恐惧，范睢以折肋断齿的屈辱之身而危及重臣穰侯，蔡泽虽然面颊歪斜却笑辞算命先生唐举。所以当国家有事的时候，没有萧何、曹参、张良、陈平、周勃、樊哙、霍去病则不能安定；当国家无事的时候，咬文嚼字的儒生坐在一起看守也无可忧虑。所以世道混乱。那么圣人哲人四处奔波也不够，社会太平那么庸夫俗子高枕而有馀。

"前代的士人，有的被去掉捆绑的绳索而任用为相，有的脱去粗麻衣服而成为傅；有的是看守夷门的小卒而得意地笑，有的横渡江潭而隐居垂钓；有的年过七十游说而不遇，有的立谈之间而封侯；有的使诸侯屈就于陋巷，有的让诸侯拿着扫帚在前边清道。因此士人能够充分活动他们的舌头，玩弄他们的笔杆，堵塞漏洞、掩盖过失而从未屈服。如今县令不请士，郡守不迎师，众卿不揖客，将相不低眉。言语奇异的被怀疑，行为特殊的遭惩罚。因此想说的收紧舌头不出声，想走的打量双脚才迈步。如果让前代的士人处在今天，那么考试不能入甲科，行为不能称孝廉，举止不能属端正，只能上书直言，相机陈述是非，好的得一个待诏的头衔，差的一闻声便遭罢免，又怎能得到高官厚禄？

"况且我听说，熊熊的火焰遭熄灭，隆隆的雷声被断绝，听雷观火，盈耳实目，天收雷声，地藏火热。富贵人家，鬼窥视其房室。争夺的人死，老老实实的人生；官位太高的宗族十分危险，能控制自己的自身才能安全。因此懂得无为，是守道的根本；能够清静，是娱神的殿堂；安于寂寞，是守德的宅舍。时代不同，人事变更，但人们处世的原则并没有两样，前人与我换个时代，不知怎样安排。如今您却用鸱枭耻笑凤凰，拿蜥蜴嘲讽龟龙，不是大错特错了么！您凭空笑我是因《太玄》没有写成的缘故，我也笑您病入膏肓，却没有遇上良医臾跗、扁鹊，太可悲了！"

客人说："如此说来没有《太玄》就成不了名吗？范睢、蔡泽以下哪里是靠《太玄》呢？"

扬子回答："范睢是魏国的亡命之徒，被打断肋骨，才免遭刑罚，收肩塌背，爬进口袋，后来用激怒秦国君主的办法，离间泾阳，攻击穰侯，并取而代之，这是符合了当时的情况。蔡泽是山东的一个匹夫，凹脸塌鼻，流鼻涕，飞唾沫，到西方拜见强秦的宰相范睢，扼住他的咽喉，断绝他的气息，拍着他的后背而夺取他的职位，这是赶上了好机会。天下已经安定，兵戈革已经平息，建都洛阳，娄敬放下拉车的绳索，掉三寸不烂之舌，献出稳妥的计策，提出将国都迁往长安，这是适应了当时的形势。五帝留下经典，三王传下礼仪，百世不易，叔孙通在战争年代挺身而出，解除武装，于是制订君臣之间的礼仪，这是找到了应有的归宿。《甫刑》败坏，秦法酷烈，神圣的汉朝采取临时措施，于是萧何制定法律，这是顺应了形势的需要。所以如果有人在唐尧、虞舜的社会制订萧何的法律就太荒谬了，如果有人在夏朝、殷朝的时代拟订叔孙通的礼仪就太糊涂了，如果有人在西周的社会提出娄敬的计策就太无聊了，如果有人在汉代功臣金家、张家、宣帝外戚许家、史家之间论说范睢、蔡泽的主张就是发疯了。萧规曹随，张良出谋画策，陈平出奇制胜，功若泰山，响若崖崩，岂止是这些人富于智慧呢，也正好是当时的环境可以有所作为啊。所以在可以有所作为的时代做可以做的事情，就十分顺利，在无可作为的时代做不可以做的事情就十分危险。蔺相如在章台献和氏璧而立下大功，四皓在南山隐居而获取美名，公孙弘在金马门对策而

建功立业，霍去病在祁连争战而发迹，司马相如从卓氏暗取资财，东方朔为妻子细君割取赐肉。我的确不能和以上诸公相比，所以默默地独自守着我的《太玄》。"

扬雄认为赋是为了用来进行讽谏的，必定使用类推的手法来表达思想，采用极其华丽的辞藻，尽力加以夸张敷衍，努力使人无法超过，然后才回归正题，但阅读的人已产生了错觉。从前汉武帝喜好神仙，司马相如奏上《大人赋》，想进行讽谏，皇帝反而飘飘然有驾云成仙的念头。由此说来，用赋进行劝阻不可能达到目的，是十分明白的了。赋又特别类似滑稽无聊的淳于髡、优孟之徒，没有法度可言，贤人君子主张诗赋要纯正，因此我停下来不再作赋。而用力深思浑天，模拟天地人三才，析画为三，而分为方、州、部、家四重为一首，最后共得八十一首。另外又析画为三，而三分阴阳为每首九赞，最后共得七百二十九赞，也即是自然的法则。所以阅读《周易》的看见卦象就能认识它的名称，阅读《太玄》的数它的画就可确定它的位置。《太玄》每首四重，这不是卦，而是数，它的功用是按周历推究昼夜阴阳数度律历的规律，《太玄》分为九天，每天九首，九九八十一首为一大周期，与一年四时的变化相终始。所以《太玄》包括三方、九州、二十七部、八十一家、二百四十三表、七百二十九赞，分为三卷，称为一、二、三，与《太初历》相应，也包含有《颛顼历》在里边。《太玄》的占筮是以三策为组分数而得首，其中贯穿吉凶，杂列象类，分布人事，文饰五行，拟议道德仁义礼智。没有主名，中心在于符合《五经》，假若不是应当论述的事情，绝不凭空添一句话。因为怕它太笼统而不容易明白，所以有《首》、《冲》、《错》、《测》、《摛》、《莹》、《数》、《文》、《掜》、《图》、《告》十一篇，都是用来解剖《太玄》体系的，其文离散，章句姑且不存。《太玄》字数太多，所以不加著录。观看《太玄》的人很难弄清楚，学习《太玄》的人很难取得成功。有客人责难《太玄》太深奥，众人不喜好它，扬雄进行解释，号为《解难》，其文说：

客人责难扬子说："大凡著书的人，都是为了求得众人的喜好，美味在于能适合众人之口，妙乐在于能取悦众人之耳。如今您却文辞艰深，论述隐晦，旨意宏大而微妙，一个人在似有似无之间驰骋，而囊括天地造化，涉及众生万物，历来阅读的人已经穷年累月，却仍旧十分糊涂。你在这边浪费精神，又在那边烦劳读者，好比画家画图而无形，演奏家奏曲而无声，大概不应该吧！"

扬子回答说："对啊！宏大高明的言论，精深微妙的道理，实难与读者共享。古代有人从天观天象，从地视地理，从人察礼法，天上附着日月星辰而且无边无际，大地广大无垠而且深不可测，古人的言辞恰好如金似玉。他们哪里是喜好艰深呢，形势不得不这样啊！难道没有看见翠龙绛龙在将要登天的时候，必定从苍梧的深渊里纵身向上，不借助浮云，驾御疾风，凭空腾起而上升，那就不能据清气，跃九天之门。日月的运行不到千里，就不能烛照上下四方，光耀天际；泰山的高处不峻峭，就不能广聚云雾，上蒸云气。因此伏羲氏作《易》，沟通天地，用八卦进行治理，文王重卦为六爻共六十四卦，孔子著《象传》、《彖传》，然后揭示出天地的奥秘，确立了万物的基础。《尚书》中的《典》、《谟》，《诗经》中的《雅》、《颂》，如果不温纯深润，就不足以弘扬伟业而显露光明。原来虚静是主宰，寂寞是主人，大味必淡，大音必稀，大语悠远，大道迂曲。因此声音美妙的不可能适合众人的耳朵，形体美丽的不可能满足世俗的眼睛，言辞优美的不可能使庸人听后都满意。如今演奏者高声弹奏，迎合听众的嗜欲爱好，那么坐着的也会不约而同地起来附和。如果为他们演奏《咸池》、《六茎》、《萧韶》，歌咏《九成》，就不会有人附和了。因此钟子期死后，伯牙便绝弦破琴而不肯为众人演奏；犹人死后，匠石便放下斧头而不敢妄替他人斫削鼻上的灰泥。师旷要调准钟的声音，是等待后来有知音的人；孔子写《春秋》，是希望君子能借鉴前人。老聃留下遗言，以'知我者稀'为贵，这不正是他的操守吗！"

扬雄看到诸子都凭借自己的智慧背道而驰，大都诋毁圣人，变得荒诞不经，巧言善辨，以搅乱时政。虽然是小小的诡辩，最终破坏大道而惑乱众人，致使沉溺于所闻而不自知这是错误的。至太史公司马迁记述六国，经历楚、汉，止于汉武帝获麟，与圣人不同，是非颇与经书相违，所以时常有人向扬询问，扬雄常依礼法回答他们，编纂为十三卷，类似《论语》，名叫《法言》。

赞说："上面是扬雄的《自序》。当初，扬雄四十多岁，从蜀来游京师，大司马车骑将军王音十分赞赏他的文采，召他做门下史，荐举他为待诏。一年后，上奏《羽猎赋》，提升为郎，给事黄门，与王莽、刘歆比肩。哀帝初年，又与董贤同官。在成帝、哀帝、平帝时，王莽、董贤都成为三公，权倾人主，推荐的人没有不提拔的，但扬雄却都没有升官。至王莽篡位，游说的士人用祥瑞象征天命称颂帝王的功德而获得爵位的人相当多，扬雄又没有得到封爵，因年迈长期滞留转为大夫，他淡于势利就是如此。一心好古而乐道，他的本意是想用文章成

名于后世，认为经书没有超过《易》的，所以作《太玄》；传文没有超过《论语》的，作《法言》；字书没有胜过《仓颉》的，作《训纂》；箴没有胜过《虞箴》的，作《州箴》；赋没有比《离骚》水平更高的，作《反离骚》和《广骚》；文辞没有比司马相如更华丽的，作赋四篇：对所有范本都经过反复斟酌，在摹仿的基础上充分发挥。在内容上用心，不追求形式。当时的人都轻视他，只有刘歆和范逡尊敬他，而桓谭认为他超群绝伦。

（梁运华　译）

【原文】

扬雄字子云，蜀郡成都人也。其先出自有周伯侨者，以支庶初食采於晋之扬，因氏焉，不知伯侨周何别也。扬在河、汾之间，周衰而扬氏或称侯，号曰扬侯。会晋六卿争权，韩、魏、赵兴而范、中行、知伯弊。当是时，逼扬侯，扬侯逃於楚巫山，因家焉。楚、汉之兴也，扬氏溯江上，处巴江州。而扬季官至庐江太守。汉元鼎间避仇复溯江上，处岷山之阳曰郫，有田一廛，有宅一区，世世以农桑为业。自季至雄，五世而传一子，故雄亡它扬於蜀。

雄少而好学，不为章句，训诂通而已，博览无所不见。为人简易佚荡，口吃不能剧谈，默而好深湛之思，清静亡为，少耆欲，不汲汲於富贵，不戚戚於贫贱，不修廉隅以徼名当世。家产不过十金，乏无儋石之储，晏如也。自有大度，非圣哲之书不好也；非其意，虽富贵不事也。顾尝好辞赋。

先是时，蜀有司马相如，作赋甚弘丽温雅，雄心壮之，每作赋，常拟之以为式。又怪屈原文过相如，至不容，作《离骚》，自投江而死，悲其文，读之未尝不流涕也。以为君子得时则大行，不得时则龙蛇，遇不遇命也，何必湛身哉！乃作书，往往摭《离骚》文而反之，自岷山投诸江流以吊屈原，名曰《反离骚》。又旁《离骚》作重一篇，名曰《广骚》。又旁《惜诵》以下至《怀沙》一卷，名曰《畔牢愁》。《畔牢愁》、《广骚》文多不载，独载《反离骚》，其辞曰：（以下《反离骚》原文不录。）

孝成帝时，客有荐雄文似相如者，上方郊祠甘泉泰畤、汾阴后土，以求继嗣，召雄待诏承明之庭。正月，从上甘泉，还奏《甘泉赋》以风。其辞曰：（以下《甘泉赋》原文不录。）

甘泉本因秦离宫，既奢泰，而武帝复增通天、高光、迎风。宫外近则洪崖、旁皇、储胥、弩陆，远则石关、封峦、枝鹊、露寒，棠梨、师得，游观屈奇瑰玮，非木摩而不雕，墙涂而不画，周宣所考，般庚所迁，夏卑宫室，唐虞采椽三等之制也。且为其已久矣，非成帝所造，欲谏则非时，欲默则不能已，故遂推而隆之，乃上比於帝室紫宫，若曰此非人力之所为虑党鬼神可也。又是时赵昭仪方大幸，每上甘泉，常法从，在属车间豹尾中。故雄聊盛言车骑之众，参丽之驾，非所以感动天地，逆厘三神。又言"屏玉女，却伏妃"，以微戒齐肃之事。赋成奏之，天子异焉。

其三月，将祭后土，上乃帅群臣横大河，凑汾阴。既祭，行游介山，回安邑，顾龙门，览监池，登历观，陟西岳以望八荒，迹般、周之虚，眇然以思唐虞之风。雄以为临川美鱼不如归而结罔，还，上《河东赋》以劝，其辞曰：（以下《河东赋》原文不录。）

其十二月，羽猎，雄从。以为昔在二帝三王，宫馆台榭沼池苑囿林麓薮泽财足以奉郊庙，御宾客，充庖厨而已，不夺百姓膏腴谷土桑柘之地。女有馀布，男有馀粟，国家殷富，上下交足，故甘露零其庭，醴泉流其唐，凤皇巢其树，黄龙游其沼，麒麟臻其圃，神爵栖其林。昔者禹任益虞而上下和，山木茂；成汤好田而天下用足；文王圃百里，民以为尚小；齐宣王圃四十里，民以为大：裕民之与夺民也。武帝广开上林，南至宜春、鼎胡、御宿、昆吾，旁南山而西，至长杨、五柞，北绕黄山，濒渭而东，周袤数百里。穿昆明池象滇河，营建章、凤阙、神明、馺娑，渐台、泰液象海水周流方丈、瀛洲、蓬莱。游观侈靡，穷妙极丽。虽颇割其三垂以赡齐民，然至羽猎田车戎马器械储偫禁御所营，尚泰奢丽夸诩，非尧、舜、成汤、文王三驱之意也。又恐后世复修前好，不折中以泉台，故聊因《校猎赋》以风，其辞曰：（以下《校猎赋》原文不录。）

明年，上将大夸胡人以多禽兽，秋，命右扶风发民入南山，西自褒斜，东至弘农，南驱汉中，张罗罔置罘，捕熊黑豪猪虎豹狖玃狐兔麋鹿，载以槛车，输长杨射熊馆。以罔为周陆，纵禽兽其中，令胡人手搏之，自取其获，上亲临观焉。是时，农民不得收敛。雄从至射熊馆，还，上《长杨赋》，聊因笔墨之成文章，故藉翰林以为主人，子墨为客卿以风。其辞曰：（以下《长杨赋》原文不录。）

哀帝时丁、傅董贤用事，诸附离之者，或起家至二千石。时雄方草《太玄》，有以自守，泊如也。或嘲雄以玄尚白，而雄解之，号曰《解嘲》。其辞曰：

客嘲扬子曰："吾闻上世之士，人纲人纪，不生则已，生则上尊人君，下荣父母，析人之圭，儋人之爵，怀人之符，分人之禄，纡青拖紫，朱丹其毂。今子幸得遭明盛之世，处不讳之朝，与群贤同行，历金门上玉堂有日矣，曾不能画一奇，出一策，上说人主，下谈公卿。目如耀星，舌如电光，壹从壹衡，论者莫当，顾而作《太玄》五千文，支叶扶疏，独说十馀万言，深者入黄泉，高者出苍天，大者含元气，纤者入无伦，然而位不过侍郎，擢才给事黄门，意者玄得毋尚白乎？何为官之拓落也？"

扬子笑而应之曰："客徒欲朱丹吾毂，不知一跌将赤吾之族也！往者周罔解结，群鹿争逸，离为十二，合为六七，四分五剖，并为战国。士无常君，国亡定臣，得士者富，失士者贫，矫翼厉翮，恣意所存，故士或自盛以橐，或凿坏以遁。是故邹衍以颉亢而取世资，孟轲虽连蹇，犹为万乘师。

"今大汉左东海，右渠搜，前番禺，后陶涂。东南一尉，西北一候。徽以纠墨，制以质铁，散以礼乐，风以《诗》、《书》，旷以岁月，结以倚庐。天下之士，雷动云合，鱼鳞杂袭，咸营于八区，家家自以为稷、契，人人自以为咎繇，戴纵缬垂缨而谈者皆拟于阿衡，五尺童子羞比晏婴与夷吾。当涂者入青云，失路者委沟渠。旦握权则为卿相，夕失势则为匹夫。譬若江湖之雀，勃解之鸟，乘雁集不为之多，双凫飞不为之少。昔三仁去而殷虚，二老归而周炽，子胥死而吴亡，种、蠡存而粤伯，五羖入而秦喜，乐毅出而燕惧，范睢以折摺而危穰侯，蔡泽虽噤吟而笑唐举。故当其有事也，非萧、曹、子房、平、勃、樊、霍则不能安；当其亡事也，章句之徒相与坐而守之亦亡所患。故世乱则圣哲驰骛而不足，世治则庸夫高枕而有馀。

"夫上世之士，或解缚而相，或释褐而傅；或倚夷门而笑，或横江潭而渔；或七十说而不遇，或立谈间而封侯；或枉千乘於陋巷，或扫帚彗而先驱。是以士颇得信其舌而奋其笔，窒隙蹈瑕而无所诎也。当今县令不请士，郡守不迎师，群卿不揖客，将相不俯眉。言奇者见疑，行殊者得辟。是以欲谈者宛舌而固声，欲行者拟足而投迹。乡使上世之士处乎今，策非甲科，行非孝廉，举非方正，独可抗疏，时道是非，高得待诏，下触闻罢，又安得青紫？

"且吾闻之，炎炎者灭，隆隆者绝，观雷观火，为盈为实，天收其声，地藏其热。高明之家，鬼瞰其室。攫拿者亡，默默者存；位极者宗危，自守者身全。是故知玄知默，守道之极；爰清爰静，游神之廷；惟寂惟寞，守德之宅。世异事变，人道不殊，彼我易时，未知何如。今子乃以鸱枭而笑凤皇，执蝘蜓而嘲龟龙，不亦病乎！子徒笑我玄之尚白，吾亦笑子之病甚，不遭臾跗、扁鹊，悲夫！"

客曰："然则靡《玄》无所成名乎？范、蔡以下何必《玄》哉？"

扬子曰："范睢，魏之亡命也，折胁拉髂，免於徽索，翕肩蹈背，扶服入橐，激卬万乘之主，界泾阳抵穰侯而代之，当也。蔡泽，山东之匹夫也，颐颐折頞，涕唾流沫，西揖强秦之相，扼其咽，炕其气，附其背而夺其位，时也。天下已定，金革已平，都于雒阳，娄敬委辂脱挽，掉三寸之舌，建不拔之策，举中国徙之长安，适也。五帝垂典，三王传礼，百世不易，叔孙通起于枹鼓之间，解甲投戈，遂作君臣之仪，得也。《甫刑》靡敝，秦法酷烈，圣汉权制，而萧何造律，宜也。故有造萧何律於唐、虞之世则悖矣，有作叔孙通仪于夏、殷之时则惑矣，有建娄敬之策于成周之世，则缪矣，有谈范、蔡之说于金、张、许、史之间则狂矣。萧规曹随，留侯画策，陈平出奇，功若泰山，响若阺隤，唯其人之赡知哉，亦会其时之可为也。故为可为于可为之时则从，为不可为于不可为之时则凶。夫蔺先生收功於章台，四皓采荣于南山，公孙创业于金马，票骑发迹于祁连，司马长卿窃訾于卓氏，东方朔割炙于细君。仆诚不能与此数公者并，故默然独守吾《太玄》。"

雄以为赋者，将以风也，必推类而言，极丽靡之辞，闳侈钜衍，竞于使人不能加也，既乃归之于正，然览者已过矣。往时武帝好神仙，相如上《大人赋》，欲以风，帝反缥缥有陵云之志。繇是言之，赋劝而不止，明矣。又颇似俳优淳于髡、优孟之徒，非法度所存，贤人君子诗赋之正也，於是辍不复为。而大潭思浑天，参摹而四分之，极于八十一。旁则三摹九据，极之七百二十九赞，亦自然之道也。故观《易》者，见其卦而名之；观《玄》者，数其画而定之。《玄》首四重者，非卦也，数也。其用自天元推一昼一夜阴阳数度律历之纪，九九大运，与天终始。故《玄》三方、九州、二十七部、八十一家、二百四十三表、七百二十九赞，分为三卷，曰一二三，与《泰初历》相应，亦有颛顼之历焉。揲之以三策，关之以休咎，绛以象类，播之以人事，文之以五行，拟之以道德仁义礼知。无主无名，要合《五经》，苟非其事，文不虚生。为其泰曼漶而不可知，故有《首》、《冲》、《错》、《测》、《摛》、《莹》、《数》、《文》、《掜》、《图》、《告》十一篇，皆以解剥《玄》体，离散其文，章句尚不存焉。《玄》文多，故不著。观之者难知，学之者难成。客有难《玄》大深，众人之不好也，雄解之，号曰《解难》。其辞曰：

客难扬子曰："凡著书者，为众人之所好也，美味期乎合口，工声调於比耳。今吾子乃抗辞幽说，闳意眇指，独驰骋于有亡之际，而陶冶大炉，旁薄群生，历览者兹年矣，而殊不寤。亶费精神于此，而烦学者于彼，譬画者画于无形，弦者放于无声，殆不可乎？"

扬子曰："俞。若夫闳言崇议，幽微之涂，盖难与览者同也。昔人有观象於天，视度於地，察法于人者，天丽且弥，地普而深，昔人之辞，乃玉乃金。彼岂好为艰难哉？势不得已也。独不见夫翠虬绛螭之将登乎天，必耸身于仓梧之渊，不阶浮云，翼疾风，虚举而上升，则不能撠胶葛，腾九闳。日月之经不千里，则不能烛六合，耀八纮；泰山之高不嶕峣，则不能浡滃云而散歊烝。是以宓牺氏之作《易》也，绵络天地，经以八卦，文王附六爻，孔子错其象而象其辞，然后发天地之臧，定万物之基。《典》、《谟》之篇，《雅》、《颂》之声，不温纯深润，则不足以扬鸿烈而章缉熙。盖胥靡为宰，寂寞为尸；大味必淡，大音必希；大语叫叫，大道低回。是以声之眇者不可同於众人之耳，形之美者不可棍于世俗之目，辞之衍者不可齐於庸人之听。今夫弦者，高张急徽，追趋逐耆，则坐者不期而附矣；试为之施《咸池》，揄《六茎》，发《萧韶》，咏《九成》，则莫有和也。是故钟期死，伯牙绝弦破琴而不肯与众鼓；犹人亡，则匠石辍斤而不敢妄斫。师旷之调钟，俟知音者之在后也；孔子作《春秋》，几君子之前睹也。老聃有遗言，贵知我者希，此非其操与！"

雄见诸子各以其知舛驰，大氐诋訾圣人，即为怪迂，析辩诡辞，以挠世事。虽小辩，终破大道而或众，使溺于所闻而不自知其非也。及太史公记六国，历楚、汉，讫麟止，不与圣人同，是非颇谬于经，

故人时有问雄者，常用法应之，撰以为十三卷，象《论语》，号曰《法言》。《法言》文多不著，独著其目：（以下《法言序》原文不录。）

赞曰："雄之自序云尔。初，雄年四十馀，自蜀来至游京师，大司马车骑将军王音奇其文雅，召以为门下史，荐雄待诏，岁馀，奏《羽猎赋》，除为郎，给事黄门，与王莽、刘歆并。哀帝之初，又与董贤同官。当成、哀、平间，莽、贤皆为三公，权倾人主，所荐莫不拔擢，而雄三世不徙官。及莽篡位，谈说之士用符命称功德获封爵者甚众，雄复不侯，以耆老久次转为大夫，恬于势利乃如是。实好古而乐道，其意欲求文章成名于后世，以为经莫大于《易》，故作《太玄》；传莫大于《论语》，作《法言》；史篇莫善于《仓颉》，作《训纂》；箴莫善于《虞箴》，作《州箴》；赋莫深于《离骚》，反而广之；辞莫丽於相如，作四赋：皆斟酌其本，相与放依而驰骋云。用心于内，不求于外。于时人皆习之，唯刘歆及范逡敬焉，而桓谭以为绝伦。

王温舒传

——《汉书》卷九〇

【说明】 王温舒（？—前104），西汉左冯翊阳陵（今陕西咸阳东）人。西汉中、后期酷吏中的代表性人物，主要活动于武帝年间。年轻时曾用铁椎杀过人。为官后，采用以毒攻毒之策略，要挟、起用一些蛮悍、勇猛而又犯有罪过的人为捕吏，对所捕获的犯人，判罪严酷，多为死刑。他以杀戮树立了自己的威名。他这一套在当时对治理社会治安，倒也有成效，因而一度深受武帝信任。后因犯事，畏罪自杀。

王温舒，是阳陵县人。年轻时干过用铁椎把人杀死后掩埋起来的不法之事。不久，补为阳陵县的一个亭的亭长，多次被免职。后来又几次担任小吏，由于审理案件有成绩，官至廷尉史，在廷尉张汤手下任职。被提升为御史，督察盗贼情况，杀死杀伤很多盗贼。渐渐升至文平郡都尉。他选择广平郡中性格勇悍果敢、不计身家性命的从吏十多人作为爪牙，都用他们所犯下的、还没有暴露的罪过要挟他们，放手让他们督察盗贼情况，满足他们的欲求。如果他们在抓捕盗贼中十分卖力，纵使先前犯法无数，也不追究；如果他们抓捕盗贼不尽力，便用其以前所犯之罪处以死刑，同时还杀灭其家族。因此齐、赵郊野的盗贼不敢走近广平郡。广平郡被称为"道不拾遗"。汉武帝听说后，把王温舒升为河内太守。

往日在广平郡时，王温舒就已尽知河内郡中豪强和犯法人家的情况，等他到了河内郡，时当九月，他命令郡中安排私人马匹五十匹，在河内郡通往长安的路上设置驿所，用在广平郡使用过的方法谋略来设置吏从，抓捕河内郡中豪强犯法者，牵连了一千多家。王温舒上书武帝请求诛杀，罪重者连家族一起处死，罪轻者处死本人，没收所有家财来抵偿原先的非法所得。上奏发出不到两天，武帝予以批准，王温舒按奏文行事，处死了很多人，以至死者的血流了十几里。河内郡的人们都很惊异他的奏文往返速度之快，认为是"神速"。到十二月底，河内郡中听不到因盗贼来而引起的犬吠之声。还有一些没有被抓捕到的盗贼，跑到邻郡中，王温舒继续进行追捕，适逢春季来到，（不能斩决罪犯）王温舒在地上跺脚叹息说："唉，如果能让冬季再延长一个月，我的事情就办完了！"他就是这样喜欢杀戮、树立威名、不爱惜人的生命。

武帝听说这些事情后，认为王温舒能干，把他提升为中尉，负责京城长安的治安。王温舒按照治理河内郡的方式来治理京城，只任用那些猜疑心重、行事严酷的属吏做随从人员，包括来自河内郡的杨皆、麻戊，来自关中地区的扬赣、成信等人。那时，义纵担任右内史，全面负责京城长安的事务，王温舒害怕他，不敢恣意酷暴。等到义纵死去和张汤垮台后，王温舒改任廷尉。而继任中尉尹齐犯法受到处理，王温舒又重新担任中尉。王温舒没有读过多少书，担任其他官职时神昏意滞，政绩不佳，担任中尉后，神思顿开。他一向熟悉关中地区的风俗习尚，知道豪强凶吏的情况，因此，豪强凶吏又全都为他所任用。他让从吏深察淫荡不法的年轻人，把检举信投在口小腹大的缿中告发他们的不法行为，在街巷村落设置官员抓捕不法者。王温舒很谄媚，对有权势的人巴结逢迎；如果这个人一旦失去了权势，他就将其视同奴仆一般。有权势的人家，不法的事情纵然堆积如山，也不去触犯他们；没有权势的人家，纵然是贵族外戚，也一定要欺凌折辱他们。他巧妙地编织法令条文，通过向皇帝奏请处置地位不高者的不法行为，来暗示豪族大家，让他们有所收敛。他就是这样治理京城治安的。他深究犯法者，动用酷刑，关押在牢狱中的人大都血肉模糊。审理结案的结果，没有人能活着出来。王温舒手下的随从属吏，如同头戴帽子的老虎一样残忍凶悍。当时，在中尉王温舒所治理的京城中，一般犯法者和小的犯法者都被治罪，有权势的人家到处为他说好话，京城长安被认为治理得好。几年之后，王温舒手下的随从属吏大都因为权贵人家的庇护而致富。

王温舒率兵进攻东越后回到长安，在议论国事时因不合武帝意旨，被以法免官。那时，武帝正想要修建通天台却苦于无人，王温舒请求复核中尉所辖没有收入登记册的士卒，有几万人，得以修建通天台。武帝很高兴，任命他为少府。又改任为右内史，像以前那样进行治理，犯法的事情被略微禁止。后来，王温舒因为犯法被免官，又担任右辅都尉，代行中尉职事，还是像以前那样理事。

一年多以后，适逢朝廷征发讨伐大宛的军队，武帝下诏征召豪吏入伍。王温舒把属吏华成藏了起来，加上有人告发王温舒接受骑兵的钱财，还有其他不法谋取私利的事情，按其罪应被灭族。王温舒自杀而死。当时，他的两个弟弟以及弟媳家族，也因为其他罪而被灭族。光禄勋徐自为说："悲哀啊！古代有三族之刑，而王温舒的罪行这样深重，以至同时有五族被灭了啊！"王温舒死后，他的家财累计有一千斤

黄金。 （彭卫 译）

【原文】

王温舒，阳陵人也。少时椎埋为奸。已而试县亭长，数废。数为吏，以治狱至廷尉史。事张汤，迁为御史，督盗贼，杀伤甚多。稍迁至广平都尉，择郡中豪敢往吏十馀人为爪牙，皆把其阴重罪，而纵使督盗贼，快其意所欲得。此人虽有百罪，弗法；即有避回，夷之，亦灭宗。以故齐赵之郊盗不敢近广平，广平声为道不拾遗。上闻，迁为河内太守。

素居文平时，皆知河内豪奸之家。及往，以九月至，令郡具私马五十疋，为驿自河内至长安，部吏如居广平时方略，捕郡中豪猾，相连坐千馀家。上书请，大者至族，小者乃死，家书没入偿臧。奏行不过二日，得可，事论报，至流血十馀里。河内皆怪其奏，以为神速。尽十二月，郡中无犬吠之盗。其颇不得，失之旁郡，追求，会春，温舒顿足叹曰："嗟乎，令冬月益展一月，卒吾事矣！"其好杀行威不爱人如此。

上闻之，以为能，迁为中尉。其治复放河内，徙请召猜祸吏与从事，河内则杨皆、麻戊，关中扬赣、成信等。义纵为内史，惮之，未敢恣治。及纵死，张汤败后，徙为廷尉。而尹齐为中尉坐法抵罪，温舒复为中尉。为人少文，居它惛惛不辩，至於中尉则心开。素习关中俗，知豪恶吏，豪恶吏尽复为用。吏苛察淫恶少年，投缿告言奸，置伯落长以收司奸。温舒多诏，善事有势者，即无势，视之如奴。有势家，虽有奸如山，弗犯；无势，虽贵戚，必侵辱。舞文巧，请下户之猾，以动大豪。其治中尉如此。奸猾穷治，大氐尽靡烂狱中，行论无出者。其爪牙吏虎而冠。於是中尉部中中猾以下皆伏，有势者为游声誉，称治。数岁，其吏多以权贵富。

温舒击东越还，议有不中意，坐以法免。是时上方欲作通天台而未有人，温舒请覆中尉脱卒，得数万人作。上说，拜为少府。徙右内史，治如其故，奸邪少禁。坐法失官，复为右辅，行中尉，如故操。

岁馀，会宛军发，诏征豪吏。温舒匿其吏华成，及人有变告温舒受员骑钱，它奸利事，罪至族，自杀。其时两弟及两婚家亦各自坐它罪而族。光禄勋徐自为曰："悲夫！夫古有三族，而王温舒罪至同时而五族乎！"温舒死，家累千金。

严延年传

——《汉书》卷九〇

【说明】严延年（？—前58）西汉东海下邳（今江苏睢宁北）人，字次卿。西汉中后期酷吏中的代表性人物。早期担任侍御史时，曾以弹劾大将军霍光而名震朝野。后因事当处死刑，畏罪逃命，遇大赦而苟存性命。历任涿郡太守和河南郡太守。为官治事，反对进行教化，主张用严刑酷法来稳定社会。在任期间从严从快从重处理罪犯，杀人无数，血流几里，时人无不恐惧，称其为"屠伯"。因骄横狂妄，被人告发犯有诽谤朝政、对朝廷不满、没有道义等十项大罪，最终被斩首于闹市。值得一提的是，他审案时摧折豪强，扶助贫弱，对贫穷而又无权无势的普通百姓，偶尔也表现出"仁"的一面。

严延年，字次卿，东海郡下邳县人。他的父亲担任过丞相掾，严延年年轻时在丞相府学习法律，后来回到东海郡担任郡吏。被选补为御史掾，提升为侍御史。当时，大将军霍光废除昌邑王刘贺的帝位，尊立了宣帝。宣帝即位之初，严延年上奏弹劾霍光"擅自废立皇帝，没有人臣的礼仪规矩，失去道义"。严延年的上奏虽然被压下，然而朝廷官员对他肃然敬畏。后来，严延年又弹劾大司农田延年手持兵器冒犯皇帝车队中后面的车子。宣帝把此事交给御史中丞处理，御史中丞指责严延年，责问他为什么不通知宫殿门卫士阻止大司农田延年，而让他可以进出宫中。于是反过来拿此事弹劾严延年，说他擅自放入罪人，按法要处死。严延年逃跑保命。适逢颁布赦令，丞相府和御史府的征召文书同一天送到，严延年因为御史文书先到，便去了御史府，再一次担任御史掾。宣帝认出他是以前弹劾霍光的人，任命他为平陵县令，因杀无罪之人，被免去官职。后来担任丞相掾，又被提拔为好時县令。宣帝神爵年间，西羌反叛，强弩将军许延寿请严延年担任长史，严延年随从军队击败西羌，回来后担任涿郡太守。

当时涿郡连年没有太守，涿郡人毕野白等人因此废除法令胡作非为。对大姓西高氏、东高氏，自郡吏以下的人都畏惧躲避他们，没有人敢冒犯他们，都说："宁可有负于二千石长官，也不负于豪强大姓。"西高氏、东高氏放纵宾客做盗贼，被发现后，就跑入高家，官吏不敢追击他们。不法的事逐渐增多，人们有路途上行走，要张开弓，拔出刀，然后才敢出行，涿郡就是这样混乱。严延年来到郡中，派遣属吏蠡吾县人赵绣审理西高氏、东高氏的罪过，定为死罪。赵绣见严延年是新来的郡守，心中恐惧，便写了两种劾章，准备先说犯的轻罪，看到严延年恼怒，才拿出所犯的重罪。严延年已经知道赵绣的心思。赵绣来到果然先说轻罪，严延年搜查他的怀中，拿到了重罪劾章，便立即把赵绣逮捕送入狱中。夜晚关入狱中，凌晨便押到闹市中论其罪处以死刑，赵绣先于他所追查的人而死，郡吏们都两腿发抖。随后，严延年再派官吏分别审理两个高家的不法事情，彻底追究其罪恶，把两家各处死几十人。涿郡受到了震动，不法之人感到恐惧，郡内路不拾遗。

三年之后，严延年调任河南太守，朝廷赏赐给他黄金二十斤。豪强谨慎规矩，不敢犯法，野外没有盗贼走动，声威震动了邻郡。严延年治理郡中事务的宗旨在于摧折豪强，扶助贫弱。贫穷而没有势力的人纵然触犯法令，也用委婉的行文减免其罪，把其放出；对欺凌百姓的豪强，则通过文辞渲染给其定罪，进行处置。郡中官吏们认为应当处死的人，可以在一个早晨就放出来；认为不应当处死的人，却可以不按法律将其处以死刑。官吏百姓没有人能猜测到他的心思，战战兢兢，不敢违反禁令。他治人之罪，审理案情的文书十分细密，无法把它推翻。

严延年身材矮小，十分精悍，办事敏捷，就是像孔子弟子子贡、冉有那样精通政事，也不能超过他。对忠实有节义的随吏，他厚待他们就像对自己的亲人一样，而他的属吏也都亲近他，愿意和他在一起，办事奋不顾身，所以他所管理的地方没有被隐藏的情况。但是他过于疾恶，被他伤害的人很多。严延年特别善于舞文弄墨，撰写审理案情文书，隶书写得很好，他想要杀的人，亲手写成奏章，负责写文书的主簿等亲近官员无从知晓。上奏被批准，得以施行死刑，往返神速。冬季，把属县囚犯都押到郡府中，处以死刑，血流几里，河南郡的人称他为"屠伯"。他的令行禁止，河南郡中安宁清平。

当时张敞担任京兆尹，一向与严延年关系很好。张敞理政虽然严厉，然而还有一些宽容放纵，得知严延年用刑刻苛急切，便写信劝他道："过去韩国的良犬韩卢抓兔子时，要看主人的意思去捉猎物，捕杀不很多。希望次卿略微放缓诛杀刑罪，考虑用韩卢之法行事。"严延年回信说："河南郡是天下的咽喉要地，是西周、东周君国覆亡之地，这里盗贼很多，如同田地中的秕谷很茂盛，影响了禾苗生长，为何不能去铲除他们呢？"严延年对自己才能很自负，终究不改变治郡严酷的作法。那时颍川太守黄霸用宽厚仁恕的方法治理颍川郡，颍川也太平，连续几年获得丰收，凤凰下凡，宣帝认为他有贤德，下诏书称赞他的行为，给他赏金封爵。严延年一向轻视黄霸的为人，等到严延年担任和颍川郡相邻的河南郡太守，宣帝对黄霸的褒扬赏赐反而在自己之上，心中不服。河南郡界之内又出现了蝗虫，府丞义出去视察蝗情，返回见严延年汇报，严延年说："这些蝗虫是凤凰所吃的吗？"义又说司农中丞耿寿昌建常平仓，对百姓有利，严延年说："（这样的好事，）如果丞相、御史大夫不知道去做，就应当让位离职。耿寿昌怎么能擅自去做此事呢？"后来，左冯翊缺职，宣帝想征召严延年，任命的符节已经发出，因为他有严酷的名声又停止。严延年怀疑是少府梁丘贺说了他的坏话，心中很恨他。适逢琅邪太守在任其间长期害病，已满三个月，免职。严延年自己知道被废黜，对群丞说："这种人都能被免职，我反而不能离职吗！"还有严延年上报狱史廉洁，但这个狱史却犯有贪赃之罪，只是贪赃所得自己没有拿，严延年便因推举失实而减去俸禄，他笑着说："以后还敢有人再去举荐人吗！"河南郡丞义年迈有些糊涂，一向害怕严延年，担心被他治罪。严延年原先曾经与义一起同为丞相史，对待他实际上是亲近厚道的，没有治他罪的意思，送给他很多东西。义却更加担心，自己占卜，得了一个死卦，心中郁郁不乐，以休假的名义去了长安，上书宣帝，告发严延年所犯的十件罪过。他在上奏之后，便喝毒药自杀而死，以表明自己没有欺骗朝廷。宣帝把此事交给御史丞审理。查明确有些事情，给严延年结案，定罪为对朝廷不满、诽谤朝政、没有道义。把严延年在闹市中斩首。

　　当初，严延年的母亲从家乡东海郡来河南郡，想要和严延年蜡祭聚会，到洛阳时，恰逢严延年上奏处决囚徒。严延年母亲太惊，便住在都亭旅舍中，不肯到郡府里。严延年来到都亭拜见母亲，其母却关上门户不见他。严延年脱下帽子在门外叩头，过了很长时间，其母才见了他，然后几次责备严延年说："你有幸得以位居郡太守，可以独断专行地治理千里之地，我没有听说过你施行仁政，进行教化，以此来保全安定百姓，你反而利用刑罚、看重刑罚来杀人，想要用这种方法树立威名，这难道是作百姓父母的意思吗？"严延年承认错误，再顿首谢罪，然后自己亲为母亲驾车，回到太守府的住所。在腊月和新年的祭礼完毕后，其母对严延年说："天道神圣明晓人间一切，人不能只行杀戮。（杀人多的人，也会被人所杀。）我没有想到会在老的时候看到正在壮年的儿子被用刑所杀啊！我走了！离开你回到东方去，准备着给你扫墓罢了。"于是便走了。她回到东海郡，见到严延年的兄弟和亲族，又对他们说了此事。一年多以后，严延年果然被杀。东海郡的人都称赞她贤明通晓事理。严延年和其兄弟共有五人，他们都有做官的才能，位居高官。（由于严家出了五个二千石官员，所以）东海郡的人称其母亲为"一万石的严老太太"。严延年的二弟严彭祖，官至太子太傅。

（彭卫　译）

【原文】

严延年字次卿，东海下邳人也。其父为丞相掾，延年少学法律丞相府，归为郡吏。以选除补御史掾，举侍御史。是时大将军霍光废昌邑王，尊立宣帝。宣帝初即位，延年劾奏光"擅废立，亡人臣礼，不道"。奏虽寝，然朝廷肃焉敬惮。延年后复劾大司农田延年持兵干属车，大司农自讼不干属车。事下御史中丞，谴责延年何以不移书宫殿门禁止大司农，而令得出入宫。於是覆劾延年阑内罪人，法至死。延年亡命。会赦出，丞相御史府征书同日到，延年以御史书先至，诣御史府，复为掾。宣帝识之，拜为平陵令，坐杀不辜，去官。后为丞相掾，复擢好畤令。神爵中，西羌反，强弩将军许延寿请延年为长史，从军败西羌，还为涿郡太守。

时郡比得不能太守，涿人毕野白等由是废乱。大姓西高氏、东高氏，自郡吏以下皆畏避之，莫敢与忤，咸曰："宁负二千石，无负豪大家。"宾客放为盗贼，发，辄入高氏，吏不敢追。浸浸日多，道路张弓拔刃，然后敢行，其乱如此。延年至，遣掾蠡吾赵绣按高氏得其死罪。绣见延年新将，心内惧，即为两劾，欲先白其轻者，观延年意怒，乃出其重劾。延年已知其如此矣。赵掾至，果白其轻者，延年索怀中，得重劾，即收送狱。夜入，晨将至市论杀之，先所按者死，吏皆股弁。更遣吏分考两高，穷竟其奸，诛杀各数十人。郡中震恐，道不拾遗。

三岁，迁河南太守，赐黄金二十斤。豪强胁息，野无行盗，威震旁郡。其治务在摧折豪强，扶助贫弱。贫弱虽陷法，曲文以出之；其豪桀侵小民者，以文内之。众人所谓当死者，一朝出之；所谓当生者，诡杀之。吏民莫能测其意深浅，战栗不敢犯禁。按其狱，皆文致不可得反。

延年为人短小精悍，敏捷於事，虽子贡、冉有通艺於政事，不能绝也。吏忠尽节者，厚遇之如骨肉，皆亲乡之，出身不顾，以是治下无隐情。然疾恶泰甚，中伤者多，尤巧为狱文、善史书，所欲诛杀，奏成於手，中主簿亲近史不得闻知。奏可论死，奄忽如神。冬月，传属县囚，会论府上，流血数里，河南号曰"屠伯"。令行禁止，郡中正清。

是时张敞为京兆尹，素与延年善。敞治虽严，然尚颇有纵舍，闻延年用刑刻急，乃以书论之曰："昔韩庐之取菟也，上观下获，不甚多

杀。愿次卿少缓诛罚，思行此术。"延年报曰："河南天下喉咽，二周
馀日毙，莠盛苗秽，何可不钼也？"自矜伐其能，终不衰止。时黄霸在
颍川以宽恕为治，郡中亦平，娄蒙丰年，凤皇下，上贤焉，下诏称扬
其行，加金爵之赏。延年素轻霸为人，及比郡为守，褒赏反在己前，
心内不服。河南界中又有螟虫，府丞义出行螟，还见延年，延年曰：
"此螟岂凤皇食邪？"义又道司农中丞耿寿昌为常平仓，利百姓，延年
曰："丞相御史不知为也，当避位去。寿昌安得权此？"后左冯翊缺，
上欲徵延年，符已发，为其名酷复止，延年疑少府梁丘贺毁之，心恨。
会琅邪太守以视事久病，满三月免，延年自知见废，谓丞曰："此人尚
能去官，我反不能去邪？"又延年察狱史廉，有臧不入身，延年坐选举
不实贬秩，笑曰："后敢复有举人者矣！"丞义年老颇悖，素畏延年，
恐见中伤。延年本尝与义俱为丞相史，实亲厚之，无意毁伤也，馈遗
之甚厚。义愈益恐，自筮得死卦，忽忽不乐，取告至长安。上书言延
年罪名十事。已拜奏，因饮药自杀，以明不欺。事下御史丞按验，有
此数事，以结延年，坐怨望非谤政治不道弃市。

　　初，延年母从东海来，欲从延年腊，到雒阳，适见报囚。母大惊，
便止都亭，不肯入府。延年出至都亭谒母，母闭阁不见。延年免冠顿
首阁下，良久，母乃见之，因数责延年："幸得备郡守，专治千里，不
闻仁爱教化，有以全安愚民，顾乘刑罚多刑杀人，欲以立威，岂为民
父母意哉！"延年服罪，重顿首谢，因自为母御，归府舍。母毕正腊，
谓延年："天道神明，人不可独杀。我不意当老见壮子被刑戮也！行
矣！去女东归，扫除墓地耳。"遂去。归郡，见昆弟宗人，复为言之。
后岁馀，果败，东海莫不贤知其母。延年兄弟五人皆有吏材，至大官，
东海号曰"万石严姬"。次弟彭祖，至太子太傅。

尹赏传

——《汉书》卷九〇

【说明】尹赏，字子心，西汉钜鹿杨氏（今河北宁晋）人，西汉中后期较有代表性的酷吏，主要活动于成帝年间。为官残忍酷暴，主要政绩是治理长安。当时长安的社会秩序很乱，盗贼、匪徒和强人为非作歹，闹得长安城里鸡犬不宁。尹赏任长安令后，活埋坑杀了数百行为不轨的青年人和强盗，又要挟、起用一些盗贼头目，用他们来打击犯罪，一举平息了长安城的混乱状况。尹赏一生曾多次因残忍酷暴而被免职，又多次被重新起用，因此，在临死前他告诫儿子们，宁可因"残忍酷暴"被免官，而不要因"软弱无能不胜任"被免职。

尹赏，字子心，钜鹿郡杨氏人。担任郡吏，有廉行，被任命为楼烦县长。被推举为有才能，担任粟邑县令。左冯翊薛宣上奏说尹赏能治理局势混乱的地方，尹赏改任为频阳县令，因为残忍酷暴而被免职。后来又被御史大夫举荐为郑县令。

成帝永始、元延年间，成帝对国政懈怠，外戚骄横放纵，红阳侯王立父子与游侠勾结，藏匿死刑犯人。而北地的大豪强浩商等人在报仇时，杀死了义渠县长妻子儿女六人，往来于长安城中。丞相和御史大夫派遣属吏追捕浩商的同伙，成帝下诏要求抓获他们，过了很久才

把他们抓到。长安城中的犯罪人数逐渐增多，居民区中的青年人成群结伙杀害官吏；或者接受贿赂，为人报仇。他们制作红、黑、白三种颜色的弹丸，同时伸手去拿，拿到红色丸的人去杀武官，拿到黑色弹丸的人去杀文官，拿到白色弹丸的人为被杀的同伙操办丧事。长安城中接近黄昏时分，路上便开始尘土飞扬，盗贼们强劫过往行人，死伤之人横七竖八地躺在道上，击鼓报警之声不绝于耳。

尹赏作为三辅地区政绩优良的官吏被选试用为长安令，允许他可以根据情况自行处理一切事务。尹赏到任之后，整修长安城中的牢狱，挖地长、宽、深各几丈，在四周之内垒砌起砖郭，用大石头盖住出口，叫做"虎穴"。然后让户曹掾史与乡史、亭长、里正、父老和盗贼的邻居，分别举报长安地区行为不轨的青年、不听父母教诲的恶子、没有商人市籍却出售东西而穿着鲜亮的强盗服装、身披铠甲手持兵器的商贩，把他们的姓名全都登记在案，有几百人。尹赏在一个早晨会集长安县府的随吏，用几百辆车，分头搜捕，把他们都定为在一起勾结聚会饮酒的盗贼. 尹赏亲自审核，十个人中放走一个人，把其余的人都赶入"虎穴"之中，一百人为一群，用大石头把出口堵住。几天后开口检查，（然后再放入下一群盗贼，）都是人和人相枕靠而死。用小车拉出，埋在官寺门外的华表的东边，在埋处插上写有死者姓名的木牌。一百天之后，才让死者的家属各自取尸。死者的亲属嚎淘大哭，路上的行人都为之流泪。长安人为此事作歌唱道："到什么地方去找儿子的尸体？就在官府华表东边埋葬青年人的场所。活着的时侯不安分，死后枯骨何处葬？"尹赏所放走的人都是盗贼中的头目和老资格者，也有几个人是原任小吏和良家百姓之子误从盗贼而愿意改过自新的，活下来的人总共才有几十人到一百人，都免去他们的罪过，责令他们立功赎罪。对于尽了力量立了功的人，使用其作为自己的心腹爪牙，这些人十分精通追捕之道，对盗贼犯法的事情十分熟悉，乐于去打击他们，超过了一般的县吏。尹赏到任几个月，长安城中便没有了盗贼犯法的事情，各郡县、封国来到长安的亡命之徒逃走，各回本处，不敢打长安城内的主意。

长江及所经湖泊中的盗贼很多，朝廷任命尹赏为江夏太守，追捕格杀和处死了大量的长江上的盗贼和江夏郡的官吏百姓，尹赏因残忍酷暴而被免职。终南山有成群的盗贼起来，任命尹赏为右辅都尉，升任执金吾，督察大的犯法者。三辅地区的官吏百姓都很害怕他。

任执金吾几年以后去世。在尹赏病重快死的时候，他告诫儿子们说："大丈夫担任官吏，就是要以'残忍酷暴'而被免官，朝廷追忆思念其功绩，则又会用你为官的。一旦以'软弱无能不胜任'而被免去官职，那就一辈子被废弃永无出头之日，这种羞辱超过了贪污受贿。你们要慎重，不要成为这样的人！"尹赏有四个儿子，他们都官至郡太守，大儿子尹立担任京兆尹，他们都崇尚理政严厉、为自己树立威名的风格，有善于理政的名声。

（彭卫　译）

【原文】

尹赏字子心，钜鹿杨氏人也。以郡吏察廉为楼烦长。举茂材，粟邑令。左冯翊薛宣奉赏能治剧，徙为频阳令，坐残贼免。后以御史举为郑令。

永始、元延间，上怠于政，贵戚骄恣，红阳长仲兄弟交通轻侠，岁匿亡命。而北地大豪浩商等报怨，杀义渠长妻子六人，往来长安中。丞相御史遣掾求逐党与，诏书召捕，久之乃得。长安中奸猾浸多，闾里少年群辈杀吏，受赇报仇，相与探丸为弹，得赤丸者斫武吏，得黑丸者研文吏，白者主治丧；城中薄墓尘起，剽劫行者，死伤横道，枹鼓不绝。赏以三辅高第选守长安令，得壹切便宜从事。赏至，修治长安狱，穿地方深各数丈，致令辟为郭，以大石覆其口，名为"虎穴"。乃部户曹掾史，与乡吏、亭长、里正、父老、伍人，杂举长安中轻薄少年恶子，无市籍商贩作务，而鲜衣凶服被铠扦持刀兵者，悉籍记之，得数百人。赏一朝会长安吏，车数百两，分行收捕，皆劾以为通行饮食群盗。赏亲阅，见十置一，其余尽以次内虎穴中，百人为辈，覆以大石。数日壹发视，皆相枕藉死，便与出，痤寺门桓东，楬著其姓名，百日后，乃令死者家各自发取其尸。亲属号哭，道四皆歔欷。长安中歌之曰："安所求子死？桓东少年场。生时谅不谨，枯骨后何葬？"赏所置皆其魁宿，或故吏善家子失计随轻黠愿自改者，财数十百人，皆赦其罪，诡令立功以自赎。尽力有效者，因亲用之为爪牙，追捕甚精，甘者奸恶，甚於凡吏。赏视事数月，盗贼止，郡国亡命散走，各归其处，不敢窥长安。

江湖中多盗贼，以赏为江夏太守，捕格江贼及所诛吏民甚多，坐残贼免。南山群盗起，以赏为右辅都尉，迁执金吾，督大奸猾。三辅吏民甚畏之。

数年卒官。疾病且死，戒其诸子曰："丈夫为吏，正坐残贼免，追思其功效，则复进用矣，一坐软弱不胜任免，终身废弃无有赦时，其羞辱甚於贪污坐臧。慎毋然！"赏四子皆至郡守，长子立为京兆尹，皆尚威严，有治办名。

高祖薄姬传

————《汉书》卷九七

【说明】薄姬，是汉文帝的母亲，吴人。秦朝末年，魏豹立为王，薄姬的母亲魏媪把薄姬送入魏宫。魏豹被汉将曹参俘虏后，薄姬入织室。汉高祖看见她后又下诏召入后宫。后得高祖宠幸，生文帝。文帝八岁时立为代王，薄姬随子去代，为代太后。高祖去世后，文帝继位，尊薄姬为太皇太后。文帝去世二年后薄姬去世，因为她不是高祖的正嫡，所以将她安葬在靠近文帝的南陵。

高祖薄姬是文帝的母亲。她的父亲是吴人，秦朝时和原来魏王同宗的女儿魏媪私通，生了薄姬。薄姬的父亲死在山阴，因此就安葬在那里。到各诸侯背叛秦王朝时，魏豹被立为魏王，魏媪就把她的女儿薄姬接到魏国宫内。许负给薄姬相面，说她一定会生个天子。这时项羽正和汉王刘邦相持在荥阳，天下还没安定下来。魏豹一开始和汉王一起攻打楚王，等他听到许负的话后，心中特别高兴，因而就背叛了汉王而处于中立地位，和楚王也联合和好。汉王就派曹参等人去俘虏了魏王豹，把他的魏国改设为郡，而把薄姬送到掌管皇帝丝帛织造的官府。魏王豹死后，汉王进入织室，见到了薄姬，于是下诏把薄姬召入后宫，一年多还未得到宠幸。

当初薄姬年轻的时候，和管夫人、赵子儿很相好，她们曾互相约定说："不论谁先富贵了都不互相忘记！"不久以后，管夫人、赵子儿首先得到汉王的宠幸。汉王四年，汉王坚守在河南成皋灵台，这两个美人侍奉汉王，两人都讥笑薄姬当初和她们的约定。汉王问她们笑的缘故，两个人就把实情告诉了汉王。汉王心中感到悲伤而可怜薄姬，当天就召见薄姬，想让她得宠。薄姬说："昨天晚上我梦见一条龙抓住了我的胸。"汉王说："这是富贵的征兆，我为你成全此事。"于是得到汉王的宠爱，后来就怀孕了。当年就生下了文帝，文帝八岁时被立为代王。薄姬自从有了儿子后，很少露面。高祖去世后，那些被宠幸的如戚夫人之流，吕后很恨她们，都把她们关起来不让出宫。而薄姬因为很少露面的缘故，允许她出宫跟随儿子到代国，做了代太后。太后的弟弟薄昭也跟着去了代国。

代王被封立十七年时，高后去世。大臣们商议继承人，都痛疾外戚吕氏家族的强暴，都称赞薄氏仁慈善良，所以就迎回代王立为皇帝，尊奉代太后为皇太后，并封立皇太后的弟弟薄昭为轵侯。太后的母亲以前就去世了，安葬在栎阳北。于是追尊太后的父亲为灵文侯，在会稽郡安置了园邑三百家，派长丞以下的官吏奉守寝庙，皇帝每次吃饭时也按照礼仪规定来祭祀灵文侯。后来在栎阳还修建了灵文夫人园陵，园陵仪式都和灵文侯园陵一样。太后在很早的时候就失去了父亲，太后靠有能力的外戚魏氏家所抚养，于是下诏优待魏氏，免除了他们的赋税劳役。根据和太后的亲疏关系都给予赏赐。薄氏立为侯爵的有一人。

太后在文帝死后二年即孝景帝前二年去世，安葬在南陵。因为吕后是正嫡，太后不能合葬在长陵，所以特为她在靠近文帝陵墓的地方修建了一座陵墓。

（骈宇骞、李晋萍　译）

【原文】

高祖薄姬，文帝母也。父吴人，秦时与故魏王宗女魏媪通。生薄姬。而薄姬父死山阴，因葬焉。及诸侯畔秦，魏豹立为王，而魏媪内其女於魏宫。许负相薄姬，当生天子。是时项羽方与汉王相距荥阳，天下未有所定。豹初与汉击楚，及闻许负言，心喜，因背汉而中立，与楚连和。汉使曹参等虏魏王豹，以其国为郡，而薄姬输织室。豹已死，汉王入织室，见薄姬，有诏内后宫，岁余不得幸。

始姬少时，与管夫人、赵子儿相爱，约曰："先贵毋相忘！"已而管夫人、赵子儿先幸汉王。汉王四年，坐河南成皋灵台，此两美人侍，相与笑薄姬初时约。汉王问其故，两人俱以实告。汉王心惨然怜薄姬，是日召欲幸之。对曰："昨暮梦龙据妾胸。"上曰："是贵征也，吾为汝成之。"遂幸，有身。岁中生文帝，年八岁立为代王。自有子后，希见。高祖崩，诸幸姬戚夫人之属，吕后怒，皆幽之不得出宫。而薄姬以希见故，得出从子之代，为代太后。太后弟薄昭从如代。

代王立十七年，高后崩。大臣议立后，疾外家吕氏强暴，皆称薄氏仁善，故迎立代王为皇帝，尊太后为皇太后，封弟昭为轵侯。太后母亦前死，葬栎阳北。乃追尊太后父为灵文侯，会稽郡致园邑三百家，长丞以下使奉守寝庙，上食祠如法，栎阳亦置灵文夫人园，令如灵文侯园仪。太后蚤失父，其奉太后外家魏氏有力，乃召复魏氏，赏赐各以亲疏受之。薄氏侯者一人。

太后后文帝二岁，孝景前二年崩，葬南陵。用吕后不合葬长陵，故特自起陵，近文帝。

孝文窦皇后传

——《汉书》卷九七

【说明】窦皇后是汉景帝的母亲。吕太后执政时，以良家女子被入选进宫。后吕太后将宫女送出去赏赐诸侯，窦姬在预选之列。因她的家在清河，所以希望到赵国。结果主管送遣宫女的宦官将她送到了代国。到了代国后，很受代王宠幸，惠帝七年时生景帝。文帝即位后，立窦姬为皇后。景帝即位后，立为皇太后。窦太后喜欢黄帝、老子的学术。元兴六年（公元前129年）窦太后去世，共立五十一年，与文帝合葬在霸陵。

孝文窦皇后是景帝的母亲，吕太后时以良家女子被入选进宫。吕太后把宫女送出去赏赐给每个诸侯五人，窦姬在预选之列。因为她的家在清河，希望到赵国，离家近一点，所以就请求主管送遣宫女的宦官"一定要把我的名字编在赵国的行列中"。宦官忘记了她的请求，误将她编在到代国的名籍中，名籍奏报给皇帝，皇帝下诏认可。快要出行时，窦姬哭泣，埋怨那个宦官，不想去代国。后经强求，她才肯动身。到了代国以后，代王特别宠幸窦姬，生了个女儿叫嫖，孝惠七年，生了景帝。

代王王后生了四个男孩，在代王尚未入宫立为帝时，王后就去世了，到代王立为皇帝后，王后所生的四个男孩相继病逝。文帝继位几个月后，公卿请求封立太子，而窦姬所生的男孩年龄最大，于是就立他为太子。窦姬被立为皇后，窦姬的女儿嫖立为馆陶长公主。第二年，封立她的小儿子武为代王，后来又迁到梁任梁王，这就是梁孝王。

窦皇后的亲人很早就去世了，安葬在观津。于是薄太后就下诏追封窦后的父亲为安成侯，母亲称安成夫人，命令在清河修建陵园，园邑二百家，长丞奉守，按照灵文园的规定办理。

窦后的哥哥叫长君。弟弟叫广国，字少君，在四五岁时，因为家庭贫穷，被人劫掠出卖，他的家人不知被卖到什么地方。少君被卖后传了十多家到了宜阳，为他的主人进山里烧炭。夜暮时有一百余人睡在岸阶下，结果岸阶崩蹋，除少君逃脱没死外，其余人全部被压死。他自己占卜了一下，预测不过数日就可以当侯。然后跟随他的主人家到了长安，他听说新立的皇后家在观津，姓窦氏。广国离开自己家时虽然年龄很小，但还是知道自己是那个县人和姓什么，他还记得曾和他的姐姐一起去采桑，从树上掉下来等，以此为凭证，上书皇后，自己陈述了一番家世。皇后把这件事告诉了皇帝，于是就召他来询问了一些情况，广国全部讲了过去的事，果然真实。后来又问他还记得些什么，他说："姐姐离开我西去时，是在传舍中分别的，给我米汁喝，喝完又给我饭吃，然后才离去。"于是窦皇后扶着他哭泣起来，在皇后左右侍奉的人们都感到很悲伤。皇后给了他丰厚的赏赐，让他住在长安。绛侯、灌将军等人说："如果我们不死，命运就掌握在这两个人手中。这两个人出身微贱，不能不为他们选择师傅教育他们，不然又会效仿吕氏篡夺权位。"于是就选择了年龄较大的又有节操品行的人和窦长君、窦少君住在一起。窦长君、窦少君从此也就成为谦虚有礼貌的人，不敢因自己富贵而在别人面前骄傲。

窦皇后身体有病，眼睛失明。文帝很宠幸邯郸慎夫人、尹姬，但她们都没有生子。文帝去世后景帝继位，立窦皇后为皇太后，于是封广国为章武侯。窦长君先死，封他的儿子彭祖为南皮侯。吴楚反叛时，窦太后堂兄弟的儿子窦婴是个见义勇为的人，他喜爱义士，于是就任命他为大将军，击败吴楚叛军后，封他为魏其侯。窦氏任侯爵的共有三人。

窦太后喜欢黄帝、老子的言论，景帝和诸窦氏也不得不读《老子》书，尊崇老子学术。太后在景帝去世六年后去世，在位共五十一年，元光六年去世，与文帝合葬在霸陵。她留下遗诏说将东宫的金钱财物全部赏赐给长公主嫖。到了武帝时期，魏其侯窦婴任丞相，后来被诛杀。

（李晋萍　译）

【原文】

孝文窦皇后，景帝母也，吕太后时以良家子选入宫。太后出宫人以赐诸王各五人，窦姬与在行中。家在清河，愿如赵，近家，请其主遣宦者吏"必置我籍赵之伍中"。宦者忘之，误置籍代伍中。籍奏，诏可。当行，窦姬涕泣，怨其宦者，不欲往，相强乃肯行。至代，代王独幸窦姬，生女嫖。孝惠七年，生景帝。

代王王后生四男，先代王未入立为帝而王后卒，及代王为帝后，王后所生四男更病死。文帝立数月，公卿请立太子，而窦姬男最长，立为太子。窦姬为皇后，女为馆陶长公主。明年，封少子武为代王，后徙梁，是为梁孝王。

窦皇后亲蚤卒，葬观津。於是薄太后乃诏有司追封窦后父为安成侯，母曰安成夫人，令清河置园邑二百家，长丞奉守，比灵文园法。

窦后兄长君。弟广国字少君，年四五岁时，家贫，为人所略卖，其家不知处。传十馀家至宜阳，为其主人入山作炭。暮卧岸下百馀人，岸崩，尽压杀卧者，少君独脱不死。自卜，数日当为侯。从其家之长安，闻皇后新立，家在观津，姓窦氏。广国去时虽少，识其县名及姓，又尝与其姊采桑，堕，用为符信，上书自陈。皇后言帝，召见问之，具言其故，果是。复问其所识，曰："姊去我西时，与我决传舍中，丐沐沐我，已，饭我，乃去。"於是窦皇后持之而泣，侍御左右皆悲。乃厚赐之，家於长安。绛侯、灌将军等曰："吾属不死，命乃且县此两人。此两人所出微，不可不为择师傅，又复放吕氏大事也。"於有乃选长者之有节行者与居。窦长君、少君由此为退让君子，不敢以富贵骄人。

窦皇后疾，失明。文帝幸邯郸慎夫人、尹姬，皆无子。文帝崩，景帝立，皇后为皇太后，乃封广国为章武侯。长君先死，封其子彭祖为南皮侯。吴楚反时，太后从昆弟子窦婴侠，喜士，为大将军，破吴楚，封魏其侯。窦氏侯者凡三人。

窦太后好黄帝、老子言，景帝及诸窦不得不读《老子》尊其术。太后后景帝六岁，凡立五十一年，元光六年崩，合葬霸陵。遗诏尽以东宫金钱财物赐长公主嫖。至武帝时，魏其侯窦婴为丞相，后诛。

孝景王皇后传

——《汉书》卷九七

【说明】王皇后是汉武帝的母亲。槐里人。一开始她嫁给金王孙为妻。她的母亲臧儿占卜后，说她的女儿要富贵，于是就将她的女儿夺回来纳入太子宫内，很得太子宠幸，生武帝。景帝即位后立为皇后。武帝即位后立为皇太后。太后共立二十五年，元朔三年（公元前 126）去世。与景帝合葬在阳陵。

孝景王皇后是武帝的母亲。她的父亲是王仲，槐里人。母亲臧儿，是原燕王臧荼的孙女，她嫁给王仲为妻，生了男孩信和两个女儿。王仲死后，臧儿改嫁给长陵田氏为妻，生了两个男孩叫田蚡、田胜。臧儿的大女儿嫁给金王孙为妻，生了一个女儿。臧儿请人占卜，卜人说她的两个女儿一定会富贵，所以就想依靠两个女儿得到尊宠，于是就从金王孙那里强领回女儿。金王孙很生气，不肯和臧儿的大女儿分离，臧儿就把女儿送进太子宫内。太子很宠爱臧儿的女儿，生了三女一男。还在怀男孩儿的时候，王夫人梦见太阳投入她的怀中，并把此事告诉太子，太子说："这是富贵的征兆。"还未生产时文帝就去世了，景帝继位，王夫人生下了男孩儿。这时，薄皇后没有儿子。又过了几年，景帝立齐栗姬的男孩为太子，而王夫人的男孩被立为胶东王。

　　长公主嫖有个女儿，想送给太子当妃子，栗姬很嫉妒此事，而景帝的嫔妃们也都因为长公主很得宠幸，栗姬一天比一天更怨恨长公主，于是推辞了长公主，没有答应她的要求。长公主又想送给王夫人的儿子为妃，王夫人答应了她。当时正遇上废掉薄皇后，长公主每天都说栗姬的短处。景帝也曾是妃姬所生之子，他说："我百岁以后一定很好地关照他。"栗姬很生气，不肯答应，出言不逊，景帝心中很不满，但没有讲出来。

　　长公主每天都夸奖王夫人男孩的美丽，景帝自己也很看重他。再加上景帝过去曾听说王夫人怀孕时做的祥瑞之梦，所以立谁为皇后还没有最后决定。王夫人又偷偷派人去催促大臣立栗姬为皇后，大行官将此事上奏皇帝，奏文中说："'子以母贵，母以子贵'。现在太子的母亲应该称为皇后。"景帝生气地说："这事是该你讲的吗？"于是就以犯罪诛杀了大行官，同时废太子为临江王。栗姬心中更加忿恨，不能够见到皇帝，因此忧闷而死。最后立王夫人为皇后，她生的儿子为太子。封皇后的哥哥王信为盖侯。

　　当初，皇后刚刚进入太子家时，不久她的妹妹儿姁也进入太子家，儿姁生了四个儿子。儿姁年轻早卒，四个儿子都被封为王。皇后的长女被封为平阳公主，次女为南宫公主，三女为隆虑公主。

　　皇后立九年以后，景帝去世。武帝即位，立皇后为皇太后。尊太后的母亲臧儿为平原君，封田蚡为武安侯，封田胜为周阳侯。王氏、田氏被封为侯爵的共有三个人。盖侯王信喜欢喝酒，田蚡、田胜贪财无厌，但很会写文章。田蚡升为丞相后，追尊王仲为共侯，在槐里修起陵园，安置了园邑二百户，由长丞奉守。到平原君臧儿去世以后，随从田氏安葬在长陵，也依照共侯的规模设置了陵园食邑。

当初，皇太后还微贱的时候给金王孙生下个女儿，名字叫金俗，生活在民间，皇太后也回避这件事情。武帝刚立为皇帝后，韩嫣把这件事告诉了武帝。武帝说："为什么不早说呢？"于是车驾起身亲自前往迎接金俗。金俗的家在长陵的小市上，车驾直达她家门口，派左右随从进家去寻找她。金俗家人感到很惊恐，金俗也逃跑躲藏起来。后来扶着她出来拜见皇帝，皇帝下车，站在那里说："大姊，为什么要躲藏得那么厉害呢？"于是把她拉回长乐宫，武帝和她一起去谒见了皇太后，太后泪流满面，女儿也悲痛得哭泣起来。皇帝拿着酒，上前为太后祝寿。并赏赐给他的姐姐钱千万、奴婢三百人、百顷公田和宅第。太后感谢说："让皇帝破费了。"因此又赏赐给她汤沐邑，封号为修成君。她有儿子女儿各一个，女儿嫁给了诸侯，儿子封号为修成子仲，因为太后的缘故，他们横行于京师。太后共立二十五年，在景帝死后十五年即元朔三年去世，和景帝合葬在阳陵。

（骈宇骞、常守奎　译）

【原文】

孝景王皇后，武帝母也。父王仲，槐里人也。母臧儿，故燕王臧荼孙也，为仲妻，生男信与两女。而仲死，臧儿更嫁为长陵田氏妇，生男蚡、胜。臧儿长女嫁为金王孙妇，生一女矣，而臧儿卜筮曰两女当贵，欲倚两女，夺金氏。金氏怒，不肯与决，乃内太子宫。太子幸爱之，生三女一男。男方在身时，王夫人梦日入其怀，以告太子，太子曰："此贵徵也。"未生而文帝崩，景帝即位，王夫人生男。是时，薄皇后无子。后数岁，景帝立齐栗姬男为太子，而王夫人男为胶东王。

长公主嫖有女，欲与太子为妃，栗姬妒，而景帝诸美人皆因长公主见得贵幸，栗姬日怨怒，谢长主，不许。长主欲与王夫人，王夫人许之。会薄皇后废，长公主日谮栗姬短。景帝尝属诸姬子，曰："吾百岁后，善视之。"栗姬怒不肯应，言不逊，景帝心衔之而未发也。

长公主日誉王夫人男之美，帝亦自贤之。又耳囊者所梦日符，计未有所定。王夫人又阴使人趣大臣立栗姬为皇后。大行奏事，文曰："'子以母贵，母以子贵。'今太子母号宜为皇后。"帝怒曰："是乃所当言邪！"遂案诛大行，而废太子为临江王。栗姬愈恚，不得见，以忧死。卒立王夫人为皇后，男为太子。封皇后兄信为盖侯。

初，皇后始入太子家，后女弟儿姁亦复入，生四男。儿姁蚤卒，四子皆为王。皇后长女为平阳公主，次南宫公主，次隆虑公主。

皇后立九年，景帝崩。武帝即位，为皇太后，尊太后母臧儿为平原君，封田蚡为武安侯，胜为周阳侯。王氏、田氏侯者凡三人。盖侯信好酒，田蚡、胜贪，巧於文辞。蚡至丞相，追尊王仲为共侯，槐里起园邑二百家，长丞奉守。及平原君薨，从田氏葬长陵，亦置园邑如共侯法。

初，皇太后微时所为金王孙生女俗，在民间，盖讳之也。武帝始立，韩嫣白之。帝曰："何为不蚤言？"乃车驾自往迎之。其家在长陵小市，直至其门，使左右入求之。家人警恐，女逃匿。扶将出拜，帝下车立曰："大姊，何藏之深也？"载至长乐宫，与俱谒太后，太后垂涕，女亦悲泣。帝奉酒，前为寿。钱千万，奴婢三百人，公田百顷，甲第，以赐姊。太后谢曰："为帝费。"因赐汤沐邑，号修成君。男女各一人，女嫁诸侯，男号修成子仲，以太后故，横於京师。太后凡立二十五年，后景帝十五岁，元朔三年崩，合葬阳陵。

孝武钩弋赵婕妤传

——《汉书》卷九七

【说明】钩弋赵婕妤是汉昭帝的母亲，河间人。汉武帝巡狩河间时，望气占候的人告诉武帝说这里有位奇女，生下来就两手皆拳。武帝派人将她召来，并亲自给翻展，奇女的手就伸展了，从此得到武帝的宠幸，号曰拳夫人。入宫为婕妤，居钩弋宫，所以也称为钩弋夫人。她入宫后更得武帝宠爱，太始三年，生昭帝，号钩弋子。武帝特别喜欢钩弋子，想立为太子，但因钩弋夫人年轻，怕女主专横危乱国家，所以暂时没立钩弋子为太子。钩弋夫人曾从武帝巡幸甘泉，因有过失，受到谴责，后忧闷而死，安葬在云阳。后武帝立钩弋为太子。武帝去世后，钩弋子即位，是为汉昭帝。

孝武钩弋赵婕妤是昭帝的母亲，她的老家在河间。武帝巡狩时经过河间，一个懂望云气占卜的人说这里有个奇女，天子很快就派人去召她来。奇女来了之后，两只手都握着拳头，武帝亲自给她翻展，她的手马上就伸开了。由此她很得武帝宠幸，号称拳夫人。在此之前，她的父亲因犯法被处以宫刑，在宫廷中服役，最后死在长安，安葬在雍门。

拳夫人进升为婕妤，居住在钩弋宫，很得武帝宠爱，太始三年，生了昭帝，称为钩弋子。拳夫人怀孕十四个月后才生下昭帝。武帝说："我听说从前尧是怀孕了十四个月才出生，现在钩弋也是这样。"于是就下令他出生的门为尧母门。后来卫太子叛背被击败，而燕王旦、广陵王胥有很多过失，宠姬王夫人的儿子齐怀王、李夫人的儿子昌邑哀王都年轻早逝。钩弋子五、六岁时就长得高大，而且懂得很多事，武帝经常说"很象我"，又感到他出生时与众不同，所以就特别地喜欢他，心中打算立他为太子，但又因他年小母少，怕王后专横危乱国家，因而犹豫了很久。

钩弋倢仔跟随武帝巡幸甘泉，因有过失而受到谴责，因此忧闷而死，安葬在云阳。后来武帝身体生病，立钩弋子为皇太子。拜任奉车都尉霍光为大司马大将军来辅佐少主。次日，武帝去世。昭帝即位，追尊钩弋倢仔为皇太后，并派二万士卒去修筑云陵，置园邑三千户。追尊外祖父赵父为顺成侯，下诏右扶风置园邑二百家，按规定由长丞奉守。顺成侯有个姐姐叫君姁，赏赐给她二百万钱，并赐给她很多奴婢和宽敞的宅第。她的各位兄弟也都按照亲疏受到不同程度的赏赐。赵氏没有在位的人，只有赵父被追封为顺成侯。

（骈宇骞、常守奎　译）

【原文】

孝武钩弋赵倢仔，昭帝母也，家在河间。武帝巡狩过河间，望气者言此有奇女，天子亟使使召之。既至，女两手皆拳，上自披之，手即时伸。由是得幸，号曰拳夫人。先是，其父坐法宫刑，为中黄门，死长安，葬雍门。

拳夫人进为倢仔，居钩弋宫，大有宠，太始三年生昭帝，号钩弋子。任身十四月乃生，上曰："闻昔尧十四月而生，今钩弋亦然。"乃命其所生门曰尧母门。后卫太子败，而燕王旦、广陵王胥多过失，宠姬王夫人男齐怀王、李夫人男昌邑哀王皆蚤薨，钩弋子年五、六岁，壮大多知，上常言"类我"，又感其生与众异，甚奇爱之，心欲立焉，以其年稚母少，恐女主颛恣乱国家，犹与久之。

钩弋婕伃从幸甘泉，有过见谴，以忧死，因葬云阳。后上疾病，乃立钩弋子为皇太子。拜奉车都尉霍光为大司马大将军，辅少主。明日，帝崩。昭帝即位，追尊钩弋婕伃为皇太后，发卒二万人起云陵，邑三千户。追尊外祖赵父为顺成侯，诏右扶风置园邑二百家，长丞奉守如法。顺成侯有姊君妁，赐钱二百万，奴婢第宅以充实焉。诸昆弟各以亲疏受赏赐。赵氏无在位者，唯赵父追封。

孝昭上官皇后传

——《汉书》卷九七

【说明】上官皇后，陇西上邽人。其父上官安娶霍光女为妻，生上官皇后。汉昭帝时在上官安和霍光的策划下，将六岁的上官安女儿入宫为婕妤，月余，立为皇后。后来上官桀、上官安犯罪灭族，皇后因年少未参与密谋，再加上是霍光的外孙，因此没有被废掉。上官皇后立十年后昭帝去世，当时她才十五、六岁。她与霍光一起废掉昌邑王贺而立宣帝，宣帝即位后，尊上官皇后为太皇太后，共立四十七年。建昭二年（公元前 37 年）去世，与昭帝合葬在平陵。

孝昭上官皇后，他的祖父是上官桀，是陇西上邽人。上官桀年轻时为羽林期门郎，曾随从武帝上甘泉，此时正好天刮大风，车驾无法行走，于是就把车盖解下来交给上官桀。上官桀拿着车盖，虽然刮着大风，但始终没有离开车驾。下雨时，就用车盖遮着武帝。武帝感到他的材力很特殊，于是就升他为未央厩令。武帝曾身体不适，等到好了之后，让上官桀呈献上马匹，结果很多马养得很瘦，武帝十分生气地说："你是不想让我再看到这些马匹了吗？"想降低他的职位，上官桀边磕头边说："我听说圣体不安，日日夜夜担心害怕，心思确实没放在马身上。"还没说完就泪流满面。武帝认为他很忠诚，因此就更加亲近他，任命他为侍中，不久又提拔为太仆。武帝身体得病，任命霍光为大将军，太仆上官桀为左将军，都给他们下了遗诏让他们辅佐少主。又因为上官桀从前曾在捕杀反叛者莽通时有功，所以又封他为安阳侯。

当初，上官桀的儿子上官安娶霍光的女儿为妻，结为婚姻亲家。霍光每次出去休假时，上官桀经常代替霍光裁决政事。昭帝刚刚即位时，才八岁，昭帝的大姐鄂邑盖长公主居住在宫中，侍奉抚养皇帝。盖主私下亲近她的门客河间丁外人。昭帝和大将军听说之后，并没有断绝盖公主的欢乐，反而下诏让丁外人侍奉长主。长主接纳了周阳氏的女儿，打算配帝为妻。当时上官安有个女儿，也就是霍光的外孙女，上官安想通过霍光送入宫内。霍光认为她还年幼，所以没有听从上官安的意见。上官安平素和丁外人关系很好，于是他就劝丁外人说："听说长公主要接纳一个女子，我的女儿容貌端正，真能通过长公主在这时接纳入宫为后，又因我父子两都在朝廷任职，又有宫中皇后的重要关系，此事成功全在于足下。汉王朝有列侯娶公主为妻的贯例，足下还担忧什么不被封为列侯呢？"丁外人听说后感到很高兴，把此事告诉了长公主。长公主也认为上官安说的正确，于是下诏召纳上官安的女儿入宫为倢伃，上官安任骑都尉。一个多月以后，上官安的女儿就被立为皇后，当时年仅六岁。

上官安因为是皇后的父亲被封为桑乐侯，封有一千五百户食邑，后来又升为车骑将军，他一天天骄奢淫逸起来。他常在殿中接受赏赐，出来时就对宾客们说："和我的女婿一起饮酒，真是太高兴了。"别人看到他的服饰穿戴后他就让人拿回去，常想自己把东西都烧掉。上官安喝醉酒后就裸着身子在宫内行走，和他的后母以及他父亲的妾、侍御等人淫乱。他的儿子得病去世，他仰头骂天。上官安曾多次守着大将军霍光为丁外人请求封侯，等到上官桀想不按德才给丁外人封官受禄时，霍光坚持正义，不听从他们。上官桀妻子的父亲被赵充国宠幸，任为太医监。他擅自进入殿中，被逮捕入狱，当处以死刑。快到十月底时，盖长公主为赵充国交纳了二十匹马来赎罪，才得以减死论处。于是上官桀、上官安父子非常怨恨霍光而感恩戴德盖长公主。他们得知燕王旦是皇帝的哥哥，没有立为皇帝，也很怨恨。上官桀、上官安即记下霍光的过失给燕王旦，让他上书告发霍光，同时也请他为丁外人请求封侯。燕王旦看了很高兴，于是就上书说："子路为他姐姐服孝，一周年以后还不脱孝服，孔子认为他这样做是不合礼制的。子路说：'由不幸成为孤寡兄弟，所以不忍心除去孝服。'所以说'看到他的过失就可以知道他的仁爱。'现在我和陛下只有长公主一个姐姐，陛下亲自让丁外人去侍奉她，外人应当封有爵号。"书奏上去以后，昭帝询问霍光，霍光坚决不答应。等到他们告发霍光的罪过时，昭帝就怀疑他们，于是更加亲近霍光而疏远上官桀、上官安。上官桀、上官安越来越怨恨霍光，于是就想结党谋杀霍光，再诱骗燕王旦来把他杀掉，因此废掉昭帝而立上官桀为帝。有人问："皇后该怎么办呢？"上官安说：'麋狗都赶跑了，那能顾得上兔呢？暂且以皇后为尊，一旦人主意有所变，虽然想为家人打算也不可得，这是百世大业的关键时刻。"后来，事情败露，燕王旦、盖长公主都自杀身亡。这些事都记载在《霍光传》中。上官桀、上官安的宗族被诛灭以后，因为皇后的年龄小，也没有参与他们的密谋，又因为她是霍光的外孙女，所以也没有被废掉。皇后的母亲以前已经去世，安葬在茂陵城的东面，追尊为敬夫人，设置了园邑二百家，按规定由长丞奉守。皇后亲自派了一些自己的奴婢去奉守上官桀、上官安的坟墓。

霍光想让皇后特受宠幸，生个儿子。昭帝当时身体欠安，左右大臣及御医都迎合霍光的心意，都说应当禁止人进入宫内，即使是宫人使令都不得通行，周围设了不少看护人员，因此后宫妃子无人能靠近皇帝。

皇后立十年以后昭帝去世，皇后当时有十四、五岁。昌邑王贺被召来即皇帝位，尊皇后为皇太后。后来霍光和皇太后一起废掉了昌邑王贺，拥立了孝宣帝。宣帝即位，皇太后为太皇太后。她被立为皇后共四十七年，五十二岁时，即建昭二年去世，和昭帝合葬在平陵。

（李晋萍译）

【原文】

孝昭上官皇后。祖父桀，陇西上邽人也。少时为羽林期门郎，从武帝上甘泉，天大风，车不得行，解盖授桀。桀奉盖，虽风常属车，雨下，盖辄御。上奇其材力，迁未央厩令。上尝体不安，及愈，见马，马多瘦，上大怒："令以我不复见马邪！"欲下吏，桀顿首曰："臣闻圣体不安，日夜忧惧，意诚不在马。"言未卒，泣数行下。上以为忠，由是亲近，为侍中，稍迁至太仆。武帝疾病，以霍光为大将军，太仆桀为左将军，皆受遗诏辅少主。以前捕斩反者莽通功，封桀为安阳侯。

　　初，桀子安取霍光女，结婚相亲，光每休沐出，桀常代光入决事。昭帝始立，年八岁，帝长姊鄂邑盖长公主居禁中，共养帝。盖主私近子客河间丁外人。上与大将军闻之，不绝主欢，有诏外人侍长主。长主内周阳氏女，令配耦帝。时上官安有女，即霍光外孙，安因光欲内之。光以为尚幼，不听。安素与丁外人善，说外人曰："闻长主内女，安子容貌端正，诚因长主时得入为后，以臣父子在朝而有椒房之重，成之在於足下，汉家故事常以列侯尚主，足下何忧不封侯乎？"外人喜，言於长主。长主以为然，诏召安女入为倢伃，安为骑都尉。月馀，遂立为皇后，年甫六岁。

　　安以后父封桑乐侯，食邑千五百户，迁车骑将军，日以骄淫。受赐殿中，出对宾客言："与我婿饮，大乐！"见其服饰，使人归，欲自烧物。安醉则裸行内，与后母及父诸良人、侍御皆乱。子病死，仰而骂天。数守大将军光，为丁外人求侯，及桀欲妄官禄外人，光执正，皆不听。又桀妻父所幸充国为太医监，阑入殿中，下狱当死。冬月且尽，盖主为充国入马二十四赎罪，乃得减死论。於是桀、安父子深怨光而重德盖主。知燕王旦帝兄，不得立，亦怨望，桀、安即记光过失予燕王，令上书告之，又为丁外人求侯。燕王大喜，上书称："子路丧姊，期而不除，孔子非之。子路曰：'由不幸寡兄弟，不忍除之。'故曰'观过知仁'。今臣与陛下独有长公主为姊，陛下幸使丁外人侍之，外人宜蒙爵号。"书奏，上以问光，光执不许。及告光罪过，上又疑之，愈亲光而疏桀、安。桀、安渐恚，遂结党与谋杀光，诱征燕王至而诛之。因废帝而立桀。或曰："当如皇后何？"安曰："逐麋之狗，当顾菟邪！且用皇后为尊，一旦人主意有所移，虽欲为家人亦不可得，此百世之一时也。"事发觉，燕王、盖主皆自杀。语在《霍光传》。桀、安宗族既灭，皇后以年少不与谋，亦光外孙，故得不废。皇后母前死，葬茂陵郭东，追尊曰敬夫人，置园邑二百家，长丞奉守如法。皇后自使私奴婢守焢、安冢。

　　光欲皇后擅宠有子，帝时体不安，左右及医皆阿意，言宜禁内，虽宫人使令皆为穷绔，多其带，后宫莫有进者。

　　皇后立十岁而昭帝崩，后年十四五云。昌邑王贺征即位，尊皇后为皇太后。光与太后共废王贺，立孝宣帝。宣帝即位，为太皇太后。凡立四十七年，年五十二，建昭二年崩，合葬平陵。

孝宣许皇后传

——《汉书》卷九七

【说明】许皇后是汉元帝的母亲，昌邑人，名平君。她十四五岁时经掖庭令张贺介绍，嫁给了当时还为皇曾孙的汉宣帝，过了一年多后生元帝。几个月后皇曾孙立为皇帝（宣帝），平君立为倢仔，后立为皇后。因霍光夫人想使她的女儿显贵，在许皇后再次怀孕时，被霍光夫人显派女医淳于衍用毒药将许皇后毒死。许皇后共立三年，死后谥号为恭哀皇后，被安葬在杜南。

　　孝宣许皇后是元帝的母亲。她的父亲叫广汉，是昌邑人，年轻时是昌邑王的郎官。在跟随武帝上甘泉时，误拿别的郎官的马鞍披在了自己的马上，后来被人发觉，一些官吏弹劾他跟从武帝出行进行盗窃，按规定当处死刑，武帝下诏招募他下蚕室。后来出任宦者丞。上官桀阴谋反叛时，广汉负责搜索部分罪犯，在上官桀殿中的住处有数千条几尺长的可以捆绑人用的绳索，满满一箱子还封着口，广汉搜索时没有得到，其它官吏去时找到了这箱绳索。广汉因此而犯罪被论为鬼薪，把他送到掖庭，后来又成为暴室啬夫。当时宣帝住在掖庭，称为皇曾孙，和广汉都在寺中居住。当时的掖庭令张贺，本来是卫太子家中的一个小官吏，到卫太子被陷害后，张贺被处以下刑，是因为他过去扶养皇曾孙恩情深厚的原因，等到皇曾孙长大以后，张贺想把他的孙女嫁给皇曾孙。此时，昭帝刚刚结发加冠，身高八尺二寸。张贺的弟弟张安世为右将军，和霍将军同心辅政，听说张贺经常赞扬皇曾孙，想把他的孙女嫁给皇曾孙。张安世生气地说："皇曾孙是卫太子的后代，侥幸得以庶人身份靠朝廷供给衣食，这就够满足了，不要再说你孙女的事。"于是张贺才停止了这种活动。当时许广汉有个女儿叫平君，年龄十四五岁，将要成为内者令欧侯氏儿子的妻子。快要出嫁时，欧侯氏的儿子去世。她的母亲领她去占卜相面，占卜的人说她将会大富贵，她的母亲心中很高兴。张贺听说许啬夫有个女儿，于是就摆了酒宴请许啬夫来，酒喝得正高兴时，张贺说："皇曾孙和皇帝很亲近，虽然他人材低下，但还是关内侯，你的女儿可以嫁他为妻。"许广汉答应了这件事。第二天，许广汉的妻子听说这件事后很生气。许广汉又重新让人作媒介绍，于是就嫁给了皇曾孙。一年以后生下了元帝。又过了几个月后，皇曾孙立为皇帝，许平君成为婕妤。这个时候，霍将军也有个小女儿，和皇太后是亲戚。公卿们商议重新立皇后，大家都心向霍将军的女儿，但始终没有人提出来。宣帝下诏寻求小时候的剑，大臣们知道了宣帝的意图，于是就都说立许婕妤为皇后。许婕妤立为皇后之后，霍光认为皇后的父亲许广汉是受过刑罚的人，不宜在朝廷做官，一年以后就封他为昌成君。

霍光的夫人显想使她的小女儿尊贵，但没有什么门路。第二年，许皇后怀孕，身体有病。女医淳于衍是霍氏所宠爱的人，她经常入宫服侍奉皇后。淳于衍的丈夫赏是掖庭的户卫，他对淳于衍说："你入宫经过霍夫人那里时为我请求出任安池监官。"淳于衍如赏所讲告诉了显，显因此也就产生了想法，然后就让左右的人回避，称淳于衍的字对她说："少夫有幸把事情告诉我，我也想告诉少夫一件事，可以吗？"淳于衍说："夫人所讲，还有什么不可以的。"显说："将军平素很喜爱小女儿成君，想使她特别尊贵，希望少夫帮忙。"淳于衍说："你所讲的是指什么呢？"显说："妇人们生孩子是十死一生，现在皇后将要生产，可以通过给她投毒药来把她除掉，成君就可以成为皇后。如蒙你出力事成，成君可以和少夫共享富贵。"淳于衍说："药是大家在一起煎的，还要先尝一尝，怎么行呢？"显说："这就全在少夫你干了。将军统领天下，谁敢说话？出了事互相保护，只是害怕少夫没有这个意思。"淳于衍等了好一会儿才说："愿意尽力。"于是就把附子捣碎，带入长定宫。皇后生产后，淳于衍取出附子和其它药丸合并在一起送给皇后喝。过了一会皇后说："我的头很胀痛，药中是不是有毒？"淳于衍回答说："没有。"后来就更加烦闷，不久就去世了。淳于衍出了宫，经过显家时看了显，互相问候了一番，也没有敢重谢淳于衍。后来有人上书告发各位医生服侍皇后毫无功状，把他们全部逮捕入狱，指控他们犯了不道罪。显怕紧急审问事情败露，就把全部的情况告诉了霍光，并说："既然已经错误地做了这件事，请不要让狱吏们急迫追查淳于衍。"霍光听后感到十分惊讶，没有说一句话。后来控告医生们的奏书送上来以后，霍光在奏书上批了不要追查淳于衍的话。

许后立皇后三年后去世，谥号为恭哀皇后，安葬在杜南，这就是叫杜陵南园的地方。过了五年，立皇太子，于是封太子外祖父昌成君许广汉为平恩侯，赐位特进。又过了四年，又分封了许广汉的两个弟弟，许舜被封为博望侯，许延寿被封为乐成侯。许氏被封侯爵的共有三人。许广汉去世后，谥号为戴侯，他没有儿子，断绝了继承人。他安葬在杜陵南园的旁边，置园邑三百家，按照规定由长丞奉守。宣帝任命许延寿为大司马车骑将军，辅佐治理国家。元帝即位后，又封许延寿中间的儿子许嘉为平恩侯，拥立戴侯的后代也为大司马车骑将军。

（常守奎　译）

【原文】

孝宣许皇后，元帝母也。父广汉，昌邑人，少时为昌邑王郎。从武帝上甘泉，误取它郎鞍以被其马，发觉，吏劾从行而盗，当死，有诏募下蚕室。后为宦者丞。上官桀谋反时，广汉部索，其殿中庐有索长数尺可以缚人者数千枚，满一篋缄封，广汉索不得，它吏往得之。广汉坐论为鬼薪，输掖庭，后为暴室啬夫。时宣帝养於掖庭，号皇曾孙，与广汉同寺居。时掖庭令张贺，本卫太子家吏，及太子败，贺坐下刑，以旧恩养视皇曾孙甚厚，及曾孙壮大，贺欲以女孙妻之。是时，昭帝始冠，长八尺二寸。贺弟安世为右将军，与霍将军同心辅政，闻贺称誉皇曾孙，欲妻以女，安世怒曰："曾孙乃卫太子后也，幸得以庶人衣食县官，足矣，勿复言予女事。"於是贺止。时许广汉有女平君，年十四五，当为内者令欧侯氏子妇。临当入，欧侯氏子死。其母将行卜相，言当大贵，母独喜。贺闻许啬夫有女，乃置酒请之，酒酣，为言"曾孙体近，下人，乃关内侯，可妻也。"广汉许诺。明日妪闻之，怒。广汉重令为介，遂与曾孙，一岁生元帝。数月，曾孙立为帝，平君为倢伃。是时，霍将军有小女，与皇太后有亲。公卿议更立皇后，皆心仪霍将军女，亦未有言。上乃诏求微时故剑，大臣知指，白立许倢伃为皇后。既立，霍光以后父广汉刑人不宜君国，岁余乃封为昌成君。

霍光夫人显欲贵其小女，道无从。明年，许皇后当娠，病。女医淳于衍者，霍氏所爱，尝入宫侍皇后疾。衍夫赏为掖庭户卫，谓衍

"可过辞霍夫人行，为我求安池监。"衍如言报显。显因生心，辟左右，字谓衍："少夫幸报我以事，我亦欲报少夫，可乎?"衍曰："夫人所言，何等不可者!"显曰："将军素爱小女成君，欲奇贵之，愿以累少夫。"衍曰："何谓邪?"显曰："妇人免乳大故，十死一生。今皇后当免身，可因投毒药去也，成君即得为皇后矣。如蒙力事成，富贵与少夫共之。"衍曰："药杂治，当先尝，安可?"显曰："在少夫为之耳。将军领天下，谁敢言者? 缓急相护，但恐少夫无意耳!"衍良久曰："愿尽力。"即捣附子，赍入长定宫。皇后免身后，衍取附子并合大医大丸以饮皇后。有顷曰："我头岑岑也，药中得无有毒?"对曰："无有。"遂加烦懑，崩。衍出，过见显，相劳问，亦未敢重谢衍。后人有上书告诸医侍疾无状者，皆收系诏狱，劾不道。显恐急，即以状具语光，因曰："既失计为之，无令吏急衍!"光惊鄂，默然不应。其后奏上，署衍勿论。

许后立三年而崩，谥曰恭哀皇后，葬杜南，是为杜陵南园。后五年，立皇太子，乃封太子外祖父昌成君广汉为平恩侯，位特进。后四年，复封广汉两弟，舜为博望侯，延寿为乐成侯。许氏侯者凡三人。广汉薨，谥曰戴侯，无子，绝。葬南园旁，置邑三百家，长丞奉守如法。宣帝以延寿为大司马车骑将军，辅政。元帝即位，复封延寿中子嘉为平恩侯，奉戴侯后，亦为大司马车骑将军。

孝成赵皇后传

——《汉书》卷九七

【说明】赵皇后，成阳侯赵临之女。长大后曾属阳阿主家人，在那里学会了唱歌跳舞，号称赵飞燕。汉成帝出巡时，路过阳阿主家，在那里欢聚时看见了赵飞燕，并且很喜欢她，于是就把她接入宫内，很受宠幸。立为婕妤。许皇后被废掉后，立赵婕妤为皇后。她的妹妹也被召入宫内为昭仪，日事蛊惑。成帝去世后，哀帝即位，立赵皇后为太后。哀帝去世后，被废为庶人，后自杀。

孝成赵皇后本来是长安宫中侍使宫婢。当初出生时，父母亲没有抚养她，三天不死，于是才又收养了她。等到她长大以后，属阳阿主家人，在那里学会唱歌跳舞，号称飞燕。成帝曾经便装出行，路过阳阿主家，在那里欢聚一场。成帝看见飞燕后很喜欢她，于是就把她接进宫内，很受成帝宠幸。后来她的妹妹也被召进宫内，两个人都成为婕妤，在后宫中是最尊贵、最受宠幸的人。

许后被废掉之后，成帝打算立赵婕妤为皇后。皇太后嫌她出生太微贱，所以不太同意。皇太后姐姐的儿子淳于长任侍中，经常来这里传话，成帝了解到太后的旨意后就封立赵婕妤的父亲赵临为成阳侯。又过了一个多月后，才立赵婕妤为皇后。因为淳于长从前曾建议罢免昌陵有功，所以封为定陵侯。

赵健仔被立为皇后之后，她就不太受皇帝宠幸，而她的妹妹特别受宠幸，被立为昭仪。她住在昭阳舍，舍中用朱色漆中庭，殿上也全用漆油饰，门坎用铜做成后再涂上黄金，台阶用白玉石砌成，舍中的壁带也是用黄金做的，上面还镶嵌着蓝田玉、明珠、翠羽等装饰品，自从建立后宫以来从没有过这样豪华。姐妹两人十多年受到皇帝的特别宠爱，但最终都没有生孩子。

孝成帝末年，定陶王来朝拜皇帝。定陶王的祖母傅太后私下贿赂赵皇后、昭仪，定陶王竟被立为太子。

第二年春天，成帝去世。成帝平素身体强壮，没有什么疾病。这个时候楚思王衍、梁王立来朝拜成帝，第二天就要离去，成帝留他们住宿，并一起住在白虎殿中。成帝又想任命左将军孔光为丞相，已经刻好了侯印、写好了书赞。天黑睡觉时成帝还很好，快到清晨时，他想穿套裤和袜子起床，但衣裤从手中失落，也不能说话，刻漏刚到白天十刻时就去世了。民间把此事归罪于赵昭仪，皇太后召见大司马莽、丞相大司空说："皇帝突然去世，大家喧哗感到奇怪。掖庭令辅等在后宫左右，经常在皇帝身边侍奉宴饮，一起和御史、丞相、廷尉去查问皇帝起居和发病的情况。"赵昭仪自杀身亡。

哀帝即位以后，尊赵皇后为皇太后，封太后的弟弟侍中驸马都尉赵钦为新成侯。赵氏有侯爵的人共有二人。又过了几个月后，司隶解光上奏说：

> 我听说许美人和原来中宫史曹宫都在孝成皇帝身边侍奉，并很得宠幸，曹宫曾生过一个儿子，但生产后就把儿子藏起来不露面。

我曾派遣从事掾业、史望去查问知情者掖庭狱丞籍武，以及原来任中黄门的王舜、吴恭、靳严、官婢曹晓、道房、张弃和原来给赵昭仪驾驭车马的人于客子、王偏、臧兼等人，他们都说曹宫是曹晓的女儿，从前属于中宫，任学事史，她通晓《诗经》，教授皇后学习。道房和曹宫相约为夫妇，元延元年中曹宫对道房说："陛下宠爱我曹宫。"过了几个月后，曹晓进入殿中时，看见曹宫腹部大起来，就询问曹宫。曹宫说："我有幸怀孕。"在她怀孕十个月后，曹宫在掖庭牛官令舍生产，当初身边有奴婢六人。中黄门田客手持诏令去记录了情况，把记录的材料装进了绿色的缯袋中，加盖御史中丞印封口，交给籍武说："把牛官令舍的妇人和刚生下的孩子以及奴婢六人，全部送入暴室狱，不要问孩子是男是女，也不要问是谁家的孩子。"籍武遵命把她们送进暴室狱。曹宫说："要好好保存我孩子的胞衣，你知道他是什么人的孩子吗?"又过了三天后，田客又拿着诏记给了籍武，问籍武说："孩子死了没有? 你亲手把回答的话写在简牍的背面。"于是籍武就写下了回答的话："孩子现在还在，没有死。"过了一会儿，田客出来后说："皇帝和昭仪吵了架，你为什么还不杀掉小孩?"籍武边叩头边哭泣说："不杀死小孩，我自己也知道应该死去，杀死小孩，也是死。"于是就通过田客送上密封的奏章，奉章上说："陛下没有继承人，小孩无论贵贱，都应注意。"奏章送上去以后，田客又拿着诏记对籍武说："今天晚上刻漏升上五刻时，抱着孩子交给王舜，在东交掖门口相会。"籍武因此问田客说："陛下看到我的奏书后态度怎么样呢?"田客说："瞠目结舌。"后来籍武把小孩交付给王舜。王舜接受诏令，把小孩接进殿内，为小孩选择了乳母，并告诉乳母说："一定要好好抚养小孩，将来会有赏赐。不要泄漏这件事。"王舜选择张弃为乳母，当时小孩刚出生八、九天。又过了三天后，田客又拿着诏记，还象以前那样封着给了籍武，当中还有一个封着的绿色小箧，上面写着"告诉籍武把箧中的东西和信交给狱中妇人，籍武自己到时候也喝这个药。"籍武打开箧笥，里面裹着二枚药，在一片小纸上写着："告诉伟能：努力喝下这枚药，不可复入，你自己知道。"伟能就是曹宫。曹宫读完信后，说："果然是这样，想姐妹专横天下！我的孩子是个男孩，额头前上长着头发，很象孝元皇帝。现在孩子在哪里呢？差点儿被杀死，怎么能让长信听说这件事呢？"曹宫喝了药就死了。后来曹宫的六名奴婢被召进宫内，出来后对籍武说："昭仪说'你没有罪过，如愿自杀，也要到别的地方去死。'我们都说愿意自杀。"于是就自杀而死。籍武把这些情况都记下来奏上。张弃抚养了十一天小孩，宫长李南按照诏书的命令把小孩带走，后来就不知道放在什么地方了。

　　许美人从前在上林涿沐馆，曾多次被召进装饰美丽的宫室中暂住，一年当中被召进去两三次，有时在宫里住几个月，有时住半年，侍奉皇帝。元延二年怀孕，她怀孕十一个月后生产。皇帝下诏派靳严领着妇产科医生拿着五种药丸送到许美人的住所。后来于客子、王偏、臧兼听到昭仪对成帝说："你经常欺骗我说是从皇后的住所来，如真是从皇后住所来，许美人怎么会生下小孩？许美人难道要重新立为皇后吗？"心中很怨恨皇帝，有时用手自己捣自己，有时用头撞门户上的柱子，有时自己从床上摔下来，哭哭啼啼不肯吃饭，说："现在你要怎么处置我？我想回去。"成帝说："现在我把这事告诉你，你反而发怒，实在不该让你知道这件事。"于是成帝也不吃饭。昭仪说："陛下自己知道是这样，为什么还不吃饭呢？陛下经常自己说'前约不会辜负你'，现在许美人生了儿子，竟背负前约，这是为什么呢？"成帝说："以前约定立赵氏，所以不立许氏。我要让天下没有再超过赵氏的人，你不要担忧。"后来诏使靳严拿着用绿袋子装着的信送给许美人，并告诉靳严说："许美人会有东西给你，你就接受下来，放在宫室中户帘南。"许美人把她生的孩子放在一个苇箧里面，用绳子捆起来，和用绿袋子装着回信一起交给靳严。靳严拿着苇箧和信放在宫室帘的南面就走了。皇帝与昭仪坐在那里，让于客子解开捆苇箧的绳子。还没打开时，皇帝让于客子、王偏、臧兼都出去，亲自闭上门窗，只有皇帝和昭仪在里面。不一会儿，把门打开，呼喊于客子、王偏、臧兼，让他们用绳子捆好苇箧和绿帛信袋并加封，把它推放到屏风的东面。后来吴恭受诏拿着苇箧和信袋交给籍武，苇箧和信袋上都加盖御史中丞印封好，并说："告诉籍武，箧中有死小孩，埋在隐蔽的地方，不要让人知道。"籍武在狱楼的墙角下挖了一个坑，把小孩埋在里面。

原来的长定许贵人和原来成都平阿侯家的女婢王业、任娲、公孙习从前曾被免为庶人，这时奉诏入宫，成为昭仪的私婢。成帝去世后，尚未入敛，正在仓卒悲哀的时候，昭仪自知罪恶很大，也知道王业等人是以前许氏、王氏家的女婢，唯恐事情泄露，于是昭仪将大婢羊子等人赏赐给王业等各十个人，以示安慰，并吩咐他们不要说出自己家的过失。

元延二年五月，原来的掖庭令吾丘遵对籍武说："掖庭中丞吏以下的官员都和昭仪串通一气，没有可以和他们说话的人，只想和籍武有话讲。我没有儿子，你籍武有儿子，成帝轻视族人，恐怕是不敢讲吧？掖庭中皇帝宠幸的妃嫔生了孩子就得死，服药堕胎的人无以计数，想和籍武一起把这些讲给大臣们，骠骑将军贪嗜钱财，不足于共计大事，怎么能让长信知道呢？"后来吾丘遵因病精力不济，对籍武说："现在我快要死了，从前我们说的事情，你籍武不能一个人去办，说话时一定要慎重。"这些事都发生在今年四月颁发赦令以前。

臣谨案永光三年，有男性叫忠的人和一些人一起盗掘了长陵傅夫人的墓。此事却被大赦，孝元皇帝下诏说："此事朕不应当给予大赦。"于是彻底追查，全部伏法，全国人们认为应当这样处理。鲁严公夫人杀死世子，齐桓公将她杀死，《春秋》上曾大书一笔。赵昭仪倾乱圣朝，亲手杀害继嗣，她的全家应当受到上天的诛伐。从前平安刚侯夫人谒犯了大逆不道罪，她的同母兄弟应当治罪，因为有赦令，所以就回到了老家。现在昭仪所犯的罪更为悖逆，罪重于谒，而她的同母兄弟亲属都还在尊贵的位置上，经常接近宫室的帷幕，群臣心寒，一定要惩恶劝善，以示四方。请求对此事追查到底，丞相以下依法处决。

于是哀帝将新成侯赵钦、赵钦哥哥的儿子成阳侯赵䜣都免为庶人，将他们的家属迁至辽西郡。当时议郎官耿育又上疏说：

我听说继嗣违背常规，废嫡立庶，圣人立法禁止，从古到今都不这样做。大伯看到历后知道他应当为嫡嗣，迟疑后坚决辞让，他委身吴粤，随机应变，让位给王季，以此来推得圣嗣，最后拥有天下，子孙承业，七八百年，功冠三王，道德最备，因此他的尊号和大王一样。所以世上一定是有了非常之变，然后才会有非常之谋。孝成皇帝自知没有按时确立继嗣，想着即使晚年有了皇子，晏驾之后也不能执掌大权，国家大权控制于女主之手，女主骄横强盛就会贪得无厌，少主幼弱，大臣们就不会服从命令，世上又没有象周公那样的辅助之人，国家恐怕会遇到危险，天下大乱。现在大家知道陛下有贤圣通明之德，又有仁孝子爱之恩，胸怀独见之明，重大事情都亲自处理，所以废止了后宫妃嫔临产时移往别室分娩的欺诈行为，杜绝了幼主继位的祸乱根源，所以希望陛下即位后来安定国家。愚臣既不能周密地转危为安、定出长久之计，又不知推广圣德、讲述先帝的大志，才反复检查宫中之事，暴露成帝私吃宴请的密闻，诽谤或夸大先帝迷惑不清的过错，造成宠妾之间相互嫉妒甚至残杀，大大地失去了贤圣的远见之明，背叛和辜负了先帝的忧国之心。

论述大德的时候就不能拘泥于世俗，建立大功的时候就不要比照普通人，这就是孝成皇帝对众位大臣的最大希望，陛下有很多圣德符合于皇天，哪里是才识浅短、庸庸禄禄的人能达到的！而且能颂扬和推广随顺君父的美德，挽救或消灭过去的过错，这个道理是古今相通的。遇事不能在发生时坚持争辩，不防患于未然，各自随意迎合，来取得人们欢心，去世之后，尊号已定，万事已完，这时才追寻没有做了的事情，揭发暴露错暗不明的过失，这是我感到最悲痛的事情。

希望下令有关官吏商议，就象我说的那样，向天下宣布，使大家都明白先帝的意图。不然，白白让他们诽谤议论，上到皇帝，下到后世，远闻百夷，近布海内，这远非先帝希冀后代的意图。

只有孝子才能善于表述父辈的大志，善于成全别人的事业，希望陛下仔细省察一番。

哀帝做太子时，很得赵太后的支持，于是就没有听从耿育的建议。傅太后曾以厚恩对待赵太后，赵太后也从心里归附傅太后，所以成帝的母亲和王氏都怨恨赵太后。

哀帝去世以后，王莽告太后下诏有司说："从前皇太后和昭仪一起在帷幕侍奉皇帝，姊妹俩人特别受到宠爱，她们心怀贼乱之谋，残灭皇帝的继承人来危害国家，违背天意，背叛先帝，没有做出一点天下母亲的大义。贬皇太后为孝成皇后，迁居北宫。"过了一个多月以后，又下诏令说："皇后自知罪恶深大，朝请疏远，她丧失了女人的道德，毫无供养之礼，而有狼虎之毒，宗室内外都很怨恨她，是国人的仇敌，而仍在显贵妻妾的位置，这确实不合皇天之意。小不忍则乱大谋，因恩情不能制止的应以义制止，现在废皇后为庶人，回到自己家园去。"当天皇后就自杀了。赵飞燕立为皇后共有十六年，而后自杀。在此以前有童谣说："燕燕，尾涎涎，张公子，时相见。木门仓琅根，燕飞来，啄皇孙。皇孙死，燕啄矢。"成帝每次便服外出时，常和张放在一起，称张放为富平侯家，所以叫他张公子。仓琅根，就是宫门的铜环。

（骈宇骞、李晋萍　译）

【原文】

孝成赵皇后，本长安宫人。初生时，父母不举，三日不死，乃收养之。及壮，属阳阿主家，学歌舞，号曰飞燕。成帝尝微行出，过阳阿主，作乐。上见飞燕而说之，召入宫，大幸。有女弟复召入，俱为倢伃，贵倾后宫。

许后之废也，上欲立赵倢伃。皇太后嫌其所出微甚，难之。太后姊子淳于长为侍中，数往来传语，得太后指，上立封赵倢伃父临为成阳侯。后月余，乃立倢伃为皇后。追以长前白罢昌陵功，封为定陵侯。

皇后既立，后宠少衰，而弟绝幸，为昭仪。居昭阳舍，其中庭彤朱，而殿上髤漆，切皆铜沓黄金涂，白玉阶，壁带往往为黄金釭，函蓝田璧、明珠、翠羽饰之，自后宫未尝有焉。姊弟颛宠十余年，卒皆无子。

末年，定陶王来朝，王祖母傅太后私赂遗赵皇后、昭仪，定陶王竟为太子。

明年春，成帝崩。帝素强，无疾病。是时楚思王衍、梁王立来朝，明旦当辞去，上宿供张白虎殿。又欲拜左将军孔光为丞相，已刻侯印书赞。昏夜平善，乡晨，傅绔袜欲起，因失衣，不能言，昼漏上十刻而崩。民间归罪赵昭仪，皇太后诏大司马莽、丞相大司空曰：“皇帝暴崩，群众讙哗怪之。掖庭令辅等在后庭左右，侍燕迫近，杂与御史、丞相、廷尉治问皇帝起居发病状。”赵昭仪自杀。

哀帝既立，尊赵皇后为皇太后，封太后弟侍中附马都尉钦为新成侯。赵氏侯者凡二人。后数月，司隶解光奏言：

臣闻许美人及故中宫史曹宫皆御幸孝成皇帝，产子，子隐不见。

臣遣徒从事掾业、史望验问知状者掖庭狱丞籍武，故中黄门王舜、吴恭、靳严，官婢曹晓、道房、张弃，故赵昭仪御者于客子、王偏、臧兼等，皆曰宫即晓子女，前属中宫，为学事史，通《诗》，授皇后。房与宫对食，元延元年中宫语房曰：“陛下幸宫。”后数月，晓入殿中，见宫腹大，问宫。宫曰：“御幸有身。”其十月中，宫乳掖庭牛官令舍，有婢六人。中黄门田客持诏记，盛绿绨方底，封御史中丞印，予武曰："取牛官令舍妇人新产儿，婢六人，尽置暴室狱，毋问儿男女，谁儿也！"武迎置狱。宫曰："善臧我儿胞，丞知是何等儿也！"后三日，客持诏记与武，问"儿死未？手书对牍背。"武即书对："儿见在，未死。"有顷，客出曰："上与昭仪大怒，奈何不杀？"武叩头啼曰："不杀儿，自知当死，杀之，亦死！"即因客奏封事，曰："陛下未有继嗣，子无贵贱，唯留意！"奏入，客复持诏记予武曰："今夜漏上五刻，持儿与舜，会东交掖门。"武因问客："陛下得武书，意何如？"曰："惕也。"武以儿付舜。舜受诏，内儿殿中，为择乳母，告"善养儿，且有赏。毋令漏泄！"舜择弃为乳母，时儿生八九日。后三日，客复持诏记，封如前予武，中有封小绿箧，记曰："告武以箧中物书予狱中妇人，武自临饮之。"武发箧中有裹药二枚，赫蹄书，曰："告伟能：努力饮此药，不可复入。女自知之！"伟能即宫。宫读书已，曰："果也，欲姊弟擅天下！我儿男也，额上有壮发，类孝元皇帝。今儿安在？危杀之矣！奈何令长信得闻之？"宫饮药死。后宫婢六人召入，出语武曰："昭仪言'女无过。宁自杀邪，若外家也？'我曹言愿自杀。"即自缪死。武皆表奏状。弃所养儿十一日，宫长李南以诏书取儿去，不知所置。

许美人前在上林涿沐馆，数召入饰室中若舍，一岁再三召，留数月或半岁御幸。元延二年怀子，其十一月乳。诏使严持乳医及五种和药丸三，送美人所。后客子、偏、兼闻昭仪谓成帝曰："常给我言从中宫来，即从中宫来，许美人儿何从生中？许氏竟当复立邪？"怼，以手自持，以头击壁户柱，从床上自投地，啼泣不肯食，曰："今当安置我，欲归耳！"帝曰："今故告之，反怒为！

殊不可晓也。"帝亦不食。昭仪曰:"陛下自知是,不食为何? 陛下常自言'约不负女',今美人有子,竟负约,谓何?"帝曰:"约以赵氏,故不立许氏。使天下无出赵氏上者,毋忧也!"后诏使严持绿囊书予许美人,告严曰:"美人当有以予女,受来,置饰室中帘南。"美人以苇箧一合盛所生儿,缄封,及绿囊报书予严。严持箧书,置饰室帘南去。帝与昭仪坐,使客子解箧缄。未已,帝使客子、偏、兼皆出,自闭户,独与昭仪在。须臾开户,呼客子、偏、兼,使缄封箧及绿绨方底,推置屏风东。恭受诏,持箧方底予武,皆封以御史中丞印,曰:"告武:箧中有死儿,埋屏处,勿令人知。"武穿狱楼垣下为坎,埋其中。

故长定许贵人及故成都平阿侯家婢王业、任娲、公孙习前免为庶人,诏召入,属昭仪为私婢。成帝崩,未幸梓宫,仓卒悲哀之时,昭仪自知罪恶大,知业等故许氏、王氏婢,恐事泄,而以大婢羊子等赐予业等各且十人,以慰其意,属无道我家过失。

元延二年五月,故掖庭令吾丘遵谓武曰:"掖庭丞吏以下皆与昭仪合通,无可与语者,独欲与武有所言。我无子,武有子,是家轻族人,得无不敢乎? 掖庭中御幸生子者辄死,又饮药伤堕者无数,欲与武共言之大臣,票骑将军贪耆钱,不足计事,奈何令长信得闻之?"遵后病困,谓武:"今我已死,前所语事,武不能独为也,慎语!"皆在今年四月丙辰赦令前。

臣谨案永光三年男子忠等发长陵傅夫人冢。事更大赦,孝元皇帝下诏曰:"此朕不当所得赦也。"穷治,尽伏辜,天下以为当。鲁严公夫人杀世子,齐桓召而诛焉,《春秋》予之。赵昭仪倾乱圣朝,亲灭继嗣,家属当伏天诛。前平安刚侯夫人谒坐大逆,同产当坐，以蒙赦令，归故郡。今昭仪所犯尤悖逆，罪重於谒，而同产亲属皆在尊贵之位，迫近帏幄，群下寒心，非所以惩恶崇谊示四方也。请事穷竟，丞相以下议正法。

哀帝於是免新成侯赵钦、钦兄子成阳侯䜣，皆为庶人，将家属徙辽西郡。时议郎耿育上疏言：

臣闻继嗣失统，废嫡立庶，圣人法禁，古今至戒。然大伯见历知适，逡循固让，委身吴粤，权变所设，不计常法，致位王季，以崇圣嗣，卒有天下，子孙承业，七八百载，功冠三王，道德最备，是以尊号追及大王。故世必有非常之变，然后乃有非常之谋。孝成皇帝自知继嗣不以时立，念虽未有皇子，万岁之后未能持国，权柄之重，制於女主，女主骄盛则耆欲无极，少主幼弱则大臣不使，世无周公抱负之辅，恐危社稷，倾乱天下。知陛下有贤圣通明之德，仁孝子爱之恩，怀独见之明，内断於身，故废后宫就馆之渐，绝微嗣祸乱之根，乃欲致位陛下以安宗庙。愚臣既不能深援安危，定金匮之计，又不知推演圣德，述先帝之志，乃反覆校省内，暴露私燕，诬讦先帝倾惑之过，成结宠妾妒媚之诛，甚失贤圣远见之明，逆负先帝忧国之意。

夫论大德不拘俗，立大功不合众，此乃孝成皇帝至思所以万万於众臣，陛下圣德盛茂所以符合於皇天也，岂当世庸庸斗筲之臣所能及哉！且褒广将顺君父之美，匡捄销灭既往之过，古今仿通义也。事不当时固争，防祸於未然，各随指阿从，以求容媚，晏驾之后，尊号已定，万事已讫，乃探追不及之事，讦扬幽昧之过，此臣所深痛也！

愿下有司议，即如臣言，宜宣布天下，使咸晓知先帝圣意所起。不然，空使谤议上及山陵，下流后世，远闻百蛮，近布海内，甚非先帝托后之意也。盖孝子善述父之志，善成人之事，唯陛下省察！

哀帝为太子，亦颇得赵太后力，遂不竟其事。傅太后恩赵太后，赵太后亦归心，故成帝母及王氏皆怨之。

哀帝崩，王莽白太后诏有司曰："前皇太后与昭仪俱侍帷幄，姊弟专宠锢寝，执贼乱之谋，残灭继嗣以危宗庙，悖天犯祖，无为天下母之义。贬皇太后为孝成皇后，徙居北宫。"后月余，复下诏曰："皇后自知罪恶深大，朝请希阔，失妇道，无共养之礼，而有狼虎之毒，宗室所怨，海内之仇也，而尚在小君之位，诚非皇天之心。夫小不忍乱大谋，恩之所不能已者义之所割也，今废皇后为庶人，就其园。"是日自杀。凡立十六年而诛。先是有童谣曰："燕燕，尾涎涎，张公子，时相见。木门仓琅根，燕飞来，啄皇孙。皇孙死，燕啄矢。"成帝每微行出，常与张放俱，而称富平侯家，故曰张公子。仓琅根，宫门铜锾也。

孝平王皇后传

——《汉书》卷九七

【说明】王皇后是王莽的女儿。汉平帝即位后，成帝的母亲太皇太后称制，王莽依靠权诈将其女配帝，立为皇后。一年以后，汉平帝去世，立刘婴为孺子，尊皇后为皇太后，王莽篡权后，改皇太后号为定安公太后。王莽被诛杀后，未央宫被烧，太后自投火中而死。

　　孝平王皇后，是安汉公太傅大司马王莽的女儿。平帝即位时，她刚九岁，成帝的母亲太皇太后临朝称制，而王莽掌管大权。王莽想依照霍光过去的事例，把自己的女儿嫁给皇帝，太后意见是不想这样做。后来王莽设诈，一定要让他的女儿入宫，以此来巩固他的权势，这些事都记载在《王莽传》中。最后，太后不得已只好答应将王莽的女儿嫁给皇帝，于是派长乐少府夏侯藩、宗正刘宏、少府宗伯凤、尚书令平晏送去求婚礼物，赐给太师孔光、大司徒马宫、大司空甄丰、左将军孙建、执金吾尹赏、行太常事太中大夫刘歆及太卜、太史令以下四十九人用鹿皮做的帽子和素裳，让他们采用多种方法来占卜凶吉，祭礼宗庙，等待吉祥月日的到来。第二年春天，派遣大司徒马宫、大司空甄丰、左将军孙建、右将军甄邯、光禄大夫刘歆率领着乘舆法驾，到安汉公的住宅去迎接皇后。马宫、甄丰、刘歆交给皇后玺绶，登车出入都像皇帝一样有侍卫和清道夫，在吉利的日子到了上林延寿门，进入未央宫的前殿。大臣们各就各位，向皇后行礼，然后大赦天下。加封她的父亲安汉公的土地达到纵横一百里，赏赐了迎接皇后和向皇后行礼的人，从三公以下至驺宰执事长乐、未央宫、安汉公宅的人都增加了俸禄，并分别不同等级赏赐了他们金帛。皇后被立三个月后，按照礼节去拜高庙。尊她的父亲安汉公号叫宰衡，爵位在各诸侯王之上。赏赐给安汉公的夫人尊号叫功显君，同时赏赐给她食邑。封安汉公的儿子王安为褒新侯，王临为赏都侯。

皇后被立一年多以后，平帝去世。王莽立孝宣帝的玄孙刘婴为孺子。王莽居于代理皇帝的高位，尊皇后为皇太后。三年，王莽即真皇帝位，任命刘婴为定安公，改皇太后号为定安公太后。太后当时才十八岁，为人柔顺而有节操。自从刘氏被废掉后，她经常称身体有病不去朝会。王莽很尊敬同情她，想让她改嫁，于是改称她为黄皇室主。并命令立国将军成新公孙建的嫡长子盛装领着医生前往问疾。太后感到十分生气，鞭打了在旁边的侍御者。因此而生了病，不肯起身，王莽这才不敢强加于她。到汉兵诛杀了王莽，焚烧了未央宫时，太后说："我还有什么面目去见汉家人呢？"于是自己投入火中而被烧死。

（骈宇骞　高可译）

【原文】

孝平王皇后，安汉公太傅大司马莽女也。平帝即位，年九岁，成帝母太皇太后称制，而莽秉政。莽欲依霍光故事，以女配帝，太后意不欲也。莽设变诈，令女必入，因以自重，事在《莽传》。太后不得已而许之，遣长乐少府夏侯藩、宗正刘宏、少府宗伯凤、尚书令平晏纳采，太师光、大司徒马宫、大司空甄丰、左将军孙建、执金吾尹赏、行太常事太中大夫刘歆及太卜、太史令以下四十九人赐皮弁素绩，以

礼杂卜筮，太牢祠宗庙，待吉月日。明年春，遣大司徒宫、大司空丰、左将军建、右将军甄邯、光禄大夫歆奉乘舆法驾，迎皇后於安汉公第。宫、丰、歆授皇后玺绂，登车称警跸，便时上林延寿门，入未央宫前殿。群臣就位行礼，大赦天下，益封父安汉公地满百里，赐迎皇后及行礼者，自三公以下至驺宰执事长乐、未央宫、安汉公第者，皆增秩，赐金帛各有差。皇后立三月，以礼见高庙。尊父安汉公号曰宰衡，位在诸侯王上。赐公夫人号曰功显君，食邑。封公子安为褒新侯，临为赏都侯。

后立岁馀，平帝崩。莽立孝宣帝玄孙婴为孺子，莽摄帝位，尊皇后为皇太后。三年，莽即真，以婴为定安公，改皇太后号为定安公太后。太后时年十八矣，为人婉瘱有节操。自刘氏废，常称疾不朝会。莽敬惮伤哀，欲嫁之。乃更号为黄皇室主，令立国将军成新公孙建世子襐饰将医往问疾。后大怒，笞鞭其旁侍御。因发病，不肯起，莽遂不复强也。及汉兵诛莽，燔烧未央宫，后曰："何面目以见汉家！"自投火中而死。

元后传

——《汉书》卷九八

【说明】元后，即汉元帝后，她是王莽的姑姑，名政君。宣帝时入掖庭为家人子。元帝时立为皇后。元帝去世后，成帝即位，她被立为皇太后。平帝时，她临朝，委托王莽掌握大权。王莽篡位以后，派安阳侯王舜向太后请求授传国之玺，太后不给。并骂王莽等忘恩负义，说："我是汉室老寡妇，早晚将要死去，准备和传国之玺一起埋葬。"后来经过王舜劝说，才将传国之玺扔在地上，王莽才得到传国之玺。后来王莽下诏称太后为"新室文母太皇太后"，但始终未得太后的心欢。元后活了八十四岁，在建国五年（公元 13）二月去世。三月，和元帝合葬渭陵。

孝元皇后，是王莽的姑姑。王莽自己说他是黄帝的后代。他的《自本》上说：黄帝姓姚氏，传到第八世生下虞舜，虞舜起于妫水，以妫为姓。到了周武王时在陈地封分虞舜的后代妫满，这就是胡公，传到第十三世时生下了陈完。陈完字敬仲，投奔到齐国，齐桓公任命为卿，姓田氏。田氏传到十一世时，田和拥有齐国，二世称王，到了齐王建时被秦所灭。项羽起兵时，封齐王建的孙子田安为济北王。到汉朝兴起时，田安失国，齐人称他为"王家"，因此以"王"为氏。

汉朝文帝、景帝期间，田安的孙子田遂字伯纪，住在东平陵，田遂生下田贺，田贺字翁孺。翁孺任武帝的绣衣御史，曾受命追捕魏郡的盗贼坚卢等党羽，一些犯了胆小怯懦罪应当治罪的人，翁孺都没有杀他们而是把他们放走。别部御史暴胜之等人上奏请求诛杀二千石官，千石以下则自行诛杀，犯了通行饮食罪及受牵连的人大部分都被斩杀，一共杀了一万余人。这些事情记载在《酷吏传》中。翁孺因执行命令不称职而被罢免，他感叹地说："我听说救活千人子孙就会得到封赏，我救活了一万多人，后代一定会兴旺！"

王翁孺被罢免以后，因和东平陵终氏有怨恨，于是就迁到魏郡元城委粟里居住，成为那里的三老，魏郡的人们对他很有礼貌。元城建公说："从前春秋时沙麓山崩蹋，晋国的史官占卜说：'阴比阳盛，土火相乘，所以沙麓山才会崩蹋。此后六百四十五年，应当有圣女兴起，他是齐田吗？'现在翁孺迁移，正好到了这块地方，日月遮蔽着这个地方。元城城廓东面有五鹿的废墟，就是沙鹿那块地方。以后八十岁，当有贵女在天下兴起。"等等。

王翁孺生下王禁，字稚君，年轻时在长安学习法律，任廷尉史。本始三年，王禁的女儿政君出生，这就是后来的元后。王禁胸怀大志，不拘小节，喜欢饮酒和女人，娶了很多旁妻，他一共有四女八男：长女王君侠，次女就是元后王政君，三女王君力，四女王君弟。长子是王凤，字孝卿；次子王曼，字元卿；三子王谭，字子元；四子王崇，字少子；五子王商，字子夏；六子王立，字子叔；七子王根，字稚卿；八子王逢时，字季卿。只有王凤、王崇和元后政君是同一个母亲。他们的母亲是正妻，是魏郡李氏的女儿。后来因为被嫉妒而离去，重新嫁给河内苟宾为妻。

当初，李氏怀政君在身时，梦见月亮投入她的怀中。等到政君长大后，温柔和顺很通妇人之道。曾经答应嫁人，但还没有出嫁时，所答应的那个人就死了。后来东平王聘政君为姬，还没有入聘，东平王也就去世了。王禁心中觉得她很奇怪，就让占卜算命的人给政君看相，都说："会有大富大贵。不可以讲。"王禁的心里也认为是这样，于是就教她念书，学习鼓琴。五凤年中，把政君献给宫中，当时有十八岁，进入掖庭做了没有名号的宫人。

一年多后，皇太子所宠爱的司马良娣得了病，将要去世时，对太子说："我死并非天命，而是诸位娣妾良人诅咒让我死的。"太子很可怜她，也认为是这样。等到司马良娣去世后，太子因为悲愤而生了病，恍恍忽忽，闷闷不乐，因为对诸位娣妾过于愤怒，所以没有人能进去看他。过了很长一段时间后，宣帝听说太子怨恨诸位娣妾，想顺从他的意思，就命令皇后在内宫中选择些没有名号的宫女来侍奉太子，使太子高兴。政君就在其中。到太子朝见时，皇后就让他见政君等五人，并偷偷让旁边的长御问知太子想选哪个。太子根本就对这五个人没有意思，因为对皇后不得已，就勉强答应说："其中一人就可以。"当时，政君靠近太子坐着，又唯独她穿着用深红色缘饰着衣边的大掖衣，长御就以为太子说的是她。于是皇后就派侍中杜辅、掖庭令浊贤把政君送交给太子宫，住在了旁边的丙殿中。她很得太子宠幸，后来就怀孕了。在她以前，太子内宫的娣妾有十几个，得宠幸时间长者有七八年，但都没有生子，到王妃时刚宠幸就怀孕了。甘露三年，在甲馆画堂里生下了后来的成帝，立为世嫡皇孙。宣帝很喜欢皇孙，亲自给他起名叫骜，字太孙，常常把他放在身边。

过了三年之后，宣帝去世，太子继位，这就是孝元帝。立皇太孙为皇太子。把太子的母亲王妃立为婕妤，把王妃的父亲王禁封为阳平侯。过了三天之后，婕妤被立为皇后，王禁的爵位也升为特进，王禁的弟弟王弘到长乐任卫尉。永光二年，王禁去世，谥号叫顷侯。王禁的长子王凤继承侯爵，任卫尉侍中。皇后自从有了儿子以后，希望自己的地位进一步提高。太子长大以后，胸怀宽大，谨慎小心，这些都记载在《成帝纪》中。后来太子喜欢饮酒，喜欢宴饮作乐，元帝认为他没什么才能。而傅昭仪很受皇帝宠爱，她生下定陶共王。定陶共王多才多艺，皇帝很喜欢他，经常让他在旁边，出行时坐在同一车上，皇帝曾经想废掉太子而立定陶共王。当时王凤在位掌握大权，皇后、太子心里都感到担心害怕，幸好依靠侍中史丹拥护帮助太子，这些都记载在《史丹传》中。皇帝也因为皇后平时很谨慎小心，而太子在先帝时就常受到重视，所以才没有被废掉。

元帝去世后，太子继位，这就是孝成帝。成帝即位后尊立皇后为皇太后，任王凤为司马大将军兼管尚书事，增封食邑五千户。王氏的兴盛是从王凤开始的。皇帝又封太后的同母弟弟王崇为安成侯，封食邑一万户。王凤的庶出弟弟王谭等人都赐为关内侯，封了食邑。

这年夏天，黄色的雾整日布满天空，天子因此询问谏大夫杨兴、博士驷胜等人，他们的回答都认为是："阴气过盛，侵犯了阳气。高祖当初规定，没有功劳的大臣不得封侯，现在太后的好多弟弟都无功劳而封为侯爵，这并非高祖的规定，在外戚中也未曾有过，所以上天出现异象。"凡提到这件事时多数人认为是这个原因。王凤于是感到害怕，上书辞职谢罪说："陛下即位后，一心思慕为父居丧，所以诏我掌管尚书事，上面没有彰明圣德，下面没有加强政治管理。现在出现遮星盖地的黄雾异象，责任在我，应当接受刑法，处决示众，以此来向天下谢罪。现在皇上居丧已完，大义已举，应当亲自处理国家大事，来承奉天道。"因此王凤请求辞职。皇上回答他说："朕继承了先帝的世业，涉道未深，不明事情，所以阴阳错缪，日月无光，赤黄的雾气，充塞天下。责任在朕身上，今天大将军把过错都归到自己身上，想交出尚书事，交回大将军的印绶，辞掉大司马的官职，这就证明朕的不德。朕委任将军掌管大事，确实是想在短时间内收到成效，来显扬先祖的功德。将军对事业一心一意，辅佐朕的不到之处，你不要有什么疑虑。"

五年以后，诸吏散骑安成侯王崇去世，谥号叫共侯。他有一个遗腹子叫王奉世继承了侯爵，太后十分哀怜他。第二年，即河平二年，皇上把他的舅舅们全部封了侯爵，王谭封为平阿侯，王商封为成都侯，王立封为红阳侯，王根封为曲阳侯，王逢时封为高平侯。五个人是同一天受封的，所以世间称他们为"五侯"。太后的同父兄弟中只有王曼过早去世，其他人都被封为侯爵。太后的母亲李氏，改嫁苟氏为妻子时，生下一个男孩叫参，他一个人居住。顷侯王禁在时，太后让王禁召回李氏门下。太后很可怜苟参，打算照田蚡为例而分封他。皇上说："分封田氏，不合正理。"所以就任苟参为侍中水衡都尉。王氏的子弟们都做了卿大夫侍中之类官，分别掌管着一定的权力，官满朝廷。

大将军王凤掌管大权时，皇帝很谦让，什么政事都不亲自处理。皇帝的左右官员们经常推荐光禄大夫刘向的小儿子刘歆精通很多事情，而且有特殊才能。皇帝召见刘歆，让他诵读诗赋，皇帝十分喜欢他，打算任他为中常侍，并召他来取中常侍的官衣官帽。临到拜官时，皇帝左右的官员都说："不知大将军是什么意思。"皇帝说："这是件小事情，何必还要通报大将军呢？"左右官员们都叩头争着说要报告大将

军。皇帝于是把此事告诉了王凤，王凤认为不可以拜刘歆为中常侍，于是此事作罢。由此可见皇帝怕王凤到了如此地步。

皇帝继位已经数年，但仍无儿子，身体经常有病。定陶共王来朝见皇帝，太后和皇帝按照先帝的遗愿，对待共王十分优厚，赏赐的比其它王多十倍之多，也不因往事而有怨嫌。共王来朝见皇帝，天子想留下他，不送他回封国。皇帝对共王说："我没有儿子，人的寿命不必避讳，一旦去世，将不能再见。你长期留下侍奉我吧！"从此以后天子的病情有所好转，共王因此留在国都馆邸，从早到晚侍奉皇帝，皇帝和他特别亲重。大将军王凤心中不想让共王留在京师，正好此时发生日食，王凤因此就说："发生日食是阴盛的迹象，是异常现象。定陶王虽然很亲近，按照礼规当在封国奉事。现在留在京师侍奉皇帝，很违反常规，所以上天显示出戒告。应当送共王返回封国。"皇帝对王凤无可奈何，所以答应送共王回封国。共王告辞离去时，皇帝和他相对哭泣告别。

京兆尹王章平素就刚直敢讲话，他认为王凤建议遣送共王回封国是不对的，于是就秘密上奏皇帝讲发生日食应追究的罪过。天子召见王章，款待他并问他日食的事。王章回答说："上天行事，耳聪目明，保佑善良，惩罚邪恶，用祥瑞或灾异作为效验的征兆。现在陛下因为没有继承人，而召见亲近定陶王，这是为了承接宗庙，以国家为重，上顺天意，下安民心。这是正义的好事，应当报以祥瑞，怎么会招致灾异呢？灾异的发生，是因为大臣专权的缘故。现在听说大将军错将发生日食的罪过归咎于定陶王，建议遣送他回到封国，如果他是想使天子在上面孤立，独断朝政而方便他的私欲，这就不是忠臣。况且出现日食，是阴气侵犯了阳气，应当归咎于臣下压抑了君主，现在不论大小政事都由王凤决定，天子曾一次也没有动过手，王凤不从内心反省自责，反而归咎于善良的人，把定陶王排挤到远方。而且王凤诬陷不忠的事情不止一件事。从前的丞相乐昌侯王商本来是先帝的外戚，他品行忠厚，有很高的威望，历任将相，是国家的柱梁之臣。他坚守正义，不肯屈节委屈追随王凤，最终被王凤用闺门私事罢黜了他，王商因忧伤而去世，百姓们很为他悲伤惋惜。又比如王凤明知他小妾的妹妹张美人曾经嫁过别人，按照礼规不应当再嫁给至尊的皇帝，他托言张美人适宜生儿子，将她接纳入内宫，并且为他妻子的妹妹谋取私利。听说张美人也未曾怀孕到馆。羌人、胡人尚且要杀死头胎婴儿来洗涤女人的肠肚，使所生之子血统纯正，何况是天子亲近一个已经出嫁过的女人呢！这三件事都是大事，都是陛下亲眼所见，足可以推知其它以及没有亲眼见过的事情。不可以让王凤长期掌管国家大事，应该让他辞退回到自己的府第，另选一些忠诚贤能的人来代替他。"

自从王凤弹劾罢免王商，到后来遣送定陶王回封国，皇帝心中一直不能平静。等听到王章的话以后，皇帝才有所感触和醒悟，准备采纳王章的意见，于是对王章说："如果没有京兆尹直言相告，我还听不到治理国家的办法。只有贤能的人才能了解贤能的人，你试为朕寻求一位可以辅助治国的人。"于是王章又上奏密封奏书，推荐中山孝王的舅舅琅邪太守冯野王，说："先帝时曾当过两次九卿，忠诚正直，很有谋略。野王以王舅的身份出任九卿，后又因贤能再次出任，这就清楚地看到圣主是很乐意接纳贤能的人的。"成帝自从做太子时起就曾多次听说冯野王是先帝的名卿，他的声誉远远超过王凤，打算依靠他来代替王凤。

当初，王章每次被召见时，成帝就让左右大臣回避。当时太后的

汉书·后汉书

汉书

堂弟长乐卫尉王弘的儿子侍中王音一个人在旁边窃听，全部知道王章谈话的内容，并把这些话告诉了王凤。王凤听到这些话后就装说身体有病回到自己的府第，上书请求辞职退休，他向成帝辞谢说："我才能低劣，又很愚笨，使得外戚兄弟七人都被封为列侯，宗族也蒙受到恩惠，得到很多的赏赐。我辅佐朝政已经七年，国家把大事委任给我王凤，所讲的我都听从，所推荐的士大夫我都任用。然而无一功劳，阴阳不调，多次发生灾异，这些应归罪于我王凤奉职没有政绩，这是我应当退休的第一个原因。根据《五经》的记载和老师所讲说的，都认为发生日食的罪过应归咎于大臣用人不当，《易》上说'折断他的右臂'，这是我应当退休的第二个原因。河平年以来，我连年有病，多次外出，空废职任，白受秩禄，这是我应当退休的第三个原因。陛下因为皇太后的缘故不忍心诛杀或废黜，我还是自知应当流放到远方。我也很挂念，如果兄弟宗族所蒙不测，应当杀身碎骨死在辇毂之下，不应当因无益之故而产生离门之心。确实这一年多以来，又增加了灾荒的苦难，而且一天比一天严重，不胜大愿，希望辞职，回家治养，希望依靠陛下的神灵保佑不死，一月之间，幸得康复，再回到宫室，不然，一定会弃尸沟谷。我因为不才，存有私心，天下的人知道我受到深厚的恩惠，因病退休回家，天下的人知道我受恩而表示怜爱，威望还高。我的进退应以国家利益为重，绝对不会有疏斥外戚的议论。只希望陛下能哀怜。"他的措辞十分哀痛，太后听说以后也为他落泪，不肯进食。

成帝年轻时候就亲近依靠王凤，不忍心废黜他，就告王凤说："朕执政不明，政事多缺，所以上天异变屡屡发生，都在朕自身。将军把责任都归咎于自己，想辞官退朝，这样朕将依靠谁呢？《书经》上不是说吗，'你不要使我困惑'。望你一定要专心致志，安心保重，在短时间内康复，这才是我的意愿。"于是王凤又重新执政。成帝让尚书上奉弹劾王章，说："王章明知冯野王先前因为是诸侯王的舅父而外出补官，却以私心推荐他，想让他在朝廷中阿谀攀附诸侯；他又明知张美人已经侍奉皇帝，却又狂妄地称引羌胡杀子荡肠的风俗，这是不应当讲的话。"于是成帝把王章交付给司法官处理。廷尉给他定为大逆不道罪，认为："把皇帝比做羌胡夷狄，想使皇帝开始断绝继承人，他背叛天子，私下为定陶王打算。"王章终于死于狱中，他的妻子儿女被流放到合浦。

从此以后，公卿们见到王凤时都侧目相视，郡国的郡守、相国、刺史都出自他一家之门。又任命侍中太仆王音为御史大夫，位列三公。而他的五个列侯兄弟，争相奢侈，收受四面八方送来的珍宝。后廷姬妾，每个人都有数十个，奴婢数以百千计，罗列钟磬等乐器，让郑地的女子跳舞，演歌舞杂技，让狗马追逐。又大修宅第，起土修筑假山渐台、洞门高廊阁道，亲属们都望之极目。百姓们编的歌谣说："五侯刚起时，曲阳侯发怒，破坏了高都及外杜里修筑殿堂，假山渐台就象白虎殿一样。"他的奢侈就是这样。然而他很通晓人间事故，喜欢养士纳贤，把全部财产都给了他们，以此来显示他的高尚。

王凤辅佐执政共有十一年。阳朔三年秋天，王凤得了病，天子多次亲临探望，并亲自握着他的手流泪说："将军得病，如有不测，我想让平阿侯王谭接替大将军。"王凤叩头哭泣着说："王谭等虽然和我是至亲，但他们做事都追求奢侈，超越本份，不可以用来训导百姓，不如御史大夫王音谨慎小心，我敢用生命保举他。"到王凤将要去世时，上书向皇帝谢恩，再次坚决推荐王音接替自己，说王谭等五人一定不

能起用。天子认为他讲的正确。

当初，王谭很倨傲，不肯奉迎王凤，而王音则很尊敬王凤，卑恭屈膝的就象他的儿子一样，所以王凤推荐王音。王凤去世以后，天子亲自前往吊唁，赠赐荣耀。又送给轻车武士，军队的陈列从长安排到渭陵，谥号叫敬成侯。他的儿子王襄继承了他的侯爵，任卫尉。御史大夫王音竟代替王凤出任大司马车骑将军，而平阿侯王谭位居特进，统率把守城门的军队。谷永劝王谭，让他辞让不接受掌管城门军队的职务，从此王谭和王音互相不满，这些都记载在《谷永传》里。

王音既以堂舅的身份超过其他亲舅得到重用，因而很小心谨慎供职。一年多以后，皇帝下诏说："车骑将军王音在宫廷担任警卫时很忠心正直，为国家勤劳，从前他任御史大夫，以外戚的身份应当统率兵马，所以入为将军，但没有得到宰相应当封的爵位，朕心中感到非常不满意。现在封王音为安阳侯，食邑和外戚五侯相同，都是三千户。"

当初，成都侯王商曾因身体有病，打算避暑，就向皇帝借用明光宫。后来他又凿穿长安城墙，接引沣水注入他家的大池里供划船取乐。游船上树立羽毛华盖，四周张挂帷幔，还让划船中的人唱越歌。一次，成帝到了王商的宅第，看见他是凿穿城墙引进沣水，十分怨恨，但只是心中含恨隐忍，没有讲出来。后来成帝微服出行时，路过曲阳侯的府第，又看到园中的土山渐台类似白虎殿。于是成帝大怒，指责车骑将军王音。王商、王根兄弟俩想自己黥劓来向太后谢罪。成帝听说后更加生气，于是就派尚书去责问司隶校尉和京兆尹，说"你们明知成都侯王商擅自穿凿城墙，接引沣水，曲阳侯王根骄横奢侈，超越规定，赤墀青琐，红阳侯王立父子窝藏奸猾的亡命之徒，所养的宾客都是群盗，司隶、京兆都阿谀纵容，不举奏揭发，将他们绳之以法。"司隶校尉和京兆尹二人在宫门外叩头请罪。成帝又给车骑将军王音下策书说："外戚怎么能甘愿犯罪败落，竟然想自己黥面割鼻，在太后面前摆出一副受戳辱的样子，大伤太后慈母之心，从而危害搅乱国家。外戚宗族势力过强，朕很长时间软弱无能，现在我将对他们一一施以刑罚。你立即召见诸侯，让他们在府舍里等候处理。"这一天，成帝还下诏尚书奏报文帝时诛杀将军薄昭的旧事。车骑将军王音坐在草垫子上请罪，王商、王立、王根都背负刀斧和砧板，表示谢罪待刑。成帝又不忍心诛杀他们，以后也就不了了之。

过了很久，平阿侯王谭去世，谥号曰安侯，他的儿子王仁继承了侯爵。太后很可怜他的弟弟王曼早死，只有他没有被封侯，于是将王曼的遗孀渠供养在东宫，她的儿子王莽年幼孤独，不能和他们相比，太后常挂在嘴边。平阿侯王谭、成都侯王商以及在位的其它人多数都为王莽美言。过了很长一段时间后，成帝又下诏追封王曼为新都哀侯，而她的儿子王莽继承侯爵为新都侯。后来又分封太后姐姐的儿子淳于长为定陵侯。王氏亲属在侯位的一共有十个。

成帝很后悔废弃平阿侯王谭，使他尚未任辅政大臣就去世了，于是又提拔成都侯王商特进，让他统率把守城门的军队，设置了幕府，他可以如将军一样任用官吏。杜邺劝说车骑将军王音让他和王商亲近，这些话记载在《杜邺传》里。王氏家族的权力日益强盛，只有王音善良严肃，曾多次进谏，有忠节，辅政八年后去世。成帝亲去吊唁，赏赐如大将军王凤，谥号曰敬侯。王音的儿子王舜继承侯爵，任太仆侍中。特进成都侯王商代替王音为大司马卫将军，而提拔红阳侯王立为特进，由他来统率把守城门的军队。王商辅政四年，因身体有病请求退休，天子很怜悯他，便重新任命他为大将军，增封食邑二千户，赏赐给百万钱。王商去世后，吊唁赏赐一切按照大将军王凤的旧例，谥号曰景成侯，他的儿子王况继承侯爵。红阳侯王立按照顺序应当任命为辅佐大臣，因有罪过未被任用。这些记载在《孙宝传》里。成帝于是废黜王立而起用了光禄勋曲阳侯王根为大司马骠骑将军，一年多后增封食邑一千七百户。高平侯王逢时没有才能，这一年也去世了，谥号曰戴侯，他的儿子王买之继承侯爵。

绥和元年，成帝即位二十多年来没有儿子，而定陶共王已经去世，他的儿子继立为王。定陶王的祖母定陶傅太后用丰厚的礼物去贿赂骠骑将军王根，为定陶王求做汉王朝的继承人，王根把这些话都报告了成帝，成帝也打算立定陶王为继承人，于是就征召定陶王为太子。当时王根辅政五年，请求退休，成帝于是给王根增封食邑五千户，赏赐给他安车驷马，黄金五百斤，让他回家。

在此之前定陵侯淳于长以外戚的身份参政，他能谋善议，任卫尉侍中，按照顺序他在辅政之列。这一年，新都侯王莽控告淳于长过去的罪过和红阳侯王立有牵连，淳于长死在狱中，王立回到封国。这些都记载在《淳于长传》里。原来的曲阳侯王根推荐王莽来代替自己，成帝也认为王莽有忠效的气节，于是将王莽从侍中都尉光禄大夫提拔为大司马。

一年多以后，成帝去世，哀帝即位。太后下诏王莽回到自己的宅第，把权让给哀帝的外家。哀帝当初对王莽很优厚，王莽不听。王莽上书坚决请求退休。哀帝于是下诏说："曲阳侯王根从前在位时，制定了不少国家大策。侍中太仆安阳侯王舜从前护太子家，训导朕，忠诚专一，有旧恩。新都侯王莽为国家操劳，坚定地掌握原则，我也许可以靠他治理好国家，太皇太后诏令他回家休息，我对此非常怜惜。增加分封王根食邑二千户，增封王舜五百户，增封王莽三百五十户。给予王莽特进的官位，每逢初一和十五朝拜皇帝。"又把红阳侯王立召回京师。哀帝年轻时就听说王氏一家很骄横，心中对他们没有好感，但因为是刚刚即位，所以就宽容了他们。

一个多月以后，司隶校尉解光上奏说："曲阳侯王根宗重身尊，三代掌权，五将执政，天人都靠拢他，为他效劳。王根的品行贪得无厌，家中积累钜万，骄横恣意，大修宅第，宅第中修筑土山，建立了两个贸易市场，殿上的地涂成红色的，宫门上缕刻着青色的图纹，外出游观打猎时，让跟从他的奴婢们穿上盔甲手持弓弩，排成步兵的阵列；在离宫里休息住宿时，水衡掌管的财物供他使用，并派百姓修治道路，百姓们苦于被他役使。他心怀奸邪，想掌朝廷大权，推荐他亲近的官吏主薄张业任尚书，遮上盖下，内塞王路，外交藩臣，骄奢越上，坏乱制度。按说王根和皇帝是骨肉至亲，又是国家的大臣，先帝去世后，王根不悲哀怀念，先帝还未入陵安葬时，他就公然聘娶原来后宫女乐五官殷严、王飞君等，置酒歌舞，忘掉先帝的厚恩，背叛大臣的道义。王根哥哥的儿子成都侯王况也有幸因外戚的身份继承父亲官爵为列侯侍中，不考虑报答先帝的厚恩，也公然聘娶原来后宫的贵人为妻，都没有做大臣的礼义，犯了大不敬、大逆不道之罪。"于是天子说："先帝对待王根、王况父子是非常优厚的，现在他们却忘恩负义。"由于王根曾建议立定陶王为太子的国策，因此遣送他回封国。王况被免为平民百姓，送回原郡。由王根和王况的父亲王商推荐而当官的人，全部被罢免。

过了两年以后，傅太后、哀帝的母亲丁姬都称尊号。有司上奏说："新都侯王莽以前任大司马，贬低压抑上尊号的建议，损伤了孝道，以

及平阿侯王仁隐藏赵昭仪的亲属，都把他们送回封国。"天下的人多为王氏感到冤枉。

谏大夫杨宣上奏密封奏书说："孝成皇帝深思宗庙的重要，称赞陛下有至高的品德，使陛下承继正统。圣明的决策，意义深远，对陛下有深厚的恩德。追念先帝的本意，难道不是希望陛下代替他来侍奉太皇太后吗？太皇太后现已七十高龄，经历过数次忧伤，还下令亲属引退，回避丁、傅两家。路上的行人都会为此流泪，更何况陛下呢？陛下若登高远望时，难道不感到惭愧于延陵吗？"哀帝深深被他的话所感动，就又封王商的二儿子王邑为成都侯。

元寿元年，发生日食。贤良方正们在回答皇帝的询问时多数人控诉王莽，皇帝于是征召王莽和平阿侯王仁返回京师服侍太后。曲阳侯王根去世，取消了封国。

明年，哀帝去世，没有儿子，太皇太后任王莽为大司马，和他一起征立中山王为哀帝的继承人，这就是汉平帝。平帝当时才九岁，当年就得了病，太后临朝称制，委托王莽处理政事，王莽独揽大权，享尽威福。红阳侯王立是王莽的叔父，平阿侯王仁平时刚直，王莽内心也害怕他们，于是命令大臣罗列罪名上奏请求送王立、王仁回到各自的封国。王莽每天都欺骗迷惑太后，说她辅政达到天下太平，大臣们都上奏请求尊王莽为安汉公。后来就派遣使者逼迫守着王立、王仁让他们自杀，赐给王立的谥号叫荒侯，他的儿子王柱继承了官爵。赐给王仁的谥号是刺侯，他的儿子王术继承了官位。这一年是元始三年。明年，王莽又婉言托辞让大臣们上奏请立王莽的女儿为皇后。又上奏请求尊王莽为宰衡，王莽的母亲以及两个儿子都被封为列侯。这些都记载在《王莽传》里。

王莽对外统一群臣，让他们称颂自己的功德，对内又谄媚取悦在太后身旁侍奉的长卿以下的人，送给他们的贿赂数以千万。又提议尊太后的姐妹君侠为广恩君、君力为广惠君、君弟为广施君，都封给他们汤沐邑，因此她们天天赞美王莽。王莽又深知太后是个女人，厌恶居住在深宫之中，他想用游观之乐来换取她手中的权力，于是就让太后在春夏秋冬四季中坐着车子到郊外巡狩，慰问孤儿、寡妇和贞妇。春季到茧馆，率领皇后及列侯夫人们到那里采桑，沿着霸水在那里举行除灾祈福的仪式；夏天在御宿苑及鄠、下杜之间游玩；秋天到东馆，登高眺望昆明池，聚集在黄山宫；冬天到飞羽殿去宴饮，到上兰观去打猎，登上长平馆，面临泾水而观看风景。太后所到各属县，都要布施恩惠，赏赐平民钱币、布帛、酒肉，每年都是这样。太后不慌不忙地说："我刚到太子家时，在丙殿受到召见，至今五六十年了，我还记得很清楚。"王莽因此也说："太子宫就在附近，可以去一游，不会劳累您。"于是太后去了太子宫一趟，感到很是高兴。太后身旁的弄儿在外舍得病，王莽都要亲自去探望问侯她。王莽为得到太后的心欢，就采取这种手段。

平帝去世后，没有儿子，王莽就征召宣帝的玄孙，从中选择了年龄最小的广戚侯的儿子刘婴，当时只有两岁，托说他的卜相最为吉利。于是王莽婉言劝公卿们上奏请立刘婴为孺子，让宰衡安汉公王莽居位摄政，象周公辅佐成王的例子。太后认为这样做不可以，但她的力量已不能制止，于是王莽就成为摄皇帝，改元称制。不多时候，宗室里的安众侯刘崇和东郡太守翟义等人就诋毁王莽，更有起兵想诛杀王莽的人。太后听说之后，说："人心所见都差不多。我虽然是女人家，也深知王莽一定会因此而自找危险，这是不可避免的。"后来，王莽就以

符命自立为真皇帝，让人拿着吉祥瑞符来禀告太后，太后听了以后大吃一惊。

当初，汉高祖进入咸阳地区到达霸上时，秦王子婴在轵道上投降了汉军，把秦始皇的玺印交上去。到高祖诛灭了项籍后，登上帝位，皇帝就掌管起这块玺印来，世世传受，称它为汉朝传国之玺。因为孺子刘婴并未即位，所以这块御玺仍放在王太后居住的长乐宫。等到王莽登位后，向太后请予御玺，太后不肯授给王莽。王莽让安阳侯王舜规劝太后。王舜平时就谨慎小心，太后也喜欢他、信任他。等王舜见到太后以后，太后知道他是来为王莽求御玺时，很生气地骂他说："你们父子兄弟、家庭宗族都是依靠汉王朝的力量，几代享受着富贵，没有报答，反而利用别人托寄的机会夺取政权，不再顾及恩德情义。人如果活的象这样，连猪狗都不吃他剩下的东西，天下怎么会有你们这样的兄弟呢？而且你们自己用金匮符命当了新皇帝，改变历法，改变服制，就应当自己刻一枚御玺，使它传之万世，为什么还要用这枚灭亡国家不祥的御玺呢？而想得到它呢？我是汉王朝的一个老寡妇，早晚将会死去，打算和这枚御玺一起埋葬，他最终也不能得到。"太后一边哭泣一边说着，在她身旁的长御以下的人都为之落泪。王舜悲痛落泪，不能自止。过了好久才抬头对太后说："臣等已没有什么话可说了。如果王莽一定想得到这枚传国玺，太后您难道能一直不给他吗？"太后听到王舜的话十分恳切，又害怕王莽用武力威胁她，于是就拿出汉朝传国之玺，扔在地上给了王舜，并说："我已年老将要死去，象你们这样的人，将会全族被诛灭。"王舜得到传国之玺后，上奉给王莽，王莽感到非常高兴。于是为太后在未央宫的渐台上置办了酒宴，让大家纵情欢乐。

王莽又打算改变王太后在汉王朝时的旧封号，更换她的印信绶带，但又害怕她不听从。而王莽的远房亲属王谏想向王莽献媚，于是就上书说："皇天废除汉王室而命令建立新王室，太皇太后不应当再称旧尊号，应当随从汉王室一起废掉，来顺应天命。"王莽就坐着车子到了东宫，亲自把王谏的奏书呈报给太后，太后看后阴阳怪气地说："他讲的很有道理吗！"王莽因此说："这是个违背道义的大臣，他的罪过应当诛杀。"于是冠军张永献上符命铜璧，上面的文字写着："太皇太后应当称为'新室文母太皇太后'。"王莽于是就下诏说："我拿给大臣们看，大家都说：'美啊！上面的文字非刻非画，流畅自然。'我接受皇天命我为子，重新命令太皇太后为'新室文母太皇太后'，和睦合作于新旧交替之际，使汉室得到延续。哀帝之时，民间拿着西王母的筹策行于天下，为西王母祭祀求祥。应当立为历代的母亲，昭然著明。我畏天命，敢不钦承。谨慎以吉月吉日，亲自率领公卿诸侯卿士们奉送上皇太后的玺绂，以此来顺应天心，光照四海。"太后听后同意了王莽的建议。王莽于是用毒酒毒死王谏，而分封张永为贡符子。

当初，王莽为安汉公时，陷媚太后，上奏尊元帝庙为高宗，太后去世后应当以礼祭祀配食等等。等到王莽改称太后为新室文母时，断绝了汉室，不让她和元帝一起享受汉王朝的祭祀。毁坏了孝元庙，重新为文母太后建立新庙，只是把孝元庙的旧殿设置成文母的食堂。建成以后，叫做长寿宫。因为太后还健在，所以没有称之为庙。王莽因为太后喜欢外出游观，于是用车驾拉着食品到长寿宫设置了酒宴，宴请太后。太后到了以后，看见孝元庙拆除的废物满地都是，太后感到十分惊讶，哭着说："这是汉室宗庙，都有神灵，与你何干而毁坏了它？假使鬼神无知，又建庙有什么作用？如果有知，我是他的妃妾，

怎么能羞辱先帝的庙堂来陈列食品呢？"她又暗暗地对左右的人说："这个人轻视神灵的事很多，能够得到长久的保佑吗？"酒宴不欢而散。

自从王莽篡位以后，知道太后怨恨他，他想尽一切办法去陷媚太后，但太后越来越不高兴。王莽改变了汉室的黑貂冠，改为黄貂冠，又改变了汉朝正朔和伏日腊日。太后命令她的官属们戴黑貂冠，到了汉家的正朔祭日时，单独和她的左右侍从相对饮食。

太后活了八十四岁，建国五年二月癸丑去世。三月乙酉，和元帝合葬在渭陵。王莽下诏大夫扬雄作悼辞说："太阴之精，沙鹿之灵，作合于汉，配元生成。"显著地写出她与元城沙鹿相吻合。太阴之精的意思是说她母亲梦见月亮后生了她。太后死后十年，汉兵诛杀了王莽。

当初，红阳侯王立在封国南阳居住时，与刘氏结下了恩情，王立的小儿子王丹被任命为中山太守。世祖刚起兵时，王丹投降被任为将军，后来战死。皇帝非常可怜他，就封王丹的儿子王泓为武桓侯，一直到现在。

（郝淑慧 高可译）

【原文】

孝元皇后，王莽之姑也。莽自谓黄帝之后，其《自本》曰：黄帝姓姚氏，八世生虞舜。舜起妫汭，以妫为姓。至周武王封舜后妫满于陈，是为胡公，十三世生完。完字敬仲，奔齐，齐桓公以为卿，姓田氏。十一世，田和有齐国，二世称王，至王建为秦所灭。项羽起，封建孙安为济北王。至汉兴，安失国，齐人谓之"王家"，因以为氏。

文、景间，安孙遂字伯纪，处东平陵，生贺，字翁孺。为武帝绣衣御史，逐捕魏郡群盗坚卢等党与，及吏畏懦逗留当坐者，翁孺皆纵不诛。它部御史暴胜之等奏杀二千石，诛千石以下，及通行饮食坐连及者，大部至斩万余人，语见《酷吏传》。翁孺以奉使不称免，叹曰：

"吾闻活千人有封子孙，吾所活者万余人，后世其兴乎？"

翁孺既免，而与东平陵终氏为怨，乃徙魏郡元城委粟里，为三老，魏郡人德之。元城建公曰："昔春秋沙麓崩，晋史卜之，曰：'阴为阳雄，土火相乘，故有沙麓崩。后六百四十五年，宜有圣女兴。其齐田乎！'今王翁孺徙，正直其地，日月当之，元城郭东有五鹿之虚，即沙鹿地也。后八十年，当有贵女兴天下"云。

翁孺生禁，字稚君，少学法律长安，为廷尉史。本始三年，生女政君，即元后也。禁有大志，不修廉隅，好酒色，多取傍妻，凡有四女八男：长女君侠，次即元后政君，次君力，次君弟；长男凤孝卿，次曼元卿，谭子元，崇少子，商子夏，立子叔，根稚卿，逢时季卿。唯凤、崇与元后政群同母。母，适妻，魏郡李氏女也。后以妒去，更嫁为河内苟宾妻。

初，李亲任政君在身，梦月入其怀。及壮大，婉顺得妇人道。尝许嫁未行，所许者死。后东平王聘政君为姬，未入，王薨。禁独怪之，使卜数者相政君，"当大贵，不可言。"禁心以为然，乃教书，学鼓琴。五凤中，献政君，年十八矣，入掖廷为家人子。

岁余，会皇太子所爱幸司马良娣病，且死，谓太子曰："妾死非天命，乃诸娣妾良人更祝诅杀我。"太子怜之，且以为然。及司马良娣死，太子悲恚发病，忽忽不乐，因以过怒诸娣妾，莫得进见者。久之，宣帝闻太子恨过诸娣妾，欲顺适其意，乃令皇后择后宫家人子可以虞侍太子者，政君与在其中。及太子朝，皇后乃见政君等五人，微令旁长御问知太子所欲。太子殊无意于五人者，不得已于皇后，强应曰："此中一人可。"是时政君坐近太子，又独衣绛缘诸于，长御即以为是。皇后使侍中杜辅、掖庭令浊贤交送政君太子宫，见丙殿。得御幸，有身。先是者，太子后宫娣妾以十数，御幸久者七八年，莫有子，及王妃壹幸而有身。甘露三年，生成帝于甲馆画堂，为世适皇孙。宣帝爱之，自名曰骜，字太孙，常置左右。

后三年，宣帝崩，太子即位，是为孝元帝。立太孙为太子，以母王妃为婕妤，封父禁为阳平侯。后三日，婕妤立为皇后，禁位特进，禁弟弘至长乐卫尉。永光二年，禁薨，谥曰顷侯。长子凤嗣侯，为卫尉侍中。皇后自有子后，希复进见。太子壮大，宽博恭慎，语在《成纪》。其后幸酒，乐燕乐，元帝不以为能。而傅昭仪有宠于上，生定陶共王。王多材艺，上甚爱之，坐则侧席，行则同辇，常有意欲废太子而立共王。时凤在位，与皇后、太子同心忧惧，赖侍中史丹拥右太子，语在《丹传》。上亦以皇后素谨慎，而太子先帝所常留意，故得不废。

元帝崩，太子立，是为孝成帝。尊皇后为皇太后，以凤为大司马大将军领尚书事，益封五千户。王氏之兴自凤始。又封太后同母弟崇为安成侯，食邑万户。凤庶弟谭等皆赐爵关内侯，食邑。

其夏，黄雾四塞终日。天子以问谏大夫杨兴、博士驷胜等，对皆以为"阴盛侵阳之气也。高祖之约也，非功臣不侯，今太后诸弟皆以无功为侯，非高祖之约，外戚未曾有也，故天为见异。"言事者多以为然。凤于是惧，上书辞谢曰："陛下即位，思慕谅闇，故诏臣凤典领尚书事，上无以明圣德，下无以益政治。今有福星天地赤黄之异，咎在臣凤，当伏显戮，以谢天下。今谅闇已毕，大义皆举，宜躬亲万机，以承天心。"因乞骸骨辞职。上报曰："朕承先帝圣绪，涉道未深，不明事情，是以阴阳错缪，日月无光，赤黄之气，充塞天下。咎在朕躬，今大将军乃引过自予，欲上尚书事，归大将军印绶，罢大司马官，是明朕之不德也。朕委将军以事，诚欲庶岁有成，显先祖之功德。将军

其专心固意，辅朕之不逮，毋有所疑。"

后五年，诸吏散骑安成侯崇薨，谥曰共侯。有遗腹子奉世嗣侯，太后甚哀之。明年，河平二年，上悉封舅谭为平阿侯，商成都侯，立红阳侯，根曲阳侯，逢时高平侯。五人同日封，故世谓之"五侯"。太后同产唯曼蚤卒，余毕侯矣。太后母李亲，苟氏妻，生一男名参，寡居。顷侯禁在时，太后令禁还李亲。太后怜参，欲以田蚡为比而封之。上曰："封田氏，非正也。"以参为侍中水衡都尉。王氏子弟皆卿大夫侍中诸曹，分据势官满朝廷。

大将军凤用事，上遂谦让无所颛。左右常荐光禄大夫刘向少子歆通达有异材。上召见歆，诵读诗赋，甚说之，欲以为中常侍，召取衣冠。临当拜，左右皆曰："未晓大将军。"上曰：'此小事，何须关大将军?'左右叩头争之。上于是语凤，凤以为不可，乃止。其见惮如此。

上即位数年，无继嗣，体常不平。定陶共王来朝，太后与上承先帝意，遇共王甚厚，赏赐十倍于它王，不以往事为纤介。共王之来朝也，天子留，不遣归国。上谓共王："我未有子，人命不讳，一朝有它，且不复相见。尔长留侍我矣!"其后天子疾益有瘳，共王因留国邸，旦夕侍上，上甚亲重。大将军凤心不便共王在京师，会日蚀，凤因言"日蚀阴盛之象，为非常异。定陶王虽亲，于礼当奉藩在国。今留侍京师，诡正非常，故天见戒。宜遣王之国。"上不得已于凤而许之。共王辞去，上与相对涕泣而决。

京兆尹王章素刚直敢言，以为凤建遣共王之国非是，乃奏封事言日蚀之咎矣。天子召见章，延问以事，章对曰："天道聪明，佑善而灾恶，以瑞异为符效。今陛下以未有继嗣，引近定陶王，所以承宗庙，重社稷，上顺天心，下安百姓。此正义善事，当有祥瑞，何故致灾异?

灾异之发，为大臣颛政者也。今闻大将军猥归蚀日之咎于定陶王，建遣之国，苟欲使天子孤立于上，颛擅朝事以便其私，非忠臣也。且日蚀，阴侵阳臣颛君之咎，今政事大小皆自凤出，天子曾不一举手，凤不内省责，反归咎善人，推远定陶王。且凤诬罔不忠，非一事也。前丞相乐昌侯商本以先帝外属，内行笃，有威重，位历将相，国家柱石臣也，其人守正，不肯诎节随凤委曲，卒用闺门之事为凤所罢，身以忧死，众庶愍之。又凤知其小妇弟张美人已尝适人，于礼不宜配御至尊，托以为宜子，内之后宫，苟以私其妻弟。闻张美人未尝任身就馆也。且羌胡尚杀首子以汤肠正世，况于天子而近已出之女也！此三者皆大事，陛下所自见，足以知其余，及它所不见者。凤不可令久典事，宜退使就第，选忠贤以代之。"

自凤之白罢商后遣定陶王也，上不能平。及闻章言，天子感寤，纳之，谓章曰："微京兆尹直言，吾不闻社稷计！且唯贤知贤，君试为朕求可以自辅者。"于是章奏封事，荐中山孝王舅琅邪太守冯野王"先帝时历二卿，忠信质直，知谋有余。野王以王舅出，以贤复入，明圣主乐进贤也。"上自为太子时数闻野王先帝名卿，声誉出凤远甚，方倚欲以代凤。

初，章每召见，上辄辟左右。时太后从弟长乐卫尉弘子侍中音独侧听，具知章言，以语凤。凤闻之，称病出就第，上疏乞骸骨，谢上曰："臣材驽愚戆，得以外属兄弟七人封为列侯，宗族蒙恩，赏赐无量。辅政出入七年，国家委任臣凤，所言辄听，荐士常用。无一功善，阴阳不调，灾异数见，咎在臣凤奉职无状，此臣一当退也。《五经》传记，师所诵说，咸以日蚀之咎在于大臣非其人，《易》曰'折其右肱'，此臣二当退也。河平以来，臣久病连年，数出在外，旷职素餐，此臣三当退也。陛下以皇太后故不忍诛废，臣犹自知当远流放，又重自念，兄弟宗族所蒙不测，当杀身靡骨死辇毂下，不当以无益之故有离寝门之心。诚岁余以来，所苦加侵，日日益甚，不胜大愿，愿乞骸骨，归自治养，冀赖陛下神灵，未埋发齿，期月之间，幸得瘳愈，复望帷幄，不然，必填沟壑。臣以非材见私，天下知臣受恩深也；以病得全骸骨归，天下知臣被恩见哀，重巍巍也。进退于国为厚，万无纤介之议。唯陛下哀怜！"其辞指甚哀，太后闻之为垂涕，不御食。

上少而亲倚凤，弗忍废，乃报凤曰："朕秉事不明，政事多缺，故天变娄臻，咸在朕躬。将军乃深引过自予，欲乞骸骨而退，则朕将何向焉！《书》不云乎？'公毋困我。'务专精神，安心自持，期于巫瘳，称朕意焉。"于是凤起视事。上使尚书劾奏章"知野王前以王舅出补吏，而私荐之，欲令在朝阿附诸侯；又知张美人体御至尊，而妄称引羌胡杀子荡肠，非所宜言。"遂下章吏。廷尉致其大逆罪，以为"比上夷狄，欲绝继嗣之端；背畔天子，私为定陶王。"章死狱中，妻子徙合浦。

自是公卿见凤，侧目而视，郡国守相刺史皆出其门。又以侍中太仆音为御史大夫，列于三公。而五侯群弟，争为奢侈，赂遗珍宝，四面而至；后庭姬妾，各数十人，僮奴以千百数，罗钟磬，舞郑女，作倡优，狗马驰逐；大治第室，起土山渐台，洞门高郎阁道，连属弥望。百姓歌之曰："五侯初起，曲阳最怒，坏决高都，连竟外杜，土山渐台西白虎。"其奢僭如此。然皆通敏人事，好士养贤，倾财施予，以相高尚。

凤辅政凡十一岁。阳朔三年秋，凤病，天子数自临问，亲执其手，涕泣曰："将军病，如有不可言，平阿侯谭次将军矣。"凤顿首泣曰：

"谭等虽与臣至亲，行皆奢僭，无以率导百姓，不如御史大夫音谨敕，臣敢以死保之。"及凤且死，上疏谢上，复固荐音自代，言谭等五人必不可用。天子然之。

初，谭倨，不肯事凤，而音敬凤，卑恭如子，故荐之。凤薨，天子临吊赠宠，送以轻车介士，军陈自长安至渭陵，谥曰敬成侯。子襄嗣侯，为卫尉。御史大夫音竟代凤为大司马车骑将军，而平阿侯谭位特进，领城门兵。谷永说谭，令让不受城门职，由是与音不平，语在《永传》。

音既以从舅越亲用事，小心亲职，岁余，上下诏曰："车骑将军音宿卫忠正，勤劳国家，前为御史大夫，以外亲宜典兵马，入为将军，不获宰相之封，朕甚慊焉！其封音为安阳侯，食邑与五侯等，俱三千户。"

初，成都侯商尝病，欲避暑，从上借明光宫。后又穿长安城，引内沣水注第中大陂以行船，立羽盖，张周帷，辑濯越歌。上幸商第，见穿城引水，意恨，内衔之，未言。后微行出，过曲阳侯第，又见园中土山渐台似类白虎殿。于是上怒，以让车骑将军音。商、根兄弟欲自黥劓谢太后。上闻之大怒，乃使尚书责问司隶校尉、京兆尹"知成都侯商擅穿帝城，接引沣水，曲阳侯根骄奢僭上，赤墀青琐，红阳侯立父子臧匿奸猾亡命，宾客为群盗，司隶、京兆皆阿纵不举奏正法。"二人顿首省户下。又赐车骑将军音策书曰："外家何甘乐祸败，而欲自黥劓，相戮辱于太后前，伤慈母之心，以危乱国！外家宗族强，上一身寖弱日久，今将一施之。君其召诸侯，令待府舍。"是日，诏尚书奏文帝时诛将军薄昭故事。车骑将军音藉槁请罪，商、立、根皆负斧质谢。上不忍诛，然后得已。

久之，平阿侯谭薨，谥曰安侯，子仁嗣侯。太后怜弟曼蚤死，独不封，曼寡妇渠供养东宫，子莽幼孤不及等比，常以为语。平阿侯谭、成都侯商及在位多称莽者。久之，上复下诏追封曼为新都哀侯，而子莽嗣爵为新都侯。后又封太后姊子淳于长为定陵侯。王氏亲属，侯者凡十人。

上悔废平阿侯谭不辅政而薨也，乃复进成都侯商以特进，领城门兵，置幕府，得举吏如将军。杜邺说车骑军音令亲附商，语在《邺传》。王氏爵位日盛，唯音为修整，数谏正，有忠节，辅政八年，薨。吊赠如大将军，谥曰敬侯。子舜嗣侯，为太仆侍中。特进成都侯商代音为大司马卫将军，而红阳侯立位特进，领城门兵。商辅政四岁，病乞骸骨，天子悯之，更以为大将军，益封二千户，赐钱百万。商薨，吊赠如大将军故事，谥曰景成侯，子况嗣侯。红阳侯立次当辅政，有罪过，语在《孙宝传》。上乃废立而用光禄勋曲阳侯根为大司马票骑将军，岁余益封千七百户。高平侯逢时无材能名称，是岁薨，谥曰戴侯，子买之嗣侯。

绥和元年，上即位二十余年无继嗣，而定陶共王已薨，子嗣立为王。王祖母定陶傅太后重赂遗票骑将军根，为王求汉嗣，根为言，上亦欲立之，遂徵定陶王为太子。时根辅政五岁矣，乞骸骨，上乃益封根五千户，赐安车驷马，黄金五百斤，罢就第。

先是定陵侯淳于长以外属能谋议，为卫尉侍中，在辅政之次。是岁，新都侯莽告长伏罪与红阳侯立相连，长下狱死，立就国，语在《长传》。故曲阳侯根荐莽以自代，上亦以为莽有忠直节，遂擢莽从侍中骑都尉光禄大夫为大司马。

岁余，成帝崩，哀帝即位。太后诏莽就第，避帝外家。哀帝初优莽，不听。莽上书固乞骸骨而退。上乃下诏曰："曲阳侯根前在位，建社稷策。侍中太仆安阳侯舜往时护太子家，导朕，忠诚专一，有旧恩。新都侯莽忧劳国家，执义坚固，庶几与为治，太皇太后诏休就第，朕甚闵焉。其益封根二千户，舜五百户，莽三百五十户。以莽为特进，朝朔望。"又还红阳侯立京师。哀帝少而闻知王氏骄盛，心不能善，以初立，故优之。

后月余，司隶校尉解光奏："曲阳侯根宗重身尊。三世据权，五将秉政，天下辐凑自效。根行贪邪，臧累钜万，纵横恣意，大治室第，第中起土山，立两市，殿上赤墀，户青琐；游观射猎，使奴从者被甲持弓弩，陈为步兵；止宿离宫，水衡共张，发民治道，百姓苦其役。内怀奸邪，欲管朝政，推亲近吏主簿张业以为尚书，蔽上壅下，内塞王路，外交藩臣，骄奢僭上，坏乱制度。案根骨肉至亲，社稷大臣，先帝弃天下，根不悲哀思慕，山陵未成，公聘取故掖女乐五官殷严、王飞君等，置酒歌舞，捐忘先帝厚恩，背臣子义。及根兄子成都侯况幸得以外亲继父为列侯侍中，不思报厚恩，亦聘取故掖庭贵人以为妻，皆无人臣礼，大不敬不道。"于是天子曰："先帝遇根、况父子，至厚也，今乃背忘恩义！"以根尝建社稷之策，遣就国。免况为庶人，归故郡。根及况父商所荐举为官者，皆罢。

后二岁，傅太后、帝母丁姬皆称尊号。有司奏"新都侯莽前为大司马，贬抑尊号之议，亏损孝道，及平阿侯仁臧匿赵昭仪亲属，皆就国。"天下多冤王氏。

谏大夫杨宣上封事言："孝成皇帝深惟宗庙之重，称述陛下至德以承天序，圣策深远，恩德至厚。惟念先帝之意，岂不欲以陛下自代，奉承东宫哉！太皇太后春秋七十，数更忧伤，敕令亲属引领以避丁、傅。行道之人为之陨涕，况于陛下，时登高远望，独不惭于延陵乎！"哀帝深感其言，复封商中子邑为成都侯。

元寿元年，日蚀。贤良对策多讼新都侯莽者，上于是征莽及平阿侯仁还京师侍太后。曲阳侯根薨，国除。

明年，哀帝崩，无子，太皇太后以莽为大司马，与共征立中山王奉哀帝后，是为平帝。帝年九岁，当年被疾，太后临朝，委政于莽，莽颛威福。红阳侯立莽诸父，平阿侯仁素刚直，莽内惮之，令大臣以罪过奏遣立、仁就国。莽日诳燿太后，言辅政致太平，群臣奏请尊莽为安汉公。后遂遣使者迫守立、仁令自杀，赐立谥曰荒侯，子柱嗣，仁谥曰剌侯，子术嗣。是岁，元始三年也。明年，莽风群臣奏立莽女为皇后。又奏尊莽为宰衡，莽母及两子皆封为列侯，语在《莽传》。

莽既外壹群臣，令称己功德，又内媚事旁侧长御以下，赂遗以千万数。白尊太后姊妹君侠为广恩君，君力为广惠君，君弟为广施君，皆食汤沐邑，日夜共誉莽。莽又知太后妇人厌居深宫中，莽欲虞乐以市其权，乃令太后四时边驾巡狩四郊，存见孤寡贞妇。春幸茧馆，率皇后列侯夫人桑，遵霸水而祓除；夏游御宿、鄠、杜之间；秋历东馆，望昆明，集黄山宫；冬享饮飞羽，校猎上兰，登长平馆，临泾水而览焉。太后所至属县，辄施恩惠，赐民钱帛牛酒，岁以为常。太后从容言曰："我始入太子家时，见于丙殿，至今五六十岁尚颇识之。"莽因曰："太子宫幸近，可一往游观，不足以为劳。"于是太后幸太子宫，甚说。太后旁弄儿病在外舍，莽自亲候之。其欲得太后意如此。

平帝崩，无子，莽征宣帝玄孙选最少者广戚侯子刘婴，年二岁，托以卜相为最吉。乃风公卿奏请立婴为孺子，令宰衡安汉公莽践祚居摄，如周公傅成王故事。太后不以为可，力不能禁，于是莽遂为摄皇帝,改元称制焉。俄而宗室安众侯刘崇及东郡太守翟义等恶之,更举兵欲诛莽。太后闻之,曰:"人心不相远也。我虽妇人,亦知莽必以是自危,不可。"其后,莽遂以符命自立为真皇帝,先奉诸符瑞以白太后,太后大惊。

初,汉高祖入咸阳至霸上,秦王子婴降于轵道,奉上始皇玺。及高祖诛项籍,即天子位,因御服其玺,世世传受,号曰汉传国玺。以孺子未立,玺臧长乐宫。及莽即位,请玺,太后不肯授莽。莽使安阳侯舜谕指。舜素谨敕,太后雅爱信之。舜既见,太后知其为莽求玺,怒骂之曰:"而属父子宗族蒙汉家力,富贵累世,既无以报,受人孤寄,乘便利时,夺取其国,不复顾恩义。人如此者,狗猪不食其馀,天下岂有而兄弟邪!且若自以金匮符命为新皇帝,变更正朔服制,亦当自更作玺,传之万世,何用此亡国不祥玺为,而欲求之?我汉家老寡妇,旦暮且死,欲与此玺俱葬,终不可得!"太后因涕泣而言,旁侧长御以下皆垂涕。舜亦悲不能自止,良久乃仰谓太后:"臣等已无可言者。莽必欲得传国玺,太后宁能终不与邪!'太后闻舜语切,恐莽欲胁之,乃出汉传国玺,投之地以授舜,曰:'我老已死,如而兄弟,今族灭也!'舜既得传国玺,奏之,莽大说,乃为太后置酒未央宫渐台,大纵众乐。

莽又欲改太后汉家旧号,易其玺绶,恐不见听,而莽疏属王谏欲谄莽,上书言:"皇天废去汉而命立新室,太皇太后不宜称尊号,当随汉废,以奉天命。"莽乃车驾至东宫,亲以其书白太后。太后曰:"此言是也!"莽因曰:"此悖德之臣也,罪当诛!"于是冠军张永献符命铜璧,文言"太皇太后当为新室文母太皇太后"。莽乃下诏曰:"予亲群公,咸曰'休哉!其文字非刻非画,厥性自然。'予伏念皇天命予为

子，更命太皇太后为'新室文母太皇太后'，协于新故交代之际，信于汉氏。哀帝之代，世传行诏筹，为西王母共具之祥，当为历代母，昭然著明。予祗畏天命，敢不钦承！谨以令月吉日，亲率群公诸侯卿士，奉上皇太后玺绂，以当顺天心，光于四海焉。"太后听许。莽于是鸩杀王谏，而封张永为贡符子。

初，莽为安汉公时，又谄太后，奏尊元帝庙为高宗，太后晏驾后当以礼配食云。及莽改号太后为新室文母，绝之于汉，不令得体元帝。堕坏孝元庙，更为文母太后起庙，独置孝元庙故殿以为文母篡食堂，既成，名曰长寿宫。以太后在，故未谓之庙。莽以太后好出游观，乃车驾置酒长寿宫，请太后。既至，见孝元庙废彻涂地，太后惊，泣曰："此汉家宗庙，皆有神灵，与何治而坏之！且使鬼神无知，又何用庙为！如令有知，我乃人之妃妾，岂宜辱帝之堂以陈馈食哉！"私谓左右曰："此人嫚神多矣，能久得祜乎！"饮酒不乐而罢。

自莽篡位后，知太后怨恨，求所以媚太后无不为，然愈不说。莽更汉家黑貂，著黄貂，又改汉正朔伏腊日。太后令其官属黑貂，至汉家正腊日，独与其左右相对饮酒食。

太后年八十四，建国五年二月癸丑崩。三月乙酉，合葬渭陵。莽诏大夫扬雄作诔曰："太阴之精，沙麓之灵，作合于汉，配元生成。"著其协于元城沙麓。太阴精者，谓梦月也。太后崩后十年，汉兵诛莽。

初，红阳侯立就国南阳，与诸刘结恩，立少子丹为中山太守。世祖初起，丹降为将军，战死。上闵之，封丹子泓为武桓侯，至今。

品读汉史经典　汲取无究智慧

汉书·后汉书

(东汉)班固　著　　　(南朝·宋)范晔　著

第三卷

辽海出版社

后 汉 书

《后汉书》是一部纪传体的东汉史，南朝宋范晔著，共一百二十卷，记载了从汉光武帝建武元年（25年）到汉献帝建安二十五年（220年）东汉一代的一百九十六年间的史事。《后汉书》与《史记》、《汉书》、《三国志》一起合称为"前四史"，是古代史学名著中的优秀作品。

范晔编撰《后汉书》，原定十纪、十志、八十列传，合为百卷，与《汉书》相应。但十志未成，身遭杀害。后来梁刘昭为《后汉书》作注，取司马彪的《续汉书》中的八志加以注释，分为三十卷，以补范书之缺，有了现在的一百二十卷本《后汉书》。十纪共十二卷，其中九卷记述记述东汉十二帝，依次为光武帝刘秀、明帝刘庄、章帝刘炟、和帝刘肇、殇帝刘隆、安帝刘祜、顺帝刘保、冲帝刘炳、质帝刘缵、桓帝刘志、灵帝刘宏、献帝刘协。（其中殇帝刘隆附于和帝纪，冲帝刘炳、质帝刘缵附于顺帝纪，北乡侯与少帝附入安灵二帝纪。）另有皇后纪一卷。其中《光武纪》和《皇后纪》各分上下二卷，故达十二卷。由于范晔将临朝称制的六后和其他各后一并立纪，引起后人非议。八十列传共八十八卷，其中八传分为上下卷，故增多八传。除一般的"专传"、"合传"外，有"类传"十一种：党锢，循吏，酷吏，宦者，儒林，文苑，独行，方术，逸民，列女，东夷、南蛮、西南夷、西羌、西域、南匈奴、乌桓、鲜卑等。其中《党锢》、《宦者》、《文苑》、《独行》、《方术》、《逸民》、《列女》七篇是范晔所创。《党锢》和《宦者》反映出东汉末年桓、灵二朝宦官专权，禁锢结党评议朝政的政局；《文苑传》记载擅长文学的人士；《独行传》记载"特立卓立"而获入仕的人物；《方术传》记载阴阳占卜之人及神仙怪异之事；《逸民传》记载那些清高飘逸、隐居不仕的人物；《列女传》记载妇女中"才行尤高秀者"。范晔所开创的这些类传，拓展了纪传体记事的范围，使东汉一代历史得到更全面的反映。除《党锢》外，其他类传均为后世史书所承袭。关于"志"，司马彪的八志多因袭《史记》、《汉书》，仅变《汉书》的"郊祀志"为"祭祀志"，改"地理志"为"郡国志"，且八志中无"沟洫志"、"刑法志"和"食货志"，殊为可惜。新创的有"舆服志"和"百官志"，"舆服志"记载君臣各种等级的舆车和服饰，"百官志"则系统地阐述了东汉中央和地方的官制。

　　《后汉书》体例完备，结构严谨，内容详实，记载得宜，叙事繁简适宜，文辞流畅优美，是一部文学价值和史学价值都很高的优秀著作。刘昭在《后汉书注补志序》中称赞说："范晔《后汉》，良诚跨众代。"陈澧说："三代以下，学术风俗莫如后汉，赖有范书以传之。"《后汉书》一出，其他各家的后汉史都销声匿迹，一举击败众多先贤之作。《后汉书》同班固的《汉书》一样，将有关的论文及词赋都收入每个作者的传中，这些论及汉代社会的政治、经济和思想意识诸方面重大问题的文献资料，都赖《后汉书》获得了保存，成为研究汉代社会历史的重要资料。当然，由于《后汉书》是一部未经作者最后完稿的著作，因此在目录编排的次序上不尽妥当。后补进的"志"问题也就更多。

汉光武帝纪

——《后汉书》卷一

【说明】刘秀（前6~57），字文叔，南阳蔡阳（今湖北枣阳西南）人。西汉皇族。东汉王朝的奠基者。公元25~57年在位，谥号光武，庙号世祖。王莽末年，爆发农民大起义，他和哥哥刘缤乘机在南阳起兵，加入绿林军，在昆阳大捷中发挥过重要作用。王莽失败后，他经略河北，开始脱离更始帝刘玄而自立，先后镇压了铜马、赤眉等多股起义军，也陆续平灭了王郎、刘永、隗嚣、公孙述等许多割据者，统一了全国。在位期间，他一方面多次发布释放奴婢的命令，减轻赋税徭役，废止地方兵役制，精简官员，裁并郡县，兴修水利，发展生产，以缓和社会矛盾；一方面又辞退功臣而任用文官，加强尚书的权力，削弱三公的权限，限制外戚的干政，以强化中央集权的政治体制，使新兴的东汉政权得稳定而迅速地发展起来，史称"光武中兴"。然而他是靠豪族的支持才夺取天下的，在豪族的的压力下，不得不中止度田令的推行，只能行"柔道"，以缓和统治集团内部的矛盾，在一定的程度上抵消了他加强皇权的努力。由于他的登基与先前"刘秀当为天子"的谶语相符，所以笃信图谶，也加重了儒学神学化的倾向，助长迷信思想的泛滥。

世祖光武皇帝讳名秀，字文叔，南阳郡蔡阳县人，汉高祖第九代孙子，出自汉景帝所生长沙定王刘发的那个支系。刘发生春陵节侯刘买，刘买生郁林太守刘外，刘外生钜鹿都尉刘回，刘回生南顿令刘钦，刘钦生光武。光武九岁时成了孤儿，由叔父刘良收养。他身高七尺三寸，须眉浓秀，大嘴，高鼻梁，额骨隆起，生性喜欢种植庄稼，而哥哥刘伯升好行侠养士，曾讥笑光武经营农业，把他比作汉高祖的哥哥刘仲。王莽天凤年间，光武来到长安，拜师学习《尚书》，略通大义。

王莽末年，天下连年闹蝗灾，盗贼蜂起，地皇三年，南阳发生饥荒，各家的宾客大多去偷盗抢劫。光武为逃避官吏躲到新野，顺便在宛城出售粮食。宛人李通等人用图谶鼓动光武说："刘氏复兴，李氏为辅。"光武起初不敢答应，然而暗自思量哥哥伯升一向结交无业游民，必将发动起义，况且王莽败亡的征兆已经明显，天下正在动荡起来，于是同李通等人定下大计，从此就购置兵刃弩箭。十月，与李通从弟李轶等起兵于宛城，当时他二十八岁。

十一月，有彗星出现在张星星区。光武于是率领宾客回到春陵。当时伯升已经聚众起兵。起初，各家子弟十分恐惧，都逃散躲藏起来，说："伯升要害我们。"等到看见光武身着武将的绛衣大冠，都吃惊地说："谨慎厚道的人也干这种事。"这才稍微心安了一些。伯升于是请来新市军和平林军，同他们的主帅王凤、陈牧一道向西进攻长聚。光武开始骑牛，杀死新野尉后才得以骑马，进占并屠戮了唐子乡，又杀死了湖阳尉。军中瓜分财物不均，众人愤恨不平。想反攻刘姓各部。光武收敛起宗族成员所得到的财物，全部给了他们，众人才喜悦起来。进占棘阳后，与王莽前队大夫甄阜、属正梁丘赐交战于小长安，汉军被打得大败，退守棘阳。

更始元年正月初一，汉军重又与甄阜、梁丘赐交战于淯水西岸，大败敌军，斩杀了甄阜、梁丘赐。伯升又在淯阳击败王莽的纳言将军严尤和秩宗将军陈茂，进而包围了宛城。二月初一，拥立刘圣公为天子，以伯升为大司徒，光武为太常偏将军。三月，光武另与一些将领征讨昆阳、定陵、郾等地，全都攻占下来，缴获大批的牛马和财物，粮食数十万斛，转运到了宛城城下，王莽获悉甄阜、梁丘赐战死，汉帝已经登基，十分恐惧。派遣大司徒王寻、大司空王邑统兵百万，可以作战的士兵为四十二万人。五月，抵达颍川，又和严尤、陈茂会合。当初，光武曾替春陵侯家向严尤申诉拖欠租赋事，严尤召见后，很欣赏他的风度。到此时，汉军城中出来投降严尤的人说光武不掠夺财物，只是筹划军事策略。严尤笑道："是那位须眉俊美的人吗？他怎么竟做这种事！"

起初，王莽征调天下精通兵法的六十三家学派中的数百人，一并任用为军吏；又选拔训练卫兵，招募猛士，组成庞大的军队开赴战场，各种军旗和军用物资在千里大道上络绎不绝。当时军中有巨人叫巨无霸，身高一丈，腰大十围，任命为垒尉；又驱赶各种猛兽如虎、豹、犀牛、大象之类，以助军威。自秦汉以来，出征的军队如此声势浩大，还从未有过。光武率领数千名士兵，巡逻到阳关。众将领见到王寻、王邑军容盛大，转而顺原路撤退，奔回昆阳城，全都心惊胆战，忧虑后方的妻子儿女，想分别返回各自原来驻守的城池。光武建议道："现在士兵和军粮都很少，而外敌强大，合力抵御他们，或许可以立功；如果力量分散，势必全都难以保全。而且宛城尚未夺取，主力不能前来救援，昆阳一旦被攻破，一日之间，各部也将被消灭，今天不同心协力共同谋取功名，反而要去守护各自的妻子儿女和财物吗？"众将发

怒道:"刘将军怎敢这样说话!"光武笑着起身走了。恰巧侦察的骑兵回来,说王莽大军将进抵城北,军队绵延数百里,看不见后尾。众将领窘迫地相互商量说:"还是重新请刘将军来商议对策吧。"光武再度剖析成败得失。众将忧虑窘迫,都同声称是。当时城中只有八九千人,光武便让成国上公王凤、廷尉大将军王常留守昆阳,晚上自己同骠骑大将军宗佻、五威将军李轶等十三人骑马,出昆阳城南门,到外地调集兵马。这时王莽军队来到城下的近十万人,光武等人几乎不能出城。他们到了郾、定陵,调动各营所有兵马,而那些将领贪恋钱财,想分兵留守它。光武说:"现在如果能够击败敌人,所得珍宝是已有的万倍,大功可以告成;如果被莽军打败,脑袋都没有了,还用什么财物!"大家这才听从了他的命令。

严尤劝说王邑说:"昆阳城小但坚固,现在假冒帝号的人在宛城,速派大兵前往,他们一定逃走;宛城敌人被打败了,昆阳自然降服。"王邑说:"我过去以虎牙将军的身份围攻翟义,因为没能将他生擒,所以受到责备。今天率领百万大军,遇到敌人据守的城池而不能攻取,如何交待?"于是围绕昆阳城设下数十道防线,建立成百座营盘,树起云车高十余丈,靠近昆阳俯视城中,各类旗帜遮盖了田野,人马搅得尘埃满天,敲鼓击钲的军乐声传出数百里之远。莽军有的挖掘地道攻城,有的用冲车撞城和用篷车攀城。大批弓弩手连续不断发射,箭如雨下,城中军民不得不背着门板而汲水。王凤等人乞求投降,遭到拒绝。王寻、王邑自以为胜利已为时不远,神态十分安闲,晚上有流星坠落在王莽军营地之中,白天有云,形如山丘,从营盘上空直落而下,离地一尺左右才崩散开来,莽军将士全部都匍伏在地上。

六月初一,光武即与各部人马一齐进发,自已亲率步、骑兵一千余人，在离莽军大约四五里的地方排开阵势。王寻、王邑也派兵数千人前来交战。光武冲击敌营，斩下数十名敌军首级。其他各部将士高兴地说："刘将军平生见到小股敌人就害怕，今天遇到强敌却勇猛无畏，真叫人奇怪！还是继续在前，请让我们帮助将军！"光武再次进攻，王寻、王邑派出的军队又退去，义军各部一同乘机进攻，杀死莽军数百近千人。义军连续获胜，继续向昆阳进军。此时伯升攻取宛城已有三天了，而光武还不知道，于是派人伪装成宛城的使者携带书信通知昆阳守军，说："宛城的救兵即刻赶到。"却故意失落了这封书信。王寻、王邑得知后，十分不快。义军众将领屡战屡捷，胆气更壮，无不以一当百。光武就与三千名敢死队员，从城西涉水直扑莽军的中军，王寻、王邑的阵势大乱，义军一鼓作气打垮敌军，于是杀死了王寻。昆阳守军也击鼓呐喊着冲杀出来，内外夹击，喊杀声惊天动地，莽军大溃退，逃跑的士兵互相践踏，死尸僵卧在百余里的路上。恰逢雷声大作，狂风骤起，屋瓦全被风刮得乱飞，暴雨如注，滍水水势猛涨，吓得虎豹都四肢颤抖，士兵们争着渡河，淹死的人以万计，河水为之断流。王邑、严尤、陈茂轻装骑马踏着死尸渡河逃走。义军全部缴获了莽军的各种军用物资，兵车、盔甲和珍宝，多得无法计算，运了几个月都没运完，有人把剩余的物资烧掉了。

　　光武再接再励夺取颍阳。恰在此时伯升被更始帝所杀害，光武从父城赶回宛城请罪。伯升司徒府的属吏迎接光武并表示慰问，光武不便述说心里话，只能沉痛地引咎自责而已。他未曾自我表白昆阳的功劳，又不敢为伯升服丧，吃饭说笑如同平时一样。更始因此心中有愧，便任命光武为破虏大将军、封武信侯。

　　九月初三，三辅的豪杰共同杀死了王莽，将首级送到宛城。更始帝将北上建都洛阳，以光武兼管司隶校尉事，命他前去整修宫室和官府。于是光武任命了属吏，写好文书发到各属县，行使起督促文书，察举非法的职责，一切按照汉朝的旧规定办事。当时三辅地区的官吏和士人到洛阳城东迎接更始帝，看见诸位将军经过，都是头上戴帻，身穿如同妇女所穿的衣裳，即诸于和绣褠之类，无不感到可笑，甚至有人害怕不吉利而走掉了。等到看见司隶校尉的部下，都高兴得不知如何是好。老年的官吏有的流着泪说："不料想今天还能重新看到汉朝官员的威仪！"从此有识之士都倾心于光武。

待更始帝到达洛阳，就派光武以破虏将军的身份代理大司马事务。十月，持节向北渡过黄河，镇抚河北各州郡。所到郡县，便接见二千石、长吏、三老、官属，下至一般佐史，考察治政得失，如同州牧巡行辖区一样。他一到某地就审查释放囚徒，革除王莽苛政，恢复汉朝官吏的名称。吏民欢欣鼓舞，争着带上牛肉和酒，迎接慰劳光武一行人。进抵邯郸，原赵缪王之子刘林劝说光武道："赤眉军现在在河东，只要决堤放水淹他们，百万赤眉军全可以让他们成为鱼。"光武不理睬，又前往真定。刘林于是诡称卜者王郎是成帝的儿子刘子舆，在十二月，拥立王郎为天子，建都邯郸，并派遣使者劝降了许多郡国。

二年正月，光武鉴于王郎一兴起就比较强大，于是向北攻取蓟县。王郎下达快递文书，悬赏十万户侯捉拿光武。而原广阳王之子刘接于蓟城中起兵，以响应王郎。城内很混乱，谣言四起，人人惊恐，说邯郸使者刚刚到达，二千石以下官吏都前去迎接。于是光武急忙坐车南逃，无论白天黑夜都不敢进入城市，吃住全在道旁。到达饶阳，部下全断了炊。光武就自称是邯郸使者，进入传舍。传舍的官吏刚送进食物，光武的随从因为饥饿，争抢食物。传吏怀疑他们是伪装的使者，

就击鼓数十下，假称邯郸的将军来到，光武的部下都大惊失色。光武上车想跑，既而害怕出不去，慢慢回到座位，说："请邯郸的将军进来。"过了许久才驾车离去。传舍中的人远远地喊守护城门的人关闭大门。门长说："天下形势还难预料，而能随便关闭长者吗？"于是光武得以从南门离去。他们日夜兼程，冒着霜雪，天气正寒冷，脸都冻裂了。到了呼沱河，没有船只，恰遇河水结冰，得以通过，还没全部过完而后面的几辆车陷入河中，进抵下博县城西，彷徨犹豫不知该向何方。有一个白衣老人在路边，指示说："努力！信都郡仍忠于刘玄，离这里八十里。"光武立即奔赴信都。信都太守任光开门出迎。世祖因此征发附近各县的兵卒，得到四千人。先攻打堂阳、贳县，全都降服。王莽和成卒正邳彤也率全郡归降。又昌城人刘植、宋子人耿纯，各领宗亲子弟，占领各自的县城，以拥戴光武。于是北上迫降下曲阳，兵马初步集结，乐意投靠的人达到数万人。接着向北进攻中山，夺取卢奴。所过之处调发"奔命"兵，向周围各郡传递文书，要求共同打击邯郸势力，郡县又再次响应号召。又南下进攻新市、真定、元氏、防子，都占领下来，因此进入赵国地界。

当时王郎大将李育驻扎在柏人，汉兵不知情况而进军，前部偏将军朱浮、邓禹被李育打败，丧失了辎重。光武在后面听说此事，收容了朱浮、邓禹的溃散的士兵，与李育大战于柏人的外城城门，大获全胜，全部夺回了被李育缴获的物资。李育退守城池，光武攻不下它，就率军夺取广阿。恰好上谷太守耿况、渔阳太守彭宠各派他们的将领吴汉、寇恂等人统帅突骑来协助攻打王郎，更始帝也派遣尚书仆射谢躬讨伐王郎，光武因而大肆犒劳士兵，于是东进围困钜鹿。王郎守将王饶坚守，经过一个多月仍攻打不下。王郎派将军倪宠、刘奉领兵数万援救钜鹿，光武迎战于南栾，斩杀数千人。四月，围攻邯郸，连战连胜。五月初一，攻取邯郸，处死王郎。收缴文书，得到自己部下向王郎联络或诽谤自己的信件数千封。光武不查看，集合众将当面把信烧掉，说："让为此事担扰的人心安。"

更始帝派侍御史持节封光武为萧王，命令他遣散军队回到更始帝身边。光武以河北地区尚未平定为由推辞，不应征召，从此开始脱离更始帝。

那时长安政治混乱，四方背叛。梁王刘永专命于睢阳，公孙述称王于巴、蜀，李宪自立为淮南王，秦丰自号楚黎王，张步起事于琅邪，董宪起事于东海，延岑起事于汉中，田戎起事于夷陵，都各任命将帅，侵占郡县。又有各种名号的贼兵如铜马、大肜、高湖、重连、铁胫、大抢、尤来、上江、青犊、五校、檀乡、五幡、五楼、富平、获索等，各自率领部队，人数合计达数百万人，在当地劫掠。

光武将攻击诸寇贼，先派遣吴汉到北方征发十郡兵马。幽州牧苗曾不听从调兵，吴汉就斩杀苗曾而征发了他的部下。秋天，光武进攻铜马于鄡县，吴汉率领突骑来到清阳会合。贼兵多次挑战，光武坚守营垒，贼兵有出外抢掠的人，就发兵消灭他们，断绝了贼兵的粮道。累计过了一月有余，贼兵粮食吃光，乘夜色逃去，光武追击到馆陶，大败贼军。接受投降一事尚未结束，而高湖、重连军从东南方前来，与铜马残部会合，光武又与他们大战于蒲阳，全部打败并降服了他们，封他们首领为列侯。降人仍然心中不安，光武懂得他们的心意，命令他们各自回营整顿队伍，于是自己轻装骑马一一巡视各部队列。降人互相说道："萧王以赤心待我等，我等怎能不以死报效呢！"从此都顺服。光武把降人全部分配给各位将领，士兵于是多达数十万，因而关西称光武为"铜马帝"。赤眉一个别帅与大肜、青犊军共十万人驻扎射犬，光武进击，大败他们，各军全都逃散。派吴汉、岑彭袭杀谢躬于邺城。

青犊、赤眉贼开进函谷关，进攻更始帝。光武就派遣邓禹率领六员副将引兵向西进发，以利用更始、赤眉相争的动乱机会。当时更始帝派大司马朱鲔、舞阴王李轶等屯守洛阳，光武也命令冯异据守孟津予以抗衡。

建武元年春正月，平陵人方望拥立原来的孺子刘婴为天子，更始帝派遣丞相李松进攻并斩杀了他们。光武帝北上进攻尤来、大抢、五幡军于元氏，追击到右北平，连续打败他们。又战于顺水之北，乘胜冒进，反而被打败。贼兵追击得很紧，短兵相接，光武自己从高坡上跳下去，遇到突骑王丰，王丰下马让给光武，光武扶着王丰的肩膀上马，回过头来笑着对耿弇说："几乎被敌人所耻笑！"耿弇频频射箭击退贼兵，得以幸免。光武的士兵死了数千人，散兵回来后退守范阳。军中不见光武，有人说他已战死，众将不知如何是好。吴汉说："大家努力！萧王哥哥的儿子在南阳，何愁没有主公？"众人恐惧，几天以后才安定下来。贼兵虽然取胜，但平素折服于汉军军威，客主双方互不摸底，晚上就撤走了。大军重又前进到安次，与敌交锋，击败他们，斩首三千余级。贼兵退入渔阳，于是派遣吴汉率领耿弇、陈俊、马武等十二位将军追击于潞县之东，一直进抵平谷，大败并消灭了贼军。

朱鲔派遣讨难将军苏茂进攻温县，冯异、寇恂与他们交锋，大败敌军，斩杀苏茂的将领贾强。于是众将商议给光武上尊号，马武先向光武进言："天下无主。如果有圣人利用天下凋敝的时候崛起，我们虽有仲尼为相，孙子为将，也恐怕难有作为。泼水难收，后悔无及。大

王虽然执意谦让，叫宗庙社稷怎么办！应该返回蓟县登基，再商议征伐的事情。否则现在能说谁是逆贼而放手攻打他们呢？"光武震惊地说："将军为何说出这样的话？该斩首了！"马武说："众将领都这样说。"光武让他出去劝说众将。于是引军回到蓟县。

夏四月，公孙述自称天子。光武从蓟县返回，路过范阳，下令收葬以前阵亡的将士。抵达中山，众将又上奏说："汉朝遭遇王莽之乱，宗庙废弃，祭祀断绝，豪杰愤怒，兆民惨遭涂炭。大王与伯升首举义兵，更始凭靠你们的努力才得以占有帝位，而不能维护好大业，破坏搅乱了纲纪，盗贼日益增多，百姓处于危难和窘境之中。大王初征昆阳，王莽不战自溃；后来夺取邯郸，河北的州郡归顺平定；三分天下而有其二，据有数州领土，军队多达百万。谈武力没有人敢于对抗，论文德更是无可挑剔。臣等听说帝王之位不可以长久空着，天命不可以谦让拒绝，愿大王一心以社稷为重，以百姓为念。"光武又不听从。行进到南平棘，众将又坚决地请求光武登基。光武说："贼寇尚未平定，四面受敌，怎么能立即考虑正号位的事呢？诸位将军暂且出去吧。"耿纯又进来说："天下士大夫丢弃亲戚，别离故土，追随大王于箭石横飞的战场，他们的打算原本是想攀龙鳞，附凤翼，以实现建功立业的志向。现在功业已成，天人也相应合，而大王拖延良机而违逆众心，不定尊号，我恐怕士大夫失去希望，没有办法，就会有离去而归家的想法，不愿长此苦守下去。大军一旦离散，难以再度招集。良机不可久留，众心不可违背。"耿纯言辞十分诚挚恳切，光武深受感动，说："我将考虑这件事。"

进抵鄗城，与光武过去同在长安居住求学的强华从关中送来赤伏符，符文是："刘秀发兵捕不道，四夷云集龙斗野，四七之际火为主。"

群臣因而再次上奏道："承受天命之符，与之相应的人当居大位，相距万里而符信相合，不经商议而情思相同，周代的白鱼之信，何足相比！现今上无天子，海内混乱，符瑞所示，昭然若揭，应该顺从天神的意愿，以满足大家的希望。"光武于是命令有关部门设立坛场于鄗县城南千秋亭的五成陌。

六月二十二日，即皇帝位。烧柴祭告上天，升烟以享六宗，望祭群神。祭祀祝文说："皇天上帝，后土神祇，垂青于我而降下天命，将百姓托付给我刘秀，为人父母，秀不敢当。手下群臣，不谋而合，都说：'王莽篡位，刘秀发愤起兵，破王寻、王邑于昆阳，杀王郎、铜马于河北，平定天下，海内蒙受恩惠。上应天地之心，下为百姓所归。'谶记说：'刘秀发兵捕不道，卯金修德为天子。'秀仍然坚辞，以至于一而再，再而三。群臣都说：'皇天大命，不可拖延。'敢不恭敬受命。"于是定年号为建武，大赦天下，改鄗县名为高邑。

这个月，赤眉军拥立刘盆子为天子。

二十七日，前将军邓禹攻击更始定国公王匡于安邑，大败王匡，斩杀将领刘均。秋天七月五日，拜前将军邓禹为大司徒。十一日，以野王令王梁为大司空。十六日，以大将军吴汉为大司马，偏将军景丹为骠骑大将军，大将军耿弇为建威大将军，偏将军盖延为虎牙大将军，偏将军朱祐为建义大将军，中坚将军杜茂为大将军。当时宗室刘茂自号"厌新将军"，率众投降，封为中山王。

（八月）初三，驾临怀县，派遣耿弇率领强弩将军陈俊驻扎五社津，守备荥阳以东。派吴汉率领朱祐以及廷尉岑彭、执金吾贾复、扬化将军坚镡等十一位将军，围困朱鲔于洛阳。

八月十六日，祭祀社稷。十七日，拜祭高祖、太宗、世宗于怀县离宫。进抵河阳，更始廪丘王田立归降。

九月，赤眉军攻入长安，更始帝逃到高陵。六月，诏书说："更始失败，弃城逃走，妻子儿女裸露，流散道路。朕非常怜愍他们。今天封更始为淮阳王。吏民有敢于伤害他们的，罪与大逆相同。"十九日，以原密县县令卓茂为太傅。二十六日，朱鲔举城投降。

冬天十月十八日，车驾进入洛阳，来到南宫却非殿，于是定都于此。派岑彭进攻荆州群贼。

十一月三十日，驾临怀县。刘永自称天子。十二月十一日，从怀县返回洛阳。

赤眉军杀死更始帝，而隗嚣占据陇右，卢芳起兵于安定。破虏大将军叔寿进攻五校贼于曲梁，战死。

二年春天正月初一，有日食。大司马吴汉率领九位将军进攻檀乡贼于邺城的东边，大败并降服了他们。十七日，封全部功臣为列侯，大国有四县，其余各有等差。下诏说："人情得到满足，常被放纵所苦，为快一时的欲望，忘却应当谨慎对待刑法的宗旨。只因诸位将军功业远大，真诚希望能传之无穷，应当像面临深渊，或脚踏薄冰一样，战战慄慄，一天比一天谨慎。凡有显著功劳而未得到报答，没有列入封侯名册的人，大鸿胪迅速奏上，朕将分别封赏他们。"博士丁恭议论说："古时候帝王分封诸侯，地不超过百里，所以有利于建侯，取法于雷卦，实行强干弱枝，以此来把国家治理好。现在封给诸侯四县，不符合法制。"光武帝说："古代凡是灭亡的国家，都是因为无道，没听说是因为功臣封地多而亡国的。"于是派遣谒者立即颁发印绶，策文说："在高位而不骄傲，位虽高而没有危险；约束自己遵守法度，势虽盈满也不会溢出。要谨慎小心地对待此事，传爵位给你的子孙，长久成为汉朝的藩属。"十九日，更始的复汉将军邓晔、辅汉将军于匡投降，都恢复原有爵位。某日，筑起高庙，建社稷坛于洛阳，立郊兆坛于城南，开始以火德为正，以赤色为上色。

这个月，赤眉焚烧西京的宫室，挖掘园陵，抢掠关中。大司徒邓禹进入长安，派司徒府官吏护送西汉十一帝的神主，放入高庙。

真定王刘杨、临邑侯刘让谋反，派遣前将军耿纯杀了他们。二月十六日，驾临修武。大司空王梁被免除职务。十九日，以太中大夫宋弘为大司空。派遣骠骑大将军景丹率领征虏将军祭遵等二位将军进攻弘农贼，打败了他们，因而派遣祭遵围攻蛮中贼张满。渔阳太守彭宠造反，攻打幽州牧朱浮于蓟县。延岑自称武安王于汉中。某日，从修武返回到洛阳。

三月某日，大赦天下，诏书说："近来狱中多有冤屈的人，用刑深刻，朕非常怜愍他们。孔子说：'刑罚不得当，那么百姓的手脚就慌得不知所措。'和中二千石、诸大夫、博士、议郎商议削减刑法。"

派遣执金吾贾复率领二位将军进攻更始郾王尹遵，打败并降服了他。

骁骑将军刘植进攻密县贼，战死。派遣虎牙大将军盖延率领四位将军讨伐刘永。夏四月，包围刘永于睢阳。更始将领苏茂杀死淮阳太守潘蹇而依附刘永。

二日，封叔父刘良为广阳王，兄子刘章为太原王，刘章弟刘兴为鲁王，春陵侯正妻之子刘祉为城阳王。

五月十九日，封更始元氏刘歙为泗水王，原真定王刘杨之子刘得为真定王，周朝后代姬常为周承休公。二十二日，诏书说："百姓有被迫嫁出的女儿，卖掉的儿子想回到父母身边的，任凭他们抉择。敢于

扣留不放的，按律论处。"

六月七日，立贵人郭氏为皇后，儿子刘强为皇太子，大赦天下。增加郎、谒者、从官的官阶各一等。十五日，封宗子刘终为淄川王。

秋八月，光武帝亲自率军征伐五校。二十六日，驾临内黄，大败五校于羛阳，降服了他们。派遣游击将军邓隆救援朱浮，与彭宠交战于潞县，邓隆战败。盖延夺取睢阳，刘永逃到谯县。破虏将军邓奉占据淯阳反叛。

九月二日，从内黄返回京师。骠骑大将军景丹死了。延岑大败赤眉于杜陵。关中饥荒，百姓相食。

冬十一月，以廷尉岑彭为征南大将军，率领八位将军讨伐邓奉于堵乡。

铜马、青犊、尤来剩余贼军共同于上郡拥立孙登为天子。孙登将领乐玄杀死孙登，率领他的部下五万余人投降。派遣偏将军冯异代替邓禹讨伐赤眉。让太中大夫伏隆持节安集青、徐二州，招降张步归顺。

十二月三十日，诏书说："宗室列侯被王莽所废黜，先祖灵魂无所归依，朕十分哀愍。一并恢复他们的故国。如果列侯已经身亡，所在郡县将他的子孙的名字上报到尚书那里，予以封拜。"

这一年，盖延等大败刘永于沛县之西。起初，王莽末年，天下闹旱灾、蝗灾，黄金一斤换小米一斛；到这时野谷丛生，麻和菽尤其多，野蚕结茧，覆盖在山岗之上，百姓从中得到好处。

三年春天正月初六，以偏将军冯异为征西大将军，杜茂为骠骑大将军。大司徒邓禹和冯异与赤眉战于回溪，邓禹、冯异被击败。征虏将军祭遵攻破蛮中，杀了张满。二十三日，立皇父南顿君以上四庙。二十四日，大赦天下。闰月十八日，大司徒邓禹被免职。

冯异与赤眉战于崤底，大败赤眉，赤眉残部向南逃往宜阳，光武帝亲自率军征讨他们。十二日，驾临宜阳。十七日，亲自统辖六军，大量部置兵马，大司马吴汉的精兵排列于前，中军在其后，骁骑、武卫分列左右。赤眉望见后震惊恐怖，派出使者请投降。十九日，赤眉君臣反绑双臂，献上高皇帝玺印绶带，光武命令交付城门校尉。二十一日，从宜阳回到洛阳。二十二日，诏书说："群盗纵横，残害百姓，刘盆子窃据尊号，扰乱迷惑天下。朕出兵征伐，立刻土崩瓦解，十余万人束手降服。先帝的玺印归于王府。这都是仰仗祖宗之灵，士人之力，朕怎么配有此荣耀！"选择吉日祭祀高庙，赏赐天下长子并将成为父亲后嗣的人以爵位，每人一级。"

二月二日，祭祀高庙，接受传国玺。刘永立董宪为海西王，张步为齐王。张步杀死光禄大夫伏隆而造反。驾监怀县。派遣吴汉率领二位将军攻击青犊于轵县之西，大败并降服了他们。

三月十六日，以大司徒司直伏湛为大司徒。彭宠攻陷蓟城，自立为燕王。光武帝亲自率兵征伐邓奉，抵达堵阳。夏四月，大败邓奉于小长安，斩了他。冯异与延岑战于上林，击破了他。吴汉率领七位将军与刘永将领苏茂战于广乐，大败茂军。虎牙大将军盖延围困刘永于睢阳。

五月二十四日，车驾回宫。三十日，有日食。

六月七日，大赦天下。耿弇与延岑战于穰县，大败岑军。

秋七月，征南大将军岑彭率三位将军讨伐秦丰，战于黎丘，大败丰军，俘获他的将领蔡宏。

（八月）二十六日，诏书说："官吏不满六百石，下至墨绶县长、国相，有罪需处置必先请示。男子八十岁以上，十岁以下，只要不是犯了不道罪，或下诏具名特捕的人，都不许囚禁。应当查问的立即接受查问。女犯出钱雇山的可以放回家。"

盖延攻占睢阳，俘获刘永，而苏茂、周建拥立刘永的儿子刘纡为梁王。

冬天十月十九日，驾临春陵，祭祀陵园祖庙，因而摆酒于旧住宅，广招故友和父老聚会。十一月十二日，从春陵返京。涿郡太守张丰造反。

这一年，李宪自称天子。西州大将军隗嚣上书。建义大将军朱祐率祭遵与延岑交战于东阳，斩杀延岑的将领张成。

四年春天元月二日，大赦天下。

二月初一，驾临怀县。二十一日从怀县抵京师。派遣右将军邓禹率领二位将军与延岑战于武当，打败了延岑。

夏天四月七日，驾临郏城。十九日，驾临临平。派遣大司马吴汉进攻五校贼于箕山，大败五校。

五月，驾临元氏。初一，驾临卢奴。派遣征虏将军祭遵率领四位将军讨伐张丰于涿郡，斩了张丰。

六月二日，车驾还洛阳宫。

七月八日，驾临谯县。派遣捕虏将军马武、偏将军王霸围攻刘纡于垂惠。

董宪将领贲休以兰陵城归降，董宪围困了该城。虎牙大将军盖延率平狄将军庞萌援救贲休，未成功，兰陵被董宪所攻陷。

秋天八月十日，驾临寿春。太中大夫徐恽擅自杀死临淮太守刘度，徐恽因此被处死。派遣扬武将军马成率领三位将军讨伐李宪。九月，围困李宪于舒城。

冬天十月七日，车驾回到洛阳宫中。太傅卓茂死了。

十一月十九日，驾临宛城。派遣建义大将军朱祐率二位将军围攻秦丰于黎丘。十二月二十日，驾临黎丘。

这一年，征西大将军冯异与公孙述的将领程焉交战于陈仓，打败了他。

五年春天正月十七日，车驾回到洛阳宫中。二月初一，大赦天下。捕虏将军马武、偏将军王霸攻取垂惠。二十日，驾临魏郡。二十七日，封殷朝后人孔安为殷绍嘉公。

彭宠被他的苍头奴所杀死，渔阳平定。

大司马吴汉率建威大将军耿弇进攻富平，获索贼等于平原郡，大败并降服他们。又派耿弇率领二位将军征讨张步。

三月八日，改封广阳王刘良为赵王，开始前往封国。平狄将军庞萌造反，杀死楚郡太守孙萌而东去投靠董宪。派遣征南大将军岑彭率领二位将军讨伐田戎于津乡，大败田戎。

夏四月，天旱，有蝗灾。河西大将军窦融开始派遣使者进贡。

五月二日，诏书说："久旱伤害麦子，秋粮未能下种，朕十分忧虑。是因为将领残暴，官吏不胜任，狱中多有冤枉之人，百姓既愁又恨，而引起天气失调吗？命令中都官、三辅、郡、国释放关押的囚犯，不是犯殊死之罪的人一概不再追究，现有的囚徒免罪为百姓。务必选用和柔贤良的人为官吏，斥退贪婪残暴的官吏，各自处理好政事。"

六月，建义大将军朱祐攻取黎丘，俘获秦丰；而庞萌、苏茂围困了桃城。光武帝当时驾临蒙县，因而亲自率兵征讨庞萌等。先整顿兵马于任城，才进而援救桃城，大败庞萌等军。

秋天七月四日，驾临沛县，祭祀高祖原庙。下诏修复西京的园陵。

进而驾临湖陵，征讨董宪。又驾临蕃县，于是进攻董宪于昌虑，大败董宪。

八月六日，进而驾临郯县，留吴汉攻打刘纡、董宪等人，车驾转而攻取彭城、下邳。吴汉攻占郯县，俘获刘纡；吴汉进而围攻董宪、庞萌于朐县。

冬十月，开始回京，驾临鲁国，派大司空祭祀孔子。

耿弇等与张步交战于临淄，大败张步。光武帝驾临临淄，进而驾临剧县。张步杀苏茂来投降，齐地平定。

初建太学。车驾回到洛阳宫中，驾临太学，赏赐博士弟子各有等差。

十一月初一，大司徒伏湛被免职，尚书令侯霸为大司徒。

十二月，卢芳于九原自称天子。西州大将军隗嚣派遣儿子隗恂入侍。交阯牧邓让率领七郡太守派遣使者进贡。诏书免除济阳二年的徭役。这一年，野生谷物逐渐减少，田地更加广泛开垦出来。

六年春天正月十六日，改春陵乡为章陵县。世世代代免除徭役，如同丰、沛一样，没有差遣。二十一日，诏书说："去年水、旱、蝗虫为灾，粮价飞涨，民用物品缺乏。朕因百姓没有东西养活自己，忧伤地怜愍他们。命令郡国有粮食的，分发给年事已高的人，鳏夫、寡妇、孤儿、没有后代的老人和有痼疾或残废的人，无家可归贫困不能自谋生存的人，按《律》所规定的办理。二千石官员要尽力加以抚慰，不要出现失职现象。"扬武将军马成等人攻取舒城。俘获李宪。

二月，大司马吴汉夺取朐城，俘获董宪、庞萌，山东全部平定。众将军领回到京师，安排酒宴并颁行赏赐。

三月，公孙述派遣将军任满侵犯南郡。

夏天四月八日，驾临长安，首次拜谒高庙，于是逐个祭祀十一陵。派遣虎牙大将军盖延等七位将军从陇道讨伐公孙述。

五月二十一日，从长安回到洛阳。

隗嚣反叛，盖延等因此与隗嚣交战于陇阺，众将被打败。

某日，诏书说："天水，陇西、安定、北地各郡官吏百姓被隗嚣诱入歧途的人，又三辅遭赤眉之难时，犯有不道罪的人，从殊死罪以下，全部予以赦免。"

六月二十四日，诏书说："设官置吏，是为了管理百姓。现在百姓遭难，户口减少，而县级官吏设置仍很繁冗，命令司隶校尉、州牧各自核实所辖各部，裁减官员。县、国不足以安置长吏而可以合并的，上报大司徒、大司空二府。"于是分别上奏合并削减四百余县，吏职裁撤，十留其一。

代郡太守刘兴于高柳进攻卢芳将领贾览，战死。起初，乐浪人王调占据乐浪郡不归服。秋天，派遣乐浪太守王遵进攻他，郡吏杀死王调投降。

派遣前将军李通率领二位将军，与公孙述的将军交战于西城，打败了他们。

夏天，有蝗灾。秋天九月四日，赦免乐浪郡犯谋反、大逆、殊死罪以下的犯人。三十日，有日食。

冬天十月十一日，诏书说："我德薄不明智，寇贼为害，强弱相陵，百姓失所。《诗经》说：'日月显示凶兆，不按其道运行。'长久考虑这一灾祸，心中很内疚。敕令公卿荐举贤良，方正各一人；百官都可以呈上密封的奏章，不要有所隐讳；各自办理职责内的事务，务必遵守法度。"

十一月某日，诏命王莽时吏民被罚为奴婢而不合乎旧有法律规定的，都释放为百姓。

　　十二月二十七日，大司空宋弘被免职。二十八日，诏书说："此前战事不断，费用不足，所以实行十一之税。现在军队屯田，粮食储备略有增加。命令郡国收取田租实行三十税一，如同旧制。"隗嚣派遣将领行巡侵犯扶风，征西大将军冯异抵御并击败了他。

　　这一年，初次废除郡国都尉官。开始派遣列侯前往各自的封国。匈奴派使者来进贡，让中郎将回报。

　　七年春天正月初二，诏命中都官、三辅、郡、国释放囚犯，不是犯死罪的人，都一律不再追究他的罪。现有囚徒释放为平民。犯耐罪而逃亡的人，官吏行文免除他们的罪名。

　　又下诏说："世上以厚葬为有德，薄葬为鄙陋，以至于富有的人奢侈无度，贫穷者耗尽资财，法令不能禁止。礼义不能劝阻，战乱时坟墓被盗挖，才明白厚葬的祸害。布告天下，叫大家知道忠臣、孝子、慈兄、悌弟薄葬送终的道理。"

　　二月十七日，废除护漕都尉官。

　　三月四日，诏书说："现在国家有众多的军队，并且大多精壮勇武，应当暂且遣散轻车、骑士、材官、楼船士以及临时设置的军吏，令他们重新成为百姓。"公孙述立隗嚣为朔宁王。

　　三十日，有日食，光武避开正殿，停止军事行动，不听政事五天。诏书说："我德薄招来灾祸，谴责见于日月，战慄恐惧，还能说什么呢！现在正在考虑自己的过失，希望能消弭灾祸。命令官吏各自负起职责，遵守法令制度，加恩惠给百姓。众官僚各自呈上密封奏章，不要有所隐讳。凡上书的人，不得称我圣明。"

夏天四月十九日，诏书说："近年阴阳错乱，出现日食、月食、百姓有过失，责任全在我一人，大赦天下。公、卿、司隶、州牧荐举贤良、方正各一人，叫他们前往公车报到，朕将亲自召见考察他们。"

五月六日，前将军李通为大司空。二十二日，诏命吏民因遭遇饥荒战乱以及被青、徐二州贼人劫掠为奴婢或小妾的人，愿意离去或留下的，听任其便。敢于拘留不放的，以卖人法处置。这年夏天，出现连阴雨。以汉忠将军王常为横野大将军。

八月二十六日，封前河间王刘邵为河间王。隗嚣侵犯安定，征西大将军冯异、征虏将军祭遵打退了他们。

冬天，卢芳所任命的朔方太守田飒、云中太守乔扈各自举郡投降。这一年，撤销长水、射声二校尉官。

八年春正月，中郎将来歙袭击略阳，杀死隗嚣守将而占领了该城。夏天四月，司隶校尉傅抗下狱死。隗嚣进攻来歙，不能攻陷城池。闰月，光武帝亲自讨伐隗嚣，河西大将军窦融率领五郡太守与车驾相会于高平。陇右溃败，隗嚣逃到西城，派遣大司马吴汉、征南大将军岑彭围困了西城；车驾进抵上邽，敌军不降，命虎牙大将军盖延、建威大将军耿弇攻打敌军。颍川盗贼侵占属县，河东郡的守军也叛变了，京师骚动。

秋天，发了大水。八月，光武帝从上邽日夜东进。九月初一，车驾回到洛阳宫中。六日，光武帝亲自征讨颍川盗贼，盗贼全部投降了。安丘侯张步叛逃回琅邪，琅邪太守陈俊征讨并俘获了他。二十四日，从颍川回到京师。

冬天十月二十二日，驾临怀县。十一月二日，从怀县回到京师。

公孙述派兵援救隗嚣，吴汉、盖延等回到长安驻扎。天水、陇西

重又叛变归顺隗嚣。

十二月，高句丽王派使者进贡。这一年闹大水。

九年春天正月，隗嚣病死，他的将领王元、周宗又拥立隗嚣的儿子隗纯为王。迁移雁门郡吏民到太原。

三月某日，初次设置青巾左校尉官。公孙述派遣将军田戎、任满据守荆门。

夏天六月六日，驾临缑氏，登上輾辕山。派遣大司马吴汉率四位将军打败卢芳的将领贾览于高柳，战斗不利。

秋天八月，派遣中郎将来歙监督征西大将军冯异等五位将军讨伐隗纯于天水。

骠骑大将军杜茂与贾览交战于繁畤，杜茂被战败。这一年，撤销关都尉，重新设置护羌校尉官。

十年春正月，大司马吴汉率领捕虏将军王霸等五位将军进攻贾览于高柳，匈奴派骑兵援救贾览，众将同他们交战，击退了他们。修理长安的高庙。

夏天，征西大将军冯异打败公孙述将领赵匡于天水，斩杀了他。征西大将军冯异病死。

秋天八月二十五日，驾临长安，祭祀高庙，于是又祭十一陵。二十四日，进而驾临邢县。隗嚣将领高峻投降。

冬十月，中郎将来歙等人大败隗纯于落门，隗纯的将领王元逃奔蜀地，隗纯与周宗投降，陇右平定。

先零羌人侵犯金城、陇西，来歙率领众将进攻羌人于五溪，大败羌人。

十七日，车驾回到洛阳宫中。这一年，撤销定襄郡，迁移该郡百姓到西河。泗水王刘歙死了。淄川王刘终死了。

十一年春天二月八日，诏书说："天地之性以人为贵。杀奴婢，不许减罪。"

三月九日，驾临南阳；返回的路上，驾临章陵，祭祀园陵。城阳王刘祉死了。三十日，车驾回到洛阳宫中。

闰月，征南大将军岑彭率领三位将军与公孙述将领田戎、任满交战于荆门，大败他们，俘获了任满。威虏将军冯骏围困田戎于江州，岑彭率领水军征伐公孙述，平定巴郡。

夏四月二十八日，撤销大司徒司直官。先零羌人侵犯临洮。

六月，中郎将来歙率领扬武将军马成打败公孙述的将领王元、环安于下辩。环安派遣间谍刺杀了中郎将来歙。光武帝亲自率军征讨公孙述。秋天七月，临时驻扎长安。八月，岑彭击败公孙述的将领侯丹于黄石。辅威将军臧宫与公孙述将领延岑交战于沈水，大败岑军。王元投降。车驾从长安回到洛阳。

二十六日，诏书说："敢于烧灼奴婢的人，按律论罪。赦免被烧灼的人为平民。"

冬天十月某日，下诏废除奴婢射伤人要弃市的律令。

公孙述派间谍刺杀了征南大将军岑彭。马成平定武都，依靠陇西太守马援击败先零羌，将羌人分别迁到天水、陇西、扶风三郡。十二月，大司马吴汉率领水军讨伐公孙述。

这一年，撤销朔方牧，并入并州。初次停止州牧亲自进京奏事。

十二月春正月，大司马吴汉与公孙述将领史兴交战于武阳，斩了他。

三月九日，诏命陇、蜀百姓被略卖为奴婢而自己到官府鸣冤的人，以及狱官未处理的，一概免为平民。夏天，甘露降于南行唐。六月，黄龙出现于东阿。

秋七月，威虏将军冯骏攻取江州，俘获田戎。九月，吴汉大败公孙述的将领谢丰于广都，斩了他。辅威将军臧宫夺取涪城，斩了公孙恢。大司空李通被罢免。

冬天十一月十八日，吴汉、臧宫与公孙述交战于成都，大败述军。公孙述受伤，夜里死去。二十一日，吴汉血洗成都，诛灭公孙述的宗族以及延岑等人。

十二月初一，扬武将军马成代理大司空事务。

这一年，九真境外蛮夷人张游率领种族民众内附，封为归汉里君。撤销金城郡划归陇西。参狼羌侵犯武都，陇西太守马援讨伐并降服了他们。诏命边地官员力量不足以出战的就固守，追击敌虏根据敌情以决定进退，不受逗留法的约束。横野大将军王常死了。派遣骠骑大将军杜茂率各郡驰刑徒驻屯北方边疆，建筑亭候，修造烽燧。

十三年春天正月初一，大司徒侯霸死了。二十九日，诏书说："往年已敕命郡国，地方特产不许有所贡献，现在仍未停止，非但有预先饲养选择的劳顿，还导致频频递送于路上，使所经过的地方劳扰破费。命令太官不再接受贡品，明确告诫地方远方的膳食只用来献给宗庙，自应按照旧规定办理。"

二月，派遣捕虏将军马武屯守呼沱河以防御匈奴。卢芳从五原逃亡到匈奴。二十七日，诏书说："长沙王刘永、真定王刘得、河间王刘邵、中山王刘茂，都袭爵为王，不符合经义。以刘兴为临湘侯，刘得为真定侯，刘邵为乐成侯，刘茂为单父侯。"刘氏皇族及原封国撤销而后代封侯的共计一百三十七人。二十八日，降赵王刘良为赵公，太原王刘章为齐公、鲁王刘兴为鲁公。（三月）十一日，以殷绍嘉公孔安为宋公，周承休公姬武为卫公。省并西京十三国：广平国属钜鹿，真定国属常山，河间国属信都，城阳国属琅邪，泗水国属广陵，淄水国属高密，胶东国属北海，六安国属庐江，广阳国属上谷。

三月十二日，沛郡太守韩歆为大司徒。十七日，代理大司空事务的马成被免职。

夏四月，大司马吴汉从蜀地返回京师，于是大宴将士，并普遍慰劳将士，以策书记录下他们的功勋。功臣增加食邑重新封拜，凡三百六十五人。因外戚恩泽受封的人有四十五人。废除左右将军官。建威大将军耿弇被罢免。

益州传送来公孙述的瞽师、用于郊庙礼仪的乐器、葆车、舆辇，于是皇帝的车马仪仗才开始齐备。当时战争已经停息，天下很少有警事，公文的往来和差役的调遣，力求从简从少，以至于仅有过去的十分之一。

二十六日，以冀州牧窦融为大司空。五月，匈奴侵犯河东。秋七月，广汉境外的白马羌首领率领他的族人内附。九月，日南境外蛮夷进贡白雉、白兔。

冬天十二月三十日，诏命益州百姓自建武八年以来被略卖为奴婢的人，全部释放为平民；有依托他人为妾的，愿意离去，听任离去；敢于扣留不放的，按照青、徐二州的前例以略人法处置。重新设置金城郡。

十四年春正月，建起南宫前殿。匈奴派遣使者进贡，命中郎将报聘。

夏天四月二十九日，封孔子后人孔志为褒城侯。越巂人任贵自称太守，派遣使者上报民户簿籍。秋九月，平城人贾丹杀死卢芳将领尹由来降。这一年，会稽郡闹瘟疫。莎车国、鄯善国派遣使者进贡。

十二月某日，诏命益、凉二州奴婢，从建武八年以来向所在地方官提出申诉的人，一律释放为平民，被卖者无须偿还卖身钱。

十五年春天正月二十三日，大司徒韩歆被免职，自杀。二十九日，有彗星出现在昴星一带。汝南太守欧阳歙为大司徒。建义大将军朱祐被罢免。二十九日，有彗星出现于营室星区。

二月，迁徙雁门、代郡、上谷三郡的百姓，安置到常山关、居庸关以东。

起初，巴蜀已平定，大司马吴汉上书请求分封皇子，不许，连续几年反复上奏。三月，才诏命群臣商议。大司空窦融、固始侯李通、胶东侯贾复、高密侯邓禹、太常登等的奏议说："古代封建诸侯，用来藩卫京师。周代封侯八百，同姓诸姬氏都因此建国，辅佐王室，尊事天子，享国久长，成为后世的法范。所以《诗经》说：'大开你的领地，成为周王室的辅弼。'汉高祖圣德，君临天下，也务必亲亲，分封兄弟和诸子，不违背过去的规定。陛下圣德通贯天地，恢复了刘氏的大统，褒扬宿德，奖励功勋，和睦九族，功臣和宗室都蒙受封爵，大多授予广大的封地，有的拥有数县。现今皇子仰仗天恩，已能穿成人衣冠出入迎拜，陛下恭廉克让，有意压制而不让论议封爵，群臣百姓无不失望。应当在此盛夏吉时，定下号位，以增广藩辅，明示亲亲之道，尊宗庙，重社稷，应古法，合旧规，满足大家的心愿。臣等请求由大司空送上舆地图，由太常选择吉日，安排礼仪。"制书说："可以。"

夏天四月二日，以太牢祭告宗庙。十一日，派大司空窦融祭告先祖，封皇子刘辅为右翊公，刘英为楚公，刘阳为东海公，刘康为济南公，刘苍为东平公，刘延为淮阳公，刘荆为山阳公，刘衡为临淮公，刘焉为左翊公，刘京为琅邪公。七日，追谥帝兄伯升为齐武公，帝兄仲为鲁哀公。

六月二十五日，重新设置屯骑、长水、射声三个校尉官；改青巾左校尉为越骑校尉。诏下州郡核实垦田亩数和户口年龄，并查实二千石长吏中徇私舞弊的人。冬天十一月初一，大司徒欧阳歙下狱死。十二月二十七日，关内侯戴涉为大司徒。卢芳从匈奴进占高柳。这一年，骠骑大将军杜茂被免职。虎牙大将军盖延死了。

十六年春天二月，交阯女子征侧造反，占据城邑。三月三十日，有日食。

秋九月，河南尹张伋以及诸郡太守十余人，由于丈量田亩不实，都被下狱处死。

郡国大姓以及私人武装首领、群盗在各地纷纷起兵，在当地攻杀抢劫，杀害长吏。郡县派兵追击，兵马一到他们就逃散，兵马一走他们又集结在一起。青、徐、幽、冀四州尤为严重。冬十月，派遣使者到郡国，允许群盗自相揭发，五人共同斩杀一人的，免去他们的罪。官吏虽然曾经犯有拖延、回避、放纵的过失，都不追究，允许以讨伐盗贼来弥补。州牧、郡太守、县令、县长中因治内有盗贼而不去搜捕的，又有因畏惧放弃城池、擅离职守的，都不认为是失职，只按他们现在俘获盗贼多少来考察政绩的优劣，唯独藏匿盗贼的人才予以治罪。于是官吏们争相追捕盗贼，盗贼一并瓦解。迁徙盗贼的首领到其他郡，分给土地和粮食，让他们安心生产。从此以后牛马可以安心放牧，城门也可以不关闭。卢芳派遣使者来请求投降。十二月某日，封卢芳为代王。

起初，王莽之乱以后，布、帛、金、粟都可以当货币用。这一年，开始通行五铢钱。

十七年春正月，赵公刘良死了。二月三十日，有日食。

夏天四月某日，巡视南方，皇太子和右翊公刘辅、楚公刘英、东海公刘阳、济南公刘康、东平公刘苍随行，驾临颍川，进而驾临叶县、章陵。五月二十一日，车驾返回洛阳宫中。六月二十九日，临淮公刘衡死了。秋七月，妖巫李广等聚众占据皖城，派遣虎贲中郎将马援、骠骑将军段志讨伐他们。九月，攻破皖城，斩杀李广等人。冬天十月十九日，废皇后郭氏为中山太后，立贵人阴氏为皇后。进封右翊公刘辅为中山王，食常山郡的赋税。其余九个国公，都依据旧封进爵为王。

二十二日，驾临章陵。修缮园庙，祭祀旧居，视察田地房舍，摆酒作乐，颁发赏赐。当时宗室中的女姓长辈由于酒喝得高兴了，互相说道：“文叔小的时候恭谨诚实，待人不殷勤，只是温和罢了。今天竟能如此！”光武帝听说后，大笑道：“我治理天下，也想用柔道行事。”于是为春陵的宗室都建起祠堂。有五只凤凰出现在颍川郡的郏县。十二月，从章陵返回京师。这一年，莎车国派遣使者进贡。

十八年春二月，蜀郡守将史歆叛变，派遣大司马吴汉率领二位将军讨伐，包围了成都。

某日，巡视西方，驾临长安。三月某日，祭祀高庙，于是逐一祭拜十一陵。经过冯翊郡界，进而驾临蒲坂，祭祀后土。夏天四月十四日，车驾返回洛阳宫中。

十五日，诏书说：“当今边郡偷盗粮食五十斛，论罪可判处死刑，开酷吏妄杀之路，废除此法，处理和内郡相同。”

派遣伏波将军马援率领楼船将军段志等进攻交阯征侧等人。

二十五日，驾临河内。二十九日，从河内回到京师。五月，有旱灾。卢芳重新逃入匈奴。

秋七月，吴汉攻取成都，斩了史歆等人。某日，赦免益州辖区犯殊死罪以下的罪徒。

冬天十月二十四日，驾临宜成。回来的路上，祭祀了章陵。十二月十日，车驾回到宫中。这一年，废除州牧官，改置刺史。

十九年春天正月十五日，追尊孝宣皇帝为中宗。开始祭祀昭帝、元帝于太庙，祭祀成帝、哀帝、平帝于长安，祭祀春陵节侯以下四世于章陵。

妖巫单臣、傅镇等造反，占据原武，派遣太中大夫臧宫围攻他们。夏天四月，夺取原武，斩了单臣、傅镇等人。

伏波将军马援击败交阯贼，斩了征侧等人。接着击败九真贼都阳等人，降服了他们。

闰月二十五日，进封赵、齐、鲁三国公爵为王。

六月二十六日，诏书说："《春秋》大义，立皇后的儿子为太子。东海王刘阳是皇后儿子，应该继承大统。皇太子刘强崇尚谦让之道，愿意退居藩国地位。父子的情谊，应以不长久违背儿子的心愿为重。以刘强为东海王，立刘阳为皇太子，改名为刘庄。"

秋九月，巡视南方。二十一日，驾临南阳，进而驾临汝南郡顿县县衙，摆酒聚会，赏赐吏民，免征南顿县田租一年。父老上前叩头说："皇上的父亲担任南顿县令时间很长，陛下熟悉这个县衙，每次一来就施加厚恩，希望能降恩免征十年的赋税。"光武帝说："我享有天下重器，常常害怕不能胜任，过一天算一天，怎么敢预定十年这么远呢？"

吏民又说："陛下实际上是舍不得，为什么说得这样谦恭呢?"光武帝大笑，又增免一年。进而驾临淮阳、梁、沛等地。

西南夷侵犯益州郡，派遣武威将军刘尚讨伐他们。越巂太守任贵谋反。十二月，刘尚袭击任贵，杀了他。这一年，重新设置函谷关都尉。修复西京的宫室。

二十年春天二月十日，车驾返回宫中。夏天四月三日，大司徒戴涉被下狱处死。大司空窦融被免职。

五月四日，大司马吴汉死了。匈奴侵犯上党、天水，直至扶风。

六月十四日，广汉太守蔡茂为大司徒，太仆朱浮为大司空。十六日，左中郎将刘隆为骠骑将军，代理大司马事务。十九日，改封中山王刘辅为沛王。秋天，东夷韩国人率众到乐浪郡内附。

冬天十月，巡视东方。二十日，驾临鲁国，进而驾临东海、楚、沛等国。

十二月，匈奴侵犯天水。二十八日，车驾回到宫中。这一年，撤销五原郡，迁移该郡吏民，安置到河东。免除济阳县徭役六年。

二十一年春正月，武威将军刘尚击败益州夷人，平定该地。

夏四月，安定属国胡人叛变，屯聚在青山，派遣将兵长史陈诉讨伐平定了他们。

秋天，鲜卑侵犯辽东，辽东太守祭彤大败鲜卑。

冬十月，派遣伏波将军马援出塞攻击乌桓，未取胜。匈奴侵犯上谷、中山。

这年冬天，鄯善王、车师王等十六国都派遣儿子入侍皇帝，并进献贡品，请求设置都护。光武帝因中国刚刚安定，顾不上境外的事情，于是送还他们的侍子，给予优厚的赏赐。

二十二年春天闰月十九日，驾临长安，祭祀高庙，于是逐一祭祀十一陵。二月某日，从长安回到京师。夏天五月三十日，有日食。

秋七月，司隶校尉苏邺死于狱中。

秋九月，地震造成地裂。下诏说："日前有地震，南阳尤为严重。大地，承受物体极重，所以静而不动。而今震裂，罪在君上。鬼神不顺从无德的人，灾祸降到吏民的头上，朕十分恐惧。令南阳不必交今年的田租和饲草。派遣谒者巡察。凡死罪囚犯在地震那天以前定罪的，减死罪一等，囚徒全都解去脚镣，穿上丝绵衣服。赐给郡中被压死的人以棺材钱，每人三千。凡人头税和拖欠的田租而房屋损坏尤其严重的，不再收取。吏民死亡，或者还压在断垣毁屋下面，而家人羸弱不能收敛的，官府就出钱粮雇人，为他们寻找。"

冬天十月十九日，大司空朱浮被免职。二十日，光禄勋杜林为大司空。

这一年，齐王刘章死了，青州有蝗灾。匈奴奥鞬日逐王比派遣使者到渔阳请求和亲，派中郎将李茂回报。乌桓击败匈奴，匈奴北迁，大漠以南空虚。诏命撤去边郡亭候的吏卒。

二十三年春正月，南郡蛮人造反，派武威将军刘尚征伐击败了他们，迁移蛮族人到江夏。

夏天五月八日，大司徒蔡茂死了。九月十三日，陈留太守玉况为大司徒。冬天十月九日，太仆张纯为大司空。高句丽率族人到乐浪归附。

十二月，武陵蛮人造反，抢掠郡县，派刘尚去讨伐，交战于沅水，军败，刘尚战死。

这一年，匈奴奥鞬日逐王比率领部下并派使者到西河郡归附。

二十四年春天正月十九日，大赦天下。

匈匈鞮日逐王比率领部下并派遣使者到五原塞通好，请求替汉朝抵御北匈奴。

秋天七月，武陵蛮侵犯临沅，派遣谒者李嵩、中山太守马成讨伐蛮人，未能取胜，于是伏波将军马援率领四位将军去征伐。诏有关部门申明过去制定的阿附蕃王法。

冬天十月，匈奴奥鞮日逐王比自立为南单于，于是分化为南、北匈奴。

二十五年春天正月，辽东境外貊人侵犯右北平、渔阳、上谷、太原，辽东太守祭肜招降了他们。乌桓首领来朝见。

南单于派遣使者到京都进贡，自称藩臣；又派他的左贤王打败北匈奴，开地一千余里。三月，南单于派子入侍。三十日，有日食。伏波将军马援等击败武陵蛮人于临沅。冬天十月，反叛的蛮人全部投降。夫余王派遣使者进贡。这一年，乌桓首领率众内属，到京师朝贡。

二十六年春天正月，诏命有关部门增加百官的俸禄。千石以上，少于西汉旧制；六百石以下，多于旧俸禄。

初建寿陵。将作大匠窦融上书说园陵广袤，不必计较花费。光武帝说："古时候帝王的葬具，都是陶俑瓦器，木车草马，让后世的人不知道墓室的所在。太宗懂得生死真义，景帝能谨遵孝道，遭遇大乱的变故之后，而唯独霸陵有幸保全，岂不是美事！今所建墓地不许超过二、三顷，不堆土为山陵，不修池，只要不存水就可以了。"

派遣中郎将段彬授予南单于玺印绶带。令他居云中，开始设置使匈奴中郎将一职，率兵保护南单于。南单于派儿子入侍，奉奏章来到京师。于是云中、五原、朔方、北地、定襄、雁门、上谷、代等八个郡的百姓回到了本土。派遣谒者分别带着弛刑徒修补整治城郭。发送尚在中原地区的边民，陆续返回各县，都赐给治装费，转运粮食供给他们。

二十七年夏天四月二十一日，大司徒玉况死了。

五月十一日，诏书说："过去契担任司徒，禹担任司空，都没有'大'字。命令二府去掉'大'字。"又改大司马为太尉。骠骑大将军行大司马事的刘隆当天被罢免，以太仆赵熹为太尉，大司农冯勤为司徒。益州郡境外蛮夷率族人内属。北匈奴派遣使者到武威乞求和亲。

冬天，鲁王刘兴、齐王刘石开始前往封国。

二十八年春天正月某日，徒封鲁王刘兴为北海王，把鲁国加封给东海王。赐给东海王刘强虎贲武士、骑兵仪仗、以木架钟馨设礼乐。

夏天六月七日，沛国太后郭氏死了，于是下诏郡县捕捉王侯的宾客，受牵连而死的有数千人。

秋天八月十九日，东海王刘强、沛王刘辅、楚王刘英、济南王刘康、淮阳王刘延开始前往封国。

冬天十月十五日，诏命死罪囚徒都一律叫到蚕室受腐刑，女子受宫刑。北匈奴派遣使者进贡，乞求和亲。

二十九年春天二月初一，有日食。派遣使者清理冤狱，释放囚徒。四日，赐给天下男子以爵位，每人二级；赐给鳏夫、寡妇、孤儿、无子女的老人、有痼疾或残废的人，贫困不能自保的人以粮食，每人五斛。

夏天四月十日，诏命天下关押起来的殊死罪以下的囚犯直到一般的刑徒减去原罪一等，其余的罪可用钱财赎罪或罚劳役各有差别。

三十年春正月，鲜卑头领内属，入朝庆贺。

二月，巡视东方。十三日，驾临鲁国，进而驾临济南。闰月十三日，车驾回到洛阳宫中。有彗星出现于紫宫星区。

夏天四月九日，徙封左翊王刘焉为中山王。五月，发生严重水灾。赐给天下男子以爵位，每人二级；赐给鳏夫、寡妇、孤儿、无子女的老人、有痼疾或残废的人、贫困不能自保的人以粮食，每人五斛。秋天七月某日，驾临鲁国。免除济阳县当年的徭役。冬天十一月某日，从鲁国回到京师。

三十一年夏天五月，发生严重水灾。

二十五日，赐给天下男子以爵位，每人二级；赐给鳏夫、寡妇、孤儿、无子女的老人、有痼疾或残废的人、贫困不能自保的人以粮食，每人六斛。三十日，有日食。这年夏天，闹蝗灾。秋天九月三日，诏令死罪囚犯都一律募集到蚕室接受腐刑，女子接受宫刑。这一年，陈留下了谷子雨，形状像稗草籽。北匈奴派遣使者进贡。

中元元年春天正月，东海王刘强、沛王刘辅、楚王刘英、济南王刘康、淮阳王刘延、赵王刘盱都来朝见光武帝。二十八日，巡视东方。二月十日，驾临鲁国，进而驾临泰山。北海王刘兴、齐王刘石朝见光武帝于东岳。二十二日，焚柴望祭岱宗，登临泰山，聚土为坛而祭天；二十五日在梁父打扫干净场地而祭地。三月三十日，司空张纯死了。

夏天四月五日，车驾回到洛阳宫中。十一日，大赦天下。免征赢、博、梁父、奉高等地的徭役，不交今年的田租和饲草。改年号为中元。驾临长安。二十日，祭祀长陵。五月二十八日，从长安回到洛阳。

六月二十四日，太仆冯鲂为司空。二十八日，司徒冯勤死了。

这年夏天，京师发现有甘美的泉水涌出，喝了这泉水的人所有顽症都可以痊愈，唯有盲人、跛人不能治。又有赤草长在水边。郡国频频报告发现甘露。群臣上奏道："地神显灵而朱草萌生。孝宣帝每有嘉瑞，就改年号，神爵、五凤、甘露、黄龙，都用来纪年，这是为了把感应送达天地神灵，表彰德信。因此化为升平，称作中兴。当今天下清平安宁，灵物不断降世。陛下心存谦虚退让，推辞而不愿自应瑞征，然而怎么可以让吉祥的符应和明显的喜庆湮没而无闻呢？应当命令太史把祥瑞记录编集起来，传给后世。"光武帝不同意。他常常自已谦称无德，每当郡国上奏祥瑞，就压下而不接受，因此史官很少能记载下来。秋天，有三个郡国出现蝗灾。冬天十月六日，司隶校尉东莱人李䜣为司徒。

十九日，派司空告祭高庙说："高皇帝与群臣约定，非刘氏不封王。吕太后残害三个赵王，擅自封吕氏为王，仰仗社稷之灵，吕禄、吕产被诛除，天命几乎旁落，危急的朝廷重新安定。吕太后不应该配享高庙，与至尊同在祖庙。薄太后德性仁慈，孝文皇帝贤明治国，子孙仰赖他们的福荫，延续皇祚至今。上薄太后尊号为高皇后，配享地神。迁吕太后庙主到园寝，四时上祭。"

十一月三十日，有日食。这一年，初建明堂、灵台、辟雍，以及北郊兆域。宣布图谶于天下。免除济阳、南顿本年的徭役。参狼羌人侵犯武都，打败郡兵，陇西太守刘盱派兵援救武都，与武都郡兵一起讨伐反叛的羌人，全都打败了他们。

二年春天正月初八，开始建立北郊，祭祀后土。东夷倭奴国国王派来使者进贡。

二月五日，光武帝死于南宫前殿，享年六十二岁。遗诏说："朕无益于百姓，全照孝文皇帝制度，后事务必节省。刺史、二千石长吏都不要离开城池，不要派属吏或用邮传上书致哀。"

当初，武光帝久在军中，讨厌战争，而且知道天下疲惫不堪，盼望安定的生活。自从陇、蜀平定以后，不是紧急情况，未曾再谈论军事。皇太子曾经问起攻战的事情。光武帝说："过去卫灵公问战阵，孔子不回答，这种事不是你所该做的。"他每天一大早就上朝，日头偏西才退朝。多次召见公卿、郎将讲论经书的道理，夜半时分才睡觉。皇太子见到光武帝勤劳不息，找机会劝说道："陛下具有夏禹、商汤的贤明，而没有黄帝、老子养性的福气，希望能保养精神，优游自宁。"光武帝说："我自己乐意这样，不为此感到劳累。"虽然亲身建立大业，却兢兢业业如同能力不够一样，所以能贤明慎重地对待国事，总揽大权，量时度力，所办的事没有什么过失。他辞退功臣而任用文官，收藏起弓箭而放马牛回归民间，虽然治国之道未能和古代圣贤的时候相比，这也算是配得上止息干戈的"武"字了。

（周天游　译）

【原文】

世祖光武皇帝讳秀，字文叔，南阳蔡阳人，高祖九世之孙也，出自景帝生长沙定王发。发生春陵节侯买，买生郁林太守外，外生钜鹿都尉回，回生南顿令钦，钦生光武。光武年九岁而孤，养于叔父良。身长七尺三寸，美须眉，大口，隆准，日角。性勤于稼穑，而兄伯升好侠养士，常非笑光武事田业，比之高祖兄仲。王莽天凤中，乃之长安，受《尚书》，略通大义。

莽末，天下连岁灾蝗，寇盗起。地皇三年，南阳荒饥，诸家宾客多为小盗，光武避吏新野，因卖谷于宛。宛人李通等以图谶说光武云：

"刘氏复起，李氏为辅。"光武初不敢当，然独念兄伯升素结轻客，必举大事，且王莽败亡已兆，天下方乱，遂与定谋，於是乃市兵弩。十月，与李通从弟轶等起于宛，时年二十八。

十一月，有星孛于张。光武遂将宾客还舂陵。时伯升已会众起兵。初，诸家子弟恐惧，皆亡逃自匿，曰："伯升杀我。"及见光武绛衣大冠，皆惊曰："谨厚者亦复为之，"乃稍自安。伯升于是招新市、平林兵，与其帅王凤、陈牧西击长聚。光武初骑牛，杀新野尉乃得马。进屠唐子乡，又杀湖阳尉。军中分财物不均，众恚恨，欲反攻诸刘。光武敛宗人所得物，悉以与之，众乃悦，进拔棘阳，与王莽前队大夫甄阜、属正梁丘赐战于小长安，汉军大败，还保棘阳。

更始元年，正月甲子朔，汉军复与甄阜、梁丘赐战于沘水西，大破之，斩阜、赐。伯升又破王莽纳言将军严尤、秩宗将军陈茂于淯阳，进围宛城。二月辛巳，立刘圣公为天子，以伯升为大司徒，光武为太常偏将军。三月，光武别与诸将徇昆阳、定陵、郾，皆下之。多得牛马财物，谷数十万斛，转以馈宛下。莽闻阜、赐死，汉帝立，大惧，遣大司徒王寻、大司空王邑将兵百万，其甲士四十二万人，五月到颍川，复与严尤、陈茂合。初，光武为舂陵侯家讼逋租于尤，尤见而奇之。及是时，城中出降尤者言光武不取财物，但会兵计策。尤笑曰："是美须眉者邪？何为乃如是！"

初，王莽征天下能为兵法者六十三家数百人，并以为军吏；选练武卫，招募猛士，旌旗辎重，千里不绝。时有长人巨无霸，长一丈，大十围，以为垒尉；又驱诸猛兽虎豹犀象之属，以助威武。自秦、汉出师之盛，未尝有也。光武将数千兵，徼之于阳关。诸将见寻、邑兵盛，反走，驰入昆阳，皆惶怖，忧念妻孥，欲散归诸城。光武议曰：

"今兵谷既少，而外寇强大，并力御之，功庶可立；如欲分散，执无俱全。且宛城未拔，不能相救，昆阳即破，一日之间，诸部亦灭矣。今不同心胆共举功名，反欲守妻子财物邪？"诸将怒曰："刘将军何敢如是！"光武笑而起。会候骑还，言大兵且至城北，军陈数百里，不见其后，诸将遽相谓曰："更请刘将军计之。"光武复为图画成败。诸将忧迫，皆曰："诺。"时城中唯有八九千人，光武乃使成国上公王凤、廷尉大将军王常留守，夜自与骠骑大将军宗佻、五威将军李轶等十三骑，出城南门，于外收兵。时莽军到城下者且十万，光武几不得出。既到郾、定陵，悉发诸营兵，而诸将贪惜财货，欲分留守之。光武曰："今若破敌，珍宝万倍，大功可成；如为所败，首领无余，何财物之有！"众乃从。

严尤说王邑曰："昆阳城小而坚，今假号者在宛，亟进大兵，彼必奔走；宛败，昆阳自服。"邑曰："吾昔以虎牙将军围翟义，坐不生得，以见责让。今将百万之众，遇城而不能下，何谓邪？"遂围之数十重，列营百数，云车十余丈，瞰临城中，旗帜蔽野，埃尘连天，钲鼓之声闻数百里。或为地道，冲棚橦城。积弩乱发，矢下如雨，城中负户而汲。王凤等乞降，不许。寻、邑自以为功在漏刻，意气甚逸。夜有流星坠营中，昼有云如坏山，当营而陨，不及地尺而散，吏士皆厌伏。

六月己卯，光武遂与营部俱进，自将步骑千余，前去大军四五里而陈。寻、邑亦遣兵数千合战。光武奔之，斩首数十级。诸部喜曰："刘将军平生见小敌怯，今见大敌勇，甚可怪也！且复居前，请助将军！"光武复进，寻、邑兵却，诸部共乘之，斩首数百千级。连胜，遂前。时伯升拔宛已三日，而光武尚未知，乃伪使持书报城中，云："宛下兵到，"而阳堕其书。寻、邑得之，不喜。诸将既经累捷，胆气益壮。无不一当百。光武乃与敢死者三千人，从城西水上冲其中坚，寻、邑陈乱，乘锐崩之，遂杀王寻。城中亦鼓噪而出，中外合执，震呼动天地，莽兵大溃，走者相腾践，奔殪百余里间。会大雷风，屋瓦皆飞，雨下如注，滍川盛溢，虎豹皆股战，士卒争赴，溺死者以万数，水为不流。王邑、严尤、陈茂轻骑乘死人度水逃去。尽获其军实辎重，车甲珍宝，不可胜算，举之连月不尽，或燔烧其余。

光武因复徇下颍阳。会伯升为更始所害，光武自父城驰诣宛谢。司徒官属迎吊光武，光武难交私语，深引过而已。未尝自伐昆阳之功，又不敢为伯升服丧，饮食言笑如平常。更始以是惭，拜光武为破虏大将军，封武信侯。

九月庚戌，三辅豪桀共诛王莽，传首诣宛。更始将北都洛阳，以光武行司隶校尉，使前整修宫府。于是置僚属，作文移，从事司察，一如旧章。时三辅吏士东迎更始，见诸将过，皆冠帻，而服妇人衣，诸于绣镼，莫不笑之，或有畏而走者。及见司隶僚属，皆欢喜不自胜。老吏或垂涕曰："不图今日复见汉官威仪！"由是识者皆属心焉。

及更始至洛阳，乃遣光武以破虏将军行大司马事。十月，持节北度河，镇慰州郡。所到部县，辄见二千石、长吏、三老、官属，下至佐史，考察黜陟，如州牧行部事。辄平遣囚徒，除王莽苛政，复汉官名。吏人喜悦，争持牛酒迎劳。进至邯郸，故赵缪王子林说光武曰："赤眉今在河东，但决水灌之，百万之众可使为鱼。"光武不答，去之真定。林于是乃诈以卜者王郎为成帝子子舆，十二月，立郎为天子，都邯郸，遂遣使者降下郡国。

二年正月，光武以王郎新盛，乃北徇蓟。王郎移檄购光武十万户，而故广阳王子刘接起兵蓟中以应郎，城内扰乱，转相惊恐，言邯郸使者方到，二千石以下皆出迎。于是光武趣驾南辕，晨夜不敢入城邑，舍食道傍。至饶阳，官属皆乏食。光武乃自称邯郸使者，入传舍。传吏方进食，从者饥，争夺之。传吏疑其伪，乃椎鼓数十通，绐言邯郸将军至，官属皆失色。光武升车欲驰；既而惧不免，徐还坐，曰："请邯郸将军入。"久乃驾去。传中人遥语门者闭之。门长曰："天下讵可知，而闭长者乎？"遂得南出。晨夜兼行，蒙犯霜雪，天时寒，面皆破裂。至呼沱河，无船，适遇冰合，得过，未毕数车而陷，进至下博城西，遑惑不知所之。有白衣老父在道旁，指曰："努力！信都郡为长安守，去此八十里。"光武即驰赴之，信都太守任光开门出迎。世祖因发旁县，得四千人，先击堂阳、贳县，皆降之。王莽和成卒正邳彤亦举郡降。又昌城人刘植，宋子人耿纯，各率宗亲子弟，据其县邑，以奉光武。于是北降下曲阳，众稍合，乐附者至有数万人。复北击中山，拔卢奴。所过发奔命兵，移檄边部，共击邯郸，郡县还复响应。南击新市、真定、元氏、防子，皆下之，因入赵界。

时王郎大将李育屯柏人，汉兵不知而进，前部偏将朱浮、邓禹为育所破，亡失辎重。光武在后闻之，收浮、禹散卒，与育战于郭门，大破之，尽得其所获。育还保城，攻之不下，于是引兵拔广河，会上谷太守耿况、渔阳太守彭宠各遣其将吴汉、寇恂等将突骑来助击王郎，更始亦遣尚书仆射谢躬讨郎，光武因大飨士卒，遂东围钜鹿。王郎守将王饶坚守，月余不下。郎遣将倪宏、刘奉率数万人救钜鹿，光武逆战于南䜌，斩首数千级。四月，进围邯郸，连战破之。王月甲辰，拔其城，诛王郎。收文书，得吏人与郎交关谤毁者数千章。光武不省，会诸将军烧之，曰："令反侧子自安。"

更始遣侍御史持节立光武为萧王，悉令罢兵诣行在所。光武辞以河北未平，不就征。自是始贰于更始。

是时长安政乱，四方背叛。梁王刘永擅命睢阳，公孙述称王巴蜀，李宪自立为淮南王，秦丰自号楚黎王，张步起琅邪，董宪起东海，延岑起汉中，田戎起夷陵，并置将帅，侵略郡县。又别号诸贼铜马、大肜、高湖、重连、铁胫、大抢、尤来、上江、青犊、五校、檀乡、五幡、五楼、富平、获索等，各领部曲，众合数百万人，所在寇掠。

光武将击之，先遣吴汉北发十郡兵。幽州牧苗曾不从，汉遂斩曾而发其众。秋，光武击铜马于鄡，吴汉将突骑来会清阳。贼数挑战，光武坚营自守，有出卤掠者，辄击取之，绝其粮道。积月余日，贼食尽，夜遁去，追至馆陶，大破之。受降未尽，而高湖、重连从东南来，与铜马余众合，光武复与大战于蒲阳，悉破降之，封其渠帅为列侯。降者犹不自安，光武知其意，敕令各归营勒兵，乃自乘轻骑按行部陈。降者更相语曰："萧王推赤心置人腹中，安得不投死乎！"由是皆服。悉将降人分配诸将，众遂数十万，故关西号光武为"铜马帝"。赤眉别帅与大肜、青犊十余万众在射犬，光武进击，大破之，众皆散走。使吴汉、岑彭袭杀谢躬于邺。

青犊、赤眉贼入函谷关，攻更始。光武乃遣邓禹率六裨将引兵而西，以乘更始、赤眉之乱。时更始使大司马朱鲔、舞阴王李轶等屯洛阳，光武亦令冯异守孟津以拒之。

建武元年春正月，平陵人方望立前孺子刘婴为天子，更始遣丞相李松击斩之。光武北击尤来、大抢、五幡于元氏，追至右北平，连破之。又战于顺水北，乘胜轻进，反为所败。贼追急，短兵接，光武自投高岸，遇突骑王丰，下马授光武，光武抚其肩而上，顾笑谓耿弇曰："几为虏嗤。"弇频射却贼，得免。士卒死者数千人，散兵归保范阳。

军中不见光武，或云已殁，诸将不知所为。吴汉曰："卿曹努力！王兄子在南阳。何忧无主？"众恐惧，数日乃定。贼虽战胜，而素慑大威，客主不相知，夜遂引去。大军复进至安次，与战，破之，斩首三千余级。贼入渔阳，乃遣吴汉率耿弇、陈俊、马武等十二将军追战于潞东，及平谷，大破灭之。

朱鲔遣讨难将军苏茂功温、冯异、寇恂与战，大破之，斩其将贾强。于是诸将议上尊号。马武先进曰："天下无主。如有圣人承敝而起，虽仲尼为相，孙子为将，犹恐无能有益。反水不收，后悔无及。大王虽执谦退，奈宗庙社稷何！宜且还蓟即尊位，乃议征伐。今此谁贼而驰鹜击之乎？"光武惊曰："何将军出是言？可斩也！"武曰："诸将尽然。"光武使出晓之，乃引军还至蓟。

夏四月，公孙述自称天子。光武从蓟还，过范阳，命收葬吏士。至中山，诸将复上奏曰："汉遭王莽，宗庙废绝，豪杰愤怒，兆人涂炭。王与伯升首举义兵，更始因其资以据帝位，而不能奉承大统，败乱纲纪、盗贼日多，群生危蹙。大王初征昆阳，王莽自溃，后拔邯郸，北州弭定；参分天下而有其二，跨州据土，带甲百万。言武力则莫之敢抗，论文德则无所与辞。臣闻帝王不可以久旷；天命不可以谦拒，惟大王以社稷为计，万姓为心。"光武又不听。行到南平棘，诸将复固请之。光武曰："寇贼未平，四面受敌，何遽欲正号位乎？诸将且出。"耿纯进曰："天下士大夫捐亲戚，弃土壤，从大王于矢石之间者，其计固望其攀龙鳞，附凤翼，以成其所志耳。今功业即定，天人亦应，而大王留时逆众，不正号位，纯恐士大夫望绝计穷，则有去归之思，无为久自苦也。大众一散，难可复合。时不可留，众不可逆。"纯言甚诚切，光武深感，曰："吾将思之。"

行至鄗，光武先在长安时同舍生强华自关中奉《赤伏符》，曰："刘秀发兵捕不道，四夷云集龙斗野，四七之际火为主。"群臣因复奏曰："受命之符，人应为大，万里合信，不议同情，周之白鱼，曷足比焉？今上无天子，海内淆乱，符瑞之应，昭然著闻，宜答天神，以塞群望。"光武于是命有司设坛场于鄗南千秋亭五成陌。

六月己未，即皇帝位。燔燎告天，禋于六宗，望于群神。其祝文曰："皇天上帝，后土神祇，眷顾降命，属秀黎元，为人父母，秀不敢当。群下百辟，不谋同辞，咸曰：'王莽篡位，秀发愤兴兵，破王寻、王邑于昆阳，诛王郎、铜马于河北，平定天下，海内蒙恩。上当天地之心，下为元元所归。'谶记曰：'刘秀发兵捕不道，卯金修德为天子。'秀犹固辞，至于再，至于三。群下佥曰：'皇帝大命，不可稽留。敢不敬承"于是建元为建武，大赦天下，改鄗为高邑。

是月，赤眉立刘盆子为天子。

甲子，前将军邓禹击更始定国公王匡于安邑，大破之，斩其将刘均。秋七月辛未，拜前将军邓禹为大司徒。丁丑，以野王令王梁为大司空。壬午，以大将军吴汉为大司马，偏将军景丹为骠骑大将军，大将军耿弇为建威大将军，偏将军盖延为虎牙大将军，偏将军朱祐为建义大将军，中坚将军杜茂为大将军。时宗室刘茂自号"厌新将军"，率众降，封为中山王。

己亥，幸怀。遣耿弇率强弩将军陈俊军五社津，备荥阳以东。使吴汉率朱祐及廷尉岑彭、执金吾贾复、扬化将军坚镡等十一将军围朱鲔于洛阳。

八月壬子，祭社稷。癸丑，祠高祖、太宗、世宗于怀宫，进幸河阳。更始廪丘王田立降。

九月，赤眉入长安，更始奔高陵。辛未，诏曰："更始破败，弃城逃走，妻子裸袒，流冗道路。朕甚愍之。今封更始为淮阳王。吏人敢有贼害者，罪同大逆。"甲申，以前密令卓茂为太傅。辛卯，朱鲔举城降。

冬十月癸丑，车驾入洛阳，幸南宫却非殿，遂定都焉。遣岑彭击荆州群贼。

十一月甲午，幸怀。刘永自称天子。十二月丙戌，至自怀。

赤眉杀更始，而隗嚣据陇右，卢芳起安定。破虏大将军叔寿击五校贼于曲梁，战殁。

二年春正月甲子朔，日有食之。大司马吴汉率九将军击檀乡贼于邺东，大破降之。庚辰，封功臣皆为列侯，大国四县，余各有差。下诏曰："人情得足，苦于放纵，快须臾之欲，忘慎罚之义。惟诸将业远功大，诚欲传于无穷，宜如临深渊，如履薄冰，战战栗栗、日慎一日，其显效未酬，名籍未立者，大鸿胪趣上，朕将差而录之。"博士丁恭议曰："古帝王封诸侯不过百里，故利以建侯，取法于雷，强干弱枝，所以为治也。今封诸侯四县，不合法制。"帝曰："古之亡国，皆以无道，未尝闻功臣地多而灭亡者。"乃遣谒者即授印绶，策曰："在上不骄、高而不危，制节谨度，满而不溢，敬之戒之。传尔子孙，长为汉藩。"壬午，更始复汉将军邓晔、辅汉将军于匡降，皆复爵位。壬子，起高庙，建社稷于洛阳，立郊兆于城南，始正火德，色尚赤。

是月，赤眉焚西京宫室，发掘园陵，寇掠关中。大司徒邓禹入长安，遣府掾奉十一帝神主，纳于高庙。

真定王杨、临邑侯让谋反，遣前将军耿纯诛之。二月己酉，幸修武。大司空王梁免。壬子，以太中大夫宋弘为大司空。遣骠骑大将军景丹率征虏将军祭遵等二将军击弘农贼，破之，因遣祭遵围蛮中贼张满。渔阳太守彭宠反，攻幽州牧朱浮于蓟。延岑自称武安王于汉中。辛卯，至自修武。

三月乙未，大赦天下，诏曰："顷狱多冤人，用刑深刻，朕甚愍之。孔子云：'刑罚不中，则民无所措手足。'其与中二千石，诸大夫、博士、议郎议省刑法。"

遣执金吾贾复率二将军击更始郾王尹遵，破降之。

骁骑将军刘植击密贼，战殁。遣虎牙大将军盖延率四将军伐刘永。夏四月，围永于睢阳。更始将苏茂杀淮阳太守潘蹇而附刘永。

甲午，封叔父良为广阳王，兄子章为太原王，章弟兴为鲁王，春陵侯嫡子祉为城阳王。五月庚辰，封更始元氏王歆为泗水王，故真定王杨子得为真定王，周后姬常为周承休公。癸未，诏曰："民有嫁妻卖子欲归父母者，恣听之。敢拘执，论如律。"

六月戊戌，立贵人郭氏皇后，子强为皇太子，大赦天下。增郎、谒者、从官秩各一等。丙午，封宗子刘终为淄川王。

秋八月，帝自将征五校。丙辰，幸内黄，大破五校于羛阳，降之。

遣游击将军邓隆救朱浮，与彭宠战于潞，隆军败绩。盖延拔睢阳，刘永奔谯。破虏将军邓奉据淯阳反。

九月壬戌，至自内黄。骠骑大将军景丹薨。延岑大破赤眉于杜陵。关中饥，民相食。

冬十一月，以延尉岑彭为征南大将军，率八将军讨邓奉于堵乡。

铜马、青犊、尤来余贼共立孙登为天子于上郡。登将乐玄杀登，以其众五万余人降。遣偏将军冯异代邓禹伐赤眉。使太中大夫伏隆持节安辑青徐二州，招张步降之。

十二月戊午，诏曰："惟宗室列侯为王莽所废，先灵无所依归，朕甚愍之。其并复故国。若侯身已殁，属所上其子孙见名尚书，封拜。"

是岁，盖延等大破刘永于沛西。初，王莽末，天下旱蝗，黄金一斤易粟一斛；至是野谷旅生，麻菽尤盛，野蚕成茧，被于山阜，人收其利焉。

三年春正月甲子，以偏将军冯异为征西大将军，杜茂为骠骑大将军。大司徒邓禹及冯异与赤眉战于回溪，禹、异败绩。征虏将军祭遵破蛮中，斩张满。辛巳，立皇考南顿君已上四庙。壬午，大赦天下。闰月乙巳，大司徒邓禹免。

冯异与赤眉战于崤底，大破之，余众南向宜阳，帝自将征之。己亥，幸宜阳。甲辰，亲勒六军，大陈戎马，大司马吴汉精卒当前，中军次之，骁骑，武卫分陈左右。赤眉望见震怖，遣使乞降。丙午，赤眉君臣面缚，奉高皇帝玺绶，诏以属城门校尉。戊申，至自宜阳。己酉，诏曰："群盗纵横，贼害元元，盆子窃尊号，乱惑天下。朕奋兵讨击，应时崩解，十余万众束手降服，先帝玺绶归之王府。斯皆祖宗之灵，士人之力，朕曷足以享斯哉！其择吉日祠高庙，赐天下长子当为父后者爵，人一级。"

二月己未，祠高庙，受传国玺。刘永立董宪为海西王，张步为齐王。步杀光禄大夫伏隆而反。幸怀。遣吴汉率二将军击青犊于轵西，大破降之。

三月壬寅，以大司徒司直伏湛为大司徒。彭宠陷蓟城，宠自立为燕王。帝自将征邓奉，幸堵阳。夏四月，大破邓奉于小长安、斩之。冯异与延岑战于上林，破之。吴汉率七将军与刘永将苏茂战于广乐，大破之。虎牙大将军盖延围刘永于睢阳。

五月己酉，车驾还宫。乙卯晦，日有食之。

六月壬戌，大赦天下。耿弇与延岑战于穰，大破之。

秋七月，征南大将军岑彭率三将军伐秦丰，战于黎丘，大破之，获其将蔡宏。

庚辰，诏曰："吏不满六百石，下至墨绶长、相，有罪先请。男子八十以上，十岁以下，及妇人从坐者，自非不道，诏所名捕，皆不得系。当验问者即就验。女徒雇山归家。"

盖延拔睢阳，获刘永，而苏茂、周建立永子纡为梁王。

冬十月壬申，幸舂陵，祠园庙，因置酒旧宅，大会故人父老。十一月乙未，至自舂陵。涿郡太守张丰反。

是岁，李宪自称天子。西州大将军隗嚣奉奏。建义大将军朱祐率祭遵与延岑战于东阳，斩其将张成。

四年春正月甲申，大赦天下。二月壬子，幸怀。壬申，与至自怀。

遣右将军邓禹率二将军与延岑战于武当，破之。

夏四月丁巳，幸邺。己巳，进幸临平。遣大司马吴汉击五校贼于箕山，大破之。

五月，进幸元氏。辛巳，进幸卢奴。遣征虏将军祭遵率四将军讨张丰于涿郡，斩丰。

六月辛亥，车驾还宫。

七月丁亥，幸谯。遣捕虏将军马武、偏将军王霸围刘纡于垂惠。

董宪将贲休以兰陵城降，宪围之。虏牙大将军盖延率平狄将军庞萌救贲休，不克，兰陵为宪所陷。

秋八月戊午，进幸寿春。太中大夫徐恽擅杀临淮太守刘度，恽坐诛。遣扬武将军马成率三将军伐李宪。九月，围宪于舒。

冬十月甲寅，车驾还宫。太傅卓茂薨。

十一月丙申，幸宛。遣建义大将军朱祐率二将军围秦丰于黎丘。十二月丙寅，进幸黎丘。

是岁，征西大将军冯异与公孙述将程焉战于陈仓，破之。

五年春正月癸巳，车驾还宫。二月丙午，大赦天下。

捕虏将军马武、偏将军王霸拔垂惠。乙丑，幸魏郡。壬申，封殷后孔安为殷绍嘉公。

彭宠为其苍头所杀，渔阳平。

大司马吴汉率建威大将军耿弇击富平，获索贼于平原，大破降之。复遣耿弇率二将军讨张步。

三月癸未，徙广阳王良为赵王，始就国。平狄将军庞萌反，杀楚郡太守孙萌而东附董宪。

遣征南大将军岑彭率二将军伐田戎于津乡，大破之。

夏四月，旱、蝗。河西大将军窦融始遣使贡献。

五月丙子，诏曰："久旱伤麦。秋种未下，朕甚忧之。将残吏未胜，狱多冤结，元元愁恨，感动天气乎？其令中都官、三辅、郡、国出系囚，罪非犯殊死一切勿案，见徒免为庶人。务进柔良，退贪酷，各正厥事焉。"

六月，建义大将军朱祐拔黎丘，获秦丰；而庞萌、苏茂围桃城。帝时幸蒙，因自将征之。先理兵任城，乃进救桃城，大破萌等。

秋七月丁丑，幸沛，祠高原庙。诏修复西京园陵。进幸湖陵，征董宪。又幸蕃，遂攻董宪于昌虑，大破之。

八月己酉，进幸郯，留吴汉攻刘纡、董宪等，车驾转徇彭城、下邳。吴汉拔郯，获刘纡；汉进围董宪、庞萌于朐。

冬十月，还，幸鲁，使大司空祠孔子。

耿弇等与张步战于临淄，大破之。帝幸临淄，进幸剧。张步斩苏茂以降，齐地平。

初起太学。车驾还宫，幸太学，赐博士弟子各有差。

十一月壬寅，大司徒伏湛免，尚书令侯霸为大司徒。

十二月，卢芳自称天子于九原。西州大将军隗嚣遣子恂入侍。交阯牧邓让率七郡太守遣使奉贡。诏复济阳二年徭役。是岁，野谷渐少，田亩益广焉。

六年春正月丙辰，改舂陵乡为章陵县。世世复徭役，比丰、沛、无有所豫。辛酉，诏曰："往岁水旱蝗虫为灾，谷价腾跃，人用困乏。朕惟百姓无以自赡，恻然愍之。其命郡国有谷者，给禀高年、鳏、寡、孤、独及笃癃、无家属贫不能自存者，如《律》。二千石勉加循抚，无令失职。"扬武将军马成等拔舒、获李宪。

二月，大司马吴汉拔朐，获董宪、庞萌，山东悉平。诸将还京师，置酒赏赐。

三月，公孙述遣将任满寇南郡。

夏四月丙子，幸长安，始谒高庙，遂有事十一陵。遣虎牙大将军盖延等七将军从陇道伐公孙述。

五月己未，至自长安。

隗嚣反，盖延等因与嚣战于陇阺，诸将败绩。

辛丑，诏曰："惟天水、陇西、安定、北地吏人为隗嚣所诖误者，又三辅遭难赤眉，有犯法不道者，自殊死以下，皆赦除之。"

六月辛卯，诏曰："夫张官置吏，所以为人也。今百姓遭难，户口耗少，而县官吏职所置尚繁，其令司隶、州牧各实所部、省减吏员。

县国不足置长吏可并合者，上大司徒、大司空二府。"于是条奏并省四百余县，吏职减损，十置其一。

代郡太守刘兴击卢芳将贾览于高柳，战殁。初，乐浪人王调据郡不服。秋，遣乐浪太守王遵击之，郡吏杀调降。

遣前将军李通率二将军，与公孙述将战于西城。破之。

夏，蝗。秋九月庚子，赦乐浪谋反大逆殊死已下。丙寅晦，日有食之。

冬十月丁丑，诏曰："吾德薄不明，寇贼为害，强弱相陵，元元失所。《诗》云：'日月告凶，不用其行。'永念厥咎，内疚于心。其敕公卿举贤良，方正各一人；百僚并上封事，无有隐讳；有司修职，务遵法度。"

十一月丁卯，诏王莽时吏人没入为奴婢不应旧法者，皆免为庶人。

十二月壬辰，大司空宋弘免。癸巳，诏曰："顷者师旅未解，用度不足，故行什一之税。今军士屯田，粮储差积。其令郡国收见田租三十税一，如旧制。"隗嚣遣将行巡寇扶风，征西大将军冯异拒破之。

是岁，初罢郡国都尉官，始遣列侯就国。匈奴遣使来献，使中郎将报命。

七年春正月丙申，诏中都官、三辅、郡、国出系囚，非犯殊死，皆一切勿案其罪。见徒免为庶人。耐罪亡命，吏以文除之。

又诏曰："世以厚葬为德，薄终为鄙，至于富者奢僭，贫者单财，法令不能禁，礼义不能止，仓卒乃知其咎。其布告天下，令知忠臣、孝子、慈兄、悌弟薄葬送终之义。"

二月辛巳，罢护漕都尉官。

三月丁酉，诏曰："今国有众军，并多精勇，宜且罢轻车、骑士、材官、楼船士及军假吏，令还复民伍。"公孙述立隗嚣为朔宁王。

癸亥晦，日有食之，避正殿，寝兵，不听事五日。诏曰："吾德薄致灾，谪见日月，战慄恐惧，夫何言哉！今方念愆，庶消厥咎。其令有司各修职任，奉遵法度，惠兹元元。百僚各上封事，无有所讳。其上书者，不得言圣。"

夏四壬午，诏曰："比阴阳错谬，日月薄食。百姓有过，在予一人，大赦天下。公、卿、司隶、州牧举贤良、方正各一人，遣诣公车，朕将览试焉。"

五月戊戌，前将军李通为大司空。甲寅，诏吏人遭饥乱及为青、徐贼所略为奴婢下妻，欲去留者，恣听之。敢拘制不还，以卖人法从事。是夏，连雨水。汉忠将军王常为横野大将军。

八月丁亥，封前河间王邵为河间王。隗嚣寇安定，征西大将军冯异、征虏将军祭遵击却之。

冬，卢芳所置朔方太守田飒、云中太守乔扈各举郡降。是岁、省长水、射声二校尉官。

八年春正月，中朗将来歙袭略阳，杀隗嚣守将而据其城。夏四月，司隶校尉傅抗下狱死。隗嚣攻来歙，不能下。闰月，帝自征嚣，河西太守大将军窦融率五郡太守与车驾会高平。陇右溃，隗嚣奔西城，遣大司马吴汉、征南大将军岑彭围之；进幸上邽，不降，命虎牙大将军盖延、建威大将军耿弇攻之。颍川盗贼寇没属县，河东守守兵亦叛，京师骚动。

秋，大水。八月，帝自上邽晨夜东驰。九月乙卯，车驾还宫。庚申，帝自征颍川盗贼，皆降。安丘侯张步叛归琅邪，琅邪太守陈俊讨获之。戊寅，至自颍川。

冬十月丙午，幸怀。十一月乙丑，至自怀。

公孙述遣兵救隗嚣，吴汉、盖延等还军长安。天水、陇西复反归嚣。

十二月，高句丽王遣使奉贡。是岁大水。

九年春正月，隗嚣病死，其将王元、周宗复立嚣子纯为王。徙雁门吏人于太原。

三月辛亥，初置青巾左校尉官。公孙述遣将田戎、任满据荆门。

夏六月丙戌，幸缑氏，登辕辕。遣大司马吴汉率四将军击卢芳将贾览于高柳，战不利。

秋八月，遣中郎将来歙监征西大将军冯异等五将军讨隗纯于天水。

骠骑大将军杜茂与贾览战于繁畤，茂军败绩。是岁，省关都尉，复置护羌校尉官。

十年春正月，大司马吴汉率捕虏将军王霸等五将军击贾览于高柳，匈奴遣骑救览，诸将与战，却之。修理长安高庙。

夏，征西大将军冯异破公孙述将赵匡于天水，斩之。征西大将军冯异薨。

秋八月己亥，幸长安，祠高庙，遂有事十一陵。戊戌，进幸渭。隗嚣将高峻降。

冬十月，中郎将来歙等大破隗纯于落门，其将王元奔蜀，纯与周宗降，陇右平。

先零羌寇金城、陇西，来歙率诸将击羌于五谿，大破之。

庚寅，车驾还宫。是岁，省定襄郡，徙其民于西河。泗水王歙薨。淄川王终薨。

十一年春二月己卯，诏曰："天地之性人为贵。其杀奴婢，不得减罪。"

三月己酉，幸南阳；还，幸章陵，祠园陵。城阳王祉薨。庚午，车驾还宫。

闰月，征南大将军岑彭率三将军与公孙述将田戎、任满战于荆门，大破之，获任满。威虏将军冯骏围田戎于江州，岑彭遂率舟师伐公孙述，平巴郡。

夏四月丁卯，省大司徒司直官。先零羌寇临洮。

六月，中郎将来歙率扬武将军马成破公孙述将王元、环安于下辩。安遣间人刺杀中朗将来歙。帝自将征公孙述。秋七月，次长安。八月，岑彭破公孙述将侯丹于黄石。辅威将军臧宫与公孙述将延岑战于沈水，大破之。王元降。至自长安。癸亥，诏曰："敢灸灼奴婢，论如律，免所灸灼者为庶。"

冬十月壬午，诏除奴婢射伤人弃市律。

公孙述遣间人刺杀征南大将军岑彭。马成平武都，因陇西太守马援击破先零羌，徙致天水、陇西、扶风。十二月，大司马吴汉率舟师伐公孙述。

是岁，省朔方牧，并并州。初断州牧自还奏事。

十二年春正月，大司马吴汉与公孙述将史兴战于武阳，斩之。

三月癸酉，诏陇、蜀民被略为奴婢自讼者，及狱官未报，一切免为庶。夏，甘露降南行唐。六月，黄龙见东阿。

秋七月，威虏将军冯骏拔江州，获田戎。九月，吴汉大破公孙述将谢丰于广都，斩之。辅威将军臧宫拔涪城，斩公孙恢。大司空李通罢。

冬十一月戊寅，吴汉、臧宫与公孙述战于成都，大破之。述被创，

夜死。辛巳，吴汉屠成都，夷述宗族及延岑等。

十二月辛卯，扬武将军马成行大司空事。

是岁，九真徼外蛮夷张游率种人内属，封为归汉里君。省金城郡属陇西。参狼羌寇武都，陇西太守马援讨降之。诏边吏力不足战则守，追虏料敌不拘以逗留法。横野大将军王常薨。遣骠骑大将军杜茂将众郡施刑屯北边，筑亭候，修烽燧。

十三年春正月庚申，大司徒侯霸薨。戊子，诏曰："往年已敕郡国，异味不得有所献御，今犹未止，非徒有豫养导择之劳，至乃烦扰道上，疲费过所。其令太官勿复受。明敕下以远方口实所以荐宗庙，自如旧制。"

二月，遣捕虏将军马武屯滹沱河以备匈奴。卢芳自五原亡入匈奴。

丙辰，诏曰："长沙王兴、真定王得、河间王邵、中山王茂，皆袭爵为王，不应经义。其以兴为临湘侯，得为真定侯，邵为乐成侯，茂为单父侯。"其宗室及绝国封侯者凡一百三十七人。丁巳，降赵王良为赵公，太原王章为齐公。鲁王兴为鲁公。庚午，以殷绍嘉公孔安为宋公，周承休公姬武为卫公。省并西京十三国：广平属钜鹿，真定属常山，河间属信都，城阳属琅邪，泗水属广陵，淄川属高密，胶东属北海，六安属庐江，广阳属上谷。

三月辛未，沛郡太守韩歆为大司徒。丙子，行大司空马成罢。

夏四月，大司马吴汉自蜀还京师，于是大飨将士，班劳策勋。功臣增邑更封，凡三百六十五人。其外戚恩泽封者四十五人。罢左右将军官。建威大将军耿弇罢。

益州传送公孙述瞽师、郊庙乐器、葆车、舆辇，于是法物始备。时兵革既息，天下少事，文书调役，务从简寡，至乃十存一焉。

甲寅，冀州牧窦融为大司空。五月，匈奴寇河东。秋七月，广汉徼外白马羌豪率种人内属。九月，日南徼外蛮夷献白雉、白兔。

冬十二月甲寅，诏益州民自八年以来被略为奴婢者，皆一切免为庶人；或依托为人下妻，欲去者，恣听之；敢拘留者，比青、徐二州以略人法从事。复置金城郡。

十四年春正月，起南宫前殿。匈奴遣使奉献，使中郎将报命。

夏四月辛巳，封孔子后志为褒成侯。越巂人任贵自称太守，遣使奉计。秋九月，平城人贾丹杀卢芳将尹由来降。是岁，会稽大疫。莎车国、鄯善国遣使奉献。

十二月癸卯，诏益、凉二州奴婢，自八年以来自讼在所官，一切免为庶人，卖者无还直。

十五年春正月辛丑，大司徒韩歆免，自杀。丁未，有星孛于昴。汝南太守欧阳歙为大司徒。建义大将军朱祐罢。丁未，有星孛于营室。

二月，徙雁门、代郡、上谷三郡民，置常山关、居庸关以东。

初，巴蜀既平，大司马吴汉上书请封皇子，不许，重奏连岁。三月，乃诏群臣议。大司空融、固始侯通、胶东侯复、高密侯禹、太常登等奏议曰："古者封建诸侯，以藩屏京师。周封八百，同姓诸姬并为建国，夹辅王室，尊事天子，享国永长，为后世法。故诗云'大启尔宇，为周室辅。'高祖圣德，光有天下，亦务亲亲，封立兄弟诸子，不违旧章。陛下德横天地，兴复宗统，褒德尝勋，亲睦九族，功臣宗室，咸蒙封爵，多受广地，或连属县。今皇子赖天，能胜衣趋拜，陛下恭谦克让，抑而未议，群臣百姓，莫不失望，宜因盛夏吉时，定号位，以广藩辅，明亲亲，尊宗庙，重社稷，应古合旧，厌塞众心。臣请大司空上舆地图，太常择吉日，具礼仪。"制曰："可。"

夏四月戊申，以太牢告祠宗庙。丁巳，使司空融告庙，封皇子辅为右翊公，英为楚公，阳为东海公，康为济南公，苍为东平公，延为淮阳公，荆为山阳公，衡为临淮公，焉为左翊公，京为琅邪公。癸丑，追谥兄伯升为齐武公，兄仲为鲁哀公。

六月庚午，复置屯骑、长水、射声三校尉官；改青巾左校尉为越骑校尉。诏下州郡检核垦田顷亩及户口年纪，又考实二千石长吏阿枉不平者。冬十一月甲戌，大司徒欧阳歙下狱死。十二月庚午，关内侯戴涉为大司徒。卢芳自匈奴入居高柳。是岁，骠骑大将军杜茂免。虎牙大将军盖延薨。

十六年春二月，交阯女子征侧反，略有城邑。三月辛丑晦，日有蚀之。

秋九月，河南尹张伋及诸郡守十余人，坐度田不实，皆下狱死。

郡国大姓及兵长、群盗处处并起，攻劫在所，害杀长吏。郡县追讨，到则解散，去复屯结。青、徐、幽、冀四州尤甚。冬十月，遣使者下郡国，听群盗自相纠擿，五人共斩一人者，除其罪。吏虽逗留回避故纵者，皆勿问，听以禽讨为效。其牧守令长坐界内盗贼而不收捕者，又以畏慢捐城委守者，皆不以为负，但取获贼多少为殿最，唯蔽匿者乃罪之。于是更相追捕，贼并解散。徙其魁帅于它郡，赋田受廪，使安生业。自是牛马放牧，邑门不闭。卢芳遣使乞降。十二月甲辰，封芳为代王。

初，王莽乱后，货币杂用布、帛、金、粟。是岁，始行五铢钱。

十七年春正月，赵公良薨。二月乙未晦，日有食之。

夏四月乙卯，南巡狩，皇太子及右翊公辅、楚公英、东海公阳、济南公康、东平公苍从，幸颍川，进幸叶、章陵。五月乙卯，车驾还宫。六月癸巳，临淮公衡薨。秋七月，妖巫李广等群起据皖城，遣虎贲中郎将马援、骠骑将军段志讨之。九月，破皖城，斩李广等。冬十月辛巳，废皇后郭氏为中山太后，立贵人阴氏为皇后。进右翊公辅为中山王，食常山郡。其余九国公，皆即旧封进爵为王。

甲申，幸章陵。修园庙，祠旧宅，观田庐，置酒作乐，赏赐。时宗室诸母因酺悦，相与语曰：“文叔少时谨信，与人不款曲，唯直柔耳，今乃能如此！”帝闻之，大笑曰：“吾理天下，亦欲以柔道行之。”乃悉为舂陵宗室起祠堂。有五凤皇见于颍川之郏县。十二月，至自章陵。是岁，莎车国遣使责献。

十八年春二月，蜀郡守将史歆叛，遣大司马吴汉率二将军讨之，围成都。

甲寅，西巡狩，幸长安。三月壬午，祠高庙，遂有事十一陵。历冯翊界，进幸蒲坂，祠后土。夏四月癸酉，车驾还宫。

甲戌，诏曰：“今边郡盗谷五十斛，罪至于死，开残吏妄杀之路，其蠲除此法，同之内郡。”

遣伏波将军马援率楼船将军段志等击交阯贼征侧等。

甲申，幸河内。戊子，至自河内。五月，旱。卢芳复亡入匈奴。

秋七月，吴汉拔成都，斩史歆等。壬戌，赦益州所部殊死已下。

冬十月庚辰，幸宜城。还，祠章陵。十二月乙丑，车驾还宫。是岁，罢州牧，置刺史。

十九年春正月庚子，追尊孝宣皇帝曰中宗。始祠昭帝、元帝于太庙，成帝、哀帝、平帝于长安，舂陵节侯以下四世于章陵。

妖巫单臣、傅镇等反，据原武，遣太中大夫臧宫围之。夏四月，拔原城，斩臣、镇等。

伏波将军马援破交阯，斩征侧等。因击破九真贼都阳等，降之。

闰月戊申，进赵、齐、鲁三国公爵为王。

六月戊申，诏曰："春秋之义，立子以贵。东海王阳，皇后之子，宜承大统。皇太子强，崇执谦退，愿备藩国。父子之情，重久违之。其以强为东海王，立阳为皇太子，改名庄。"

秋九月，南巡狩。壬申，幸南阳，进幸汝南南顿县舍，置酒会，赐吏人，复南顿田租岁。父老前叩头言："皇考居此日久，陛下识知寺舍，每来辄加厚恩，愿赐复十年。"帝曰："天下重器，常恐不任，日复一日，安敢远期十岁乎？"吏人又言："陛下实惜之，何言谦也？"帝大笑，复增一岁。进幸淮阳、梁、沛。

西南夷寇益州郡，遣武威将军刘尚讨之。越嶲太守任贵谋叛。十二月，刘尚袭贵，诛之。是岁，复置函谷关都尉。修西京宫室。

二十年春二月戊子，车驾还宫。夏四月庚辰，大司徒戴涉下狱死。大司空窦融免。

五月辛亥，大司马吴汉薨。匈奴寇上党、天水，遂至扶风。

六月庚寅，广汉太守蔡茂为大司徒，太仆朱浮为大司空。壬辰，左中郎将刘隆为骠骑将军，行大司马事。乙未，徙中山王辅为沛王。秋，东夷韩国人率众诣乐浪内附。

冬十月，东巡狩，甲午，幸鲁，进幸东海、楚、沛国。

十二月，匈奴寇天水。壬寅，车驾还宫。是岁，省五原郡，徙其吏人置河东。复济阳县徭役六岁。

二十一年春正月，武威将军刘尚破益州夷，平之。

夏四月，安定属国胡叛，屯聚青山，遣将兵长史陈䜣讨平之。

秋，鲜卑寇辽东，辽东太守祭肜大破之。

冬十月，遣伏波将军马援出塞击乌桓，不克。匈奴寇上谷、中山。

其冬，鄯善王、车师王等十六国皆遣子入侍奉献，愿请都护。帝以中国初定，未遑外事，乃还其侍子，厚加赏赐。

二十二年春闰月丙戌，幸长安，祠高庙，遂有事十一陵。二月己巳，至自长安。夏五月乙未晦，日有食之。

秋七月，司隶校尉苏邺下狱死。

九月戊辰，地震裂。制诏曰："日者地震，南阳尤甚。夫地者，任物至重，静而不动者也。而今震裂，咎在君上。鬼神不顺无德，灾殃将及吏人，朕甚惧焉。其令南阳勿输今年田租刍稿。遣谒者案行，其死罪系囚在戊辰以前，减死罪一等；徒皆弛解钳，衣丝絮。赐郡中居人压死者棺钱，人三千。其口赋逋税而庐宅尤破坏者，勿收责。吏人死亡，或在坏垣毁屋之下，而家赢弱不能收拾者，其以见钱谷取佣，为寻求之。"

冬十月壬子，大司空朱浮免。癸丑，光禄勋杜林为大司空。

是岁，齐王章薨。青州蝗。匈奴奥鞬日逐王比遣使诣渔阳请和亲，使中郎将李茂报命。乌桓击破匈奴，匈奴北徙，幕南地空。诏罢诸边郡亭候吏卒。

二十三年春正月，南郡蛮叛，遣武威将军刘尚讨破之，徙其种人于江夏。

夏五月丁卯，大司徒蔡茂薨。秋八月丙戌，大司空杜林薨。九月辛未，陈留太守玉况为大司徒。冬十月丙申太仆张纯为大司空。高句丽率种人诣乐浪内属。

十二月，武陵蛮叛，寇掠郡县，遣刘尚讨之，战于沅水，尚军败殁。

是岁，匈奴奥鞬日逐王比率部曲遣使诣西河内附。

二十四年春正月乙亥，大赦天下。

匈奴奥鞬日逐王比遣使款五原塞，求扞御北虏。

秋七月，武陵蛮寇临沅，遣谒者李嵩、中山太守马成讨蛮，不克，于是伏波将军马援率四将军讨之。诏有司申明旧制阿附蕃王法。

冬十月，匈奴奥鞬日逐王比自立为南单于，于是分为南、北匈奴。

二十五年春正月，辽东徼外貊人寇右北平、渔阳、上谷、太原，辽东太守祭肜招降之。乌桓大人来朝。

南单于遣使诣阙贡献，奉蕃称臣；又遣其左贤王击破北匈奴，却地千余里。三月，南单于遣子入侍。戊申晦，日有食之。伏波将军马援等破武陵蛮于临沅。冬十月，叛蛮悉降。夫余王遣使奉献。是岁，乌桓大人率众内属，诣阙朝贡。

二十六年春正月，诏有司增百官奉。其千石已上，减于西京旧制；六百石已下，增于旧秩。

初作寿陵。将作大匠窦融上言园陵广袤，无虑所用。帝曰："古者帝王之葬，皆陶人瓦器，木车茅马，使后世之人不知其处。太宗识终始之义，景帝能述遵孝道，遭天下反覆，而霸陵独完受其福，岂不美哉！今所制地不过二三顷，无为山陵陂池，裁令流水而已。"

遣中郎将段郴授南单于玺绶，令入居云中，始置使匈奴中郎将，将兵卫护之。南单于遣子入侍，奉奏诣阙。于是云中、五原、朔方、北地、定襄、雁门、上谷、代八郡民归于本土。遣谒者分将施刑补理城郭。发遣边民在中国者，布还诸县，皆赐以装钱，转输给食。

二十七年夏四月戊午，大司徒玉况薨。

五月丁丑，诏曰："昔契作司徒，禹作司空，皆无'大'名。其令二府去'大'。"又改大司马为太尉。骠骑大将军行大司马刘隆即日罢，以太仆赵熹为太尉，大司农冯勤为司徒。益州郡徼外夷蛮率种人内属。北匈奴遣使诣武威乞和亲。

冬，鲁王兴、齐王石始就国。

二十八年春正月己巳，徙鲁王兴为北海王，以鲁国益东海。赐东海王强虎贲、旄头、钟虡之乐。

夏六月丁卯，沛太后郭氏薨，因诏郡县捕王侯宾客，坐死者数千人。

秋八月戊寅，东海王强、沛王辅、楚王英、济南王康、淮阳王延始就国。

冬十月癸酉，诏死罪系囚皆一切募下蚕室，其女子宫。北匈奴遣使贡献，乞和亲。

二十九春二月丁巳朔，日有食之。遣使者举冤狱，出系囚。庚申，赐天下男子爵，人二级；鳏、寡、孤、独、笃癃、贫不能自存者粟，人五斛。

夏四月乙丑，诏令天下系囚自殊死已下及徒各减本罪一等，其余赎罪输作各有差。

三十年春正月，鲜卑大人内属，朝贺。

二月，东巡狩。甲子，幸鲁，进幸济南。闰月癸丑，车驾还宫。有星孛于紫宫。

夏四月戊子，徙左翊王焉为中山王。五月，大水。赐天下男子爵，人二级；鳏、寡、孤、独、笃癃、贫不能自存者粟，人五斛。秋七月丁酉，幸鲁国。复济阳县是年徭役。冬十一月丁酉，至自鲁。三十一年夏五月，大水。

戊辰，赐天下男子爵，人二级；鳏、寡、孤、独、笃癃、贫不能自存者粟，人六斛。癸酉晦，日有食之。是夏，蝗。秋九月甲辰，诏令死罪系囚皆一切慕下蚕室，其女子宫。是岁，陈留雨谷，形如稗实。北匈奴遣使奉献。

中元元年春正月，东海王强、沛王辅、楚王英、济南王康，淮阳王廷、赵王盱皆来朝。丁卯，东巡狩。二月己卯，幸鲁，进幸太山。北海王兴，齐王石朝于东岳。辛卯，柴望岱宗，登封太山；甲午，禅于梁父。三月戊辰，司空张纯薨。

夏四月癸酉，车驾还宫。己卯，大赦天下。复嬴、博、梁父、奉高，勿击今年田租刍稿。改年为中元。行幸长安。戊子，祀长陵。五月乙丑，至自长安。

六月辛卯，太仆冯鲂为司空。乙未，司徒冯勤薨。

是夏，京师醴泉涌出，饮之者固疾皆愈，惟眇、蹇者不瘳。又有赤草生于水崖。郡国频上甘露。群臣奏言："地祇灵应而朱草萌生。孝宣帝每有嘉瑞，辄以改元，神爵、五凤、甘露，黄龙，列为年纪，盖以感致神祇，表彰德信。是以化致升平，称为中兴。今天下清宁，灵物仍降。陛下情存损挹，推而不居，岂可使祥符显庆，没而无闻？宜令太史撰集，以传来世。"帝不纳。常自谦无德，每郡国所上，辄抑而不当，故史官罕得记焉。秋，郡国三蝗。冬十月辛未，司隶校尉东莱李诉为司徒。

甲申，使司空告祠高庙曰："高皇帝与群臣约，非刘氏不王。吕太后贼害三赵，专王吕氏，赖社稷之灵，禄、产伏诛，天命几坠，危朝更安。吕太后不宜配食高庙，同祧至尊。薄太后母德慈仁，孝文皇帝贤明临国，子孙赖福，延祚至今。其上薄太后尊号曰高皇后，配食地祗。迁吕太后庙主于园，四时上祭。"

十一月甲子晦，日有食之。是岁，初起明堂、灵台、壁雍，及北郊兆域。宣布图谶于天下。复济阳、南顿是年徭役。参狼羌寇武都，败郡兵，陇西太守刘盱遣军救之，及武都郡兵讨叛羌，皆破之。

二年春正月辛未，初立北郊，祀后土。东夷倭奴国王遣使奉献。

二月戊戌，帝崩于南宫前殿，年六十二。遗诏曰："朕无益百姓，皆如孝文皇帝制度，务从约省。刺史、二千石长吏皆无离城郭，无遣吏及因邮奏。"

初，帝在兵间久，厌武事，且天下疲耗，思乐息肩。自陇、蜀平后，非儆急，未尝复言军旅。皇太子尝问攻战之事，帝曰："昔卫灵公问陈，孔子不对，此非尔所及。"每旦视朝，日仄乃罢。数引公卿、郎、将讲论经理，夜分乃寐。皇太子见帝勤劳不怠，承间谏曰："陛下有禹汤之明，而失黄老养性之福，愿颐爱精神，优游自宁。"帝曰："我自乐此，不为疲也。"虽身济大业，兢兢如不及，故能明慎政体，总揽权纲，量时度力，举无过事。退功臣而进文吏，戢弓矢而散马牛，虽道未方古，斯亦止戈之武焉。

后汉书

献帝本纪

——《后汉书》卷九

【说明】东汉献帝刘协，生于光和四年（181）。其母王美人被何皇后毒死，故由董太后抚养长大。中平六年（189），灵帝死，立其兄刘辩为帝，封刘协为陈留王。在外戚与宦官的激烈斗争中，董卓控制了中央政权，废除少帝刘辩，立刘协为帝，是为汉献帝。从此年仅九岁的刘协，开始了他作为傀儡皇帝的漫长生涯。董卓死后，王允、吕布主持朝政，刘协又成为他们的傀儡。后王允被杀，献帝又落入李傕郭汜的手中。兴平二年（195），李傕、郭汜内讧，李傕将献帝劫去。不久，献帝在李傕部将杨奉、牛辅的部曲董承等的护卫下，摆脱了李、郭的控制，逃往弘农。又辗转东行到达洛阳，落入曹操之手。曹操利用献帝"挟天子以令诸侯"。挟持献帝迁都许昌。从此，献帝在曹氏父子的夹持下度过了余生。建安二十五年（220），曹操病死，其子曹丕袭爵为魏王。就在这一年，曹丕逼献帝逊位，自称天子，东汉政权最后灭亡。献帝废后被封为山阳公，又过十四年献帝死去，终年五十四岁，以汉天子礼仪葬于禅陵，谥号为孝献帝。

东汉献帝名刘协，是汉灵帝的中子，刘协的母亲王美人被何皇后杀害，中平六年四月，少帝刘辩即位，封刘协为勃海王，后又迁封为陈留王。

九月甲戌日，刘协即皇帝位，当时才九岁。把皇太后迁到永安宫。大赦全国犯人。改年号昭宁为永汉。丙子日，董卓杀死皇太后何氏。

开始规定侍中、给事黄门侍郎各六名。赐给公卿以下至黄门侍郎每家一人作郎，用来补充宦官所领管的各个部门，并在殿上侍奉。乙酉日，任命太尉刘虞为大司马。董卓自封为太尉，外加铁钺仪仗、虎贲卫士。丙戌日，太中大夫杨彪升为司空。甲午日，豫州牧黄琬升为司徒。派遣使臣到祠庙祭吊已故太傅陈蕃、大将军窦武等。冬季十月乙巳日，为灵思皇后举行葬礼。白波贼侵犯河东，董卓派遣他的将领牛辅前去攻打。

十一月癸酉日，董卓自封为相国。二十月戊戌日，司徒黄琬升为太尉，司空杨彪升为司徒，光禄勋荀爽升为司空。裁去扶风都尉，设置汉安都护。颁布诏书除去光熹、昭宁、永汉三个年号，仍然恢复中平六年的年号。

初平元年春正月，崤山以东各州郡起兵讨伐董卓。辛亥日，大赦全国犯人。癸酉日。董卓杀死了弘农王。白波贼又侵犯东郡。

二月乙亥日，罢免太尉黄琬、司徒杨彪。庚辰日，董卓杀死城门校尉伍琼、督军校尉周珌。任命光禄勋赵谦为太尉，太仆王允为司徒。丁亥日，将都城迁到长安。董卓驱赶京城内的百姓全部向西迁移入关内。自己留在毕圭苑屯驻。壬辰日，白色长虹穿过太阳。

三月乙巳日，皇帝御驾驶入长安，到达未央宫。己酉日，董卓放火焚烧洛阳城内的宫殿，庙宇及民房。戊午日，董卓杀害了太傅袁隗、太仆袁基，并诛杀了他们的族人。

夏五月，司空荀爽去世。六月辛丑日，任命光禄大夫种拂为司空。

大鸿胪韩融、少府阴修、执金吾胡母班、将作大匠吴修、越骑校尉王安团集在关东，后将军袁术，河内太守王匡分别将他们逮捕并杀害，唯独韩融幸免。董卓废除五铢钱，改铸小钱使用。

冬季十一月庚戌日，镇星、荧惑、太白三颗星在苍龙七宿的第六宿尾相汇合。

这一年，有关部门奏报，和帝穆宗、安帝恭宗、顺帝敬宗、桓帝威宗四位皇帝因为没什么功德，称号为宗不适宜，又因为和帝母亲恭怀皇后、安帝的祖母敬隐皇后、顺帝母亲恭愍皇后并非嫡妻，称为皇后也不适宜，请求将他们的尊号都除去。刘协批示："可以"。孙坚杀死荆州刺史王叡，又杀死南阳太守张咨。

初平二年春正月辛丑日，大赦全国犯人。二月丁丑日，董卓自封为太师。

袁术派遣大将孙坚与董卓的大将胡轸在阳人大战，胡轸的军队大败。于是董卓挖掘了在洛阳诸帝王的陵墓。夏季四月，董卓进入长安。六月丙戌日，发生地震。秋季七月，司空种拂免官，光禄大夫济南淳于嘉升为司空。太尉赵谦免职，太常马日磾升为太尉。

九月，蚩尤旗星出现在苍龙星角、亢星中。冬十一月壬戌日，董卓杀死卫尉张温。十一月，青州黄巾军侵犯太山，被太山太守应劭击败。黄巾军转而侵犯渤海，与公孙瓒大战于东光，再次被打败。这年，长沙有人死了一月后又复活。

初平三年春正月丁丑日，大赦全国犯人。袁术派遣大将孙坚到襄阳攻打刘表，孙坚战死。袁绍与公孙瓒在界桥相战，公孙瓒的军队大败。

夏四月辛巳日，杀死董卓，并诛杀了他的三族。司徒王允总领尚书事，掌管朝政，派遣使臣张种去崤山以东安抚慰问。

青州黄巾军攻打兖州，在东平杀死兖州刺史刘岱。东郡太守曹操在寿张攻打黄巾军，黄巾军投降。

五月丁酉日，大赦全国犯人。丁未日，征西将军皇甫嵩升为车骑将军。

董卓的部下将领李傕、郭汜、樊稠、张济等谋反，攻打京师。六月戊午日，攻陷京城长安，太常种拂、太仆鲁旭、大鸿胪周奂、城门校尉崔烈、越骑校尉王颀都战死，官吏百姓死了一万余人。李傕诸人都自封为将军。已未日，大赦全国犯人。李傕杀死司隶校尉黄琬，甲子日，又杀死司徒王允，将两家族人一并诛杀。丙子日，前将军赵谦升为司徒。

秋七月庚子日，大尉马日磾升为太傅，总领尚书事。八月，派遣马日磾与太仆赵岐，持符节前往全国各地慰问安抚。车骑将军皇甫嵩升为太尉。罢免司徒赵谦。

九月，李傕自封为车骑将军，郭汜为后将军，樊稠为右将军，张济为镇东将军。张济出兵屯驻弘农。甲申日，司空淳于嘉升为司徒，光禄大夫杨彪升为司空，都总领尚书事。冬十二月，太尉皇甫嵩初免官。光禄大夫周忠升为太尉，参与总领尚书事。

初平四年春正月禄一甲寅日，出现日食。丁卯日，大赦全国犯人。

三月，袁术杀害扬州刺史陈温，占据淮南。长安宣平城门外有房屋自己倒塌。

夏五月癸酉日，天空有雷声但没有阴云。六月，扶风刮起大风，并下雨加冰雹。华山出现山崩。太尉周忠被免官，太仆朱俊为太尉，总领尚书事。下邳的贼人阙宣自称天子。

大雨，派遣御史裴茂审讯奉皇帝命令拘禁的犯人，酌情从轻处理。六月辛丑日，西北出现天狗星。

九月甲午日，儒生四十余人参加考试，考试成绩最优等的赐为郎中，差一点的为太子舍人，落第者罢免官职。并颁布诏书说："孔子曾叹息'所学的不讲习'。不讲习，所学的知识就会逐日忘记。现在这些老年儒生已年过六十，背井离乡，为生存奔波，不能专心于所学知识。从幼小时入学，直到头发白了空空而归，长年地从事田间劳作，断绝了作官的念头，我非常同情他们。依照规定应罢官的人，仍保留为太子舍人。"冬十月，皇帝到太学巡视，车驾到永福城门，观看太学生们的礼仪，分别等级赏赐博士以下的人。辛丑日，京城发生地震，彗星扫过天市星。司空杨彪被罢免，太常赵温升为司空。公孙瓒杀死大司马刘虞。十二月辛丑日，发生地震。司空赵温被免官。乙巳日，卫尉张喜升为司空。这一年，琅邪王刘容去世。

兴平元年春正月辛酉日，大赦全国犯人，改年号为兴平。甲子日，皇帝举行加冕礼。二月壬午日，追封皇母谥号为灵怀皇后，甲申日，将皇母改葬在文昭陵。丁亥日，皇帝耕种籍田。

三月，韩遂，马腾和郭汜、樊稠在长平观大战、韩遂、马腾战败，左中郎将刘范、前益州刺史种邵战死。夏六月丙子日，分凉州河西四郡为雍州。丁丑日，发生地震；戊寅日，再次地震。乙巳晦，有日食出现，皇帝不去正殿，停止用兵，五天不上朝听政。有严重蝗虫灾害。秋七月壬子日，太尉朱俊被免职。戊午日，太常杨彪升为太尉，总领尚书事。

京城周围三辅地区发生严重的旱灾，自四月开始，直到这月。皇帝不去正殿，请求降雨，派遣使者释放囚徒，酌情从轻处理。这时，一斛谷价值五十万钱，一斛豆麦价值二十万钱，人吃人，四处堆积着白骨。皇帝派侍御史侯汶取出太仓的米豆，给饥饿的人做粥，过了一天死者仍没减少。皇帝怀疑发放的救济有虚假，于是亲自在御坐前叫人量米做粥，才知果然有假，派遣侍中刘艾责备有关部门。于是，尚书令以下所有官吏到宫中谢罪，奏请拘捕候汶审问。颁布诏书说："不忍心将侯汶交大理司治罪，可以杖打五十。"自此以后，多数人得到救济活了下来。八月，冯翊羌叛乱，侵犯所属各县，郭汜、樊稠战胜了叛军。九月，桑树又结出桑椹，饥民有东西可吃。司徒淳于嘉罢免。冬季十月，长安市门自己塌坏。任命卫尉赵温为司徒，总领尚书事务。十二月，将安定，扶风分出划为新平郡。

这一年，扬州刺史刘繇与袁术的大将孙策在曲阿大战，刘繇的军队大败，孙策乘胜占据江东。太傅马日磾日与太仆在寿春去世。

兴平二年春正月癸丑日，大赦全国犯人。二月乙亥日，李傕因杀死樊稠而与郭汜相互攻打。三月丙寅日，李傕协迫皇帝到他的军营中，并放火焚烧了宫室。夏季四月甲午日，立贵人伏氏为皇后。丁酉日郭汜攻打李傕，箭射到了皇帝的在前。这一日，李傕将皇帝转移到北坞。发生严重的旱灾。五月壬午日，李傕自封为大司马。六月庚午日，张济从陕西来为李傕、郭汜和好。秋七月甲子日，皇帝车驾东归。郭汜自封为车骑将军，杨定为后将军、杨奉为兴义将军、董承为安集将军，一起护送皇帝车驾。任命张济为骠骑将军，仍然屯驻陕西。八月甲辰日，皇帝到新丰。冬十月戊戌日，郭汜派他的将伍习趁夜晚放火焚烧了皇帝居住的学舍。胁迫皇帝车驾起程。杨定，杨奉与郭汜大战，郭汜战败。壬寅日，皇帝到华阴，露宿在大道南面。这天夜里，有红光贯穿紫微星区。张济再次反叛，与李傕、郭汜汇合。十一月庚午日，李傕、郭汜等追赶皇帝车驾，在东涧相战，皇帝军队惨败，杀死了光禄勋邓泉、卫尉士孙瑞、廷尉宣播、大长秋苗祀，步兵校尉魏桀、侍中朱展、射声校尉沮俊。壬申日，皇帝到曹阳，露宿在田野中。杨奉、董承带领白波军将领胡才、李乐、韩迟及匈奴左贤王去卑，率军队迎接皇帝，与李傕等大战，李傕大败。十二月庚辰日，皇帝车驾前行。李傕等又追来相战，皇帝军队大败，李傕等残杀抢动宫人，少府田芬、大司农张义等都战死。皇帝继续前行，到达陕西，夜晚渡过共河。乙亥日，到达安邑。

这一年，袁绍派遣将领麹义与公孙瓒在鲍丘大战，公孙瓒的军队惨败。

建安元年春正月癸酉日，在安邑郊外祭礼上帝，大赦全国犯人，改年号为建安元年。三月，韩暹攻击卫将军董承。夏六月乙示日，皇帝到达闻喜。秋七月甲子日，皇帝车驾到洛阳，到已故中常侍赵忠的府中，丁丑日，在郊外祭礼上帝，大赦全国犯人。已犯日，朝拜太庙。八月辛丑日，皇帝到南宫杨安殿。癸卯日，安国将军张杨升为大司马，韩暹升为大将军，杨奉升为车骑将军。

这时，宫室都被烧光，百官披荆斩棘，在墙壁之间栖身。各州郡都拥有强大的军队与朝廷对抗，该运送的粮食又不到，群臣饥饿疲乏，尚书郎以下的官吏自己出来采集野谷充饥，有的饿死在墙壁之间，有的被士兵杀死。辛亥日，镇东将军曹操自封司隶校尉，总领尚书事务。曹操杀死侍中台崇，尚书冯硕等人。任命卫将军董承为辅国将军，封伏完等十三人为列侯，任命沮俊为弘农太守。庚申日，廷都城到许。已巳日，皇帝到曹操军营中。九月，罢免太尉杨彪、司空张喜。冬十一月丙戌日，曹操自封为司空，行使车骑将军的职权，总领百官。

建安二年春季，袁术自称为天子。三月，袁绍自封为大将军。夏五月，发生蝗虫灾害。秋九月，汉水泛滥。

这年发生饥荒，江、淮地区的百姓相互残食。袁术杀死陈王宠。孙策派遣使者各朝廷进贡。

建安三年夏四月，派遣谒者裴茂率领中郎将段煨讨伐李傕，并诛杀其三族。吕布叛乱。冬十一月，强盗杀死大司马张扬。十二月癸酉日，曹操在徐州袭击吕布，杀死了吕布。

建安四年秦三月，袁绍在易京攻打公孙瓒，将其俘虏。卫将军董承升为车骑将军。夏六月，袁术去世。

这一年，开始设置尚书左右仆射，武陵一女子死了十四天又复活了。

建安五年春正月，轻骑将军董承、偏将军王服、越骑校尉种辑接受皇帝的密诏诛杀曹操，事情泄露。壬午日，曹操杀列董承等人，并诛杀其三族。秋七月，立皇子刘冯为南阳王。壬午日，南阳王刘冯去世。九月庚午日初一，有日食出现。颁布诏书命令三公推举最孝顺的二人，九卿、校尉、郡国守相各推举一人。让被推举的人上书，畅所欲言。

曹操与袁绍在官度大战，袁绍战败逃走。

冬十月辛亥日，慧星扫过大梁星区。东海王刘祗去世。

这一年，孙策去世，其弟孙权承袭孙策的事业。

建安六春二月丁卯初一日，有日食出现。

建安七年夏五月庚戌日，袁绍去世。于寘国贡献驯象。这一年，越巂有一男子变为女子。

建安八年冬季十月己巳日，公卿在北郊开始举行迎冬祭礼。乐官又开始准备八佾舞。开始设置司直官，监督中都官。

建安九年秋八月戊寅日，曹操大败袁尚，平安冀州，自封为冀州牧。冬十月，彗星扫过东井星区。十二月，按不同等级赏赐给三公以下官吏金钱布帛。自此以后每三年赏赐一次，成为常规。

建安十年春正月，曹操在青州打败袁谭，杀死了他。夏四月，黑山贼寇张燕率领部下反降朝廷。秋九月，按不同等级赏赐特别贫穷的官吏金钱和布帛。

建安十一年春季正月，彗星扫过北斗星。三月，曹操在并州战败高干，将其俘虏。秋七月，武威太守张猛杀死雍州刺史邯郸商。这一年，立已故琅邪王刘容的儿子刘熙为琅邪王。齐、北海、阜陵、下邳、常山、甘陵、济阴、平原八国都废除。

建安十二年秋八月，曹操在柳城打败乌桓，并将其首领杀死。冬十月辛卯日，彗星扫过鹑尾星。乙己日，黄巾贼杀死济南王刘赟。十一月，辽东太守公孙康杀死袁尚、袁熙。

建安十三年春正月，司徒赵温被免职。夏六月，取消三公官职，设置丞相、御史大夫。癸巳日，曹操自封为丞相。秋七月，曹操南征刘表。八月丁未日，光禄勋郗虑升为御史大地。壬子日，曹操杀死太中大夫孔融，诛杀其族人。这一月，刘表去世，小儿子刘琮继位。刘琮带荆州投降曹操。冬十月癸未初一日，有日食现象。曹操用水军攻打孙权，孙权的将领周瑜在乌林、赤壁打败曹军。

建安十四年冬十月，荆州发生地震。

建安十五年春二月乙己初一日，有日食发生。

建安十六年秋九月庚戌日，曹操与韩遂、马超在渭地大战，韩遂等大败，曹操平定关西。这一年，赵王刘赦去世。

　　建安十七年夏五月癸末日，杀死卫尉马腾，并诛杀其三族。六月庚寅日，有日食列象出现。秋七月，洧水、颍水泛滥。发生虫灾。八月，马超攻破凉州，杀死凉州刺史韦康。九月庚戌日，立皇子刘熙为济阴王，刘懿为山阳王，刘邈为济北王，刘敦为东海王。冬十二月，彗星扫过五诸候星区。

　　建安十八年春正月庚寅日，恢复禹贡所载九州。夏五月丙申日，曹操自立为魏公，加九锡。下大暴雨。将赵王刘珪迁为博陵王。这一年，岁星、镇星、火星都进入太微星区。彭城王刘和去世。

　　建安十九年，夏四月，天大旱。五月，有雨。刘备攻破刘璋，占据益州。

　　冬十月，曹操派遣将领夏侯渊去枹罕讨伐宋建，将其俘虏。十一月丁卯日，曹操杀害皇后伏氏，并杀死其族人和二位皇子。

　　建安二十年春正月甲子日，立曹贵人为皇后。赐全国男子爵位一级，推举的孝悌、力田者二级。按不同等级赏赐各王侯公卿以下的人谷物。秋七月，曹操攻下汉中，张鲁投降。

　　建安二十一年夏四月甲午日，曹操自称魏王。五月已亥初一日，有日食出现。秋七月，匈奴南单于来朝见。这一年，曹操杀死琅邪王刘熙。封国被废除。

　　建安二十二年夏六月，任命丞相军师华歆为御史大夫。冬季。彗星在东北方出现。这一年发生严重瘟疫。

　　建安二十三年春正月甲子日，少府耿纪、丞相司直韦晃起兵杀曹操，没有成功，结果曹操诛杀了耿纪、韦晃的三族。三月，彗星在东方出现。

　　建安二十四年春二月壬子日，有日食出列。夏五月，刘备攻取汉中。秋七月庚子日，刘备自称为汉中王。八月，汉水泛滥。冬十一月，孙权攻取荆州。

建安二十五年春正月庚子日，魏王曹操去世。其子曹丕继位。二月丁未初一日，有日食出现。三月，改年号为延康。冬十月乙卯日，皇帝让位，魏王曹丕称天子，尊奉皇帝为山阳公，封邑一万户，地位在诸候王之上，奏报事情不必称臣，接受诏书不必行拜礼，可用天子的车驾衣服参加郊祀天地的仪式，祭祀宗庙、祭祖、腊祭都仍依从汉代制度，都城定在山阳的浊鹿城。皇帝四个封王的儿子，都降为列候。

第二年，刘备在蜀称帝，孙权在吴也自称为王。于是天下形成三分之势。

魏青龙二年三月庚寅日，山阳公去世。从让位到死共十四年，死时五十四岁，谥号孝献皇帝。八月壬申日，以汉朝天子的礼仪在禅陵入葬，设置园中邑令丞。

太子早死。孙子刘康在位五十一年，晋太康六年去世。儿子刘瑾在位四年，太康十年去世。儿子刘秋在位二十年，永嘉年间被胡贼杀死，封国废除。

评讼说："史传说鼎这个器物，虽然小但很重，所以被神化为宝物，不能夺走。到了让人背着逃走时，国运也就到了尽头！上天对汉朝的德行厌倦很久了，山阳公又有什么罪过呢！"

议论说："汉献帝生不逢时，身处动荡，国遇艰难。结束了汉刘王朝四百年的历史，山阳公永远作魏的宾客。"　　　　　　　　（牟南译）

【原文】

孝献皇帝讳协，灵帝中子也。母王美人，为何皇后所害。中平六年四月，少帝即位，封帝为渤海王，徒封陈留王。

九月甲戌，即皇帝位，年九岁。迁皇太后于永安宫。大赦天下。改昭宁为永汉。丙子，董卓杀皇太后何氏。

初令侍中、给事黄门侍郎员各六人。赐公卿以下至黄门侍郎家一人为郎，以补宦官所领诸署，侍于殿上。乙酉，以太尉刘虞为大司马。董卓自为太尉，加铁钺、虎贲。丙戌，太中大夫杨彪为司空。甲午，豫州牧黄琬为司徒。遣使中祠故太傅陈蕃、大将军窦武等。冬十月乙巳，葬灵思皇后。白波贼寇河东，董卓遣其将牛辅击之。

十一月癸酉，董卓自为相国。十二月戊戌，司徒黄琬为太尉，司空杨彪为司徒，光禄勋荀爽为司空。省扶风都尉，置汉安都护。诏除光熹、昭宁、永汉三号，还复中平六年。

初平元年春正月，册东州郡起兵以讨董卓。辛亥，大赦天下。癸酉，董卓杀弘农王。白波贼寇东郡。二月乙亥，太尉黄琬、司徒杨彪免。庚辰，董卓杀城门校尉伍琼、督军校尉周。以光禄勋赵谦为太尉，太仆王允为司徒。丁亥，迁都长安。董卓驱徒京师百姓悉西入关，自留顿毕圭苑。壬辰，白虹贯日。三月乙巳，车驾入长安，幸未央宫。乙酉，董卓焚洛阳宫庙及人家。戊午，董卓杀太傅袁隗、太仆袁基，夷其族。

夏五月，司空荀爽薨。六月辛丑，光禄大夫种拂为司空。

大鸿胪韩融、少府阴脩、执金吾胡母班、将作大匠吴修、越骑校尉王瑰安集关东，后将军袁术、河内太守王匡各执而杀之，唯韩融获免。董卓坏五铢钱，更铸小钱。

冬十一月庚戌，镇星、荧惑、太白合于尾。

是岁，有司奏，和、安、顺、桓四帝无功德，不宜称宗；又恭怀、敬隐、恭愍三皇后并非正嫡，不合称后，皆请除尊号。制曰："可。"

孙坚杀荆州刺史王叡，又杀南阳太守张咨。

二年春正月辛丑，大赦天下。二月丁丑，董卓自为太师。

袁术遣将孙坚与董卓将胡轸战于阳人，轸军大败。董卓遂发掘洛阳诸帝陵。夏四月，董卓入长安。六月丙戌，地震。秋七月，司空种指免，光禄大夫济南淳于嘉为司空。太违法赵谦罢，太常马日磾为太尉。九月，岂尤旗见于角、亢。冬十月壬戌，董卓杀卫尉张温。十一月，青州黄巾寇太山，太山太守应劭击破之。黄巾转寇渤海，公孙瓒与战于东光，复大破之。是岁，长沙有人死经月复活

三年春正月丁丑，大赦天下。

袁术遣将孙坚攻刘表于襄阳，坚战殁。袁绍及公孙瓒战于界桥，瓒军大败。夏四月辛巳，诛董卓，夷三族。司徒王允隶尚书事，总朝政，遣使者张种抚慰山东。青州黄巾击杀兖州刺史刘岱于东平。东郡太守曹操大破黄巾于寿张，降之。五月丁酉，大赦天下。丁未，征西将军皇甫嵩煨骑将军。

董卓部曲将李傕、郭汜、樊稠、张济等反，攻京师。六月戊午，陷长安城，太常种拂、太仆鲁旭、大鸿胪周奂、城门校尉崔烈、越骑校尉王颀并战身，吏民死者万余人。李傕等并自为将军。已未，大赦天下。

李傕杀司隶校尉黄琬，甲子，杀司徒王允，皆灭其族。丙子，前将军赵谦为司徒。

秋七月庚子，太尉马日磾为太傅，录尚书事。八月，遣日磾及太仆越岐，持节慰抚天下。车骑将军皇甫嵩为太尉。司徒赵谦罢。

九月，李傕自为车骑将军，郭汜后将军，樊稠右将军，张济镇东将军。济出屯弘农。甲申，司空淳于嘉为司徒，光禄大夫杨彪为司空，

并录尚书事。冬十二月，太尉皇甫嵩免。光禄大夫周忠为太尉，参录尚书事。

四年春正月甲寅朔，日有食之。丁卯，大赦天下。三月，袁术杀扬州刺史陈温，据淮南。长安宣平城门外屋自坏。夏五月癸酉，无而雷。六月，扶风大风，雨雹。华山崩裂。太尉周忠免，太仆朱俊为太尉，录尚书事。下邳贼阙宣自称天子。雨水。遣侍御史裴茂讯诏狱，原轻系。六月辛丑，天狗西北行。九月甲午，试儒生四十余人，上第赐位郎中，次太子舍人，下第者罢之。诏曰："孔子叹'学之不讲'，不讲则所识日忘。今耆儒年逾六十，去离本土，营求粮资，不得专业。结童入学，白首空归，长委农野，永绝荣望，朕甚愍焉。其依科罢者，听为太子舍人。"冬十月，太学行礼，车驾幸永福城门，临观其仪，赐博士以下各有差。辛丑，京师地震。有星孛于天市。司空杨彪免，太常赵温为司空。公孙瓒杀大司马刘虞。十二月辛丑，地震。司空赵温免，乙巳，卫尉张喜为司空。是岁，琅邪王容薨。

兴平元年春正月辛酉，大赦天下，改元兴平。甲子，帝加元服。二月壬午，追尊谥皇妣王氏为灵怀皇后，甲申，改葬于文昭陵。丁亥，帝耕于藉田。

三月，韩遂、马腾与郭汜、樊稠战于长平观，遂、腾败绩，左中郎将刘范、前益州刺史种劭战殁。夏六月丙子，分凉州河西四郡为雍州。丁丑，地震；戊寅，又震。乙巳晦，日有食之，帝避正殿，寝兵，不听事五日。大蝗。秋七壬子，太尉朱俊免。戊午，太常杨彪为太尉，录尚书事。

三辅大旱，自四月至于是月。帝避正殿请雨，遣使者洗囚徒，原轻系。是时谷一斛五十万，豆麦一斛二十万，人相食啖，白骨委积，

帝使侍御史侯汶出太仓米豆，为饥人作糜粥，经日而死者无降。帝疑赋恤有虚，乃亲于御坐前量试作糜，乃知非实，使侍中刘艾出让有司。于是尚书令以下皆诣省阁谢，奏收侯汶考实。诏曰："未忍致汶于理，可杖五十。"自是之后，多得全济。八月，冯诩羌叛，寇属县，郭汜、樊稠击破之。九月，桑复生椹，人得以食。司徒淳嘉罢。冬十月，长安市门自坏。以卫尉赵温为司徒，录尚书事。十二月，分安定、扶风为新平郡。

是岁，扬州刺史刘繇与袁术将孙策战于曲阿，繇军败绩，孙策遂据江东。太傅马日磾薨于寿春。

二年春正月癸丑，大赦天下。二月乙亥，李傕杀樊稠而与郭汜相攻。三月丙寅，李傕胁帝幸其营，焚宫室，夏四月甲午，立贵人伏氏为皇后。丁酉，郭汜攻李傕，矢乃御前。是日，李傕移帝幸北坞。大旱。五月壬午，李傕自为大司马。六月庚午，张济自陕来和、汜。秋七月甲子，车驾东归，郭汜自为车骑将军，杨定为后将军，杨奉为兴义将军，董承为安集将军，并侍送乘舆。张济为骠骑将军，还屯陕。八月甲辰，幸新丰。冬十月戊戌，郭汜使其将伍习夜烧所幸学舍，逼胁乘舆。杨定、杨奉与郭汜战，破之。壬寅，幸华阴，露次道南。是夜有赤气贯紫宫，张济复反，与李傕、郭汜合。十一月庚午，李傕、郭汜等追乘舆，战于东涧，王师败绩，杀光禄勋邓泉、卫尉士孙瑞、廷尉宣播、大长秋苗祀、步兵校尉魏桀、侍中朱展、射声校尉沮俊。壬申，幸曹阳，露次田中。杨奉、董承引白波帅胡才、李乐、韩暹及匈奴左贤王去卑，率师奉迎，与李傕等战，破之。十二月庚辰，车驾乃进。李傕等复来追战，王师大败，杀略宫人，少府田芬、大司农张义等皆战殁。进幸陕，夜度河。乙亥，幸安邑。

是岁，袁绍遣将麹义与公孙瓒战于鲍丘，瓒军大败。

建安元年春正月癸酉，郊礼上帝于安邑，大赦天下，改元建安。二月韩暹攻卫将军董承。夏六月乙未，幸闻喜。秋七月甲子，车驾至洛阳，幸故中常侍赵忠宅。丁丑，郊祀上帝，大赦天下，已卯，谒太庙。八月辛丑，幸南宫杨安殿。癸卯，安国将军张杨为大司马，韩暹为大将军，杨奉为车骑将军。

是时，宫室烧尽，百官披荆棘，依墙壁间。州郡各拥强兵，而委输不至，群僚饥乏，尚书郎以下自出采稆，或饥死墙壁间，或为兵士所杀。辛亥，镇东将军曹操自领司隶校尉，录尚书事。曹操杀侍中台崇、尚书冯硕等。封卫将军董承为辅国将军，伏完等十三人为列侯，赠沮俊为弘农太守。庚申，迁都许。已巳，幸曹操营。九月，太尉杨彪、司空张喜罢。冬十一月丙戌，曹操自为司空，行车骑将军事，百官总己以听。

二年春，袁术自称天子。三月，袁绍自为大将军。夏五月，蝗。秋九月、汉水溢。是岁饥，江淮间民相食。袁术杀陈王宠。孙策遣使奉贡。

三年夏四月，遣谒者裴茂率中郎将段煨讨李傕、夷三族。吕布叛。冬十一月，盗杀大司马张杨。十二月癸酉，曹操击吕布于徐州，斩之。

四年春三月，袁绍攻公孙瓒于易京，获之。卫将军董承为车骑将军。夏六月，袁术死。是岁，初置尚书左右仆射。武陵女子死十四日复活。

五年春正月，车骑将军董承、偏将军王服、越骑校尉种辑受密诏诛曹操，事泄。壬午，曹操杀董承等。夷三族。秋七月，立皇子冯为南阳王。壬午，南阳王冯薨。

九月庚午朔，日有食之。诏三公举至孝二人，九卿，校尉、郡国守相各一人。皆上封事，靡有所讳。曹操与袁绍战于官度。绍败走。冬十月辛亥，有星孛于大梁。

东海王祗薨。是岁，孙策死，弟权袭其余业。

六年春二月丁卯朔，日有食之。

七年夏五月庚戌，袁绍薨。

于窴国献驯象。是岁，越巂男子化为女子。

八年冬十月己巳，公卿初迎冬于北郊，总章始复备八佾舞。

初置司直官，督中都官。九年秋八月戊寅，曹操大破袁尚，平冀州，自领冀州牧。冬十月，有星孛于东井。十二月，赐三公已下金帛各有差。自是三年一赐，以为常制。

十年春正月，曹操破袁谭于青州，斩之。夏四月，黑山贼张燕率众降。秋九月，赐百官尤贫者金帛各有差。十一年春正月，有星孛于北斗。

三月，曹操破高干于并州，获之。秋七月，武威太守张猛杀雍州刺史邯郸商。

是岁，立故琅邪王容子熙为琅邪王。齐、北海、阜陵、下邳、常山、甘陵、济北、平原八国皆除。

十二年秋八月，曹操大破乌桓于柳城，斩其蹋顿。

冬十月辛卯，有星孛于鹑尾。乙巳，黄巾贼杀济南王赟。十一月，辽东太守公孙康杀袁尚、袁熙。

十三年春正月，司徒赵温免。夏六月，罢三公官。置丞相、御史大夫。癸巳，曹操自为丞相。秋七月，曹操南征刘表。八月丁未，光禄勋郗虑为御史大夫。壬子，曹操杀太中大夫孔融，夷其族。是月，

刘表卒，少子琮立，琮以荆州降操。冬十月癸未朔，日有食之。曹操以舟师伐孙权，权将周瑜败之于乌林、赤壁。

十四年冬十月，荆州地震。

十五年春二月乙巳朔，日有食之。

十六年秋九月庚戌，曹操与韩遂、马越战于渭南，遂等大败，关西平。是岁，赵王赦薨。

十七年夏五月癸未，诛卫尉马腾，夷三族。六月庚寅晦，日有食之。

秋七月，洧水、颍水溢。螟。八月，马超破凉州，杀刺史韦康。九月庚戌，立皇子熙为济阴王，懿为山阳王，邈为济北王，敦为东海王。冬十二月，星孛于五诸侯。

十八年春正月庚寅，复《禹贡》九州。夏五月丙申，曹操自立为魏公，如九锡。大雨水。徙赵王珪为博陵王。是岁，岁星、镇星、荧惑俱入太微。彭城王和薨。

十九年，夏四月，旱。五月，雨水。刘备破刘璋，据益州。冬十月，曹操遣将夏侯渊讨朱建于枹罕。获之。十一月丁卯，曹操杀皇后伏氏，灭其族及二皇子。

二十年春正月甲子，立贵人曹氏为皇后。赐天下男子爵，人一级，孝悌、力田二级。赐诸王侯公卿以下谷各有差。秋七月，曹操破汉中，张鲁降。

二十一年夏四月甲午，曹操自进号魏王。

五月己亥朔，日有食之。秋七月，匈奴南单于来朝。是岁，曹操杀琅邪王熙，国除。

二十二年夏六月，丞相军师华歆为御史大夫。冬，有星孛于东北。

是岁大疫。

二十三年春正月甲子，少府耿纪、丞相司直韦晃起兵诛曹操，不克，夷三族。三月，有星孛于东方。

二十四年春二月壬子晦，日有食之。夏五月，刘备取汉中。

秋七月庚子，刘备自称汉中王。八月，汉水溢。冬十一月，孙权取荆州。

二十五年春正月庚子，魏王曹操薨。子丕袭位。二月丁未朔，日有食之。三月改元延康。

冬十月乙卯，皇帝逊位，魏王丕称天子。奉帝为山阳公，邑一万户，位在诸侯王上，奉事不称臣，受诏不拜，以天子车服郊祀天地，宗庙、祖、腊皆如汉制，都山阳之浊鹿城。四皇子封王者，皆降为列侯。

明年，刘备称帝于蜀，孙权亦自王于吴，于是天下遂三分矣。

魏青龙二年三月庚寅，山阳公薨。自逊位至薨，十有四年，年五十四，谥孝献皇帝。八月壬申，以汉天子仪葬于禅陵，置园邑令丞。

太子早卒，孙康立五十一年，晋太康六年薨。子瑾立四年，太康十年薨。子秋立二十年，永嘉中为胡贼所杀。国除。

论曰："传称鼎之为器，虽小而重，故神之所宝，不可夺移。至今负而趋者，此亦穷运之归乎！天厌汉德久矣，山阳其何诛焉！"

赞曰：献生不辰，身播国屯。终我四百，永作虞宾。

光烈阴皇后传

——《后汉书》卷一〇

【说明】 阴丽华（公元 4~64 年），东汉光武帝刘秀的皇后，是历史上著名的美人。阴氏为人恭俭仁孝，能谦让，深得刘秀宠爱。故能在郭皇后被废后立为皇后。

光烈阴皇后名叫丽华，南阳郡新野县人。当初，汉光武帝到新野去，听说阴皇后是美人，心里很喜欢她。后来光武帝到了长安，见到执金吾出行时车马随从很多，便感叹道："做官要作执金吾，娶妻要娶阴丽华。"更始元年六月，汉武帝就在宛城当成里娶阴丽华为妻。当时阴丽华十九岁。到光武帝做司隶校尉时，准备向西到洛阳去，叫阴皇后回到新野。到邓奉起兵的时候，皇后的哥哥阴识做邓奉的将军。阴皇后随着家属们移居淯阳，住在邓奉家中。

汉光武帝当了皇帝后，命令侍中傅俊去迎接阴皇后。她和湖阳公主、宁平公主及各位宫女全到了洛阳，以后被封为贵人。光武帝由于皇后性情文雅、宽厚仁爱。想要给她至尊的皇后地位。阴皇后坚决推辞，因为郭皇后生有皇子，始终不肯接受皇后的封号，所以就立了郭皇后。建武四年，阴皇后跟随光武帝去征伐彭宠，在元氏生了汉明帝。建武九年，有强盗劫走并杀死了阴皇后的母亲邓氏和弟阴䜣。光武帝非常伤心，就给大司空下诏说："我贫贱的时候，娶了阴氏，接着就领兵征伐，便各自分离。幸运的是都能安全活下来，都脱离了虎口。由于阴贵人有国母的美好仪容，应该立为皇后，但她却坚决推辞，不敢承当，位于妾侍之中。朕对她的仁义谦让称赞不已，允许封她的各个弟弟。但他们还没有得到爵位和封地，却遭到灾祸，母子同时丧命，我心中非常悲伤。《小雅》中讲：'面临恐惧危险时，只有我和你在一起，将要得到安乐时，你反而抛弃了我。'诗人的告诫，能够不慎重对待吗？现在追赠爵位和谥号，阴贵人的父亲阴陆封为宣恩哀侯，弟弟阴诉为宣义恭侯，让弟弟阴就继承哀侯的爵位。趁灵枢还停在堂上时，派太中大夫去授予印信和绶带，采用对在封国的列侯一样的礼仪。如果有魂灵的话，也该赞美这种恩宠和荣耀啊！"

建武十七年，废黜了皇后郭氏而立阴贵人为皇后。光武帝给三公下诏书说："皇后心怀怨恨不满，多次违反教诲和训令，不能抚育教导其他的皇子，教训别的皇子成长。后宫里面好象见到鹞鹰一样。皇后既没有《关雎》中赞颂的后妃之德，反而有吕后、霍氏的歪风，怎么可以把幼小的孤儿托付给她，让她承受恭敬的祭祀呢？现在派大司徒戴涉、宗正刘吉拿着符节，去让皇后交出皇后的玺印绶带。阴贵人是农村的良家出身，在我贫贱的时候嫁给我。'从我离开她不能见面，到现在已经三年。'应该把她奉入宗庙，做天下的母后。主管的官员要详细查验旧典章，根据它按时奉上尊号。这是异常的特殊情况，不是国家的幸福吉祥，不得祝寿称颂吉庆。"阴皇后在位时恭敬俭朴，很少有喜爱的珍玩，不喜欢开玩笑。她性情仁义孝顺，非常慈爱，怜悯别人。阴皇后七岁时失去了父亲，虽然已经有几十年了，但谈起来时没有一次不流眼泪。光武帝见了后，经常为此叹息。

汉明帝即位时，尊奉阴皇后为皇太后。永平三年冬天，明帝跟着阴太后到章陵去，在旧宅院中摆设酒宴，把阴氏、邓氏等各家旧亲友的子孙们叫来聚会。他们全都受到了赏赐。永平七年，阴太后去世，在位共二十四年，六十岁，和光武帝合葬在原陵。

汉明帝的生性孝顺慈爱，思念父母没有尽头。永平十七年正月，该去拜谒原陵，汉明帝在夜里梦见先帝和太后，象在世时一样欢乐。明帝醒过来后，悲痛得不能入睡，马上就查历书，第二天是吉日，就率领百官和旧日的宾客去上陵。当天，陵墓的树上降下了甘露。明帝命令百官收集甘露献给帝、后祭祀。祭祀过后，明帝从坐席上向前俯伏在御床上，看太后梳妆镜匣里的物品，感动不已，痛哭流涕，命令换了胭脂油膏等梳妆用品。侍从官员们都哭了，没有人能抬起头来看。

（赵超 译）

【原文】

光烈阴皇后讳丽华，南阳新野人。初，光武适新野，闻后美，心悦之，后至长安，见执金吾车骑甚盛，因叹曰："仕官当作执金吾，娶妻当得阴丽华。"更始元年六月，遂纳后于宛当成里，时年十九。及光武为司隶校尉，方西之洛阳，令后归新野。及邓奉起兵，后兄识为之将，后随家属徙涫阳，止于奉舍。

光武即位，令侍中傅俊迎后，与胡阳、宁平主诸宫人俱到洛阳，以后为贵人。帝以后雅性宽仁，欲崇以尊位。后固辞，以郭氏有子，终不肯当，故遂立郭皇后。建武四年，从征彭宠，生显宗于元氏。九年，有盗劫杀后母邓氏及弟䜣。帝甚伤之，乃诏大司空曰："吾微贱之时，娶于阴氏，因将兵征伐，遂各别离，幸得安全，俱脱虎口，以贵人有母仪之美，宜立为后，而固辞弗敢当，列于媵妾。朕嘉其义让，

许封诸弟。未及爵土，而遭患逢祸。母子同命，愍伤于怀。《小雅》曰：'将恐将惧，惟予与汝。将安将乐，汝转弃予。'风人之戒，可不慎乎？其追爵谥贵人父陆为宣恩哀侯，弟䜣为宣义恭侯，以弟就嗣哀侯后。及尸柩在堂，使太中大夫拜授印绶，如在国列侯礼。魂而有灵，嘉其宠荣！"

十七年，废皇后郭氏而立贵人。制诏三公曰："皇后怀执怨怼，数违教令，不能抚循它子，训长异室。宫闱之内，若见鹰鹯。即无《关雎》之德，而有吕、霍之风。岂可托以幼孤，恭承明祀，今遣大司徒涉、宗正吉持节，其上皇后玺绶，阴贵人乡里良家，归自微贱。'自我不见，于今三年。'宜奉宗庙，为天下母。主者详案旧典，时上尊号。异常之事，非国休福，不得上寿称庆。"后在位恭俭，少嗜玩，不喜笑谑，性仁孝，多矜慈。七岁失父，虽已数十年，言及未曾不流涕。帝见，常叹息。

显宗即位，尊后为皇太后。永平三年冬，帝从太后幸章陵，置酒旧宅，会阴、邓故人诸家子孙，并受赏赐。七年，崩，在位二十四年，年六十，合葬原陵。

明帝性孝爱，追慕无已。十七年正月，当谒原陵，夜梦先帝、太后如平生欢。既寤，悲不能寐。即案历，明旦日吉，遂率百官及故客上陵。其日，降甘露于陵树，帝令百官采取以荐。会毕，帝从席前伏御床，视太后镜奁中物，感动悲涕，令易脂泽装具。左右皆泣，莫能仰视焉。

明德马皇后传

——《后汉书》卷一〇

【说明】马氏（？—79年），东汉著名功臣马援的小女儿。由于家庭失势受权贵欺侮，被堂兄送入宫中，侍奉太子。汉明帝即位后，被封为贵人，后由于品德出众，被册封为皇后。马氏是东汉著名的贤后，博学多才，仁慈恭谨，又极为俭朴。她对自己亲属严加约束，奉公守法，并协助政务，使国家安定，颇受后人赞颂。

明德马皇后名叫某，是伏波将军马援的小女儿，少年时父母都去世了。她的哥哥马客卿聪明灵敏，很早就死了，她的母亲蔺夫人由于悲伤得了病，神智不清。马皇后当时才十岁，管理家中事务，指挥使用仆人，内外事务都要向她请示报告，她处理起来和成年人一样。当初，各家都不知道这种情况，以后听说了，全都感叹她不一般。马皇后曾经病了很长时间。太夫人让巫师占卜。卜筮的人说："这个女子虽然有病，但应该有极大的富贵，卦象不能对人说呀！"以后又叫来相面的人让他给各个女儿看相。相面的人见到马皇后，大吃一惊，说："我一定会向这个女子称臣。但是她尊贵却缺少儿子，如果抚养别人的儿子，得到他帮助，就会比自己生的儿子还有用。"

当初，马援征讨五溪的蛮夷部族，在军中去世。虎贲中郎将梁松、黄门侍郎窦固等人趁机说他的坏话，从此马家逐渐失势，又多次被权贵欺侮。马皇后的堂兄马严非常愤怒，忧心忡忡，禀告了太夫人，与窦氏废除婚约，请求把马援的女儿送入宫中。马严就上奏章说："臣子的叔父马援辜负了陛下的恩典，未能报答，而他的妻子儿女蒙受特殊的恩典被保全生命，感念陛下，把陛下当作上天和父亲。人们的心理是能免除死难后就想要求得幸福。臣子私下听说太子和各亲王的王妃还没有配备全。马援有三个女儿，大的十五岁，第二个十四岁，小的十三岁。她们的容貌仪表头发肌肤，都在上中等，全都孝顺谨慎，安静柔和，有礼貌。愿意让她们到相面挑选妃子的官员处，去判断一下她们可不可以入宫。如果万一被取上，马援在黄泉之下也永垂不朽了。又有马援的姑姑姐妹二人同时做成帝的婕妤，葬在延陵。臣子马严幸运地蒙受恩典，得以再生，希望能借先姑的缘故，让她们选入后宫。"因此把马皇后选入太子宫中。当时十三岁。马皇后侍奉阴皇后，和同级的妃嫔们交好，礼仪十分周到。宫中上下都和她和睦相处。因此就受到特殊的恩宠，经常居住在后堂中。当时马皇后前母姐姐的女儿贾氏也被选进宫，生了肃宗汉章帝。汉明帝因为马皇后没有儿子，命令她抚养汉章帝，对她说："人不一定非要自己生儿子，只怕爱护养育得不周到罢了。"马皇后于是尽心尽力地抚育汉章帝，比对自己亲生儿子还劳累。汉章帝也有纯真的孝心，天生知道体谅母恩。母子之间慈爱无比，始终没有一丝一毫的不和。马皇后经常为皇子不够多担心伤叹，把侍奉的嫔妃们推荐给皇帝，唯恐皇帝不接受。后宫中有被皇帝召见的，马皇后就去慰问安顿她们。如果是多次被皇帝召去宠幸的，就更给她增加丰厚的待遇。永平三年春天，有关官署上奏章请设立长秋宫。皇帝还没有说话。皇太后说："马贵人的品德在后宫中最高尚，就是她吧。"于是把马贵人立为皇后。

立皇后的前几天，马皇后梦见有无数小飞虫飞来落在身上，又钻入皮肤中，然后再飞出来。她做了皇后掌管后宫以来，自己更加谦虚严肃。马皇后身高七尺二寸，口形端正，头发美丽，能背诵《易经》，喜爱读《春秋》、《楚辞》，尤其喜好《周官》、《董仲舒书》。她经常穿着粗布帛的衣服，裙上不缀加缘边。每到月初月中，各个妃子公主们来朝见，远远望见皇后的衣袍质地粗疏，反而以为是细密软薄的纱罗，到跟前一细看，都笑了。皇后婉言说道："这种粗帛只适宜染颜色，所以穿用它。"六官嫔妃没有一个不叹息的。明帝曾经到园林离宫等地去。马皇后就用会招致风邪，受露水云雾侵袭来劝诫皇帝，言语情意深切又周到，所以大多被明帝体会和采纳。明帝到濯龙园中去，把所有才人品秩的妃子都召来，下邳王以下的皇子都在身边，请求叫皇后来。皇帝笑着说："这一位生性不喜欢玩乐，即使来了也不会欢快。"因此娱乐游玩的事皇后就很少跟着去了。

永平十五年，汉明帝查看地图，将要封皇子，全把他们的封国减少一半土地。马皇后看到后对他说："各个皇子才有几个县的食邑，按照制度对比，不是太俭省了吗？"明帝说："我的儿子怎么能和先帝的儿子相等呢？每年供给他们二千万钱就足够了。"当时楚地的犯罪案件连年不断，因犯们互相牵扯，因此被捕入狱的人非常多。皇后担心抓人又多又草率，乘空闲时对汉明帝说起，很难过。汉明帝被感动，醒悟过来，夜晚起来徘徊思索，考虑皇后的劝谏，最后多次降旨宽大罪犯。当时各个将领上奏的事和公卿们争议较大难以确定的事，明帝曾多次用以试探皇后的看法。皇后就分析情况的情理，都能找出它们的实质。皇后常常在侍奉皇帝的时候，就谈到政事，很多地方有所弥补，但从未用自家的私事干扰过皇帝。所以皇帝对她的宠爱和尊敬日益加深，始终没有衰减。

到汉明帝去世后，肃宗汉章帝即位，尊奉马皇后为皇太后。各个贵人应该移居到南宫去。马太后感伤要和大家离别，赐给她们亲王的红色绶带，另加四匹马拉的轿车，三千段白色的越布，二千匹各色丝绸，十斤黄金。她自己撰写《显宗起居注》，删去了她哥哥马防参与医治的事。汉章帝请求说："任黄门官的舅舅每天从早到晚服侍先帝，将近一年之久，既没有特别的褒奖，又不记录他的勤劳事迹，这不是太过分了吗？"马太后说："我不想让后代的人看到先帝几次亲近后宫皇后的家。所以不写上他。"

建初元年，汉章帝想要给各个舅舅封爵。太后不答应。第二年夏天，大旱。议论朝政的官员认为这是不封皇后亲戚的缘故。有关官府因此上奏，认为应该依照过去的典章封赠。太后下诏书说："凡是议论朝政的全想向我献媚以谋求福利。过去王莽家族同一天被封了五个侯，当时天空中布满了黄雾，也没听说有下透雨的应验。又有田蚡、窦婴等人，受宠后显贵无比，任意横行，招致覆灭的灾祸，被世代相传。所以先帝慎重地防范舅舅们，不让他们担任关键的机要位置。各个皇子的封国，只允许相当于楚国、淮阳国等国的一半。他常说：'我的儿子不应该和先帝的儿子相等。'现在有关官府为什么要用马氏去比附阴氏呢？我作为天下的母后，而身穿粗帛衣服，食物不要求甘美。身边的侍从只穿布帛衣服，没有薰香等修饰装扮，这是因为我要以自己的榜样给下面做表率。我以为外面的亲属见到后，应该伤心，进而检查自己，但他们只是笑话太后一直喜好俭朴。前些时从濯龙门经过，看到外面亲戚来问候起居的，车辆象流水一样源源不断，骏马象飞龙一样

矫健，仆人都穿着绿色的袖套，领口袖口雪白。回过头来看看自己的车夫，都远远不如他们。所以我没有怒斥他们，只是断绝了每年给他们的钱粮而已。我希望以这种默默地批评使他们心中羞愧，但他们还懈怠下去，没有为国担忧忘掉小家的想法。做臣子的人没有谁能比得上君主，何况是亲属呢？我怎么可以上负先帝的意旨，下亏先人的德行，再次遭受西汉失败亡国的灾祸啊！"坚决不允许封亲属爵位。

汉章帝看到诏书后悲叹不已，再次请求说："汉朝兴起后，皇帝的舅舅们封侯，就和皇子封王一样。太后确实心中谦虚，但为什么让我单单不给三个舅舅加恩呢？而且卫尉舅舅年龄大了。两个校尉舅舅又有大病，假如不幸死去，会使我永远怀有铭心刻骨的悔恨。应该赶在吉时封爵，不可以拖延停止。"

马太后回答说："我反复考虑这件事，想让它两全其美。难道只是想获得谦让的名声，而让皇帝受到不施恩给亲戚的猜疑吗？过去窦太后想封王皇后的哥哥，丞相条侯周亚夫说：承受过高祖的誓约，没有军功的人，不是刘氏不能封侯。现在马氏对国家没有功劳，怎能和阴氏、郭氏等中兴时期的皇后相等同呢？我常见到富贵人家，官位重叠，就象果实过多的树木一样，它的树根一定会受伤害。而且人们愿意被封为侯的原因，只是为了能祭祀祖先，求得温饱罢了。现在外戚们祭祀时用上四方的珍奇物品，衣食依靠皇帝府库中剩余的钱财，难道这些还不满足，而必须要得到一个县吗？我已经反复思考过了，不要再犹豫。最大的孝顺行为是使亲人安心。现在连续遭到变异，粮食价格上涨了几倍，我日夜惊慌，忧心忡忡，坐卧不安。你怎么却先想着给外戚封爵，违背慈母的拳拳之心呢？我一向急燥刚直，胸中有气，不能不让它通顺。如果能阴阳调和，边境上清静无事，然后再去实行你

的想法。那时我就只含着糖块逗孙子玩，不再过问朝政了。"

当时新平公主家里的车夫引起火灾，一直烧到宫中的北阁后殿。马太后认为这是自己的过失，心情不愉快。当时应该去拜谒原陵，马太后认为是自己防备管理中不谨慎，愧见陵园，就没有去。当初，太夫人埋葬时，起的坟墓稍微高了一点。马太后为此说了一下，她的哥哥马廖等人马上就削去了坟高出的部份，她的亲属们有人具有谦虚朴素的德行，马太后就用好话勉励，赏给他财物和官位；如果有人犯了一点小错，马太后就先表露出严峻的神情，然后加以责备。那些追求华丽的车马服饰，不遵守法度的人，马太后就从亲属的名籍上除去他们，打发他们回家乡去。广平王、钜鹿王、乐成王的车马朴素，没有金银饰物。汉章帝把这种情况告诉太后，太后就赏给他们每人五百万钱。于是宫内外都遵从马太后的教化，服装穿着统一，各家亲贵都谨慎小心，比永平年间还好。马太后就设置了织室，在濯龙园中养蚕。她多次去视察，把这当作娱乐。马太后经常和皇帝在早晚谈论政务，并教各个小王子念书，议论经书，讲述自己的生平经历，整天沉浸在和睦安宁的气氛中。

建初四年，天下丰收，各地和边境都平安无事，汉章帝就封三个舅舅马廖、马防、马光为列侯。他们全都推辞，愿意做关内侯。马太后听到后，说："圣人设立教育时，各人有各自的方法，是他们懂得人的性情不能完全一致。我青少年时，只想能名传青史，不计较生命的长短。现在虽然年纪已老，却又能'在贪取方面告戒自己'，所以我日夜警惕，想要减少自己的贪求，居住不追求安适，吃饭不想着吃饱。希望根据这样的道义做，能不辜负先帝。所以教导兄弟们，共同保持这个志向，想要让我在闭上眼睛的时候，再没有什么遗憾。为什么不顺从老人的这些志向呢？让我在去世的时候悔恨不已！"马廖等人不得已，只好接受封爵后就辞去官职回家了。

马太后在建初四年患病。她不相信巫祝和非正式的医术，多次下令制止给她祈祷和求神。到了六月，便去世了。她在位二十三年，去世时四十多岁，与汉章帝合葬在显节陵中。　　　　　　　　　（赵超　译）

【原文】

明德马皇后讳某，伏波将军援之小女也。少丧父母，兄客卿敏惠早夭，母蔺夫人悲伤发疾慌惚。后时年十岁，干理家事，敕制僮御，内外诸禀，事同成人。初，诸家莫知者，后闻之，咸叹异焉。后尝久疾，太夫人令筮之。筮者曰："此女虽有患状而当大贵，兆不可言也。"后又呼相者使占诸女。见后，大惊曰："我必为此女称臣。然贵而少子，若养它子者得力，乃当逾于所生。"

初，援征五溪蛮，卒于师。虎贲中郎将梁松、黄门侍郎窦固等因谮之。由是家益失势，又数为权贵所侵侮。后从兄严不胜忧愤，白太夫人绝窦氏婚，求进女掖庭。乃上书曰："臣叔父援孤恩不报，而妻子特获恩全，戴仰陛下，为天为父。人情既得不死，便欲求福，窃闻太子、诸王妃四未备。援有三女，大者十五、次者十四、小者十三，仪状发肤，上中以上。皆孝顺小心，婉静有礼。愿下相工，简其可否。如有万一，援不朽于黄泉矣。又援姑姊妹并为成帝婕好，葬于延陵。臣严幸得蒙恩更生，冀因缘先姑，当充后宫。"由时选后入太子宫。时年十三。奉承阴后，傍接同列，礼则修备，上下安之。遂见宠异，常居后堂。

显宗即位，以后为贵人。时后前母姊女贾氏亦以选入，生肃宗。帝以后无子，命令养之。谓曰："人未必当自生子，但患爱养不至耳。"

后于是尽心抚育，劳倅过于所生。肃宗亦孝性淳笃，恩性天至，母子慈爱，始终无纤介之间。后常以皇嗣未广，每怀忧叹，荐达左右，若恐不及。后宫有进见者，每加慰纳。若数所宠引，辄增隆遇。永平三年春，有司奏立长秋宫，帝未有所言。皇太后曰："马贵人德冠后宫，即其人也。"遂立为皇后。

先是数日，梦有小飞虫无数赴著身，又入皮肤中而复飞出。既正位宫闱，愈自谦肃。身长七尺二寸，方口，美发。能诵《易》，好读《春秋》、《楚辞》，尤善《周官》、《董仲舒书》。常衣大练，裙不加缘。朔望诸姬主朝请，望见后袍衣疏粗，反以为绮縠，就视，乃笑。后辞曰："此缯特宜染色，故用之耳。"六宫莫不叹息。帝尝幸苑囿离宫，后辄以风邪露雾为戒，辞意款备，多见详择。帝幸濯龙中，并召诸才人，下邳王已下皆在侧，请呼皇后。帝笑曰："是家志不好乐，虽来无欢。"是以游娱之事希尝从焉。

十五年，帝案地图，将封皇子，悉半诸国。后见而言曰："诸子裁食数县，于制不已俭乎？"帝曰："我子岂宜与先帝子等乎？岁给二千万足矣。"时楚狱连年不断，囚相证引，坐系者甚众。后虑其多滥，乘间言及，恻然。帝感悟之，夜起仿徨，为思所纳，卒多有所降宥。时诸将奏事及公卿校议难平者，帝数以试后。后辄分解趣理。各得其情，每于侍执之际，辄言及政事，多所毗补，而未尝以家私干。故宠敬日隆，始终无衰。

及帝崩，肃宗即位。尊后曰皇太后。诸贵人当徙居南宫，太后感析别之怀，各赐王赤绶，加安车驷马，白越三千端，杂帛二千匹，黄金十斤。自撰《显宗起居注》，削去兄防参医药事。帝请曰："黄门舅旦夕供养且一年，既无褒异，又不录勤劳，无乃过乎！"太后曰："吾不欲令后世闻先帝数亲后宫之家，故不著也。"

建初元年，帝欲封爵诸舅，太后不听。明年夏，大旱。言事者以为不封外戚之故，有司因此上奏，宜依旧典。太后诏曰："凡言事者皆欲媚朕以要福耳。昔王氏五侯同日俱封，其时黄雾四塞，不闻澍雨之应。又田蚡、窦婴，宠贵横恣，倾覆之祸，为世所传。故先帝防慎舅氏，不令在枢机之位，诸子之封，裁令半楚、淮阳诸国，常谓：'我子不当与先帝子等。'今有司奈何欲以马氏比阴氏乎！吾为天下母，而身服大练，食不求甘，左右但著帛布，无香薰之饰者，欲身率下也。以为外亲见之，当伤心自敕，但笑言太后素好俭。前过濯龙门上，见外家问起居者，车如流水，马如游龙，仓头衣绿，领袖正白，顾视御者，不及远矣。故不加谴怒，但绝岁用而已，冀以默愧其心，而犹懈怠，无忧国忘家之虑。知臣莫如君，况亲属乎？吾岂可上负先帝之旨，下亏先人之德，重袭西京败亡之祸哉！"固不许。

帝省诏悲叹，复重请曰："汉兴，舅氏之封侯，犹皇子之为王也。太后诚存谦虑，奈何令臣独不加恩三舅乎？且卫尉年尊，两校尉有大病，如令不讳，使臣长抱刻骨之恨。宜及吉时，不可稽留。"

太后报曰："吾反覆念之，思令两善。岂徒欲获谦让之名，而使帝受不外施之嫌哉！昔窦太后欲封王皇后之兄，丞相条侯言受高祖约，无军功，非刘氏不侯。今马氏无功于国，岂得与阴、郭、中兴之后等邪？常观富贵之家，禄位重叠，犹再实之木，其根必伤。且人所以愿封侯者，欲上奉祭祀，下求温饱耳。今祭祀则受四方之珍，衣食则蒙御府余资，斯岂不足，而必当得一县乎？吾计之孰矣，勿有疑也。夫至孝之行，安亲为上，今数遭变异，谷价数倍，忧惶昼夜，不安坐卧，而欲先营外封，违慈母之拳拳乎！吾素刚急，有匈中气，不可不顺也。

若阴阳调和，边境清静，然后行子之志。吾得当含饴弄孙，不能复关政矣。"

时新平主家御者失火，延及北阁后殿。太后以为己过，起居不欢。时当谒原陵。自引备不慎，惭见陵园，遂不行。初，太夫人葬，起坟微高，太后以为言，兄廖等即时减削。其外亲有谦素义行者，辄假借温言，赏以财位。如有纤介则先见严恪之色，然后加谴。其美车服不轨法度者，便绝属籍，遣归田里。广平、钜鹿、乐成王车骑朴素，无金银之饰，帝以白太后，太后即赐钱各五百万。于是内外从化，被服如一，诸家惶恐，倍于永平时。及置织室，蚕于濯龙中，数往观视，以为娱乐。常与帝旦夕言道政事，及教授诸小王，论议经书，述叙平生，雍和终日。

四年，天下丰稔，方垂无事，帝遂封三舅廖、防、光为列侯，并辞让，愿就关内侯。太后闻之，曰："圣人设教，各有其方，知人情性莫能齐也。吾少壮时，但慕竹帛，志不顾命。今虽已老，而复'戒之在得'，故日夜惕厉，思自降损。居不求安，食不念饱。冀乘此道，不负先帝。所以化异兄弟，共同斯志，欲令瞑目之日，无所复恨。何意老志复不从哉？万年之日长恨矣！"廖等不得已，受封爵而退位归第焉。

太后其年寝疾，不信巫祝小医，数敕绝祷祀。至六月，崩。在位二十三年，年四十余。合葬显节陵。

和熹邓皇后传

——《后汉书》卷一〇

【说明】邓绥（80—121），汉和帝刘肇的皇后。她是东汉重臣太傅邓禹的孙女。父亲邓训是护羌校尉，母亲阴氏是汉光武帝阴皇后的堂侄女。邓绥自幼通晓经史。孝顺勤谨，又有见识，而且容貌美丽，永元七年被选入宫。她小心守法，处处谦让，具有封建社会称颂的女子美德。阴后因巫术诅咒被废后，汉和帝便将她立为皇后。汉和帝死后，她能抚育幼帝，执掌朝政。提倡节俭，体恤民情，并且能严格管束家人，教育子孙，兢兢业业地治理国家，使得东汉王朝在多年水旱灾害和边境战乱中仍能平安维持，取得天下太平，农业丰收的成就，可以说是古代历史上罕见的女政治家之一。

和熹邓皇后名叫绥，太傅邓禹的孙女。她的父亲邓训，任护羌校尉；母亲阴氏，是光烈皇后的堂侄女。邓皇后五岁时，太傅夫人喜爱她，亲自给她剪头发。太傅夫人年龄大了，眼睛不好使，误剪伤了邓皇后的额头。邓皇后忍着痛不出声。旁边侍从的人见到后很惊讶，就去问她。她说："我不是不痛，太夫人喜爱我给我剪发，恐怕让老人伤心，所以忍住疼了。"

邓皇后六岁能读史书，十二岁通晓《诗经》和《论语》。每当几个哥哥读经传时，她就提出问题来问。邓皇后的志向在学习典籍，不过问日常过日子的事。她的母亲常批评她不对，说："你不学习妇女的手工，供给衣服穿用，却反过来做学问，难道想靠你去考博士吗？"邓皇后不愿违背母亲的话，就在白天学习妇女的手工，夜晚诵读经典。家里的人把她叫作"书生"。父亲邓训觉得她不寻常，不论大事小事，都和她详细议论。

永元四年，邓皇后应该被选入宫中，正遇上邓训去世，邓皇后日夜哭泣号叫，一直服丧三年，没有吃有盐的菜，憔悴得面容都变了，亲人也认不出来。邓皇后曾经梦见自己摸到天，天色青青，浩荡无边，好象有石钟乳一样的地方。邓皇后就仰起脸来用嘴接天的乳汁喝。家人用这个梦去询问占梦的人，他们说尧梦见过爬到天上去，汤梦见自己上了天去舔它，这些都是以前有过的圣王卜占结果，这种吉兆贵不可言。又有相面的人见到邓皇后，惊讶地说："这是成汤才有过的骨格啊！"家人私下里欣喜但不敢说出来。邓皇后的叔父邓陔说："我常听说救活一千人性命的人，子孙可以封爵。我哥哥邓训做谒者时，朝廷派他去修石臼河，每年救活几千人。天的法则可以相信，我家必定会蒙受福祉。"当初，太傅邓禹叹息道："我率领上百万的军队，从没有随便杀过一个人，我的后代一定会有让家族兴旺的人。"

永元七年，邓皇后又和各家的女子一起被选入宫中。邓皇后身高七尺二寸，容貌体态非常美丽，绝对与众不同，周围的人都感到惊讶。永元八年冬天，邓皇后进入掖庭做了贵人，当时十六岁。她恭敬严肃，小心谨慎，举动都符合礼法要求。她侍奉阴皇后，昼夜小心，兢兢业业。她关心同品位的嫔妃，经常约束自己谦让别人，即使是宫女奴仆，她也全部加以爱惜，给以恩惠。皇帝非常喜爱她，倍加赞赏。在邓皇后有病时，特别命令她的母亲兄弟进宫来看护，照料医药，不限定日期。邓皇后对汉和帝说："皇宫的防卫至关重要，而让外面的家人长期到宫内来，上面会使陛下受到宠幸偏爱的讥讽，下面让贱妾遭到不肯知足的诽谤。上下一齐受到损害，我确实不愿意这样。"汉和帝说："别人全以多次入宫为荣誉，贵人却为它担忧，深深地约束和降低自己的要求，确实是别人难以做到的。"每当有宴会时，各个嫔妃贵人都争着修饰自己，发簪耳环等首饰闪闪发光，衣裳鲜艳明亮。而只有邓皇后一个人穿素淡的衣服，身上没有饰物。她的衣服有时和阴皇后颜色相同，就马上脱下来换别的衣服。如果她和皇后同时进见皇帝，就不敢坐在正面，站立时也离开阴皇后一段距离，行走时就把身子弯曲下来，显出自己地位低下。当汉和帝有问题询问时，邓皇后经常退在后面，最后回答，不敢抢在阴皇后的前面说话。汉和帝知道邓皇后委曲自己，操心费力，叹息说："修养德行的劳累，竟达到了这种地步啊！"以后阴皇后逐渐被疏远，每当皇帝要邓皇后去侍奉时，她就推辞说有病。当时皇帝几次丧失皇子，邓皇后担心皇帝的继承人不多，常常流着眼泪叹息，多次挑选才人进献皇帝，以博得皇帝满意。

阴皇后见到称赞邓皇后德行的赞誉越来越多，不知该怎么办，就用巫术诅咒，想要危害邓皇后。汉和帝曾经病得很厉害。阴皇后在暗地里讲："我得意后，不让邓家再留下一个人！"邓皇后听说后，就对身边的侍从流着眼泪说："我竭尽诚心侍奉皇后，想不到没有得到她的保护，却会从上天获得罪罚。妇女虽然没有跟丈夫一起死的道理，然而周公请求用自身换回武王的性命，越姬在心中发誓一定为楚王而死。上可以报答皇帝的恩德，中可以解除宗族的灾祸，下不会让阴氏讽刺我变成人豕。"就想要喝毒药，宫女赵玉坚决阻拦她，便骗她说有使节来说皇上的病已经痊愈了。邓皇后相信了，就停止服毒。第二天，皇帝的病果然全好了。

永元十四年夏天，阴皇后由于用巫术诅咒并下蛊的事情被废黜。邓皇后请求救她没能成功。汉和帝就更看重她。邓皇后就借口病重深深地把自己和外界隔绝开来。正遇上有关官府上奏请求设立长秋宫。汉和帝说："皇后的尊贵和朕本人相同，要承奉宗庙，做天下的母后，难道是容易的吗？只有邓贵人的德行在后宫中属第一，可以承当皇后的重任。"到了冬天，封邓贵人为皇后。邓皇后再三推辞，然后才就任皇后位。她亲手写信上奏，表示感谢，极力陈述自己德行微薄，不足以充当皇后的职位。当时，各个方国进贡时，争着寻求珍奇华丽的物品送上，自从邓皇后即位，就命令全部禁止，每年只在年底供给纸、墨就行了。汉和帝经常想要给邓家人封官封爵，邓皇后就苦苦哀求，表示谦让，所以她的哥哥邓骘到汉和帝去世时也不过是一个虎贲中郎将。

元兴元年，汉和帝去世，长子平原王有病，而前前后后有十几个皇子很早就病死了。于是后来生的皇子就悄悄地隐藏起来，在民间抚养。殇帝生下来才一百天，邓皇后就把他接来立为皇帝。尊崇邓皇后为皇太后。太后上朝执政。汉和帝入葬后，宫女们都送到园陵去。邓太后赐给周贵人、冯贵人的策命上说："朕和贵人被安排在后宫中，品位相同，共同欢乐，有十几年了。没有获得福祐，先帝早早地抛弃了天下离去，我心中孤单寂寞，没有办法瞻仰先帝，日日夜夜都在深切地怀念，由衷地痛苦感伤。现在要按照旧日的典章把你们分到外面的园陵居住，惨痛在胸中凝结，更增加了我的伤叹，'燕燕于飞'的诗

篇，如何能比喻这种心情呢？现在赐给贵人国王用的青盖车，车轮用彩色装饰，各配有四匹驾车的马，赐黄金三十斤，各色绸帛三千匹，白色的越布四千段。"又赐给冯贵人国王的红色绶带，由于她们没有头上的首饰步摇和玉环、玉佩饰，加赐给她们每种一套。

当时刚遭到大丧事，没有设立法规制度。宫中丢失了一盒子大珍珠。邓太后考虑拷问这件事，一定会冤枉无罪的人。她就亲自查问宫女，观察她们的脸色，偷珍珠的人当时就招供认罪了。又有汉和帝宠幸的一个人叫吉成。给皇帝驾车的驭手们一起冤枉吉成进行用巫术诅咒和下蛊的活动，就把他关入掖庭的监狱拷问。供词和旁证都很明白了。邓太后认为他是先帝的亲侍，先帝待他有恩惠，平日里从没有过恶言恶语，现在反而这样做，不符合人之常情，就把这个人叫来亲自核查实情，果然是驾车的驭手们所制造的。人们没有一个不感叹佩服，认为皇太后圣明。邓太后经常认为鬼神难以证实，各种不合礼制的祭祀不会求得福祉，就下诏书命令有关官府查禁各个不符合典章礼仪的祠官。又下诏书赦免了建武年以来被关押的所有犯有妖法罪的人和马家、窦家的家属，把他们全免罪为平民。邓皇太后还减少了大官、导官、尚方、内者各监署中供皇帝皇后使用的珍奇食物和奢侈华丽、难以制作的器物，规定除了供奉陵寝宗庙以外，稻米、谷米都不得精舂细择，每天早晚间只吃一顿有肉的饭，过去太官汤官每一年的费用将近二万万钱。太后下令后，每天逐渐减少珍奇食品的费用，从此每年才用几千万。连各郡国的贡品，太后也全都把它们减少了一多半。上林苑中的鹰犬也全部被卖掉。蜀郡和汉中的嵌银漆器、九带佩刀等，全都不再征调。停止了三十九种画工。还有御府、尚方、织室等处的锦绣、透明的纱罗、起花的绸缎、金银器、珠玉器、犀角象牙器、玳瑁器等雕刻制造的珍奇玩物，全停止制作。离宫别馆中储存的米谷干粮柴草木炭等，邓太后命令把它们全部裁减掉。邓太后又下诏书给各园中的贵人，告诉她们，宫女里家中有亲属和族人，本身又年老体弱不能胜任使役的，让园监核查确实后报上名来。邓太后亲自到北宫的增喜观去查看询问她们，任凭她们离去或留下，当天就遣送出宫五六百名宫女。

到了殇帝去世后，邓太后确定了立安帝为皇帝，她还主持朝政。由于接连有大丧事，百姓苦于服劳役，汉殇帝的康陵墓穴中的随葬品和修建等各项工程全都加以削减，只占原来规定的十分之一。

邓太后下诏书告诉司隶校尉、河南尹和南阳太守说："我常看到以前朝代的皇亲家里的宾客们假借主人的威望和权力，轻薄狂妄，不守秩序，甚至有人扰乱国家法律制度，给人民造成危害。造成这种状况的原因，过失在于执法官员懈怠放松，不立刻对他们进行处罚。现在车骑将军邓骘等人虽然心怀恭敬顺从，但是他们宗族人口众多，结成婚姻的亲戚不少，宾客们为人奸滑，经常触犯法令。你们应该加以明确检查，发布训令，不要和他们互相包庇祖护。"从此皇帝的亲属犯罪，再没有宽大和庇护的现象了。邓太后哀怜阴氏因为犯罪被废黜，赦免了她家被流放的人，让他们回家乡去，命令还给他们五百多万钱的资产。永初元年，给邓太夫人封爵，爵号新野君，封给她供给沐浴费用的食邑一万户。

永初二年夏天，京城地区闹旱灾。邓太后亲自到洛阳的官署去查实冤狱。有个囚犯确实没有杀人而被拷打，被迫谎称杀了人。他身体衰弱无力，被用车拉来见太后，又害怕官吏，不敢说话，将要离开时，抬起头来好象要有话说。邓太后看到后觉得他想说话，就把他叫回来

问情况，把他受冤枉的全部事实都问出来了，当时便把洛阳令抓起来关进监狱抵罪。邓太后还没有回到宫里，一场大雨就及时地由天而降。

永初三年秋天，邓太后身体不好，亲近侍从们惶恐不安，祈祷神灵，请求用自己的生命换回太后的健康。邓太后听说了，马上发怒，责备她们，严厉地命令掖庭令以下各级宫官，只可以为自己的过失道歉，祈求福祉，不能随便讲不吉利的话。旧日的惯例是，每年年底要举行宴会，招待该退役的卫士，举行大傩的仪式，驱逐病害。太后由于阴阳不和、有天灾，又多次进行战争，下诏书命令宴会不要举办戏剧舞乐，减少一半驱逐疫鬼的少年演员，把大象、骆驼这些仪仗用的动物都撤消了。丰收的年岁中才恢复原状。邓太后自从进入后宫后，向曹大家学习经书，兼学天文和算术。她白天处理国家大事，夜晚就读书，但还担心经书会有错误，害怕违反了典章制度，就广泛挑选有学问的大儒刘珍等人，以及博士、议郎、四府掾史等五十多人，到东观来校对传记。校对工作完成后奏报上来，赐给他们不同数量的葛布。又下诏书让宫中的近侍官员到东观学习经传，用来教授宫女们，宫中侍从们都学习背颂诵经书，每天早晚济济一堂。在新野君去世时，邓太后亲自去照顾她的病，一直到她咽气。邓太后为母亲去世非常哀痛，身体受损害。守丧的举动比常人还要认真。赠给她母亲长公主的红色绶带、少府东园署制作的丧葬用品、玉衣、绣花被，又赐给邓家布三万匹、钱三千万。邓骘等人就坚决推辞，不接受钱和布匹。邓太后派司空带着符节去护卫新野君的丧事，礼仪形式和东海恭王相同，赠谥号为敬君。邓太后的守丧期满以后，气候长久干旱，太后丧期刚过三天就到洛阳去，查验囚徒，清理出处死刑的罪犯三十六人，处徒刑的

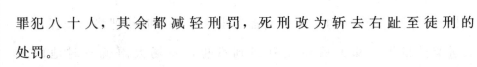

罪犯八十人，其余都减轻刑罚，死刑改为斩去右趾至徒刑的处罚。

永初七年正月，邓太后开始进入太庙，戒斋七天，赐给公卿百官们不同等级的物品。庚戌那一天，拜见宗庙，率领贵妇和妃妾们协助行礼。和皇帝共同献祭，亲自酹酒祭祀，仪式完成后回到宫中。接着下诏书说："凡是供献的新鲜食物祭品，大多不是该在这个时节成熟的，有的在屋里养育，强迫它成熟，有的挖出地洞取它的萌芽，滋味还没有长完全却使它的生长遭到夭折。这难道是顺应天时养育万物的方法吗？传记上讲：'不是应该成熟的时节不吃它。'从今天起用来供奉陵园宗庙祭祀以及供皇宫的食物，全都要等到成熟的时节才送上来。"一共减去了二十三种食品。

自从邓太后掌管朝政，闹了十年水灾、旱灾，境外四方的夷狄部族侵犯汉朝，国内盗贼兴起。邓太后一听说有人挨饿，有时会整夜睡不着觉，而自己带头减少供给，来救助遭受灾害的地区，所以天下又恢复到安宁和平，年景又获得丰收。

元初五年，平望侯刘毅因为太后施行了很多德政，想让它们尽早记录下来，向汉安帝上奏章说："臣下听说《易经》记录了伏羲、神农而显示出三皇的德行，《尚书》记述了唐尧、虞舜而提高了五帝的道义，所以即使是圣明的君主也一定要在竹帛上记录下他们的功勋，用管弦歌唱他们的德音。我想到皇太后天生有伟大圣人的姿容，具有乾坤的德行，和虞妃的踪迹相同，可与任姒的事迹相比拟。太后孝顺友爱，慈祥仁和，恭谨节约，杜绝了奢侈浪费的根源，控制并防止了追求安逸享乐的征兆。在内宫登上正位，把教化传布到四海。到了元兴、延平年间，国家没有继承人，太后仰观天象，结合人们的称誉，把陛

下推举上来立为天下的君主，使汉朝永远安定，四海平静。又遭到水涝灾害，东方的土地闹饥荒。她给芸芸众生降下恩惠，官吏们都在路上奔忙。她自己的衣食简单朴素，亲自给官员们做榜样。她减少膳食，取消拉车的边马，用来赡养平民百姓。她对百姓心怀恻隐，就如同对待自己的儿子一样。她约束自己，把罪过归到自己身上，明确地公布自己的过失和不足，提倡和平安乐的政治，推广宽松的教化。太后使灭亡的国家兴起，让断绝了的世系接续，记录功臣的功绩，恢复宗室的地位。太后把流放的人追回来，免除禁锢。不是和平有益的政策，不在心中考虑，不是旧日的典章制度，不在朝廷上讨论。广泛的仁德洋溢在人间，充满了宇宙；深厚的恩泽大量降临全国，流散传播到四面八方。华夏的礼乐教化，把戎狄部落也同化合并到一起。太后伟大的功劳在汉朝显赫，巨大的恩惠施加给人民。巍巍功业，可以听到而无法赶上；浩荡勋绩，可以传颂而无法形容。古代的帝王，身边设有史官；汉代的旧典章规定，世代都有记录。道德有被推崇的时候，也有被破坏的时候，政治有前进也有后退。如果这种美好的政绩不记述下来，不把小事和变化都马上记录下来，这就会造成尧、汤去担负产生洪水和大旱灾的罪责，却不知道他们普救众生、与天相等的美德；会只说殷高宗、周成王引起野鸡在鼎耳上鸣叫和狂风大作的变异，却不知道他们中兴殷商，安定天下的功劳。考察古代的《诗》、《书》二经，有虞氏的两个妃子，周朝的三个母后，修养德行，辅佐有德性的君王，思想不超越宫门。但还没有过象太后这样，内遭家中的丧事，外遇天下灾害不断，总管国家政事，经营天下万物，建立起崇高功德的人。应该命令史官编写《长乐宫注》和《圣德颂》，以广泛宣扬太后的光辉事迹，把功勋刻写在铜器和石碑上。和日月一样悬挂在天空，无穷无尽地散发光芒。用来显示陛下诚挚的孝心。"汉安帝答应了。

元初六年，邓太后下诏书征诏汉和帝的弟弟济北王、河间王的五岁以上的子女，一共四十多人，又召来邓氏近亲的子孙三十多人，都为他们设置了住所，教他们读经书，亲自监考。年龄还小的子孙，就设置有老师和保姆，每天早晚进宫来，邓太后抚育教导他们，非常疼爱他们。并下诏书给堂兄河南尹邓豹、越骑校尉邓康等人说："我把孩子们招收来，放在学校读书的原因，实际上是由于现在处于承继了历代帝王弊病的时代，世上流行的风俗浮浅轻薄，取巧做假的现象滋生，《五经》的道义衰落缺乏，不加以教化和引导，就会逐渐消亡。所以想要褒奖和推崇圣贤之道，用来纠正不良习俗。经传上不是说过吗：'饱食终日，无所用心，这就太难了啊！'现在传到末代的贵族皇亲等吃国家俸禄的人家，衣服温暖，食物精美，坐着坚固的车子，驱赶着骏马，而让他们面壁读书，就不知道可否了。这就是灾祸和失败产生的根源。永平年间，樊郭阴马四个姓氏的皇亲侯爵子弟全被命令入学，用以矫正风俗、革除轻薄，恢复到忠孝的根本上来。先祖父邓禹既能立下武功，记录在史书上，还用文化道德教育子孙，所以能约束住子孙，不触犯国家的法律。真能让孩子们上继承祖先的美好功德，下理解我诏书的根本意图，就足够了，你们要努力啊！"

邓康由于太后长期临朝执政，心怀畏惧，借口有病不上朝。太后派宫女去探问他的病情。当时宫女们出入宫廷，能在很多方面对某个人加以称赞或诋毁，其中年纪大的宫女都称作中大人。这次派去的是邓康家原来的婢女，她也自己通报说是中大人。邓康听说后，斥责她说："你是从我家中出去的，竟敢称中大人？"婢女愤怒了，回宫就说

邓康装病骗人，言语又不恭敬。太后就罢免了邓康的官职，让他回到封国去，从亲属名籍上取消了他的名字。

永宁二年二月，邓太后患病逐渐加重，就乘坐车辆到了前殿，接见侍中、尚书们，接着向北到了太子新修缮的住所。回来后，大赦天下，赐给各园陵的贵人，亲王、公主和百官们钱币布匹，各自有不同的数量。诏书说："朕用没有道德的身体做天下的母后，而上天没有给我一点保祐，很早就遭受到先帝去世的忧伤。延平年间，海内没有君主，百姓们遭受恶运，危如累卵。朕勤勤恳恳，劳心费力，不敢因为是君主而享乐；上不想欺瞒天神，愧对先帝；下不想违背人民的希望。诚心诚意地拯救百姓，以安定刘氏的天下。自己认为诚心可以达到天地之间，应该享受福气。但却宫中遇丧事，宫外遭灾祸，痛苦悲伤不能断绝。不久前因为沉绵病患，很久没有能去侍奉宗祠，就勉强去原陵，因此增加了咳嗽吐血的病症，发展到无法治疗。生死存亡是天地间的大法则，无可奈何。公卿百官们，要努力尽忠，来辅佐朝廷。"三月，邓太后去世，在位二十年，四十一岁。合葬在顺陵里面。

（赵超　译）

【原文】

　　和熹邓皇后讳绥，太傅禹之孙也。父训，护羌校尉。母阴氏，光烈皇后从弟女也。后年五岁，太傅夫人爱之，自为剪发。夫人年高目冥，误伤后额。忍痛不言。右左见者怪而问之。后曰："非不痛也。太夫人哀怜为断发，难伤老人意，故忍之耳。"六岁能史书，十二通

《诗》、《论语》。诸兄每读经传，辄下意难问。志在典籍，不问居家之事。母常非之，曰："汝不习女工以供衣服，乃更务学，定当举博士邪？"后重违母言，昼修妇业，暮诵经典。家人号曰："诸生。"父训异之，事无大小，辄与详议。

永元四年，当以选入，会训卒，后昼夜号泣，终三年不食盐菜，憔悴毁容，亲人不识之。后尝梦扪天，荡荡正青，若有钟乳状，乃仰嗽饮之。以讯诸占梦，言尧梦攀天而上，汤梦及天而咶之，斯皆圣王之前占，吉不可言。又相者见后惊曰："此成汤之法也。"家人窃喜而不敢宣。后叔父陔言："常闻活千人者，子孙有封。兄训为谒者，使修石臼河，岁活数千人。天道可信，家必蒙福。"初，太傅禹叹曰："吾将百万之众，未尝妄杀一人，其后世必有兴者。"

七年，后复与诸家子俱选入宫。后长七尺二寸，姿颜妹丽，绝异于众。左右皆惊。八年冬，入掖庭为贵人，时年十六。恭肃小心，动有法度。承事阴后，夙夜战兢。接抚同列，常克己以下之。虽宫人隶役，皆加恩借。帝深嘉爱焉。及后有疾，特令后母兄弟入视医药，不限以日数。后言于帝曰："宫禁至重，而使外舍久在内省，上令陛下有幸私之讥，下使贱妾获不知足之谤。上下交损，诚不愿也。"帝曰："人皆以数入为荣，贵人反以为忧，深自抑损，诚难及也。"每有宴会，诸姬贵人竞自修整，簪珥光采，袿裳鲜明，而后独著素，装服无饰。其衣有与阴后同色者，即时解易，若并时进见，则不敢正坐离立，行则偻身自卑。帝每有所问，常逡巡后对，不敢先阴后言。帝知后劳心曲体，叹曰："修德之劳，乃如是乎！"后阴后渐疏，每当御见，辄辞以疾。时帝数失皇子，后忧继嗣不广，恒垂涕叹息，数选进才人，以博帝意。

阴后见后德称日盛，不知所为，遂造祝诅，欲以为害。帝尝寝病危甚，阴后密言："我得意，不令邓氏复有遗类！"后闻，乃对左右流涕言曰："我竭诚尽心以事皇后，竟不为所祐，而当获罪于天。妇人虽无从死之义，然周公身请武王之命，越姬心誓必死之分，上以报帝之恩，中以解宗族之祸，下不令阴氏有人豕之讥。"即欲饮药，宫人赵玉者固楚之，因诈言属有使来，上疾已愈。后信以为然。乃止。明日，帝果瘳。

十四年夏，阴后以巫蛊事废，后请救不能得，帝便属意焉，后愈称疾笃，深自闭绝。会有司奏建长秋宫，帝曰："皇后之尊，与朕同体，承宗庙，母天下，岂易哉！唯邓贵人德冠后庭，乃可当之。"至冬，立为皇后。辞让者三，然后即位。手书表谢，深陈德薄，不足以充小君之选。是时，方国贡献，竞求珍丽之物，自后即位，悉令禁绝，岁时但供纸墨而已。帝每欲官爵邓氏，后辄哀请谦让，故兄骘终帝世不过虎贲中郎将。

元兴元年，帝崩，长子平原王有疾，而诸皇子夭没，前后十数，后生者辄隐秘养于人间。殇帝生始百日，后乃迎立之。尊后为皇太后，太后临朝。和帝葬后，宫人并归园，太后赐周、冯贵人策曰："朕与贵人托配后庭，共欢等列，十有余年。不获福祐，先帝早弃天下，靡所瞻仰，夙夜永怀，感怆发中。今当以旧典分归外园，惨结增叹，燕燕之诗，曷能喻焉！其赐贵人王青盖车，采饰辂，骖马各一驷，黄金三十斤，杂帛三千匹，白越四千端。"又赐冯贵人王赤绶，以未有头上步摇、环佩，加赐各一具。"

是时新遭大忧，法禁未设。宫中亡大珠一箧，太后念，欲考问，必有不辜。乃亲阅宫人，观察颜色，即时首服。又和帝幸人吉成，御者共枉吉成以巫蛊事，遂上掖庭考讯，辞证明白。太后以先帝左右，待之有恩，平日尚无恶言，今反若此，不合人情，更自呼见实核，果御者所为。莫不叹服，以为圣明。常以鬼神难征，淫祀无福，乃诏有司罢诸祠官不合典礼者。又诏赦除建武以来诸犯妖恶，及马、窦家属所被禁锢者，皆复之为平人。减大官、导官、尚方、内者服御珍膳靡丽难成之物。自非供陵庙，稻粱米不得导择，朝夕一肉饭则已。旧太官汤官经用岁且二万万，太后敕止，日杀省珍费，自是裁数千万。及郡国所贡，皆减其过半。悉斥卖上林鹰犬。其蜀、汉𠮷器九带佩刀，并不复调。止画工三十九种。又御府、尚方、织室锦绣、冰纨、绮縠、金银、珠玉、犀象、瑇瑁、雕镂玩弄之物，皆绝不作。离官别馆储峙米备薪炭，悉令省之。又诏诸园贵人，其宫人有宗室同族若羸老不任使者，令园监实核上名，自御北宫增喜观阅问之，恣其去留，即日免遣者五六百人。

及殇帝崩，太后定策立安帝，犹临朝政。以连遭大，百姓苦役，殇帝康陵方中秘藏，及诸工作，事事减约，十分居一。

诏告司隶校尉、河南尹、南阳太守曰："每览前代外戚宾客，假借威权，轻薄浇𠉇，至有浊乱奉公，为人患苦。咎在执法怠懈，不辄行其罚故也。今车骑将军骘等虽怀敬顺之志，而宗门广大，姻戚不少，宾客奸猾，多干禁宪。其明加检敕，勿相容护。"自是亲属犯罪，无所假贷。太后愍阴氏之罪废，故其徙者归乡，敕还资财五百余万。永初元年，爵号太夫人为新野君，万户供汤沐邑。

二年夏，京师旱。亲幸洛阳寺录冤狱。有囚实不杀人而被考自诬，羸困舆见，畏吏不敢言，将去，举头若欲自诉。太后察视觉之，即呼还问状，具得枉实，即时收洛阳令下狱抵罪。行未还宫，澍雨大降。

三年秋，太后体不安，左右忧惶，祷请祝辞，愿得代命。太后闻之，即谴怒，切敕掖庭令以下，但使谢过祈福，不得妄生不祥之言。旧事，岁终当飨遣卫士，大傩逐疫。太后以阴阳不和，军旅数兴，诏飨会勿设戏作乐，减逐疫傀子之半，悉罢象橐驼之属。丰年复故。太后自入宫掖，从曹大家受经书，兼天文、算术，昼省王政，夜则诵读，而患其谬误，惧乖典章，乃博选诸儒刘珍等及博士、议郎、四府掾史五十余人，诣东观雠校传记、事毕奏御，赐葛布各有差。又诏中官近臣于东观受读经传，以教授宫人，左右习诵，朝夕济济。及新野君薨，太后自侍疾病，至乎终尽，忧哀毁损，事加于常。赠以长公主赤绶，东园秘器，玉衣绣衾，又赐布三万匹，钱三千万。骘等遂固让钱布不受。使司空持节护丧事，仪比东海恭王，谥曰敬君。太后谅暗既终。久旱。太后比三日幸洛阳，录囚徒，理出死罪三十六人，耐罪八十人，其余减罪死右趾已下至司寇。

七年正月，初入太庙，斋七日，赐公卿百僚各有差。庚戌，谒宗庙，率命妇群妾相礼仪，与皇帝交献亲荐，成礼而还。因下诏曰："凡供荐新味，多非其节，或郁养强孰，或穿掘萌牙，味无所至而夭折生长，岂所以顺时育物乎！传曰：'非其时不食。'自今当奉祠陵庙及给御者，皆须时乃上。'凡所省二十三种。

自太后临朝，水旱十载，四夷外侵，盗贼内起。每闻人饥，或达旦不寐，而躬自减彻，以救灾厄，故天下复平，岁还丰穰。

元初元年，平望侯刘毅以太后多德政，欲令早有注记，上书安帝曰："臣闻《易》载羲农而皇德著，《书》述唐虞而帝道崇，故虽圣明，必书功于竹帛，流音于管弦。伏惟皇太后膺大圣之姿，体乾坤之德，齐踪虞妃。比迹任姒。孝悌慈仁，允恭节约，杜绝奢盈之源，防抑逸欲之兆。正位内朝，流化四海。及元兴，延平之际，国无储副、仰观乾象，参之人誉，援立陛下为天下主，永安汉室，绥静四海。又遭水潦，东州饥荒。垂恩元元，冠盖交路，菲薄衣食，躬率群下，损膳解骖，以赡黎苗，恻隐之恩，犹视赤子。克己引愆，显扬仄陋。崇晏晏之政，敷在宽之数。兴灭国，继绝世，录功臣，复宗室。追还徙人，蠲除禁锢。政非惠和，不图于心。制非旧典，不访于朝。弘德洋溢，充塞宇宙。洪泽丰沛，漫衍八方。华夏乐化，戎狄混并。丕功著于大汉，硕惠加于生人。巍巍之业，可闻而不可及。荡荡之勋，可诵而不可名。古之帝王，左右置史。汉之旧典，世有注记。夫道有夷崇，治有进退。若善政不述，细异辄书，是为尧汤负洪水大旱之责，而无咸熙假天之美；高宗成王有雉雊迅风之变，而无中兴康宁之功也。上考《诗》、《书》，有虞二妃，周室三母，修行佐德，思不逾阈。未有内遭家难，外遇灾害，览总大麓，经营天物，功德巍巍若兹者也。宜令史官著《长乐宫注》、《圣德颂》，以敷塞景耀，勒勋金石，县之日月，攄之罔极，以崇陛下烝烝之孝。"帝从之。

六年，太后诏征和帝弟济北、河间王子男女年五岁以上四十余人，又邓氏近亲子孙三十余人，并为开邸第，教学经书，躬自监试。尚幼者，使置师保，朝夕入宫，抚循诏导，恩爱甚渥。乃诏从兄河南尹豹、越骑校尉康等曰："吾所以引纳群子，置之学官者，实以方今承百王之敝，时俗浅薄，巧伪滋生，《五经》衰缺，不有化导，将遂陵迟，故欲褒崇圣道，以匡失俗。传不云乎：'饱食终日，无所用心，难矣哉！'今末世贵戚食禄之家，温衣美饭，乘坚驱良，而面墙术学，不识臧否，斯故祸败所从来也。永平中，四姓小侯皆令入学，所以矫俗厉薄，反之忠孝，先公既以武功书之竹帛，兼以文德教化子孙，故能束修，不触罗网。诚令儿曹上述祖考休烈，下念诏书本意，则足矣。其勉之哉!"

康以太后久临朝政，心怀畏惧，托病不朝。太后使内人问之。时宫婢出入，多能有所毁誉，其耆宿者皆称中大人，所使者乃康家先婢，亦自通中大人。康闻，诟之曰："汝我家出，尔敢尔邪!"婢怒，还说康诈疾而言不逊。太后遂免康官，遣归国，绝属籍。

永宁二年二月，寝病渐笃，乃乘辇于前殿，见侍中、尚书，因北至太子新所缮宫。还，大赦天下，赐诸园贵人、王、主、群僚钱布各有差。诏曰："朕以无德，托母天下，而薄祜不天，早离大忧。延平之际，海内无主，元元屯运，危于累卵。勤勤苦心，不敢以万乘为乐。上欲不欺天愧先帝，下不违人负宿心，诚以济度百姓，以安刘氏。自谓感彻天地，当蒙福祚，而丧祸内外，伤痛不绝。顷以废病沈带，久不得侍祠。自力上原陵，加咳逆唾血。遂至不解。存亡大分，无可奈何。公卿百官，其勉尽忠恪，以辅朝廷。"三月崩。在位二十年，年四十一。合葬顺陵。

刘玄　刘盆子传

——《后汉书》卷四一

　　【说明】西汉末年，政治腐败，土地急剧兼并，农民流亡，或沦为奴隶。王莽篡汉，复古改制，更加激化了原有的农民与地主的矛盾，农民纷纷揭竿而起，在诸多起义队伍中，绿林与赤眉势力最为强大。天凤年间，荆州一带连年饥荒，新市（湖北北京山东北）人王匡、王凤发动起义，颖川（今河南禹县）人王常、成丹和南阳（今河南南阳市）人马武等也率众参加，因为活动在绿林山（今湖北荆门西）中，所以被称为"绿林军"。绿林军在发展中，由于旧的传统意识的限制，公元23年2月，拥立刘氏宗室中的刘玄为皇帝，建元更始。在有名的昆阳之战中，绿林军打垮了王莽军的主力。接着一路进克洛阳，又进兵长安。长安城内发生暴动，王莽被杀，结束了新莽政权。公元24年初，刘玄迁都长安。刘玄昏庸腐化，任人非当。公元25年9月，赤眉攻入长安，刘玄旋即被缢杀。

　　在绿林军起义后不久，琅邪（今山东诸城）人樊崇在莒县（今山东莒县）起义。附近的逢安、徐宣、谢禄、杨音都率部与樊崇会合。为与敌军相区分，起义军涂红眉毛，故称"赤眉军"。赤眉军最高领导人称"三老"，其次称"从事"，再次称'卒史"，士兵间以"巨人"相称。没有文书、旗帜、部曲、号令，"以言辞为约束"。公元 23 年，绿林军攻克洛阳后，赤眉军将领曾一度接受刘玄的列侯封号。公元 24 年，更始政权西迁长安，赤眉与更始政权分裂，进攻关中。樊崇、逢安从武关（今陕西丹凤东南）进发，徐宣、谢禄从陆浑关（今河南嵩县东北）进发，公元 25 年正月，两路军队会师弘农（今河南灵宝县北）。在向长安进军途中，拥立汉宗室后裔刘盆子为帝，年号建业，七月攻下长安，杀死刘玄。但翌年关中发生严重灾荒，被迫引兵东去。公元 27 年，赤眉军被刘秀打败，樊崇率刘盆子等人投降，赤眉军瓦解。

绿林、赤眉农民起义虽然失败了，但对历史的发展产生了深远的影响。它推翻了新莽政权，打击了豪族地主，制止了土地兼并的恶性膨胀，冲击了奴隶制残余，对尔后东汉初期农业生产的恢复和发展起了积极作用。

刘玄，字圣公，是刘秀的族兄。弟弟被人杀死，圣公结交宾客打算报仇。宾客触犯法令，圣公逃避官吏到了平林。官吏囚禁了圣公的父亲子张。圣公假死，派人护丧回到舂陵，官吏于是放了子张，圣公自己逃跑藏匿起来。

王莽末年，南方闹饥荒，百姓成群结队来到荒野沼泽地，挖掘乌芋吃，互相抢夺食物。新市人王匡、王凤公正地为人调解纠纷，于是被推举为头领，聚众数百人。这时逃亡在外的马武、王常、成丹等人前去投奔他；他们一起攻打离乡聚，藏匿在绿林山中，几个月的时间人数达七八千人。地皇二年，荆州牧某人调发兵士两万人攻打他们，王匡等率兵在云杜迎击，大败荆州牧的军队，杀死几千人，缴获了所有军用物资，于是攻下竟陵县，又转而攻打云杜、安陆，大量掠取妇女，回到绿林山中，人数达到五万多口，州郡无法管制。

地皇三年，大规模地发生瘟疫，死者近半，于是各自率人马分散离去。王常、成丹向西进入南郡，称作"下江兵"；王匡、王凤、马武和他们的支党朱鲔、张卬等向北进入南阳，称作"新市兵"，他们都自称为将军。七月，王匡等进攻随县，没有攻下。平林人陈牧、廖湛又聚众一千多人，称作"平林兵"，来响应王匡等人。圣公于是前去跟随陈牧等人，作了他们军中的安集掾。

　　这时候，刘秀和他的兄弟伯升也起兵舂陵与各部联合进兵。四年正月，击败王莽前队大夫甄阜、属正梁丘赐的军队，杀了甄阜和梁丘赐，称圣公为更始将军。各部人员虽然众多，却没有统一的领导，众将于是共同商议立更始将军为天子。二月辛巳，在淯水的沙滩上设置坛场，列兵会盟。更始将军即帝位，面南而立，接受群臣朝见。刘玄平时性格懦弱，此时羞愧流汗，举着手说不出话来。于是大赦天下，立年号为更始元年。官封各个将领，封族父刘良为国家三老，王匡为定国上公，王凤为成国上公，朱鲔为大司马，刘伯升为大司徒，陈牧为大司空，剩下的人都封作九卿、将军。五月，伯升攻下宛城。六月，更始进入宛城定都，赐封全部宗室和将领，封为列侯的有一百多人。

　　更始忌恨伯升的威望和声名，就杀了他，任命光禄勋刘赐为大司徒，原钟武侯刘望起兵，占据了汝南。当时王莽的纳言将军严尤、秩宗将军陈茂兵败昆阳，前去归附刘望。八月，刘望就自立为天子，任用严尤为大司马，陈茂为丞相。王莽派太师王匡、国将哀章镇守洛阳。更始派遣定国上公王匡攻打洛阳，西屏大将军申屠建、丞相司直李松攻打武关，三辅震动。这时，海内豪杰都起来响应，都杀了当地的牧守，自称为将军，使用汉朝的年号，以等待天子的命令，十月一日之间，遍布天下。

长安城内也起兵攻打未央宫。九月，东海人公宾就在渐台杀了王莽，收取了天子的印玺，把王莽的首级送到宛城。更始这时正在便殿黄堂，取了王莽的头看视，高兴地说："王莽不是这样，应该与霍光一样。"宠姬韩夫人笑着说："若不是这样，皇帝怎能得到他呢?"更始大喜，把王莽的头颅悬挂在宛城闹市。这月，攻克洛阳，活捉了王匡、哀章，押至宛城，杀了这二人。十月，派奋威大将军刘信攻打汝南杀了刘望，又杀了严尤、陈茂。更始于是向北定都洛阳，以刘赐为丞相。申屠建、李松从长安送来君王的车马和服饰，又派中黄门侍从官奉迎更始迁都长安。二年二月，更始从洛阳西行。刚出发，李松奉侍引路，又受惊狂奔，撞上了北宫铁柱门，三匹马都死了。

当初，王莽贵败，只有未央宫被烧罢了，其余的宫馆都没有被烧毁。几千宫女，都在后宫，钟鼓、帷帐、舆辇、器服、太仓、武库、官府、市区，一切照旧。更始到了长安，住在长乐宫，在前殿坐定，郎吏依次列于庭中。更始羞惭，低着头脸贴坐席不敢下视。后到的众将，更始问他们虏掠了多少东西，左右侍从官都是宫廷旧吏，个个都惊讶地相互对视。

李松和棘阳人赵萌劝说更始，应该全部分封功臣为王。朱鲔和他们争论，认为高祖规定，不是刘姓不可以封王。更始就先封宗室太常将军刘祉为定陶王，刘赐为宛王，刘庆为燕王，刘歙为元氏王，大将军刘嘉为汉中王，刘信为汝阴王；后来又立王匡为比阳王，王凤为宜城王，朱鲔为胶东王，卫尉大将军张印为淮阳王，廷尉大将军王常为邓王，执金吾大将军廖湛为穰王，申屠建为平氏王，尚书胡殷为随王，柱天大将军李通为西平王，五威中郎将李轶为舞阳王，水衡大将军成丹为襄邑王，大司空陈牧为阴平王，骠骑大将军宋佻为颍阴王，尹尊为郾王。只有朱鲔推辞说："我不是刘氏宗族，不敢触犯法典。"推让不接受王位。于是改任朱鲔为左大司马、刘赐为前大司马，派他们和李轶、李通、王常等镇守关东。任命李松作丞相，赵萌作右大司马，共同执掌朝中政务。

更始以赵萌的女儿为夫人，宠爱她，便把政事交付给赵萌，日夜和妇人在后宫宴饮。群臣要禀奏事情，常常酒醉不能接见，遇到万不得已的时候，就命侍中坐在帷帐内和群臣对答。众将认出并非更始的声音，出来都抱怨说："成败还不知道，就放纵自己到这种地步！"韩夫人特别嗜好饮酒，每次陪饮，看见常侍禀奏事情，就生气地说："皇帝正和我对饮，就这个时候来奏事吗！"起身，击破书案。赵萌专权，自己作威作福。郎吏有说赵萌放纵的，更始大怒，拔剑刺他。从这以后没有人敢再说话的。赵萌暗中忌恨侍中，拉下去杀了他，更始替他求情，赵萌不听从。当时李轶、朱鲔在山东擅自发号施令，王匡、张卬横行三辅。他们授给官爵的人，都是小人商贾，还有厨夫，大多穿着华美的衣服，锦制之套裤、短衣、妇人的上衣，在道上骂骂咧咧。长安人评论他们说："厨役作了中郎将，烂羊胃作了骑都尉，烂羊头作了关内侯。"

军帅将军豫章人李淑上书进谏说："现今贼寇刚刚消灭，天子的德化还没有推行，百官的任用应该慎重。三公上应三台，九卿下法河海，因此天道之行之事由人代行。陛下奠定基业，虽然借着下江、平林的力量，但这是临时利用，不能实行了就安定下来一成不变，应该改变制度，另选用伟异有俊才的人，按照才能授给官爵，来辅佐国家。现在公卿高官都是行伍出身，尚书显官都出自平庸之辈，只能当亭长、

捕贼掾，而今却担当了辅佐国家的重任。只有爵号和车舆服饰，是圣人所重视的。现在你以所应重视的送给不应得到的人，希望他多少有些帮助，使国家教化昌盛，政治清明，就好比循着树找鱼，登上山采珠。海内人士看见这种情况，就有窥伺忖度汉天子之位的。我不是有所憎恶而求得进升，只是替陛下痛心这种行动。让不高明的匠人砍削大木裁制美锦，会毁坏了高大的材木和美锦，应当极周密地考虑。只有改正以往荒簸廖愚妄的过失，考虑尊崇周文王时人才济济的美盛业绩。"更始大怒，把李淑囚禁狱中。从这以后关中离心离德，四方怨声载道，背叛更始。众将出征，各自擅自设置牧守，州郡交错，不知服从哪一方。十二月，赤眉军西进入关。

三年正月，平陵人方望拥立先帝幼子刘婴为天子。以前，方望看见更始政局混乱，推测他一定失败，对安陵人弓林等说："原先的安定公刘婴，是平帝的继承人，虽然被王莽篡夺了王位，但曾经作过汉朝的君主。现在都说刘氏中获得天道的"真人"。应当再次接受上天之命，我想共同建立大业，怎么样?"弓林等同意他的话，就在长安找到刘婴，把他带到临泾拥立他为天子。聚集几千人，方望为丞相，弓林为大司马。更始派李松和讨难将军苏茂等打败了他们，将他们全部杀掉。又派苏茂在弘农抵御赤眉军，苏茂的军队失败了，死去一千多人。

三月，派李松汇合朱鲔与赤眉军在茨乡展开战斗，李松等大败，抛下军队逃跑，死者达三万多人。

当时王匡、张卬镇守河东，被邓禹击破，跑回长安。张卬和众将商议说："赤眉近在郑县、华阴之间早晚就要到来。现在唯有长安，不久将被消灭，不如率兵抢掠城中，使自己富足，再回头攻打我们所在

之地，向东回南阳，收集宛王等人的兵马。事情如果不成功，再入江湖中为盗。"申屠建、廖湛等都认为他说得对，一起入宫说服更始。更始生气不同意，便不敢再说了。等到赤眉拥立刘盆子，更始就派王匡、陈牧、成丹、赵萌驻招兵买马在新丰，李松驻军掫城，抵御赤眉。

张卬、廖湛、胡殷、申屠建等与御史大夫隗嚣合谋，想在立秋日祭祀时一起劫持更始，共同完成先前的计谋。侍中刘能卿得知他们的计划，就告诉了更始。更始托病不出宫，召见张卬等人。张卬等人都进入宫内，更始将要把他们都杀死，惟独隗嚣没到。更始犹豫不决，让张卬等四人暂且在外面的房子里等待。张卬和廖湛、胡殷怀疑有变故，便突围出来，只有申屠建留下，更始杀了他。张和廖湛、胡殷便率兵抢掠东西市场。黄昏时分，烧毁宫门入内，在宫中交战，更始大败。第二天早晨，率妻子儿女车骑一百多，向东投奔在新丰的赵萌。

更始又怀疑王匡、陈牧、成丹和张卬等人合谋，便同时召见他们。陈牧、成丹先到，更始就杀了他们。王匡惧怕，率兵进入长安，和张卬等合。李松仍跟随更始，和赵萌一起在城内攻打王匡、张卬。接连交战一个多月，王匡等人失败逃走，更始迁居长信宫。赤眉军到了高陵，王匡等人迎接并投降了赤眉，于是合兵前进。更始守城，派李松出战，兵败，战死二千多人，赤眉活捉了李松。当时李松的弟弟李泛为城门校尉，赤眉派使者对李泛说："打开城门，就让你哥哥活下来。"李泛就打开了城门。九月，赤眉军入城，更始独自骑马逃走，从厨城门出来。众妇女跟在他后面连声呼喊："陛下，应当下马与城辞别。更始就下马叩拜，又上马离去。

起初，侍中刘恭因为赤眉拥立他的弟弟刘盆子，自囚狱中，听说更始失败，就出了狱，徒步跟从到高陵，住以驿站所设的房舍中。右

辅都尉严本害怕失去更始被赤眉杀死，率兵在外，号称屯兵宿卫实际上囚禁了他。赤眉下书说："圣公归降，封为长沙王。过了二十日，就不受降了。"更始派刘恭前去请求投降，赤眉派他的将领谢禄前往受降。十月，更始便跟随谢禄袒身来长乐宫，向刘盆子献上天子印玺。赤眉致罪更始，置于庭院之中，要杀死他。刘恭、谢禄为他请求赦罪，没有获准，赤眉便把更始带了出去。刘恭追着喊道："我确实尽力了，请允许我先死。"拔剑要自杀，赤眉统帅樊崇等急忙一起制止他，于是赦免了更始，封为畏威侯。刘恭又为他坚决奏请，终于封为长沙王。更始常常靠近谢禄居住，刘恭也保护他。

三辅苦于赤眉的暴虐，都同情更始，张卬等顾虑此事，对谢禄说："现在各军首领有很多人想夺取圣公。一旦失去他，会汇合兵马攻打您，这是自取毁灭的道路。"于是谢禄派跟从的士兵和更始一起在郊外牧马，就授令绞杀了更始。刘恭夜晚前往收埋了尸体。光武帝听说了很伤心，下诏让大司徒邓禹把他埋在霸陵。

更始有三个儿子：求、歆、鲤。第二年夏季，求兄弟和母亲东行到了洛阳，光武帝封求为襄邑侯，让他祭祀更始；歆为谷孰侯，鲤为寿光侯。求后来改封为成阳侯。求死后，他的儿子巡继位，又改封为濩泽侯。巡死后。他的儿子姚嗣立。

评论说：周武王到孟津阅兵，回来后调还军队，认为纣还不能讨伐，时机还没有成熟。汉起兵时，率仓卒聚集起来的轻装精锐、凶猛狡黠的士兵，不抵天下力量的万分之一，然而旌旗所指，檄文所达，都弃文叩首，争着接受命令。这不仅是因为汉朝人想念汉朝的思绪，原也与机遇有关。但是作为首事之人，很少有不遭祸患的。陈胜、项羽况且还没有成功，何况平庸之辈！

刘盆子，太山式县人，城阳景王章的后代。祖父刘宪，元帝时被封为式侯，父亲刘萌继承了侯位。王莽篡位，废除了封国，便成为式县人。

天凤元年，琅邪海曲有吕母这个人，儿子作县吏，犯了小黑暗，县令定罪杀他。吕母怨恨县令，暗地聚集宾客，计划报他。吕母家一向富裕，财产数百万，于是更多地酿造醇酒，买刀剑。少年来酤酒，都赊给他们，看到他们有贫寒的，就借给他们衣裳，不计数量。数年后，钱财快用尽了，少年要一起偿还她。吕母流着泪说："我之所以厚待各位，不是想要谋求好处，只因为县令不仁，冤枉地杀死了我的儿子，我要为我的儿子报仇，你们可愿意怜悯他？"少年认为她的心意悲壮，平时又受她的恩惠，就都同意了。这些人中的勇士自称"猛虎"，聚集了百十来人，便和吕母进入海中，召集亡命之徒，人员达到数千。吕母自称将军，率兵回来攻破海曲县，捉住县令。各官吏叩头替县令讨命。吕母说："我的儿子犯了小罪，不应当处死，却被县令杀了。杀人应当处死，又有什么可请命的呢？"于是杀了县令，用他的首级祭奠儿子的坟墓，然后又回到大海中。

数年后，琅邪人樊崇在莒县起兵，有一百多人，辗转进入太山，自称"三老"。当时青、徐州闹饥荒，寇贼蜂起，众交界贼认为樊崇勇猛，一年之间人数达一万多人。和樊崇同郡的人逢安、东海人徐宣、谢禄、杨音，各自起兵，聚合有数万，又都投奔跟从樊崇。一起回来进攻莒县，没有攻下，转而抢掠到姑幕县，攻打王莽的探汤侯田况，大败田况，杀了一万多人，于是向北进入青州，所到之处一路掠夺。回到太山，驻兵南城县。当初，樊崇等人因为穷困而成为寇贼，没有攻城略地的策略。人马已经渐盛，卞相互约定：杀人者死，伤人者根据伤势进行偿还。用口头言语作为约束，没有文书、旌旗、编制、号令。军中最尊贵的人物称三老，其次称为从事，再次称为卒史，普遍在互相以巨人相称。王莽派平均公廉丹、太师王匡攻打樊崇。樊崇等想作战，害怕他的士兵和王莽的士兵相混淆，就都把眉毛涂成朱色以相识别，因此号称赤眉。赤眉大败廉丹、王匡的军队，杀了一万多人，追到无盐，廉丹战死，王匡逃走。樊崇又率他的军队十多万人，再次回去围攻莒县数月。有人劝告樊崇说："莒，养育我们的地方，如何能攻打它？"于是带兵离去。当时吕母病死，她的部下分别加入赤眉、青犊、铜马军中。赤眉于是攻打东海，和王匡的沂平郡守交战，战败，死了几千人，便率兵离去，掠压楚、沛、汝南、颍川，回到陈留，攻下鲁城，辗转到濮阳。

正好更始定都洛阳，派使者劝降樊崇。樊崇等听说汉室复兴，就留下他的士兵，自己带领将领二十多人，随从使者到洛阳归降更始，都封为列侯。樊崇等既没有封国，而留下的士兵又渐渐叛离，樊崇于是逃回自己的营地，率兵进入颍川，把他的士兵分成两部，樊崇和逢安是一部，徐宣、谢禄、杨音为另一部。樊崇、逢安攻下长社，向南攻打宛，杀了县令；而徐宣、谢禄等也攻克了阳翟，率兵到梁，击败并斩杀了河南太守。赤眉军虽然数战都取胜了，但是疲惫不堪，厌倦了作战，都日夜愁苦哭泣，想要东归。樊崇等商议，考虑到军队东去必然会士兵离散，不如向西攻打长安。更始二年冬，樊崇、逢安从武关，徐宣等从陆浑关，两路一同进发。三年正月，都到了弘农，和更始众将连着打了几仗，都取得了胜利，于是士兵大规模地集结在一起。分一万人为一营，共三十营，每营设置三老、从事各一人。进发到华阴。

军中常有齐地巫师打着鼓跳着舞祭祀城阳景王，来求得赐福保佑。巫师狂言乱语，景王大怒，说道："当作县令，为何作盗贼？"有讥笑巫师的人就患病，军中惊讶骚动。当时，方望的弟弟方阳怨更始杀了他的兄长，就劝樊崇等人说："更始荒废紊乱，政令不能推行，所以才让将军到今天的地步。现在你拥有百万士兵，向京城西进，却没有称号，名分上是群贼，不能长久，不如拥立汉宗室，依靠道义进行讨伐。用这来号令天下，谁敢不服？"樊崇等认为他说得对，而巫师的话就更加厉害了。前进到达郑县，共同商议说："现在迫近长安，而鬼神的意志是这样，应该寻找到刘氏共同拥立他。"六月，拥立刘盆子为帝，自己建立年号为建世元年。

当初，赤眉经过式县，掠取了刘盆子和他的两位兄长刘恭、刘茂，都在军中。刘恭年少时学习《尚书》粗通大义，等到随从樊崇等人归降更始，就被封为式侯，因通经多次陈奏政事，被任命为侍中，跟随更始在长安。刘盆子和刘茂留在军中，隶属右校卒史刘夹卿，主管割草牧牛，称作牛吏。等到樊崇等人要拥立天子，在军中寻求景王的后代，得到七十多人，只有刘盆子和刘茂以及原西安侯刘孝是景王最近的族属。樊崇等人商议说："听说古时天子率兵称为上将军。"于是以简为符，上书"上将军"，又把两个没有字的简放在小箱子中，便在郑县的北面设立坛场，祭祀城阳景王。各位三老、从事都集合在台阶下，刘盆子等三人站立在中间，按年岁大小依次去摸符札。刘盆子最小，最后摸着符，众将都向他叩拜称臣。刘盆子当时十五岁，披散着头发，光着脚，破旧衣服被汗水浸渍成赤黄色，看见众人叩拜他，惊恐得想要哭。刘茂对他说："好好收藏符。"刘盆子就咬断符扔掉了它，又回

去依附刘侠卿。刘侠卿给他置办了绛色单衣，红色空顶帻巾，刺有文饰的鞋，让他乘坐轩车大马，车的横木前有赤色挡泥饰物，有以交络为饰的绛色车帷，但刘盆子仍然跟着牧童游玩。

樊崇虽然因为勇猛而起家，被众人推举为头领，但他不识字。徐宣原是县狱吏，能够通晓《易经》。于是共同推举徐宣为丞相，樊崇为御史大夫，逄安为左大司马，谢禄为右大司马，自杨音以下都为列卿。军陈到了高陵，与更始的叛将张印等联合，便进攻东都门，进入长安城，更始前来投降。

刘盆子住在长乐宫，众将天天聚合在一起讨论功劳，大呼小叫地争辩，拔剑击柱，不能统一。三辅郡县的营长派使者进献物品，士兵就抢掠物品。又屡次掠夺官吏和平民，百姓修筑堡垒，从此都又坚守自卫。到了腊日，樊崇等设乐大宴众将，刘盆子坐在正殿，中黄门手持兵器在他身后，公卿都排列着坐在殿上。酒还没有喝，其中一人拿出刀笔书写名帖打算恭贺，其他不识字的人起来请他书写自己的姓名，一伙一伙地聚集，相互背向着背。大司农杨音按剑骂道："各位都是老雇工之辈！今日已设立君臣的礼仪，反而乱成一团，小孩子作游戏还不是这样，你们都该杀！"诸将互相辩论争斗，而士兵就各自跳进宫内，斩断门闩，入内抢夺酒肉，互相杀伤。卫尉诸葛稚听说了这件事，率兵入宫，杀了一百多人，才平息下来。刘盆子恐慌，日夜啼哭，只和中黄门一同起卧，仅在高阁，而不闻不问外事。

当时后宫中宫女还有近千人，从更始战败后，禁闭在后宫殿内，挖院中的芦菔根，抓汉中的鱼吃，死去的宫女就相互埋在宫中。甘泉宫原来祭祀的乐人，还共同击鼓歌舞，衣服鲜艳明丽，看见刘盆子便叩头说腹饥。刘盆子派中黄门赐予他们米，每人几斗。后来刘盆子离

汉书·后汉书

后汉书

去，他们都饿死了不出来。

刘恭看到赤眉军混乱，知道他们必然失败，他害怕兄弟都要有灾祸降临，就暗地教刘盆子归还印玺，学习辞让帝位的言辞。建武二年正月初一，樊崇等大规模聚会，刘恭首先说："诸位共同拥立我弟弟作君王，恩德确实深厚。拥立我弟弟将近一年了，混乱却一天比一天加剧，他确实不值得你们扶持。恐怕死也没有什么益处，希望贬退他为百姓，再寻求贤能的人作君主，望诸位考虑。"樊崇等致歉说："这都是樊崇等人的罪过。"刘恭又坚决请求。有人说："这难道是你式候的事呢！"刘恭惶恐地起身离去。刘盆子便下床解下印玺，叩头说："现在虽然设置了天子却依然像以前一样作贼寇。官吏贡奉物品，就被抢劫掠夺，四面八方听说了，没有不怨恨的，人心不再归向。这都是君主没有立对才造成的，我希望退位，给圣贤让路。如果一定要杀死盆子来抵塞罪责，我也不逃避死亡。恩请诸位能可怜同情我！"于是痛哭流涕。樊崇和聚会的几百人，没有不哀怜他的，便都离座叩头说："臣不肖，辜负了陛下。从今以后，不敢再放纵。"于是一起抱起刘盆子，给他佩戴上印玺。刘盆子哭喊不止。众将聚会结束后出来，各自关闭军垒戍守，三辅安宁，称赞天子聪明。百姓争着回长安，市内又拥满了人群。

二十多天后，赤眉贪图财物，又出来大肆掠夺。城中粮食耗尽了，就收拾装载珍宝，放火烧了宫室，率兵西去。在南郊祭天后，兵马车甲最为盛猛，号称百万之众。刘盆子乘坐王车，用三匹马驾驶，身后跟从几百骑兵。从南山起辗转掠夺城邑，和更始的将军严春在郿县交战，打败了严春，杀了他，于是进入安定、北地。到达阳城、番须一带，遇上大雪，山谷积满了雪，士兵有很多人冻死，于是军队又回来，挖掘各个陵墓，取墓中宝物，污辱吕后尸体。凡是他们挖掘的陵墓，有用玉匣入殓的尸体都像活着的人一样，所以赤眉得以有很多淫秽行径。大司徒邓禹当时在长安，派兵在郁夷出击赤眉，反被赤眉打败，邓禹就前往云阳。九月，赤眉又进入长安，停留在桂宫。

当时，汉中贼寇延岑从散关出来，屯兵杜陵，逄安率十多万人攻打他。邓禹乘逄安率精兵在外，只有刘盆子和老弱兵士在城中，就亲自前去攻打长安。正遇上谢禄救兵来到，在槁街展开夜战，邓禹士兵战败逃走。延岑和更始的将军李宝汇合士兵数万人，和逄安在杜陵作战。延岑等大败，战死一万多人，李宝就投降了逄安，而延岑则招集溃散的士兵逃走。李宝于是偷偷派人对延岑说："你奋力回来挑战，我会在内部反叛他们，里外势力联合，可以大败他们。"延岑就回来挑战，逄安等全军出色，大惊乱逃，各自投身河流山谷，死了十多万人，逄安和几千人逃回长安。当时三辅闹饥荒，人吃人，城郭都空无人烟，白骨掩蔽原野，遗存于世的人往往结为营寨，各自坚守，攻打不下来。赤眉掳掠毫无所获，十二月，就率兵东归，士兵还有二十多万人，随着又在路上散去了一些人。

光武帝派遣破奸将军侯进等驻兵新安，建威大将军耿弇等驻兵宜阳，分为两路，来切断赤眉的归路。命令众将说："贼寇如果东去，可率宜阳兵会于新安；贼寇如果南去，可率新安兵会于宜阳。"第二年正月，邓禹从黄河北渡，和赤眉在湖县交战，邓禹又失败逃走，赤眉便出关南行。征西大将军冯异在崤底打败了赤眉。光武帝听说了，就亲自率兵来到宜阳，以强大兵力拦截赤眉的退路。

赤眉突然遇见大军，震惊得不知如何应付，便派刘恭请求投降，说："刘盆子率百万军队投降，陛下怎么对待呢?"光武帝说："以不死

来对待你们。"樊崇就率刘盆子及丞相徐宣以下三十多人裸露着身子投降。献上得到的传国印玺，更始的一支七尺宝剑和一个玉璧。在宜阳城西堆积兵器甲胄，和熊耳山一样高。光武帝命县厨赏赐食物，士兵多日困乏饥饿，十多万都能饱食一顿。第二天早上，在洛水边上兵马大规模地摆开阵势，让刘盆子君臣列队观看。光武帝对刘盆子说："你认为自己该不该死？"回答说："论罪应当死，还希望陛下可怜我免去一死。"光武帝笑着说："你很狡黠，宗室，没有不聪慧的。"又对樊崇等说："有没有后悔投降？我现在派你回军营率兵，击鼓互相攻打，决定胜负，不必勉强顺服。"徐宣等叩头说："我们出长安东都门，君臣商议，归命圣德君主。百姓可以同他们一同享受成功，却难于一起创业，所以沿有告示民众。今天能够归降，犹如离开虎口回到慈母身边，确实十分高兴，没有什么可悔恨的。"光武帝说："你可说是铁中刚硬的，无能者中的出众人才。"又说："你们大干没有道义的事情，经过的地方都屠灭老弱，毁坏土、谷神庙，把汲水和做饭的地方弄污秽了。但还有三个长处，攻破城邑，行遍天下，原先的妻子没有更换，是第一个长处；拥立君主能用皇家宗室，是第二个长处；其余的贼寇拥立君主，情况紧急就都拿着他们君主的头颅投降，自认为立功了，而唯独你们把君主毫无伤害地交付给我，这是第三个长处。"便让他们各自和妻子儿女住在洛阳，赐予每人房屋一处，田二顷。

这年夏天，樊崇、逢安谋反，被杀。杨音在长安时，对赵王良有恩，赐爵为关内侯，和徐宣都回到乡里，死于家中。刘恭为更始报仇杀了谢禄，自己拘系入狱，被赦免不加诛杀。

光武帝怜悯刘盆子，给予的赏赐非常丰厚，任命他为赵王郎中。后来生病失明，赐给他荥阳均输官地，用来设置店铺，使他终身收税。

赞辞说：圣公初起时没有名声，是借中光风云之便。开始是顺应天道的，但最终分崩离析。赤眉是凭借暴乱，刘盆子摸着了符而为帝。虽然盗得天位，最终还是靠均输官地为生。　　　　（吴宁欧译）

【原文】

刘玄字圣公，光武族兄也。弟为人所杀，圣公结客欲报之。客犯法，圣公避吏于平林。吏系圣公父子张。圣公诈死，使人持丧归舂陵，吏乃出子张，圣公因自逃匿。

王莽末，南方饥馑，人庶群入野泽，掘凫茈而食之，更相侵夺。新市人王匡、王凤为平理诤讼，遂推为渠帅，众数百人。于是诸亡命马武、王常、成丹等往从之；共攻离乡聚，臧于绿林中，数月间至七八千人。地皇二年，荆州牧某，发奔命二万人攻之，匡等相率迎击于云杜，大破牧军，杀数千人，尽获辎重，遂攻拔竟陵。转击云杜、安陆，多略妇女，还入绿林中，至有五万余口，州郡不能制。

三年，大疾疫，死者且半，乃各分散引去。王常、成丹西入南郡，号下江兵；王匡、王凤、马武及其支党朱鲔、张卬等北入南阳，号新市兵：皆自称将军。七月，匡等进攻随，未能下。平林人陈牧、廖湛、复聚众千余人，号平林兵，以应之。圣公因往从牧等，为其军安集掾。

是时光武及兄伯升亦起舂陵，与诸部合兵而进。四年正月，破王莽前队大夫甄阜、属正梁丘赐，斩之，号圣公为更始将军。众虽多而无所统一，诸将遂共议立更始为天子。二月辛巳，设坛场于淯水上沙中，陈兵大会。更始即帝位，南面立，朝群臣。素懦弱，羞愧流汗，举手不能言。于是大赦天下，建元曰更始元年。悉拜置诸将，以族父良为国三老，王匡为定国上公，王凤成国上公，朱鲔大司马，伯升大司徒，陈牧大司空，余皆九卿、将军。五月，伯升拔宛。六月，更始入都宛城，尽封宗室及诸将，为列侯者百余人。

更始忌伯升威名，遂诛之，以光禄勋刘赐为大司徒。前钟武侯刘望起兵，略有汝南。时王莽纳言将军严尤、秩宗将军陈茂既败于昆阳，往归之。八月，望遂自立为天子，以尤为大司马，茂为丞相。王莽使太师王匡、国将哀章守洛阳。更始遣定国上公王匡攻洛阳，西屏大将军申屠建、丞相司直李松攻武关，三辅震动。是时海内豪桀翕然响应，皆杀其牧守，自称将军，用汉年号，以待诏命，旬月之间，遍于天下。

长安中起兵攻未央宫。九月，东海人公宾就斩王莽于渐台，收玺绶，传首诣宛。更始时在便坐黄堂，取视之，喜曰："莽不如是，当与霍光等。"宠姬韩夫人笑曰："若不如是，帝焉得之乎？"更始悦，乃悬莽首于宛城市。是月，拔洛阳，生缚王匡、哀章，至，皆斩之。十月，使奋威大将军刘信击杀刘望于汝南，并诛严尤、陈茂。更始遂北都洛阳，以刘赐为丞相。申屠建、李松自长安传送乘舆服御，又遣中黄门从官奉迎迁都。二年二月，更始自洛阳而西。初发，李松奉引，马惊奔，触北宫铁柱门，三马皆死。

初，王莽败，唯未央宫被焚而已，其馀宫馆一无所毁。宫女数千，备列后庭，自钟鼓、帷帐、舆辇、器服、太仓、武库、官府、市里，不改于旧。更始既至，居长乐宫，升前殿，郎吏以次列庭中。更始羞怍，俛首刮席不敢视。诸将后至者，更始问虏掠得几何，左右侍官皆宫省久吏，各惊相视。

李松与棘阳人赵萌说更始，宜悉王诸功臣。朱鲔争之，以为高祖约，非刘氏不王。更始乃先封宗室太常将军刘祉为定陶王，刘赐为宛王，刘庆为燕王，刘歙为元氏王，大将军刘嘉为汉中王，刘信为汝阴王；后遂立王匡为比阳王，王凤为宜城王，朱鲔为胶东王，卫尉大将

军张卬为淮阳王，廷尉大将军王常为邓王，执金吾大将军廖湛为穰王，申屠建为平氏王，尚书胡殷为随王，柱天大将军李通为西平王，五威中郎将李轶为舞阴王，水衡大将军成丹为襄邑王，大司空陈牧为阴平王，骠骑大将军宋佻为颍阴王，尹尊为郾王。唯朱鲔辞曰："臣非刘宗，不敢干典。"遂让不受。乃徙鲔为左大司马，刘赐为前大司马，使与李轶、李通、王常等镇抚关东。以李松为丞相，赵萌为右大司马，共秉内任。

更始纳赵萌女为夫人，有宠，遂委政于萌，日夜与妇人饮宴后庭。群臣欲言事，辄醉不能见，时不得已，乃令侍中坐帷内与语。诸将识非更始声，出皆怨曰："成败未可知，遽自纵放若此！"韩夫人尤嗜酒，每侍饮，见常侍奏事，辄怒曰："帝方对我饮，正用此时持事来乎！"起，抵破书案。赵萌专权，威福自己。郎吏有说萌放纵者，更始怒，拔剑击之。自是无复敢言。萌私忿会议中，引下斩之，更始救请，不从。时李轶、朱鲔擅命山东，王匡、和张卬横暴三辅。其所授官爵者，皆群小贾竖，或有膳夫庖人，多著绣面衣、锦袴、襜褕、诸于，骂詈道中。长安为之语曰："灶下养，中郎将。烂羊胃，骑都尉。烂羊头，关内侯。"

军帅将军豫章李淑上书谏曰："方今贼寇始诛，王化未行，百官有司宜慎其任。夫三公上应台宿，九卿下括河海，故天工人其代之。陛下定业，虽因下江、平林之势，斯盖临时济用，不可施之既安。宜厘改制度，更延英俊，因才授爵，以匡王国。今公卿大位莫非戎陈，尚书显官皆出庸伍，资亭长、贼捕之用，而当辅佐纲维之任。唯名与器，圣人所重。今以所重加非其人，望其毗益万分，兴化致理，譬犹锦，所宜至虑。惟割既往谬妄之失，思隆周文济济之美。"更始怒，系淑诏

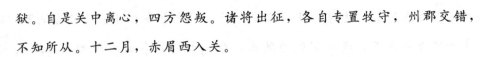

狱。自是关中离心，四方怨叛。诸将出征，各自专置牧守，州郡交错，不知所从。十二月，赤眉西入关。

三年正月，平陵人方望立前孺子刘婴为天子。初，望见更始政乱，度其必败，谓安陵人弓林等曰："前定安公婴，平帝之嗣，虽王莽篡夺，而尝为汉主。今皆云刘氏真人，当更受命，欲共定大功，何如？"林等然之，乃于长安求得婴，将至临泾立之。聚党数千人，望为丞相，林为大司马。更始遣李松与讨难将军苏茂等击破，皆斩之。又使苏茂拒赤眉于弘农，茂军败，死者千余人。三月，遣李松会朱鲔与赤眉战于蓩乡，松等大败，弃军走，死者三万余人。

时王匡、张卬守河东，为邓禹所破，还奔长安。与诸将议曰："赤眉近在郑、华阴间，旦暮且至。今独有长安，见灭不久，不如勒兵掠城中以自富，转攻所在，东归南阳，收宛王等兵。事若不集，复入湖池中为盗耳。"申屠建、湛等皆以为然，共入说更始。更始怒不应，莫敢复言。及赤眉立刘盆子，更始使王匡、陈牧、成丹、赵萌屯新丰，李松军掫，以拒之。

张卬、廖湛、胡殷、申屠建与舆御史大夫隗嚣合谋，欲以立秋日膢时共劫更始，俱成前计。侍中刘能卿知其谋，以告之。更始托病不出，召张卬等。卬等皆入，将悉诛之，唯隗嚣不至。更始狐疑，使卬等四人且待于外庐。卬与湛、殷疑有变，遂突出，独申屠建在，更始斩之。卬与湛、殷遂勒兵掠东西市。昏时，烧门入，战于宫中，更始大败。明旦，将妻子车骑百余，东奔赵萌于新丰。

更始复疑王匡、陈牧、成丹与张卬等同谋，乃并召入，牧、丹先至，即斩之。王匡惧，将兵入长安，与张卬等合。李松还从更始，与赵萌攻攻匡、卬于城内。连战月余，匡等败走，更始徙居长信宫。赤眉至高陵，匡等迎降之，遂共连兵而进。更始守城，使李松出战，败，死者二千余人，赤眉生得松。时松弟泛为城门校尉，赤眉使使谓之曰："开城门，活汝兄。"泛即开门。九月。赤眉入城，更始单骑走，从厨城门出。诸妇女从后连呼曰："陛下，当下谢城！"更始即下拜，复上马去。

初，侍中刘恭以赤眉立其弟盆子，自系诏狱；闻更始败，乃出，步从至高陵，止传舍。右辅都尉严本，恐失更始为赤眉所诛，将兵在外，号为屯卫而实囚之。赤眉下书曰："圣公降者，封长沙王。过二十日，勿受。"更始遣刘恭请降，赤眉使其将谢禄往受之。十月，更始遂随禄肉袒诣长乐宫，上玺绶于盆子。赤眉坐更始，置庭中，将杀之。刘恭、谢禄为请，不能得，遂引更始出。刘恭追呼曰："臣诚力极，请得先死。"拔剑欲自刭，赤眉帅樊崇等遽共救止之，乃赦更始，封为畏威侯。刘恭复为固请，竟得封长沙王。更始常依谢禄居，刘恭亦拥护之。

三辅苦赤眉暴虐，皆怜更始，而张印等以为虑，谓禄曰："今诸营长多欲篡圣公者。一旦失之，合兵攻公，自灭之道也。"于是禄使从兵与更始共牧马于郊下，因令缢杀之。刘恭夜往收臧其尸。光武闻而伤焉，诏大司徒邓禹葬之于霸陵。

有三子：求，歆，鲤。明年夏，求兄弟与母东诣洛阳，帝封求为襄邑侯，奉更始祀；歆为谷孰侯，鲤为寿光侯。求后徙封成阳侯。求卒，子巡嗣，复徙封濩泽侯。巡卒，子姚嗣。

论曰："周武王观兵缁孟津，退而还师，以为纣未可伐，斯时有未至者也。汉起，驱轻黠乌合之众，不当天下万分之一，而雄旗之所拕及，书文之所通被，莫不折戈顿颡，争受职命。非唯汉人余思，固亦几运之会也。夫为权首，鲜或不及。陈、项且犹未兴，况庸庸者乎！

刘盆子者，太山式人，城阳景王章之后也。祖父宪，元帝时封为式侯，父萌嗣。王莽篡位，国除，因为式人焉。

天凤元年，琅邪海曲有吕母者，子为县吏，犯小罪，宰论杀之。吕母怨宰，密聚客，规以报仇。母家素丰，资产数百万，乃益酿醇酒，买刀剑衣服。少年来酤者，皆赊与之，视其乏者，辄假衣裳，不问多少。数年，财用稍尽，少年欲相与偿之。吕母垂泣曰："所以厚诸君者，非欲求利，徒以县宰不道，枉杀吾子，欲为报怨耳。诸君宁肯哀之乎！"少年壮其意，又素受恩，皆许诺。其中勇士自号猛虎，遂相聚得数十百人，因与吕母入海中，招合亡命，众至数千。吕母自称将军，引兵还攻破海曲，执县宰。诸吏叩头为宰请。母曰："吾子犯小罪，不当死，而为宰所杀。杀人当死，又何请乎？"遂斩之，以其首祭子冢，复还海中。

后数岁，琅邪人樊崇起兵于莒，众百余人，转入太山，自号三老。时青、徐大饥，寇贼蜂起，众盗以崇勇猛，皆附之，一岁间至万余人。崇同郡人逢安，东海人徐宣、谢禄、杨音，各起兵，合数万人，复引从崇。共还攻莒，不能下，转掠至姑幕，因击王莽探汤侯田况，大破之，杀万余人，遂北入青州，所过虏掠。还至太山，留屯南城。初，崇等以困穷为寇，无攻城徇地之计。众既浸盛，乃相与为约：杀人者死，伤人者偿创。以言辞为约束，无文书、旌旗、部曲、号令。其中最尊者号三老，次从事，次卒史，泛相称曰巨人。王莽遣平均公廉丹、匡军，杀万余人，追至无盐，廉丹战死，王匡走。崇又引其兵十余万，复还围莒，数月。或说崇曰："莒，父母之国，奈何攻之？"乃解去。时吕母病死，其众分入赤眉、青犊、铜马中。赤眉遂寇东海，与王莽沂平大尹战，败，死者数千人，乃引去，掠楚、沛、汝南、颍川，还入陈留，攻拔鲁城，转至濮阳。

会更始都洛阳，遣使降崇。崇等闻汉室复兴，即留其兵，自称渠帅二十人，随使者至洛阳降更始，皆封为列侯。崇等既未有国邑，而留众稍有离叛，乃遂亡归其营，将兵入颍川，分其众为二部，崇与逢安为一部，徐宣、谢禄、杨音为一部。崇、安攻拔长社，南击宛，斩县令；而宣、禄等亦拔阳翟，引之梁，击杀河南太守。赤眉众虽数战胜，而疲敝厌兵，皆日夜愁泣，思欲东归。崇等计议，虑众东向必散，不如西攻长安。更始二年冬，崇、安自武关，宣等从陆浑关，两道俱入。三年正月，俱至弘农，与更始诸将连战克胜，众遂大集。乃分万人为一营，凡三十营，营置三老、从事各一人。进至华阴。

军中常有齐巫鼓舞祠城阳景王，以求福助。巫狂言景王大怒，曰："当为县官，何故为贼？"有笑巫者辄病，军中惊动。时方望弟阳怨更始杀其兄，乃逆说崇等曰："更始荒乱，政令不行，故使将军得至于此。今将军拥百万之众，西向帝城，而无称号，名为群贼，不可以久。不如立宗室，挟义诛伐。以此号令，谁敢不服？"崇等以为然，而巫言益甚。前及郑，乃相与议曰："今迫近长安，而鬼神如此，当求刘氏共尊立之。"六月，遂立盆子为帝，自号建世元年。

初，赤眉过式，掠盆子及二兄恭、茂，皆在军中。恭少习《尚书》，略通大义，及随崇等降更始，即封为式侯。以明经数言事，拜侍中，从更始在长安。盆子与茂留军中，属右校卒史刘侠卿，主刍牧牛，号曰牛吏。及崇等欲立帝，求军中景王后者，得七十余人，唯盆子与茂及前西安侯刘孝最为近属。崇等议曰："闻古天子将兵称上将军。"乃书札为符曰"上将军"，又以两空札置笥中，遂于郑北设坛场，祠城

阳景王。诸三老、从事皆大会陛下，列盆子等三人居中立，以年次探扎。盆子最幼，后探得符，诸将乃皆称臣拜。盆子时年十五，被发徒跣，敝衣赭汗，见众拜，恐畏欲啼。茂谓曰："善藏符。"盆子即齧折弃之，复还依侠卿。侠卿为制绛单衣、半头赤帻、直綦履，乘轩车大马，赤屏泥，绛襜络，而犹从牧儿遨。

崇虽起快勇力而为众所宗，然不知书数。徐宣故县狱吏，能通《易经》。遂共推宣为丞相，崇御史大夫，逢安左大司马，谢禄右大司马，自杨音以下皆为列卿。

军及高陵，与更始叛将张卬等连和，遂攻东都门，入长安城，更始来降。

盆子居长乐宫，诸将日会论功，争言欢呼，拔剑击柱，不能相一。三辅郡县营长遣使贡献，兵士辄剽夺之。又数虏暴吏民，百姓保壁，由是皆复固守。至腊日，崇等乃设乐大会，盆子坐正殿，中黄门持兵在后，分卿皆列坐殿上。酒未行，其中一人出刀笔书谒欲贺，其余不知书者起请之，各各屯聚，更相背向。大司农杨音按剑骂曰："诸卿皆老佣也！今日设君臣之礼，反更殽乱，儿戏尚不如此，皆可格杀！"更相辩斗，而兵众遂各逾宫斩关，入掠酒肉，互相杀伤。卫尉诸葛稚闻之，勒兵入，格杀百余人，乃定。盆子惶恐，日夜啼泣，独与中黄门共卧起，唯得上观阁而不闻外事。

时掖庭中宫女犹有数百千人，自更始败后，幽闭殿内，掘庭中芦菔根，捕池鱼而食之，死者因相埋于宫中。有故祠甘泉乐人，尚共击鼓歌舞，衣服鲜明，见盆子叩头言饥。盆子使中黄门禀之米，人数斗。后盆子去，皆饿死不出。

刘恭见赤眉众乱，知其必败，自恐兄弟俱祸，密教盆子归玺绶，习为辞让之言。建武二年正月朔，崇等大会，刘恭先曰："诸君共立恭弟为帝，德诚深厚。立且一年，肴乱日甚，诚不足以相成。恐死而无所益，愿得退为庶人，更求贤知，唯诸君省察。"崇等谢曰："此皆崇等罪也。"恭复固请。或曰："此宁式侯事邪！"恭惶恐起去。盆子乃下床解玺绶，叩头曰："今设置县官而为贼如故。吏人贡献，辄见剽劫，流闻四方，莫不怨恨，不复信向。此皆立非其人所致，愿乞骸骨，避贤圣。必欲杀盆子以塞责者，无所离死。诚冀诸君肯哀怜之耳！"因涕泣嘘唏。崇等及会者数百人，莫不哀怜之，乃皆避席顿首曰："臣无状，负陛下。请自今已后，不敢复放纵。"因共抱持盆子，带以玺绶。盆子号呼不得已。即罢出，各闭营自守，三辅翕然，称天子聪明。百姓争还长安，市里且满。

后二十余日，赤眉贪财物，复出大掠。城中粮食尽，遂收载珍宝，因大纵火烧宫室，引兵而西。过祠南郊，车甲兵马最为猛盛，众号百万。盆子乘王车，驾三马，从数百骑。乃自南山转掠城邑，与更始将军严春战于郿，破春，杀之，遂入安定、北地。至阳城、番须中，逢大雪，坑谷皆满，士兵冻死，乃复还，发掘诸陵，取其宝货，遂污辱吕后尸。凡贼所发，有玉匣殓者率皆如生，故赤眉得多行淫秽。大司徒邓禹时在长安，遣兵击之于郁夷，反为所败，禹乃出之云阳。九月，赤眉复入长安，止桂宫。

时汉中贼延岑出散关，屯杜陵，逢安将十余万人击之。邓禹以逢安精兵在外，唯盆子与羸弱居城中，乃自往攻之。会谢禄救至，夜战槁街中，禹兵败走。延岑及更始将军李宝合兵数万人，与逢安战于杜陵。岑等大败，死者万余人，宝遂降安，而延岑收散卒走。宝乃密使人谓岑曰："子努力还战，吾当于内反之，表里合势，可双破也。"岑即还挑战，安等空营击之，宝从后悉拔赤眉旌帜，更立己幡旗。安等战疲还营，城郭皆空，白骨蔽野，遗人往往聚为营保，各坚定不下。赤眉虏掠无所得，十二月，乃引而东归。众尚二十余尤，随道复散。

光武乃遣破奸将军侯进等屯新安，建威大将军耿弇等屯宜阳，分为二道，以要其还路。敕诸将曰："贼若东走，可引宜阳兵会新安；贼若南走，可引新安兵会宜阳。"明年正月，邓禹自河北度，击赤眉于湖，禹复败走，赤眉遂出关南向。征西大将军冯异破之于崤底。帝闻，乃自将幸宜阳，盛后以邀其走路。

赤眉忽遇大军，惊震不知所为，乃遣刘恭乞降，曰：'盆子将百万众降，陛下何以待之?"帝曰："待汝以不死耳。"樊崇乃将盆子及丞相徐宣以下三十余人肉袒降。上所得传国玺绶，更始七尺宝剑及玉璧各一。积兵甲宜阳城西，与熊耳山齐。帝令县厨赐食，众积困馁十余万人皆得饱饫。明旦，大陈兵马临洛水，令盆子君臣列而观之。谓盆子曰："自知当死不?"对曰："罪当应死，犹幸上怜赦之耳。"帝笑曰："儿大黠，宗室无蚩者。"又谓崇等曰；"得无悔降乎? 朕今遣卿归营勒兵，鸣鼓相攻，决其胜负，不欲强相服也。"徐宣等叩头曰："臣等出长安东都门，君臣计议，归命圣德。百姓可与乐成，难与图始，故不告众耳。今日得降，犹去虎口归慈母，诚欢诚喜，无所恨也。"帝曰："卿所谓铁中铮铮，佣中佼佼者也。"又曰："诸卿大为无道，所过比例夷灭老弱，溺社稷，汗井灶。然犹有三善：攻破城邑，周遍天下，本故妻妇无所改易，是一善也；立君能用宗室，是二善也；馀贼立君，迫急皆持其首降，自以为功，诸卿独完全以付朕，是三善也。"乃令各与妻子居洛阳，赐宅人一区，田二顷。

其夏，樊崇、逢安谋反，诛死。杨音在长安时，遇赵王良有恩，赐爵关内侯，与徐宣俱归乡里，卒于家。刘恭为更始报杀谢禄，自系狱，赦不诛。

帝怜盆子，赏赐甚厚，以为赵王郎中。后病失明，赐荥阳均输官地，以为列肆，使食其税终身。

赞曰："圣以靡闻，假我风云。始顺归历，终然崩分。赤眉阻乱，盆子探符。虽盗皇器，乃食均输。

来歙传

——《后汉书》卷一五

【说明】来歙（？—35）东汉初年的著名将帅。字君叔，南阳新野（今属河南）人。出身于世家，从小就受到很好的教育。初依更始政权，后归附刘秀，任太中大夫，出生入死，往说隗嚣归顺东汉王朝。隗嚣反叛后，来歙在建武八年（32）袭取略阳，并在这里坚守达半年之久，使隗嚣消耗了大量有生力量，失去了战争的主动权。因为来歙攻守有功，光武帝给予他赐坐特席，位居诸将之首的殊荣。建武九年，来歙以中郎将率冯异、耿弇、盖延、马成、刘尚等五将军讨伐隗纯（隗嚣之子）于天水，破隗纯于洛门（今甘肃省陇西县东南）。建武十年（34），来歙又率盖延、刘尚、马援等三将军击破羌兵于金城（今甘肃兰州市西北），缴获甚多，从此凉州至京师之路乃通。之后来歙又开仓救济灾民，于是陇右安定。建武十一年，来歙与诸将入蜀，攻打公孙述，初战告捷，乘胜追击，途中被公孙述所派刺客暗杀。光武帝特赐策文，追赠为征羌侯，谥号叫节侯。来歙的一生，勇武壮烈，为人诚信，颇有远见，能攻善守，具有将帅之才，攻战连年，平定羌陇，对东汉的统一作出了巨大的贡献。

来歙，字君叔，南阳新野人。他的六世先祖来汉，颇有才智。武帝时，从光禄大夫作楼船将军杨仆的副手，打败南越、朝鲜。父亲来仲，哀帝时充当谏大夫，娶光武帝父亲的姐妹为妻，生育了来歙。光武帝对来歙十分亲近和尊敬，多次一起在长安和南阳之间来来往往。

新朝末年，刘縯、刘秀起兵于南阳，举起了复兴汉室的旗帜，王莽因为来歙是刘氏的外亲，于是下令逮捕他，由于宾客共同奋起把他夺回，才幸免于难。刘玄登极，改元更始，任用来歙充当吏掾，并随之进入关中。来歙就军国大事，曾数次进言，但均未被采用。因此，托病辞官离去。来歙的妹妹是汉中王刘嘉之妻，刘嘉派人迎接来歙，因此来歙向南来到汉中。更始帝失败后，来歙劝说刘嘉归附光武帝，于是就和刘嘉一起向东来到洛阳。

光武帝看见来歙，非常高兴，立即脱下所披襜襦给来歙穿，并任命来歙充当太中大夫。这时，隗嚣、公孙述各据陇、蜀、拥兵自立。对此，光武帝深以为忧。他独自对来歙说："现在隗嚣占据西州，尚未归附，公孙述在蜀地自称皇帝，路途遥远艰险，将领们正致力于函谷关以东，对于西州全盘的计划和策略，尚无成熟的见解，你的见解如何？"来歙乘机自己请求说："我曾与隗嚣在长安相遇，这个人开始起事，以拥汉为名。现在陛下圣明德能盛大兴旺，我愿能够尊奉您威严的命令，手持您明若丹青的手书，前往陇地，隗嚣必然束手亲自来归。那么公孙述自趋灭亡的趋势，不可逆转，对他不值得谋取。"光武帝以为他的话是对的。建武三年，来歙开始出使，到隗嚣占据的西州去。建武五年，来歙又持节送马援回归，乘机恭敬地捧着玺书给隗嚣。回来以后，又前往劝说隗嚣归汉。隗嚣于是派遣他的儿子隗恂跟随来歙到洛阳做人质。光武帝任命隗嚣充当中郎将。当时，太行山以东地区大体平定，光武帝策划向西接受隗嚣的部队，与隗嚣共同伐蜀，又派

来歙为使，再次往喻隗嚣，令其发兵，夹击公孙述。隗嚣部将王元劝谏隗嚣。隗嚣反复考虑，疑虑重重，很长时间不能决断。来歙一向刚强坚毅，于是愤然责备隗嚣说："朝廷因为君知得失，识废兴，因此将手书畅示足下。足下曾效忠国家，遣子入侍，这是君臣互相信任的标志。现在反而听信佞惑之言，做灭族的策划，叛君负子，忠信何在？吉凶之决择，在于今天。"想向前刺杀隗嚣，隗嚣站起入内，部署整顿军队，将要杀死来歙。来歙不慌不忙，杖节出庭，登车而去。隗嚣更加恼怒，王元劝隗嚣杀掉来歙，隗嚣于是命令部将牛邯追赶来歙，并将来歙包围。隗嚣部将王遵规劝说："我愚昧，听说治理国家不可妄授车服爵号，治理家庭害怕怨恨增加人祸。不忘授车服爵号，那么臣下服从君主的命令；轻易使用怨恨，那么家庭就要遭祸殃。现在将军派遣儿子到汉朝作人质，而内心怀有其他的志向，这是对名和器的背叛；局外之人对您有想算计汉朝使者的议论，这是轻易招怨惹祸。古时侯诸侯国打仗，使者在他们之间，这是重视军队，以和为贵，不放纵战争的缘由，何况是侵犯承担王命，借重于人质的人呢？君叔虽然是单车远道前来出使，但是他是陛下的外兄。杀害他对于汉朝没有什么损失，然而伴随而来的却是灭族，从前宋国捉拿楚的使者，于是召来劈开人骨头当柴烧，互相交换孩子吃的祸殃，对小国还不可以侮辱，何况是对于万乘之尊的君主呢？您要以伯春的生命为重啊！"来歙为人有信义，言行一致，以及来往多方活动，陈述自己的建议、主张，希望被采纳，都可以核实，西州的读书人和作官的都信任尊重他，多替他说话，所以得免于难而东回。

建武八年的春天，来歙与征虏将军祭遵奉命率军往袭略阳，祭遵中途生病回去了，分派精兵随从来歙，合计二千余人，伐山开路，从番须、回中直达略阳，斩隗嚣守将金梁，夺取了这座城池，然后守卫着它。隗嚣大为震惊，说："怎么这样神速！"于是出动所有的部队和万人围攻略阳，挖山上的土石修筑堤坝，企图引水灌城，来歙和将士们誓死坚守，箭射完了，就拆除房屋把木头断开作为武器。隗嚣用全部精锐部队攻城，从春天到秋天，他的士兵疲劳困顿。光武帝于是大规模调集函谷关以东部队，自己亲自统率，进军陇上，隗嚣的部众溃败逃走，对略阳的包围解除了。于是光武帝进入略阳，置酒举行盛宴，慰劳、赏赐来歙，把席位单独设在将领们的上首。赐给来歙的妻子一千匹绸缎。诏命来歙留住长安，监护所有将领。

来歙乘机上书说："公孙述把陇西、天水作为屏障，所以能够苟延残喘。现在这两郡能够平定，公孙述则无计可施了。我们宜于多征调兵马，储备粮草。从前赵国的将帅多商人，高祖用重金奖赏降将。现在西州刚刚破败，军民疲劳饥饿，如果用金钱粮食招引他们，那当地军民能够很快集结起来。我知道国家所要供给的不只是一支军队，败政困难。然而这样作也是万不得已。"光武帝认为是对的。于是大量转运粮食，诏命来歙统率征西大将军冯异、建威大将军耿弇、虎牙大将军盖延、扬武将军马成、武威将军刘尚，攻入天水，打垮公孙述部将田弇、赵匡。第二年，攻取洛门，隗嚣党羽周宗、赵恢以及天水辖县都投降了。

当初王莽当权的时候，羌虏多数背叛，而隗嚣招诱怀柔他的酋豪，于是得以为自己所使用。等到隗嚣败亡以后，五谿、先零诸种多次侵扰抢掠，都挖掘壕沟自己守卫，州郡不能讨伐。来歙就大量修理进攻的器具，率领盖延、刘尚及太中大夫马援等在金城攻打羌人，把羌人打得大败，斩首几千人，缴获牛羊一万余头、谷物几十万斛。又打垮襄武县的贼人傅栗卿等。陇西虽然平定，而人饥饿，流离以就食的人相望于道，来歙就尽仓库所有，将粮食转运各县，用来救济饥民，于是陇右趋于安定，而凉州的道路也打通了。

建武十一年，来歙与盖延、马成进攻公孙述部将王元、环安于河池、下辨、并攻陷了这两个地方，于是乘胜追击。蜀郡人十分恐慌，公孙述派刺客刺杀来歙，刀中要害，但没有马上气绝。来歙命人紧急召见盖延。盖延看到来歙被刺的样子，伏地哀痛，不能抬头。来歙斥责盖延说："你怎么敢这个样子！现在我被刺客刺中，不能报效国家，才叫你来，要把军政大事托付给你，你却像小孩子一样哭个没完！刀虽然在我身上，我就不能统率军队杀了你吗？"盖延擦干眼泪，勉强起身接受嘱托。来歙亲手书写奏章，说："我在夜深人静的时候，不知被什么人刺伤，已中要害。我不敢痛惜自己，只恨没有尽到职责，给朝廷带来羞辱。治理国家以任用贤才为根本，太中大夫段襄，忠诚正直，可以重用，望陛下裁决明察。我的兄弟们不贤，最终恐怕犯法判罪，还请陛下可怜他们，时常教诲监督。"写罢，扔掉笔，拔出凶器，气绝身亡。

光武帝听到消息，极为震惊，一面看奏章，一面流泪。于是赐给策文说："中郎将来歙，连续多年攻城野战，平定羌人、陇西，为国担忧，忘却自家，忠孝双全，彰明显著，不幸被害，唉，悲哀呀！"命太中大夫追赠来歙中郎将、征羌侯印绶，谥号叫节侯，谒者护送灵车。灵车回到洛阳，光武帝乘车、身穿丧服、亲临吊丧、送葬。因为来歙有平定羌人、陇西的功劳，所以改汝南的当乡县为征羌国。

来歙的儿子来褒继承了他的爵位。建武十三年，光武帝表彰来歙的忠诚和气节，又封来歙的弟弟来由充当宜西侯。来褒的儿子来棱，娶显宗女武安公主为妻。来棱早死，来褒去世，用来棱的儿子来历做继承人。

（陈绍棣　译）

【原文】

来歙字君叔，南阳新野人也。六世祖汉，有才力，武帝世，以光禄大夫副楼船将军杨仆，击破南越、朝鲜。父仲，哀帝时为谏大夫，娶光武祖姑，生歙。光武甚亲敬之，数共往来长安。

汉兵起，王莽以歙刘氏外属，乃收系之，宾客共篡夺，得免。更始即位，以歙为吏，从入关。数言事不用，以病去。歙女弟为汉中王刘嘉妻，嘉遣人迎歙，因南之汉中。更始败，歙劝嘉归光武，遂与嘉俱东诣洛阳。

帝见歙，大欢，即解衣以衣之，拜为太中大夫。是时方以陇、蜀为忧，独谓歙曰：“今西州未附，子阳称帝，道里阻远，诸将方务关东，思西州方略，未知所任，其谋若何？”歙因自请曰：“臣尝与隗嚣相遇长安。其人始起，以汉为名。今陛下圣德隆兴，臣愿得奉威名，开以丹青之信，嚣必束手自归，则述自亡之势，不足图也。”帝然之。建武三年，歙始使隗嚣。五年，复持节送马援，因奉玺书于嚣。既还，复往说嚣，嚣遂遣子恂随歙入质；拜歙为中郎将。时山东略定，帝谋西收嚣兵，与俱伐蜀，复使歙喻旨。嚣将王元说嚣，多设疑故，久尤豫不决。歙素刚毅，遂发愤质责嚣曰：“国家以君知臧否，晓废兴，故以手书畅意。足下推忠诚，遣伯春委质，是臣主之交信也。今反欲用佞惑之言，为族灭之计，叛主负子，违背忠信乎？吉凶之决，在于今日。”欲前刺嚣，嚣起入，部勒兵，将杀歙，歙徐杖节就车而去。嚣愈怒，王元劝嚣杀歙，使牛邯将兵围守之。嚣将王遵谏曰：“愚闻为国者

慎器与名，为家者畏怨重祸。俱慎名器，则下服其命；轻用怨祸，则家受其殃。今将军遣子质汉，内怀它志，名器逆矣；外人有议欲谋汉使，轻怨祸矣。古者列国兵交，使在其间，所以重兵贵和而不任战也，何况承王命籍重质而犯之哉？君叔虽单车远使，而陛下之外兄也。害之无损于汉，而随以族灭。昔宋执楚使，遂有析骸易子之祸。小国犹不可辱，况于万乘之主，重以伯春之命哉！"歆为人有信义，言行不违，及往来游说，皆可案复，西州士大夫皆信重之，多为其言，故得免而东归。

八年春，歆与征虏将军祭遵袭略阳，遵道病还，分遣精兵随歆，合二千余人，伐山开道，从番须、回中径至略阳，斩嚣守将金梁，因保其城。嚣大惊曰："何其神也！"乃悉兵数万人围略阳，斩山筑堤，激水灌城。歆与将士固死坚守，矢尽，乃发屋断木以为兵。嚣尽锐攻之，自春至秋，其士卒疲弊。帝乃大发关东兵，自将上陇，嚣众溃走，围解。于是置酒高会，劳赐歆，班坐绝席，在诸将之右，赐歆妻缣千四。诏使留屯长安，悉监护诸将。

歆因上书曰："公孙述以陇西、天水为藩蔽，故得延命假息。今二郡平荡，则述智计穷矣。宜益选兵马，储积资粮。昔赵之将帅多贾人，高帝悬之以重赏。今西州新破，兵人疲馑，或招以财谷，则其众可集。臣知国家所给非一，用度不足，然有不得已也。"帝然之。于是大转粮运，诏歆率征西大将军冯异、建威大将军耿弇、虎牙大将军盖延、扬武将军马成、武威将军刘尚入天水，击破公孙述将田弇、赵匡。明年，攻拔落门，隗嚣支党周宗、赵恢及天水属县皆降。

初王莽世，羌虏多背叛，而隗嚣招怀其酋豪，遂得为用。及嚣亡后，五豀、先零诸种数为寇掠，皆营堑自守。州郡不能讨。歆乃大修攻具，率盖延、刘尚及太中大夫马援等进击羌于金城，大破之，斩首虏数千人，获牛羊万余头，谷数十万斛。又击破襄武贼傅粟卿等。陇西虽平，而人饥，流者相望。歆乃倾仓廪，转运诸县，以赈赡之，于是陇右遂安，而凉州流通焉。

十一年，歆与盖延、马成进攻公孙述将王元、环安于河池、下辨，陷之，乘胜遂进。蜀人大惧，使刺客刺歆，未殊，驰召盖延。延见歆，因伏悲哀，不能仰视。歆叱延曰："虎牙何敢然！今使者中刺客，无以报国，故呼巨卿，欲相属以军事，而反效儿女子涕泣乎！刃虽在身，不能勒兵斩公邪！"延收泪强起，受所诫。歆自书表曰："臣夜人定后，为何人所贼伤，中臣要害。臣不敢自惜，诚恨奉职不称，以为朝廷羞。夫理国以得贤为本，太中大夫段襄，骨鲠可任，愿陛下裁察。又臣兄弟不肖，终恐被罪，陛下哀怜，数赐教督。"投笔抽刃而绝。

帝闻大惊，省书揽涕，乃赐策曰："中郎将来歆，攻战连年，平定羌、陇、忧国忘家，忠孝彰著。遭命遇害，呜呼哀哉！"使太中大夫赠歆中郎将、征羌侯印绶，谥曰节侯，谒者护丧事。丧还洛阳，乘舆缟素临吊送葬。以歆有平羌、陇之功，故改汝南之当乡县为征羌国焉。

子褒嗣。十三年，帝嘉歆忠节，复封歆弟由为宜西侯。褒子棱，尚显宗女武安公主。棱早殁，褒卒，以棱子历为嗣。

马援传

——《后汉书》卷二四

【说明】马援（前14—49）东汉初名将。字文渊。扶风茂陵（今陕西兴平东北）人。出身官宦世家。新莽时曾任郡都邮。因私纵重罪囚，亡命北地，从事田牧，役属宾客数百家。绿林、赤眉起义爆发后，任新城大尹（汉中太守）。王莽败死，避地凉州，投奔当地军阀隗嚣。刘秀称帝后，马援往归之，并为刘秀谋划，协助刘秀击溃隗嚣。建武十一年（35），任陇西太守，缮甲兵，修城廓，劝耕牧，平定陇右诸羌。建武十六年（40），高回朝廷，升为虎贲中郎将（禁卫将军）。次年，交阯郡征侧、征贰聚兵反抗东汉王朝。九真、日南、合浦蛮、夷起而响应。马援又被授予"伏波将军"的称号，率军南下，水陆并进，平定二征，并进击征侧余部都羊等，悉平岭南，因功封新息侯。马援行军所过，常常为郡县修治城郭，穿渠灌溉，以利百姓。并与越人申明旧制以约束他们。此后，匈奴、乌桓侵扰三辅，马援以男儿当"死于边野，马革裹尸"自誓，自愿请求出征。建武二十四年（48），马援又以六十二岁的高龄，领兵远征武陵、五溪蛮。次年，病死军中。永平初年，汉明帝将马援女立为皇后。但因明帝禁外戚之家封侯与政，故马援未得入云台二十八将。至建初三年（78），马援被追谥为忠成侯。著有《铜马相法》，并铸作铜马，以为名马法式。

马援字文渊，扶风茂陵人。他的祖先赵奢当过赵国的将军，爵号叫马服君，子孙因此以"马"为姓。汉武帝时，马家因为吏二千石的身份被从邯郸迁移到了茂陵。曾祖父马通，因为有功劳被封为重合侯，由于参与哥哥马何罗反叛，被处以死刑，所以马援父祖辈的官位不显达。马援的三个哥哥分别叫马况、马余、马员，都有才干，王莽执政时都位居二千石。

马援十二岁时成了孤儿，年轻时就胸怀大志，哥哥们对他都感到惊异。曾拜师学习《齐诗》，心中不愿专注于分析经书的章节和句读的学问，就告别了马况，打算到边郡地区去饲养牲畜。马况说："你有大的才能，久后必然成功，好的工匠不会把未经加工的材料拿出来给人看，姑且做你爱好做的事情去吧。"恰巧碰上马况去世，马援服丧一年，不离开墓地；恭敬地侍奉守寡的嫂嫂，衣冠不整绝不进寡嫂的房屋。后来当郡督邮，一次押送囚犯到司命府，囚犯犯有重罪，马援出于同情而释放了囚犯，他就逃跑到了北地郡。遇到大赦，就留在那里放牧牲畜，大多数宾客前来投奔，于是受他役使归属他的有几百家。他辗转游历于陇西、汉阳之间，曾经对宾客说："大丈夫立志，处境愈穷困，意志愈更坚定，年纪虽老，而志气更加豪壮。"他根据地理环境和自然条件，因地制宜地经营农牧业，以至拥有牛、马、羊几千头，谷物几万斛。过了不久之后又叹息说："凡是增加财货，贵在能实施赈济，否则就是守钱奴。"于是把牲畜粮食都分给了兄弟和旧友，穿上羊皮袍裤。

王莽末年，四方义军起事，王莽堂弟卫将军王林广招英雄俊杰，就征召并授于马援及其同县人原涉为掾吏，并推荐到王莽那里。王莽

任用原涉为镇戎大尹，任用马援为新成大尹。等到王莽失败，马援的哥哥马员当时任增山连率，与马援一同离开郡所，重新到凉州地方避难。光武帝刘秀即位，马员首先前往洛阳投奔刘秀，皇帝派马员回到原来所在的郡任太守，死在任上。马援仍然留在西州，隗嚣非常敬重也，任用马援为绥德将军，参与筹划大计。

这时侯公孙述在蜀地称帝，隗嚣指使马援前往观察他的为人。马援以往和公孙述同住一个闾里之内，互相友好，以为到了以后公孙述必然会与他握手言欢，如同过去那样。而公孙述却在宫殿台阶上布置了大批卫士，才命人请马援上殿，相互行跪拜礼完毕，便让马援前往馆驿，重新为马援缝制了都布禅衣和交让冠，会集百官于祖庙之中，为马援设置了旧友的坐位。公孙述在鸾旗和旄头骑兵警卫引导下，清道以后乘车前来，又在群臣如磬一样屈身恭迎下步入祖庙，设宴款待百官下属非常丰盛。打算授予马援封侯和大将军之位。马援的宾客都乐意留下。马援开导他们说："天下成败未定，公孙述不是求贤心切，唯恐怠慢，去走迎国内才能出众的人，同他们谋划成功大计，反而像布帛修整边幅一样讲究礼仪，如同偶像一般。这种人怎么能长久留住天下的士人呢？"因此告辞回去了。对隗嚣说："公孙子阳是个井底之蛙，而狂妄自大，不如专心投靠东方。"

建武四年冬天，隗嚣让马援送书信到洛阳。马援到达，被引见到宣德殿上。光武帝迎面笑着对马援说："卿奔走周旋于两个皇帝之间，今天看见卿，令人大感惭愧。"马援拜跪在地上，引头至地，只作短暂的接触，就立即举起，表示道歉，接着说："当今之世，并不只是君选择臣，臣也可以选择君。臣与公孙述是同县人，小时侯互相友好。臣这之前到蜀地，公孙述在宫殿外台阶上设武士而后召见臣。臣今天从远方前来，陛下怎么能知道我不是刺客奸细，而如此松懈呢？"光武帝又笑了，说："卿不是刺客，而是说客罢了。"马援说："天下动乱无常，窃据帝王名号的无法计算。今天见到陛下，宽宏大度，与汉高祖相同，才知帝王自有真命。"光武帝非常欣赏他的勇气。马援跟从光武帝南下驾临黎丘，转而到达东海。等到返回京师，任用马援为待诏，让太中大夫来歙持节送马援西归陇右。

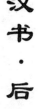

隗嚣与马援一同起居，询问东方的传言和京师施政的得失。马援对隗嚣说："前番到朝廷，皇上引见数十次，每次相对闲谈，从傍晚一直谈到天亮，他干练精明，勇武而有谋略，不是一般人所能对等的。而且坦白直率，真心诚意地与人接触，无所隐匿，豁达多大节，大致与高祖相同。博览经书，施政办事，文辞雄辩，前世无人可比。"隗嚣说："卿以为比汉高祖如何？"马援说："不如高祖，高祖没有什么可以，也没有什么不可以，当今的皇上爱好吏事，做事按规则，有分寸，又不喜好饮酒。"隗嚣心中不高兴，说："如卿所说，不是反而超过了高祖吗？"然而他向来信任马援；所以就送长子隗恂为人质。马援因而带领家属跟随隗恂回到洛阳。住了几个月而没有任命他什么职务。马援认为三辅土地宽广肥沃，而自己所带领的宾客人数众多，就上书请求到上林苑里屯田，光武帝答应了他。

恰巧碰上隗嚣听信王元的建议，（对投靠刘秀）内心更加多疑不定。马援几次用书信责备劝说隗嚣，隗嚣怨恨马援背叛自己，得到信后更加恼怒，之后就起兵抵御汉朝。马援就上疏说："臣马援自己思忖归属圣朝，奉事陛下以后，没有上公辅弼大臣一句推荐的话，也没身旁近臣相接纳的帮助。臣不自己上言，陛下又能由于何种原因听到我的意见。身居人前不能令人器重，身居人后不能令人推崇，与人结怨也不能被人所忧虑，这是臣耻辱的地方。因此才敢于担着触犯忌讳获罪的的风险，冒死陈述诚意，臣与隗嚣，本来实在相交友好。当初，隗嚣派臣东来，对臣说：'本来就打算辅佐汉朝，愿足下前去考察，如果你认为可以归附，那我就专心投奔。'等臣返回后，对他报以红心，确实是打算引他向善，并不敢用欺诈陷他于不义。而隗嚣自怀阴险的心，如盗贼憎恨主人，仇恨之情于是发泄到臣的身上。臣想如果不上言，那么就无法让皇上了解真情。愿听从召唤前往皇上起居所在的处所，详细陈述消灭隗嚣的办法，得以倒尽肺腑之言，申明无知的计策，然后退归田亩，死也无所怨恨。"光武帝于是召马援商讨征伐隗嚣的事情，马援说出了他的全部策划。因而让马援率领精锐骁勇之骑兵部队五千，来往劝说隗嚣的将领高峻、任禹等人，以及羌人的首领，采纳自己的政治主张，为他们陈述利害得失，以离间隗嚣的党羽。

马援又写信给隗嚣的将领杨广，让他劝告隗嚣，信上说：

"春卿别来无有疾病灾祸。从前在冀县以南分别，迄今杳无音信。马援闲暇之时回到长安，因而屯留在上林。我看见天下大局已定，亿万百姓看法一致，而季孟闭关反叛，已成为天下指责的对象。常常害怕海内之间切齿仇恨，想要互相屠杀，所以寄信表达依依不舍的情意，献上同情你的解救之策。且听说季孟归罪于我马援，而采纳王游翁献媚邪恶的主张，自以为函谷关以西，抬一抬脚就可以平定，以今天的形势来看，竟是如何呢？马援我闲暇时到了河内，顺路探望了伯春，见到他的奴仆吉刚从西方回来，说伯春的小弟弟伯舒见到吉刚，打算问伯春有没有危险，却不能说出口，早晚大声哭，辗转徘徊在路上。又说到他家悲苦愁闷的情况，难于用语言表达出来。仇人可杀不可辱。马援听说以后，不知不觉流下泪来。马援素来知道季孟孝长爱幼，曾子、闵子骞不过如此。孝顺他的双亲，岂能不慈爱他的儿子？可是儿子正遭囚禁，而父亲却强横妄动，这不是吃用他儿子肉做的羹一样吗？季孟平素自己说所以聚集兵马，是打算用来保全父母居住的故乡而使祖坟完好，又说只想厚待作官的和读书人罢了。而现在他所打算保全的将遭破坏，他所打算完好的将被毁伤，他所打算厚待的反而将被冷遇。季孟曾经折辱公孙子阳而不接他封的爵位，今天却改而平庸无能，打算前往依附他，这不是感到难为情吗？如果公孙述再向他索取重要的人质，当从哪里派一个子女给他呢！以往的时候，公孙子阳只打算以王爵相待，而春卿你拒绝了，现在辞官养老，难道打算低头与小儿同槽而食，并肩侧身于仇家的朝廷中吗？男儿淹没而死何必因忧伤而害怕游水呢！现在国家对待春卿情意深厚，应该让牛孺卿与各位元老豪杰共同劝说季孟，如果不听劝告，完全可以转身离他而去。不久前披阅地图，看见天下郡和封国共一百零六处，奈何想以小小的陇、蜀二方之地去抗华夏一百零四个郡国呢？春卿臣事季孟，外有君臣的情义，内有朋友的道德。就君臣而论，自然应当规劝；以朋友而言，也应有所切磋。岂有明明知道他不能成功，而一味怯懦不言，拱手跟他踏上族灭的道路呢？及早拿定主义，不失从善；失去这个机会，恐怕没有多少滋味了。况且来君叔是天下著名的守信用的人，朝廷器重他，他心中也对你们恋恋不舍，常独自一人给西州说好话。马援揣测朝廷，尤其想以此事树立信誉，一定不会负约。马援不能长久等待，希望尽快赐以回音。"

杨广竟不答复。

建武八年，光武帝亲自西征隗嚣。到达漆县，众将领多数人认为王师因亲征而贵重，不应该长途跋涉，深入险要的地方，计策犹豫未决。恰巧碰上被召唤的马援晚上到达，光武帝十分高兴，让人带领他进见，把众将的意见告诉他，请他定夺。马援趁机说隗嚣将帅之间已呈现土崩瓦解之势，一旦进兵，就会势如破竹。又在光武帝面前堆米粒而成山谷，指画山川形势，摆出各路大军进退往来的路线，分析得深入细致，明白易懂。光武帝说："敌人已全在我眼里了。"第二天早晨，就进军到第一城。隗嚣的部队大溃败。

建武九年，任命马援为太中大夫，协助来歙，监督指挥众将平定凉州。从王莽末年以来，西羌侵扰边境，于是入居塞内。金城郡管辖的县多数被羌人所占有。来歙上奏说陇西受羌人的侵犯和破坏，不是马援去不能平定。建武十一年夏季，光武帝下玺书任用马援为陇西太守。马援就调动步、骑兵三千人，在临洮打败了先零羌，杀敌几百人，俘获马牛羊一万多只。守卫要塞的众羌人八千余人去到马援大营向他投降。羌人各部还有数万人，聚集起来抢掠，在浩亹（告门）据守要隘进行抵抗。马援和扬武将军马成进击他们。羌人就把他们的妻子儿女和物资转移到允吾谷，壅塞道路，阻止汉军。马援率领部队暗中抄小路前进，出其不意，袭击羌人的营地。羌人大为惊恐，又远远迁徙到唐翼谷中，马援重新追踪讨伐他们。羌人带领精兵聚集在北山之上，马援向北山摆开阵势，而另外派出几百名骑兵绕道袭击羌人的后方，乘着黑夜放起大火。拼命擂鼓，大声呐喊。羌人于是大溃败，共斩羌人首级一千多级。马援因为所率兵少，不能穷追羌人，收取了他们的粮食牲畜而回。在这次战斗中，马援的小腿肚子被箭射穿，光武帝下玺书慰劳他，赐给他牛羊几千只，马援全分给了众客人。

这时，朝廷一般大臣认为金城郡破羌县以西领土，路途遥远而多敌寇，便共同商议，打算抛弃这个地方。马援上书说，破羌以西城池多数完整牢固，很容易凭借它来固守；那一带土地肥沃，灌溉便利。如果让羌人留在湟中，就会贻害无穷，不可放弃该地。光武帝听从了他的意见，于是下诏武威太守，令他全部放回从金城郡迁进武威的客居民户。归来的客户有三千多人，让他们各自返回旧邑。马援上奏为各县设置地方官，修缮城郭，建筑起坞壁亭候，开渠引水，灌溉农田，鼓励人们耕作畜牧，郡中从此安居乐业。又派遣羌人豪族杨封说服塞外羌人，都来和亲。又有武都的氐人背叛公孙述前来投降的，马援都报告朝廷，恢复他们侯王郡长的地位，赐给印绶，光武帝全部照准了。于是撤回了马成的军队。

建武十三年，武都参狼羌与塞外各部羌人犯境，杀掉了长史。马援统领四千多名军士进击他们，抵达氐道县。羌人在山上，马援的军队占据了军事上的有利地形，夺取了羌人的水源和草地，不跟他们交战。羌人于是陷于困境，参狼羌首领带领几十万户逃出塞外，各部羌人有一万多人都投降了，于是陇右一带战事平息，社会安定。

马援致力于广施恩惠和树立威信，对待下属宽容，任用下级官吏时，让他们有职有权，自己只处理大事，要事罢了。客人和旧友，每天都挤满了他的家。众曹官员有时前来报告外面发生的事情，马援总是说："这都是丞、掾的责任，何必来麻烦我呢！还是怜念一下我这个老头子，叫我清闲清闲吧。如果豪强侵吞百姓，狡黠的羌人打算闹事，这才是我太守该办的事。附近的县曾发生复仇的事件，官吏和贫民惊慌地传言说羌人造反了，百姓跑进城里。狄道长来到马援家门外，请求关闭城门，发兵征讨。马援当时正在和宾客饮酒，大笑说："烧羌哪

还敢再来进犯我们呢！去告诉狄道长，叫他赶快回去看好官舍。如果谁怕得要死，叫他伏在床下躲起来好了。"后来城里渐渐平静下来，郡中人都十分佩服马援。马援治理陇西六年，被调回朝廷，升为虎贲中郎将。

当初，马援在陇西上书，说应当象过去一样统一铸造五铢钱。这件事转到了三府（指太尉、司徒、司空三公府），三府上奏认为不行，事情就搁置起来了。等到马援调回朝廷以后，从三公府里找到了自己先前的奏章，见上面批有十余条非难意见，便一一加以解释，并再次具表上书。光武帝听从了他的建议，天下通过统一货币得到好处。马援自从回到京师，多次被召见。马援其人长得须发光亮，容貌如画，应对熟练，尤其善于陈述前代所做的事情。每说到三辅显贵的人，下到闾里少年，都如见其人，如闻其声。包括皇太子、诸侯王等随侍在光武帝身边旁听的人，没有不注意倾听，忘记疲劳的。又善于兵书战策，光武帝常说："伏波论兵，与我内心想的相符合。"每次有所策划，光武帝不曾不采纳。

起初，卷县人维汜，妖言称神，有弟子几百人，因此被处于死刑。后来他的弟子李广等宣称维汜已经化身为神，并没有死掉，用来欺骗和迷惑百姓。建武十七年，就一起聚集会合弟子党羽，攻陷皖城，杀死皖侯刘闵，自称"南岳大师"。派遣谒者张宗率兵几千人讨伐他们，又被李广所打败。于是派马援调动各郡兵马，集合一万多人，打垮李广等人，并杀了他们。

又，交阯女子征侧和她的妹妹征贰造反，攻陷所在郡，九真、日南、合浦的蛮夷都响应她们，侵夺五岭以南六十多座城池，征侧自立为王。于是玺书任马援为伏波将军，以扶乐侯刘隆为辅佐，监督指挥

汉书·后汉书

后汉书

七八八

楼船将军段志等南击交阯。大军到达合浦，段志病死了。光武帝下诏命马援兼领水师。于是沿着海滨进军，逢山开道一千余里。建武十八年春天，大军来到浪泊山上，与贼兵交战，打垮了他们，斩首几千级，投降的有一万多人。马援追击征侧等人到禁溪，多次打败了他们，贼兵于是四散逃走。第二年正月，杀征侧、征贰，传首级到洛阳。赐封马援为新息侯，享用三千户的赋税。马援于是杀牛斟酒，犒劳将士。他从容对下属说："我堂弟马少游曾怜悯我慷慨多大志，说：'读书人生一世，只求衣食温饱，乘短毂车，骑行动迟缓的马，做郡中小吏，厮守祖宗坟墓，被乡里称作积善之人，这就可以了。追求多余的东西，只能自讨苦吃。'当我在浪泊、西里之间，敌人还未消灭的时候，下有沼泽，上有雾气，毒气熏蒸，仰望飞鹰，挣扎着坠落水中，躺着想起马少游平日说过的话，哪里能得到呢！今天仰仗士大夫们的力量，蒙受大恩，先于各位君子佩戴朱紫，既高兴又惭愧。"吏士们都伏地欢呼万岁。

马援统率大大小的楼船二千余艘、战士二万余人，进攻九真郡贼人征侧的残余党羽都羊等人，从无功追到居风，杀死俘获五千多人，峤南一带全部平定。马援上奏说西于县有三万二千户，边远地区距离县城一千余里，请求分为封溪、望海二县，皇帝允许了。马援所过之处总是为当地郡县修建城廓，开渠灌溉，以便利当地百姓。他逐条上奏越地法律与汉朝法律互相违背的情况十余事，与越族人申明旧法制以约束他们。从此以后，骆越奉行马将军成例。

建武二十年秋季，马援整顿军队回到京师。军吏因瘴疫死去的有十分之四五。赐给马援兵车一乘，朝见时与九卿同列。

马援爱好骑马，善于鉴别名马，在交阯得到骆越铜鼓，铸成好马模型，回来后献给皇上。趁机上表说："在天上行走，没有象龙一样的。在地上行走，没有象马一样。马是军队之本，国家大有用处的东西。安宁时可以用来区别尊卑的次第，动乱时可以援救远近发生的危难。以往有匹马叫骐骥，一日可行千里，伯乐看见了它，指明它是良马而不被它落魄的形象所迷惑。近代有西河的子舆，也精于相马的方法。子舆把相马的方法传给西河的仪长孺，仪长孺又传给茂陵的丁君都，丁君都又传给成纪的杨子阿，臣马援曾经师承杨子阿，接受相马骨法的真传。考察相马实践，总有实际成效。臣愚昧认为传闻不如亲见，观远景不如察近形。今日打算用活马来反映名马的标准。而骨法难以完全具备，又不可能传之于后世。孝武皇帝的时候，有个善于相马的叫东门京的人曾铸造铜马模型，献给武帝，有诏令立铜马于鲁班门外，就把鲁班门的名称改为金马门。臣谨依据仪氏的相马头法，中帛氏的相马口齿法，谢氏的相马唇和马鬣法，丁氏的相马腹法，备齐这几家骨相的标准做成模型。"铜马高三尺五寸，身围四尺五寸。有诏书令放置在宣德殿下，以为名马样式。

当初，马援军回还，快要到洛阳的时候，旧友大都前去迎接和慰劳他，平陵人孟冀，以有计谋闻名，也在迎贺马援的客人中。马援对他说："我是希望您来进良言的。现在您也这样恭维我，不是混同一般人了吗？过去伏波将军路博德开辟了七郡（实为九郡）疆土，才分封了几百户；如今我只有这么一点微薄的功劳，却辱没他人，受封大县，功薄而赏厚，怎么能长久呢？先生能用什么办法来帮我一把呢？"孟冀说："这是我想都没有想到的问题。"马援说："当今匈奴，乌桓还在骚扰北方边境，我打算自已请求率领军队攻打他们。男儿若死应当死在边野，用马革裹尸，送回来安葬了事，怎么能躺在床上，在儿女子手中消磨时光呢?"孟冀说:"人们真要想成为一个建功立业、视死如归的人,就应当象你讲的这样呵!"

马援从交阯回京师一月有余,又恰巧碰上匈奴、乌桓入侵扶风。马援因为三辅受到侵扰,汉家园陵遇到危险,因此就请求出征,光武帝批准了他的请求。从九月到京师,十二月又离京去屯守襄国,光武帝诏令百官为马援饯行。马援对黄门侍郎梁松,窦固说:"凡人富贵的时候,还要能够过卑贱的生活才行。像卿等不想再居于卑贱的地位,居高位而顽固自负,还是好好想想我的鄙薄之言。"梁松后来果然因为富贵盛满而招致灾祸,窦固也几乎难以幸免。

次年秋天,马援带领三千骑兵,从高柳出发,巡行雁门、代郡、上谷各险障要塞。乌桓侦探见汉军来到,敌虏于是四散逃走,马援没有什么缴获就回来了。

马援曾经有病,梁松来问候他,独自拜于床下,马援并不还礼。梁松离开以后,儿子们问道:"梁伯孙是皇上的女婿,在朝廷中地位尊贵而重要,公卿以下没有不害怕的。大人为什么对他独不以礼相待呢?马援说:"我是梁松父亲的朋友,他虽然贵重,怎么能在长幼之序上有失呢?"梁松从此憎恨马援。

建武二十四年,武威将军刘尚进攻武陵五溪的蛮夷,刘尚轻敌冒进,结果全军覆没。马援因此再次请求出征。这时他年已六十二岁,光武帝怜惜他年老,没有允许。马援自己请求说:"臣还能披甲上马!"光武帝让他试试。马援飞身上马,抓着马鞍,回过头来,看着光武帝以表示可以被任用。光武帝笑道:"真是个勇武的老头子啊"于是派遣马援率领中郎将马武、耿舒、刘匡、孙永等人,指挥十二郡招募来的士兵以及刑徒共四万余人讨伐五溪蛮夷。马援夜晚与送他的人告别,对友人谒者杜愔说："我受国家厚恩，年已垂暮，活不长了，常常担忧不能为国献身；今天能够始愿以偿，就是死了我也甘心瞑目。我现在担心一些权贵子弟或者在身边掣肘，或者与他们共事，实在难以协调，耿耿于怀，唯独厌恶这一点啊！"

建武二十五年春季，马援进军到武陵临乡，遇到贼兵攻县，马援迎击，打败了他们，杀死和俘获二千余人。蛮夷都分散逃跑进入竹林之中。

当初，军队驻扎在下隽，有两条道路可以进发；从壶头山走，路近，但山高水险；从充县走，路途平坦，但运送军需却遥远。光武帝当初对此也很犹豫。等到军队到达时，耿舒打算从充县走，马援认为那会拖延时间，耗费军粮，不如进入壶头，扼着对方的咽喉，充县的贼兵不攻自溃。马援把两个进军方案都上报了朝廷。光武帝采取了马援的方案。三月，进据壶头，贼冠登高守险，水流湍急，船只难以前进。恰巧碰上天气炎热，士兵中多数人得病而死。马援也得了病，于是困难重重，只好凿石为屋，以避暑热。贼寇每次登上险要地带，击鼓呐喊，马援总是拖着双脚出来观察动静，身旁的人同情他的壮烈气慨，没有不为之落泪的。耿舒给他的哥哥好畤侯耿𠃍写信，说："先前舒上书说应当攻打充县，粮食虽然难运而兵马可以使用起来，几万军人争当先锋。如今到了壶头，竟然不能前进，大众忧闷将死，实在使人痛惜。以前我军到达临乡，贼兵无故自来，如果在夜间袭击他们，立即可以消灭之。伏波将军就像西域胡商一样，到一个地方总是停留下来，因此失利。现在大军果然遇到疾疫，完全象我当初予料的一样。"耿𠃍得到信，向光武帝上奏。光武帝于是派遣虎贲中郎将梁松乘驿车前往责问马援，趁机接替他监军。恰巧碰上马援病死，梁松旧恨

未消，于是利用此事陷害马援。光武帝勃然大怒，追回没收了马援的新息侯印绶。

当初，马援哥哥的儿子马严、马敦都喜欢做尖刻的议论，而且结交秉性轻狂的侠客。马援以前在交阯的时候，回信告诫他们说："我希望你们听到了别人过失，就好象听到父母的名字一样，耳朵可以听着，嘴巴不能乱说。喜欢议论人家长短，狂妄地评定时政的是非，这是我最讨厌的。我宁死也不愿听说自己的子孙有这种行为。你们知道我最痛恨这一点，所以再次提醒，因为我们是一衣相连的血亲，申明父母的劝戒，打算让你们不忘记罢了。尤伯高为人敦厚周到谨慎，所说的话无可挑剔，谦逊节俭，廉洁公正而有威信，我爱戴他，敬重他，希望你们仿效他。杜季良豪侠仗义，忧他人之忧，乐他人之乐，处事轻重适宜，父亲的丧礼招来吊唁的客人，几个郡的人都到了。我爱戴他、敬重他，但不愿你们效法他。仿效龙伯高而达不到，还算是个恭谨的读书人，所谓刻天鹅不成还象鸭嘛；学杜季良而学不好，堕落为天下的轻薄儿，就是人们所说的画虎不成反象犬了。迄今为止杜季良的前途还不可以知道，郡太守一上任总是对他咬牙切齿，州郡都说他的坏话，我常常为此寒心，因此不愿子孙仿效他。"季良，名保，京兆人，当时为越骑司马。杜保的仇人上书，告杜保："行为轻薄，或惹乱群众，伏波将军万里回信以告诫兄子，而梁松、窦固却因此和他交结，将会煽动轻浮、虚伪的人，败坏和扰乱国家。"此书上奏后，光武帝召见梁松、窦固，予以责备，用上告信和马援劝诫兄子的信给他们看，梁松、窦固叩头流血，才得以没有获罪。皇帝下诏，免去杜保的官职。龙伯高名述，也是京兆人，当山都县县长，因此被提拔任命为零陵太守。

起初，马援在交阯，常吃薏苡籽，吃了能轻身益气，消除杂念。可以除去瘴气对身体的危害。南方薏苡籽大，马援打算留作种子，回师时装了一车。当时一般世俗人认为装的是南国的珍奇宝物，权贵们都忌嫉他。马援当时正受到光武帝的宠信，没有人敢在光武帝面前去告他。等到马援死后，就有人上书诬告他，以为以前载回的，都是明亮的珍珠和有文彩的犀牛角。马武和于陵侯侯昱等人全上奏章告发这件事，光武帝更加恼怒。马援的妻子儿女惊惶恐惧，不敢把马援的遗体运回故乡家族的墓地安葬，只在洛阳西郊买了几亩地，草草掩埋了事。马援生前的宾客旧友谁也不敢来吊丧会葬。马严的和马援的妻子自己用草绳连带着捆绑起来，前往宫阙前请罪。光武帝于是拿出梁松的奏书给他们看，他们才知道被处罚的原因，上书诉说冤情，前后六次，言辞非常哀伤悲切，然后才得以迁葬故乡。

又前云阳令与马援同郡的朱勃到宫阙前上书说：

臣听说圣明贤德的帝王理政，不忘人臣的功勋，采用他的某一方面的美德，不苛求他具备很多优点。所以汉高祖赦免蒯通而用王礼殡葬田横，大臣心境开朗，都不自己怀疑自己。大将在外，谗言在内，小过总是记下，大功却不计算，这实在是国家所应当避免的。由于这种情况的存在，所以章邯害怕谗言而投降了项羽，燕国的将军保守聊城而不敢回国。难道是他们的甘心出此下计吗？实在是痛心巧言的伤害善人啊。

我看见原伏波将军新息侯马援，出身西州，钦慕皇上的圣德仁义，历经艰险，甘冒万死，孤立于众权贵之间，身旁没有一句话的帮助，奔驰深渊，深入虎口，难道是为自己打算吗！难道他自己知道会担任七郡的使命，获取封侯的福分吗？建武八年，皇上西征隗嚣，国家决策多疑未定，众军没有集中，马援提出进军的建议，终于攻取了西州。等到吴汉从陇右撤回，进入冀县的道路隔断，只有狄道为国坚守，士民饥饿困乏，命在旦夕。马援奉诏出使西方，安抚慰问边地民众，于是召集豪杰，劝诱羌戎，计谋如泉涌出，战势如转圆轨，便解救了边地的倒悬之急，保存了几乎陷落的城池，部队保全而挥师进击，取敌人的粮食而食，陇、冀大体平定，而独守空郡，兵一行动便有战功，师一进击就能取胜，诛锄先零，追入山谷，奋勇力战，飞箭穿过小腿。又出征交阯，当地瘴气很多，马援与妻子儿女生死诀别，没有悔恨的心，于是杀灭征侧，平定交州。以后再次南征，立刻攻陷临乡，出师已有业绩，事业未成而身先死，将士虽染疾病，而马援也没有独存。战争或者以持久而建立功勋，或者以速决而招致失败，深入进击不一定就正确，迟疑不进不一定就不正确。人情难道是乐意长久驻扎在遥远荒凉的地方，不想生还吗？只是马援侍奉朝廷二十二年，北出塞外大漠，南越长江大海，触冒害人的瘴气，僵死在战场之上，名位爵禄丧失了，食邑不能传给后人。海内不知道他的过失，老百姓没听说他的丑行。突然受到三个人言辞的攻击，横遭诬蔑不实的诽谤，实属闭门不敢与人来往，遗体不能葬入祖坟，怨恨嫌隙一齐袭来，宗族亲属战战兢兢，死者不能自己洗刷冤枉，生者不能为他申辩冤枉，臣暗自悲伤。

明主乐于用赏，而节简用刑。汉高祖曾给陈平黄金四万斤以离间楚军，不问他如何使用，难道能够再次怀疑他把钱粮贪污了吗？具有孔夫子的忠诚品行而不能免于谗言的伤害，这是邹阳之所以悲哀的事。《诗经》说："抓着那个造谣的人，扔给豺虎饱肚

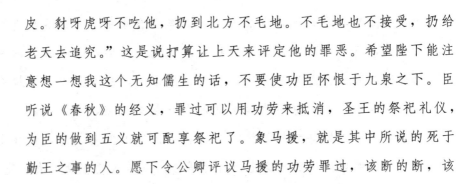

皮。豺呀虎呀不吃他，扔到北方不毛地。不毛地也不接受，扔给老天去追究。"这是说打算让上天来评定他的罪恶。希望陛下能注意想一想我这个无知儒生的话，不要使功臣怀恨于九泉之下。臣听说《春秋》的经义，罪过可以用功劳来抵消，圣王的祭祀礼仪，为臣的做到五义就可配享祭祀了。象马援，就是其中所说的死于勤王之事的人。愿下令公卿评议马援的功劳罪过，该断的断，该续的续，以满足海内的愿望。

臣年已花甲，常隐居民间，栾布不顾禁令哭祭无辜被杀的功臣彭越，我受他正义之举的感染，冒着死罪陈述心中的悲慎，战战兢兢于宫阙之前。

书奉上，得回报，回到乡里。

朱勃字叔阳，十二岁就能朗诵《诗经》、《书经》，曾经探望马援的哥哥马况。朱勃穿方领服装，动作都中规矩，说话沈静文雅，马援才能识字，见了朱勃他若有所失。马况知道他的内心活动，于是亲自斟酒安慰马援说："朱勃小才之人，其成就早，智慧能力，已经到顶了，终究会向你讨教，不要怕他。"朱勃不到二十岁，右扶风太守请他试作渭城县宰，等到马援成为将军，封了侯爵，而朱勃位不过县令。马援后来虽然富贵，常以旧友对待朱勃而又爱戏弄他。朱勃愈益与他亲近。等到马援遭谗言被陷害时，只有朱勃能保全朋友之道。肃宗即位，追赐给朱勃的儿子谷物二千斛。

当初，马援哥哥的女婿王磐字子石，是王莽堂兄平阿侯王仁的儿子。王莽失败后，王磐拥有大量资财住在原封国，为人崇尚气节而爱结交读书人，喜好施舍，闻名长江、淮河之间。后来游历京师，与卫尉阴兴、大司空朱浮、齐王刘章一起相互友好亲善。马援对姐姐的儿

子曹训说："王氏，废黜的姓氏。子石本当闭门自守，反而结交京师的豪侠权贵，任性妄为，多次凌辱面折他人。他的失败是必然的。"过了一年多，王磐果然与司隶校尉苏邺、丁鸿所犯的事相株连，因而死在洛阳监狱里。而王磐的儿子王肃，又出入北宫和王侯的府第。马援对司马吕种说："建武这个年号，标志着天下重新开辟一个时代。从今以后，海内当日益安定。只是担忧皇帝的儿子们一起长大，而诸王子不许交通宾客的旧法制未曾重申，如果多交结宾客，那么大狱就兴起了。你们要警惕和慎重对待啊！"等到郭皇后去世，有人上书，认为王肃等被诛杀的罪臣家的人，宾客趁机作乱，恐怕会造成贯高、任章一类的事变。光武帝勃然大怒，就下令郡县搜捕各王的宾客，互相牵连招引，为此而死的有一千余人。"吕种也遭到此祸，临死时叹息说："马将军真是神人啊！"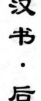

永平初年，马援的女儿被立为皇后，显宗命人在南宫云台画建武时期的名臣、名将的画像，因为是外戚的缘故，只不画马援。东平王刘苍观看画像，对明帝说："为什么不画伏波将军的像？"明帝笑而不答。到了永平十七年，马援的夫人去世，才重新修整坟墓，植树以为标记，建立祠堂。

建初三年，隶宗派五官中郎将拿着节追封，赐马授谥号为忠成侯。马援有四个儿子，即：马廖、马防、马光、马客卿。马客卿幼年才华横溢，六岁的时候，就能应酬接待贵客们，单独应对宾客。曾经有一个犯死罪逃亡的人前来投靠，马客卿将他窝藏起来不让人知道。他外表好像质朴且不善言辞，而内心却冷静且聪敏。马援非常惊奇，认为是将相的材料，所以用客卿作字。马援去世后，马客卿也夭折了。

（陈绍棣 译）

【原文】

马援字文渊，扶风茂陵人也。其先赵奢为赵将，号曰马服君，子孙因为氏。武帝时，以吏二千石自邯郸徙焉。曾祖父通，以功封重合侯，坐兄何罗反，被诛，故援再世不显。援三兄况、余、员、并有才能，王莽时皆为二千石。

援年十二而孤，少有大志，诸兄奇之。尝受《齐诗》，意不能守章句，乃辞况，欲就边郡田牧。况曰："汝大才，当晚成。良工不示人以朴，且从所好。"会况卒，援行服期年，不离墓所，敬事寡嫂，不冠不入庐，后为郡督邮，送囚至司命府，囚有重罪，援哀而纵之，遂亡命北地。遇赦，因留牧畜，宾客多归附者，遂役属数百家。转游陇汉间，常谓宾客曰："丈夫为志，穷当益坚，老当益壮。"因处田牧，至有牛马羊数千头，谷数万斛，既而叹曰："凡殖货财产，贵其能施赈也，否则守钱虏耳。"乃尽散以班昆弟故旧，身衣羊裘皮绔。

王莽末，四方兵起，莽从弟卫将军林广招雄俊，乃辟援及同县原涉为掾，荐之于莽。莽以涉为镇戎大尹，援为新成大尹。及莽败，援兄员时为增山连率，与援俱去郡，复避地凉州。世祖即位，员先诣洛阳，帝遣员复郡，卒于官。援因留西州，隗嚣甚敬重之，以援为绥德将军，与决筹策。

是时公孙述称帝于蜀，嚣使援往观之。援素与述同里闬，相善，以为既至当握手欢如平生，而述盛陈陛卫，以延援入，交拜礼毕，使出就馆，更为援制都布单衣、交让冠，会百官于宗庙中，立旧交之位。述鸾旗旄骑，警跸就车，磬折而入，礼飨官属甚盛，欲授援以封侯大将军位。宾客皆乐留，援晓之曰："天下雄雌未定，公孙不吐哺走迎国士，与图成败，反修饰边幅，如偶人形。此子何足久稽天下士乎？"因

辞归，谓嚣曰："子阳井底蛙耳，而妄自尊大，不如专意东方。"

建武四年冬，嚣使援奉书洛阳。援至，引见于宣德殿。世祖迎笑谓援曰："卿遨游二帝间，今见卿，使人大惭。"援顿首辞谢，因曰："当今之世，非独君择臣也，臣亦择君矣。臣与公孙述同县，少相善。臣前至蜀，述陛戟而后进臣。臣今远来，陛下何知非刺客奸人，而简易若是？"帝复笑曰："卿非刺客，顾说客耳。"援曰："天下反复，盗名字者不可胜数。今见陛下，恢廓大度，同符高祖，乃知帝王自有真也。"帝甚壮之，援从南幸黎丘，转至东海。及还，以为待诏，使太中大夫来歙持节送援西归陇右。

隗嚣与援共卧起，问以东方流言及京师得失。援说嚣曰："前到朝廷，上引见数十，每接宴语，自夕至旦，才明勇略，非人敌也。且开心见诚，无所隐伏，阔达多大节，略与高帝同。经学博览，政事文辩，前世无比。"嚣曰："卿谓何如高帝？"援曰："不如也。高帝无可无不可；今上好吏事，动如节度，又不喜饮酒。"嚣意不怿，曰："如卿言，反复胜邪？"然雅信援，故遂遣长子恂入质，援因将家属随恂归洛阳。居数月而无它职任。援以三辅地旷土沃，而所将宾客猥多，乃上书求屯田上林苑中，帝许之。

会隗嚣用王元计，意更狐疑，援数以书记责譬于嚣，嚣怨援背己，得书增怒，其后遂发兵拒汉。援乃上疏曰："臣援自念归身圣朝，奉事陛下，本无公辅一言之荐，左右为容之助。臣不自陈，陛下何因闻之。夫居前不能令人轻，居后不能令人轩，与人怨 不能为人患，臣所耻也。故敢触冒罪忌，昧死陈诚，臣与隗嚣，本实交友。初，嚣遣臣东，谓臣曰：'本欲为汉，愿足下往观之。于汝意可，即专心矣。'及臣还反，报以赤心，实欲导之于善，非敢谲以非义。而嚣自挟奸心，盗憎主人，怨毒之情遂归于臣。臣欲不言。则无以上闻。愿听诣行在所，极陈灭嚣之术，得空匈腹，申愚策，退就陇亩，死无所恨。"帝乃召援计事，援具言谋画。因使援将突骑五千，往来游说嚣将高峻、任禹之属，下及羌豪，为陈祸福，以离嚣支党。

援又为书与嚣将杨广，使晓劝于嚣，曰：

"春卿无恙，前别冀南，寂无音驿。援间还长安，因留上林，窃见四海已定，兆民同情，而季孟闭拒背畔，为天下表的，常惧海内切齿，思相屠裂，故遗书恋恋，以致恻隐之计。乃闻季孟归罪于援，而纳王游翁诡邪之说，自谓函谷以西，举足可定，以今而观，竟何如邪？援间至河内，过存伯春，见其奴吉从西方还，说伯春小弟仲舒望见吉，欲问伯春无它否，竟不能言，晓夕号泣，婉转尘中。又说其家悲愁之状，不可言也。夫怨仇可刺不可毁，援闻之，不自知泣下也。援素知季孟孝爱，曾、闵不过。夫孝于其亲，岂不慈于其子？可有子抱三木，而跳梁妄作，自同分羹之事乎？季孟平生自言所以拥兵众者，欲以保全父母之国而完坟墓也，又言苟厚士大夫而已。而今所欲全者将破亡之，所欲完者将毁伤之，所欲厚者将反薄之。季孟尝折愧子阳而不受其爵，今更共陆陆，欲往附之，将难为颜乎？若复责以重质，当安从得子主给是哉！往时子阳独欲以王相待，而春卿拒之；今者归老，更欲低头与小儿曹共槽枥而食，并肩侧身于怨家之朝乎？男儿溺死何伤而拘游哉！今国家待春卿意深，宜使牛孺卿与诸耆老大人共说季孟，若计画不从，真可引领去矣。前披舆地图，见天下郡国百有六所，奈何欲以区区二邦以当诸夏百有四乎？春卿事季孟，外有君臣之义，内有朋友之道。言君臣邪，固当谏争；语朋友邪，应有切磋。岂有知其无成，而但菱腠咋舌，叉手从族乎？及今成计，殊尚善也；过是，欲少味矣。且来君叔天下信士，朝廷重之，其意依依，常独为西州言。援商朝廷，尤欲立信于此，必不负约。援不得久留，愿急赐报。”

广竟不答。

八年，帝自西征嚣，至漆，诸将多以王师之重，不宜远入险阻，计攥豫未决，会召援，夜至，帝大喜，引入，具以群议质之。援因说隗嚣将帅有土崩之势，兵进有必破之状。又于帝前聚米为山谷，指画形势，开示众军所从道径往来，分析曲折，昭然可晓。帝曰：“虏在吾目中矣。”明旦，遂进军至第一，嚣众大溃。

九年，拜援为太中大夫，副来歙监诸将平凉州。自王莽末，西羌寇边。遂入居塞内，金城属县多为虏有。来歙奏言陇西侵残，非马援莫能定。十一年夏，玺书拜援陇西太守。援乃发步骑三千人，击破先零羌于临洮，斩首数百级，获马牛羊万余头。守塞诸羌八千余人诣援降。诸种有数万，屯聚寇钞，拒浩亹隘。援与扬武将军马成击之。羌因将其妻子辎重移阻于允吾谷，援乃潜行间道，掩赴其营。羌大惊坏，复远徙唐翼谷中，援复追讨之。羌引精兵聚北山上，援陈军向山，而分遣数百骑绕袭其后，乘夜放火，击鼓叫噪，虏遂大溃，凡斩首千余级。援以兵少，不得穷追，收其谷粮畜产而还。援中矢贯胫，帝以玺书劳之，赐牛羊数千头，援尽班诸宾客。

是时，朝臣以金城破羌之西，涂远多寇，议欲弃之。援上言，破羌以西城多完牢，易可依固；其田土肥壤，灌溉流通。如今羌在湟中，则为害不休，不可弃也。帝然之，于是诏武威太守，令悉还金城客民。归者三千余口，使各反旧邑。援奏为置长吏，缮城郭，起坞候，开导

水田，劝以耕牧，郡中乐业。又遣羌豪杨封譬说塞外羌，皆来和亲。又武都氐人背公孙述来降者，援皆上复其侯王君长，赐印绶，帝悉从之。仍罢马成军。

十三年，武都参狼羌与塞外诸种为寇，杀长吏。援将四千余人击之，至氐道县，羌在山上，援军据便地，夺其水草，不与战，羌遂穷困，豪帅数十万户亡出塞，诸种万余人悉降，于是陇右清静。

援务开恩信，宽以待下，任吏以职，但总大体而已。宾客故人，日满其门。诸曹时白外事，援辄曰："此丞、掾之任，何足相烦。颇哀老子，使得遨游。若大姓侵小民，黠羌欲旅距，此乃太守事耳。"傍县尝有报仇者，吏民惊言羌反，百姓奔入城郭。狄道长诣门，请闭城发兵。援时与宾客饮，大笑曰："烧虏何敢复犯我。晓狄道长归守寺舍，良怖急者，可床下伏。"后稍定，郡中服之。视事六年，征入为虎贲中郎将。

初，援在陇西上书，言宜如旧铸五铢钱。事下三府，三府奏以为未可许，事遂寝。及援还，从公府求得前奏，难十余条，及随牒解释，更具表言。帝从之，天下赖其便。援自还京师，数被进见。为人明须发，眉目如画。闲于进对，尤善述前世行事。每言及三辅长者，下至闾里少年，皆可观听。自皇太子、诸王侍闻者，莫不属耳忘倦。又善兵策，帝常言"伏波论兵，与我意合"，每有所谋，未尝不用。

初，卷人维汜，祅言称神，有弟子数百人，坐伏诛。后其弟子李广等宣言汜神化不死，以诳惑百姓。十七年，遂共聚会徒党，攻没皖城，杀皖侯刘闵，自称"南岳大师"。遣谒者张宗将兵数千人讨之，复为广所败。于是使援发诸郡兵，合万余人，击破广等，斩之。

又交阯女子征侧及女弟征贰反，攻没其郡，九真、日南、合浦蛮夷

皆应之，寇略岭外六十余城，侧自立为王。于是玺书拜援伏波将军，以扶乐侯刘隆为副，督楼船将军段志等南击交阯。军至合浦而志病卒，诏援并将其兵。遂缘海而进，随山刊道千余里，十八年春，军至浪泊上，与贼战，破之，斩首数千级，降者万余人。援追征侧等至禁谿，数败之，贼遂散走。明年正月，斩征侧、征贰，传首洛阳。封援为新息侯，食邑三千户。援乃击牛酾酒，劳飨军士。从容谓官属曰："吾从弟少游常哀吾慷慨多大志，曰：'士生一世，但取衣食裁足，乘下泽车，御款段马，为郡掾史，守坟墓，乡里称善人，斯可矣。致求盈余，但自苦耳。'当吾在浪泊，西里间，虏未灭之时，下潦上雾，毒气重蒸，仰视飞鸢跕跕堕水中，卧念少游平生时语，何可得也！今赖士大夫之力，被蒙大恩，猥先诸君纤佩金紫，且喜且惭。"吏士皆伏称万岁。

援将楼船大小二千余艘，战士二万余人，进击九真贼征侧余党都羊等，自无功至居风，斩获五千余人，峤南悉平。援奏言西于县户有三万二千，远界去庭千余里，请分为封溪、望海二县，许之。援所过辄为郡县治城郭，穿渠灌溉，以利其民。条奏越律与汉律驳者十余事，与越人申明旧制以约束之，自后骆越奉行马将军故事。

二十年秋，振旅还京师，军吏经瘴疫死者十四五。赐援兵车一乘，朝见位次九卿。

援好骑，善别名马，于交阯得骆越铜鼓，乃铸为马式，还上之。因表曰："夫行天莫如龙，行地莫如马，马者甲兵之本，国之大用。安宁则以别尊卑之序，有变则以济远近之难。昔有骐骥，一日千里，伯乐见之，昭然不惑。近世有西河子舆，亦明相法。子舆传西河仪长孺，长孺传茂陵丁君都，君都传成纪杨子阿，臣援尝师事子阿，受相马骨法。考之于行事，辄有验效。臣愚以为传闻不如亲见，视景不如察形。

今欲形之于生马，则骨法难备具，又不可传之于后。孝武皇帝时，善相马者东门京铸作铜马法献之，有诏立马于鲁班门外，则更名鲁班门曰金马门。臣谨依仪氏䮏，中帛氏口齿，谢氏唇鬐，丁氏身中，备此数家骨相以为法。"马高三尺五寸，围四尺五寸。有诏置于宣德殿下，以为名马式焉。

初，援军还，将至，故人多迎劳之，平陵人孟冀，名有计谋，于坐贺援。援谓之曰："吾望子有善言，反同众人邪？昔伏波将军路博德开置七郡，裁封数百户；今我微劳，猥飨大县，功薄赏厚，何以能长久乎？先生奚用相济？"冀曰："愚不及。"援曰："方今匈奴、乌桓尚扰北边，欲自请击之。男儿要当死于边野，以马革裹尸还葬耳，何能卧床上在儿女子手中邪？"冀曰："谅为烈士，当如此矣。"

还月余，会匈奴、乌桓寇扶风，援以三辅侵扰，园陵危逼，因请行，许之。自九月至京师，十二月复出屯襄国。诏百官祖道。援谓黄门郎梁松、窦固曰："凡人为贵，当使可贱，如卿等欲不可复贱，居高坚自持，勉思鄙言。"松后果以贵满致灾，固亦几不免。

明年秋，援乃将三千骑出高柳，行雁门、代郡、上谷障塞。乌桓候者见汉军至，虏遂散去，援无所得而还。

援尝有疾，梁松来候之，独拜床下，援不答。松去后，诸子问曰："梁伯孙帝婿，贵重朝廷，公卿已下莫不惮之，大人奈何独不为礼？"援曰："我乃松父友也。虽贵，何得失其序乎？"松由是恨之。

二十四年，武威将军刘尚击武陵五溪蛮夷，深入，军没，援因复请行。时年六十二，帝愍其老，未许之。援自请曰："臣尚能被甲上马。"帝令试之。援据鞍顾眄，以示可用。帝笑曰："矍铄哉是翁也！"遂遣援率中郎将马武、耿舒、刘匡、孙永等，将十二郡募士及弛刑四

万余人征五溪。援夜与送者诀，谓友人谓者杜愔曰："吾受厚恩，年迫余日索，常恐不得死国事。今获所愿，甘心瞑目，但畏长者家儿或在左右，或与从事，殊难得调，介介独恶是耳。"明年春，军至临乡，遇贼攻县，援迎击，破之，斩获二千余人，皆散走入竹林中。

初，军次下隽，有两道可入，从壶头则路近而水险，从充则涂夷而运远，帝初以为疑。及军至，耿舒欲从充道，援以为弃日费粮，不如进壶头，搤其喉咽，充贼自破。以事上之，帝从援策。三月，进营壶头，贼乘高守隘，水疾，船不得上，会暑甚，士卒多疫死，援亦中病，遂困，乃穿岸为室，以避炎气。贼每升险鼓噪，援辄曳足以观之，左右哀其壮意，莫不为之流涕。耿舒与兄好畤侯书曰："前舒上书当先击充，粮虽难运而兵马得用，军人数万争欲先奋。今壶头竟不得进，大众怫郁行死，诚可痛惜。前到临乡，贼无故自致，若夜击之，即可殄灭。伏波类西域贾胡，到一处辄止，以是失利。今果疾疫，皆如舒言。"印得书，奏之。帝乃使虎贲中郎将梁松乘驿责问援，因代监军。会援病卒，松宿怀不平，遂因事陷之。帝大怒，追收援新息侯印绶。

初，兄子严、敦并喜讥议；而通轻侠客。援前在交阯，还书诫之曰："吾欲汝曹闻人过失，如闻父母之名，耳可得闻，口不可得言也。好论议人长短，妄是非正法，此吾所大恶也，宁死不愿闻子孙有此行也。汝曹知吾恶之甚矣，所以复言者，施衿结缡，申父母之戒，欲使汝曹不忘之耳。龙伯高敦厚周慎，口无择言，谦约节俭，廉公有威，吾爱之重之，愿汝曹效之。杜季良豪侠好义，忧人之忧，乐人之乐，清浊无所失，父丧致客，数郡毕至，吾爱之重之，不愿汝曹效也。效伯高不得，犹为谨敕之士，所谓刻鹄不成尚类鹜者也。效季良不得，陷为天下轻薄子，所谓画虎不成反类狗者也。讫今季良尚未可知，郡将下车辄切齿，州郡以为言，吾常为寒心，是以不愿子孙效也。"季良名保，京兆人，时为越骑司马。保仇人上书，讼保"为行浮薄，乱群惑众。伏波将军万里还书以诫兄子，而梁松、窦固以之交结，将扇其轻伪，败乱诸夏。"书奏，帝召责松、固，以讼书及援诫书示之，松、固叩头流血，而得不罪。诏免保官。伯高名述，亦京兆人，为山都长，由此擢拜零陵太守。

初，援在交阯，常饵薏苡实，用能轻身省欲，以胜瘴气。南方薏苡实大，援欲以为种，军还，载之一车。时人以为南土珍怪，权贵皆望之。援时方有宠，故莫以闻。及卒后，有上书谮之者，以为前所载还，皆明珠文犀。马武与于陵侯侯昱等皆以章言其状，帝益怒。援妻孥惶惧，不敢以丧还旧茔，裁买城西数亩地槁葬而已。宾客故人莫敢吊会。严与援妻子草索相连，诣阙请罪。帝乃出松书以示之，方知所坐，上书诉冤，前后六上，辞甚哀切，然后得葬。

又前云阳令同郡朱勃诣阙上书曰：

臣闻王德圣政，不忘人之功，采其一美，不求备于众。故高祖赦蒯通而以王礼葬田横，大臣旷然，咸不自疑。夫大将在外，谗言在内，微过辄记，大功不计，诚为国之所慎也。故章邯畏口而奔楚，燕将据聊而不下。岂其甘心末规哉，悼巧言之伤类也。

窃见故伏波将军新息侯马援，拔自西州，钦慕圣义，间关险难，触冒万死，孤立群贵之间，傍无一言之佐，驰深渊，入虎口，岂顾计哉！宁自知当要七郡之使，徼封侯之福邪？八年，车驾西讨隗嚣，国计狐疑，众营未集，援建宜进之策，卒破西州。及吴汉下陇，冀路断隔，唯独狄道为国坚守，士民饥困，寄命漏刻。援奉诏西使，镇慰边众，乃招集豪杰，晓诱羌戎，谋如涌泉，势

如转规，遂救倒县之急，存几亡之城，兵全师进，因粮敌人，陇、冀略平，而独守空郡、兵动有功。师进辄克。铢锄先零，缘入山谷，猛怒力战，飞矢贯胫。又出征交阯，土多瘴气，援与妻子生诀，无悔吝之心，遂斩灭征侧，克平一州。间复南讨，立陷临乡，师已有业，未竟而死，吏士虽疫，援不独存。夫战或以久而立功，或以速而致败，深入未必为得，不进未必为非。人情岂乐久屯绝地，不生归哉！唯援得事朝廷二十二年，北出塞漠，南度江海，触冒害气，僵死军事，名灭爵绝，国土不传。海内不知其过，众庶未闻其毁，卒遇三夫之言，横被诬罔之谗，家属杜门，葬不归墓，怨隙并兴，宗亲怖慄。死者不能自列，生者莫为之讼，臣窃伤之。

夫明主酖于用赏，约于用刑。高祖尝与陈平金四万斤以间楚军，不问出入所为，岂复疑以钱谷间载？夫操孔父之忠而不能自免于谗，此邹阳之所悲也。《诗》云："取彼谗人，投畀豺虎。豺虎不食，投畀有北。有北不受，投畀有昊。"此言欲令上天而平其恶。唯陛下留思竖儒之言，无使功臣怀恨黄泉。臣闻《春秋》之义，罪以功除；圣王之祀，臣有五义。若援，所谓以死勤事者也。愿下公卿平援功罪，宜绝宜续，以厌海内之望。

臣年已六十，常伏田里，窃感栾布哭彭越之义，冒陈悲愤，战慄阙庭。

书奏，报，归田里。

勃字叔阳，年十二能诵《诗》、《书》。常候援兄况。勃衣方领，能矩步，辞言娴雅，援裁知书，见之自失。况知其意，乃自酌酒慰援曰："朱勃小器速成，智尽此耳，卒当从汝禀学，勿畏也，朱勃未二十，右

扶风请试守渭城宰，及援为将军，封侯，而勃位不过县令。援后虽贵，常待以旧恩而卑侮之，勃愈身自亲，及援遇谗，唯勃能终焉。肃宗即位，追赐勃子谷二千斛。

初，援兄子壻王磐子石，王莽从兄平阿侯仁之子也。莽败，磐拥富资居故国，为人尚气节而爱士好施，有名江淮间。后游京师，与卫尉阴兴、大司空朱浮、齐王章共相友善，援谓姊子曹训曰："王氏，废姓也。子石当屏居自守，而反游京师长者，用气自行。多所陵折，其败必也。"后岁余，磐果与司隶校尉苏邺、丁鸿事相连，坐死洛阳狱。而磐子肃复出入北宫及王侯邸第。援谓司马吕种曰："建武之元，名为天下重开。自今以往，海内日当安耳，但忧国家诸子并壮，而旧防未立，若多通宾客，则大狱起矣。卿曹戒慎之！"及郭后薨，有上书者，以为肃等受诛之家，客因事生乱，虑致贯高、任章之变。帝怒，乃下郡县收捕诸王宾客，更相牵引，死者以千数。吕种亦豫其祸，临命叹曰："马将军诚神人也！"

永平初，援女立为皇后，显宗图画建武中名臣、列将于云台，以椒房故，独不及援。东平王苍观图，言于帝曰："何故不画伏波将军像？"帝笑而不言。至十七年，援夫人卒，乃更修封树，起祠堂。

建初三年，肃宗使五官中郎将持节追策，谥援曰忠成侯。四子：廖，防，光，客卿。客卿幼而歧嶷，年六岁，能应接诸公，专对宾客，尝有死罪亡命者来过，客卿逃匿不令人知。外若讷而内沈敏。援甚奇之。以为将相器，故以客卿字焉。援卒后，客卿亦夭没。

桓谭传

——《后汉书》卷五八

【说明】桓谭（公元前 23 年？—公元 56 年），字君山，汉沛国相（今安徽淮南市相山）人。汉成帝、哀帝、平帝时位不过郎，王莽时为掌乐大夫，汉光武帝时官至议郎给事中。著有《新论》二十九篇，已佚。他是东汉时杰出的思想家。王充对他推崇备至，称孔子为素王，称他为素丞相，并将《新论》与《春秋》相提并论。本篇传文简述了桓谭的生平，阐明了他的"咸以仁义正道为本"，反对以"奇怪虚诞"治世的主张，突出了他从现实社会出发，敢冒天下之大不韪，自始至终反对作为统治思想的谶讳神学，既不迎合王莽，也不屈服于汉光武帝，置生死于度外的唯物主义思想家的大无畏精神。

桓谭字君山，是沛国相县人。父亲在汉成帝时为太乐令。桓谭因父亲的功绩被保任为郎，因而爱好音乐，善于弹琴。博学而且多能。普遍研习《五经》，注重解释大意，不讲求章句。擅长写文章，尤其喜好古文字，屡次跟刘歆、扬雄辩析疑异。生性嗜好歌舞艺人的音乐，简慢而不修边幅，喜欢非难诋毁俗儒，因此时常遭到攻击。

哀帝、平帝年间，官位没有超过郎。傅皇后的父亲孔乡侯傅晏对

桓谭十分友善。这时高安侯董贤受皇帝宠幸，妹妹为昭仪，傅皇后已日渐被疏远，傅晏默默不得意。桓谭进言道："从前武帝想立卫子夫为皇后，暗地里寻求陈皇后的过失，结果陈皇后被废，卫子夫终于被立为皇后。如今董贤倍受宠爱而妹妹更受宠幸，大概将要发生卫子夫那样的变故，怎不令人忧虑呢！"孔乡侯傅晏十分震惊，说："是这样，怎么办呢?"桓谭回答说："刑罚不能加到无罪的人身上，邪枉不能胜过正直的人。士人凭借才智取信于君王，女子凭借妩媚邀宠于夫主。皇后年少，很少经历艰难，有人会驱使医巫，外求方技，这不可不加以防备。又君侯您由于是皇后的父亲十分尊贵而交往众多宾客，必定会借用显赫的权势，招来非议，不如谢绝遣散门徒，努力保持谦逊诚恳，这是修身正家避祸的好办法。"孔乡侯晏回答说："太好了。"于是遣散宾客，入内禀明皇后，正如桓谭告戒的那样。后来董贤果然暗示太医令真钦，让他寻求傅氏的罪过，于是逮捕皇后的弟弟侍中傅喜，奉诏审理没有收获，才算了事，所以傅氏在整个哀帝时期得以保全。至董贤为大司马，听说桓谭的名声，想和他结交。桓谭先上书董贤，用辅国保身的办法进行劝说，董贤未能采纳，于是没有和他交往。当王莽摄政弑君篡权的时候，天下的士人，没有不竞相称颂道德纯美，造符命进行奉承谄媚以求欢心的，唯独桓谭坚守己志，默然无言。王莽时为掌乐大夫。更始立为皇帝，召拜为太中大夫。

　　光武帝即位，征为待诏，因上书论事违背旨意，没有被任用。后来大司空宋弘荐举桓谭，拜议郎给事中，于是上书陈述当时政治应该采取的措施说：

我听说国家的兴废在于政事，政事的得失出自辅佐。辅佐贤明，那么出色的士人充满朝廷，而理论与社会形势相符合；辅佐不贤明，那么理论不合时宜，而措施多失误。大凡治理国家的君主，都想振兴教化确立善政，然而政治没有搞好，是由于他们所谓的贤不一样啊。从前楚庄王问孙叔敖说："用来治理国家的大政方针，我还没有得到。"叔敖回答说："国家有大政方针，是众人所厌恶的，恐怕君王您不能确定啊。"庄王说："不能确定只在于君主，也在于臣下吗？"回答说："君主对士人十分傲慢，说士人没有我就无法富贵；士人对君主十分傲慢，说君主没有士人就无法安存。有的君主直至丧失国家还不觉悟，有的士人直至饥寒交迫还不做官。君臣不和，那么国家的大政方针就无法确定了。"庄王说："太好了。愿丞相与诸位大夫共同确定国家的大政方针。"原来所谓善政，就是要根据世俗而施行教化，考察失误而制定防范措施，威德兼施，文武并用，然后政治适宜于时势，那么不守本分的人便可安定下来。从前董仲舒说："治理国家好比弹奏琴瑟，对那些不协调的弦就解开然后重新调整。"重新调整不容易办到，而违背众人的却遭灭亡，所以贾谊因才智被贬逐，而朝错因才智遭杀身。世上虽存在具有特殊才能的人，却没有一个敢于进言，原因在于惧怕重踏前人的覆辙啊。

况且制订法律禁令，并非能够全面制止天下的奸邪，普遍符合众人的欲望，大抵采用对国家对事情有较多好处的就行了。设置官吏，是为了治理万民，悬赏施罚，是为了区别善恶。恶人被杀伤，那么善人就得福了。如今人们相互杀伤，虽然已经伏法，

但私自结下怨仇，子孙相互报复，后来的怨恨比从前更深，甚至灭绝满门，倾家荡产，可是世俗却称做豪杰，所以尽管有的十分怯弱，还勉强这样做，这是听凭人们自行其事而不再有法律禁令了啊。现在应申明旧令，如果已经伏法还私下相互伤杀的，虽然只身逃亡，也应将家属全都流放到边境地区。那些相互杀伤的，要比常刑加倍惩罚，不准雇人替罪。这样一来，那么怨仇自然解开，盗贼也就没有了。

治理国家的原则，是提倡农业而抑制工商业，因此汉高祖对从事两种职业的人加以限制，约束商贾不准做官为吏，这是为了抑制兼并，勉励廉耻。如今富商大贾，大量放贷钱物，中等家庭的子弟，做他们的佣工，奔走和仆人一样勤快，收取的利息和享有封地的贵族的收入相等，因此众人羡慕效法，不耕而食，甚至大量贩运奢侈浪费的东西，用来淫乱人们的耳目。现在可以让商贾们相互检举揭发，如果不是自己劳动所得，便将赃物全部奖给告发的人。像这样，就只能自己一人奔走，不敢将货物委托他人，事情少，力量弱，必定回到田亩劳作。田亩修整好，那么谷物收成多而地力就得到充分利用了。

又见按法令判决案件，轻重不一，或同一事件所用法令不同，同一罪行定罪两样，奸猾的官吏得机会上下其手，想放条生路的就提出不该死的意见，想进行陷害的就与死罪相提并论，这叫做刑开二门。现在可让精通义理、明习法律的，审定案例，统一法度，向下颁布到郡国，废除旧的条例。像这样，天下有法可依，那么狱讼就没有冤枉和不当了。

奏章奉上，没有下落。

这时皇帝正迷信谶记，多用来决定疑难。又俸禄薄，赏赐少，天下长期难于安定。桓谭又上疏说：

我上次进献不明事理的言论，未蒙诏书回答，不胜烦闷，冒死进一步陈述。愚蠢的人出谋划策，之所以对政事有好处，是因为合人心而得事理。大凡人之常情对眼前的事情容易忽略，对奇异的传闻特别重视。观察先王的记述，咸以仁义正道为本，没有奇怪虚诞的事情。原来天道和性命，是圣人很少谈论的。从子贡以下，都没有能够听到，何况后世浅薄的儒生，能够将天道性命搞清楚吗？如今各种耍小聪明、小才干、掌握方技术数的人，夸张符命，假托谶记，用欺骗邪恶的手段，贻误君主，怎能不压制疏远他们呢！臣桓谭伏闻陛下穷究挫败方士的炼金术，实在太高明了；但却想听从接纳谶记，又为何如此失策呢！谶记所说的事虽然有时应验，但就好比卜卦得奇数偶数是一样的。陛下应当集中圣明的听觉，开启圣明的思想，屏弃群小的邪说，阐述《五经》的正义，不理雷同的俗语，详察通人的良谋。

臣又听说天下太平就尊重有道德学术的士人，天下危难就崇尚披甲冠胄的臣子。如今圣朝复兴祖宗的传统，作为臣民的主子，而四方盗贼没有全部归顺，这是因为没有掌握权谋的缘故。臣桓谭伏观陛下用兵，对所有投降和占领的地方，既不施重赏用恩德加以诱导，有时甚至还虏掠抢夺那里的财物，因此长官头领各自

产生怀疑，结成朋党，成年累月不能拆散。古人说过："天下都知道取之为取，而没有人知道与之为取。"陛下真能轻视爵禄进行重赏，和士人共同享用，那么哪里有招唤而不到来的，哪里有解释而不明白的，哪里有向前而不畅通的，哪里有征讨而不克服的！果真这样，那么就能以狭为广，以迟为速，亡者复存，失者复得了。

皇帝察看奏章，更加不高兴。

后来下诏聚众研究灵台的建造地址，皇帝问桓谭："我想用谶语做出决定，怎么样？"桓谭沉默很长时间，回答说："臣不读谶。"皇帝问他什么缘故，桓谭再次极力说明谶语不是经典。皇帝大怒说："桓谭诽谤圣人，无法无天，拉下去杀了。"桓谭叩头流血，过了好长时间才得到宽恕。贬为六安郡丞，心思恍惚，闷闷不乐，在路上病死了，时年七十多岁。

当初，桓谭著书论说当代行事共二十九篇，称为《新论》，上书敬献，光武帝十分赞赏。《琴道》一篇没有完成，汉章帝命班固续成。所著赋、诔、书、奏共二十六篇。

元和中，汉章帝往东方巡视，来到沛地，命使者到桓谭的墓前祭奠，乡里以此为荣。

（梁运华　译）

【原文】

桓谭字君山，沛国相人也。父成帝时为太乐令。谭以父任为郎，因好音律，善鼓琴。博学多通，遍习《五经》，皆诂训大义，不为章句。能文章，尤好古学，数从刘歆、杨雄辩析疑异。性嗜倡乐，简易不修威仪，而喜非毁俗儒，由是多见排抵。

哀、平间，位不过郎。傅皇后父孔乡侯晏深善于谭。是时，高安侯董贤宠幸，女弟为昭仪，皇后日已疏，晏嘿嘿不得意。谭进说曰："昔武帝欲立卫子夫，阴求陈皇后之过，而陈后终废，子夫竟立。今董贤至爱而女弟尤幸，殆将有子夫之变，可不忧哉！"晏惊动，曰："然，为之奈何？"谭曰："刑罚不能加无罪，邪枉不能胜正人。夫士以才智要君，女以媚道求主。皇后年少，希更艰难，或驱使医巫，外求方技，此不可不备。又君侯以后父尊重而多通宾客，必借以重势，贻致讥议。不如谢遣门徒，务执谦悫，此修己正家避祸之道也。"晏曰"善"。遂罢遣常客，入白皇后，如谭所戒。后贤果风太医令真钦，使求傅氏罪过，遂逮后弟侍中喜，诏狱无所得，乃解，故傅氏终全于哀帝之时。及董贤为大司马，闻谭名，欲与之交。谭先奏书于贤，说以辅国保身之术，贤不能用，遂不与通。当王莽居摄篡弑之际，天下之士，莫不竞襃称德美，作符命以求容媚，谭独自守，默然无言。莽时为掌乐大夫，更始立，召拜太中大夫。

世祖即位，徵待诏，上书言事失旨，不用。后大司空宋弘荐谭，拜议郎给事中，因上疏陈时政所宜，曰：

　　臣闻国之废兴，在于政事；政事得失，由乎辅佐。辅佐贤明，则俊士充朝，而理合世务；辅佐不明，则论失时宜，而举多过事。夫有国之君，俱欲兴化建善，然而政道未理者，其所谓贤者异也。昔楚庄王问孙叔敖曰："寡人未得所以为国是也。"叔敖曰："国之有是，众所恶也，恐王不能定也。"王曰："不定独在君，亦在臣乎?"对曰:"君骄士,曰士非我无从富贵;士骄君,曰君非士无从安存。人君或至失国而不悟,士或至饥寒而不进。君臣不合,则国是无从定矣。"庄王曰:"善。愿相国与诸大夫共定国是也。"盖善政者,视俗而施教,察失而立防,威德更兴,文武迭用,然后政调于时,而躁人可定。昔董仲舒言:"理国譬若琴瑟,其不调者则解而更张。"夫更张难行,而拂众者亡,是故贾谊以才逐,而朝错以智死。世虽有殊能而终莫敢谈者,惧于前事也。

且设法禁者,非能尽塞天下之奸,皆合众人之所欲也,大抵取便国利事多者,则可矣。夫张官置吏,以理万人,县赏设罚,以别善恶,恶人诛伤,则善人蒙福矣。今人相杀伤,虽已伏法,而私结怨仇,子孙相报,后忿深前,至于灭户殄业,而俗称豪健,故虽有怯弱,犹勉而行之,此为听人自理而无复法禁者也。今宜申明旧令,若已伏官诛而私相伤杀者,虽一身逃亡,皆徙家属于边。其相伤者,加常二等,不得雇山赎罪。如此,则仇怨自解,盗贼息矣。

夫理国之道,举本业而抑末利,是以先帝禁人二业,锢商贾不得宦为吏,此所以抑并兼长廉耻也。今富商大贾,多放钱货,中家子弟,为之保役,趋走与臣仆等勤,收税与封君比入,是以众人慕效,不耕而食,至乃多通侈靡,以淫耳目。今可令诸商贾自相纠告,若非身力所得,皆以臧畀告者。如此,则专役一己,不敢以货与人,事寡力弱,必归功田亩。田亩修,则谷入多而地力尽矣。

又见法令决事,轻重不齐,或一事殊法,同罪异论,奸吏得

因缘为市,所欲活则出生议,所欲陷则与死比,是为刑开二门也。今可令通义理明习法律者,校定科比,一其法度,班下郡国,蠲除故条。如此,天下知方,而狱无怨滥矣。

书奏,不省。

是时帝方信谶,多以决定嫌疑。又酬赏少薄,天下不时安定。谭复上疏曰:

臣前献瞽言,未蒙诏报,不胜愤懑,冒死复陈。愚夫策谋,有益于政道者,以合人心而得事理也。凡人情忽于见事而贵于异闻。观先王之所记述,咸以仁义正道为本,非有奇怪虚诞之事。盖天道性命,圣人所难言也。自子贡以下,不得而闻,况后世浅儒,能通之乎!今诸巧慧小才伎数之人,增益图书,矫称谶记,以欺惑贪邪,诖误人主,焉可不抑远之哉!臣谭伏闻陛下穷折方士黄白之术,甚为明矣;而乃欲听纳谶记,又何误 也!其事虽有时合,譬犹卜数只偶之类。陛下宜垂明听,发圣意,屏群小之曲说,述《五经》之正义,略雷同之俗语,详通人之雅谋。

又臣闻安平则尊道术之士,有难则贵介胄之臣。今圣朝兴复祖统,为人臣主,而四方盗贼未尽归伏者,此权谋未得也。臣谭伏观陛下用兵,诸所降下,既无重赏以相恩诱,或至虏掠夺其财物,是以兵长渠率,各生狐疑,党辈连结,岁月不解。古人有言曰:"天下皆知取之为取,而莫知与之为取。"陛下诚能轻爵重赏,与士共之,则何招而不至,何说而不释,何向而不开,何征而不克!如此,则能以狭为广,以迟为速,亡者复存,失者复得矣。

帝省奏，愈不悦。

其后有诏会议灵台所处，帝谓谭曰："吾欲以谶决之，何如？"谭默然良久，曰："臣不读谶。"帝问其故，谭复极言谶之非经。帝大怒曰："桓谭非圣无法，将下斩之。"谭叩头流血，良久乃得解。出为六安郡丞，意忽忽不乐，道病卒，时年七十余。

初，谭著书言当世行事二十九篇，号曰《新论》，上书献之，世祖善焉。《琴道》一篇未成，肃宗使班固续成之。所著赋、诔、书、奏，凡二十六篇。

元和中，肃宗行东巡狩，至沛，使使者祠谭冢，乡里以为荣。

郅恽传

——《后汉书》卷二十九

【说明】郅恽，东汉汝南郡西平（今河南舞阳县南）人，字君章。他在西汉末是研习文经学的儒生，精通天文占算。在王莽时，他以天象示警为根据敢于上书劝王莽退位。在汝南任功曹时，他竟当众揭穿受奖官吏的骗局，让太守下不来台。等当了汉光武帝的臣子，他的憨直开始有所收敛，虽然曾拒绝夜猎归来的皇帝进入城门，但谏章却很是敦厚了。而后来光武帝喜新厌旧，废了共患难的郭皇后，郅恽不但不加谏阻，反而劝太子识相引退，这憨直已经改向圆滑了。

郅恽，字君章，汝南郡西平人。十二岁时他就失去了母亲，居丧哀过于礼。等到长大，他治《韩诗》、《严氏春秋》，明习天文历数。

王莽时，盗贼纷然而起，郅恽就仰观天象，叹息着对朋友说："如今镇星、岁星、荧惑星都在汉分野的翼、轸二宿之界，去了又回来，汉家必然再次承受天命。而福归于有德者，如果有顺应天道而起的，必成大功。"当时左队大夫逯并一向礼贤好士，郅恽向他进说道："如今上天垂示星象，智者因之而昌兴，愚者因之而灭亡。郅恽不逊，敢企及于伊尹之踪迹，顺应天人之变化。明府如果不认为这是悖逆之说，就请助成天德。"逯并很欣赏他，就署他为郡吏。郅恽不拜谒，说：

"往昔周文王拔擢吕尚于渭水之滨，殷高宗礼敬傅说于岩筑之役，齐桓公录用管仲于射钩之怨，所以也都能立丰功，成元勋。我没有听说过师相、仲父而可待以属吏之位的。不能仰窥天象的，就不可以和他共图远行，您不授骏马以重任，骏马也将俯首裹足而离去。"于是他没有接受署任。

郅恽西行至长安，便上书王莽道："臣闻天地重视世上之人，珍惜世上之物，所以运作机衡，垂象日月，浑元一气，创造万物，预作图□，安排世代。汉朝历年久长，孔子为做光德尚赤之制，使人不会被迷惑，以致残害人民，扰乱天时。智者顺之以成功德，遇者逆之以招祸害，天子的宝位是有天命注定，不能凭空占有的。上天垂象警戒，是想开悟陛下，让陛下回到臣子之位，转祸为福。刘氏享有天赐的永命，陛下顺应进节的盛衰，取之于天，还之于天，就可以说是知命了。如果陛下不早作打算，就不免成为窃位了。况且尧、舜都不因为是天赐之命而给予自家，所以禅让天下，陛下为什么以并非天赐之命而做自己的累赘呢？天是陛下的严父，臣为陛下的孝子。父亲的教诲不可废弃，儿子的忠谏不可推拒，望陛下三思。"王莽大怒，立即把郅恽逮捕关押进诏狱，劾以大逆不道之罪。但因为致恽引据经书和谶纬，王莽还难于就把他杀死，便让黄门近侍威胁郅恽，叫他自己承认是狂病恍惚，不知道自己说的是什么。郅恽便瞪眼骂道："我所陈述的都是天象显示的圣意，不是狂人所能编造的！"于是就把他关押起来，等待冬天行刑，因赶上赦令得以释放，就和同郡的郑敬隐居到南方的苍梧山。

汉光武帝建武三年，郅恽又到了庐江，于是遇上积弩将军傅俊向东略地扬州。傅俊一向知道郅恽的名，便以礼聘请，举荐为将兵长史，

交给他军政。郅恽便率众立誓道："不准掩袭无防备者，穷追走投无路者，不得断残人的肢体，裸露人的形骸，奸淫妇女。"傅俊的士兵仍然掘坟陈尸，掠夺百姓。郅恽劝谏傅俊说："往昔周文王不忍心让白骨暴露，周武王不肯因天下而轻视一人的性命，所以才能得到天地的感应，击败商朝如森林一般稠密的军队。将军为什么不效法文王，而触犯天地的禁规，大量伤人害物，虐及枯骨，得罪神明呢？如果不向天地谢罪而改变军政，就无法保全自己的性命。希望将军亲自为士卒的表率，收养伤残，埋葬死者，对被残害的人表示哀悼，以表明这不是将军的本意。"傅俊照他说的做了，百姓悦服，所向之处无不归顺。

建武七年，傅俊回到京城，荐举郅恽而论其功。郅恽以因军功取官为耻，便辞归乡里。县令卑躬厚礼，请求郅恽做他的掾属。郅恽的朋友董子张，其父此前被同乡的人所杀害。等到董子张病倒，将要死去的时候，郅恽前往探视。董子张就要死了，眼睛看着郅恽，抽泣着说不出话来。郅恽说："我知道你不是为寿终悲伤，而是没有能复仇痛苦。你活在世上，我为你心忧而不能动手；你要去世，我就动手而不必心忧了。"董子张只能用眼望着他而已。郅恽当即起身，带宾客遮杀仇人，取来头颅让董子张看。董子张看后就断气了。郅恽于是到县中，具状自首。县令故意拖延好久才见，郅恽说："为朋友报仇，是属吏我的私情；奉法不曲，是您的职责。为了自己活着而让您的品行有亏，这不合我的立身准则。"趋出自投入狱。县令顾不得穿鞋就追出去，没有追上，便亲自到监狱中，拔出刀向着自己，胁迫郅恽说："你如果不答应我从监狱中出去，我就以死表明心迹。"郅恽到此时才出狱，后来借病去职。

过了些时候，汝南太守欧阳歙聘请他做郡功曹。汝南的旧俗，在每年十月举行大宴会。百里以内的属县都要携带牛酒到郡府宴饮。时临宴前的礼仪完毕，欧阳歙说："西部督邮繇延，天资忠贞，禀性公正，摧毁奸凶，不严苛而政理。现在与众儒一起论繇延之功，表彰于朝廷。太守为嘉奖他的卓越政绩，赐牛酒以养德。"主簿读教令，户曹领繇延接受奖赏。郅恽从下座愀然起身向前道："请司仪举起酒觥（罚酒所用的酒具），把您的过错上告于天。按繇延资性贪邪，表面方正而内实圆滑，结朋党，营奸私，欺罔君上，为害黎民，所在之处一片荒凉扰乱，怨恨和祸乱一起兴起。明府以恶为善，您的部下以正直迁就邪曲，这既无君上，又无臣下，郅恽敢再拜奉上酒觥。"欧阳歙面色惭愧惶乱，不知说什么才好。门下掾吏郑敬进前说："君上英明，臣下才会刚直，功曹说的话很恳切，这是明府有德，能不接受酒觥么？"欧阳歙的情绪稍微缓和下来，说："这确实是我的过错，我敬受此觥。"郅恽便摘冠谢罪道："往昔虞舜辅佐帝尧，四凶（共工、欢兜、三苗、鲧，传说中当时的四个凶人）全部伏罪，谗言不被采纳，奸佞不能得逞，所以他才能尽到股肱之责，而帝尧为之歌咏。是我不忠于职守，才使得奸佞昭显，豺虎为政，不仅使您受到指责，而且当众受窘，我的罪过实在太重了。请逮捕我和繇延，以昭明好恶。"欧阳歙说："这是更加重我的过错呀。"结果没有进行宴会就解散了。郅恽回到府中，就告了病假，繇延也自己引退了。

郑敬一向与郅恽交情深厚，见他用言语忤犯了欧阳歙，就召他前来，说："你当廷争辩繇延的事，主公还不肯采纳。繇延现在虽然离去，但看他的势头是一定要回来的。存心正直而无所忌讳，这确实是上古三代的道德。然而道不同者不相为谋，我不能忍心看见你有不被所容的危险，你为什么不离开呢！"郅恽说："孟轲以勉力促使其君所不能为者为忠，以认定其君所不能行者为贼。我业已勉力促使他做了。阻拦君上于朝，则已经有了忠直之名，但如果不能死于其职，是有罪的。緱延已经去职而我又离去，这是不对的。"郑敬便独自隐居于弋阳山中。过了几个月，欧阳歙果然又召回緱延，郅恽于是就离去，随郑敬所止，以钓鱼自娱，留住了数十天。郅恽的志向在于从政，不久就喟然而叹，对郑敬说："天生下俊杰之士，是为了百姓，不可与鸟兽同群。你是跟我一起去做伊尹、吕尚呢，还是做巢父、许由，当尧、舜的百姓呢？"郑敬说："我已经知足了。我本为只想追随大舜于苍梧（意思是为皇帝效力），功成归来则做赤松子一样的隐士，如今有幸能够保全自己并且有了后嗣，还乡奉守祖先的坟墓，从事学问，隐遁求道，虽然没有从政，这也合乎为政的宗旨。我年纪已经老迈了，怎么能跟从你而去呢？你勉力端正性命的意义，不要劳神以戕害生命。"郅恽于是告别而去。郑敬字次都，志趣清高，远超于世，汉光武帝连连征聘他都不去。

于是郅恽客居于江夏教授生徒，郡中举他为孝廉，任命为看管洛阳上东城门的官员。光武帝曾经出外行猎，夜里才回都城，郅恽紧闭城门不开。光武帝命令随从和他相见于城门间。郅恽说："你们火炬的光明延伸得很远。"不接受光武帝的命令。光武帝便改从东中门入城。第二天，郅恽上书谏道："往昔周文王不敢游乐于田猎，唯以万民为忧。而陛下远猎于山林，夜以继日，将把社稷宗庙置于何处？暴虎冯河，要对灾祸预先儆戒，这实在是小臣的忧虑。"书奏上，光武帝赏赐他布百匹，贬东中门的官员为参封县尉。

后来光武帝命令郅恽教授皇太子《韩诗》，侍讲于殿中，及至郭皇后被废，郅恽便上言于光武帝道："臣听说夫妇之好，连父亲都管不了儿子，何况臣子能管君王么？这本是我所不敢言进的。虽然如此，仍希望陛下能考虑这样是否恰当，不要让天下人对社稷有所议论。"光武帝说："郅恽善于以宽厚之心体谅君主，知道我不会被人所左右而忘记天下的。"郭后被废以后，太子的心很不安，郅恽便说服太子道："你长久地使自己处于忧疑之位，上则违背孝道，下则濒临危殆。往昔殷高宗是明君，尹吉甫是贤臣，因为纤芥之故，还把自己的孝顺的儿子放逐了。《春秋》之义，母亲因儿子而贵。太子应该通过左右和诸皇子引咎退位，奉养母亲，以申明圣教，不要背逆自己的父亲。"太子照郅恽说的做了，光武帝竟然批准了太子退位的请求。

郅恽再迁为长沙太守。此前长沙有个叫古初的孝子，父亲死了还没有埋葬，邻居失火，古初匍匐在棺材上，用身体捍御大火，火竟因此而熄灭了。郅恽觉得很神异，就把他优先举荐为孝廉。后来郅恽因事故贬为芒县县长，又被免官归家，隐居教授，著书八篇。因病去世。他的儿子名叫郅寿。

（栾保群　译）

【原文】

郅恽字君章，汝南西平人也。年十二失母，居丧过礼。及长，理《韩诗》、《严氏春秋》，明天文历数。

王莽时，寇贼群发，恽乃仰占玄象，叹谓友人曰："方今镇、岁、荧惑并在汉分翼、轸之域，去而复来，汉必再受命。福归有德，如有顺天发策者，必成大功。"时左队大夫逯并素好士，恽说之曰："当今

上天垂象，智者以昌，愚者以亡。昔伊尹自鬻辅商，立功全人。悻窃不逊，敢希伊尹之踪，应天人之变。明府倘不疑逆，俾成天德。"并奇之，使署为吏。悻不谒，曰："昔文王拔吕尚于渭滨，高宗礼傅说于岩筑，桓公取管仲于射钩，故能立弘烈，就元勋。未闻师相仲父，而可为吏位也。非窥天者不可与图远。君不授骥以重任，骥亦俯首裹足而去耳。"遂不受署。

西至长安，乃上书王莽曰："臣闻天地重其人，惜其物，故运机衡，垂日月，含元包一，甄陶品类，显表纪世，图录豫设。汉历久长，孔为赤制，不使愚惑，残人乱时。智者顺以成德，愚者逆以取害，神器有命，不可虚获。上天垂戒，欲悟陛下，令就臣位，转祸为福。刘氏享天永命，陛下顺节盛衰，取之以天，还之以天，可谓知命矣。若不早图，是不免于窃位也。且尧舜不以天显自与，故禅天下，陛下何贪非天显以自累也。天为陛下严父，臣为陛下孝子。父教不可废，子谏不可拒，惟陛下留神。"莽大怒，即收系诏狱，劾以大逆。犹以悻据经谶，难即害之，使黄门近臣胁悻，令自告狂病恍忽，不觉所言。悻乃瞋目詈曰："所陈皆天文圣意，非狂人所能造。"遂系须冬，会赦得出，乃与同郡郑敬南遁苍梧。

建武三年，又至庐江，因遇积弩将军傅俊东徇扬州。俊素闻悻名，乃礼请之，上为将兵长史，授以军政。悻乃誓众曰："无掩人不备，穷人于厄，不得断人支体，裸人形骸，放淫妇女。"俊军士犹发冢陈尸，掠夺百姓。"悻谏俊曰："昔文王不忍露白骨，武王不以天下易一人之命，故能获天地之应，克商如林之旅。将军如何不师法文王，而犯逆天地之禁，多伤人害物，虐及枯尸，取罪神明？今不谢天改政，无以全命。愿将军亲率士卒，收伤葬死，哭所残暴，以明非将军本意也。"从之，百姓悦服，所向皆下。

七年，俊还京师，而上论之。恽耻以军功取位，遂辞归乡里。县令卑身崇礼，请以为门下掾。恽友人董子张者，父先为乡人所害。及子张病，将终，恽往候之。子张垂殁，视恽，歔欷不能言。恽曰："吾知子不悲天命，而痛仇不复也。子在，吾忧而不手；子亡，吾手而不忧也。"子张但目击而已。恽即起，将客遮仇人，取其头以示子张。子张见而气绝。恽因而诣县，以状自首。令应之达，恽曰："为友报仇，吏之私也。奉法不阿，君之义也。亏君以生，非臣节也。"趋出就狱。令跣而追恽，不及，遂自至狱，令拔刃自向以要恽曰："子不从我出，敢以死明心。"恽得此乃出，因病去。

久之，太守欧阳歙请为功曹。汝南旧俗，十月飨会，百里内县皆赍牛酒到府宴饮。时临飨礼讫，歙教曰："西部督邮繇延，天资忠贞，禀性公方，摧破奸凶，不严而理。今与众儒共论延功，显之于朝。太守敬嘉厥休，牛酒养德。"主簿读教，户曹引延受赐。恽于下坐愀然前曰："司正举觥，以君之罪，告谢于天。案延资性贪邪，外方内员，朋党构奸，罔上害人，所在荒乱，怨毒并作。明府以恶为善，股肱以直从曲，此既无君，又复无臣，恽敢再拜奉觥。"歙色惭动，不知所言。门下掾郑敬进曰："君明臣直，功曹言切，明府德也，可无受觥哉？"歙意少解，曰："实歙罪也，敬奉觥。"恽乃免冠谢曰："昔虞舜辅尧，四罪咸服，谗言弗庸，孔任不行，故能作股肱，帝用有歌。恽不忠，孔任是昭，豺虎从政，既陷诽谤，又露所言，罪莫重焉。请收恽、延，以明好恶。"歙曰："是重吾过也。"遂不宴而罢。恽归府，称病，延亦自退。

郑敬素与恽厚，见其言忤歙，乃相招去，曰："子廷争繇延，君犹不纳。延今虽去，其势必还。直心无讳，诚三代之道。然道不同者不相为谋，吾不能忍见子有不容君之危，盍去之乎！"恽曰："孟轲以强其君之所不能为忠，量其君之所不能为贼。恽业已强之矣，障君于朝，既有其直，而不死职，罪也。延退而恽又去！不可。"敬乃独隐于弋阳山中。居数月，歙果复召延，恽于是乃去。从敬止，渔钓自娱，留数十日。恽志在从政，既乃喟然而叹，谓敬曰："天生俊士，以为人也，鸟兽不可与同群。子从我为伊吕乎？将为巢许，而父老尧舜乎？"敬曰："吾足矣，初从生步重华于南野，谓来归为松子，今幸得全躯树类，还奉坟墓，尽学问道，虽不从政，施之有政，是亦为政也。吾年耄矣，安得从子？子勉正性命，勿劳神以害生。"恽于是告别而去，敬字次都，清志高世，光武连征不到。

恽遂客居江夏教授，郡举孝廉，为上东城门候。帝尝出猎，车驾夜还，恽拒关不开。帝令从者见面于门间，恽曰："火明辽远。"遂不受诏。帝乃回从东中门入。明日，恽上书谏曰："昔文王不敢槃于游田，以万人惟忧，而陛下远猎山林，夜以继昼，其如社稷宗庙何？暴虎冯河，未至之戒，诚小臣所窥忧也。"书奏，赐布百匹，贬东中门候为参封尉。

后令恽授皇太子《韩诗》，侍讲殿中。及郭皇后废，恽乃言于帝曰："臣闻夫妇之好，父不能得之于子，况臣能得之于君乎？是臣所不敢言。虽然，愿陛下念其可否之计，无令天下有议社稷而已。"帝曰："恽善恕己量主，知我必不有所左右而轻天下也。"后既废，而太子意不自安，恽乃说太子曰："久处疑位，上违孝道，下近危殆。昔高宗明君，吉甫贤臣，及有纤介，放逐孝子。《春秋》之义，母以子贵。太子宜因左右及诸皇子引愆退身，奉养母氏，以明圣教，不背所生。"太子从之，帝竟听许。

恽再迁长沙太守。先是长沙有孝子古初，遭父丧未葬，邻人失火，初匍匐木柩上，以身扞火，火为之灭。恽甄异之，以为首举。后坐事左转芒长，又免归，避地教授，著书八篇。以病卒。子寿。

杜诗传

——《后汉书》卷三一

【说明】杜诗（？—38），东汉河内汲县（今河南汲县西南）人，字君公。早年曾经任郡功曹，后任更始政权大司马府属吏，此后归附光武帝刘秀。先后任侍御史、成皋令，沛郡及汝南郡尉。迁任南阳太守，所到皆有政绩。南阳人称其为"杜母"。他还根据前人的经验，制造水排，利用水的力量带动鼓风机，进行冶铁铸造。此法比欧洲早一千多年。杜诗不仅有政治才能，而且任官廉洁，死后贫困无田宅，丧无所归。

　　杜诗，字君公，河内汲县人。年轻时有才能，在郡里任官为功曹，以公平著称。更始政权时，被征辟为大司马府官员。建武元年，在一年中迁升三次至侍御史，负责安定洛阳。当时将军萧广放纵士兵不法，在城里横行霸道，百姓惶恐惊扰。杜诗晓谕萧广，仍不改悔，于是将萧广击杀，回京后把情况向光武帝奏报。光武帝召见他，赐给他棨戟，又派他巡视河东，去招降和诛杀反叛的贼人杨异等。杜诗抵达大阳，听说贼人企图北渡，于是与长史迅速焚毁船只，调集部署郡中士兵，派骑兵突袭贼兵，杀死杨异等人，贼兵因此被消灭。拜授为成皋县令，任官三年，政绩优异。又迁升为沛郡都尉，转任汝南都尉。所到之处，都有政绩。

建武七年，升任南阳太守。他生活节俭，施政清正平和，以诛杀强暴树立威信，他还擅长计划谋略，减少和爱惜民力劳役。又设计制作水排，铸造农具，使用的力量少，收效多，百姓很便利。此外，还修建池塘，广泛开垦土地，郡中家家户户都丰足富实。当时人们把他比作召信臣，所以南阳人赞颂他说："先前有召父，后来有杜母。"

杜诗自认为没有功劳，不应长期任大郡长官，请求降职，以避让职位给功臣，于是上疏说：

陛下卓越地完成一项传大的工作，成就了一番宏伟的功业，收藏好兵器治理国家，众将都返回朝廷，全国和睦一家，千秋万代都将蒙受您创造的幸福，这是天下极大的幸事。只有匈奴还未被圣德感化，威胁着西、北两处边境地区，肆意欺凌我国百姓，边境居民深受其害，不能自己保护自己。臣下担心威武勇猛的将领虽然勤奋守卫边境，也未必能够脱下盔甲，收藏起弓箭。勤奋而无止息将会有怨言，劳累而不得休息也会有不满，有怨怨的军队，难以再督责它立功。臣观察将帅的心情，功臣的期望，都盼着不再打仗，满足于在内地郡中任官，然后再受命出征，他们才不会有怨怨的情绪。臣下认为"出师成功在于团结而不在人多"，陛下虽然顾虑北部边境之事，也应当和缓地调用军队。先前汤武善于驾驭部队，所以从不因一时愤怒而出兵。陛下起兵已十三年，将帅和睦，士卒欢悦。如今若是使公卿郡守都出自军人，则将帅将会自我勉励；士卒的优待与宿卫一样，则士卒会勇气百倍。为什么？因为国家已经安定，人人都重视自己的性命，大臣以下官员，都怀恋乐土，不根据功劳给予报酬，而督责他们尽力，是不大可能的。陛下应该留下几个郡守的职位，以便拜任那些得胜班师的大臣，再出丰厚的奖赏，给那些长期服役的士卒。这样，边境地区驻守的军队，会争着舍生忘死；守城护塞的官吏，定能不辞劳苦；从而使得烽火准确，防守坚固。圣明的君王施政，必定要依据人的心理。现今杂用了一些愚昧、德行浅薄的人，断绝了功臣的期望，实在不适宜。

臣下杜诗暗自思忖，本来是掾史属吏之才，正值陛下创立大业，贤良能干的人都在外打仗，朝廷里人才缺乏之际，特殊地受到极大恩宠，但教化百姓不称职，任官又没有功绩，长期窃居官位，使得功臣心怀不满，我实在惶恐不安。建武八年的时候，曾上书请求退位让给有功之人，陛下加给我特殊的恩典，不允许辞职。臣杜诗蒙受的恩德极深，道义使得我不能担当假意请求辞职之名，如果不能实现（辞职）的愿望，那么臣愿辞退大郡的官职，担任低一些的职务。若是臣下身体强壮，有能力处理繁杂艰难的事务，而且任用臣下杜诗的确有所补益，再授以较高官职，虽然授予爵位，也不推辞。恳请陛下哀怜体谅！

光武帝爱惜他的才能，所以没有同意这个请求。

杜诗喜好推举贤才，多次举荐知名士人清河人刘统以及鲁阳长董崇等人。当初，法令制度还很简单，只是以皇帝的玺书调兵，没有虎符作凭信，杜诗上疏说："臣下听说军队是国家的凶器，圣人对此极慎重。依照旧制度，发兵都以虎符作凭信，其余的征调，仅用竹制的令牌。符信会合无误，作为信用，这为的是证明国家的命令，以表示重

视，加强威信。先前发兵，只是用玺书，如果有奸邪的人欺瞒作假，也无法知道。我认为军事行动仍在进行，贼人尚未消灭，从各郡国征调军队，应该慎重，可以设置虎符，以杜绝奸人作恶之源。先前魏国的公子无忌，威德远播邻国，仍要借助兵符，才能解救对赵国的包围，如果如姬没有杀父之仇，公子无忌也不能成功。事情应该复杂，便不可减省，繁费出于不得已，说的就是这个道理。"上书奏报，建议被采纳。

杜诗虽然在外地任官，仍然尽心于朝廷大事，有忠正的言论，好的建议，都随时进献上奏。任官七年，政令教化大大推行。建武十四年，因为派宾客为弟弟报仇，被征召问罪，正巧因病去世。司隶校尉鲍永上奏说杜诗家中贫困，没有田宅，死后无处下葬。诏令在郡中官邸治丧，并赐一千匹绢办丧事。

（熊海龙　译）

【原文】

杜诗，字君公，河内汲人也。少有才能，仕郡功曹，有公平称。更始时，辟大司马府。建武元年，岁中三迁为侍御史，安集洛阳。时将军萧广放纵兵士，暴横民间，百姓惶扰，诗敕晓不改，遂格杀广，还以状闻。世祖召见，赐以棨戟，复使之河东，诛降逆贼杨异等。诗到大阳，闻贼规欲北度，乃与长史急焚其船，部勒郡兵，将突骑趁击，斩异等，贼遂剪灭。拜成皋令，视事三岁，举政尤异。再迁为沛郡都尉，转汝南都尉，所在称治。

七年，迁南阳太守。性节俭而政治清平，以诛暴立威，善于计略，省爱民役。造作水排，铸为农器，用力少，见功多，百姓便之。又修治陂池，广拓土田，郡内比室殷足。时人方于召信臣，故南阳为之语曰："前有召父，后有杜母"。

诗自以无劳，不安久居大郡，求欲降避功臣，乃上疏曰：

陛下亮成天工，克济大业，偃兵修文，群帅反旅，海内合和，万世蒙福，天下幸甚。唯匈奴未譬圣德，威侮二垂，陵虐中国，边民虚耗，不能自守。臣恐武猛之将虽勤，亦未得解甲櫜弓也。夫勤而不息亦怨，劳而不休亦怨，怨恨之师，难复责功。臣伏睹将帅之情，功臣之望，冀一休足于内郡，然后即戎出命，不敢有恨。臣愚以为"师克在和不在众"。陛下虽垂念北边，亦当颇泄用之。昔汤武善御众，故无忿鸷之师。陛下起兵十有三年，将帅和睦，士卒凫藻。今若使公卿郡守出于军垒，则将帅自厉；士卒之复，比于宿卫，则戎士自百。何者？天下已安，各重性命，大臣以下，咸怀乐土，不雠其功而厉其用，无以劝也。陛下诚宜虚歆数郡，以俟振旅之臣，重复厚赏，加于久役之士。如此，缘边屯戍之师，竞而忘死，乘城拒塞之吏，不辞其劳，则烽火精明，守战坚固。圣王之政，必因人心。今猥用愚薄，塞功臣之望，诚非其宜。

臣诗伏自惟忖，本以史吏一介之才，遭陛下创制大业，贤俊在外，空乏之间，超受大恩牧养不称，奉职无效，久窃禄位，今功臣怀愠，诚惶诚恐。八年，上书乞避功德，陛下殊恩，未许放退。臣诗蒙恩尤深，义不敢苟冒虚请，诚不胜至愿，愿退大郡，受小职。及臣齿壮，力能经营剧事，如使臣诗将必有补益，复受大位，虽析珪授爵，所不辞也。惟陛下哀矜！

帝惜其能，遂不许之。

诗雅好推贤，数进知名士清河刘统及鲁阳长董崇等。初，禁网尚简，但以玺书发兵，未有虎符之信，诗上疏曰："臣闻兵者国之凶器，圣人所慎。旧制发兵，皆以虎符，其余征调，竹使而已。符第合会，取为大信，所以明著国令，敛持威重也。间者发兵，但用玺书，或以诏令；如有奸人诈伪，无由知觉。愚以为军旅尚兴，贼虏未殄，征兵郡国，宜有重慎，可立虎符，以绝奸端。昔魏之公子，威倾邻国，犹假兵符以解赵围，若无如姬之仇，则其功不显。事有烦而不可省，费而不得已；盖谓此也。"书奏，从之。

诗身虽在外，尽心朝廷，谠言善策，随事献纳。视事七年，政化大行。十四年，坐遣客为弟报仇被征，会病卒。司隶校尉鲍永上书言诗贫困无田宅，丧无所归。诏使治丧郡邸，赙绢千匹。

张堪传

——《后汉书》卷三一

【说明】张堪，字君游，南阳宛（今河南南阳）人，为南阳大姓。光武帝刘秀未起事时，对张堪节操甚为赞美。后由来歙推荐，召拜为郎中，再拜蜀郡太守。当时光武帝派吴汉征公孙述，因粮草不足欲退兵，张堪力谏止之。平公孙述后，汉军入蜀，张堪先入城，检阅府库，收其珍宝，悉条例上报，秋毫无私；慰抚官民，蜀地百姓大悦。后任渔阳太守，教民致富，外抗匈奴，颇有政绩，卒于官。

张堪，字君游，南阳宛人，为郡中的大姓。张堪早年成为孤儿，把先父的财产一百余万都让给了侄子。十六岁时，在长安求学，志向美雅，能够自励，儒生们都称他为"圣童"。

光武帝没有显赫时，了解张堪的志向和节操，经常称赞褒扬。即位之后，中郎将来歙推荐张堪，征召拜为郎中，经三次迁升为谒者。派他负责运输缣帛，并送战马七千匹，交吴汉讨伐公孙述，在途中追任他为蜀郡太守。当时吴汉的军队仅剩下七天的军粮，暗中准备船只要撤兵。张堪听说后，急忙驰驱至吴汉那里，论述公孙述必败，不应退兵之策。吴汉采纳了他的建议，于是显示软弱引诱敌兵，公孙述果然亲自率兵出战，结果在城下被击杀。成都被攻克之后，张堪首先占据城池，检查府库所藏财物，收敛珍宝，全部列出名单上报，一点都没有装入自己腰包。他安慰招抚城中的官员百姓，蜀地之人非常欢悦。

张堪在蜀郡任职两年，被征召回京，拜为骑都尉，后又领骠骑将军杜茂军营，在高柳击败匈奴，拜为渔阳太守。他在渔阳追捕打击奸猾之徒，赏罚必倍，官员百姓都乐意为他所用。匈奴曾出动一万名骑兵入侵渔阳，张堪率骑兵数千名奔袭攻击，大败敌兵，渔阳界内从此安定无事。于是他令百姓在狐奴开垦稻田八千余顷，劝谕百姓耕种，因此使郡中殷实富庶起来。百姓作歌说："桑树无乱枝，麦穗有双岐，张君施政，百姓乐不可支。"任渔阳太守八年，匈奴不敢入侵边塞。

皇帝曾召见各郡负责财政的官吏，向他们询问风土人情及前后任职的守令有没有能力。蜀郡计掾樊显进奏说："渔阳太守张堪先前在蜀地，广施仁政，官民深得恩惠；威令严明，奸邪多被惩治。先前公孙述被消灭时，珍宝堆积得象山一样，他掌握的财物，足可使十代成为巨富，但张堪离去时，只乘了一辆车辕折坏的车子，身带些布口袋而已。"皇帝听说，叹息了很久，拜樊显为鱼复县长。正要征召张堪，不巧他却病故了，皇帝深为痛惜，下诏予以褒扬，赐给他家帛一百匹。

（熊海龙　译）

【原文】

张堪字君游，南阳宛人也。为郡族姓。堪早孤，让先父余财数百万与兄子。年十六，受业长安，志美行厉，诸儒号曰"圣童"。

世祖微时，见堪志操，常嘉焉。及即位，中郎将来歙荐堪，召拜郎中，三迁为谒者。使送委输缣帛，并领骑七千匹，诣大司马吴汉伐公孙述，在道追拜蜀郡太守。时汉军余七日粮，阴具船欲遁去。堪闻之，驰往见汉，说述必败、不宜退师之策。汉从之，乃示弱挑敌，述果自出，战死城下。成都既拔，堪先入据其城，检阅库藏，收其珍宝，悉条例上言，秋毫无私。慰抚吏民，蜀人大悦。

在郡二年，征拜骑都尉。后领骠骑将军杜茂营，击破匈奴于高柳，拜渔阳太实。捕击奸猾，赏罚必信，吏民皆乐为用。匈奴尝以万骑入渔阳，堪率数千骑奔击，大破之，郡界以静。乃于狐奴开稻田八千余顷，劝民耕种，以致殷富。百姓歌曰："桑无附枝，麦穗两岐。张君为政，乐不可支。"视事八年，匈奴不敢犯塞。

帝尝召见诸郡计吏，问其风土及前后守令能否。蜀郡计掾樊显进曰："渔阳太守张堪昔在蜀，其仁以惠下，威能讨奸。前公孙述破时，珍宝山积，捲握之物，足富十世，而堪去职之日，乘折辕车，布被囊而已。"帝闻，良久叹息，拜显为鱼复长。方征堪，会病卒，帝深悼惜之，下诏褒扬，赐帛百匹。

羊续传

——《后汉书》卷三一

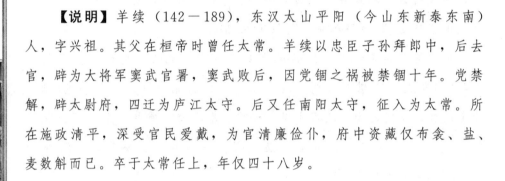

【说明】羊续（142—189），东汉太山平阳（今山东新泰东南）人，字兴祖。其父在桓帝时曾任太常。羊续以忠臣子孙拜郎中，后去官，辟为大将军窦武官署，窦武败后，因党锢之祸被禁锢十年。党禁解，辟太尉府，四迁为庐江太守。后又任南阳太守，征入为太常。所在施政清平，深受官民爱戴，为官清廉俭仆，府中资藏仅布衾、盐、麦数斛而已。卒于太常任上，年仅四十八岁。

　　羊续，字兴祖，太山平阳人，他的祖先七代都曾任二千石级别的公卿或校尉。祖父羊侵，汉安帝时任司隶校尉。父亲羊儒，汉桓帝时任太常。羊续因为是忠臣子孙受拜郎中，离任后，被征辟至大将军窦武的幕府任官。窦武因事被治罪，羊续因党锢之事，被禁锢不许为官十余年，在家中闭门不出，静居自守。党禁解除后，再被征辟至太尉府任官，经四次迁升为庐江太守。以后扬州黄巾军攻打舒城，放火焚烧城郭，羊续调发县里二十岁以上的男子，都发给兵器上阵，年幼体弱者，让他们全部担水灭火。共调数万人，齐心奋战，大败敌兵，庐江郡界内得以平定。此后安风的贼人戴风等人作乱，羊续又率兵将其击溃，斩杀三千余人，生擒其首领，其余的党羽原为平民，羊续发给生产工具，让他们回乡务农。

中平三年，江夏兵卒赵慈反叛，杀死南阳太守秦颉，攻陷了六个县。朝廷拜羊续为南阳太守。他进入南阳郡界内，便化装成平民间道而行，仅带一名随侍童子，了解各县情况，询问风俗民情，然后才去上任。各县的令长贪猾还是廉洁，官民善良还是奸邪，他都有了较清楚的认识，郡中人惊奇震恐，都被他所慑服。于是调兵与荆州刺史王敏一同进攻赵慈，将其斩首，俘获贼众五千余人。因而使所属各县的残余贼人都到羊续那里请降。羊续上报朝廷，宽免了那些随从作乱的人。贼人清剿平定之后，羊续在郡中颁布政令，为百姓兴利除害，百姓都欢悦佩服。当时有权势者及富豪人家都崇尚奢侈华丽，羊续对此深为憎恶，因而常常身穿破旧的衣服，乘用的车马也很简陋。府丞曾向他贡献活鱼，羊续收下后却悬挂在庭院之中；府丞后来又向他献鱼，羊续便把先前悬挂的那些鱼拿给他看，以告诫他以后不要再献。羊续的妻子和儿子羊秘后来到郡中官邸找他，羊续却拒之门外，他的妻子只好带着羊秘回去。羊续所有物品只有布制的衣服、破旧的短衣，数斛盐和麦而已。羊续对儿子羊秘说："我自己用的东西只有这些，用什么来养活你的母亲呢？"因而把羊秘和他的母亲送走了。

中平六年，汉灵帝准备任命羊续为太尉。当时拜任三公的人，都要向东园交纳礼钱上千万，灵帝命令宦官监督此事，名之为"左骖"。监督此事的宦官所到之处，都要上等礼节相迎，并丰厚地给予贿赂。而羊续却让他坐在单席上，举起旧棉絮做的袍子给他看说："臣下的家产，仅有这件袍子而已。"这个宦官报告了灵帝，灵帝很不高兴，羊续因此而没有登上三公之位。又征召他任太常，还未成行，不巧病故了，当时年仅四十八岁。留下遗言要薄葬，不要接受朝廷赐赠。依照旧制，二千石级的官员去世，要赠钱一百万办丧事。府丞焦俭遵照羊续的遗嘱，一文钱都没有接受。灵帝下诏予以赞扬，敕令太山太守把官府办丧事的钱赐给羊续的家人。

(刘洪波 译)

【原文】

羊续，字兴祖，太山平阳人也。其先七世两千石卿校，祖父侵，安帝时司隶校尉；父儒，桓帝时太常。续以忠臣子孙拜朗中，去官后，辟大将军窦武府。及武败，坐党事禁锢十余年，幽居守静，及党禁解，复辟太尉府，四迁为庐江太守。后扬州黄巾贼攻舒，焚烧城郭，续发县中男子二十以上，皆持兵勒陈，其小弱者，悉使负水灌火。会集数万人，并势力战，大破之，郡界平。后安风贼戴风等作乱，续复击破之，斩首三千余级，生获渠帅，其余党辈原为平民，赋与佃器，使就农业。

中平三年，江夏兵赵慈反叛，杀南阳太守秦颉，攻没六县。拜续为南阳太守，当入郡界，乃羸服间行，侍童子一人，观历县邑，采问风谣，然后乃进。其令长贪洁，吏民良猾，悉逆知其状，郡内惊竦，莫不震慑，乃发兵与荆州刺史王敏共击慈，斩之，获首五千余级，属县余贼并诣续降，续为上言，宥其枝附。贼既清平，乃班宣政令，候民病利，百姓欢服。时权豪之家多尚奢丽，续深疾之，常弊衣薄食，车服羸败。府丞尝献其生鱼，续受而悬于庭；丞后又进之，续乃出前所悬者以杜其意。续妻后与子秘俱往郡舍，续闭门不内，妻自将秘行。其资藏唯有布衾、敝祗裯，盐、麦数斛而已。顾敕秘曰："吾自奉若此，何以资尔母乎？"使与母俱归。

六年，灵帝欲以续为太尉，时拜三公者，皆输东园礼钱千万，令中使督之，名为"左骖"其所之往，辄迎致礼敬，厚加赠赂。续乃坐使人于单席，举缊袍以示之曰："臣之所资，唯斯而已。"左骖白之，帝不悦，以此故不登公位。而征为太常，未及行，会病，时年四十八；遗言薄敛，不受赠遗。旧典，二千石卒官赙百万，府丞焦俭遵续先意，一无所受，诏书褒美，敕太山太守以府赙钱赐续家云。

梁冀传

——《后汉书》卷三四

【说明】梁冀（？—159年），东汉安定乌氏（今甘肃平凉西北）人，字伯卓，是有名的大奸臣。他的两个妹妹是汉顺帝、汉桓帝的皇后。他生长在富贵之家，从小游手好闲，不务正业。因为是贵戚，所以开始走上官场。永和六年（141年），继承其父梁商为大将军。顺帝死后，梁太后临朝。梁冀操权把柄，为所欲为，势倾朝野，百官少敢违令。他先后立冲、质、桓三帝，独专朝政几近二十年。质帝称他是"跋扈将军"，即被鸩死。太尉李固、杜乔不称其意，均被诬害。他和他的妻子都穷奢极欲，拓林建苑，方园近千里，制等王家。桓帝心中早已不平。梁冀两个当皇后的妹妹死后，桓帝与中常侍单超等借机诛灭了梁冀一家，"百家莫不称庆"。

　　梁冀，字伯卓。他生得肩膀像老鹰般上耸，双目如豺狼般直竖，两只豆眼直勾勾的，大舌头说话含混不清，谈不上学问，只不过能够写字计数而已。他自小身为贵戚，恣意游荡。生性好喝酒，能拉强弓，精通弹棋、格五、六博、蹴鞠、猜枚等游戏，还喜好架鹰走狗，驰马斗鸡。他开初担任黄门侍郎，转官为侍中，虎贲中郎将，越骑校尉，步兵校尉，执金吾。

永和元年，他官拜河南尹。梁冀在职残暴恣肆，多行非法。他父亲梁商所亲信的宾客洛阳县令吕放，对梁商很讲了一些梁冀的毛病，梁商责备梁冀，梁冀就派人在道路上刺杀了吕放。而他又怕梁商知道，便推指吕放的一个仇人有杀人嫌疑，要求把吕放的弟弟吕禹任命为洛阳县令，让他追捕吕放的仇人，把那人的亲族、宾客共一百多人全部杀死。

梁商去世以后，还没有葬埋，汉顺帝就拜梁冀为大将军，他弟弟侍中梁不疑为河南尹。及至顺帝去世，冲帝还在襁褓中，太后临朝听政，命梁冀和太傅赵峻、太尉李固参录尚书事。梁冀虽然推辞不敢当，可是奢侈暴虐得更厉害了。冲帝又死了，梁冀便扶立质帝，质帝年少而聪慧，知道梁冀骄横，有一次朝见群臣，便评论梁冀说："那是个跋扈将军！"梁冀听说了，很是憎恶，就命令左右亲信呈进加毒药的煮饼，质帝当天就死了。

他又扶立汉桓帝，而害死了李固以及前太尉杜乔，海内之人，嗟叹惊惧。建和元年，增封梁冀一万三千户，增加大将军府举荐的高第茂才的人数，他的官府属员比三公多一倍。又封梁不疑为颍阳侯，梁不疑的弟弟梁蒙为西平侯，梁冀的儿子梁胤为襄邑侯，各封万户。和平元年，再增封梁冀万户，加上以前所世袭和增封的共合三万户。

弘农人宰宣，生性邪佞，想取媚于梁冀，便上言说大将军有周公辅佐成王一般的功勋，如今既已经把他的儿子封侯，那么他的妻子也应该封为邑君。于是降诏封梁冀的妻子孙寿为襄城郡，兼食阳翟的租税，每年改入五千万，加赐赤绂，仪仗服制与长公主相同。孙寿生得很美而善作妖媚之态，创兴"愁眉"（一种细而曲折的描眉式样）、"啼妆"（化妆时在眼睛下描画得好像刚刚哭过）、"堕马髻"（侧在一边的发髻）、"折腰步"（故意作出身体倦怠而腰肢纤弱的步态）、"龋齿笑"（好像牙疼而略带愁苦的笑容），以为媚惑。梁冀也变更舆服之制，创设车盖上平而带有屏障的车，低矮的帻，狭窄的冠，上角折起的头巾，大可遮身的扇，后裾曳地如狐尾的单衣。孙寿生性猜忌而好钳制人，能控制驾驭梁冀，梁冀很是宠爱而又忌惮她。

早先，梁商曾献给顺帝一个叫友通期的美女，友通期犯了点儿小过错，顺帝便把她送还给梁商，梁商不敢自己留下，就把她嫁了出去，而梁冀又派门客把她偷偷抢了回来。正好这时梁商去世，梁冀便换上出门的服装，在城西偷偷与她同居。孙寿窥伺着梁冀外出，便带有很多奴仆，强行把友通期带回家来，割断她的头发，划破她的脸，痛打一顿，并想上书皇帝告发此事。梁冀害怕极了，磕着头请求孙寿的母亲说情，孙寿也不得已而作罢。但梁冀依然与友通期私通，生了个儿子叫伯玉，藏着不敢让他出来。不久孙寿知道，就让自己的儿子梁胤诛灭了友氏。梁冀恐怕孙寿杀伯玉，经常把他藏在夹墙中。梁冀宠爱掌管事的奴才秦宫，提拔他当了太仓令，允许他随意出入孙寿的居处。孙寿见了秦宫，就屏隔左右，借故有事要说，便与他私通起来。秦宫内外兼宠，威权大震，刺史、郡守来京城，都要向他拜谒和辞别。

梁冀听从孙寿的话，罢斥了许多梁家在位的人，向外显示自己的谦让，而实际上把孙氏的宗族抬举上去。孙家冒名而为侍中、卿、校尉、郡守、县令有十余人，个个贪婪凶淫，他们安排自己的亲信奴客把县里的富人拉出名单，然后给他们安上罪名，关押拷打，逼迫他们出钱赎出自己，出钱少的往往落得处死或流放。扶风有个叫士孙奋的，富有而吝啬，梁冀便给他送去一匹马，然后找他"借贷"五千万。士孙奋只给了三千万。梁冀大怒，就告到郡县，硬说士孙奋的母亲是自己家掌管财物的婢女，说她偷珍珠十斛、紫金千斤而叛逃，于是收捕考掠士孙奋兄弟，死于狱中，把他家的一亿七千万资产全部吞没。那些四面八方征调、岁时节令贡献的物品，都是先把上等的送给梁冀，其次才是皇帝的。官吏带着金钱向他求官请罪的，道路上络绎不绝。梁冀又派遣门客私出边塞，勾结外国，求取各种珍异之物。他借着出行的机会，调取伎女侍者，还指使手下仗势横暴，抢掠妇女，殴打吏卒，所到之处，怨毒丛起。

梁冀便大造第宅，而孙寿也在街对面建造第宅，极尽土木之豪奢，互相夸耀竞争。厅堂寝室都有阴阳深室，房屋互相连通。屋柱墙壁都雕镂花纹，加以铜饰髹漆。窗房上都镂刻成锦绮连琐之纹，绘画上云气仙灵之图，高台巍阁，周绕连通，互相临望；飞桥石磴，陵跨曲水。金玉珠玑，异国珍奇，充塞藏室。还从远方弄到汗血名马。他又大肆开辟园囿，运土筑山，十里九坂，以模仿二肴山，深林绝涧，犹如天然，奇禽驯兽，飞走其间。梁冀和孙寿一起乘坐辇车，张起羽盖，装饰以金银，游览于宅第之内，大群的歌女乐伎随从着，鸣钟吹管，一路笙歌，有时夜以继日，恣意行乐。客人到了门前不能得到通报，只得向守门的送礼，守门人富累千金。他又开拓林苑，设禁如同皇家，西至弘农，东界荥阳，南至鲁阳，北抵黄河、淇水，包容山林，远括丘野，四周环绕，封界几乎有千里。他又建兔苑于河南县的城西，连绵数十里。征调属县的士卒刑徒，修建楼台宫观，历时数年才竣工。发放公文于所在，征调活兔，剪刻其毛以为标志，有人触犯其兔，罪至于处刑致死。曾经有个西域的胡人商贾，不知道禁忌，误杀了一只兔子，转相告发，坐罪而死者十余人。梁冀的二弟曾经私自派人出猎于上党，梁冀听说了，就追捕其宾客，一下子杀死三十余人，没有一个生还。梁冀又在洛阳城西建造另外的府邸，以收容奸人及亡命之徒。他还掠取良家子女，全部变成自己的奴婢，数达几千人，称之为"自卖人"。

元嘉元年，桓帝因为梁冀有扶立自己的功劳，想崇以特殊的礼遇，便大集公卿，一起讨论其礼仪。于是有司上奏：梁冀入朝不必趋步，可以佩剑着履上殿，谒赞不称其名，礼仪比于萧何；把定陶、成阳所余之户全部增封给梁冀，以足四县之数，比于邓禹；赏赐金钱、奴婢、彩帛、车马、衣服、府邸，比于霍光，以显示其特殊的功勋。每次朝会，与三公座席要分开。十日一入政府，评议尚书事务。这些都宣布于天下，为万世不变之法。梁冀还觉得所奏的礼遇太薄，心里很不高兴。他专擅威权，凶恣日甚，机要之事无论大小，都必须向他报告，由他裁决。宫廷中的卫士，皇帝的近侍，都是他亲自安排，所以宫禁中的细微琐事他无不悉知。百官的委任和召见，都先到梁冀家中投书谢恩，然后才敢去尚书省。下邳人吴树被任命为宛县令，上任前去向梁冀辞行。梁冀的宾客分布在宛县界内，他便以私情托付吴树照顾。吴树回答说："小人蠹贼，人人得以诛之。贤明的将军您以皇帝戚属之重，处大将军之位，应该推崇贤良，以弥补朝廷之缺。宛县为大都会，是士人丛聚的渊薮，但自从我认识你以来，没有听见你举荐过一位长者，而托付给我的都不是好东西，这确实不是我希望听到的！"梁冀默然，很不高兴。吴树到县之后，便诛杀了数十名为害百姓的梁冀的宾客，由此梁冀恨透了他。后来吴树被委任为荆州刺史，临行时向梁冀辞别。梁冀为他设宴，借机下毒，吴树出门，死在车上。还有辽东太守侯猛，初次拜官不来谒见梁冀，梁冀便以其他的事为借口，腰斩了他。

当时的一个郎中，汝南人袁著，年方十九，见梁冀凶恶无忌，不胜愤怒，便向皇帝上书道："臣闻孔子感叹凤凰不至，黄河不出现图书，为自己的地位卑贱不能致天下于太平而伤心。今陛下身居可致太平之位，又有能致太平之资，而祥和之气未有感应，贤愚之人位置颠倒者，是因为势力旁落于权臣，上下壅塞不通的缘故。一年四季的运行更替，是功成则退；长期拥有崇高的爵位和厚重的恩宠，很少不因此导致灾祸的。如今大将军位极人臣，功业成就，可以把这话作为鉴戒，应该遵照退休之礼，高枕养神。古书中说：'树木的果实太繁盛，就会压折树枝而伤害树心。'如果不对过盛的权势实行抑制和削减，就将无法保全他的身家性命了。有人听了我的话，可能将侧目切齿，但我以无知少年独受主上的提拔，所以敢于不顾忌讳。往昔大舜告诫大禹不要像丹朱一样傲慢，周公告诫成王不要像殷纣王一样失道，希望废除所谓'诽谤之罪'，以使天下之人畅所欲言。"这书得以奏达皇帝，梁冀知道了，便秘密派人逮捕袁著。袁著便改变姓名，后来又借病装死，结蒲草为人形，买个棺材发殡葬埋。梁冀调查知道是作假，便秘密追捕到袁著，活活地笞杖而死，然后隐蔽其事。太学生桂阳刘常，为当世的名儒，与袁著一向交好，梁冀把他召来当令史以示侮辱。当时太原郝䌷、胡武，都好作危言高论，与袁著很友善。此前郝䌷等人联名向三府（指丞相、太尉、御史大夫）上奏记，推荐海内名士，而

不求见梁冀，梁冀追恨起这事，又怀疑他是袁著一党，敕令中都官发布公文，追捕以前上奏记的人，全部杀死，于是诛灭胡武全家，死者六十余人。郝彪开初还逃亡，后来知道无法逃免，便用车拉着棺材奏书于梁冀之门，书奏入，他便饮毒药而死，他的家属才得以保全。及至梁冀被诛，有诏旨以礼祭祀袁著等人。梁冀的各种残忍猜忌之事，都与此相类似。

梁不疑好读经书，礼待士人，梁冀暗下很嫉恨他，便通过中常侍禀白桓帝，把梁不疑改官为光禄勋。他又示意众人一起推荐自己的儿子梁胤为河南尹。梁胤一名胡狗，当时才十六岁，容貌丑陋，官服都穿得不像样子，在道路上见到他的，无不嗤笑。梁不疑以兄弟不和为耻，就让出河南尹的位子，回归府第，与弟弟梁蒙闭门自守。梁冀不愿意让他们与宾客来往，暗暗派人化装到他们门口，记录来往客人的名单。南郡太守马融、江夏太守田明，刚刚被任命，前去谒见梁不疑。梁冀便示意州郡以其他的事陷害他们，都被髡笞笞杖，流放到朔方郡。马融自杀未遂。田明死于路途之上。

永兴二年，封梁不疑之子梁马为颍阴侯，梁胤之子梁桃为城父侯。梁冀一门前后有七人封侯，出了三个皇后，六个贵人，两个大将军，夫人、女儿享受封邑而称君者有七人，娶公主者三人，其余为九卿、将军、大尹、校尉者有五十七人，在位二十余年，隆盛至极，威行朝廷内外，百官侧目而视，莫敢违命，天子谦恭自处而不得有所干预。桓帝心中已经愤愤不平。到延嘉元年，太史令陈授通过小黄门徐曹，陈述灾异日食之天变，咎责在于大将军。梁冀知道了，示意洛阳令收捕考掠陈授，致死于狱中。桓帝因此发怒。

开初，掖庭署人邓香的妻子宣，生了女儿邓猛，邓香死后，宣改嫁给梁纪。梁纪是梁冀的妻子孙寿的舅父，孙寿引进邓猛进入后宫，得到桓帝的宠爱，封为贵人。梁冀想认邓猛为自己的女儿以加强自己的地位，便改邓猛姓梁。当时邓猛的姐夫邴尊为议郎，梁冀担心邴尊会说服宣改变主意，不同意改姓的事，就组织刺客在偃城刺杀邴尊，还想刺杀宣。宣家住在延熹里，与中常侍袁赦是邻居。梁冀派的刺客爬上袁赦的屋顶，想入进宣家。袁赦觉察了，擂鼓聚众以告诉宣。宣驰马入宫报告了桓帝。桓帝大怒，便与中常侍单超、具瑗、唐衡、左悺、徐璜等五人策划诛杀梁冀。

梁冀心里怀疑单超等人，便派中黄门张恽进入尚书省值宿，以防备事变，具瑗敕令官吏逮捕张恽，因其突然从外入内，必然是图谋不轨。桓帝于是驾临前殿，召诸尚书入宫，发露其事，派尚书令尹勋持节杖，部勒丞郎以下，全部持兵器守护省阁，收敛所有符节印信送往省中。又派黄门令具瑗率领左右厩驺（骑兵）、虎贲、羽林、都候的剑戟士，共千余人，与司隶校尉张彪一起包围梁冀的府第。派光禄勋袁盱持节杖收取梁冀的大将军印绶，改封为比景都乡侯。梁冀及妻子孙寿当日全都自杀。又把梁冀的儿子河南尹梁胤、叔父屯骑校尉梁让，堂兄弟卫尉梁淑、越骑校尉梁忠、长水校尉梁戟等全部收捕，梁氏以及孙氏堂表亲戚逮送诏狱，无论年纪大小，全部斩首弃市。梁不疑和梁蒙此前已经去世。其他牵连处死的的公卿、校尉、刺史、郡守有数十人。故吏宾客被黜免有三百余人，朝廷为之一空，唯有尹勋、袁盱及廷尉邯郸义还在朝。当时事变从宫中突然发起，使者穿梭奔驰，公卿失去常度，官府市井一片鼎沸，几天后才安定下来，百姓无不欢庆。

没收梁冀的财产，由官府拍卖，折合三十余万万，用以充实国家府库，可以减收天下租税的一半。分散梁冀的苑囿，以供穷苦百姓耕作。记录诛除梁冀有功者，封尚书令尹勋以下数十人。

（栾保群 译）

【原文】

冀字伯卓，为人鸢肩豺目，洞精瞒盼，口吟舌言，裁能书计。少为贵戚，逸游自恣。性嗜酒，能挽满、弹棋、格五、六博、蹴鞠、意钱之戏，又好臂鹰走狗，骋马斗鸡。初为黄门侍郎，转侍中，虎贲中郎将，越骑、步兵校尉，执金吾。永和元年，拜河南尹。冀居职暴恣，多非法，父商所亲客洛阳令吕放，颇与商言及冀之短，商以让冀，冀即遣人于道刺杀放。而恐商知之，乃推疑于放之怨仇，请以放弟禹为洛阳令，使捕之，尽灭其宗亲，宾客百余人。

商薨未及葬，顺帝乃拜冀为大将军，弟侍中不疑为河南尹。及帝崩，冲帝始在襁褓，太后临朝，诏冀与太傅赵峻、太尉李固参录尚书事。冀虽辞不肯当，而侈暴滋甚。冲帝又崩，冀立质帝。帝少而聪慧，知冀骄横，尝朝群臣，目冀曰："此跋扈将军也。"冀闻，深恶之，遂令左右进鸩加煮饼，帝即日崩。

复立桓帝，而枉害李固及前太尉杜乔，海内嗟惧。建和元年，益封冀万三千户，增大将军府举高第茂才，官属倍于三公。又封不疑为颍阳侯，不疑弟蒙西平侯，冀子胤襄邑侯，各万户。和平元年，重增封冀万户，并前所袭合三万户。

弘农人宰宣素性佞邪，欲取媚于冀，乃上言大将军有周公之功，今既封诸子，则其妻宜为邑君。诏遂封冀妻孙寿为襄城君，兼食阳翟租，岁入五千万，加赐赤绂，比长公主。寿色美而善妖态，作愁眉，啼粧，堕马髻，折腰步，龋齿笑，以为媚惑。冀亦改易舆服之制，作平上軿车，埤帻，狭冠，折上巾，拥身扇，狐尾单衣。寿性钳忌，能制御冀，冀甚宠惮之。

初，父商献美人友通期于顺帝，通期有微过，帝以归商，商不敢留而出嫁之，冀即遣客盗还通期。会商薨，冀行服，于城西私与之居。寿伺冀出，多从仓头，篡取通期归，截发刮面，笞掠之，欲上书告其事。冀大恐，顿首请于寿母，寿亦不得已而止。冀犹复与私通，生子伯玉，匿不敢出。寿寻知之，使子胤掠灭友氏。冀虑寿害伯玉，常置复壁中。冀爱监奴秦宫，官至太仓令，得出入寿所。寿见宫，辄屏御者，托以言事，因与私焉。宫内外兼宠，威权大震，刺史、二千石皆谒辞之。

冀用寿言，多斥夺诸梁在位者，外以谦让，而实崇孙氏宗亲。冒名而为侍中、卿、校尉、郡守、长吏者十余人，皆贪叨凶淫，各遣私客籍属县富人，被以它罪，闭狱掠拷，使出钱自赎，资物少者至于死徙。扶风人士孙奋居富而性吝，冀因以马乘遗之，从贷钱五千万奋以三千万与之，冀大怒，乃告郡县，认奋母为其守藏婢，云盗白珠十斛、紫金千斤以叛，遂收考奋兄弟，死于狱中，悉没资财亿七千余万。其四方调发，岁时贡献，皆先输上第于冀，乘舆乃其次焉。吏人贲货求官请罪者，道路相望。冀又遣客出塞，交通外国，广求异物。因行道路，发取伎女御者，而使人复乘势横暴，妻略妇女，殴击吏卒，所在怨毒。

冀乃大起第舍，而寿亦对街为宅，殚极土木，互相夸竞。堂寝皆有阴阳奥室，连房洞户。柱壁雕镂，加以铜漆；窗牖皆有绮疏青琐，图以云气仙灵。台阁周通，更相临望；飞梁石蹬，陵跨水道。金玉珠玑，异方珍怪，充积臧室。远致汗血名马。又广开园囿，采土筑山，十里九坂，以像二崤，深林绝涧，有若自然，奇禽驯兽，飞走其间，冀、寿共乘辇车，张羽盖，饰以金银，游观第内。多从倡伎，鸣钟吹管，酣讴竟路。或连继日夜，以骋娱恣。客到门不得通，皆请谢门者，门者累千金。又多拓林苑，禁同王家，西至弘农，东界荥阳，南极鲁阳，北达河、淇，包含山薮，远带丘荒，周旋封域，殆将千里。又起菟苑于河南城西，经互数十里，发属县卒徒，缮修楼观，数年乃成。移檄所在调发生菟，刻其毛以为识，人有犯者，罪至刑死。尝有西域贾胡，不知禁忌，误杀一兔，转相告言，坐死者十余人。冀二弟尝私遣人出猎上党，冀闻而捕其宾客，一时杀三十余人，无生还者。冀又起别第于城西，以纳奸亡。或取良人，悉为奴婢，至数千人，名曰"自卖人"。

　　元嘉元年，帝以冀有援立之功，欲崇殊典，乃大会公卿，共议其礼。于是有司奏冀入朝不趋，剑履上殿，谒赞不名，礼仪比萧何；悉以定陶、成阳余户增封为四县，比邓禹；赏赐金钱、奴婢、采帛、车马、衣服、甲第，比霍光；以殊元勋。每朝会，与三公绝席。十日一入，平尚书事。宣布天下，为万世法。冀犹以所奏礼薄，意不悦。专擅威柄，凶恣日积，机事大小，莫不谘决之。宫卫近侍，并所亲树，禁省起居，纤微必知。百官迁召，皆称到冀门笺檄谢恩，然后敢诣尚书。下邳人吴树为宛令，之官辞冀，冀宾客布在县界，以情托树。树对曰："小人奸蠹，比屋可诛。明将军以椒房之重，处上将之位，且崇贤善，以补朝阙。宛为大都，士之渊薮，自侍坐以来，未称一长者，而多托非人，诚非敢闻！"冀嘿然不悦。树到县，遂诛杀冀客为人害者数十人，由是深怨之。树后为荆州刺史，临去辞冀，冀为设酒，因鸩之，树出，死车上。又辽东太守侯猛，初拜不谒，冀托以它事，乃腰斩之。

时郎中汝南袁著，年十九，见冀凶纵，不胜其愤，乃诣阙上书曰："臣闻仲尼叹凤鸟不至，河不出图，自伤卑贱，不能致也。今陛下居得致之位，又有能致之资，而和气未应，贤愚失序者，势分权臣，上下壅隔之故也。夫四时之运，功成则退，高爵厚宠，鲜不致灾。今大将军位极功成，可为至戒，宜遵悬车之礼，高枕颐神，传曰'木实繁者，披枝害心'。若不抑损权盛，将无以全其身矣。左右闻臣言，将侧目切齿，臣特以童蒙见拔，故敢忘忌讳。昔舜、禹相戒无若丹朱，周公戒成王无如殷王纣，愿除诽谤之罪，以开天下之口。"书得奏御，冀闻而密遣掩捕著。著乃变易姓名，后托病伪死，结蒲为人，市棺殡送。冀廉问知其诈，阴求得，笞杀之，隐蔽其事。学生桂阳刘常，当世名儒，素善于著，冀召补令史以辱之。时太原郝絜、胡武，皆危言高论，与著友善。先是絜等连名奏记三府，荐海内高士，而不诣冀，冀追怒之，又疑为著党，敕中都官移檄捕前奏记者并杀之，遂诛武家，死者六十余人。絜初逃亡知不得免，因舆榇奏书冀门。书入，仰药而死，家乃得全。及冀诛，有诏以礼祀著等。冀诸忍忌，皆此类也。

不疑好经书，善待士，冀阴疾之，因中常侍白帝，转为光禄勋。又讽众人共荐其子胤为河南尹。胤一名胡狗，时年十六，容貌甚陋，不胜冠带，道路见者，莫不蚩笑焉。不疑自耻兄弟有隙，遂让位归第，与弟蒙闭门自守。冀不欲令与宾客交通，阴使人变服至门，记往来者。南郡太守马融、江夏太守田明，初除，过谒不疑，冀讽州郡以它事陷之，皆髡笞徙朔方。融自刺不殊，明遂死于路。

永兴二年，封不疑子马为颍阴侯，胤子桃为城父侯。冀一门前后七封侯，三皇后，六贵人，二大将军，夫人、女食邑称君者七人，尚公主者三人，其余卿、将、尹、校五十七人。在位二十余年，穷极满盛，威行内外，百僚侧目，莫敢违命，天子恭己而不得有所亲豫。帝既不平之。延熹元年，太史令陈授因小黄门徐璜，陈灾异日食之变，咎在大将军，冀闻之，讽洛阳令收考授，死于狱。帝由此发怒。

初，掖庭人邓香妻宣生女猛，香卒，宣更适梁纪。梁纪者，冀妻寿之舅也。寿引进猛入掖庭，见幸，为贵人，冀因欲认猛为其女以自固，乃易猛姓为梁。时猛姊婿邴尊为议郎，冀恐尊沮败宣意，乃结刺客于偃城，刺杀尊，而又欲杀宣。宣家在延熹里，与中常侍袁赦相比。冀使刺客登赦屋，欲入宣家。赦觉之，鸣鼓会众以告宣，宣驰入以白帝，帝大怒，遂与中常侍单超、具瑗、唐衡、左悺、徐璜等五人成谋诛冀。

冀心疑超等，乃使中黄门张恽入省宿，以防其变，具瑗敕吏收恽，以辄从外入，欲图不轨。帝因是御前殿，召诸尚书入，发其事，使尚书令尹勋持节勒丞郎以下皆操兵守省阁，敛诸符节送省中。使黄门令具瑗将左右厩驺、虎贲、羽林、都候剑戟士，合千余人，与司隶校尉张彪共围冀第。使光禄勋袁盱持节收冀大将军印绶，徙封比景都乡侯。冀及妻寿即日皆自杀。悉收子河南尹胤、叔父屯骑校尉让，乃亲从卫尉淑、越骑校尉忠、长水校尉戟等，诸梁及孙氏中外宗亲送诏狱，无长少皆弃市。不疑，蒙先卒。其它所连及公卿列校刺史二千石死者数十人，故吏宾客免黜者三百余人，朝廷为空，唯尹勋、袁盱及廷尉邯郸义在焉。是时事卒从中发，使者交驰，公卿失其度，官府市里鼎沸，数日乃定，百姓莫不称庆。收冀财货，县官斥卖，合三十余万万，以充王府，用减天下税租之半。散其苑囿，以业穷民。录诛冀功者，封尚书令尹勋以下数十人。

贾逵传

——《后汉书》卷六六

【说明】贾逵（公元30—101年），字景伯，西汉初年卓越的政论家贾谊的九世孙。他精通儒经、历法。汉章帝时，他曾奉命组织了一次对历法的讨论和修订。他综合了讨论的结果，上奏皇帝。由于他的意见非常重要，《续汉书·律历志》的作者大量摘录了他的言论，载入《律历志》。

贾逵首先是个古文经学家。当时荒诞的谶纬学说流行，古文经学家多不信谶纬，桓谭因此被流放，死在路上。贾逵本不信谶纬，他为了给自己的学术争地位，竟附会说，《左传》所说，刘累是唐尧之后，刘累的后代也姓范，后来姓刘的住在秦国，姓范的回到晋国（按：见《左传昭公二十九年》及《左传文公十三年》）。这就证明了图谶所说刘氏是尧的后裔。贾逵的附会使《左传》得到了皇帝的承认，立于学官，而贾逵也因此升了官。《后汉书》作者论及此事，认为是很可悲的。

贾逵字景伯，扶风平陵人（今陕西凤翔县）。他的九世祖父是贾谊，汉文帝时，当过梁王的太傅。贾逵的曾祖父贾光，是常山太守，汉宣帝时因为是二千石俸禄的级别，从洛阳迁到了扶风。他的父亲贾徽，跟刘歆学习《左传》，兼学《国语》、《周官》，又跟涂恽先生学习《古文尚书》，跟谢曼卿先生学《毛诗》，著《左氏条例》二十一篇。

贾逵完全继承了父业，年少时就能诵读《左氏传》和《五经》本文。并以《大夏侯尚书》教人。虽然他从事的是古文经学，也兼通五家《谷梁传》的学说，从儿童时期开始，他就一直在太学里，所以不懂人情世故。他身高八尺二寸，诸位儒士们都说他是："问事不休贾长头"。他性情和蔼、活泼，思想单纯。但远见卓识有大节。尤其精通《左传》、《国语》，著《左传解诂》《国语解诂》共五十一篇。永平年间（公元 58），他写了一道奏章，把著书献给皇上，汉明帝很重视他的著作，让人抄写出来，收藏在国家图书档案馆里。

曾一度有神雀聚集在宫殿和官府中，头上的羽毛五彩纷呈。皇帝感到奇怪，就问临邑侯刘复，刘复不能够回答，就推荐贾逵，说他知识渊博，通晓万物。于是皇帝就召见了贾逵相问。贾逵回答说："以往武王完成了他父亲的大业，凤凰在岐山鸣叫，宣帝的威德降服了戎狄，神雀云集，这是胡人要投降的征兆啊。"于是皇帝下令在兰台赐给他笔和纸，让他作《神雀颂》，任命他为郎，和班固一起校勘整理国家的秘密藏书。侍候在皇帝左右，以随时回答各种问题。

肃宗即位，注意儒家学说，尤其喜好《古文尚书》、《左氏传》。建初元年，诏令贾逵在北宫的白虎观和南宫的云台讲学。皇帝欣赏他的学说。让他说出《左氏传》的大义比《公羊传》和《谷梁传》高超的地方。贾逵于是逐条向皇帝上奏道：

臣认真地摘出《左传》中明显见长的三十件事，都是讲君臣

大义和父子纲纪的。其余《公羊》相同的十有七八。或文字简略小有区别，但于大体无妨。至于祭仲，纪季、伍子胥、叔术们的事，《左氏》的用意着重于君臣父子，《公羊》则多崇尚权变，它们的用意悬殊，确实是非常辽远。而《左传》受冤枉被压抑天长日久，没有人肯替它辩白。

臣在永平年间曾向皇上进言，讲《左传》与图谶相合的地方。先帝不遗弃我这个山野村夫，听取采纳了我的意见，让我写了《左传解诂》收藏在图书档案馆里。建平年间，侍中刘歆，想把《左传》立于学官。他事先没有广泛宣传《左传》的大义，而是轻易地给太常写了一封信，仗着自己的理由充足，批评驳斥儒生们。儒生们心中不服，一起排斥《左传》。孝哀皇帝不愿违背众人心意，所以把刘歆调出京城，去作河内太守。从此以后，《左传》被攻击，成为众人的仇敌。到了光武皇帝，他奋起那独到的明察卓见，兴立《左传》、《谷梁传》于学官，偏又遇上这两家的大师都不懂得图谶，所以又令中途废弃。凡是要留存先王之道的，关键在于能使政局稳定，百姓治理。如今《左氏》崇尚君父，卑弱臣子，让主干强大，枝条柔弱，劝人行善，戒备作恶。都说得非常明了，非常深切。意思非常正确，论说又非常合理。况三代事情有所不同，随着时代的不同而有增加或减少，所以先帝博观各家学说，并都有所采纳。关于《周易》，国家立有施家学派和孟家学派，以后又立梁丘学派。《尚书》，国家立有欧阳学派，后来又立大、小夏侯两派。现在三传的差异，也应该用这个办法处理。还有《五经》各家学说，都不能证明图谶所说刘氏是尧的后代，唯独《左氏有明确的文字。《五经》家们都说颛顼代替了黄帝，因而尧不能为火德。《左传》则以为是少昊代替黄帝，就是图谶所说的帝宣。如果让尧不能为火德，那么汉也不能为火德。《左传》中讲的这些话，补益实在很多。

陛下有天一样的明察，建树了大圣人的根本。改革年号，纠正历法，为千秋万世树立了榜样。所以有数以百计的麟凤出现，非常多的吉祥征兆。但还是从早到晚认真勤奋地用心于"六艺"，研究入细入微，处处都精审细核。如果再留意一下废弃的学问，来扩大圣上的明见，那就差不多再没有遗漏的学问了。

贾逵将奏章呈给皇上，皇帝非常称赞，赏赐给他布一百匹，衣服一套，并让贾逵从研究《公羊》的严、颜两家中选拔高才生二十名，教授《左传》。每人给竹简、纸张，《春秋》、《左传》各一份。

贾逵的母亲常有病，皇帝想赐给他一点钱，但校书的人多，不好明加赏赐，所以特地拿了二十万钱让颍阳侯马防转交给他。皇帝对马防说："贾逵母亲有病，这位先生在外边又没有交往。总这么穷，就会像伯夷、叔齐一样饿死在首阳山啦。"

贾逵多次对皇帝说，《古文尚书》和《春秋》、《左传》以及《尔雅》，它们的意思相通。皇帝就让他撰写欧阳、大夏侯、小夏侯这三家在《今文尚书》和《古文尚书》中观点的异同，贾逵写了三卷，皇帝认为写得很好。又令撰写《齐诗》、《鲁诗》、《韩诗》和《毛诗》的异同。并作了《周官解故》。提升贾逵为卫士令。建初八年（公元83）诏令所有儒家学派各自选拔高才生，学习《左传》、《谷梁春秋》、《古文尚书》、《毛诗》。从此，这四种经就广泛流传于世。贾逵选拔的弟子及

门生都被任命为千乘王国郎，从早到晚在黄门公署中学习，学者们都非常的羡慕。

和帝即位后，在永元三年（公元92），任命贾逵为左中郎将。永元八年（公元96）又任命为侍中，兼骑都尉，成为在皇帝左右的近臣，并兼管档案部门及其他接近皇帝的部门，非常受信用。

贾逵推荐东莱司马均，陈国汝郁，皇帝立即征用他们，并加以优待。司马均、字少宾，安于贫穷，好学上进，隐居教书，（过去）不接受朝庭要他做官的诏命。他的诚实信用传遍全州。乡里人如果发生争执，总要让他们拿少宾来起誓。理屈的就不敢说话了。他官职做到侍中，后因年老有病，申请退休，皇帝赐他以大夫的俸禄回归故里。汝郁，字叔异，性情仁慈、孝顺，父母去世后，他就隐居于山林江湖。后来不断提升，一直作到鲁国的相，以德行教化人民，百姓们非常称赞他。流亡的人回乡的有八九千户。

贾逵所著的经传注疏以及论文有一百多万字，又作了诗、颂、诔、书、连珠、酒令等共九篇。学者们尊奉为楷模。后世称他为通儒。然而他不修小节，受到当时人们的讥讽，所以他做不了大官。永元十三年去世（公元101），享年七十二岁。朝庭怜惜他的逝世，封他的两个儿子为太子舍人。

评论说：郑兴，贾逵的学问，流行数百年，成为儒者宗奉的楷模，只是由于某种原因罢了。桓谭因为不善长图谶而被流放。郑兴用言词搪塞才免于死罪。贾逵能牵强附会，相比之下他算最显贵啦。作为皇帝，这样地对待学术，可悲啊！

（李　申、杨素香　译）

【原文】

　　贾逵字景伯，扶风平陵人也。九世祖谊，文帝时为梁王太傅。曾祖父光，为常山太守，宣帝时以吏二千石自洛阳徙焉。父徽，从刘歆受《左氏春秋》，兼习《国语》、《周官》。又受《古文尚书》于涂恽，学《毛诗》于谢曼卿，作《左氏条例》二十一篇。

　　逵悉传父业，弱冠能诵《左氏传》及《五经》本文，以《大夏侯尚书》教授，虽为古学，兼通五家《谷梁》之说。自为儿童，常在太学，不通人间事。身长八尺二寸，诸儒为之语曰："问事不休贾长头"。性恺悌，多智思，俶傥有大节。尤明《左氏传》、《国语》，为之《解诂》五十一篇，永平中，上疏献之。显宗重其书，写藏秘馆。

　　时有神雀集宫殿官府，冠羽有五彩色，帝异之，以问临邑侯刘复，复不能对。荐逵博物多识，帝乃召见逵，问之。对曰："昔武王终父之业，鸑鷟在岐，宣帝威怀戎狄，神雀仍集，此胡降之征也。"帝敕兰台给笔札，使作《神雀颂》，拜为郎，与班固并校秘书，应对左右。

　　肃宗立，降意儒术，特好《古文尚书》、《左氏传》。建初元年，诏逵入讲北宫白虎观、南宫云台。帝善逵说，使发出《左氏传》大义长于二传者。逵于是具条奏之曰：

　　　　臣谨摘出《左氏》三十事尤著明者，斯皆君臣之正义，父子之纪纲。其余同《公羊》者什有七八，或文简小异，无害大体。至如祭仲、纪季、伍子胥、叔术之属，《左氏》义深于君父，《公羊》多任于权变，其相殊绝，固以甚远，而冤抑积久，莫肯分明。

臣以永平中上言《左氏》与图谶合者，先帝不遗刍荛、省纳臣言，写其传诂，藏之秘书。建平中，侍中刘歆欲立《左氏》，不先暴论大义，而轻移太常，恃其义长，诋挫诸儒，诸儒内怀不服，相与排之。孝哀皇帝重逆众心，故出歆为河内太守。从是攻击《左氏》，遂为重仇。至光武皇帝，奋独见之明，兴立《左氏》、《谷梁》，会二家先师不晓图谶，故令中道而废。凡所以存先王之道者，要在安上理民也。今《左氏》崇君父，卑臣子，强干弱枝，劝善戒恶，至明至切，至直至顺。且三代异物，损益随时，故先帝博观异家，各有所采。《易》有施、孟，复立梁丘，《尚书》欧阳，复有大小夏侯，今三传之异亦犹是也。又《五经》家皆无以证图谶明刘氏为尧后者，而《左氏》独有明文。《五经》家皆言颛顼代黄帝，而尧不得为火德。《左氏》以为少昊代黄帝，即图谶所谓帝宣也。如令尧不得为火，则汉不得为赤。其所发明，补益实多。

陛下通天然之明，建大圣之本，改元正历，垂万世则，是以麟凤百数，嘉瑞杂沓。犹朝夕恪勤，游情《六艺》，研机综微，靡不审核。若复留意废学，以广圣见，庶几无所遗失矣。

书奏，帝嘉之，赐布五百匹，衣一袭，令逵自选《公羊》严、颜诸生高才者二十人，教以《左氏》，与简纸经传各一通。

逵母常有疾，帝欲加赐，以校书例多，特以钱二十万，使颍阳侯马防与之。谓防曰："贾逵母病，此子无人事于外，屡空则从孤竹之子于首阳山矣。"

逵数为帝言《古文尚书》与经传《尔雅》诂训相应，诏令撰《欧

阳、大小》夏侯《尚书古文》同异。逵集为三卷，帝善之。复令撰《齐》、《鲁》、《韩诗》与《毛诗》异同。并作《周官解故》。迁逵为卫士令。八年，乃诏诸儒各选高才生，受《左氏》、《谷梁春秋》、《古文尚书》、《毛诗》，由是四经遂行于世。皆拜逵所选弟子及门生为千乘王国郎，朝夕受业黄门署，学者皆欣欣羡慕焉。

和帝即位，永元三年，以逵为左中郎将。八年，复为侍中，领骑都尉。内备帷幄，兼领秘书近署，甚见信用。

逵荐东莱司马均、陈国汝郁，帝即征之，并蒙优礼。均字少宾，安贫好学，隐居教授，不应辟命。信诚行乎州里，乡人有所计争，辄令祝少宾，不直者终无敢言。位至侍中，以老病乞身，帝赐以大夫禄，归乡里。郁字叔异，性仁孝，及亲殁，遂隐处山泽。后累迁为鲁相，以德教化，百姓称之，流人归者八九千户。

逵所著经传义诂及论难百余万言，又作诗、颂、诔、书、连珠、酒令凡九篇，学者宗之，后世称为通儒。然不修小节，当世以此颇讥焉，故不至大官。永元十三年卒，时年七十二。朝庭愍惜，除两子为太子舍人。

论曰：郑、贾之学，行乎数百年中，遂为诸儒宗，亦徒有以焉尔。桓谭以不善谶流亡，郑兴以逊辞仅免，贾逵能附会文致，最差贵显。世主以此论学，悲矣哉！

班彪传

——《后汉书》卷七〇

【说明】班彪（3—54 年），字叔皮，扶风安陵（今陕西咸阳东北）人，东汉史学家。东汉初，因病免官后全力从事文学研究和著述。他认为褚少孙、刘向、刘歆、杨雄等人对《史记》的续补水平太低，不足以承继前史；而杨雄、刘歆等在续作中多褒美伪新，恐其误后惑众，所以他采集旧事，旁贯异闻，作《史记后传》百余篇。今《后传》虽不存，但其内容大部分被《汉书》所吸收，现在《汉书》中的元、成二帝本纪和韦贤、翟方进等传中还保留有《后传》原文的痕迹。《后传》为《汉书》的成功奠定了良好的基础。班彪对前史的得失写过一篇评论，后人称为《前史得失论》。它表明了班彪对有史官以来直到《史记》一系列历史著作的看法，显示了他正统的儒家思想。因为这篇文章最早按时间线索勾勒出了我国早期文学的状况，并进行了原则性的批评，所以它是我国第一个史学史的提纲，其批评原则和一些具体意见对后代史学批评发生了深远的影响。

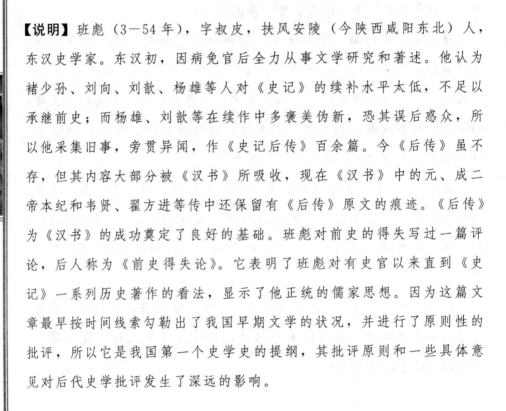

班彪字叔皮，扶风安陵人。祖父班况，成帝时为越骑校尉。父名班稚，哀帝时为广平太守。

班彪生性深沉庄重，爱好学习古书。二十多岁时，更始皇帝刘玄兵败，长安及周围左冯翊，右扶风地区混乱不堪。当时隗嚣在天水聚集百姓，班彪于是为避难跟随了他。隗嚣问班彪："过去东周灭亡，列国共同争夺霸权，天下分裂，几百年才平定下来。是不是合纵连横的事情在今天又重新出现了？会不会有承受时运，纷纷兴起，最后总归于一人的情况？希望先生试论一下。"班彪回答说："周朝的废兴，与汉的情况很不一样。过去，周朝的爵位分为五等，各诸侯从事政事，这样国家政权的根基就很微弱，而枝叶却很强壮，所以在周朝末年就会出现合纵连横的事情，这是形势命运所必然的。汉代接用秦朝的制度，改立郡县制，主上有独揽一切的权威，大臣们却没有能掌握百年的权力。到了成帝时期，凭借外戚来管理国政，哀帝、平帝在位时间短促，这三帝都没有接续皇位的继承人，所以王氏能够专擅朝政，并顺势窃夺号位。危机起于朝廷，并未伤及百姓。所以自王莽正式即皇位之后，天下百姓没有不为汉朝中衰叹息，并殷切盼望复兴的。十多年间，朝内的、外的，远处的、近处的动荡骚乱，全都出现了，假借号令，四处聚集，全都称自己是刘氏后裔，没有预谋却说法一样。如今统领州郡的英雄豪杰，都没有七国诸侯那样有世代功业的资本，而百姓的讴歌吟颂中，都思念敬慕汉皇的恩德，天下的形势据此便已经可以看出了。"隗嚣："先生所谈周朝、汉代的形势还是对的；至于仅仅看到那些愚蠢的人沿用刘氏姓号做标志的缘故，便说刘汉能够复兴，则远离实际了。过去秦国失去帝位，刘季追逐并夺取了它，那时的人也知道有汉朝吗？"

　　班彪既厌恶隗嚣的言论，又忧虑当时国情的险恶，于是作《王命论》，认为汉是接继尧德，有神灵天命所示的符瑞，帝王建立王位，并

不是使用权谋和暴力的结果，试图以此说动他，但隗嚣始终不醒悟，于是班彪就到河西躲避去了。河西大将军窦融让他做自己的从事，非常敬仰地对待他，并建立起老师和朋友的友谊。班彪于是对窦融奉卫汉朝出谋划策，让他统管西河一带以抗拒隗嚣。

后来窦融奉命回到京师，光武帝问他："你所交来的章表奏疏，有谁参与了策划和书写？"窦融回答说："都是我的从事班彪做的。"光武帝平素已耳闻班彪的才华，于是召他进京，推举为司隶茂才，任命为徐县县令，因为有病而免去官职。此后，他多次执行三公给予的命令，事情办完后，就离职回家。

班彪才华杰出，又爱好著述，于是一心一意于史籍的攻读、研究。汉武帝时，司马迁著的《史记》从太初年以后的事，都没有记载。后来有许多喜欢撰述历史的人纷纷搜录记载时事，但大多鄙陋浅俗，不能够作为《史记》的续篇。班彪于是继续采集以前史籍中的关于西汉历史的史料，旁征博引，征引多种材料，撰写《后传》几十篇，顺便又研核以前的史籍，批评失误，肯定成绩。他的评论大体上说：

唐虞三代，《诗》、《书》所涉及到的，世代都有史官，来掌管典籍。至于诸侯，每国也都有自己的史官，所以《孟子》中说："楚国的《梼杌》，晋国的《乘》，鲁国的《春秋》；它们都同样是记载时事的。"定公、哀公之际，鲁国的君子左丘明集合讨论这些著作，作《左氏传》三十篇，又收集和《左传》相同或不相同的记载，撰为一书，称《国语》二十一篇。从此以后，《乘》、《梼杌》记载的事情便湮灭无闻了，而仅有《左氏》、《国语》彰显天下。又有一部记载黄帝以来至春秋时帝王公侯卿大夫史事的书，叫

《世本》，一十五篇。春秋以后，七国争夺霸主，秦国最后统一了诸侯，于是又出现了《战国策》三十三篇。汉朝建国，平定天下，太史大夫陆贾记述当时的功业，作《楚汉春秋》九篇。汉武帝的时候，太史令司马迁采录《左氏》、《国语》，删削《世本》、《战国策》，根据楚、汉之际各国时事，上自黄帝，下迄获麟，作本纪、世家、列传、书、表共一百三十篇，其中有十篇后来散佚了。司马迁的记载，从汉代建元至武帝止是他的功绩所在。至于采摭经传，分别保留其它多家史籍记述的事情，则有很多疏阔缺漏之处，不如原书，他一心只想以广泛地记录各种传闻、逸事为此书的优势，评议则肤浅不实。讨论学术，则崇尚黄老之学而不看重《五经》之说；记述经济活动，则轻视仁义道德而以贫贱为耻辱；记述游侠，则以守节为低贱，而尊重功利，这些都是损害原则的大错误，是他遭遇极刑惩罚的原因所在。但司马迁善于条理，叙述史事，讲道理而不浮华，记事属实却不粗俗，文字与内容协调，这是良史之才啊！倘若司马迁能够依凭《五经》的准则，与圣人同是非，想来就差不多了吧。

过去的许多著述，还是值得效法的。如《左氏》、《国语》、《世本》、《战国策》、《楚汉春秋》、《太史公书》，是现在得以知道古代，后世得以了解前世的根据，是圣人闻知天大事的耳目。司马迁记载帝王的叫本纪，记载公侯世袭的叫世家，记载卿、士及杰出人物的叫列传。《史记》提高项羽、陈涉的地位，却贬低淮南王、衡山王这些皇室成员的地位，详细地记录项羽、陈涉的兴衰始末，这种体例就不符合原则。像司马迁《史记》这样的著作，

采古今史事，贯通经传的记载，非常广博。司马迁以一个人的精力，要著的书籍却是文字繁多，线索纷乱，所以《史记》有修改不完全的地方，还有一些多余的词句，体例、文字多不够整齐划一。比如他叙述司马相，写出他所属的郡县，写出司马相如的字，对于萧何、曹参、陈平这些人，以及与他同时代的董仲舒，就不再记载他们的字，有的只记县而不记郡，这大约是来不及统一文字所致。现在我著的《后篇》，谨慎地核对史实，文字整齐划一，不作世家，只作本纪、列传。传上说："编纂史书，要简炼到不能再简炼的程度，按照事情的实际情况朴实地叙述，这就是《春秋》的指导思想。"

班彪再次被征辟到司徒玉况的府内担任职务。当时东宫刚刚建立，诸王国同时开始分封，但官未完备，师保多数空缺。班彪于是上书说：

孔子说"人性情本相近，因为习染不同，便相差很远"。贾谊认为"习惯与善人住在一起，就不能不做善事，犹如生长在齐国，就不能没有齐的方言一样。习惯与恶人住在一起，就不能不做恶事，犹如生长在楚国，不能没有楚的方言一样"。所以圣人要仔细观察和他居住在一起的人，而谨慎地对待自己的习惯。过去周成王还是小孩子的时候，出则有周公、邵公、太史佚等人伴陪，入则有大颠、闳夭、南宫括、散宜生等人环绕，左右前后，没有违背礼的人，所以周成王一旦即位，天下就旷然太平。因此《春秋》有这样的话："爱护儿子就教他为义的方法，不要让他被邪气所困扰。骄奢淫佚，这些都是他自身产生的邪恶。"《诗》中说："留给孙子以善谋，以安敬之道为儿子增加才能。"说的是周武王将自己的谋略留给了子孙。

汉朝兴起之后，文帝让晁错用法家的理论教导太子，贾谊用《诗经》、《尚书》教育梁王。到了中宗，也命令刘向、王褒、萧望之、周堪等人，用文章、儒学训导东官以下的子弟，没有不崇敬这些人而备德成器的。现在皇太子和诸侯王虽然从小就开始学习，进修礼乐，但傅相没有贤才担任，官属没按旧的制度配备完整。应当广泛地选择有威信、稳重又通晓政事的名儒，让他们担任太子太傅，东官及诸王国，把官属配备完整。又按照原有的制度，太子有十个县的赋税作为汤沐的用费，住地有兵严密防卫，太子五天朝见一次皇上，坐在东厢房，省视供给皇上的膳食，不是朝见皇上的那几天，只是要派太子仆、中允每天早上去皇上那里问安，这样做是为了表明不轻慢、增加太子的敬意。

书谏上奏之后，皇上采纳了这些意见。后来，司徒玉况因为班彪廉洁而推荐他，班彪担任了望都长，受到官吏和民众的喜爱。建武三十年，班彪五十二岁，死在望都任上。他所写的赋、论、书、记、奏共有九篇。他有两个儿子，一个名固，一个名超。

议论说：班彪以他博通儒学的上等才能，倾侧在危乱之间，行动不超越原则，言谈不丧失正理，做官不争于升迁，作风正派又不违背人意，铺陈自己的文彩以完善国家制度，恪守低贱菲薄但没有苦闷的容颜。他是认为皇朝还没兴旺发达，自己不是一般意义上的"贱"，怎么会感到耻辱呢？班彪为固守原则而恬淡是多么真诚啊！

（任宝菊　译）

【原文】

班彪字叔皮，扶风安陵人也。祖况，成帝时为越骑校尉。父稚，哀帝时为广平太守。

彪性沈重好古。年二十余，更始败，三辅大乱。时隗嚣拥众天水，彪乃避难从之。嚣问彪曰："往者周亡，战国并争，天下分裂，数世然后定。意者从横之事复起于今乎？将承运迭兴，在于一人也？愿生试论之。"对曰："周之废兴，与汉殊异。昔周爵五等，诸侯从政，本根既微，枝叶强大，故其末流有从横之事，势数然也。汉承秦制，改立郡县，主有专己之威，臣无百年之柄。至于成帝，假借外家，哀、平短祚，国嗣三绝，故王氏擅朝，因窃号位。危自上起，伤不及下，是以即真之后，天下莫不引领而叹。十余年间，中外搔扰，远近俱发，假号云合，咸称刘氏，不谋同辞。方今雄杰带州域者，皆无七国世业之资，而百姓讴吟，思仰汉德，已可知矣。"嚣曰："生言周、汉之势可也；至于但见愚人习识刘氏姓号之故，而谓汉家复兴，疏矣。昔秦失其鹿，刘季逐而羁之，时人复知汉乎？"

彪既疾嚣言，又伤时方艰，乃著《王命论》，以为汉德承尧，有灵命之符，王者兴祚，非诈力所致，欲以感之，而嚣终不寤，遂避地河西。河西大将军窦融以为从事，深敬待之，接以师友之道。彪乃为融画策事汉，总西河以拒隗嚣。

及融征还京师，光武问曰："年上章奏，谁与参之？"融对曰："皆从事班彪所为。"帝雅闻彪才，因召入见，举司隶茂才，拜徐令，以病免。后数应三公之命，辄去。

彪既才高而好述作，遂专心史籍之间。武帝时，司马迁著《史记》，自太初以后，阙而不录，后好事者颇或缀集时事，然多鄙俗，不足以踵继其书。彪乃继采前史遗事，傍贯异闻，作后传数十篇，因斟酌前史以讥正得失。其略论曰：

唐虞三代，《诗》、《书》所及，世有史官，以司典籍，暨于诸侯，国自有史，故孟子曰"楚之《梼杌》，晋之《乘》，鲁之《春秋》，其事一也。"定哀之间，鲁君子左丘明论集其文，作《左氏传》三十篇，又撰异同，号曰《国语》，二十一篇，由是《乘》、《梼杌》之事遂闇，而《左氏》、《国语》独章。又有记录黄帝以来至春秋时帝王、公侯、卿大夫，号曰《世本》，一十五篇。春秋之后，七国并争，秦并诸侯，则有《战国策》三十三篇。汉兴定天下，太中大夫陆贾记录时功，作《楚汉春秋》九篇。孝武之世，太史令司马迁采《左氏》、《国语》，删《世本》、《战国策》，据楚、汉列国时事，上自黄帝，下讫获麟，作本纪、世家、列传、书、表凡百三十篇，而十篇缺焉。迁之所记，从汉元至武以绝，则其功也。至于采经撼传，分散百家之事，甚多疏略，不如其本，务欲以多闻广载为功，论议浅而不笃。其论术学，则崇黄老而薄《五经》；序货殖，则轻仁义而羞贫穷；道游侠，则贱守节而贵俗功；此其大敝伤道，所以遇极刑之咎也。然善述序事理，辩而不华，质而不野，文质相称，盖良史之才也。诚令迁依《五经》之法言，同圣人之是非。意亦庶几矣。

夫百家之书，犹可法也。若《左氏》、《国语》、《世本》、《战国策》、《楚汉春秋》、《太史公书》，今之所以知古，后之所由观前，圣人之耳目也。司马迁序帝王则曰本纪，公侯传国则曰世家，卿士特起则曰列传。又进项羽、陈涉而黜淮南、衡山，细意委曲，

条例不经。若迁之著作，采获古今，贯穿经传，至广博也。一人之精，文重思烦，故其书刊落不尽，尚有盈辞，多不齐一。若序司马相如，举郡县，著其字，至萧、曹、陈平之属，及董仲舒并时之人，不记其字，或县而不郡者，盖不暇也。今此后篇，慎核其事，整齐其文，不为世家，唯纪、传而已。传曰："杀史见极，平易正直，《春秋》之义也。"

彪复辟司徒玉况府。时东宫初建，诸王国并开，而官属未备，师保多阙。彪上言曰：

孔子称"性相近，习相远也"。贾谊以为"习与善人居，不能无为善，犹生长于齐，不能无齐言也。习与恶人居，不能无为恶，犹生长于楚，不能无楚言也"。是以圣人审所与居，而戒慎所习。昔成王之为孺子，出则周公、邵公、太史佚，入则大颠、闳夭、南宫括、散宜生，左右前后，礼无违者，故成王一日即位，天下旷然太平。是以《春秋》"爱子教以义方，不纳于邪。骄奢淫佚，所自邪也"。《诗》云："诒厥孙谋，以宴翼子。"言武王之谋遗子孙也。

汉兴，太宗使晁错导太子以法术，贾谊教梁王以《诗》、《书》。及至中宗，亦令刘向、王褒、萧望之、周堪之徒，以文章儒学保训东宫以下，莫不崇简其人，就成德器。今皇太子诸王，虽结发学问，修习礼乐，而傅相未值贤才，官属多阙旧典。宜博选名儒有威重明通政事者，以为太子太傅，东宫及诸王国，备置官属。又旧制，太子食汤沐十县，设周卫交戟，五日一朝，因坐东箱，省视膳食，其非朝日，使仆、中允旦旦请问而已，明不媟

黩，广其敬也。

书奏，帝纳之。后察司徒廉为望都长，吏民爱之。建武三十年，年五十二，卒官。所著赋、论、书、记、奏事合九篇。二子：固，超。

论曰：班彪以通儒上才，倾侧危乱之间，行不逾方，言不失正，仕不急进，贞不违人，敷文华以纬国典，守贱薄而无闷容。彼将以世运未弘，非所谓贱，焉耻乎？何其守道恬淡之笃也！

班固传

——《后汉书》卷四〇

【说明】班固（32—92年），字孟坚，扶风安陵（今陕西咸阳东）人，东汉前期杰出的史学家和文学家。他的父亲班彪去世之后，他因感父亲所著的《史记后传》"所续前史未详"，就"潜精研思，欲就其业"，被人告发私作国史而下狱，经其弟上书说明了他著作的意旨才免于罪，被任为兰台令史，迁校书郎。他在完成了部份东汉史书写作之后，奉诏继续编写西汉史，完成了著名的《汉书》。

《汉书》创立了纪传体史书的新格局。班固改变了司马迁立纪的本意，完全以皇帝为中心，一帝一纪，确立了纪传体本纪"书君上以显国统"的后代"正史"的模式。他还抛弃了《史记》"世家"体例，将皇帝以下的人物尽纳入列传之中，以时间先后顺序为主，先专传、合传、次类传，再次以边疆各族传，以"贼臣"王莽居传末；整齐了列传的标题。他新创了三个表，其中《百官公卿表》很有价值，是我国"正史"专篇记载官制的滥觞。《汉书》的志，取法于《史记》的"书"而有很大的发展，对典章制度的记载起了继往开来的作用。

在内容上《汉书》以"博洽"著称。其中尤以"十志"卓越。它们详细地记载西汉封建专制政体的国家职能，叙述了高祖草创、文景修饬、武帝强化和完善等历史过程，也在一定程度上揭露了封建统治的残酷和虚伪。另外，《汉书》文辞富赡，句多排偶，整齐工丽，文章温文尔雅，严谨蕴藉，也是可诵可读的文学作品。

在思想上《汉书》以神化王权和封建等级秩序为首要任务，又在一些方面能够以人文主义的观点去考察、总结西汉历史的兴衰成败，表现出了一种"二重真理观"。从总体看，《汉书》基本上被"天人感应"、"皇权神授"的神学目的论所桎梏着。这些都大大限制了他进步史观的伸延，也就压抑了他在学术上的更大成就。

班固字孟坚。他九岁时，就能写文章、诵诗和赋。长大后，逐渐博贯群书，对九流百家的著作，没有不彻底钻研的。他学习没有一定的老师，不为章句之学，只是抓住学问的主要意义而已。他生性宽和容众，不以自己的才能去压制别人，诸位儒生因此而敬慕他。

永平初年，东平王刘苍因为至亲的关系以骠骑将军的名义助理国政，开东阁，延英雄。当时班固正年少，就上书给刘苍说：

将军您以周公、邵公的德行，屹立于本朝，承继了美好明智的策略，建立了威武灵祥的称号，过去是周公（有此殊荣），今天是将军，《诗经》和《尚书》所记载的，没有第三个人有此事了。《传》上说："必有非常之人，然后有非常之事，有非常之事，然后有非常之功。"班固我有幸生在这清明之世，安乐地处在视听范围之外，私下用蝼蚁般短浅的目光，悄悄地观察国政，真诚地赞美将军担负着千载以来的重任，踏着先圣周公的足迹，摆开舒展美好的姿态，雄据贵宠的地位，博贯一切事务，服膺《六艺》、区分黑白是非，求善无厌，甚至对狂夫的言语也加以采择，不违背对民众的诺言。我看见您新开了幕府，广泛地延揽俊杰，四方的士人，（匆忙归附，）甚至穿颠倒了衣裳。将军应当详细考察唐尧、唐汤对皋陶、伊尹的举荐，让无论远近都不偏废，隐居的一定得到显达，寄希望于总揽贤才，聚集明智，为国得人，使本朝获得安宁。（达到了这一目标，）将军您就可以养志和神，悠游庙堂，光辉的名字在当代传扬，巨大的影响在后代将连绵不尽。

我看原来担任过司空掾的桓梁，是老成博学的读书人，在州里德高望重，已经七十岁了，能够从心所欲，行为不逾越法则，是参予助祭清庙的最佳人选、当代的俊美之士。京兆祭酒晋冯，从小修身，头白了也不改初衷，他好古乐道，默默地坚持，具有古代美好的行为，社会上的人没有赶得上他的。扶风掾李育，通晓经典行为卓著，教授一百个学生，客居在杜陵，住的茅屋，连阶梯也是土造的。京兆、扶风两个郡相继请他为官，因为家贫，他几次都借故有病而辞归了。温故知新，议论通达明晰，尊循廉洁原则，行为和才能都兼备，虽然是前世的名儒，国家所器重的人，没有一个可以和现在的韦贤、平当、孔光、翟方进比的。应当让他们主持考绩，由此而让他们参预更多的事务。京兆督邮郭基，他孝顺的行为在州里很著名，经学方面受到老师同学的赞扬，政务方面的成绩有绝然不同于人的效果。如果郭基能到将军身边，让他做您秉笔的僚属，那么进一步他将会如鸿鹄高飞有大用，退一步说他会在危急之时奋不顾身为国像杞梁一样战斗而死。凉州从事王雍，躬行卞严一般的节义，倘若增强礼乐方面的修养，凉州的达官贵人们就没能超过他们的了。古代的周公一举兵就有三国埋怨，说："为什么把我们安排在后面呢。"请将军尽快开府理事，以慰远方。弘农功曹史殷肃，广闻博学，才能绝伦，能够吟诵《诗经》三百篇，奉使对答如流。（韦贤、平当、孔光、翟方进、王雍、殷肃）这六位先生，都有卓越的行为绝代的才能，他们的道德高尚闻名当代，如蒙将军征纳任用，作为将军您的辅佐，这就是孔子感叹山梁的雌雄一样，正遇上了他们的活动的好时候呵。过去卞和献宝，被施加了刖刑；屈原尽忠报国，最终自沉于汨罗江，但和氏璧却千年以后也放射出光芒，屈原的文章万代以后也受到赞赏。但愿将军继续发射照耀细微的光明，发扬周公那种太阳偏西了还来不及吃饭的勤恳精神，屈尊委威，不耻下问，让茫茫尘世之中，永远再没有卞和、屈原那种遗恨。

刘苍采纳了班固的意见。

父亲班彪去世以后，班固回到了家乡。班固认为班彪所续的前朝史不详细，就潜心研究，想完成父亲未尽的事业。不久有人上书明帝，告发班固私自改作国史。明帝有诏书下到郡时，逮捕了班固关进京兆府的监狱里。把他家的书也全部拿走了。原先扶风人苏朗造假图谶到处散布流言，关进监狱中死去了。班固的弟弟班超怕班固被郡县里栲问，班固不能自己辩护清楚，就奔赴到京城上书，得到了明帝的召见。班超把班固著作的意图完全向明帝作了说明，而这时候郡里也上书（说明班固著作的本意）。明帝认为班固是奇才，就召他在校书部工作，任命他为兰台令史。班固与前任睢阳令的陈宗、长陵令尹敏、司徒从事孟异共同完成了《世祖本纪》。提升班固为郎官，做典校秘书的工作。他又写了功臣、平林、新市、公孙述等列传、载记共二十八篇，上奏明帝。明帝就让他重新去完成以前他所写的著作。

　　班固认为汉代继承的是帝尧的气运，在这个基础上建立了皇帝的基业，帝位传到第六位皇帝汉武的时候，史臣司马谈和司马迁就追述皇家的功德，私作本纪，将大汉朝的历史编在百王之末，置于秦朝和项羽之侧，太初年以后的事，又付之阙如不予载录，因此他研究以往的史书，搜集所闻，写成了《汉书》。《汉书》从汉高祖写起，到汉平帝之世及王莽被诛杀结束，共十二世，二百三十年，全书条理行事，依靠并贯彻《五经》，上下博通，写了如《春秋》经一样形式的帝纪、表、志、传一共一百篇。班固自永平年代中期受诏，潜精积思二十年，到建初年才完成。当时的人很重视他写的书，学者没有不诵读的。

　　班固自从为郎官以后，渐渐得到皇上的亲近。当时京师建造宫室，疏通城壕，而关中父老还是盼望朝廷西顾。班固有感于前代司马相如、吾丘寿王、东方朔之流创作文章，归结到讽劝，于是给皇上献上了《两都赋》。他在文中盛赞洛阳宫室制度的完美，以此来驳斥西宾主张淫侈的理论。《两都赋》是这样的：

　　　　有西都来的宾客问东都主人说："我仿佛听说过大汉最初经营的时候，曾经打算建都洛阳。因为那里不安稳所以才没有在洛阳建都，为了寻求一个合适的地方，于是西迁，建筑成大汉的首都。请问主人听说过其中的原因并且看见建都的制度吗？"东都主人说："我没有听说过也没看见过。请贵客启怀旧的蓄念，发思古之幽情，让我把广博无边的皇道阐述一番，把宏伟的大汉都城描绘一二。"宾客说："好吧，好吧。"

　　　　大汉的西都，位于雍州之地，名叫长安。险要的函谷关、崤

山雄据它的左侧，大华山、终南山是它的屏障。褒斜谷、陇首山位于它的右侧，连带着黄河、泾水和渭水。这里的草木，是九州之中最茂盛的；可作为防御的险阻，是天下最深不可测的。所以长安由西向东可以控制四方上下，因此才成为了周朝、秦朝、汉朝的京都。周朝是因为龙而兴起的，秦朝是以猛虎般的暴力成就的。到了大汉朝受了天命而建都在这里，仰观五星聚于东井的祥瑞，俯合《河图》所显示的神灵，娄敬立议，张良实施，天人合应，激发了高祖，于是神驰入关，在长安兴建京城。于是望秦岭，视北阜，傍酆水和霸水，倚靠龙首山，策划亿万年皇帝的基业，确定宏伟的规模而大兴土木，从高祖肇始终于平帝，世代增建、雕饰让它更加壮丽，经历了十二位皇上的努力，所以长安显得穷奢而极侈。坚固的城墙高万丈，扩大的水池成了深渊，铺了三条宽阔的道路，建立了十二道城门。城内街道四通八达，居民住宅区的大门不下千数，九个集市开市，货物整齐地摆放道边，人们来不及细看，车子不能够调头，来往的人们充满了城郭，市场旁边邸舍连着邸舍，尘土高高地扬起，烟雾与云霞相连。这时候长安既庶且富，快乐得没有边际，都人士女，和五方的其他人有显著的差别；在长安的游士都像公侯一样，卖货的女子比大国女子还奢侈。乡曲豪俊游侠英雄，仰慕平原君、孟尝君的气节、名声压过了春申君和信陵君，广为结交朋友，在长安城中奔走不暇。

如果我们到长安的四郊看看，到它邻近的县邑去游览游览，那就可以南望杜陵和霸陵，北眺长陵、安陵、阳陵、茂陵、平陵等五陵，名都所对的城郭，这些县邑里住着的人都与京城中的人

相关。这里是产生英雄俊杰的地方，许多当大官的人从这里兴起，产生过七个丞相五个公，真是冠盖如云！把这些地方让给州郡的豪杰居住，让它成为如同洛阳、邯郸、临淄、宛城、成都等五都一样的商业中心，选三等人七次迁徒，扩充陵邑，是为了强干弱枝，繁荣皇都而俯视万国。在京畿之内，沃野千里，超绝中国，兼有各地的出产。在长安南面有蔽天的崇山，幽深的树林深谷，埋藏着陆地和海中的珍宝，蓝田有美玉，商县及上洛在山曲之中，鄠县和林县枕着南山的山麓，山泉灌溉着庄稼，池塘星罗棋布，到处是一片片的竹林果园、芳草甘木，郊区田野的富裕，号称与巴蜀相近。长安的北边有高峻的九嵕山，伴陪它的有甘泉山，有灵宫在其中耸立。这些都是秦、汉时代最为壮观的景象，引起过王褒和扬雄的颂叹，从那时候起就流传至今。在九嵕山和甘泉山下有郑国渠和白渠所滋养的沃野，是衣食的来源。天子畿内的五万井，疆界如丝织物的花纹般向四方延伸，沟洫和田畦交错如镂。原隰如像龙鳞，打开水渠就如同降雨，农夫扛起锸就仿佛是一片片的云彩，五谷的穗都垂着头，茂盛的桑麻铺满了大地。在长安的东郊则有交通天下的水路，勾通渭水和黄河，打开黄河又与江、淮相连，舟船可以直通山东，水道可以引来淮河、洪泽湖的物产，长安的东面就通过黄河与大海的波涛连通了。长安的西面则有皇上的林苑，山麓的林木、畦地、池塘，与巴蜀、汉中相连，有围墙将它们绕围起来，共有四百余里长，其中有离宫别馆，共三十六所，神池和灵沼，就在这些离宫馆之间。在离宫别馆里，有九真郡所献的麟，由大宛得来的马，黄支所贡的犀，条支送来的鸟，它们越过昆仑山，渡过大海，各方的奇珍异类都不远千里而来，最远的来自三万里之外。

长安的宫室建筑，布局如像天地，按照阴阳安排，依据坤灵定正位，摸仿太微星座的方正，紫宫星座的园形。耸立起中天华美的门阙，扩建了山上的红色庙堂，用珍贵的材料穷尽奇妙，驾起如应龙、长虹般的曲梁，排列起椽子复盖屋顶，用粗大的栋把它们支撑起来。雕刻玉石作为柱基，剪裁金玉装饰瓦珰，它们闪射着五色，在阳光的照耀下更加光彩夺目。于是就在堂屋的左右阶上铺砖，两层地板三层阶，修建小门让各部份相互勾通，敞开大门，在中庭悬挂起大钟，在宫殿的正门排列起金人，为了增加障碍而横起门槛，在险峻的路上安置了门扉。在宫殿周围建立起了离宫别寝，附设有高台闲馆，光辉灿烂如同星星环绕着紫微宫一样。清凉殿、宣室殿，中温室殿，神仙殿、长年殿、金华殿、大玉堂殿、白虎殿、麒麟殿，范围如此之大，就不可能都一一详说了。盘曲伟峨，上下璀灿，殊形诡制，每一座殿宇都不相同，皇上坐着褥子垫着的辇上，到这些地方去休息宴饮。后宫住的地方有掖庭、椒房，后妃住的地方有合欢、增成、安宁、常宁，迴若、椒风、披香、发越，兰林、蕙草、鸳鸾、飞翔等室。其中以昭阳殿特别繁盛，在孝成帝时最为兴隆，它的建构材料不外露，墙不显现出形状，都用绣花的丝织品包裹青丝绶带缠绕着，随侯所得的珍宝，错落其间；黄金做钉上镶嵌着玉璧，像钱一样罗列着；翡翠和明珠，流动着光辉，像悬黎和垂棘那样的宝珠，在夜里也闪耀着光芒。这个宫殿的地上用黑漆涂刷、次等的玉石砌成，碝石和碱石文理细密，琳石和珉石含着柔和的光，珊瑚做成的假树，植立殿曲。穿红衣的侍女垂着长袖，有花纹的绶带随风飘舞，精美的装饰闪闪烁烁，时俯时仰恍若神女一样。后宫的名号，有十四等，幽闲美丽，一个比一个显贵，处在这个序列中的，大约有数百人。在朝廷的左右，是百官的朝位，萧何、曹参、魏相、丙吉等丞相，在那里谋划。他们佐助帝命就建立大业，辅翼皇上就完成教化，大汉的欢乐和平易的政治从这里流布全国，亡秦的毒螫在这里遭到涤荡。所以人们扬起和谐的音乐，创作出了"划一"的歌曲，功德归于祖宗，恩泽施于黎庶。又有天禄阁、石渠阁，是收藏典籍的地方，任命 谆谆诲人不倦的老人、有名的儒学大师，在这里讲论《六艺》，探讨各种学说。又有承明和金马门，是著作的场所，高雅君子和宏达的士人，在这里聚集，原原本本地将他们广博的见闻写出来，阐发以往文章的思想，校理秘府所藏的书籍。周围有紫微星座的外星似的位置，有夜以继日的官署守卫着，它们总管着礼官所司的考试大权，集合着天下百郡的孝廉。虎贲、赘衣、阍尹、阍寺，一层又一层的执戟之士，都各有职责。宿卫的数千房屋环绕宫殿，传徼的道路纵横交错。皇上的辇路，长长地伸向远方，两旁时时闪现出台阁。它把未央宫和桂宫连结起来，北面通向明光宫和长乐宫，登上陛级越过西城，把建章宫又连结起来，在那里设置了凤阙的璧门，在殿堂的最高处栖息着金雀。建章宫内有高高的别风阙，华丽奇巧拔地而起，设立了千门万户，依照晨昏阴阳而开闭。这里的前殿巍峨，重叠高耸，俯视未央宫，经过骀汤殿而出骁娑殿，穿过枍诣殿与天梁殿，看见的都是飞檐盖

顶，阳光把它们的影子投映在殿内。神明台在葱郁的林中耸立，指向兰天像是还在上升一样，积雨云只是飘浮在它的半高处，彩虹在它的梁栋间回旋，虽然使人感到轻松飘飘欲仙，还是因为它太高心中惊诧而不敢上登。攀上井干楼还不到一半的地方，就使人头昏目眩，倘 不再倚扶楼上的栏杆，就像是从高处落下来又暂时停住了一般，神魂飘浮没有归宿，只好顺着上来的路而下去。既然害怕登高远望，下来之后就在周围徜徉，踏上弯弯曲曲的甬道，又被深深的林荫所吞没见不到阳光。打开楼阁上的门走出来，就像放目天外，人仿佛无依无靠不知所归。前面是唐中后面是太掖池，包容了大海的广阔，好像这里滚动着碣石的波涛，激荡着海中神山的云雾，瀛州和方壶山都被云埋雾葬了，只有蓬莱山还耸立在中央。在这里灵草在冬天也长得很茂盛，神木密密麻麻，高大挺拔，闪着金光的石头峥嵘排列。在这里挺立着（武帝所立的）仙人掌承受着甘露，支撑它的是两根闪闪发光的铜柱，它远离了尘埃的混浊，搜集着大气的精华。它们尽情地显示着文成将军李少翁的荒诞，体现出五利将军栾大的方法，差不多与神农时的雨师赤松子和周灵王时的王子乔同一类型的人，时常跟从皇上在这里游览，实在是各位神仙美好的处所，而不是我们这种凡人所休憩的地方。

在这里洋溢着娱乐游览的壮观景象，振奋人的射御在上苑展开，用这些活动来威摄戎狄，讲习武事而耀武扬威。命令荆州进贡鸟，下诏梁地的山野捕来了兽，把兽群安顿在苑囿之中，让百鸟在空中翱翔，鸟儿翅膀接着翅膀遮天蔽日，野兽太多连脚也难

以安插，都集中在森林中聚居。水衡和虞人，管理着这里的事务，区分鸟兽的种类，各种工作人员都属于相应的机构。捕兽的网结一个连着一个，笼山罩野；列队的军士密密围了一个圈，仿佛星罗云布。于是皇上起驾，帅领着群臣，经过飞廉馆，进入上林苑的大门。这样，他们绕过鄠、镐，经上兰观，军队一齐展开，百兽惊惧，冲突奔走，尤如雷奔电激，踏平了草木，震动着山渊，杀射了十分之二三的野兽，才暂且抑制军队的怒气而稍作休息。这此军士都是期门、佽飞，他们或手持刀枪或挎着弓箭，跟着奔逃的鸟兽追赶，使惊慌的鸟儿投入了罗网，恐惧的野兽遇上了锋芒。他们的弩机绝不虚发，弓弦绝不拉第二次，箭没有只射中一个目标的，必然射中一双，鸟儿纷纷坠落，箭尾系的丝绳与箭相互纠缠，羽毛飘飞鸟血如雨，洒满了山野遮住了天空。平原被染红了，勇士的斗志仍然旺盛，猿和狖被吓得离开了树木，豺狼害怕得只好逃窜。这时侯皇上就移师向险要处逼近，并踏入榛芜之林，被紧逼的猛虎东奔西突，疯狂的兕跳起来用角乱顶。军士像许少一样施用巧计，像秦成一样有力量使野兽折服，抓住较小的，捉住凶猛的，折断了它们的角，扭断了它们的脖子，空手与它们博斗而将它们扼杀。于是挟着小豹，拖着熊，拉着犀，曳着罴，跨过了迥转的沟壑，越过悬崖，跳过巉岩，巨大的岩石粉碎了，松柏倒下了，丛林毁坏了，草木没有了生机，禽兽也都被杀尽了。于是天子就登上属玉观，走上长杨宫的台榭，观览山川的景象，看三军杀死和生擒的鸟兽，萧条的原野上，极目四望，只见被射死的飞禽层层叠压，野兽纵横相枕。然后收拾飞禽会合众人，论功行赏，轻骑列队以颁发带毛的肉，酒车来往而供应斟酌，割下鲜美的野味在野外烹食，举着火把应命捧杯。赏赐、宴会结束后，劳与逸得以均和，于是皇上的大辂车鸣着金铃，从容地回旋于山野，又至豫章观里集会，而对着昆明池。（昆明池中婷婷玉立着两个石像，）左边是牵牛，右边是织女，池水像天河一样广阔无边，周围茂密的树叶罩下清凉的绿荫。芳香的草复盖着池堤，兰草和迥草透出润泽，茂盛婆娑，如像展开的锦缎铺开的彩绣，倒映在池水之中。黑鹤白鹭，黄鹄、鱼鵁、鹳雀，鸧鸹、鸨、鹍、凫鷖、鸿雁，清晨从黄河入海处出发，黄昏时就到了长江、汉水住宿，沈浮往来，仿佛是云集雾散一般。这时候，后宫嫔妃就坐着卧车，登上龙舟，张开凤盖，树起彩旗，拉上黼纹的帷幕，以清澈的池水为镜，沐浴着微风，让淡雅的裙衫随飞飘舞。划船的少女唱起

了歌，伴奏的音乐跟着响了起来，声音高昂激越，在天空回荡，引来了鸟群翱翔，鱼儿在水中偷看。举起弓箭，射下两只鹄；伸出翠羽为饰的鱼竿，钓上一条比目鱼。手抚船楼粗大的支柱，身挎弓矢，两只船在池中急驶，极尽俯仰的快乐。乘风破浪乱了水中的云彩，信舟观览，向前可以越过秦岭，向后可越过九嵕山，向东可以靠近黄河、华山，向西可以跋涉到岐山、雍县，所经过的官馆，有一百多处，朝夕停留的地方，都提供一样的供给。祭祀天地山神，探究用什么东西才能得到保佑，采集游童欢乐的歌谣，评赏从臣的颂歌。在这个时候，都市与都市相望，城邑连着城邑，国家有十世雄厚基础，家庭继承着百年以来的事业，士人靠先辈的德行名声为食，农夫耕种着先人的田地，商人经营着祖

辈所从事的行业，工人使用着曾祖所用过的工具，时代的光辉就来自于这隐隐约约的继承之中，使社会成员都能各得其所。

像我这样的人，只不过是从旧墟中观察，听老人们述说，那时的情况我知道的连十分之一也不到，所以不能全部描述出来。

东都主人又喟然叹息说："社会风气使人发生变化太令人痛心了！先生确实是秦人，矜夸馆室，守河山之险自以为界，熟知秦昭王、襄王和始皇帝，哪里看见大汉的兴起呢？大汉开始的时候，是依靠布衣的奋斗而登上皇帝之位的，争战数年而开创了万代的基业，大概这种事在《六经》中都没谈到过，前代的圣人都没说过的。那个时候，汉高祖功劳显赫天象也有显示，讨伐叛逆顺应了民心，所以娄敬从形势考虑而向高祖说明了自己的看法，萧何权衡利益而创造了建都的制度。当时难道是为了奢泰而苟安吗？是不得已而为之呵。我的先生您看不见这些，反而眩耀后嗣子孙末代所建造的东西，不是太不明白了吗？现在我要告诉您光武帝建武年间的情理，明帝永平年间的事情，以无为为镜，这样来改变您的不同看法。

过去王莽逆乱，汉朝的国运中断了，天人共诛，全国相灭。那时候的动乱，民众几乎都要死去，鬼神都快泯绝了，山谷里没有完整的灵柩，外城没有留下的房屋，原野饮食人肉，川谷流淌着人血，秦朝和项羽造成的灾害还不到它的一半，有文字记载以来都没有这样的记载。因此下民哭号乞求上天，上帝悯怜百姓而下视四海，授命给光武帝。于是光武帝手执上天之命符，讲解祥瑞，披露图纬之文，考察上帝的文书，赫然发愤，天下响应如云涌动，迅雷滚过昆阳，盛怒震动天地。这样光武帝渡过了黄河，占据了北岳，即位于高邑，建都于洛阳。他承负了百王以来的大难，靠天地而荡污涤垢，从头开始建立制度，按照天意而大肆兴作。东汉继承了唐尧的统序，接续了西汉的事业，繁衍教育民众，恢复疆土，勋功是以往时代的总和，做事比三皇五帝更辛勤。难道光武帝仅仅是重新一统了天下，杂糅了百王的优点，从事近古以来所从事的事务，而陷在过去一个圣王所遇到的理乱形势之中么？而且建武初年，天地发生了变革，四海之内，夫妇重新组合，开始有了正常的父子关系，君臣的关系初步建立，人伦的观念实际上才重新开始，这就像虑羲氏为皇时所凭借的社会情况一样。光武帝分州土，立市朝，作舟车，造器械，这就像轩辕氏建立帝业时所作的贡献一样。光武帝躬行天罚，应天顺人，这就像商汤和周武王光大帝王的大业一样。改城迁都，这是有殷代的盘庚为榜样；就天下之中，有周成王兴盛隆平时的制度可作遵循。光武帝没有借助尺土之封，一人之权，和汉高祖一样。克己复礼，始终遵循这个原则，光武帝同汉文帝一样。光武帝以古代圣王为法则，封泰山并勒石记功，其礼仪发扬了武帝时的制度。按照《六经》来检查自己的德行，颂扬过去的圣德而论评功勋，仁者圣人所做的事已经全都做完，帝王应该有的原则就具备了。

至于永平年间，在社会安定、政治清明的基础上，在明堂、辟雍、灵台这三处举行了盛大的皇家仪式，制订了新的服饰制度，发布了诏书，申明了美好的前景，为光武帝上尊号叫代祖，依照谶文改"大乐"为"大予乐"。人和神的关系融洽了，君臣的尊卑

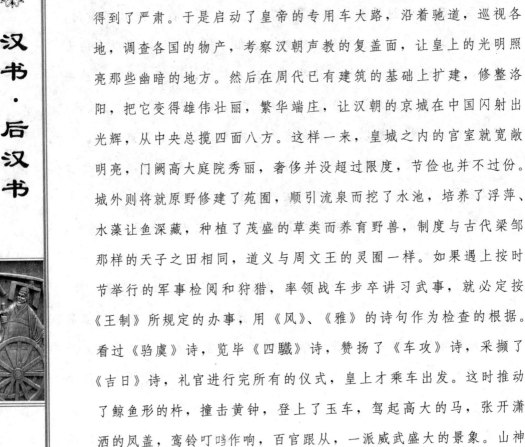

得到了严肃。于是启动了皇帝的专用车大路，沿着驰道，巡视各地，调查各国的物产，考察汉朝声教的复盖面，让皇上的光明照亮那些幽暗的地方。然后在周代已有建筑的基础上扩建，修整洛阳，把它变得雄伟壮丽，繁华端庄，让汉朝的京城在中国闪射出光辉，从中央总揽四面八方。这样一来，皇城之内的宫室就宽敞明亮，门阙高大庭院秀丽，奢侈并没超过限度，节俭也并不过份。城外则将就原野修建了苑囿，顺引流泉而挖了水池，培养了浮萍、水藻让鱼深藏，种植了茂盛的草类而养育野兽，制度与古代梁邹那样的天子之田相同，道义与周文王的灵囿一样。如果遇上按时节举行的军事检阅和狩猎，率领战车步卒讲习武事，就必定按《王制》所规定的办事，用《风》、《雅》的诗句作为检查的根据。看过《驺虞》诗，览毕《四牡》诗，赞扬了《车攻》诗，采撷了《吉日》诗，礼官进行完所有的仪式，皇上才乘车出发。这时推动了鲸鱼形的杵，撞击黄钟，登上了玉车，驾起高大的马，张开潇洒的凤盖，鸾铃叮咚作响，百官跟从，一派威武盛大的景象。山神在野外守护，嘱托四方之神共同防御，雨师在路上洒了水，风伯清扫了尘埃，千乘像雷霆一样涌起，万骑浩浩荡荡，战车在原野上竞相奔驰，戈矛拔开了云层，帽顶上的毛羽扫荡着天空的虹霓，旌旗把天空都遮满了。光芒闪烁，五彩斑烂，像狂风卷裹着火焰，燃遍了原野山蛮，日月都失去了光明，丘陵为之摇撼。于是在圈中集结，三军排列整齐，部曲的小方阵组成了校尉的大方阵，整理队伍，让将帅们誓师。然后举起烽火击打战鼓，行了三驱之礼，轻车就像雷霆一样迅疾，骁骑犹如闪电一样划过，跟养由基一样的神射手发射出了箭矢，跟赵简子的御车范氏一样的人驾着车，开了弓就不会射不着禽，驾车绝有不符合礼，飞的东西来不及飞起，跑的东西来不及离去。指顾之间，装猎物的车已经填满了，欢乐并不过份，杀伤并不绝尽，马尚有余力，士卒的怒气还未完全发泄，先锋队已经踏上了归途，跟随的车子已经缓缓起程。于是用三牲祭天地宗庙，用五牲祭天，礼拜天神地神，缅怀诸神，诸侯们在明堂朝见，降临辟雍，传播光明，宣扬皇风，登上灵台，考察美好德行的征验。仰观天俯察地，参考天子，按照中国的状况而布施惠德，依据四夷的情况而加威。涤荡了西面的黄河源头，廓清了东面的深海，震动了北方的幽山深谷，越过了南方红色的界线。各方的不同区域，远在边界之外的国家，汉武帝所不能征讨的，汉宣帝所不能使之臣服的，不管是陆地和水中的国家莫不感到害怕，急忙赶来宾服。于是云南的哀牢安定了，永昌得到了开发，春天正月初一，各地的王都前来朝见，在汉朝的京城会合。在这一天，天子接受四海之内的文书，接纳万国所贡的珍品，对内抚慰中国，对外接交诸蛮。就在帷帷中陈列盛大的乐队、礼器，安置在云龙门的庭院中，文武百官排列整齐后再请诸王侯，举行皇帝的仪式而展示皇上的风彩。这时候，庭中堆满了千百种东西，一杯又一杯的甜酒，金杯玉盏错综排开，桌上摆着八珍食品，堆着牛、羊、猪肉。在这里吃完饭后歌唱《诗经》中的《雍》，太师奏乐，金石之类的打击乐一字儿排开，丝竹之类的弦乐有条有理地布置，钟、鼓铿锵，管弦和鸣。宫、商、角、徵、羽五声高扬，极尽黄钟、太蔟、姑洗、蕤宾、夷则、无射六律之妙，歌颂金、木、水、火、土、谷、正德、利用、厚生九功，跳起《八佾》舞，尧舜的《韶》、周武王的《武》乐都演奏到了，远古的音乐也都完全得以展示。四夷的音乐作为间奏，汉朝的恩德所施及的地方，北方的《仿》、东方的《侏》、西方的《兜离》等音乐，没有不具备的。千万种音乐都演奏完了，一百种仪礼都进行完毕，皇上欣然自得，群臣都醉了，天降下了祥和阴阳二气，调和了人的精神，然后撞钟宣告宴会结束，文武百官于是退下。

这时候圣明的皇上看见了四面八方的欢娱景象，（他们）长期沐浴着大汉的恩泽，害怕他们将萌动侈惰之心，而荒怠了耕作，就重申旧的典章，下达圣明的诏书，命各主管部门，颁布规定，明确节俭的要求，说明节俭的重要性。皇上去掉了后宫华丽的装饰，减少了自己车乘的御者，清除了多余的工商业，兴盛农垦这一首要的事业。这样一来就使得海内各地的人都弃末而反本，背伪而归真了。女人学习纺织缝衽，男人从事耕耘，用具使用陶器，衣服穿白、黑色，以穿纤巧华靡的衣服为耻而不穿（这种衣服），以奇特美丽为低贱而不看重（这些东西），把金子抛弃到山里，把宝珠扔进深渊。这样一来，百姓们洗心革面镜子就自然照不出瑕秽，形与神都安定下来，耳朵和眼睛都不寻求新鲜的东西，过份欲望产生的根本原因消灭了，廉正之心就产生了，没有不悠哉游哉自得其乐，面色发出仁者玉一般地光润，声音都似有德者那样清朗。所以四海之内，郡国、县道的学校如林，乡村的小学学生盈门，大家相互不断劝酒，盛置肉的几、盘摆得到处都是，下面跳着舞，上面唱着歌，歌唱舞蹈德和仁。出席私宴的礼节，进行完毕之后，就相互感叹自然无为的素质，美好的言辞弘大的道理，都充满了平和而流露出满足，歌颂说"繁荣昌盛呵这个时代"！

现在议论的人只知道诵读虞夏时代的《尚书》，吟咏殷周时代的《诗经》，讲解伏羲、文王的《易经》，论说孔子的《春秋》，很少能通古今的善恶，了解大汉朝德行的来由。只有先生您颇理解过去的典章，但又徒然在诸子之间驰骋。温故知新已经是很难的事，而能够知道德行的人就更少了！而且远远地以西戎为界，四面都有险阻，修构四面的山关，哪里比得过处在国土的中间，平坦洞达，万方如辐之凑于毂呢？秦岭、九嵕山，泾水和渭水这样的河山，哪里能比得上长江、黄河、淮河、济水四渎和泰山、衡山、华山、恒山、嵩山五岳，以黄河为带溯洛水而处，是出"图"和"书"的水渊呢？建章宫、甘泉宫，设台进御诸仙，哪一个能比过灵台、明堂那样统和天人呢？太掖池、昆明池，充满鸟兽的苑囿，哪里像广阔的陆地面临大海，那样的富有道德呢？游侠奢侈，犯义侵礼，哪里比得上都遵守法度，恭恭敬敬、互尊自重呢？先生徒然晓得秦朝的阿房宫高入云天，而不知东京洛阳已有建都的规模；只知道函谷可以立关，而不知为王的人是不分内外的。"

东都主人的话还没说完，西都宾惊奇地望着东都主人连脸色都变了。他徘徊下阶，恐惧得没有生气，拱起手想说点什么。东都主人说："请您回到座位上坐下呢。现在我将告诉您五篇诗歌。"

西都宾听完了这五篇诗作，就称赞说："真美啊这些诗！它们的含义比杨雄的赋更合乎道义，比司马相如的赋更符合事实，这不仅得力于东都主人您的好学，大约也是因为遇上了这个时代吧。

我太粗陋薄学，不知道怎样正确地判断是非，既然听到了先生你听说的正确的道义，请允许我终身吟诵这些诗篇。"这些诗篇是：

《明堂诗》："光辉的时堂，明堂宽敞明亮；它是神圣的祭祀的地方，庄严肃穆灿烂辉煌。上帝在这里享宴，五帝在这里按方位享受祭祀，谁人来配祭？他就是世祖光武帝。普天之下率土之宾，都各人接照自己的身份前来助祭；美好恭敬熙熙攘攘，求来了大福大吉。"

《辟雍诗》："在辟雍中荡舟，辟雍中的水欢快地跳荡；神圣的皇上莅临这里，用船架起了浮桥。白发苍苍的老人，皇上都把他们看成自己的父兄；堂堂皇上的威仪，孝敬友待他们，这种行为真是磊落光明。上古立德的贤圣之人呵，您们的德行在我们汉朝得到了贯彻遵行；改造这个世界只有依靠神灵的威力，永远显示着这些伟大的成就。"

《灵台诗》："策划建筑灵台，把它建筑得又大又高。皇上勤劳按时登临，在这里考察美好的征验，日月星辰洒下了光明，阴阳五行合恰地运行；清风习习，细雨飘洒。百谷茁壮，庄稼繁茂；连年丰收，皇上真是有才有智！"

《宝鼎诗》："三山五岳都准备贡献啊河川献出了珍宝，吐射出金光啊映照着天上的浮云。宝鼎出现在人世间呵色彩斑烂陆离，闪耀着光芒呵通体雕刻的龙纹。安置在祖庙的宝鼎啊享受着神圣的祭祀，发扬光大神灵的威德啊亿万年。"

《白雉诗》："开启了《洛书》呵打开了祥瑞的《河图》，获得了白雉啊献出了素鸟。展开了洁白的翅膀呵翘尾奋飞，体态明洁

呵精淳神清。宣扬皇上的德行呵跟当年周成王一样，永远保有天下啊享受上天的庆祝。"

后来遇上了爱好文章的汉章帝，班固就更加得到宠信，多次到皇宫中给皇上读书，有时候甚至连续几天几夜。每次皇上巡视外地，他就献上赋、颂。朝廷有重大的事情议论，皇上让他诘问公卿，在皇上面前展开辩论，对班固的赏赐恩宠很厚。班固自以为有两代人的学问才识积累，而官位超不过郎官，对东方朔、杨雄对自己的议论很有感触，悔恨自己没遇上苏秦、张仪、范雎、蔡泽所处的时代，于是作了《宾戏》以自荐。后来升任班固做了玄武门的司马官。皇上与诸儒生讲论《五经》，班固作了《白虎通德论》，皇上又命令他把当时讨论的情况撰写成文。

当时北单于派遣使臣前来贡献，请求与汉朝和亲，皇上诏问群臣。议论的人有的认为："匈奴是善于欺骗狡猾的国家，没有归服汉朝的心意，只是畏惧汉朝的威望，被南匈奴追逼，所以希望汉朝回访（借助汉朝）来安定他们众叛亲离的局面。现在我们如派遣使臣前去，恐怕会失去南匈奴亲附我们的友好，而助成了北匈奴（狐假虎威）的奸诈之计，不能与北匈奴和亲。"班固议论说："我个人考虑，自从汉朝兴起以来，旷世历年，军事上都与夷狄纠缠，尤其是与匈奴之间的事最多。安抚、防御的方法，手段不一样，或者用政治手段与他们讲和，或者用武力征讨他们，或者卑下地迁就他们，或者他们臣服汉朝。虽然屈伸没有一定的情况，原因因时而异，但是没有拒绝与他们的往来而放任他们、不与他们交接的。所以自从光武一朝开始，就重新整顿原有的典制，多次派出使者，以至使者前后相继，一直到光武帝后期，才开始暂时地断绝了与他们之间的关系。永平八年，又重新议论与他们通好。当时在朝廷上争论了好几天，不同意见杂然纷陈，多持与匈奴通好困难的意见，很少说与他们结好的容易的一方面。先帝（汉明帝）圣明，高瞻远瞩，于是又派出使者，与匈奴的关系恢复到跟从前一样了。以此推知，没有一世放弃而不发展与匈奴关系的。现在乌桓国来朝，向翻译官稽首；康居、月氏，自远而来；匈奴分崩离析；有名的国王来降服，（西、北、南）三主的人都前来归服，都是在没有使用武力的情况下出现了，这实在是国家与神相交通的自然的征验呵。臣愚蠢地认为应该依照过去的成例，再派使者去匈奴，这样从远处说可以继承五凤、甘露年间接待远方归服之人的精神，从近处讲不抛弃建武、永平年间实行羁縻政策的意义。外族使者来两次，我们派使者去一次，既可以说明中国是以忠、信为主的，又可以使他们知道圣明的汉朝礼义是有一定的，岂可叛背、狡猾、辜负了我们的好意呢？不与匈奴往来我不知道有什么好处，与他们通好我没有听说什么害处。假若北匈奴稍微强大，能够兴风作浪，那时候再寻求与他们通好，哪里来得及呢？不如借助现在的情势施予恩惠，从眼前和长远来制订对待他们的策略。”

班固又作了《典引篇》，叙述汉朝的德属继承。他认为司马相如的《封禅赋》，文字虽然绮丽但体裁没有什么根据，杨雄的《美新赋》，文体虽然有所根据但事实虚伪，大约是他自己以为达到了各方面的最高成就。《典引篇》说：

混沌之气处于原始状况，阴阳就开始划分出来了，阴阳之气升腾缭绕，有的下沉而变得混浊，有的上浮而变得清新。下沉的和上浮的相互交错，就形成了万物。于是才开始任命天子，（木、火、金、土、水）五德才开始运行，都是处于草创暗昧的状态，处在幽玄混沌之中。结绳记事和有文字记载之前，寂寥而无文诰，是因为《易·系辞》不可能得到以留传下来。那时候有氏号，继天开陈于后，莫不以太昊（庖羲氏）为帝王的开端，所以关于遥远的上古的书籍，还是可以进行修纂的。黄帝以后的时代，虽通变神化，（但因缺乏记载，所以）蕴涵的光辉还没被宣扬开来。

假若从上稽考天的原则，往下根据稷、契等为尧的羽翼的事实，从《尧典》、《皋陶谟》看，为道德之冠首，踪迹之卓异者，没有比陶唐氏更高的了。陶唐舍其胤子丹朱而禅让给有虞氏，有虞氏也舍其子商均而禅让给夏禹，稷、契在尧、舜之朝广立事功，于是成就了其子孙汤，武的事业。他们重大的影响支持了周朝的事业，上天于是归功尧，又将授刘汉以帝位。上天使刘汉皇朝继承三王的丧败，把它置于《易》上所说的"亢龙有悔"的灾难之中，日月暗淡无光运行失常，美好的伦理衰落而原有的典章制度缺乏。所以上天先就命令玄圣孔子，让他缀学而为汉家建立法制，发扬信义光大事业，表彰刘家的祖宗，赞扬蹈履哲智之君，一切都具备了显得那么光辉灿烂，真是神明所制定的法则呵。虽然皋陶、夔、伊尹、周公等慎密的辅佐，比起孔子来都算不上什么了。所以高祖、光武帝二位圣明的皇上，像北斗星一样居于自己的位置，高祖聚彤云于砀山，光武发佳气于白水。（高祖、光武帝）像雄鸡一样还未振翅，天下英雄就纷纷而起，海内就云蒸霞涌，雷鸣电闪，胡亥自缢、王莽就被杀死了，高祖、光武帝甚至用不着亲自动手。然后他们敬顺天地，礼待诸侯，在即帝位之前，都有己德不能嗣成帝功的谦言，有此渊深穆敬的礼让，而没有号令陈师、敦迫奋武麾旄的态度。这原因就是：汉朝是理所当然的正统，接受了尧的归运，蓄积了火德的精气，蕴藏着孔子这位辅佐光明正大的期望。

大汉朝如此的美德，可以说是五帝时代最光辉的模范，是用不着使用诰和誓的。遍观殷、周二代大大小小的法度，其幽深是可以探知的。他们都从一小块地方发迹，同受侯、甸的封号为诸侯，重世勤民，以方伯身份统领州牧。他们凭借受命得赐赤弓和黄金装饰的斧的威势，讨伐韦、顾、黎、崇等国不来朝的逆行。华夏经多次变动，周武王迁都于镐、商汤迁都于亳，于是以臣下身份，调动如虎、螭般勇猛的军队，革灭了天子之都。所以义士对汤、武的作为感到惊异而认为并不敦厚，周武王的音乐《武》未尽善，商汤的音乐《护》有愧于德，不是有他们自己的道理吗？然而诗歌中对他们有许多美好的赞叹，有华美谐和节奏鲜明的乐曲将他们颂扬，尊祖严父，宗祀配天于明堂之中，发祯祥以流泽子孙，德配天地，千载以来连绵不绝。岂不是显示出他们的是理所当然的神明吗？（殷周二代政化之迹）大略有一定的规矩，周密的言辞著于《诗》、《书》之中，文藻光彩朗明而前后一致。

况且显赫神圣的汉朝，建立在巍峨的唐尧的基础之上，逆流探源，它是孕育于虞夏，造就于殷周，然后发出了高祖、世祖的光芒，继之以太宗（文帝）、代宗（武帝）、中宗（宣帝）、显宗

（明帝）的光明。神灵如太阳一样照耀，光辉洒满了大地，仁义的风吹拂到天涯海角，威武的精神激励着遥远的边区，凶恶者无远而不灭，微细者无论多少也不养。所以升天之功，非尧不能兴；广泛宣传《尧典》对后代子孙的训诫，非汉朝不能弘大。它的原则精神到达了整顿乾坤，稳定日、月、星的正常运行，大到调度天地，小到深入毫芒的程度。万物生育，顺应天理，莫不亨通，这种状况已经由来已久了。

至于嘉谷灵草，奇兽神禽，与瑞图相应与史谍相符，大吉大祥的，每个朝夕都出现在郊野，每天每月都出现在这个国家，在这块土地上卓绝出众，盈溢到了最荒凉的地区。过去周朝有白雉、朱鸟、黑黍、黄麦的事情出现，君臣都之为动容，左右相随，聚在一起小心翼翼、诚惶诚恐，表现出端庄盛美的仪容。大约是用这样的姿态表明敬畏之心，承受神灵所赐予的福运。并且以光宠文王武王的德行，把它传给后代子孙，继续发扬他们的美德，岂只是为了自己而有自专之辞呢？汉朝理所当然地承继了这一切，也应当时刻不忘他们的期望努力发奋，以充实这一原刚，打开恭馆中用金绳捆着的横子，拿出东序中珍藏的秘宝，而进行普遍的占卜。

《河图》、《洛书》确实、明白，是天的智慧；孔子的图书、遗命，是圣人的信任；躬行道德的根本（孝道），是端正人性；逢吉祥之代，当封禅之时，是天子所受的大命。顺从天命以创立制度，稳定人性以协和神灵，报答天、地、人之神所多次给予的福瑞，展开效法唐尧封禅的明文，这件事情重大而允当，无论醒着还是睡着都萦绕在皇上的心里。瞻前顾后，（一味推让，）岂不是轻视祖宗而难正天命吗？从远古开始考察，迄于今世，封禅的共有七十四人，其中虽有天下不使其封禅而假为竹素之文者，没有光扬法度而弃其文章而不封禅者，现在轮到了我们为何使其独缺（不封禅）呢！

这时候圣上（章帝）既已倾注精神，全面掌握文化，屡次访求儒者，倾听故老的意见，与他们讨论斟酌道德的渊源，探索仁义的深刻道理，以这样的行动来追求瑞符所显示的前景的完善。既听从各诸侯的直言，又根据占卜的兆辞广泛地思考。将要延续万代，宏扬光辉，振奋博大的火德，激发以往的遗风，传播浓烈的芳香，久而愈新，用而不竭，深沉浩荡的上天的大法，谁能使它完美无缺地施行呢？只有唐尧呵，只有大汉呵！

班固后来因为母亲的丧事而离职。永元初年，大将军窦宪出征匈奴，用班固为中护军，并参予议事。北单于听到汉军出征的消息，派遣使者叩访居延塞，想如像过去呼韩邪一样与汉朝修好，朝见天子，请求汉朝派使臣。窦宪派遣班固代行中郎将的权力，率领数百名骑兵与匈奴使者一起出居延塞迎接北匈奴单于。正遇上南匈奴击破了北匈奴的王庭，班固到了私渠海，听到了这一匈奴战乱的消息，就带领众人回到了塞内。到后来窦宪战败了，班固因连坐最先免去了官职。

班固对他的手下人不加管教，他的手下人不遵守法度，小吏们感到很恼火。当初，洛阳令种兢在路上行走，班固的家奴扰乱种兢的车辆马匹，小吏持椎大声向他呼喊。班固的家奴借酒醉而叫骂，种兢大怒。只是因为畏惧窦宪而不敢发作，只好怀恨在心。到窦宪的宾客都遭到逮捕审问时，种兢因为旧恨而抓了班固并把他关了起来，班固于是死在了监狱之中。他死的那年有六十一岁。皇上下诏谴责种兢，种兢处罚了主其事的小吏而唐塞过去了。

班固所著的《典引》、《宾戏》、《应讥》、诗、赋、铭、诔、颂、书、文、记、论、议、六言等作品，留下来的共有四十篇。

（赖长扬　译）

【原文】

固字孟坚。年九岁，能属文诵诗赋，及长，遂博贯载籍，九流百家之言，无不穷究。所学无常师，不为章句，举大义而已。性宽和容众，不以才能高人，诸儒以此慕之。

永平初，东平王苍以至戚为骠骑将军辅政，开东阁，延英雄。时固始弱冠，奏记说苍曰：

> 将军以周、邵之德，立乎本朝，承休明之策，建威灵之号，昔在周公，今也将军，《诗书》所载，未有三此者也。传曰："必有非常之人，然后有非常之事；有非常之事，然事有非常之功。"固幸得生于清明之世，豫在视听之末，私以蝼蚁，窃观国政，诚美将军拥千载之任，蹑先圣之踪，体弘懿之姿，据高明之势，博贯庶事，服膺《六艺》，白黑简心，求善无厌，采择狂夫之言，不逆负薪之议。窃见幕府新开，广延群俊，四方之士，颠倒衣裳。将军宜详唐、殷之举，察伊、皋之荐，令远近无偏，幽隐必达，期于总览贤才，收集明智，为国得人，以宁本朝。则将军养志和神，

优游庙堂，光名宣于当世，遗烈著于无穷。窃见故司空掾桓梁，宿儒盛名，冠德州里，七十从心，行不逾矩，盖清庙之光晖，当世之俊颜也。京兆祭酒晋冯，结发修身，白首无违，好古乐道，玄默自守，古人之美行，时俗所莫及。扶风掾李育，经明行著，教授百人，客居杜陵，茅室土阶。京兆、扶风二郡更请，徒以家贫，数辞病去。温故知新，论议通明，廉清修絜，行能纯备，虽前世名儒，国家所器，韦、平、孔、翟，无以加焉。宜令考绩，以参万事。京兆督邮郭基，孝行著于州里，经学称于师门。政务之绩，有绝异之效。如得及明时，秉事下僚，进有羽翮奋翔之用，退有杞梁一介之死。凉州从事王雍，躬卞严之节，文之以术艺，凉州冠盖，未有宜先雍者也。古者周公一举则三方怨，曰"奚为而后己"。宜及府开，以慰远方。弘农功曹史殷肃，达学洽闻，才能绝伦，诵《诗》三百，奉使专对。此六子者，皆有殊行绝才，德隆当世，如蒙征纳，以辅高明，此山梁之秋，夫子所为叹也。昔卞和献宝，以离断趾，灵均纳忠，终于沈身，而和氏之璧，千载垂光，屈子之篇，万世归善。愿将军隆照微之明，信日昃之听，少屈威神，咨嗟下问，令尘埃之中，永无荆山、汨罗之恨。

苍纳之。

父彪卒，归乡里。固以彪所续前史未详，乃潜精研思，欲就其业。既而有人上书显宗，告固私改作国史者。有诏下郡，收固系京兆狱，尽取其家书。先是扶风人苏朗伪言图谶事，下狱死。固弟超恐固为郡所核考，不能自明，乃驰诣阙上书，得召见，具言固所著述意，而郡亦上其书。显宗甚奇之，召诣校书部，除兰台令史，与前睢阳令陈宗、长陵令尹敏、司隶从事孟异共成《世祖本纪》。迁为郎，典校秘书。固又撰功臣、平林、新市、公孙述事，作列传、载记二十八篇，奏之，帝乃复使终成前所著书。

固以为汉绍尧运，以建帝业，至于六世，史臣乃追述功德，私作本纪，编于百王之末，厕于秦、项之列，太初以后，阙而不录，故探撰前记，缀集所闻，以为《汉书》。起元高祖，终于孝平王莽之诛，十有二世，二百三十年，综其行事，傍贯《五经》，上下洽通，为《春秋》考纪、表、志、传凡百篇。固自永平中始受诏，潜精积思二十余年，至建初中乃成。当世甚重其书，学者莫不讽诵焉。

自为郎后，遂见亲近。时京师修起宫室，濬缮城隍，而关中耆老犹望朝廷西顾。固感前世相如、寿王、东方之徒，造构文辞，终以讽劝，乃上《两都赋》，盛称洛邑制度之美，以折西宾淫侈之论。其辞曰：

有西都宾问于东都主人曰："盖闻皇汉之初经营也，尝有意乎都河洛矣。辍而弗康，实用西迁，作我上都。主人闻其故而觇其制乎？"主人曰："未也。愿宾摅怀旧之蓄念，发思古之幽情，博我以皇道，弘我以汉京。"宾曰："唯唯。"

汉之西都，在于雍州，实曰长安。左据函谷，二崤之阻，表以太华、终南之山。右界褒斜、陇首之险，带以洪河、泾、渭之川。华实之毛，则九州之上腴焉；防御之阻，则天下之奥区焉。是故横被六合，三成帝畿，周以龙兴，秦以虎视。及至大汉受命而都之也，仰寤东井之精，俯协《河图》之灵，奉春建策，留侯演成，天人合应，以发皇明，乃眷西顾，实惟作京。于是睎秦领，瞰北阜，挟酆霸，据龙首，图皇基于亿载，度宏规而大起，肇自高而终平，世增饰以崇丽，历十二之延祚，故穷奢而极侈。建金城其万雉，呀周池而成渊，披三条之广路，立十二之通门。内则街衢洞达，阊阎且千，九市开场，货别隧分，人不得顾，车不得旋，阗城溢郭，傍流百廛，红尘四合，烟云相连。于是既庶且富，娱乐无疆，都人士女，殊异乎五方。游士拟于公侯，列肆侈于姬、姜。乡曲豪俊游侠之雄，节慕原、尝，名亚春、陵，连交合众，骋骛乎其中。

若乃观其四郊，浮游近县，则南望杜、霸，北眺五陵，名都对郭，邑居相承。英俊之城，爵冕所兴，冠盖如云，七相五公。与乎州郡之豪杰，五都之货殖，三选七迁，充奉陵邑，盖以强干弱枝，隆上都而观万国。封畿之内，厥土吉里，遄莩诸夏，兼其所有。其阳则崇山隐天，幽林穹谷，陆海珍藏，兰田美玉，商、洛缘其隈，鄠、杜滨其足，源泉灌注，陂池交属，竹林果园，芳草甘木，郊野之富，号曰近蜀。其阴则冠以九嵕，陪以甘泉，乃有灵宫起乎其中。秦、汉之所极观，渊、云之所颂叹，于是乎存焉。下有郑、白之沃，衣食之源，隄封五万，疆场绮分，沟塍刻镂，原隰龙鳞，决渠降雨，荷锸成云，五谷垂颖，桑麻敷棻。东郊则有通沟大漕，溃渭洞河，泛舟山东，控引淮、湖，与海通波。西郊则有上囿禁苑，林麓薮泽，陂池连乎蜀、汉，缭以周墙，四百余里，离宫别馆，三十六所，神池灵沼，往往而在。其中乃有九真之麟，大宛之马，黄支之犀，条枝之鸟，逾昆仑，越巨海，殊方异类，至三万里。

其宫室也，体象乎天地，经纬乎阴阳，据坤灵之正位，放太、紫之圆方。树中天之华阙，丰冠山之朱堂，因瑰材而究奇，抗应龙之虹梁，列棼橑以布翼，荷栋桴而高骧。雕玉瑱以居楹，裁金璧以饰珰，发五色之渥采，光焰朗以景彰。于是左墄右平，重轩三阶，闺房周通，门闼洞开，列钟虡于中庭，立金人于端闱，仍增崖而衡阈，临峻路而启扉。徇以离殿别寝，承以崇台闲馆，焕若列星，紫宫是环。清凉宣温，神仙长年，金华玉堂，白虎麒麟，区宇若兹，不可殚论。增槃业峨，登降炤烂，殊形诡制，每各异观，乘茵步辇，唯所息宴。后宫则有掖庭椒房，后妃之室，合欢增成，安处常宁，迥若椒风，披香发越，兰林蕙草，鸳鸾飞翔之列。昭阳特盛，隆乎孝成，屋不呈材，墙不露形，裛以藻绣，络以纶连，随侯明月，错落其间，金釭衔璧，是为列钱；翡翠火齐，流耀含英，悬黎垂棘，夜光在焉。于是玄墀釦切，玉阶彤庭，硋碱采致，琳珉青荧，珊瑚碧树，周阿而生。红罗飒纚，绮组缤纷，精曜华烛，俯仰如神。后宫之号，十有四位，窈窕繁华，更盛迭贵，处乎斯列者，盖以百数。左右廷中，朝堂百僚之位，萧曹魏邴，谋谟乎其上。佐命则垂统，辅翼则成化，流大汉之恺悌，荡亡秦之毒螫。故令斯人扬乐和之声，作画一之歌，功德著于祖宗，膏泽洽于黎庶。又有天禄石渠，典籍之府，命夫谆诲故老，名儒师傅，讲论乎《六艺》，稽合乎同异。又有承明金马，著作之庭，大雅宏达，于兹为群，元元本本，周见洽闻，启发篇章，校理秘文。周以钩陈之位，卫以严更之署，总礼官之甲科，群百郡之廉孝。虎贲赘衣，阉尹阍寺，陛戟百重，各有攸司。周庐千列，徼道绮错。

辇路经营，修涂飞阁。自未央而连桂宫，北弥明光而絙长乐，陵墱道而超西墉，混建章而外属，设璧门之凤阙，上柪棱而栖金雀。内则别风之嶕峣，眇丽巧而竦擢，张千门而立万户，顺阴阳以开阖。尔乃正殿崔巍，层构厥高，临乎未央，经骀荡而出驱娑，洞枌橑与天梁，上反宇以盖戴，激日景而纳光。神明郁其特起，遂偃蹇而上跻，轶云雨于太半，虹霓回带于棼楣，虽轻迅与僄狡，犹愕眙而不敢阶。攀井干而未半，目眴转而意迷，舍櫺槛而却倚，若颠坠而复稽，魂悗悗以失度，巡回涂而下低。既惩惧于登望，降周流以彷徨，步甬道以萦纡，又杳窱而不见阳。排飞闼而上出，若游目于天表，似无依而洋洋。前唐中而后太液，揽沧海之汤汤，扬波涛于碣石，激神岳之嶈嶈，滥瀛洲与方壶，蓬莱起乎中央。于是灵草冬荣，神木丛生，岩峻崔崒，金石峥嵘。抗仙掌以承露，擢双立之金茎，轶埃壒之混浊，鲜颢气之清英。骋文成之丕诞，驰五利之所刑，庶松乔之群类，时游从乎斯庭，实列仙之攸馆，匪吾人之所宁。

尔乃盛娱游之壮观，奋大武乎上囿，因兹以威戎夸狄，耀威而讲事。命荆州使起鸟，诏梁野而驱兽，毛群内阗，飞羽上覆，接翼侧足，集禁林而屯聚。水衡虞人，理其营表，种别群分，部曲有署。罘罔连纮，笼山络野，列卒周帀，星罗云布。于是乘舆备法驾，帅群臣，披飞廉，入苑门。遂绕酆镐，历上兰，六师发胄，百兽骇殚，震震爚爚，雷奔电激，草木涂地，山渊反覆，蹂躏其十二三，乃拗怒而少息。尔乃期门佽飞，列刃钻镞，要跌追踪，鸟惊触丝，兽骇值锋，机不虚掎，弦不再控，矢无单杀，中必叠双，飑飑纷纷，矰缴相缠，风毛雨血，洒野蔽天。平原赤，勇士厉，猨狄失木，豺狼慑窜。尔乃移师趋险，并蹈潜秽，穷虎奔突，狂兕触蹶。许少施巧，秦成力折，掎僄狡，扼猛噬，脱角挫脰，徒搏独杀。狭师豹，拖熊螭，顿犀犎，曳豪罴，超迥堑，越峻崖，蹶巉岩，钜石陨，松柏仆，丛林摧，草木无余，禽兽殄夷。于是天子乃登属玉之馆，历长杨之榭，览山川之体势，观三军之杀获，原野萧条，目极四裔，禽相镇厌，兽相枕藉。然后收禽会众，论功赐胙，陈轻骑以行炰，腾酒车而斟酌，割鲜野食，举熢命爵。飨赐毕，劳逸齐，大辂鸣鸾，容与徘回，集乎豫章之宇，临乎昆明之池。左牵牛而右织女，似云汉之无崖，茂树荫蔚，芳草被堤，兰茝发色，晔晔猗猗，若摛锦布绣，烛耀乎其陂。玄鹤白鹭，黄鹄鹍鹤，鸧鸹鸨鶂，凫鸥鸿雁，朝发河海，夕宿江汉，沈浮往来，云集雾散。于是后宫乘锐总路，登龙舟，张凤盖，建华旗，祛黼帷，镜清流，靡微风，澹淡浮。棹女讴，鼓吹震，声激越，謍厉天，鸟群翔，鱼阚渊。招白闲，下双鹄，揄文竿，出比目。抚鸿幢，御矰缴，方舟并骛，俛仰极乐。遂风举云摇，浮游普览，前乘秦领，后越九嵕巇，东薄河华，西涉岐雍，宫馆所历，百有余区，行所朝夕，储不改供。礼上下而接山川，究休□之所用，采游童之欢谣，第从臣之嘉颂。于斯之时，都都相望，邑邑相属，国藉十世之基，家承百年之业，士食旧德之名氏，农服先畴之畎亩，商修族世之所鬻，工用高曾之规矩，粲乎隐隐，各得其所。

若臣者，徒观迹乎旧墟，闻之乎故老，什分而未得其一端，故不能遍举也。"

主人喟然而叹曰："痛乎风俗之移人也！子实秦人，矜夸馆室，保界河山，信识昭襄而知始皇矣，恶睹大汉之云为乎？夫大汉之开原也，旧布衣以登皇极，由数期而创万世，盖六籍所不能谈，前圣靡得而言焉。当此之时，功有横而当天，讨有逆而顺人，故娄敬度势而献其说，萧公权宜以拓其制。时岂泰而安之哉？计不得以已也。吾子曾不是睹，顾耀后嗣之末造，不亦暗乎？今将语子以建武之理，永平之事，监乎太清，以变子之或志。

往者王莽作逆，汉祚中缺，天人致诛，六合相灭。于时之乱，生民几亡，鬼神泯绝、壑无完柩，郛罔遗室，原野猒人之肉，川谷流人之血，秦、项之灾犹不克半，书契已来未之或纪也。故下民号而上愬，上帝怀而降鉴，致命于圣皇。于是圣皇乃握乾符，阐坤珍，披皇图，稽帝文，赫尔发愤，应若兴云，霆发昆阳，凭怒雷震，遂超大河，跨北岳，立号高邑，都建河洛。绍百王之荒屯，因造化之荡涤，体元立制继天而作。系唐统，接汉绪，茂育群生，恢复疆宇，勋兼乎在昔，事勤乎三五。岂特方轨并迹，纷纶后辟，理近古之所务，蹈一圣之险易云尔哉？且夫建武之元，天地革命，四海之内，更造夫妇，肇有父子，君臣初建，人伦实始，斯乃虑羲氏之所以基皇德也。分州土，立市朝，作舟车，造器械，斯轩辕氏之所以开帝功也。龚行天罚，应天顺人，斯乃汤武之所以昭王业也。迁都改邑，有殷宗中兴之则焉；即土之中，有周成隆平之制焉。不阶尺土一人之柄，同符乎高祖。克己复礼，以奉终始，允恭乎孝文。宪章稽古，封岱勒成，仪炳乎世宗。案《六经》而校德，妙古昔而论功，仁圣之事既该，帝王之道备矣。

　　至于永平之际，重熙而累洽，盛三雍之上仪，修衮龙之法服，敷洪藻，信景铄，扬世庙，正予乐。人神之和允洽，君臣之序既肃。乃动大路，尊皇衢，省方巡狩，穷览万国之有无，考声教之所被，散皇明以烛幽。然后增周旧，修洛邑，翩翩巍巍，显显翼翼，光汉京于诸夏，总八方而为之极。是以皇城之内，宫室光明，阙庭神丽，奢不可逾，俭不能侈。外则因原野以作苑，顺流泉而为沼，发苹藻以潜鱼，丰圃草以毓兽，制同乎梁驺，义合乎灵囿。若乃顺时节而搜狩，简车徒以讲武，则必临之以《王制》，考之以《风雅》。历《驺虞》，览《駉駜》，嘉《车攻》，采《吉日》，礼官正仪，乘舆乃出。于是发鲸鱼，铿华钟，登玉辂，乘时龙，凤盖飒洒，和鸾玲珑，天官景从，祛威盛容。山灵护野，属御方神，雨师泛洒，风伯清尘，千乘雷起，万骑纷纭，元戎竟野，戈铤彗云，羽旄扫霓，旌旗拂天。焱焱炎炎，扬光飞文，吐焰生风，吹野燎山，日月为之夺明，丘陵为之摇震，遂集乎中囿，陈师案屯，骈部曲，列校队，勒三军，誓将帅。然后举烽伐鼓，以命三驱，轻车霆发，骁骑电骛，游基发射，范氏施御，弦不失禽，辔不诡遇，飞者未及翔，走者未及去。指顾倏忽，获车已实，乐不极般，杀不尽物，马踠余足，士怒未泄，先驱复路，属车案节。于是荐三牺，效五牲，礼神祇，怀百灵，觐明堂，临辟雍，扬缉熙，宣皇风，登灵台，考休征。俯仰乎乾坤，参象乎圣躬，目中夏而布德，瞰四裔而抗棱。西荡河源，东澹海漘，北动幽崖，南跃朱垠。殊方别区，界绝而不邻，自孝武所不能征，孝宣所不能臣，莫不陆讋水慄，奔走而来宾，遂绥哀牢，开永昌，春王三朝，会同汉京。

是日也，天子受四海之图籍，膺万国之贡珍，内抚诸夏，外接百蛮。乃盛礼乐供帐，置乎云龙之庭，陈百僚而赞群后，究皇仪而展帝容。于是庭实千品，旨酒万钟，列金罍，班玉觞，嘉珍御，大牢飨。尔乃食举《雍》彻，太师奏乐，陈金石，布丝竹，钟鼓铿锵，管弦晔煜。抗五声，极六律，歌九功，舞八佾，《韶》、《武》备，太古毕，四夷闲奏，德广所及，《侏》、《佅》、《兜离》，罔不具集。万乐备，百礼暨，皇欢洽，群臣醉，降烟煴，调元气，然后撞钟告罢，百僚遂退。

于是圣上睹万方之欢娱，久沐浴乎膏泽，惧其侈心之将萌，而怠于东作也，乃申旧章，下明诏，命有司，班宪度，昭节俭，示大素。去后宫之丽饰，损乘舆之服御，除工商之淫业，兴农桑之上务。遂令海内弃末而反本，背伪而归真，女修织纴，男务耕耘，器用陶匏，服尚素玄，耻纤靡而不服，赋奇丽而不珍，捐金于山，沈珠于渊。于是百姓涤瑕荡秽而镜至清，形神寂漠，耳目不营，嗜欲之原灭，廉正之心生，莫不优游而自得，玉润而金声，是以四海之内，学校如林，庠序盈门，献酬交错，俎豆莘莘，下舞上歌，蹈德咏仁。登降饫宴之礼既毕，因相与嗟叹玄德，谠言弘说，咸含和而吐气，颂曰：'盛哉乎斯世'！

今论者但知诵虞夏之《书》，咏殷周之《诗》，讲羲、文之《易》，论孔氏之《春秋》，罕能精古今之清浊，究汉德之所由，唯子颇识旧典，又徒驰骋乎末流。温故知新已难，而知德者鲜矣！且夫辟界西戎，险阻四塞，修其防御，孰与处乎土中，平夷洞达，万方辐凑？秦领九嵕，泾渭之川，曷若四渎五岳，带河溯洛，图书之渊？建章甘泉，馆御列仙，孰与灵台明堂，统和天人？太液昆明，鸟兽之囿，曷若辟雍海流，道德之富？游侠逾侈，犯义侵礼，孰与同履法度，翼翼济济也？子徒习秦阿房之造天，而不知京洛之有制也；识函谷之可关，而不知王者之无外也。”

主人之辞未终，西都宾矍然失容，逡巡降阶，慄然意下，捧手欲辞。主人曰：“复位，今将喻子五篇之诗。”宾既卒业，乃称曰：“美哉乎此诗！义正乎杨雄，事实乎相如，非唯主人之好学，盖乃遭遇乎斯时也。小子狂简，不知所裁，既闻正道，请终身诵之。”其诗曰：

《明堂诗》：于昭明堂，明堂孔阳；圣皇宗祀，穆穆煌煌。上帝宴飨，五位时序；谁其配之，世祖光武。普天率土，各以其职；猗与缉熙，允怀多福。

《辟雍诗》：乃流辟雍，辟雍汤汤；圣皇莅止，造舟为梁。皤皤国老，乃父乃兄；抑抑威仪，孝友光明。于赫太上，示我汉行；鸿化惟神，永观厥成。

《灵台诗》：乃经灵台，灵台既崇；帝勤时登，爰考休征。三光宣精，五行布序；习习祥风，祁祁甘雨。百谷溱溱，庶卉蕃芜；屡惟丰年，于皇乐胥。

《宝鼎诗》：岳修贡兮川效珍，吐金景兮歊浮云。宝鼎见兮色纷缊，焕其炳兮被龙文。登祖庙兮享圣神，昭灵德兮弥亿年。

《白雉诗》：启灵篇兮披瑞图，获白雉兮效素乌。发皓羽兮奋翘英，容絜朗兮于淳精。章皇德兮侔周成，永延长兮膺天庆。

及肃宗雅好文章，固愈得幸。数入读书禁中，或连日继夜。每行巡狩，辄献上赋颂，朝廷有大议，使难问公卿，辩论于前，赏赐恩宠甚渥。固自以二世才术，位不过郎，感东方朔、杨雄自论，以不遭苏、张、范、蔡之时，作《宾戏》以自通焉。后迁玄武司马。天子会诸儒讲论《五经》，作《白虎通德论》，令固撰集其事。

时北单于遣使贡献，求欲和亲，诏问群僚。议者或认为"匈奴变诈之国，无内向之心，徒以畏汉威灵，逼惮南虏，故希望报命，以安其离叛。今若遣使，恐失南虏亲附之欢，而成北狄猜诈之计，不可"。固议曰："窃自惟思，汉兴已来，旷世历年，兵缠夷狄，尤事匈奴。绥御之方，其涂不一，或修文以和之，或用武以征之，或卑下以就之，或臣服而致之。虽屈申无常，所因时异，然未有拒绝弃放，不与交接者也。故自建武之世，复修旧典，数出重使，前后相继，至于其末，始乃暂绝。永平八年，复议通之。而廷争连日，异同纷回，多执其难，少言其易。先帝圣德远览，瞻前顾后，遂复出使，事同前世。以此而推，未有一世阙而不修者也。今乌桓就阙，稽首译官，康居、月氏，自远而至，匈奴离析，名王来降，三方归服，不以兵威，此诚国家通于神明自然之征也。臣愚以为宜依故事，复遣使者，上可继五凤、甘露致远人之会，下不失建武、永平羁縻之义。虏使再来，然后一往，既明中国主在忠信，且知圣朝礼义有常，岂可逆诈示猜，孤其善意乎？绝之未知其利，通之不闻其害。设后北虏稍强，能为风尘，方复求为交通，将何所及？不若因今施惠，为策近长。"

固又作《典引篇》，述叙汉德。以为相如《封禅》，靡而不典，杨雄《美新》，典而不实，盖自谓得其致焉。其辞曰：

太极之原，两仪始分，烟烟煴煴，有沈而奥，有浮而清。沈

浮交错，庶类混成。肇命人主，五德初始，同于草昧，玄混之中。喻绳越契，寂寥而亡诏者，《系》不得而缀也。厥有氏号，绍天阐绎者，莫不开元于大昊皇初之首，上哉琼乎，其书犹可得而修也。亚斯之世，通变神化，函光而未曜。

若夫上稽乾则，降承龙翼，而炳诸《典》、《谟》，以冠德卓踪者，莫崇乎陶唐。陶唐舍胤而禅有虞，虞亦命夏后，稷契熙载，越成汤武。股肱既周，天乃归功元首，将授汉刘。俾其承三季之荒末，值亢龙之灾孽，悬象暗而恒文乖，彝伦斁而旧章缺。故先命玄圣，使缀学立制，宏亮洪业，表相祖宗，赞扬迪哲，备哉灿烂，真神明之式也。虽前圣皋、夔、衡、旦密勿之辅，此兹褊矣。是以高、光二圣，辰居其域，时至气动，乃龙见渊跃。拊翼而未举，则威灵纷纭，海内云蒸，雷动电燿，胡缢莽分，不苴其诛。然后钦若上下，恭揖群后，正位度宗，有于德不台渊穆之让，靡号师矢敦奋拘之容。盖以膺当天之正统，受克让之归运，蓄炎上之烈精，蕴孔佐之弘陈云尔。

洋洋乎若德，帝者之上仪，诰誓所不及已。铺观二代洪纤之度，其赜可探也。并开迹于一匮，同受侯甸之所服，奕世勤民，以伯方统牧。乘其命赐彤弧黄戉之威，用讨韦、顾、黎、崇之不格。至乎三五华夏，京迁镐亳，遂自北面，虎离其师，革灭天邑。是故义士伟而不敦，《武》称未尽，《护》有惭德，不其然与？然犹于穆猗那，翕纯皦绎，以崇严祖考，殷荐宗祀配帝，发祥流庆，对越天地者，焉奕乎千载。岂不克自神明哉？诞略有常，审言行于篇籍，光藻朗而不渝耳。

矧夫赫赫圣汉，巍巍唐基，派测其源，乃先孕虞育夏，甄殷陶周，然后宣二祖之重光，袭四宗之缉熙。神灵日烛，光被六幽，仁凤翔乎海表，威灵行于鬼区，慝亡迥而不泯，微胡琐而不颐。故夫显定三才昭登之绩，匪尧不兴，铺闻遗策在下之训，匪汉不弘。厥道至乎经纬乾坤，出入三光，外运混元，内浸豪芒，性类循理，品物咸亨，其已久矣。

盛哉！皇家帝世，德臣列辟，功君百王，荣镜宇宙，尊无与抗。乃始虔巩劳谦，兢兢业业，贬成抑定，不敢论制作。至令迁正黜色宾监之事焕扬宇内，而礼官儒林屯朋笃论之士而不传祖宗之仿佛，虽去优慎，无乃蒇歀！

夫图书亮章，天哲也；孔猷先命，圣孚也；体行德本，正性也；逢吉丁辰，景命也。顺命以创制，定性以和神，答三灵之繁祉，展放唐之明文，兹事体大而允，寤寐次于圣心。瞻前顾后，岂蔑清庙惮敕天乎？伊考自邃古，乃降戾爰兹，作者七十有四人，有不俾而假素，罔光度而遗章，今其如台而独阙也！

是时圣上固已垂精游神，包举艺文，屡访群儒，谕咨故老，与之乎斟酌道德之渊源，肴核仁义之林薮，以望元符之臻焉。既成群后之谠辞，又悉经五繇之硕虑矣。将绅万嗣，炀洪晖，奋景炎，扇遗风，播芳烈，久而愈新，用而不竭，汪汪乎丕天之大律，其畴能亘之哉？唐哉皇哉，皇哉唐哉！

固后以母丧去官。永元初，大将军窦宪出征匈奴，以固为中护军，与参议。北单于闻汉军出，遣使款居延塞，欲修呼韩邪故事，朝见天子，请大使。宪上遣固行中郎将事，将数百骑与虏使俱出居延塞迎之。

会南匈奴掩破北庭，固至私渠海，闻虏中乱，引还。及窦宪败，固先坐免官。

固不教学诸子，诸子多不尊法度，吏人苦之。初，洛阳令种兢尝行，固奴干其车骑，吏椎呼之。奴醉骂，兢大怒，畏宪不敢发，心衔之。及窦氏宾客皆逮考，兢因此捕系固，遂死狱中。时年六十一。诏以谴责兢，抵主者吏罪。

固所著《典引》、《宾戏》、《应讥》、诗、赋、铭、诔、颂、书、文、记、论、议、六言，在者凡四十一篇。

第五伦传
——《后汉书》卷四一

【说明】第五伦，字伯鱼，东汉京兆长陵（今陕西咸阳东北）人。先世为战国田氏，后徙西汉园陵，便以迁徙次序为姓。东汉初，被京兆尹阎兴召为主簿，后任铸钱掾，领长安市，百姓悦服。建武二十七年（后51），举孝廉，补淮阳国医工长。光武帝召之，有政见，拜会稽太守。虽为二千石官，亲自锄草养马，妻子为炊。受俸禄仅留一月粮，其余皆助百姓之贫者。后任蜀郡太守。所至皆有政声，举荐贫者为属官，多至两千石。章帝初，代牟融为司空，奏请削弱马、窦等外戚权势。第五伦奉公尽节，言事不阿附；性质憨，少文采，任官以贞洁著称，当时人也比作西汉的贡禹。

第五伦，字伯鱼，京兆长陵人。他的祖先是战国时齐国的田氏。田氏在西汉初迁徙至皇帝陵园的很多，所以以迁徙的次序作为姓氏。第五伦少年时耿介而好义气。王莽末年，盗贼四起，宗族乡亲争着依付第五伦。第五伦于是在险要之处修筑堡垒，贼人来后，他便率众引弓持矛坚守自卫。先后有铜马、赤眉的军兵数十部围攻他们，都无法攻克。第五伦开始以营垒首领去见郡长官鲜于褒，鲜于褒见到他后，很欣赏他的才干，征为自己的属吏。后来鲜于褒因过失降职为高唐县令，临行时，握着第五伦的手告别说："只恨与你相知太晚。"

第五伦后来任乡里啬夫，均平徭役，调解怨忿，很得乡里人欢心。他自认为长久任官不能升迁，于是带着家人迁居河东郡，改名变姓，自称王伯齐。载盐来往于太原、上党之间，所过之处，都把粪便打扫干净才离去，路人都称他为有道之士。亲友和过去的熟人却不知他在哪里。多年以后，鲜于褒把他推荐给京兆尹阎兴，阎兴当即征召他为主簿。当时长安铸钱的官吏多耍奸弄巧，阎兴任命第五伦为督铸钱掾，管理长安的市场。第五伦统一衡器，纠正斗斛，市场上再没有弄虚作假，欺骗买主之事，百姓欢悦叹服。他每次读诏书，常常叹息说："这是圣明的君主，见他一面，便可以决大事。"同僚们笑他说："你连州将都无法说服，怎么能说动万乘的君王呢？"第五伦说："是因为没有遇到知己，道不同的缘故。"

建武二十七年，被举为孝廉，补任淮阳国的医工长，随同淮阳王到他的封国。光武帝召见他，深感他与众不同。建武二十九年，随从淮阳王至京城，与其他官属一同被接见，光武帝向他询问政事，第五伦趁机对奏为政之道，光武帝非常高兴。第二天，又特地召见他入宫，和他一直谈到天黑。光武帝和第五伦开玩笑说："听说爱卿曾殴打岳父，不让兄长和你一起吃饭，有这种事吗？"第五伦回答说："臣三次娶妻都没有父亲。少年时曾遭饥荒之苦，实在不敢随便请人吃饭。"光武帝大笑。第五伦出京，有诏令任命他为扶夷县长，还没有到任，又追任为会稽太守。他虽然身为二千石一级的官员，仍然亲自锄草喂马，妻子下炊作饭。所得到的俸禄，也只留下一个月的口粮，其余的都低价卖给贫苦百姓。会稽地区风俗，多滥设祀庙，喜欢占卜。民众常常

杀牛祭神，百姓的财产因此困乏，那些自己食用牛肉而祭祀的人，发病将死时，先作出牛鸣。先后几任郡长官都不敢禁止杀牛祭祀的作法。第五伦到任以后，给各属县发布文书，晓谕百姓，凡是巫祝有依托鬼神以诈术恐吓愚昧百姓者，都要捉拿问罪。胡乱杀牛的人，官吏都必须给予处罚。民众开始时都很恐惧，有的巫祝胡言乱语地加以诅咒，第五伦却追查得更紧，以后便逐渐绝灭了，百姓得以安定。永平五年，第五伦因触犯法令被征召，郡中的老少百姓攀住他的车子，拉着马，啼哭着跟随，每天只能走几里路，无法赶路。第五伦于是假装住在亭舍里，却暗中乘船离去了。众人知道后，又前来追赶。及至被送到廷尉，官民到京城上书为他求情的有千余人。当时汉明帝正审理梁松的案子，也有很多人为梁松申冤。明帝深为不安，下诏给公车司马令，令其不要再接收为梁松和会稽太守申诉的上书。后碰巧明帝巡查廷尉监狱，审录囚犯，第五伦得以免罪，放归田里。他亲自下田耕种，不与官宦来往。

数年之后，他又被任为宕渠县令，举荐乡中佐吏玄贺为官。玄贺后来先后任九江、沛郡两郡的郡守，以清正廉洁著称，所到之处，教化得以推行，官至大司农。第五伦任职四年，迁升为蜀郡太守。蜀郡田地肥沃，官民富裕，掾史家中的资财多至千万，都乘坐漂亮的车子，以高头大马驾车，很多人因为有财产得以担任官职。第五伦把家境丰足的官吏全部精简掉遣送回家，改选孤弱贫寒有节操的人担任属吏。从此争相贿赂之风便被禁绝了，官员的职守得到整饬。他所举荐的人多官至九卿或二千石级的官，当时人们都认为他善于识别人才。任蜀郡太守的第七年，汉章帝新继位，把第五伦从边远郡调入朝廷，代替牟融任司空。章帝因为明德太后的缘故，尊崇皇舅马廖，让他们兄弟都居于要职。马廖倾心与达官显贵交往，官员士大夫争相前往依附。第五伦认为太后家族势力太盛，便想让朝廷压抑削减他们的权力。上疏说："臣下听说忠言不用避讳隐瞒，直臣不逃避迫害。臣下不胜狂妄，冒死上疏表白意见。《尚书》说：'臣下不应作威作福，否则将使自家受害，国家也会受损。'《谷梁传》说：'大夫不应在境外与人交往，不应接受一束肉的馈赠。'近代的光烈皇后，虽然非常亲爱自己的家人，但终于让兄弟阴就回到自己的封国，流徙和赶走阴兴的宾客。此后梁家和窦家，都有人犯法，明帝即位之后，多加以诛杀，自此以后洛阳城中不再有手握大权的外戚，通过书信请托的事也都没有了。

她又告谕诸家外戚说：'辛苦交结士人，不如一心报效国家，既戴上盆子，又要望天，事情无法两全。'臣下对这些话常铭记在心，书写在带上。而今议论又集中在马家。我听说卫尉马廖以三千匹布，城门校尉马防以三百万钱，私下送给三辅的士大夫，不论是否相识，无不赠送。还听说在腊祭之日，又送给洛阳每个士人五千钱；越骑校尉马光，曾在腊祭时用羊三百头，米四百斛，油五千斤。臣认为这不符合经义，心中惶恐得不敢不向陛下报告。陛下本心是厚待他们，但也应设法保证他们的安全。臣今天说这些话，实在要对上忠于陛下，对下保全外戚之家，请陛下检省裁决。"当马防任车骑将军，准备出兵征讨西羌时，第五伦又上疏说："臣下认为对外戚可以封侯使他们富贵，不应当任命官职，委以重任。为什么？对他们绳之以法则损伤恩德，因私人感情恩宠他们又违背国家法令。听说马防如今要西征，臣下认为太后恩德仁厚，陛下极为孝敬，恐怕稍有过失，难以因恩宠而不加惩罚。

据说马防请杜笃为从事中郎，赐给他很多钱财绢帛。杜笃在乡里为人们所不耻，寄居在美阳，妹妹是马氏的妻子，依凭这种关系与马家来往，他们所在的县令深为他的不守法令所苦，将其收捕论罪。如今到了马防那里，议论的人都有怀疑，觉得奇怪，何况又以他为从事，我恐怕将会因此议论朝廷。如今应该选拔贤德有能力的人辅助马防，不应让他自己请人，有损于他的事业和前途。我有这些想法，怎敢不上奏给您。"但他的意见都没有被采纳。

第五伦虽然刚烈耿直，然而他也常憎恶庸碌官吏的苛刻。等到升达三公之位，又逢章帝是位忠厚长者，多有良好的政治措施，第五伦于是上疏赞扬美好盛德，借此来勉励教化和德行。上疏说："陛下即位之后亲自推广天生的德性，体现温文的风姿，以宽宏大量对待臣民。即位四年，先后处死六名贪婪、残暴的刺史、二千石级的官员。这些都是英明圣德的裁断，远非各位臣属所能及。然而诏书每次都要求宽和，但施政却仍然不见宽松，务必要求节俭，可奢侈之风仍然不能制止的原因，就在于风俗有弊端，群臣不称职。光武皇帝在王莽动乱之后，多以严厉的法令施政，后代又承袭光武帝的作法，于是形成风气。诸郡和封国举荐的人，大多是只知守职的庸碌官吏，很少有宽厚博爱能够符合圣上要求的人。陈留县令刘豫，冠军县令驷协都是以刻薄的方式来治理百姓；处理政务时，一心想着诛杀，务必使百姓窘迫困苦；官民忧愁怨恨，没有不痛恨的，可现在议论的人却认为他们能干。这是违背上天的意愿，不符合经典义理的，实在是不能不慎重。不应只是将刘豫、驷协治罪，还应当谴责举荐他们的人。若一心进用仁德贤良的人，委任以政务，用不着多少人，风俗自然就会改变过来。臣下曾读史书和记载，知道秦朝因为用法严酷急迫而亡国，又亲眼目睹王莽因为法令苛刻而自我毁灭，所以施政勤勤恳恳，就在于防止重蹈他们的覆辙。又听说诸王、公主、贵戚、骄奢僭越国家制度，京城中尚且这样，又怎么能限制外地人呢？所以说：'自己不端正，虽有命令也无人执行，以身作则进行教育，别人就愿意服从；以言论教训别人，则容易引起争论。阴阳调和了，才会获得丰收；君臣一心，教化就能形成。对刺史、太守以下的官员，任命为京官以及在洛阳之外的，陛下都应召见，可以趁机了解四方的情况，还可观察本人的品行能力。对各位官员上书提出建议，有不合法令政策的，可让他们回归家乡，不应过分地以自己的喜怒而处罚，以明示施政宽厚。臣下的愚见，不足以让陛下采纳。"等到马氏诸人因罪而回到封国，窦氏又开始尊贵了。第五伦又上疏说："臣下以空虚无能的才质，处于辅佐陛下的职位。素来性情迟顿怯懦，却地位尊贵，爵位很高。因而遵循经典大义，暗自鞭策砥砺，即使处于百死之位，也不敢逃避，又何况身处于清谈高论的时代。如今承袭百王遗留的弊端，人们都崇尚文饰巧言，大多趋于邪路，没有人能守正道。我见虎贲中郎将窦宪，属于后妃的亲属，掌领禁卫军，出入宫廷，正值壮年，志向远大，谦卑而喜好善事，这实在是他喜欢名士并与他们交结的原因。然而那些出入奔走于外戚门下的人，大多品行不端，曾受过法令制裁，特别缺少遵守法令，安于贫穷的气节。士大夫中没有志向之徒更是互相吹捧引见，云集在贵戚的门下。众人一起吹气也会把山吹走，众多蚊子一起叫的声音也如同打雷一样，这就是骄横佚产生的原因。三辅地区议论的人甚至说，因为贵戚而被废职禁锢，应当再由贵戚来洗清罪过，犹如用酒来解除醉酒一样。那些阴险谄佞趋炎附势之徒，实在不可亲近。臣认为陛下和皇后应严令窦宪等闭门自守，不得任意交结官吏士人，以防止祸患于尚未萌生之日，思虑灾害尚未发生之时，使窦宪可以永久保往幸福和俸禄，使君臣都欢喜，没有丝毫的隔阂。这是臣下极大的愿望。"

第五伦一心奉公，尽守节操，上书论说政事从不违心阿附。他的儿子们经常劝他不要这样，他都予以训斥；吏员们上奏及直接上奏之事，他都封好上报，第五伦就是这样公正无私。他天性质朴憨厚，没有文采雕饰，任职以贞洁清白著称，当时的人把他比作前代的贡禹。然而他对人对事不太宽容，缺少威严仪表，因此而受人轻视。有人问第五伦说："您有私心吗？"回答道："先前有人送我一匹千里马，我虽未接受，每次三公选拔举荐官员时，我心里都无法忘记此事，但始终没有任用此人。我哥哥的儿子常常生病，我一夜前去看望十次，回来后却安然入睡；我的儿子生病，虽然没去看望，却整夜难眠。这样看来，怎么可以说没有私心呢？"他接连以身老体病上疏请求辞职。元和三年，皇帝批准了他的请求，终身给予二千石级官员的俸禄，加赐给钱五十万，公宅一所。此后数年去世，享年八十余岁，诏令赐给安葬的秘器、衣衾和钱布。

（刘洪波 译）

【原文】

第五伦，字伯鱼，京兆长陵人也。其先齐诸田，诸田徙园陵者多，故以次第为氏。伦少介然有义行，王莽末，盗贼起，宗族闾里争往附之。伦乃依险固筑营壁，有贼，辄奋厉其众，引强持满以拒之，铜马、赤眉之属前后数十辈，皆不能下。伦始以营长诣郡尹鲜于褒，褒见而异之，署为吏。后褒坐事左转高唐令，临去，握伦臂诀曰："恨相知晚。"

伦后为乡啬夫，平徭赋，理怨结，得人欢心。自以为久宦不达，遂将家属客河东，变名姓，自称王伯齐。载盐往来太原、上党、所过辄为粪除而去，陌上号为道士，亲友故人莫知其处。数年，鲜于褒荐之于京兆尹阎兴，兴即召伦为主簿，时长安铸钱多奸巧，乃署伦为督铸钱掾，领长安市。伦平铨衡，正斗斛，市无阿枉，百姓悦服。每读诏书，常叹息曰："此圣主也，一见决矣。"等辈笑之曰："尔说将尚不下，安能动万乘乎？"伦曰："未遇知己，道不同故耳。"

建武二十七年举孝廉，补淮阳国医工长，随王之国。光武召见，甚异之。二十九年，从王朝京师，随官属得会见。帝问以政事，伦因此酬对政道。帝大悦。明日，复特召入，与语至夕。帝戏谓伦曰："闻卿为吏蓇妇公，不过从兄饭，宁有之邪？"伦对曰："臣三娶妻皆无父，少遭饥乱，实不敢妄过人食"。帝大笑。伦出，有诏以为扶夷长。未到官，追拜会稽太守。虽为二千石，躬自斩刍养马，妻执炊爨。受俸裁留一月粮，余皆贱贸与民之贫羸者，会稽俗多淫祀，好卜筮，民常以牛祭神，百姓财产以之困匮。其自食牛肉而不以荐祠者，发病且死先为牛鸣，前后郡将莫敢禁。伦到官，移书属县，晓告百姓，其巫祝有依托鬼神诈怖愚民，皆案论之。有妄屠牛者，吏辄行罚。民初颇恐惧，或祝诅妄言，伦案之愈急，后遂断绝，百姓以安。永平五年坐法征，老少攀车叩马，啼呼相随，日裁行数里，不得前。伦乃伪止亭舍，阴乘船去。众知，复追之，及诣廷尉，吏民上书守阙者千余人。是时显宗方案梁松事，亦多为松讼者。帝患之，诏公车，诸为梁氏及会稽太守上书者勿复受。会帝幸廷尉录囚徒，得免归田里。身自耕种，不交通人物。

数岁，拜为宕渠令，显拔乡佐玄贺，贺后为九江、沛二郡守，以清洁称，所以化行，终于大司农。伦在职四年，迁蜀郡太守。蜀地肥饶，人吏富实，掾史家资多至千万，皆鲜车怒马，以财货自达。伦悉简其丰赡者遣还之，更选孤贫志行之人以处曹任。于是争赇抑绝，文职修理。所举吏多至九卿、二千石，时以为知人。视事七岁，肃宗初立，擢自远郡，代牟融为司空。帝以明德太后故，尊崇舅氏马廖，兄弟并居职任。廖等倾身交结，冠盖之士争赴趣之。伦以后族过盛，欲令朝廷抑损其权，上疏曰："臣闻忠不隐讳，直不避害。不胜愚狷，昧死陈表。书曰：'臣无作威作福，其害于而家，凶于而国。'传曰：'大夫无境外之交，束脩之馈。'近代光烈皇后，虽友爱天至，而卒使阴就归国，徙废阴兴宾客；其后梁、窦之家，互有非法，明帝即位，竟多诛之。自是洛中无复权戚，书记请托一皆断绝。又譬诸外戚曰：'苦身待士，不如为国，戴盆望天，事不两施。'臣常刻著五臧，书著诸带。而今之议者，复以马氏为言。窃闻卫尉廖以布三千匹，城门校尉防以钱三百万，私赡三辅衣冠，知与不知，莫不毕给。又闻腊日亦遗其在洛中者钱各五千。越骑校尉光，腊用羊三百头，米四百斛，肉五千斤。臣愚以为不应经义，惶恐不敢不以闻。陛下情欲厚之，亦宜所以安之，臣今言此，诚欲上忠陛下，下全后家，裁蒙省察。"及马防为车骑将军，当出征西羌，伦又上疏曰："臣愚以为贵戚可封侯以富之，不当职事以任之。何者？绳以法则伤恩，私以亲则违宪。伏闻马防今当西征，臣以太后恩仁，陛下至孝，恐卒有纤介，难为意爱。闻防请杜笃为从事中郎，多赐财帛。笃为乡里所废，客居美阳，女弟为马氏妻，恃此交通，在所县令苦其不法，收系论之。今来防所，议者咸致疑怪。况乃以为从事，将恐议及朝廷。今宜为选贤能以辅助之，不可复令防自请人，有损事望。苟有所怀，敢不自闻。"并不见省用。

伦虽峭直，然常疾俗吏苛刻，及为三公，值帝长者，屡有善政，乃上书褒称盛美，因以劝成风德，曰："陛下即位，躬天然之德，体晏晏之姿，以宽弘临下。出入四年，前岁诛刺史、二千石贪残者六人，斯皆明圣所鉴，非群下所及。然诏书每下宽和而政急不解，务存节俭而奢侈不止者，咎在俗敝，群下不称故也。光武承王莽之余，颇以严猛为政，后代因之，遂成风化。郡国所举，类多辨职俗吏，殊未有宽博之选以应上求者也。陈留令刘豫，冠军令驷协，并以刻薄之姿，临人宰邑，专念掠杀，务为严苦，吏民愁怨，莫不疾之。而今之议者反以为能，违天心，失经义，诚不可不慎也。非徒应坐豫、协，亦当宜谴举者。务进仁贤以任时政，不过数人，则风俗自化矣。臣尝读书记，知秦以酷急亡国，又目见王莽亦以苛法自灭，故勤勤恳恳，实在于此。又闻诸王主贵戚，骄奢逾制，京师尚然，何以示远？故曰：'其身不正，虽令不从。'以身教者从，以言教者讼；夫阴阳和，岁乃丰；君臣同心，化乃成也。其刺史、太守以下，拜除京师及道出洛阳者，宜皆召见，可因博问四方，兼以观察其人。诸上书言事有不合者，可但报归田里，不宜过加喜怒，以明在宽。臣愚不足采。"及诸马得罪归国，而窦氏始贵，伦复上疏曰："臣得以空虚之质，当辅弼之任；素性驽怯，位尊爵重；拘迫大义，思自策厉，虽遭百死，不敢择地，又况亲遇危言之世哉！今承百王之敝，人尚文巧，咸趋邪路，莫能守正。伏见虎贲中郎将窦宪，椒房之亲，典司禁兵，出入省闼，年盛志美，卑谦乐善，此诚其好士交结之方。然诸出入贵戚者，类多瑕衅禁锢之人，尤少守约安贫之节，士大夫无志之徒更相贩卖，云集其门。众煦飘山，聚蚊成雷，盖骄佚所从生也。三辅论议者，至云以贵戚废锢，发复以贵戚浣濯之；犹解酲当以酒也。诐险趣执之徒，诚不可亲近。臣愚愿陛下申宫严敕宪等闭门自守，无妄交通士大夫，防其未萌，虑于无形，令宪永保福禄，君臣交欢，无纤介之隙，此臣之至愿也。"

伦奉公尽节，言事无所依违，诸子或时谏止，辄叱遣之。吏人奏记及便宜者，亦并封上，其无私若此。性质悫，少文采，在位以贞白称，时人方之前朝贡禹。然少蕴藉，不修威仪，亦以此见轻。或问伦曰："公有私乎？"对曰："昔人有与吾千里马者，吾虽不受，每三公有所选举，心不能忘，而亦终不用也。吾兄子常病，一夜十往，退而安寝；吾子有疾，虽不省视而竟夕不眠。若是者，岂可谓无私乎？"连以老病上疏乞身，元和三年，赐策罢，以二千石奉终其身，加赐钱五十万，公宅一区。后数年卒，时年八十余，诏赐秘器、衣衾、钱布。

寒朗传

——《后汉书》卷四一

【说明】寒朗（26－109 年），东汉初年的一介儒生，到四十多岁才是朝廷上的一个小官吏。但为了澄清冤狱，置官禄性命于不顾，竟敢和任刑严刻的汉明帝相忤。他宦途短促，政绩无多，但只此一事，就足以使当朝的三公九卿无地自容了。

寒朗，字伯奇，鲁国薛县人。他出生三天，遭逢天下大乱，被丢弃到荆棘丛中；几天后兵灾过去，母亲前去探视，见他还有气息，就收养了他。等到长大，他喜好经学，博通书传，教授学生《尚书》。举为孝廉。

汉明帝永平年间，寒朗以谒者代理侍御史，与三府的掾属共同调查楚王刘英一案中的颜忠、王平等人，供词牵连隧乡侯耿建、郎陵侯臧信、护泽侯邓鲤、曲成侯刘建。耿建等人申诉说从来没有见过颜忠、王平。当时汉明帝正在大怒，法吏都很惶恐，凡是供词中所牵连的，都全部逮捕入狱，没有敢以人情宽恕的。寒朗心里很为他们的冤枉难过，试着把耿建等人的外貌特征单独询问颜忠、王平，但二人都错愕不能答对。寒朗知道其中有诈，便上言耿建等人没有奸邪之心，完全是被颜忠、王平所诬陷。可能天下有的人大多象他们一样无辜。明帝便召寒朗入见，问道："耿建等既然没有奸谋，那么颜忠、王平为什么要牵引他们？"寒郎答道："颜忠、王平自称所犯之罪大逆无道，所以大量捏造牵引，企图以此开脱自己。"明帝说："既然如此，四侯就没有罪过了，你为什么不早奏上，一直等到案子审完而长久关押于此呢？"寒朗答道："我虽然调查他们没有罪，但担心海内另外有别人揭发他们有奸谋，所以我没敢及时上奏。"明帝怒骂道："小吏手持两端，赶快把他拉下去！"左右正要把他拉走，寒朗道："希望让我说完一句话再死。小臣不敢欺君，我是为了帮助国家。"明帝问："你和谁一起写的奏章？"寒朗答道："我自己知道要为此灭族，不敢牵连多人，确实希望陛下万一觉悟而已。臣见到拷问囚犯的当事官吏，都说造作妖言是大罪，为臣子所应嫉恨，对牵连的人放掉不如关起来，以后可以没有责任。所以拷问一个牵连十个，拷问十个牵连百个。另外公卿朝见时，陛下问以朝政得失，都是长跪而言。旧时规定大罪祸连九族，陛下大恩，只罪及其身，天下幸甚。等他们回到自己家，口中虽然不说，却暗自仰屋长叹，没有不知道此案有很多冤枉的，但不敢与陛下相抵牾。臣今日所述，就是死了也不后悔。"明帝的怒气缓解，诏命寒朗出去。过了两天，明帝亲自前往洛阳监狱过录囚徒，清理出冤枉者千余人。后来颜忠、王平死于狱中，寒朗便自己关押进狱，正值有赦，被免官。又被举孝廉。

建初年间，汉章帝大会群臣，寒朗上前谢恩，章帝因寒朗尽忠于先帝，拜为易县长。过了一年多，迁升为济阳县令，因母丧去职，百姓很是怀念他。章和元年，章帝巡狩东方，路经济阳，三老、吏民上书陈述寒朗以前治理济阳的情况。章帝到了梁国，召见寒朗，诏命三府首先征辟，由此被司徒府征辟。汉和帝永元年间，再升为清河太守，坐法免官。安帝永初三年，太尉张禹举荐寒朗为博士，征他乘公车至京，正好此时他去世了，时年八十四岁。 （栾保群　译）

【原文】

寒朗，字伯奇，鲁国薛人也。生三日，遭天下大乱，弃之荆棘；数日兵解，母往视，犹尚气息，遂收养之。及长，好经学，博通书传，以尚书教授。举孝廉。

永平中，以谒者守侍御史，与三府掾属共考案楚狱颜忠、王平等，辞连及隧乡侯耿建、朗陵侯臧信、护泽侯郑邓鲤、曲成侯刘建。建等辞未尝与忠、平相见。是时显宗怒甚，吏皆惶恐，诸所连及，率一切陷入，无敢以情恕者。朗心伤其冤，试以建等物色独问忠、平，而二人错愕不能对。朗知其诈，乃上言建等无奸，专为忠、平所诬，疑天下无辜类多如此。帝乃召朗入，问曰：“建等即如是，忠、平何故引之？”朗对曰：“忠、平自知所犯不道，故多有虚引，冀以自明。”帝曰：“即如是，四侯无事，何不早奏，狱竟而久系至今邪？”朗对曰：“臣虽考之无事，然恐海内别有发其奸者，故未敢时上。”帝怒骂曰：“吏持两端，促提下！”左右方引去，朗曰：“愿一言而死。小臣不敢欺，欲助国耳。”帝问曰：“谁与共为章？”对曰：“臣自知当必族灭，不敢多污染人，诚冀陛下一觉悟而已。臣见考囚在事者，咸共言妖恶大故，臣子所宜同疾，今出之不如入之，可无后责。是以考一连十，考十连百。又公卿朝会，陛下问以得失，皆长跪言。旧制大罪祸及九族，陛下大恩，裁止于身，天下幸甚。及其归舍，口虽不言，而仰屋窃叹，莫不知其多冤，无敢忤陛下者。臣今所陈，诚死无悔。”帝意解，

诏遣朗出。后二日，车驾自幸洛阳狱录囚徒，理出千余人。后平、忠死狱中，朗乃自系。会赦，免官。复举孝廉。

建初中，肃宗大会群臣，朗前谢恩，诏以朗纳忠先帝，拜为易长。岁余，迁济阳令，以母丧去官，百姓追思之。章和元年，上行东巡狩，过济阳，三老吏人上书陈朗前政治状。帝至梁，召见朗，诏三府为辟首，由是辟司徒府。永元中，再迁清河太守，坐法免。永初三年，太尉张禹荐朗为博士，徵诣公车，会卒，时年八十四。

刘英传

——《后汉书》卷七二

【说明】刘英，后汉光武之子，封爵楚王，他的命运和历史上大多数王属一样，活命无路，因反叛之名而遭诛杀，到头来又是正名，又是封赠，国虽传于后，但命早归黄泉。封王，并不是一件幸运之事。

楚王刘英，在建武十五年被光武帝刘秀册封为楚公，十七年进爵受封为楚王，二十八年到受封的楚国去。母亲许氏不受光武帝刘秀宠爱，因此楚王刘英的封国面积最小。三十年，将临淮、昌阳二县加封为楚国。从显宗刘庄被册立为太子的时候起，楚王刘英就经常单独与太子刘庄相处，太子刘庄特别喜欢他。等到太子刘庄登位为皇帝，楚王刘英多次受到明帝的赏赐。永平元年，特别册封刘英舅舅的儿子许昌为龙舒侯。

刘英少年时喜欢游士侠客，与宾客沟通，晚年更加喜欢黄、老的学问，信奉佛教，习学斋戒、祭祀。八年，明帝刘庄下诏，命令全国犯有死罪的人都用缣赎罪。刘英派遣郎中令携带黄缣三十匹到丞相那里说："依靠明帝的恩惠，在楚国作藩属臣子，辅助朝廷，过错与罪行积累了很多，可喜明帝刘庄降下大恩能够以丝缣赎罪，我按照诏命的意思呈送缣帛，用以赎免我的罪过。"国相将刘英以缣赎罪的事奏报明帝刘庄。明帝刘庄下诏还报说:"楚王刘英研读黄、老精微的言论,崇尚佛家的仁慈,清洁斋戒三个月,向神佛发了誓愿。你还有什么为人所憎所疑,还有什么值得悔悟呢?尚且这样,还要以缣赎罪,就用你的缣赠助给伊蒲塞、沙门,作为僧尼的餐宿之费吧。"并且把这件事班示给了各诸侯国,以资各诸侯王借鉴。刘英后来因此而扩大联络了方士,制作金龟玉鹤,并在上面刻了图案和文字作为吉祥的符命。

十三年,有一男子叫燕广,告发刘英与渔阳的王平、颜忠等人伪造图书,有背叛明帝刘庄、谋反朝廷的嫌疑。事发后,明帝下诏调查验证。有司劾奏刘英招延集结奸猾的人,伪造制作图谶,擅自授赐官爵,设置诸侯王公、将军二千石,大逆不道,请诛灭他。明帝刘庄以至亲的缘故,不忍心杀害刘英。于是废除了封赐给刘英的封号和王国,将他迁徙到丹阳泾县,赐给汤沐邑五百户。派遣太鸿胪持汉节护送他们去丹阳泾县,原属他的伎人、奴婢、工技和鼓吹都随同前往,允许他乘坐使用有屏蔽的车辆和辎重衣车,使用兵器弓弩,游行射箭打猎,任其自行享受。他的子女封侯受爵的,食邑依旧没有变化。楚太后不上交玺绶,仍留住在原楚王的宫中。

第二年,刘英到丹阳,自杀。刘英被册封为王三十三年,免王除国。明帝下诏派遣光禄大夫持汉节前往吊祭。馈赠同正常标准,增加授赐给列侯印绶。按诸侯礼仪安葬他在泾县。派遣中黄门保护刘英的妻子和儿女。全部遣散了楚王刘英臣僚中没有明确安置的人。下诏书给许太后说:"朝廷开始听到楚王刘英有大逆不道的事,我想幸许那是不会发生的。后来经过审查验实知道是真的,心内犹如火灼汤煮。我想宽容保护楚王刘英的性命,让他获得保证,享尽天年,而楚王刘英自己不想念顾虑太后，终于自杀不原谅自己。这是天意要使他这样，无可奈何，请太后您要保养好自己，勉强自己多进饮食。许氏都希望楚王刘英为王富贵，这是人之常情。我已下诏给有司，除去参与谋划背叛事件的人外，其余都给安排田地与住宅。"于是，册封燕广为折奸侯。楚国的监狱于是以人满为患，乃至成年累月。其中因为语言与楚王刘英有所关联，而从京师亲戚、诸侯到州郡的豪强杰士受到了官吏的审查，其中因为阿附楚王刘英的都受到了陷害，连坐致死和贬谪降职的数以千计。

十五年，明帝刘庄巡幸彭城，会见许太后和刘英妻子于内殿，悲哭流泪，感动了明帝的左右。建初二年，孝章帝炟册封刘英的儿子刘种为楚侯，五个弟弟都受封为列侯，都不能置丞相、大臣等官吏。元和三年，许太后死，又派遣光禄大夫持汉节吊祭，因而滞留他守护料理丧事，拔钱五百万。又派谒者备办诸侯王所有的丧葬物品，迎取刘英灵柩，改葬在彭城县。追赐原楚王刘英赤绶羽盖华藻，比同承受诸侯王的葬仪，追赐爵号，谥号楚历侯。章和元年，肃宗孝章帝巡幸彭城县，会见刘英夫人和六个儿子，封赐赠予很多。刘种后来改封六侯。死时由他的儿子刘度继承侯位。刘度死，由他的儿子刘枸继承侯位，传授封国给他的后代子孙。　　　　　　　　　　　　　（米祯祥　译）

【原文】

楚王英，以建武十五年封为楚公，十七年进爵为王，二十八年就国。母许氏无宠，故英国最贫小。三十年，以临淮之取虑、须昌二县益楚国。自显宗为太子时，英常独归附太子，太子特亲爱之。及即位，数受赏赐。永平元年，特封英舅子许昌为龙舒侯。

英少时好游侠，交通宾客，晚节更喜黄老，学为浮屠斋戒祭祀。八年，诏令天下死罪皆入缣赎。英遣郎中令奉黄缣白纨三十匹诣国相曰："托在蕃辅，过恶累积，欢喜大恩，奉送缣帛，以赎愆罪。"国相以闻。诏报曰："楚王诵黄老之微言，尚浮屠之仁祠，洁斋三月，与神为誓，何嫌何疑，当有悔吝？其还赎，以助伊蒲塞桑门之盛馔。"因以班示诸国中傅。英后遂大交通方士，作金龟玉鹤，刻文字以为符瑞。

十三年，男子燕广告英与渔阳王平、颜忠等造作图书，有逆谋，事下案验，有司奏英招聚奸猾，造作图谶，擅相官秩，置诸侯王公将军二千石，大逆不道，请诛之。帝以亲亲不忍，乃废英，徙丹阳泾县，赐汤沐邑五百户。遣大鸿胪持节护送，使伎人奴婢工技鼓吹悉从，得乘辎軿，持兵弩，行道射猎，极意自娱。男女为侯主者，食邑如故。楚太后勿上玺绶，留住楚宫。

明年，英至丹阳，自杀。立三十三年，国除。诏遣光禄大夫持节吊祠，赠赙如法，加赐列侯印绶，以诸侯礼葬于泾。遣中黄门占护其妻子。悉出楚官属无辞语者。制诏许太后曰："国家始闻楚事，幸其不然。既知审实，怀用悼灼，庶欲宥全王身，令保卒天年，而王不念顾太后，竟不自免。此天命也。无可奈何！太后其保养幼弱，勉强饮食。诸许愿王富贵，人情也。已诏有司，出其有谋者，令安田宅。"于是封燕广为折奸侯。楚狱遂至累年，其辞语相连，自京师亲戚诸侯州郡豪杰及考案吏，阿附相陷，坐死徙者以千数。

十五年，帝幸彭城，见许太后及英妻子于内殿，悲泣，感动左右。建初二年，肃宗封英子种楚侯，五弟皆为列侯，并不得置相臣吏人。

元和三年，许太后薨，复遣光禄大夫持节吊祠，因留护丧事，赙钱五百万。又遣谒者备王官属迎英丧，改葬彭城，加王赤绶羽盖华藻，如嗣王仪，追爵，谥曰楚厉侯。章和元年，帝幸彭城，见英夫人及六子，厚加赠赐。

种后徙封六侯。卒，子度嗣。度卒，子拘嗣，传国于后。

刘苍传

——《后汉书》卷七二

【说明】刘苍，封爵东平宪王，汉光武之子。在历代王室中、大多与帝王并系难处，不是因互相争权，就是互不通容，独刘苍以其贤明辅政军，不断提出治国方法，对皇帝，国家都大有贡献。

东平宪王刘苍，光武帝刘秀建武十五年受封为东平公，十七年进爵为王。

刘苍少年时喜好经书，儒雅有智慧思想，蓄有很美的胡须，腰带八围，显宗明帝刘庄非常喜欢看重他。到明帝刘庄登位，刘苍受拜为骠骑将军，置长史、掾史四十人，地位在三公以上。

永平元年，明帝刘庄册封刘苍的儿子二人为县侯。永平二年，将东郡的寿张、须昌、山阳的南平阳、橐、湖陵共五个县加封给东平国。这时，汉代中兴已经有三十多年，边疆四方没有战乱的危险。刘苍认为天下太平，应当修礼作乐。于是与公卿大臣共同议论制定南、北郊祀的冠带、冕盖、车辆、服饰制度，到光武帝刘秀庙，反复登歌八佾舞。事情记录在《礼乐志》、《舆服志》上。明帝刘庄每次巡行狩猎在外，刘苍常留守京师，伺俸和保卫皇太后。

永平四年春天，明帝刘庄出驾刚出宫，准备明帝去观巡游览城中宅第，旋即又听说明帝刘庄去河内校猎。刘苍上书明帝谏阻说："我听说按照时令季节，盛春时忙于农耕之事，不能够集合很多的人，兴修城郭妨碍农耕。《尚书·五行传》说：'田猎不选择时机，饮食不享；出入没有节制，剥夺农民耕耘的大好时机；及有奸谋，那么树木都不能够任人曲直制作器具'，这就是丢掉春天大好时光的结果。我清楚地知道，明帝的车驾现在出宫，应当凡事约束节省些，让所到之处的官与民都歌颂《甘棠》，称道你的德仁。如此这样，那么行动不循礼法，这种非礼的行为就布示给四方让人知道了。除非明帝只是按照惯例巡行田间农耕，视察庄稼的生长情况，稍微逍遥游玩之后，限定时间返回而不尽意驰驱。到了秋天和冬天，才振动威风，祭祀神灵，整饬法驾，齐备周全的卫队，设置羽旄，大行校猎。《诗·大雅》说：'以慎密威风凛凛的仪仗以示严正，那么在朝廷内政上不会有曲折而在朝廷外面会有廉正的天地。'我极为愤怒烦懑，所以亲自手写上书，请求你走到哪里就在哪里止步返回宫中。极力陈述我一片至诚之心。"明帝刘庄看了奏疏，迅速回到宫中。

刘苍在朝廷辅政多年，在许多方面建树有益于朝政，名声与威望越来越高。他思想，于心不安，于是上疏明帝请求辞职回到他的封邑去。说："臣刘苍疲惫愚钝不堪重用，只不过是借助明帝的慈爱、恩宠和保护，在家里备受了明帝教导的真谛，在朝廷上蒙受了封爵赐予的最高地位，制定诏书予以褒扬美化，并把这种对我的褒扬美化布告四海之内，让全国都知道。推举只能负薪樵采的不才小人，升任了能够乘车掌握大事的君子之位。大凡匹夫小人，尚且不会忘记箪食的恩惠，何况我是居任宰相位置，与明帝同气相亲呢？完全值得为明帝赴死地、

暴露尸骨于荒野郊外，成为百姓的表率。而以我的愚钝顽固的资质，加上原本有病，诚心羞于以负薪之才担负了乘车的职位，羞辱和沾污了为将作辅的位置，将受到《诗经·曹风》'三百赤绂'，枉为大夫的讥刺。当今国内太平无事，二千里要服、二千五百里荒服之内没有兵警的事。堪称德仁最大，无为而治的年代，文官尚且可以并职省员，武官更是不宜多设。古时侯舜的弟弟象受封在有鼻国，不授给他政治，担当治国的职责，诚然是出于对他的深厚的爱心，不忍心暴露他的弱点。前事不忘，后事之师。自从汉朝成立以来，刘氏宗族的子弟没有一个身居在公卿职位上的。请求明帝审察流览虞帝优待奉养母亲和弟弟，都是遵守和继承从古以来的典章制度，终于都尽享了厚恩。请求上缴骠骑将军印绶，退职去藩属国家，希望能得到你的同情和怜爱。"明帝下诏褒奖他，不听辞请。此后又多次陈述要求，请求除职去封国，言辞非常恳切。永平五年，才准许他到他的封国去。但是没有准许他呈缴上将军的印绶。明帝任命骠骑长史作东平王的太傅，并擢升为中大夫；任命令史为东平王家郎。增加封赐钱五千万，布帛十万匹。

永平六年冬天，明帝巡幸鲁国，征召刘苍随明帝返回京师。第二年，皇太后去世，安葬以后，刘苍才回他的封国。特意赐给他宫人奴婢五百人，布二十五万匹，和珍宝服饰、御用器物。

永平十一年，刘苍与诸侯王朝见明帝刘庄，到京师。留京师一个多月后，返回封国，明帝刘庄在刘苍临行时送别后回到宫中，意绪悽然，怀思刘苍。于是派使者将明帝亲自书写的诏书送给东平国太傅，说："辞别东平王刘苍之后，独坐车中，悒郁不乐，因此将就在乘车返回宫中的途中，伏在车轼沉吟，殷切希望永远怀念，用以告慰我的心怀。吟到《诗经·小雅·采菽》的篇章，更加增添了我的叹息。目前询问东平王刘苍居住家中时以什么最为快乐，你说以作善事最为快乐。你说的意思实在宽大，符合我的心意。今天又送给你列侯印十九枚，几个王子凡是年龄在五岁以上能够走动从事迎拜的，都让他们佩带列侯印。"

永平十五年春天，明帝刘庄巡幸东平国，封赐刘苍钱一千五百万，布四万匹。明帝将自己所写的《光武本纪》给刘苍看，刘苍因此呈上了《光武受命中兴颂》。明帝极力称道刘苍的《光武受命中兴颂》，认为他的文章典雅，特意让校书郎贾逵为此文章加以解释。

肃宗孝章帝刘炟登皇帝位，尊重、推恩礼待刘苍超过了前代皇帝，诸王所受的待遇没法与刘苍相比。建初元年，地震发生，刘苍呈上便宜奏章，其时他因事留在宫禁中，章帝刘炟回书说："丙寅时所送上的的便宜三件事，我亲自阅览诵读，反复了多次，才得以心胸开阔，眼睛明亮，旷然启蒙，茅塞顿开。平常官吏奏报事情，也有这样的言论，但是见识短浅，有时感觉到可能说得对，再一考虑又觉得不对。为什么呢？灾害怪异现象的出现，都是由于政治引起的。现在变改年号以后，收成不好使百姓迫于饥寒，逃离他乡，这是我没有德仁遭到报应造成的。在冬天和春天又干旱非常厉害，涉及的范围非常宽广，虽然内库的财用还能够暂时敷衍资费，但是还不清楚将来到底会怎么样。获得了东平王刘苍意旨深章的奏章，使我豁然开朗，有了主张。《诗经·国风》不是说过吗：'没有见到有德有才的好人，我忧心忡忡没有主张；已经见到有德有才的贤士，我的心踏实尤如悬着的石头落了地。'思考再三，只有你的奏章最好。我将照你的计策一一地恭行不悖，希望能得到良好的报应。为表彰报答你至高无上的德仁，特别赐给东平王刘苍钱五百万。"

后来章帝刘炟想要在原陵、显节陵建立县邑，刘苍听到了这件事，立即上疏谏阻说："适才听说章帝正要在原陵、显节陵建立县邑，我以前相信这是道听途说之言，不足为信，怀疑不真实。近来派人随官僚古霸问侯涅阳主病情，派去的人回来了，才知道章帝要建立原陵、显节陵县邑的诏书都颁发了。我私自看到了光武皇帝刘秀躬亲履行省俭节约的作法，深深感受到了他将始与终分别得十分清楚，勤勤恳恳。以丧葬制度而言，人死了就为死者营造陵园，划定墓地，都与古代典章制度相吻合。诏书说：'不要建筑山陵，筑坡造池使之能够疏通流水就行。'孝明帝刘庄非常孝顺，不违背先祖皇帝刘秀的遗训，贯彻光武帝刘秀的主张始终如一。至于他定制为自己建造陵园，尤其更加节约省费。他的谦虚谨慎，德性美好，由此可见达到了极点。我愚钝地认为陵园墓邑的时兴，起自强暴的秦朝。古时侯葬死者于丘陵之间为墓而不造坟，不加以标明，哪里还谈得上为死者的坟墓修筑廓邑，建筑陵园，聚众为城呢！章帝刘炟在上违背了先祖皇帝的圣人之心，在下枉作了无益的功事，徒有空耗国家的财用，劳动辛苦百姓。结果不会因此导致国家的和顺，为国民祈求丰收的年成。更以吉凶、习俗、术数来说这件事，也不要没有原因就修缮丘墓，使丘墓通过修缮有所隆起。将这件事用古代的制度来考察，则不合古法，用当前的时事来衡量，则有悖于人民的心愿，用吉凶的术数来索求，则看不到能带来福拜。章帝踵武有虞氏最高的德性，追踪祖祢深奥的思想，然而我害怕章帝的左右侍臣议论过失，因而连累了章帝圣洁的心灵。臣刘苍诚然有感于光武帝刘秀、孝明帝刘庄纯正的美德，不能通达以至无穷无尽。只求蒙你哀宠而阅览。"章帝刘炟听从了刘苍的谏阻，没有再建原陵、显节陵县邑。从此以后，朝廷每次遇有疑难政事，动辄飞马驰使去向刘苍咨询。刘苍潜心对答，都被章帝采纳。

建初三年，章帝犒饷卫士于南宫。就此随皇太后逼走宫中掖庭池阁，乃参观阴太后以前使用的器具和服饰，悽怆动容有所感悟。于是命令保留青春、夏朱、季夏黄、秋白、冬黑五时衣各一件和常用衣共五十箧，其余全部分配给诸王的公主，他们在京师的子孙都各按等次得到分配。特别赐给刘苍和琅邪王刘京诏书说："中大夫奉命出使，亲自听闻动静，嘉奖他不可以有限度。岁月流逝没有尽头山陵浸远渺渺茫茫，我心里悽怆茫然，不知所以！闲时犒饷卫士于南宫，就此阅览观看了阴太后以前的衣物。我曾听师傅说：'死人的东西还存在，但是东西的主人已经死了，不说悲哀，悲哀也会自然产生。'真是灵念。惟有东平王刘苍、琅邪王刘京以友为孝的德性，难道不是这样！今天送给你光烈皇后的缎纷、帛巾各一条和衣服一箧，可以以供观赏，用以安慰《诗经·国风·凯风》所说'寒泉'那样的思念，又想借此让后代子孙得以看到先祖太后衣服的制度。当今鲁国的孔氏家族，还保留着仲尼使用过的车舆、帽子和鞋子，用以彰明德性高的人，光大其灵而且久远不衰。那些光武帝刘秀使用过的器具、服饰。在中元二年已经赋赠给了诸侯国，因此不再重复赠送。一并遗赠给你的宛马一匹，马的血从前膊上的小孔中流出。曾经听说武帝歌吟天马，沾红汗，现在可以亲自看看是怎么一回事。时下谋反的匈奴族还屯驻在边疆。朝廷的将帅在外戎守，我忧心国事，纪念先祖，遑遑不可终日，没有闲暇清宁。

希望东平王刘苍、琅邪王刘京保养精神，努力加餐。苦口婆心寄言警戒，怀念你们如饥似渴。"

建初六年冬天，刘苍上奏章帝刘炟，请求朝见。第二年正月，章帝准许了他的请求。特别赐给他衣装钱一千五百万，其他诸侯王各一千万。章帝因为刘苍上京要长途跋涉，冒受寒露之苦，于是派遣谒者送赐给刘苍貂裘皮衣和官官食用的食品珍果，派大鸿胪窦固出宫迎刘苍。章帝就亲自一一检查刘苍下榻的府邸，预设帷帐床铺，其中要使用的钱帛的器物无不全部准备。下诏书说："《仪礼》说：'伯父归宁你的国家'，《诗经·鲁颂》说：'叔父周公封赐伯禽'，都是敬重到极点。以前萧何相国受加封于名份之上，用以优待他的忠诚贤达。何况刘苍与朝廷兼有亲戚关系，属于朝廷尊重的人呢！请沛、济南、东平、中山四位侯王，凡是赞歌，不要唱其名称。"刘苍既到，入殿就拜，章帝亲自接答。天子接答后，诸侯王入宫，就用车辇迎进宫里。等入阁门进里屋拜见刘苍以后才回到他们所下榻的地方。刘苍认为受皇恩超过了礼节，内心感到不安，上疏请辞说："我听说贵国固然要按常规尊宠，贱国要按等级差别施以威仪，卑贱与高尚都有明确的顺序，上与下都要按理行事。章帝高尚的德仁已经广泛布施于我，慈爱家族骨肉，既然已经赐我奉朝请之礼，以我咫尺天仪，却委屈了至尊皇帝，降下驾子，礼遇卑贱的臣子。每次受赐给予宴请朝见，动辄兴用席子，改变形容，到中宫中亲自迎拜，这事情僭越了历史上的典章制度。我惶恐害怕，战慄不止，诚心感到不安。每次会见，我想谦让都没有办法，无所适从。这样做并不能用以告诉和示范所有在下面的人，安顿臣僚和子孙。"章帝看过疏奏，叹息刘苍的风节，更加褒奖刘苍，使他尊贵。

按照历史的典章制度，诸侯王的女儿都册封为乡主，而单独册封刘苍的五个女儿为县公主。

建初六年三月，大鸿胪上奏章帝刘烜，请示遣送诸侯王返回封国去。章帝特别只留下刘苍，赐给他秘书、列仙图、道术秘方。直到八月份，饮酢完毕，有司又上奏，请示遣送刘苍返回他的封国，章帝才准予他回封国。亲自手书下诏说："骨肉相亲是人的天性，实在是不会以相隔距离的远与近来决定亲或疏。然而，通过多次会面相见，感情比过去更加深了。思考东平王刘苍长久劳于京师，应该得以还封国休养。想要签署批准大鸿胪请示，要你返回封国的奏章，又舍不得落下笔去，顾盼再三，才将签批的奏章授予小黄门。心中恋恋不舍你返回封国去，情绪恻伤说不出话来。"到这时侯才用车驾相送刘苍，流涕泪互相话别。又赐给刘苍马匹、车辆及服饰，所赐珍宝车辆、马匹、钱和布帛，价值数以亿万计。

刘苍回到他的封国，得了重病。章帝刘烜迅速派遣有名的医生去为他治疗。小黄门看顾在病人左右，用以掌握病情奏报章帝。于是往来于京师到东平国的使者，冠盖繁忙不绝于道路。又设置驿马站在有千里之遥的道路上，用以专门传达问询刘苍的饮食起居的情况。第二年正月，刘苍去世。章帝下诏给中傅，命令呈送刘苍自从建武元年以来所写的章奏和他创作的书、记、赋、颂、七言、别字、诗歌，编辑成册以备章帝御览。派遣大鸿胪持汉节为主、五官中郎将为副监办丧事，及其他供使唤的人共六人，命令四个小侯国的王和县主都集合起来到东平国悼念刘苍，先后赐给东平国王钱一亿，布九万匹。等安葬刘苍以后，朝廷颁发策命说："在建初八年三月已卯日，章帝刘烜说：'东平宪王刘苍尊贵无比，有功勤劳于王室朝廷，章帝亲授给他策命，已经昭功褒奖在他活着时候。出京师到封国作藩属辅佐朝廷，能够谨言慎行，昌明德仁，循守礼法，不曾僭越，广泛地影响了他的封国人民。上天不好，没有报答这种有至高仁德的人使之长生不老，使人一个人屏蔽在世上，日夜形影相吊，无以消遣以至终日。今天诏命有司加赐鸾辂乘马，龙旗九旒，虎贲一百人，用以为东平宪王刘苍送行归葬。除了我的东平宪王刘苍，还有谁能接这种礼遇呢！假使东平宪王刘苍的魂魄不散，尚有灵念，请保护汉朝天下永远昌盛繁荣。呜呼哀哉！"

东平宪王刘苍被册立为王四十五年，他死后，王位由儿子刘忠继承，称怀王。第二年，章帝才划分原来的东平国，册封刘忠的弟弟刘尚为任城王，其余的五个弟弟册封为列侯。

刘忠承继王位一年去世，他的儿子刘敞继承王位，称孝王。元和三年，章帝刘炟巡狩东方封国，巡幸东平宪王刘苍的宫殿，追忆怀念刘苍，对刘苍的几个儿子说："想到他的为人，来到他的乡里；他的处所还存在，他这个人都已经死了。"因而落泪沾湿了衣襟。寻即巡幸刘苍的陵墓，给他陈列了虎贲、鸾辂龙旗，用以昭彰显示他的尊贵。祭祀刘苍时使用太牢，章帝亲自拜坐祭祀刘苍，哭泣尽其哀悼，赐御剑陈列于陵墓前。先前，刘苍刚就国到东平，任骠骑将军时的属官丁牧、周栩因为刘苍敬爱礼贤属下的人，不忍心离开他，于是作了东平宪王刘苍的家大夫，延续数十年事奉东平国王，他们从祖辈开始直到他们的孙辈，都是从一而终。章帝知道这件事，将他们都引见前殿前。既垂怜于他们忠心耿耿，事奉刘苍，而且想借此宣扬刘苍的德和美，于是都将他们擢升封拜为议郎。丁栩到齐国作丞相，周栩到上蔡作令使。

和帝永元十年，册封刘苍的孙子刘梁为矜阳亭侯，孝王刘敞的弟弟六人为列侯。刘敞死了母亲，他最是孝顺，国相陈珍向和帝奏报了他孝顺的行为。安帝刘祜永宁元年，邓太后增加封邑五千户，又册封刘苍的孙子二人为亭侯。刘敞被册立为王四十八年去世，他的儿子顷王刘瑞承继王位。刘瑞册立为王四十七年去世。刘瑞的儿子刘凯继位为王，册立为王四十一年。在曹魏立朝时期，以刘瑞的崇德侯。

传论说："孔子称'贫无财富而不谄媚乞怜于人，富裕多财而不骄纵于世，不就是要人民安于贫而出于道，居其富而好行礼节。'象东平宪王刘苍那样，可以称得上是居其富而好行礼节的了。象他那样辞别最亲的亲人，离开母后到封国去作藩属佐臣，难道是为了要苟全自己，自立名誉和行端，忘掉至亲，丢掉道义！大凡是居处生疑，那么矛盾就会出现，忧虑牵累迫近了，那么丢掉的东西就会很多。如此，即使是通晓事理的人，都会没有办法两全，只好枉为叹息。呜呼！远离亲戚以便做到完全的忠诚，抛开牵累才能成就孝顺。这难道不是东平宪王刘苍的志趣！东海恭王谦让而清楚应该抛弃什么，象《左传》说的'作个吴太伯，以谦让为怀'，不是也可以吗！"

【原文】 （米祯祥　译）

东平宪王苍，建武十五年封东平公，十七年进爵为王。

苍少好经书，雅有智思，为人美须髯，要带八围，显宗甚爱重之。及即位，拜为骠骑将军，置长史掾史员四十人，位在三公上。

永平元年，封苍子二人为县侯。二年，以东郡之寿张、须昌、山阳之南平阳、橐湖陵五县益东平国。是时中兴三十余年，四方无虞，苍以天下化平，宜修礼乐，乃与公卿共议定南北郊冠冕车服制度，及光武庙登歌八佾舞数，语在《礼乐》、《舆服制》。帝每巡狩，苍常留镇，侍卫皇太后。

四年春，车驾近出，观览城第，寻闻当遂校猎河内，苍即上书谏曰：“臣闻时令，盛春农事，不聚众兴功。传曰：‘田猎不宿，食饮不享，出入不节，则木不曲直。’此失春令者也。臣知车驾今出，事从约省，所过吏人讽诵《甘棠》之德。虽然，动不以礼，非所以示四方也。惟陛下因行田野，循视稼穑，消摇仿佯，弭节而旋。至秋冬，乃振威灵，整法驾，备周卫，设羽旄。《诗》云：‘抑抑威仪，惟德之隅’。臣不胜愤懑，伏自手书，乞诣行在所，极陈至诚。”帝览奏，即还宫。

苍在朝数载，多所隆益，而自以至亲辅政，声望日重，意不自安，上疏归职曰：“臣苍疲驽，特为陛下慈恩覆护，在家备教导之仁，升朝蒙爵命之首，制书褒美，班之四海，举负薪之才，升君子之器。凡匹夫一介，尚不忘箪食之惠，况臣居宰相之位，同气之亲哉！宜当暴骸膏野，为百僚先，而愚顽之质，加以固病，诚羞负乘，辱汗辅将之位，将被诗人‘三百赤绂’之刺。今方域晏然，要荒无儆，将遵上德无为之时也，文官犹可并省，武职尤不宜建，昔象封有鼻，不任以政，诚由爱深，不忍扬其过恶。前事之不忘，来事之师也。自汉兴以来，宗室子弟无得在公卿位者。惟陛下审览虞帝优养母弟，遵承旧典，终卒厚恩。乞上骠骑将军印绶，退就藩国，愿蒙哀怜。”帝优诏不听。其后数陈乞，辞甚恳切。五年，乃许还国，而不听上将军印绶。以骠骑长史为东平太傅，掾为中大夫，令史为王家郎。加赐钱五千万，布十万匹。

六年冬，帝幸鲁，征苍从还京师。明年，皇太后崩，既葬，苍乃归国，特赐宫人奴婢五百人，布二十五万匹，及珍宝服御器物。

十一年，苍与诸王朝京师。月余，还国。帝临送归宫，凄然怀思，乃遣使手诏国中傅曰："辞别之后，独坐不乐，因就车归，伏轼而吟，瞻望永怀，实劳我心，诵及《采菽》，以增叹息。日者问东平王处家何等最乐，王言为善最乐，其言甚大，副是要腹矣。今送列侯印十九枚，诸王子年五岁已上能趋拜者，皆令带之。"

十五年春，行幸东平，赐苍钱千五百万，布四万匹。帝以所作《光武本纪》示苍，苍因上《光武受命中兴颂》。帝甚善之，以其文典雅，特令校书郎贾逵为之训诂。

肃宗即位，尊重恩礼逾于前世，诸王莫与为比。建初元年，地震，苍上便宜，其事留中。帝报书曰："丙寅所上便宜三事，朕亲自览读，反复数周，心开目明，旷然发朦。间吏人奏事，亦有此言，但明智浅短，或谓傥是，复虑为非。何者？灾异之降，缘政而见。今改元之后，年饥人流，比朕之不德感应所致。又冬春旱甚，所被尤广，虽内用克责，而不知所定。得王深策，快然意解。《诗》不云乎：'未见君子，忧心忡忡；既见君子，我心则降。'思惟嘉谋，以次奉行，冀蒙福应。彰报至德，特赐王钱五百万。"

后帝欲为原陵、显节陵起县邑，苍闻之，遽上疏谏曰："伏闻当为二陵起立郭邑，臣前颇谓道路之言，疑不审实，近令从官古霸问涅阳主疾，使还，乃知诏书已下。窃见光武皇帝躬履俭约之行，深睹始终之分，勤勤恳恳，以葬制为言，故营建陵地，具称古典，诏曰：'无为山陵，陂池裁令流水而已。'孝明皇帝大孝无违，奉承贯行。至于自所营创，尤为俭省，谦德之美，于斯为盛。臣愚以园邑之兴，始自强秦。古者丘陇且不欲其著明，岂况筑郭邑，建都郭哉！上违先帝圣心，下造无益之功，虚费国用，动摇百姓，非所以致和气，祈丰年也。又以吉凶俗数言之，亦不欲无故缮修丘墓，有所兴起。考之古法则不合，稽之时宜则违人，求之吉凶复未见其福。陛下履有虞之至性，追祖祢之深思，然惧左右过议，以累圣心。臣苍诚伤二帝纯德之美，不畅于无穷也。惟蒙哀览。"帝从而止。自是朝廷每有疑政，辄驿使谘问。苍悉心以对，皆见纳用。

三年，帝飨卫士于南宫，因从皇太后周行披庭池阁，乃阅阴太后旧时器服，怆然动容，乃命留五时衣各一袭，乃常所御衣合五十箧，余悉分布诸王主及子孙在京师者各有差。特赐苍及琅邪王京书曰："中大夫奉使，亲闻动静，嘉之何已！岁月骛过，山陵浸远，孤心凄怆，如何如何！间飨卫士于南宫，因阅视旧时衣物，闻于师曰：'其物存，其人亡，不言哀而哀自至。'信矣。惟王孝友之德，亦岂不然！今送光烈皇后假绀帛巾各一，及衣一箧，可时奉瞻，以慰《凯风》寒泉之思，又欲令后生子孙得见先后衣服之制。今鲁国孔氏，尚有仲尼车舆冠履，明德盛者光灵远也。其光武皇帝器服，中元二年已赋诸国，故不复送。并遗宛马一四，血从前膊上小孔中出。常闻武帝歌天马，沾赤汗，今亲见其然也。顷反虏尚屯，将帅在外，忧念遑遑，未有闲宁。愿王宝精神，加供养。苦言至戒，望之如渴。"

六年冬，苍上疏求朝。明年正月，帝许之。特赐装钱千五百万，其余诸王各千万。帝以苍冒涉寒露，遣谒者赐貂裘，及太官食物珍果，使大鸿胪窦固持节郊迎。帝乃亲自循行邸第，豫设帷床，其钱帛器物无不充备。下诏曰："《礼》云伯父归宁乃国，《诗》云叔父建尔元子，敬之至也。昔萧相国加以不名，优忠贤也。况兼亲尊者乎！其沛、济南、东平、中山四王，赞皆勿名。"苍既至，升殿乃拜，天子亲答之。其后诸王入宫，辄以辇迎，至省阁乃下。苍以受恩过礼，情不自宁，上疏辞曰："臣闻贵有常尊，贱有等威，卑高列序，上下以理。陛下至德广施，慈爱骨肉，既赐奉朝请，咫尺天仪，而亲屈至尊，降礼下臣，每赐宴见，辄兴席改容，中宫亲拜，事过典故。臣惶怖战慄，诚不自安，每会见，踧踖无所措置。此非所以章示群下，安臣子也。"帝省奏叹息，愈褒贵焉。旧典，诸王女皆封乡主，乃独封苍五女为县公主。

三月，大鸿胪奏遣诸王归国，帝特留苍，赐以秘书、列仙图、道术秘方。至八月饮酎毕，有司复奏遣苍，乃许之。手诏赐苍曰："骨肉天性，诚不以远近为亲疏，然数见颜色，情重昔时。念王久劳，思得还休，欲署大鸿胪奏，不忍下笔，顾授小黄门，中心恋恋，恻然不能言。"于是车驾祖送，流涕而诀。复赐乘舆服御，珍宝舆马，钱布以亿万计。

苍还国，疾病，帝驰遣名医，小黄门侍疾，使者冠盖不绝于道。又置驿马千里，传问起居。明年正月薨，诏告中傅，封上苍自建武以来章奏及所作书、记、赋、颂、七言、别字、歌诗，并集览焉。遣大鸿胪持节，五官中郎将副监丧，及将作使者凡六人，令四姓小侯诸国王主悉会诣东平奔丧，赐钱前后一亿，布九万匹。及葬，策曰："惟建初八年三月己卯，皇帝曰：'咨王丕显，勤劳王室，亲受策命，昭于前世。出作蕃辅，克慎明德，率礼不越，傅闻在下。昊天不吊，不报上仁，俾屏余一人，靡有所终。今诏有司加赐銮辂乘马，龙旗九斿，虎贲百人，奉送王行。匪我宪王，其孰离之！魂而有灵，保兹宠荣。呜呼哀哉！"

立四十五年，子怀王忠嗣。明年，帝乃分东平国封忠弟尚为任城王，余五人为列侯。

忠立一年薨，子孝王敞嗣。元和三年，行东巡守，幸东平宫，帝追感念苍，谓其诸子曰："思其人，至其乡；其处在，其人亡。"因泣下粘襟，遂幸苍陵，为陈虎贲、鸾辂、龙旗，以章显之，祠以太牢，亲拜祠坐，哭泣尽哀，赐御剑于陵前。初，苍归国，骠骑时吏丁牧、周栩以苍敬贤下士，不忍去之，遂为王家大夫，数十年事祖及孙。帝闻，皆引见于前，既愍其淹滞，且欲扬苍德美，即皆擢拜议郎。牧至齐相，栩上蔡令。永元十年，封苍孙梁为矜阳亭侯，敞弟六人为列侯。敞丧母至孝，国相陈珍上其行状。永宁元年，邓太后增邑五千户，又封苍孙二人为亭侯。敞立四十八年薨，子顷王端嗣。立四十七年薨，子凯嗣；立四十一年，魏受禅，以为崇德侯。

论曰："孔子称'贫而无谄，富而无骄，未若贫而乐，富而好礼者也'。若东平宪王，可谓好礼者也。或其辞至戚，去母后，岂欲苟立名行而忘亲遗义哉！盖位疑则隙生，累近则衅大，斯盖明哲之所为叹息。呜呼！远隙以全忠，释累以成孝，夫岂宪王之志哉！东海恭王逊而知废，"为吴太伯，不亦可乎!"

品读汉史经典　汲取无究智慧

汉书·后汉书

(东汉)班固　著　　(南朝·宋)范晔　著

第四卷

辽海出版社

班超传

—— 《后汉书》卷四七

【说明】班超（32—102），扶风安陵（今陕西咸阳东北）人。父班彪、兄班固。初为兰台令史，因事免官。永平十六年（73），从窦固击北匈奴，为假司马，将兵别击伊吾，多斩虏，有功。旋奉遣，率吏三十六人出使西域南道鄯善（今新疆若羌一带）使，鄯善专心臣服汉朝。朝廷得到奏报，提升他为军司马。班超又受命出使，永平十七年，班超到达疏勒（今新疆喀什一带），废除为龟兹（今新疆库车一带）所立而非本国人的疏勒王兜题，另立疏勒前王兄子忠为王，深受疏勒国人的拥护。永平十八年，焉耆（今新疆焉耆一带）、龟兹攻杀西域都护陈睦，适逢明帝去世，汉朝尽撤西域屯兵，班超独留疏勒，孤立无援，龟兹、姑墨（今新疆阿克苏一带）不断前来进攻。班超接到章帝命他还朝的诏命，回到玉阗，玉阗王侯等痛哭流涕，抱着班超的马脚，不让他东行，班超不得已复还疏勒。建初八年（83），任命班超为将兵长史。次年，又派遣和恭等率兵接受班超指挥。擒杀疏勒王忠。章和元年（87），班超率于阗等国兵打垮莎车，莎车投降，班超于是威震西域。永元二年（90），贵霜王遣副王谢率兵七万越过葱岭进攻班超，班超坚壁清野，谢粮尽援绝，即遣使请罪，班超许其撤退，贵霜王从此不敢再犯汉境。永元三年（91），龟兹、姑墨俱降，汉朝廷任用班超为

西域都护。永元六年（94），班超率龟慈、鄯善等国兵打垮焉者，杀其王，替陈睦复仇。于是西域平定，五十多国都遣质子臣属于汉。永元七年（95），封超为定远侯。永元九年（97），班超派遣甘英出使大秦（罗马帝国），至条支国西海（今波斯湾）受阻而还。永元十四年（102），班超回到洛阳，时已七十一岁，被任命为射声校尉，不久因病去世。班超在西域三十一年，平定了城郭诸国的内乱，对外抵御了强敌，捍卫了西部边疆的安全，促进了西域与中原地区政治、经济、文化的交流，保证了丝绸之路的畅通无阻，建立了卓越的功绩。

班超，字仲升，扶风郡平陵县人，徐县县令班彪的小儿子。为人有大志，不拘小节。然而内心却孝顺恭谨，在家常干重活，勤劳而不怕吃苦，不以劳累为耻辱。很有口才，博览群书。永平五年，班超的哥哥班固被召任校书郎，班超跟母亲随哥哥来到洛阳。家里清贫，班超常常替官府抄写文书来养家糊口。抄写的久了，枯躁乏味，苦不堪言，曾中止抄写放下笔叹息着说："大丈夫没有别的志向，应当效法傅介子、张骞，在异域立功，以取得封侯，哪能长久在笔砚间讨生活呢！"周围的人都对他发出嗤嗤的笑声。班超说："你们这些庸庸碌碌的人，哪能理解壮士的志向！"后来前往看相的人那里去，看相的说："尊驾，你是个穿布衣的儒生，然而当会封侯于万里之外。"班超询问其中的原因，看相的说："你长着燕子一样的下巴和老虎一样的脖颈，象征要飞而食肉，这是万里封侯的长相。"过了很久，显宗问班固："你的弟弟在哪里？"班固回答："替官府抄写文书，得些钱用来奉养老母。"显宗就任命班超为兰台令史，后来因事被免官。

永平十六年，奉车都尉窦固出击匈奴，任用班超充当代理司马，率军另取道进攻伊吾，在蒲类海交战，斩获很多敌军首级而回。窦固认为他有才能，派遣他与从事郭恂一起出使西域。班超来到鄯善，鄯善王广招待班超在礼仪上非常周到，后来忽然变得疏远而懈怠。班超告诉他的下属官员说："是否觉得广的礼仪已变得淡薄了？这一定是有北方匈奴的使者来到，鄯善王对依附那一方多疑不决的缘故。聪明的人能察觉将要发生的事情，何况现在的事情已经很明白了呢？"

于是，班超把侍候他们的鄯善人找来，诈他说："匈奴的使者已经来了几天了？他们住在哪里？"侍者张惶失措，实话实说。班超把侍者关了起来。然后召集三十六名部下到一起，与他们一起喝酒，喝到酣畅耳热的时候，趁机激怒部下说："你们同我都在偏僻遥远的西域，打算建立大功，以便取得富贵。现在匈奴使者才来几天，鄯善王广就对我们如此无礼，如果让鄯善人把我们绑起来送往匈奴，那么我们的躯体就要作豺狼的食物了。对此怎么办呢？"部下都说："现在处于危险的境地，生死关头，我们全听司马。"班超说："不进老虎洞，怎能捉到小老虎！根据现在的形势，只有趁黑夜用火攻匈奴使者，让他们不知道我们人数多少，必然会异常震惊恐怖，可以全部被消灭。消灭了这批匈奴使者，那么鄯善就被吓破了胆，我们可以大功告成事业建立了。"大家说："此事应该和从事商量商量。"班超怒气冲天地说："成败决定于今天，从事是个普通的文官，他听了这个计划，必然恐惧，而使计谋泄露，我们将一无所成地死去。这决不是壮士所干的！"众人一致说："好。"

天刚刚黑，班超就带领部下奔往匈奴的营地。恰巧碰上天空刮起大风，班超命令十个人手里拿着战鼓藏在匈奴使者住房的后面，约定说："看见火起，都要立即猛力击鼓，大喊大叫。"其余的人都手里拿着兵器弩箭从两面封锁着大门而埋伏下来。班超就顺着风势点起火来，前后埋伏的人击鼓呐喊。匈奴人受惊乱窜，班超亲手格杀三人，部下斩下匈奴使者及其随从士兵三十多人的首级，其余的一百多人都被烧死。第二天，班超才回来告诉了郭恂，郭恂大惊，接着脸色有所变化。班超知道他的意思，举手说："你虽然没有参加这次行动，但班超哪有心独占这份功劳呢？"郭恂这才高兴起来。

班超于是召见鄯善王广，拿匈奴使者的首级给他看，鄯善全国为之震惊害怕。班超开导安抚鄯善王，鄯善王于是把自己的儿子送往汉朝，作为质子。班超回去以后，把这一胜利向窦固作了汇报。窦固很高兴，详细上报了班超的功劳成效，并请求重新选拔使者出使西域。明帝赏识班超的气节，下诏给窦固说："有像班超那样的官吏，为什么不派他去而要求另选呢？现在提升班超为军司马，命令他继续完成以前的功业。"班超再次受命出使。窦固打算给他增派士兵，班超说："愿率领原来跟从我的三十多人就够了，如果出现了什么意外的情况，人多了反而是个累赘。"这时于阗王广德刚刚攻破莎车国，于是称雄于天山南路，而匈奴派遣使者监护他的国家。班超已经出发西进，首先到达于阗。广德接见的礼仪非常不周详。而且该国的风俗迷信神巫。神巫说："天神发怒了，问为什么要归服汉朝？汉朝的使者有一匹浅黑色的马，赶快把马牵来杀死祭我。"于阗王就派人去向班超讨马。班超暗地里知道了这个消息，回答允许让马，不过要神巫自己来牵马。过了一会儿，神巫来到。班超立即斩下他的首级送给广德，并因此指责他。广德向来听说班超在鄯善时消灭了匈奴使者的事情，非常恐慌，马上攻击杀死匈奴使者而投降班超。班超重赏于阗王及其文臣武将，并乘机安抚他们。当时龟兹王建是匈奴扶持起来的，他依仗匈奴的力

量，占据天山北路，并派兵攻破疏勒，杀了他们的国王，而立龟兹人兜题为疏勒王。第二年春天，班超率领部下从抄近的小路来到疏勒。在离兜题居住的槃橐城有九十里的地方，派一个叫田虑的小官去招降兜提，班超指示田虑说："兜题本不是疏勒人，该国人一定不服从他的命令，他若不立即投降，你就把他抓起来。"田虑只身一人来到槃橐兜题的王宫，兜提看田虑位轻势弱，没有丝毫投降的意思。田虑趁其不备，于是向前劫持并捆绑了他。兜题身旁的人因事出意外，被田虑的突然行动吓得四散逃跑了，田虑把兜题挟在腋下，纵身上马，飞一般地去见班超。班超等人立即扬鞭策马，奔向槃橐城。到了那里，班超把疏勒的文武官员召集起来，向他们宣布龟兹攻灭疏勒的霸道行径和兜题的种种暴虐行为，趁机立了被龟兹杀死的疏勒国王的侄子名叫忠的来做国王，老百姓非常高兴。疏勒新国王忠和他的官吏们一致请求班超，要求把兜题杀掉，班超不同意，打算从此树立威信，放走了兜题。疏勒从此同龟兹结了怨。

永平十八年，明帝去世。焉耆因为中国有国丧，于是攻杀了西域都护陈睦。班超孤立无援，而龟兹、姑墨几次发兵进攻疏勒。班超固守槃橐城，与忠互为首尾。尽管他们兵力单薄，仍然坚守了一年多。肃宗刚刚登极，因为西域都护陈睦刚刚战死，担心班超人单势危不能自保，下诏召班超撤回汉朝。

班超出发撤回汉朝，疏勒举国忧虑恐惧。该国有一个叫黎的都尉说："汉朝的使者一旦抛弃了我们，我们疏勒国就会再一次被龟兹灭亡。实在不忍心看见汉朝的使者离去。"说罢，就用刀自杀了。班超回到于阗，于阗的王侯以下都呼号悲泣，说："我们依靠汉朝使者如同孩子依靠父母一样，实在不可以离我们而去。"互相抱着班超坐骑的脚，使班超无法前行。班超担心于阗国最终不会让他东进，又打算继续完成自己的志向，于是又回到了疏勒。疏勒有两座城在班超离开以后，又投降了龟兹，并和尉头国联合。班超逮捕斩杀了反叛者，打败了尉头国，杀了六百多人，疏勒再度安定下来。

建初三年，班超统率疏勒、康居、于阗，拘弥等国军队一万多人攻打姑墨国的石城，攻破了它，斩首七百级。班超打算趁机平定各国，就上疏请求增派军队，说："臣看见先帝打算开通西域，所以北面进击匈奴，西面出使各国，鄯善、于阗立即归附。而今拘弥、莎车、疏勒、月氏、乌孙、康居又愿意归附，打算共同合力平灭龟兹，打开通往汉朝的道路。如果得到龟兹，那未西域不顺从的只有百分之一了。臣伏地自思，我出身于军队小官，实愿踏着谷吉的足迹，捐驱于偏僻遥远的边地，也许可以像张骞那样弃身于空旷的原野。从前魏绛不过是诸侯国的一个大夫，尚且能够与戎人和好，何况臣凭借大汉的声威，而连铅刀一割的用处都没有吗？前朝评议的人都说夺取西域三十六国，称为断匈奴右臂。现在西域各国，从日落之处起，没有不归化的，大小国家喜悦，献物给朝廷不断，只有焉耆、龟兹还没有归服顺从。臣以前和部下三十六人出使偏僻遥远的西域，备遭艰难困苦。自从孤军坚守疏勒，至今已有一年，胡夷的心理，臣很能领会。问西域大小城郭诸国，都说'依靠汉朝与依靠上天相同'。由此证验，那么葱岭之道可以打通；葱岭之道打通了，那么龟兹不就可以讨伐。现在应该任命龟兹侍子白霸为该国国王，以步、骑兵几百人送他前往，与各国的军队联合，年月之间，龟兹可以擒服。用夷狄进攻夷狄，是上等的计策。臣看见莎车、疏勒的土地肥沃宽广，牧草丰盛，不比敦煌、鄯善之间的差，出征的士兵可以不费中国的粮草而自给自足。况且姑墨、温宿二国国王，是被龟兹所扶立，既不是该二国的人，更被该二国人民所厌恶，势必会有反叛、归降的事件发生。如果二国前来投降，那么龟兹不攻自破。希望下发臣的奏章，让大臣参考定计。实在有万分之一可取之处，即使死了又有什么怨恨呢。臣班超渺小，特蒙神灵保佑，暗中希望不要让我现在死去，让我能亲眼看见西域的平定，陛下举起祝贺的酒杯，告大功于祖庙，宣布大喜于天下。"此书奏上，章帝知道这件事可以成功，商议打算派给部队。平陵人徐干素来与班超志同道合，上书愿意奋不顾身辅佐班超。建初五年，于是任用徐干为代理司马，率领驰刑徒和义从一千人前往增援班超。

此前莎车认为汉军不会出塞，于是投降了龟兹，而疏勒国都尉番辰也跟着叛变。恰巧碰上徐干刚到，班超就和徐干进击番辰，大败番辰，斩首一千多级，捕获了许多俘虏。班超已经击败番辰，打算进攻龟兹。认为乌孙的兵力强大，应借助它的力量，就上书说："乌孙是个大国，有士兵十万，所以武帝把公主嫁给乌孙王为妻，到孝宣皇帝的时候，终于得到乌孙的帮助。现在可以派遣使者去招抚他们，与他们齐心合力对付龟兹。"章帝接受了这个建议，建初八年，任命班超为将兵长史，给予大将军的乐队、旗帜和仪仗。任用徐干为军司马，另外派遣卫侯李邑护送乌孙使者，赏赐大小昆弥以下官员锦帛。

李邑才到于阗，正当龟兹进攻疏勒，李邑害怕，不敢前行，因此上书陈述西域的事情不会成功，又大肆毁谤班超拥抱爱妻、爱子，在外国过安乐的生活，没有内顾中国之心。班超听说后，叹息说："我不是曾参却遭到接二连三谗言的攻击，恐怕要受到当朝的怀疑了。"于是休退了他的妻子。章帝知道班超忠诚，于是痛切地责备李邑说："即使班超拥爱妻、抱爱子，想回国的士兵有一千多人，为什么都能同班超一条心呢?"命令李邑前往班超那里接受部署和节制调度,下诏给班超:"如果李邑在你那里有可以委派的任务,可以留下来任职。"班超马上派李邑带领乌孙侍子回京师。徐干对班超说:"李邑以前亲自诋毁您,打算破坏夺取西域的大计,现在为什么不遵照诏书留下他,换派其他官吏送侍子呢?"班超说:"为什么话说得这样粗陋?因为李邑毁谤我班超,所以今天派遣他回去。自己问心无愧,何必担忧别人说什么!图一时内心的痛快而留下他,不是忠臣。"

第二年,又派遣代理司马和恭等四人率兵八百前往班超那里,班超乘机调发疏勒、于阗的军队进攻莎车。莎车暗暗地派使者到疏勒王忠那里,以重利引诱他,忠于是反叛顺从莎车,向西守卫乌即城。班超就另立疏勒国的府丞成大充当疏勒王,全部调发没有反叛的人去进攻忠,双方对峙了半年之久,而康居派遣精兵援救忠,班超不能取胜。当时大月氏新与康居结亲,互相友善,班超就派使者多带锦帛送给大月氏王,让他去说服康居王,康居王于是罢兵,把忠带回到他的国家,乌即城就向班超投降了。

过了三年,忠说动康居王借了军队,回来占据了损中城,秘密地与龟兹策划,派使者向班超伪降。班超内心里知道他的奸计而外表装作答应他的样子。忠大为喜悦,立即率领轻装骑兵前来见班超。班超秘密地安排伏兵以等待忠。为他摆宴奏乐,喝了一会儿酒,便大声呵斥部下把忠绑起来杀掉。趁机袭击打败了他的队伍,杀死七百多人,天山南路于是就畅通无阻了。

次年,班超调集于阗等国的军队二万五千人,再次进攻莎车。而龟兹王派遣左将军调发温宿、姑墨、尉头等国合计五万人援救莎车。班超召集将校和于阗王商议说:"现在兵少难以匹敌,对付的计策不如各自散去。于阗的部队从这儿向东，长史也从这里西归，等到夜里以鼓为号，听到鼓声，就各自出发。"消息传开以后，班超暗暗地嘱咐看守俘虏的士兵放松戒备，让被俘的龟兹士兵逃回去报告消息。龟兹王听了大喜，自己带领一万名骑兵在西部边界截击班超，让温宿王率领八千骑兵在东部边界伏击于阗部队。班超得知二支敌军已经出发，秘密召集各部整装，鸡叫时奔赴莎车营地，胡人大惊，慌乱奔跑，追击斩首五千余级，大量缴获马匹，牲畜、钱财和物资。莎车于是投降，龟兹等国的军队因而各自退走四散，从此班超威震西域。

当初，大月氏曾经帮助汉朝进击车师有功，这一年进贡奉献珍宝、符拔和狮子，因而求娶汉朝公主作妻子，班超拒绝了大月氏王的请求，让大月氏的使者回去，因此引起了大月氏王的怨恨。永元二年，大月氏派遣她的副王谢率领部队七万攻打班超。班超的士兵较少，都非常害怕。班超开导士兵说："月氏兵虽然多，然而跋涉几千里翻越葱岭而来，没有给养补充，有什么担忧的呢？但应当坚壁清野，坚守不战，他们饥饿极了自然会来投降，不过几十天就可决定胜负了。"谢于是前来攻打班超，攻不下，便放纵士兵四处抢掠，然而一无所获。班超估计他们的粮食快要用光了，必定向龟兹求救，于是派遣几百名士兵在东部边界截击他们。谢果然派遣骑兵携带金银珠宝美玉等赠送龟兹。班超的伏兵拦击，把他们全杀死，手里拿着他们使者的首级给谢看。谢大为惊恐。马上派遣使者前来请罪，希望能让他们活着回去。班超放回了他们。大月氏因此大受震动，年年岁岁，向汉朝贡献方物。

第二年，龟兹、姑墨、温宿都来投降，于是任用班超充当西域都护府都护，徐干充当长史。任命白霸充当龟兹王，派遣司马姚光护送他。班超与姚光共同胁迫龟兹废掉她的国王尤利多而拥立白霸，让光带领尤利多回到京师。班超居住龟兹它乾城，徐干屯守疏勒。西域只有焉耆、危须、尉犁因为从前曾杀死过都护，怀有二心，其余的国家全部平定。

永元六年，班超于是调集龟兹、鄯善等八国兵合计七万人，以及部下和商人一千四百人讨伐焉耆。部队到达尉犁国界，便派遣使者晓谕焉耆、尉犁、危须说："我们都护前来，是打算安抚三国，如想改过从善，应该派遣高级官员来迎接都护。我们都护自当赏赐王侯以下。事情办完就回师。现在赏赐国王五色丝绸五百匹。"焉耆王广派遣他的左将北犍支牵着牛抬着酒来迎接班超。班超质问北犍支说："你虽然是匈奴侍子，而今却掌握着国家的权力，都护亲自前来，国王不及时出迎，都是你的罪过。"有人向班超建议，要乘机杀掉北犍支。班超说："不是你所能考虑得到的，这个人的权力比国王还大，现在我们还没有进入焉耆，就先把他杀了，那会使他们增疑，严加防备，扼守险要，我们难道能顺利地到达他们的城下吗？"于是赏赐北犍支许多礼物，送他回去。广就和高级官员在尉犁迎接班超，并献上珍奇的礼物。

焉耆国有一座"苇桥"，是进入焉耆的通道，广于是封锁该桥，不打算让汉军进入焉耆国。班超改从其他道路越境。七月的最后一天，到达焉耆，离城二十里，安营在大泽之中。广因出乎意外，大惊失色，于是想丢弃王城，驱赶百姓作掩护，退居山中的城堡里去。焉耆左侯元孟从前曾在京师时作质子，秘密派遣使者把这件事告诉班超，班超马上把他斩杀，表示不相信。于是约定某一天班超要和各国国王见面，还宣扬将要重加赏赐，于是焉耆王广、尉犁王汎和北犍支等三十人相跟着来见班超。焉耆国相腹久等十七人害怕被杀，都逃亡入海里，而危须王也没有赴会。坐下来后，班超怒气冲冲地质问焉耆王广："危须王为什么没有来到？腹久等人为什么逃走？"于是喝令部下把广和汛等人当场捉拿，押到陈睦过去驻守的城址外杀掉，送首级到京师。因而放纵士兵抄掠，斩首五千余级，抓获俘虏一万五千人、马牛羊三十多万头，改立元孟为焉耆王。班超在焉耆留住了半年，安抚他们。

第二年，皇帝下诏说："以往匈奴独占西域，抢掠河西，永平末年，城门白天也须关闭。先帝深深同情边民遭受敌寇杀害，就命令将帅出击西部，攻破雪山，兵临蒲类，取得车师，城郭各国受到震慑，纷纷归附，于是开通西域，设置都护，而焉耆王舜、舜的儿子忠独自策划反叛，倚仗该国有险要的关隘，杀害西域都护，并加害到都护的部下。先帝重视平民的生命，害怕再兴兵役，所以派遣军司马班超安抚于阗以西城郭各国。班超于是越过葱岭，抵达悬度，出入二十二年，城郭各国，没有不宾服的。改立各国国王，而安定各国的人民，不动摇中国，不烦调发士兵，使得远方夷人地区，呈现一派和平兴旺的景象，统一不同风俗的人们的心态，而行上天的诛伐，消除过去的耻辱，以报阵亡将士的仇恨。《司马法》说：'奖赏不能拖过一个月，想让人们能迅速看到作善事的好处。'封班超充当定远侯，享受一千户人家的赋税。"

班超自己感到在偏僻遥远的西域住得太久了，年老思念故土。永元十二年，上书说："臣听说太公封在齐国，五代死后都埋葬在周地，狐狸将死头必然向狐穴所在山丘，代郡的马不忘故乡而依恋北风。周、齐两地同在中原，只有千里之隔，何况我处在遥远荒凉的边地，小臣怎能没有依恋北风，头向故土的思念呢？蛮夷的风俗，畏惧壮年人，欺侮老年人。臣班超如狗马变老，牙齿不全，时常害怕风烛残年，经不起风霜，一旦倒下，孤魂弃于他乡。昔日苏武困留匈奴之中有十九年，而今臣有幸得以奉节带印，监管领护西域，如果是以享年终老驻守地，实在无所遗恨，然而恐怕后世人有功业已就而身死异域之讥。臣不敢奢望回到酒泉郡，但愿活着进入玉门关。臣衰老多病，冒死妄言，谨派儿子班勇带着进贡礼物进入塞内。趁臣还活着的时候，让班勇亲眼看见中原的故土。而班超的妹妹、同郡人曹寿的妻子班昭也上书为班超请求说：

妾同胞哥哥西域都护定远侯班超，有幸得以小功特别蒙受重赏，爵位列在通侯，官秩等级二千石。天恩特出，确实不是小臣所应该蒙受的。班超开始出使西域，志在为国献身，希望建立小功，以身报效。恰巧碰上陈睦败死的事变，道路阻隔断绝，班超以一身辗转在偏僻遥远的地区，晓喻开导各国，利用他们的部队，每次战斗，总是冲杀在前，身受金属武器的伤害，不怕死亡。依赖承蒙陛下的神异威灵，才得以在沙漠之地延长寿命，至今累计已达三十年。至亲生离，不再相识。原来跟随他的部下不少，都已经去世。班超年龄最大，今年已经七十岁了。衰老多病，头发全白，双手不听使唤。视觉、听觉不灵敏，扶着手杖才能行走。虽然想竭尽全力，用来报答帝王的恩赐，但困于年迈，如狗马牙齿落尽。蛮夷的习性，狂悖忤逆，欺侮老人。而班超朝夕间可能去世，长久不见有人接替，恐怕会造成为非作歹人的出现，和叛逆作乱之心的滋生。而卿大夫都心怀侥幸，没有人肯作长远的考虑。如果出现突发的暴乱，班超已是力不从心。那么对上亏损国家多世建立的功业，对下抛弃忠臣竭尽全力取得的成果。实在值得痛惜，所以班超万里上书自述心中的甘苦和焦虑，伸着脖颈眺望，至今已有三年，未见审察评议。

妾私下听说古时候十五岁服兵役，六十岁复员，也有休息不再任职的。由于陛下用至孝治天下，所以得到万国的欢心，不遗弃小国的臣属，何况班超已得到侯伯的爵位，所以敢冒死替班超请求怜悯，乞求班超得享余年。一旦得以活着回来，重见宫阙，使国家没有远征的顾虑，西域也无叛乱的忧患，班超得以长久蒙受魏文侯葬骨般的恩宠、田子方哀怜老马般的仁惠。《诗经》说："人民也真劳苦啦！该让他们躺一躺。爱护京城这些人，因而安抚了四方。"班超有书信与妾活着诀别，恐怕不能再度相见。妾确实伤心班超在壮年之时竭忠尽孝于沙漠之地，疲惫衰老的时候捐躯于空旷的原野之上，实在使人哀痛怜悯。如果得不到救护，班超以后有一天遭遇变故，希望班超一家有幸能得到赵括之母和卫姬那种不受连坐的优待。妾愚直不懂大义，冒犯禁讳。

汉和帝看了班昭的书奏，被她的话所感动，于是调班超回汉。

班超在西域三十一年。永元十四年八月到洛阳，被任命充当射声校尉。班超平素患有胸痛病，回来以后，病情加重。和帝派中黄门探问病情，赐给医药。这年九月病死，享年七十一岁。朝廷怜惜他，派使者前吊祭、所赠葬具非常优厚。子班雄继承爵位。

当初，班超被调回，任用戊己校尉任尚充当都护。与班超办理交接事宜，任尚对班超说："君侯在外国三十余年，小人卑下而继任君侯的职位，责任重大而计谋思虑肤浅，应该对我有所教诲。"班超说："我年老昏愦，任君多次担当重要职务，难道是班超所能够企望赶上的吗？实在不得已，愿进愚钝的建议。塞外的吏士，本来不是孝子贤孙，都是因为罪过发配到边地军营中屯田的。而蛮夷怀有鸟兽之心，难抚养而易滋事。现在你性情严急，水清无大鱼，苛察得不到属下的人附和。应当摆脱世务，自求安逸，治理简易，宽宥小过，只抓大原则就行了。"班超离开后，任尚私下对亲信说："我认为班君会有奇异的计谋相告，今天所说平平而已。"任尚来后几年时间，西域便发生叛乱，因为失职罪被调回，正如班超所告戒的那样。　　　　　（陈绍棣　译）

【原文】

班超字仲升，扶风平陵人，徐令彪之少子也。为人有大志，不修细节。然内孝谨，居家常执勤苦，不耻劳辱。有口辩，而涉猎书传。永平五年，兄固被召诣校书郎，超与母随至洛阳。家贫，常为官佣书以供养。久劳苦，尝辍业投笔叹曰："大丈夫无它志略，犹当效傅介子、张骞立功异域，以取封侯，安能久事笔研间乎？"左右皆笑之，超曰："小子安知壮士志哉"其后行诣相者，曰："祭酒，布衣诸生耳，而当封侯万里之外。"超问其状，相者指曰："生燕颔虎颈，飞而食肉，此万里侯相也。"久之，显宗问固："卿弟安在，"固对"为官写书，受直以养老母。"帝乃除超为兰台令史。后坐事免官。

十六年，奉车都尉窦固出击匈奴，以超为假司马，将兵别击伊吾，战于蒲类海，多斩首虏而还。固以为能，遣与从事郭恂俱使西域。

超到鄯善，鄯善王广奉超礼敬甚备，后忽更疏懈。超谓其官属曰："宁觉广礼意薄乎？此必有北虏使来，狐疑未知所从故也。明者睹未萌，况已著邪。"乃召侍胡诈之曰："匈奴使来数日，今安在乎？"侍胡惶恐，具服其状。超乃闭侍胡，悉会其吏士三十六人，与共饮，酒酣，因激怒之曰："卿曹与我俱在绝域，欲立大功，以求富贵。今虏使到裁数日，而王广礼敬即废；如令鄯善收吾属送匈奴，骸骨长为豺狼食矣。为之奈何？"官属皆曰："今在危亡之地，死生从司马。"超曰："不入虎穴，不得虎子。当今之计，独有因夜以火攻虏，使彼不知我多少，必大震怖，可殄尽也。灭此虏，则鄯善破胆，功成事立矣。"众曰：
"当与从事议之。"超怒曰："吉凶决于今日。从事文俗吏，闻此必恐而
谋泄，死无所名，非壮士也！"众曰："善。"初夜，遂将吏士往奔虏
营。会天大风，超令十人持鼓藏虏舍后，约曰："见火然，皆当鸣鼓大
呼。"余人悉持兵弩夹门而伏。超乃顺风纵火，前后鼓噪。虏众惊乱，
超手格杀三人，吏兵斩其使及从士三十余级，余众百许人悉烧死。明
日乃还告郭恂，恂大惊，继而色动。超知其意，举手曰："掾虽不行，
班超何心独擅之乎？"恂乃悦。超于是召鄯善王广，以虏使首示之，一
国震怖。超晓告抚慰，遂纳子为质。还奏于窦固，固大喜，具上超攻
效，并求更选使使西域。帝壮超节，诏固曰："吏如班超，何故不遣而
更选乎？今以超为军司马，令遂前功。"超复受使，固欲益其兵，超
曰："愿将本所从三十余人足矣。如有不虞，多益为累。"

是时于窴王广德新攻破莎车，遂雄张南道，而匈奴遣使监护其国，
超既西，先至于窴。广德礼意甚疏。且其俗信巫。巫言："神怒何故欲
向汉？汉使骢有马，急求取以祠我。"广德乃遣使就超请马。超密知其
状，报许之，而令巫自来取马。有顷，巫至，超即斩其首以送广德，
因辞让之。广德素闻超在鄯善诛灭虏使，大惶恐，即攻杀匈奴使者而
降超。超重赐其王以下，因镇抚焉。

时龟兹王建为匈奴所立，倚恃虏威，据有北道，攻破疏勒，杀其
王，而立龟兹人兜题为疏勒王。明年者，超从间道至疏勒。去兜题所
居槃橐城九十里，逆遣吏田虑先往降之，敕虑曰："兜题本非疏勒种，
国人必不用命，若不即降，便可执之。"虑既到，兜题见虑轻弱，殊无
降意。虑因其无备，遂前劫缚兜题。左右出其不意，皆惊惧奔走。虑
驰报超，超即赴之，悉召疏勒将吏，说以龟兹无道之状，因立其故王

兄子忠为王，国人大悦。忠及官属皆请杀兜题，超不听，欲示以威信，释而遣之。疏勒由是与龟兹结怨。

十八年，帝崩。焉耆以中国大丧，遂攻没都护陈睦。超孤立无援，而龟兹、姑墨数发兵攻疏勒。超守盘橐城，与忠为首尾，士吏单少，拒守岁余。肃宗初即位，以陈睦新没，恐超单危不能自立，下诏征超。超发还，疏勒举国忧恐。其都尉黎弇曰："汉使弃我，我必复为龟兹所灭耳。诚不忍见汉使去。"因以刀自刭。超还至于寘，王侯以下皆号泣曰："依汉使如父母，诚不可去。"互抱超马脚，不得行。超恐于阗终不听其东，又欲遂本志，乃更还疏勒。疏勒两城自超去后，复降龟兹，而与尉头连兵。超捕斩反者，击破尉头，杀六百余人，疏勒复安。

建初三年，超率疏勒、康居、于阗、拘弥兵一万人攻姑墨石城，破之，斩首七百级。超欲因此巨平诸国，乃上疏请兵。曰："臣窃见先帝欲开西城，故北击匈奴，西使外国。鄯善、于阗即时向化。今拘弥、莎车、疏勒、月氏、乌孙、康居复愿归附，欲共并力破灭龟兹，平通汉道。若得龟兹，则西域未服者百分之一耳。臣伏自惟念，卒伍小吏，实愿从谷吉效命绝域，庶几张骞弃身旷野。昔魏绛列国大夫，尚能和辑诸戎，况臣奉大汉之威，而无铅刀一割之用乎？前世议者皆曰取三十六国，号为断匈奴右臂。今西域诸国，自日之所入，莫不向化，大小欣欣，贡奉不绝，唯焉耆、龟兹独未服从。臣前与官属三十六人奉使绝域，备遭艰厄。自孤守疏勒，于今五载，胡夷情数，臣颇识之。问其城郭大小，皆言'倚汉与依天等'。以是效之，则葱岭可通，葱岭通则龟兹可伐。今宜拜龟兹侍子白霸为其国王，以步骑数百送之，与诸国连兵，岁月之间，龟兹可禽。以夷狄攻夷狄，计之善者也。臣见莎车、疏勒田地肥广，草牧饶衍，不比敦煌、鄯善间也。兵可不费中

国而粮食自足。且姑墨，温宿二王，特为龟兹所置，既非其种，更相厌苦，其势必有降反。若二国来降，则龟兹自破。愿下臣章，参考行事。诚有万分，死复何恨。臣超区区，特蒙神灵，窃冀未便僵仆，目见西域平定，陛下举万年之觞，荐勋祖庙，布大喜于天下。"书奏，帝知其功可成，议欲给兵。平陵人徐干素与超同志，上疏愿奋身佐超。五年，遂以干为假司马，将驰刑及义从千人就超。

先是莎车以为汉兵不出，遂降于龟兹，而疏勒都尉番辰亦复反叛。会徐干适至，超遂与干击番辰，大破之，斩首千余级，多获生口。超既破番辰，欲进攻龟兹。以乌孙兵强，宜因其力，乃上言："乌孙大国，控弦十万，故武帝妻以公主，至孝宣皇帝，卒得其用。今可遣使招慰，与共合力。"帝纳之。八年，拜超为将兵长史。假鼓吹幢麾。以徐干为军司马，别遣卫候李邑护送乌孙使者，赐大小昆弥以下锦帛。

李邑始到于寘，而值龟兹攻疏勒，恐惧不敢前，因上书陈西域之功不可成，又盛毁超拥爱妻，抱爱子，安乐外国，无内顾心。超闻之叹曰："身非曾参而有三至之谗，恐见疑于当时矣。"遂去其妻。帝知超忠，乃切责邑曰："纵超拥爱妻，抱爱子，思归之士千余人，何能尽与超同心乎？"令邑诣超受节度。诏超："若邑任在外者，便留与从事。"超即遣邑将乌孙侍子还京师。徐干谓超曰："邑前亲毁君，欲败西域，今何不缘诏书留之，更遣它吏送侍子乎？"超曰："是何言之陋也！以邑毁超，故今遣之。内省不疚，何恤人言！快意留之，非忠臣也。"

明年，复遣假司马和恭等四人将兵八百诣超，超因发疏勒、于阗兵击莎车。莎车阴通使疏勒王忠，啖以重利，忠遂反从之。西保乌即城。超乃更立其府丞成大为疏勒王，悉发其不反者以攻忠。积半岁，而康居遣精兵救之，超不能下。是时月氏新与康居婚，相亲，超乃使使多赍锦帛遗月氏王，令晓示康居王，康居王乃罢兵，执忠以归其国，乌即城遂降于超。

后三年，忠说康居王借兵，还居损中，密与龟兹谋，遣使诈降于超。超内知其奸而外伪许之。忠大喜，即从轻骑诣超。超密勒兵待之，为供张设乐。酒行，乃叱吏缚忠斩之，因击破其众，杀七百余人，南道于是遂通。

明年，超发于阗诸国兵二万五千人，复击莎车。而龟兹王遣左将军发温宿、姑墨、尉头合五万人救之。超召将校及于阗王议曰："今兵少不敌，其计莫若各散去。于阗从是而东，长史亦于此西归，可须夜鼓声而发。"阴缓所得生口。龟兹王闻之大喜，自以万骑于西界遮超，温宿王将八千骑于东界徼于阗。超知二虏已出，密召诸部勒兵，鸡鸣驰赴莎车营，胡大惊乱奔走，追斩五千余级，大获其马畜财物。莎车遂降，龟兹等因各退散，自是威震西域。

初，月氏尝助汉击车师有功，是岁贡奉珍宝、符拔、师子，因求汉公主。超拒还其使，由是怨恨。永元二年，月氏遣其副王谢将兵七万攻超。超众少，皆大恐。超譬军士曰："月氏兵虽多，然数千里逾葱岭来，非有运输，何足忧邪？但当收谷坚守，彼饥穷自降，不过数十日决矣。"谢遂前攻超，不下，又钞掠无所得。超度其粮将尽，必从龟兹求救，乃遣兵数百于东界要之。谢果遣骑赍金银珠玉以赂龟兹。超伏兵遮击，尽杀之，持其使首以示谢。谢大惊，即遣使请罪，愿得生归。超纵遣之。月氏由是大震，岁奉贡献。

明年，龟兹、姑墨、温宿皆降，乃以超为都护，徐干为长史。拜白霸为龟兹王，遣司马姚光送之。超与光共胁龟兹废其王尤利多而立白霸,使光将尤利多还诣京师。超居龟兹它乾城,徐干屯疏勒。西域唯焉耆、危须、尉犁以前没都护,怀二心,其余悉定。

六年秋,超遂发龟兹、鄯善等八国兵合七万人,及吏士贾客千四百人讨焉耆。兵到尉犁界,而遣晓说焉耆、尉犁、危须曰:"都护来者,欲镇抚三国。即欲改过向善,宜遣大人来迎,当赏赐王侯已下,事毕即还。今赐王彩五百匹。"焉耆王广遣其左将北鞬支奉牛酒迎超。超诘鞬支曰:"汝虽匈奴侍子,而今秉国之权。都护自来,王不以时迎,皆汝罪也。"或谓超可便杀之。超曰:"非汝所及。此人权重于王,今未入其国而杀之,遂令自疑,设备守险,岂得到其城下哉!"于是赐而遣之。广乃与大人迎超于尉犁,奉献珍物。

焉耆国有苇桥之险,广乃绝桥,不欲令汉军入国。超更从它道历度。七月晦,到焉耆,去城二十里,营大泽中。广出不意,大恐,乃欲悉驱其人共入山保。焉耆左候元孟先尝质京师,密遣使以事告超,超即斩之,示不信用。乃期大会诸国王,因扬声当重加赏赐,于是焉耆王广、尉犁王泛及北鞬支等三十人相率诣超。其国相腹久等十七人惧诛,皆亡入海,而危须王亦不至。坐定,超怒诘广曰:"危须王何故不到?腹久等所缘逃亡?"遂叱吏士收广、泛等于陈睦故城斩之,传首京师。因纵兵钞掠,斩首五千余级,获生口万五千人,马畜牛羊三十余万头,更立元孟为焉耆王。超留焉耆半岁,慰抚之。于是西域五十余国悉皆纳质内属焉。

明年,下诏曰:"往者匈奴独擅西域,寇盗河西,永平之末,城门昼闭。先帝深愍边萌婴罹寇害,乃命将帅击右地,破白山,临蒲类,取车师,城郭诸国震慑响应,遂开西域,署都护。而焉耆王舜,舜子忠独谋悖逆,恃其险阨,复没都护,并及吏士。先帝重元元之命,惮

兵役之兴，故使军司马班超安集于阗以西。超遂逾葱岭，迄县度，出入二十二年，莫不宾从。改立其王，而绥其人。不动中国，不烦戎士，得远夷之和，同异俗之心，而致天诛，蠲宿耻，以报将士之仇。《司马法》曰：'赏不逾月，欲人速睹为善之利也。'其封超为定远侯，邑千户。"

超自以久在绝域，年老思土。十二年，上疏曰："臣闻太公封齐，五世葬周，狐死首丘，代马依风。夫周齐同在中土千里之间，况于远处绝域，小臣能无依风首丘之思哉？蛮夷之俗，畏壮侮老。臣超犬马齿歼，常恐年衰，奄忽僵仆，孤魂弃捐。昔苏武留匈奴中尚十九年，今臣幸得奉节带金银护西域，如自以寿终屯部，诚无所恨，然恐后世或名臣为没西域。臣不敢望到酒泉郡，但愿生入玉门关。臣老病衰困，冒死瞽言，谨遣子勇随献物入塞。及臣生在，令勇目见中土。"而超妹同郡曹寿妻昭亦上书请超曰：

妾同产兄西域都护定远侯超，幸得以微功特蒙重赏，爵列通侯，位二千石。天恩殊绝，诚非小臣所当被蒙。超之始出，志捐躯命，冀立微功，以自陈效。会陈睦之变，道路隔绝，超以一身转侧绝域，晓譬诸国，因其兵众，每有攻战，辄为先登，身被金夷，不避死亡。赖蒙陛下神灵，且得延命沙漠，至今积三十年。骨肉生离，不复相识。所与相随时人士众，皆已物故。超年最长，今且七十。衰老被病，头发无黑，两手不仁，耳目不聪明，扶杖乃能行。虽欲竭尽其力，以报塞天恩，迫于岁暮，犬马齿索。蛮夷之性，悖逆侮老，而超旦暮入地，久不见代，恐开奸宄之源，生逆乱之心。而卿大夫咸怀一切，莫肯远虑。如有卒暴，超之气力不能从心，便为上损国家累世之功，下弃忠臣竭力之用，诚可痛也。故超万里归诚，自陈苦急，延颈逾望，三年

于今，未蒙省录。

妾窃闻古者十五受兵，六十还之，亦有休息不任职也。缘陛下以至孝理天下，得万国之欢心，不遗小国之臣，况超得备侯伯之位，故敢触死为超求哀，丐超余年。一得生还，复见阙庭，使国永无劳远之虑，西域无仓卒之忧，超得长蒙文王葬骨之恩，子方哀老之惠。《诗》云：'民亦劳止，汔可小康，惠此中国，以绥四方。'超有书与妾生诀，恐不复相见。妾诚伤超以壮年竭忠孝于沙漠，疲老则便捐死于旷野，诚可哀怜。如不蒙救护，超后有一旦之变，冀幸超家得蒙赵母、卫姬先请之贷。妾愚戆不知大义，触犯忌讳。书奏，帝感其言，乃征超还。

超在西域三十一岁，十四年八月至洛阳，拜为射声校尉。超素有胸胁疾，既至，病遂加。帝遣中黄门问疾，赐医药。其年九月卒，年七十一。朝廷愍惜焉，使者吊祭，赠赗甚厚。子雄嗣。

初，超被征，以戊己校尉任尚为都护。与超交代。尚谓超曰："君侯在外国三十余年，而小人猥承君后，任重虑浅，宜有以诲之。"超曰："年老失智，任君数当大位，岂班超所能及哉！必不得已，愿进愚言。塞处吏士，本非孝子顺孙，皆以罪过徙补边屯。而蛮夷怀鸟兽之心，难养易败。今君性严急。水清无大鱼，察政不得下和。宜荡佚简易，宽小过，总大纲而已。"超去后，尚私谓所亲："我以班君当有奇策，今所言平平耳。"尚至数年，而西域反乱，以罪被征，如超所戒。

王充、王符、仲长统传

——《后汉书》卷七九

【说明】王充（公元27—约97年），字仲任，东汉会稽上虞（今属浙江）人。曾游都城洛阳，在太学师事班彪。家境贫寒，经常到书摊看书，因此博通百家之言。后回乡教书。官至郡功曹、治中，均不得意。他一生的主要精力在于著书立说，不信神，不信鬼，不做圣贤之言的奴隶，批判虚妄，追求真理，毫不畏惧权势，是一位出色的唯物主义无神论思想家。生平及思想主要见于所著的《论衡》。

王符（约公元85—162年），字节信，东汉安定临泾（今甘肃镇原）人。他终身隐居著书，研讨治国安民之术，对当时的政治、经济、社会习尚都进行了尖锐的批判，认为社会的祸乱是统治者昏庸造成的，把希望寄托在明君贤臣身上。著作有《潜夫论》，本传选录了五篇。

仲长统（公元180—220年），字公理，东汉山阳高平（今山东金乡西北）人。从小好学，生性倜傥，敢于直言，不拘小节，当时人称为狂生。官至尚书郎，曾帮助曹操办理军务。他对当时社会风气的侈靡腐败极为不满，认为富贵产生不仁，荒淫导致昏庸，是世乱的根源所在，并提出各种改变世风的主张。著作有《昌言》，大部分佚失，本传选录了三篇。

王充字仲任，会稽上虞人，他的先辈从魏郡元城迁到这里。王充从小便是孤儿，家乡的人称赞他十分孝顺。后来到达京城，在太学学习，师事扶风班彪。喜好博览群书而不死守章句。家中贫穷，没有书籍，经常出入洛阳的集市商店，阅读那里出售的书籍，看一遍就能背诵，因此博通各家各派的学说。后来回归故里，隐居教书。在郡里做官到功曹，因多次进谏争论不合而辞官。

王充喜好发表议论，开始好像十分奇特，与众不同，最终却有充分的理由和事实依据。认为世俗儒生死守书本，大都违背真实情况，于是闭门深思，谢绝喜庆吊唁的礼节，门窗墙壁都安放着书写用的刀笔，撰写《论衡》八十五篇，二十多万言，辨析万事万物的同异，解决当时社会上的各种疑难问题。

刺史董勤征召他为从事，升迁为治中，自己辞官回家。同郡友人谢夷吾上书推荐王充的才能和学识，汉章帝特地下诏书用公车征召他，因为有病而没有成行。年近七十，精力衰减，于是编写《养性书》十六篇，节制嗜好欲望，自己注意保养精神。汉和帝永元（公元89—105年）中，在家中病逝。

王符字节信，安定临泾人。从小好学，有志向操守，与马融、窦章、张衡、崔瑗等十分友好。安定地区社会上鄙视妾生的孩子，而王符母亲家里没有人，被乡里人瞧不起。自汉和帝、安帝之后，世俗致力于外出做官，掌握实权的大官更番相互引荐，而王符却性情耿介，不同于流俗，因此便得不到进升。心情郁闷怨恨，于是隐居著书三十多篇，用来讥刺当时社会的得失，不想显露自己的名声，因此命名为

《潜夫论》。书的中心思想在于攻击当时社会的弊端，声讨谴责物理人情，足以看出当时社会的风俗政治，现著录其中的五篇。

《贵忠篇》说：

帝王所尊敬的是天，皇天所爱护养育的是人。如今人臣接受君主委任的重位，治理皇天钟爱的人民，怎么能够不使他们享受安宁而获得利益，养育而救济他们呢？因此君子做官就想着使人民获得利益，向上表达意见就想着荐举贤能，所以在上而下不怨，在前而后不恨。《尚书》说："皇天的职能，人理当代替它完成。"成就王业的人效法皇天而设置官位，所以英明的君主不敢凭私情授官，忠臣不敢凭空而任职。窃取人家的财物尚且称为盗，何况偷取皇天的官位以满足一己的私利呢！用罪恶的手段侵害人，必定加以诛杀惩罚，何况是侵害皇天，怎么会不招灾惹祸呢？唐虞夏商周五代的臣子，用正道侍奉君主，恩泽施及草木，仁爱覆盖大地，因此福祚流传繁衍，宗族延续百世。末代的臣子，用谄媚侍奉君主，不考虑顺从皇天，专门依仗杀伐。白起、蒙恬，秦王朝把他们当作功臣，皇天把他们当作奸贼；息夫、董贤，君主将他们当作忠臣，皇天将他们当作强盗。《周易》说："德薄而位尊，智小而谋大，不遭到惩罚的实在太少了。"因此道德与职位不相称，遭到的祸害必定十分悲惨；才能与职位不相称，蒙受的灾殃必定大得惊人。那些窃据官位的人，皇天夺走他们察看自己的镜子，尽管有善于明察的资质，施行仁义的志向，一旦富贵，就背弃亲朋故旧，丧失他们的本心，疏远骨肉而亲近小人，薄待知心朋友而厚爱走狗坐骑，宁可看着金钱堆积成山，也不肯将一文钱借贷旁人，情知仓库里的存粮腐烂，也不肯把一斗米借贷旁人，骨肉怨恨于家，百姓咒骂于路。前人因此败亡，后人争相沿袭，实在令人痛心啊！

纵观前代朝廷要人的用心，和幼小的婴儿有什么不同呢？婴儿有经常出现的病痛，贵臣有经常遭到的祸殃，父母有经常出现的失误，君主有经常犯的过错。婴儿经常出现的病痛，是因为吃得过多造成的；贵臣经常遭到的祸殃，是因为过于受宠造成的。哺乳太多就生癫痫病，富贵过头就犯骄横病。溺爱的孩子遭伤害，骄横的臣子被灭亡，并非少数啊！惩罚得最厉害的，便是有的趴着死在大牢里，有的被斩首在大街上，难道不是无功于天，有害于人么！鸟儿以为山太低便将巢高筑在它的上面，鱼儿以为泉太浅便在它的里面凿穴居住，最终被人们捉住，是因为诱饵的缘故。贵戚希望自己的住宅吉利而替它取了美名，想让住宅的门坚实而制造了铁枢，最终遭到败亡，并非因为苦于禁忌太少和门枢腐朽，而是因为时常苦于崇尚财货和行为骄横不守本分啊。

不上顺天心，下育人物，却想凭借自己个人的小聪明，私下戏弄君主的权威，违背天地，欺诬神明，居累卵之危，却图泰山之安，行若朝露，却想功传万世，难道不是太糊涂了吗！难道不是太糊涂了吗！

《浮侈篇》说：

帝王把天下当作家，把万民当作子。一个农夫不耕种，天下因此有人挨饿；一个妇女不纺织，天下因此有人受冻。如今所有世俗之人放弃农业这个根本，争着去经商谋利，牛马车辆，填塞道路，游手好闲、投机取巧，充满城镇。从事农业生产的少，张嘴吃闲饭的人多。《诗经》上说："繁华的都城，四方的中心。"现

在看看洛阳，从事商业的十倍于农夫，游手好闲的十倍于商人。这就是一个农夫耕种，一百个人吃饭，一个妇女养蚕，一百个人穿衣，用一个人养活一百人，怎能供给得了！天下上百个郡，上千个县，城镇以万计，大都是如此。农商不能满足供给，那么人民怎能不遭受饥寒？饥寒交迫，那么人民怎能不做坏事？做坏事的人太多，那么官吏怎能不严酷？屡遭严法酷刑，那么老百姓怎能不痛苦怨恨？痛苦怨恨的人多了，那么灾祸的征兆便一齐到来。老百姓活不下去，上天又降灾难，那么国家就岌岌可危了！

贫穷是从富裕转化来的，衰弱是从强盛转化来的，祸乱是从太平转化来的，危亡是从安定转化来的。因此英明的君主教养人民，关心他们，慰劳他们，教育他们，开导他们，防微杜渐，以打消他们的不良企图。所以《周易》赞美从节约出发来制定各种规范，不伤财，不害民。《诗经·七月》这首诗，教育人民做各种农活，一年到头终而复始。从这里看来，人本来是不可放纵的。

现在的人，衣着奢华，饮食侈糜，专门搬弄是非，擅长尔虞我诈。有的人以图谋不轨合伙犯禁为业，有的人以嬉戏赌博为事。成年男子不扶犁把锄，却怀夹弹丸，携手上山遨游。有的喜好用土做弹丸出卖，对外不能防御寇盗，对内不能消灭鼠雀。有的造泥车瓦狗等各种供玩乐的器具，用来欺骗小孩。这些都是毫无益处的。

《诗经》中讽刺说："妇女不绩麻，街上舞婆娑。"又妇女不料理家务，放弃养蚕织布，却学做巫婆，装神弄鬼，蒙骗百姓，荧惑百姓妻女。羸弱疾病的人家，心怀忧虑，愁苦不堪，很容易被吓倒。甚至使得他们四处奔走以讨吉利，离开住宅，待在崎岖的

山路旁，被风寒所伤，遭奸人暗算，受强盗抢劫。有的加重了灾祸，甚至死亡，却不知是被巫婆欺骗伤害，反而悔恨侍奉鬼神太晚了，这种事情实在荒唐到了极点。

有的人用美丽的绸子剪裁绘画，用来书写祝辞；有的人花言巧语，希望获得福祚；有的人剪碎五彩的缎子，弄成只有分寸的小块；有的人截断各种丝线，缠绕在手腕上；有的人裁剪绮罗，拼缝成幡。所有这些浪费了成百匹的绸缎，花去了成千倍的功夫，把牢固的东西破坏掉变得毫无用处，将简单的事情搞得十分繁难，白吃了好的粮食，消耗宝贵的光阴。山林不能满足野火，江海不能装满漏卮，所有这些都是应当禁止的。

从前汉文帝身穿粗绸，以皮做鞋，用革为带，如今京城贵戚，衣服饮食，车辆房舍，其奢侈程度远远超过帝王规定的制度，实在太不像话了。而且他们的家奴婢妾，都穿戴彩带花绸，锦绣绮纨，精细的葛布、越布、筒中布，犀角、象牙、珠玉、琥珀、玳瑁，雕刻上隐约的山水花纹，镶嵌着金银丝线，穷极奢丽，转相夸耀。那些嫁娶的人，车辆排数里，帘幕遮满道，骑马的家奴，侍候的僮仆，在车旁前呼后拥。富人竞相攀比，穷人羞愧不及，一次宴会的花消，破费一辈子的产业。古人一定要有官职然后才能穿丝绸，乘车马，现在虽然不能复古，也应该令小民稍微效法汉文帝时的规定。

古代埋葬死人，裹上厚厚的草，埋在野外，不起坟，不植树，丧期没有固定的时间。后代的圣人改用棺椁，用桐木做棺材，用葛藤捆紧，掘坑不见泉水，掩土不泄臭味。中世以后，改用楸、梓、槐、柏、杝、樗为棺，都是就地取材，只用胶漆，使它坚固可

靠，能够使用，如此而已。如今的京城贵戚，一定要用江南出产的楩、梓、豫章等珍贵木材。边远的小地方，也竞相仿效。楩、梓、豫章这些东西，出产在特别遥远的地方，从高山上砍伐下来，拖到深谷里，弄到大海边，经过淮河，逆黄河，溯洛水，工匠雕刻，连日累月，聚集众人才能移动，使用很多的牛才能运到，重达千斤，动用近万人，东到乐浪，西至敦煌，在上万里的地区费力伤农。古代建墓而不起坟，中世起坟而不高大。孔子死了母亲，坟高四尺，遇雨崩塌，弟子请求修筑，孔子哭泣说："古人不修坟。"到儿子孔鲤死的时候，只有棺，没有椁。汉文帝葬在芷阳，汉明帝葬在洛南，都不埋藏珠宝，不起山陵，坟墓虽然低矮，道德最为高尚。如今京城贵戚，郡县豪家，活着的时候不尽心赡养，死后却大办丧事。有的甚至使用金缕玉匣，选用楩、梓、楩、柟木，大量埋葬珍宝、偶人、车马，筑起高大的坟墓，种植很多松柏，建造房屋祠堂，竭力崇尚奢华。考察周文王、武王在鄠、毕的陵墓，曾子父亲在南城的坟茔，并非周公不忠，曾子不孝，他们以为，表彰君父，不在于大量的财物；光宗耀祖，不取决于车马。从前晋灵公增加赋税，用来装修墙壁，《春秋》认为不像君主的样子；华元、乐举厚葬宋文公，君子认为不像臣子的样子，何况是一般官吏士大夫和庶民，怎能奢侈到僭越君主，违背天道呢？

《实贡篇》说：

国家因贤能兴起，因谄媚衰微；君主因忠臣安宁，因奸佞危亡。这是古今的通论，得到社会的共识。然而衰败的国家，危亡的君主，络绎不绝，哪里是因为当时没有忠信正直的士人呢，实在是苦于他们的主张得不到实行啊。在十步之内，必定有茂盛的草；十户人家居住的地方，必定有忠信之人。因此危乱的殷朝有三位仁人，弱小的卫国君子众多。现在以大汉朝如此广大的领土，士人民众如此众多，朝廷如此清明，上下如此善良正派，而做官的却没有好官，在位的却没有良臣。这哪里是社会上没有贤能，想来是因为使用的人名不符实。原来坚持正道的缺少知己，顺从世俗的同伙众多，因此结党营私，放弃质朴，崇尚浮华。那些荐举士人的，不再根据他们的本质才干，衡量他们的能力操行，只是凭空捏造名誉，胡乱抬高声望。粗略估计举荐的人，每年差不多二百。察看他们的样子，那么品行可与颜渊、冉求比美；认真考核他们的能力，那么很少赶得上中等人，都是伙同追求升官，相互推举引荐。作为士人，重在如何使用，不必要求十全十美。所以孔子的四个弟子虽然都很好，但才能并没有相互兼有；殷朝的三位仁人一起招致，并没有做同样的事情。汉高祖的辅佐之臣，来自灭亡的秦朝；汉光武得到士人，也全靠残暴的王莽。何况太平盛世，能说没有士人吗！

英明君主的诏令好像声音，忠臣的附和好比回响。声响的长短大小，清浊快慢，必定是相互适应的。况且加工玉要用石头，淘洗金子要用盐，洗涤锦缎要用鱼，漂洗布匹要用灰。万物本来就有用贱的治理贵的，用丑的改变好的这种情形。聪明的人弃短取长，以成就自己的功业。现在如果荐举士人都能考核真才实学，他们有点小毛病，不用勉强掩饰，进退语默，各随他们方便，那么萧何、曹参、周勃、韩信之辈，哪里会招致不来，吴汉、邓禹、梁统、窦融之属，立等可得。孔子说："没有加以考虑啊，哪有什

么遥远的呢?"

《爱日篇》说:

国家之所以成为国家,是因为有人民。人民之所以成为人民,是因为有粮食。粮食之所以能丰产,是因为有人的功绩。人的功绩之所以能建立,是因为有充足的时间。太平国家的日子十分漫长,所以人民闲暇而有余力;危乱国家的日子十分短促,所以人民苦于追求而无余力。日子漫长,不是说太阳慢慢移动,乃是君主英明,人民安宁而有余力。日子短促,不是说减损时间刻度,乃是在上位的昏庸,在下位的胡来,没有余力。孔子说:"既然人口众多,就让他们富起来,已经富了,便加强对他们进行教育。"因此礼义的产生是由于富足,盗贼的出现是由于贫穷。富足的产生是由于时间充裕,贫穷的出现是由于没有时间。圣人深刻理解劳力是人民的根本,国家的基础,所以尽力减省徭役,使大家珍惜时间。因此尧命管历法的羲氏、和氏,"恭敬地顺从皇天,慎重地颁布农时。"汉明帝时,接待臣民上书的公车令因凶日不接受奏章,皇帝听说后责怪说:"人民放弃农业生产,老远来到官门,却又用禁忌来加以限制,难道符合管理政事的本意吗?"于是便取消这种规定。如今冤民渴望申诉,而官吏却以神自居,百姓放弃农业生产赶往官府衙门的,在路上排队等候,非从早到晚得不到通报,非行贿不能被召见。有的连日累月,三番五次探望;有的转请街坊邻居,给被囚禁的送饭,听候召唤。一年的收成已经亏耗,天下怎能没有受饥挨饿的呢?

孔子说:"审理诉讼,我和别人差不多。"从这句话看起来,中等才能以上,足以审议是非曲直,乡长、亭长和部吏,也有能胜任判案的，却大都造成冤案，这是有缘故的。理直就凭借正义而不屈，事亏就谄媚阿谀而行贿。不屈所以不会给官吏好处，行贿因此得到法律的偏袒。如果案子有反复，官吏会相应受罚。官吏因为会相应受罚，不得不在公堂上冤枉好人。以无依无靠的贫弱小民，同豪强滑吏对簿公堂，在这种形势之下，怎么会不遭冤屈呢？县官听从小吏的说法，所以和小吏一模一样。如果案子有反复，县官也会相应受罚。县官因为会相应受罚，于是在郡衙里串通一气。以一个微不足道的小民，却同一县的官吏对簿公堂，他的理由难道能得到伸张吗？案子有反复，郡守也会遭到处罚。郡守因为会一起受罚的缘故，便在州衙里串通一气。以一个微不足道的小民，同一郡的官吏对簿公堂，在这种形势之下，难道能获得胜利吗？既然不肯禀公审理，所以才老远来到三公衙门。三公衙门又不能认真核察，当然就拖延日期。贫弱的无法旷日持久，有权有势的富人可以耗满千日。审理诉讼像这个样子，有什么样的冤枉能得到昭雪呢！正直的人满怀怨恨而不能伸冤，奸猾的官吏袒护坏人而不受惩罚，这就是小民容易被侵害，而天下人民多困苦贫穷的原因。

姑且排除上天因感伤而降灾不说，只就花费在诉讼上的人工而论。从三公州郡衙门，到乡县主管的官吏，打官司的人，与官司相关联反复审查对质的人，每天差不多有十万人。一个人参与讼事，要两个人帮着应付，这就是每天有三十万人荒废自己的本业。按中等农夫可养活的人口计算，那么这就是每年有三百万人因此要挨饿了。这样一来，盗贼怎样会消灭，太平怎么能实现呢！《诗经》上说："莫肯念乱，谁无父母？"百姓不富有，君主哪来的富有？怎能不想一想呢！怎能不想一想呢！

《述赦篇》说：

凡治疗疾病的，必须知道脉的虚实，气结不散的原因，然后开出药方，所以病能治好而命可延长。治理国家的，必须首先知道人民受苦的原因，灾祸产生的原因，然后加以禁止，所以奸邪可以杜绝而国家能够安宁。现在贼害良民最厉害的，没有超过屡次赦免和赎罪的了。赦免和赎罪频繁，那么恶人嚣张而善人就悲伤了。用什么说明这个问题呢？原来严格要求自己的人，自身不去做坏事，又有的官吏十分正直，不避强暴，而奸猾之徒却对他们横加诬陷，是因为都知道赦免不会太久的缘故。善人君子，被侵害怀恨而能到宫廷自己剖白的，万人中没有几人；这几个人之中能得到尚书省讯问的，百人之中不过一人；已经对簿尚书省而凭空被打发回去的，又占了十分之六七了。那些轻薄奸猾为乱之徒，既然已经沦陷法网，怨恨的人家便希望他们受到法律的制裁，以解除心中的积愤，却反而一概被赦免释放，让恶人大举宴会而放肆夸耀，盗贼老手服藏赃物而经过家门。孝子看见仇人而不能声讨，被盗的人见到东西而不敢索要，悲痛之情没有比这更厉害的了！

养杂草的伤害庄稼，施惠奸邪的贼害良民。《尚书》说："文王制定刑法，对恶人加以惩办不要赦免。"先王制定刑法，不是喜好损伤人的肌肤，断送人的寿命，而是注重威慑奸邪，惩治恶人，清除害人虫。所以经书称赞"上天赏赐有道德的人，制定五种官服分五种色彩；上天惩治有罪恶的人，制定五种刑法有五种用途"。《诗经》讽刺"他应当判罪，你却将他开脱"。古时候只有最

初接受天命的君主，继天下大乱的顶点，盗贼奸邪难于被法令禁止，所以不得不有所赦免，同他们一起更新社会，让万民休养生息，以实现天下太平。并不是以此培养奸邪，姑息罪恶，放纵天贼。性恶的人，是人民中的豺狼，虽然受宽宥、释放之恩，终究没有改悔之意。早上摆脱沉重的枷锁，晚上又回到关押的牢笼，严肃公正的长官，不能使他们永远绝迹。为什么呢？大凡敢于做大坏事的，才能必定有超过众人的地方，而且能够自己取媚于在上位的人。他们大量分发不义之财，用谄媚阿谀之辞进行奉承，以此辗转相互驱使，没有第五公那样清廉正直的品行，谁不为之动心呢？议论的人都说："长期不赦免，那么奸邪气焰嚣张，而官吏不能制服，应当经常开脱过失将他们释放。"这是没有弄清政治混乱的根本原因，不懂得祸福产生的根源所在啊。

后来度辽将军皇甫规辞官回到安定，乡人中有一位用钱财捐得雁门太守的，亦离职回家，写名片拜见皇甫规。皇甫规躺着不起来迎接。既已进屋，便问道："你从前当太守时吃雁肉味道好吗？"过一会，又禀报王符在门外。皇甫规素来听说王符的名声，便十分惊讶地赶紧起身，来不及系衣带，拖着鞋出外迎接，拉着王符的手进来，和他坐在一起，高兴极了。当时的人评论说："但见郡太守，不如一儒生。"是说书生注重道义特别值得推崇。王符终究不做官，最后死在家里。

仲长仲字公理，山阳高平人。从小好学，广泛涉猎各种书籍，擅长文辞。二十多岁，在青州、徐州、并州、冀州之间游学，与他交朋友的都对他另眼相看。并州刺史高干，是袁绍的外甥，向来高贵而有名望，招致四方游学的士人，士人归附的很多。仲长统路过进见高干，高干十分友善地款待，征求对时事的看法。仲长统对高干说："您有雄心而无雄才，喜好士人而不会选择人，这是我要深切告戒您的。"高干平素自视甚高，不采纳他的意见，仲长统于是离去。没过多久，高干凭借并州叛乱，终于遭到失败。并州、冀州的士人都因此对仲长统另眼相看。

仲长统生性倜傥，敢于直言，不拘小节，默语无常，当时有的人称他为狂生。每逢州里、郡里派人召见，就称病不往。平时认为，凡是游说帝王的，是想以此立身扬名，可是名声不长存，人生易消逝，悠闲自在，可以自得其乐。想选择一个清静空旷的地方居住，以满足自己的愿望，并议论说："如果居住的地方有良田，有宽敞的宅院，背山临水，沟池环绕，遍地竹木，房前建场圃，屋后造果园。有舟车足以替代步行的艰难，有使唤的人足以摆脱四肢的劳苦。奉养双亲有多种名贵的菜肴，妻儿没有吃苦受累的劳作。高朋云集，就摆酒菜使他们高高兴兴；佳节吉日，就烹猪羊以供奉先人。徘徊于田间林苑，游戏在平地树丛，濯洗清流，追随凉风，垂钓游鲤，仰射飞鸿。在舞雩台下讽诵，歌咏着回到高堂之上。闺房中安心养神，思考老子玄妙莫测心境虚灵的意旨；呼吸精气和气，达到与至人无物无我相仿佛的境界。与几位胸襟开阔的人论道讲书，穷究天地，品评人物，弹奏高雅的《南风》琴曲，发出清高美妙的声音。逍遥于尘世之外，睥睨于天地之间。不承担当代的责任，永保性命以尽天年。像这样，就可以凌于霄汉之上，出于宇宙之外了。哪里还羡慕出入帝王之门呢！"又作诗两篇，以表达自己的志向，诗曰：

> 飞鸟留下足迹，蝉儿脱掉陈壳。腾蛇遗弃鳞甲，神龙解除头角。至人善于应变，达士超越世俗。驾云不用马缰，御风无须双

足。垂露形成帷帘，天空便是幄幕。沆瀣当作饮食，太阳权当灯烛。恒星艳丽如珠，朝霞滑润似玉。天地四方之间，听凭心意所欲。人事全可抛弃，哪里还受拘束！

大道虽然很平坦，察见征兆人实少。随心所俗无过错，追随万物不讨好。古来纠缠解不开，委曲求全似锁套。千思百虑又何必，自身想开最重要。愁云寄放在天空，忧思深埋在地下。背叛废置乃《五经》，毁灭抛弃是《风》、《雅》。诸子百家大杂烩，请让他们化火花。坚定志向居山林，驰骋心意到天涯。元气姑且当小舟，微风自然做船舵。自由翱翔在太空，纵情打扮全在我。

尚书令荀彧听到仲长统的名声，对他十分赞赏，推荐为尚书郎。仲长统后来曾帮助丞相曹操办理军务。每当议论古今和现实的风气行事，常恼怒叹息，因而写下论著名叫《昌言》，共三十四篇，十馀万言。

汉献帝让位那年，仲长统逝世，时年四十一。友人东海缪袭曾赞美仲长统的才华文章足以承接西汉时的董仲舒、贾谊、刘向、杨雄。现简要摘录他的书中对政事有补益的文字，略加记载。

《理乱篇》说：

顺应天命出现的豪杰，原本没有据有天下的名分。没有据有天下的名分，所以争战便纷纷发生。在这个时候，都假借天威，矫命占据一方自立为国，拥有军队同我较量才能智慧，比试勇气力量与我争高低，不知进退，贻误天下，真是数不胜数。斗智的都穷途末路，斗力的都败下阵来，形不堪复抗，势不足再争，于是才头颈套绳索，到我这儿听从摆布。这些人有的曾是我的尊长，有的曾是我的同辈，有的曾使唤过我，有的曾拘禁过我。他们得意的时候，都在心中咒骂，庆幸我遭到失败，并以此奋力实现他们从前的志向，岂肯把现在这种结果作为终身的名分呢？

到继承皇位的时候，民心已经安定了。普天之下，靠我而得到生存繁衍，因我而得到富贵，安居乐业，养育子孙，天下一片太平景象，全都归心于我了。豪杰的雄心已经消逝，士民的志向已经摆平，最贵的只有固定的一家，最尊的只有一个人。在这个时候，虽然是最愚蠢的人当皇帝，也能使他的恩德如同天地，威望好比鬼神。暴风迅雷，不足以形容他的愤怒；阳春时雨，不足以比喻他的恩泽；周公、孔子几千个，无法再与他的圣明争高下；孟贲、夏育上百万，无法再同他的勇武较长短了。

到后世继承帝位的昏君，见天下无人敢违抗他，自认为像天地那样不会消亡，便放纵自己的私欲，驰骋自己的邪念，君臣公开淫乱，上下一起胡为。目极杂耍游戏，耳穷靡靡之音，入则沉溺女色，出则玩命打猎，荒废政事，抛弃人才，有如洪水泛滥，没有尽头。信任亲爱的人，都是献媚阿谀之徒，受宠极贵的人，全为后妃姬妾之家。让饿狼守庖厨，饥虎管猪圈，便发展到煎熬天下人的脂膏，敲吸活人的骨髓。愤恨绝望，祸乱并起，全国一片混乱，外族侵夺背叛，土崩瓦解，一朝覆亡。从前是我哺养的子孙，如今全成了饮我鲜血的仇敌。直到天命转移，大势已去，仍然不觉悟的，难道不是因富贵产生了不仁，荒淫导致了昏庸吗？存亡因此更替，治乱从此反复，这正是天道永恒的规律。

又管理政事的人，只知采取权宜之计罢了，不能认真思考贤人和愚人的区别，以便揭示国家盛衰的规律。一天天不如古代，越往后差得越远，难道不是这样吗？汉朝兴起以来，相互都是普通百姓，而凭借财力占据统治地位的，世上无计其数。可是清廉纯洁的士人，自己白白在荆棘丛中受苦，对世风世俗一点影响也没有。富豪人家的房屋，鳞次栉比数百间，肥沃的田地布满原野，奴婢上千，依附的人以万计。用车船贩货经商，通达四面八方；囤积居奇，遍布都市城镇。珍奇宝物，巨大的房屋容纳不下；马牛羊猪，深山大谷承受不了。妖冶的童仆婢妾，填满华丽的居室；歌舞弹唱的艺人，陈列在幽静的厅堂。宾客等待进见而不敢离开，车辆马匹纵横交错而不敢前行。牛羊猪肉，多到臭不可食；清醇美酒，多到变质不可饮用。稍有顾盼，那么大家就随他的目光探望；略显喜怒，那么大家就迎合他的心意改容。这些都是公侯们的享受，统治者的财富。如果能运用智谋，就可以得到这些东西。如果能得到这些东西，人们便不会认为是一种罪恶。源头一打开便到处横流，道路一铺好便四通八达了。要求士人放弃荣华享受而甘居穷苦，抛开自由自在而自找束缚，谁肯这样做呢！乱世长而治世短。乱世则小人富贵荣宠，君子困穷卑贱。当君子困穷卑贱的时候，在高天下弯腰，在厚地上敛足，还惟恐遭到压迫的灾祸。待到治世，却又深受矫枉过正的限制。老的快死了，不能赶上轻松富裕的社会；年轻的刚步入壮年，又将在衰乱的时代穷愁潦倒。这是让奸人专擅无穷的福利，而善士承担不赦的罪孽。如果眼睛能分辨颜色，耳朵能分辨声音，嘴巴能分辨味道，身体能分辨冷暖，都将把修养洁身当作难言的罪过，想方设法加以避开，哪里会有肯安贫乐道的呢？这正是后世君主权宜处事的过错啊！

从前春秋时代，是周王朝的乱世。到了战国，就更加厉害了。

秦始皇利用兼并各国的势头，放纵虎狼般的野心，宰割天下，吞食幸存者，残暴极了，因而招来了楚汉争战的苦难，远远超过了战国时代。汉王朝经历二百年又遇到王莽作乱，计算这次被杀戮死亡的人数，又超过秦始皇、项羽时一倍多。到了今天，著名的都市空虚而无人居住，百里之内绝迹而看不见人的，不可胜数。这就又超过王莽作乱的时候了。可悲啊！不到五百年，出现三次大灾难，中间其他的祸乱尚且不计算在内。越演变越可怕，越往后越残酷，照这样发展下去，可能就达到全部死光的地步了。唉！不知后世圣人将用什么样的办法来拯救社会危难啊！又不知上天如果让这种社会规律发展到了尽头，还想让它走到哪里去呢？

《损益篇》：

措施对社会有利，制度对万物适宜，可加以实行。事情违背礼数，法令忽略现实，应当加以改变。所以在古代推行产生过效益，用在今天没有好处的，不可不进行改变。改变后反而不如从前，替换后反而失败更多的，也不可不加以恢复。汉王朝刚兴起的时候，分别封子弟为王，将士人百姓的性命托付他们，把生杀大权交给他们。因此骄奢放纵，欲望无度。鱼肉百姓，以满足他们的私欲；奸淫骨肉，以发泄他们的情欲。对上有篡逆背叛的不法行为，对下有暴虐凶残的严重危害。虽然是凭借亲属的恩典，但原本也是历史的发展和形势使他们成这个样子的。爵位被降低，封地被削减，权力被慢慢剥夺，最终至于坐食俸禄罢了。但他们的污秽行为，荒淫昏庸的罪行，还是非常多的。所以使他们的根基变浅，对他们的恩义减少，尚且还假借一日的尊贵地位，让士人百姓替他效力，何况是专权于封国，擅自传位于后代的时候，怎能通过鞭打喝骂，便让他们完全听从我的摆布呢？政治衰败，风俗改变，纯朴丧失，奸诈出现。摆脱礼制的约束，纵情于嗜欲之中已经很久了，原本就不该将权柄交给他们，把资本借给他们。因此收回他们世代继承的权力，阻止他们跋扈的势头，优秀的尽快提升，邪恶的及早铲除，所以地方上没有被埋没的士人，朝廷中没有专宠的贵人。这是变革很出色，可以一直推行下去的例子。

井田制被瓦解，豪强经商营利，房产遍布于州郡，田地连片于方国。自身连当小吏的命都没有，却偷偷穿戴只有三公才能享有的彩服，连五户居民的头领都不是，却役使有千户人家的名邑的百姓。荣华享乐超过有封地的贵族，权势等同于郡守县令，财货私营不纳税，违犯法律不受罚，刺客和敢死之士为他卖命。使得力单忠厚的人，被破帘坏，死于他乡而无人收敛，蒙受冤枉，走投无路而不敢控诉。虽然也有法纪松弛的原因，实则乃占有田地不受限制造成的。如今想重振太平社会的纲纪，确立长治久安的基础，平均人民的财富，纠正奢侈的风俗，非实施井田制就实在没有别的出路了。这是变革有失败，而应当恢复旧制的例子。

肉刑被废除，各种罪行便没有相应的惩治标准，不够死刑的就处以髡刑和钳刑，不够髡刑、钳刑的就处以鞭笞。处死的人不能复生，而受髡刑的并没有多大伤害。髡刑和鞭笞不足以惩办犯中等罪行的人，哪里能够不将他们处死呢？偷鸡摸狗，男女淫乱私奔，一般性的贿赂，误伤他人，都是不应当处以死刑的。杀了他们就太重，处以髡刑就太轻。不制订中等刑法以适合这样的罪行，那么法令怎能不混乱，生杀怎能没有差错呢？如今忧虑刑罚太轻不足以惩治恶人，就虚增赃物以定成死罪，假托病死以掩盖极刑。法律条文中无法找到依据，名实不相符，恐怕不是帝王的通法，圣人的良制吧！有人说："从重处罚恶人是可以的。从重处罚了好人，哪里能够挽回呢？"回答说："像前朝以来，从未冤枉杀害过善人，就是因为有罪而不处以死刑。这种做法是对杀人能够容忍，而对处死罪犯不能容忍。现在使五种刑罚有明确的等级，定罪轻重有准确的界限，法律井井有条，定罪与罪行完全相符，不是杀人、叛逆、作乱、乱伦等罪大恶极的人，一概不杀。继承周朝罕见的典籍，接续吕侯制订的刑律，这又是应当恢复旧制的最好例子。"

《易经》说："阳卦一君二臣，是君子之道；阴卦二君一臣，是小人之道。"如此说来，那么少数人是人上人，多数人是人下人。五户人家的长官，是才能足以管理五户的人；一国的君主，是才能足以掌管一国的人；天下的王，是才能足以称王天下的人。愚人被智者使唤，好比树枝依附树干，这个道理是天下的正常法则。组建国家是为了分头治理百姓，推行政事是为了分头处理事务。百姓离得太远就难于安抚，事务集中一处就不易解决。现在边远地区州府的属县，有的相离数百千里，虽然山陵涛泽很多，仍有可以住人种谷的地方，应当重新划定管辖范围，使远的不超过二百里，把户籍登记清楚以便相互检查，将五户十户的地方组织详细划分以便相互连接帮助，限定农夫的占田数量以杜绝兼并，制订五种刑法以拯救无辜的死亡，增加官员以振兴政事，抓紧农业生产以充实储备，舍弃工商业以专注农业，勉励教学以转变不良性情，表彰德行以改变风俗，考核才干技能以合理安排官员，选择精明强悍的人以学习军事，保养武器以应付战争，严肃法律禁令以防止越轨行为，信守赏罚以落实奖惩，督察游戏以杜绝奸邪，清查苛政以消除烦扰暴虐。确定这十六个方面作为政务，长期坚持实施，定期检查考核，太平时不懈怠，有事时不慌乱，圣人再现，不能变更。

以往，天下户数超过千万，除去其中的老弱，只每户一强壮男子，便有千万人。遗漏的已经不少，在汉朝领域内居住的少数民族还没有计算在内。十个强壮男子中，必有能胜任什长伍长的人，按什长以上计算，就有百万人。又从中取十分之一，那么可做辅佐官吏的人才就超过十万人。又从中取十分之一，那么可以让他们担任政务长官的就有万人。凭借体力发挥作用的称为人，对人要求强壮；凭借智力发挥作用的称为士，对士要重老成。完全按这种规定来使用天下的人，还会有所储备，何必担心不够用呢？所以物品有不去寻求的，没有无物品的时候；士有不去使用的，没有缺乏士人的社会。只有像这样，然后便可以利用人的天性，穷尽人的道理，兴废继绝，网罗遗漏，包容天和人了。

有人说："善于管理政事的，想清除烦扰苛刻，合并减省官职，以无为求有为，以无事求成功，您为何说出这番话呢？"回答说：如果这样，那么夏商周三代就不值得效法，圣人就不值得学习了。君子利用法制便实现天下大治，小人利用法制就造成天下大乱。都是同一个法制，有的用它实现大治，有的用它造成大乱，是因为做法完全不同啊。倘若用豺狼去放猪羊，用盗跖去管征税，国家昏乱，官吏放肆，那么对法制的损益还有什好议论的呢？百姓待君子然后感化治理，国家待积蓄才没有忧患。君子不是靠亲自从事农业生产来取得衣食的，积蓄不是靠横征暴敛来求得富足的。俸禄如果十分优厚，那么盘剥受贿的罪行才可以消灭；积蓄如果十会充足，那么战争水旱的灾难就不必害怕。所以遵循正道得到俸禄，百姓不认为是奢侈；遵循正道征税，百姓不认为是抢夺。天灾流行，开仓库救济借贷，不也是仁政吗？衣食有富余，减少浪费奢华进行施舍，不也是义举吗？那些居官位为士人百姓长官的君子，本应享受大量的肉食和布帛，乘坐四匹马拉的红轮车子。现在反而说住破房子的才高尚，吃豆叶的才清高，既已丧失天地的本性，又提倡虚伪的名声，使不聪明的人占据高位，使各种事业荒废，未必不是从这里产生的。得到洁身自好的人而失去有才能的人，不是从建立功业的实际出发啊！凭廉洁得到荐举而因贪婪被免职，这不是士君子的本意。选用官吏必须取自善士，善士富的少而穷的多，俸禄不足以供养，怎能不多少做一些营私舞弊的事呢？因此而惩治他们，是设置机关陷井以等待天下的君子啊！

盗贼灾荒，九州交替发生，饥馑突然出现，军队仓猝出征，横征赋税使百姓更加贫穷，剥夺减少小吏的俸禄。可依赖的东西很少，要收取的东西太多，上万里的地区长期匮乏，首尾不能相救，徭役一齐征调，农业荒废，万民向苍天哭喊呼叫，贫穷的流亡死于沟壑。现在按好田的平均产量，计算农业的收入，如果每亩收三斛，每斛征收一斗，并不算多。一岁之间，就有数年的储备，即使征调非法的徭役，放纵奢侈的欲望，大量赏赐受宠幸的人，也不可能用尽。不遵循古代的法制，改为轻税，及至一方有警，一处受灾，不到三年，核算亏空，坐视战士蔬食，立望饿殍满道，做君主的为什么要推行这种政策呢？二十税一，孟子称为是野蛮人的做法，何况三十税一呢？克扣小吏的俸禄以充军用，起因于秦朝征讨诸侯，接着又征讨四夷。汉朝继承秦朝的事业，于是没有更改，使国家遭受危害，正是由此造成的。现在田地没有固定的主人，百姓没有固定的住处，小吏吃每天供给的东西，俸禄的品级没有确定。应当订立法制，统一条例，租税十一，更役赋税依旧不变。如今土广人稀，中等以下土地未能开垦。尽管如此，仍当限制富家大族，不让他们超过规定。凡是长草的田地，一概称为官田，有能力胜任农业劳动的，才允许分配。如果听凭自己占有，将来一定会出现不法行为。

《法诫篇》说：

《周礼》中提到六种立国的法规，是由冢宰掌管以辅佐君主治理天下的。春秋时期，有道德修养的诸侯，都用一位上卿主持国政。到了战国，也都是这样。秦朝兼并天下，便设丞相，用御使大夫作为辅佐。从汉高祖到汉成帝，沿袭不变，大都一辈子坚持到底。汉朝的昌盛，正在于此。任用一人便政事专一，任用数人便相互依赖。政事专一就协调一致，相互依赖就矛盾抵触。协调一致便是太平产生的根源，矛盾抵触便是混乱出现的原因。汉光武帝恼怒几代皇帝丧失权柄，愤恨强臣窃据帝位，矫枉过正，大权不下放，虽设置三公，政事都归台阁管理。从此以后，三公的职位，不过是充数而已。但政事有处理不当的，还是要进行谴责。然而权力移交给外戚之家，宠信遍及于身边的宦者，亲信同党，任用私人，内充京师，外满州郡，颠倒贤愚，舞弊选举，愚蠢无能的人掌管地方，贪婪残暴的人统治百姓，骚扰人民，激怒四夷，招致叛乱，流离疾苦，怨气并作，阴阳失调，日月星辰出现残缺，怪异现象频繁发生，害虫蚕食庄稼，水旱造成灾害。这些都是由外戚宦官当政带来的恶果，反而用来责怪三公，甚至于处死或免职，这实在是令人呼喊苍天，号咷痛哭的事啊！又中古时代选拔三公，努力在清廉谨慎、循规蹈矩的人中寻找。这种人是妇女中的守本分的人，是乡间的平平常常的人，哪里能够胜任那样的职务呢？形势既然像那样，选举又像这样，却想盼望三公为国家建立功勋，为生民做出业绩，不也太遥远了吧！从前汉文帝对邓通，可以说宠爱到了极点，尚且允许申徒嘉施展稟公执法的志向。受信任到这种程度，那么对君主身旁的小臣还有什么可忧虑的呢？到了近代，外戚宦官的请托受阻，馈送得不到满足，马上能陷人于不测的灾祸之中，哪里还谈得上进行弹劾和纠正呢？从前任务重而责罚轻，现在任务轻而责罚重。过去贾谊有感于绛侯周勃被囚禁受辱，因而上书陈述有关大臣廉耻的名分，开了大臣有罪不受刑而自杀的头。从此以后，便成为惯例。继位的君主，生下来就见到这种情形，习以为常，从未有人觉悟。唉，太可悲了！左手握着天下的版图，右手刎自己的脖子，愚蠢的人都知道难办，何况明智的君子呢！汉光武帝剥夺三公的重任，至今更加厉害，不把权柄交给后党，几代以后便行不通，原来是因为亲疏之间的形势大不相同啊。母后的亲族，是不离左右的人，有这种至亲的地位，所以他们贵幸万世。一般大臣的失败，没有一个朝代不出现，却没有一个人引以为鉴，也实在令人痛心啊。不如设置丞相自己总揽大权。如果委任三公，就应分清职责负责将事情办好。任命执政的人，不应和他通婚；通婚的人，不应命他执政。像这样，在位使百姓困穷，荐举任用不是贤人，百姓不安，争讼不息，天地多灾变，人物多妖孽，然后就可以分别承担这些罪行了。

有人说："政事掌握在一个人手中，权力太大了。"回答说："人才实在难得，何必嫌权力太大？从前霍禹、窦宪、邓骘、梁冀之类，凭借外戚的势力，掌管国家的权柄，到他们被处死，用一句话的诏书，第二天早上就解决问题，有多么大的权力值得畏惧呢？如今国家对宦官失于明察，将大权交给外戚，算起来十代当中这样做的占了八九，不惩罚他们却怀疑其他人，多么荒唐啊！"

评论说：诸子百家谈论政事的由来已久，大体归结为巩固根基，变革时弊。遇到国家命运无常，意见便偏颇杂乱，所以对是非的论述，矛盾百出。试着妄加议论，认为社会已不是远古赫胥氏、大庭氏的时代，人们放弃了无私无欲的生活，世风万端，情欲萌生，虽有赅备万物的智慧，也不能弄清其中的推移变化；即使山川那样的奥秘，也不足比喻人心的险恶。那么要适合世俗顺应万事，就不能用一成不变的章程。如果用人深知他的主张，就能达到殊途同归的目的；才能与名分背离，就差之毫厘失之千里。为什么这样说呢？如果有道德的圣人治理社会，效法自然，符合中道，那么振兴还是废除的原则，就不会有不同的规定。而随着时代的不同有所减损或增益，只不过文彩与质朴交替施行而已。公开施行还是隐蔽推行，与过去不相一致；动用干戈还是举行祭祀，同前世互有参差。等到做帝王时，无论是乘高贵的黄盖车，还是穿普通的葛布衣，丰俭虽不一样，而实现太平则是相同的。也有的宽宥公族的罪过，而对储君施以黥刑，宽容与惨毒相去甚远，而防止非分之想必然相同。这正是分流共源，百虑一致啊！若果偏离情理，一意孤行，那么便会矫枉过正。所以穿草鞋踏冰霜，其弊来源于过分节俭；衣冠楚楚，警告在于过分穷奢极欲；防范不严，分封太多，就会因尾大不掉，欺陵弱君；横征暴敛，严刑峻法，就会因苛刻薄情而分崩离析。这就是受到《曹风》、《魏风》讥刺的对象，在国风中十分鲜明的缘故；周、秦二朝穷途末路，于灭亡的征兆里便特别显著的原因。所以取舍的开始，就隐含着兴盛与失败。因此繁简随时而易，宽猛相互补充。刑书刻在鼎上，事有应该周详；约法三章著为法规，贵在简明易行。由太叔将执政，导致子产对猛政的表扬；因子产遗爱，孔子流下了激动的眼泪。赵盾如夏日般可畏，一改赵衰如冬日般平和；曹参为相，全遵萧何统一的法规。这些的确是一张一弛的大概，可以验证为政的传统了吧！王充、王符、仲长统论说当代得失都很深刻，但大多背离精辟的古训，喜好强调片面的主张。崇尚清静无为的道家，把儒家讲席上的一套看作是迂腐的说教；拘泥于循名责实的名家，把老子的观点看作是荒诞不经的言辞。有的人推行前王的教化，可以在当年实施；有的人援引挽救弊端的法规，应当永世流传。用纯正的道理来考查它们，将会认为是一种弊端了。如果知道舟没有在陆地上推着走的功能，瑟不是只弹奏一个永远不变的声音，不局限在眼前以怀疑远古，不拘泥于黑色以妨害白色，那么致力于天下太平的主要部门各自把握准确的原则，各种治国的方略便可以评说了吧？

赞辞说：一孔之见易偏，众人之言难一，救质朴须文彩，矫迟顿必迅急。纲举自然目张，偏执肯定失误。详审现实弊病，成就光大治术。

(梁运华 译)

【原文】

　　王充字仲任，会稽上虞人也，其先自魏郡元城徙焉。充少孤，乡里称孝。后到京师，受业太学，师事扶风班彪。好博览而不守章句。家贫无书，常游洛阳市肆，阅所卖书，一见辄能诵忆，遂博通众流百家之言。后归乡里，屏居教授。仕郡为功曹，以数谏争不合去。

　　充好论说，始若诡异，终有理实。以为俗儒守文，多失其真，乃闭门潜思，绝庆吊之礼，户牖墙壁各置刀笔。箸《论衡》八十五篇，二十余万言，释物类同异，正时俗嫌疑。

　　刺史董勤辟为从事，转治中，自免还家。友人同郡谢夷吾上书荐充才学，肃宗特诏公车徵，病不行。年渐七十，志力衰耗，乃造《养性书》十六篇，裁节嗜欲，颐神自守。永元中，病卒于家。

　　王符字节信，安定临泾人也。少好学，有志操，与马融、窦章、张衡、崔瑗等友善。安定俗鄙庶孽，而符无外家，为乡人所贱。自和、安之后，世务游宦，当涂者更相荐引，而符独耿介不同于俗，以此遂不得升进。志意蕴愤，乃隐居著书三十徐篇，以讥当时失得，不欲章显其名，故号曰《潜夫论》。其指讦时短，讨谪物情，足以观见当时风政，著其五篇云尔。

《贵忠篇》曰：

　　夫帝王之所尊敬者天也，皇天之所爱育者人也。今人臣受君之重位，牧天之所爱，焉可以不安而利之，养而济之哉？是以君子任职则思利人，达上则思进贤，故居上而下不怨，在前而后不恨也。《书》称"天工人其代之"。王者法天而建官，故明主不敢以私授，忠臣不敢以虚受。窃人之财犹谓之盗，况偷天官以私己乎！以罪犯人，必加诛罚，况乃犯天，得无咎乎？夫五代之臣，以道事君，泽及草木，仁被率土，是以福祚流衍，本支百世。季世之臣，以谄媚主，不思顺天，专杖杀伐。白起、蒙恬，秦以为功，天以为贼；息夫、董贤，主以为忠，天以为盗。《易》曰："德薄而位尊，智小而谋大，鲜不及矣。"是故德不称，其祸必酷；能不称，其殃必大。夫窃位之人，天夺其鉴，虽有明察之资，仁义之志，一旦富贵，则背亲捐旧，丧其本心，疏骨肉而亲便辟，薄知友而厚犬马，宁见朽贯千万，而不忍贷人一钱，情知积粟腐仓，而不忍贷人一斗，骨肉怨望于家，细人谤讟于道。前人以败，后争袭之，诚可伤也。

历观前政贵人之用心也，与婴儿子其何异哉？婴儿有常病，贵臣有常祸，父母有常失，人君有常过。婴儿常病，伤于饱也；贵臣常祸，伤于宠也。哺乳多则生痫病，富贵盛而致骄疾。爱子而贼之，骄臣而灭之者，非一也。极其罚者，乃有仆死深牢，衔刀都市，岂非无功于天，有害于人者乎？夫鸟以山为埤而增巢其上，鱼以泉为浅而穿穴其中，卒所以得者饵也。贵戚愿其宅吉而制为令名，欲其门坚而造作铁枢，卒其所以败者，非苦禁忌少而门枢朽也，常苦崇财货而行骄僭耳。

不上顺天心，下育人物，而欲任其私智，窃弄君威，反戾天地，欺诬神明。居累卵之危，而图太山之安；为朝露之行，而思传世之功，岂不惑哉！岂不惑哉！

《浮侈篇》曰：

王者以四海为家，兆人为子。一夫不耕，天下受其饥；一妇不织，天下受其寒。今举俗舍本农，趋商贾，牛马车舆，填塞道路，游手为巧，充盈都邑，务本者少，浮食者众。"商邑翼翼，四方是极。"今察洛阳，资末业者什于农夫，虚伪游手什于末业。是则一夫耕，百人食之，一妇桑，百人衣之，以一奉百，孰能供之！天下百郡千县，市邑万数，类皆如此。本末不足相供，则民安得不饥寒？饥寒并至，则民安能无奸轨？奸轨繁多，则吏安能无严酷？严酷数加，则下安能无愁怨？愁怨者多，则咎征并臻。下民无聊，而上天降灾，则国危矣。

夫贫生于富，弱生于强，乱生于化，危生于安。是故明王之养民，忧之劳之，教之诲之，慎微防萌，以断其邪。故《易》美节以制度，不伤财，不害民。《七月》之诗，大小教之，终而复始。由此观之，人固不可恣也。

今人奢衣服，侈饮食，事口舌而习调欺。或以谋奸合任为业，或以游博持掩为事。丁夫不扶犁锄，而怀丸挟弹，携手上山遨游，或好取土作丸卖之，外不足御寇盗，内不足禁鼠雀。或作泥车瓦狗诸戏弄之具，以巧诈小儿，此皆无益也。

《诗》刺"不绩其麻，市也婆娑"。又妇人不修中馈，休其蚕织，而起学巫祝，鼓舞事神，以欺诬细民，荧惑百姓妻女。嬴弱疾病之家，怀忧愤愤，易为恐惧。至使奔走便时，去离正宅，崎岖路侧，风寒所伤，奸人所利，盗贼所中。或增祸重祟，至于死亡，而不知巫所欺误，反恨事神之晚，此妖妄之甚者也。

或刻画好缯，以书祝辞；或虚饰巧言，希致福祚；或糜折金彩，令广分寸；或断截众缕，绕带手腕；或裁切绮縠（hú），缝紩（zhì）成幡。皆单费百缣（jiān），用功千倍，破牢为伪，以易就难，坐食嘉谷，消损白日。夫山林不能给野火，江海不能实漏卮，皆所宜禁也。

昔孝文皇帝躬衣弋绨，革舄韦带，而今京师贵戚，衣服饮食，车舆庐第，奢过王制，固亦甚矣。且其徒御仆妾，皆服文组彩牒，锦绣绮纨，葛子升越，筩中女布。犀象珠玉，虎魄瑇瑁，石山隐饰，金银错镂，穷极丽靡，转相夸咤。其嫁娶者，车�数里，缇帷竟道，骑奴侍童，夹毂并引。富者竞欲相过，贫者耻其不逮，一飧之所费，破终身之业。古者必有命然后乃得衣缯丝而乘车马，今虽不能复古，宜令细民略用孝文之制。

古之葬者，厚衣之以薪，葬之中野，不封不树，丧期无数。后世圣人易之以棺椁，桐木为棺，葛采为缄，下不及泉，上不泄臭。中世以后，转用楸梓槐柏杬樗之属，各因方土，裁用胶漆，使其坚足恃，其用足任，如此而已。今者京师贵戚，必欲江南檽梓豫章之木。边远下土，亦竞相放效。夫檽梓豫章，所出殊远，伐之高山，引之穷谷，入海乘淮，逆河泝洛，工匠雕刻，连累日月，会众而后动，多牛而后致，重且千斤，功将万夫，而东至乐浪，西达敦煌，费力伤农于万里之地。古者墓而不坟，中世坟而不崇。仲尼丧母，冢高四尺，遇雨而崩，弟子请修之，夫子泣曰："古不修墓。"及鲤也死，有棺无椁。文帝葬芷阳，明帝葬洛南，皆不臧珠宝，不起山陵，墓虽卑而德最高。今京师贵戚，郡县豪家，生不极养，死乃崇丧。或至金缕玉匣，檽梓楩柟，多埋珍宝偶人车马，造起大冢，广种松栢，庐舍祠堂，务崇华侈。案鄷毕之陵，南城之冢，周公非不忠，曾子非不孝，以为褒君爱父，不在于聚财，扬名显亲，无取于车马。昔晋灵公多赋以雕墙，《春秋》以为不

君；华元、乐举厚葬文公，君子以为不臣，况于群司士庶，乃可僭侈主上，过天道乎？

《实贡篇》曰：

国以贤兴，以谄衰；君以忠安，以佞危。此古今之常论，而时所共知也。然衰国危君，继踵不绝者，岂时无忠信正直之士哉，诚苦其道不得行耳。夫十步之间，必有茂草；十室之邑，必有忠信。是故乱殷有三仁，小卫多君子。今以大汉之广土，士民之繁庶，朝廷之清明，上下之修正，而官无善吏，位无良臣。此岂时之无贤，谅由取之乖实。夫志道者少与，逐俗者多畴，是以朋党用私，背实趋华。其贡士者，不复依其质干，准其才行，但虚造声誉，妄生羽毛。略计所举，岁且二百。览察其状，则德侔颜、冉，详核厥能，则鲜及中人，皆总务升官，自相推达。夫士者贵其用也，不必求备。故四友虽美，能不相兼；三仁齐致，事不一节。高祖佐命，出自亡秦；光武得士，亦资暴莽。况太平之时，而云无士乎！

夫明君之诏也若声，忠臣之和也如响。长短大小，清浊疾徐，必相应也。且攻玉以石，洗金以盐，濯锦以鱼，浣布以灰。夫物固有以贱理贵，以丑化好者矣。智者弃短取长，以致其功。今使贡士必核以实，其有小疵，勿强衣饰，出处语默，各因其方，则萧、曹、周、韩之伦，何足不致，吴、邓、梁、窦之属，企踵可待。孔子曰："未之思也，夫何远之有？"

《爱日篇》曰：

国之所以为国者，以有民也。民之所以为民者，以有谷也。谷之所以丰殖者，以有民功也。功之所以能建者，以日力也。化

国之日舒以长，故其民闲暇而力有馀；乱国之日促以短，故其民困务而力不足。舒长者，非谓羲和安行，乃君明民静而力有馀也。促短者，非谓分度损减，乃上暗下乱，力不足也。孔子称"既庶则富之，既富乃教之"。是故礼义生于富足，盗窃起于贫穷；富足生于宽暇，贫穷起于无日。圣人深知力者民之本，国之基也，故务省徭役，使之爱日。是以尧敕羲和，"钦若昊天，敬授民时"。明帝时，公车以反支日不受章奏，帝闻而怪曰："民废农桑，远来诣阙，而复拘以禁忌，岂为政之意乎！"于是遂蠲其制。今冤民仰希申诉，而令长以神自畜，百姓废农桑而趋府廷者，相绩道路，非朝晡不得通，非意气不得见。或连日累月，更相瞻视；或转请邻里，馈粮应对。岁功既亏，天下岂无受其饥者乎？

孔子曰："听讼吾犹人也。"从此言之，中才以上，足议曲直，乡亭训吏，亦有任决断者，而类多枉曲，盖有故焉。夫理直则恃正而不桡，事曲则诌意以行赇。不桡故无恩于吏，行赇故见于私法。若事有反覆，吏应坐之。吏以应坐之故，不得不枉之于庭。以羸民之少党，而与豪吏对讼，其势得无屈乎？县承吏言，故与之同。若事有反覆，县亦应坐之。县以应坐之故，而排之于郡。以一民之轻，而与一县为讼，其理岂得申乎？事有反覆，郡亦坐之。郡以共坐之故，而排之于州。以一民之轻，与一郡为讼，其事岂获胜乎？既不肯理，故乃远诣公府。公府复不能察，而当延以日月。贫弱者无以旷旬，强富者可盈千日。理讼若此，何枉之能理乎？正士怀怨结而不见信，猾吏崇奸轨而不被坐，此小民所以易侵苦，而天下所以多困穷也。

且除上天感痛致灾，但以人功见事言之。自三府州郡，至于乡县典司之吏，辞讼之民，官事相连更相检对者，日可有十万人。一人有事，二人经营，是为日三十万人废其业也。以中农率之，则是岁三百万人受其饥者也。然则盗贼何从而销，太平何由而作乎？《诗》云："莫肯念乱，谁无父母？"百姓不足，君谁与足？可无思哉！可无思哉！

《述赦篇》曰：

凡疗病者，必知脉之虚实，气之所结，然后为之方，故疾可愈而寿可长也。为国者，必先知民之所苦，祸之所起，然后为之禁，故奸可塞而国可安也。今日贼良民之甚者，莫大于数赦赎。赦赎数，则恶人昌而善人伤矣。何以明之哉？夫谨敕之人，身不蹈非，又有为吏正直，不避强御，而奸猾之党横加诬言者，皆知赦之不久故也。善人君子，被侵怨而能至阙庭自明者，万无数人；数人之中得省问者，百不过一；既对尚书而空遣去者，复什六七矣。其轻薄奸轨，既陷罪法，怨毒之家冀其辜戮，以解畜愤，而反一概悉蒙赦释，令恶人高会而夸咤，老盗服臧而过门，孝子见仇而不得讨，遭盗觊物而不敢取，痛莫甚焉！

夫养稂莠者伤禾稼，惠奸轨者贼良民。《书》曰："文王作罚，刑兹无赦。"先王之制刑法也，非好伤人肌肤，断人寿命也；贵威奸惩恶，除人害也。故经称"天命有德，五服五章哉，天讨有罪，五刑五用哉"；《诗》刺"彼宜有罪，汝反脱之"。古者唯始受命之君，承大乱之极，寇贼奸轨，难为法禁，故不得不有一赦，与之更新，颐育万民，以成大化。非以养奸活罪，放纵天贼也。夫性恶之民，民之豺狼，虽得放宥之泽，终无改悔之心。旦脱重梏，夕还囹圄，严明令尹，不能使其断绝。何也？凡敢为大奸者，才必有过于众，而能自媚于上者也。多散诞得之财，奉之以谄谀之辞，以转相驱，非有第五公之谦直，孰不为顾哉？论者多曰："久不赦则奸轨炽而吏不制，宜数肆眚以解散之。"此未昭政乱之本源，不察祸福之所生也。

后度辽将军皇甫规解官归安定，乡人有以货得雁门太守者，亦去职还家，书刺谒规。规卧不迎。既入而问："卿前在郡食雁美乎？"有顷，又白王符在门。规素闻符名，乃惊遽而起，衣不及带，屣履出迎，援符手而还，与同坐，极欢。时人为之语曰："徒见二千石，不如一缝掖。"言书生道义之为贵也。符竟不仕，终于家。

仲长统字公理，山阳高平人也。少好学，博涉书记，赡于文辞。年二十馀，游学青、徐、并、冀之间，与交友者多异之。并州刺史高干，袁绍甥也，素贵有名，招致四方游士，士多归附。统过干，干善待遇，访以当时之事。统谓干曰："君有雄志而无雄才，好士而不能择人，所以为君深戒也。"干雅自多，不纳其言，统遂去之。无几，干以并州叛，卒至于败。并、冀之士皆以是异统。

统性俶傥，敢直言，不矜小节，默语无常，时人或谓之狂生。每州郡命召，辄称疾不就。常以为凡游帝王者，欲以立身扬名耳，而名不常存，人生易灭，优游偃仰，可以自娱。欲卜居清旷，以乐其志，论之曰："使居有良田广宅，背山临流，沟池环匝，竹木周布，场圃筑前，果园树后。舟车足以代步涉之艰，使令足以息四体之役。养亲兼珍之膳，妻孥无苦身之劳。良朋萃止，则陈酒肴以娱之；嘉时吉日，则烹羔豚以奉之。蹰躇畦苑，游戏平林，濯清水，追凉风，钓游鲤，弋高鸿。讽于舞雩之下，永归高堂之上。安神闺房，思老氏之玄虚；呼吸精和，求至人之仿佛。与达者数子，论道讲书，俯仰二仪，错综人物。弹《南风》之雅操，发清商之妙曲。消摇一世之上，睥睨天地之间。不受当时之责，永保性命之期。如是，则可以陵霄汉，出宇宙之外矣。岂羡夫入帝王之门哉！"又作诗二篇，以见其志。辞曰：

> 飞鸟遗迹蝉蜕亡壳。腾蛇弃鳞，神龙丧角。至人能变，达士拔俗。乘云无辔，骋风无足。垂露成帏，张霄成幄。沆瀣当餐，九阳代烛。恒星艳珠，朝霞润玉。六合之内，恣心所欲。人事可遗，何为局促？

> 大道虽夷，见几者寡。任意无非，适物无可。古来绕绕，委曲如琐。百虑何为，至要在我。寄愁天上，埋忧地下。叛散《五经》，灭弃《风》、《雅》。百家杂碎，请用从火。抗志山栖，游心海左。元气为舟，微风为舵。敖翔太清，纵意容冶。

尚书令荀彧闻统名，奇之，举为尚书郎。后参丞相曹操军事。每论说古今及时俗行事，恒发愤叹息，因著论名曰昌言，凡三十四篇，十馀万言。

献帝逊位之岁，统卒，时年四十一。友人东海缪袭常称统才章足继西京董、贾、刘、杨。今简撮其书有益政者，略载之云。

《理乱篇》曰：

> 豪杰之当天命者，未始有天下之分者也。无天下之分，故战争者竞起焉。于斯之时，并伪假天威，矫据方国，拥甲兵与我角才智，程勇力与我竞雌雄，不知去就，疑误天下，盖不可数也。角知者皆穷，角力者皆负，形不堪复优，势不足复校，乃始羁首系颈，就我之衔继耳。夫或曾为我之尊长矣，或曾与我为等侪矣，或曾臣虏我矣，或曾执囚我矣。彼之蔚蔚，皆匈罾腹诅，幸我之不成，而以奋其前志，讵肯用此为终死之分邪？

及继体之时，民心定矣。普天之下，赖我而得生育，由我而得富贵，安居乐业，长养子孙，天下晏然，皆归心于我矣。豪杰之心既绝，士民之志已定，贵有常家，尊在一人。当此之时，虽下愚之才居之，犹能使恩同天地，威侔鬼神。暴风疾霆，不足以方其怒；阳春时雨，不足以喻其泽；周、孔数千，无所复角其圣；贲、育百万，无所复奋其勇矣。

彼后嗣之愚主，见天下莫敢与之违，自谓若天地之不可亡也，乃奔其私嗜，骋其邪欲，君臣宣淫，上下同恶。目极角牴之观，耳穷郑、卫之声。入则耽于妇人，出则驰于田猎。荒废庶政，弃亡人物，澶漫弥流，无所底极。信任亲爱者，尽佞谄容说之人也；宠贵隆丰者，尽后妃姬妾之家也。使饿狼守庖厨，饥虎牧牢豚，遂至熬天下之脂膏，斫生人之骨髓。怨毒无聊，祸乱并起，中国扰攘，四夷侵叛，土崩瓦解，一朝而去。昔之为我哺乳之子孙者，今尽是我饮血之寇仇也。至于运徙势去，犹不觉悟者，岂非富贵生不仁，沈溺致愚疾邪？存亡以之迭代，政乱从此周复，天道常然之大数也。

又政之为理者，取一切而已，非能斟酌贤愚之分，以开盛衰之数也。曰不如古，弥以远甚，岂不然邪？汉兴以来，相与同为编户齐民，而以财力相君长者，世无数焉。而清洁之士，徒自苦于茨棘之间，无所益损于风俗也。豪人之室，连栋数百，膏田满野，奴婢千群，徒附万计。船车贾贩，周于四方；废居积贮，满于都城。琦赂宝货，巨室不能容；马牛羊豕，山谷不能受。妖童美妾，填乎绮室；倡讴伎乐，列乎深堂。宾客待见而不敢去，车骑交错而不敢进。三牲之肉，臭而不可食；清醇之酎，败而不可饮。睇盼则人从其目之所视,喜怒则人随其心之所虑。此皆公侯之广乐,君长之厚实也。苟能运智诈者,则得之焉;苟能得之者,人不以为罪焉。源发而横流,路开而四通矣。求士之舍荣乐而居穷苦,弃放逸而赴束缚,夫谁肯为之者邪!夫乱世长而化世短。乱世则小人贵宠,君子困贱。当君子困贱之时,跼高天,踏厚地,犹恐有镇厌之祸也。逮至清世,则复入于矫枉过正之检。老者耄矣,不能及宽饶之俗;少者方壮,将复困于衰乱之时。是使奸人擅无穷之福利,而善士挂不赦之罪辜。苟目能辩色,耳能辩声,口能辩味,体能辩寒温者,将皆以修洁为讳恶,设智巧以避之焉,况肯有安而乐之者邪?斯下世人主一切之愆也。

昔春秋之时,周氏之乱世也。逮乎战国,则又甚矣。秦政乘并兼之势,放虎狼之心,屠裂天下,吞食生人,暴虐不已,以招楚、汉用兵之苦,甚于战国之时也。汉二百年而遭王莽之乱,计其残夷灭亡之数,又复倍乎秦、项矣。以及今日,名都空而不居,百里绝而无民者,不可胜数。此则又甚于亡新之时也。悲夫!不及五百年,大难三起,中间之乱,尚不数焉。变而弥猜,下而加酷,推此以往,可及于尽矣。嗟乎!不知来世圣人救此之道,将何用也?又不知天若穷此之数,欲何至邪?

《损益篇》曰:

作有利于时,制有便于物者,可为也。事有乖于数,法有玩于时者,可改也。故行于古有其迹,用于今无其功者,不可不变。变而不如前,易而多所败者,亦不可不复也。汉之初兴,分王子弟,委之以士民之命,假之以杀生之权。于是骄逸自恣,志意无厌。鱼肉百姓,以盈其欲;报蒸骨血,以快其情。上有篡叛不轨之奸，下有暴乱残贼之害。虽藉亲属之恩，盖源流形执使之然也。降爵削土，稍稍割夺，卒至于坐食奉禄而已。然其污秽之行，淫昏之罪，犹尚多焉。故浅其根本，轻其恩义，犹尚假一日之尊，收士民之用。况专之于国，擅之于嗣，岂可鞭笞叱咤，而使唯我所为者乎？时政涸散，风俗移易，纯朴已去，智惠已来。出于礼制之防，放于嗜欲之域久矣，固不可授之以柄，假之以资者也。是故收其奕世之权，校其从横之执，善者早登，否者早去，故下土无壅滞之士，国朝无专贵之人。此变之善，可遂行者也。

井田之变，豪人货殖，馆舍布于州郡，田亩连于方国。身无半通青纶之命，而窃三辰龙章之服，不为编户一伍之长，而有千室名邑之役。荣乐过于封君，执力侔于守令，财赂自营，犯法不坐，刺客死士，为之投命。至使弱力少智之子，被穿帷败，寄死不敛，冤枉穷困，不敢自理。虽亦由网禁疏阔，盖分田无限使之然也。今欲张太平之纪纲，立至化之基趾，齐民财之丰寡，正风俗之奢俭，非井田实莫由也。此变有所败，而宜复者也。

肉刑之废，轻重无品，下死则得髡钳，下髡钳则得鞭笞。死者不可复生，而髡者无伤于人。髡笞不足以惩中罪，安得不至于死哉！夫鸡狗之攘窃，男女之淫奔，酒醴之赂遗，谬误之伤害，皆非值于死者也。杀之则甚重，髡之则甚轻。不制中刑以称其罪，则法令安得不参差，杀生安得不过谬乎？今患刑轻之不足以惩恶，则假臧货以成罪，托疾病以讳杀。科条无所准，名实不相应，恐非帝王之通法，圣人之良制也。或曰：过刑恶人，可也；过刑善人，岂可复哉？曰：若前政以来，未曾枉害善人者，则有罪不死也。是为忍于杀人，而不忍于刑人也。今令五刑有品，轻重有数，科条有序，名实有正，非杀人逆乱鸟兽之行甚重者，皆勿杀。嗣周氏之秘典，绩吕侯之祥刑，此又宜复之善者也。

《易》曰："阳一君二臣，君子之道也；阴二君一臣，小人之道也。"然则寡者，为人上者也；众者，为人下者也。一伍之长，才足以长一伍者也；一国之君，才足以君一国者也；天下之王，才足以王天下者也。愚役于智，犹枝之附干，此理天下之常法也。制国以分人，立政以分事，人远则难绥，事总则难了。今远州之县，或相去数百千里，虽多山陵洿泽，犹有可居人种谷者焉，当更制其境界，使远者不过二百里，明版籍以相数阅，审什伍以相连持，限夫田以断并兼，定五刑以救死亡，益君长以兴政理，急农桑以丰委积，去末作以一本业，敦教学以移情性，表德行以厉风俗，核才艺以叙官宜，简精悍以习师田，修武器以存守战，严禁令以防僭差，信赏罚以验惩劝，纠游戏以杜奸邪，察苛刻以绝烦暴。审此十六者以为政务，操之有常，课之有限，安宁勿懈堕，有事不迫遽，圣人复起，不能易也。

向者，天下户过千万，除其老弱，但户一丁壮，则千万人也。遗漏既多，又蛮夷戎狄居汉地者尚不在焉。丁壮十人之中，必有堪为其什伍之长，推什长已上，则百万人也。又十取之，则佐史之才已上十万人也。又十取之，则可使在政理之位者万人也。以筋力用者谓之人，人求丁壮；以才智用者谓之士，士贵耆老。充此制以用天下之人，犹将有储，何嫌乎不足也？故物有不求，未有无物之岁也；士有不用，未有少士之世也。夫如此，然后可以用天性，究人理，兴顿废，属断绝，网罗遗漏，拱桿天人矣。

或曰：善为政者，欲除烦去苛，并官省职，为之以无为，事

之以无事，何子言之云云也？曰：若是，三代不足慕，圣人未可师也。君子用法制而至于化，小人用法制而至于乱。均是一法制也，或以之化，或以之乱，行之不同也。苟使豺狼牧羊豚，盗跖主征税，国家昏乱，吏人放肆，则恶复论损益之间哉！夫人待君子然后化理，国待蓄积乃无忧患。君子非自农桑以求衣食者也，蓄积非横赋敛以取优饶者也。奉禄诚厚，则割剥贸易之罪乃可绝也；蓄积诚多，则兵寇水旱之灾不足苦也。故由其道而得之，民不以为奢；由其道而取之，民不以为劳。天灾流行，开仓库以禀贷，不亦仁乎？衣食有馀，损靡丽以散施，不亦义乎？彼君子居位为士民之长，固宜重肉累帛，朱轮四马。今反谓薄屋者为高，藿食者为清，既失天地之性，又开虚伪之名，使小智居大位，庶绩不咸熙，未必不由此也。得拘挈而失才能，非立功之实也。以廉举而以贪去，非士君子之志也。夫选用必取善士，善士富者少而贫者多，禄不足以供养，安能不少营私门乎？从而罪之，是设机置井以待天下之君子也。

盗贼凶荒，九州代作，饥馑暴至，军旅卒发，横税弱人，割夺吏禄，所恃者寡，所取者猥，万里悬乏，首尾不救，徭役并起，农桑失业，兆民呼嗟于昊天，贫穷转死于沟壑矣。今通肥饶之率，计稼穑之入，令亩收三斛，斛取一斗，未为甚多。一岁之间，则有数年之储，虽兴非法之役，恣奢侈之欲，广爱幸之赐，犹未能尽也。不循古法，规为轻税，及至一方有警，一面被灾，未逮三年，校计骞短，坐视战士之蔬食，立望饿殍之满道，如之何为君行此政也？二十税一，名之曰貊，况三十税一乎？夫薄吏禄以丰军用，缘于秦征诸侯，绩以四夷，汉承其业，遂不改更，危国乱家，此之由也。今田无常主，民无常居，吏食日禀，班禄未定，可为法制，画一定科，租税十一，更赋如旧。今者土广民稀，中地未垦；虽然，犹当限以大家，勿令过制。其地有草者，尽曰官田，力堪农事，乃听受之。若听其自取，后必为奸也。

《法诫篇》曰：

《周礼》六典，冢宰贰王而理天下。春秋之时，诸侯明德者，皆一卿为政。爰及战国，亦皆然也。秦兼天下，则置丞相，而贰之以御史大夫。自高帝逮于孝成，因而不改，多终其身。汉之隆盛，是惟在焉。夫任一人则政专，任数人则相倚。政专则和谐，相倚则违戾。和谐则太平之所兴也，违戾则荒乱之所起也。光武皇帝愠数世之失权，忿强臣则窃命，矫枉过直，政不任下，虽置三公，事归台阁。自此以来，三公之职，备员而已；然政有不理，犹加谴责。而权移外戚之家，宠被近习之竖，亲其党类，用其私人，内充京师，外布列郡，颠倒贤愚，贸易选举，疲驽守境，贪残牧民，挠扰百姓，忿怒四夷，招致乖叛，乱离斯瘼，怨气并作，阴阳失和，三光亏缺，怪异数至，虫螟食稼，水旱为灾。此皆戚宦之臣所致然也。反以策让三公，至于死免，乃足为叫呼苍天，号咷泣血者也。又中世之选三公也，务于清悫谨慎，循常习故者。是妇女之检柙，乡曲之常人耳，恶足以居斯位邪？势既如彼，选又如此，而欲望三公勋立于国家，绩加于生民，不亦远乎？昔文帝之于邓通，可谓至爱，而犹展申徒嘉之志。夫见任如此，则何患于左右小臣哉？至如近世，外戚宦竖请托不行，意气不满，立能陷人于不测之祸，恶可得弹正者哉！曩者任之重而责之轻，今者任之轻而责之重。昔贾谊感绛侯之困辱，因陈大臣廉耻之分，开引自裁之端。自此以来，遂以成俗。继世之主，生而见之，习其所常，曾莫之悟。呜呼，可悲夫！左手据天下之图，右手刎其喉，愚者犹知难之，况明哲君子哉！光武夺三公之重，至今而加甚，不假后党以权，数世而不行，盖亲疏之势异也。母后之党，左右之人，有此至亲之势，故其贵任万世。常然之败，无世而无之，莫之斯鉴，亦可痛矣。未若置丞相自总之。若委三公，则宜分任责成。夫使为政者，不当与之婚姻；婚姻者，不当使之为政也。如此，在位病人，举用失贤，百姓不安，争讼不息，天地多变，人物多妖，然后可以分此罪矣。

或曰：政在一人，权甚重也。曰：人实难得，何重之嫌？昔者霍禹、窦宪、邓骘、梁冀之徒，籍外戚之权，管国家之柄；及其伏诛，以一言之诏，诘朝而决，何重之畏乎？今夫国家漏神明于媟近，输权重于妇党，筹十世而为之者八九焉。不此之罪而彼之疑，何其诡邪！

论曰：百家之言政者尚矣，大略归乎宁固根柢，革易时弊也。夫遭运无恒，意见偏杂，故是非之论，纷然相乖。尝试妄论之，以为世非胥、庭，人乖穀饮，化迹万肇，情故萌生，虽周物之智，不能研其推变；山川之奥，未足况其纤险。则应俗适事，难以常条。如使用审其道，则殊涂同会；才爽其分，则一豪以乖。何以言之？若夫玄圣御世，则天同极，施舍之道，宜无殊典。而损益异运，文朴递行。用明居晦，回沉于曩时；兴弋陈俎，参差于上世。及至戴黄屋，服绣衣，丰薄不齐，而致化则一；亦有宥公族，黩国储，宽惨巨隔，而防非必同。此其分波而共源，百虑而一致者也。若乃偏情矫用，则枉直必过。故葛屦履霜，敝由崇俭；楚楚衣服，戒在穷黩；疏禁厚下，以尾大陵弱，

敛威峻罚，以苛薄分崩。斯《曹》、《魏》之刺，所以明乎国风；周、秦末轨，所以彰于微灭。故用舍之端，兴败资焉。是以繁简唯时，宽猛相济。刑书镌鼎，事有可详；三章在令，取贵能约。太叔致猛政之褒，国子流遗爱之涕，宣孟改冬日之和，平阳循画一之法。斯实弛张之弘致，可以微其统乎！数子之言当世失得皆究矣，然多谬通方之训，好申一隅之说。贵清静者，以席上为腐议；束名实者，以柱下为诞辞。或推前王之风，可行于当年；有引救散之规，宜流于长世。稽之笃论，将为敝矣。如以舟无推陆之分，瑟非常调之音，不限局以疑远，不拘玄以妨素，则化枢各管其极，理略可得而言与？

赞曰：管视好偏，群言难一。救朴虽文，矫迟必疾。举端自理，滞隔则失。详观时蠹，成昭政术。

崔瑗传
——《后汉书》卷八二

【说明】崔瑗（公元 77—142 年），字子玉，涿郡安平人。崔氏是两汉南北朝时期的望族，博陵崔氏，历代人才辈出。崔瑗出生在名门世家，他的父亲崔骃是东汉著名学者，博学多才，与班固齐名。他的儿子崔寔也是著名学者，官至尚书，著有《四民月令》、《政论》等。崔瑗自幼立志学问，能传父祖家学，通晓天文、律历、数术等学问。官至济北相。

崔瑗也是东汉著名书法家，他善写章草，与杜度齐名，世称"崔杜"。大书法家张芝曾学他的笔法，在当时影响很大。可惜的是今天看不到他的书迹了。著《草书势》及其他著作五十余种。

崔瑗字子玉，在他幼年时父亲去世，他专心好学，能继承他父亲崔骃的学业。他十八岁时来到京师洛阳，向侍中贾逵请教经书大义，贾逵待他很好，于是崔瑗留居京师交游问学，因而他通晓天文、律历、数术、《京房易传》、占卜之学，受到学者们的推崇。他和扶风人马融、南阳人张衡友谊很深。当初，崔瑗的哥哥崔章被本州人杀害，崔瑗为兄报仇，亲手杀死仇人，因而逃亡在外上朝廷大赦，崔瑗回到家乡。家里很穷，崔瑗和他的兄弟们在一起生活了数十年，本乡人都受到他们这种兄友弟爱精神的感化。

崔瑗在四十多岁时，才任为郡衙的办事吏员。后来因事被关进东郡发干县的监狱，监狱长对《礼经》很有研究，崔瑗受审讯之外，常常向监狱长请教《礼经》有关问题。他专心好学，就是身处颠沛流离之中也一心从事学问。后来官司结案回到家乡，被度辽将军邓遵征召在他身边任职。没过多久，邓遵被朝廷处死，崔瑗也被免职，又回到家乡。

后来又被车骑将军阎显征召，在阎府中任职。当时阎太后垂帘听政，阎显入朝参政。在此之先，安帝废黜太子刘保，贬为济阴王，另立北乡侯刘懿为太子。崔瑗认为北乡侯立为太子，不合法统，他预见到阎显将要垮台，想劝说他废黜北乡侯，另立太子，但阎显整天醉生梦死，见不到他。于是崔瑗对长史陈禅说："中常侍江京、陈述等人，因他们得到先帝的宠幸，把先帝哄得迷迷糊糊，于是废黜了合法的太子，另立旁支子弟。少帝即位时，就在宗庙中犯了病，西汉时征调周勃迎立太子的时机，今天又重新出现。我想和长史您一起求见将军，劝他上奏太后，逮捕江京等人，废黜少帝，迎立济阴王。这样做，一定能上合天意下合民心。象伊尹、霍光那样的功勋，不动声色就可以建立，那么将军的官位爵禄可以子子孙孙地传下去。如果违背了天意，君主的宝坐久空，你即使没犯罪也逃不了首恶的罪责。这就是受祸得祸的关键时候，也是建功立业的大好时机。"陈禅听了犹豫不决，不敢听从。恰好北乡侯刘懿这时病死，孙程立济阴王刘保为帝，这就是汉顺帝。阎显兄弟都被处死，崔瑗也被罢免。崔瑗的学生苏祇对崔瑗的谋划了解得一清二楚，想上书皇帝说明这一情况，崔瑗听到后，马上加以制止。当时陈禅任司隶校尉，把崔瑗找来，对他说："你姑且听任

苏祗上书说明，我为你作证。"崔瑗说："这话象小孩子们说的悄悄话，希望司隶校尉大人不要再说了。"于是辞职回家，再也不应州郡的征召出来做官。

过了很久，大将军梁商建立大将军幕僚机构，首先征召崔瑗。崔瑗认为，如果再次充当外戚贵官的幕僚，如不被重用，仍免不了被罢斥，于是他以有病为词，推辞了。这一年，他被荐举，选拔为秀才，被任为汲县县令。他在知县任内，多次向朝廷上书，提出应实行的政事，他为百姓开垦出几百顷稻田。他在任七年，受到百姓们歌颂。

汉安初年，大司农胡广、少府窦章共同推荐崔瑗是德高望重的大儒，从政期间政绩突出，不应该让这样的人才沉沦下僚，因此升任他为济北国相。当时李固任太山郡太守，他很欣赏崔瑗的学识，不断给崔瑗写信致意。过了一年多，光禄大夫杜乔充任巡察使者，到各地巡视，他向朝廷检举，崔瑗犯有贪污罪，于是崔瑗被送司法机关审理。崔瑗上书自辩，辩明无罪被释。被释放后因病逝世，时年六十六岁。在他临死之前，嘱咐他的儿子崔寔说："人接受天地的恩赐得以生存，人死之后，灵魂归天而去，骨肉葬入大地。哪里黄土不埋人？不要把我的尸体运回故乡。他人赠送东西和羊猪之类的祭品，一律不要接受。"崔寔尊照遗嘱。于是把他埋葬在洛阳。

崔瑗是写文章的高手，尤其擅长写书札、记文、笺文、铭文，著有赋、碑文、铭文、笺文、颂文、《士苏》、《南阳文学官志》、《叹辞》、《移社文》、《悔祈》、《草书势》、七言等，共五十七篇。他所著的《南阳文学官志》受到后人的称赞，那些擅长写文章的人都自认为赶不上他。崔瑗喜欢读书人，好招待宾客，为客人摆设丰盛的宴席，具备各种美味菜肴，但不过问家里的生计。他平时只是粗茶淡饭而已。因此，

家里没有什么积蓄，当时人很称赞他的清廉。　　　（魏连科　译）

【原文】

　　瑗字子玉，早孤，锐志好学，尽能传其父业。年十八，至京师，从侍中贾逵质正大义，逵善待之，瑗因留游学，遂明天官、历数、《京房易传》、六日七分。诸儒宗之。与扶风马融、南阳张衡特相友好。初，瑗兄章为州人，年四十余，始为郡吏。以事系东郡发干狱。狱掾善为《礼》，瑗间考讯时，辄问以《礼》说。其专心好学，虽颠沛必于是。后事释归家，为度辽将军邓遵所辟。居无何，遵被诛，瑗免归。

　　后复辟车骑将军阎显府。时阎太后称制，显入参政事。先是安帝废太子为济阴王，而以北乡侯为嗣。瑗以侯立不以正，知显将败，欲说令废立，而显日沉醉，不能得见。乃谓长史陈禅曰："中常侍江京、陈述等，得以嬖宠惑蛊先帝，遂使废黜正统，扶立疏孽。少帝即位，发病庙中，周勃之征，于斯复见。今欲与长史君共求见，说将军白太后，收京等，废少帝，引立济阴王，必上当天心，下合人望。伊、霍之功，不下席而立，则将军兄弟传祚于无穷。若拒违天意，久旷神器，则将以无罪并辜元恶。此所谓祸福之会，分功之时。"禅犹豫未敢从。会北乡侯薨，孙程立济阴王，是为顺帝。阎显兄弟悉伏诛，瑗坐被斥。门生苏祗具知瑗谋，欲上书言状，瑗闻而遽止之。时陈禅为司隶校尉，召瑗谓曰："第听祗上书，禅请为之证。"瑗曰："此譬犹儿妾屏语耳，愿使君勿复出口。"遂辞归，不复应州郡命。

　　久之，大将军梁商初开莫府，复首辟瑗。自以再为贵戚吏，不过被斥，遂以疾固辞。岁中举茂才，迁汲令。在事数言便宜，为人开稻田数百顷。视事七年，百姓歌之。

　　汉安初，大司农胡广、少府窦章共荐瑗宿德大儒，从政有迹，不宜久在下位。由此迁济北相。时李固为太山太守，美瑗文雅，奉书礼至殷勤。岁余，光禄大夫杜乔为八使，徇行郡国，以臧罪奏瑗，征诣廷尉。瑗上书自讼，得理出。会病卒，年六十六。临终，顾命子寔曰："夫人禀天地之气以生，及其终也，归精于天，还骨于地。何地不可臧形骸，勿归乡里。其赗赠之物，羊豕之奠，一不得受。"寔奉遗令，遂留葬洛阳。

瑗高于文辞，尤善为书、记、箴、铭，所著赋、碑、铭、箴、颂、《七苏》、《南阳文学官志》、《叹辞》、《移社文》》、《悔祈》、《草书势》、《七言》，凡五十七篇。其《南阳文学官志》称于后世，诸能为文者皆自以弗及。瑗爱士，好宾客，盛修肴膳，单极滋味，不问余产。居常蔬食菜羹而已。家无担石储，当世清之。

崔寔传

——《后汉书》卷八二

【说明】崔寔，东汉冀州安平（今河北安平县一带）人，出身名门望族，其先辈崔朝，崔骃等都先后在朝廷做官，然而，到了崔寔以后，崔家便开始衰落了，崔寔的父亲死后，崔寔为了安葬，变卖田宅，结果使得仅有的资产耗尽一空，从此崔寔变得穷困潦倒，只得以酿酒贩卖为生，当时的许多人都因此而讥笑他，他却矢志不改，虽然发不了财，却也因此而自给自足，其实对崔寔影响最大的是他的母亲刘氏，刘氏是个知书达理的良母，后来崔寔在五原任太守时所取的政绩，就与他母经常给他传授在政治上如何统治百姓的道理分不开，崔寔两度做议郎，在东观（皇家图书馆）著述作文，和诸儒博士杂定五经，后又两次出任地方太守，先是在五原（今内蒙古自治区河套以东至山西偏关西北一带地区，治所在今包头市西北），后是在辽东，在五原期间做出了很大的政绩，崔寔在五原的成绩使他后来又被推举到辽东担任太守，但是任期不长。据史料记载，崔寔的著作一共有十五篇之多，除《政论》以外，崔寔还著有《四民月令》，"四民"指的是从事士、农、工、商四种职业的人，"月令"是指这四种职业的人在一年十二个月中每个月所应该做的事情，如耕耘收获，蚕桑丝织，加工酿造，宗教祭祀，文化教育，饮食卫生，交易买卖等等，书中继承了西汉《氾

胜之书》所提到的一些内容，但是在某些方面也有新的发展，如书中所谓的"别稻"（即水稻的移栽）和树木的压条繁殖，就是古农书中最早记载，崔寔对于中国传统农学的贡献不仅仅是具体的科技成就，而主要在于他首创了以月令写作农书的先例，这也就使得《四民月令》成为古农书中最早的月令体农书，从而也就奠定了崔寔在中国农业科学技术史上的地位。

崔寔，字子真，又名崔台，字元始。年少的时候不爱说笑也不好动，只喜欢读典籍。父亲过世，他隐居墓侧守孝。守完孝后，丞相、太尉，御史大夫三公同时征举他，但他都没有出任。

汉桓帝初年，下令公卿郡国推举非常孝道，而且有独特品行操守的人。经郡里的举荐，崔寔被公车征召。由于不善于对答皇帝的问题，改任职为郎。崔寔对于政治体制非常了解，他的管理才能也是绰绰有余。在一篇名叫《政论》的论文中，他论述了当时熟习常知的事数十条，针砭时弊，切中要害，话虽然巧辩却很正确，受到当世人们的称赞。仲长统说："凡是为君主者，都应该抄写一份，放在自己的坐旁。"这篇文章写道：

从尧舜帝和汤武王开始，就都依赖英明哲人的辅佐，和博识事物的大臣。因为有皋陶进献谋划所以才有唐虞的兴盛，伊尹作《伊训》、箕子作《洪范》，殷商和周朝才得以强大。以后继位的那些君主中，想要为国家复兴建立功业者，何尝不依赖圣贤哲人的谋略呢！大凡国家不能得到正常的治理，都是由于君主长久习惯于国家的安定局面，社会风气日益败坏而毫无觉悟，政治统治日渐衰败不加改革，对社会动乱和危机习以为常，视而不见。或沉涸于自己的嗜好，放纵自己的欲望，不考虑国家大事；或对规劝和教诲充耳不闻，相信虚假的谎言而忽视真实的事情。或有分歧之处犹犹豫豫，没有主见而无所适从。受到信任的宠臣只知道领取俸禄，默不作声，不求有功，但求无过；被疏远了的忠臣，却因为地位低下，说了也没人听。就这样上面的朝廷纲纪日益松弛，下面的智士仁人则郁郁不得志。多么可悲啊！

自从汉朝建立以来，已有三百五十多年了，政治腐败，上下级官吏玩忽职守，懒惰松懈，社会风气败坏，人们弄虚作假，老百姓担心害怕。大家都在重新考虑振兴国家的办法。那么拯救国家的办法，难道一定得沿袭尧舜时的作法才行吗？我们的目标在于修补已冲决的大堤，扶正已倾斜的支柱，根据形势进行裁定取舍，最终就是要将这个世界置于和平安宁的环境中。所以圣明的君主执掌大权，应该根据所遇到的时势来制定不同的制度，步骤的差别，各有各的安排。不能强人所难，不能不干当务之急的事而去羡慕道听途说的东西。所以孔子对叶公谈关于招徕远方的人民的事，对哀公时则答以君临治理人民，对景公时则以节制繁文缛礼作答。并不是它们之间有什么不同，而是每个国君当务之急的事有所不同。所以开国君主，往往要创立新的制度；而中兴国家的君王，亦要不时地纠正过失。当年盘庚为殷商而忧患的时候，采取了迁移都城来治理老百姓的办法；周穆王有缺点过错的时候，甫侯出来为他纠正刑法。世俗之人拘泥于书本上的记载和古人成法，不懂以权力制治，对于自己听到的总觉得了不起，而对于自己亲眼见到的事实忽视了，怎么可以与这些人来讨论国家大事呢?! 所以进谏的人，虽然合乎圣德，却常常受到牵制。原因是什

么呢？主要是由于顽固的人不懂时事变化，习惯于自己所见到的，连享受胜利的成果都不知道，更何况从事创造性的工作，只不过会一切按既定方针办事而已。有的达官贵人沽名钓誉，嫉贤妒能，羞愧于谋略不是自己所出，就写文章或发表讲话，对人家的道理进行攻击。这些人由于寡不敌众，便被抛弃了。虽是稷和契复生，也将会处于困境。这也就是贾生（谊）之所以受到绛侯（周勃）、灌婴的排挤，屈原之所以慷慨悲歌，抒发自己满腔忧愤的原因。象文帝的开明、贾谊的贤能、周勃、灌婴的忠诚，都有这样的悲剧，况且是其余的人呢？！

衡量人的能力和品德操行，这是《春秋》一书中的大义。现在既然不能全盘地仿效三皇五帝，但是可以以齐桓公和晋文公的王霸政治作参考。应当用重赏深罚来控制，用严明的法来约束。假如不是最高尚的德行，严厉则天下太平，松缓则天下大乱。用什么来证明是这样的呢？近来孝宣皇帝就非常清楚君臣之道，懂得如何统治的道理，所以制定严峻的刑法，使为非作歹的奸邪不轨之徒闻风丧胆，海内太平无事，天下清静。他的功勋荐献于宗庙，得享中宗的称号。从实际效果的统计来看，比孝文帝还要好。等到元帝即位，大多实行宽缓的统治，最终遭到破坏和损失，统治的权威开始丧失，就成了给汉家王朝埋下祸根的皇帝。政治统治的得与失，从这里就可看出来。昔日孔子纂修《春秋》，褒扬齐桓公的业绩，赞美晋文公的成就，感叹管仲的功勋。难道不是赞美文、武之道吗？那真是通晓事物变化，拯救散端的道理呀。所以圣明的人能与时俱进，顺应历史的潮流。而庸俗之士却苦于不知时势变化，以为结绳记事时代约法，可以用来重新治理秦朝散

乱的社会秩序，挥舞夏禹时代的兵器，可以解救汉高祖刘邦的平城的白登山之围。

熊经鸟伸这样的体育活动，虽然是延长寿命的方法，但却不是治疗伤寒病的办法。呼吸吐纳这样的气功运动，虽然也是长寿之道，却不能将断骨续接。治理国家的方法和人注意身体健康的方法一样，平安时就要注意保养，有病了就要进行治疗。刑罚是治理动乱的药物；道德教育是维持太平的养料。如果用德育去消除残暴，就好比用营养品治疗疾病；如果用刑罚去维持太平，就好比用药物给病人提供营养。现在我们承继了历代统治所遗留下来的弊病，正处在一个灾难频仍的时代。从数个世代以来，政治统治过于宽恕，就象驾马放松了缰绳，马嘴脱离了马嚼子，横冲直撞，大路变得不平而又倾斜。正要通过衔木、马辔、车辕来控制奔马以挽救它，那儿管得上马车行走时和谐的铃声和清脆的节奏呢？当年高祖刘邦命令丞相萧何作"九章律"，其中有灭三族的律令，黥（脸上刺字）、劓（割掉鼻子）、斩趾（砍去脚指）、断舌（割断舌头）、枭首（悬头示众），合称之为"具五刑"。文帝虽然废除了肉刑，应当处以劓刑的改鞭笞三百下，应当砍断左脚指的改为鞭笞五百下，应当砍断右脚指的改为处死刑。断右脚指的固然是丢掉了生命，被鞭抽打的人也往往被打死，虽然名义上是减轻了刑罚，其实还是杀头。那个时候，老百姓希望恢复肉刑。至汉景帝元年（公元前 156 年），便下诏令说："鞭笞与重罪没有区别，侥幸不死，也不可做人了。"便定下法律，减轻鞭笞和敲打的刑罚。从此以后，受鞭笞之刑的人能保全性命。按这来说，文帝是加重刑罚，而不是减轻刑罚，是以严厉而求得太平，而不是以宽缓求得太平的。如果定要实行这句话的话，应当大大地确定根本，使统治者效法五帝，仿照三王。清除秦朝的旧俗，依照先哲圣人的风范，放弃那种苟且偷全的政策，追随并查考古代的踪迹，恢复五个等级的爵位，建立井田制。然后再选举象稷契、伊、吕那样的人为辅佐。音乐响起来，而凤皇飞舞，石头（打击乐）敲起来，则百兽起舞。如果不这样的话，只会造成许多祸害罢了。

后来太尉袁汤，大将军梁冀官府都要征召崔寔，他都没有答应。大司农羊傅、少府何豹上书推荐崔寔，说他才能大本领高，适宜在朝廷做官。崔寔被征召担任议郎，升职为大将军梁冀府的司马，并与边韶、延笃等一道在东观从事写作。

出任五原（今内蒙包头市西北）太守。五原的土壤适合种植枲麻，但是民间却不知道纺织，老百姓冬天没衣穿，铺垫一些细草，就睡在里面，看见官吏来了，就披着草出来。崔寔到这里上任后，下令出售储备，用来制作纺织、缝纫的工具，进行培训，使百姓得以免除寒冷之苦。这个时候，匈奴经常进犯云中（今内蒙古托克托东北）、朔方（今内蒙古杭锦旗北），烧杀抢掠当地的官吏和老百姓，以至于在一年之中多次逃难。崔寔整顿军队，锻炼士兵，严守烽火台，加紧巡逻，匈奴不敢再来侵犯，崔寔因此而常常评为边疆守备第一。因为有病的缘故被征拜为议郎，重新又与各位儒学博士一道共同选定《五经》。正好又碰上梁冀被判处死刑，崔寔因曾在梁冀府上做过幕吏，被免职，且遭到几年的禁锢。当时鲜卑族多次进犯边境，皇帝下诏三公推举有勇有谋的人才。司马黄琼推荐崔寔，担任辽东太守。在赴任的途中，听到母亲刘氏病故的消息，他便上书请求回家安葬母亲并守孝。崔寔的母亲是个有风范和德行的贤惠女子，她博览群书，知书达理。当初，崔寔在五原做太守的时候，母亲常常教育他如何管理老百姓，崔寔取得好的政绩，其中就有母亲的帮助。守孝完毕后，他又被召拜任尚书。崔寔因为当时正值天下大乱，充满危机，借口有病不能工作，数月之后被罢免回家

起初，崔寔父亲死的时候，他变卖掉家中田宅，修建父亲的坟墓，立了墓碑，撰文。为他父亲的一生歌功颂德。安葬好了以后，资产耗尽一空，崔寔因穷困便以酿酒贩卖为生。当时的许多人因此而讥笑他，可他却终不改变。做买卖赚的钱够用就行了，不求多有剩余。到当官以后，历次在边疆地区任职，就更加贫困。建宁（公元168－171年）病故。死时家徒四壁，屋中空空如也，以致于没有钱用以安葬，还是光禄勋杨赐、太仆袁逢、少府段颎为他置备的棺材葬具，大鸿胪袁隗为他树碑立传，歌功颂德。崔寔一生所写作的碑、论、箴、铭、札、七方、祠、文、表、记、书等等共十五篇。　　　　　（曾雄生 译）

【原文】

寔，字子真，一名台，字元始。少沉静，好典籍。父卒，隐居墓侧。服竟，三公并辟，皆不就。

桓帝初，诏公卿郡国举至孝独行之士。寔以郡举，征诣公车，病不对策，除为郎。明于政体，吏才有余，论当世便事数十条，名曰《政论》。指切时要，言辩而确，当世称之。仲长统曰："凡为人主，宜写一通，置之坐侧。"其辞曰：

"自尧舜之帝，汤武之王，皆赖明哲之佐，博物之臣。故皋陶陈谟而唐虞以兴，伊、箕作训而殷周用隆。及继体之君，欲立中兴之功者，曷尝不赖贤哲之谋乎！凡天下所以不理者，常由人主承平日久，俗渐敝而不悟，政寝衰而不改，习乱安危，怅不自

睹。或荒耽嗜欲，不恤万机；或耳蔽箴诲，厌伪忽真；或犹豫歧路，莫适所从；或见信之佐，括囊守禄，或疏远之臣，言以贱废。是以王纲纵驰于上，智士郁伊于下。悲夫！

自汉兴以来，三百五十余岁矣。政令垢玩，上下息懈，风俗彫敝，人庶巧伪，百姓嚣然，咸复思中兴之救矣。且济时拯世之术，岂必体尧蹈舜然后乃理哉？期于补绽决坏，枝柱邪倾，随形裁割，要措斯世于安宁之域而已。故圣人执权，遭时定制，步骤之差，各有云设。不强人以不能，背急切而慕所闻也。盖孔子对叶公以来远，哀公以临人，景公以节礼，非其不同，所急异务也。是以受命之君，每辄创制；中兴之主，变匡时失。昔盘庚愍殷，迁都易民；周穆有阙，甫侯正刑。俗人拘文牵古，不达权制，奇伟所闻，简忽所见，乌可与论国家之大事哉！故言事者，虽合圣德，辄见掎夺。何者？其顽士暗于时权，安习所见，不知乐成，况可虑始，苟云率由旧章而已。其达者或矜名妒能，耻策非已，舞笔奋辞，以破其义，寡不胜众，遂见摈弃。虽稷、契复存，犹将困焉。斯贾生之所以排于绛、灌，屈子之所以摅其幽愤者也。夫以文帝之明，贾生之贤，绛、灌之忠，而有此患，况其余哉！

量力度德，《春秋》之义。今既不能纯法八代，故宜参以霸政。则宜重赏深罚以御之，明著法术以检之。自非上德，严之则理，宽之则乱。何以明其然也？近孝宣皇帝明于君人之道，审于为政之理，故严刑峻法，破奸轨之胆，海内清肃，天下密如。荐勋祖庙，享号中宗。算计见效，优于孝文。及元帝即位，多行宽政，卒以堕损，威权始夺，遂为汉室基祸之主。政道得失，于斯可监。昔孔子作《春秋》，褒齐桓、懿晋文，吹管仲之功。夫岂不

美文、武之道哉？诚达权救散之理也。故圣人能与世推移，而俗士苦不知变，以为结绳之约，可复理乱秦之绪，"干戚"之舞，足以解平城之围。

夫熊经鸟伸，虽延历之术，非伤寒之理；呼吸吐纳，虽度纪之道，非续骨之膏。盖为国之法，有似理身，平则致养，疾则攻焉。夫刑罚者，治乱之药石也；德教者，兴平之梁肉也。夫以德教除残，是以梁肉理疾也；以刑罚理平，是以药石供养也。方今承百王之敝，值厄运之会。自数世以来，政多恩贷，驭委其辔，马骄其衔，四牡横奔，皇路险倾方将钳勒辔鞋以救之，岂暇鸣和鸾，清节奏哉？昔高祖令萧何作九章之律，有夷三族之令，黥、劓、斩趾、断舌、枭首，故谓之具五刑。文帝虽除肉刑，当劓者笞三百，当斩左趾者笞五百，当斩右趾者弃市。右趾者既殒其命，笞挞者往往至死，虽有轻刑之名，其实杀也。当此之时，民皆思复肉刑。至景帝元年，乃下诏曰："加笞与重罪无异，幸而不死，不可为人。"乃定律，减笞轻棰。自是之后，笞者得全。以此言之，文帝乃重刑，非轻之也；以严致平，非以宽致平也。必欲行若言，当大定其本，使人主师五帝而式三王。荡亡秦之俗，遵先圣之风，弃苟全之政，蹈稽古之踪，复五等之爵，立井田之制。然后选稷契为佐，伊吕为辅，乐作而凤皇仪，击石而百兽舞。若不然，则多为累而已。

其后辟太尉袁汤、大将军梁冀府，并不应。大司农羊傅、少府何豹上书寔才美能高，宜在朝廷。召拜议郎，迁大将军冀司马，与边韶、延笃等著作东观。

出为五原太守。五原土宜麻，而俗不知织绩，民冬月无衣，积细

草而卧其中，见吏则衣草而出。寔至官，斥卖储峙，为作纺绩、织纴、练之具以教之，民得以免寒苦。是时胡虏连入云中、朔方，杀略吏民，一岁至九奔命。寔整厉士马，严烽候，虏不敢犯，常为边最。

以病征，拜议郎，复与诸儒博士共杂定"五经"。会梁冀诛，寔以故吏免官，禁锢数年。

时鲜卑数犯边，诏三公举威武谋略之士，司空黄琼荐寔，拜辽东太守。行道，母刘氏病卒，上疏求归葬行丧。母有母仪淑德，博览书传。初，寔在五原，常训以临民之政，寔之善绩，母有其助焉。服竟，召拜尚书。寔以世方阻乱，称疾不视事，数月免归。

初，寔父卒，剽卖田宅，起冢茔，立碑颂。葬讫，资产竭尽，因穷困，以酤酿贩鬻为业，时人多以此讥之，寔终不改。亦取足而已，不致盈余。及仕官，历位边郡，而愈贫薄。建宁中病卒。家徒四壁立，无以殡敛，光禄勋杨赐、太仆彭逢、少府段颎为备棺材葬具，大鸿胪袁隗树碑颂德。所著碑、论、箴、札、七言、祠、文、表、记、书凡十五篇。

虞诩传

——《后汉书》卷五八

【说明】虞诩，生卒年不详，东汉中期名将。东汉陈国 武平（今河南柘城南）人，字升卿。出身于官宦之家。少聪慧，早孤，以孝顺祖母闻名乡里。初被征召太尉李□府，充任郎中。安帝永安四年（110），羌胡进攻并州、凉州时，曾建议李□任用西州豪杰为属吏，牧守长吏子弟为郎，以消除边患。后任朝歌长，设计镇压宁季领导的农民起义。升任武都太守，平息羌变，召回流亡，赈贷贫民，一郡得以安定。顺帝永建元年（126），为司隶校尉，弹劾中常侍张防弄权，被遣送到左校罚作苦役，不久被释放，任尚书仆射。这时长吏、二千石借"义钱"聚敛，因虞诩上书而止。因为他屡次抵触权贵，曾九次被责备，三次受到刑罚的折磨，然而刚强正直的性情终老不改。永和初年，升任尚书令，后免官。虞诩的一生，主要活动于东汉安帝、顺帝时期，他不仅是历史上有名的勇于揭发，敢犯权贵的刚直之士，更是一位具有高度指挥艺术的军事将领。他为人深沉，胸怀大略，精通兵法而不墨守成规，他巧妙地运用了"兵无常势"的原则，创造了古代战争中的典型战例，丰富了古代战争的指挥艺术，成为我国军事史上有影响的杰出人物。

虞诩，字升卿，陈国武平人。祖父虞经，充当郡县狱吏，判案执法平允，务必保留宽恕，每年农历十一月向上呈交正式的文书、布告等，常随之流泪。曾经颂扬说："东海人于公把闾里的门修建的比较高大，而他的儿子于定国结果官至丞相。我判决诉讼案件六十年了，虽然赶不上于公，但也差不多了！子孙为什么一定不能充当九卿呢？"所以给虞诩选取的字叫升卿。

虞诩十二岁的时候，能读通《尚书》。小小年纪就父母双亡，成了孤儿，孝敬奉养奶奶。县里推举他为顺孙，陈国国相认为他是非凡出众的人，打算任用他为吏。虞诩推托说："祖母年已九十，不是诩不能奉养。"国相就取消了原来的打算。后来祖母去世了，服丧期满除服，被君主征召到太尉李修府中，任命充当郎中。

永初四年，羌豪叛乱，侵扰破坏并州、凉州，大将军邓骘因为军队服役正费钱粮，事情不堪向前看，打算放弃凉州，集中力量对付北方的边患。于是他召集公卿进行商议。邓骘说："这就好比是破衣服，牺牲其中的一件去补另一件，还能得到一件整衣，不然的话，就两件全都不保了。"大家听了此言，只得赞同。虞诩听说了这件事，劝谏李修说："我听说公卿决策，应当放弃凉州，以我看来，未见其便。先帝开拓疆土，历尽辛苦，才取得了这块土地，而现在却因为害怕消耗一点经费，便将它全部丢弃。丢弃凉州以后，便以三辅为边塞；以三辅为边塞，则皇家祖陵墓园便失去屏障而暴露在外，这是极不可行的。俗话说：'函谷关以西出将，函谷关以东出相。'考察当地惯于从军作战和雄壮勇武的民风，确实超过其他州郡。如今羌人、胡人所以不敢占据三辅而在我汉朝心腹之地作乱的缘故，是因为凉州在他们的背后。而凉州人民所以手执兵器，并无反顾之心的缘故，是由于他们归属于

汉朝。如果抛弃凉州不管，迁徙那里的人民，人民安于故土而不愿轻易迁居他乡，必然产生叛变的意图。如果使得豪杰聚会，席卷向东，即使是用古代勇士孟贲和夏育当士兵，用姜太公做大将，仍然恐怕难以抵挡。但议者用补破衣做比喻，认为还可以保留一件，而我担心局势正如恶疮，不断侵蚀溃烂而没有止境！放弃凉州不是好的计谋。"李脩说："我没有考虑到这些，如果没有你这番话，几乎要坏了国家大事；然而想保凉州，须用什么计策？"虞诩说："今凉州骚动，人心不安，我担忧突然有异乎寻常的事变。实在应该命令朝中的公卿，各自征召该州豪杰数人，作为掾属，又引牧守令长子弟，都授予散官，表面上是一种奖励，用来回报他们父兄的功勋劳绩，而实质上是将他们控制起来，做为人质，以防叛变。"李脩赞赏他的意见，再次召集太傅、太尉、司徒、司空等四府进行商议。众人一致同意虞诩的意见。于是征召凉州地区有势力和有影响的人士到四府担任属官，并将当地刺史、太守和其他州郡高级官员的子弟任命为郎，进行安抚。

　　邓骘兄弟因为虞诩持不同意见，放弃凉州的计划未被采纳，所以对虞诩心怀不满，打算用吏法进法陷害。后来朝歌县叛匪宁季等几千人造反，攻杀官吏，聚众作乱连年，州郡官府无法镇压。于是邓骘便任用虞诩充当朝歌县长。虞诩的故人旧友都为他深感忧虑，前来说："调到朝歌后你多么衰老啊！"虞诩笑着说："立志不求容易，做事不避艰难，乃是臣子的职责。不遇到盘根错节，用什么来识别锋利的刀斧呢？"他一到任，便去拜见河内太守马棱。马棱勉励他说："您是一位儒家学者，应当在朝廷做谋士，为什么如今却到了朝歌呢？"虞诩说："我上任的第一天，读书人和做官的都慰问、勉励我。以我考虑，这是认为我不能有所作为的缘故。朝歌位于古代韩国与魏国的交界处，背靠太行山，面临黄河，离敖仓不过百里。而青州、冀州逃亡的难民用万数计算。但叛匪却不懂得打开敖仓，用粮食招揽民众，抢劫武库中的兵器，据守成皋，斩断天下的右臂。这说明对他们是不值得忧虑的。如今他们的势力正涨，我们难于强力取胜，兵不厌诈，请允许我放开手脚去对付他们，只不要有所约束阻碍即可。"等到上任以后，虞诩制定了三个等级，用来招募勇士，命掾史以下官员各自就所了解的情况进行保举：行凶抢劫的，属上等；斗殴伤人，盗窃财物的，属中等；穿着丧服不从事生产的，属下等。共收罗了一百多人，虞诩设宴招待他们，将他们的罪行统统赦免，命混入叛匪之中，诱使叛匪进行抢劫，而官府则设下伏兵等待，于是杀死叛匪几百人。虞诩还秘密派遣贫民能缝纫的人，受雇为叛匪制作衣服，这些人用彩线缝制裙衣，作为记号，叛匪穿上以后，有出入市街闾里的，总是被官吏捉拿。叛匪因此惊骇四散，都说有神灵在保护官府，朝歌于是安定。虞诩升任怀令。

后来羌人侵扰武都，邓太后知道虞诩有将帅的韬略，擢调他充任武都太守，并在嘉德殿接见他，厚加赏赐。数千羌军在陈仓崤谷集结，要拦截虞诩。虞诩得知后，立即下令部队停止前进，宣称："我已上书请求援兵，等授兵到后，再动身出发。"羌军听说了以后，便分头到邻县劫掠。虞诩趁羌军兵力分散的机会，日夜兼程，前进了一百多里。他让官兵每人各作两个灶，以后每日增加一倍，羌军不敢逼近。有人问虞诩说："从前孙膑使用过减灶的计策，而您却增加灶的数量；兵法说，每日行军不超过三十里，以保持体力，防备意外，而您如今却每天行军将近二百里，这是什么道理？"虞诩说："敌军兵多，我军兵少，走慢了容易被追上，走快了敌军便不能测知我军的底细。敌军见我军的灶数日益增多，必定认为武都郡已派兵前来接应。我军人数既多，行动又快，敌军必然不敢来追。孙膑是有意向敌人示弱，而我如今是有意向敌人示强，这是由于形势不同的缘故。"

虞诩到达武都郡府以后，查阅郡兵，不满三千，而羌军却有一万余人，围攻赤亭达几十日之久。虞诩便向部队下令，不准使用强弩，只准暗中使用小弩。羌人误认为汉军弓弩力量弱，射不到自己，便集中兵力猛烈进攻。于是虞诩命令每二十只强弩集中射一个敌人，射无不中。羌军大为震恐，退下。虞诩趁胜率领部下出城奋勇追击，杀伤很多敌人。第二天，他集合所有部队，命令他们先从东门出城，再从北门入城，然后改换服装，往复循环多次。羌军不知城内汉军多少，更加惊恐不安。虞诩估计羌军必然撤走，便秘密派遣五百余人在河道浅水处设下埋伏，守侯着羌军的逃路。羌军果然大举奔逃，汉军伏兵乘夜截击，大败羌军，斩杀俘虏的敌人数量很多。羌军从此溃败离散，南逃进入益州。于是虞诩查看研究地形，构筑营垒一百八十所，召回流亡的百姓，赈贷贫民，一郡逐渐安定。

永建元年，虞诩接替陈禅充任司隶校尉。几个月内，弹劾太傅冯石、太尉刘熹、中常侍程璜、陈秉、孟生、李闰等人，文武百官都对他不满，纷纷指责他苛刻。于是，三府联名上奏弹劾："虞诩违反常法，在盛夏大肆逮捕和关押无罪的人，吏民深受其害。"虞诩也向皇帝上书，为自己申辩说："法令是整齐风俗的堤防，刑罚是驾驭人民的衔铁和缰绳。然而现在的官府，州委任给郡，郡委任给县，层层往下推卸责任，百姓怨恨，投诉无门。并且，当今的社会风气，都以苟且容身为贤能，尽忠职守为愚蠢。我所查获的贪赃枉法案件，多种多样。三府因怕被我举报，于是先来诬陷我。但我决不怕死，我将踏着史鱼的足迹，向皇上尸谏。"顺帝看了虞诩的奏章，把司空陶敦免职。

当时中常侍张防利用权势，接受请托和贿赂，虞诩曾经多次请求将他法办，都没有得到朝廷批准。虞诩不胜愤慨，就自投廷尉监狱，上书顺帝说："过去孝安皇帝任用樊丰，于是废黜皇室正统，几乎使国家灭亡。现在张防又玩弄权势，亡国之祸，将再降临。我不忍心和张防在朝廷同列，谨自囚廷尉狱以报，免得让我重蹈杨震的覆辙！"奏章呈上之后，张防在顺帝面前痛哭流泪，为自己申诉，于是虞诩因罪，被遣送到左校罚作苦役。而张防仍然不肯放过虞诩，必欲置之死地。因此，两天之中，虞诩被传讯拷打四次。狱吏劝告虞诩自杀，虞诩说："我宁愿伏刑人之刀死于市上，让远近的人都知道。"宦官孙程、张贤等知道虞诩因为忠君遭罪，就相继上奏请求面见顺帝，孙程说："陛下开始与我们起事的时候，非常痛恨奸臣，深知任用奸臣，会使国家翻车。而今登极以后，却又自己纵容和包庇奸臣，又怎么能责备先帝不对呢？司隶校尉虞诩为陛下尽忠，却被捉拿关押。中常侍张防贪脏枉法，事实清楚，证据确凿，反而设计陷害忠良。今观天象，客星守羽林，这是宫里有奸臣的征兆。应该火速捉拿张防下狱，以堵塞上天所降的灾异。下诏令虞诩出狱，将印绶归还予他。"当时张防正站立在顺帝背后，孙程大声呵斥张防说："奸臣张防，为什么不下殿去！"张防迫不得已，小步快走，退入东厢房。孙程又对顺帝说："陛下，请马上捉拿张防，不要让他去向您的奶妈求情"顺帝又征求各尚书的意见，尚书贾朗一向与张防友好，证明虞诩有罪。顺帝疑惑不解，对孙程说："你们暂且出去，让我想想。"于是虞诩的儿子虞颉和门生一百多人，举着旗帜，等侯拦住中常侍高梵座车，向高梵叩头流血，诉说虞诩被冤枉的情况。高梵回宫后，将这一情况向顺帝作了汇报。结果张防因罪被流放到边疆，尚书贾朗等六人，有的处死，有的罢官，并于当天释放虞诩。孙程又上书陈述虞诩有大功，措辞非常直爽激烈。顺帝感动醒悟，又征召任命虞诩充当议郎。几天后，提为尚书仆射。

这时，长吏、二千石听任百姓犯法后，缴纳用以赎罪之钱，号称"义钱"。贪官污吏假为穷人储存之名，而行聚敛之实。虞诩上疏说："元年以来，贫民百姓上书说，六百石以上的官吏索取接受百万以上"义钱"的，匈匈不绝，因犯罪被强迫戍边或罚作劳役的吏民多达几千万，然而三公、刺史却很少有所提出上奏。不久前，永平、章和年间，州郡用走卒钱贷给贫民，司空弹劾考查，州及郡县官吏因此被罢免。现在应该遵循以前的典章制度，免除临时制定的法令、措施。"于是诏书颁发虞诩的奏章，严厉责备州郡。谪罚输赎从此停止。

此前宁阳县主簿赴皇宫上书，申诉该县县令的冤枉，积压六、七年没有察看。主簿于是上书说："我当陛下的儿子，陛下当我的父亲。我的奏章呈上多达百次，始终看不到批覆，我难道可以北赴匈奴，向单于报告怨仇吗"皇帝极为震怒，手拿奏章给尚书看，尚书于是弹劾，以为是大逆不道。虞诩反驳他们说："主簿为人申辩冤屈，也是君父的怨恨；百上不达，是主管官吏的过失。愚蠢之人，不值得多杀。"皇帝采纳了虞诩的建议，仅对宁阳主簿施以笞刑罢了。虞诩趁机对尚书们说："小人有怨，不远千里，断发割肌，赴皇宫报告申诉；而不为他处理，这难着是臣下的义举？你们与污浊的大官有什么亲，而与怨恨的人有什么仇呢？"听的人都很惭愧。虞诩又上奏说："台郎是显要的职务，是仕途上显达的台阶。现在有的一郡七、八人，有的一州无一人，应当让各地人数平均，以满足天下的愿望。"以及各奏章，多被听从采用。

虞诩喜爱侦察揭发，无所曲容，屡次因此抵触权贵，于是九次被

责备，三次遭受刑罚的折磨，而刚强正直的个性，终老不改。永和初年，升任尚书令，因公事削除官职。朝廷思念他的忠诚，又征召他，恰巧他去世了。临死，对他的儿子虞恭说："我以正直之道侍奉君主，自己的所作所为没有可惭愧的。所后悔的是充任朝歌长时杀叛匪几百人，其中怎能没有冤枉的。从此二十余年，家里有没有增加一人，这是得罪于天啊！"

虞恭有卓越的才能，做官做到上党太守。

（陈绍棣　译）

【原文】

虞诩字升卿，陈国武平人也。祖父经，为郡县狱吏，案法平允，务存宽恕，每冬月上其状，恒流涕随之。尝称曰："东海于公高为里门，而其子定国卒至丞相。吾决狱六十年矣，虽不及于公，其庶几乎！子孙何必不为九卿邪？"故字诩曰升卿。

诩年十二，能通《尚书》。早孤，孝养祖母。县举顺孙，国相奇之，欲以为吏。诩辞曰："祖母九十，非诩不养。"相乃止。后祖母终，服阕，辟太尉李脩府，拜郎中。

永初四年，羌胡反乱，残破并、凉，大将军邓骘以军役方费，事不相赡，欲弃凉州，并力北边，乃会公卿集议。骘曰："譬若衣败，坏一以相补，犹有所完。若不如此，将两无所保。"议者咸同。诩闻之，乃说李脩曰："窃闻公卿定策当弃凉州，求之愚心，未见其便。先帝开拓土宇，勤劳后定，而今惮小费，举而弃之。凉州既弃，即以三辅为塞；三辅为塞，则园陵单外。此不可之甚者也。谚曰：'关西出将，关东出相'。观其习兵壮勇，实过余州。今羌胡所以不敢入据三辅，为心腹之害者，以凉州在后故也。其土人所以推锋执锐，无反顾之心者，

汉书·后汉书

后汉书

一〇三四

为臣属于汉故也。若弃其境域，徙其人庶，安土重迁，必生异志。如使豪雄相聚，席卷而东，虽贲、育为卒，太公为将，犹恐不足当御。议者喻以补衣犹有所完，诩恐其疽食侵淫而无限极，弃之非计。”脩曰："吾意不及此。微子之言，几败国事。然则计当安出？诩曰："今凉土扰动，人情不安，窃忧卒然有非常之变。诚宜令四府九卿，各辟彼州数人，其牧守令长子弟皆除为冗官，外以劝厉，答其功勤，内以拘致，防其邪计。"脩善其言，更集四府，皆从诩议。于是辟西州豪杰为掾属，拜牧守长吏子弟为郎，以安慰之。

邓骘兄弟以诩异其议，因此不平，欲以吏法中伤诩。后朝歌贼宁季等数千人攻杀长吏，屯聚连年，州郡不能禁，乃以诩为朝歌长。故旧皆吊诩曰："得朝歌何衰，"诩笑曰："志不求易，事不避难，臣之职也。不遇盘根错节，何以别利器乎"始到，谒河内太守马棱，棱勉之曰："君儒者，当谋谟庙堂，反在朝歌邪？"诩曰："初除之日，士大夫皆见吊勉。以诩揆之，知其无能为也。朝歌者，韩、魏之郊，背太行，临黄河，去敖仓百里，而青、冀之人流亡万数。贼不知开仓招众，劫库兵，守城皋，断天下右臂，此不足忧也。今其众新盛，难与争锋。兵不厌权，愿宽假辔策，勿令有所拘阂而已。"及到官，设令三科以募求壮士，自掾史以下各举所知，其攻劫者为上，伤人偷盗者次之，带丧服而不事家业为下。收得百余人，诩为飨会，悉贳其罪，使入贼中，诱令劫掠，乃伏兵以待之，遂杀贼数百人。又潜遣贫人能缝者，佣作贼衣，以采綖缝其裾为帜，有出市里者，吏辄禽之。贼由是骇散，咸称神明。迁怀令。

后羌寇武都，邓太后以诩有将帅之略，迁武都太守，引见嘉德殿，厚加赏赐。羌乃率众数千，遮诩于陈仓、崤谷，诩即停军不进，而宣

言上书请兵，须到当发。羌闻之，乃分钞傍县，诩因其兵散，日夜进道，兼行百余里。令吏士各作两灶，日增倍之，羌不敢逼。或问曰："孙膑减灶而君增之。兵法日行不过三十里，以戒不虞，而今日且二百里，何也"诩曰："虏众多，吾兵少。徐行则易为所及，速进则彼所不测。虏见吾灶日增，必谓郡兵来迎。众多行速，必惮追我。孙膑见弱，吾今示强，势有不同故也。"

既到郡，兵不满三千，而羌众万余，攻围赤亭数十日。诩乃令军中，使强弩勿发，而潜发小弩，羌以为矢力弱，不能至，并兵急攻。诩于是使二十强弩共射一人，发无不中，羌大震，退。诩因出城奋击，多所伤杀。明日悉陈其兵众，令从东郭门出，北郭门入，贸易衣服，回转数周，羌不知其数，更相恐动。诩计贼当退，乃潜遣五百余人于浅水设伏，候其走路。虏果大奔，因掩击，大破之，斩获甚众。贼由是败散，南入益州。诩乃占相地势，筑营壁百八十所，招还流亡，假赈贫人，郡遂以安。

先是运道艰险，舟车不通，驴马负载，僦五致一。诩乃自将吏士，案行川谷，自沮至下辩数十里中，皆烧石翦木，开漕船道，以人僦直雇借佣者，于是水运通利，岁省四千余万。诩始到郡，户裁盈万，及绥聚荒余，招还流散，二三年间，遂增至四万余户。盐米丰贱，十倍于前。坐法免。

永建元年，代陈禅为司隶校尉。数月间，奏太傅冯石、太尉刘熹、中常侍程璜、陈秉、孟生、李闰等，百官侧目，号为苛刻。三府劾奏诩盛夏多拘系无辜，为吏人患。诩上书自讼曰："法禁者俗之堤防，刑罚者人之衔辔。今州曰任郡，郡曰任县，更相委远，百姓怨穷，以苟容为贤，尽节为愚。臣所发举，臧罪非一，二府恐为臣所奏，遂加诬罪。臣将从史鱼死，即以尸谏耳。"顺帝省其章，乃为免司空陶敦。

时中常侍张防特用权势，每请托受取，诩辄案之，而屡寝不报。诩不胜其愤，乃自系廷尉，奏言曰："昔孝安皇帝任用樊丰，遂交乱嫡统，几亡社稷。今者张防复弄威柄，国家之祸将重至矣。臣不忍与防同朝，谨自系以闻，无令臣袭杨震之迹。"，书奏，防流涕诉帝，诩坐论输左校。防必欲害之，二日之中，传考四狱。狱吏劝诩自引，诩曰："宁伏欧刀以示远近。"宦者孙程、张贤等知诩以忠获罪，乃相率奏乞见。程曰："陛下始与臣等造事之时，常疾奸臣，知其倾国，今者即位而复自为，何以非先帝乎？司隶校尉虞诩为陛下尽忠，而更被拘系；常侍张防臧罪明正，反构忠良。今客星守羽林，其占宫中有奸臣。宜急收防送狱，以塞天变。下诏出诩，还假印绶。"时防立在帝后，程乃叱防曰："奸臣张防，何不下殿！"防不得已，趋就东箱。程曰："陛下急收防，无令从阿母求请。"帝问诸尚书，尚书贾朗素与防善，证诩之罪。帝疑焉，谓程曰："且出，吾方思之。"于是诩子颛与门生百余人，举幡候中常侍高梵车，叩头流血，诉言枉状。梵乃入言之，防坐徙边，贾朗等六人或死或黜，即日赦出诩。程复上书陈诩有大功，语甚切激。帝感悟，复征拜议郎。数日，迁尚书仆射。

是时长吏，二千石听百姓谪罚者输赎，号为"义钱"，托为贫人储，而守令因以聚敛。诩上疏曰："元年以来，贫百姓章言长吏受取百万以上者，匈匈不绝，谪罚吏人至数千万，而三公，刺史少所举奏，寻永平、章和中，州郡以走卒钱给贷贫人，司空劾案，州及郡县皆坐免黜。今宜遵前典，蠲除权制。"于是诏书下诩章，切责州郡。谪罚输赎自此而止。

先是宁阳主簿诣阙，诉其县令之枉，积六、七岁不省。主簿乃上书曰："臣为陛下子，陛下为臣父。臣章百上，终不见省。臣岂可北诣单于以告怨乎？"帝大怒，持章示尚书，尚书遂劾以大逆。诩驳之曰："主簿所讼，乃君父之怨；百上不达，是有司之过。愚蠢之人，不足多诛。"帝纳诩言，笞之而已。诩因谓诸尚书曰："小人有怨，不远千里，断发刻肌，诣阙告诉，而不为理，岂臣下之义？君与浊长吏何亲，而与怨人何仇乎？"闻者皆惭。诩又上言："台郎显职，仕之通阶。今或一郡七八，或一州无人。宜令均平，以厌天下之望。"及诸奏议，多见从用。

诩好刺举，无所回容。数以此忤权戚，遂九见谴考，三遭刑罚，而刚正之性，终老不屈。永和初，迁尚书令，以公事去官。朝廷思其忠，复征之，会卒。临终，谓其子恭曰："吾事君直道，行已无愧，所悔者为朝歌长时杀贼数百人，其中何能不有冤者。自此二十余年，家门不增一口，斯获罪于天也。"

恭有俊才，官至上党太守。

张衡传

——《后汉书》卷八九

【说明】张衡（公元78—139年），字平子，东汉南阳郡西鄂（今河南召县石桥镇）人，东汉时期的著名科学家和文学家。早年游学长安，后就读于京都洛阳太学。精通五经、六艺，才学出众。曾两度担任太史令，掌管天文、历法等工作十四年之久。阳嘉元年（132年）升任侍中。晚年任河间相（治所在今河北献县东南）、尚书。他一生精力充沛，勇于创新，在天文、历法、地理、机械、仪器制造以及文学等许多领域，都做出了杰出的贡献。

他在前人工作的基础上，创制了我国古代第一台自动的天文仪器——水运浑象。这种仪器十分精巧，并令人信服地验证了浑天说的正确性。还撰有天文学名著《灵宪》。此书认为宇宙是在演化的，其过程可以分为三个阶段，每一个阶段都是其前一阶段长期渐变的结果，而且前后两个阶段又是由突变的方式相衔接的。另外，张衡还认为"宇之表无极，宙之端无穷"，这则是关于宇宙无限性的精辟论述。他还认为日月五星在恒星间运动速度的快或慢，是由它们离天的远或近决定的，二者间的关系是"近天则迟，远天则速"反映了他关于日月五星与地球的距离有远近的科学观点。并第一次正确解释了月食的成因，说明月光是日光的反照，月食乃因月球进入地影而成。对于陨星和彗星，张衡也有很精彩的论述，他以为陨星原是与日月星一样绕地运行的天体，只是当其运动失去常态时，才自天而降成为陨石的。并把彗星与恒星相区别，归于五大行星的范畴内，亦即把彗星归于太阳系内的天体，这一认识也是十分可贵的。

张衡曾对恒星进行了长期的观测和统计工作。他把星空共划分成444个星官，计得2500颗恒星，这还不包括他从航海者那里得知的在南半球看到的星宿。这一工作不仅大大超过了石申、甘德的同类工作，而且亦非他的同代人甚至后世人可比拟。

张衡还曾致力于当时历法问题的研究。他在历法问题上的最大贡献是创立了关于黄道宿度和赤道宿度之间换算的方法。张衡的这一研究成果，被刘洪最先引进《乾象历》中，对后世历法产生了很大的影响。

公元132年，张衡制成了世界上第一架地震仪——地动仪，这是他长期致力于地震研究的硕果。据记载，地动仪曾成功地记录了公元138年发生在甘肃的一次强震，证明张衡地动仪的可靠性和准确性。

张衡还研究过地理学，曾撰有《地形图》一卷，基中可能附有地形图，此书一直流传到唐代。在数学方面，他对圆周率、球体积的计算法等问题作了研究，所采用的 $\pi = \sqrt{10} = 3.162$，是当时比较好的一个数值。张衡又是当时有名的文学家，有不少歌赋之作流传于世，其中以《二京赋》尤为著名。他还是一个画家，曾被入列为东汉六大名画家之一。

张衡，字平子，是南阳郡西鄂县人。世代是有显著名望的家族。

祖父名张堪，任蜀郡（今四川成都）太守。张衡少年时就善于写文章，他到故都长安城及其周围的三辅地区（今陕西中部一带）游览考察，后来到京都洛阳，在最高学府太学里学习，故精通《诗》、《书》、《礼》、《易》、《春秋》五经，通晓礼、乐、射、御、书、数六艺。他虽学识渊博，才华出众，而不骄傲，也没有自以为超过别人的情形。喜欢过平淡安静的生活，不爱与一般人交往。汉和帝永元年间（公元89—104年），地方上曾推举他做孝廉，他未就任。三公官府连续几次招聘他去做官，他都不去上任。当时国家太平时间较久，从王侯以下的文武百官，没有一个不过分奢侈的。于是张衡模仿班固作的《两都赋》（按：即《西都赋》和《东都赋》），撰著《二京赋》（按：《西京赋》和《东京赋》），因以委婉曲折的语言劝谏朝廷。精心构思文章内容，文句附益综合，历时十年才写成功。他的文章很多，这里不予刊载。大将军邓骘爱慕他的才华，屡次招他进京做官，都被他拒绝了。

张衡擅长机械制作方面的技巧，尤其善于研究天文、阴阳和历算。平时爱好并沉溺于扬雄的《太玄经》之中，他对崔瑗说："我学习《太玄经》，才知道扬雄极妙的天文哲学和天文历法知识，《太玄经》可与《五经》相题并论，不象记载传闻一类的书，使人难以深究阴阳之学，这是汉王朝建立二百年来难得的好书。再过二百年，大概更将完善！所以作者的学问技艺，必然留传于世，这是符合常理的。至汉王朝建立四百年时，玄学一定要兴盛起来。"汉安帝素常听说张衡善于天文历法及阴阳之学，便由公车官署特别征召，授予郎中官职，后又升为太史令。于是就研究核实日月星辰及天体运转规律。他精于天文，以此平定四时，创制了用以观测和计算天体位置的浑天仪，撰写了天文学著作《灵宪》和网罗天地计算的《算罔论》，其论述都很详细明确。

汉顺帝刘保初年，再次变换官职，后来又官复原职，仍任太史令。张衡不羡慕为世所用，所任官职，常常多年不迁升。他曾免去太史令职位，五年后又恢复原职。于是他用设主客问答的文体，撰写《应间》一文，回答别人因他未能升官而引起的非难，以表示自己决心致力科学，不攀权贵的志向，该文说：

有非难我的人说：原来听说从前有作为的人首先从事的是，下学人事，上知天命，辅佐君王治理国家，管理百姓，这样才叫有所作为。听到了圣人的道理，立刻就实行它。所做所为，以表明美好的声誉。因此，伊尹想使君王成为尧、舜一样的贤明君王，使百姓也象生活在尧、舜时代一样，他难道是说说而已吗？不过是必定要表明真心的情志罢了。咎繇单、巫咸，实在是守护殷商王朝的贤臣，申伯。樊仲，实在是护卫周宣王的卿士，穿礼服上朝，是为了吉祥。他们的不朽事迹，其功绩世世代代留传下来，不是非常伟大的吗?! 且学问只是用来谋求利益，而且要积聚富贵。做官以推行政令，富了要实施仁爱，施行仁爱政通令行，所以《周易·系辞上》称这是"大业"。事物本质之美是凭其外表的花纹表现出来的，植物开花之后才能结出果实，器物依靠精美的雕刻装饰才能成为上等物品，人只有穿戴华贵的衣冠，乘坐上乘的车马，才能显示尊荣。你的品行合乎"德"的标准，而且自身走上正道，坚信实行仁爱，严格要求自己，技艺广博精深，具有一往无前的精神，求得出仕，这何以会是久远的啊！以往就曾长久地任太史令不得升迁，现在又回来担任原职。虽然老子说委曲才能保全自己，前进如同后退，然而还是需要以不进来争取前进的。一定是你的技艺有所缺陷，而且学非所用，因此就出现面对要过河而渡船却没有桨的情况。而白白地锐意钻研天文历法，作浑天仪，著《灵宪》，显示出了独特的智慧，但对治国理民又有何用呢？因此，我曾被见识浅陋的儒生诽谤。涉水时，水深需要把衣服揭到腰带以上，水浅则需要把衣服揭到膝盖以上，自己的行为顺应时俗才合乎道理，为何要贪图支离益的屠龙技术，而去学习那不切实际的技艺呢？你能制造经过机械传动令木人击鼓记载里程的记里鼓车，能制造独自飞行的木雕机械，自己却不能飞黄腾达又返回到原来的史官职位上，为什么不能调整机械使自己也顺利高飞晋升呢？过去有位周文王，自己求得多种福分。人一生成就在于勤奋，不奋斗就没有收获。为什么不委屈一下你自己在技术方面的才能，以获得别人的赞美来取胜世人呢？鸟儿栖身在高大的树上，才能唱出金玉之声，求仕者获得高的位置，才能振扬德音，用今后的功勋来洗刷以前的耻辱。如果刚愎乖戾不顺世人之情，那么试想还会有谁来同情你呢？

我对这些人的答复说：为什么观看到的同一事物而见解不同呢？人格高尚的人不惧怕地位不受尊崇，而惧怕道德不崇高；不耻于奉禄多少，而耻于知识不渊博。所以技艺应该学习，而且要努力地去学习它。天子高悬爵位，谁能得到它则全在于命运，或许不去追求它的反而自己来了，或许渴望得到它的反而达不到目的，苦苦追逐没有益处，因此有见识的人面对它而并不总是想着它。自己总想靠侥幸得到荣禄是危险的，那是十分贪婪人的行为，还没有得到就早已丧失掉了。想以小有所屈而获得较大的利益，议论的人对此无不指责，这种为满足欲望而损害志向的行为，谁说不是羞耻的呢？心里怀疑食物来路不正，就是餐具里盛有美味的食品也不愿意吃，爰旌瞀就是这样做的。思想上认为毫无疑问的合理之事，就是给予满百兼金（按：价倍于一般的金）也不疑忌推辞，孟轲就是这样做的。具有某种品质或技能的人，有些脱去粗陋衣服而穿上官员礼服（按：指春秋时卫人宁戚），有些抛弃铁锹和筑墙的木杵而当了官（按：指殷代的传说），根据德能授予官爵，按照功绩受到相应的奉禄。贡献力量，获得功劳，凭借功劳，接受某种禄位。

开天辟地之初，天体运行规律还不清楚，吉祥和凶险之事常常交错在一起。人类因此处于蒙昧状态之中。皇帝为此感到悲惨。其宰相风后，于是明白了原因，通过对宇宙中日、月、星三辰的考察推究，追寻天体运行变化与人间祸福的相应关系，规划整理节气历法，然后认识到自然界的运动变化有一定的规律，这是风后所做的。在少昊清阳的晚期，确实有的人乱了德行，人神混杂纷扰，不能辨别名分，少昊之子重，颛顼之子黎又帮助颛顼对其进行治理整顿，日月按规律顺序排列，这是重、黎所做的。人各有自己的本领和技能，依照技艺委以职务，鸟师少昊以鸟名官，对其名称加以区别，四位叔叔分掌三种官职，每一官职各有专掌之事，数件事情不能同时成功。白天长夜间短，太阳在南则影子在北。天都不能使昼夜相等，阳光和影子同一方向，人又怎能兼容并备呢？那些黑龙，遇到适当生活的夏季，就乘云腾空而舒展开鳞甲生气勃勃地翱翔，这是龙最快乐的生活季节，到了冬季就钻到泥里盘曲地潜伏着，避免受到伤害。文王之子周公能够实现自己的政治主张，故制定礼乐制度以治理天下，就惧怕教训者没有遵循，有人不受其管理压束。孔丘一生未能遇到认识自己才能和抱负的君主而导致自己的政治主张不能实现，所以才著述《诗》、《书》、《礼》、《乐》、《易》、《春秋》六种儒家经典，以等待后世君主来实行它，而且唯恐有一件事自己没有想到，使那种事没有规范。周公姬旦与孔子所处境遇不同，怎么能一地对待事物呢？

战国时期，诸侯国之间战争不断，冥车象竞赛似地驱使着去打仗，君主象旗帜上的附属品一样成为装饰的东西，随时可以被更换，老百姓一会属这个君主统管，一会儿又属另一个君主统管，无所依附。秦兵围郑，郑伯派烛之武夜里从城墙上用绳子拴着吊下去说秦，而使秦伯退兵；燕将守聊城，齐人久攻不下，鲁仲连写信系在箭上射入城中，燕将阅后自尽而停止了军事行动；战国时，合纵说客苏秦往则各诸侯国联合，连横说客张仪来则各诸侯国又分离，连兵拒秦则安，诸侯分离，独自讨秦则被各个击破。各诸侯国举棋不定，以致安危无常，关键在于游说的人。这些都说明得到人才就能胜利，失去人才就会犯错误。樊哙率诸将闯入内宫，进见汉高祖刘邦，刘邦岔开两腿、边洗脚边召见郦食其，郦食其指出，你想诛灭暴秦，就不应该这样对待长者，于是刘邦向郦食其道歉。当此时机，乃需要君臣相应。如果能同心合力，时常同体恤人民的疾苦，受各诸侯国百姓的拥护，就能够稳定帝位，这都是因为获得了谋臣的帮助。所以，一个普通人的谋画，能建立各自的功勋，司马迁作的《史记》都有所记载，其灿烂的功绩依不同情况，记载得清清楚楚。干旱之神退走了，能兴云作雨的神龙才能在太空翱翔；朝廷的舞乐兴盛了，军队的舞乐就停息了；当盛夏之时，鹑火也退至酉位，寒冰凝结的季节，鼋鼍就冬眠了，现在，皇帝的恩惠普遍地润泽人间，国家统一，各地的质、剂等不同贸易券契都通用了，如果还没有功夫去完成著述，还谈得上建立什么功劳！立事有三，即太上立德，其次立功，再其次立言。立言即为著述，是立事中最末一项，如果最末的立言之事的希望不能达到，哪里还能希望达到立德与立功呢！

现在士大夫如天上的云彩，读书的人象树木一样成林，仕途顺利的人意气发舒，得意洋洋；仕进无路的人居于穷乡辟壤，心情抑郁，会有什么样的遭遇难以预测，还是趋吉避凶为好。世界是变化的，习俗千差万别，事物错综复杂，不能顺应事实情况的变化而变化，而用同一尺度去衡量复杂的事物，那就如同刻舟求剑，守株待兔一样了。冒着羞愧而放任心愿，必然要发生无道德的行为，这是有道德修养的人决不会去做的。越王勾践所作的"冒愧逞愿"之事，结果使帝王基业几乎不能长久地相传下去。用巧妙的手段很快达到不正当的目的，我不愿走那样的路，谋求晋升官职，苟且求容，我不愿缩着肩膀去奉承讨好，取悦于别人的赏识，虽有犀牛皮制造的坚舟及劲桨，别人渡河了，我却尚要等待。为人处事只有尊奉自然和顺的原则，格守忠实笃厚的信条，做官食禄，得之不以为荣，不得不以为耻。对名利视而不见，心中便不会失去清明，身处低位而不忧愁，这确实是具有高尚道德的人所时刻注意的事。正要以天老为师而地典为友，和他们一样具有不同流俗，清高傲岸的态度，黄帝的臣子尚且不足以羡慕，哪里还赞扬殷商时的贤臣彭咸和周聃（按：老子李聃）。我的生活态度与世不同，虽然只自己一人如此，但仍坚持不懈地追求。您担忧朱泙漫的才能不能得到应用，我却恨轮扁的斫轮技艺不能用语言来

传授给别人。你看到雕琢成器的木雕能独自高飞，怜悯我不能升迁高官而再次任史官之职，我却感叹你丢弃井底之蛙的固陋之见，却又去迁就鸱鹗嗜好腐鼠的口味，可悲你先笑而后又号哭啊。

斐豹杀掉了督戎，烧掉了丹书；礼至把国子挟着扔到城外，作了记载功绩的铭刻；弦高用牛群犒赏来犯的秦兵，而使之退敌；墨翟用解带为城制止攻宋，而保全了城市；贯高以正辞独自承担罪责，而显示了高尚的道义；苏武被匈奴扣留，持汉节牧羊直到节旄尽落，表现了效汉的忠贞气节；蒲且擅长使用射鸟短箭，而显露出高超的技巧；詹何的钓鱼技术，达到了精妙的地步；弈秋以高妙的棋术，而获得了声誉；王豹因善于唱歌，而名声流传。我前进不能把名字与立德、立功者并列，后退不能和上述的斐豹等人一样。担忧三皇之书《三坟》已经消亡，婉惜八卦之书《八索》没有人整理。期望推究前人的榜样，如且如老子任柱史一样，虽在朝廷为官，但淡泊恬退如同隐居。将美玉藏在木闸中等待识货者，按照颜回出仕与隐居的态度对待自己的进退，连晋、楚那样富裕也不羡慕，敢于以此告诫于挚友。

汉顺帝阳嘉元年，张衡又创制了测定风向和地震方位的侯风地动仪。这种仪器是用纯铜铸造而成的，圆径八尺，上有隆起圆盖，外形象一个酒坛子，仪体的外表刻有篆体文字以及山、龟、鸟兽等图形，仪体内部的中央立着一根能作惯性运动的摆柱，连着指向东、西、南、北、东南、东北、西南、西北八个方向的八根横杆，安装着连动的机关枢纽，仪体外部八个方向铸有八条龙，每个龙头朝下，嘴里都各衔有一个铜球，对应于每个龙头的下方铸有八个蟾蜍，都张着嘴准备承接铜球。其内部的构件都巧妙地牵制着，起灵活的传动作用，这些都隐蔽地装在如同酒坛子里面，盖上外盖则周围紧密无缝。如果发生地震，地动仪内的摆柱因此受到振动，触击某一个方向的横杆而发动其他机械，使相应的龙头张开嘴巴吐出铜球，落在下面铜蟾蜍的嘴中，两者相撞时发出很大的响声，监视地动仪的人因此就知道发生了地震。某个方位的地震使一条龙内的机械发动，而其他七条龙头不动，从吐出铜球的那条龙头所指的方向，便可测知地震发生的方向。事实证明，实际地震情况与在地动仪上测到的地震情况完全吻合，据前代文献所记载，当不知道有地震发生的时候，曾经有一条龙机发动而没有感觉到有地震现象，京城的学者们都惊疑张衡的地动仪不灵验。几天以后，官方传达消息的驿卒到来，陇西（今甘肃临洮县一带）果真发生了地震（按：发生在公元138年2月3日，这是世界地震史上第一次被测定的地震），于是大家都佩服这种仪器精准巧妙。从此以后，便命令史官用这个方法开始记载地震情况。

那时国家政事日渐败坏，皇帝的统治大权落到了外戚与宦官手中。张衡因此向皇帝呈上奏折，陈述这些事情说："唯有陛下通达的智慧和美好的德行，受到人民敬仰，本应承受天意继承皇位，但中途遭到颠覆，帝王的美德一度被埋没了。今得以迅速升迁，登上至高无上的皇位，正如人们所说，将要登上崇高位置的人，必定是先要经历一番艰难困苦。亲身经历过艰难困苦的人才能知道百姓的疾苦，历经过很多的艰险难易的人才能明辨事物的真伪，所以能处理种种事务，什么问题都能解决，所有的事都能处理得很妥当，政绩显著，诸业兴盛。怪不得神灵赐给福禄，百姓给予荣誉。而今天下人事对立局面未得解决，灾祸不断发生，神灵虽然遥远，但暗地相合的儆戒就在眼前。仁政赐福，淫乱降祸，就像影子和声音一样随之而来。注重恩惠道德就会产

生美好的结果，坚持过错就会带来祸患。通向天堂的道路虽然遥远，但吉祥和凶恶的事是可以看见的。近代的郑众、蔡伦、江京、樊丰、周广、王圣等人都可以效法。所以，恭敬俭朴、威严禁忌、必受到福气。奢侈荒淫，谄媚怠慢，很少不被杀戮的。记取以往的经验教训，可以作为以后的借鉴。情欲胜过天性，随欲而行，不知回首，难道只是不贤吗？中等才能的人都是如此。假若不是贤达，见有所得不考虑它是否符合道义，积累坏事而成罪过，其罪是不可原谅的。当初假使能瞻前顾后，做事谨慎周到，将前事当成镜子而引以为戒，则怎么能落入凶险灾难的境地呢？高贵宠幸的臣子，大家都敬仰，臣子有罪过，上上下下的人都知道。赞扬美好的事，非难丑恶的事，大家的想法都是一样的。怨恨之言充满四海，神明降其祸害邪僻。常年雨水不充足，反思有什么过失，正如《洪范》书中所说：'国君行为有差错，则出现久旱不雨。'担心群臣穷奢极欲，昏庸地越过法典和礼教，从下面影响到上面，因此加速了灾祸的到来。前年（按：汉顺帝永元三年，即公元128年），国都洛阳发生地震，山崩地裂，地震的强烈破坏，给震区人民造成严重的灾难。君以静治于前，臣以动治以后，威望出自君主，不趋于下级，是合乎礼治施行的政治。我内心很担心圣上对治理国家的事有懈怠情绪，制度、政令不是完全出于皇帝一人，不能下决心政专于己，让群臣与圣上具有同样的威望。君威不可分于他人，君德不能让别人共有，正如《洪范》中所说：'臣下如擅专威福和美食，就有害于国家。'上天鉴察甚明，虽然离得很远也不遗漏。上天以灾异警示于人，前后已有数次了，但未看出有什么改变，所以灾祸反复出现。自然不是圣人，就不可能没有过失。希望陛下考虑，所以才考察古代率由旧章，不要使驾驭臣下的刑德八柄（按：即君主驾驭臣下的八种

手段。《周礼·天官·大宰》：'以八柄诏王驭群臣。一曰爵，以驭其贵；二曰禄，以驭其富；三曰予，以驭其幸；四曰置，以驭其行；；五曰生以驭其福；六曰夺，以驭其贫；七曰废，以驭其罪；八曰诛，以驭其过。'），不由天子。如果恩泽都由皇上施给下面，事事依据礼制，礼制完善了，奢侈越轨的行为就不会发生，事情合理相宜就没有凶患过失。然后神灵也因为天下治理恰当，而灾祸消除不会再有了。"

东汉开国之初，汉光武帝刘秀善于用图谶来预言治乱兴废、吉凶得失，到汉明帝、汉章帝，还是效法祖先。刘秀建立东汉，振兴汉朝之后，儒家学者都争先恐后学习宣扬神学迷信的图谶和纬书，并且还加附以迷惑人的妖言邪说。张衡认为图谶和纬书都是虚妄之言，不是圣人的说法，于是向皇帝上疏说："我听说圣人明确审定阴阳历法以确定吉凶，重视用龟甲和蓍草占卦，同时也采用九宫（按：中央宫加上卦的八宫）的方法占卦，通过天象以验证人事间的吉凶之道，一直都是这样做的。有的是观察星辰运行合乎规律可不符合规律，来确定千万气候寒暖变化的原因，有的是根据龟甲和蓍草的占卦、策问情况而进行吉凶判断，女巫男觋装神弄鬼祈祷预言吉凶，他们这样做的根据，其道理是各不相同的。事先确定各种现象所预示对应的吉凶祸福，然后再以事实去证验，因为一些有知识的人推崇它，所以称之为谶书。谶书开始出现的时候，知道它的人很少，从汉朝代替秦朝，经过激烈的战争才建立汉朝，功成业就，可谓是件大事情，就是在这个时期，尚没有出现图谶之学。如西汉时期的经学家夏侯胜、眭弘等人，都以讲阴阳灾异等学术而闻名，在他们的著述中，没有一句讲谶书的事。西汉的经学家和目录学家刘向、刘歆父子，所领导校订的国家秘藏图书，查阅审定的所谓儒家、道家、阴阳家、法家、名家、墨家、纵横家、杂家、农家九家之学术著作，也没有谶说的记录。汉成帝和汉哀帝之后，才开始听到谶说之言。《尚书》记载上古帝王唐尧命令部落首领鲧治理洪水，鲧用了九年时间而绩业无成，被杀死在羽山，大禹奉首领虞舜之命继续治理江河、兴修水利，获得了成功。而《春秋谶》却说是由名叫共工的人治理的洪水。凡图谶之书都说黄帝讨伐蚩尤，而唯独《诗谶》一书认为是"蚩尤失败，然后是唐尧受命。《春秋元命包》中有公输般与墨翟（墨子）的故事，其事出自战国时期，并非是春秋时代的事情。该书又说"另外有个益州"，而益州（今四川境内）的建置始于汉代。长安周围三辅地区的帝王坟墓，历代都可知道。至于谶书图中的内容终止于汉成帝时。同一卷书，几件事前后说法互相矛盾，圣人的言语势必不能象这样的。恐怕一定是一些弄虚作假的人要挟世人，以骗取资财。过去有位在宫廷任侍中之职的贾逵（字景伯，是天文学家和经学家），他曾摘录谶书中互相矛盾的事三十余件，那些宣扬图谶的人都不能解答。至于王莽篡夺汉朝的王位，给西汉造成莫大的祸患，八十卷所谓谶纬之书为什么没有预言而引起人们的戒备？由此可见，图谶纬书形成于西汉哀帝刘欣和平帝刘衍之际。而且《河图络书》（共十五卷）和《六艺》共三十六卷）的篇幅，著录已经固定，后人想加上谶纬之说，是不容许轻易改动的。东汉永元年间，清河郡的谶纬学者宋景根据历史记载推测，预言要发生水灾，并且虚妄地说，他很清楚地看见了伏羲氏传给大禹平治水土的玉简。有些人以至于放弃家产，逃往山上，以避水灾。后来都没有应验，于是又重新采取以往已发生过的事，用来作为验证。至于东汉顺帝刘保恢复帝位，谶纬家们也未能预先知道。所以，谶纬之说是欺骗世人、有害风俗的虚妄之言，以此来欺瞒皇上和达官贵族，事情的真假十分明显，不如将其揭露和禁止。何况律历、卦候、九宫、风角之卦占，常常能够得到应验。世人就是不肯学习，而且竟然认为是不可信的。就好象绘画家，实际存在的东西难以画得像，而虚假的东西可以随意乱画，别人不好讲究。应该把收藏的图谶之书，一概严令禁绝使用，才能使正邪不再有所混乱，各种典籍就无缺点和受到玷污了。"

张衡于阳嘉元年（公元 132）升任公车司马令侍中，皇帝召引他到自己所住的宫内任职，他在皇帝左右，常以含蓄的语言议论政事，并给予暗示和劝告。皇帝曾问张衡天下有什么憎恨厌恶的事情，宫中的太监们害怕所作的坏事被告发而毁掉自己，都用眼睛看着他，于是张衡未用真话对答而离开。宦官竖子们唯恐日后会有所祸患，索性都在皇帝身边说他的坏话。

张衡常常图谋自身安全之事，认为吉凶之间具有依赖转换关系，其结果难以预测。于是就撰著《思玄赋》，用以宣扬、寄托自己的感情和志向。

汉顺帝刘保永和初年，到诸侯国河间（今河北献县东南）作相。当时河间国王刘政态度骄横，各种设施超过出了与自己身分相应的规定，不遵守制度法令；又有很多豪强大族，也和河间王一样做出不合法度的事。张衡一到任，严明法律，整顿法度，暗中查明奸党的姓名，很快将这些人捉拿归案，于是从上到下的人都规规矩矩，没有人敢再做越轨的事，人们都称颂他对国家政事治理很好。任职三年，上书请求退休，未获允准，被征召授以尚书之职，协助皇帝管理文书等事。东汉永和四年（公元 139 年）逝世，终年六十二岁。

著有《周官训诂》，崔瑗认为与诸儒生不能有什么不同。张衡又想继孔子研究、解释《周易》所作的《彖》、《象》之书尚未完成的部分，遗憾的是最终未能完成。还著有诗 、赋、铭、七言、《灵宪》、《应间》、《七辩》、《巡诰》、《悬图》等共三十二篇。

汉顺帝永初年中，谒者仆射刘珍、校书郎刘桃骏等在洛阳南宫东观从事著作，修撰《汉记》，据此制定汉代的礼仪制度，上书请求张衡参加研究其事，恰巧此时刘珍、刘桃骏二人相继逝世了，因而张衡常常因此叹息，想最终完成这件事情。他在做侍中期间，上疏请求允许他专门从事东观的修撰事业，收捡整理遗文，全力继续修撰《汉记》。又条陈司马迁、班固所记叙的与典籍不相符合的事有十多项。还认为王莽传中只应该记载他篡位的事就足已了，至于逐年逐月记录国家大事及灾祥，宜放在《元后本纪》中。又认为淮阳王刘玄即位，为大家所公认。刘玄于光武帝刘秀初年为将军，然后即皇帝位，所以应该以更始年号建于光武年号之初。多次上书，始终不被采纳。到了后人著述的时候，都不详备，对此人们感到很遗憾。

范晔评论道：崔瑗称颂张衡说："技术穷究天地，制作和自然造化相同。"他"数术"与"制作"的精巧细密难道能用语言表达出来的吗！推究张衡设计制作浑天仪和候风地动仪的巧夺天工的构思，似乎天地都无法包蕴他的灵秀之气；运用心思制作候风地动仪等机械，世界上任何人的智慧都不能与他相提并论，所以说他的思路深刻精微，是人的智慧在当时所能达到的最高水平。《礼记·乐记》上说："德行先建立起来，而后技艺才能方能获得发展。"衡量张衡这种才智思虑，难道仅仅是"艺"吗？他的技艺精巧，对德行又有什么损害呢？

范晔称赞说：天、地、人三才之理，本当相通，但人的性灵却多有所蔽，所以很少有人能穷究天地之理的。张衡则近者能推究各种"数术"技艺，远者又能钻研出深奥不易被人知道的规律法则。如果没

有深刻悠远的思考，怎么能够如此明晰、清楚呢？

（赵慧芝 译）

【原文】

张衡，字平子，南阳西鄂人也。世为著姓。祖父堪，蜀郡太守。衡少善属文，游于三辅，因入京师，观太学，遂通《五经》，贯六艺。虽才高于世，而无骄尚之情。常从容淡静，不好交接俗人。永元中，举孝廉不行，连辟公府不就。时天下承平日久，自王侯以下，莫不逾侈。衡乃拟班固《两都》，作《二京赋》，因以讽谏。精思傅会，十年乃成。文多故不载。大将军邓骘奇其才，累召不应。

衡善机巧，尤致思于天文、阴阳、历算。常耽好《玄经》，谓崔瑗曰："吾观《太玄》，方知子云妙极道数，乃与《五经》相拟，非徒传记之属，使人难论阴阳之事，汉家得天下二百岁之书也。复二百岁，殆将终乎？所以作者之数，必显一世，常然之符也。汉四百岁，《玄》其兴矣。"

安帝雅闻衡善术学，公车特征，拜郎中，再迁为太史令，遂乃研核阴阳，妙尽璇机之正，作浑天仪，著《灵宪》，《算罔论》，言甚详明。

顺帝初，再转，复为太史令。衡不慕当世，所居之官，辄积年不徙。自去史职，五载复还，乃设客问，作《应间》以见其志云：

有间余者曰：盖闻前哲首务，务于下学上达，佐国理民，有云为也。朝有所闻，则夕行之。立功立事，式昭德音。是故伊尹思君为尧舜，而民处唐虞，彼岂虚言而已哉，必旌厥素尔。咎单、巫咸，寔守王家。申伯、樊仲，实干周邦，服衮而朝，介圭作瑞。厥迹不朽，垂烈后昆，不亦丕钦！且学非以要利，而富贵萃之。

贵以行令，富以施惠，惠施令行，故《易》称以"大业"。人以舆服为荣。吾子性德体道，笃信安仁，约己博艺，无坚不钻，以思世路，斯何远矣！曩滞日官，今又原之。虽老氏曲全，进道若退，然行亦以需。必也学非所用，术有所仰，故临川将济，而舟楫不存焉。徒经思天衢，内昭独智，固合理民之式也？故尝见谤于鄙儒。深厉浅揭，随时为义，曾何贪于支离，而习其孤技邪？参轮可使自转，木雕犹能独飞，已垂翅而还故栖，盍亦调其机而铦诸？昔有文王，自求多福。人生在勤，不索何获。曷若卑体屈己，美言以相克？鸣于乔木，乃金声而玉振之，用后勋雪前吝。婞佷不柔，以意谁靳也？

应之曰：是何观同而见异也？君子不患位之不尊，而患德之不崇；不耻禄之不夥，而耻智之不博。是故艺可学，而行可力也。天爵高悬，得之在命，或不速而自怀，或羡旒而不臻，求之无益，故智者面而不思。阽身以徼幸，固贪夫之所为，未得而豫丧也。枉尺直寻，议者讥之，盈欲亏志，孰云非羞？于心有猜，则簋飧豆羹犹不屑餐，旌瞀以之。意之无疑，则兼金盈百而嫌辞，孟轲以之。士或解桓褐而袭黼黻，或委插筑而据文轩者，度德拜爵，量绩受禄也。输力致庸，受必有阶。

浑元初基，灵轨未纪，吉凶纷错，人用朣朦。黄帝为斯深惨。有风后者，是焉亮之，察三辰于上，迹祸福乎下，经纬历数，然后天步有常，则风后之为也。当少昊清阳之末，实或乱德，人神杂扰，不可方物，重、黎又相颛顼而申理之，日月即次，则重、黎之为也。人各有能，因艺授任，鸟师别名，四叔三正，官无二业，事不并济。昼长则宵短，日南则景北。天且不堪兼，况以人

该之。夫玄龙，迎夏则陵云而奋鳞，乐时也；涉冬则渊泥而潜蟠，避害也。公旦道行，故制典礼以尹天下，惧教诲之不从，有人之不理。仲尼不遇，故论《六经》以俟来辟，耻一物之不知，有事之无范。所考不齐，如何可一？

夫战国交争，戎车竞驱，君若缀旒，人无所丽。烛武悬缒而秦伯退师，鲁连系箭而聊城强析。纵往则合，横来则离，安危无常，要在说夫。咸以得人为枭，失士为尤。故樊哙披帷，入见高祖；高祖踞洗，以对郦生。当此之会，乃鼋鸣而鳖应也。故能同心戮力，勤恤人隐，奄受区夏，遂定帝位，皆谋臣之由也。故一介之策，各有攸建，子长谍之，烂然有第。夫女魃北而鹑火栖，寒冰泮而鼋鼍蛰。今也，皇泽宣洽，海外混同，万方亿丑，并质共剂，若修成之不暇，尚何功之可立！立事有三，言为下列；下列且不可庶矣，奚冀其二哉！

于兹搢绅如云，儒士成林，及津者风掖，失涂者者幽僻，遭遇难要，趋偶为幸。世易俗异，事执舛殊，不能通其变，而一度以揆之，斯契船而求剑，守株而伺兔也。冒愧逞愿，必无仁以继之，有道者所不履也。越王勾践事此，故厥绪不永。捷径邪至，我不忍以投步；于进苟容，我不忍以歙肩，虽有犀舟劲楫，犹人涉卬否，有须者也。故亦奉顺敦笃，守以忠信，得之不休，不获不吝。不见是而不惝，居下位而不忧，允上得之常服焉。方将师天老而友地典，与之乎高睨而大谈，孔甲且不足慕，焉称殷彭及周聃！与世殊技，固孤是求。子忧朱泙曼之无所用，吾恨轮扁之无所教也。子睹木雕独飞，愍我垂翅故栖，吾感去蛙附鸥，悲尔先笑而后号也。

斐豹以毙以毙督燔书，礼至以掖国作铭，弦高以牛饩退敌，墨翟以带全城；贯高以端辞显义，苏武以秃节效贞，菩且以飞矰逞巧，詹何以沈钩致精，弈秋以棋局取誉，王豹以清讴流声。仆进不能参名于二立，退又不能群彼数子。愍《三坟》之既颓，惜《八索》之不理。庶前训之可钻，聊朝隐乎柱史。且韫椟以待介，踵颜氏以行止。曾不愀夫晋、楚，敢告诚于知已。

阳嘉元年，复造候风地动仪。以精铜铸成，员径八尺，合盖隆起，形似酒尊，饰以篆文、山龟、鸟兽之形。中有都柱，傍行八道，施关发机。外有八龙，首衔铜丸，下有蟾蜍，张口承之。其牙机巧制，皆隐在尊中，覆盖周密无际。如有地动，尊则振龙，机发吐丸，而蟾蜍衔之。振声激扬，伺者因此觉知。虽一龙发机，而七首不动，寻其方面，乃知震之所在。尝一龙机发而地不觉动，京师学者咸怪其无征，后数日驿至，果地震陇西，于是皆服其妙。自此以后，乃令史官记地动所从方起。

时政事渐损，权移于下，衡因上疏陈事曰："伏惟陛下宣哲克明，继体承天，中遭倾覆，龙德泥蟠。今乘云高跻，磐桓天位，诚所谓将隆大位，必先佗偲之也。亲履艰难者知下情，备经险易者达物伪。故能一贯万机，靡所疑惑，百揆允当，庶绩咸熙。宜获福祉神祇，受誉黎庶。而阴阳未和，灾眚屡见，神明幽远，冥鉴在兹。福仁祸淫，景响而应，因德降休，乘失致咎，天道虽远，吉凶可见。近世郑、蔡、江、樊、周广、王圣皆为效矣。故恭俭畏忌，必蒙祉祚，奢淫诐慢，鲜不夷戮，前事不忘，后事之师也。夫情胜其性，流连忘反，岂唯不肖，中才皆然。苟非大贤，不能见得思义，故积恶成衅，罪不可解也。向使能瞻前顾后，援镜自戒，则何陷于凶患乎！贵宠之臣，众所属仰，其有愆尤，上下知之。褒美讥恶，有心皆同，故怨讟溢乎四海，神明降其祸辟也。顷年雨常不足，思求所失，则《洪范》所谓"僭恒阳若"者也。惧群臣奢侈，昏媾典式，自下逼上，用速咎征。又前年京师地震土裂，裂者威分，震者人拢也。君以静唱，臣以动和，威自上出，不趣于下，礼之政也。窃惧圣思厌倦，制不专已，恩不忍割，与众共威。威不可分，德不可共。《洪范》曰：'臣有作威作福玉食，害于而家，凶于而国。'天鉴孔明，虽疏不失。灾异示人，前后数矣，而未见所革，以复往悔。自非圣人，不能无过。愿陛下思惟所以稽古率旧，勿令刑德八柄，不由天子。若恩从上下，事依礼制，礼制修则奢僭息，事合宜则无凶咎。然后神望允塞，灾消不至矣。"

初，光武善谶，及显宗、肃宗，因祖述焉。自中兴之后，儒者争学图纬，兼复附以妖言。衡以图纬虚妄，非圣人之法，乃上疏曰："臣闻圣人明审律历以定吉凶，重之以卜筮，杂之以九宫，经天验道，本尽于此。或观星辰逆顺，寒燠所由，或察龟策之占，巫觋之言，其所因者，非一术也。立言于前，有征于后，故智者贵焉，谓之谶书。谶书始出，盖知之者寡。自汉取秦，用兵力战，功成业遂，可谓大事，当此之时，莫或称谶。若夏侯胜、眭孟之徒，以道术立名，其所述著，无谶一言。刘向父子领校秘书，阅定九流，亦无谶录。成、哀之后，乃始闻之。《尚书》尧使鲧理洪水，九载绩用不成，鲧则殛死，禹乃嗣兴。而《春秋谶》云"共工理水'。凡谶皆云黄帝伐蚩尤，而《诗谶》独以为'蚩尤败，然后尧受命"。《春秋元包》中有公输般与墨，事见战国，非春秋也。又言'别有益州'。益州之置，在于汉世。其名三辅诸陵，世数可知。至于图中讫于成帝。一卷之书，互异数事，圣人之言，势无若是，殆必虚伪之徒，以要世取资。往者侍中贾逵摘谶互异三十余事，诸言谶者皆不能说。至于王莽篡位，汉世大祸，八十篇何为不戒？则知图谶成于哀、平之际也。且《河洛》、《六艺》，篇录已定，后人皮傅，无所容篡。永元中，清河宋景遂以历纪推言水灾，而伪称洞视玉版。或者至于弃家业，入山林。后皆无效，而复采前世成事，以为证验。至于永建复统，则不能知。此皆欺世罔俗，以昧势位，情伪较然，莫之纠禁。且律历、卦候、九宫、风角，数有征效，世莫肯学，而竞称不占之书。譬犹画工，恶图犬马而好作鬼魅，诚以实事难形，而虚伪不穷也。宜收藏图谶，一禁绝之，则朱紫无所眩，典籍无瑕玷矣。”

后迁侍中，帝引在帷幄，讽议左右。尝问衡天下所疾恶者。宦官惧其毁己，皆共目之，衡乃诡对而出。阉竖恐终为其患，遂共谗之。

衡常思图身之事，以为吉凶倚伏，幽微难明，乃作《思玄赋》，以宣寄情志。

永和初，出为河间相。时国王骄奢，不遵典宪；又多豪右，共为不轨。衡下车，治威严，整法度，阴知奸党名姓，一时收禽，上下肃然，称为政理。视事三年，上书乞骸骨，征拜尚书。年六十二，永和四年卒。

著《周宫训诂》，崔瑗以为不能有异于诸儒也。又欲继孔子《易》说《彖》、《象》残缺者，竟不能就。所著诗、赋、铭、七言、《灵宪》、《应间》、《七辩》、《巡诰》、《悬图》凡三十二篇。

永初中，谒者仆射刘珍、校书郎刘騊駼等著作东观，撰集《汉记》，因定汉家礼仪，上言请衡参论其事，会并卒，而衡常叹息，欲终成之。及为侍中，上疏请得专事东观。收捡遗文，毕力补缀。又条上司马迁、班固所叙与典籍不合者十余事。又以为王莽本传但应载篡事而已，至于编年月，纪灾祥，宜为元后本纪。又更始居位，人无异望，光武初为其将，然后即真，宜以更始之号建于光武之初。书数上，竟不听。及后之著述，多不详典，时人追恨之。

论曰：崔瑗之称平子曰"数术穷天地，制作侔造化"。斯致可得而言欤！推其围范两仪。天地无所蕴其灵；运情机物，有生不能参其智。故知思引渊微，人之上术。记曰："德成而上，艺成而下。"量斯思也，岂夫艺而已哉？何德之损乎！

赞曰：三才理通，人灵多蔽。近推形算，远抽深滞。不有玄虑，孰能昭晰？

蔡邕传

——《后汉书》卷九〇

【说明】 蔡邕（公元 132—192 年），字伯喈，东汉东留郡圉县（今河南开封市）人。自幼孝敬父母。博学多才，长于词章，又好天文、历数；善弹琴，是著名的音乐家；书法也称名于世。青年时，沉缅于学问，不愿出来做官。汉灵帝时，任为司徒桥玄府吏，后任河平县令，又升为郎中，在东观校书。又升任议郎，于熹平四年和杨赐、马日磾、张驯等人，正定《六经》中的文字讹误，蔡邕亲笔书写上石，立碑于国立大学门外，成为经书的标准版本，在当时影响很大，这就是历史上有名的《熹平石经》。同时，他对东汉时的行政得失，社会情弊也多有建议。他因向灵帝上书，劾及当时的权臣，因堂锢之祸，被投入监狱，流放边地，后遇赦得免，又因怨家陷害，逃亡到吴越地区。

汉灵帝死后，董卓专权，董卓敬重他的才学，召他为官，三日之间，三升其职，后拜官中郎将，因此后世称他为"蔡中郎"，在董卓专权期间，对于董卓的胡作非为，他曾多方劝戒。董卓对他很敬重，给他的待遇也很优厚。董卓被杀后，蔡邕因出于个人恩怨，曾表示惋惜，被司徒王允投入狱中。他乞求免他一死，以续成汉史，未被允许，后死于狱中。

他的著作很多没有流传下来。后人辑其诗文为《蔡中郎集》。

　　蔡邕字伯喈，是陈留郡圉县人。他的六世祖名叫蔡勋，喜好黄老之学，前汉平帝时，任郿县令。王莽初年，任他为厌戎郡太守。蔡勋面对封官的印信，仰天长叹，说道："我是汉朝的臣子，死也要为汉朝而死。古代曾子不接受季孙氏的赏赐，怎么可以侍奉异姓呢！"于是携带家眷，逃进深山，和鲍宣、卓茂等人一起，誓不作新朝的臣子。蔡邕的父亲叫蔡棱，也有清白的操行，死后谥号为贞定公。

　　蔡邕生性孝顺，他的母亲曾卧病三年，蔡邕除非在夏冬二季换换衣服，平常不脱衣服，也没躺下睡过觉，这样一直坚持七十多天。母亲死后，住在母亲的坟墓旁边，一切行动都按礼法去做。在他的住处，出现温驯的兔子跑前跑后，屋旁又长出两棵枝干相连的树木，远近人都认为这是新鲜事，争着去看。蔡邕和他的叔叔、堂弟住在一起，三辈没有分家，乡亲们都很敬重他的品行。他少年时就博学多才，拜太傅胡广为师。又善于写文章、研究数术和天文，还弹得一手好琴。

　　后汉桓帝时，中常侍徐璜、左悺等五人专权肆行，他们听说蔡邕善于弹琴，于是奏明皇帝，命令陈留太守督促蔡邕进京。蔡邕不得已，走到偃师县，托词生病，回到家乡。他在家闲居，沉缅于古代文化，不和世人交往。他有感于东方朔的《客难》以及杨雄、班固、崔骃等人自问自答的文章形式，于是对以上诸人的言论，加以审视，他们说得对的就采纳，他们说的不对的就加以纠正，著作《释诲》一文，以此来自励，文章说：

　　　　有一位有治世之心的青年人向一位白发老人请教说："我听说圣人最宝贵的是名位，所以用推行仁义来保持名位，用财富来招集人材。但是有了名位就尊贵，有了财物便富有，推行仁义，至于圣王之道，这是读书人的职责。所以伊挚背负烹器求见商汤；孔子也说过，如果能富贵行道，就是给人当随从，他也愿干；宁戚用歌声来求齐桓公任用。百里奚卑身喂牛求见秦穆公。以上这些人和事，说明圣贤哲人有共同的志趣，这是古人明明白白的志向啊。您老先生，生活在清明的时代，又具有纯和的姿质，深研古代典籍，胸怀《六经》，安于贫贱地位，与世无争，才华沉沦，志在天外，胸中囊括天地人事，精研自然之理，已经很久了。但没能出类拔萃，展布才华，登上朝廷高位，以圣王之道整顿天下，清除人世间的丑恶，扫去宇宙间的尘埃，使治世的光芒犹如白日，使世间的和气直逼白云。随着时间的流逝，你的岁数也大了，仍是默默无闻。我真感到迷惑不解，所以我说了以上这些话，当今皇帝宽容圣明，辅佑的臣子都贤良明智，英才大器，不被逸弃，德高的人被任为宰相而授爵分封，才大的人亨受富贵蒙受赏赐。你何不灵活处世，以达到目的，和世人共同俯仰，站住脚根，坐收治世的荣利，建立不朽的功勋，在这时建立光宗耀祖的功业，留下永不磨灭的美名？这些难道您没想过吗？为什么守住您那一套而不明白这个道理呢？

白发老人傲然笑了笑，说道："你这个年轻人，你真是常说的只看到那不明不白的功利，而忘记明明摆着的祸害；一心只指望成功，而忽视跌跤失败的那种人啊。"年轻人肃然起敬，拢起衣襟站起来说："为什么这么说呢？"白发老人说："你坐下，我将向你解释清楚。过去在远古时代，君臣之分刚刚奠定，曾出现过伏羲氏的安宁时代，唐尧、虞舜的理想时期。三代的兴盛，也属盛世之光，春秋五霸时期，开始走下坡路，但他们仍勉力维持。从此以后，维系社会的法网松驰，人的道德崩溃，先王的治道被破坏，天下混乱，君臣关系、上下关系，都土崩瓦解。于是有权术者骋驰诈幻，能言善辩者到处游说，武将施展韬略，战士讲习武艺。各种人物的活动，象风掣雷电，风云变幻，欺诈诡谲，以适应社会时尚。有的人因筹划一条妙计而得到万金的赏赐，有的人游说一个早晨便得到美玉宝物。主张连衡的，同时佩六国的官印，主张合纵的，也是腰里多印生辉。骤然富贵，财富无数，各逞机巧，忘记了危险。花朵脱离花蒂就会枯萎，枝条离开树干就会干枯，女人打扮妖艳必定淫乱，士人背叛圣贤之道必然获罪。人们诅咒他们的暴发骤富，神明也痛恨他们的邪恶行径，容华富贵刚刚到手，祸害的种子已经萌芽。刚刚乘上华丽的车子，祸害就临头了。要加高加大住室，反而使原来的住室昏暗不明。因此，社会黑暗，圣人和哲人都隐匿藏身，如石门的守门人，如长沮、桀溺隐于耕作，如颜歜怀才而不出来当官，如蘧伯玉不出世而保全性命。齐人送给季桓子女伎，孔子就离开齐国；卫灵公和阉人同乘一车，孔子就离开卫国去曹国，象丢掉不值钱的东西一样。我哪里是傲视君主而背弃祖国呢？因为我的理想不能实现罢了。

再者，我也听说过，冬至时节正应黄锺之律；东北风吹起，天将变暖，鱼儿会跳到冰上；五月夏季，阴气则渐渐萌发；芦苇变黄，露水开始凝结为霜。冷热循环，阴阳代起，发展到极点就要发生变化，治和乱也是互相推移。现在又朝继承陶唐氏的余绪，扫清天下的残祸，圣德比天高、比地厚。圣王之道推行，上下融洽，皇帝的鸿才大略显现于世，平民百姓，都广受恩惠。挑选天下的英才，治理成清平治世，群臣都恪守自己的职责，圣君可以垂手而治。君臣关系和谐，共守太平之世，人才济济，从从容容，君子在朝，人才充盈。好比锺山的美玉，泗水之滨的美石，即使在锺山上加上几块美玉也不显得多，采出泗水中几块磬石，也并不显得少。在古代，大禹时洪水得到治理，河流稳定，周武王用武功平定了天下战乱；猃狁被赶走，尹吉甫才得休息；城濮之战，楚军失败，晋人得以凯旋。所以，国家有战事，穿着蓑衣带着斗笠上战场，披甲操戈，仍显得忙不过来；国家平安无事，穿上宽衣博带，走起路来佩玉叮咚响，显得悠闲从容。

再说那些世代勋臣、大官的子弟，他们是皇帝的下人，上天保佑，君主给他优厚的俸禄，从容而行，自然得到爵位，他们捋须整髻，居官尊贵。他们进身之时，如果用顺从圆转，还不足以形容他们升官的方便，用逡巡放逸，也不足以形容他们升官的容易。人人有超群的才能，个个有丰富的智慧。小孩不向有经验的老成人请教，任事不懂的学生也不找先生问难。心境恬淡高远，已经走到极点而不知停止。仍铺张煊赫，炫耀荣华富贵。有头脑的人，能知足而止，所以能保持安宁。狂妄而胡做非为，只会把人的心志搞乱。贪财的人为财而死，炫耀浮夸的人必死于权势。看到这些现象，心烦意乱。不明白谦受益、满招损的道理。驾着劣马走远路，羡慕千里驹的快速而拼命驱赶，在外戚门前卑躬屈膝，乞求权贵提携。荣华富贵还没攀到，就跌跤摔下来，轻者被牵连坐罪，重者招灭门之祸。前面的车子已经翻了，后面的车子仍沿这条路奔驰，不借鉴前车蹈祸的教训，从而知畏惧而止。我为这些人的下场而悲悼，祸害竟是如此厉害！天如此之高远，地如此之深厚，不敢不谨慎从事。招来忧怨并不在明智与否，祸患

发生都是不深思熟虑所致。定要战战兢兢，必须慎之又慎。

用我则推行我的治道，这是孔圣人的明训；不用我则隐晦韬光，也是圣人的至理名言。天下河水泛滥，并非一块土能够堵塞；百万大军，也非一介勇夫所能抵抗。现在你责备我这个普通人不去清除天下的污秽，那么可把发生水旱灾害归罪于唐尧、商汤吗？我惧怕我这缕微微青烟会招来没顶之灾，哪里还敢大放光芒呢？再说，地震之前兆是天枢星散开，井中没有日影表明发生了日蚀。君主宽容如同晦日，则月亮出现在西方；侯王急下，如同朔日，则月亮出现在东方。因此，有识之士能够见微知著，看到开头就能知其发展的脉络，脚踏秋霜就知严冬将至，踹着露水就知是暑热天气将到。时势允许则出世行道，时势不允许则退身而止，掌握个中消息，取之于天地的规律。以此来判断前途的利害，来决定自己去留，乐天知命，按照自己的意志行事。大批车辆在险路上奔驰，我怎么能和他们并驾而行？考虑到危难而自我安乐，所以身处贱位而不自以为耻。我将在圣贤典籍这条光明大道上骋驰，在仁义的林海中游息，踏着周公、孔子的足迹，与儒、墨学说为友。施展才能，可以光照天下；收敛韬略，则谁也不知我胸怀何物。如果遇上千载难逢的时运，上应天命，皇帝招贤之天门大开，我会登上天街，在盛大的仪仗簇拥下掌握权柄，向皇帝献上高明的策略，在华夏大地上实现太平盛世的理想。如果我的策略合乎皇帝的要求而被采纳，这当然是我的希望；如果我不能因而建功立业，那是我的罪过。如果在这时，贤者仍隐居深山，小人没有被清除，贤者仍然与草木为伍，只能说明他愚蠢。不了解我的人，将责备我曲线求荣。君子欲建功立业求得其名，舍弃这条道路，还往哪里去？所以我静静地等侯时运的到来，不懈不怠。百年以后，葬入坟墓也就算了。若有幸而获得世人称誉，那也是上天诱导之功。如果默默无闻而死，也不是我的罪过。古代的伯翳能与禽鸟交谈，葛卢能听懂牛鸣，董父因好龙而得姓豢龙氏，奚仲能造精美的车子，倕氏的巧于工艺，造父的善于驾马，非子因善于养马而被封，狼瞫因勇斩囚徒而获得为晋襄公驾车之职，弓父的殚精竭思制造出精弓，佽非入江斩蛟之勇，吾丘寿王因精于围棋而官待诏，东方朔因长于诙谐出默而成为汉武的近倖，上官桀因善于系紧车盖而得官，桑弘羊因精于计算而位居丞相。我没有以上古人的幸运，所以我怀才而优游岁月。"

于是那个年轻人仰头避开老人的视线，退下台阶，惭愧而去。白发老人扬眉含笑，弹琴歌唱，唱道：'静修我的心志，使之达到最高的境界，涤荡心灵中的污秽，保存天地之正气。心情舒畅而神气宁静，志向淡泊而心神高远，各种欲念不生。超越世事而摆脱尘俗，在浩渺境界中独来独往。"

建宁三年，在司徒桥玄府中任职，桥玄对他很敬重。后来外补为河平县令。又被召进京任官郎中，在东观校勘图书。后又升为议郎。蔡邕认为，经典图籍距圣人的年代久远，文字多有错讹，浅俗的学者据以穿凿附会，贻误后来的学者。在熹平四年，他与五官中郎将堂溪典、光禄大夫杨赐、谏议大夫马日磾、议郎张驯、韩说、太史令单飏等人，向皇帝上奏，乞求订正《六经》中的文字。汉灵帝批准，蔡邕于是亲自用朱砂把经文书写在石碑上，让石工雕刻，立在太学门外。晚生后学，都据此来改正经书中的错讹。碑刚刚树起，前来观看和照抄的人很多，常常每天有千余辆车子，把大街小巷都塞满了。

当初，朝廷的官员认为，州郡的官员互相结成帮派，郡人也结伙营私，于是作出了这样的规定，凡是联姻之家以及两州的官员，不得互相做对方的监察官员。到这时又制定了联姻之家以及两州人士不得互相在该地任官的"三互法"，禁令更加周密，选用官员就很困难。幽、冀二州，官员缺额久久不补。蔡邕上奏说："我了解到，幽、冀二州是汉朝的根据地，盔甲和战马大都是该地出产，近年因战乱和灾荒，这一地区耗尽了财力。现在百姓们家家空虚，万里萧条，官位长久空缺，下面的办事吏员也盼望有所统属，但太尉、司徒、司马三府选任官员，几个月也定不下来。我曾为此事感到奇怪，而议事的官员说是因为回避三互法。十一州的禁令，具体来说只是二州罢了。再者，二州的士人，或限于年岁资历，迟疑观望，失去实施政事的机会。我认为三互法的禁令，只是浅层次的措施，如申明严厉的皇威，明确法令，在任的官员哪能不畏惧，敢于犯三互法的本旨，岂肯自我阻隔前途？当年韩安国出身于罪徒之中，朱买臣出身于低贱，都因为才能适宜，都做了本乡的太守。再者，张敞原是个逃亡之徒，超拔为大州刺史。这哪里管什么三互之法，受细微末节的制约呢？太尉、司徒、司马三公明知幽冀二州的重要，赶快确定官员，应该超出三互法的禁令，选取有能力的人，改变二州的破败局面；若置我直言敢谏之议于不顾，为避开微不足道的规定，任官久而不决，而失去人才。我希望陛下您上学光武皇帝，废除近来这些禁令，各州刺史才器可以调换的，不要拘泥于资历和三互法的规定，以求用得其人。"奏疏呈上去，皇帝不加理睬。

当初灵帝好学，自己著作《皇羲篇》五十章，因而召集来不少善于作文赋的读书人。本来是以长于经学招集文人的，后来把长于作书

信的以及工书法篆文的都加招引，于是有数十人之多。侍中祭酒乐松，贾护等人，又招来品行不端、趋炎附势之徒多人，都在鸿都门下侍奉皇帝，这些人喜欢向皇帝陈说些民间的世俗琐事。皇帝听了却很高兴，越级提拔这些人为官。另外，一些市井小人，因为做了宣陵的守坟户，几十个人，都任为郎中、太子舍人。因而当时的天象反常，经常打雷刮大风，树木被折断或连根拔起，又有地震、冰雹、蝗虫等灾害。鲜卑人入侵边境，民间加重了劳役和赋税。六年七月，皇帝下诏书行咎自责，令群臣各自陈述应该施行的行政要务。蔡邕上奏说：

我读了圣旨，虽然象周成王时遇上风灾，向诸大臣讯问政事；周宣王时遭受旱灾，而勤政畏惧，比起陛下的虔诚态度，都不在话下。我听说上天下降灾害，都是因人事而发。频频出现惊雷，大概是因为受刑被处死的人太多所致。风是上天的号令，是用来警告人的。虔诚地按上天的意志行事，就会带来好处；礼敬祖宗，则鬼神安稳。国家的大事，首先要注重祭祀的典礼，天子应该亲自恭敬从事。我自从任宰相府的官员，以至任祭祀官，各种郊祭，皇帝很少亲行，礼敬四时节气这样重要的祭祀活动，经常是派官代行，虽然曾向上天谢罪，究竟是废礼不敬。所以上天不高兴，才降下这种种灾异。《鸿范传》说："政事违背天意，使上天好生之德隐而不显，就会出现大风刮倒房屋、折断树木的灾害。"《坤》卦象征地理，《易经》上说，安静则大吉大利。阴气太盛，应该用安静来行正，"法为下叛"。大权不掌握在上边，则相应的灾害是冰雹的灾伤；行政苛刻暴戾，相应的灾害是虎狼吃人；官员因贪利而伤害百姓，相应的灾害是蝗虫损害庄稼。去年六月二十八日，太白星与月亮相近，兵家认为不是好兆头。鲜卑人犯境，是长久以来的边患，现在出兵，还看不到取胜的可能。这样就上背天象，下背民心。确应广听诸臣的议论，采纳实实可行的意见。我怀着满腔忧愤，敬陈应实行的七件事如下：

第一件事：按照朝廷的祭祀时间表规定，皇帝在立春、立夏、立秋、立冬以及夏末的节气，亲自祭祀，迎接五帝，以此来乞求风调雨顺，上天赐福，带来丰收。宗庙祭祀，为了向祖宗申孝敬之诚，赡养老人，开设学校，是为了以礼化教育人，这都是作皇帝应重视的大事，为祖宗以来所恪守。使下面的官员，往往因疏远封国的丧事、家里有子女降生、或者小吏的病死，以此为忌，而废弃大事。我看到祭天之礼，还没遭废弃，至于其他的祭祀，往往有不同意见。难道说祭天之礼卑微不足道、其他祭祀因重要而多异议吗？孝元皇帝曾说过："典礼最尊敬的，莫过于祭祀，以此来竭心致诚亲身而行，表达严肃的敬仰之情。"再者，章帝元和年间所行的事例，再次申明遵从先王的旧典。前后圣旨，推心置腹，态度诚恳。但是近来的情况，往往更换太史之官。把祭祀的大事几乎忘掉，听信各种禁忌书上所载，因很小的事情，亏缺祭祀大典。《礼经》上说，妻妾生小孩，丈夫在斋戒期间不入产房之门，没有讲到因此而废弃祭礼的文字。所说的家里死了人，因而三个月不举行祭礼，那是指一般百姓人家只有几间房子，一家人共同居住的情况，哪里可比皇宫之大、妻妾之众呢？从今以后，斋戒期间应照旧有礼典行事，以此来回答上天风雷灾变的示警。

第二件事：我听说，一个国家将要兴盛，能经常听到治理国家的名言高论，朝廷之内，对行政情况了如指掌，在朝廷之外，对民情体察入微。因此，已故的桓帝虽然具有圣哲的资质，而仍然广泛听取行政的得失。又因发生灾变，提拔那些沉沦的人物，重视贤良、方正、敦朴、有道等科的选拔，因此正直诤谏的言论，不断在朝廷上出现。陛下您主持政事以来，连年发生灾变，但没有听到为此而特别举行广取贤良的圣旨。确应认真思考，按旧章办事，让胸怀忠义的臣子，施展他们的抱负，来改变《易传》上所说"行政乘背、有德者隐身"的局面。

第三件事：求得贤能之臣的途径，不只一条，有的因道德高尚名世，有的因直言敢谏扬名。近来，在朝的臣子，并没有因忠心耿耿被赏赐，却常招致恶言毁谤而被罪，于是群臣下僚结舌缄口，没有人敢出来主持正义。郎中张文，以前曾单枪匹马披肝沥胆条陈忠言，蒙圣上采纳，责令三司衙门实行。这样，群臣解除了思想负担，众百姓也都很高兴。我认为应该提升张文任要职，以鼓励忠正耿直，并在天下广为宣传，这样就会广开议论政事之路。

第四件事：司隶校尉和各州的刺史，这些官员的责任是监督官员、辨奸纠枉、分别黑白。我看到幽州刺史杨熹、益州刺史庞芝、凉州刺史刘虔，每人都胸怀秉公奉法、疾恨奸恶的忠心，杨熹的举劾，功效很好。其他人大都废公枉法，根本不称职。有的刺史本身，就有罪恶，和下级同病相怜，法网松弛，互不揭发，三公台阁各官也保持沉默。建宁五年下的圣旨，准备派遣使者巡行天下，又下令三公根据民间歌谣所反映的民间利病，上奏天子。当时奉公守法的官员洋洋得意，奸邪枉法的官员惊怕失色。但不知这种措施为何原因废而不行。过去刘向向皇帝上奏曾说："用将信将疑的态度去执行某种计划，就会为枉法者大开方便之门；优

柔寡断，必然招致谗邪的议论。"现在刚刚听到将要推行善政，马上又变卦，这样做，促使天下人对朝廷政事作出种种猜度。应该重新任命使者，纠察非法的官员，选任忠心清白的官员，赏罚分明。太尉、司徒、司马三公衙门，每年年末，评品各官的高下，使下级官吏明白，奉公守法者得福，营私枉法者得祸。这样，各种灾变可以从根本上杜绝。

第五件事：我听说古代选取官员，必让各诸侯每年向朝廷贡献人才。武帝之时，令各州郡选取孝廉，又设有贤良、文学之科，于是名臣辈出，文臣武将，人才济济。汉朝之所以能得到人才，就是这几条途径罢了。长于书法、绘画、诗词文赋，那只不过是小才小艺，治理国家政事，他们无能力担任。陛下你继位为天子，刚刚开始，应该先涉猎儒家的经典学术，政事余暇，可以浏览文词篇章，松弛一下精神，以此来代替下棋等娱乐，但文词篇章不能作为教化百姓，选取人才的根据。然而读书人为争夺利禄，作文章势头沸沸扬扬。其中高明一些的，还引证一些经典中劝世的文字；等而下之的作者，则连连搬用民间俗语村言，简直象演滑稽戏；有的剽窃成文，假冒他人的名字。我经常在盛化门接受圣旨，评定作者的等级名次，那些不及格的人，也和其他人一样都被提拔委任。既已经加恩任官，也难以再收回，这些人若只守职领取俸禄，国家对他们也算仁至义尽，不应该再派他们去做治理百姓的州郡地方官。当年汉宣帝把儒家学者聚集在石渠阁，汉章帝聚集学士于白虎观，通解经文，解释疑义，这事情很重要，这也是周文王、周武王的治世之道，应该尊循。象那样擅长小才小艺，虽然也达到相当的水平，孔夫子认为，若以此来治理国家大事，那就扞格难通了，所以有识之士应该把心志用到大的方面。

第六件事：品级为六百石的地方吏员，他的责任是治理百姓，对他们的考察，应以是否给百姓带来福利实惠为成绩，以任职时间长短为资历。表彰或责罚的条款，应该黑白分明。但是现在对地方官在任治绩根据不清楚，等任期满召还，大多提升为议郎、郎中等官。如果其中有才具优秀的，不应安排他们为闲职。如在任期间犯有罪过，应该加以刑罚。这样怎么会发生隐瞒罪行害怕考察、反而谋求升迁、互相效法、好坏不分这样的情况呢？已故皇帝的旧法，没有出现这种情况。应该当机立断，辨其真伪。

第七件事：在前面我说到把为宣陵守坟人都提拔为太子舍人一事。我听说汉文帝规定服丧期为三十六天，虽然是继位的君主，是父子骨肉之亲，公师大臣，受皇帝莫大之恩，都压抑自己的感情，按规定办事，不敢超期服丧。现在那些虚伪小人，本不是皇帝的亲骨肉，皇帝生前也没有喜欢过他们，他们本身也没有一官半职，那么殷切思念的感情，从何而产生？他们聚集在陵墓旁，声称行孝，他们的行为不符合本心，按照礼仪，没有任何根据，甚至有奸邪坏人，混迹其中。桓思皇后的灵柩出殡之时，东郡有一个拐骗别人老婆的人混在孝子的队伍中，本县派人来追捕，才承认罪恶。象这样虚伪污乱的情况，难以枚举。又有先来到陵墓边的人被委任为官，后来的被弃置不顾；有的长年在陵墓守陵，偶而回一趟家，就被遗漏；有的请人代替，也受到恩宠而荣升。因此发生争吵、怨恨，怨声载道。太子的辅佐官员，应该选取德高望重的人来担任，哪能只选取坟墓房的不三不四的不吉利的人？这种不吉利的情况，再没有比这严重的人。应该把这些人遣送回农村，并揭露他们的伪骗行为。

奏本送上去，灵帝才亲自主持北郊祭礼，又到太学主持祭孔仪式。又发布命令，那些守陵孝子被任为舍人的，一律改为丞尉。光和元年，又设立鸿都门学校，在校内图画孔子和七十二弟子像。在校读书的生员，命令各州郡及三公府举荐任用，有的出任外的州刺史、郡太守，有的在朝廷被任为尚书、侍中等官，甚至有被封侯赐爵位的，而有识之士都耻与这些人为伍。

当时各种怪异现象不断出现，人人惊恐。这年七月，灵帝召蔡邕和光禄大夫杨赐、谏议大夫马日磾、仪郎张华、太史令单飏等人到金商门，又带进崇德殿，派中常侍曹节、王甫向他们询问灾变情形以及为消除灾变应实行的措施。蔡邕详细回答，灵帝又亲自召问说："近来灾变迭起，不知有什么过错得罪了上天，朝廷为此而焦心，满怀恐惧。询问各个王公大臣，希望听到忠正言论，但他们都闭口不言，不肯说出心里话。因为你蔡邕经学渊博，所以特别单独秘密向你询问，你应该指出行政的得失，提出行政的要领，不要模棱两可，自生疑惑。回答的奏章，密封呈上。"蔡邕回奏说："我看陛下你圣德清明，深深为发生灾变而自责，您褒奖我的学业，特地向我询问，这使我这微不足道的臣子怎么敢承当。现在确实是披肝沥胆的时候，怎么能顾虑直言敢谏会带来的祸害、而使陛下您听不到惊戒的言论呢！我认为各种灾变的发生，都是亡国的征兆。上天对于大汉王朝，仍然是特别关照，因此才屡屡降下灾变，以此来进行谴责，是想让君王省悟，转危为安。现在灾变发生，不在其他地方，却发生在京城附近，或京城各衙门，它是上天的警告，再明确也不过了。长虹下落、雄鸡异化，这都是妇女干政所招致。在此之前，皇帝的乳母赵娆，成为天下的高贵人物，生前的财富可和国库相比，死后的坟墓，比皇帝的陵墓还气派，两个儿子受封爵，她的兄弟也任为州郡长官；接着又有永乐门史霍玉，凭借皇威，又为非做歹。现在路人又传言纷纷，说又出了一个程大人，看他的来势，将要成为国家的祸害。应该提高警惕，加以防备，明令禁止，以赵娆、霍玉为鉴戒。现在陛下您情真意切，想辨明邪正。但听说太尉张颢，是霍玉引荐的；光禄勋姓璋，是有名的贪官；再如长水校尉赵玄、屯骑校尉盖升，都侥幸受宠而荣华富足。应该想到，小人在位给国家带来的灾害；退一步想，这些人引退让贤也是他们的福份。我了解到，廷尉郭禧，敦厚老练；光禄大夫桥玄，练达正直；原太尉刘宠，忠诚正派，这些人都应是皇帝的智囊人物，经常向他们询问政事。宰相大臣，好比皇帝的四肢，委任他们，责其成效，他们的优劣自然分明，不应从听小吏的意见，陷大臣于罪过。再者，尚方令所作的工巧器物、鸿都门所作的诗词文赋，可暂且停止，以表示忧虑。《诗经》上说："恐怕上天发怒，不敢游戏淫佚。"上天的敬戒，确不可当作儿戏啊。宰相府的孝廉，那是士人中高材者才能充任。近来因荐举不慎，责备三公，但现在却只凭小小艺能超拔选取，这样就大开后门，违背了圣上选人的条法，众心不服。却没有人敢出来说话。我希望陛下您下决心杜绝这种弊端，全部心力用于政事，以此来报答上天的期望。圣上既然自我严格要求，左右亲近的臣子也应随之转变作风。人人自我约制，以此来回答上天的警告，那么天时自然由灾变转为圆满正常，鬼神都受福不浅。我出于正直与忠诚，因受激励，置身家性命于度外，所以才敢于讲出别人因忌讳不敢讲的话，亲笔来回答。君臣之间若不能保密，君上若不知戒惧而泄露了机密，会给臣下带来杀身之祸。我希望把我的奏本对压下不要下发，且莫使尽忠的官吏，因

此而招致怨仇。"奏本呈上，灵帝看了以后，异常感叹，因起身去换衣服，中常侍曹节偷看了奏本，把全部内容宣扬出去，于是机密泄露。那些被蔡邕弹劾的人，都横眉怒目地要加以报复。

当初，蔡邕和司徒刘郃平常就合不来，他的叔父卫尉蔡质又与将昕大臣阳球有仇。而阳球又是中常侍程璜的女婿，程璜于是派人向朝廷写匿名信说蔡邕、蔡质叔侄屡因私事请刘郃帮忙，刘郃不答应，蔡邕怀恨在心，发誓要中伤刘郃。皇帝批下，让尚书处理，召来蔡邕，追问事实。蔡邕上书自辨说："我被责问，问大鸿胪刘郃前此为济阴太守的时候，我属下吏员张宛病休了一百天（按规定，吏员病休百日应免官）；刘郃任司隶时，我又托他提拔河内郡吏员李奇为州的文书官；又请他营救原河南尹羊陟、侍御史胡毋班，我的请求，他都不答应，因此我怨恨他等情形。我听了以后满怀惶惑恐惧，忧心如焚，不知罪过在哪里。我自己寻思这案件的来由，实因张宛、李奇之事而起，与羊陟、胡毋班无关。但是小吏的休假，也不是结怨的原因。我家与羊陟家虽是亲家，怎么敢救援私党？如果我们父子想陷害刘郃，自应向台阁大臣揭发，详细陈述所谓怨恨刘郃的缘由。没有尺寸的事实，而散发匿名信，应该用我的申辨和刘郃对质。我能够以学问渊博，受到褒奖，在祕阁任职，在皇帝身边作文字工作，因而我的姓名长相学问才能，被圣上注意。今年七月，把我召到金商门，问起灾变的原因，又下诏旨，让我直言。我出于忠正直率，只知竭尽忠心，生死置之度外，没顾忌到因此而招致祸害，于是讽刺了王公大臣，以及圣上身边的宠臣，我本想回答圣上的询问，以消除灾变，为陛下您献长治久安之计。陛下您没考虑到对忠臣的直率言论，应加以保密，因泄露而诽谤猛烈而来，陛下你也因此而产生疑惑。这样，尽忠的官吏，还有容身之处吗？每次圣旨须颁下，群臣各密封奏事，本想改革政事，以免上天谴责，逢凶化吉，但进谏的臣子没有因此而得福，反而马上遭受诬陷祸害。现在人人闭口不言，以我为前车之鉴，这样谁还敢为陛下您尽忠尽孝呢？我叔父蔡质，连连被提拔，位居高官。我受陛下皇恩，屡被垂问。因此，有人想陷害我们父子，使我们家族破败，他们并不是为了揭发奸邪、为国家利益着想的。我今年四十六岁，孤身一人，如能列名忠臣，死了也很荣耀。恐怕陛下您从此再也听不到忠正的谏言了。因我的忠直，招来祸害，但我前面的回答，蔡质不知道，他已经白发衰老，横遭牵连，因我被祸，也一并被坑害，实在冤枉，实在令人痛心。我一进监狱，必然被严刑逼问，追问匿名信所列的罪名。我的辨白情况，陛下您怎么能听得到？我的死期快要到了，冒昧向您陈述，我情愿一人抵罪而死，请求不要把蔡质连坐，那么我死的那一天，也就是我再生之日。希望陛下您努力加餐，为天下百姓自加珍重。"于是把蔡邕、蔡质投入洛阳监狱，判他以官报私仇、陷害大臣的大不敬罪名，处以死刑。判决上奏，中常侍吕强怜愍蔡邕无罪而被叛死刑，请求皇帝宽宥，灵帝也想到蔡邕章奏中辨白的情形，下旨免去死罪，降罪一等，和家属一起，剃去头发、脖子上套上铁圈，流放到朔方郡，遇上大赦也不能赦免。阳球派刺客在路上刺杀蔡邕，因刺客被蔡邕的义气所感动，几个刺客都没有刺杀蔡邕。阳球贿赂当地主管官员杀害他，但被贿赂的官员反而把这种情况告诉蔡邕，所以多次得以免死。被安置在五原郡安阳县。

蔡邕以前在东观任职，和卢植、韩说等人著补《后汉记》，因遭官司被流放，未能成书，因此他向皇帝上书，陈述他著作的十志的内容，分别篇目，写在奏章的后面。灵帝欣赏他的才能，遇上第二年大赦，

于是宽免蔡邕，归还本郡。蔡邕从流放至归还，共历九个月。将要归还上路，五原太守王智为他饯行。喝得酒酣耳热，王智离席起舞，向蔡邕劝酒，蔡邕却不加理睬。王智是中常侍王甫的弟弟，平常骄贵惯了，在宾客面前使他下不了台，于是大骂蔡邕："你这个罪徒，竟敢轻视我！"蔡邕拂衣而去。王智痛恨蔡邕，向朝廷密告蔡邕在流放地满腹牢骚，诽谤朝廷。皇帝的庞臣听了也非常讨厌蔡邕。蔡邕估计终究难以免祸，于是逃亡江海之中。远逃吴郡、会稽一带。来来往往，依靠太山羊氏家，在吴郡呆了十二年。

吴郡人有烧桐木煮饭的人家，蔡邕听到桐木燃烧发出的声响，断定是上好的木材，于是向人家求来，制作成琴，果然音色很美，因尾部有燃烧的痕迹，所以当时人命名为"焦尾琴"。当初，蔡邕在陈留郡时，他的邻居有一次请他喝酒吃饭，蔡邕到邻人家门的时候，酒席已进入高潮。东道主家有个宾客在屏风里弹琴，蔡邕来到门口暗暗偷听，他惊诧地说："哼！用音乐来招引我，而暗藏杀机，这是怎么回事？"于是就回去了。邻居的管事人对主人说："蔡生先刚才来过，到门口又回去了。"蔡邕向来受乡亲们敬重，主人赶紧把他追回，问是怎么回事，蔡邕说出原因，在场的宾客都莫名其妙地发出笑声。弹琴的人说："在我刚才弹琴的时候，看见螳螂正盯着鸣叫的蝉，蝉将要飞去，螳螂的身体正一前一后的跃跃欲试。我心里很着急，唯恐螳螂失去良机，莫非因此产生杀机表现在琴声里么？"蔡邕听了，嘿嘿一笑，说道："这就足以说明问题所在了。"

中平六年，灵帝逝世，董卓任司空，听说蔡邕名望很高，召辟他出来做官，蔡邕声称有病不赴任。董卓大为恼火，骂道："我的权威，能够灭人家族，蔡邕这样傲慢，我让你祸不旋踵。"又严令州郡官员推举蔡邕到他的司空府，蔡邕不得已来到，任命他为代理祭酒，很受敬重。因考试名列前茅，补官侍御史，又转升为持书御史，又升任尚书。三天之内，经历三个官署。后又升任巴郡太守，又召进京任为侍中。

初平元年，任为左中郎将，随献帝迁都长安，封为高阳乡侯。

董卓的门客家人想让董卓尊比姜太公，称为尚父。董卓为此向蔡邕问计，蔡邕说："姜太公辅佐周天子，受命灭商，所以才特别给他这样的名号。现在您的权威和盛德，诚然很高，但是和姜太公相比。我认为现在还不能这么做。应等到关东地方平定了，皇帝从长安迁回旧都洛阳，然后再说。"董卓听从了他的意见。二年六月，长安一带发生地震，董卓问蔡邕是什么原因，蔡邕回答说："发生地震，是阴气太盛，侵渍了阳气，是臣子行为出格造成的。去年春天举行祭天礼，明公您引领皇帝坐车，您的坐车上，饰有金花青布车棚，车箱上画有金爪的花纹，（这是皇太子、皇子所乘车的装饰），远近的人都认为你这种做法不合适。"于是董卓改乘黑棚车。

董卓很敬董蔡邕的才学，给他的待遇很优厚，每次朝官饮宴，往往请蔡邕弹琴助兴，蔡邕也利用各种机会劝戒董卓。但是董草刚愎自用，蔡邕有感于他的劝戒很少被听从，便对他的堂弟蔡谷说："董公性情刚愎而陷于罪过，最终难成大事。我想向东逃到兖州去，如果路远难去，暂且逃到山东等待时机，你看怎么样？"蔡谷说："您的相貌和平常人长得不一样，每次出外，围观的人很多。这样自我藏身，不是很难做到吗？"蔡邕才没有东去。

到董卓被杀后，蔡邕在司徒王允家作客，蔡邕无意之中谈起此事，深为叹惜，面部表情也表现出来。王允勃然大怒，斥骂说："董卓是国家的叛贼，几乎推翻了汉朝。你做为国家的臣子，应该同仇敌忾，但你却念念不忘他对你的私人恩情，忘记了大节！现在杀死这有罪之人，你却反而为此而悲痛，难道不是和他一起谋反的吗？"立即交付廷尉去治罪。蔡邕上书谢罪，请求只刺面砍脚，以便继续修成汉史。在朝官员们很多人营救他，但都未奏效。太尉马日磾快马去见王允，对他说："蔡伯喈是旷世奇才，对汉朝的史事很熟悉，应该让他续成后汉史，成为一代典籍。况且他一向以忠孝著名。判罪也无确切事实，杀了他不担心失去人心吗？"王允说："当年汉武帝不杀司马迁，让他写出诽谤朝廷的史书，流传至后代。现在国运中衰，江山不稳，绝不可让这样阿谀奉承的臣子在幼年皇帝身边记录史事。这样既对幼主的道德培养不利，而且我们这些人也会受他的史书讽刺。"马日磾退出后对人说："王大人可能活不长久了。完美的人，是国家的纪纲所示；著作，是国家的经籍典则。毁灭纪纲、废掉籍则，这样的人还能活长久吗！"于是蔡邕死在狱中。王允也后悔了，想要挽救，已来不久了。蔡邕死时六十一岁。上层人士和学者们没有不为此而流泪的。北海人郑玄听到这一消息，感叹说："关于汉代的史事，再找谁去请教呢！"兖州、陈留等地都图画他的影像称颂他。

　　他撰集的汉代史料，还没有编录的续后汉史书。只作了《灵帝纪》及十志，又补了四十二篇列传，这些文稿因李傕的叛乱，大都散失没有保存下来。他所作的诗、赋、碑文、诔文、铭文、赞文、连珠文、箴文、吊文、论议文字，以及《独断》、《劝学》、《释诲》、《叙乐》、《女训》、《篆势》和祝文、章表、书记等，共一百零四篇，流传于世。

（魏连科　译）

【原文】

　　蔡邕字伯喈，陈留圉人也。六世祖勋，好黄老，平帝时为郿令。

王莽初，授以厌戎连率。勋对印绶仰天叹曰："吾策名汉室，死归其正。昔曾子不受季孙之赐，况可事二姓哉？"遂携将家属，逃入深山，与鲍宣、卓茂等同不仕新室。父棱，亦有清白行，谥曰贞定公。

邕性笃孝，母常滞病三年，邕自非寒暑节变，未尝解襟带，不寝寐者七旬。母卒，庐于冢侧，动静以礼。有菟驯扰其室傍，又木生连理，远近奇之，多往观焉。与叔父从弟同居，三世不分财，乡党高其义。少博学，师事太傅胡广。好辞章、数术、天文、妙操音律。

桓帝时，中常侍徐璜、左悺等五侯擅恣，闻邕善鼓琴，遂白天子，敕陈留太守督促发遣。邕不得已。行到偃师，称疾而归。闲居玩古，不交当世。感东方朔《客难》及杨雄、班固、崔骃之徒设疑以自通，乃斟酌群言，韪其是而矫其非，作《释诲》以戒厉云尔。

　　有务世公子诲于华颠胡老曰："盖闻圣人之大宝曰位，故以仁守位，以财聚人。然则有位斯贵，有财斯富，行义达道，士之司也。故伊挚有负鼎之炫，仲尼设执鞭之言，宁子有清商之歌，百里有豢牛之事。夫如是，则圣哲之通趣，古人之明志也。夫子生清穆之世，禀醇和之灵，覃思典籍，韫椟《六经》，安贫乐贱，与世无营，沈精重渊，抗志高冥，包括无外，综析无形，其已久矣。曾不能拔萃出群，扬芳飞文，登天庭，序彝伦，扫六合之秽匿，清宇宙之埃尘，连光芒于白日，属炎气于景云。时逝岁暮，默而无闻。小子感焉，是以有云。方今圣上宽明，辅弼贤知，崇英逸伟，不坠于地，德弘者建宰相而裂土，才羡者荷荣禄而蒙赐。盖亦回涂要至，俯仰取容，辑当世之利，定不拔之功，荣家宗于此时，遗不灭之令踪？夫独未之思邪，何为守彼而不通此？"

　　胡老傲然而笑曰："若公子，所谓睹暧昧之利，而忘昭晢之害；专必成之功，而忽蹉跌之败者已。"公子谡尔敛袂而兴曰："胡为其然也？"胡老曰："居，吾将释汝。昔自太极，君臣始基，有羲皇之洪宁，唐虞之至时。三代之隆，亦有缉熙，五伯扶微，勤而抚之。于斯已降，天网纵，人驰，王涂坏，太极陁，君臣土崩，上下瓦解。于是智者骋诈，辩者驰说，武夫奋略，战士讲锐。电骇风驰，雾散云披，亦诈乖诡，以合时宜。或画一策而缩万金，或谈崇朝而锡瑞珪。连衡者六印磊落，合从者骈组流离。隆贵翕习，积富无崖，据巧蹈机，以忘其危。夫华离蒂而萎，条去干而枯，女冶容而淫，士背道而窒。人毁其满，神疾其邪，利端始萌。害渐亦牙。速速方毂，夭夭是加，欲丰其屋，乃蔀基家。是故天地否闭，圣哲潜形，石门守晨，沮溺耦耕，颜歜抱璞，遽瑗保生，齐人归乐，孔子斯征，雍渠骖乘，逝而遗轻。夫岂傲主而背国乎？道不可以倾也。

"且我闻之，日南至则黄钟应，融风动而鱼上冰，蕤宾统则微阴萌，蒹葭苍而白露凝。寒暑相推，阴阳代兴，运极则化，理乱相承。今大汉绍陶唐之洪烈，荡四海之残灾，隆隐灭之高，拆垣地之基。皇道惟融，帝猷显丕，汦汦庶类，含甘吮滋。检六合之群品，济之乎雍熙，群像恭己于职司，圣主垂拱乎两楹。君臣穆穆，守之以平，济济多士，端委缙绅，鸿渐盈阶，振鹭充庭。譬犹钟山之玉，泗滨之石，珪璧不为之盈，采浮磬不为之索。曩者，洪源辟而四隩集，武功定而干戈戢，猃狁攘而吉甫宴。城濮捷而晋凯入。故当其有事也，则蓑笠并载，擐甲扬锋，不给于务；当其无事也，则舒绅缓佩，鸣玉以步，绰有余裕。

"夫世臣、门子，暬御之族，天隆其祐，主丰其禄。抱膺从

容，爵位自从，摄须理髦，馀官委贵。其进取也，顺倾转圆，不足以喻其便；逡巡放屣，不足以况其易。夫有逸群之才，人人有优赡之智。童子不问疑于老成，瞳朦不稽谋于先生。心恬澹于守高，意无为于持盈。灿乎煌煌，莫非华荣。明哲泊焉，不失所宁。狂淫振荡，乃乱其情。贪夫殉财，夸者死权。瞻仰此事，体躁心烦。暗谦盈之效，迷损益之数，骋驽骀于修路，慕骐骥而增驱，卑俯乎外戚之门，乞助乎近贵之誉。荣显未副，从而颠踣，下获熏胥之辜，高受灭家之诛。前车已覆，袭轨而骛，曾不鉴祸，以知畏惧。予惟悼哉，害其若是！天高地厚，居而 之。怨岂在明，患生不思，战战兢兢，必慎厥尤。

"且用之则行，圣训也；舍之则藏，至顺也。夫九河盈溢，非一块所防；带甲百万，非一勇所抗。今子责匹夫以清宇宙，庸可以水旱而累尧、汤乎？惧烟炎之毁尖，何光芒之敢扬哉！且夫地将震而枢星直，井无景则日阴食，元首宽则望舒胱，侯王肃则月侧匿。是以君子推微达著，寻端见绪，履霜知冰，践露知暑。时行则行，时止则止，清息盈冲，取诸天纪。利用遭泰，可与处否，乐天知命，持神任己。群车方奔乎险路，安能与之齐轨？思危难而自豫，故在贱而不耻。方将骋驰乎典籍之崇涂，休息乎仁义之渊薮，盘旋乎周、孔之庭宇，揖儒、墨而与为友。舒之足以光四表，收之则莫能知其所有。若乃丁千载之运，应神灵之符，阊阖阖，乘天衢，拥华盖而奉皇枢，纳玄策于圣德，宣太平于中区。计合谋从，己之图也；勋绩不立，予之辜也。龟凤山嶭，雾露不除，踊跃草莱，祗见其愚。不我知者，将谓之迂。修业思真，弃此焉如？静以俟命，不妒不渝。'百岁之后，归乎其居。'幸其获称，

天所诱也。罕漫而已，非己咎也。昔伯翳综声于鸟语，葛卢辩音于鸣牛，董父受氏于豢龙，奚仲供德于衡轭，倕氏兴政于巧工，造父登御于骅骝，非子享土于善圉，狼瞫取右于禽囚，弓父毕精于筋角，佽非明勇于赴流，寿王创基于格五，东方要幸于谈优，上官效力于执盖，弘羊据相于运筹。仆不能参迹于若人，故抱璞而优游。”

于是公子仰首降阶，怃忦而避。胡老乃扬衡含笑，援琴而歌。歌曰："练余心兮浸太清，涤秽浊兮存正灵。和液畅兮神气宁，情志泊兮心亭亭，嗜欲息兮无由生。跱宇宙而遗俗兮，眇翩翩而独征。"

建宁三年，辟司徒桥玄府，玄甚敬待之。出补河平长。召拜郎中，校书东观。迁议郎。邕以经籍去圣久远，文字多谬，俗儒穿凿，疑误后学，熹平四年，乃与五官中郎将堂溪典、光禄大夫杨赐、谏议大夫马日磾、议郎张驯、韩说、太史令单扬等，奏求正定《六经》文字。灵帝许之，邕乃自书丹于碑，使工镌刻立于太学门外。于是后儒晚学，咸取正焉。及碑始立，其观视及摹写者，车乘日千馀两，填塞街陌。

初，朝议以州郡相党，人情比周，乃制婚姻之家及两州人士不得对相监临。至是复有三互法，禁忌转密，选用艰难。幽、冀二州，久缺不补。邕上疏曰："伏见幽冀旧壤，铠马所出，比年兵饥，渐至空耗。今者百姓虚县，万里萧条，阙职经时，吏人延属，而三府选举，逾月不定。臣经怪其事，而论者云'避三互'，十一州有禁，当取二州而已。又二州之士，或复限以岁月，狐疑迟淹，以失事会。愚以为三互之禁，禁之薄者，今但申以威灵，明其宪令，在任之人岂不戒惧，而当坐充设三互，自生留阂邪？昔韩安国起自徒中，朱买臣出于幽贱，并以才宜，还守本邦。又张敞亡命，擢授剧州。岂复顾循三互，继以末制乎？三分明知二州之要，所宜速定，当越禁取能，以救时敝；而不顾争臣之义，苟避轻微之科，选用稽滞，以失其人。臣愿陛下上则先帝，蠲除近禁，其诸州刺史器用可换者，无拘日月三互，以差厥中。"书奏不省。

初，帝好学，自造《皇羲篇》五十章，因引诸生能为文赋者。本颇以经学相招，后诸为尺牍及工书鸟篆者，皆加引召，遂至数十人。侍中祭酒乐松、贾护，多引无行趣势之徒，并待制鸿都门下，熹陈方俗闾里小事，帝甚悦之，待以不次之位。又市贾小民，为宣陵孝子者，复数十人，悉除为郎中、太子舍人。时频有雷霆疾风，伤树拔木，地震、陨雹、蝗虫之害。又鲜卑犯境，役赋及民。六年七月，制书引咎，诏群臣各陈政要所当施行。邕上封事曰：

臣伏读圣旨，虽周成遇风，讯诸执事，宣王遭旱，密勿祗畏，无以或加。臣闻天降灾异，缘象而至。辟历数发，殆刑诛繁多之所生也。风者天之号令，所以教人也。夫昭事上帝，则自怀多福；宗庙致敬，则鬼神以著。国之大事，实先祀典，天子圣躬所当恭事。臣自在宰府，乃备朱衣，迎气五郊，而车驾稀出，四时至敬，屡委有司，虽有解除，犹为疏废。故皇天不悦，显此诸异。《鸿范传》曰："政悖德隐，厥风发屋折木。"《坤》为地道，《易》称安贞。阴气愤盛，则当静反动，法为下叛。夫权不在上，则雹伤物；政有苛暴，则虎狼食人；贪利伤民，则蝗虫损稼。去六月二十八日，太白与月相迫，兵事恶之。鲜卑犯塞，所从来远，今之出师，未见其利。上违天文，下逆人事。诚当博览众议，从其安者。臣不胜愤满，谨条宜所施行七事表左：

一事：明堂月令，天子以四立乃季夏之节，迎五帝于郊，所以导致神气，祈福丰年，清庙祭祀，追往孝敬，养老辟雍，示人礼化，皆帝者之大业，祖宗所祗奉也。而有司数以蕃国疏丧，宫内产生，乃吏卒小汙，屡生忌故。窃见南郊斋戒，未尝有废，至于它祀，辄兴异议。岂南郊卑而它祀尊哉？孝元皇帝策书曰："礼之至敬，莫重于祭，所以竭心亲奉，以致肃祗者也。"又元和故事，复申先典。前后制书，推心恳恻。而近者以来，更任太史。忘礼敬之大，任禁忌之书，拘信小故，以亏大典。《礼》：妻，妾产者，斋则不入侧室之门。无废祭之文也。所谓宫中有卒，三月不祭者，谓士庶人数堵之室，共处其中耳，岂谓皇居之旷，臣妾之众哉？自今斋制宜如故典，庶答风霆灾妖之异。

二事：臣闻国之将兴，至言数闻，内知己政，外见民情。是故先帝虽有圣明之姿，而犹广求得失。又因灾异，援引幽隐，重贤良、方正、敦朴、有道之选，危言极谏，不绝于朝。陛下亲政以来，频年灾异，而未闻特举博选之旨。诚当思省述修旧事，使抱忠之臣展其狂直，以解《易传》"政悖德隐"之言。

三事：夫求贤之道，未必一涂，或以德显，或以言扬。顷者，立朝之士，曾不以忠信见赏，恒被谤讪之诛，遂使群下结口，莫图正辞。郎中张文，前独尽狂言，圣听纳受，以责三司。臣子旷然，众庶解悦。臣愚以为宜擢文右职，以劝忠謇，宣声海内，博开政路。

四事：夫司隶校尉、诸州刺史，所以督察奸枉，分别黑白者也。伏见幽州刺史杨熹、益州刺史庞芝、凉州刺史刘虔，各有奉公疾奸之心，熹等所纠，其效尤多。馀皆枉桡，不能称职。或有抱罪怀瑕，与下同疾，纲网弛纵，莫相举察，公府台阁，亦复默然。五年制书，议遣八使，又令三公，谣言奏事。是时奉公者欣然得志，邪枉者忧悸失色。未详斯议，所因寝息。昔刘向奏曰："夫执狐疑之计者，开群枉之门；养不断之虑者，来谗邪之口。"今始闻善政，旋复变易，足令海内测度朝政。宜追定八使，纠举非法，更选忠清，平章赏罚。三公岁尽，差其殿最，使吏知奉公之福，营私之祸，则众灾之原，庶可塞矣。

五事：臣闻古者取士，必使诸侯岁贡。孝武之世，郡举孝廉，又有贤良、文学之选，于是名臣辈出，文武并兴。汉之得人，数路而已。夫书画辞赋，才之小者，匡国理政，未有其能。陛下即位之初，先涉经术，听政馀日，观省篇章，聊以游意，当代博弈，非以教化取士之本。而诸生竞利，作者鼎沸。其高者颇引经训风喻之言；下则连偶俗语，有类俳优；或窃成文，虚冒名氏。臣每受诏于盛化门，差次录第，其未及者，亦复随辈皆见拜擢。既加之恩，难复收改，但守奉禄，于义已弘，不可复使理人及仕州郡。昔孝宣会诸儒于石渠，章帝集学士于白虎，通经释义，其事优大，文武之道，所宜从之。若乃小能小善，虽有可观，孔子以为"致远则泥"，君子故当志其大者。

六事：墨绶长吏，职典理人，皆当以惠利为绩，日月为劳。褒责之科，所宜分明。而今在任无复能省，乃其还者，多召拜议郎、郎中。若器用优美，不宜处之冗散。如有衅故，自当极其刑诛。岂有伏罪惧考，反求迁转，更相放效，臧否无章？先帝旧典，未尝有此。可皆断绝，以核真伪。

七事：伏见前一切以宣陵孝子为太子舍人。臣闻孝文皇帝制

丧服三十六日，虽继体之君，父子至亲，公卿列臣，受恩之重，皆屈情从制，不敢逾越。今虚伪小人，本非骨肉，既无幸私之恩，又无禄仕之实，恻隐思慕，情何缘生？而群聚山陵，假名称孝，行不隐心，义无所依，至有奸轨之人，通容其中。桓思皇后祖载之时，东郡有盗人妻者亡在孝中，本县追捕，乃伏其辜。虚伪杂秽，难得胜言。又前至得拜，后辈被遗；或经年陵次，以暂归见漏；或以人自代，亦蒙宠荣。争讼怨恨，凶凶道路。太子官属，宜搜选令德，岂有但取丘墓凶丑之人？其为不祥，莫与大焉。宜遣归田里，以明诈伪。

书奏，帝乃亲迎气北郊，及行辟雍之礼。又诏宣陵孝子为舍人者，悉改为丞尉焉。光和元年，遂置鸿都门学，画孔子及七十二弟子像。其诸生皆敕州郡三公举用辟召，或出为刺史、太守，入为尚书、侍中，乃有封侯赐爵者，士君子皆耻与为列焉。

时妖异数见，人相惊扰。其年七月，诏召邕与光禄大夫杨赐、谏议大夫马日磾、议郎张华、太史令单扬诣金商门，引入崇德殿，使中常侍曹节、王甫就问灾异及消改变故所宜施行。邕悉心以对。又特诏问曰："比灾变互生，未知厥咎，朝廷焦心，载怀恐惧。每访群公卿士，庶闻忠言，而各存括囊，莫肯尽心。以邕经学深奥，故密特稽问，宜披露失得，指陈政要，勿有依违，自生疑讳。具对经术，以皂囊封上。"邕对曰："臣伏惟陛下，圣德允明，深悼灾咎，褒臣末学，特垂访及，非臣蝼蚁所能堪副。斯诚输写肝胆出命之秋，岂可以顾患避害，使陛下不闻至戒哉！臣伏思诸异，皆亡国之怪也。天于大汉，殷勤不已，故屡出妖变，以当谴责，欲令人君感司，改危即安。今灾眚之发，不于它所，远则门垣，近在寺署，其为监戒，可谓至切。蚖坠鸡化，皆妇人干政之所致也。前者乳母赵娆，贵重天下，生则赀藏侔于天府，死则丘墓逾于园陵，两子受封，兄弟典郡、续以永乐门史霍玉，依阻城社，又为奸邪。今者道路纷纷，复云有程大人者，察其风声。将为国患。宜高为堤防，明设禁令，深惟赵、霍、以为至戒。今圣意勤勤，思明邪正。而闻太尉张颢，为玉所进。光禄勋姓璋，有名贪浊；又长水校尉赵玹、屯骑校尉盖升，并叨时幸，荣富优足。宜念小人在位之咎，退思引身避贤之福。伏见廷尉郭禧，纯厚老成；光禄大夫桥玄，聪达方直。故太尉刘宠，忠实守正：并宜为谋主，数见访问。夫宰相大臣，君之四体，委任责成，优劣已分，不宜听纳小吏，雕琢大臣也。又尚方工技之作，鸿都篇赋之文，可且消息，以示惟忧。《诗》云：'畏天之怒，不敢戏豫。'天戒诚不可戏也。宰府孝廉，士之高选。近者以辟召不慎，切责三公，而今并以小文超取选举，开请托之门，违明王之典，众心不厌，莫之敢言。臣愿陛下忍而绝之。思惟万机，以答天望。圣朝既自约厉，左右近臣亦宜从化。人自抑损，以塞咎戒，则天道亏满，鬼神福谦矣。臣以愚赣，感激忘身，敢触忌讳，手书具对。夫君臣不密，上有漏言之戒，下有失身之祸。愿寝臣表，无使尽忠之吏，受怨奸仇。"章奏，帝览而叹息，因起更衣，曹节于后窃视之，悉宣语左右，事遂漏露。其为邕所裁黜者，皆侧目思报。

初，邕与司徒刘郃素不相平，叔父卫尉质又与将作大匠阳球有隙。球即中常侍程璜女夫也，璜遂使人飞章言邕、质数以私事请托于郃，郃不听，邕含隐切，志欲相中。于是诏下尚书，召邕诘状。邕上书自陈曰："臣被召，问以大鸿胪刘郃前为济阴太守，臣属吏张宛长休百日，郃为司隶，又托河内郡吏李奇为州书佐，乃营护故河南尹羊陟、侍御史胡毋班，郃不为用致怨之状。臣征营怖悸，肝胆涂地，不知死命所在。窃自寻案，实属宛、奇，不及陟、班。凡休假小吏，非结恨之本。与陟姻家，岂敢申助私党？如臣父子欲相伤陷，当明言台阁，具陈恨状所缘。内无寸事，而谤书外发，宜以臣对与郐参验。臣得以学问特蒙褒异，执事秘馆，操管御前，姓名状貌，微简圣心。今年七月，召诣金商门，问以灾异，贵诏申旨，诱臣使言。臣实愚赣，唯识忠尽，出命忘躯，不顾后害，遂讥刺公卿，内及宠臣。实欲以上对圣问，救消灾异，规为陛下建康宁之计。陛下不念忠臣直言，宜加掩蔽，诽谤卒至，便用疑怪。尽心之吏，岂得容哉？诏书每下，百官各上封事，欲以改政思谴，除凶致吉，而言者不蒙延纳之福，旋被陷破之祸。今皆杜口结舌，以臣为戒，谁敢为陛下尽忠孝乎？臣季父质，连见拔擢，位在上列。臣被蒙恩渥，数见访逮。言事者因此欲陷臣父子，破臣门户，非复发纠奸伏，补益国家者也。臣年四十有六，孤特一身，得托名忠臣，死有余荣，恐陛下于此不复闻至言矣。臣之愚冗，职当咎患，但前者所对，质不及闻，而衰老白首，横见引逮，随臣擿设，并入坑陷，诚冤诚痛。臣一入牢狱，当为楚毒所迫，趣以饮章，辞情可缘复闻？死期垂至，冒昧自陈。愿身当辜戮，乞质不并坐，则身死之日，更生之年也。惟陛下加餐，为万姓自爱。”于是下邕、质于洛阳狱，劾以仇怨奉公，议害大臣，大不敬，弃市。事奏，中常侍吕强愍邕无罪，请之，帝亦更思其章，有诏减死一等，与家属髡钳徙朔方，不得以赦令除。阳球使客追路刺邕，客感其义，皆莫为用。球又赂其部主使加毒害，所赂者反以其情戒邕，故每得免焉。居五原安阳县。

　　邕前在东观，与卢植、韩说等撰补《后汉记》，会遭事流离，不及得成，因上书自陈，奏其所著十意，分别首目，连置章左。帝嘉其才高，会明年大赦，乃宥邕还本郡。邕自徙及归。凡九月焉。将就还路，五原太守王智饯之。酒酣，智起舞属邕，邕不为报，智者，中常侍王甫弟也，素贵骄，惭于宾客，诟邕曰："徒敢轻我！"邕拂衣而去。智衔之，密告邕怨于囚放，谤讪朝廷。内宠恶之。邕虑卒不免，乃亡命江海，远迹吴会。往来依太山羊氏，积十二年，在吴。

吴人有烧桐以爨者，邕闻火烈之声，知其良木，因请而裁为琴，果有美音，而其尾犹焦，故时人名曰"焦尾琴"焉。初，邕在陈留也，其邻人有以酒食召邕者，比往而酒以酣焉。客有弹琴于屏，邕至门试潜听之，曰："嘻！以乐召我而有杀心，何也？"遂反。将命者告主人曰："蔡君向来，至门而去。"邕素为邦乡所宗，主人遽自追而问其故，邕具以告，莫不怃然。弹琴者曰："我向鼓弦，见螳螂方向鸣蝉，蝉将去而未飞，螳螂为之一前一却。吾心竦然，惟恐螳螂之失之也，此岂为杀心而形于声者乎？"邕莞然而笑曰："此足以当之矣。"

中平六年，灵帝崩，董卓为司空，闻邕名高，辟之。称疾不就。卓大怒，詈曰："我力能族人，蔡邕遂偃蹇者，不旋踵矣。"又切敕州郡举邕诣府，邕不得已，到，署祭酒，甚见敬重。举高第，补侍御史，又转持书御史，迁尚书。三日之间，周历三台。迁巴郡太守，复留为侍中。

初平元年，拜左中郎将，从献帝迁都长安，封高阳乡侯。

董卓宾客部曲议欲尊卓比太公，称尚父。卓谋之于邕，邕曰："太公辅周，受命翦商，故特为其号。今明公威德，诚为巍巍，然比之尚父，愚意以为未可。宜须关东平定，车驾还返旧京，然后议之。"卓从其言。

二年六月，地震，卓以问邕，邕对曰："地动者，阴盛侵阳，臣下逾制之所致也。前春郊天，公奉引车驾，乘金华青盖，爪画两辕，远近以为非宜。"卓于是改乘皂盖车。

卓重邕才学，厚相遇待，每集宴，辄令邕鼓琴赞事，邕亦每存匡益。然卓多自恨和，邕恨其言少从，谓从弟谷曰："董公性刚而遂非，终难济也。吾欲东奔兖州，若道远难达，且遁逃山东以待之，何如？"谷曰："君状异恒人，每行观者盈集。以此自匿，不亦难乎？"邕乃止。

及卓被诛，邕在司徒王允坐，殊不意言之而叹，有动于色。允勃然叱之曰："董卓国之大贼，几倾汉室。君为王臣，所宜同忿，而怀其私遇，以忘大节！今天诛有罪，而反相伤痛，岂不共为逆哉？"即收付廷尉治罪。邕陈辞谢，乞黥首刖足，继成汉史。士大夫多矜救之，不能得。太尉马日䃅驰往谓允曰："伯喈旷世逸才，多识汉事，当续成后史，为一代大典。且忠孝素著，而所坐无名，诛之无乃失人望乎？"允曰："昔武帝不杀司马迁，使作谤书，流于后世。方今国祚中衰，神器不固，不可令佞臣执笔在幼主左右，既无益圣德，复使吾党蒙其讪议。"日䃅退而告人曰："王公其不长世乎？善人，国之纪也。制作，国之典也。灭纪废典，其能久乎！"邕遂死狱中。允悔，欲止而不及。时年六十一。缙绅诸儒莫不流涕。北海郑玄闻而叹曰："汉世之事，谁与正之！"兖州、陈留间皆画像而颂焉。

其撰集汉事，未见录以继后史。适作《灵纪》及十意，又补诸列传四十二篇，因李傕之乱，湮没多不存。所著诗、赋、碑、诔、铭、赞、连珠、箴、吊、论议、《独断》、《劝学》、释诲》、《叙乐》、《女训》、《篆势》、祝文、章表、书记，凡百四篇，传于世。

荀悦传

——《后汉书》卷六二

【说明】荀悦（148—209 年），字仲豫，颖川颖阴（河南许昌）人，是东汉末年具有进步倾向的政治思想家和历史家。他受汉献帝之命，自建安三年（198 年）始，以编年体的形式改编《汉书》，成《汉纪》三十卷，分为高祖、惠帝、吕后、文帝、景帝、武帝、昭帝、宣帝、元帝、成帝、哀帝、平帝二十纪，而将王莽之事附于平帝纪后，共叙事二百三十二年。《汉纪》取材虽不出《汉书》，但在史书的写法上有所创新。它采取了"通比其事，例系年月"（《汉纪·序》）的方法，按年、时、月、日的顺序叙述重大事件和相关人物，并取便将与其相类而无时间可考的政事、人物、典制等史事分系于后，从而扩充了编年体史书的叙事范围、增强了条理性。《汉纪》的指导思想，就是本传中所说的"立典"的"五志"。以此为圭臬，荀悦从《汉书》中将有关内容纳入了《汉纪》，"综往昭来"，"极为治之体，尽君臣之义"，为统治者提供历史鉴戒。《汉纪》因其事简约和特有的叙事角度受到后人重视，"历代褒之，有逾纪传"（《史通·二体》）。

荀悦字仲豫，是荀俭之子。荀俭很早就去世了。荀悦十二岁的时候，就能讲解《春秋》。因为家里贫穷没有书籍，荀悦每次到别人家中

去，只要是他看见的文章，读一遍就多能背诵。荀悦性格稳重，姿容美好，尤其喜欢著述。

汉灵帝时宦官专权，读书人多不做官甘居贫穷，荀悦就托病隐居，因此当时的人没有了解他的，只有他的叔伯兄弟荀彧特别称赞敬重他。当初荀悦被辟召在镇东将军曹操府中，升任黄门侍郎。汉献帝很喜欢文学，荀悦与荀彧及少府孔融在宫中给献帝讲授经书，早晚谈论，（得到献帝的宠信，）逐渐升官为秘书监、侍中。

当时政权已转移到曹氏手中，天子只好以严肃的态度约束自己而已。荀悦想净言进谏，但是他的计谋都没得到采用，于是作了《申鉴》五篇。《申鉴》所论述的，是政治体制的重大问题。写成之后，上奏献帝。《申览》的大概意思是：

道的根本，只是仁和义两者而已。五典阐明了它的纲领，其它的书籍又从多方面加以辅助性的说明，咏颂它、歌唱它，演奏它、舞蹈它，使以前的鉴戒得到了明了，后来者又重申它。所以古代的圣王对于仁义，只是反复说明它的重要性而已。

从事政治的方法，应当先阻绝"四患"，再推崇"五政"。

（所谓"四患"，）第一是"伪"，第二是"私"，第三是"和"，第四是"奢"。"伪"会扰乱习俗，"私"会破坏法律，"放"会导致越轨行为，"奢"会败坏制度。这"四患"不消除，政治上的腐败就会得以流行了。习俗混乱了道就会荒废，虽然是天地也保护不住自己的秉性；法律破坏了社会就会倾颓，虽然是君主也掌握不住尺度；越轨就会造成礼的消亡，虽然是圣人也不能完全贯彻自己的原则；制度败坏了人欲就会放纵，虽然以四海之外的广大也满足不了这些欲望的要求。所以（"伪"、"私"、"放"、"奢"）

叫"四患"。

振兴农业以维持（百姓）生活，辩别好恶以正风俗，宣扬文教以提倡文明，建立武装以执掌权威，明示赏罚以统领法律，这就叫"五政"。

人不畏死，就不能够用治罪来使他们惧怕。人不愿再活下去，就不能够用善来鼓励他。（在这些情况下，）虽然使契来推行五教，皋陶作为士，政治也实行不了。所以在上的人应先使人们的财产丰足让他们有一定的追求，皇帝耕籍田，皇后在蚕宫养蚕，（劝民乐业安生，）这样才会使全国没有闲逛的人，田野上没有荒芜的土地，人们就能自给自足；政府不轻意征发力役，以成全人们各自的事业，这就叫做"养生"。

君子所以能感动天地，响应神明，理正万物而协助成就帝王的教化大业，就在于他们确定了正确的标准罢了。所以在上的人要审定美与丑，区别善与恶的关键在于看是功是罪，分辩诽谤或者是赞誉要看所说的是否符合事实。对听到的话都要用事实加以检验，对人的毁誉都要用实际情况加以考察，不要被欺诈虚伪的情况所迷惑，（不然就会）使人心混乱。所以对事要无不加以审验，对事物要无不加以检测，对善事要无不加以推崇，对恶行要无不拿出示众，这样，民间就不会有奸怪产生，而百姓就不会有淫乱的作风了。百姓们从上自下都看到各种利害都与自己有关，所以才能使自己的心严肃恭敬，谨慎地修养自己的德行，对内不迷惑，对外没有特别的欲望，那么人们的追求就平和了。这就叫做"正俗。"

君子是根据感情来任用的，小人是用刑罚来驱使的。荣辱，

是赏罚的精华所在。所以礼教人知荣辱，施加在君子身上，是为了升华他们的感情；桎梏鞭扑，施加在小人身上，是为了叫他们懂得刑罚。君子连侮辱都不愿承受，何况是刑罚呢！小人连刑罚都不忌讳，何况是一般的侮辱呢！假若废弃教化，就会把（处于小人与君子之间的）中人推入小人范围内；推行教化，就会引导中人走上君子的道路。这就叫做"章化"。

小人的情况就是放松了他们，他们就会骄傲，骄傲了就会放纵，放纵了就会埋怨，有了埋怨就会背叛；危急了就会谋乱，平静下来就又会有更多想法，不用威强的暴力就无法整治他们。所以在上的人，必须有武备，以预防不测的事情发生，以遏止强盗的暴虐行为。天下太平时就用行政进行管理，有事情发生就使用军事力量进行镇压。这就叫做"秉威"。

赏罚，是政治的要领。大张旗鼓地赏赐，毫不犹豫地惩罚，经过调查研究核实情况，谨慎地发布命令，用赏赐鼓励人们从善，用惩罚来打击罪恶。君主不轻意赏赐，并不仅仅是爱惜财物，还因为轻意赏赐收不到鼓励人们从善的效果。君主不随便惩罚，并不是同情（应受惩罚的）那些人，还因为随便惩罚达不到打击罪恶的目的。赏赐收不到鼓励人们从善的效果，就阻绝了向善，惩罚达不到打击罪恶的目的就是纵容罪恶。在上的人能够不阻绝下面的人从善，不纵容下面的为恶，国家的法令就会树立起来了。这就叫做"统法"。

"四患"既然消除，"五政"又建立起来，用诚挚之心来推行它，下决心来坚持它，宽松而不怠惰，疏朗而又没遗漏，以无为来达到有为，使各自产生作用；以无事来做到成事，使各自达到目的。不严肃而获得成功，不苛厉而天下归于文明，君主位尊而臣下有礼，那么海内就太平了。这就是从事政治的方法。

荀悦又说：

"好的君主都不因循古制，舜帝把自己的两个女儿嫁给尧，是陶唐时代的典章。用占卜来确定出嫁，是商朝帝乙时代的制度。天王的女儿下嫁齐国，是宗周时代的礼法。阴凌驾于阳违背天道，妇人压倒丈夫违背人伦。违背天道不祥，违背人伦不义。还有，古代天子，诸侯有国家大事必要告于庙。在朝廷中两种史官，左史记录言论，右史记录事件。记载事件的就是《春秋》，记录言论的就是《尚书》。君王有举动就一定有记载，无论善恶成败，没有不保存下来的。就是下面的一般士人百姓，如果有特别突出的事情，也都有记载。有的人想得到传扬而得不到，有的人想隐匿却反而很出名。在一个朝代的得失，却是千秋万代的荣辱。善人相互用以作为鼓励，有罪的人则感到害怕。现在应当完备史官制度，使他们掌握文书，记载人物的行为和国家大事。每年年终，（把这些记载）上报尚书，以帮助更恰当地进行赏罚，以弘扬法令教化。

汉献帝看了荀悦的《申鉴》，觉得说得很好。

汉献帝喜欢读书，常常感到班固的《汉书》文字太多难以把握，于是就命令荀悦按照《左氏春秋》的编年体例编成了《汉纪》三十篇；汉献帝下诏尚书省供应荀悦所用的纸笔。《汉纪》文字简约，议论多数允当。

荀悦的《序》说："以往的圣人，一心建立帝王治世的要道，以天为经以地为纬，观察自然现象而加以效法，于是发明了文字，以通宇宙，并在王庭加以宣扬，它的作用很大。先王发扬光大了这一事业，广施于中国四方。其后遵而不改，永远把它作为法则。建立法则有五个目的，第一是阐明道义，第二是为了申明法规，第三是为了疏通古今，第四是为了宣扬功勋，第五是为了表彰贤能。这样，天人之间的关系，处置事物的恰当办法，就灿然明白，没有不具备的了。社会遵循这一道路，不使这一事业衰颓，损益盈虚，随时加以修正，称赞和批评虽然不同，道理都是一个。汉朝开国已有四百零六年了，拔乱反正，振武兴文，一直遵循祖宗的建业大计，希望光照万代。现在圣上庄严肃穆，一心提倡文化，瞻前顾后，阐明崇尚治国大道，命令建立国家的法则。于是我根据以往史书的记叙，编纂了《汉纪》。光武中兴以前明君贤臣得失的线索，也足以明了了。

荀悦又著有《崇德》、《正论》和多种论文数十篇。他活了六十二岁，建安十四年去世。

（赖长扬 译）

【原文】

悦字仲豫，俭之子也。俭早卒。悦年十二，能说《春秋》。家贫无书，每之人间，所见篇牍，一览多能诵记。性沈静，美姿容，尤好著述。

灵帝时阉官用权，士多退身穷处，悦乃托疾隐居，时人莫之识，唯从弟彧特称敬焉。初辟镇东将军曹操府，迁黄门侍郎。献帝颇好文学，悦与或及少府孔融侍讲禁中，旦夕谈论，累迁秘书监、侍中。

时政移曹氏，天子恭己而已。悦志在献替，而谋无所用，乃作《申鉴》五篇。其所论辩，通见政体。既成而奏之。其大略曰：

夫道之本，仁义而已矣。五典以经之，群籍以纬之，咏之歌之，弦之舞之，前监既明，后复申之。故古之圣王，其于仁义也，申重而已。

致政之术，先屏"四患"，乃崇"五政"。

一曰伪，二曰私，三曰放，四曰奢。伪乱俗，私坏法，放越轨，奢败制。四者不除，则政末由行矣。夫俗乱则道荒，虽天地不得保其性矣；法坏则世倾，虽人主不得守其度矣；轨越则礼亡，虽圣人不得全其道矣；制败则欲肆，虽四表不得充其求矣。是谓"四患"。

兴农桑以养其生，审好恶以正其俗，宣文教以章其化，立武备以秉其威，明赏罚以统其法，是谓"五政"。

人不畏死，不可惧以罪。人不乐生，不可劝以善。虽使契布五教，皋陶作士，政不行焉。故在上者先丰人财以定其志，帝耕籍田，后桑蚕宫，国无游人，野无荒业，财不贾用，力不妄加，以周人事。是谓养生。

君子之所以动天地，应神明，正万物而成王化者，必乎真定而已。故在上者审定好丑焉。善恶要乎功罪，毁誉效于准验。听言责事，举名察实，无惑诈伪，以荡众心。故事无不核，物无不切，善无不显，恶无不章，俗无奸怪，民无淫风。百姓上下睹利害之存乎己也。故肃恭其心，慎修其行，内不回惑，外无异望，则民志平矣。是谓正俗。

　　君子以情用，小人以刑用。荣辱者，赏罚之精华也。故礼教荣辱，以加君子，化其情也。桎梏鞭扑，以加小人，化其刑也。君子不犯辱，况于刑乎！小人不忌刑，况于辱乎！若教化之废，推中人而坠于小人之域；教化之行，引中人而纳于君子之涂。是谓章化。

　　小人之情，缓则骄，骄则恣，恣则怨，怨则叛；危则谋乱，安则思欲，非威强无以惩之。故在上者，必有武备，以戒不虞，以遏寇虐。安居则寄之内政，有事则用之军旅。是谓秉威。

　　赏罚，政之柄也。明赏必罚，审信慎令，赏以劝善，罚以惩恶。人主不妄赏，非徒爱其财也，赏妄行则善不劝矣。不妄罚，非矜其人也，罚妄行则恶不惩矣。赏不劝谓之止善，罚不惩谓之纵恶。在上者能不止下为善，不纵下为恶，则国法立矣。是谓统法。

　　"四患"既蠲，"五政"又立，行之以诚，守之以固，简而不怠，疏而不失，无为为之，使自施之，无事事之，使自交之。不肃而成，不严而化，垂拱揖让，而海内平矣。是谓为政之方。

又言：

　　尚主之制非古。厘降二女，陶唐之典；归妹元吉，帝乙之训；王姬归齐，宗周之礼。以阴乘阳违天，以妇陵夫违人。违天不祥，违人不义。又古者天子诸侯有事，必告于庙。朝有二史，左史记言，右史书事。事为《春秋》，言为《尚书》。君举必记，善恶成败，无不存焉。下及士庶，苟有茂异，咸在载籍。或欲显而不得，或欲隐而名章。得失一朝，而荣辱千载。善人劝焉，淫人惧焉。宜于今者备置史官，掌其典文，纪其行事。每于岁尽，举之尚书。

以助赏罚，以弘法教。

帝览而善之。

帝好典籍，常以班固《汉书》文繁难省，乃令悦依《左氏传》体以为《汉纪》三十篇；诏尚书给笔札。辞约事详，论辨多美。其序之曰："昔在上圣，惟建皇极，经纬天地，观象立法，乃作书契，以通宇宙，扬于王庭，厥用大焉。先王光演大业，肆于时夏。亦惟厥后，永世作典。夫立典有五志焉：一曰达道义，二曰章法式，三曰通古今，四曰著功勋，五曰表贤能。于是天人之际，事物之宜，粲然显著，罔不备矣。世济其轨，不陨其业，损益盈虚，与时消息。臧否不同，其揆一也。汉四百有六载，拨乱反正，统武兴文，永惟祖宗之洪业，思光启乎万嗣。圣上穆然，惟文之恤，瞻前顾后，是绍是继，阐崇大猷，命立国典。于是缀叙旧书，以述《汉纪》。中兴以前，明言贤臣得失之轨，亦足以观矣。"

又著《崇德》、《正论》及诸论数十篇。年六十二，建安十四年卒。

李固传

——《后汉书》卷九三

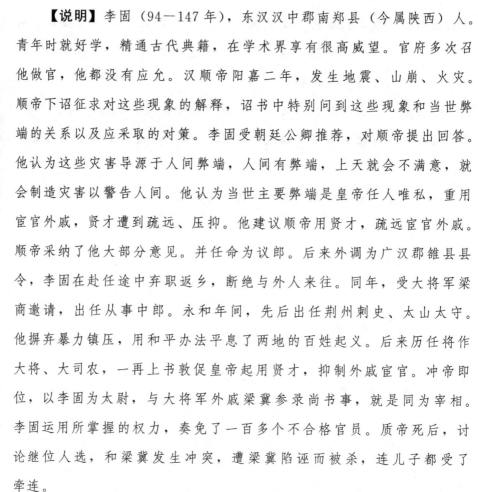

【说明】李固（94—147年），东汉汉中郡南郑县（今属陕西）人。青年时就好学，精通古代典籍，在学术界享有很高威望。官府多次召他做官，他都没有应允。汉顺帝阳嘉二年，发生地震、山崩、火灾。顺帝下诏征求对这些现象的解释，诏书中特别问到这些现象和当世弊端的关系以及应采取的对策。李固受朝廷公卿推荐，对顺帝提出回答。他认为这些灾害导源于人间弊端，人间有弊端，上天就会不满意，就会制造灾害以警告人间。他认为当世主要弊端是皇帝任人唯私，重用宦官外戚，贤才遭到疏远、压抑。他建议顺帝用贤才，疏远宦官外戚。顺帝采纳了他大部分意见。并任命为议郎。后来外调为广汉郡雒县县令，李固在赴任途中弃职返乡，断绝与外人来往。同年，受大将军梁商邀请，出任从事中郎。永和年间，先后出任荆州刺史、太山太守。他摒弃暴力镇压，用和平办法平息了两地的百姓起义。后来历任将作大将、大司农，一再上书敦促皇帝起用贤才，抑制外戚宦官。冲帝即位，以李固为太尉，与大将军外戚梁冀参录尚书事，就是同为宰相。李固运用所掌握的权力，奏免了一百多个不合格官员。质帝死后，讨论继位人选，和梁冀发生冲突，遭梁冀陷诬而被杀，连儿子都受了牵连。

李固，字子坚，汉中郡南郑县人，是三公之一司徒李郃的儿子。在《方术传》中有李　的记述。李固相貌奇特，头顶有三处骨头隆起如鼎足，前额有一处骨头隐隐隆起延伸进发丛，脚底有龟背图案。幼年时就好学，常步行投师，不管路途多远。终于对古代典籍有了深入研究，结交了一批英雄豪杰。四方有志之士，有很多人仰慕他的风采来向他学习。京师人都赞叹："这又是一个李公了。"司隶校尉部、益州都命令郡太守把他荐举为孝廉，还征召他为司空掾，对这些资格、职务、他都不接受。

阳嘉二年，有地震、山崩、火灾等异常现象，公卿荐举李固回答皇帝的策问。皇帝诏策里又特别问到了当时的社会敝端和政治上应办的事。李固回答说：

据我所知，帝王以天为父，以地为母，以山川为宝。以仁义治天下的王道实现了，阴阳就和谐了。政治教化不恰当了，就要出现山崩地震一类灾难。这些都是天心受到刺激，在事物上所做的具体显示。大家都知道，教化需要坚持才能奏效，官职由有能力的人担任事情才能办好。古代提拔人，有德的人才能授予官爵，现在提拔人，只看谁有钱有势力。听说诏书要求，施政务求宽大博爱，痛恨严酷。但现在长吏以多杀人出名的，一定加以提升奖赏；心存宽厚温和但没有派系支持的人，总是被斥退驱逐。所以淳厚的风气得不到发扬，冷漠轻薄的习俗没有革除。即使增多刑律多文，增多禁令，又能有什么作用呢？以前孝安皇帝变更搞乱旧有规章制度，把爵位封赐给阿母王圣，于是留下祸根，让樊丰之徒利用权力胡作非为，侵夺君主的威势，改乱嫡子的继承顺序，

以至让陛下受窘，亲身遭遇到艰困。从困难危险的境愚中摆脱出来以后，皇朝中兴陛下即位，天下人都景仰拥护，盼望有刷新的教化与政治。弊端丛集之后，容易实现中兴。确实应当广泛考虑美善的治国办法。但目前议论者仍然在说："现在的事，和以前一样。"臣在民间，听说这话非常伤心。实际上从汉朝兴建以来，三百多年，贤君主前后相继，十八位君主，难道都没有乳母养育之恩？难道忘了封爵是一种宠荣？但上畏天的威严、下查经典训示，知道从义理看是不应当那样办的，所以就不封赐爵位了。现在宋阿母虽然有大功劳，有勤劳谨慎的美德，只要增加赏赐、就足够酬答她的劳苦了，至于划分疆土，建立新的封国，确实违背传统制度。听说宋阿母天性谦虚，一定会谦让，陛下应当赞同她辞让封国的高尚风格，使她获得永享安全的幸福。

妃后家族少有能保持完整安全的，难道是天生的品质就必然导致这种结果吗？只是由于爵位高贵显赫，专制揽权，天道厌恶事情过分，而他们不懂自我约束，所以会走向覆灭。先帝宠爱优待阎氏，提升爵位、授予称号太快，所以阎氏遭受祸患，简直转眼就到。《老子》说："他的前进快，他的后退也快。"现在梁氏是皇后方面的亲戚，按礼制规定，是不应当成为臣下的。给他一个高的爵位，也还可以，但子弟亲属，也都官职荣誉兼而有之，永平、建初年间的做法，大概不是这样。应该叫步兵校尉梁冀及各位侍中回去只做黄门官。让国家大权和外戚分开，政权归国家，难道不好吗？

另外，诏书所以禁止侍中尚书中臣子弟，不许任考察孝廉的官吏，是因为这些人掌握威权，接受人情请托的缘故啊。而中常侍在皇帝身边，声势镇慑天下，子弟领取奉禄做官，简直没有止境。虽然外表上谦退沉默，不干涉州郡选举，但奉承虚伪之徒，却在迎合他们的意向荐举。现在可以为中常侍设立一条长期遵守的禁令，内容和关于中臣的禁令一样。

过去馆陶公主为儿子求一个郎的职务，明帝不允许，而赐给他一千万钱。所以舍得重金赏赐而舍不得把微小官职给他，是因为任命一个官吏而他却缺乏应该具有的做官才能的话，就要为害百姓啊。我私下听说长水司马武宣、开阳城门候羊迪等，没有其他什么功、刚一任命，就是正式官职而没经过试用。这虽然是小的失误，但已经逐渐破坏了传统制度。前面帝王的制度，是应当坚守的，政令教化一有差错，一百年也挽救不过来损失。《诗》说："上帝老是反复无常，下面百姓们全都受了害。"这是批评周王变改祖宗法令制度，所以使下面的百姓们全都受了害啊。

现在陛下有尚书，就好象上天有北斗星。北斗星是天的喉舌，尚书也是陛下的喉舌。北斗调节元气，使四时季节变化均匀，尚书传达帝王命令，把政令推行到全国，地位高权力大，负有重大责任。如果不平心处理事务，灾害必然到来。确实应当审慎选择恰当的人选充任，以辅佐皇帝治理天下。现在和陛下共同治理天下的，宫外有公卿尚书，宫内是常侍黄门官，就好像一个门里边，同一家的事情，平安了，共同享有幸福喜庆，危险了，共同承受祸患失败。刺史、二千石，在外面地方上主持政事，按朝廷法令办事。圭表弯了，日影一定歪邪，源泉清的，下流一定洁净。就好像敲击树干，众多树枝全都动摇一样。《周颂》说："只要振奋起来，没有谁不起而响应。"这是说发动在朝廷，响应在地方啊。

根据这种情况看，本朝号令，哪能允许有失误呢？漏洞一出，则奸邪之辈就要产生坏的念头；争利之门一开，则求仁求义的路就堵死了。用刑罚不能禁止得住，教化引导的功效也要因此而逐渐被破坏。这是天下的根本，当今的急务。陛下应当打开书库，陈列出图书典籍，招集众多儒生，深入了解失误与成功，指摘出种种灾异现象，以探求天意。他们的言论中有符合道理的，立即施行，把发言者选拔出来做官，以表彰有能力的人。这样皇帝每天都能听到新的东西，忠臣能够把想说的都呈说出来。另外，还应当撤免宦官，取消他们的大权，只设置常侍两人，要规矩正直有德行的，在身边办公。小黄门五人，要才智闲静文雅的，在殿中供职。这样，批评议论可以消失，太平可以实现了。臣所以敢拿出愚昧无知的话冒昧地自己说出来，也许这是皇天想叫我这个小臣提醒陛下。陛下应当透彻明察臣的话，怜惜臣，赦臣死罪。

顺帝看了他的对策，采用了很多。随即把宋阿母从宫城迁出来送到她家里去，诸常侍都叩头请罪，朝廷出现了严肃认真景象。顺帝任命李固为议郎，但宋阿母和宦官们恨李固的言论正直，因而假造事实用匿名诬告文书陷害李固说他犯有罪行，事情从皇帝那里传下来交给主管官吏查办，大司农黄尚等人向大将军梁商请求援助，同时仆射黄琼救护辩明李固事的真象，经过很久时间，才得正式担任议郎官职。

李固被调出为广汉郡雒县县令，上任途中到达白水关时，解下印绶，辞职回汉中，闭门不和社会交往。同一年里，梁商又请他出任从事中郎。梁商以皇后身分辅佐皇帝执政，但懦弱温和只注意自己的节操而不能对朝政作必要的整顿裁断，灾异一次次出现，下属官员的权力越来越大。李固想叫梁商端正风俗教化，等到功高福满时及时退隐。

于是写信给梁商说：

　　《春秋》褒扬仪父以开辟守义之路，贬斥无骇以堵闭图利之门。义路堵闭，则利门开，利门开则义路闭。从前孝安皇帝宫内信任伯荣、樊丰之辈，宫外把政事委托给周广、谢恽之徒，开门受赂，任用人不讲次序，天下乱哄哄，怨声载道。今皇帝初即位时，朝廷很是清廉平静，没能保持几年，政风又逐渐堕落损坏。皇帝身边近臣所偏袒推荐的，每天都有被提升的；宁死也要坚守美善宗旨的，得不到升迁。并且没有改革弊端确立美德的方法。再有一件事，即位以来，十多年了，还没有皇子，臣民们都牵挂心思热切盼望。应该让皇后广泛逃选嫔妃宫女，兼选身份低下的女子中适宜生育的人，奉进给皇帝，顺应助成开意。如有了皇子，母亲自己乳养，不要委托给保姆医生巫婆，而招致赵飞燕因妒嫉而杀害皇子一类的事。贤明的将军，您声望高地位显赫，应当以天下为考虑的内容，崇尚谦虚自省，为全国作榜样。但您新建祠堂，费工以亿计，这不是显示光明美德，崇尚提倡清廉节俭作风的举动啊。自从这几年以来，灾难怪异现象一次一次出现，一年接一年雨水不足，却是阴云常罩。这表明宫廷内部可能有阴谋。孔子说："聪明人见到怪异现象就联想到自身典范作用发挥得怎么样，愚蠢人见到怪异现象就想着掩盖事实。"天对人的态度是无亲无疏，谁善良就帮助谁。这值得引起人的敬重畏惧啊。加上近来月食一直等到月亮运行到端门侧面时才结束。月亮，是大臣的身分。东西高到极点就危险了，水太满了就要溢出来了，月亮满了就开始产生缺损，太阳走到天空顶中就要下移了，这四种情况都是自然的法则啊。天地的心愿，是把幸福赠予谦虚的人而忌恨自

满的人，所以贤明通达的人功成就身退，保全名声养护寿命，没有被利诱和驱迫的忧愁。真的朝廷纲纪有条理，政治秩序井然了，仁义治国原则得到施行了，忠贞观念在社会思想中的地位得到确立了，明公就应效法伯成子高及时退隐，保全不朽的声誉，难道能和这些贪荣好官的外戚凡庸之辈相提并论吗？我李固是狂夫愚人，不明白事情的要点，但钦佩古人灵辄那样不忘报答人家一顿饭恩德的高尚情操，更何况我深受您看重提拔，哪能容许我不尽心陈述看法呢！

梁商不能采纳李固的建议。

永和中，荆州盗贼起事，一年时间也没有平定，于是以李固为荆州刺史。李固到任，派遣官员到境内各处慰问，赦免盗贼以前的过错，答应他们一切重新开始，于是贼帅夏密等聚集他们的大小头目与成员六百多人，自己捆绑着来自首。李固都原谅了他们，派他们回去，使他们自相招集，宣传李固的威信和朝廷的法令。半年间，剩下的人也都来投降了，全州之内都清静平定了。

李固向上奏报南阳太守高赐等人贪脏纳贿。高赐等人畏罪，于是共同用重金贿赂大将军梁冀，梁冀为他们以一日千里的速度送文书去解救，而李固追究得却更紧急，梁冀于是把李固调为太山郡太守。当时太山盗贼屯聚好多年了，郡里常用一千多人追讨，也不能制服他们。李固到任，把一千多郡兵都解散回农村去种地，只选留能打仗的一百多人，以恩信去招诱盗贼。不到一年，贼都平息解散了。

李固被提升为将作大将军。上疏陈述事情说：

臣听说气中清纯的部分就是神，人中清廉公正的就是贤。养身的以练神为宝，安定国家的以保聚贤人为入手途经。过去秦国

想打楚国，王孙围在西门设置坛台，陈述列举出名臣、秦国使者惊惧，于是取消用兵图谋。魏文侯以卜子夏为师，以田子方为友，尊敬段干木，所以俊杰们争着来投奔，名声超过齐桓公，秦人不敢侵犯西河，这大概是积聚贤人的效果。陛下平定叛乱摆脱了灾难，刚刚即位时，聘南阳樊英，江夏黄琼、广汉杨厚，会稽贺纯，下达策书，嗟叹国事，让他们担任大夫。因此山洞隐居人，智谋之士，清整衣冠，做好准备，乐于被朝廷任用，全国欣喜，响往顺从陛下的恩德。杨厚等在职期间，虽然没有什么奇特卓异表现，但小心谨慎勤奋不已，一心忧念着国家。臣以前在荆州，听说杨厚、贺纯等被以患病为名免除官职回归家乡，真是为此而感到不痛快，替时代感到可惜。有一天朝会时，见各个侍中都是青年，没有一个年老学者可以说说话，实在令人叹息。应当召回杨厚等人，以满足众人的期望。黄琼长期担任议郎，已将近十年，众人都奇怪开始时职权提升得那么高，而现在却停滞不动了。光禄大夫周举，才能高超，谋划正大，应当担任侍中，以便咨询。侍中杜乔，学识渊深，行为正直，是当代良臣，长期托病休息，应当下令让他到任办公。

又推荐陈留郡的杨伦，河南郡的尹存，东平郡的王恽，陈国的何临，清河国的房植等人。李固上书同一天，有诏令下达，召用杨伦、杨厚等，又提升黄琼、周举，以李固为大司农。

从前，周举等八个使者巡察天下，揭发了不少人的罪恶，其中都是宦官亲属，宦官为他们求情，接着就有诏令不让追究。另外，以前是由太尉、司徒、司空等三府选择令史，光禄勋考虑任用尚书郎，这时却都是皇帝个别直接任命而不再有选择考试过程。李固于是和廷尉吴雄上疏，认为八使所揭发的，应该抓紧惩处，选拔官吏，应该交付主管部门办理。汉顺帝接受了他们的话，于是改变决定，下令免除八使所揭发的刺史、二千石的官职，从此以后，很少再个别直接任命官吏，而严格要求三公，认真彻底考察资格。朝廷百官都赞杨这个改变很好。李固又和光禄勋刘宣上疏说："近来选择太守，得到的大多不是合适人选，以至于施行暴政，侵害百姓。还有，应该停止游乐，专心处理政务。"顺帝采纳了他们的建议，于是下诏给各个州刺史，让他们揭发检举太守县令以下官吏冤屈百姓、对百姓不施恩惠的事实，免除他们的官职，其中有贪脏枉法重罪的，交付诏狱查处。

到了冲帝即位，以李固为太尉，和梁冀一起参录尚书事。第二年冲帝去世，梁太后考虑到杨州、徐州盗贼势力很大，怕宣布皇帝逝世后社会受惊扰而发生动乱，就派中常侍通知李固等人，打算等所征召的诸王侯到了以后再发丧。李固回答说："皇帝虽然岁数小，仍然是天下的君父。今天去世了，人神全受震动，哪有臣子反而协同掩盖这个消息的道理呢？过去秦始皇在沙丘去世，胡亥、赵高隐瞒不发丧，终于杀害了扶苏，以至于亡了国。近年北乡侯逝世，阎后兄弟及江京等也串通一气封锁消息，于是有了孙程亲手杀了他们的事情发生。这是天下的大忌，最不能干的事了。"太后听从了他们，当天晚上就公布丧事。

李固认为清河王刘蒜，年岁大有德行，想拥立他为皇帝，对梁冀说："现在是拥立新皇帝的时候，应当选择年岁大一些，高尚贤明有德行，有实际从政经验的人，希望将军认真仔细地考虑这个大事，研究研究周勃、霍光立文帝、宣帝的事例，以邓后、阎后贪图权利而立年龄幼小能力薄弱的君主的教训。"梁冀不听从，于是立了乐安王儿子刘缵，年龄八岁，这就是质帝。当时将为冲帝到京城北郊去确定建陵地点，李固提出建议："现在处处是盗贼，军费开支比平日增加一倍。新近建成宪陵，财物人工消耗很多。皇帝年龄还小，可以在顺帝宪陵陵区内为他造陵，像当初建殇帝康陵那样办，这样可以只化费现在预算的三分之一经费。"于是听从了李固建议。当时太后因为连续遭遇不幸，把朝政委托给宰相，李固对朝政的种种纠正，常常得到听从。黄门署宦官全被赶走，天下人全都盼望从此开始太平，而梁冀猜忌专权，常常忌妒仇恨李固。

当初，顺帝时任命的官，很多都不是按部就班提升的，到李固主政时，奏请罢免了一百多人。这些人既怨恨李固，又摸清了梁冀的思想，于是一起捏造谣言诬陷李固说："臣听说，君不能效法古代圣人，就不能承受天命，臣不能遵循旧例，就不能尊奉君主。过去尧去世后，舜敬仰想念尧三年，坐着就见到墙上有尧，吃饭就看见肉汤里有尧，这就叫做述追尧的勤孝行为，不丧失臣子应有的节操。太尉李固，假公济私，利用合法权力搞邪恶活动，离间皇室近亲，自己发展团伙。至于表彰推举介绍任用的官吏全都是他的门徒，他所征辟召用的，没有不是他的旧关系。有的是富人用钱财贿赂的，有的是女婿亲家，这样的人列入官员名牒的共四十九人。又广泛选取下贱商人来充令史，又寻求好马，送到窗前让他验收。出入排场过度奢侈。辒车、辀车，华丽耀眼。大行皇帝还没有下葬，路上人都在流泪，李固独自擦抹胡粉，修饰容貌，疏理头发卖弄姿态，一摇三晃，从容慢步，简直没有一点悲伤哀痛的心情。皇帝陵墓还没修好，就已开始改变旧有的政策，好事归功于自己，过错推给皇帝。赶走皇帝身边的近臣，不许为皇帝送葬。作威作福，没有比李固更厉害的了。臣听说，宰相职责是调和阴

阳，如果政治举措不当，寇贼作乱，就要找太尉负责。李固接受重任之后，东南作乱，两个州几个郡，千里萧条，上百万人受害，教化衰落。他却诽谤逝世的皇帝，随意放肆地或这样主张或那样主张。先帝在世时，他没有在朝廷谏争的忠贞行为，先帝去世后，他倒有诽谤先帝的言论。儿子的罪，没有比增加父亲忧患为大，臣的罪没有比诽谤君主更大。李固的过失，够得上处死。"诬陷信奏上去，梁冀把它报告给太后，让太后批示主管部门查处。太后不同意。李固因而避免了这场灾难。

梁冀害怕质帝的聪明，担心成为后患，于是命令质帝身边的人拿掺有鸩毒的东西给质帝吃。质帝烦躁不安，难以忍受，命人尽快召见李固。李固进来，上前询问："陛下怎么得的病？"质帝还能说话，就说："吃煮饼，现在腹中胀，喝点水还能活。"当时梁冀也在旁边，说："怕呕吐，不能喝水。"话没说完，质帝就死了。李固伏在质帝尸体上号哭，追查、揭发皇帝侍从医生。梁冀顾虑他的阴谋活动被泄露，非常厌恶李固。

于是讨论拥立后嗣皇帝，李固联合司徒胡广、司空赵戒、先给梁冀写信说：

国家不幸，连续遭遇丧事。皇太后有圣德当朝执政，代理皇帝统治国家。贤明的将军遵行忠孝，忧念国家。而接连几年，帝王大位中断三次，现在正在拥立新皇帝时刻，帝位是国家最大珍宝，我们确实知道太后关心，将军在劳心深虑，审慎选择人选，尽力要找到最圣明的人。但我们心情也念念不忘这件大事，私自有些想法。远想前代废立旧例，近见国家皇帝即位的前事，未尝没有询访公卿，广求众人议论，想让这件事办得上应天心，下合

众望。况且永初以下，政事错误很多，地震波及到了皇宫宗庙，慧星划过整个天空。现在确实是将军劳神的时期。书上说："拿天下给人容易。为天下得到恰当人选困难。"过去昌邑王被拥立，昏乱一天比一天厉害，霍光忧愁惭愧，生气懊悔到极点，不是博陆侯忠勇，田延年奋发敢为，大汉的政权，几乎垮掉了。这是最值得忧虑的重大事情，可以不深思熟虑吗？想想万事，只有这件事最大，国家兴衰，在此一举。

梁冀收到信，于是召集三公、中二千石、列侯，广泛深入讨论应该拥立谁。李固、胡广、赵戒及大鸿胪杜乔都认为清河王蒜贤明有德行，众所周知，又是辈分最高的近亲，应当立为嗣皇帝。在此以前，蠡吾侯刘志正在筹备和梁冀妹妹成婚的事，当时正在京师。梁冀想拥立刘志。众人议论和他的想法不同，他心里愤愤不平，但一时还找不到驳倒众议的办法。中常侍曹腾等知道了这种情况，夜见梁冀说："将军几代都和皇后有亲戚关系，掌握国家大权，宾客恣肆横行，有很多过错。清河王严明，如果真的被立为帝，那样一来将军得祸就不远了。不如立蠡吾侯，富贵可以长保。"梁冀同意他的话。第二天，重新召集公卿开会，梁冀神情凶暴，言辞激烈，从胡广、赵戒以下，没有一个不害怕他。都说："按大将军的意思办。"而李固和杜乔坚守本来看法，梁冀严厉地说："散会！"李固思想上既不同意梁冀的看法，又还希望大家的看法可以实现，就又写信劝梁冀。梁冀更加愤怒，就劝说太后先下令免除李固官职。终于立了蠡吾侯，这就是桓帝。

一年多以后，甘陵县刘文、魏郡刘鲔各自谋划拥立清河王刘蒜为天子，梁冀于是诬告李固和刘文、刘鲔共同制造妖言。把李固关进监狱。李固门生勃海郡王调自己带着刑具上书，证明李固冤枉，河内赵

承等数十人也躺在铡刀上到宫前申诉。太后明白是怎么回事，就赦免了李固。等到出狱的时候，京师满街都高呼万岁。梁冀听说之后，大惊失色，害怕李固声名德行最终要成为自己的祸根，于是再把前面的事拿来重新上奏。于是杀了李固。李固当时年龄是五十四岁。

临刑前，李固给胡广、赵戒写信说："李固承受国家厚恩，所以竭尽大臣应尽职责，不顾死亡，志在扶持王室，想把国家治理得可以和文帝、宣帝时媲美。哪里想到有一天梁氏错迷错误，你们几位错误地听从，化吉为凶，把成功变为失败呢？汉家衰落，从现在开始了。你们几位蒙皇帝丰厚的俸禄，国家危险不扶持，破坏国家大事，将来的良史难道会有偏私？我李固自身是结束了，在坚持正义这一点我是做到了，我还有什么话要说呢！"胡广、赵戒看到信，感到悲伤惭愧，都长叹流泪。

州郡官吏在郾城逮捕了李固的两个儿子李基、李兹，他们都死在监狱里了。小儿子李燮脱了险，化名逃走。梁冀于是封胡广、赵戒而把李固尸休暴露在四通八达的交叉路口，下令说："有敢来哭吊李固的，要以犯罪论处。"李固弟子汝南郭亮，刚十五岁，在洛阳游学，知道这个情况，就左手提奏章和斧头，右手提铡刀，到宫门前上书，请求收葬李固尸体。没被批准。就去陈尸处哭吊，在李固尸前申说自己的心意，守着李固尸体。夏门亭长呵责他们说："李杜二公是大臣，不能使皇帝得到安定，不能效忠，而无缘无故制造事端。你们这种人是什么样的迂腐儒生，公然违犯诏书，是想试探一下刑罚规定的真假吗？"郭亮说："亮含阴阳诞生，顶天立地，按照正义原则行动，哪里管什么性命，为什么拿死恐吓我呢？"亭长叹息说："生活在衰乱之世，天高而有雷霆不敢不变腰，地厚而有沦陷不敢不收脚站立，耳目只能

挑选适当的内容去看去听，口不可随便乱说啊。"太后听说了，不加责罚。南阳人董班也去哭李固，并且巡行查看尸体不肯离开。太后哀怜他们，于是允许他们赠送衣服给李固并安排归葬。郭亮、董班两人由此闻名于世，三公同时来征辟。董班于是隐藏而去，谁也不知他的最后归宿。

李固所著的章、表、奏、议、教令、对策、记、铭，共十一篇。弟子赵承等悲叹不已，于是共同编次李固言论事迹，成为《德行》一篇。

李燮，字德公。当初，李固被免职，知道祸难逃不过去了，于是把三个儿子送回家。当时李燮十三岁。姐姐李文姬，是同郡赵伯英的妻子，贤德而且有智慧，见两个哥哥回家，详细了解到事情经过，默默地悲伤，心里想："李氏要被灭了！从祖父以来，一直修德行仁，怎么落这个结果？"暗地和两个哥哥商量，把李燮事先藏起来，向外说是回京师了，人都信以为真。不久，灾难发作了，命令下来叫郡里逮捕李固三个儿子。两个哥哥受害了，李文姬就对父亲的门生王成说："您和我父亲交往，坚守正义，有古人的节操。现在把幼小的弟弟委托给您，李氏存灭，就靠您了。"王成被她的义气所感动，于是带着李燮沿江东下，进入徐州地界，让李燮改名变姓做酒店的伙计，而王成自己则在街上卖卦，装着互不相识，只在暗中往来。

李燮跟从王成学习，酒店老板感到奇怪，意识到李燮不是平常人，把女儿嫁给了他。李燮精通了经学。十多年后，梁冀被处死了，但灾异仍然不断出现。第二年，史官向桓帝说，应当发布大赦，还应当关怀录用冤死大臣的子孙。于是大赦天下，并寻找李固后代。李燮这才把来历告诉酒店老板。酒店老板准备了车子、许多财物送他走，他都不接受。于是回到家乡，为他父亲追行守孝之礼。姐弟相见，悲痛得让旁人都受了感动。李文姬紧接着就告诫弟弟："父亲正直，是汉家的忠臣，但遇上了朝廷混乱，梁冀任意残杀，让我们家几乎绝了后代。现在弟弟幸而得了救，这难道不是天意吗？你应当断绝和别人的关系，不要胡乱往来，小心不要有一句话牵涉到梁氏。牵涉到梁氏，就牵连到皇帝，灾祸就要重新到来了。谈到家里遭遇，只说自己的过错就行了。"李燮认真地遵从了姐姐的教诲。后来王成去世，李燮按礼制要求安葬了他。想起旧恩，就感伤不已，逢年过季设置上宾神位祭祀他。

州郡送来任命书，大将军府、太尉府、司徒府、司空府全来征召，李燮都不去就任。后来被召入朝廷任议郎。在职期间，要求自己清廉、方正，和人交往，都是容让别人的短处而取其长处，喜好成人之美。当时颍川荀爽、贾彪，虽然都有名声，但互相看不起对方，李燮和他们都有交往，没有厚薄，人们称赞他的公平正直。

灵帝时，李燮被任命为安平相。在这以前，安平王刘续被张角贼捉去，国家用钱把他赎回来，朝廷商议恢复他的封国。李燮上奏说："刘续在安平国没有政绩，被妖贼俘虏，守卫藩国不称职，辱没了朝廷，不应当恢复他的封国。"当时参加商议的人看法不同，而刘续终于恢复了藩国。皇帝认为李燮诽谤宗室，把他遣送到左校去服苦役。不到一年，安平王刘续果然由于胡作非为而被处死。于是任命李燮为议郎。京师流传一句话："父不肯立帝，子不肯立王。"

李燮被提拔为河南尹。当时已经是交钱就可以买官做，皇帝又下令强行征调三亿钱充实皇家的西园府库。李燮上书劝谏，道理讲得深刻切实，皇帝中止了这个命令的执行。在这以前，颍川甄邵谄媚巴结梁冀，当了邺县县令。有一个和他同一年被举为孝廉的人得罪了梁冀，

逃奔甄邵，甄邵表面接纳了他，暗地却报告梁冀，梁冀就把他捉去杀了。甄邵要升为郡太守时，正碰上母亲去世，甄邵就把他母亲埋进了马棚，先接受提升命令，然后发丧。甄邵回到洛阳，李燮出行在路上遇到了他，命令士兵把他的车子推到沟里去，乱棍打了一顿，用一块绸子大写"谄媚权贵出卖朋友，贪图官爵偷埋母亲"几个字贴到他的后背上。又向皇帝上表说明他的丑行。甄邵于是被规定终身不得做官。李燮在职两年去世，当时人感到他家世世忠贞正直，全都伤感叹惜。

论：一个被称颂为仁人的人，他抱负修养非常弘大！说话做事，难道仅仅是为自己求取名声求取安全吗？他们为的是确立取舍标准，端正天下风气，使天下人愿为保全真理而生，愿为坚守正义而死啊。只看重义，难免要轻视生命；只看重生命，难免会违背义。专看重外物，难免损伤智慧；专看重自己，难免损伤仁爱感情。如果把正义看得比生命重要，舍弃生命，就是可取的办法了；若把生命看得比正义重要，保全生命就是可取的办法。皇帝凶残昏暗，就失了君道；臣下诚实坚定，就尽了臣的忠贞之节了。臣下坚守忠贞之节直到死亡，就是杀身以成仁；离开这个原则不去做，就是求生以害仁。顺帝桓帝时期，君位继承中断了三次，太后掌握最高权力，贼臣虎视眈眈。李固依据宰相之位掌握大权，奋力维护正义，坚定不可动摇。难道他不知道坚守忠贞之节会惹祸吗？他是以退缩丧失职守为耻辱啊。看他论事所发的正大言论，和他给梁冀的信，虽然时机不巧主张受到抵制，他仍然恋恋而不愿停手不管。纯洁到极点啦，心里只有国家！反过去看看胡广、赵戒，是堆粪土罢了！

赞：李固、杜乔忠于职守，同心合力，想帮助皇帝成为文帝、宣帝那样，自己以伊尹、后稷为楷模，不幸正道不通，时代黑暗，终于遭到邪恶力量的陷害。李燮经历，和赵氏孤儿一样。他继承了先人的正直品格。

（葛亮　译）

【原文】

李固，字子坚，汉中南郑人，司徒郃之子也。郃在《方术传》。固貌状有奇表，鼎角匿犀，足履龟文。少好学，常步行寻师，不远千里，遂究览坟籍，结交英贤。四方有志之士，多慕其风而来学。京师咸叹曰："是复为李公矣。"司隶、益州并命郡举孝廉，辟司空掾，皆不就。

阳嘉二年，有地动、山崩、火灾之异，公卿举固对策，诏又特问当世之敝，为政所宜。固对曰：

　　臣闻王者父天母地，宝有山川。王道得则阴阳和穆，政化乖则崩震为灾，斯皆关之天心，效于成事者也。夫化以职成，官由能理。古之进者，有德有命；今之进者，唯财与力。伏闻诏书务求宽博，疾恶严暴。而今长吏，多杀伐致声名者，必加迁赏；其存宽和无党援者，辄见斥逐。是以淳厚之风不宣，彫薄之俗未革。虽繁刑重禁，何能有益？前孝安皇帝变乱旧典，封爵阿母，因造妖孽，使樊丰之徒乘权放恣，侵夺主威，改乱嫡嗣，至令圣躬狼狈，亲遇其艰。既拔自困殆，龙兴即位，天下喁喁，属望风政。积敝之后，易致中兴。诚当沛然思惟善道；而论者犹云，方今之事，复同于前。臣伏从山草，痛心伤臆。实以汉兴以来，三百余年，贤圣相继，十有八主。岂无阿乳之恩？岂忘贵爵畏之宠？然上畏天威，俯案经典，知义不可，故不封也。今宋阿母虽有大功勤谨之德，但加赏赐，足以酬其劳苦；至于裂土开国，实乖旧典。

闻阿母体性谦虚，必有逊让，陛下宜许其辞国之高，使成万安之福。

夫妃后之家所以少完全者，岂天性当然？但以爵位尊显，专总权柄，天道恶盈，不知自损，故至颠仆。先帝宠遇阎氏，位号太疾，故其受祸，曾不旋时。《老子》曰："其进锐，其退速也"。今梁氏戚为椒房，礼所不臣，尊以高爵，尚可然也。而子弟群从，荣显兼加，永平、建初故事，殆不如此。宜令步兵校尉冀及诸侍中还居黄门之官，使权去外戚，政归国家，岂不休乎？

又诏书所以禁侍中尚书中臣子弟不得为吏察孝廉者，以其秉威权容请托故也。而中常侍在日月之侧，声势振天下，子弟禄仕，曾无限极。虽外托谦默不干州郡，而谄伪之徒望风进举。今可为设常禁，同之中臣。

昔馆陶公主为子求郎，明帝不许，赐钱千万。所以轻厚赐，重薄位者，为官人失才，害及百姓也。窃闻长水司马武宣、开阳城门候羊迪等，无他功德，初拜便真。此虽小失，而渐坏旧章。先圣法度，所宜坚守，政教一跌，百年不复。《诗》云："上帝板板，下民卒瘅。"刺周王变祖法度故使下民将尽病也。

今陛下之有尚书，犹天之有北斗也。斗为天喉舌，尚书亦为陛下喉舌。斗斟酌元气，运平四时。尚书出纳王命，赋政四海，权尊势重，责之所归。若不平心，灾眚必至，诚宜审择其人，以毗圣政。今与陛下共理天下者，外则公卿尚书，内则常侍黄门，譬犹一门之内，一家之事，安则共其福庆，危则通其祸败。刺史、二千石，外统职事，内受法则。夫表曲者，景必邪、源清者，流必洁，犹叩树本，百枝皆动也。《周颂》曰："薄言振之，莫不震

叠。"此言动之于内而应于外者也。由此言之，本朝号令，岂可蹉跌？间隙一开，则邪人动心；利竞暂启，则仁义道塞。刑罚不能复禁，化导以之浸坏。此天下之纪纲，当今之急务。陛下宜开石室，陈图书，招会群儒，引问失得，指摘变象，以求天意。其言有中理，即时施行，显拔其人，以表能者。则圣听日有所闻，忠臣尽其所知。又宜罢退宦官，去其权重，裁置常侍二人，方直有德者，省事左右；小黄门五人，才智闲雅者，给事殿中。如此，则论者厌塞，升平可致也。臣所以敢陈愚瞽，冒昧自闻者，傥或皇天欲令微臣觉悟陛下。陛下宜熟察臣言，怜赦臣死。

顺帝览其对，多所纳用，即时出阿母还弟舍，诸常侍悉叩头谢罪，朝廷肃然。以固为议郎。而阿母宦者疾固言直，因诈飞章以陷其罪，事从中下。大司农黄向等请之于大将军梁商，又仆射黄琼救明固事，久乃得拜议郎。

出为广汉雒令，至白水关，解印绶，还汉中，杜门不交人事。岁中，梁商请为从事中郎。商以后父辅政，而柔和自守，不能有所整裁，灾异数见，下权日重。固欲令商先正风化，退辞高满，乃奏记曰：

《春秋》褒仪父以开义路，贬无骇以闭利门。夫义路闭则利门开，利门开则义路闭也。前孝安皇帝内任伯荣、樊丰之属，外委周广、谢恽之徒，开门受赂，署用非次，天下纷然，怨声满道。朝廷初立，颇存清静，未能数年，稍复堕损。左右党进者，日有迁拜，守死善道者，滞洄穷路，而未有改敝立德之方。又即位以来，十有余年，圣嗣未立，群下继望。可令中宫博简嫔媵，兼采微贱宜子之人，进御于尊，顺助天意。若有皇子，母自乳养，无委保妾医巫，以致飞燕之祸。明将军望尊位显，当以天下为忧，崇尚谦省，垂则万方。而新营祠堂，费功亿计，非以昭明令德崇示清俭。自数年以来，灾怪屡见，比无雨润，而沈阴郁浃。宫省之内，容有阴谋。孔子曰："智者见变思刑，愚者睹怪讳名。"天道无亲，可为祇畏。近者月食既于端门之侧。月者，大臣之体也。夫穷高则危，大满则溢，月盈则缺，日中则移。凡此四者，自然之数也。天地之心，福谦忌盛，是以贤达功遂身退，全名养寿，无有怵迫之忧。诚令王纲一整，道行忠立，明公踵伯成之高，全不朽之誉，岂与此外戚凡辈耽荣好位者同日而论哉！固狂夫下愚，不达大体，窃感古人一饭之报，况受顾遇，而容不尽乎！

商不能用。

永和中，荆州盗贼起，弥年不定，乃以固为荆州刺史。固到，遣吏劳问境内，赦寇盗前衅，与之更始。于是贼帅夏密等敛其魁党六百余人，自缚归首。固皆原之，遣还，使自相招集，开示威法。半岁间，余类悉降，州内清平。

上奏南阳太守高赐等臧秽。赐等惧罪，遂共重赂大将军梁冀，冀为千里移檄，而固持之愈急。冀遂令徙固为太山太守，时太山盗贼屯聚历年，郡兵常千人，追讨不能制。固到，悉罢遣归农，但选留任战者百余人。以恩信招诱之。未满岁，贼皆弭散。

迁将作大匠。上疏陈事曰：

臣闻气之清者为神，人之清者为贤。养身者以练神为宝，安国者以积贤为道。昔秦欲谋楚，王孙围设坛西门，陈列名臣，秦使惧然，遂为寝兵。魏文侯师卜子夏，友田子方、轼段干木，故群俊竞至，名过齐桓，秦人不敢窥兵于西河，斯盖积贤人之符也。

陛下拨乱龙飞，初登大位，聘南阳樊英、江夏黄琼、广汉杨厚、会稽贺纯，策书嗟叹，待以大夫之位。是以岩穴幽人，智术之士，弹冠振衣，乐欲为用，四海欣然，归服圣德，厚等在职，虽无奇卓，然夕惕孳孳，志在忧国。臣前在荆州，闻厚、纯等以病免归，诚以怅然，为时惜之。一日朝会，见诸侍中并皆年少，无一宿儒大人可顾问者，诚可叹惜。宜征还厚等，以副群望。琼久处议郎，已且十年，众人皆怪始隆崇，今更滞也。光禄大夫周举，才谟高正，宜在常伯，访以言议。侍中杜乔，学深行直，当世良臣，久托疾病，可敕令起。

又荐陈留杨伦、河南尹存、东平王恽、陈国何临、清河房植等。是日有诏，征用伦、厚等，而迁琼、举，以固为大司农。

先是，周举等八使案察天下，多所劾奏，其中并是宦者亲属，辄为请乞，诏遂令勿考。又旧任三府选令史，光禄试尚书郎，时皆特拜，不复选试。固乃与廷尉吴雄上疏，以为八使所纠，宜急诛罚，选举署置，可归有司。帝感其言，乃更下免八使所举刺史二千石，自是稀复特拜，切责三公，明加考察，朝廷称善。乃复与光禄勋刘宣上言："自顷选举牧守，多非其人，至行无道，侵害百姓。又宜止槃游，专心庶政。"帝纳其言，于是下诏诸州，劾奏守令以下政有乖枉遇人无惠者，免所居官；其奸秽重罪，收付诏狱。

及冲帝即位，以固为太尉，与梁冀参录尚书事。明年帝崩，梁太后以扬、徐盗贼盛强，恐惊扰致乱，使中常侍诏固等，欲须所征诸王侯到乃发丧。固对曰："帝虽幼少，犹天下之父。今日崩亡，人神感动，岂有臣子反共掩匿乎？昔秦皇亡于沙丘，胡亥、赵高隐而不发，卒害扶苏，以至亡国，近北乡侯薨，阎后兄弟及江京等亦共掩秘。遂有孙程手刃之事。此天下大忌，不可之甚者也。"太后从之，即暮发丧。

固以清河王蒜年长有德，欲立之，谓梁冀曰："今当立帝，宜择长年高明有德任亲政事者，愿将军审详大计，察周、霍之立文、宣，戒邓、阎之利幼弱。"冀不从，乃立乐安王子缵，年八岁，是为质帝。时冲帝将北卜山陵，固乃议曰："今处处寇贼，军兴用费加倍，新创宪陵，赋发非一。帝尚幼小，可起陵于宪陵茔内，依康陵制度，其于役费三分减一。"乃从固议。时太后以比遭不造，委任宰辅，固所匡正，每辄从用，其黄门宦者一皆斥遣，天下咸望遂平，而梁冀猜专，每相忌疾。

初，顺帝时诸所除官，多不以次，及固在事，奏免百余人。此等既怨，又希望冀旨，遂共作飞章虚诬固罪曰："臣闻君不稽古，无以承天；臣不述旧，无以奉君。昔尧殂之后，舜仰慕三年，坐则见尧于墙，食则睹尧于羹。斯所谓聿追来孝，不失臣子之节者。太尉李固，因公假私，依正行邪，离间近戚，自隆支党。至于表举荐达，例皆门徒；及所辟召，靡非先旧。或富室财赂，或子婿婚属，其列在官牒者凡四十九人。又广选贾竖，以补令史；募求好马，临窗呈试。出入逾侈，輶轩曜日。大行在殡，路人掩涕，固独胡粉饰貌，搔头弄姿，槃旋偃仰，从容冶步，曾无惨怛伤悴之心。山陵未成，违矫旧政，善则称己，过则归君，斥逐近臣，不得侍送，作威作福，莫固之甚。臣闻台辅之位，实和阴阳，璇机不平，寇贼奸轨，则责在太尉，固受任之后，东南拔扈，两州数郡，千里萧条，兆人伤损，大化陵迟，而诋疵先主，苟肆狂狷。存无廷争之忠，没有诽谤之说。夫子罪莫大于累父，臣恶

莫深于毁君。固之过衅，事合诛辟。"书奉，冀以白太后，使下其事。太后不听，得免。

冀忌帝聪慧，恐为后患，遂令左右进鸩。帝苦烦甚，使促召固。固入，前问："陛下得患所由？"帝尚能言，曰："食煮饼，今腹中闷，得水尚可活。"时冀亦在侧，曰："恐吐，不可饮水。"语未绝而崩。固伏尸号哭，推举侍医。冀虑其事泄，大恶之。

因议立嗣，固引司徒胡广、司空赵戒，先与冀书曰：

天下不幸，仍遭大忧。皇太后圣德当朝，摄统万机，明将军体履忠孝，忧存社稷，而频年之间，国祚三绝。今当立帝，天下重器，诚知太后垂心，将军劳虑，详择其人，务存圣明。然愚情眷眷，窃独有怀。远寻先世废立旧仪，近见国家践祚前事，未尝不询访公卿，广求群议，令上应天心，下合众望。且永初以来，政事多谬，地震宫庙，慧星竟天，诚是将军用情之日。传曰："以天下与人易，为天下得人难。"昔昌邑之立，昏乱日滋，霍光忧愧发愤，悔之折骨。自非博陆忠勇，延年奋发，大汉之祀，几将倾矣。至忧至重，可不熟虑！悠悠万事，唯此为大。国之兴衰，在此一举。

冀得书，乃召三公、中二千石、列侯大议所立。固、广、戒及大鸿胪杜乔皆以为清河王蒜明德著闻，又属最尊亲，宜立为嗣。先是蠡吾侯志当取冀妹，时在京师，冀欲立之。众论既异，愤愤不得意，而未有以相夺。中常侍曹腾等闻而夜往说冀曰："将军累世有椒房之亲，秉摄万机，宾客纵横，多有过差。清河王严明，若果立，则将军受祸不久矣。不如立蠡吾侯，富贵可长保也。"冀然其言。明日重会公卿，冀意气凶凶，而言辞激切，自胡广、赵戒以下，莫不慑惮之。皆曰：

"惟大将军令。"而固独与杜乔坚守本议。冀厉声曰："罢会!"固意既不从，犹望众心可立，复以书劝冀。冀愈激怒，乃说太后先策免固，竟立蠡吾侯，是为桓帝。

后岁余，甘陵刘文、魏郡刘鲔各谋立蒜为天子，梁冀因此诬固与文、鲔共为妖言，下狱。门生勃海王调贯械上书，证固之枉，河内赵承等数十人亦要铁锁诣阙通诉。太后明之，乃赦焉。及出狱，京师市里皆称万岁。冀闻之大惊，畏固名德终为己害，乃更据奏前事，遂诛之，时年五十四。

临命，与胡广、赵戒书曰："固受国厚恩，是以竭其股肱，不顾死亡，志欲扶持王室，比隆文、宣。何图一朝梁氏迷谬，公等曲从，以吉为凶，成事为败乎? 汉家衰微，从此始矣。公等受主厚禄，颠而不扶。倾覆大事，后之良史，岂有所私? 固身已矣，于义得矣，夫复何言!"广、戒得书悲惭，皆长叹流涕。

州郡收固二子基、兹于郾城，皆死狱中。小子燮得脱亡命。冀乃封广、戒而露固尸于四衢，令有敢临者加其罪。固弟子汝南郭亮，年始成童，游学洛阳，乃左提章钺，右秉铁锁，诣阙上书，乞收固尸。不许，因往临哭，陈辞于前，遂守丧不去。夏门亭长呵之曰："李、杜二公为大臣，不能安上纳忠，而兴造无端。卿曹何等腐生，公犯诏书，干试有司乎?"亮曰："亮含阴阳以生，戴乾履坤。义之所动，岂知性命，何为以死相惧?"亭长叹曰："居非命之世，天高不敢不踦，地厚不敢不蹐，耳目适宜视听，口不可以妄言也。"太后闻而不诛。南阳人董班亦往哭固。而殉尸不肯去。太后怜之，乃听得襚敛归葬。二人由此显名，三公并辟。班遂隐身，莫知所归。

固所著章、表、奏、议、教令、对策、记、铭凡十一篇，弟子赵承等悲叹不已，乃共论固言迹，以为《德行》一篇。

燮字德公。初，固既策罢，知不免祸，乃遣三子归乡里。时燮年十三，姊文姬为同郡赵伯英妻，贤而有智，见二兄归，具知事本，默然独悲曰："李氏灭矣！自太公已来，积德累仁，何以遇此？"密与二兄谋豫藏匿燮，托言还京师，人咸信之。有顷难作，下郡收固三子，二兄受害，文姬乃告父门生王成曰："君执义先公，有古人之节。今委君以六尺之孤，李氏存灭，其在君矣。"成感其义，乃将燮乘江东下，入徐州界内，令变名姓为酒家佣，而成卖卜于市。各为异人，阴相往来。

燮从受学，酒家异之，意非恒人，以女妻燮。燮专精经学。十余年间，梁冀既诛而灾眚屡见。明年，史官上言宜有赦令，又当存录大臣冤死者子孙，于是大赦天下，并求固后嗣。燮乃以本末告酒家，酒家具车重厚遣之，皆不受，遂还乡里，追服。姊弟相见，悲感傍人。既而戒燮曰："先公正直，为汉忠臣，而遇朝廷倾乱，梁冀肆虐，令吾宗祀血食将绝。今弟幸而得济，岂非天邪？宜杜绝众人，勿妄往来，慎无一言加于梁氏。加梁氏则连主上，祸重至矣。唯引咎而已。"燮谨从其诲。后王成卒，燮以礼葬之，感伤旧恩，每四节为设上宾之位而祠焉。

州郡礼命，四府并辟，皆无所就。后征拜议郎。及其在位，廉方自守，所交皆舍短取长，好成人之美，时颍川荀爽、贾彪，虽俱知名而不相能，燮并交二子，情无适莫，世称其平正。

灵帝时拜安平相。先是，安平王续为张角贼所略，国家赎王得还，朝廷议复其国。燮上奏曰："续在国无政，为妖贼所虏，守藩不称，损辱圣朝，不宜复国。"时议者不同，而续竟归藩。燮以谤毁宗室，输作

左校，未满岁，王果坐不道被诛，乃拜燮为议郎。京师语曰："父不肯立帝，子不肯立王。"

擢迁河南尹。时既以货赂为官，诏书复横发钱三亿，以实西园。燮上书陈谏，辞义深切，帝乃止。先是，颍川甄邵谄附梁冀，为邺令。有同岁生得罪于冀，亡奔邵，邵伪纳而阴以告冀，冀即捕杀之。邵当迁为郡守，会母亡，邵且埋尸于马屋，先受封，然后发丧。邵还至洛阳，燮行途遇之，使卒投车于沟中，笞捶乱下，大署帛于其背曰："谄贵卖友，贪官埋母。"乃具表其状。邵遂废锢终身，燮在职二年卒，时人感其世忠正，咸伤惜焉。

论曰："夫称仁人者，其道弘矣！立言践行，岂徒徇名安己而已哉，将以定去就之概，正天下之风，使生以理全，死与义合也。夫专为义则伤生，专为生则骞义，专为物则害智，专为己则损仁。若义重于生，舍生可也，生重于义，全生可也。上以残暗失君道，下以笃固尽臣节。臣节尽而死之，则为杀身以成仁，去之不为求生以害仁也。顺桓之间，国统三绝，太后称制，贼臣虎视。李固据位持重，以争大义，确乎而不可夺。岂不知守节之触祸？耻夫覆折之伤任也。观其发正辞，及所遗梁冀书，虽机失谋乖，犹恋恋而不能已。至矣哉，社稷之心乎！其顾视胡广、赵戒，犹粪土也。

赞曰：李杜司职，朋心合力。致主文、宣，抗情伊稷。道亡时晦，终离罔极。燮同赵孤，世载弦直。

汉书·后汉书

后汉书

董卓传

——《后汉书》卷八二

【说明】董卓，东汉末年西北方的豪强，他凭借地方势力，以军功起家，成为称霸一方的军阀。在黄巾起义冲击下已经摇摇欲坠的东汉朝廷，始终就没有被董卓放在眼里。他按兵西北，静观时局，一旦入朝，就废天子，弑太后，专断朝政，奴视公卿，已经俨然是当朝皇帝了。他实在算不得"奸臣"，因为他既不"奸"，也不"臣"，他的历史就是从土皇帝到只差"名份"的真皇帝。而他的统治术似乎只有无休止的烧杀抢掠，然后把财富聚敛到自己的土围子中，归其还是土皇帝那一套。董卓被老百姓点了"天灯"，但他的余孽继续祸乱天下，真是死有余辜了。

董卓，字仲颖，陇西郡临洮县人。性情粗猛而有智谋。他年轻时曾经游历于羌人地区，与羌人的酋长全都互相结交了。后来他回去耕地于田野中，羌人酋长有来找他的，他就为众人杀死了耕牛，与他们共相宴乐。酋长为他的情意所感动，回去就聚敛了各种牲畜千余头送给他。从此他便以豪健任侠而闻名。他担任州中的兵马掾，经常巡守塞下。董卓膂力过人，身佩两套弓箭，可以左右驰射，为羌人所畏惧。

汉桓帝末年，征募六郡良家子弟为羽林郎，董卓随从中郎将张奂担任军司马，共同讨伐汉阳郡叛乱的羌人，击破羌人，拜官为郎中，赏赐帛九千匹，董卓道："立功的虽然是我自己，但有了赏赐则是将士的。"便全部分给了官兵们，自己一无所留。稍升为西域戊己校尉，因为犯事而被免职。后来又担任过并州刺史和河东太守。

汉灵帝中平元年，董卓拜中郎将，持节，代替卢植攻打张角于曲阳，兵败而抵罪。这年冬天，北地的先零羌人枹罕、河关群盗反叛，于是共同拥立义从胡人北宫伯玉、李文侯为将军，杀死护羌校尉泠徵。李伯玉等又劫持金城人边章、韩遂，让他们专门主持军政，共杀金城太守陈懿，攻打焚烧州郡。明年春季，他们率领数万骑兵入寇三辅，侵逼汉帝的园陵，假借诛灭宦官为名义。朝廷下诏以董卓为中郎将，作为左车骑将军皇甫嵩的副职，前往征讨。皇甫嵩以师出无功免职归乡，而边章、韩遂则声势益盛。朝廷又以司空张温为车骑将军，假节，执金吾袁滂为副职。任命董卓为破虏将军，与荡寇将军周慎共受张温统率。归并诸郡步兵骑兵共十余万，屯驻美阳，以护卫园陵。边章、韩遂也进兵美阳。张温、董卓与之交战，屡屡受挫。十一月，夜间有流星如火，光长十余丈，照耀边章、韩遂的军营之中，驴马都受惊而鸣叫起来。贼军认为这是不祥之兆。想回归金城。董卓听说很是高兴，第二天，便与右扶风人鲍鸿等联合出击，大破敌军，斩首数千级。边章、韩遂败逃榆中，张温便派遣周慎率领三万人追讨。张温手下的参军事孙坚向周慎建议道："贼寇城中没有谷物，必当从外面运输粮食。我愿得万人切断其粮道，将军以大军随后进击，贼寇必然困乏而不敢接战。如果他们逃入羌中，我们并力进讨，则凉州就可以平定了。"周慎不肯听从，领兵包围榆中城。而边章和韩遂分兵屯扎葵园峡，反而断绝了周慎的粮道。周慎害怕了，便抛弃了辎重而退军。张温当时也派遣董卓率兵三万人征讨先零羌，董卓在望垣之北为羌人所围困，粮食乏绝，进退都很危急。董卓便在准备涉渡的河中假装建造堤埝以捕鱼，而悄悄地从堤埝下转移军队。等到敌人追来，决开的水已经很深，不能涉渡了。当时诸路军队败退，只有董卓全师而还。董卓屯驻于扶风，封邰乡侯，食邑千户。

中平三年春，朝廷派遣使者至长安，拜张温为太尉。三公在朝廷之外，自张温开始。这年冬天，朝廷征调张温回京师。韩遂便杀死边章及北宫伯玉、李文侯，拥兵十余万，进兵包围陇西郡城。陇西太守李相如造反，与韩遂联合，共杀凉州刺史耿鄙。而耿鄙的司马，扶风人马腾，也拥兵反叛；还有汉阳人王国，自称"合众将军"，都与韩遂联合起来。他们共同推举王国为首，让他统领所有的兵众，寇掠三辅。中平五年，他们包围了陈仓。于是朝廷任命董卓为前将军，与左将军皇甫嵩，共同击破敌军。韩遂等人又一起废黜了王国，而劫持过去的信都县令汉阳人阎忠，让他统帅诸部。阎忠为被人胁持而感到羞耻，怒恨生病而死。韩遂等人渐渐地争夺权利，互相杀害，他们诸部曲之间都各自分裂了。

中平六年，朝廷征调董卓为少府。董卓不肯就任，上书说："我所率领的湟中义从和秦胡兵，都前来见我，说：'供应不能保证，食粮已经断绝，老婆孩子又冻又饿。'牵挽着我的车，让我不能起行。羌人良心不好，情态如狗，我不能强行禁止，只可顺情安慰。如果有新的变化当再奏闻。"朝廷不能控制董卓，很是忧虑。及至灵帝卧病，以玺书拜董卓为并州牧，让他把军队交给皇甫嵩。董卓又上书说道："我既无老谋深算，又无丰功伟绩，只是天恩误加于我，才使我执掌了十年戎马。如今将士大小与我狎熟很久，留恋我的畜养之恩，肯为我奋起献出自己的生命。请允许我率他们到北部州郡，效力于边疆。"于是他就驻兵于河东，静观时局的变化。

及到灵帝驾崩，大将军何进、司隶校尉袁绍策划诛灭宦官，而何太后不同意，于是他们私自招呼董卓率兵入朝，以要挟太后。董卓得到召命，立即上路，并上书道："中常侍张让等侥幸承受皇帝的恩宠，扰乱天下。我听说：扬汤止沸，不如釜底抽薪；溃决的痈疽虽疼，但胜于让好肉腐烂。古时代赵鞅发动晋阳的兵马，以逐除君王身旁的恶人。如今我就要鸣钟擂鼓前往洛阳，请允许我收捕张让一伙，以扫清奸恶。"董卓未至洛阳，而何进已经被宦官杀害，虎贲中郎将袁术便纵火南宫，企图讨伐宦官，而中常侍段珪等，劫持少帝及陈留王，趁夜逃奔小平津。董卓从很远就看见起火，率兵疾进，天未明就赶到洛阳城西。他听说少帝在北邙山，于是前往奉迎。少帝见董卓率领军队突然来到，害怕得哭泣起来。董卓与他说话，他都不能应对。与陈留王谈话，才讲起发生祸乱的事。董卓认为陈留王有才能，而且是董太后的养子，董卓又自认为与董太后同族，便产生了废立皇帝的念头。

起初董卓进入洛阳，步兵骑兵不过三千，他自己嫌兵少，惟恐不为远近畏服，便每隔四五天就让军队悄悄出城接近营地，次日早晨便大张旗鼓地回城，使人以为西面的军队又来了，洛阳人没有看透这把戏的。不久，何进和他弟弟何苗所属的军队都归属于董卓，董卓又让吕布杀死了执金吾丁原而吞并了他的部属，董卓的军队便强盛起来，他便示意朝廷免去司空刘弘，而由自己代替。于是他召集商议废立皇帝的事。百官大集会，董卓便昂首而言道："首先是天地，其次是君臣，从事政治就依靠这些。皇帝暗昧软弱，不可以奉事宗庙，为天下之主宰。现在我想仿照伊尹废太甲、霍光废昌邑王的故事，改立陈留王为皇帝，何如?”公卿以下没有敢应声的。董卓又高声说道：“当年霍光决定废立皇帝，田延年手按宝剑，准备处斩反对者。今天有敢于阻止这个重大决定的，都要以军法处置。”在座的无不震惊，只有尚书卢植说道：“当年太甲既立为王，暗昧不明，昌邑王罪过千余条，所以有废立的事。当今皇上少年力强，行为没有过失，不是能用太甲、昌邑王来比拟的。”董卓大怒，中止会议。第二天，他又重新召集百官于崇德前殿，胁持何太后，定策废黜少帝，道：“皇帝在服丧期间，缺少为人子的孝心，威仪不象君主，今废为弘农王。”于是便立陈留王，是为献帝。又定议何太后逼迫灵帝之母永乐太后，致使忧惧而死，悖逆婆媳之礼，毫无孝顺之节，于是迁移何太后至永安宫，接着便被董卓弑杀了。

董卓改官为太尉，兼领前将军事，加节传、斧钺、虎贲，加封郿侯。董卓便与司徒黄琬、司空杨彪，俱携带斧砧诣阙上书，要求重新审理陈蕃、窦武及诸党人案，以顺从人们的心愿。于是把陈蕃等人的爵位全部恢复，选拔任用他们的子孙。

不久董卓又晋升为相国，入朝时可以不急趋，还可以佩剑着履上殿。封他的母亲为池阳君，家中配置令丞。

当时洛阳城中豪门贵戚的甲第比比相望，金帛财产，家家充积。董卓放纵他的士兵，冲进他们的屋舍，奸淫掠夺妇女，剽劫抢掠财物，称之为“搜牢”。人心失望畏惧，朝不保夕。及至葬埋何太后，打开文陵，董卓把陵墓中所藏的珍宝财物卷取一空。他还奸淫公主，把宫女抢去作姬妾，虐刑滥罚，睚眦必死，内外群臣，不能自保。董卓曾经派军队至阳城，当时人们正集会于社庙之下，董卓命令把他们全部斩杀，然后驾上他们的车马，载上他们的妇女，把人头系在车辕上，歌

唱呼叫而还。他还销毁五铢钱，改铸小钱，把洛阳的铜人、锺虡、铜飞廉、铜马全都取来，用做熔铸铜钱的材料。故而货币贬值，物价腾贵，每石谷物价值数万。他铸的钱还没有轮廓文字，人们不便使用。当时的人认为，秦始皇时在临洮看见巨人，于是铸了铜人；而董卓是临洮人，在现在销毁了铜人。他们虽然一个熔铸，一个销毁，但凶暴却是一样的。

董卓平素就听说，天下之人都忿恨宦官诛杀忠良，所以他把持大权之后，虽然肆行无道，但还要耐性矫情，擢用士大夫。于是他任用吏部尚书汉阳周珌，侍中汝南伍琼，尚书郑公业，长史何□等人，以处士荀爽为司空；那些为党锢之禁所牵连的陈纪、韩融之徒，都用为列卿；幽困不得志的士人，很多得到提拔。他还用尚书韩馥为冀州刺史，侍中刘岱为兖州刺史，陈留孔伷为豫州刺史，颍川张咨为南阳太守。董卓自己所亲信宠爱的人，并不安排显要的职位，只是担任将校而已。汉献帝初平元年，韩馥等人到任，与袁绍等十余人，各发起义兵，联盟征讨董卓，而伍琼、周珌暗中为内应。

早先在灵帝末年，黄巾军的余党郭太等人，重新起兵于西河郡的白波谷，转战入寇太原郡，接着击破河东郡，百姓流亡到三辅地区，称他们为"白波贼"，有众十余万人。董卓派遣中郎将牛辅讨击，不能击退。及至闻听东方袁绍等义兵兴起，董卓害怕了，便鸩杀弘农王，想要迁都长安。集合公卿商议，太尉黄琬、司徒杨彪在朝廷上极力反对而不被接受，伍琼、周珌又坚决地劝阻。董卓大怒，道："我开始入朝，你二人劝我用善士，所以我才听从。可是那些人一上任，就举兵图谋我。这是你们二位出卖了我，我没有什么对不住你们的！"于是斩了伍琼和周珌。而杨彪、黄琬恐惧了，便登门向董卓道歉，说："小人留恋旧地，不是想阻挠国事，请处罚我们的思虑不及之罪吧。"董卓既已杀死了伍琼、周珌，很快就后悔了，所以表举杨彪、黄琬为光禄大夫。于是把天子迁往西都长安。

早先，长安遭受赤眉军之乱，宫室官廨焚烧得一干二净，此时只有高祖的宗庙和京兆府衙，于是便临时安排天子住下，后来才迁到未央宫。接着把洛阳数百万人全部迁徙到长安，步兵骑兵驱赶着，互相践踏，加上饥饿和强盗的掳掠，路上满是尸体。董卓自己屯留于洛阳的毕圭苑，把宫室、宗庙、官府、居民全部焚烧，二百里以内没有了人家。他又让吕布挖掘诸帝的陵墓以及公卿以下的坟茔，搜索其中的珍宝。

当时长沙太守孙坚也率领豫州诸郡兵马讨伐董卓。董卓先派遣将领徐荣、李蒙四出虏掠。徐荣在梁县遭遇孙坚，与之交战，击破孙坚，生擒颍川太守李旻，用沸水烹死。董卓所俘虏的义兵士卒，都用布缠裹起来，倒立于地，用热油灌死。

当时河内太守王匡屯兵于河阳津，准备图谋董卓。董卓派遣疑兵挑战，而悄悄用精锐部队从小平津过至河阳津之北，击破王匡，几乎都杀光了。明年，孙坚收聚败散的兵卒，进兵屯驻梁县的阳人。董卓派遣将领胡轸、吕布进攻。吕布与胡轸不合，军中自相惊恐，士卒散乱逃走。孙坚追击，胡轸、吕布败逃。董卓派将领李傕去见孙坚求和，孙坚拒绝不肯答应，进军大谷，距洛阳九十里。董卓亲自出兵与孙坚战于诸陵墓间。董卓败逃，退屯于渑池，聚兵于陕县。孙坚进洛阳城宣阳门，再击吕布。吕布再次被击败逃走。孙坚便清扫宗庙，填平陵墓的盗洞，然后分兵出函谷关，至新安、渑池之间，以攻击董卓的身后。董卓对长史刘艾说："关东诸将已经屡次被我击败，无所作为了。

汉书·后汉书

后汉书

只有孙坚憨勇，诸位将军应该谨慎些。”便派东中郎将董越屯渑池，中郎将段煨屯华阴，中郎将牛辅屯安邑，其余中郎将、校尉分布诸县，以抵御山东诸军。

董卓示意朝廷派光禄勋宣璠持节杖拜自己为太师，位次在诸侯王之上。于是便率兵回长安，百官在路上拜揖相迎。董卓便僭拟天子的车服制度。车盖为青色，饰以金花，车箱两侧画以文彩，当时的人称为“竿摩车”，意思是说他的服饰接近天子。他安排他的弟弟董旻为左将军，封鄠侯，哥哥的儿子董璜为侍中、中军校尉，都典掌兵权。于是宗族内外，并居显要。他的子孙虽然尚且年幼，但男的都封侯，女的都封县君。

他常常与百官置酒宴会，淫乐无度，放纵恣肆。他在长安城东建造城垒，自己居住。他还在郿县兴筑坞堡，城墙高厚各七丈，号称“万岁坞”。积存谷物可食用三十年。他自己说：“事情成功，我雄据天下；事情不成，守此足以终老。”他曾经前往郿县的坞堡，公卿以下百官送行于横门之外。董卓搭设帐幔，摆下宴席，把数百名诱降的北地造反者，就在宴会上处死。先割下舌头，然后斩下手足，再剜掉眼睛，用锅来煮。那些人还没有咽气，宛转于酒案之间。与会者全身颤栗，连筷子都拿不住，但董卓却饮食自若。诸将有言语不当，便立刻杀戮于面前。他还诬陷以叛逆之罪，诛杀一些关中的旧豪族。

当时太史望气占卜，说应该要有大臣被戮死。董卓便命人诬陷卫尉张温与袁术勾结，于是在闹市中鞭笞张温，然后杀死他，以应付天变。过去张温曾出兵屯驻美阳，命令董卓与边章作战，董卓不能取胜，张温召董卓，他又不即遵命赶到，来到之言词又很不逊。当时孙坚担任张温的参军，劝张温陈列兵伍，拿董卓示众。张温道：“董卓有威名，我正要靠他向西进军呢。"孙坚道："明公亲率王师，威振天下，何必仗恃董卓而依赖他呢？我听说，古代的名将，手持斧钺以临众，没有不断然处斩以显示威武的。所以齐将军司马穰苴敢于斩杀迟到的监军庄贾，晋大夫魏绛敢于诛戮乱行的杨干的仆人。今天您如果宽纵了他，您自己就丧失了威严，必将后悔无及！"张温不肯听从，而董卓却还心怀忌恨，所以张温终于遇难。

张温字伯慎，年轻时就有声誉，屡次位至公卿。他也暗自与司徒王允一起策划诛除董卓，事情还没有开始就被害了。越骑校尉汝南人伍孚，痛恨董卓的凶狠恶毒，立志要亲手杀死他，便身穿朝服，怀藏佩刀，以见董卓。伍孚说完话告辞，董卓起身送至门阁，以手拍抚伍孚的后背，伍孚于是出刀刺之，没有刺中。董卓自己挣扎脱身，急忙吆呼左右捉住伍孚杀掉，大骂道："奴才要造反么！"伍孚高声道："我恨不能碎割奸贼于都市，以谢天下！"话未说完就死了。

当时王允与吕布以及仆射士孙瑞阴谋策划诛除董卓。有人在布上写个字"吕"，背着行走于市，唱着："布啊！"有人告诉董卓，董卓还不醒悟。初平三年四月，献帝的病刚刚痊愈，大会群臣于未央殿。董卓身穿朝服登上车，接着马惊了，他掉到泥地上，又回屋换衣服。他的小妻劝他不要上朝。董卓不听，便走了。于是他陈兵夹列道路两旁，从他住的城垒直到皇宫，左步右骑，层层屯卫，命吕布等捍卫前后。王允便与士孙瑞秘密向献帝表奏诛杀董卓的计划，让士孙瑞自己书写诏书交给吕布，命骑都尉李肃与吕布的心腹将士十余人，穿上皇宫卫士的服装，埋伏在北掖门，以等候董卓。董卓将至，马惊不行，董卓觉得奇怪，想要回去。吕布劝他进宫，于是他进入北掖门。李肃用戟刺之，董卓内有铁甲，未能刺入，他的胳臂受伤而跌落车下，回头大呼道："吕布何在！"吕布道："有诏书讨贼臣！"董卓大骂："蠢狗岂敢如此！"吕布应声持矛刺董卓，催促兵士斩首。主簿田仪及董卓的仓头奔向董卓的尸体，吕布又杀了他们。派人携带皇帝的赦令，驰马宣示宫廷内外。士卒都高呼万岁，百姓在道路上歌舞起来。长城中的士女卖掉珠宝衣服来买酒肉相庆贺的，填满了街肆。又派皇甫嵩往郿坞攻打董卓的弟弟董旻，杀死了他的母亲、妻子、女儿，诛灭了全族。于是把董卓的尸体横陈于街市，当时天气刚开始热，董卓很肥胖，尸体中的油脂都流了一地。夜间看守尸体的官就点着火放在董卓的肚脐中，光亮直照到天明，这样接连的好几天。袁氏的门生们又把董卓一族人的尸首聚敛起来，烧化成灰，扬弃在道路上。郿坞中的珍藏，黄金有二三万斤，白银有八九万斤，绫罗绸缎、珍宝奇玩，堆积如山。

开初，董卓认为牛辅是自己的女婿，一向亲信，派他带兵屯驻陕县。牛辅分别派遣他手下的校尉李傕、郭汜、张济率领步骑数万，击破河南尹朱儁于中牟，因而掳掠陈留、颍川等县，杀掠男女，所过之处无复人烟。吕布便派李肃以诏命至陕县讨伐牛辅等。牛辅等迎战李肃，李肃败逃至弘农，吕布诛杀了他。此后牛辅军营无故大惊，牛辅害怕，便携带金货宝物翻城逃走。左右贪他的财货，便杀死了他，把他的首级送到长安。

李傕、郭汜等因为王允、吕布杀死了董卓，所以忿恨并州人。并州人在他们军队中有男女数百人，全部都杀掉了。牛辅既已败死，众人无所依托，就想各自逃散。李傕等人害怕了，便选派使者去长安，请求赦免。王允认为一年之中不可大赦两次，不肯答应。武威人贾诩当时在李傕的军中，对李傕说道："听说长安城中议论要杀尽凉州人，诸君如果抛弃军队单独逃走，那么一个亭长就能生擒诸君。不如率领军队西进，攻打长安，为董公报仇。事情成功，就奉社稷以平定天下；如若失败，再逃走也不晚。"李傕等人以为不错，便对众将道："京师不赦免我们，我们就应该以死相拼。如果攻克长安，就得到天下了；攻不克，就抄掠三辅的妇女财物，西归乡里，还可以存活。"众人以为有理，于是共同结盟，率军数千，昼夜兼行。王允听说了，便派遣董卓的旧将领胡轸、徐荣攻击于新丰。徐荣战死，胡轸率众投降。李傕一路上收聚散兵，及至长安，已经有十余万人。他们又与董卓的旧部樊稠、李蒙等会合，包围了长安。城墙高峻，不可强攻，守城八天，吕布军中有蜀兵反叛，引导李傕兵众入城。长安城溃，纵兵掳掠，死者数万人，杀卫尉种拂等。吕布战败出逃。王允奉天子退守于宣平门城楼之上。于是大赦天下，李傕、郭汜、樊稠等皆为将军。李傕等包围了城楼，共上表要求司徒王允出来，问："太师有什么罪"。王允穷蹙无奈，便走下城楼，数日之后就被杀了。李傕等埋葬董卓于郿县，并收敛董氏焚尸的骨灰，合聚于一口棺材而埋葬。埋葬那天，风雨大作，雷霆震毁董卓的坟墓，水流入墓穴，漂走了棺木。

（栾保群 译）

【原文】

董卓字仲颖，陇西临洮人也。性粗猛有谋。少尝游羌中，尽与豪帅相结。后归耕于野，诸豪帅有来从之者，卓为杀耕牛，与共宴乐。豪帅感其意，归相敛得杂畜千余头以遗之，由是以健侠知名。为州兵马掾，常徼守塞下。卓膂力过人，双带两鞬，左右驰射，为羌胡所畏。

桓帝末，以六郡良家子为羽林郎，从中郎将张奂为军司马，共击汉阳叛羌，破之，拜郎中，赐缣九千匹。卓曰："为者则己，有者则士。"乃悉分与吏兵，无所留。稍迁西域戊己校尉，坐事免。后为并州刺史,河东太守。

中平元年,拜东中郎将,持节,代卢植击张角于下曲阳,军败抵罪。其冬,北地先零羌及枹罕河关群盗反叛,遂共立湟中义从胡北宫伯玉、李文侯为将军,杀护羌校尉泠徵。伯玉等乃劫致金城人边章、韩遂,使专任军政,共杀金城太守陈懿,攻烧州郡。明年春,将数万骑入寇三辅,侵逼园陵,托诛宦官为名,诏以卓为中郎将,副左车骑将军皇甫嵩征之。嵩以无功免归,而边章、韩遂等大成盛。朝廷复以司空张温为车骑将军,假节,执金吾袁滂为副。拜卓破虏将军,与荡冠将军周慎并统于温。并诸郡兵步骑合十余万,屯美阳,以卫园陵。章、遂亦进兵美阳。温、卓与战,辄不利。十一月,夜有流星如火,光长十余丈,照章、遂营中,驴马尽鸣。贼以为不祥,欲归金城。卓闻之喜,明日,乃与右扶风鲍鸿等并兵俱攻,大破之,斩首数千级。章、遂败走榆中,温乃遣周慎将三万人追讨之。温参军事孙坚说慎曰:"贼城中无谷,当外转粮食。坚愿得万人断其运道,将军以大兵继后,贼必困乏而不敢战。若走入羌中,并力讨之,则凉州可定也。"慎不从,引军围榆中城。而章、遂分屯葵园狭,反断慎运道。慎惧,乃弃车重而退。温时亦使卓将兵三万讨先零羌,卓于望垣北为羌胡所围,粮食乏绝,进退逼急。乃于所度水中伪立隔,以为捕鱼,而潜从阳下过军。比贼追之,决水已深,不得度。时众军败退,唯卓全师而还,屯于扶风,封邰乡候,邑千户。

三年春,遣使者持节就长安拜张温为太尉。三公在外,始之于温。其冬,徵温还京师,韩遂乃杀边章及伯玉、文侯,拥兵十余万,进围陇西。太守李相如反,与遂连和,共杀凉州刺史耿鄙。而鄙司马扶风马腾,亦拥兵反叛,又汉阳王国,自号"合众将军",皆与韩遂合。共推王国为主，悉令领其众，寇掠三辅。五年，围陈仓。乃拜卓前将军，与左将军皇甫嵩击破之。韩遂等复共废王国，而劫故信都令汉阳阎忠，使督统诸部。忠耻为众所胁，感恚病死。遂等稍争权利，更相杀害，其诸部曲并各分乖。

六年，征卓为少府，不肯就，上书言："所将湟中义从及秦胡兵皆诣臣曰：'牢直不毕，禀赐断绝，妻子饥冻。'牵挽臣车，使不得行。羌胡敝肠狗态，臣不能禁止，辄将顺安慰。增异复上。"朝廷不能制，颇以为虑。及灵帝寝疾，玺书拜卓为并州牧，令以兵属皇甫嵩。卓复上书言曰："臣既无老谋，又无壮事，天恩误加，掌戎十年，士卒大小相狎弥久，恋臣畜养之恩，为臣奋一旦之命，乞将之北州，效力边垂。"于是驻兵河东，以观时变。

乃帝崩，大将军何进、司隶校尉袁绍谋诛阉宫，而太后不许，乃私呼卓将兵入朝，以胁太后。卓得召，即时就道。并上书曰："中常侍张让等窃幸承宠，浊乱海内。臣闻扬汤止沸，莫若去薪；溃痈虽痛，胜于内食。昔赵鞅兴晋阳之甲，以逐君侧之恶人。今臣辄鸣钟鼓如洛阳，请收让等，以清奸秽。卓未至而何进败，虎贲中郎将袁术乃烧南宫，欲讨宦官，而中常侍段珪等劫少帝及陈留王夜走小平津。卓远见火起，引兵急进，未明到城西，闻少帝在北芒，因往奉迎。帝见卓将兵卒至，恐怖涕泣。卓与言，不能辞对；与陈留王语，遂及祸乱之事。卓以王为贤，且为董太后所养，卓自以与太后同族，有废立意。

初，卓之入也，步骑不过三千，自嫌兵少，恐不为远近所服，率四五日辄夜潜出军近营，明旦乃大陈旌鼓而还，以为西兵复至，洛中无知者。寻而何进及弟苗先所领部曲皆归于卓，卓又使吕布杀执金吾丁原而并其众，卓兵士大盛。乃讽朝廷策免司空刘弘而自代之。因集

议废立。百僚大会。卓乃奋首而言曰："大者天地，其次君臣，所以为政。皇帝暗弱，不可以奉宗庙，为天下主。今欲王，何如？"公卿以下莫敢对。卓又抗言曰："昔霍光定策，延年案剑。有敢沮大议，皆以军法从之。"坐者震动。尚书卢植独曰："昔太甲既立不明，昌邑罪过千余，故有废立之事。今上富于春，行无失德，非前事之比也。"卓大怒，罢坐。明日复集群僚于崇德前殿，遂胁太后，策废少帝。曰："皇帝在丧，无人子之心，威仪不类人君，今废为弘农王。"乃立陈留王，是为献帝。又议太后踣迫永乐太后，至令忧死，逆妇姑之礼，无孝顺之节，迁于永安宫，遂以弑崩。

卓迁太尉，领前将军事，加节传斧钺虎贲，更封郿侯。卓乃与司徒黄琬、司空杨彪，俱带铁锁诣阙上书，追理陈蕃、窦武及诸党人，以从人望。于是番复蕃等爵位，擢用子孙。

寻进卓为相国，入朝不趋，剑履上殿。封母为池阳君，置令丞。

是时洛中贵戚室第相望，金帛财产，家家殷积。卓纵放兵士，突其庐舍，淫略妇女，剽虏资物，谓之"搜牢"。人情崩恐，不保朝夕。及何后葬，开文陵，卓悉取藏中珍物。又奸乱公主，妻略宫人，虐刑滥罚，睚眦必死，群僚内外莫能自固。卓尝遣军至阳城，时人会于社下，悉令就斩之，驾其车重，载其妇女，以头系车辕，歌呼而还。又坏五铢钱，更铸小钱，悉取洛阳及长安铜人、锺虡、飞廉、铜马之属，以充铸焉。故货贱物贵，谷石数万。又钱无轮郭文章，不便人用。时人以为秦始皇见长于临洮。乃铸铜人。卓，临洮人也，而今毁之。虽成毁不同，凶暴相类焉。

卓素闻天下同疾阉官诛杀忠良，乃其在事，虽行无道，则犹忍性矫情，擢用群士。乃任吏部尚书汉阳周珌、侍中汝南伍琼、尚书郑公

业、长史何颙等，以处士荀爽为司空。其染党锢者陈纪、韩融之徒，皆为列卿。幽滞之士，多所显拔，以尚书韩馥为冀州刺史，侍中刘岱为兖州刺史，陈留孔伷为豫州刺史，颍川张咨为南阳太守。卓所亲爱，并不处显职，但将校而已。初平元年，馥等到官，与袁绍之徒十余人，名兴义兵，同盟讨卓，而伍琼、周珌阴为内主。

初，灵帝末，黄巾余党郭太等复起西河白波谷，转寇太原，遂破河东，百姓流转三辅，号为"白波贼"，众十余万。卓遣中郎将牛辅击之，不能却。及闻东方兵起，惧，乃鸩杀弘农王，欲徙都长安。会公卿议，太尉黄琬、司徒杨彪廷争不能得，而伍琼、周珌又固谏之。卓因大怒曰："卓初入朝，二子劝用善士，故相从，则诸君到官，举兵相图。此二君卖卓，卓何用相负！"遂斩琼、珌。而彪、琬恐惧。诣卓谢曰："小人恋旧，非欲沮国事也，请以不及为罪。"卓既杀琼、珌，旋亦悔之，故表彪、琬为光禄大夫。于是迁天子西都。

初，长安遭赤眉之乱，宫室营寺焚灭无余，是时唯有高庙、京兆府舍，遂便时幸焉。后移未央宫。于是尽徙洛阳人数百万口于长安，步骑驱蹙，更相蹈藉，饥饿寇掠，积尸盈路。卓自屯留毕圭苑中，悉烧宫庙官府居家，二百里内无复孑遗。又使吕布发诸帝陵，及公卿已下冢墓，收其珍宝。

时长沙太守孙坚亦率豫州诸郡兵讨卓。卓先遣将徐荣、李蒙四出虏掠。荣遇坚于梁，与战，破坚，生擒颍川太守李旻，亨之。卓所得义兵士卒，皆以布缠裹，倒立于地，热膏灌杀之。

时河内太守王匡屯兵河阳津，将以图卓。卓遣疑兵挑战，而潜使锐卒从小平津过津北，破之，死者略尽。明年，孙坚收合散卒，进屯梁县之阳人。卓遣将胡轸、吕布攻之。布与轸不相能，军中自惊恐，士卒散乱。坚追击之，轸、布败走。卓遣将李傕诣坚求和。坚拒绝不受，进军大谷，距洛九十里。卓自出与坚战于诸陵墓间。卓败走，却屯黾池，聚兵于陕。坚进洛阳宣阳城门，更击吕布，布复破走，坚乃扫除宗庙，平塞诸陵，分兵出函谷关，至新安、黾池间，以截卓后。卓谓长史刘艾曰："关东诸将数败矣，无能为也。唯孙坚小戆，诸将军宜惧之。"乃使东中郎将董越屯黾池，中郎将段煨屯华阴，中郎将牛辅屯安邑，其余中郎将、校尉布在诸县，以御山东。

卓讽朝廷使光禄勋宣璠持节拜卓为太师，位在诸侯王上。乃引还长安，百官迎路拜揖。卓遂僭拟车服，乘金华青盖，爪画两辕，时人号"竿摩车"，言其服饰近天子也。以弟□为左将军，封鄠侯，兄子璜为侍中、中军校尉，皆典兵事。于是宗族内外，并居列位。其子孙虽在髫龀，男皆封侯，女为邑君。

数与百官置酒宴会，淫乐纵恣。乃结垒于长安城东以自居。又筑坞于郿，高厚七丈，号曰"万岁坞"。积谷为三十年储。自云："事成，雄据在下，不成，守此足以毕老。"尝至郿行坞，公卿已下祖道于横门。卓施帐幔饮设，诱降北地反击数百人，于坐中杀之。先断其舌，次斩手足，次凿其眼目，以镬煮之。未及得死，偃转杯案间。会者战栗，亡失匕箸，而卓饮食自若。诸将有言语蹉跌，便戮于前。又稍诛关中旧族，陷以叛逆。

时太史望气，言当有大臣戮死者。卓乃使人诬卫尉张温与袁术交通，遂笞温于市，杀之，以塞天变，前温出屯美阳，令卓与边章等战，无功。温召又不时应命，即到而辞对不逊。时孙坚为温参军，劝温陈兵斩之。温曰："卓有威名，方倚以西行。"坚曰："明公亲帅王师，威振天下，何恃于卓而赖之乎？坚闻古之名将，杖钺临众，未有不断斩以示威武者也。故穰苴斩庄贾，魏绛戮杨干。今若纵之，自亏威重，后悔何及！"温不能从，而卓犹怀忌恨，故及于难。

温字伯慎，少有名誉，累登公卿。亦阴与司徒王允共谋诛卓，事未及发而见害。越骑校尉汝南伍孚，忿卓凶毒，志手刃之，乃朝服怀佩刀以见卓。孚语毕辞去，卓起送至阁，以手抚其背，孚因出刀刺之，不中。卓自奋得免，急呼左右执杀之，而大诟曰："虏欲反耶！"孚大言曰："恨不得磔裂奸贼于都市，以谢天地！"言未毕而毙。

时王允与吕布及仆射士孙瑞谋诛卓。有人书"吕"字于布上，负而行于市，歌曰："布乎！"有告卓者，卓不悟。三年四月，帝疾新愈，大会未央殿。卓朝服升车，既而马惊堕泥，还入更衣。其少妻止之，卓不从，遂行。乃陈兵夹道，自垒及宫，左步右骑，屯卫周币，令吕布等扞卫前后。王允与士孙瑞密表其事，使瑞自书诏以授布，令骑都尉李肃与布同心勇士十余人，伪著卫士服于北掖门内待卓。卓将至，马惊不行，怪惧欲还。吕布劝令进，遂入门。肃以戟刺之，卓衷甲不入，伤臂堕车，顾大呼曰："吕布何在？"布曰："有诏讨贼臣。"卓大骂曰："庸狗敢如是邪！"布应声持矛刺卓，趣兵斩之。主簿田仪及卓仓头前赴其尸，布又杀之。驰赍赦书，以令宫陛内外。士卒皆称万岁，百姓歌舞于道。长安中士女卖其球玉衣装市酒肉相庆者，填满街肆。使皇甫嵩攻卓弟□于郿坞，杀其母妻男女，尽灭其族。乃尸卓于市。天时始热。卓素充肥，脂流于地。守尸吏然火置卓脐中，光明达曙，如是积日，诸袁门生又聚董氏之尸，焚灰扬之于路。坞中珍藏有金二三万斤，银八九万斤，锦绮缯縠纨素奇玩，积如丘山。

初，卓以牛辅子婿，素所亲信，使以兵屯陕。辅分遣其校尉李傕、郭汜、张济将步骑数万，击破河南尹朱儁于中牟。因掠陈留、颍川诸

县，杀略男女，所过无复遗类。吕布乃使李肃以诏命至陕讨辅等，辅等逆与肃战，肃败走弘农，布诛杀之。其后牛辅营中无故大惊，辅惧，乃赍金宝逾城走。左右利其货，斩辅，送首长安。

催、汜等以王允、吕布杀董卓，故忿怒并州人，并州人其在军者男女数百人，皆诛杀之。牛辅既败，众无所依，欲各散去。催等恐，乃先遣使诣长安，求乞赦免。王允以为一岁不可再赦，不许之。催等益怀忧惧，不知所为。武威人贾诩时在催军，说之曰："闻长安中议欲尽诛凉州人。诸君若弃军单行，则一亭长能束君矣。不如相率而西，以攻长安，为董公报仇。事济，奉国家以正天下；若其不合，走未后也。"催等然之，各相谓曰："京师不赦我，我当以死决之。若攻长安克，则得天下矣；不克，则钞三辅归女财物，西归乡里，尚可延命。"众以为然，于是共结盟，率军数千，晨夜西行。王允闻之，乃遣卓故将胡轸、徐荣击之于新丰。荣战死，轸以众降。催随道收兵，比至长安，已十余万，与卓故部典樊稠、李蒙等合，围长安，城峻不可攻，守之八日，吕布军有叟兵内反，引催众得入。城溃，放兵虏掠，死者万余人，杀卫尉种拂等。吕布战败出奔。王允奉天子保宣平城门楼上。于是大赦天下，李催、郭汜、樊稠等皆为将军。遂围门楼，共表请司徒王允出，问"太师何罪？"允穷蹙乃下，后数日见杀。催等葬董卓于郿，并收董氏所焚尸之灰，合敛一棺而葬之。葬日，大风雨，霆震卓墓，流水入藏，漂其棺木。

王景传

——《后汉书》卷一〇六

【说明】王景，字仲通，东汉乐浪讷邯人。他年轻时学习《周易》，博览群书，喜好天文术数学问。曾任徐州刺史、庐江太守等职。他的突出成就是在水利方面。东汉永平二年，即公元59年，王景主持黄河治理、汴渠修复工程。他领导数十万民工，修筑了从河南荥阳向东至山东千乘海口的一千多里长的黄河大堤；对于汴渠，他采取开凿山阜、截弯取直、疏浚河道、修固堤防、兴修水闸的方法治理。全部工程历时一年。此后的八百年内，黄河没有发生大规模的决溢改道，与这次对黄河中下游较为彻底的治理有很大关系，这是中国水利工程史上的一大盛事。

王景，字仲通，是乐浪讷邯的人。他的上世八代祖王仲，本来是琅邪不其人。王仲喜好道术，明了天文。吕氏家族作乱的时候，齐哀王刘襄谋划发兵讨吕，曾数次询问王仲。到了济北王刘兴居谋反时，曾想把军队交他领导，王仲惧怕灾祸波及，就渡海向东来到乐浪的山里，因此定居。父亲王闳，是郡中的三老。更始皇帝刘玄战败，当地人王调杀死了郡守刘宪，自称为大将军、乐浪太守。建武六年（公元30年），光武皇帝刘秀派遣太守王遵率兵打王调。兵马到了辽东，王闳与郡决曹史杨邑等人一起杀了王调，迎接王遵，因此王闳等人都封为列侯，只有王闳推辞了爵位。皇帝认为其人奇异，可以任用，就征辟他到朝廷来，王闳在途中因病而亡。

王景年轻时学习《周易》，于是他看了很多的书，他又喜欢天文术数的学问，他秉性深沉而多会技艺。称被征辟到司空伏恭府任职，当时有人荐举王景会同治理水利，显宗皇帝诏令王景与将作谒者王吴共同修建浚仪渠。王吴使用王景的堨流之法，河水就再也没有成灾。

当初在汉平帝时，黄河在汴河一带决口，没有"黄河泛滥业有许多年，济渠由于长期浸毁，也决口了，被水漂没的约有数十个县，修筑起来，是很麻烦费力的，其事却不难做。应当改造修护河堤，来使百姓安居乐业。"奏书上呈后，光武皇帝很快就征发役卒。正准备开展

河防的修建时，浚仪令乐俊又上书说："以前汉武帝元光年间，人口繁盛，顺沿河堤之处皆开种植，瓠子河决口之后，几乎二十多年，仍然不能从事堵塞。现在人家稀少，而土田广阔，虽然不加修筑，它的患害犹堪承受。而且刚刚找完仗，就兴征民役，劳苦怨恨一定增多，民众就不堪忍受了。还是等到平安的时候，再来商议这件事吧。"光武皇帝得到这个上书，就停止了修堤工程。后来汴渠向东浸漫，越来越广，原来的水闸，都被淹在河里，兖州、豫州的百姓怨恨叹息，认为这是县官们一味兴修其它的工程，而不优先考虑人民所急迫的工程。永平十二年，朝中讨论修筑汴渠的事情，皇帝招见王景，向他询问准备治理的河段的地理形势，王景陈述了各处地势是否具有危害性，答对敏捷。皇帝认为很好，又因为王景曾修建浚仪渠，很有成绩，就赏赐给王景《山海经》、《河渠书》、《禹贡图》，和钱帛衣物。夏天，征发役卒数十万人，派遣王景和王吴修理渠道，筑建堤防，从荥阳向东到千乘

海口一千多里长。王景研究计算沿途地形，开凿山岭，劈破砥绩山，开直和堵截沟涧，在重要的地方设立防堤，疏通壅塞积滞，每隔十里建立一个水闸，根据需要使水流或洄流或径注，不再出现决溃和漏水的患害。王景虽然节约劳役减少用费，但工程费用还是要以上百亿的钱计算。第二年夏天，整个渠道建成。皇帝亲自巡行视察，诏令洞河的郡国都设置管理河堤员吏，如同西汉以前的制度一样。王景因此而闻名，王吴和所有下属官员都增加一级的俸禄。王景被升任三级为侍御史。建武十五年（公元 39 年），跟从皇帝车驾到东方巡行视察，到了无盐，皇帝嘉美王景治理河渠的功劳，任命他为河堤谒者，并赐赏他车、马、缣、钱等物。

建初七年（公元 82），王景迁升为徐州刺史。先此杜陵杜笃上奏《论都赋》，想要皇帝将首都迁回长安。听到此事的老者们，都被拨动了怀念故土的情感，没有不眷恋地伫立向西眺望。王景以为宫殿祖庙已经建好，深恐人们疑虑不安，正遇到当时有神雀等一些祥瑞出现，他就作了《金人论》，颂赞洛阳的美好，天人的符应，其文辞优美，殊可采集。

第二年，他迁任庐江太守。先此之前当地百姓不懂得用牛耕种，竟致土地大有余力，但粮食经常不够吃。庐江郡内有楚相孙叔敖时建起的芍陂稻田。王景就督领吏役百姓，整治荒芜废地，教民使用牛耕，从此垦殖开辟的土地倍增，郡境之内人皆富足。王景立石碑铭刻誓言，以使人们知道伦常律禁。他又训教命令人们养蚕纺织，并且制定有关的法令，都写在乡亭，庐江至今还流传他的文章。王景死于任上。

当初，王景认为《六经》所记载的，都有占卜筮卦，做事情举止活动，都要询问蓍草龟甲，但是众多的书籍相互牴牾，所说的吉凶甚至相反，王景于是研究整理众多的数术之书，以及葬送、造宅、五行禁忌之法、风水算命相面之类，把适合于人们日常生活的内容，汇集成《大衍玄基》。

（夏经林 译）

【原文】

王景字仲通，乐浪诌邯人也。八世祖仲，本琅邪不其人。好道术，明天文。诸吕作乱，齐哀王襄谋发兵，而数问于仲。及济北王兴居反，欲委兵师仲，仲俱祸及，乃浮海东奔乐浪山中，因而家焉。父闳，为郡三老。更始败，土人王调杀郡守刘宪，自称大将军、乐浪太守。建武六年，光武遣太守王遵将兵击之。至辽乐，闳与郡决曹史杨邑等共杀调迎遵，皆封为列侯，闳独让爵。帝奇而征之，道病卒。

景少学《易》，遂广窥众书，又好天文术数之事，沉深多伎艺。辟司空伏恭府，时有荐景能理水者，显宗诏与将作谒者王吴共修作浚仪渠。吴用景垺流法，水乃不复为害。

初，平帝时，河汴决坏，未及得修。建武十年，阳武令张汜上言："河决，积久，日月，侵毁济渠，所漂数十许县。修理之费，其功不难。宜改修堤防，以安百姓。"书奏，光武即为发卒。方营河功，而浚仪令乐俊复上言："昔元光之间，人庶炽盛，缘堤垦殖，而瓠子河决，尚二十余年，不即拥塞。今居家稀少，田地饶广，虽未修理，其患犹可。且新被兵革，方兴役力，劳怨既多，民不堪命。宜须平静，更议其事。"光武得此遂止。后汴渠东侵，日月弥广，而水门故处，皆在河中，兖、豫百姓怨叹，以为县官恒兴佗役，不先民急。永平十二年，议修汴渠，乃引见景，问以理水形便。景陈其利害，应对敏给，帝善之。文以尝修浚仪，功业有成，乃赐《山海经》、《河渠书》、《禹贡图》，及钱帛衣物。夏，遂发卒数十万，遣景与王吴修渠筑堤，自荥阳东至千乘海口千余里。景乃商度地势，凿山阜，破砥绩，直截沟涧，防遏冲要，疏决壅积，十里立一水门，令更相洄注，无复溃漏之患。景虽简省役费，然犹以百亿计。明年夏，渠成。帝亲自巡行，诏滨河郡国置河堤员吏，如西京旧制。景由是知名。王吴及诸从事掾史皆增秩一等。景三迁为侍御史。十五年，从驾东巡狩，至无盐，帝美其功绩，拜河堤谒者，赐车马缣钱。

建功七年，迁徐州刺史。先是杜陵杜笃奏上《论都赋》，欲令车驾迁还长安。耆老闻者，皆动怀土之心，莫不眷然伫立西望。景以宫庙已立，恐人情疑惑，会时有神雀诸瑞，乃作《金人论》，颂洛邑之美，天人之符，文有可采。

明年，迁庐江太守。先是百姓不知牛耕，致地力有余而食常不足。郡界有楚相孙叔敖所起芍陂稻田。景乃驱率吏民，修起芜废，教用犁耕，由是垦辟倍多，境内丰给。遂铭石刻誓，令民知常禁。又训令蚕织，为作法制，皆著于乡亭，庐江传其文辞，卒于官。

初，景以为《六经》所载，皆有卜筮，作事举止，质于著龟，而众书错糅，吉凶相反，乃参纪众家数术文书，冢宅禁忌，堪舆日相之属，适于事用者，集为《大衍玄基》云。

董宣传

——《后汉书》卷一〇七

　　【说明】 两汉官员在执法中所遇到的难题，无非是地方上的豪强和皇家的外戚、公主。前者在乡里横行不法，若加以惩治，就要"操兵诣府、称冤叫号"，甚至于闹些乱子。有些官员为了息事宁人，往往对事情不闻不问，这样吏治就无从澄清。但这些地方的豪强，毕竟势力有限，一些较有正义感的官员，还比较敢于惩罚他们。至于皇家的外戚、公主，因为直接有皇帝做靠山，所以一个官吏，不避贵戚去维护法纪，那是很不容易的。即使政治比较清明的东汉光武帝时，情况也是如此。在这篇《董宣传》中，董宣惩处了公孙丹的非法杀人，竟被人弹劾，几乎丢了性命。后来平定江夏郡的暴乱，立了功劳，却因得罪外戚阴氏，被免职，然而他的意志并未因此削弱。后来，他竟当着公主的面，格杀其恶奴，公主向光武帝告状。光武帝也动了火，要杀他。他毫无畏惧，据理力争，最后使光武帝也不得不承认："天子不与白衣同"，反而给予奖赏。

　　董宣不但严明执法，而且为人清廉，他死的时候，家无长物，更显出其人格的高尚。如果说古人的事迹还有值得为今人取法的，董宣恐怕可以算一个突出的例子。

　　董宣字少平，陈留圉（今河南杞县南）人。起初被司徒侯霸所辟举，擢取高第，屡迁官为北海相。董宣到官，任命大姓公孙丹为五官掾。公子孙丹新建住宅，而占卜者说此地当有人死去，公孙丹就叫他儿子杀了个过路人，把尸首放在新屋内，就算应了占卜的预言。董宣知道后，立即逮捕公孙丹父子，将他们杀死。公孙丹的宗族亲友三十多人，拿着兵器来到官署前称冤叫闹。董宣因为公孙丹过去曾附从王莽，恐怕他与海贼相联结，于是把他们全收捕进剧县监狱，并让门下书佐水丘岑把他们全部杀掉。青州刺史因董宣杀人过多，上奏控告董宣的行事，并拷问水丘岑。董宣因此被传讯到廷尉那里。董宣在监狱中，早晚读书，毫无忧虑之色。到当被拉出受刑时，他过去的属官们准备饭菜来送他。董宣严厉地说："我董宣生平从未吃过别人的食物，何况现在要死呢！"上了囚车而去。当时一同受刑的共九人，依次将轮到董宣，光武帝派人骑快马特免董宣的死刑，并命令他回监狱。光武帝派使者诘问董宣多杀无辜之事。董宣便照事实回答，说水丘岑是执行我的意旨，罪不在他，请求杀我赦免水丘岑。使者向光武帝报告了董宣的供状，光武帝下诏贬董宣为怀县令，并命令青州不要查问水丘岑的罪责。水丘岑后来官到司隶校尉。

后来江夏郡有剧盗夏喜等在郡内抢掠作乱，朝廷任命董宣为江夏太守。董宣一到郡界，就发出公告说："朝廷认为我太守能够擒拿奸贼，所以居此职。现在我带兵到了郡界，发布的檄文一到，为非作歹的人应考虑怎样自安的办法。"夏喜等听到了，很害怕，立时解散投降。后因皇家亲戚阴氏有人做郡都尉，董宣对他傲慢，因此被免官。

后来被特别徵召为洛阳令。当时湖阳公主的家奴白天杀人，作案后藏匿在公主家中，官府抓不到他。等公主出行时，却以这个家奴陪她一起乘车。董宣在夏门亭等候公主，见到后叫停住车马，用刀划地，

毫不顾忌地指责公主的过失，叱令家奴下车，就把他杀了。公主就还宫向光武帝诉说，光武帝大怒，把董宣叫来，要打死他。董宣叩头说："请让我说一句话而死。"光武帝说："想说什么？"董宣说："陛下有圣德而中兴，却纵使奴隶杀害良民，将何以治理天下呢？我不须棍杖，请求自杀。"说着，董宣就用头撞柱，流血满面。光武帝叫小黄门制止他，并叫董宣对公主叩头谢罪，董宣不肯。别人按他的头颈，硬让他低头，董宣两手支着地，到底不肯低头。公主说："文叔（光武帝刘秀字）做平民时，藏匿逃亡和被判死罪的人，官府不敢上门追索。现在做了皇帝，威信竟不能使用于一个县令吗？"光武帝笑道："皇帝跟平民不一样。"因此下令让"硬脖子县令"出去，赐钱三十万。董宣把钱全部分给吏佐们。从此他惩处豪强，无不惧怕。京城中称之为"卧虎"。民谣唱道"鼓槌不敲鼓不鸣，吏治清明董少平。"

董宣在洛阳县任职五年，七十四岁那年死在官任上。光武帝派使者到他家察看，只见董宣的尸体用布被覆盖，只有妻子和儿子相对哭泣。家中有几斛大麦，破车一辆。光武帝知道后很感伤，说："董宣的廉洁，我直到他死后才知道！"因为董宣曾官至二千石，赐他艾绶，以大夫礼下葬。任命其子董并为郎中，后来董并官至齐相。

（曹道衡　译）

【原文】

董宣字少平，陈留圉人也。初为司徒侯霸所辟，举高第，累迁北海相。到官，以大姓公孙丹为五官掾。丹新造居宅，而卜工以为当有死者，丹乃令其子杀道行人，置尸舍内，以塞其咎。宣知，即收丹父子杀之。丹宗族亲党三十余人，操兵诣府，称冤叫号。宣以丹前附王莽，虑交通海贼，乃悉收系剧狱，使门下书佐水丘岑尽杀之。青州以其多滥，奏宣考岑，宣坐征诣廷尉。在狱，晨夜讽诵，无忧色。及当出刑，官属具馔送之，宣乃厉色曰："董宣生平未曾食人之食，况死乎！"升车而去。时同刑九人，次应及宣，光武驰使驺骑特原宣刑，且令还狱。遣使者诘宣多杀无辜，宣具以状对，言水丘岑受臣旨意，罪不由之，愿杀臣活岑。使者以闻，有诏左转宣怀令，令青州勿案岑罪。岑官至司隶校尉。

后江夏有剧贼夏喜等寇乱郡境，以宣为江夏太守。到界，移书曰："朝廷以太守能禽奸贼，故辱斯任。今勒兵界首，檄到，幸思自安之宜。"喜等闻，惧，即时降散。外戚阴氏为郡都尉，宣轻慢之，坐免。

后特征为洛阳令。时湖阳公主苍头白日杀人，因匿主家，吏不能得。及主出行，而以奴骖乘，宣于夏门亭候之，乃驻车叩马，以刀划地，大言数主之失，叱奴下车，因格杀之。主即还宫诉帝，帝大怒，召宣，欲箠杀之。宣叩头曰："愿乞一言而死。"帝曰："欲何言？"宣曰："陛下圣德中兴，而纵奴杀良人，将何以理天下乎？臣不须箠，请得自杀。"即以头击楹，流血被面，帝令小黄门持之，使宣叩头谢主，宣不从，强使顿之，宣两手据地，终不肯俯。主曰：文叔为白衣时，藏亡匿死，吏不敢至门。今为天子，威不能行一令乎？"帝笑曰："天子不与白衣同。"因敕强项令出。赐钱三十万。宣悉以班诸吏。由是搏击豪强，莫不震慄。京师号为"卧虎"。歌之曰："枹鼓不鸣董少平。"

在县五年。年七十四，卒于官。诏遣使者临视，唯见布被覆尸，妻子对哭，有大麦数斛、敝车一乘。帝伤之，曰："董宣廉洁，死乃知之！"以宣尝为二千石，赐艾绶，葬以大夫礼。拜子并为郎中，后官至齐相。

樊晔传

——《后汉书》卷一〇七

【说明】樊晔字仲华,主要活动于光武帝时期,为政严猛酷烈。其号为酷吏,主要是与残酷打击地方上的豪绅强人大户有关。崇尚刑狱,反对教化,在任扬州牧和天水太守期间,颇有政绩,以至于老百姓作歌赞颂他。但他作为酷吏,确实有过于严酷的一面,传中说他"人有犯其禁者,率不生出狱",即为明证。

樊晔字仲华,南阳新野人。他和光武帝年轻时曾有交游。建武初年,被征召为侍御史,迁为河东都尉,光武帝在云台召见他。当初,光武帝贫贱时,曾因事被新野县拘留,当时樊晔为市吏,送给光武帝一竹筐饼。光武帝感念旧恩不忘,所以召见时赏赐以皇帝的御食,以及皇宫中的器物,而且因此开玩笑说:"一筐饼换得个都尉,怎么样?"樊晔顿首道谢。到郡后,诛杀和惩罚大姓马适匡等人。盗贼被肃清,吏员和平民都怕他。数年后,迁为扬州牧,教百姓耕田种树及治家的办法。任职十余年，因犯法贬官为轵县长。隗嚣破灭后，陇右地区仍不安定，于是光武帝任命樊晔为天水太守。樊晔办理政事严猛，喜欢申不害、韩非的法术，对人的善恶立时作出决断。人们犯了他的禁，大抵不能活着出狱，吏员、平民及羌胡诸族都很怕他。他使天水道不拾遗。行路人到夜间，把衣服行李放在路边，说："交给樊公"。凉州人作歌说："游荡的人常是贫穷，勤奋的人天给他富裕。宁可见到母老虎的洞穴，不能进天水郡的官署。樊晔大笑时犯人必死，愤怒时也许倒能宽恕。感叹我们的樊府君，哪能再逢遇！"任职十四年，死于任上。

永平年间，明帝追念樊晔在天水时办理政事的才能，以为后人没有能赶上他，下诏赐给他家钱百万。子樊融，有特出才能，喜欢黄老之学，不肯做官吏。

（曹道衡　译）

【原文】

樊晔字仲华，南阳新野人也。与光武少游旧。建武初，征为侍御史，守河东都尉，引见云台。初，乐武微时，尝以事拘于新野，晔为市吏，馈饵一笥。帝德之不忘，仍赐晔御食，及乘舆服物，因戏之曰："一笥饵得都尉，何如？"晔顿首辞谢。及至郡，诛讨大姓马适匡等。盗贼清，吏人畏之。数年，迁杨州牧，教民耕田种树理家之术。视事十余年，坐法左转轵长。隗嚣灭后，陇右不安，乃拜晔为天水太守。政严猛，好申韩法，善恶立断。人有犯其禁者，率不生出狱，吏人及羌胡畏之。道不拾遗。行旅至夜，聚衣装道傍，曰："以付樊公。"凉州

为之歌曰："游子常苦贫，力子天所富。宁见乳虎穴，不入冀府寺。大笑期必死，忿怒或见置。嗟我樊府君，安可再遭值！"视事十四年，卒官。

永平中，显宗追思晔在天水时政能，以为后人莫之及，诏赐家钱百万。子融，有俊才，好黄老，不肯为吏。

李章传

——《后汉书》卷一○七

【说明】李章字第公，与樊晔同时代，活动于光武帝时期，《后汉书》将其列入《酷吏传》，主要是指他严厉打击地方上的豪门大族，用酷烈手法维护地方上的社会治安。这在当时确也达到了安定一方的作用，不过，李章杀人，也有过滥之病，这是为后世史家所多有贬责的地方。

李章字第公，河内怀县人。祖孙五代官至二千石。李章学习《严氏春秋》，通习经典，教授学生，曾做过州郡的吏员。光武帝做大司马时，平定黄河以北，召李章来任为东曹属，曾多次跟从光武帝征伐。

光武帝即位，任命李章为阳平令。当时赵、魏一带的豪门大族，往往武装聚居。清河大姓赵纲甚至在县界修筑坞壁，配备武器盔甲，到处为害人民。李章到后，摆设筵席，而请赵纲来谒见。赵纲佩着有雕饰的剑，身穿乌羽编织的衣服，带着百余人来到。李章和他相对宴饮，一会儿，亲手持剑斩赵纲，伏兵也起来把赵纲的随从全部杀死，乘势驰向坞壁，攻破了它，从此吏员百姓遂得平安。

李章被升为千乘太守，因斩杀盗贼过于随便，被征下狱免官。年内被任侍御史，又出任琅邪太守。当时北海郡安丘大姓夏长思等叛，把太守处兴办禁起来，就此占据了营陵城。李章听说后，就发兵千人。驰赴当地攻讨。掾史劝阻李章说："做二千石官的不能走出郡界，军队不能擅自出动。"李章抚剑说："叛者横行不法，竟囚禁劫持郡中太守，这还哪里能够容忍！如果因为讨贼而死，我不后悔。"李章就领兵到安丘城下，召募勇敢的人烧城门，和夏长思交战，把夏长思斩杀，共斩首三百多级，得到牛马五百多头而还。处兴回郡后，把事情上奏光武帝，光武帝命以所得的财物全部分发慰劳给有功的官吏士兵。李章后因计量人家土地不实被徵，因为过去有功，只付司寇论罚。被罚劳役月余得释回家。后来朝廷又征召他，正巧逢上他得病死去。

（曹道衡　译）

【原文】

李章字第公，河内怀人也。五世二千石。章习《严氏春秋》，经明教授，历州郡吏。光武为大司马，平定河北，召章置东曹属，数从征伐。

光武即位，拜阳平令。时赵、魏豪右往往屯聚，清河大姓赵纲遂于县界起坞壁，缮甲兵，为在所害。章到，乃设飨会，而延谒纲。纲带文剑，被羽衣，从士百余人来到。章与对宴饮，有顷，手剑斩纲，伏兵亦悉杀其从者，因驰诣坞壁，掩击破之，吏人遂安。

迁千乘太守，坐诛斩盗贼过滥，征下狱免。岁中拜侍御史，出为琅邪太守。时北海安丘大姓夏长思等反，遂囚太守处兴，而据营陵城。章闻，即发兵千人，驰往击之。掾史止章曰："二千石行不得出界，兵不得擅发。"章按剑怒："逆虏无状，囚劫郡守，此何可忍！若坐讨贼而死，吾不恨也。"遂引兵安丘城下，募勇敢烧城门，与长思战，斩之，获三百余级，得牛马五百余头而还。兴归郡，以状上帝，悉以所得班劳吏士。后坐度人田不实征，以章有功，但司寇论。月余免刑归。复征。会病卒。

周纡传

【说明】周纡纡，字文通。崇尚韩非之说，为官治政手段严酷。与其他同时代的酷吏一样，坚决打击地方上的土豪劣绅，而且直接和外戚如马氏、窦氏等为敌，敢于揭发其不法行为，甚至直接上书皇帝，弹劾夏阳侯窦瑰，其胆识是很值得称赞的。他为人清廉，免官后甚至靠打土坯自给，这在封建社会的官员中，是难能可贵的。因为办事严酷，周纡曾经几次被贬。

周纡字文通，下邳徐县人。为人刻薄少恩，喜欢韩非的学说。青年时曾任廷尉史。

明帝永平年间，任南行唐长。周纡到任以后，告诉吏员和百姓说："朝廷不嫌县长的无才，叫我来管理百姓，而我生性仇视刁滑的吏胥，志在铲除豪强，希望你们不要以身试法！"于是他就杀了县里最为不守法的几十人，吏民大为震恐。迁博平令，收捕考问奸恶及藏匿犯人的，被捕的都死或监禁在狱中，没有人能出狱。周纾因威名颇盛迁为齐相，行事也很严酷，专靠刑法，而更善于写文告公牍，为州内的人所取法。后因杀了无罪的人，被贬为博平令。

章帝建初年间，任勃海太守。每次朝廷发大赦令到郡，周纾总是隐藏不公布，先派人到属县全部处决罪犯，然后公布诏书。因此被徵到廷尉问罪，免官归家。周纾为官廉洁无家产，常造土坯以谋生。章帝听说后很可怜他，又任用为郎，再迁为召陵侯相。县署的掾吏害怕周纾严明，想损害他的威信，于是清早把死人的手脚砍去，立在县署门口。周纾听到后，便到死人旁边，装出和死人对话的样子。暗中察看死人口眼中有稻芒，于是暗中问看守城门的人说："知道有谁把稻草运进城的？"看门人回答："只有廷掾。"又问手下小吏："外人有怀疑县令和死人说话的吗？"回答说："廷掾怀疑你。"于是就收捕廷掾审问，廷掾招供："没有杀人，是取路边的死人。"后来谁也不敢欺骗周纾了。

周纾被徵召为洛阳令。一下车，先问大姓主名。吏员数说里巷间豪强来回答。周纾厉声发怒说："我本是问贵戚像马姓、窦姓这些人，难道能了解这些卖菜的奴才？于是属员们窥测他意旨，办事力求激切。贵戚们很惶恐，京城吏 治清平。皇后的弟弟黄门郎窦笃从宫中回家，夜间到止奸亭，亭长霍延拦住窦笃，窦笃的家奴和霍延争吵，霍延就拔剑指向窦笃，破口大骂。窦笃把此事表奏章帝。章帝下诏召司隶校尉和河南尹到尚书处责问。又派卫士拘捕周纾送廷尉诏狱，数日后放出。帝章知道周纾守法痛恨奸邪，不伺侯贵戚，但苛酷过度，多次为有关部门所参奏。建初八年，就被免官。

后来又任御史中丞。和帝即位，太傅邓彪上奏以为周纾在任过于酷虐，不宜在京城和皇帝车驾下任职，于是被免职回乡。后来窦氏贵宠兴旺，窦笃兄弟掌握大权，凡是一瞪眼的旧怨，无不置人死地。周纡自认为无法保全，于是守在家中，以等待灾祸到来。然而窦笃因为周纡为人公正，而且怨隙已久，就不敢加害。

和帝永元五年，又被征为御史中丞。窦家诸人虽被杀，而夏阳侯窦瑰还在朝廷中。周纡很恨他，于是上疏说："臣听说古人臧文仲的服事君主，见到有礼于君主的人，就伏侍他如同孝子的奉养父母；见无礼于君主的人，就诛戮他如同鹰鹯的捕杀鸟雀。案夏阳侯窦瑰，本是个行为轻薄，心志邪僻，不通经术，却又妄建讲授之所，招引生徒，实则是聚集奸邪违法之徒。他轻视皇帝的威严，怠慢王家，又造作了巡狩、封禅方面的书，迷惑民众不守法度，当伏罪诛戮。而主管者苟营私计，不为国家考虑。那些涓滴之水虽少，汇集起来则成江河；星星之火虽小，却最终能焚烧原野。踩着霜就渐渐成冰。怎可不预为惩戒？应当追思吕产专权窃位之乱，常想到王莽篡逆的祸乱，上以安定国家，下以解除万民的迷惑。"适逢窦瑰去位回到封邑，周纡迁升为司隶校尉。

永元六年，夏天大旱。和帝亲自到洛阳监狱讯问因犯，见有二人被打得伤口生虫，因此贬周纡为骑都尉。七年，迁将作大匠。九年，死于任上。

（曹道衡　译）

【原文】

周纡字文通，下邳徐人也。为人刻削少恩，好韩非之术，少为廷尉史。

永平中，补南行唐长。到官，晓吏人曰："朝廷不以长不肖，使牧黎民，而性雠猾吏，志除豪贼，且勿相试！"遂杀县中尤无状者数十人，吏人大震。迁博平令，收考奸臧，无出狱者，以威名迁齐相，亦颇严酷，专任刑法，而善为辞案条教，为州内所则。后坐杀无辜，复左转博平令。

建初中，为勃海太守。每赦令到郡，辄隐闭不出，选遣使属县尽决刑罪，乃出诏书。坐征廷尉，免归。纡廉洁无资，常筑坯以自给。肃宗闻而怜之，复以为郎，再迁召陵侯相。廷掾惮纡严明，欲损其威，乃晨取死人断手足，立寺门。纡闻，便往至死人边，若与死人共语状。阴察视口眼有稻芒，乃密问守门人曰："悉谁载薰入城者？"门者对："唯有廷掾耳。"又问铃下："外颇有疑令与死人语者不？"对曰："廷掾疑君。"乃收廷掾考问，具服："不杀人，取道边死人"。后人莫敢欺者。

征拜洛阳令。下车，先问大姓主名，吏数闾里豪强以对。纡厉声怒曰："本问贵戚若马、窦等辈，岂能知此卖菜佣乎。"于是部吏望风旨，争以激切为事。贵戚蹐踏，京师肃清。皇后弟黄门郎窦笃从宫中归，夜至止奸亭，亭长霍延遮止笃，笃苍头与争，延遂拔剑拟笃，而肆詈恣口。笃以表闻，诏召司隶校尉，河南尹诣尚书谴问，遣剑戟士收纡送廷尉诏狱。数日贳出。帝知纡奉法疾奸，不事贵戚，然苛惨失中，数为有司所奏，八年，遂免官。

后为御史中丞。和帝即位，太傅邓彪奏纡在任过酷，不宜典司京辇。免归田里。后窦氏贵盛，笃兄弟秉权，睚眦宿怨，无不僵仆。纡自谓无全，乃柴门自守，以待其祸。然笃等以纡公正，而怨隙有素，遂不敢害。永元五年，复征为御史中丞。诸窦虽掠，而夏阳侯瑰犹尚在朝。纡疾之，乃上疏曰："臣闻臧文仲之事君也，见有礼于君者，事之如孝子之养父母；见无礼于君者，诛之如鹰鹯之逐鸟雀。案夏阳侯瑰，本出轻薄，志在邪僻，学无经术，而妄构讲舍，外招儒徒，实会奸桀。轻忽天威，侮慢王室，又造作巡狩封禅之书，惑众不道，当伏诛戮，而主者营私，不为国计。夫涓流虽寡，浸成江河；熛火虽微，卒能燎野。履霜有渐，可不惩革？宜寻吕产专窃之乱，永惟王莽篡逆之祸，上安社稷之计，下解万夫之惑。"会瑰归国，纩迁司隶校尉。

　　六年夏旱，车驾自幸洛阳录囚徒，二人被掠生虫，坐左转骑都尉。七年，迁将作大匠。九年，卒于官。

黄昌传

——《后汉书》卷一○七

　　【说明】 黄昌字圣真，为官严厉凶猛。在酷吏中，黄昌是最具滥杀之嫌的一个。此传中说到的他杀贼曹一家，杀登楼观看他出行的彭家妇女等，都可指责为滥杀。不过黄昌也有可取之处，他对于被强盗劫走，沦为他人之妻的妻子，能坦然接纳，重新团聚，这在封建社会男尊女卑的情况下，不仅富有戏剧性，而且是很难得的。

　　黄昌字圣真，会稽余姚人。出身寒微，所居之处接近学官，多次见到儒生们在学校学习行礼，因此喜爱学问，学习经学。他又懂得法律文案，在郡中任决曹。当时州刺史巡行所部诣郡，见到黄昌，很赏识他，辟举他为从事。

　　后来黄昌任宛令，办理政事很严厉凶猛，喜欢揭发奸邪。有人偷了黄昌的车盖。黄冒开始时不声张，后来才派亲信在他部下贼曹的家里突然取得，把贼曹一家悉数收捕，同时杀死。大姓们吓得发抖，都称黄昌神明。

　　朝廷提拔有才能的官员，黄昌升为蜀郡太守。前任太守李根年老办理政事糊涂，百姓被侵害蒙冤。及至黄昌到任，吏胥百姓前来控诉的七百多人，黄昌都给予判断处理，无不合理。他暗中拘捕了一个盗匪的首领，逼使那盗首交代各县中强暴的人的姓名和住处，于是派人分头捕捉，一无漏网。陈年的奸恶坏人，都逃亡到其它郡境。

起初，黄昌曾任州书佐，他妻子回娘家，遇到盗贼被劫走，因此流转到蜀地成了别人的妻子。他儿子犯案，她就见黄昌自诉。黄昌疑心犯人的母亲不像蜀人，就问她原因。她回答说："我本是会稽余姚戴次公的女儿，州书佐黄昌的妻子。我曾因为回家，被强盗所硬抢，流落到这里。"黄昌大惊，叫她上前对她说："怎样识别黄昌呢？"她回答说："黄昌左脚心有黑痣，常自称应官至二千石。"黄昌就伸出脚来给她看。因此相抱悲哭，仍为夫妇。

黄昌在职四年，被徵召，再迁过为陈国相。县里人彭氏从来是土豪，行为放纵，造了大宅，有高楼在大路边。黄昌每次出行巡视县境，彭家的妇女常登楼看他。黄昌很不高兴，就下令收捕入狱，治罪杀了她们。

又升为河内太守，又再转为颍川太守。顺帝永和五年，被徵召并任为将作大匠。汉安元年，升为大司农，又贬为太中大夫，死于任上。

（曹道衡　译）

【原文】

黄昌字圣真，会稽余姚人也。本出孤微。居近学官，数见诸生修庠序之礼，因好之，遂就经学。又晓习文法，仕郡为决曹。刺史行部，见昌，甚奇之，辟从事。

后拜宛令，政尚严猛，好发奸伏。人有盗其车盖者，昌初无所言，后乃密遣亲客至门下贼曹家掩取得之，悉收其家，一时杀戮。大姓战惧，皆称神明。

朝廷举能，迁蜀郡太守。先太守李根年老多悖政，百姓侵冤。及

昌到，吏人讼者七百余人，悉为断理，莫不得所。密捕盗帅一人，胁使条诸县强暴之人姓名居处，乃分遣掩讨，无有遗脱。宿恶大奸，皆奔走它境。

初，昌为州书佐，其妇归宁于家，遇贼被获，遂流转入蜀为人妻。其子犯事，乃诣昌自讼。昌疑母不类蜀人，因问所由。对曰："妾本会稽余姚戴次公女，州书佐黄昌妻也。妾尝归家，为贼所略，遂至于此。"昌惊，呼前谓曰："何以识黄昌邪？"对曰："昌左足心有黑子，常自言当为二千石。"昌乃出足示之。因相持悲泣，还为夫妇。

视事四年，征，再迁陈相。县人彭氏旧豪纵，造起大舍，高楼临道。昌每出行县，彭氏妇人辄升楼而观。昌不喜，遂敕收付狱，案杀之。

又迁为河内太守，又再迁颍川太守。永和五年，征拜将作大匠。汉安无年，进补大司农左转太中大夫。卒于官。

阳球传

——《后汉书》卷一〇七

【说明】阳球生活在东汉末期宦官专权的时代，他本是一个镇压地方土豪的能吏，以此进用。在他进入朝廷后，不但对宦官专权而且对宠任宦官的汉灵帝也颇为不满。他的上书谏兴鸿都门学，就足以说明这一点。关于鸿都门学。现在不少研究者都认为在文学的发展上起过一定的作用。但这种作用，在当时是无法认识清楚的。阳球显然是看到他们倚仗权贵的势力得到皇帝宠信而主张予以撤销。

阳球的诛杀王甫，虽然取得了一时的成功，但在当时的情况下，以一个司隶校尉去清除乱政的宦官，显然是难于成功的。因为乱政的宦官是一个集团，不是王甫一人，而且得到皇帝的支持。

阳球字方正，渔阳泉州人。家世是本地仕宦大姓。阳球能以剑相击刺，熟悉弯弓骑马。他性情严厉，喜爱申不害、韩非之学。郡中吏员有人侮辱阳球的母亲，阳球约了几十个少年，杀了这吏员，灭了他的家，因此闻名。开始被举荐为孝廉，出任尚书侍郎，因熟悉旧事制度，他的章奏判断及议论，常为官府所推重信服。出任高唐令，因严厉苛刻太过，被郡守收系举劾，逢大赦被释放。

阳球被司徒刘宠府所征辟，对策高等。当时九江郡山贼起事，几个月未能平定。三府上奏说阳球有治理奸猾的才能，被任为九江太守。阳球到任，定出策略，将山贼剿灭，还拘捕郡中奸猾的吏员全部杀死。

迁为平原相。阳球发出教令说："我以前曾在高唐任职，心想扫除奸邪鄙秽，因此被贵郡所错劾。从前齐桓公赦免管仲射中带钩之仇，汉高祖宽恕季布逃亡的罪。我虽无德，岂敢忘却前人的道义。何况上下级的名分已定，岂可想从前的事吗？现在完全丢掉过去的过失，指望将来的功效。如果见到教令之后而不悔改奸猾之状的，我不能再有所宽容了。"郡中的人都畏服。当时天下大旱，司空张颢列奏各地长官有苛刻残酷及贪污的，都加罢免。阳球因严厉苛刻，被徵赴廷尉，罪当免官。灵帝因为阳球在九汇时有功，任他为议郎。

阳球迁为将作大匠，因事被论处。不久，任尚书令，上奏请求撤销鸿都文学说："伏惟有诏书命令中尚方为鸿都文学乐松、江览等三十二人画像作赞，以此劝励学者。臣听说'君主的措施必然记之于史书，记在史书中而不合礼法，后人将如何去效法！'案乐松、江览等人都出身微贱，器量狭小，依仗贵戚之势，趋附权贵豪门，低眉奉承眼色，侥幸求进于圣明之时。他们有的献上一篇赋，有的写满一竹简鸟篆文字，就位升郎中，图画肖像。也有的人笔不接触竹简，心中也不善辩议，而是请别人代笔，种种斯迕作伪，无不蒙受特殊的恩典，由低贱复变成高贵。所以有识之士掩口而笑，天下人都在叹息。臣听说置设画像，是要使人明理以功善惩恶，要使当君主的人在举动方面鉴戒得失。没听说这些小人，胡乱写作几篇文和颂就可以滥窃朝廷官职，留下肖像于绢帛上的。现在太学和东观就足够宣扬圣人的教化。请撤销鸿都门学的选拔，以消除天下的谤议。"书上奏后灵帝不予考虑。

当时中常侍王甫、曹节等奸恶残虐，窃弄威权，煽动朝里朝外的

人心，阳球曾拍大腿发愤说："如果阳球当司隶校尉，哪能容得这辈小人？"灵帝光和二年，阳球迁为司隶校尉。正逢王甫休假出宫回家，阳球正到朝廷谢恩，因此向灵帝上奏拘捕王甫和中常侍淳于登、袁赦、封习、中黄门刘毅、小黄门庞训、朱禹、齐盛等，以及他们子弟任太守县令、行为奸恶习猾放纵不规的人，罪当族诛。太尉段颎诌媚附和佞幸，应一起诛杀。于是阳球全部收捕王甫、段颎等人送往洛阳监狱，又抓了王甫的儿子永乐少府王萌、沛相王吉。阳球亲自审问王甫等，用尽各种酷刑。王萌对阳球说："我们父子既应受死刑，可以对老父稍加宽容，免受拷打。"阳球说："你罪恶深重，大逆不道，死了还免不了罪责，还要求宽容？"王萌就骂道："你以前伺奉我们父子像奴才一样，奴才敢反主人吗？今天你窘逼我，很快轮到你自己！"阳球叫人用土塞住王萌的嘴，重杖敲打，王甫父子都死于棒下。段颎也自杀。阳球就割裂王甫的尸体于夏城门，大书告示说："贼臣王甫"。将王甫等人的财产全部没收，家属流放到比景。

阳球既杀王甫，意欲再表奏曹节等人之罪，于是下令中都官从事说："姑且先消灭大的奸贼，其次应查办豪族。"权贵们听到了，都不敢吐气。他们的奢侈装饰品，都各自藏在箱内，不敢摆出来。京城里的人都很震恐。

当时顺帝的虞贵人下葬，百官们聚集送葬回来，曹节在路边见到王甫被切割的尸体，感慨地擦眼泪："我辈自己可以互相吞噬，怎么能让狗舐吃他的血液呢？"曹节对各常侍说，现在且一起进宫，不要回家。曹节直入禁中，对灵帝说："阳球本来是酷虐残暴的官吏，以前三府曾上奏应当免官，只是因在九江郡有小功劳，再被擢用。有罪过的人，喜欢胡作非为，不宜让他当司隶校尉，逞心肆虐。"灵帝于是改命阳球为卫尉。当时阳球正出去谒拜诸帝陵墓，曹节命令尚书召阳球拜官，不准使诏书滞留。阳球被召很急，因此求见灵帝，叩头说："我没有清高的德行，却蒙委任捕逐奸邪的职务。前日虽然纠察诛戮了王甫、段颎，还只是抓了狐狸，还不足以向天下宣布。希望能再给我一个月时间，一定能使豺狼和鸱枭，各服其罪。"叩头流血。殿上的侍臣呵叱说："卫尉想抵制诏书吗?"阳球恳请再三，只能受新的任命。

这年冬天，司徒刘郃和阳球商议收捕张让、曹节审问。曹节等知道后，一起诬奏刘郃等人。于是阳球被捕送洛阳监狱，被杀，妻子儿女被流放边地。

（曹道衡　译）

【原文】

　　阳球字方正，渔阳泉州人也。家世大姓冠盖。球能击剑，习弓马。性严厉，好申韩之学。郡吏有辱其母者，球结少年数十人，杀吏，灭其家，由是知名。初举孝廉，补尚书侍郎，闲达故事，其章奏处议，常为台阁所崇信。出为高唐令，以严苛过理，郡守收举，会赦见原。辟司徒刘宠府，举高第。九江山贼起，连月不解。三府上球有理奸才，拜九江太守。球到，设方略，凶贼殄破，收郡中奸吏尽杀之。

　　迁平原相。出教曰："相前莅高唐，志埽奸鄙，遂为贵郡所见枉举。昔桓公释管仲射钩之雠，高祖赦季布逃亡之罪。虽以不德，敢忘前义，况君臣分定，而可怀宿昔哉！今一蠲往愆，期诸来效。若受教之后而不改奸状者，不得复有所容矣。"郡中咸畏服焉。时天下大旱，司空张颢条奏吏苛酷贪污者，皆罢免之。球坐严苦，征诣廷尉，当免官。灵帝以球九江时有功，拜议郎。

　　迁将作大匠，坐事论。顷之，拜尚书令。奏罢鸿都文学，曰："伏承有诏敕中尚方为鸿都文学乐松、江览等三十二人图象立赞，以劝学者。臣闻传曰：'君举必书。书而不法，后嗣何观！'案松、览等皆出于微蔑，斗筲小人，依凭世戚，附托权豪，倪眉承睫，徼进明时。或献赋一篇，或鸟篆盈简，而位升郎中，形图丹青。亦有笔不点牍，辞不辩心，假手请字，妖伪百品，莫不被蒙殊恩，蝉蜕滓浊。是以有识掩口，天下嗟叹。臣闻图象之设，以昭劝戒，欲令人君动鉴得失。未闻竖子小人，诈作文颂，而可妄窃天官，垂象图素者也。今太学、东观足以宣明圣化。愿罢鸿都之选，以消天下之谤。"书奏不省。

　　时中常侍王甫、曹节等奸虐弄权，扇动外内，球尝拊髀发愤曰："若阳球作司隶，此曹子安得容乎？"光和二年，迁为司隶校尉。王甫

休沐里舍，球诣阙谢恩，奏收甫及中常侍淳于登、袁赦、封习、中黄门刘毅、小黄门庞训、朱禹、齐盛等，及子弟为守令者，奸猾纵恣，罪合灭族。太尉段颎谄附佞幸，宜并诛戮。于是悉收甫、颎等送洛阳狱，乃甫子永乐少府萌、沛相吉。球自临考甫等，五毒备极。萌谓球曰："父子既当伏诛，少以楚毒假借老父。"球曰："若罪恶无状，死不灭责，乃欲求假借邪？"萌乃骂曰："尔前奉事吾父子如奴，奴敢反汝主乎！今日困吾，行自及也！"球使以土窒萌口，锤朴交至，父子悉死杖下。颎亦自杀。乃僵磔甫尸于夏城门，大署榜曰："贼臣王甫"。尽没入财产，妻子皆徙比景。

球既诛甫，复欲以次表曹节等，乃敕中都官从事曰："且先去大猾，当次案豪右。"权门闻之，莫不屏气。诸奢饰之物，皆各缄縢，不敢陈设。京师畏震。

时顺帝虞贵人葬，百官会丧还，曹节见磔甫尸道次，慨然拭泪曰："我曹自可相食，何宜使犬舐其汁乎？"语诸常侍，今且俱入，勿过里舍也。节直入省，白帝曰："阳球故酷暴吏，前三府奏当免官，以九江微功，复见擢用。怨过之人，好为妄作，不宜使在司隶，以骋毒虐。"帝乃徙球为卫尉。时球出谒陵，节敕尚书令召拜，不得稽留尺一。球被召急，因求见帝，叩头曰："臣无清高之行，横蒙鹰犬之任。前虽纠诛王甫、段颎，盖简落狐狸，未足宣示天下。愿假臣一月，必令豺狼鸱枭，各服其辜。"叩头流血，殿上呵叱曰："卫尉扞诏邪！"至于再三，乃受拜。

其冬，司徒刘郃与球议收案张让、曹节。节等知之，共诬白郃等，语已见《陈球传》。遂收球送洛阳狱、诛死，妻子徙边。

郑众传

——《后汉书》卷一○八

【说明】郑众，字季产，南阳犨人。明帝时在太子家供职，章帝时升为中常侍。和帝时，窦太后秉政，窦宪专权，郑众首谋杀死窦宪，得任大长秋，由此参与计议政事，成为东汉第一个当权的宦官。和帝不忘郑众的功劳，封他为鄚乡候。

郑众，字季产，南阳犨地人。为人谨慎机敏，很有心计。永平年间，郑众开始在太子家供职。章帝即位，受任小黄门，升为中常侍。和帝初年，进位为钩盾令。

当时，窦太后执掌朝政，窦太后的哥哥大将军窦宪等人都窃用威势权力，大小朝臣无不依附。只有郑众一心为王室效力，不肯事奉豪臣权贵一伙，和帝对他亲近信任。及至窦宪兄弟图谋不轨，郑众便首谋杀死窦宪，因功升为大长秋。纪功颁赏，郑众往往推辞的时候多，接受的时候少，因此得以经常参与计议政事。宦官当权，就是由郑众开始的。

永元十四年，和帝念及郑众立了大功，封他为鄚乡候，食邑一千五百户。永初元年，和熹皇后又增封他三百户。

郑众在元初元年死去，养子郑闳承袭爵位。郑闳死后，其子郑安承袭爵位。后来封国不再存在。桓帝在延熹二年继续封郑众的曾孙郑石纇为关内侯。

（王景桐 译）

【原文】

郑众，字季产，南阳犨人。为人谨敏，有心几。永平中，初给事太子家。肃宗即位，拜小黄门，迁中常侍。和帝初，加位钩盾令。

时窦太后秉政，后兄大将军宪等并窃威权，朝臣上下莫不附之。而众独一心王室，不事豪党，帝亲信焉。

及宪兄弟图作不轨，众遂首谋诛之，以功迁大长秋。策勋班赏，每辞多受少。由是常与议事，中官用权，自众始焉。

十四年，帝念众功美，封为鄭乡侯，食邑千五百户。永初元年，和熹皇后益封三百户。

元初元年卒，养子闳嗣。闳卒，子安嗣，后国绝。桓帝延熹二年，绍封众曾孙石纇为关内侯。

孙程传

——《后汉书》卷一〇八

【说明】 孙程，字稚卿，涿郡新城人。安帝、北乡侯、顺帝在位时期有宦官。明帝去世，北乡侯立为天子，外戚阎显专权，宦官江京、李闰等人用事。孙程首谋拥立济阴王为顺帝，诛灭阎显及江京等，与宦官王康等十八人同时封侯，这就是东汉历史上的"十九侯"。

孙程，字稚卿，涿郡新城人。安帝时担任中黄门，在长乐宫供职办事。

当时，邓太后临朝主政，安帝不亲自处理国家政务。小黄门李闰与安帝的奶娘王圣经常共同诋毁邓太后的哥哥执金吾邓悝等人，说他打算废黜安帝，扶立平原王刘翼，安帝每每忿怨恐惧。及至邓太后去世，安帝随即诛杀邓氏，废黜平原王，封李闰为雍乡侯。又有小黄门江京凭谗言阿谀得以进用，起初到藩邸迎接安帝，因功封为都乡侯。李闰、江京两人食邑各三百户，同时升任中常侍。江京兼任大长秋，与中常侍樊丰、黄门令刘安、钩盾令陈达以及王圣、王圣的女儿伯荣，扇动朝廷内外的人士攀比奢侈，竞为暴虐。还有安帝的舅舅大将军耿宝、皇后的哥哥大鸿胪阎显互相朋比结党，竟至冤杀太尉杨震，废黜皇太子为济阴王。

第二年，安帝去世，立北乡侯为天子，阎显等人随即把持朝政，争夺权权，暗示主管官员奏请处死樊丰，废黜耿宝、王圣，连同他们的党羽都遭到杀害或流放。

十月，北乡侯病情沉重，孙程对济阴王的谒者长兴渠说："济阴王是嫡系皇统，本来没有过错，由于先帝听信谗言，才导致废黜。倘若北乡侯一病不起，你我共同除掉江京、阎显，大事就可成功。"兴渠等人认为言之有理。又有中黄门南阳人王康，先前担任太子府史，自从太子被废，经常心怀慨叹与愤怒。还有长乐太官丞京兆人王国也附和孙程，成了同谋。到二十七日，北乡侯去世。阎显禀告阎太后，征召诸王之子，挑选皇帝的后嗣。诸王之子还没有来，十一月二日，孙程就与王康等十八人聚集在西钟楼下密谋，都割去一截单衣，立下盟誓。四日夜晚，孙程等人共同会集在崇德殿上，于是进入章台门。当时江京、刘安以及李闰、陈达等人都坐在宫门下，孙程与王康一起就地杀死江京、刘安和陈达。由于李闰长期掌握权势，为宫中的人们所推服，孙程等人打算推他为首领，便举刀威胁李闰说："如今应当立济阴王为帝，不得动摇。"李闰说："是"。于是大家扶起李闰，都到西钟楼下迎接济阴王即位，这就是顺帝。他们召集尚书令、仆射以下官员，跟随顺帝的车驾前往南宫云合，孙程等人留守宫门，切断内外联系。

当时阎显正在宫中，忧虑焦急，不知所措。小黄门樊登劝阎显调集兵力，用阎太后的诏书召集越骑校尉冯诗、虎贲中郎将阎崇驻兵朔平门，来抵御孙程等人。阎显诱使冯诗进宫后，阎太后让人把印信交给他说："能捉到济阴王的，封为万户侯，捉到李闰的，封为五千户侯。"阎显认为冯诗带来的部众太少，让他与樊登在左掖门外迎接部下

将士。冯诗乘机杀死樊登，回营驻守。阎显的弟弟卫尉阎景连忙从宫中返回卫尉府，收集军队来到盛德门，孙程传召诸尚书，让他们逮捕阎景。尚书郭镇这时在卧床有病，听说后就率领值宿的羽林军出了南止车门，遇到阎景部下将士，拔出刀剑，高呼说："不要动兵！"郭镇立即下车，手持符节，让阎景受诏。阎景说："什么诏书！"便砍郭镇，但没有砍中。郭镇拔剑把阎景打下车来，身边的人用戟刺中他的胸部，随即将他捉住，送进廷尉监狱，当夜死去。

天亮时，侍御史受命将阎显等人逮捕入狱，于是局面稳定。朝廷下诏说："表彰功勋，录用善人，是古今共同的道理。原来的中常侍长乐太仆江京、黄门令刘安、钩盾令陈达，与原来的车骑将军阎显兄弟谋划大逆之罪，倾覆天下。中黄门孙程、王康、长乐太官丞王国、中黄门黄龙、彭恺、孟叔、李建、王成、张贤、史汎、马国、王道、李元、杨佗、陈予、赵封、李刚、魏猛、苗光等人，心怀忠义，奋发而起，齐心合力，随即扫灭首恶，使王室得以稳定。《诗经》不是说过：'言无不答，德无不报'吗，孙程首谋，王康、王国协同。现封孙程为浮阳侯，食邑一万户；王康为华客侯，王国为郦侯，食吗各九千户；黄龙为肖南侯，食邑五千户；鼓恺为西平昌侯，孟叔为中庐侯，李建为复阳侯，食邑各四千二百户；王成为广宗侯，张贤为祝阿侯，史汎为临沮侯，马国为广平侯，王道为范县侯，李元为襄信侯，杨佗为山都侯，陈予为下隽侯，赵封为析县侯，李刚为枝江侯，食邑各四千户；魏猛为夷陵侯，食邑两千户；苗光为陈阿侯，食邑一千户。"这就是十九侯。顺帝又赐给他们车马、金银、钱币、布帛各有等差。由于李闰事先没有参与策划，所以没有封爵。顺帝随即提升孙程为骑都尉。

永建元年，孙程与张贤、孟叔、马国等人替司隶校尉虞诩的罪行辩护，怀揣奏表上殿，呵斥侍臣。顺帝发怒，随即免去孙程的官职，就势打发十九侯一律返回封国，后来又改封孙程为宜城侯。孙程来到封国后，心怀怨恨，把印信、符策封好交还，本人逃回京城，往来山中。顺帝颁发诏书，将他找回，恢复原先的爵位和封国，赐给车马衣物，让他返回封国。

永建三年，顺帝念及孙程等人的功勋，征召他们一律返回京城。孙程与王道、李元都被任命为骑都尉，其余诸人都给以奉朝请名义，可以参加朝会。阳嘉元年，孙程病情沉重，顺帝便任命他为车骑都尉，位居特进。及至孙程死去，顺帝派五官中郎将追赠他车骑将军的印信，赐谥号为刚侯。侍御史手持符节，监护丧事，顺帝乘车前往北部尉驿舍，了望送葬车马的情形。

孙程临死前留下遗言，上书请求把封国传给弟弟孙美。顺帝应允，但将孙程的封国分出一半，封孙程的养子孙寿为浮阳侯。后来，诏书命令记录群臣被忽略的功劳，封兴渠为高望亭侯。永建四年，诏书规定宦官的养子都允许立为后嗣，承袭封爵，并明文载入律令。

王康、王国、彭恺、王成、赵封、魏猛六人都死得早。黄龙、杨佗、孟叔、李建、张贤、史汎、王道、李元、李刚九人与乳母山阳君宋娥互相贿赂，谋求高官，增加封邑，还欺骗中常侍曹腾、孟贲等人。永和二年，朝廷发觉了他们的行径，把他们一律遣反封国，消减封地租税的四分之一，宋娥被削去爵位，放归家居。只有马国、陈予、苗光保全了封邑。

起初，顺帝当太子时遭到废黜，监太子家的小黄门籍建、太子傅高梵、长秋长赵熹、家丞良贺、药长夏珍都没有罪过，却受到惩治，籍建等人被判罪流放到朔方。及至顺帝即位，将他们一律提升为中常侍。其后，高梵因贪脏判罪，照死刑减罪一等。后来籍建被封为东乡侯，食邑三百户。

良贺清廉俭朴，谦退厚重，官至大长秋。阳嘉年间，有诏命令九卿推举威武勇猛之士，唯独良贺没有举荐一人。顺帝叫他来问其中的原由，良贺回答说："臣生在民间，长在宫中，既没有有知人之明，又不曾交结士人。从前卫鞅通过景监去见秦穆公，有识之士由此知道他的下场不好。如今谁得到的我举荐，这不是荣耀，而是耻辱。"又坚决推辞一番。及至良贺死后，顺帝怀念良贺的忠心，封他的养子为都乡侯，食邑三百户。

（王景桐　译）

【原文】

孙程，字稚卿，涿郡新城人也。安帝时为中黄门，给事长乐宫。

时邓太后临朝，帝不亲政事。小黄门李闰与帝乳母王圣常共谮太后兄执金吾悝等，言欲废帝，立平原王翼，帝每忿惧。及太后崩，遂诛邓氏而废平原王，封闰雍乡侯。又小黄门江京以谄诌进，初迎帝于邸，以功封都乡侯。食邑各三百户。闰、京并迁中常侍，江京兼大长秋，与中常侍樊丰、黄门令刘安、钩盾令陈达及王圣、圣女伯荣扇动内外，竞为侈虐。又帝舅大将军耿宝、皇后兄大鸿胪阎显更相阿党，遂枉杀太尉杨震，废皇太子为济阴王。

明年，帝崩，立北乡侯为天子。显等遂专朝争权，乃讽有司奏诛樊丰、废耿宝、王圣，及党与皆见死徙。

十月，北乡侯病笃。程谓济阴王谒者长兴渠曰："王以嫡统，本无失德，先帝用谮，遂至废黜。若北乡疾不起，共断江京、阎显，事乃可成。"渠等然之。又中黄门南阳王康，先为太子府史，自太子之废，常怀叹愤。又长乐太宫丞京王国，并附同于程。至二十七日，北乡侯薨，阎显白太后，征诸王子，简为帝嗣。未及至，十一月二日，程遂与王康等十八人聚谋于西钟下，皆截单衣为誓。四日夜，程等共会崇德殿上，因入章台门。时江京、刘安及李闰、陈达等俱坐省门下，程与王康共就斩京、安、达，以李闰权势积为省内所服，欲引为主，因举刃胁阎曰："今当立济阴王，无得动摇。"阎曰："诺。"于是扶阎起，俱于西钟下迎济阴王立之，是为顺帝。召尚书令、仆射以下，从辇幸南宫云台，程等留守省门，遮扞内外。阎显时在禁中，忧迫不知所为，小黄门樊登劝显发兵，以太后诏召越骑校尉冯诗、虎贲中郎将阎崇屯朔平门，以御程等。诱诗入省，太后使授之印曰："能得济阴王者封万户侯，得李闰者五千户侯。"显以诗所将众少，使与登迎吏士于左掖门外，诗因格杀登，归营屯守。显弟卫尉景遽从省中还外府，收兵至盛德门，程传召诸尚书使收景。尚书郭镇时卧病，闻之，即率直宿羽林出南止车门，逢景从吏士，拔白刃呼曰："无干兵。"镇即下车，持节诏之。景曰："何等诏？"因斫镇，不中。镇引剑击景堕车，左右以戟叉其匈，遂禽之，送廷尉狱，即夜死。

旦日，令侍御史收显等送狱，于是遂定。下诏曰："夫表功录善，古今之通义也。故中常侍长乐太仆江京、黄门令刘安、钩盾令陈达，与故车骑将军阎显兄弟谋议恶逆，倾乱天下。中黄门孙程、王康、长乐太官丞王国、中黄门黄龙、彭恺、孟叔、李建、王成、张贤、史汎、马国、王道、李元、杨佗、陈予、赵封、李刚、魏猛、苗光等，怀忠愤发，戮力协谋，遂扫灭元恶，以定王室。《诗》不云乎：'无言不雠，无德不报。'程为谋首，康、国协同，其封程为浮阳侯，食邑万户；康为华容侯，国为郦侯，各九千户；黄龙为湖南侯，五千户；鼓恺为西平昌侯，孟叔为中庐侯，李建为复阳侯，各四千二百户；王成为广宗侯，张贤为祝阿侯，史汎为临沮侯，马国为广平侯，王道为范县侯，李元为襄信侯，杨佗为山都侯，陈予为下隽侯，赵封为析县侯，李刚为枝江侯，各四千户；魏猛为夷陵侯，二千户；苗光为东阿侯，千户。"是为十九侯，加赐车马、金银、钱帛各有差。李闰以先不豫谋，故不封。遂擢拜程骑都尉。

永建元年，程与张贤、孟叔、马国等为司隶校尉虞诩讼罪，怀表上殿，呵叱左右。帝怒，遂免程官，因悉遣十九侯就国，后徙封程为宜城侯。程既到国，怨恨恚怼，封还印绶、符策，亡归京师，往来山中。诏书追求，复故爵土，赐车马衣物，遣还国。

三年，帝念程等功勋，悉征还京师。程与王道、李元皆拜骑都尉，余悉奉朝请。阳嘉元年，程病甚，即拜奉车都尉，位特进。及卒，使五官中郎将追赠车骑将军印绶，赐谥刚侯。侍御史持节监护丧事，乘舆幸北部尉传，瞻望车骑。

程临终遗言上书，以国传弟美，帝许之，而分程半，封程养子寿为浮阳侯。后诏书录微功，封兴渠为高望亭侯。四年，诏宦官养子悉听得为后，袭封爵，定著乎令。

王康、王国、彭恺、王成、赵封、魏猛六人皆早卒。黄龙、杨佗、孟叔、李建、张贤、史汎、王道、李元、李刚九人与阿母山阳君宋娥更相货赂，求高官增邑，又诬罔中常侍曹腾、孟贲等。永和二年，发觉，并遣就国，减租四分之一，宋娥夺爵归田舍。唯马国、陈予、苗光保全封邑。

初，帝见废，监太子家小黄门籍建、傅高梵、长秋长赵熹、丞良贺、药长夏珍皆以无过获罪，建等坐徙朔方。及帝即位，并擢为中常

侍。梵坐臧罪，减死一等。建后封东乡侯，三百户。

贺清俭退厚，位至大长秋。阳嘉中，诏九卿举武猛，贺独无所荐。帝引问其故，对曰："臣生自草茅，长于宫掖，既无知人之明，又未尝交知士类。昔卫鞅因景监以见，有识知其不终。今得臣举者，匪荣伊辱。"固辞之。及卒，帝思贺忠，封其养子为都乡侯，三百户。

曹腾传

——《后汉书》卷一〇八

【说明】曹腾，字季兴，东汉沛国谯县人。为顺帝、冲帝、质帝、桓帝四朝的宦官，因参与扶立桓帝有功，官至高位，倍受宠信，当权宫中，一些士大夫都由他提拔进用。他是魏武帝曹操的祖父，三国魏明帝曹睿追尊他为高皇帝。

曹腾，字季兴，沛国谯县人。安帝时，受任黄门从官。顺帝在东宫当太子时，邓太后因曹腾年轻，谨慎而又朴实，让他陪太子读书，特别受到亲近宠爱。乃至顺帝即位，曹腾当了小黄门，升为中常侍。桓帝得以继位，曹腾与长乐太仆州辅七人，因拥立有功，都被封为亭侯，曹腾成了费亭侯，升为大长秋，加位特进。

曹腾在宫中当权三十余年，事奉过四位皇帝，从来没有过失。他进用的人，都是海内知名士，有陈留的虞放、边韶、南阳的延固、张温、弘农的张奂、颖川的堂谿典等人。当时蜀郡太守通过掌管户口赋税的官吏贿赂曹腾，益州刺史种暠在斜谷关搜查到有关书信，上报太守，并且据此弹劾曹腾，请求交付廷尉查办治罪。桓帝说："书信来自朝外，不是曹腾的过错。"便将种暠的奏章搁置下来。曹腾毫不介意，经常称许种暠是能干的官吏，时人对曹腾赞叹褒美。

曹腾去世，养子曹嵩立为后嗣。种暠后来当了司徒，告诉宾客说："现在我身居三公之位，是曹常侍促成的。"

灵帝时，曹嵩贿赂宦官并向西园交了一亿万钱，所以得到太尉职位。及至他的儿子曹操起兵，曹嵩不肯跟随，便与小儿子曹疾到琅邪躲避战乱，被徐州刺史陶谦杀死。

（王景桐　译）

【原文】

曹腾，字季兴，沛国谯人也。安帝时，除黄门从官。顺帝在东宫，邓太后以腾年少谨厚，使侍皇太子书，特见亲爱。及帝即位，腾为小黄门，迁中常侍。桓帝得立，腾与长乐太仆州辅等七人，以定策功，皆封亭侯，腾为费亭侯，迁大长秋，加位特进。

腾用事省闼三十余年，奉事四帝，未尝有过。其所进达，皆海内名人，陈留虞放、边韶、南阳延固、张温、弘农张奂、颍川堂谿典等。时蜀郡太守因计吏赂遗于腾，益州刺史种暠于斜谷关搜得其书，上奏太守，并以劾腾，请下廷尉案罪。帝曰："书自外来，非腾之过。"遂寝暠奏。腾不为纤介，常称暠为能吏，时人嗟美之。

腾卒，养子嵩嗣。种暠后为司徒，告宾客曰："今身为公，乃曹常侍力焉。"

嵩，灵帝时货赂中官及输西园钱一亿万，故位至太尉。及子操起兵，不肯相随，乃与少子疾避乱琅邪，为徐州刺史陶谦所杀。

单超传

——《后汉书》卷一〇八

【说明】单超、徐璜、具瑗、左悺、唐衡五人，主要是东汉桓帝在位时期的宦官。延熹二年，桓帝与他们定谋诛灭把持朝政的外戚梁冀，得以同日封侯，是为东汉历史上的"五侯"。"五侯"中除单超翌年死去外，其余四人，骄横奢侈，结党营私，贿赂公行，无恶不做，当时有"左回天，具独坐，徐卧贞，唐两堕"的时谚。

单超，河南人。徐璜，下邳国良城县人。具瑗魏郡元城县人。左悺，河南平阴县人。唐衡，颍川郡郾县人。桓帝初年，单超、徐璜、具瑗担任中常侍，左悺、唐衡担任小黄门史。

起初，梁冀的的两个妹妹当了顺、桓二帝的皇后，梁冀代替父亲梁商担任大将军，成为两世权势显赫的外戚，威振天下。梁冀从诛杀太尉李固、杜乔等人以来愈加骄横。皇后仗着自家的势力，肆意嫉妒，毒死不少人，上下闭口，无人敢言。桓帝长期受梁氏的逼迫，经常心怀不满，只是害怕言有泄露，不敢与人商量。

延熹二年，梁皇后去世，桓帝趁上厕所的机会，单独叫去唐衡询问："身边的人有谁与皇后家不投机？"唐衡回答说："以前单超、左悺去见河南尹梁不疑，礼数稍嫌简慢，梁不疑逮捕他们的兄弟，送交洛

阳监狱，单、左二人上门道歉，才被释放。徐璜、具瑗经常痛恨皇后家肆意横行，只是口不敢言。"于是桓帝把单超、左悺叫到内室，对他们说："梁将军把持朝廷，胁迫内外，公卿以下官员顺从他的旨意。现在打算杀他，常侍意下如何？"单超等人回答说："他的确是国家的奸贼，早就该杀。只是臣等势力孤弱，人又顽劣，不知陛下有何打算？"桓帝说："这是明摆着的，两位常侍暗中设法除掉他吧。"单超等人回答说："除掉他不难，只怕陛下心里犹豫不定。"桓帝说："奸臣威胁国家，应该让他服罪，有什么可犹豫的！"于是又把徐璜、具瑗等五人叫来，随即议定其事，桓帝把单超的胳臂咬出血，起了盟誓。接着桓帝颁诏逮捕梁冀及其宗族亲属和党羽，一律杀掉。左悺、唐衡升任中常侍。封单超为新丰侯，食邑两万户，徐璜为武原侯，具瑗为东阳侯，食邑各一万五千户，各赐一千五百万钱；左悺为上蔡侯，唐衡为汝阴侯，食邑各三千户，各赐一千三百万钱。五人同时封侯，所以世人称他们为"五侯"。又封小黄门刘普、赵忠等八人为乡侯。从此，权力落在宦官手中，朝廷越来越乱。

单超得了病，桓帝派使者前去任命他们为车骑将军。明年，单超去世，桓帝颁赐东园的秘器、材、王匣，赠给侯爵和将军职位的印绶，由使者治丧。及至入葬，由待御史护送灵柩，由将作大匠起造坟茔。

后来，其余四侯变得蛮横起来，天下为此编了几句话说："左悺力能回天，具瑗骄贵无比，徐璜犹如卧虎，唐衡无所不为。"他们竟相起造宅第，宅第中楼观壮丽，工巧无比。金银、毛织品、羽毛装饰，施及犬马。他们大多娶良民家的美女作为姬妾，都用珍宝打扮得华丽而又奢侈，学宫女的样儿。他们的仆人都乘坐牛车，成队的人骑马跟随。他们又收养远房的亲属，有的在异姓中寻求后嗣，有的去买仆人当自己的儿子，都得以传承封国的爵位。兄弟和亲戚都当了州郡的长官，敲榨百姓，与强盗没有区别。

单超的弟弟单安担任河东太守，弟弟的儿子单匡担任济阴太守，徐璜的弟弟徐盛担任河内太守，左悺的弟弟左敏担任陈留太守，具瑗的哥哥具恭担任沛相，在当地都侵害百姓。

徐璜的哥哥的儿子徐宣担任下邳县令，尤其暴虐。在此之前，徐宣要娶原先的汝南太守下邳人李暠的女儿，未能如愿。及至徐宣来到下邳县，随即带领吏卒来到李暠家，把他女儿用车拉回，玩笑间把她射死，埋在寺庙里。当时下邳县归属东海，汝南人黄浮担任东海相，有人告发徐宣，黄浮便逮捕徐宣的家属，无论老少，悉加拷打。掾史以下属吏再三劝阻，黄浮说："徐宣是个国贼，今天我杀死他，明天因此获罪而死，也可以瞑目了。"当即依法判处徐宣弃市，把尸首暴露在街市上，给百姓看，郡中人吓得发抖。于是徐璜向桓帝诉怨，桓帝大怒，黄浮获罪，被处以剃去头发，铁圈加颈的刑罚，罚作苦工。五侯的宗族宾客残害百姓遍及天下，百姓不堪忍受，只好群起反抗。延熹七年，唐衡死去，桓帝也追赠他为车骑将军，一如单超的先例。徐璜死去，桓帝赠送助葬钱布，赐给坟茔地。明年，司隶校尉韩演借机奏陈左悺的罪恶，牵涉到他哥哥太仆南乡侯左称在州郡互相请托，搜刮钱财，营私舞弊，宾客为所欲为，侵犯吏民，左悺和左称都自杀了。韩演又奏陈具瑗的哥哥沛相具恭的贪脏罪，被召到廷尉审理。具瑗前往监狱谢罪，桓帝让他交还东武侯的印信，颁诏贬他为都乡侯，后来死在家中。承袭单超以及徐璜、唐衡的封国的人，一律降为乡侯，每年租税收入一律为三百万，对受到分封的子弟，全部削去爵位与封国。刘普等人被贬为关内侯。

（王景桐　译）

【原文】

单超，河南人。徐璜，下邳良城人。具瑗，魏郡元城人。左悺，河南平阴人。唐衡，颍川郾人也。恒帝初，超、璜、瑗为中常侍，悺、衡为小黄门史。

初，梁冀两妹为顺、桓二帝皇后，冀代父商为大将军，再世权戚，威振天下。冀自诛太尉李固、杜乔等，骄横益甚，皇后乘势忌恣，多所鸩毒，上下钳口，莫有言者。帝逼畏久，恒怀不平，恐言泄，不敢谋之。

延熹二年，皇后崩，帝因如厕，独呼衡问："左右与外舍不相得者皆谁乎？"衡对曰："单超、左悺前诣河南尹不疑，礼敬小简，不疑收其兄弟送洛阳狱，二人诣门谢，乃得解。徐璜、具瑗常私忿疾外舍放横，口不敢道。"于是帝呼超、悺入室，谓曰："梁将军兄弟专固国朝，迫胁外内，公卿以下，从其风旨。今欲诛之，于常侍意何如？"超等对曰："诚国奸贼，当诛日久。臣等弱劣，未知圣意何如耳。"帝曰："审然者，常侍密图之。"对曰："图之不难，但恐陛下复中狐疑。"帝曰："奸臣胁国，当伏其罪，何疑乎！"于是更召璜、瑗等五人，遂定其议。帝啮超臂出血为盟。于是诏收冀及宗亲党与，悉诛之。悺、衡迁中常侍，封超新丰侯，二万户，璜武原侯，瑗东武阳侯，各五万千户，赐钱各千五百万；悺上蔡侯，衡汝阳侯，各万三千户，赐钱各千三百万。五人同日封，故世谓之"五侯"。又封小黄门刘普、赵忠等人为乡侯。自是权归宦官，朝廷日乱矣。

超病，帝遣使者就拜车骑将军。明年，薨，赐东园秘器、棺中玉具，赠侯将军印绶，使者理丧。及葬，发五营骑士，侍御史护丧，将作大匠起冢茔。

其后，四侯转横，天下为之语曰："左回天，具独坐，徐卧虎，唐两堕。"皆竟起第宅，楼观壮丽，穷极伎巧。金银　毦，施于犬马。多取良人美女以为姬妾，皆珍饰华侈，拟则宫人。其仆从皆乘牛车而从列骑。又养其疏属，或乞嗣异姓，或买苍头为子，并以传国袭封。兄弟姻戚皆宰州临郡，辜较百姓，与盗贼无异。超弟安为河东太守，弟子匡为济阴太守，璜弟盛为河内太守，悺弟敏为陈留太守，瑗兄恭为沛相，皆为所在蠹害。

璜兄子宣为邳令，暴虐尤甚。先是，求故汝南太守下邳李暠女不能得，及到县，遂将吏卒至暠家，载其女归，戏射杀之，埋著寺内。时下邳县属东海，汝南黄浮为东海相。有告言宣者，浮乃收宣家属，无少长悉考之。掾史以下固谏争，浮曰："徐宣国贼，今日杀之，明日坐死，足以瞑目矣。"即案宣罪弃市，暴其尸以示百姓，郡中震慄。璜于是诉怨于帝，帝大怒，浮坐髡钳，输作右校。

五侯宗族宾客虐遍天下，民不堪命，起为寇贼。七年，衡卒，亦赠车骑将军，如超故事。璜卒，赙赐钱布，赐冢茔地。明年，司隶校尉韩演因奏悺罪恶，及其兄太仆南乡侯称请托州郡，聚敛为奸，宾客放纵，侵犯吏民。悺、称皆自杀。演又奏瑗兄沛相恭臧罪，征诣廷尉。瑗诣狱谢，上还东武侯印绶，诏贬为都乡侯，卒于家。超及璜、衡袭封者，并降为乡侯，租入岁皆三百万，子弟分封者悉夺爵土。刘普等贬为关内侯。

侯览传

——《后汉书》卷七八

【说明】侯览（？—172），东汉山阳防东（今山东单县东北）人，汉桓帝时宦官，为中常侍。延熹年间赐爵为关内侯。因诛梁冀有功，进封高乡侯。后迁为长乐太仆。任官期间，专横跋扈，贪婪放纵，大肆抢掠官民财物，先后夺民田地一百八十顷，宅第三百八十一所，模仿官苑兴建府第十六处。他还掠夺妇女，肆虐百姓。为其母大起冢墓，督邮张俭破其冢宅，藉没资财。侯览为了报复，诬张俭与长乐少府李膺、太仆杜密等为党人，造成历史上有名的党锢之祸，先后被杀被流放者三百余人，被囚禁者六、七百人。熹平元年（172），有司举奏侯览专权骄奢，下诏收其印绶，自杀。其阿附者皆免官。

侯览，山阳防东人。汉桓帝初年任中常侍，依靠奸佞狡猾而晋升，借助皇帝恩宠贪赃放纵，接受的贿赂数以万计。延熹年间，连年对外征伐，国家府库空虚，于是借用百官的俸禄和王侯的租税。侯览也献出缣帛五千匹，因而被赐爵为关内侯。又因为参与谋划剪除梁冀有功，进封为高乡侯。

小黄门段珪家住济阴，与侯览一起购置田产，靠近济北的地界，他们的仆人宾客侵掠百姓，劫持过往行人。济北相滕延一并收捕，处死数十人，把尸体堆放在交通要道。侯览、段珪大怒，将此事报告桓帝，腾延被处以滥杀无辜之罪，送到廷尉审理，免去官职。腾延，字伯行，北海人，后来曾任京兆尹，有政绩，世人称之为长者。

侯览等人从此后更加放纵。侯览的哥哥侯参为益州刺史，郡中富裕的平民，他都以大逆不道的罪名加以诬陷，处以死罪，没收他们的财物，先后数以亿计。太尉杨秉上奏侯参的罪状，诏令以囚车将其押回，在途中自杀。京兆尹袁逢在旅舍清点侯参的财物，共有车三百余辆，都装着金银锦帛和珍宝古玩，不可胜数。侯览因此事受牵连，被免去官职，不久又官复原职了。

建宁二年，因母亲去世而归家，大肆修建母亲的陵墓，督邮张俭检举上奏侯览贪污放纵，先后夺去他人宅第三百八十一所，田地一百一十八顷，建造宅第十六处，都有高楼池苑，楼阁高堂相连，皆以彩画丹漆装饰，规模宏伟，僭用宫室的形制，又预先修造自己的陵冢，建造双阙，有石椁，陵园的房庑高达百尺，破坏他人的房屋，发掘其坟墓；劫掠善良百姓，抢夺良家女子为妻，还有其他许多罪行，请圣上将其处死。而侯览却趁机把上奏在中途截留，使其无法上报桓帝。张俭于是破坏了侯览的寿冢家宅，没收他的家财，列举其罪上报。又举报侯览在母亲活着的时候交结宾客，扰乱国法，仍然无法上达桓帝。侯览因此诬陷张俭为党人，同时还诬告前长乐少府李膺、太仆杜密等，都予以夷族灭家。从而又代替曹节领长乐太仆。

熹平元年，有关官署检举奏报侯览专权骄奢，下诏收回他的印绶，侯览被迫自杀，阿谀依附他的人都被免去官职。　　　　（刘洪波 译）

【原文】

侯览者，山阳防东人。桓帝初为中常侍，以佞猾进，倚势贪放，

受纳货遗以巨万计。延熹中，连岁征伐，府帑空虚，乃假百官奉禄、王侯租税。览亦上缣五千匹，赐爵关内侯。又托以与议诛梁冀功，进封高乡侯。

小黄门段珪家住济阴，与览并立田业，近济北界，仆从宾客侵犯百姓，劫掠行旅。济北相滕延一切收捕，杀数十人，陈尸路衢。览、珪大怨，以事诉帝，延坐多杀无辜，征诣廷尉，免。延字伯行，北海人，后为京兆尹，有理名，世称为长者。

览等得此愈放纵。览兄参为益州刺史，民有丰富者，辄诬以大逆，皆诛灭之，没入财物，前后累亿计。太尉杨秉奏参，槛车征于道自杀。京兆尹袁逢于旅舍阅参车三百余辆，皆金银锦帛珍玩，不可胜数。览坐免，旋复复官。

建宁二年，丧母还家，大起茔冢。督邮张俭因举奏览贪侈奢纵，前后请夺人宅三百八十一所，田百一十八顷；起立第宅十有六区，皆有高楼池苑，堂阁相望，饰以绮画丹漆之属，制度重深，僭类宫省；又豫作寿冢，石椁双阙，高庑百尺，破人居室，发掘坟墓，虏夺良人，妻略妇子，乃诸罪衅，请诛之。而览伺候遮截，章竟不上。俭遂破览冢宅，籍没资财，具言罪状。又奏览母生时交通宾客，干乱郡国，复不得御。览遂诬俭为钩党，及故长乐少府李膺、太仆杜密等，皆夷灭之，遂代曹节领长乐太仆。

熹平元年，有司举奏览专权骄奢，策收印绶，自杀，阿党者皆免。

曹节传

——《后汉书》卷一○八

【说明】 曹节，字汉丰，东汉南阳新野人。主要为顺帝、冲帝、质帝、桓帝、灵帝在位时期的宦官。因持节拥立灵帝，被封为乡侯。接着矫诏诛灭大将军窦武与太傅陈蕃，被封为育阳侯，由此把持朝政。其父兄子弟遍布朝廷内外，无恶不作。

曹节，字汉丰，南阳新野人。他本是魏郡人，家中累世做官，俸禄两千石。顺帝初年，由西园侍从升任小黄门，桓帝时升任中常侍、奉车都尉。建宁元年，持节率领中黄门、虎贲军、羽林军一千人，北去迎接灵帝，陪灵帝的车驾进宫。及至灵帝即位后，因决策拥立新君的功劳，被封为长安乡侯，食邑六百户。

当时，窦太后主持朝政，窦太后的父亲大将军窦武与太傅陈蕃策划诛杀宦官，曹节与长乐宫五官史朱瑀、从官史共普、张亮、中黄门王尊、长乐谒者腾是等十七人，共同伪托诏命，任命长乐食监王甫为黄门令，率领军队杀死窦武、陈蕃等人，其事已经写在《陈蕃传》、《窦武传》中。曹节升任长乐校尉，被封为育阳侯，增加食邑三千户。王甫进升中常侍，仍然担任黄门令。朱瑀被封为都乡侯，食邑一千五百户。共普、张亮等五人食邑各三百户，其余十一人都封为关内侯，每年收入田租两千斛。

在此之前，朱瑀等人暗中在明堂里祈祷上天说："窦氏无道，请上天帮助皇帝杀死他，使事情务必成功，天下得到安宁。"诛杀窦武后，灵帝下诏吩咐太官供给祭祀用具，赐与朱瑀五千万钱，其余的人赏赐各有等差，后来朱瑀改封华容侯。

建宁二年，曹节为疾病困扰，有诏任命曹节为车骑将军。过了一段时间，曹节病愈，交上印信，免去车骑将军一职，重新担任中常侍，位居特进，俸禄为中二千石，不久改任大长秋。

熹平元年，窦太后去世，不知什么人在朱雀阙前写道："天下大乱，曹节、王甫囚死太后，中常侍侯览杀死许多党人，公卿都白拿俸禄，没有忠言之人。"于是灵帝下诏令司隶校尉刘猛加以搜捕，每十天碰头一次。刘猛认为谤书说得直切，不肯抓紧去捕，历时一个多月，还不知道被捕人的姓名。刘猛因而降职改任谏议大夫，朝廷以御史中丞段颎代替刘猛。段颎到处追捕，牵涉到在太学学习的学生，有一千多人关入狱中。曹节等人对刘猛怨恨不止，指使段颎用别的事上奏弹劾刘猛抵罪，刘猛被罚作苦工。朝臣多就此进言，这才免刑，又以宫车将他召回。

随后，曹节与王甫等人诬奏桓帝的弟弟勃海王刘悝谋反，将他杀死，因功受封的有十二人。王甫被封为冠军侯，曹节也增加食邑四千六百户，与以前的封邑相加共有七千六百户，他们的父兄子弟都成为公卿校尉、州郡县的长官，遍布天下。曹节的弟弟曹破石，担任越骑校尉，越骑营有一位伍长的妻子长得漂亮，曹破石索求其妻，伍长不敢建违，妻子执意不肯前去，于是自杀。这些人荒淫暴虐，大多如此。

光和二年，司隶校尉阳球奏请诛杀王甫及其子长乐少府王萌、沛相王吉，他们都死在狱中。当时灾异接连发生，郎中梁地人审忠认为这是朱瑀等人的罪恶感触上天所致，便上书说：臣听说，治理国家，得到贤人才能平安无事，失去贤人就会招致危险，所以虞舜有五位贤臣，天下大治，成汤举用伊尹，不仁的人远避。陛下即位初年，不能亲自处理国家政务，皇太后考虑到陛下尚需抚育，暂时摄理朝政，原先的中常侍苏康和管霸立时诛灭。太傅陈蕃、大将军窦武拷问他们的党羽，意在整肃朝政。华容侯朱瑀知道事情败露，祸事即将降临自身，便发起逆谋，给王室制造祸乱，冲击皇宫，抢夺玺印，胁迫陛下，聚集群臣，离间太后与陛下的母子骨肉恩情，随即杀了陈蕃、窦武以及尹勋等人，于是他们共同分割城邑田社，自相封赏。他们的父子兄弟得到尊贵荣耀的地位，他们一向亲善的人都安插到各个州郡，有的升为九卿，有的成了三公。他们不考虑俸禄丰厚、职位尊贵者应负的责任，反而苟且钻营，请托私门，积蓄大量的财物，修缮宅第，占了整个里巷。他们盗取宫中的御水以供垂钓，使用的车马、服饰和玩物与帝王之家近似。诸位公卿闭口吞声，无人敢言，州牧郡守都迎合他们的意旨，选拔人才时，摒弃贤士，录用愚人。所以蝗虫成灾，异族反叛，上天愤怒已极，已达十多年时间。所以连年上有月食，下有地震，为的是谴告君主，希望君主醒悟，诛除罪大恶极之人。

过去殷高宗武丁鉴于野鸡在鼎耳上啼叫的变异，因而获得殷朝中兴的功业。近来天地神明为了使陛下开悟，赫然震怒，所以王甫父子立时伏诛，路上的男女行人无不叫好，就象为自己的父母报了冤仇。臣实不理解陛下仍然容忍那些孽臣，不肯一概消灭。过去秦朝信任赵高，因而危及国家；吴王余祭任用宦官，终至身遭其祸。虞君贪图玉璧良马，鲁昭公被赶到乾侯，是由于他们不听宫之奇、子家驹的劝告，以至亡国受辱。现在陛下垂恩怜悯，赦免灭族大罪，一旦奸谋实现，后悔也来不及了。

臣担任郎官已达十五年，所说的都出于耳闻目睹。朱瑀的行径，实在再也不能得到上天的赦免。希望陛下抽出片刻时间，省览鉴察臣的奏章，扫灭丑恶之徒，对天的愤怒作出反映。可以让臣与朱瑀对质，如果事实与臣说的不符，臣甘愿受烹而死，妻子儿女一并放逐，以杜绝胡言乱语。

奏章被搁置，未作答复。随后，曹节兼任尚书令。光和四年，曹节死去，追赠为车骑将军。其后朱瑀也病死了。他们都由养子传承封国。审忠，字公诚，在宦官诛灭后，被延聘到三公的官府中任职。

（王景桐　译）

【原文】

曹节，字汉丰，南阳新野人，其本魏郡人，世吏二千石。顺帝初以西园骑迁小黄门，桓帝时迁中常侍、奉车都尉。建宁元年，持节将中黄门、虎贲、羽林千人，北迎灵帝，陪乘入宫。及即位，以定策封长安乡侯，六百户。

时窦太后临朝，后父大将军武与太傅陈蕃谋诛中官，节与长乐五官史朱瑀、从官史共普、张亮、中黄门王尊、长乐谒者腾是等十七人，共矫诏以长乐食监王甫为黄门令，将兵诛武、蕃等。事已具蕃、武传。节迁长乐卫尉，封育阳侯，增邑三千户；甫迁中常侍，黄门令如故；瑀封都乡侯，千五百户；普、亮等五人各三百户；余十一人皆为关内侯，岁食租二千斛。

先是，瑀等阴于明堂中祷皇天曰："窦氏无道，请皇天辅皇帝诛之，令事必成，天下得宁。"既诛武等，诏令太官给塞具，赐瑀钱五千万，余各有差，后更封华容侯。

左侧竖排：汉书·后汉书　后汉书

二年，节病困，诏拜为车骑将军。有顷，疾瘳，上印绶，罢，复为中常侍，位特进，秩中二千石，寻转大长秋。

熹平元年，窦太后崩，有何人书朱雀阙，言"天下大乱，曹节、王甫幽杀太后，常侍侯览多杀党人，公卿皆尸禄，无有忠言者。"于是诏司隶校尉刘猛逐捕，十日一会。猛以诽书言直，不肯急捕，月余，主名不立。猛坐左转谏议大夫，以御史中丞段颎代猛。乃四出逐捕，及太学游生，系者千余人。节等怨猛不已，使颎以它事奏猛抵罪，输左校。朝臣多以为言，乃免刑，复公车征之。

节遂与王甫等诬奏桓帝弟渤海王悝谋反，诛之，以功封者十二人。甫封冠军侯，节亦增邑四千六百户，并前七千六百户，父兄子弟皆为公卿列校、牧守令长，布满天下。节弟破石为越骑校尉，越骑营五百妻有美色，破石从求之，五百不敢违，妻执意不肯行，遂自杀。其淫暴无道，多此类也。光和二年，司隶校尉阳球奏诛王甫及子长乐少府萌、沛相吉，皆死狱中。时连有灾异，郎中梁人审忠以为朱瑀等罪恶所感，乃上书曰：

> 臣闻理国得贤则安，失贤则危。故舜有臣五人，而天下理；汤举伊尹，不仁者远。陛下即位之初，未能万机，皇太后念在抚育，权时摄政，故中常侍苏康、管霸应时诛殄。太傅陈蕃、大将军窦武，考其党与，志清朝政。华容侯朱瑀知事觉露，祸及其身，遂兴造逆谋，作乱王室，撞蹋省闼，执夺玺绶，迫胁陛下，聚会群臣，离间骨肉母子之恩，遂诛蕃、武及尹勋等。因共割裂城社，自相封赏，父子兄弟被蒙尊荣，素所亲厚布在州郡，或登九列，或据三司。不惟禄重位尊之责，而苟营私门，多蓄财货，缮修第舍，连里竟巷。盗取御水以作鱼钓，车马服玩拟于天家，群公卿

士杜口吞声，莫敢有言，州牧郡守承顺风旨，辟召选举，释贤取愚。故虫蝗为之生，夷寇为之起。天意愤盈，积十余年。故频岁日食于上，地震于下，所以遣戒人主，欲令觉悟，诛钽无状。

昔高宗以雉雊之变，故获中兴之功。近者神祇启悟陛下，发赫斯之怒，故王甫父子应时馘截，路人士女莫不称善，若除父母之仇。诚怪陛下复忍孽臣之类，不悉殄灭。昔秦信赵高，以危其国；吴使刑人，身遭其祸。虞公抱宝牵马，鲁昭见逐乾侯，以不用宫之奇、子家驹，以至灭辱。今以不忍之恩，赦夷族之罪，奸谋一成，悔亦何及！

臣为郎十五年，皆耳目闻见。钽之所为，诚皇天所不复赦。愿陛下留漏刻之听，裁省臣表，埽灭丑类，以答天怨。与钽考验，有不如言，愿受汤镬之诛，妻子并徙，以绝妄言之路。

章寝不报。节遂领尚书令。四年，卒，赠车骑将军。后璃亦病卒，皆养子传国。审忠，字公诚。宦官诛后，辟公府。

张让、赵忠传

——《后汉书》卷一〇八

【说明】张让，东汉颍川人。桓帝时为小黄门，灵帝时与赵忠等十一人担任中常侍，封为列侯，形成操纵政权的宦官集团，有"十常侍"之称。劝灵帝增收租税以修宫室，灵帝对张让等备极宠信，常说："张常侍是我父，赵常侍是我母"。其父兄子弟、姻亲宾客遍布天下，贪婪残暴，损害百姓。中平六年，何进谋诛宦官，被张让等人杀死。接着，袁绍屠杀宦官殆尽，张让劫持献帝逃走，途中投黄河而死。

张让，颍川人，赵忠，安平人。年轻时都在宫中供职办事，桓帝时担任小黄门。赵忠因参与诛杀梁冀的功劳被封为都乡侯，延熹八年被贬黜为关内侯，每年收入本县租税一千斛。灵帝时，张让、赵忠一齐升任中常侍，被封为列侯，与曹节、王甫等人互相呼应。曹节死后，赵忠兼任大长秋。

张让有一个奴仆头目为他掌管家务，勾结官府，收受贿赂，声势

显赫，令人生畏。扶风人孟佗财产丰饶，他与张让家的奴仆勾结，倾尽家财，赠送礼物，奴仆们都很感激他，便问他说："你想得到什么，我们可以办到。"孟佗说："我希望你们给我一拜。"当时，求见张让的宾客乘坐的车子经常有成千上百辆，孟佗那时去见张让，到得较晚，无法进去。那奴仆首领便带领众仆人到路上来迎接拜见他，随即拱卫他的车子进了大门。宾客都很吃惊，以为孟佗与张让关系很好，争着把珍贵的玩物赠送给他。孟佗拿出一部分送给张让，张让大喜，便让孟佗担任凉州刺史。

这时，张让、赵忠以及夏恽、郭胜、孙璋、毕岚、栗嵩、段珪、高望、张恭、韩悝、宋典十二人都是中常侍，被封为侯，尊贵得宠，父兄子弟都安置在州郡做官，所到之处，贪婪残暴，损害百姓。黄巾军兴起后，盗贼如同沸汤，郎中中山人张钧上书说：

> 臣认为，张角之所以能兴兵作乱，万民所以愿意归附张角，根源全在于十常侍多数安排父兄、子弟、姻亲、宾客把持州郡，垄断财利，侵夺百姓。百姓的冤苦无处申诉，所以图谋不轨，聚集起来，去当盗贼。应该斩杀十常侍，在南郊悬首示众，向百姓道歉，并派使者布告天下，就可以不用军队，使大寇自消。

灵帝把张钧的奏章拿给张让等人去看，张让等人都除去朝冠，光着双脚，伏地叩头，要求自投洛阳奉诏关押犯人的监狱，并拿出家财，资助军费。有诏书命令他们仍然穿戴官服，任职治事。灵帝对张钧发怒说："这真是个狂妄之人！十常侍中难道就没有一个好人！"张钧再次上书，象前一次上书一样，又被搁置，不给答复。灵帝颁诏命令廷尉、侍御史拷问入张角黄巾道的人，御史秉承张让等人的意旨，随即上奏诬称张钧学黄巾道，将他收捕入狱，拷打致死。但实际上张让等人多半与张角交往。后来，唯独中常侍封谞、徐奉勾通张角的事被朝廷发觉，两人获罪被杀，灵帝因此生气地质问张让等人说："你们经常说党人打算图谋不轨，一概予以禁锢，有的还被处死。如今党人又为国家效力，你们反而与张角交往，是不是该杀？"张让等人都叩头说："是原先的中常侍王甫、侯览干的。"灵帝这才没有追究。

明年，南宫发生火灾。张让、赵忠劝灵帝在全国征收田税，每亩十钱，以便修建宫室。朝廷征调太原、河东、狄道各郡的木材和有纹理的石头，每当州郡押送到京城时，黄门、常侍就吩咐呵责那些不合格的州郡，于是强迫折价贱买，售价只给十分之一，然后再卖给宦官，宦官又不马上接受，终至木材积压腐烂，连年建不成宫室。刺史、太守又把私人征调加进去，百姓大声悲叹。

凡是诏书征用官员，灵帝都让西园侍从暗中督促。号称"中使"，他们惊动州郡，大量收受贿赂。升迁除授刺史、二千石以及茂才、孝廉时，都责成这些人交纳助军钱和修宫钱，大郡多达二三千万钱，其余官职要出的钱也各有等差。应该赴任的人，都需要先到西园谈好价钱，然后才能前去。有些人交不足钱，甚至被迫自杀。清廉自守的人要求不去上任，就一律强迫他们前往。当时，钜鹿太守河内人司马直刚刚受任新职，由于他有清廉的名声，便少让他交钱，减为三百万钱。司马直接到诏书，惆怅地说："为民父母，反而要剥削百姓，来满足时下的索求，我不忍心。"便托称有病，要求辞官，朝廷没有答应。他行至孟津时，上书极力陈述当世的失误和古今祸乱亡国的教训，随即吞药自杀。奏书呈送上去后，灵帝为此暂时不收修宫钱。

　　灵帝又在西园内建造万金堂，动用司农掌管的金钱丝帛充积其中。灵帝还回到河间去买田地住宅，起造府第楼观。灵帝原来出身侯爵之家，过去资财不丰，往往感叹桓帝不能积蓄家产，所以聚积私人财产，还在小黄门、常侍那里分别寄存了数千万钱。灵帝经常说："张常侍是我爹，赵常侍是我娘。"宦官得志，无所忌惮，一齐起造宅第，模仿宫室。灵帝曾经登上永安宫的了望台，宦官唯恐灵帝望见自己的住处，便让中大人尚但进谏说："天子不应该登高。天子登高，百姓就会失散。"从此，灵帝不敢再登台榭。

　　明年，灵帝委派钩盾令宋典修缮南宫的玉堂殿，又委派掖庭令毕岚铸成四个铜人，陈列在仓龙阙和玄武阙。又铸成四座钟，容积都是两千斛，悬挂在玉堂殿和云台殿前。又铸造天禄和蛤蟆，在平门外桥东吐水，把水转入宫中。又制造翻车和渴乌，安设在桥西，用来喷洒南北郊的道路，以便节省百姓喷洒道路的开支。又铸造四文钱，钱上都有四道纹路。有识者私下说，奢侈暴虐过甚，已经在形象上表现出征兆，这种钱铸成后，必然四道而去。及至京城大乱，这种钱果然流散全国。灵帝又任命赵忠为车骑将军，一百多天后免职。

　　中平六年，灵帝去世。中军校尉袁绍劝大将军何进下令诛杀宦官，以取悦天下。由于计划泄露，张让、赵忠等人趁何进进宫之机，便共同将他杀死。而袁绍率兵杀死赵忠，逮捕宦官，无论老少，一律处死。张让等数十人劫持献帝为人质，逃到黄河边。追兵迅速赶来，张让等人伤心哭泣，向献帝诀别说："臣等被消灭后，天下也就乱了。请陛下自爱！"然后跳到黄河里自尽了。

（刘洪波　译）

【原文】

张让者，颍川人；赵忠者，安平人也。少皆给事省中，桓帝时为小黄门。忠以与诛梁冀功封都乡侯，延熹八年黜为关内侯，食本县租千斛。灵帝时，让、忠并迁中常侍，封列侯，与曹节、王甫等相为表里。节死后，忠领大长秋。

让有监奴，典任家事，交通货赂，威形谊赫。扶风人孟佗，资产饶赡，与奴朋结，倾竭馈问，无所遗爱。奴咸德之，问佗曰："君何所欲？力能办也。"曰："吾望汝曹为我一拜耳。"时宾客求谒让者，车恒数百千两，佗时诣让，后至，不得进。监奴乃率诸苍头迎拜于路，遂共舆车入门，宾客咸惊，谓佗善于让，皆争以珍玩赂之，佗分以遗让。让大喜，遂以佗为凉州刺史。

是时，让、忠及夏恽、郭胜、孙璋、毕岚、栗嵩、段珪、高望、张恭、韩悝、宋典十二人，皆为中常侍，封侯贵宠，父兄子弟布列州郡，所在贪残，为人蠹害。黄巾既作，盗贼糜沸，郎中中山张钧上书曰：

> 窃惟张角所以能兴兵作乱，万人所以乐附之者，其源皆由十常侍多放父兄子弟、婚亲宾客，典据州郡，辜榷财利，侵掠百姓，百姓之冤无所告诉，故谋议不轨，聚为盗贼。宜斩十常侍，悬头南郊，以谢百姓，又遣使者布告天下，可不须师旅，而大寇自消。

天子以钧章示让等，皆免冠徒跣顿首，乞自致洛阳诏狱，并出家财以助军费，有诏皆冠履视事如故。帝怒钧曰："此真狂子也。十常侍固当有一人善者不？"钧复重上，犹如前章，辄寝不报。诏使廷尉、侍御史考为张角道者，御史承让等旨，遂诬奏钧学黄巾道，收掠死狱中。而让等实多与张角交通，后中常侍封谞、徐奉事独发觉，坐诛，帝因怒

诘让等曰："汝曹常言党人欲为不轨，皆令禁锢，或有伏诛。今党人更为国用，汝曹反与张角通，为可斩未？"皆叩头云："故中常侍王甫、侯览所为。"帝乃止。

明年，南宫灾，让、忠等说帝，令敛天下田亩税十钱，以修宫室。发太原、河东、狄道诸郡林木及文石，每州郡部送至京师，黄门常侍辄令谴呵不中者，因强折贱买，十分雇一，因复货之于宦官，复不为即受，材木遂至腐积，宫室连年不成。刺史、太守复增私调，百姓呼嗟。

凡诏所征求，皆令西园驺密约敕，号曰"中使"，恐动州郡，多受赇赂。刺史、二千石及茂才、孝廉迁除，皆责助军、修宫钱，大郡至二三千万，余各有差。当之官者，皆先至西园谐价，然后得去。有钱不毕者，或至自杀。其守清者，乞不之官，皆迫遣之。时钜鹿太守河内司马直新除，以有清名，减责三百万。直被诏怅然曰："为民父母，而反割剥百姓，以称时求，吾不忍也。"辞疾，不听。行至孟津，上书极陈当世之失，古今祸败之戒，即吞药自杀。书奏，帝为暂绝修宫钱。

又造万金堂于西园，引司农金钱缯帛，仞积其中。又还河间买田宅，起第观。帝本侯家，宿贫，每叹桓帝不能作家居，故聚为私藏，复寄小黄门、常侍钱各数千万。常云："张常侍是我公，赵常侍是我母。"宦官得志，无所惮畏，并起第宅，拟则宫室。帝常登永安候台，宦官恐其望见居处，乃使中大人尚但谏曰："天子不当登高，登高则百姓虚散。"自是不敢复升台榭。

明年，遂使钩盾令宋典缮侯南宫玉堂，又使掖庭令毕岚铸铜人四，列于仓龙、玄武阙。又铸四钟，皆受二千斛，县于玉堂及云台殿前。又铸天禄、虾蟆，吐水于平门外桥东，转水入宫。又作翻车、渴乌，

施于桥西，用洒南北郊路，以省百姓洒道之费。又铸四出文钱，钱皆四道。识者窃言侈虐已甚，形象兆见，此钱成，必四道而去。及京师大乱，钱果流布四海。复以忠为车骑将军，百余日罢。

六年，帝崩。中军校尉袁绍说大将军何进，令诛中官，以悦天下。谋泄，让、忠等因进入省，遂共杀进。而绍勒兵斩忠，捕宦官，无少长悉斩之。让等数十人劫质天子，走河上，追急，让等悲哭辞曰："臣等殄灭，天下乱矣，惟陛下自爱！"皆投河而死。

左慈传

——《后汉书》卷一一二

【说明】《左慈传》是《后汉书》中写得较为生动传神的一则列传。它用很简练的笔墨，通过两三件事情，把左慈具有的神奇功能表现得淋漓尽致，很吸引人。尤其是最后所写老羊弯腿，如人立而语一节，把羊群都写得很富有人情味，十分感人。

左慈字元放，庐江人。小时候有神道，曾经在司空曹操的坐上，曹操慢慢环顾众宾客说："今天高会，略备了一些好菜，只是少了吴松江的鲈鱼。"元放在坐上应声道："这可以得到。"便要了一个铜盘贮了些水，用竹竿挂上饵食在盘中钓鱼，一会儿便钓了条鲈鱼出来。曹操拍掌而笑，在场的人都很吃惊。曹操说："一条鱼不够大家吃的，还可以再来一条吗？"元放又放上饵食到盘子中，一会儿功夫又钓了一条上来，都是三尺多长的，活生生的很可爱。曹操让立刻煎了，让大家吃。曹操又对左慈说："已经有了鱼，却遗憾没有蜀中产的生姜。"元放道："也可以搞到。"曹操担心他从近旁去弄，便说："我前些时候曾经派人到蜀地去买锦缎，可以去通知去的人，再多买两匹锦缎。"话说完不一会儿，元放便带了生姜回来，并带回了曹操派去的人的汇报。后来曹操派去的人回来，问他多买锦缎的情况和时间，非常吻合。

后来曹操出行近郊，跟从他的士大夫有一百来人，左慈于是带着酒一升，干肉一斤，亲自用手倒酒，百官没有不喝醉吃饱的。曹操很奇怪，让人查找原因，去查看那些酒店，都没有酒肉了。曹操心中不高兴，想就在席上把他抓起来杀掉，左慈立即躲到墙壁中，弄不清他在哪里。有人看到他在街市上，又去抓他。而街上的人都变了形状，跟左慈一样，不知谁是左慈。后来又有人遇到他在阳城山头上，便去追他，他便走进羊群。曹操知道抓不到他，便命令到羊群那儿去告诉他："不会杀你的，本来就是想试一试你的道术的。"忽然有一头老羊弯着前面的两腿，象人一样站起说话："为什么突然这样做呢？"便跑向前去。而那数百头羊都变为老羊，并且也弯着前腿像人似地站起，说："为什么突然这样做呢？"于是不知哪里才能抓到他。

（刘翠　译）

【原文】

左慈字元放，庐江人也。少有神道。尝在司空曹操坐，操从容顾众宾曰："今日高会，珍羞略备，所少吴松江鲈鱼耳。"放于下坐应曰："此可得也。"因求铜盘贮水，以竹竿饵钓于盘中，须臾引一鲈鱼出。操大拊掌笑，会者皆惊。操曰："一鱼不周坐席，可更得乎？"放乃更饵钩沈之，须臾复引出，皆长三尺余，生鲜可爱。操使目前鲙之，周浃会者。操又谓曰："既已得鱼，恨无蜀中生姜耳。"放曰："亦可得也。"操恐其近即所取，因曰："吾前遣人到蜀买锦，可过敕使者，增市二端。"语顷，即得姜还，并获操使报命。后操使蜀反，验问增锦之状及时日早晚，若符契焉。

后操出近郊。士大夫从者百许人，慈乃为赍酒一升，脯一斤，手自斟酌，百官莫不醉饱。操怪之，使寻其故，行视诸炉，悉忘其酒脯矣。操怀不喜，因坐上收欲杀之，慈乃却入壁中，霍然不知所在。或

见于市者，又捕之，而市人皆变形与慈同，莫知谁是。后人逢慈于阳城山头，因复逐之。遂入走羊群。操知不可得，乃令就羊中告之曰："不复相杀，本试君术耳。"忽有一老羝屈前两膝，人立而言曰："遽如许。"即竞往赴之，而群羊数百皆变为羝，并屈前膝人立，云"遽如许"，遂莫知所取焉。

逸民传

——《后汉书》卷一一三

【说明】汉朝中期，政局动荡，王莽篡汉，光武建立后汉，战争不断，奸邪当权，因而隐逸之风兴盛，出现了很多著名的隐逸之士。动荡之世，或出大奸之人，或出英雄豪杰，或出隐逸之士，这是一条普遍的规律。《后汉书·逸民传》中集中记载的这些隐士，典型地反映出了东汉时期的这一社会状况。

隐逸之士的具体情况各有不同。但总的说来，他们中的大多数都是因为对混乱的现实有清醒的认识，因此产生一种消极抵抗的情绪，从而愤然隐退的。他们骨子里有一股别人不具备的傲气，如王霸所说："有人是天子不能统治的，大臣不能结交的。"严光与光武帝有旧交，光武帝掌权后却隐姓埋名，拒不相见。光武礼贤下士，来到他的住处，走到他睡卧的床边，摸着他的肚子表现亲热，想让他出来帮助治理天下。严光却说："各人本来有自己的志向，为什么要到这儿来强迫我呢？"这些都可反映出隐士的清高胸怀。

隐士的不合作态度，本身便具有积极意义。有些人更具有反抗精神和批判意识。梁鸿所作的《五噫之歌》也是文学史上一首批判现实的优秀诗歌，具有很强的战斗精神。可以说，这种批判现实的战斗精神，是历代隐士能够决然退隐的心理基础。这也是古代隐士最值得我们推崇的地方。

　　《周易》上说："'遁'的意义是很重要的。"又说："不侍奉王侯将相，把隐遁看作一项崇高的事业。"所以虽然用天、帝来称呼尧，但同时也不贬低巢父、许由的崇高；汤武王够尽美尽善了，孤竹国的二君伯夷、叔齐竟也和他一样。从上古以来直到现在，风流人物更加众多，仙逝的归途虽然一样，用来触动君王的方法却有不同。有人以隐居来实现自己的心愿，有人以回避世俗的方法来保全自己的主张；有人以镇静自己改掉急躁的毛病，有人远离危难以求得自己的平安；有人愤世疾俗以发表自己的感慨，有人假借他物来激励自己的清高。然而观察他们心甘情愿地处在山木田野之中，憔悴老死在江湖草泽之上，一定要亲自捕鱼猎鸟，以林木丛草为乐，也是各人的性情所决定的。所以有些蒙受冤屈的人，虽屡次被免除官职，也不离开自己的国家；君王以武力征服他国，臣子宁愿跳海而死。这样的节操是任何封官许愿所不能改变的。人各有自己尊尚的事物情怀，别人不能改变它。他们虽然固执得象沽名钓誉的人，然而超脱于俗务之中，生活在尘世之外，也就和那些假装聪明的追逐名利的人大不相同了。荀子曾经说："志向远大的人看不起富贵阶级，看重道义的人则轻视王侯将相。"

　　汉朝中期衰微，王莽篡夺皇位。各界人士都满含着愤怒的情绪。当时抛弃了官职相约而离开朝廷的人不可胜数。扬雄说："鸿鹄飞得很高，射猎的人无可奈何它。"说的就是远离祸乱。光武帝空出高位来等待隐者，唯恐寻求不到，用旌旗布帛及安稳的车子征召勇士，盼望能在山林野泽中找到他们。至于薛方、逢萌，受到礼聘不肯出来，严光、周党、王霸虽然出来，但不肯为君王所用。民心向往怀有仁义的志士仁人，这本来就是平时所说的"提拔了有名望的隐士，天下民心就有所归向了"。肃宗也礼遇郑均，征召高凤，以表明他的气度。自那以后皇帝的德行渐渐衰落，奸邪小人当权，隐士们耿介正直，不愿与他们同流合污，以至于表示愤怒，无所顾忌，言行多有偏颇。现在将遁迹山林和避世之人记录在这篇传记中。

野王一带有两位老人，不知道他们到底是什么人。当时，光武帝背叛更始帝刘玄，恰逢关中动乱，派遣前将军郑禹西征，送他上路。回来后在野王一带打猎，路上碰到二位老人在捕鸟。光武帝问道："鸟向何处飞了？"两人都举手指着西边，说："那边有很多老虎，我们经常捕鸟，老虎也来袭击我们，愿大王您不要去。"光武帝说："如果我有准备，老虎怕什么！"老大爷说："您大错特错了。过去商汤在鸣条地区讨伐夏桀，在亳一带筑大城以自卫；周武王在牧野地区讨伐商纣王，也在郑鄏一带筑大城以自卫。这二位君主，他们的准备不能不算充分。这是因为攻击别人的人，别人也攻击他。虽然有准备，哪可有一点疏忽呢！"光武帝领悟了这番话的意义，对随从人员说："这二人是隐士啊。"将要任用他们时，他们辞别而去，不知到那里去了。

向长，字子平，是河内朝歌一带的人。隐居不做官，性情温和，崇尚中庸，喜爱并精通《老子》、《周易》。家里贫穷，无法生活，喜欢多事的人轮流赠送食物给他。他只接受一点点，多余的还给他们。王莽的大司空王邑推荐他，每年都如此，想把他推荐给王莽，他坚决不同意，于是，王邑就只好作罢。在家里潜伏隐居，读《周易》读到《损》、《益》二卦时，长叹道："我已知道富裕不如贫穷，高贵不如低贱。只是不知道死与生比怎么样罢了。"建武年间，儿女娶嫁完毕，告诉家里人说家事已与我无关，就当我已死了。于是按照着自己的心愿，与朋友北海人禽庆一起遨游五岳名山，最后不知道死在什么地方。

逢萌，字子康，北海都昌一带人。家里很穷，在县里做事，当了个小亭长。当时有上级官员路过亭子，逢萌等候欢迎并拜见他，事后把盾牌扔在地上，叹息说："大丈夫怎么能够被人役使！"于是离开家乡到长安学习，通晓《春秋》经。当时王莽杀了他的儿子王宇，逢萌对朋友说："君臣、夫妇、父子三种关系都要断绝了，不离开这儿，灾祸就要降落到我们身上。"立即解下官帽挂在东都城门上，回到家里，带领家眷向东迁徙，客居在辽东地区。

逢萌一向懂得阴阳方术，知道王莽即要垮台。过了一会儿，便头顶着瓦盆，在大街哭道："新朝啊，新朝啊。"于是就隐藏起来了。等到光武帝即位，到了琅邪劳山，修道隐居，人们都受到了他的德行的感化。

北海太守早就听说了他的高尚，派遣小官吏拿着名帖去向他表示敬意。逢萌不作答复。太守怀恨在心，因而逮捕了他。小官吏磕头说："子康是天下的大贤，天下人都知道，凡是到了什么地方别人都很尊敬他，去逮捕他一定逮不到，只会使自己受到侮辱。"太守生气了，逮捕了这名小吏，把他送进了监狱，换了一名官吏去逮捕逢萌。到了劳山时，人们果然成群结队，手里拿着武器，威风凛凛地护卫着逢萌。小官吏被击伤，流了血，逃奔而去。后来皇下下诏书征召逢萌，逢萌以年已老耄为借口，故意迷失方向，对使者说："朝廷所以征召我去，是想我对政府有所贡献，现在我连方向都摸不到，怎么能对时事有所帮助呢？"于是便往回走。接连征召都不出山，后高龄而终。

早先逢萌和同郡人徐房、平原人李子云、王君公相处很好，都通晓阴阳方术并提倡道德修养。徐房和李子云各收了一千多名徒弟，王君公碰到动乱却不离开，作牛贩子隐居市井中，当时人评论说："王君公避世在东墙下面。"

周党，字伯况，是太原广武人，家产值千金。年纪很小即成为孤儿，被本家收养，但本家对他不讲道理；成年后，又不归还他的财产。周党到乡里和县里去控告本家，乡县作主归还了他的财物。马上他就把财物散布分给了同族人家，全部免去并遣回了家里的奴婢，到长安去游学去了。

早先乡里收税官曾当众侮辱周党，周党长期怀恨在心。后来读了《春秋》，知道什么是复仇，便停止学业，回到乡里。通知收税官，定下了决斗日期。双方发刃后，周党被对方击伤，伤势较重。收税官佩服他的正义，把他抬回来，让他养伤。几天后才苏配过来，心中有所觉悟，离开了家乡。从此以后，勤奋修行，州里的人都称赞他情操高尚。

王莽篡位后，他借口有病，谢绝别人登门拜访。从那以后乱贼蜂起，到处残害人民百姓，只有到广武，过城不入。

建武中期，皇上征召拜为议郎，因为有病卸任离职，带领妻子儿女定居在黾池。后来又被征召，不得已，穿着短的布做的单衣，戴着楮树皮织成的头巾，进见尚书。到了被光武帝接见时，周党爬在地下不肯拜见皇上，述说自己愿意坚守自己的志向，皇上同意了他的请求。

博士范升上书诋毁周党说："我听说尧不需要许由、巢父，就能统一天下，周朝不依靠伯夷、叔齐，帝王之业也能完成。我认为太原周党、东海王良、山阳王成等，蒙受皇上的恩典，使者多次礼聘，才肯上车。等到在朝廷被皇上接见时，周党还不依据礼仪制度屈从于皇上，

爬在地上不晋见君主，粗鄙骄傲，随着时间的流逝而永远消失。周党等人说文不能著书立论，说武不能为君赴汤蹈火，沽名钓誉，几乎要达到三公的职位。我愿和他一起坐在云台下面，比试谁更有振兴、发展国家的计谋主张。如果我说的不是实情，我愿伏欺君之罪。那些敢出于私心，盗窃虚名，向皇上夸耀自己以求提升，都是对皇上的最大不敬。"上书呈递给皇上后，皇上拿给公卿大臣一阅，并诏示说："自古以来，贤明的君主们一定都碰到不能成为自己宾客的人士。伯夷、叔齐不吃周朝配给的粮食，太原周党不接受我的俸禄，也是人各有志啊。赐给他布帛四十匹。"周党于是隐居在黾池，著书上下篇后死去。同乡人认为他很贤明，作祠纪念他。

早些时，周党与同郡人谭贤伯升、雁门殷谟君长，都保守节操，不在王莽当政时出来做官。建武年间，天子征召，都不出山。

王霸字儒仲，是太原广武人，年轻时即有清明的节操。王莽篡位后，摒弃了官职，和做官的人断绝了往来，建武年间，天子征召他为尚书，拜见时只称自己的名字，不对天子称臣。当官的问他为什么这样做，王霸说："有人是天子不能统治的，大臣不能结交的。"司徒侯霸把自己的位置让给王霸，阎阳抵毁说："太原人喜欢拉邦结派，勾心斗角，儒仲很有这样的习气。"于是没有接受侯霸的职位。后来因病回乡隐居，住的是茅屋草棚，接连几次征召都不出仕，后高龄而终。

严光字子陵。又名遵，是会稽余姚人。年轻时即有好名声。和光武帝同进学业。到光武帝即位后，却隐姓埋名，隐居而不见。光武帝想到他的贤明，于是按照他的像貌查访他。后齐国报告说："有一名男子，披着羊皮袄在大泽中垂钓。"光武帝怀疑他即是严光，于是准备了舒适的车子和黑色的印带，派使者去聘请他。邀请了多次，他才出来，住在北军，天子赐给他被褥和床，掌管百官膳食的官员给他提供膳食。

司徒侯霸和严光是旧交，派人送信给严光。被派遣的人对严光说："侯霸听说了先生的到来，他诚诚恳恳想到您这儿来拜访您，但是他身居要职，所以不方便，因而没来。想请您晚上委屈一下，到他那儿去说说话。"严光不回答，把信扔还给他。口授一封回信说："君房足下：您已经到了权倾朝廷、举足轻重的地步，很好。您怀有仁德，辅助政义，天下的人都很高兴，但您阿谀逢迎、对皇上的溜须拍马也要做得绝妙，独树一帜，独领风骚。"侯霸得了这封信，封了口把它送给皇上。皇上笑着说："这是狂妄奴才的一贯德性。"坐着车当天就到了严光的住处。严光睡在床上不起来，皇上到了他的床边，摸着严光的肚子说："咄咄逗人的子陵，不能帮助我治理天下国家吗？"严光又闭上眼睛不说话，过了很长时间，才睁开眼睛，看了皇上老半天，才说："过去唐尧那么高尚的德行，让巢父出来做官，巢父听说后恶心得连耳朵都要洗。各人本来有自己的志向，为什么要到这儿来强迫我呢？"皇上说："子陵，我最终也不能降伏你吗？"于是坐着车子叹息着而离去了。

后来又有人领着严光到了皇宫，和皇上评论说到老朋友等旧交，面对面地坐着，说了好几天。皇上不慌不忙地问严光说："我跟过去相比，有什么变化？"严光答："陛下比过去稍强一点。"两个人一起睡觉，严光把脚放在皇上的肚子上。第二天，管天象日历的太史报告说有客星侵犯御坐，很是急迫。皇上笑着说："这是因为我的老朋友严子陵和我一起睡觉。"

皇上拜他为谏议大夫，没有接受，仍然在富春山从事农业生产。后来的人把他钓鱼的地方叫严陵濑。建武十七年，又特意征召他做官，他还是没有出山。八十岁那天，死在家中。皇上哀悼他并为惋惜，下诏书给郡里和县里，赐给严光一百万钱和一千斛谷子。

井丹，字大春，是扶风这个地方的人。年轻时在全国最高学府和贵族子弟就读的学校太学读书，精通"五经"，善于评论，所以京城人评价他是精通"五经"知识渊博的井大春"。品性清高，从不结交达官贵人。

建武末年，沛王刘辅等五王住在北官，都喜欢收养门人，善待宾客，又派人去邀请井丹，还是不能把他召来，信阳侯阴就，是光烈皇后的弟弟，凭借着皇后亲戚这样的显赫地位和强大的势力，欺骗五王说，给他一千万钱币，他就能够和井丹联系，约他出来，而实际上是另外让人在半路上劫持他。井丹迫不得已，被劫持到了阴就这儿。阴就故意给他吃麦饭葱叶等粗鄙食物，井丹把它们推得远远的，说："因为您这样的王公贵族能提供精美的食物，所以才来拜访你的，为什么这样小气舍不得呢？"阴就重新给他准备了丰盛的食物，于是他开始吃。等到阴就一起身，他的手下人就抬着一辆用人拉的车子进来。井丹笑着说："我听说残暴的夏桀曾驾驶用人拉的车子，难道就是这辆吗？"在坐的人听了这话都大惊失色。阴就没有办法，下令把人力车抬走。从此以后井丹闭门隐居，不和任何人来往，不涉及任何社会事务，高龄而终。

梁鸿，字伯鸾，是扶风平陵人。父亲梁让是王莽执政时的城门校尉，封为修远伯，被派来侍奉远古帝王少昊金天氏的后人，家住北地一带，后死于这个地方。当时梁鸿还小，因为碰到了动荡的年代，父亲死后只用席子卷起来就安葬了。

后来梁鸿在太学里学习，虽然家里穷，但崇尚高尚的节操，讲究正直耿介，博览群书，无所不通。然而不著书立说，不轻易发表言论。学习结束后，仍然在上林苑中放猪放羊。曾经因为不小心引起火灾，烧了别人的房屋，于是梁鸿就寻访被烧的人家，问他们损失什么，用所有的生猪来赔偿他。那家的主人还嫌太少了，梁鸿说："我没有其它财产了，愿意到你家来当帮工。"那人同意了。因为梁鸿做事勤快，从来都不懈怠，周围邻居中的老人们发现梁鸿不是普通人，于是一起谴责那家的主人这样对待梁鸿，而把梁鸿尊为长者。于是那人也开始尊敬梁鸿，认为他很奇怪，全部归还了他的生猪，梁鸿没有接受，离开了这个地方，回到家乡去了。

有权势的人家仰慕梁鸿的高尚节操，想把女儿嫁给他，梁鸿都谢绝不娶。本县孟家有一女儿，肥胖丑陋，肤色很黑，力气大得能举起石臼，年龄已经三十岁了，还在选择对象，未曾出嫁。父母问她这样做是为什么，她回答说："我希望得到象梁伯鸾那样贤良的人。"梁鸿听说后，就向她下了聘礼，孟女向父母要求制作布衣服和麻鞋，以及盛放编织物的筐子和纺织的工具。到要出嫁时，才开始装扮自己以出门。过门七天，梁鸿都没有答理她。妻子跪在床前询问道："我私下里听说您道德高尚，已谢绝了几位女子了，而我也拒绝过几位男子的求婚。现在您选了我，怎么敢不向您请罪呢！"梁鸿说："我要的是穿生毛皮、粗布衣服的人，她可以和我一起隐居在深山老林。现在你穿着华丽难道是我想要的吗？"妻子说："我这样做是想试探您，看看您的志向如何。我自然备有隐居的衣服。"于是改变了发型，梳起了朴素的发髻，穿上了布衣服，一边做着事情，来到了梁鸿面前。梁鸿看了极为高兴，说："这才真是我梁鸿的妻子啊。能侍奉我了！"替她取名孟光，字德曜。

过了一段时间，妻子说："我常听说您想隐居以逃避祸乱，为什么到现在没有行动？怕不是向世俗势力低头了吧？"梁鸿说："好的。"于是一起到了霸陵山中避世隐居，以种田和纺织为事业，闲暇时读读《诗经》、《尚书》，弹弹琴，自我娱乐。心里非常景仰、羡慕前代的高洁之士。并为四皓以来的二十四位隐士作了赞颂的文章。

因为出关向东去，路过京城，作了一首《五噫之歌》，歌词是："登上了那座北芒山啊，噫！回头俯看京城啊，噫！宫殿宏伟灿烂啊，噫！这是劳苦大众的血汗啊！噫！这种状况没有尽头啊，噫！"肃宗听说后很不高兴，派人搜捕梁鸿，准备逮捕他。梁鸿于是改姓运期，起名叫燿，字为侯光，和妻子隐居在齐鲁一带。

过了一段时间，离开了齐鲁一带去了吴国，临行时作了一首诗，大意是："离开了故乡呀就要远征，将会向东南方向流浪。心情忐忑不安，感到悲哀憔悴，我的志愿也是忽而高呀忽而低。想要跃马驰骋奔向远方，痛恨奸邪污陷的社会风俗。他们竞相推举卑躬屈膝的小人而将正直的人闲置不用，让小人得势，恶人先告状。本来对我自己的独守情操并不惭愧，也希望吴国的人民崇尚贤德。姑且逍遥自在，到处遨游，赞美孔子，使他的风范到处传扬。天上的云彩都看到了我的喜悦，看到我下了车又上船，马不停蹄地到处遨游。经过季札的封地延陵，又到了鲁仲连的隐地海边。虽然再也见不到他二人光辉的仪表，也希望我的灵魂和他们的一样美好高尚。春天三月的花开得那样旺盛，麦子含笑点头正在开花。为这大好的春光即将逝去感到悲哀，也惋惜这芳香的气味日益衰败。为我的心愿不能实现感到忧伤，心情长期郁结不解，什么时候才是尽头。许多小人诬蔑陷害我啊，弄得惶惶不安，不知将要到那里去。"

于是到了吴国地方，投奔了著名人物皋伯通，住在庑廊下的大房子里，帮人家舂谷物。每天回到家里，妻子都为他摆好饭，在梁鸿面前不敢抬头对着他看，于是把饭放在小茶几上，举到与眉毛平齐的高度，将饭食进献给梁鸿。伯通看到这样的情况，觉得很奇怪。说："他能使妻子这样地敬重他，一定不是普通人。于是让他住进家里。梁鸿潜心闭门进行创作，写了十多本书。患了疾病，到了病重的时候，对主人说："过去延陵季札把儿子埋在嬴、博两地之间，不把灵柩运回乡里，切忌不要让我的儿子把我的灵柩运回故乡。"他死了后，伯通等人在要离墓旁为他寻得一块墓地。众人都说："要离是刚烈的人，而伯鸾品格清高，可以让他们葬在一起。"安葬了梁鸿后，他的妻子回到了家乡扶风。

早先，梁鸿有位朋友京兆人高恢，年轻时即喜欢《老子》，隐居在华阴山中。梁鸿东游时很想高恢，写了一首诗："小鸟不停地鸣叫呀，那是寻找和期待朋友、知音。想念高恢啊，我的心里老是在怀想。想念高恢啊，我的思念之情是这样的浓郁。"然而两人没有再相见。高恢的人品也很高尚，一生都没有做官。

高凤，字文通，是南阳叶一带的人。年轻时为一书生，家里是种田的，他自己专心刻苦地读书，夜以继日，昼夜不息。妻子常到田里去劳动，麦子晒在院子里，让高凤看着，别让鸡吃了。当时天下起了暴雨，而高凤手拿着竹竿在那儿朗读经书，一点儿也没有察觉大雨已经淋湿了麦子。妻子回来后惊诧地责问他，高凤方才发觉。从那以后就成了名儒，在西唐山中教授经学典籍。

邻居中有人争夺财产，双方拿着武器互相斗殴，高凤去进行调解，双方不听，高凤于是脱了头巾给他们磕头，坚决地请求道："仁义道

汉书·后汉书

后汉书

一二四九

德，谦虚礼让，怎么可以抛弃呢！"于是争斗的双方被感动了，放下了武器，互相道了歉。

高凤年纪越大，越发执着地追求实现自己的志愿，不知怠倦，他的名声越来越响。太守接连几次邀请他出来做官，他恐怕自己逃避不了，于是说自己本来是巫士，不应该当官的，又假装伪造了寡嫂的诉讼案，于是终于没有出来做官。建安年间，将作大匠任隗举荐高凤为直言一官，到了来接他的公车的旁边，他还是借口有病逃跑回去了。把他的财产全部都给了他死去哥哥的儿子，过着隐居生活，整天以垂钓为乐，老死于家中。

有评论说：先大夫宣侯曾在研究正统思想的闲暇，致力于隐者逸士的研究。读到高文通传便停了下来，很有一些感慨，认为他是一个隐士，因此叙述他的行为事迹并且并评论道："古代社会人们隐居遁世，那是因为当时的社会风气。许由去河边洗耳朵，是因为听到尧要禅让帝位给他而感到可耻。孤竹国二君子伯夷、叔齐长年饥饿，是因为以吃周朝的俸禄而感到羞耻。他们有的因为高高在上而违背了行为常理，有的因愤世疾俗而装腔做势，虽然行为轨迹不同，但其原因和效果是一样的。像他们这些人，虽有凌云之志，但深受肮脏社会的压迫，心愿和名声还不能顾及，那谈得上埋怨和反抗呢！他们和屈原的自沉汨罗江以反抗统治者、和稽康临刑时的顾日影而弹琴相比，相距是多么远啊。"

台佟，字孝威，是魏郡邺一带的人。隐居在武安山中，凿一个山洞算作房子，以采药为生。建初年间，州官举荐他做官，他不答应。刺史行部也让使者去拜访他。台佟带病去拜谢他。刺史备好礼物，去见台佟，说："孝威你这样生活，很苦，这是为什么呢"台佟说："我台佟只希望保全性命，怡养精神。象您这样早晨受指使到处奔跑，晚上还要警惕那些杂务琐事做完没有，这反而不苦吗?"说完就离开了，隐居遁世，最终再也没有出现。

韩康，字伯休，又名恬休，京兆尹霸陵人。家里是望族。韩康经常到名山中采药，采到后到长安市去卖，开价说一不二，这样做了三十多年。当时有一女子向韩康买药，韩康不让还价。那女子愤怒地说:"你是韩伯休吗? 不让还价吗?"韩康叹息地说:"我本来想隐姓埋名，现在连小女子都知道有我这个人，还卖药干什么呢!"于是逃到霸陵山中。朝廷派官车多次征召他为博士，他都没有出来。桓帝于是备办了召见贤士的礼品，准备了一辆舒适的车子去聘请他出来。使者捧着桓帝的诏书到韩康住处，韩康没有办法，只得同意。辞退了那辆舒适的车子，自己坐着一辆打柴用的普通的车子，趁着一大早，抢先在使者前面出发了。到乡亭时。亭长因为韩征君要从这里经过，正派遣人力和用牛作为劳力来修路修桥。看见韩康戴着头巾，坐着打柴用的车子，以为是个种田的老头，就让手下人来抢韩康的牛。韩康停下车把牛给了他。过了一会儿，使者也到了这儿，说明了被抢了牛的老翁就是皇帝征召的人。使者要想向皇帝启奏杀掉亭长，韩康说:"这本来是我老头子自己给他的。他有什么罪呢?"于是使者只好算了。韩康因此半路逃跑了，后来高寿而终。

矫慎，字仲彦，是扶风茂陵人。年轻时喜爱黄帝、老子的思想，在山谷中隐居，依山洞造了房子，仰慕赤松子、王子乔的按摩导引方法、技术，和马融、苏章同乡并且同时，马融因为才学博大而闻名，苏章因为廉洁正直而受到称赞，然而他们都推举矫慎，认为矫慎应该排在他们前头。

　　汝南人吴苍很器重他，因而给他写了一封信以考察他的志向，说："仲彦足下：勤于政事和隐居山林，有腾云飘逸和生活在污浊的现实社会两种情况的不同，所以每有您那儿的风吹到这边来，我没有不叹息的。我听说黄帝、老子的主张是利用一切机会与可能修身隐居，并且也可以治理国家，养育人民，做官从政。至于逃入深山灭绝行迹的人应该是神、人不知，神和人都看不出他隐居的迹象。我想先生您应该依着您能做到的去做，您认为如何？过去伊尹以不坚持隐居的态度来对待象尧舜一样贤明的君主商汤。当今社会风气开明，四海开阔幅员广大。如果遇到这样清明的时代，巢父许由不会隐居箕山，伯夷、叔齐后悔逃入首阳。足下您这样的人确实才能非凡，完全可以搏击在上层社会，并且也非一般的等闲之辈所能陷害中伤的。"矫慎没有理睬，不作任何回答。七十多岁了，也不肯结婚。后来忽然回到家乡，自己说了去世的日子，到了那天，果然死了。后世有人在敦煌看见了矫慎，所以前世他就与众不同，有人说他是神仙。

　　矫慎的同乡马瑶，隐居在沂山，以猎兔为生，他所在的地方教化清明，风俗淳朴，老百姓赞美他，给他起了个号叫马牧先生。

　　戴良，字叔鸾，是汝南慎阳人。曾祖父戴遵，字子高，平帝时做过侍御史，王莽篡位后，借口有病回到了家乡。家里很富有，喜欢施舍救济穷人，崇尚豪爽侠义，家里门人食客常有三四百人。当时人们议论说："关东的大富豪是戴子高。"

　　戴良年轻时怪诞，母亲怕听驴叫，而戴良常学驴叫，自以为乐。母亲去世后，哥哥伯鸾住草棚子，只喝稀饭，任何行动都符合礼节，而戴良偏偏吃肉喝酒悲伤时也痛哭。然而两人都形容清瘦，憔悴不堪。有人问戴良说："你为母亲守孝，凡事合乎礼节吗？"戴良说："当然。

礼节是用来控制感情放纵的，如果感情不放纵，谈什么礼节不礼节。吃精美的食物不认为味道好，所以才有形体消瘦、面容憔悴的结果。如果嘴里感觉不到味道好，吃肉喝酒是可以的。"说他的人不能反驳他。

戴良的才智既高，言论又奇特，常常惊世骇俗。同乡谢季孝问他说："您自己认为天下谁可与您相比？"戴良说："我象孔子生于东鲁，大禹出现在西羌，一个人在天下独往独来，谁能和我相提并论！"

曾被推举为孝廉，没有应征。又被举荐到司空府，一年时间都不到任，州郡的长官逼迫他，于是假托要到司空府去，却带着妻子儿女上路，趁机逃进江夏山中，悠闲游荡，不出来做官，高龄而终。

早先戴良的五个女儿都很贤惠，一有人求婚，总是马上许嫁。常以粗布衣服、布做的被子、竹制的箱子和木拖鞋打发她们。五个女儿都能遵循他的教诲，都有隐士的风范。

法真，字高卿，是扶风郿一带的人，南郡太守法雄的儿子。好学并且不固定局限在那一家，精通中原和异域的图书典籍，是关西的大儒者。从远方来求学的弟子如陈留、范冉等，有数百人。

法真性格恬静，清心寡欲，不结交官场上的人员，不关心社会上的杂事。太守请他去拜见，法真戴着头巾而没有戴官帽就去了。太守说："过去鲁哀公虽不贤明，孔子还对他称臣。我太守肚子里没货，知识浅薄，想让您屈就一个小官，帮助本朝治理朝政，怎么样？"法真说："因为您太守对我很有礼貌，所以我才做您的客人。如果要想让我当官，我将去北山的北面，南山的南面，跑得远远的。"太守吓了一跳，不敢再说了。

提拔他到公府做官，推举他作贤良之人，他都没有应征。同乡田弱向皇上推荐他说："隐士法真，精通《诗》、《书》、《礼》、《乐》四部典籍，学问已经穷尽了这些典籍的奥秘所在，深居独处，生性恬静、淡泊，常常快乐，忘却烦恼，将沿着老子的足迹遁世隐居，不向礼聘屈服。臣愿意我们的政府给他封官加冕，这样做必定能够倡导《清庙》一诗中体现的社会风气，使社会呈现出一派祥和景象。"恰逢顺帝西巡，田弱又推荐他。顺帝诚心要想让他出来做官，前后共下诏征召他四次。法真说："我既然不能够隐居远离尘世，难道可以喝许由洗了耳朵的水吗？"于是更加隐蔽地隐居起来，最终还是没有屈服。朋友郭政称赞他说："法真只能听说他的名字，却见不到他的身影。他隐姓埋名而名字与我同在，逃避名声而名声我要追赶。真可以算是百世之师啊！"于是和别人一起刻石赞颂他，称他为玄德先生。中平五年去世，时年八十九岁。

　　汉阴老父，不知是什么地方人。延熹年间，桓帝游历竟陵，经过云梦泽，到了沔水边，老百姓没有一个不围观的，只有一个老头子还在耕田，并不停下来。尚书郎南阳人张温很奇怪，派人去问道："人人都跑来观看，只有你这老头不停止耕田，为什么呢？"老头子笑而不答。张温下来走了百来步，亲自和老头子说话。老头说："我是村野之人，不知道你们说的是什么。请问是天下混乱而确立天子呢？还是天下太平才确立天子呢？立天子是想做天下人的父亲呢？还是你们当官的想奴役天下人以侍奉天子呢？过去的圣主主宰社会，虽然住的是茅屋草棚，但天下万人都感到安宁。现在您的君主劳役别人而放纵自己，到处游玩无所顾忌。我为您感到羞耻。您怎么忍心还要让别人去观看呢？"张温非常惭愧。问他姓甚名谁，没有说就走了。

陈留老父，不知是什么地方的人。桓帝时，宦官和士大夫争权的党锢大案发生。守外黄令陈留人张升罢官回到家乡，路上碰到老朋友，两人铺开茅草，席地而谈。张升说："我听说赵国杀了鸣犊，仲尼到了河边掉头而返。把鸟巢打翻了，让深水干涸了，龙凤也就再也不会到来。现今宦官掌权，朝政越来越乱，他们陷害忠良，贤人君子还是离开朝廷吧？一个朝廷如果不树立良好的道德品行，别人就不会给它援助，他的性命也就难以保全。这将怎么办呢？"说完两人抱头痛哭。老头快步经过这里，把他的拐杖竖在地上，长叹一声："唉！二位大人为什么哭得这么伤心啊？龙终究不隐藏自己的鳞甲，凤也不会藏起自己的羽毛，罗网高悬，你们将要到那里去呢？哭有什么用！"二人刚想和他说话，他头都不回就走了，没有人知道他到那里去了。

庞公是南郡襄阳人，住在岘山的南边，从未去过城市。夫妻相敬如宾。荆州刺史刘表多次邀请他出山，都不能说服他，于是只能到他那儿去拜望他。对他说："保全自己一人和保全天下相比，怎么样？"庞公笑道："鸿鹄在高高的树上筑巢，傍晚后能够有地方栖息，乌龟在深渊底下挖洞，晚上才有地方住宿。至于人们所追求和放弃的，也是各人的巢穴罢了。姑且让人们各得其所。天下不是我所能够保全的。"因为他把农具放在了田头，他的妻子就拿起农具到前面去耕地了。刘表指着他的妻子问道："先生您艰苦地住在农村种田，不肯出来做官享受俸禄，您死了后拿什么东西遗赠给子孙呢？"庞公说："社会上的人都给子孙遗留了危险，只有我遗留给他们安全，虽然送的东西不同，但并不是什么都没有留给子孙。"刘表叹息着离开了。后来他带着妻子儿女登上鹿门山，有一次出去采药，再也没有返回。

赞说：与江海一起冥灭，永久地奔向山林。性情超远风采疏落，飘逸的情怀直上青云。尊奉虚妄无为，求得闲适平安，远离冤屈与尘世。

（刘翠 译）

【原文】

《易》称"遁之时义大矣哉"。又曰："不事王侯，高尚其事。"是以尧称则天，不屈颍阳之高；武尽美矣，终全孤竹之洁。自兹以降，风流弥繁，长往之轨未殊，而感致之数匪一。或隐居以求其志，或回避以全其道，或静己以镇其躁，或去危以图其安，或垢俗以动其概，或疵物以激其清。然观其甘心畎亩之中，憔悴江海之上，岂必亲鱼鸟乐林草哉，亦云性分所至而已。故蒙耻之宾，屡黜不去其国；蹈海之节，千乘莫移其情。适使矫易去就，则不能相为矣。彼虽硁硁有类沽名者，然而蝉蜕嚣埃之中，自致寰区之外，异夫饰智巧以逐浮利者乎！荀卿有言曰，"志意修则骄富贵，道义重则轻王公"也。

汉室中微，王莽篡位，士之蕴藉义愤甚矣。是时裂冠毁冕，相携持而去之者，盖不可胜数。扬雄曰："鸿飞冥冥，弋者何篡焉。"言其违患之远也。光武侧席幽人，求之若不及，旌帛蒲车之所征贲，相望于岩中矣。若薛方、逢萌聘而不肯至，严光、周党、王霸至而不能屈。群方咸遂，志士怀仁，斯固所谓"举逸民天下归心"者乎！肃宗亦礼郑均而徵高凤，以成其节。自后帝德稍衰，邪佞当朝，处子耿介，羞与卿相等列，至乃抗愤而不顾，多失其中行焉。盖录其绝尘不反，同夫作者，列之此篇。

野王二老者，不知何许人也。初，光武贰于更始，会关中扰乱，遣前将军邓禹西征，送之于道。既反，因于野王猎，路见二老者节禽。光武问曰："禽何向？"并举手西指，言："此中多虎，臣每即禽，虎亦即臣，大王勿往也。"光武曰："苟有其备，虎亦何患。"父曰："何大王之谬邪！昔汤即桀于鸣条，而大城于亳；武王亦即纣于牧野，而大城于郏鄏。彼二王者，其备非不深也。是以即人者，人亦即之，虽有其备，庸可忽乎！"光武悟其旨，顾左右曰："此隐者也。"将用之，辞而去，莫知所在。

向长字子平，河内朝歌人也。隐居不仕，性尚中和，好通《老》、《易》。贫无资食，好事者更馈焉，受之取足而反其余。王莽大司空王邑辟之，连年乃至，欲荐之于莽，固辞乃止。潜隐于家。读《易》到《损》、《益》卦，喟然叹曰："吾已知富不如贫，贵不如贱。但未知死何如生耳。"建武中，男女娶嫁既毕，敕断家事勿相关，当如我死也。于是遂肆意，与同好北海禽庆俱游五岳名山，竟不知所终。

逢萌字子康，北海都昌人也。家贫，给事县为亭长。时尉行过亭，萌候迎拜谒，既而掷楯叹曰："大丈夫安能为人役哉！"遂去之长安学，通《春秋经》。时王莽杀其子宇，萌谓友人："三纲绝矣！不去，祸将及人。"即解冠挂东都城门，归，将家属浮海，客于辽东。

萌素明阴阳，知莽将败，有顷，乃首戴瓦盎，哭于市曰："新乎新乎！"因遂潜藏。及光武即位，乃之琅邪劳山，养志修道，人皆化其德。

北海太守素闻其高，遣吏奉谒致礼，萌不答。太守怀恨而使捕之。吏叩头曰："子康大贤，天下共闻，所在之处，人敬如父，往必不获，只自毁辱。"太守怒，收之系狱，更发它吏。行至劳山，人果相率以兵弩捍御，吏被伤流血，奔而还。后诏书征萌，托以老耄，迷路东西，语使者云："朝廷所以征我者，以其有益于政，尚不知方面所在，安能济时乎？"即便驾归。连征不起，以寿终。

初，萌与同郡徐房、平原李子云、王君公相友善，并晓阴阳，怀

德秽行。房与子云养徒各千人，君公遭乱独不去，侩牛自隐。时人谓之论曰："避世墙东王君公。"

周党字伯况，太原广武人也。家产千金。少孤，为宗人所养，而遇之不以理，及长，又不还其财，党诣乡县讼，主乃归之。既而散与宗族，悉免遣奴婢，遂至长安游学。

初，乡佐尝众中辱党，党久怀之。后读《春秋》，闻复仇之义，便辍讲而还，与乡佐相闻，期克斗日，既交刃，而党为乡佐所伤，困顿。乡佐服其义，舆归养之。数日方苏，既悟而去。自此敕身修志，州里称其高。

及王莽窃位，托疾杜门。自后贼暴从横，残灭群县，唯至广武，过城不入。

建武中，征为议郎，以病却职，遂将妻子居黾池。复被征，不得已，乃著短布单衣，谷皮绹头，待见尚书。及光武引见，党伏而不谒，自陈愿所志，帝乃许焉。

博士范升奏毁党曰："臣闻尧不须许由、巢父，而建号天下；周不待伯夷、叔齐，而王道以成。伏见太原周党、东海王良、山阳王成等，蒙受厚恩，使者三聘，乃肯就车。及陛见帝廷，党不以礼屈，伏而不谒，偃蹇骄悍，同时俱逝。党等文不能演义。武不能死君，钓采华名，庶几三公之位。臣愿与坐云台之下，考试图国之道。不如臣言，伏虚妄之罪。而敢私窃虚名，夸上求高，皆大不敬。"书奏，天子以示公卿。诏曰："自古明王圣主必有不宾之士。伯夷、叔齐不食周粟，太原周党不受朕禄，亦各有志焉。其赐帛四十匹。"党遂隐居黾池，著书上下篇而终。邑人贤而祠之。

初，党与同郡谭贤伯升、雁门殷谟君长，俱守节不仕王莽世。建武中，征并不到。

王霸字儒仲，太原广武人也。少有清节，及王莽篡位，弃冠带，绝交宦。建武中，征到尚书，拜称名，不称臣。有司问其故。霸曰："天子有所不臣，诸侯有所不友。"司徒侯霸让位于霸。阎阳毁之曰："太原俗党，儒仲颇有其风。"遂止。以病归。隐居守志，茅屋蓬户。连征不至，以寿终。

严光字子陵，一名遵，会稽余姚人也。少有高名，与光武同游学。及光武即位，乃变名姓，隐身不见。帝思其贤，乃令以物色访之。后齐国上言："有一男子，披羊裘钓泽中。"帝疑其光，乃备安车玄纁，遣使聘之。三反而后至。舍于北军，给床褥，太官朝夕进膳。

司徒侯霸与光素旧，遣使奉书。使人因谓光曰："公闻先生至，区区欲即诣造，迫于典司，是以不获。愿因日暮，自屈语言。"光不答，乃投札与之，口授曰："君房足下：位至鼎足，甚善，怀仁辅义天下悦，阿谀顺旨要领绝。"霸得书，封奏之。帝笑曰："狂奴故态也。"车驾即日幸其馆。光卧不起，帝即其卧所，抚光腹曰："咄咄子陵，不可相助为理邪？"光又眠不应，良久，乃张目熟视，曰："昔唐尧著德，巢父洗耳。士故有志，何至相迫乎！"帝曰："子陵，我竟不能下汝邪？"于是升舆叹息而去。

复引光入，论道旧故，相对累日。帝从容问光曰："朕何如昔时？"对曰："陛下差增于往。"因共偃卧，光以足加帝腹上。明日，太史奏客星犯御坐甚急。帝笑曰："朕故人严子陵共卧耳。"

除为谏议大夫，不屈，乃耕于富春山，后人名其钓处为严陵濑焉。建武十七年，复特征，不至。年八十，终于家。帝伤惜之，诏下郡县赐钱百万、谷千斛。

井丹字大春，扶风郿人也。少受业太学，通五经，善谈论，故京师为之语曰："五经纷纶井大春。"性清高，未尝修刺候人。

建武末，沛王辅等五王居北宫，皆好宾客，更遣请丹，不能致。信阳侯阴就，光烈皇后弟也，以外戚贵盛，乃诡说五王，求钱千万，约能致丹，而别使人要劫之。丹不得已，既至，就故为设麦饭葱叶之食，丹推去之，曰："以君侯能供甘旨，故来相过，何其薄乎？"更置盛馔，乃食。及就起，左右进辇。丹笑曰："吾闻桀驾人车，岂此邪？"坐中皆失色。就不得已而令去辇。自是隐闭不关人事，以寿终。

梁鸿字伯鸾，扶风平陵人也。父让，王莽时为城门校尉，封修远伯，使奉少昊后，寓于北地而卒。鸿时尚幼，以遭乱世，因卷席而葬。

后受业太学，家贫而尚节介，博览无不通，而不为章句。学毕，乃牧豕于上林苑中。曾误遗火延及它舍，鸿乃寻访烧者，问所去失，悉以豕偿之。其主犹以少。鸿曰："无它财，愿以身居作。"主人许之。因为执勤，不懈朝夕。邻家耆老见鸿非恒人，乃共责让主人，而称鸿长者。于是始敬异焉，悉还其豕。鸿不受而去，归乡里。

势家慕其高节，多欲女之，鸿并绝不娶。同县孟氏有女，状肥丑而黑，力举石臼，择对不嫁，至年三十，父母问其故。女曰："欲得贤如梁伯鸾者。"鸿闻而娉之。女求作布衣、麻屦，织作筐缉绩之具。及嫁，始以装饰入门。七日而鸿不答。妻乃跪床下请曰："窃闻夫子高义，简斥数妇。妾亦偃蹇数夫矣。今而见择，敢不请罪。"鸿曰："吾欲裘褐之人，可与俱隐深山者尔。今乃衣绮缟，傅粉墨，岂鸿所愿哉？"妻曰："以观夫子之志耳。妾自有隐居之服。"乃更为椎髻，著布衣，操作而前。鸿大喜曰："此真梁鸿妻也。能奉我矣！"字之曰德曜，名孟光。

居有顷，妻曰："常闻夫子欲隐居避患，今何为默默？无乃欲低头就之乎？"鸿曰："诺。"乃共入霸陵山中，以耕织为业，咏诗书，弹琴以自娱。仰慕前世高士，而为四皓以来二十四人作颂。

因东出关，过京师，作《五噫之歌》曰："陟彼北芒兮，噫！顾览帝京兮，噫！宫室崔嵬兮，噫！人之劬劳兮，噫！辽辽未央兮，噫！"肃宗闻而非之，求鸿不得。乃易姓运期，名燿，字侯光，与妻子居齐鲁之间。

有顷，又去适吴。将行，作诗曰："逝旧邦兮遐征，将遥集兮东南。心怊怅兮伤悴，志菲菲兮升降。欲乘策兮纵迈，疾吾俗兮作谗。竞举枉兮措直，咸先佞兮唲唲。固靡惭兮独建，冀异州兮尚贤。聊逍摇兮遨嬉，缵仲尼兮周流。傥云睹兮我悦，遂舍车兮即浮。过季札兮延陵，求鲁连兮海隅。虽不察兮光貌，幸神灵兮与休。惟季春兮华阜，麦含含兮方秀。哀茂时兮逾迈，愍芳香兮日臭。悼吾心兮不获，长委结兮焉究！口嚣嚣兮余讪，嗟恓恓兮谁留？"

遂至吴，依大家皋伯通，居庑下，为人凭舂。每归，妻为具食，不敢于鸿前仰视，举案齐眉。伯通察而异之，曰："彼佣能使其妻敬之如此，非凡人也。"乃方舍之于家。鸿潜闭著书十余篇。疾且困，告主人曰："昔延陵季子葬子于嬴博之间，不归乡里。慎勿令我子持丧归去。"及卒，伯通等为求葬地于吴要离冢傍。咸曰："要离烈士，而伯鸾清高，可令相近。"葬毕，妻子归扶风。

初，鸿友人京兆高恢，少好《老子》，隐于华阴山中。乃鸿东游思恢，作诗曰："鸟嘤嘤兮友之期，念高子兮仆怀思，想念恢兮爰集兹。"二人遂不复相见。恢亦高抗，终身不仕。

高凤字文通，南阳叶人也。少为书生，家以农亩为业，而专精诵

读，昼夜不息。妻尝之田，曝麦于庭，令凤护鸡，时天暴雨，而凤持竿诵经，不觉潦水流麦。妻还怪问，凤方悟之。其后遂为名儒。乃教授业于西唐山中。

邻里有争财者，持兵而斗，凤往解之，不已，乃脱巾叩头，固请曰："仁义逊让，奈何弃之！"于是争者怀感，投兵谢罪。

凤年老，执志不倦，名声著闻。太守连召请，恐不得免，自言本巫家，不应为吏，又诈与寡嫂讼田，遂不仕。建初中，将作大匠任隗举凤直言，到公车，托病逃归。推其财产，悉与孤兄子。隐身渔钓，终于家。

论曰：先大夫宣侯尝以讲道余隙，寓乎逸士之篇。至《高文通传》，辍而有感，以为隐者也，因著其行事而论之曰："古者隐逸，其风尚矣。颍阳洗耳，耻闻禅让；孤竹长饥，羞食周粟。或高栖以违行，或疾物以矫情，虽轨迹异区，其去就一也。若伊人者，志陵青云之上，身晦泥污之下，心名且犹不显，况怨累之为哉！与夫委体渊沙，鸣弦揆日者，不其远乎！"

台佟字孝威，魏郡邺人也。隐于武安山，凿穴为居，采药自业。建初中，州辟不就。刺史行部，乃使从事致谒。佟载病往谢，刺史乃执赞见佟曰："孝威居身如是，甚苦，如何？"佟曰："佟幸得保终性命，存神养和。如明使君奉宣诏书，夕惕庶事，反不苦邪？"遂去，隐逸，终不见。

韩康字伯休，一名恬休，京兆霸陵人。家世著姓。常采药名山，卖于长安市，口不二价，三十余年。时有女子从康买药，康守价不移。女子怒曰："公是韩伯休那？乃不二价乎？"康叹曰："我本欲避名，今小女子皆知有我，何用药为？"乃遁入霸陵山中。博士公车连征不至。

桓帝乃备玄缥之礼，以安车聘之。使者奉诏造康，康不得已，乃许诺。辞安车，自乘柴车，冒晨先使者发。至亭，亭长以韩征君当过，方发人牛修道桥。乃见康柴车辐巾，以为田叟也，使夺其牛。康即释驾与之。有顷，使者至，夺牛翁乃征君也。使者欲奏杀亭长。康曰："此自老子与之，亭长何罪！"乃止。康因中道逃遁，以寿终。

矫慎字仲彦，扶风茂陵人也。少好黄老，隐遁山谷，因穴为室，仰慕松、乔导引之术。与马融、苏章乡里并时，融以才博显名，章以廉直称，然皆推先于慎。

汝南吴苍甚重之，因遗书以观其志曰："仲彦足下：勤处隐约，虽乘云行泥，栖宿不同，每有西风，何尝不叹！盖闻黄老之言，乘虚入冥，藏身远遁，亦有理国养人，施于为政。至如登山绝迹，神不著其证，人不觌其验。吾欲先生从其可者，于意何如？昔伊尹不怀道以待尧舜之君。方今明明，四海开辟，巢许无为箕山，夷齐悔入首阳。足下审能骑龙弄凤，翔嬉云间者，亦非狐兔燕雀所敢谋也。"慎不答。年七十余，竟不肯娶。后忽归家，自言死日，及期果卒。后人有见慎于敦煌者，故前世异之，或云神仙焉。

慎同郡马瑶隐于沂山，以兔置为事。所居俗化，百姓美之，号马牧先生焉。

戴良字叔鸾，汝南慎阳人也。曾祖父遵，字子高，平帝时，为侍御史。王莽篡位，称病归乡里。家富，好给施，尚侠气，食客常三四百人。时人为之语曰："关东大豪戴子高。"

良少诞节，母不喜驴鸣，良常学之以娱乐焉。及母卒，兄伯鸾居庐啜粥，非礼不行，良独食肉饮酒，哀至乃哭，而二人俱有毁容。或问良曰："子之居丧，礼乎？"良曰："然。礼所以制情佚也，情苟不佚，何礼之论！夫食旨不甘，故致毁容之实。若味不存口，食之可也。"论者不能夺之。

良才既高达，而论议尚奇，多骇流俗。同郡谢季孝问曰："子自视天下孰可为比？"良曰："我若仲尼长东鲁，大禹出西羌，独步天下，谁与为偶！"

举孝廉，不就。再辟司空府，弥年不到，州郡迫之，乃遁辞诣府，悉将妻子，既行在道，因逃入江夏山中。优游不仕，以寿终。

初，良五女并贤，每有求姻，辄便许嫁，疏裳布被，竹笥木屐以遣之。五女能遵其训，皆有隐者之风焉。

法真字高卿，扶风郿人，南郡太守雄之子也。好学而无常家，博通内外图典，为关西大儒，弟子自远方至者，陈留范冉等数百人。

性恬静寡欲，不交人间事。太守请见之，真乃幅巾诣谒。太守曰："昔鲁哀公虽为不肖，而仲尼称臣。太守虚薄，欲以功曹相屈，光赞本朝，何如？"真曰："以明府见待有礼，故敢自同宾末。若欲吏之，真将在北山之北，南山之南矣。"太守惧然，不敢复言。

辟公府，举贤良，皆不就。同郡田弱荐真曰："处士法真，礼兼四业，学穷典奥，幽居恬泊，乐以忘忧，交蹈老氏之高踪，不为玄纁屈也。臣愿圣朝就加衮职，必能唱《清庙》之歌，致来仪之凤矣。"会顺帝西巡，弱又荐之。帝虚心欲致，前后四征，真曰："吾既不能遁形远世，岂饮洗耳之水哉？"遂深自隐绝，终不降屈。友人郭正称之曰："法真名可得闻，身难得而见，逃名而名我随，避名而名我追，可谓百世之师者矣！"乃共刊石颂之，号曰玄德先生。年八十九，中平五年，以寿终。

汉阴老父者，不知何许人也。桓帝延熹中，幸竟陵，过云梦，临沔水，百姓莫不观者，有老父独耕不辍。尚书郎南阳张温异之，使问曰："人皆来观，老父独不辍，何也？"老父笑而不对。温下道百步，自与言。老父曰："我野人耳，不达斯语。请问天下乱而立天子邪？理而立天子邪？立天子以父天下邪？役天下以奉天子邪？昔圣王宰世，茅茨采椽，而万人以宁。今子之君，劳人自纵，逸游无忌。吾为子羞之，子何忍欲人观之乎！"温大惭。问其姓名，不告而去。

陈留老父者，不知何许人也。桓帝世，党锢事起，外守黄令陈留张升去官归乡里，道逢友人，共班草而言。升曰："吾闻赵杀鸣犊，仲尼临河而反；覆巢竭渊，龙凤逝而不至。今宦竖日乱，陷害忠良，贤人君子其去朝乎？夫德之不建，人之无援，将性命之不免。奈何？"因相抱而泣。老父趋而过之，植其杖，太息言曰："吁！二大夫何泣之悲也？夫龙不隐鳞，凤不藏羽，网罗高悬，去将安所？虽泣何及乎！"二人欲与之语，不顾而去，莫知所终。

庞公者，南郡襄阳人也。居岘山之南，未尝入城府，夫妻相敬如宾。荆州刺史刘表数延请，不能屈，乃就候之。谓曰："夫保全一身，孰若保全天下乎？"庞公笑曰："鸿鹄巢于高林之上，暮而得所栖；鼋鼍穴于深渊之下，夕而得所宿，夫趣舍行止，亦人之巢穴也，且各得其栖宿而已，天下非所保也。"因释耕于垄上，而妻子耘于前。表指而问曰："先生苦居畎亩而不肯官禄，后世何以遗子孙乎？"庞公曰："世人皆遗之以危，今独遗之以安，虽所遗不同，未为无所遗也。"表叹息而去。后遂携其妻子登鹿门山，因采药不反。

赞曰："江海冥灭，山林长往。远性风疏，逸情云上。道就虚全，事违尘枉。"

列女传

——《后汉书》卷一一四

【说明】把众多妇女的事迹收集起来作为专门的一部分传记篇章编入正史，开始于范晔的《后汉书》。换句话说，"二十五史"中，《后汉书》是最早有《列女传》的一史。《后汉书》的这一做法开了后代许多史书设立《列女传》的先河。除《后汉书》之外，有《列女传》的史书还有下列十二种：《晋书》、《魏书》、《隋书》、《北史》、《旧唐书》、《新唐书》、《宋史》、《辽史》、《金史》、《元史》、《明史》、《清史稿》。

为妇女列传，始于汉代刘向。刘向撰有《列女传》一书，分母仪、贤明、仁智、贞顺、节义、辩通、孽嬖七类，用意在于宣扬封建礼教。刘向的《列女传》收集的范围是比较广的。《后汉书》以后史书中的《列女传》大体上都是以此为蓝本，但在侧重点上往往又有所不同。

《后汉书》的《列女传》中所收的妇女事迹，有个特点：比较重视有才学、品行的妇女。例如，历史上有名的才女班昭、蔡文姬就都在这里得到较多的记载。虽然也有曹娥那样为父殉死的记载，但总的来说"烈女"那种要死要活的挣扎在《后汉书》里并没有多少记载，体现出来的节烈观念似乎还是比较宽松的，蔡文姬的改嫁也并没影响她进入《列女传》。

　　《诗经》、《尚书》里所说的女性美德距今已经很远了。至于说贤惠的妃子有功于国君的施行美政，明白事理的妇人使家中的人和睦相处，品行卓绝的人弘扬清雅淳朴的风尚，坚贞的女子使鲜明纯洁的节操更加昭彰，那她们的美好之处并没有什么不同，但是世上的书籍都没有把她们的事迹记载下来。因此，自从中兴以后，把她的事迹收集起来，写成《列女篇》。象马、邓、梁后已经在前面的"纪"中记载了，梁意、李姬各自附在家传中，这一类，这里不再叙述。其余的只要才学、品行都特别突出优秀，不一定只具备一种操守，都在搜罗编述的范围。

　　勃海鲍宣妻子，桓氏的女儿，字少君。鲍宣曾经跟随少君的父亲读书。她父亲对他的清苦生活称奇，因此把女儿嫁给了他，并准备了丰厚的财物作为嫁妆。鲍宣不乐意，对他妻子说："少君你娇生惯养，习惯了漂亮的服饰，而我的确贫穷微贱，不敢接受这些礼物。"他妻子说："父亲大人因为先生你学行美德遵守简约，所以使贱妾我侍候您。既已经奉命服侍君子，我只听您的吩咐。"鲍宣笑着说："能做到这样，正合了我的心愿。"他妻子于是把所有的仆人服饰全部还给她父亲，改穿短的粗布衣裳，跟鲍宣一道拉着鹿车来到鲍家。拜见婆婆的礼仪一结束，她就提着罐子出去打水。她品行美好并谨守妇女规范，乡里邦人都称赞她。

　　鲍宣在哀帝时官做到了司隶校尉。儿子鲍永，中兴初年曾做鲁郡太守。鲍永的儿子鲍昱开玩笑地问少君说："祖奶奶难道还记得拉鹿车时的情景吗？"回答说："我死去的婆婆说过：'活着不能忘记死亡，安全时不能忘记有危险存在。'我怎么会忘掉了呢！"永、昱已经见于前边的传记。

　　太原王霸的妻子，不知道是姓什么的人的女儿。王霸从小树立了高尚的品德，光武帝时连续多次征召都没有出去做官。王霸已经见于《逸人传》。他妻子的志向行为也很美好。当初，王霸跟同郡人令孤子伯做朋友，后来子伯做了楚国的宰相。而他的儿子做了郡功曹（地方长官）。子伯于是命令他儿子拿着他的书信去见王霸，车马服饰随从，一派豪华景象。王霸儿子当时正在田野耕种，听说有宾客来了，放下农具就回了家，见到令孤的儿子，沮丧惭愧不敢仰脸看他。王霸看到他这副模样，流露出惭愧的样子，客人离开后，很长时间都躺着不起来。他妻子感到奇怪，问他什么原因，开始时不肯告诉她，她妻子向他请罪，他才说："我跟子伯向来就不一样，刚才看见他的儿子容貌服饰都有光彩，言谈举止都很恰当，而我的儿子们蓬乱着头发裂着嘴巴，不懂得礼仪规矩，见到客人有羞愧的脸色。只是因为父子恩情深厚，才不知不觉地就失态了。"他妻子说："您从小培养清高的品德，不考虑荣禄。现在子伯的富贵怎么比得上您的高尚呢？怎么反倒忘了素来的志向而替女儿感到羞愧呢！"王霸坐起来笑着说："讲得有道理。"就一起终身过着隐居遁世的生活。

　　广汉人姜诗的妻子，是同郡人庞盛的女儿。姜诗事奉母亲十分孝顺，他妻子事奉孝顺更加诚恳。母亲喜欢喝江水，而江水离住处六七里路，他妻子常常去江边挑水。后来有一次遇上大风，没能及时回家。母亲口渴，姜诗责怪她并且休了她。他妻子于是寄住在邻居家里，日夜纺织，买了好吃的东西，让邻居家母亲用自己名义送给她的婆婆。这样过了很久，婆婆感到奇怪，问邻居的母亲，邻居的母亲讲了实情。婆婆感慨惭愧把她叫回家里，亲爱赡养更加恭谨。她儿子后来因为到远处打水溺死了，他妻子怕婆婆哀伤，不敢告诉她。而假说出去游学了不能呆在家里。婆婆喜欢吃鲙鱼，但又不喜欢一个人吃，夫妇二人常常努力劳动以供给鲙鱼，招呼邻家母一起分享。房屋旁边忽然出现了涌泉，味道跟江水一样，每天早晨涌出两条鲙鱼，常常可以供给两位妇人的饭食。赤眉军的散兵经过姜诗的家乡，没有停留就远去了，并说："惊动大孝的人家一定会冒犯了鬼神。"当时正是荒年，贼人于是赠送姜诗米和肉，他接受后把它们埋在地下，邻近村落都托他的福而安然无损。

永平三年，考察孝廉，显宗下诏令说："大孝的人提拔到朝廷做官，所以发现并推荐的人也都得到同样的待遇。"因此，都被任命为郎中的官。姜诗被封为江阳县令，死在任上。他所居住治理的地方，老百姓为他立了祀堂。

沛郡人周郁的妻子，是同郡人赵孝的女儿，字阿。从小学习礼仪训诫，对做女人的道理很娴熟，而周郁却骄傲淫荡轻薄浮躁，做了很多不合礼仪的事情。周郁的父亲周伟对赵阿说："你是贤人的女儿，应当用道理来扶助丈夫。周郁不能改过，是你的过错。"阿行着礼接受了命令，去后对身边的人说："我没有樊姬、卫姬的德行，因此他老人家来要求我。我说了话而没有效果，他老人家一定说没有奉行他的教导命令，那么罪责也我身上。如果我的话有了效果，那是让儿子违背他父亲却顺从了妻子，那么，罪过就在他身上了。这样活着，又有什么意思呢！"于是自杀了。没有人不为她感到悲哀。

扶风人曹世叔的妻子，是同郡人班彪的女儿，名昭，字惠班，一名姬。学问广博，天赋也高。曹世叔死得早，为人有气节德行，做事合乎法度。她哥哥班固著《汉书》，其中八个表及《天文志》没来得及写完就死了。和帝下令让班昭到东观藏书阁继续完成这部书。和帝多次征召她入宫，命令皇后以及各位贵人跟她学习，号称大家。每当遇到有人向皇帝进贡奇异的东西，就命令大家写赞颂的文章。到邓太后临朝执政时，她参与商量政治大事。因为她进出勤勉，特别加封她的儿子成为关内侯，官做到齐地的宰相。当时《汉书》刚刚传出，人们都不能通读，同郡人马融伏身在楼阁下面，跟班昭学习句读，后来又命令马融的哥哥马续接替班昭完成这件事。

永初中年，太后的哥哥大将邓骘因为母亲去世，上书请求回家尽孝，太后不想同意，把这事问班昭。班昭于是上了一道奏章，说："在下私心里想，皇太后陛下亲身倡导了盛大的美德，使唐、虞时的政治更加兴隆，打开四门和耳朵，采用狂傲的人的不明智的话，接纳微贱的人的谋略，贱女昭因为愚钝老朽，身处隆盛清明的时候，胆敢不披露肝胆，以效万分之一的劳？我听说谦让是最高尚的品德，因此，文献都记述它的美好，神祇为它降福。从前伯夷、叔齐离开国家，天下的人都叹服他们清廉高尚；吴太伯离开邠地，孔子称赞他三次禅让。因此使美好的品德更加光亮明白，扬名后世。《论语》说："能凭礼让替国家利益考虑，从事政治活动就更不在话下了。"由此看来，推广谦让的诚意，就能达到远大的目标了。现在四个舅舅深沉地坚持忠孝之道，自己引退，但您因为边境没有宁静，拒绝不答应；假如今后有丝毫的过错，我的确耽心推让的名声不能再得到了。借着我能见到您，所以冒死竭尽我的愚钝心意。自己知道我的话不值得采纳，只是为了说出虫蚁一样的赤心。"太后听从了她，并答应了她的哥哥。于是邓骘等人各自回到了家乡定居。

班昭写了《女诫》七篇，有助内训。文章说：

鄙人愚昧不明事理。接受能力迟钝，承蒙先父的余宠，依赖

着母亲老师的教导。十四岁时，嫁给了曹氏，到今天已经四十多年了。战战兢兢，常常害怕被斥逐，因此增加父母的耻辱和内外的累赘。日夜操劳心思，勤勉不敢说劳苦，而从今往后，才知道免去了耽忧操劳。我本性粗疏冥顽，教育子女没有经验，常怕子谷对不起政治清明的朝廷。皇家的恩惠出乎意料地加给我，过于隆重地赏赐给我金印紫绶，实在不是鄙人所期望的啊。儿子已经能为自己考虑了，用不着我再担心。只是耽忧女儿们正该嫁人的时候，却没有逐步训导教诲，没让她们了解做女人的礼数，害怕她们在别人家不被容纳，让宗族蒙受耻辱。我今天病得沉重，性命没有保障，想想你们这样，每每因此感到惆怅。空闲的时候写了《女诫》七章，希望各位女儿各写一遍，大概会有好处，使之能帮助你自己。过去的已经过去了，希望相互学习，相互勉励！

《卑弱第一》：古时候生女儿后三日，睡在床下，手里把弄砖瓦，吃斋祷告。睡在床下，表明她卑下软弱，充当低一等的人，把弄砖瓦，表明她需要学习的劳动，负责执行勤杂事务。吃斋向先人祷告，表明能够主持继承祖先的祭祀仪式。这三方面，就是做女人不变的道，就是礼制法度典礼教导了。谦让恭敬，先人后己，做了好事不自我吹嘘，做了坏事不推卸过错，忍受屈辱包容委屈，常常象是很害怕，这就叫卑贱软弱的下等人啊。晚睡早起，不怕夙兴夜寐，执行私家事务时，不推辞难做的事情，要做一定做成功，亲手整治处理，这就叫执行勤杂事务。脸色纯洁操守端庄，去事奉丈夫，清静自处，不喜欢嬉戏玩笑，准备清洁齐备的酒食，用来供奉祖宗，这叫继承祖先负责祭祀。如果具备了这三个方面，却担心名字不传扬四方，斥逐耻辱降在身上，这样的事

情没有见过。如果这三方面没有做到，有什么名声可以传扬，斥逐耻辱又怎么能够不降临呢！

《夫妇第二》：夫妻的道，配合阴阳，跟神明沟通，的确是天地的大道理，人伦关系的重要节操。因此，《礼》看重男女之间的关系，《诗经》宣扬《关雎》的道理。从这里说，不能不看重它。丈夫不贤明，就无法指使妻子，妻子不贤惠，就无法侍候丈夫。丈夫不指使妻子，威仪就废弃残缺；妻子不侍候丈夫，道义真理就毁坏不齐。比较这两件事，它们的功能是一样的。看看当今的君子，只知道妻子妇女的不能不指使，威仪的不能不整顿，所以在教育他们儿子时，用古书传记来对照，但是不懂得丈夫必须侍候，礼义也必须保存。只教育儿子，而不教育女儿，不是不明白彼此关系的规律吗！《礼》，八岁时开始教育他们的书，十五岁就可以开始正式的学习了。难道单单不能依据这个把它当作法则吗！

《敬慎第三》：阴阳性别不同，男女行为相异。阳性以刚强作为品德，阴性以柔韧作为用场，男性以强健为贵，女姓以柔弱为美。因此民间谚语说："生男如狼，犹恐他不威风；生女如鼠，仍担心他太凶猛。"但是，修正自身不如恭敬，躲避强敌不如顺从。因此说恭敬顺从的道，是妇女的大礼。那恭敬不是别的，是持久的意思。那顺从不是别的，宽裕的意思。持久，就是懂得止步知足。宽裕，就是对地位比自己低的人能尊重。夫妻和好，一生都不分离。在房间室内周旋相处，就会产生矛盾。矛盾一产生，说话就会过了头。说话一过头，骄纵放肆一定出现。骄纵放肆一出现，欺侮丈夫的想法就会产生。这是因为不懂得止步知足的缘故。事情总有曲直的区别，言语总有个是非的分别。直的不能不坚持，曲的不能不辩解。有了辩解与坚持，就会有愤怒的事情了。这是因为不注意待下人恭敬有礼啊。欺负丈夫没有节制，于是就谴责呵斥他，怒气还消不掉，接着就动手打人。大凡做了夫妻，讲道理是为了和好亲爱。施恩情是为了相处美满，相打一开始，还有什么道理？谴责呵斥的话一说出口，又什么恩情可说？恩情道理都没有了，夫妻也就分离了。

》妇行第四》：女性有四种品行，一叫妇女的品德，二叫妇女的言语，三叫妇女的姿容，四叫妇女的功课。至于说妇女的品德，不一定非得才智聪明都卓绝奇特；妇女的言语，不一定非得能言善辩；妇女的姿容，不一定非得容貌美丽；妇女的功课，不一定非得精工巧妙超过别人。清静优闲贞洁宁静，坚持操守坚定不移，一行一止避开耻辱，一动一静符合法度，这就叫妇女的品德。说话有所选择，不说人坏话，别人许可然后说出，不讨人嫌，这就叫妇女的言语。洗漱掉尘土污秽，服饰鲜明整洁。按时沐浴，身体保持清洁不受肮脏污辱，这就叫妇女的姿容，专心纺织，不喜欢随意说笑，用清洁干净的斋饭酒食来招待宾客，这就叫妇女的功课。这四项，是女人的重要品格，因此不能少了它们。但是做起来是很容易的，只要用心去做。古人说："仁爱很遥远吗？我想做到仁爱，仁爱就会有了。"说的就是这个道理。

《专心第五》：《仪礼》这书里，有丈夫第二次娶妻的道理，没有妻子第二回嫁人的文字，因此说丈夫就是天。天自然是逃避不了的。丈夫自然也是不能脱离的。行为违背了神祇，天就会惩罚她；礼仪道理有了过错，丈夫就会疏远她。因此《女宪》说："让一个人满意了，就会永远妥贴；让一个人不满意了，就会永远完结。"由此说来，对丈夫不能不求取他的心。但所要得到的，也不是指巧言谄媚的苟且亲近，那当然不如专心正色。讲究礼仪家居整洁，耳朵里没有路上听来的话，眼睛里没有淫邪的视钱，出门没有妖艳的打扮，回到屋里没有弃置不用的首饰，不成群地聚集同辈人，不窥视门户以外，这就叫专心正色了。至于说举止轻率脱略，眼睛飘忽不定，到了屋里就头发蓬乱样子难看，出门就打扮妖艳举动轻佻，说些不该说的话，看些不该看的事物，这就叫不能专心正色了。

《曲从第六》：所谓让一个人满意了，就永远妥贴；让一个人不满意了，就永远完结。这是劝人坚定志向专一心思的话。公婆的心思，难道是可以失掉的吗？事物有时候会恩爱而离异的，也有合乎道理却破坏了的。丈夫虽然说恩爱，公婆不说好，这就是所谓合乎道理却也会坏事的。但是，公婆的心思又怎么样呢？自然最好是委曲顺从。婆婆说不对的事是对的，当然应该听从；婆婆说对的事错了，还是应该听她的话。不去违背是非，也不争执辩解曲直，这就是所谓的曲从了。所以《女宪》说："妻子如同影子和回响，怎能不得到赞扬。"

《和叔妹第七》：妻子让她丈夫感到满意，那是由于公婆喜欢自己；公婆喜欢自己，那是由于叔叔妹妹说自己的好话。由此说来，对我的说好说坏，都由叔叔妹妹决定，叔叔妹妹的心也不能失去。人们都不懂得叔叔妹妹的心不能失掉，因而不能与他们和好来求得亲近，真是不明智啊！人当然不是圣人，很少有人能不犯错误。因此颜回的可贵之处在于他能够改正，孔子夸奖他同样的错误不犯两次，便何况女人呢？即使有着贤女的品行，聪明智慧的禀赋，但是能万无一失吗！所以，同屋的人和好，诽谤就被掩盖住了，内外分离坏名声就会传扬出去了。这是必然会发生的。《易》说："二人同心，其利（锋利）断金。同心之言，其臭（香气）如兰。"说的就是这个道理。嫂子与妹妹，处境不同却能相互尊敬，恩情疏远在道义上却能亲近。如果是贤淑谦和的人，就能凭着道义使友好加强，加重恩情来结成援军，使美好的方面更加显著明白，而不好的方面则被掩盖起来，公婆同情亲善，而丈夫赞扬她的好处，声誉就会在乡邻之间传扬，父母也会感到光荣。至于那些愚蠢的人，做嫂子就借着身份自高自大，做妹妹就仗着得宠骄横。骄横一旦做出，还谈什么和好！恩情道义一旦不协调，还会有什么赞誉出现！因此就会美好的方面被掩盖起来，而过错则会被张扬开去，婆婆生气丈夫也跟着发怒，内外人都说坏话，耻辱都会集中到她身上，继续生活下去就会增加父母的羞耻，被遣回家就会更让丈夫受连累。这一条的确是荣耀和受辱的根本，美誉恶名的基础。能不慎重吗！而讨得叔叔妹妹的欢心，自然没有比谦虚和顺更好的办法。谦虚是美德的把儿，和顺是妻子的品行。有了这两点，足以和好了。《诗经》说："在那里不讨人嫌，在这里不遭人厌。"说的就是这个道理。

马融认为它写得好，命令妻子女儿们学习这文章。

班昭女婿的妹妹曹丰生，也有才学而且贤惠，写了书信去跟班昭讨论，文笔也有可观之处。

班昭七十多岁时死去，皇太后穿着素服表示哀悼，派使者监督维护丧事。她所写的赋、颂、铭、诔、问、注、哀辞、书、论、上疏、遗令，共十六篇。儿媳妇丁氏替她结成文集，并且作了一篇《大家赞》

附在里边。

河南乐羊子的妻子，不知道是谁家的女儿。羊子有一次走路，捡到一块金子，回到家就给了他妻子。他妻子说："我听说志士不喝名叫盗泉的泉水，廉洁的人不接受嗟来之食，何况是捡别人丢掉的东西来得到好处，以致玷污其品行呢？"羊子非常惭愧，就把金子扔回野地，而出远门去寻师学习。一年后回到家里，他妻子跪下问他什么原因。羊子说："出门久了就想念家里，没有别的。"他妻子就拿起刀子跑到织布机旁说道："这布出自蚕茧，成于机杼，由一根丝开始往上加，就会织成一寸，由一寸不断往上加，就织成了一丈一匹。现在如果砍断这些，就会前功尽弃，拖延空耗时日，读书人积累学识，应当每天都清楚自己缺少什么，这样去接近美好的品德。如果中途回家，跟砍断这些丝有什么不同呢？"羊子被她的话打动了，回去完成学业，于是七年不回家。妻子一直亲自操劳奉养婆婆，并且老远地给羊子送吃食。

有一次别人家的鸡走错了路跑到园里，婆婆偷着把它杀吃了，妻子对着鸡不吃却反而哭了。婆婆感到奇怪，问她原故。妻子说："为自己家穷，却能吃别人家的肉而感到伤心。"婆婆最后把鸡肉倒了。

后来有强盗想侵犯她，就先劫持了她婆婆。他妻子听说后，握着刀子就冲出去。强盗说："放下你的刀，顺从我就可以保全性命，如果不顺从我，就杀了你婆婆。"他妻子仰天叹息，举起刀子刎颈而死。强盗也没有杀掉她婆婆。太守听到这件事，就捕捉那强盗并杀了他，赏赐给羊子妻子细绢类丝织品，根据礼数埋葬了她，称之为"贞义"。

汉中人程文矩的妻子，是同郡人李法的姐姐，字穆姜。她有两个儿子，她丈夫前妻有四个孩子。文矩做安众县令时，死于任上。四个孩子因为母亲不是自己的亲生母亲，憎恨诽谤一天比一天厉害，而穆姜慈祥爱护温厚仁爱，抚养爱护也更加殷勤。衣食费用的供给都比他自己所生的儿子多出一倍。有人对她说："那四个孩子太不孝顺了，为什么不把他们分开住，来疏远他们呢？"她回答说："我正在用道理来诱导，让他们自己变好。"等到前妻长子兴生病非常困难时，母亲真诚地动了恻隐之心，亲自调作药物饭食，恩情实在细致。兴生了很长时间的病才痊愈，于是叫了三位弟弟对他们说："继母的慈祥仁爱，出于本性。我们兄弟不理解她的养育之恩，心象禽兽一样狠。即使母亲的道义越来越隆重了，我们的过错罪恶也已经很深了！"于是带着三个弟弟去了南郑的监狱，陈述母亲的美德，交待自己的罪过，请求给他们以惩罚。县把这件事报告给郡，郡的长官表扬了他们的母亲的特异品格，免除了他们家的徭役，遣散了四个孩子，让他们修身改过，从此以后对他们的教育更加明确，都成为有品行的人。

穆姜八十多岁时死去。临终时告诫孩子们说："我弟弟伯度，是聪明贤达的读书人。他论述薄葬，其道理非常正确。并且临死时留下命令，是贤明圣智的法度，我要你们遵从他的话，不要跟世俗一样，给我增添累赘。"她的孩子们都听从了她的话。

孝女曹娥，是会稽上虞人。父亲盱，会弹琴唱歌，做巫祝。汉安帝二年五月五日，在县城的江上迎着波浪歌舞着迎接江神，溺水而死，找不到尸体。曹娥当年十四岁，于是沿着江边呼喊哭泣，日夜不停，十七天后，就跳江死了。到元嘉元年，县长度尚把曹娥改葬在江南边的路旁，替她立了块碑。

吴地人许升的妻子，是吕氏的女儿，字荣。许升年轻时候是赌徒，操守德行不注意，荣曾经亲自为家业勤劳，用以赡养她婆婆。多次规劝许升修身学习，每次遇到不好的事情，往往哭着进言规劝。荣的父亲向来愤恨许升，于是叫过荣想将她改嫁。荣叹息说："命运所遭遇的，从道义上讲不能离弃第二次嫁人！"最终也不肯回家。许升感激她并自己勉励。于是寻找老师远出求学，终于成名。不久被本州征召任命，走到寿春，在路上被强盗杀害。刺史尹耀捕捉到了强盗，荣在路上迎丧，听说后到了州上，请求惩罚仇人以偿心愿。尹耀答应了她。荣就亲手砍断了强盗的头，用来祭奠许升的灵魂。后来郡上被寇贼占领，贼人想侵犯她，荣越过围墙逃跑，贼人拔出刀子追赶她。贼人说："顺从我就可以活，不顺从就得死。"荣说："为了道义不能让身体受到寇虏的污辱！"于是被杀害了。这天疾风暴雨，雷电晦暝。贼人惶惑恐惧叩头谢罪，于是殡葬了她。

汝南人袁隗的妻子，是扶风人马融的女儿，字伦。伦从小有才能，口才也好。马融家历代都是富家，嫁妆很丰盛。到刚完成婚礼时，袁隗问她说："妇人不过侍弄簸箕条帚罢了，何必这样过分珍奇美丽呢？"回答说："仁慈的亲人体恤怜爱，我不敢违抗命令。你如果要羡慕鲍宣、梁鸿的清高，我也请求让我仿效少君、孟光的事迹。"袁隗又说："弟弟比哥哥先被提拔，世人以为可嘲笑。现在姐姐没有嫁出去，妹妹先行嫁人可以吗？"回答说："我姐姐行为卓绝，没有遇到嫁的匹配，不象鄙陋浅薄的我，只是苟且罢了。"又问道："南郡君学业精通深奥的道义，文章成为宗师，但他担任的职务，却因为财货受到攻击，为什么？"她回答说："孔子是大圣人，免不了叔孙武叔的诽谤；子路是最贤明的，还有公伯寮向季孙诉怨。我父亲有这样的遭遇，不是很正常吗？"袁隗因说不过她而默不作声，帐外听见的人都感到惭愧。袁隗在当时受宠而贵，马伦在世上也有名声。她六十多岁时死去。

马伦的妹妹马芝，也有才学道义。小时候死了，长辈亲人，因为

怀念，就写了《申情赋》。

　　酒泉的庞淯的母亲，是赵某的女儿，字娥。她父亲被同县人杀害，而赵娥兄弟三人，当时都为父亲的死悲痛伤心，仇人高兴地庆贺自己，以为不向自己报仇了。娥暗暗怀着仇恨愤怒，于是暗地里准备了刀子兵器。经常藏在有帏布的车子里等候仇人的到来。十多年没有等到机会。后来在都亭相遇，就刺杀了他。接着到县里自首。说："父亲的大仇已经报了，请求惩罚我。"禄福县长尹嘉认为她的行为是合乎道德的，解下官印绶带准备跟她一同逃亡。娥不肯离开。说："怨恨消除了去死掉，是我的应得；根据罪状判刑，是您的正常时务。怎么敢苟且偷生，来歪曲国家的法律！"后来遇到大赦免于刑罚。州郡表扬她的里巷。太常博士官张奂嘉许赞叹，用成捆的布帛送给他。

　　沛县刘长卿的妻子，是同郡人桓鸾的女儿。生了一个儿子，五岁时长卿死了，他妻子为了防止外人起疑心，不肯回到娘家。儿子快十六岁时又死了。他妻子担心很难不被改嫁，就先割了自己的耳朵发誓。同宗的妇女们都同情她，对她说："你家里实在没有别的用意；如果有，还可以借助于婆婆姐姐妹妹去表明你的忠诚，为什么要为了看重道义而如此轻慢身体呢！"回答说："从前我的五代祖先，学业上是儒学的宗师，有着皇帝老师的尊贵。五代以来，历代不变，男子以忠孝著名，女子以贞顺为人称颂。《诗经》说："不要玷污你的祖宗，要学习他们的品德。"因此，事先自己刑罚自己，来表明我的心情。"沛地相王吉向朝廷报告了她高尚的行为，表扬她的里巷，号称"行义桓寡妇"，县邑每逢祭祀活动总要给她送去多余的祭肉。

　　安定人皇甫规的妻子，不知道是哪家的女子。皇甫规当初死了妻子，后来又另娶了她。他妻子善于写文章，会草书，常替皇甫规代写

书信札记，人们都称赞她字迹工巧。到皇甫规死的时候，他妻子还是中年，而且容貌美好。后来董卓做了相国。爱慕她的名声，娉礼用了一百辆有帷幕和盖子的车子，二十四马，奴婢钱帛塞满道路。皇甫规妻子于是穿着随便的衣服到了董卓的门前，跪着陈述情怀，言辞非常辛酸悲怆。董卓指使手下人都拔出刀子围住她，并对她说："我的威力教化，要让全国风靡，怎么能在一个女人身上行不通呢！"皇甫规妻子明白摆脱不了，就站起来痛骂董卓："你是羌胡少数民族的种，毒害天下还不满足吗！我的祖先，历代都有清高的品德。皇甫规文武都是上等人材，是汉朝廷的忠臣。你父亲难道不是他手下的官吏吗？竟胆敢对你太君夫人做非礼的事！"董卓于是把车子拉到庭院中，把她的头悬挂在车辕上，不断用鞭棍打她。皇甫规妻子对拿着棍子的人说："为什么不用力点呢？快点打死就算你恩惠。"于是死在棍下。后人给她画了像，号为"礼宗"。

南阳人阴瑜的妻子，是颍川人荀爽的女儿，名采，字女荀。聪明灵敏又有才艺。十七岁时，嫁给阴瑜。十九岁时生了一个女儿，而阴瑜却死了。荀采当时还年轻，常担忧被自己家里逼迫，自己防御很强。后来同郡人郭奕死了妻子，荀爽把她许配给他，故意谎称自己病得很重，把荀采叫回家。既然不得已要回去，就在怀里藏着刀子暗中发誓。荀爽命令佣人抓住她并夺下她的刀子，扶抱着用车载她，还担心她一时愤激，守卫很严密。她到郭家后，装出高兴的样子，对身边的人说："我原来立下志向要跟阴氏死后葬在同一墓穴中，但摆脱不了被逼迫，到了这个地步，我的心愿实现不了，怎么办？"于是命人点起四盏灯，换上盛妆，请郭奕进来相见，一块说话，说个不停。郭奕对她又尊敬又害怕，于是不敢相逼。荀采于是命令佣人们准备洗澡用具。进屋后

把窗户也关上，暂时让仆人回避一下，用化妆粉在门扇上写"尸还阴"（尸体还给阴氏）三个字。"阴"字没有写好，害怕人进来，就用衣带上吊死了。佣人们都不当回事，等到看见时，已经断气了，当时人们都为她感到悲伤。

犍为人盛道的妻子，是同郡人赵某的女儿，字媛姜。建安五年，益部发生暴乱，盛道聚众起兵，事情失败，夫妻二人都被捉拿，将要处死。媛姜半夜告诉盛道说："法律有规定的刑罚，一定没有活下去的指望，你可以赶快逃跑，成家立业，我一人留在狱中，代替你抵罪。"盛道犹豫不决。媛姜就解开盛道身上的镣铐，替他准备了粮食财物。他们的儿子当时五岁，让盛道抱着他逃跑。媛姜代替盛道守夜，应对回答都没有露破绽。估计盛道已经走远，就把实情告诉官吏，当时就被杀害了。盛道父子逢大赦回家。盛道被她的义气所感动，终身不再娶妻。

孝女叔先雄，是犍为人。父亲泥和，永建初年做过县功曹的官。县长派遣泥和拿着信件去见巴郡太守，乘船时落入急流中溺死，找不到尸首。叔先雄感念悲痛，日夜哭喊，心里也不想再活下去，一直有投水自杀的念头。她生了两个孩子，都只几岁，叔先雄于是为他们各自做一个口袋，装上珠环系住孩子，几次说过诀别的话。家里人一直提防着她，经过一百多天以后才稍微松懈，叔先雄乘着小船，在父亲落水的地方痛哭，后来投水自杀了。她弟弟，当夜梦见叔先雄跟他说："分别后六日，应当跟父亲一同出现。"到那个时候等着，果然与她父亲抱在一起，浮出江面。郡县都赞扬了她，为叔先雄立了碑，把她的像画在上面。

陈留人董祀的妻子，是同郡人蔡邕的女儿，名琰，字文姬，博学多

才，善于言辞，又精通音律，嫁给河东人卫仲道。丈夫死后没有孩子，回到家中。兴平年间，天下丧乱，文姬被胡人的骑兵俘虏，没收给了南匈奴左贤王，在胡地生活了十二年，生了两个孩子。曹操一向与蔡邕友善，为她没有后代感到伤心，就派遣使节用金银玉璧赎还她，而重新嫁给董祀。

董祀做屯田都尉时，犯了法应当处死，文姬去找曹操替他求情。当时公卿名士远方使节坐了满满一屋，曹操对客人们说："蔡伯喈的女儿在外边，现在让各位见见她。"等到文姬进来时，头发蓬乱地走着进来，叩头请罪，声音清脆，言辞动听，意思非常酸楚悲哀，众人都被她感动得变了脸色。曹操说："我的确同情你，但是文书状子已经发下去了，怎么办？"文姬说："您马厩里有上万匹马，如虎一般勇猛的兵士树林一样多，为什么怜惜坏一匹马的腿，却不去救一条快要死掉的性命呢！"曹操被她的话打动了。于是派人追回董祀并原谅了他的罪。当时天快要冷起来了，赐给她头巾鞋子袜子。曹操顺便问她说："听说夫人家里从前有很多古书，还能记住认识它们吗？"文姬说："从前我死去的父亲赐给我四千多卷书，流离涂炭，没有保存下来的了。现在能够背诵的，只有四百多篇了。"曹操说："现在我让十名官吏跟夫人把它们记下来。"文姬说："我听说男女的分别，按照礼制不应该当面传授。请求提供纸笔，用楷书还是用草书就听您吩咐了。"于是缮写出来，文字没有遗漏错误的。后来感伤乱离，追怀悲愤，作了二首诗。

（丁启阵 译）

【原文】

诗书之言女德尚矣。若夫贤妃助国君之政，哲妇隆家人之道，高士弘清淳之风，贞女亮明白之节，则其徽美未殊也，而世典咸漏焉，

故自中兴以后，综其成事，述为《列女篇》。如马、邓、梁后别见前纪，梁冀、李姬各附家传，若斯之类，并不兼书。余但搜次才行尤高秀者，不必专在一操而已。

勃海鲍宣妻者，桓氏之女也，字少君。宣尝就少君父学，父奇其清苦，故以女妻之，装送资贿甚盛。宣不悦，谓妻曰："少君生富骄，习美饰，而吾实贫贱，不敢当礼。"妻曰："大人以先生修德守约，故使贱妾侍执巾栉。既奉承君子，唯命是从。"宣笑曰："能如是，是吾志也。"妻乃悉归侍御服饰，更著短布裳，与宣共挽鹿车归乡里。拜姑礼毕，提瓮出汲。修行妇道，乡邦称之。

宣、哀帝时官至司隶校尉，子永，中兴初为鲁郡太守。永子昱从容问少君曰："太夫人宁复识挽鹿车时不？"对曰："先姑有言：'存不忘亡，安不忘危。'吾焉敢忘乎！"永、昱已见前传。

太原王霸妻者，不知何氏之女也。霸少立高节，光武时，连征不仕。霸已见《逸人传》。妻亦美志行。初，霸与同郡令孤子伯为友，后子伯为楚相，而其子为郡功曹。子伯乃令子奉书于霸，车马服从，雍容如也。霸子时方耕于野，闻宾至，投来而归，见令孤子，沮怍不能仰视。霸目之，有愧容，客去而久卧不起。妻怪问其故，始不肯告，妻请罪，而后言曰："吾与子伯素不相若，向见其子容服甚光，举措有适，而我儿曹蓬发历齿，未知礼则，见客而有惭色。父子恩深，不觉自失耳。"妻曰："君少修清节，不顾荣禄，今子伯之贵孰与君之高？奈何忘宿志而惭儿女子乎！"霸屈起而笑曰："有是哉！"遂共终身隐遁。

广汉姜诗妻者，同庞盛之女也。诗事母至孝，妻奉顺尤笃，母好饮江水，水去舍六七里，妻常泝流而汲。后值风，不时得还，母渴，诗

责而遣之。妻乃寄止邻舍，昼夜纺绩，市珍羞，使邻母以意自遗其姑。如是者久之，姑怪问邻母，邻母具对。姑感惭呼还，恩养愈谨。其子后因远汲溺死。妻恐姑哀伤，不敢言，而托以行学不在。姑嗜鱼鲙，又不能独食，夫妇常力作供鲙，呼邻母共之。舍侧辄有涌泉，味如江水，每旦忽出双鲤鱼，常以供二母之膳。赤眉散贼经诗里，逡巡而过，曰："惊大孝必触鬼神"。时岁荒，贼乃遗诗米肉，受而埋之，比落蒙其安全。

永平三年，察孝廉，显宗诏曰："大孝入朝，凡诸举者一听平之。"由是皆拜郎中。诗寻除江阳令，卒于官。所居治，乡人为立祀。

沛郡周郁妻者，同郡赵孝之女也，字阿，少习仪训，闲于妇道，而郁骄淫轻躁，多行无礼。郁父伟谓阿曰："新妇贤者女，当以道匡夫。郁之不改，新妇过也。"阿拜而受命，退谓左右曰："我无樊卫二姬之行，故君以责我。我言而不用，君必谓我不奉教令，则罪在我矣。若言而见用，是为子违父而从妇，则罪在彼矣。生如此，亦何聊哉！"乃自杀，莫不伤之。

扶风曹世叔妻者，同郡班彪之女也，名昭，字惠班，一名姬。博学高才。世叔早卒，有节行法度。兄固著《汉书》，其八表及《天文志》未及竟而卒，和帝诏昭就东观臧书阁踵而成之。帝数召入宫，令皇后诸贵人师事焉，号曰大家。每有贡献异物，辄诏大家作赋颂。及邓太后临朝，与闻政事。以出入之勤，特封子成关内侯，官至齐相。时《汉书》始出，多未能通者，同郡马融伏于阁下，从昭受读，后又诏融兄续继昭成之。

永初中，太后兄大将军邓骘以母忧，上书乞身，太后不欲许，以问昭。昭因上疏曰："伏惟皇太后陛下，躬盛德之美，隆唐虞之政，辟四门而开四聪，采狂夫之瞽言，纳刍荛之谋虑。妾昭得以愚朽，身当盛明，敢不披露肝胆，以效万一，妾闻谦让之风，德莫大焉，故典坟述美，神祇降福。昔夷齐去国，天下服其廉高；太伯违邠，孔子称为三让。所以光昭令德，扬名于后者也。《论语》曰：'能以礼让为国，于从政乎何有。'由是言之，推让之诚，其致远矣。今四舅深执忠孝，引身自退，而以方垂未静，拒而不许；后有毫毛加于今日，诚恐推让之名不可再得，缘见逮及，故敢昧死竭其愚情。自知言不足采，以示虫蛾之赤心。"太后从而许之，于是骘等各还里第焉。

作《女诫》七篇，有助内训。其辞曰：

鄙人愚暗，受性不敏，蒙先君之余宠，赖母师之典训。年十有四，执箕帚于曹氏，于今四十余载矣。战战兢兢，常惧黜辱，以增父母之羞，以益中外之累。夙夜劬心，勤不告劳，而今而后，乃知免耳。吾性疏顽，教道无素，恒恐子谷负辱清朝。圣恩横加，猥赐金紫，实非鄙人庶几所望也。男能自谋矣，吾不复以为忧也。但伤诸女方当适人，而不渐训诲，不闻妇礼，惧失容它们，取耻宗族。吾今疾在沈滞，性命无常，念汝曹如此，每用惆怅。间作《女诫》七章，愿诸女各写一通，庶有补益，裨助汝身。去矣，其勖勉之！

《卑弱第一》：古者生女三日，卧之床下，弄之瓦砖，而斋告焉。卧之床下，明其卑弱，主下人也。弄之瓦砖，明其习劳，主执勤也。斋告先君，明当主继祭祀也。三者盖女人之常道，礼法之典教矣。谦让恭敬，先人后己，有善莫名，有恶莫辞，忍辱含垢，常若畏惧，是谓卑弱下人也。晚寝早作，勿惮夙夜，执务私事，不辞剧易，所作必成，手迹整理，是谓执勤也。正色端操，

以事夫主，清静自守，无好戏笑，洁齐酒食，以供祖宗，是谓继祭祀也。三者苟备，而患名称之不闻，黜辱之在身，未之见也。三者苟失之，何名称之可闻，黜辱之可远哉！

《夫妇第二》：夫妇之道，参配阴阳，通达神明，信天地之弘义，人伦之大节也。是以《礼》贵男女之际，《诗》著《关雎》之义。由斯言之，不可不重也。夫不贤，则无以御妇；妇不贤，则无以事夫。夫不御妇，则威仪废缺；妇不事夫，则义理堕阙。方斯二事，其用一也。察今之君子，徒知妻妇之不可不御，威仪之不可不整，故训其男，检以书传，殊不知夫主之不可不事，礼义之不可不存也。但教男而不教女，不亦蔽于彼此之数乎！《礼》，八岁始教之书，十五而至于学矣。独不可依此以为则哉！

《敬慎第三》，阴阳殊性，男女异行。阳以刚为德，阴以柔为用，男以强为贵，女以弱为美。故鄙谚有云："生男如狼，犹恐其尪；生女如鼠，犹恐其虎。"然则修身莫若敬，避强莫若顺。故曰敬顺之道，妇人之大礼也。夫敬非它，持久之谓也。夫顺非它，宽裕之谓也。持久者，知止足也。宽裕者，尚恭下也。夫妇之好，终身不离。房室周旋，遂生媟黩。媟黩既生，语言过矣。语言既过，纵恣必作。纵恣既作，则侮夫之心生矣。此由于不知止足者也。夫事有曲直，言有是非。直者不能不争，曲者不能不讼。讼争既施，则有忿怒之事矣。此由于不尚恭下者也。侮夫不节，谴呵从之；忿怒不止，楚挞从之。夫为夫妇者，义以和亲，恩以好合，楚挞既行，何义之存？谴呵既宣，何恩之有？恩义俱废，夫妇离矣。

《妇行第四》：女有四行，一曰妇德，二曰妇言，三曰妇容，四曰妇功。夫云妇德，不必才明绝异也；妇言，不必辩口利辞也；妇容，不必颜色美丽也；妇功，不必工巧过人也。清闲贞静，守节整齐，行已有耻，动静有法，是谓妇德。择辞而说，不道恶语，时然后言，不厌于人，是谓妇言。盥浣尘秽，服饰鲜洁，沐浴以时，身不垢辱，是谓妇容。专心纺绩，不好戏笑，洁齐酒食，以奉宾客，是谓妇功。此四者，女人之大德，而不可乏之者也。然为之甚易，唯在存心耳。古人有言："仁远乎哉？我欲仁，而仁斯至矣。"此之谓也。

《专心第五》：《礼》，夫有再娶之义，妇无二适之文，故曰夫者天也。天固不可逃，夫固不可离也。行违神祇，天则罚之；礼义有愆，夫则薄之。故《女宪》曰："得意一人，是谓永毕；失意一人，是谓永讫。"由斯言之，夫不可不求其心。然后求者，亦非谓佞媚苟亲也，固莫若专心正色。礼义居洁，耳无途听，目无邪视，出无冶容，人无废饰，无聚会群辈，无看视门户，此则谓专心正色矣。若夫动静轻脱，视听陕输，入则乱发坏形，出则窈窕作态，说所不当道，观所不当视，此谓不能专心正色矣。

《曲从第六》，夫得意一人，是谓永毕，失意一人，是谓永讫。欲人定志专心之言也。舅姑之心，岂当可失哉？物有以恩自离者，亦有以义自破者也。夫虽云爱，舅姑云非，此所谓以义自破者也。然则舅姑之心奈何？固莫尚于曲从矣。姑云不尔而是，固宜从令；姑云尔而非，犹宜顺命。勿得违戾是非，争分曲直。此则所谓曲从矣。故《女宪》曰："妇如影响，焉不可赏。"

《和叔妹第七》：妇人之得意于夫主，由舅姑之爱己也；舅姑之爱己，由叔妹之誉己也。由此言之，我臧否誉毁，一由叔妹，

叔妹之心，复不可失也。皆莫知叔妹之不可失，而不能和之以求亲，其蔽也哉！自非圣人，鲜能无过，故颜子贵于能改，仲尼嘉其不贰，而况妇人者也。虽以贤女之行，聪哲之性，其能备乎！是故室人和则谤掩，外内离则恶扬。此必然之势也。《易》曰："二人同心，其利断金。同心之言，其臭如兰。"此之谓也。夫嫂妹者，体敌而尊，恩疏而义亲。若淑媛谦顺之人，则能依义以笃好，崇恩以结援，使徽美显章，而瑕过隐塞，舅姑矜善，而夫主嘉美，声誉曜于邑邻，休光延于父母，若夫愚之人，于嫂则托名以自高，于妹则因宠以骄盈。骄盈既施，何和之有！恩义既乖，何誉之臻！是以美隐而过宣，姑怨而夫愠，毁誉布于中外，耻辱集于厥身，进增父母之羞，退益君子之累。斯乃荣辱之本，而显否之基也。可不慎哉！然则求叔妹之心，固莫尚于谦顺矣。谦则德之柄，顺则妇之行，凡斯二者，足以和矣。《诗》云："在彼无恶，在此无射。"其斯之谓也。

马融善之，令妻女习焉。

昭女妹曹丰生，亦有才惠，为书以难之，辞有可观。

昭年七十余卒，皇太后素服举哀，使者监护丧事。所著赋、颂、铭、诔、问、注、哀辞、书、谕、上疏、遗令，凡十六篇。子妇丁氏为撰集之，又作《大家赞》焉。

河南乐羊子之妻者，不知何氏之女也。羊子尝行路，得遗金一饼，还以与妻。妻曰："妾闻志士不饮盗泉之水，廉者不受嗟来之食，况拾遗求利，以污其行乎！"羊子大惭，乃捐金于野，而远寻师学。一年来归，妻跪问其故。羊子曰："久行怀思，无它异也。"妻乃引刀趋机而言曰:"此织生自蚕茧,成于机杼,一丝而累,以至于寸,累寸不已,遂成丈匹。今若断斯织也,则捐失成功,稽废时月。夫子积学,当日知其所亡,以就懿德。若中道而归,何异断斯织乎?"羊子感其言,复还终业,遂七年不反。妻常躬勤养姑,又远馈羊子。

尝有它舍鸡谬入园中,姑盗杀而食之,妻对鸡不餐而泣。姑怪问其故。妻曰:"自伤居贫,使食有它肉。"姑竟弃之。

后盗欲有犯妻者,乃先劫其姑。妻闻,操刀而出。盗人曰:"释汝刀从我者可全,不从我者,则杀汝姑。"妻仰天而叹,举刀刎颈而死。盗亦不杀其姑。太守闻之,即捕杀贼盗,而赐妻缣帛,以礼葬之,号曰"贞义"。

汉中程文矩妻者,同郡李法之姊也,字穆姜。有二男,而前妻四子。文矩为安众令,丧于官。四子以母非所生,憎毁日积,而穆姜慈爱温仁,抚字益隆,衣食资供皆兼倍所生。或谓母曰:"四子不孝甚矣,何不别居以远之?"对曰:"吾方以义相导,使其自迁善也。"及前妻长子兴遇疾困笃,母恻隐自然,亲调药膳。恩情笃密。兴疾久乃瘳,于是呼三弟谓曰:"继母慈仁,出自天受。吾兄弟不识恩养,禽兽其心。虽母道益隆,我曹过恶亦已深矣!"遂将三弟诣南郑狱,陈母之德,状己之过,乞就刑辟。县言之于郡,郡守表异其母,蠲除家徭,遣散四子,许以修革,自后训导愈明,并为良士。

穆姜年八十余卒。临终敕诸子曰:"吾弟伯度,知达士也。所论薄葬,其义至矣。又临亡遗令,贤圣法也。今汝曹遵承,勿与俗同,增吾之累。"诸子奉行焉。

孝女曹娥者,会稽上虞人也。父盱,能弦歌,为巫祝。汉安二年五月五日,于县江泝涛婆娑迎神,溺死,不得尸骸。娥年十四,乃沿江

号哭，昼夜不绝声，旬有七日，遂投江而死。至元嘉元年，县长度尚改葬娥于江南道傍，为立碑焉。

吴许升妻者，吕氏之女也，字荣。升少为博徒，不理操行，荣尝躬勤家业，以奉养其姑。数劝升修学，每有不善，辄流涕进规，荣父积忿疾升，乃呼荣欲改嫁之。荣叹曰："命之所遭，义无离贰！"终不肯归。升感激自厉，乃寻师远学，遂以成名。寻被本州辟命，行至寿春，道为盗所害。刺史尹耀捕盗得之。荣迎丧于路，闻而诣州，请甘心仇人。耀听之。荣乃手断其头，以祭升灵。后郡遭寇贼，贼欲犯之，荣逾垣走，贼拔刀追之。贼曰："从我则生，不从我则死。"荣曰："义不以身受辱寇虏也！"遂杀之。是日疾风暴雨，雷电晦冥，贼惶惧叩头谢罪，乃殡葬之。

汝南袁隗妻者，扶风马融之女也。字伦。伦少有才辩。融家世丰豪，装遣甚盛。及初成礼，隗问之曰："妇奉箕帚而已，何乃过珍丽乎？"对曰："慈亲垂爱，不敢逆命。君若欲慕鲍宣、梁鸿之高者，妾亦请从少君、孟光之事矣。"隗又曰："弟先兄举，世以为笑。今处姊未适，先行可乎？"对曰："妾姊高行殊邈，未遭良匹，不似鄙薄，苟然而已。"又问曰："南郡君学穷道奥，文为辞宗，而所在之职，辄以货财为损，何邪？"对曰："孔子大圣，不免武叔之毁；子路至贤，犹有伯寮之诉。家君获此，固其宜耳。"隗默然不能屈，帐外听者为惭。隗既宠贵当时，伦亦有名于世。年六十余卒。

伦妹芝，亦有才义。才丧亲长而追感，乃作《申情赋》云。

酒泉庞淯母者，赵氏之女也。字娥。父为同县人所杀，而娥兄弟三人，时俱病物故，仇乃喜而自贺，以为莫己报也。娥阴怀感愤，乃潜备刀兵，常帷车以候仇家。十余年不能得。后遇于都亭，刺杀之。因诣县自首。曰："父仇已报，请就刑戮。"禄福长尹嘉义之，解印绶欲与俱亡。娥不肯去。曰："怨塞身死，妾之明分；结罪理狱，君之常理。何敢苟生；以枉公法！"后遇赦得免。州郡表其闾。太常张奂嘉叹，以束帛礼之。

沛刘长卿妻者，同郡桓鸾之女也。生一男五岁而长卿卒，妻防远嫌疑，不肯归宁。儿年十五，晚又夭殁。妻虑不免，乃豫刑其耳以自誓。宗妇相与愍之，共谓曰："若家殊无它意；假令有之，犹可因姑姊妹以表其诚，何贵义轻身之甚哉！"对曰："昔我先君五更，学为儒宗，尊为帝师。五更已来，历代不替，男以忠孝显，女以贞顺称。《诗》云：'无忝尔祖，聿修厥德。'是以豫自刑翦，以明我情。"沛相王吉上奏高行，显其门闾，号曰："行义桓厘"，县邑有祀必膳焉。

安定皇甫规妻者，不知何氏女也。规初丧室家，后更娶之。妻善属文，能草书，时为规答书记，众人怪其工。及规卒时，妻年犹盛，而容色美。后董卓为相国，承其名，聘以辎軿百乘，马二十四，奴婢钱帛充路。妻乃轻服诣卓门，跪自陈请，辞甚酸怆。卓使傅奴侍者悉拔刀围之，而谓曰："孤之威教，欲充四海风靡，何有不行于一妇人乎！"妻知不免，乃立骂卓曰："君羌胡之种，毒害天下犹未足邪！妾之先人，清德奕世。皇甫氏文武上才，为汉忠臣。君亲非其趣使走吏乎？敢欲行非礼于尔君夫人邪！"卓乃引车庭中，以其头悬轭，鞭扑交下。妻谓持杖者曰："何不重乎？速尽为惠。"遂死车下。后人图画，号曰"礼宗"云。

南阳阴瑜妻者，颍川荀爽之女也，名采，字女荀。聪敏有才艺。年十七，适阴氏。十九产一女，而瑜卒。采时尚丰少，常虑为家所逼，自防御甚固。后同郡郭奕丧妻，爽以采许之，因诈称病笃，召采，既不得己而归，怀刃自誓。爽令傅婢执夺其刃，扶抱载之，犹忧致愤激，敕卫甚严。女既到郭氏，乃伪为欢悦之色，谓左右曰："我本立志与阴氏同穴，而不免逼迫，遂至于此，素情不遂，奈何？"乃命使建四灯，盛装饰，请奕入相见，共谈，言辞不辍。奕敬惮之，遂不敢逼，至曙而出。采因敕令左右辨浴。既入室而掩护，权令侍人避之，以粉书扉上曰："尸还阴。""阴"字未及成，惧有来者，遂以衣带自缢。左右玩之不为意，比视，已绝，时人伤焉。

　　犍为盛道妻者，同郡赵氏之女也，字媛姜。建安五年，益部乱，道聚众起兵，事败，夫妻执系，当死。媛姜夜中告道曰："法有常刑，必无生望，君可速潜逃，建立门户，妾自留狱，代君塞咎。"道依违未从。媛姜便解道桎梏，为赍粮货。子翔时年五岁，使道携持而走。媛姜代道持夜，应对不失。度道已远，乃以实告吏，应时见杀。道父子会赦得归。道感其义，终身不娶焉。

　　孝女叔先雄者，犍为人也。父泥和，永建初为县功曹。县长遣泥和拜檄谒巴郡太守，乘船堕湍水物故，尸丧不归。雄感念怨痛，号泣昼夜，心不图存，常有自沈之计。所生男女二人，并数岁，雄乃各作囊，盛珠环以系儿，数为诀别之辞。家人每防闲之，经百许日后稍懈，雄因乘小船，于父堕处恸哭，遂自投水死。弟贤，其夕梦雄告之："却后六日，当共父同出。"至期伺之，果与父相持，浮于江上。郡县表言，为雄立碑，图象其形焉。

　　陈留董祀妻者，同郡蔡邕之女也。名琰，字文姬。博学有才辩，又妙于音律。适河东卫仲道。夫亡无子，归宁于家。兴平中，天下丧乱，文姬为胡骑所获，没于南匈奴左贤王，在胡中十二年，生二子。曹操素与邕善，痛其无嗣，乃遣使者以金璧赎之，而重嫁于祀。

祀为屯田都尉，犯法当死，文姬诣曹操请之。时公卿名士及远方使驿坐者满堂，操谓宾客曰："蔡伯喈女在外，今为诸君见之。"及文姬进，蓬首徒行，叩头请罪，音辞清辩，旨甚酸哀，众皆为改容。操曰："诚实相矜，然文状已去，奈何？"文姬曰："明公厩马万匹，虎士成林，何惜疾足一骑，而不济垂死之命乎！"操感其言，乃追原祀罪。时且寒，赐以头巾履袜。操因问曰："闻夫人家先多坟籍，犹能忆识之不？"文姬曰："昔亡父赐书四千许卷，流离涂炭，罔有存者，今所诵忆，裁四百余篇耳。"操曰："今当使十吏就夫人为之。"文姬曰："妾闻男女之别，礼不亲授。乞给纸笔，真草唯命。"于是缮书送之，文无遗误。后感伤乱离，追怀悲愤，作诗二章。